“자유로운 정신의 공화국”과 병든 마음의 글쓰기

- 18/19세기 독일 문학살롱과 낭만주의 여성작가들의 글쓰기에 관한 연구

* 이 저서는 2020년 대한민국 교육부와 한국연구재단의 지원을 받아 수행된 연구임
(NRF-2020S1A6A4040024)

"자유로운 정신의 공화국"과 병든 마음의 글쓰기

18/19세기 독일 문학살롱과 낭만주의 여성작가들의
글쓰기에 관한 연구

최문규 지음

연세대학교 출판문화원

책을 내면서

사 년 전이다. 다가올 정년을 어떻게 맞이할까 궁리하던 중 무엇인가가 불현듯 떠올랐다. 독일 낭만주의 여성작가! 오랫동안 미루어놨던 숙제처럼 여겨졌다. 강의만 하면서 정년을 맞이할까, 아니면 힘들더라도 그 남겨진 숙제를 해볼까? 고민 끝에 후자를 택했고 다행히 정년을 맞이하는 지금 그 숙제를 끝냈다.

1795~1830년까지 전개된 독일 낭만주의는 크게 '문학이론, 남성작가, 여성작가'라는 세 영역으로 나뉜다. 그동안 문학이론과 남성작가에만 몰두해 왔던 나에게 낭만주의 여성작가 영역은 부끄럽게도 제대로 발을 내디뎌 본 적이 없었다. 그들 여성작가는 '경전'과도 같은 남성작가들의 그늘에 가려져 있었고 당연히 문학사에서도 항상 소외와 배제 속에 놓여 있었으며, 나 또한 그런 문학사에 길들여진 틀 속에 갇혀 있었다. 아니, 여성문학, 여성작가에 대한 이해와 분석은 다른 연구자들의 몫이라고 떠넘기면서 사십 년을 지내왔으며, 그렇기에 여성작가들에 대한 몰이해는 당연했다. 가끔 그와 관련된 주제의 석박사 논문지도를 맡았으니 아마 제대로 지도하지 못했던 것 같다.

그동안 매번 책을 쓰면서 힘들었던 적은 많았지만 마음 아팠던 적은 이번이 처음이었다. 그것은 그들 여성작가의 삶과 글 때문이었다. 그들 여성작가가 어떤 불안과 고통, 그리고 어떤 실존적, 미학적 사유를 지녔는지를 그동안 전혀 살펴보지 않았던 나에게 뒤늦게 부끄러움이 밀려들었다. 그들 여성작가의 상처와 아픔을 읽고 쓰는 가운데 그 애처로움을 어떻게 서술해야 좋을지 종종 막히곤 했다. 정치적 혁명과 낭만적 사랑을 꿈꾸었던 카롤리네..., 독일 사회에 동화하려 했지만 내내 차별과 배척의 아픔을 겪을 수밖에 없었던 두 유대인 여성 도로테아, 라헬 레빈..., 자존심 강하고 고독한 시적인 삶을 살면서 끝내 자살의 길을 택했던 귄더로데..., 오십 세의 늦깎이 작가로 등단했음에도 '낭만적 눈엣가시 작가'의 위상을 떨쳤던 베티나..., '천당과 지옥'을 오가는 낭만적 사랑의 삶 속에서 결국 출산시 자신의 생명도 잃고 마는 조피..., 이들 여성작가의 병든 마음과 글쓰기에 새겨진 상처를 온전히 담아내는 작업은 어쩌면 애초부터 불가능한 일이 아니었을까 싶다.

이 책은 크게 둘로 나뉜다. 1부에서는 살롱 문화를, 2부에서는 여섯 여성작가의 글을 분석했다. 카롤리네와 라헬 레빈은 주로 편지만을, 도로테아, 귄더로데, 베티나, 조피의 경우 편지와 소설을 남겼다. 2부가 전체의 2/3를 차지하니 비중이 큰 셈이다. 미흡하지만 이번 저서로 독일 낭만주의에 관한 연구의 삼부작(낭만주의 이론, 남성작가, 여성작가) 작업이 일단락된 셈이다. 세 권 모두 대학 출판사에서 출간했다. 어려운 출판 환경에도 불구하고 매번 잘 팔리지 않는 인문학 저서에 흔쾌히 손을 내밀어 준 연세대학교 출판문화원 및 담당자님들(김성수, 심영주, 전혜민)께 진심으로 감사의 마음을 전한다.

2023년 6월 신촌에서

최문규

목차

제1부
"자유로운 정신의 공화국"으로서의 살롱과 소통 문화

제2부
낭만주의 여성작가의 글쓰기 문화

들어가는 말: 살롱과 서신, 여성작가, 페미니즘

①

서구에 거대한 정치사회적, 문화적 변혁을 가져온 1789년 프랑스 혁명은 계몽의 정신 하에 자유, 평등, 박애라는 세 가지 이념을 내세은 바 있다. 그러나 프랑스 혁명은 '남성 시민'만을 위한 혁명이었을 뿐 여성에게 평등의 권한을 안겨주지는 못했다. 혁명 당시 1789년 8월 26일에 공표된 인권 및 시민권 선언문에서의 '인간' 개념에는 여성의 인권은 배제되어 있었고,[1] 그에 저항하여 근대의 첫 번째 여성인권 운동가로 불리는 올랭프 드 구주(Olympe de Gouges, 1748-1793)는 2년 후인 1791년 별도의 여성 인권선언문을 발표하였다. 여성의 인권 신장을 널리 알리기 위한 그 선언문 제 1항은 다름 아닌 "여성은 자유롭게 태어났으며 모든 권한에 있어서 남성과 대등하다"[2]인데, 이는 곧 남녀 간의 자유와 평등에 대한 천명이었다.

프랑스와 달리 인권의 후진국이었던 독일에서는 더욱 심각했다. 계몽 군주주의의 목소리도 오로지 독일 시민사회의 남성과 관계되었을 뿐 여성에게는 그런 평등의 길을 전혀 허락하지 않았다. 계몽주의를 내세운 지성인들도 마찬가지였다. 「계몽이란 무엇인가에 대한 답변」(1784)에서 칸트는 "이성의 사적, 공적 사용"의 주체로서 오로지 공직에 몸담고 있는 남성들만(군인, 목사, 학자 등)을 예로 들고 있는데, 이는 결코 우연이 아니라 남성만을 사회의 이성적 주체로 간주하는 당시의 실제 상황을 반영한 담론이다. 또한 프랑스 혁명이 막 발발한 1790년에 발표된 괴테의 『토르크바토 타소』(Torqvato Tasso)에서 - 드라마의 배경은 이탈리아 르네상스 시기인 1575년으로 거슬러 올라가는데 - "남성은 자유를 추구하며 여성은 관습을 추구한다"[3]고 말한 공주의 담론도 자유의 영역에서 철저히 배제된 채 단지 사회의 전통적인 관습을 따를 수밖에 없는 존재로서 여성이 자리매김되어 있는 18세기의 사회적 상황을 암시해준다. 여기서 그 관습은 다름 아닌 살림(Küche), 육아(Kinder), 교회(Kirche)라는 '세 가지 K'의 일에만 헌신해야만 하는 사회적으로 부과된 규범 내지는 방식을 뜻한다. 1774년 1월 25일자 괴테에게 보낸 라바터(Lavater)의 편지에는 이미 그와 같은 여성의 관습적 역할이 더욱 명확하게 언급되고 있는데, 가정과 여성의 관계에 대한 다음과 같은 담론은 18세기의 일상적 삶에 만연된 여성에 대한 규정을 수집해 놓은 것처럼 보인다.

> 순종적이며, 순진하며, 너무 교육받지도 너무 아름답지도 않으며, 어머니, 자매, 연인, 처녀로서 그녀(여성: 역주)는 시인(여성의 남편: 역주)의 휴식과 가정의 평온을 위해 봉사한다.[4]

사랑과 결혼에서의 남녀 관계도 마찬가지다. 여성은 남성의 욕망 충족을 위해 도구화되며, 그런 사유는 동시대 소위 '위대한 철학자'들에게서 쉽게 엿볼 수 있다. 가령 절대적 자아 철학을 완성한 관념론의 대가 피히테는 1796년에 씌어진 『자연권 서설』 내에서 <친족법>을 다루는 가운데 '사랑'이라는 명목 하에 여성을 단지 남성의 성적 욕구를 만족시키는 도구로만 인식하는 대단히 후진적 사유를 내보인다.

> 때 묻지 않은 여성에게는 성적 충동이 아니라 (...) 사랑만이 있으며, 남자를 만족시키는 여성의 자연스러운 충동은 바로 사랑이다. (...) 여성에게 있어서 그것은 마음의 만족일 뿐이다. 그녀는 개인적 삶을 이끌어가는 것을 멈춘다. 그녀의 삶은 그의 삶의 일부분을 이룬다(이는 그녀가 남자의 이름을 간직하는 것을 통해 탁월하게 명시된다).[5]

여성의 삶을 남성의 "삶의 일부분"으로 간주하는 후진적 관점이 정말 18세기 말 절대적 자아 철학을 완성한 철학자의 관점인지 의심스러울 정도이지만, 그렇게 피히테는 여성을 육체적으로는 아닐지라도 정신적 차원에서 남성에게 만족을 주는 "그의 삶의 일부분"으로 간주하고 있었다. 계속하여 그는 결혼 및 부부 관계에서 결코 남녀의 평등 관계란 있을 수 없으며 오로지 종속 관계만이 유효하다고 강조한다.

> 결혼 개념에는 여성이 남성의 의지에 무제한적으로 종속되어 있다는 점이 들어 있으며, 이는 법률적 근거에서가 아니라 도덕적 근거에서 그렇다. 여성은 자신의 고유한 명예를 위해서 스스로를 종속시켜야 한다. 여성은 자기 자신에게 속해 있는 것이 아니라 남성에게 속해 있기 때문이다.[6]

"여성은 자기 자신에게 속해 있는 것이 아니라 남성에게 속해 있다"는 문장은 얼마나 야만적이고 후진적인가! 이러한 관점은 피히테에게서만이 아니다. 그 야만성은 독일 관념론을 완성한 위대한 철학자 헤겔에게서 절정에 도달한다. 남성과 여성의 역할 분리를 토대로 헤겔은 다음과 같은 후진적 사유를 제시하고 있다.

> 여성들은 교양을 갖출 수는 있지만 고등 과학, 철학 그리고 보편성을 요구하는 예술의 특정한 생산에는 어울리지 않는다. 여성들은 아이디어, 취향, 섬세함을 지닐 수 있지만 이상(理想)은 갖지 못한다. 남성과 여성의 차이는 동물과 식물의 차이다. 동물은 남성의 특성에 적합하고, 식물은 여성의 특성에 적합하다. 왜냐하면 식물은 감성의 불확실한 통일성을 원칙으로 삼고 있는 나직한 전개와도 같기 때문이다. 여성들이 정부를 이끌어가는 지도부에 있을 경우 그 국가는 위험에 처하게 된다. 왜냐하면 여성들은 보편성의 요청에 따라 행동하지 않고 우연한 성향과 생각으로 행동하기 때문이다. 여성들의 교양은 - 그 이유는 알 수 없지만 - 흡사 상념의 분위기를 통해, 즉 지식의 습득보다는 일상의 삶을 통해서 이루어진다. 반면 남성은 사유 습득과 다양한 기술적 노력을 통해서 자신의 입장에 도달한다.[7]

18-19세기의 사회는 후진적일 수밖에 없었다는 식으로 위대한 관념론자들의 남성중심적 의식을 과연 감싸줄 수 있는 것일까? 안타깝게도 피히테와 헤겔 등은 남성과 여성의 차이를 논했다기보다는 실은 여성의 사회적 차별화를 공고히 하는 데 일조했던 셈이며, 그들 '위대한' 철학자의 여성관은 동시대 남성들뿐만 아니라 어쩌면 오늘날까지도 가부장적 남성의 여성관을 대변하고 있을 것이다. 그와 같은 18세기 동시대의 남녀 차별화를 비판적으로 직시했던 괴테는 신화를 현대적으로 개작하는 가운데 이피게니에로 하여금 다음과 같이 여성이 처한 상황을 시니컬하게 말하도록 한다.

> 여성의 운명은 한탄스러워.
> 집이나 전쟁에선 남자가 군림하지. .
> 타지에서도 그는 스스로 헤쳐나갈 줄 알지.
> 그는 점유물을 기뻐하며 승리의 왕관을 쓴다.
> 그에게는 명예로운 죽음이 준비되어 있지.
> 여성의 행복은 얼마나 한정되어 있는가!
> 거친 남편에게 복종하는 것이
> 의무이자 위안이다. 적대적인 운명이 그녀를
> 먼 곳으로 내몰면 그녀는 얼마나 비참한가![8]

여성의 고유한 특성이라기보다는 남성중심적으로 구조화된 의미에서의 젠더 개념은 그렇게 18세기 계몽적 관념의 시대에 싹텄고 공고히 되었다. 그와 같은 사회적으로 지정된 위치, 그것도 반드시 '남성의 옆에만' '남성의 일부분으로' 머물러 있어야만 한다는 존재 규칙이 여성에게 부여된 야만적 상황은, 라헬 레빈이 1819년 1월 22일자 여동생 로제에게 보낸 편지 대목에 적나라하게 드러나 있다.

> 그러나 그들(남편과 자녀들: 역주)은 우리에게 성취, 회복, 휴식을 줄 수 없으며 더 많은 활동을 하도록 우리를 이끌어줄 수 없어. (...) 저 박수갈채 받은 규칙에 따라 여성들은 자립할 공간을 갖지 못하며, 남성이 서 있었거나 서 있으려는 그런 곳에만 언제나 앉아 있어야만 하지.

또한 마치 흙 속에 뿌리를 내린 나무처럼, 마술에 걸려 있는 듯한 사람처럼 여성들은 주변의 활동 세계를 자신의 눈으로 그저 바라볼 뿐이야. 그런 비자연적인 상태를 없애려는 모든 시도와 욕망은 부도덕함이라고 명명되거나 혹은 벌 받아야만 마땅한 범죄 행위로 간주되곤 하지.[9]

라헬은 남성의존적인 상황을 극복하려는 여성, 자립적인 인간이 되고자 하는 여성을 사회적으로 합의된 규칙을 위반한 부도덕한 여성으로 낙인찍는 당시의 상황을 시니컬하게 비판하고 있다. 이와 같은 18세기 남성중심주의적 사회 내에서 여성이 처해 있는 상황을 베커-칸타리노는 칸트의 '미성숙성'이라는 용어를 빌어 다음과 같이 간결하게 정리한 바 있다.

여성은 남성중심적 사회에서 직업적, 정치적으로 미성숙성(개체로서 비독자성)을 지닌 자로 단호하게 규정되었으며, 이는 결국 여성의 성숙성이나 여성의 가정 외적인, 문화창조적인 활동에 있어서 심각한 영향을 끼쳤다.[10]

그와 같은 억압적 상황에 대항하는 여성작가가 계몽주의 시대에는 예외적으로 존재했었다. 가령 낭만주의의 대표적 여성작가 베티나 폰 아르님의 외할머니이자 괴테와 교류했던 조피 폰 라 로셰(Sophie von La Roche)를 들 수 있다. 독일 최초의 여성작가로서 그녀는 독일 여성문학의 근원이라 할 수 있는 소설『슈테른하임 양의 이야기』(Geschichte des Fräuleins von Sternheim, 1771)를 발표했으며 또한 "여성에 의한, 여성을 위한"(von Frauen, für Frauen) 잡지라고 명명될 수 있는「포모나」라는 정기 간행물도 발간하였다.[11] 자신의 잡지를 당시 야코비가 발행한 잡지「이리스」(Iris)의 연속 선상에서 수용하려는 관점에 대항하여 그녀는 오로지 여성적 관점과 사유에 의한 간행물 발행임을 다음과 같이 강조하고 있다.

나의 아집이 말하기를, 나는 그 어떤 남자를 따르지 않겠다. 그럴 경우 나로부터 너무 많은 것을 요구하고 기대하기 때문이지. - - - 이리스는 젊어 - - - 아름답고 가벼운 발걸음을 내딛네. 할머니인 나는 그것을 할 수 없어. 내 작은 책은 포모나라고 불려야 해, 포모나는 가을의 여신이야. 나는 내 인생의 가을에 있으며, 그에 대한 계획은 가을에 생겨났지.- -[12]

남성을 흉내 내고 모방한다면 오로지 남성적 관점에서의 요구와 기대치만이 여성에게 부과되기 때문에 조피는 그와 같은 남성 모방을 거부하고 전통적인 가부장적 질서로부터 젊은 여성들을 해방시키려는 목적을 염두에 두면서 자신만의 독자적이고 자주적인 길을 걸어가고자 했었다. 물론 그렇다고 해서 조피의 사유가 낭만주의 여성작가들이 취했던 그런 급진적인 사유와 동일하다고 볼 수는 없다. 그것은 그녀가 제시한 감상주의적 여성상이 실은 넓은 의미에서 여성의 도덕적 교육이라는 계몽주의적 범위에서 크게 벗어나 있지 않았기 때문이다.

남성적 시각에서 사회적으로 만들어지고 길들여진 여성상 및 여성관에 대한 비판은 흥미롭게도 낭만주의 남성작가들에게서 자주 발견된다. 그들은 남성과 여성 간의 위계적 종속 관계를 비판하면서 전복적인 시각으로 새로운 인간관계를 정립하려 했는데, 대표적인 작가로는 프리드리히 슐레겔을 들 수 있다. 그는 고대에서의 남성과 여성의 관계를 분석하는 가운데 다음과 같은 비판적 시각을 제시한다.

과도한 여성성보다 어떤 것이 더 추하겠는가? 우리의 관습, 우리의 생각, 우리의 멋진 예술에 지배하고 있는 과도한 남성성보다 어떤 것이 더 역겹겠는가? - 이러한 썩어 빠진 사유 방식이, 이상적이어야만 하는 예술적 서술에, 즉 여성성의 개념을 순수하게 발전시키려는 시도에 영향을 끼치고 있다.[13]

성의 차이는 단지 인간 현존재의 표피적인 것일 뿐이다. (...) 정말이지 일반적으로 받아들여지고 강요되는 남성성과 여성성은 인간 존재의 가장 위험한 장애물이다(...).[14]

계속하여 슐레겔은 여성의 특성을 남성에의 헌신과 가부장적 질서에의 순응으로 규정할 경우 이는 결국 여성을 무력화하는 행위라고 강력하게 비판하며 그 대안으로 기존의 남성성과 여성성 간의 관계 전복을 제시하고 있다.

> 그러나 남성의 권력지향적인 격렬함과 여성의 사심 없는 헌신은 너무 터무니없고 추악하다. 독립적인 여성성만이, 부드러운 남성성만이 선하고 아름답다.[15]

②

18세기 계몽주의의 남성중심주의적 사회적 상황에서 벗어나려는 여성작가들의 본격적인 해방 의식은 18세기 말과 19세기 초에 싹트기 시작하였다. 이 책의 전반부에서는 18세기 말 여성들이 자신의 해방을 위해 어떻게 '문학 살롱'을 이끌어나갔는지를 살펴볼 예정이며, 책의 후반부에서는 어떻게 그들이 비록 살롱에 적극적으로 참여할 수 없는 사회적 상황임에도 불구하고 그 살롱을 대체/보완하는 차원에서 자신의 해방적 글쓰기를 전개하였는지를 고찰해 볼 예정이다.

남성과 여성 간의 불평등한 사회적 상황 속에서도 18세기 말 독일의 몇몇 도시에서는 역사적으로 매우 특이한 문화가 형성되었는데, 그 시기는 대략 1790년부터 1806년까지 대략 15년 정도의 기간이었다. 예술사적으로 당시는 고전주의와 낭만주의가 예술의 자율성을 주장했던 시기였으며, 문화사적으로는 자유로운 문화도시 베를린을 중심으로 살롱 문화가 유행처럼 형성되었던 시기였다. 바로 그 살롱문화를 통해 순간적으로 남녀 간의 불평등 관계가 지양되는 현상이 나타났다. 남녀 간의 관계만이 아니었다. 주로 여성들이 호스트 역할을 맡았던 베를린의 몇몇 살롱에서는 남성과 여성, 독일인과 유대인, 귀족과 시민 등 다양한 이분법적 경계가 해체된 상호 공생의 문화가 형성되었다. 특히 유대인 여성이 호스트로 활동했던 살롱의 경우, '그들 유대인 여성들'은 자신에게 씌워진 이중의 굴레를 떨쳐낼 수 있었는데, 즉 밖으로는 아웃사이더로 취급되었던 '유대인'이라는 사회적 편견에서 벗어날 수 있었고, 안으로는 여성을 경시하는 가부장적이고 권위적인 질서에서 순간적으로 해방될 수 있었다.

이처럼 살롱에서의 여성의 주도적인 역할과 욕망은 - 이는 곧 여성 해방 및 기존 성차별의 극복을 향한 소망과도 연관되는데 - 1813년 자신의 살롱을 방문했던 클레멘스 브렌타노에게 보낸 라헬 레빈(R. Levin)의 편지 구절에서 쉽게 읽어낼 수 있다. "나는 모임을 정말 좋아하며, 모임을 위해 태어났고 천부적으로 그런 기질을 부여받았다고 확신합니다."[16] 살롱에서의 사교적 활동이 불가능하다면 그것은 곧 "가장 본래적인 나의 자아"(mein eigentlichstes Ich)의 상실과도 같다고 부연하기도 한다.[17] 살롱은 남녀의 모임보다는 '인간'의 공동체적 모임 공간이었으며, 이는 초기낭만주의가 내세운 '공동실천'(Sympraxis)의 실제 형태였던 셈이다. 인간의 공동체적 모임으로서의 살롱에서 중시된 점은 바로 '자유로운 본질', '사유와 감성의 자유로운 유희'가 작동하는 것이었다. 이 점은 1799년에 씌어진 슐라이어마허의 「사교적 행동 이론에 대한 시도」(Versuch einer Theorie des geselligen Betragens)에서 역설된 바 있다. 그에 의하면, 살롱의 사교성(Geselligkeit)은 "생각과 느낌의 자유로운 놀이를 전개함으로써 모든 구성원이 상호 자극과 활기를 주고받는" 행위로 규정되며 "모든 교양 있는 인간들은 자유롭고, 그 어떤 외적 목적에 의해 구속되지 않고 규정되지도 않는 사교성을 자신들의 첫 번째의, 가장 고귀한 욕구들 가운데 으뜸가는 욕구로 장려한다."[18] 물론 살롱에서 여성이 여러 지인과 자유롭게 교류할 수 있었다 하더라도 그것이 여성의 삶 전체가 될 수는 없었다. 왜냐하면 "자유로운 정신의 공화국"으로서의 살롱에서 자유와 평등을 경험한 것은 아주 순간적일 뿐 여성들의 삶은 여전히 현실의 높은 장벽 내에 갇혀 있었기 때문이다. 즉, 여성들은 성적, 계급적(계층적), 인종적 차별 등이 작동하는 사회적 현실 안에 갇힌 채 고통과 절망으로 병들어 갈 수밖에 없었다.

18-19세기 베를린을 중심으로 십오 년 정도 활성화되었던 살롱 문화는

이중적인 의미를 지닌다. 그 하나는 '이상적인 사회의 재현'이라는 상징적인 의미이며, 다른 하나는 비록 '작은 모임'일지라도 일종의 공동체적 삶을 실제 구현했던 현실적인 의미이다. 자유와 평등을 기본 이념으로 삼은 이들은 새로운 문화 공간인 살롱에서 극히 짧은 기간 동안 예외적으로 자유롭고 탈중심적인 삶을 실현할 수 있었다. 그들은 정치사회적, 경제적 차원에서 정보를 주고받는 기존의 살롱 기능에서 벗어나 문학적, 예술적 토론을 자유롭게 즐기는 '문학살롱'의 형식 내에서 자신의 정신적 능력을 넓혀 나갔으며, 특히 여성은 살롱에서의 활동을 바탕으로 점차 자신의 작가적 소망과 욕망을 실현하고자 했다. 문예학적 분석으로 부연하자면, 문학살롱은 "문학생산"(Literaturproduktion)의 공간, "문학전파"(Literaturverbreitung)의 공간, 그리고 "대중 형성과 비평심급"(Publikumsformation und Kritikinstanz)의 공간 등 문학의 생산, 매개, 수용 차원에서 매우 중요한 의미를 지녔던 셈이다.[19]

> 문학살롱은 살롱의 '특별한 형태'로 기능한다. 문학살롱은 그 소통적 내용을 문학적, 미학적 대화의 대상에만 제한시키는 것으로 정의된다. 살롱의 실제 전개를 일견해 볼 때 쉽게 알 수 있는 점은, 의사소통의 내용을 엄격히 제한하는 것은 불가능해 보였기에 결국 배타적인 문학살롱이라기보다는 문학적인 것이 우세한 살롱이라고 할 수 있다. 특정 살롱에서 그런 의미에서의 문학살롱이 발전하게 된 것인지는 전체적인 조건들의 결합에 달려 있으며, 참석자들이 선호하는 주제들과 관계할 뿐만아니라 문학과 예술의 개별적인 역사적 기능들, 문학사회의 발전과정, 담론들의 헤게모니, 그리고 무엇보다 예술 내 위계질서에서의 재편 등과도 관계한다. 이러한 점을 근거로 삼을 경우, 가령 19세기 전반기에는 점차 문학살롱이 후퇴하고 오히려 음악살롱이 발전하는 현상이 설명될 수 있을 것이다.[20]

요컨대, 살롱은 여성이 호스트로서 자신의 사회적, 정신적 활동을 넓힌 공간이었던 동시에 여성작가로서의 문학적 생산을 가능케 한 기반이기도 했다. 물론 처음부터 작가적 의욕이 앞선 것은 아니었다. 살롱의 적극적인 호스트였음에도 불구하고 여성은 살롱 내에서는 청자라는 소극적 역할에 머물렀지만, 살롱을 방문한 지인들과 적극적으로 서신 교환을 펼치는 과정을 통해 점차 '글쓰는 여성들'(schreibende Frauen)로 발전하였으며, 그들은 마침내 - 물론 이는 최근의 명명이지만 - 독일 문학사에서 '제 1세대 여성작가'로 자리하게 된다. 요컨대, 편지 쓰기는 그들의 작가적 활동에서 중요한 매체이자 새로운 장르가 되었다.

③

앞서 언급했듯이 18세기 말에서 19세기 초까지 활성화된 살롱 문화는 서서히 후퇴하며 살롱에 참가했던 여성들은 상호 만남이 불가능해졌기에 주로 편지 쓰기를 취하게 된다. 이와 같은 살롱에서 편지로의 전환에는 역사적인 사건이 결정적인 영향을 끼쳤는데, 그것은 국내의 정치적, 경제적 위기를 모면하기 위해 나폴레옹이 1805-06년 독일, 오스트리아, 폴란드를 향해 일으킨 전쟁이었다. 전쟁 초기 많은 국가가 나폴레옹에 의해 점령당했으나, 1812년 러시아 침공에서 나폴레옹 군대가 패배하게 되고 마침내 1814/15년 빈 회의에서의 결의를 통해 소위 구체제(Ancien Régime)의 부활, 즉 왕정복고가 들어서게 되었다. 독일 및 오스트리아 전역에는 보수적, 국수주의적 분위기가 만연되었으며, 그와 같은 국수주의적 분위기와 함께 타민족(외국인들 중 특히 프랑스인과 유대인) 배척주의가 매우 심각한 수준에 이르게 되었다. 이러한 국수주의적 상황으로 인해 계층, 신분, 민족, 종교 등의 차이를 지양했던 자유로운 살롱 문화는 당연히 위축될 수밖에 없었으며, 특히 유대인 가문 출신의 여성들이 주도했던 코스모폴리타니즘적 문학살롱은 거의 문을 닫게 되었다. 일반적인 살롱에서도 언어적 대화 대신에 소리에 몰입하는 경향이 짙어졌고, 1810년 이후에는 문학살롱 대신 음악살롱이 성행하였다. 이러한 예술 장르의 교체는 급진적인 초기낭만주의가 사라지고 보수적인 후기낭만주의가 등장하는 현상과 맞물려 있다.

물론 살롱이라는 사교 모임이 문을 닫게 된다고 해서 사교성의 정신마저도 사라진 것은 아니었다. 사교성은 '공간에서의 대면적인 모임 형식'에서 벗어나 '문자적 교환이라는 비대면적인 형식'으로 스며들게 되었다. 따라서 서신 교환의 글쓰기 행위를 통해 사교성은 지속적으로 구현되었다. 서신 교환을 통해 사교성이 얼마나 보편적으로 확장되고 변형되었는지에 대해서는 슐라이어마허에게서도 분명히 엿볼 수 있다. 그는 누이, 약혼녀, 슐레겔, 헤르츠, 훔볼트, 야코비, 브링크만 등 셀 수 없을 정도의 많은 지인과 서신을 주고받음으로써 사교적 행동을 펼쳐나갔다. 요컨대, '낭만적 사교성으로서의 서신 교환'이 활성화되었다. 흔히 편지는 "주관성 교환을 목적으로 삼는 사교성 형식"(Brief als Form der auf den Austausch von Subjektivitäten gerichteten Geselligkeit)[21] 내지는 "낭만적 사교성의 예술적 표현으로서의 편지 형식"(Die Briefform als künstlerischer Ausdruck romantischer Geselligkeit)[22]으로 해석되곤 하지만, 좀 더 다르게 표현하면 일차적으로 편지의 활성화란 "확실히 정해진, 구체적인 공간(방)이 더욱 폭넓은 만남의 상상적 공간(편지)을 통해 보충되었다"[23]는 의미를 지닌다. 즉, 서신 교환은 문학살롱의 중단이 아니라 다른 방식의 살롱 활성화이다. 이때 편지는 이중적 의미를 지닌다. 편지는 한편으로 살롱에서 만난 여러 지인과 공간을 뛰어넘어(혹은 살롱이 폐쇄된 이후에도) 지속적으로 관계를 맺는 수단이었지만, 다른 한편으로 몇몇 여성의 경우 자신의 작가적 욕망을 실현하고자 하는 문학적 수단이 되었다. 후자의 대표적인 인물로는 10,000통 이상의 편지를 쓴 라헬 레빈을 들 수 있다. 라헬 레빈뿐만 아니라 헨리에테 헤르츠, 카롤리네 슐레겔, 도로테아 슐레겔, 카롤리네 폰 귄더로데, 베티나 폰 아르님, 조피 메로 등도 편지를 비롯한 일기장, 에세이, 회상록, 여행기, 보고서, 증언록 같은 다양한 글쓰기 형식을 통해 사교적 정신과 작가적 욕망을 동시에 추구해 나갔다. 살롱에서의 사교적 활동을 주도했던 여성의 모습, 편지를 통해 다채로운 글쓰기를 즐기는 여성의 모습은, 일찍이 가르베(Garve)가 제시했던 저 인식, 즉 "혀와 펜은 마침내 사람으로 하여금 그가 되고자 했던 사람으로 만들어 주었다"[24] 및 "여성독자에서 벗어나 여성작가가 되어라"(Werde aus einer Leserinn zu einer Schriftstellerinn)[25]라는 두 가지 인식을 구현했던 셈이다. 독일 낭만주의 여성작가들에게 혀는 곧 살롱에서의 대화적 활동을, 펜은 곧 편지 쓰기를 뜻할 수 있는데, 그런 두 가지 활동이 충족되었던 셈이다. 특히 그들의 편지 쓰기가 미학적으로 얼마나 뛰어났는지에 대해서는 카롤리네 뵈머(셸링-슐레겔)의 글쓰기와 관련된 프란츠 뭉커(F. Muncker)의 언급이 흥미로운데, 뭉커는 "그녀는 우아하게 잡담을 늘어놓는 듯하면서도, 지성과 상상, 진실한 예술적 감각과 시적 정신이 관통된, 악의적이고 장난스런 부드러운 톤으로 흥을 돋구는 편지로써, 즉 우리 근대 문학의 전성기에서 가장 아름다운 여성적 글쓰기로써 자신의 작가적 재능을 입증하였다"[26]고 극찬하였다.

다시 강조하자면, 살롱의 대면 문화와 편지의 비대면 문화는 서로 다른 양태를 띠는 것처럼 보이지만, 양자 간의 문화적 단절 혹은 문화적 연속에 관한 질문과 관련해서는 후자의 가능성이 더욱 설득력 있다. 왜냐하면 살롱과 편지라는 두 가지 문화적 형식은 모두 기존 가부장적, 남성적 문화에 저항하고자 했던 "여성의 대항문화"의 양태라는 공통점을 갖고 있기 때문이다.[27]

④

그런데 여성들은 왜 '편지'라는 사적인 듯한 글쓰기 양식을 취했을까? 역사적으로 고찰해 볼 때, 중세, 르네상스, 계몽주의 초기인 18세기까지도 여성들은 주로 수도원에서만 교육을 받았을 뿐 정식으로 학교 교육을 받을 수 없었다. 1774년에야 비로소 여섯 살에서 열두 살까지의 소년, 소녀들이 함께 초등학교 교육을 받을 수 있었다. 그러나 열세 살이 되면 소녀는 정규 교육을 받지 못했으며, 이러한 불합리는 1893년에야 철회되면서 이후 소녀도 고등학교 교육을 받을 수 있었다. 대학은 오래 전부터 설립되었지만 그 문호는 여성들에게 완전히 닫혀 있었다. 놀라운 지식과 발명을 제시한 천부적인 여성들에게 간혹 비정규과정으로 박사학위가 극히 예외적으로 수여되기는 했지만, 대학 교육은 대부분의 여성에게 결코 허락되지 않았다. 정식 교육기관에서 학습 받을 수 없었던 여성들은 오로지 개인적 차원에서 다양한 독서를 통해 스스로 지식을 습득하고 교양을 넓혀 나갈 수밖에 없었으며, 따라서 편지와 일기를 매개로 한 글쓰기는 여성들에게 일종의 "배움터"(Schule)와도 같았다.[28] 뛰어난 필력과 글솜씨를 지닌 여성들, 소위 '여성작가'(femme de lettres)로 불리워도 손색이 없었던 이들은 아쉽게도 마음껏 글을 쓰고 발표하는 기회를 얻을 수 없었는데, 그것은 헤르더, 괴테, 실러 같은 남성작가들이 소위 문단권력을 쥐고 있었기 때문이었다. 18세기의 경우 주로 남성작가들만이 잡지와 신문에 철학적, 예술적 신간을 발표할 수 있었고, 또한 서평 내지는 '독자의 편지, 독자의 소리'(Leserbrief)도 거의 남성작가의 몫이었다. 간혹 여성작가로서 활동할 수 있었던 이들(도로테아 슐레겔, 조피 메로, 베티나 폰 아르님 등)도 남편이나 지인으로부터 도움을 받지 못했더라면 자신의 글과 작품을 발표할 수 없었다. 작품 발표시 그들은 정식으로 여성작가로 인정받지 못했으며 고작 '위대한 남성작가를 모방한 아마추어 작가' 내지는 '고전적 작가를 모방하는 아류'(Epigonentum) 정도로 수용될 정도였다. 그렇게 남편과 지인의 도움으로 자신의 창작물을 출간할 수 있었던 여성들을 제외하면 대부분의 여성은 사적인 서신 교환을 통해서만 자신의 글쓰기를 펼쳐 나갔으며, 이때 서신은 각별한 문학적 의미를 지니게 된다. "제가 원하는 것은, 편지란 그것이 씌어지는 순간의 초상화가 되어야만 한다는 것입니다"[29]라고 라헬 레빈이 언급했을 때 편지는 '일상의 순간'을 담아내는 생경한 사적인 풍경화로 여겨질 수 있겠지만 그것만이 전부는 아니다. 편지에는 여성작가의 다양한 진지한 성찰적 담론(가령 문학살롱에서 논의되었던 주제에 관한 재성찰, 삶과 존재에 대한 고민, 신간에 대한 비평적 의견, 음악과 회화 등에 관한 단상 등 다양한 내용)이 담겨 있으며, 이러한 편지는 흥미롭게도 여러 지인이 서로 돌려보거나 모여서 낭독되기도 했다. 편지 쓰는 여성은 자신의 글쓰기를 마치 공적인 차원에서 출판을 목적으로 한 '열린 글쓰기'로 여겼던 셈이다. 요컨대 편지는 사적인 수용을 벗어나 대중적 독서 및 수용을 위해 준비된 의미심장한 글쓰기였다.

> 카롤리네 폰 훔볼트 같은 여성들은 자신의 집을 공개했을 뿐만 아니라 포괄적인 서신 교환을 통해 거대한 네트워크를 구축하였다. 편지는 사적인 영역에 제한되어 있는 것이 아니라 자주 다른 곳으로 넘겨지고 낭독되고, 부분적으로는 생존시에도 출간되었다. 편지는 문학 신간물에 대한 논평, 음악, 연극, 춤, 회화 등에 대한 글들을 담고 있으며, 살롱 모임의 연속선상이 되었다. 적극적인 서신 교환은 편지 쓰는 여성들에게 시사적 주제 토론에 참여하고 결정을 내리는 기회를 부여해 주었다. 물론 그녀들의 편지에는 보편적인 관심사의 주제 이외에도 일상적인 삶의 생경한 묘사가 담겨 있었다.[30]

요컨대, 사적인 감정의 토로 같은 의미를 지녔던 편지가 18세기 말부터는 완전히 다른 의미를 갖게 된다. 즉, 이전에 편지는 가정, 친척, 친구 등과 관련된 사적인 내용의 교환에 한정되어 있었다면, 18세기 말부터 19세기 중반까지의 낭만주의 여성작가의 경우 편지는 사회적, 학문적, 예술적 주제에 관한 의견 교환뿐만 아니라 동시에 자신에 대한 성찰 및 자신의 미학적 감수성을 쏟아내는 독백적 글쓰기로 작용하였다. 일종의 '대화적 독백의 글쓰기'와도 같았다.

그런데 흥미롭게도 독일 낭만주의 여성작가들에게 적지 않은 영향을 끼친 두 명의 남성작가 슐레겔과 노발리스는 '편지 글쓰기'에 대하여 서로 상반된 관점을 취했다. 가령 슐레겔은 "편지는 본래 지극히 고루하고, 거의 범속하다"[31]라고 폄훼하였다면, 이와 달리 노발리스는 "진정한 편지는 본래 문학적이다"[32]라고 여겼다. 특히 노발리스의 경우 '문학적'이란 수사적, 허구적인 의미를 지니는데, 그럴 경우 편지는 감정과 사태의 진실한 전달보다는 오히려 독특한 미학적 특성을 띤다. 그렇다면 낭만주의 여성작가들의 경우 편지는 어떤 의미를 지니는 것일까? 낭만주의 여성작가들에게는 슐레겔과 노발리스의 시각이 모두 혼용되어 적용될 수 있다. 즉 그들 여성작가의 편지는 '지극히 고루하고 거의 범속한'(슐레겔) 동시에 '문학적'(노발리스) 이라는 점에서 일종의 혼성 양식의 특성을 띤다. 그런 점에서 조피 메로 연구자인 율리아 아우가르트는 18세기 말기와 19세기 초기 편지의 의미를 "불순한 장르"(unreines Genre) 내지는 "하이브리드 혼합"(hybride Mischung)이라고 명명하면서 다음과 같이 부연 설명하고 있다.

> 그것(편지:역주)은 독백, 일상의 소통, 대화, 철학적 성찰, 문학 사이에서 중간 위치를 차지하며 주관성과 객관성, 인공성과 자연성, 규칙성과 불규칙성을 상호 교환한다.[33]

요컨대, 낭만주의 여성작가에게 편지는 개인적 감수성과 삶의 진정성을 찾으려는 글쓰기이자 동시에 누구나 같이 읽고 해석할 수 있는 작은 문학적 텍스트였으며, 더욱이 작가 생존시 혹은 작가 사후시 주고받은 편지가 출간될 경우 '문학적 공공성의 새로운 매체'라는 특성과 의미를 갖게 된다. 이와 같은 18세기 말, 19세기 초엽의 서신 교환과 관련된 다음의 세 가지 분석적 관점은 매우 적절하다.

> 1) 첫 번째 발화형식으로서 서신 교환은 소질과 재능을 지닌 여성들이 등장하게 되는 일종의 유사공공성을 형성한다. 마음의 토로로 위장된 편지는 여기저기 나돌게 되며 동시에 전달기구, 심사숙고의 장소, 모든 가능한 장르들의 놀이터가 된다. 라헬 파른하겐의 서신 교환은 그에 대한 가장 세련된 예이며, 마찬가지로 자신의 초창기 서신 교환을 문학적으로 각색하여 자신만의 고유한 장르를 만들어내는 방식에 있어서 베티나 폰 아르님은 창조적인 재능을 발휘했다.[34]
>
> 2) 사유와 글쓰기는 결코 생산물(편지: 역주) 내에서 정지하지 않는 극히 유연한 과정으로 나타난다. 사유와 글쓰기는 더욱더 전달되기 어려워지며 더욱더 모든 표준화에서 벗어난다. 편지 쓰는 이는 이미 자신이 통제할 수 없는 운동에 내맡겨진 상태다. 모든 편지는 분실될 수 있다. 편지가 대답을 가져올지 그 누구도 알지 못한다. 수신자가 그 편

> 지를 간직하게 될지 그 누구도 알지 못한다. 편지 쓰는 이는 자신을 내맡긴 상태다. 책을 쓰고 출간한 이처럼 편지 쓰는 이도 자신의 생산물을 자기 수중 안에 간직하지 못하게 된다. 그의 이름은 자신의 생산물에 결코 붙여질 수 없게 된다. 그의 이름과 더불어 그의 편지도 이름 없이 존재한다. 가족 없는 생각들, 제도적 틀 없는 생각들, 그런 생각 속에서 편지들이 생산되고 계속 전달된다. 편지는 경계 넘기이며 경계 위반이다.[35]
>
> 3) 18세기 후반기에 편지는 문학적 공공성이 조직화되도록 하는 수단이었다. 작가들은 다른 작가들에게 편지를 쓴다. 작가들은 출판업자와 서적상에게도 편지를 쓴다. 친구들은 작가들의 요청에 따라 문학 신간 서적의 예약자를 찾아 주며, 다른 이들에게는 신간에 대해 환기하면서 그것을 구매하거나 판매하도록 호소한다. 문학 시장에 대한 의사소통은 편지로 진행되며, 따라서 편지는 출판시장의 조직을 설명해주는 상업적 정보와 호소로 가득하다. 이처럼 책의 유통이 무엇보다도 개인적 관계망에 의해서 실행되기에 개개 작가에게는 가능한 한 폭넓은 개인적 관계를 구축하는 것이 중시된다. 그렇기에 자기 자신을 어떻게 제시해야 할지 그리고 다른 사람들이 자기 개성에 관하여 어떤 이미지를 갖게 될지가 중시된다. 편지는 결국 상업적 정보와 호소뿐만 아니라 사적인 전달과 자기표현을 담고 있다. 18세기의 많은 편지는 사적 편지와 상용편지가 혼합된 형태로 파악될 수 있다. 즉, 사적 차원과 공적 차원 간의 경계가 해체되어 있었다.[36]

첫 번째 훅-드말(M.-C. Hoock-Demarle)의 인용문은 편지 쓰는 작가에 대한 분석이고, 두 번째 바바라 한(B. Hahn)의 인용문은 수신자 없이 떠도는 편지 자체의 '노마드적' 텍스트 특성에 대한 분석이고, 세 번째 모니카 네논(M. Nenon)의 인용문은 글과 시장 간의 유통적 관계에 대한 분석이다. 모두 타당한 시각이고 각기 다른 상이한 분석처럼 보이지만 한 가지 공통점을 지닌다. 즉, 편지는 더 이상 흔히 말하는 '마음의 토로' 같은 사적인 특성의 글쓰기가 아니라 작가의 손에서 만들어진, 그러나 작가의 손에서 벗어나 공공의 장(Feld) 내를 떠도는 생산물이라는 것이다. 물론 그 생산물은 삶과 예술,

사적인 것과 공적인 것이 결합된 것임은 두말할 나위 없다. 18세기 남성작가들, 특히 괴테와 실러 등의 고전주의적 예술관에서는 '삶과 예술은 별개이며 작가란 탁월한 예술적 능력의 소지자로서 삶을 있는 그대로 보여주기보다는 예술적으로 가공해야만 한다'는 소위 자율적 예술관이 지배적이었다. 이에 저항하여 낭만주의 여성들은 일차적으로 편지와 일기 쓰기를 통해 '삶 = 예술'을 시도하였지만, 이차적으로 그 편지와 일기는 동시대의 지인들이 함께 읽을 것으로 예상한 글쓰기였으며 동시에 후세의 다른 이들에 의해 읽혀질 수 있는 가능성을 염두에 둔 글쓰기였기에 '사적인 내용의 공공화'라는 특성을 갖게 된다. 그런 점에서 '사적 편지의 공적인 발표'를 염두에 두면서 글을 썼던 여성을 '여성 서신작가'(Briefschreiberin)라고 명명해도 전혀 낯설지 않을 것이다. 물론 이미 1750년 이후 계몽주의 시대에도 여성 서신작가가 존재한 적이 있었다.[37] 그러나 18세기 말 낭만주의 여성작가의 편지 쓰기는 공공화되는 사적인 내용에 '낭만적 문학성'을 강화함으로써 완전히 새로운 유형의 글쓰기로 간주된다. 가령 편지에서의 자아는 무조건 작가의 목소리와 동일시되는 것이 아니라 때론 동일화, 때론 거리두기, 때론 다양한 인물로의 변신(분열) 등을 행하는 허구적 인물로 작동하며, 그럼으로써 편지는 일종의 문학작품과도 같았다. 이와 같은 편지의 문학적 특성을 가장 뛰어나게 서술한 이는 스물여섯 살에 요절한 귄더로데였다. 그녀는 사유, 감성, 사태 등이 글자화되는 순간 그것들의 순간적 진정성은 이내 사라질 수밖에 없는 언어의 시간적 특성을 언급했을 뿐만 아니라 글로 씌어진 주체와 글을 읽는 주체 간의 분열 및 거리를 다음과 같이 인식했다.

> **아주 진실한 편지여도 내 견해로는 단지 시체에 지나지 않습니다.** 그것들은 편지에 내재해 있는 존재했던 삶을 나타내고 있기는 합니다. 그것들이 살아 있던 것과 아주 비슷하게 보일지라도, 그것들의 삶의 순간은 이미 사라진 상태입니다. 그렇기 때문에 (내가 얼마 전에 글로 쓴 것을 지금 읽노라면) 마치 나는 나 자신이 관속에 누워 있는 것처럼 여겨지며, 나의 두 명의 자아는 놀란 얼굴로 서로를 쳐다보지요.[38]

"아주 진실한 편지여도 내 견해로는 단지 시체에 지나지 않습니다"라는 귄더로데의 놀라운 언술과 "편지는 제게 항상 하나의 소설처럼 여겨진다"는 조피 메로의 언술은 시학적 차원에서 유사성을 형성한다. 마찬가지로 베티나 폰 아르님의 『귄더로데』에서도 편지는 "멋진 소설로 들어가는 입구"로 규정되는데, 귄더로데의 목소리로 발화된 다음의 대목은 실은 베티나의 자서전 혹은 귄더로데의 전기로 분류될 수 없는 작품 『귄더로데』 자체의 소설적 특성을 지시해주는 포에지의 자기준거적 서술로 작용한다.

> 사랑하는 베티네, 너의 편지는 마치 멋진 소설로 들어가는 입구 같아. 걱정을 없애주는 뤼오이스(디오니소스를 말함: 역주)의 잔처럼 그 소설을 나는 냉큼 비웠지. (...) 너의 편지가 우울한 여운 없는 기분 좋은 것으로 남게 해주고, 그런 아무 제지를 받지 않는 자유로운 생명력이야말로 너의 본성에 부합하는 것 같아. (...) 너는 마치 식물 같아서, 약간의 빗방울도 너를 기분 좋게 할 것이며 대기는 너에게 영감을 불어넣어주며 태양은 너를 변용시킬 거야.[39]

이렇듯 일종의 문학적 생산물로서의 편지와 관련하여 보러(K.H. Bohrer)는 편지란 작가의 자기보존(Selbsterhaltung)을 위한 사회적 행위가 아니라 자기 자신을 미적 대상으로 허구화하고 예술적으로 채색하는 소위 자율적 예술의 '심미적 주관성'(ästhetische Subjektivität)의 산물이라고 강조한 바 있다.[40] 그러한 예술작품과도 같은 편지의 특성은 베티나 폰 아르님에게서 절정에 도달하는데, 그녀의 경우 서신 교환은 단행본 작품의 형태로 출간됨으로써 누구나 읽을 수 있는 공공의 문학작품이라는 점이 더욱 명확해진다(물론 이 점에 대해서는 본문에서 좀 더 심도 있게 논의할 예정이다!). 다시 한 번 강조하자면, 편지를 단순히 삶의 진정성만을 담보하는 산물로 파악하려는 단선적인 시각은 극복되어야만 한다. 낭만주의 여성작가에게 새로운 장르로 인식된 편지의 가상적, 예술적 특성과 관련해서는 마텐클로트의 시각 - 비록 자율적인 예술성과 사회적 실천성을 결합하려는 아도르노의 시각에 의존하고 있지만 - 이 타당할 듯 싶다.

> 자신의 편지로 라헬은 그 억압적인 현실에서 벗어날 수 있었으며, 적어도 가상적일지라도 자신의 삶을 자기 연출로 형상화할 수 있었고, 탄식을 예술적인 탄식으로 양식화할 수 있었다. 편지는 가상적인 행동의 공간, 즉 내밀한 공공성이 되었다. 편지는 현실이 그 호기심 많은 낭만적 여성세대에게 완강하게 내주지 않으려 했던 것, 즉 저 독자적인 행동의 실천을 보상해주었다. 여성의 능력과 사회적 실현 가능성 사이에 놓여 있는 괴리를 라헬은 자신의 편지에서 미학적으로 극복하고자 했다. 그렇게 편지는 자아실현이 가능한 유토피아적 공간이 되었다. 그녀의 광범위한 서신 교환에서 그녀는 언제나 다시금 새롭게 자아의 고통스러운 자기서술을 가능한 한 극단적으로 실행해내고자 했다.[41]

이처럼 삶과 예술, 사실과 허구, 진정성과 인위성 간의 딜레마를 인식하면서 '내밀한 공공성'의 새로운 양식인 편지를 통해 자신의 작가적 행위를 시도했던 독일 낭만주의 여성작가들에 대하여 동시대 남성작가들은 어떻게 반응하고 평가했을까? 고전주의와 낭만주의의 발생 시기는 거의 같은데, 당시 글쓰는 여성작가들의 등장에 대한 독일 고전주의 작가들(괴테, 실러)의 반응은 매우 흥미롭다. 일단 그들 고전주의자들은 여성작가들의 출현에 대해 동시대 철학자들(피히테, 헤겔 등)의 부정적인 시선에서 벗어나 긍정적으로 평가하였다. 실러에게 보낸 편지에서 괴테는 소위 고전, 전범 등이 부재해 있는 당시의 상황을 전제하면서 남성작가나 여성작가 모두 스스로 자기형성적 능력을 갖추어야 한다고 강조하였다.

> 우리 여성들이 관찰과 연습을 통해 스스로 교양을 계속 넓혀 나간다면 그들은 칭찬받아야 할 것입니다. 종국에는 사실 새로운 예술가에게도 (교양을 위한: 역주) 다른 방법이 없습니다. 이론도 없으며, 적어도 일반적으로 이해할 수 있는, 모든 장르를 대표하는 확정된 본보기도 전혀 없기에, 누구나 관심과 모방을 통해, 그리고 많은 연습을 통해 자신의 빈약한 주제를 찾아내어 발전시켜야만 합니다.[42]

전승된 본보기 없이 자발적으로 자신의 능력을 발현해야만 하는 상황에서 여성작가들이 글쓰기를 통해 스스로 교양을 넓혀 나간다면 이는 긍정적인 현상이다. 그런데 괴테와는 달리 실러는 겉으로는 글쓰는 여성들을 존중해주는 듯 하지만 속으로는 멸시하는 듯한 이중적인 모습을 취하는데, 그 근간에는 남성중심주의적이고 권위적인 생각이 놓여 있었기 때문이다. '딜레탕트'라는 개념의 사용과 규정을 보면, 그가 '전문 작가(남성작가)와 아마추어 작가(여성작가)'라는 도식적 구분을 행하고 있었음을 충분히 짐작할 수 있다.

> 나는 우리 여성들이 지금 비록 딜레탕트한 방식이지만 예술에 거의 가까운 일정한 숙련된 글쓰기 능력을 스스로 얻어낼 줄 알고 있는 점에 대해 감탄하지 않을 수 없습니다.[43]

여기서 딜레탕트 개념은 글자 그대로 습작 차원에서의 미숙함만을 뜻하기보다는 실러의 경우 대단히 부정적인 의미를 띤다. 1797년 8월 17일자 괴테에게 보낸 편지에서 그는 아말리에 폰 임호프(Amalie von Imhoff), 조피 메로(Sophie Mereau), 카롤리네 폰 볼초겐(Karoline von Wolzogen) 같은 여성작가들을 논하는 가운데 이들을 딜레탕트한 작가로 간주한 바 있는데, 1799년 괴테와 함께 쓴 것으로 알려진 「딜레탕티즘」(Über den Dilettantismus)이라는 글과 연관 짓는다면 딜레탕트한 여성작가들은 두말할 나위 없이 부정적으로 여겨진다.

> 모든 아마추어들은 표절자들입니다. 그들은 언어와 사유에서 모든 오리지널의 멋진 점을 따라 말하고 흉내 냄으로써 자신들의 공허함을 덮어씌우는데, 그럼으로써 그들은 그 오리지널의 멋진 점을 거세하고 근절시켜 버립니다.[44]

여성작가는 한 차원 높은 곳을 향해 나가려는 딜레탕트한 작가이지만 실은 '위대하고도 전문적인' 남성작가의 글을 베끼는 표절자들로 간주된다. 그런데 고전주의자들에게 부정적으로 인식된 '딜레탕트'라는 개념은 역설적으로 낭만주의가 새로운 예술사조로서 등장함을 알리는 것과도 같다. 그것은 다른 측면에서 보면 딜레탕트는 기존의 예술성과 전문성에 대항하는 야수성, 도전성, 전복성, 혁신성 등을 띨 수 있기 때문이며, 따라서 역설적이지만 기존 예술과는 결을 달리한다는 점에서 낭만주의는 곧 새로운 예술의 등장을 뜻한다.[45] '예술적 가공 능력이 부족한 딜레탕트'로 비추어졌던 독일 여성작가들은 때론 남성작가의 글쓰기를 모방(의도적 표절!)하는 방식으로, 때론 그들 남성작가들이 취한 '문법적, 예술적' 글쓰기의 규칙을 위반하고 이탈하는 방식으로 기존 남성작가의 고상하고도 위대한 글쓰기에 저항하는 전위작가였던 셈이다.

⑤

앞서 언급했듯이 살롱이 폐쇄되는 가운데 그 살롱을 대체 내지는 확장하는 의미에서 서신 교환의 활성화를 통해 독일 1세대 여성작가의 길이 본격적으로 열리게 된다. '살롱, 서신 교환, 1세대 여성작가'는 상호 불가분의 관계를 맺는 셈이다. 이런 맥락에서 이 저서에서 살펴볼 18세기 말, 19세기 초의 대표적인 여성작가는 다음과 같다.

카롤리네 뵈머-슐레겔-셸링(Caroline Böhmer-Schlegel-Schelling, 1763-1809, 46세)
도로테아 파이트-슐레겔(Dorothea Veit-Schlegel, 1764-1839, 75세)
라헬 파른하겐 폰 엔제(Rahel Varnhagen von Ense, 1771-1833, 62세)
카롤리네 폰 귄더로데(Karoline von Günderrode, 1780-1806, 26세)
베티나 폰 아르님(Bettina von Arnim, 1785-1859, 74세)
조피 메로-브렌타노(Sophie Mereau-Brentano, 1770-1806, 36세)

이들은 서로 다른 삶을 살았으며 또한 급진적 사회주의적 의식, 범속한 삶에 대한 거부, 투철한 자의식, 미래적 비전(동경), 근대적 주관성의 분열, 양성성 이념 등 다양한 의식을 내보였지만, 그들의 주된 공통점은 사회적 불평등으로 입은 상처와 그로 인한 병든 마음, 구속/억압에 대한 저항, 자유에 대한 갈망 등으로 요약된다. 남성과 여성 간의 불합리한 차별이 작동하는 상황, 인간으로서 자신의 욕망을 마음껏 펼칠 수 없는 상황, 자신과 하나가 되지 못한 채 일종의 불균형적, 기형적 존재로 살아갈 수밖에 없는 상황 등에 대한 비판의 목소리는 18세기 말 독일 낭만주의 여성작가들에게 모두 공통적이었다. 남성과 동등한 위치에서 자아를 실현하고 싶은 그들의 소망은 기존 남녀 간의 성적 차이뿐만 아니라 빈부 차이, 계급 차이 등을 극복하고 싶은 욕망과도 밀접히 연관되어 있었다. 여성, 유대인, 노예, 노동자, 자연 등은 사회문화적으로 밀접하게 연결되어 있었으며, 그러한 억압에서 벗어나고 싶은 해방적 욕망은 여성작가의 글쓰기에서 매우 강렬하게 표현되고 있다. 해방의 탈출구는 다름 아닌 '낯선 곳'이었다. 그 '낯선 곳' - 그곳은 도로테아 슐레겔, 조피 메로 등의 소설에서 '아메리카'로 명명되기도 하는데 - 은 차별과 억압이 존재하지 않는 새로운 삶의 세계에 대한 은유적 표현이다. 1819년 1월 22일 여동생 로제에게 보낸 편지의 한 대목에서 라헬 레빈은 그 낯선 곳에 대한 동경심을 적극 권장하고 있다.

> 새로운 대상, 말, 사람들이 너와 접촉하는 그런 곳, 너의 피, 삶, 신경, 생각들을 신선하게 되살려주는 그런 곳으로 가렴. 우리 여성들은 그런 것을 두 배나 더 필요로 하지.[46]

위에서 제시된 낭만주의 여성작가들은 다양한 삶의 아픈 편린을 남겼지만 그 가운데에서 몇 가지 공통점을 엿볼 수 있다. 그것은 대부분 가부장적 사회에서 형성된 것들이다. 우선 몇몇 이들은 2-3개의 남편의 성을 지니고 있다. 카롤리네 뵈머-슐레겔-셸링, 도로테아 파이트-슐레겔, 조피 메로-브렌타노는 모두 집안(아버지)의 권유로 자신이 원치 않는 결혼을 받아들였으며 그 결혼은 아쉽게도 이혼이라는 파경을 맞이한다. 그러나 그들은 자신의 사랑을 찾아서 다시금 재혼한다. 그래서 두세 개의 남편 성을 지니고 있다. 그렇게 젊은 나이에 사랑 없는 결혼 생활로 시작하여 이혼과 재혼을 거치면서 그들은 아이들을 출산하게 되는데, 불행하게도 아이들은 각종 질병으로 인해 일찍 죽음을 맞이한다. 아이의 출산과 죽음은 젊은 여성에게 크나큰 절망과 불행으로 여겨졌을 것이다.

다른 네 명의 여성작가와는 달리 카롤리네 폰 귄더로데와 조피 메로-브렌타노는 오래 살지 못했다. 어린 나이에 부모를 일찍 여읜 귄더로데는 두 번의 실연 후 스물여섯 살의 젊은 나이로 라인강변에서 스스로 삶을 끊었으며, 조피 메로-브렌타노는 출산 중 출혈이 멈추지 않아 아이와 함께 서른여섯 살의 나이로 세상을 떠났다. 각기 이 십대 중반, 삼 십대 중반의 이른 나이에, 그것도 같은 해인 1806년에 두 명의 젊은 여성작가가 삶을 마감하였는데, 이는 독일 낭만주의 여성문학에 크나큰 손실이 아닐 수 없다.

평생 자신의 운명과 마주하면서 살았던 두 명의 불행한 '유대인 여성작가'도 독일 낭만주의 문학에서 커다란 자취를 남겼다. 도로테아 파이트-슐레겔, 라헬 파른하겐 폰 엔제는 비록 독일 남편과 결혼하여 외적으로 독일 사회에 동화한 여성처럼 살았지만, '유대인'과 '여성'이라는 두 굴레에서 벗어나지 못한 채 병든 마음과 고통이 항상 그들의 내적인 글쓰기에 녹아 있다.

오빠 친구였던 아힘 폰 아르님과 결혼한 베티나 폰 아르님은 이혼의 길을 걷지는 않았다. 그렇다고 해서 그녀의 결혼 생활이 순탄했던 것만은 아니었다. 소도시의 전원적 삶에 적응한 남편과 달리 그녀는 대도시적 삶을 선호했기에 남편과 떨어져 지내는 '계절부부'로서 베를린에서 아이들과 함께 지냈다. 살롱과 글쓰기를 좋아했던 그녀는 아이러니컬하게도 남편이 사망한 후 오십 세의 나이로 문단에 등단하면서 문학사에 커다란 획을 남겼다.

또 다른 조합이 가능하다. 도로테아 파이트-슐레겔, 카롤리네 폰 귄더로데, 조피 메로-브렌타노, 베티나 폰 아르님은 생존시 작가로서 소설과 시집을 발표한 여성작가로 활동하였지만, 이와 달리 카롤리네 뵈머-슐레겔-셸링, 라헬 파른하겐 폰 엔제는 주로 남편, 친인척, 지인 등과 편지를 주고받으면서 작가적 활동을 남몰래 펼쳤다.

앞서 언급했듯이, 독일 낭만주의 여성작가들은 자신의 글쓰기에서 때론 구속된 삶을 비판하고 자아 발견 및 남녀평등 같은 해방적 욕구를 토로하기도 했지만, 근본적으로는 자신의 병든 마음과 아픔을 글쓰기 주제로 삼았다.

그들 여성작가들이 고백한(혹은 연출한) 자신의 병든 마음 및 해방에 대한 욕망은 어떠했을까? 이와 관련하여 본문에서 다룰 몇몇 대목을 미리 인용해 보기로 하자.

〈카롤리네 뵈머-슐레겔-셸링〉

나는 더 이상 소녀가 아니야. 사랑은 나에게 가벼운 의무적인 가사일 이외에는 아무 것도 가져다주지 않는구나. - 나는 장밋빛 미래에 대해 더 이상 아무 것도 기대하지 않아. 내 운명은 내던져 있어. (...) **내가 몰두했던 그 어떤 가까운 것을 전혀 발견하지 못하기 때문에, 저 열려져 있는 광활한 세계는 그저 나로 하여금 서글프게 울도록 하네.**

사람들이 나를 아무렇게나 부엌데기로 만들어 버리려는 것은 무책임한 일이야.

내가 어떤 사람인지 누가 알며, 누가 나를 알 수 있을까요. 사람들은 나를 버림받은 피조물로 여기며, 나를 완전히 자빠뜨리는 것은 당연하다고 생각하고 있습니다. **어쨌든 나는 부도덕하지 않았고 대담했습니다! (...) 이러한 상황을 극복하기 위해서 나는 진정으로 마술사가 되어야만 할 것 같아요.**

마이어씨, **우리는 자랑스러운 거지예요, (...) 이제 결사체를 구성해 봅시다.** 광명회(1776년에 결성된 과격한 비밀 결사대: 역주)가 바보들을 물리치고 영리한 사람들을 내세웠듯이, **사물의 질서를 전복시키는 비밀스런 결사체 말입니다.** 그러면 부자들이 물러나고 가난한 백성들이 세계를 통치하게 될 것입니다. 나는 시민과 결혼하려는 당신의 생각은 매우 좋다고 생각합니다. (...).

〈도로테아 파이트-슐레겔〉

여러 논쟁과 말다툼, 그리고 많은 주저와 의심 끝에 마침내 파이트와 이혼한 지 3주가 지났습니다. **나는 혼자 지내고 있으며, 나를 오랜 노예 상태에서 해방시켜 준 저 난파선으로부터 아무 것도 구해내지 못했습니다.** 다만 극도로 절약해서만 살 수밖에 없는 아주 적은 수입, 무척 기쁜 마음, 나의 필립과 몇몇 지인들, 그리고 피아노 이외에는 아무것도 없었습니다 (...)

우아, 헌신, 관용! 이런 것들은 사랑스러운 인간의 아름다운 특성을 나타낼 뿐이야. 사교적인 삶을 위해서 말이야. 그런데 더 이상 사교적이지 않은 결혼 생활, 둘이 하나로 존재해야만 하는 그런 결혼 생활에서, **둘로 존재하지만 혼자 존재하는 그런 결혼 생활에서, 그런 특성들은 도대체 무슨 뜻을 지닐까?**

〈카롤리네 폰 귄더로데〉

일반적으로 받아들여지는 남성성과 여성성은 인류의 장애이며, 이런 장애를 줄이도록 우리는 노력해야 하며, 그와 동시에 개개 성의 독특함이 경계를 더욱 넓혀서 그 안에 움직일 수 있도록 해야 한다.

너는 나에 대해 물었니? **나는 정말 삶에 지쳐 있어. 나의 시간이 끝나가고 있고 자연의 오류를 통해서 겨우 살아 있다는 느낌이야.** 이런 감정이 때론 내 마음 속에서 더 활기를 띠거나, 때론 더 희미해지곤 해. 이것이 나의 인생 항로인가 봐.

종종 나는 나 자신을 격렬한 혼잡한 싸움터 속으로 내던지고 싶은 전혀 여성적이지 않은 소망을 품고 있어. 나는 왜 남자가 되지 못하는 것일까! 나는 여성적 미덕, 여성의 행복에 대해 아무 의미도 두고 있지 않아. **거칠고 위대하고 빛나는 것만이 내 마음에 들어. 내 마음 속에는 불행하지만 치유될 수 없는 불균형이 있어.** 이 점은 앞으로도 그럴 것이고 그럴 수밖에 없을 것 같아. **나는 여자이지만 남성의 힘은 없으면서 남자처럼 욕망을 지니고 있어. 그렇기에 나는 시시때때로 변하며 나 자신과도 전혀 일치하지 않아.**

〈라헬 파른하겐 폰 엔제〉

살아가는 동안 나는 압박과 강요에 의해 병들어 있답니다. 항상 저항해야 함을 알고 있음에도 나는 내 성향에 반하면서 살고 있어요. 나는 얌전한 양 꾸미며, 이성적으로 존재해야 함도 알고 있어요. 그렇지만 그런 것을 견뎌 내기에는 너무 작습니다, 너무 작아요, **(...) 항상 위**

장하는 것, 이성적이어야 하는 것, 순종해야 하는 것, 이런 것이 나를 갉아먹고 있어요. 나는 그것을 더 이상 견뎌 내지 못하며, 그 어떤 것도, 그 누구도 나를 도와줄 수 없을 거예요 (...) **세계는 이미 정돈되어 있기 때문에 나는 거기서 빠져나가질 못합니다.**

담을 부숴라! 그것의 잔해도 치워라! 이 세상과 비슷하게 이 괴물이 만들어져 있구나! 생명 있는 모든 것이 그 위에서 꽃피우게 될 것이다. 자연적 식생(植生)!

나는 글의 완성을 위하여 그 어떤 능숙한 계획된 생각을 나 자신 안에 갖고 있는 것이 아니라 착상, 흥분, 생각, 표현이 있을 뿐이며, 이 모든 것은 하나의 동일한 폭발이며 흐름입니다.

〈베티나 폰 아르님〉

내가 슬퍼하고 있다는 점을 당신도 스스로 쉽게 알 수 있을 거예요. 엄청난 활기와 용기가 있지만 그것을 사용할 수단이 없어요! 위대한 일과 행동을 위해 마음은 타오르고 있지만, 사슬로 묶여 있는, 구출을 전혀 생각할 수 없는 포로 상태의 위대한 전사는 과연 어떤 기분일까요? 활동에 대한 영원하고 거침없는 욕망이 종종 내 마음을 압도하지만, 나는 단순한 소녀로서 그 운명은 완전히 다릅니다. **어제는 오늘과 같은 날이고 내일과 같은 날이 될 것이며, 그렇게 많은 나날이 이미 있었고 또 앞으로도 더 많은 나날이 그렇게 있게 될 것임을 생각해 보면 종종 내 의식은 망연자실 어두워집니다.** 내 힘에 적합한 역량을 발휘할 수 있는 그런 상황 속으로 들어가지 못한다는 것, 이것이 얼마나 나를 불행하게 만드는지 상상조차 할 수 없는 지경입니다.

내가 오빠에게 제발 부탁하고 싶은 점은, 나에게 데려오고 싶어하는 어떤 좋은 남자 때문에 오빠가 한숨 소리를 내지 말라는 것이예요. (...) 클레멘스, 그것은 미래에 대한 좋은 배려이지만, **그러나 나는 삶에 있어서 그 어떤 조력자를 필요로 하지 않아요. 또한 나는 어리석은 편견의 희생자가 되고 싶지 않아요. 나는 내가 무엇을 필요로 하는지를 잘 알고 있어요. - 내게 필요한 것은, 내가 나의 자유를 간직하는 것이예요.** 무엇을 위해서냐고요? 어떤 내면의 목소리가 나에게 행함을 포기하도록 한 것을 찾아내고 완성해내기 위해서입니다.

평소 나는 바스티유에서처럼 살고 있는 듯이 여겨지며, 다만 죄수들보다 더 많은 근심과 불편함을 갖고 있어요. 그렇지만 나는 만족하고 있으며 더 나은 것을 요구하지 않으며 편안하고 침착한 마음으로 내 삶의 종착점을 향해 바라보고 있어요.

스스로 생각하기야말로 가장 지고한 용기입니다. (...) 스스로 생각하기를 시도하는 자는 또한 스스로 행동할 것입니다.

〈조피 메로-브렌타노〉

나는 떠나고 싶어, **살아 있는 삶 속으로 나는 뛰어들고 싶어. 물론 거기서 나는 자유로워야만 해.** 얼마나 그런 욕구가 점점 더 확고하게 나 자신 속에 꿈틀거리고 있는지를 느끼고 있어 - **하지만 도처에서 마음의 속박, 내 의무의 속박이 나를 붙잡고 있네.**

내가 너와 함께 단둘이서 말하고 싶은 점은, 결혼할 때 한 소녀가 고유한 자기 자신을 내던지고 모든 것을 새롭게 시작한다면 그리고 - **남자의 부속물로서** - 세상에서 나타나려 한다면 - **마치 다른 이의 마음에 의해서만 움직여야 하는 인간과 비슷한 기계처럼 나타나려 한다면 -, 그것이야말로 최고 수준의 자기부정이라는 것이야.**

종이로 누군가에게 다가가려 하는 것은 묘한 감정입니다. 내가 당신에게 편지를 쓰려는 지금보다 더욱더 당신과의 거리감을 느낀 적은 없는 것 같습니다. 나는 어떤 대가를 치르더라도 놓치고 싶지 않은 사람들일지라도 그런 친숙한 사람들에게 편지를 보내는 것을 싫어합니다. - **편지는 항상 나에게 소설처럼 여겨집니다.** 나는 많은 말을 늘어놓는 것보다 늘어놓지 않은 것을 선호합니다. **편지 종이는 시선과 소리를 잊고 종종 잘못된 의미를 전달하는 불충실한 메신저입니다. 하지만 아무 소리조차 들리지 않는 끔찍한 황무지보다는 그래도 오류와의 싸움이 훨씬 낫겠지요.**

주제적, 내용적 차원에서도 혁신적이지만, 미학적, 형식적, 문체적 차원에서 보면 독일 낭만주의 여성작가들의 글쓰기는 매우 흥미로운 전위적 문학성을 띤다. 예를 들면 수사적이고 인위적인 문장보다는 상대방과 마치 자연스럽게 이야기하는 대화체적, 반문법적 글쓰기, 논리적 사유보다는 파편적 글쓰기, 그리고 체계적 완성보다는 연상과 착상에 의한 글쓰기, 또한 하나의 주제보다는 다채로운 주제들을 자유롭게 넘나드는 글쓰기 등 다양한 특성을 엿볼 수 있다. 간단한 예로 라헬 레빈의 경우, 그녀의 서신에 담겨 있는 "Ich lasse das Leben auf mich regnen" 혹은 "Auf frischen, kleinen, abstrakten Wegen wollen wir gehen: und auch auf diesen noch dem Wolkenspiel folgen, den Lichtzauber genießen, und auch dem Dunkel, wenn es reizt, nachziehen!" 같은 문장은 낯설고 기이하게 여겨진다. 그것은 문법적으로나 의미상으로 매우 생소한 문장들이기 때문이다. 첫 문장의 경우 직역을 하면 "나는 삶으로 하여금 나에게 비를 내리도록 한다"이지만, 의역을 하면 "나는 삶의 빗물이 나를 향해 내리도록 한다" 혹은 아주 간단히 "나는 삶의 빗물을 그냥 맞을래요"라는 식으로 옮길 수 있을 것이다. '운명적인 삶에의 체념'이라는 의미임을 알 수 있지만 어쨌든 '비가 내리다'(regnen)라는 비인칭 동사와 사역동사(lassen)를 결합하는 표현은 무척 낯설다. 이와 같은 낯설고 기이한 표현은 곧 기존 문법을 위반하는 글쓰기 방식과도 같다. 또한 "우리는 신선하고 작고 추상적인 길을 걷고 싶으며 또한 그 길 위에서 우리는 구름의 움직임을 따르고 빛의 마법을 즐기고 유혹적일 경우 어둠을 따라가기를 원합니다!"라고 번역되는 매우 감각적인 두 번째 문장에서도 "신선한, 작은, 추상적"이라는 서로 이질적인 형용사들이 낯설게 결합되어 있으며 또한 "구름의 움직임, 빛의 마법, 어둠" 같은 자연현상과 관련 있는 명사들이 나열되기도 한다. 형용사, 명사 등이 사소한 듯 나열된 표현에는 어떤 심오한 의미가 담겨 있으며, 이러한 글쓰기는 노발리스가 말한 "범속한 것에 고상한 의미를, 일반적인 것에 비밀스런 외양을, 잘 알려진 것에 잘 알려지지 않은 것의 품위를 부여하는"[47] 소위 "낭만화"(Romantisierung)의 글쓰기 방식에 가깝다. 이와 같은 새로운 형태의 글쓰기 특성은 기존의 체계적이고 이성적인 글쓰기, 고전적 수사학에 의해 길들여진 학습된 글쓰기에서 벗어나려는 대항적인 의미를 지닌다. 그 밖에 서신 교환의 형식도 '서간소설'을 취함으로써 기존 장르와 질서 내에 자리하는 듯하지만, 그 사실과 허구가 혼합된 서간소설은 실은 기존의 글쓰기 문화를 은밀히 전복하려는 일종의 "트로이 목마"(trojanisches Pferd)처럼 작용한다.[48] 라헬 레빈을 비롯한 낭만주의 여성작가들의 글쓰기는 기존의 전통적인 수사학과 문법의 관점에서 보면 언뜻 규범을 결핍한 미숙한 글쓰기로 평가될 수 있겠지만, 이러한 진단은 크나큰 오산이다. 그와 같은 반문법적, 반규범적 글쓰기가 곧 그들 여성작가들의 새로운 고유한 글쓰기의 특성으로 간주되어야 하며, 이 점에 대하여 베커-칸타리노는 다음과 같이 강변하고 있다.

> 라헬 파른하겐도 자신에게 결여된 학교 소양과 체계적인 수업에 대해 하소연한 바 있다. 종종 엿볼 수 있는 그녀의 격언적 문체, 사유의 연상들과 비약들, 그녀가 다루는 주제의 다양성, 그녀가 건드리는 사물의 조명, 이런 모든 점은 아마도 그녀가 남성적인 교육체계로부터 배제되었다는 것에 기인할지도 모른다. 그렇지만 그런 점이 정말 단점이어야만 할까? 그런 배제와 전통적 교육을 배우지 못한 점이 오히려 글쓰는 여성들로 하여금 새로운 가능성과 형식을 발견하도록 해준 것은 아닐까?[49]

이러한 독일 낭만주의 여성작가의 글쓰기는 1980년대 이후 프랑스에서 제시된 소위 '여성적 글쓰기'를 선취하고 있다. 하나의 거대 이념을 향한 통일적이고 체계적인 글쓰기 및 문법에서 벗어나는 글쓰기, 재현이론적 및 주체이론적 관점에서는 전혀 규명될 수 없는 글쓰기의 현상, 이러한 독일 낭만주의 여성작가들의 글쓰기 특성은 현대 페미니즘을 대표하는 프랑스 여성문화이론가 이리가라이(Luce Irigaray)가 제안했던 글쓰기, 즉 "여성들은 말하면서/글을 쓰며, 짧게, 스스로를 토로해야만 한다"는 여성적 글쓰기의 특성과 상통하며, 특히 "개념의 이중성"과 유희하며 "은유"와 "물질적인 다층적 함의"[50]를 꾀하는 그런 글쓰기는 독일 낭만주의 여성작가의 글쓰기에 이미 작동하고 있었다.[51] 또한 프랑스 여성작가 엘렌 식수(Hélène Cixous)가 자신의 글쓰기를 규정한 다음과 같은 언술도 마찬가지로 독일 낭만주의 여성작가의 글쓰기에 적용될 수 있다.

> 글쓰기는 양가적 움직임이다. 글쓰기는 스스로를 분리시키고 고립시키고 물러나게 한다. 상아탑(세상과 등지며 자신의 고유한 세계 속에 존재함: 역주)의 위험이 있다. 그러나 죽음, 소멸, 침묵에 저항하기 위하여 글을 써야만 하는 필연성도 있다.[52]

이처럼 18세기 말, 19세 초의 독일 낭만주의 여성작가들의 글쓰기는 20세기 이후 현재의 여성적 글쓰기를 실험적으로 전개했던 이들로도 분류될 수 있으며 나아가 '여성의 글쓰기, 여성에 의한 글쓰기, 여성을 위한 글쓰기'라는 점에서 여성문학(Frauenliteratur)의 대표적인 사례들로 수용될 수 있다.

제1부

“자유로운 정신의 공화국”으로서의 살롱과 소통 문화

1장

‘사적 공공성’의 문화적 공간으로서의 살롱

1.1. 살롱의 어원과 역사적 발전

살롱(Salon) 문화의 근원과 관련하여 혹자는 그리스 장군 페리클레스(Perikles)의 두 번째 젊은 부인(혹은 애첩) 아스파시아(Aspasia)가 열었던 모임을 원형적 사례로 들곤 한다. 철학적 대화와 웅변술이 매우 뛰어난 그녀는 그리스 아테네에서 당대의 수많은 상류층 지식인들 및 철학자들과 함께 시를 짓기도 하고 철학적 담론을 즐겼으며, 그 참석자들 가운데에는 소크라테스, 플라톤 등도 있었다고 한다. 오늘날의 말로 표현하자면 그녀는 일종의 ‘철학적 살롱’의 여성 호스트로 활약한 셈이다. 살롱 연구자들 가운데 혹자는 아스파시아를 남성 철학자들의 지적 내지는 성적 친구이자 동반자라는 의미에서 매춘부라는 뜻의 그리스어 ‘헤타이라’(hetaira, ἑταίρα)라고 부르기도 한다. 고대에서 엿볼 수 있는 그와 같은 모임은 초역사적이고 보편적인 사회문화적 유형이라기보다는 당시의 특별한 형태였으며, 따라서 엄밀한 의미에서 근대적 살롱의 원형이 될 수는 없다.

근대적 살롱은 르네상스 시기에 발생한다. 독일어나 프랑스어 ‘Salon’은 ‘커다란 홀’이라는 뜻의 이탈리아어 ‘Salone’로 소급된다. 독일어의 경우 살롱은 큰 저택의 접견실이나 작업공간을 뜻하지만, 살롱 문화가 만연된 18세기 이후에는 그러한 공간적 의미에 '문화적 소양을 갖춘 이들이 서로 담소를 나누는 모임'이라는 의미가 더해진다. 유럽 근대 정신의 탄생 및 발전과 관련하여 인간의 이성, 계몽 사상, 의식 주체 등 다양한 특징이 언급되는데, 흥미롭게도 그와 같은 형이상학적 특징은 구체적인 문화적 현상인 살롱 문화와 긴밀히 연결되어 있다. "르네상스는 살롱의 요람이다"[1]라는 함축적 언술이 말해주듯, 근대 문화의 근원인 16세기 르네상스 문화에서 그 중심지는 바로 살롱이었다. 이 살롱 문화는 16세기 이탈리아에서 궁중 문화의 한 형태로 시작하여 18세기에는 영국, 프랑스, 독일 등으로 확산된다. 살롱은 특히 프랑스 문화에서 그 꽃을 피웠다. 살롱 개념의 본래 의미에 부합하는 차원에서 넓은 루브르 궁전(무엇보다도 접견실)의 공간이 살롱으로 사용되었다. 1672년 루이 14세가 자신의 별장인 베르사이유로 궁전을 옮긴 이후 루브르 궁전은 왕실이 수집한 예술품을 전시하는 공간으로 전환되었고 1699년에는 소위 '살롱전'이 처음으로 루브르 궁전에서 개최되었다. 이후 1725년 프랑스 최고의 미술 전람회가 그곳에서 개최되었는데, 루브르 궁전의 '살롱 카레(salon carré, 정방형의 방)라는 이름을 빌려 이후 그 유서 깊은 전통의 전람회를 '살롱전'이라고 부르게 되었다. 독일 낭만주의에 지대한 영향을 끼친 프랑스 계몽주의의 대표적인 철학자이자 극작가인 데니스 디드로(Denis Dederot)는 2년마다 개최된 살롱전을 1759년부터 1781년까지 총 아홉 차례 관람하면서 매번 문예지에 미술 비평을 발표하였는데, 그가 쓴 비평문 모두는 후에 바로 『살롱(Salons)』(1781)이라는 제목의 단행본으로 출간되었다. 이렇듯 살롱이라는 개념은 서구 18-19세기의 경우 예술적, 문예비평적 의미와 밀접하게 연관되었으나, 20세기 이후 살롱은 그 본래의 의미를 상실한 채 때론 선술집, 카바레, 헤어샵 같은 소비 공간을 지칭하는 이름으로 사용되고 있다.

사실 18세기 독일 사회에서 그 외래어 살롱이 도입되었을 때 그 반응은 현재와도 비슷하게 부정적이었다. 귀족 놀음의 공간이라는 부정적인 뉘앙스로 인해 프랑스어 살롱이라는 단어가 직접 사용되기보다는 독일 사회에서는 사교적 모임을 지칭하는 다양한 개념들이 사용되었다. 가령 공동체/모임(Gesellschaft/Verein), 열린 연회/식탁(offene Tafel), 클럽(Kränzchen), 동아리(Zirkel), 차모임(Teetisch/Tischgesellschaft), 요일과 모임을 결합하여 수요모임(Mittwochsgesellschaft) 같은 여러 가지 명칭이 발견된다. 역사적으로 엄밀히 말하면, 독일에서 살롱이라는 말은 19세기 중후반기에나 활발히 사용되었고 그 이전에는 위에서 언급된 용어들 가운데 무엇보다도 '차모임'이라는 언어가 자주 사용되었다. 17세기 말 및 18세기 중반 계몽주의 시기에 왕실 및 고관대작의 집에서 개최된 '귀족적 살롱'에서는 주로 커피, 초콜릿 등이 제공되는 가운데 흥겨운 담소가 이루어졌다면, 18세기 말 및 19세기 초반까지의 낭만주의 시기에는 시민적 살롱이 형성되었고 여기서는 주로 차를 마시면서 예술적 담소를 주고받았기에 '차모임'이라고 지칭되곤 했다.[2] 하이덴-린쉬(Heyden-Rynsch)는 17-18세기의 유럽 살롱의 특징을 다음과 같이 요약한 바 있는데, 이는 18세기 중후반 베를린을 중심으로 한 살롱 문화 현상에도 해당된다.

> 넓은 의미에서 살롱은 특정 목적으로부터 자유로운, 강요 없는 사교형식이며, 여성이 그 모임의 결정체를 형성한다. 특별한 요청 없이 규칙적으로 만남의 날에 모여드는 손님들 - 이들은 상객(주기적으로 찾아오는 손님들)이라고 하는데 - 은 서로 친절한 교제를 유지한다. 그들은 상이한 사회층과 생활권에 속해 있다. 문학적, 철학적 혹은 정치적 주제에 관한 대화가 그들을 하나로 묶어준다. 대화는 사교의 세련된 기술로서 결코 순수예술적인 내용에 관계된 것이 아니라 시시각각의 시대정신 및 그것에서 파생된 질문거리들과 분리될 수 없다.[3]

이상과 같은 살롱의 일반적인 특징에서 한 걸음 더 나아가 여기서 다루고자 하는 형태는 18세기 말에 발생한 '시민적 문학살롱'이다. 이 시민적 문학살롱은 왕실의 살롱에서 소외되었거나 무시되었던 귀족이나 그 부인들이 궁전 밖에서 지인들을 끌어들여 자신의 귀족적 신분 내지는 지도적인 위치를 과시하려는 목적에서 행했던 살롱 내지는 차모임과는 구분되며, 또한 18세기 중후반에 성행되었던 정치적, 상업적 이해 관심사로 구성된 남성들만의 모임 형태와도 철저히 구분된다. 18세기 말에서 19세기 초반까지 특히 대도시 베를린를 중심으로 형성된 문학살롱은 신간서적, 오페라, 음악회, 연극 등 소위 문화적 생산물 및 행사 등에 대한 서평과 비평, 의견 등을 나누는 모임 성격을 띠었으며 나아가 성별, 종교, 국적 등에서 벗어나 다양한 지성인들과 교류하는 공간으로도 작용하였다. 물론 이러한 모임 공간을 순수하게 '문학살롱'으로 명명할지 아니면 '베를린 살롱'으로 혹은 '유대인 살롱'으로 명명할지 등 매우 복잡한 문제가 얽혀 있기도 하다. 왜냐하면 이 책에서 집중적으로 다루는 1780-1806년까지의 기간을 살롱의 성행 기간으로 볼 때, 대표적인 살롱은 주로 베를린에 있었고 더욱이 유대인 가문 출신의 여성들에 의해 주도되었기 때문이다. 따라서 엄밀히 말하면 '베를린 유대인 여성 살롱'으로 명명하는 것이 가장 정확한 시각이다.[4]

17-18세기 사회적으로 살롱 문화가 발전하는 과정에서 주목해야 할 점은, 모임을 이끌었던 이들이 귀족층에서 시민층으로 점차 바뀌게 되는 현상이다. 그와 같은 전환 내지는 교체를 오늘날의 사회학적 용어로 서술하자면 새로운 문화적 소비 주체로서 중산층(middle class)의 등장이라고 할 수 있다.[5] 가령 17세기 '로코코 살롱'이라고 명명되는 형태는 주로 귀족들의 모임을 지칭하며, 이것이 우리가 흔히 알고 있는 화려하고 우아한 살롱의 기본 형태이다. 그러나 18세기 세속화된 귀족과 시민이 형성되면서 살롱 문화도 시민적 형태를 띠게 된다. 더욱이 18세기 계몽주의 시대의 살롱 문화는, 근대의 사회적 분화 과정에 부합하는 차원에서, 정치적, 학문적, 경제적, 문학적, 철학적 방향 등으로 다양하게 분화된다. 특히 격동의 혁명 시기가 막 끝난 1790년 중후반부의 경우 살롱 문화는 프랑스에서 독일로 옮겨지는데, 여기서 살롱 문화의 패러다임 전환을 엿볼 수 있다. 프랑스 혁명 이후 '공화국'으로 전환한 프랑스에서는 귀족 권력의 문화적 저현 기능이 살롱 내에서 더 이상 가능하지 않게 되었다면, 이와 달리 계몽군주제의 시스템이 작동하고 있던 독일의 경우 급격한 정치적 혁명보다는 "정신적 혁명", "미적 혁명",

"미적 교양" 등을 꾀하게 되었다. 이러한 정치적, 문화사회적 의식 내에서 독일의 살롱은 "구체적인 조화로운 사회의 사교적 기획"(geselliger Entwurf der konkreten harmonischen Gesellschaft)으로 여겨졌으며, 베를린, 바이마르, 예나 같은 소위 '문화도시' 내에서 살롱은 실제적인 삶의 자유로운 형성체로서 "국가와 사회의 매개 심급기관"의 공간으로 작동하였다.[6] 독일의 살롱 문화는 한편으로 '완전한 유토피아적 사회의 재현'이라는 상징적 의미를 갖기도 했지만, 다른 한편으로 모든 이들이 순간적으로 자유롭게 교제하는 구체적인 '작은 공동체'였다. 후자의 경우를 좀 더 긍정적으로 서술한다면, "이상적인 경우 저녁 때의 살롱 모임은 즉흥적인 사교성의 예술작품, 인간적 삶과 인간적 모임의 종합예술작품이 되었다."[7]

Der literarische Salon von Madame Geoffrin (1755)

현대적으로는 호스트(Salonnière)라고 불리는, 비교적 경제적으로 여유 있는 자가 살롱 모임을 이끄는 주체가 되고, 그런 호스트가 마련한 살롱에 정기적으로 방문하는 다양한 이들(정치인, 작가, 학자, 예술가 등)은 단

골손님들(Habitués)이라고 부른다. 살롱은 주로 호스트와 그의 초대로 방문한 이들로 구성되지만, 손님 개개인이 다른 손님들을 추천하여 데려오는 방식을 통해 살롱 참석자들은 더욱 확대된다. 이와 같은 살롱이 가장 절정에 도달한 시기는 18세기 계몽주의 시기다. 특히 18세기 중반 사교적 모임으로서의 살롱들은 주로 도시를 중심으로 형성되는데, 기존의 다른 모임들이 종교적, 계층적 이해 관심사에 의해 노골적으로 혹은 비밀리에 조직되었다면 18세기 살롱은 자유로운 구성원들의 공감과 이해의 일치에서 싹트게 된다. 당시 18세기 중반에는 주로 남성중심주의적인 모임이 형성되었다. 예를 들면 1749년 한 선술집에서 창립된 "월요클럽"(Montagsclub)의 경우 레싱(Lessing), 멘델스존(M. Mendelssohn), 람믈러(Ramler), 니콜라이(Nikolai) 같은 당시의 대표적인 지성인들이 참석했었고, 1791년에는 자유주의적 사상의 유대인 남성들로 구성된 "우애회"(Gesellschaft für Freunde)라는 모임도 형성되기도 했다.[8] 모제스 멘델스존(Moses Mendelssohn, 1729-1786)에 의해 조직된 모임도 있었으며, 칸트 추종자였던 철학자이자 의사였던 마르쿠스 헤르츠(Marcus Herz, 1747-1803)가 주도한 모임도 있었다. 이러한 남성중심의 모임에서 여성들의 참여는 매우 제한적이었다. 가령 교양과 지식을 갖춘 여성들만이 참여해도 좋다는 식의 조건이 뒤따랐는데, 이는 소수 여성들만이 남성들로부터 일종의 '허락'을 받는 수동적 위치에 있었음을 말해준다. 요컨대, 여성들은 남성 구성원들과 완전히 동등한 관계에 놓여 있지 않았다.

그와 같은 현상이 18세기 말기의 살롱에서는 완전히 뒤바뀐다. 물론 종교와 국적에 구애받지 않는 열린 모임의 형식은 18세기 초중반의 계몽주의 사상으로부터 영향을 받은 것이었지만, 이전 살롱 형식과 비교해 볼 때 두 가지 눈에 띄는 현상이 나타난다. 무엇보다도 여성 호스트가 주도적인 위치를 차지하며, 또한 모임은 엄격한 규칙보다는 비교적 한층 더 자유로운 열린 형식을 띠게 된다는 것이다. 독일의 18세기 말기는 여러 가지 사상이 혼재된 시기로서 한편으로 후기계몽주의가 자리하고 있었으며, 다른 한편으로 고전주의와 낭만주의가 동시에 싹트는 시기였다. 그런 점에서 계몽주의적(베를린), 고전주의적(바이마르), 낭만주의적(예나) 살롱이 서로 미세한 차이를 띠면서 공존하고 있었으며, 살롱 참석자들은 다양한 살롱을 방문했다. 살롱의 형식적, 주제적 차원에서 상이한 차이를 지녔음에도 불구하고 넓은 의미에서 당시 살롱은 '대도시와 시민'과 밀접하게 연관되어 있었고 다음과 같은 대략 일곱 가지의 특징을 지니고 있었다. 살롱에 대한 쾰러의 분석에 의하면 1) 여성을 중심으로 조직되며, 2) 규칙적인 시간에 규칙적으로 참석하는 이들이 있으며, 3) 가능한 한 다양한 사회 계층의 참석자를 받아들이며, 4) 교제는 완전히 강요 없이 이루어지며, 5) 거의 대화로만 진행되며, 6) 문화적 매력을 띤 모임이어야 하며, 7) 이데올로기적 도그마와 목적에서 완전히 자유로워야만 한다.[9] 일곱 번째 특징과 관련하여 부연하자면, 18세기 말의 살롱은 문학외적인 정치적 목적을 배제하고 자유롭게 문학적인 대화를 추구하려는 '문학살롱'의 특징을 띠었다. 물론 '문학'을 어떤 의미로 이해하는가에 따라서 각 살롱 간의 미묘한 차이점을 엿볼 수 있다. 가령 프랑스의 살롱을 주로 모방하면서 탄생한 계몽주의적 살롱에서는 문학과 예술은 인간적 – 나아가 사회적 – 계몽을 위한 수단으로 인식되었다면, 그런 계몽주의적 경향에 반발했던 낭만주의의 '예나 문학살롱'은 외적인 목적 실현을 위한 모임 형식과 결별하는 가운데 모임 자체의 자율적인 특성을 강조하게 된다.

> 18세기에 진행된 계몽주의의 주요 목표들 가운데 하나는, 계층별 위계질서로 구축된 사회에 직면하여 계층 전반에 걸쳐 자유로운 행동 형식과 의사소통 형식을 사적 공간에서 시험해보는 것이었다. 대부분 시민적 지식인들인 이들의 해방 공간은 비밀결사 모임, 독서 모임, 정치적-문학적 서클이었으며, 여기서는 봉건절대주의적 국가에 대한 시민적 비판이 보편적인 인간 이성으로 장려되었다. 그렇지만 여성들이 철저히 배제되어 있다는 점, 마찬가지로 여러 모임에의 자유로운 출입이 교양과 재산의 소유와 연관되어 있었다는 점은 전혀 문제점으로 인식

되지 않았다. 초기낭만주의에서의 사교 행동에 대한 구상과 실천은 분명 후기계몽주의의 전통 속에 놓여 있지만, 그러나 계몽주의의의 원칙을 훨씬 넘어서는 새로운 지평을 열어 놓았다. **무엇보다도 모임에 여성과 유대인을 끌어들이고 또한 미학적, 문학적으로 모임을 이끌어가는 데에 새롭게 방점이 놓이게 되었다.** 이는 비밀결사 모임의 정치적 목표 설정을 완전히 배제하지는 않았지만 점차 주변으로 내몰았다.[10]

'계몽주의가 전혀 계몽적이 아니었다'는 점은 살롱에서도 엿보인다. 18세기 초중반기 종교적, 정치적 모임들이었던 기존의 살롱이 남성중심적으로 운영되었고 여성은 참석 허락을 받는 가운데 보여주기식의 들러리 역할에 만족해야만 했다면, 18세기 후반기 베를린, 예나 등의 살롱에서는 계층, 신분, 성별 등에 의한 구분과 차별 현상이 서서히 극복된다. 특히 유대인 가문 출신의 여성이 주도한 살롱, 대표적으로 라헬 레빈이 이끌었던 살롱은 가장 파격적이고 이상적인 살롱 문화를 구현해냈다. 18세기 말 베를린 중심의 여성 주도의 살롱은 성의 구분을 지양하는 새로운 형태의 '우정 모임'(Freundschaftsbund)을 띠고 있었으며 대화 또한 예술적, 문학적 주제에 집중되었다. 아마추어지만 비교적 풍부한 교양 지식을 지닌 여러 여성이 살롱의 대화에 적극 참여하였다.

여성의 지위가 평가절상되었다. 즉, 여성 인물은 그 모임에서 비록 동등하지는 않았지만 점차 신망 있는 구성원이 되었다. 남성들이 간직하고 있던 사교적 여성의 이상상은 박학한 여성이 아니라 우아한 등장으로 사람들의 관심을 끄는 여성, 즉 세심한 교양을 토대로 대화에 관여할 능력이 있는 그런 여성이었다.[11]

기본적으로 "살롱이란 (유복한) 여성이 주도한, 지적인 대화들이 오가는 집안 내에서의 모임"[12]이라고 정의될 수 있다. 살롱은 여성 호스트의 집에서 열리며 다양한 손님들 간에 낭독과 토론이 자유롭게 전개되며, 또한 때로는 음악회도 개최된다. 유의해야 할 점은, 특정한 개인의 집에서 열린다는 점에서 살롱을 '사적 모임을 위한 공간'으로 간주하지 말아야 한다는 것이다. 왜냐하면 살롱은 외지와 타국에서 온 자유로운 정신의 소유자들이면 누구든, 언제든지 받아들였다는 점에서 일종의 '열린 집'(offenes Haus), '열린 포럼'(offenes Forum)의 특징을 띠고 있었기 때문이다.

> 열린 연회/식탁(offene Tafel), 차모임(Teetisch) 같은 성별이 뒤섞인 사교 모임은 지식인들이 하나의 계층으로 구성되는 과정을 활성화했다. 열린 집들은 지식인들의 관계망 구축을 위한 요충지였다. 여행 중인 친구들과 지인들, 추천장을 소지한 이방인들이 특정 지역에 거주하는 핵심 인물의 근처로, 때론 예고 없이, 때론 지정된 날짜에, 규칙적으로 사교 모임을 위해 모여들었다.[13]

헨리에테 헤르츠, 라헬 레빈 등이 주도한 베를린 살롱을 경험한 장 파울(Jean Paul)은 1801년 다음과 같이 당시의 분위기를 전한 바 있다.

> 여기서의 톤은 자유로움에 있어서 바이마르의 톤을 훨씬 앞선다. 여기서 귀족은 시민과 함께 섞이는데, 기름이 항상 겉돌며 새어 나오는 그런 물과 기름 간의 화합이 아니라 기름과 알칼리염이 결합하여 비누가 생성되듯 그들은 서로 결합한다. 학자, 유대인, 군장교, 각료, 귀족 등, 요컨대 다른 곳(바이마르를 제외하고)에서는 서로 파멸시키는 것들이 그들 주변에서는 모두 얼싸안으며 차와 음식 탁자로 정답게 모여든다.[14]

살롱이 사적 공간인지 공적 공간인지에 대해서는 연구자들마다 의견이 분분하지만 18세기 말의 경우 양자의 특성을 동시에 지닌다는 점에서 살롱을 '사적 공공성'(private Öffentlichkeit)의 공간으로 해석하는 것이 가장 타당할 듯 싶다.[15] 이와 같은 열린 공간으로서의 살롱의 역사적 발전을 관찰할 경우, 살롱은 크게 세 차원에서 매우 중요한 의미를 지닌다. 즉 살롱은 "귀족과 시민"(Adel und Bürger), "시민과 인간"(Bürger und Mensch), "국가와 세계"(Nation und Welt) 간의 장벽을 허물면서 코스모폴리타니즘(Kosmopolitanismus)을 실현하는 데 크게 기여하였다.[16] 물론 모든 살롱이 그렇지는 않았다. 폐쇄적이고, 때론 기독교적으로, 때론 민족주의적으로 채색된 경직된 정치적 살롱(조직, 모임) 등이 18-19세기도 여전히 팽배했었으며, 가령 시인 아힘 폰 아르님(Archim von Arnim), 보수주의적 국가사상가 아담 뮐러(Adam H. Müller) 등이 창립 회원이었던 1811년에 조직된 <기독교-독일 연석회 Die Christlich-Deutsche Tischgesellschaft>가 대표적인 남성적 살롱으로 존재했었다. 그런 모임의 규약을 들여다보면, 오로지 기독교를 신봉하는 명예로운 남성만이 모임의 구성원이 될 수 있을 뿐 유대인, 외국인, 여성은 철저히 배제된 모임임을 알 수 있다.

여기서 집중적으로 조명하려는 18세기 말기의 '문학살롱'은 그와 같은 보수적인 정치 모임과는 거리가 멀다. 유대인 가문 여성들이 주도한 베를린 중심의 문학살롱은 이중적인 관점에서 관찰될 수 있는데, 그 하나는 후기계몽주의적 관점이며 다른 하나는 낭만주의적 관점이다. 나중에 언급하겠지만, 헨리에테 헤르츠의 살롱이 전자에 가깝다면 라헬 레빈(베를린), 카롤리네 뵈머/도로테아 파이트(예나) 등이 주도한 살롱은 후자에 속한다. 물론 이들 유대인 가문 여성들의 문학살롱을 '독일 계몽주의 혹은 독일 낭만주의' 관점에서만 파악할 수는 없다. 그런 시도는 마치 유대인의 독특한 배경을 완전히 도외시한 채 일종의 독일의 문화적 흐름에 귀속시키려는 시도라고 비판될 수 있다. 따라서 베를린 중심의 유대인 가문 여성들의 살롱과 관련해서는 또 하나의 새로운 관점이 추가될 수 있다. 즉, 그들 유대인 가문 여성들이 실제 실행했던 모임의 시도는, 넓은 의미에서 1770년대부터 1880년대까지 중부유럽 및 서유럽에 살고 있는 유대인들이 추진한 소위 '하스칼라'(유대 계몽주의, Haskala)에 속하는 운동으로 파악될 수 있다는 것이다. 하스칼라 운동은 슐레겔의 아내였던 도로테아 파이트의 아버지 모제스 멘델스존(Moses Mendelssohn, 1729-1786)에 의해 주창되었고 주로 유대인 남성들이 그 운동의 주체로 여겨졌었는데, 바로 남성중심주의적 유대 계몽주의에 대항하여 유대인 가문 여성들은 '내부'(사적인 집안)에서 다양한 지인들을 초대하고 대화하는 살롱의 방식을 통해 자신의 인식과 지식을 넓힘으로써 자신들의 권리를 부르짖고자 했다.[17] 따라서 하스칼라 운동을 여성 해방이라는 측면에서 확장하려고 시도했다는 점이, 유대인 가문 여성들이 주도한 살롱과 관련하여 특히 강조되어야 할 듯 싶다.

작센-바이마르의 공작 부인 안나 아말리아에 의해 열린 저녁 모임
(게오르크 멜히오르 크라우스의 수채화, 1795년 경)
(Abendgesellschaft bei der Herzogin Anna Amalia von Sachsen-Weimar)
(Aquarell von Georg Melch. Kraus, ca. 1795)

1.2. 18세기 계몽주의, 사교, 교양(Bildung)

살롱의 핵심 개념은 '사교성'(Geselligkeit)이다. 사교적 행동 없이는 살롱이 구성될 수 없다. 그렇게 두 개념은 불가분의 관계를 맺는다. 그렇다면, 18세기에 자주 사용된 사교성 개념은 본래 어떤 뜻을 지닐까? 독일어 사전 가운데 가장 방대한 사전인 『그림 사전』은 사교성의 의미를 세 가지로 정의하고 있는데, 1) "동료 혹은 친구로서 함께 하는 것, 동료 상호 간의 우정어린 관계"(das zusammensein als genossen oder freunde, das freundschaftliche verhältnis von gesellen zu einander), 2) "기분 좋은 모임, 우호적인 교제와 왕래 및 그에 대한 소질과 재능"(das gesellige zusammensein, der freundliche umgang und verkehr, sowie die neigung und fertigkeit dazu), 그리고 "한 민족이 지속적으로 공동체를 형성하게 되는 합법적인 사교에 대한 활발한 충동"[18]이라는 칸트의 구절을 예로 들면서 3) "한 사회 질서 내에서의 공동생활"(das zusammenleben in einer gesellschaftsordnung)이라고 규정된다.[19]

이처럼 사교성은 사회적, 직업적, 민족적 등 여러 차원에서 사용될 수 있는 언어지만, 그 다양한 사용에도 불구하고 함께 존재한다는 것, 즉 '공동모임, 공동생활'이라는 특징이 공통적으로 언급된다. 18-19세기에 집중적으로 형성된 시민계급 중심의 사회적 모임은 바로 그러한 '공동모임'이라는 의미에서의 사교성을 살롱이라는 공간을 통해 실현해냈다. 살롱은 현실적으로 여러 지역마다 다양하게 형성되지만, 그런 각종 살롱을 관통하는 핵심 개념이 바로 '사교성'이었다. 이러한 사교성 개념은 가령 "자신의 자아 내에 흐르는 사유 운동의 모델"로서, "남성과 여성의 관계를 위한 모델"로서, 그리고 "공동철학 및 공동포에지를 전개할 수 있는 같은 의식을 지닌 이들과의 교류를 위한 모델"로서 요약될 수 있겠지만,[20] 그것에 덧붙여 특히 18세기 말에서 19세기 초까지의 사교성 개념과 관련해서는 '계급 간, 민족 간, 종교 간의 차별이 지양된 문화 운동을 위한 모델'로서도 작용하였다.

사회경제학적으로 중산층 소비문화 패턴의 한 형식이라고도 볼 수 있는 시민적 모임으로서의 살롱과 사교성 개념은 계몽주의가 절정에 도달하는 18세기 초중반에 자주 사용되었다. 18세기 초의 계몽주의자였던 크리스티안 볼프(Christian Wolff), 크리스티안 토마지우스(Christian Thomasius) 등은 '이성은 사교적이고, 사교성은 이성적이며, 사회는 이성적이며 사교적'이라는 시각 하에 국가와 사회 속에서의 인간의 이성적, 사교적 삶을 논하였다. 이들은 사회성을 곧 사교성, 이성, 합리성 등과 동일한 의미로 파악하였다. 신학자 사무엘 고트홀트 랑에(Samuel Gotthold Lange)는 철학자 게오르크 프리드리히 마이어(Georg Friedrich Maier)와 함께 1748년 『사교적인 사람』(Der Gesellige)이라는 제목의 주간잡지를 발행하였는데, 거기서는 "사교적인 사람은 그 어떤 나라와 종교에 구속되어 있지 않기에 다른 사람들과 사교적으로 지낼 수 없다"[21]라는 이율배반의 논리로 사교적 정신의 구속적, 반구속적 특성을 서술하기도 했다. 물론 한 층 더 높은 목적과 관련해서는 이율배반의 논리가 지양될 수 있는데, 가령 사교적인 사람이란 전통적인 민족적, 종교적 구속에서만 벗어날 뿐 이성, 관용, 평등 같은 계몽적, 통제적 이념에 의해 구속된 채 존재해야만 한다는 것이다.

마찬가지로 계몽주의적, 합리주의적 저술가인 아돌프 크니게(Adolph Franz Friedrich Ludwig Knigge)는 후기계몽주의 시기인 1788년에 커다란 반향을 일으킨 『사람들과의 교류에 관하여』(Über den Umgang mit den Menschen)라는 책을 발표하였다. 크니게의 저서는 다음 장에서 다룰 슐라이어마허의 글 「사교적 행동 이론에 관한 시도」와 연관하여 매우 중요한 의미를 지닌다. 그것은 슐라이어마허의 글이 사람들 간의 교류 형식을 도덕화하고 규격화하려는 크니게의 논리를 극복하려는 의미를 갖고 있기 때문이다. 크니게는 사교적 행위의 도덕적 규범화 및 표준화를 가르치려는 목적 하에서 자신의 책을 집필하였으며, 『사람들과의 교류에 관하여』에 나오는 한 대목은 사교술을 "시기를 받지 않는 가운데 남의 이목을 끌 수 있는, 인정받을 수 있는, 존중될 수 있는 기술"로서 규정하면서 다음과 같이 상세히 덧붙이고 있다. 즉, 사교성이란 "정도에서 벗어남 없이 다른 이들의 기질, 견해, 총애를 기준으로 삼고, 특성의 고유성을 잃거나 저급한 아첨에 몸을 낮추는 것 없이 모임의 톤과 자연스럽게 조화를 이룰 수 있어야 한다. 자연으로부터 이러한 행복한 기질을 부여받지 않고 태어난 자는 인간의 공부를 습득해야 하는데, 즉 일종의 유연성, 사교성, 관용, 강렬한 열정의 통제력, 언제나 평상심을 유지하는 쾌활함을 습득해야 한다. 그는 그런 기술을 자신의 것으로 만들게 된다."[22] 크니게와 슐라이어마허 간의 차이점에 대하여 혹자는 '크니게는 개인의 사교적 행동에 초점을 맞추었다면, 슐라이어마허는 개인과 집단(모임) 간의 조화를 중시하였다'는 의견을 제시하고 있다. 그러나 그 차이점의 규명은 그리 간단치가 않다. 왜냐하면 개인과 집단 간의 조화를 꾀하는 것이 슐라이어마허의 관념론적 시각의 핵심이기도 하지만, 그렇다고 해서 그가 무조건 '개인'을 집단에 종속시키는 논리를 펼치지는 않았기 때문이다. 따라서 크니게와 슐라이어마허 간의 차이점은 오히려 다른 식으로 논하는 것이 좋을 듯 싶다. 가령 "특성의 고유성", "모임의 톤" 같은 용어를 크니게와 슐라이어마허는 공통적으로 사용하고 있지만, 같은 용어와 표현은 그 지향하는 바에 있어서 커다란 차이를 드러낸다. 크니게의 경우 '사교술'은, 계몽주의적 사유가 그렇듯이, 사람들 사이에서 인정받고 더불어 살기 위해 습득해야만 하는 도구적이고 이성적인 기술로 간주되고 있다면, 슐라이어마허의 경우 사교적 행위는, 낭만주의적 사유가 그렇듯이, 일종의 개인들 간의 상호 정신적 발전 과정을 뜻한다.

또한 계몽주의 철학자로 잘 알려진 멘델스존도 계몽주의의 맥락에서 사교 개념을 강조한 바 있다. 1784년 「베를린의 월간잡지」에 <계몽이란 무엇인가라는 질문에 대하여>(Ueber die Frage: was heißt aufklären?)라는 글을 발표하면서 멘델스존은 계몽, 교양, 문화를 새롭게 떠오르는 시대적 개념이자 목표로 확인하면서 "교양, 문화, 계몽은 사교적 상태의 변형들이다"(Bildung, Kultur und Aufklärung sind Modifikationen des geselligen Zustandes)라고 덧붙이고 있다. 교양, 문화, 계몽이 서로 긴밀한 관계를 맺고 있는 까닭은, 계몽은 인류라는 보편적 차원에서 '인간'의 발전을 추구하는 이론적 차원이고, 문화는 역사적 차원에서 '시민'의 발전을 추구하는 실천적 차원을 가리키며, 이러한 계몽과 문화는 모두 교양(Bildung) 이념을 향한 보편적, 구체적인 과정에 귀속될 수 있기 때문이라는 것이다. 그리고 그것들(교양, 계몽, 문화)은 모두 사교적 행위 내지는 사교성 내에서 상호 관련되어 있다.[23] 이러한 계몽주의적 사유는 당연히 낭만주의에도 영향을 끼친다. 계몽주의와의 연속성 차원에서 혹자는 슐라이어마허의 사교성 이론을 독일 관념론적, 이상주의적 철학 내에서 강조된 교양 이념과 연결하는데, 이에 따르면 사교적 모임은 곧 “교양 과정의 구성 요소”(konstitutives Element des Bildungsprozesses)[24]라고 강조된다. 물론 그러한 시각이 틀린 것은 결코 아니다. 가령 슐라이어마허의 절친 프리드리히 슐레겔 스스로도 1799년 연인 도로테아에게 보낸 편지(일명 ‘철학에 관하여’)에서 “사교성이란 전체 인류를 목표로 삼는 모든 교양의 진실한 요소이며 우리가 언급한 철학 공부를 위해서도 마찬가지예요”[25]라고 밝힌 바 있으며 혹은 자신의 다른 글에서 “모든 교양은 사교적이다”(Alle Bildung ist gesellig)[26]라고 선언하기도 했는데, 이는 거의 계몽주의자 멘델스존의 시각과 일치하는 셈이다. 슐레겔은 이미 초기 글 『그리스 포에지에 관한 연구』(1795-97)에서도 교양과 사교의 관계를 언급한 바 있다. 거기서는 사교에 일종의 순화적 기능을 부여함으로써 계몽주의의 직접적인 영향을 더욱 확실히 드러내고 있다.

> 사교성에 의해서만 거친 고유성이 정화되고 완화되고 따뜻해지고 밝아진다. 내적인 열정이 부드럽게 발화하며, 외적인 모습은 정정되고 결정되고 완성되고 세련된다. 이와 달리 과도한 고독함은 기이한 망상의 어머니이다. 그래서 많은 평소 뛰어난 독일 작가들은 모난 엄격함, 무뚝뚝한 톤, 어두운 색채를 띠고 있다.[27]

사교성을 결여한 독일 작가들의 현재적 상태를 비판하는 대목임을 쉽게 알 수 있다. 과도한 고독과 기이함을 지닌 독일 작가들의 “거친 고유성” 대신에 다른 이들과 함께 존재하는 사교성, 즉 순화된 고유성이 요청되고 있는 것이다. 물론 ‘순화된’이라는 표현이 자칫 개인의 고유한 특성을 포기하고 다른 이들과 중화되어 하나가 되어야만 한다는 뜻으로 읽을 수는 없다. 왜냐하면 그 글에서 근대 문학의 특성은 바로 개인의 고유한 주관성이 발산되는 “개성 있는, 흥미로운 포에지”(individuelle, interessante Poesie)로 선언되고 있기 때문이다. 앞서 언급했듯이, 사교성은 기본적으로 ‘인간들의 함께 함’(Miteinander der Menschen)이라는 뜻을 지니며, 그 ‘함께 함’은 곧

'자유로운 정신을 서로 주고받음'을 뜻한다. 슐레겔이 다른 단편에서 언급한 "자기 자신을 보는 감각은 정신이 되며, 정신은 내적 사교성이며, 영혼은 숨겨진 사랑스러움이다. 그러나 내면의 아름다움과 온성의 본래 생명력은 심성이다"[28]라는 구절과 연관지워 말하자면, '함께 함'은 자유로운 정신, 즉 자유로운 내적 사교성을 서로 주고받음'을 뜻하게 된다. '주고받음'의 행위는 바로 대화를 통해서 가능하며, 따라서 사교성에서 가장 중요한 측면은 - 이 점이 슐라이어마허의 사교 이론의 핵심이기도 한데 - 대화적 행위이다.

어쨌든 18세기 계몽주의적 사교성과 18세기 말부터 19세기 초기까지의 초기낭만주의적 사교성 사이에는 명확한 차이점이 있다. 계몽주의 시기의 경우 각종 모임은 다른 특정한 외적 목적의 실현을 위해 조직된 '그룹', '동호회' 같은 형태를 띠고 남성이나 권위 등이 주요 원칙으로 작동하고 있었으며 여성은 조건부로 참여하게 된다. 이와 달리 18세기 말부터 시작되어 19세기 초기까지의 살롱, 더 정확하게 말하자면, '베를린의 유대인 여성의 살롱'에서는 여성이 호스트로 당당히 모임을 이끌어가는 주체가 되며, 또한 살롱에서는 '자유로운 사교' 자체만이 중시된, 소위 자기목적적인 특성이 강조되며, 사회에서 중시된 위계적, 권위적 원칙(Arkanprinzip)이 부정되고 나아가 남녀 동등성 및 구성원 간의 자유로운 대화가 중시된다. 계몽주의적 모임과 초기낭만주의적 살롱, 크니게의 사교성과 슐라이어마허의 사교성 간의 차이점에 대해서는 사회사적 시각으로 다음과 같이 설명될 수 있다.

> 사회적 행위를 계획적이고 관습화된 규격으로 제한시켰던 신분대표적 공공성의 형식과는 달리 초기낭만주의의 살롱은 비신분대표적 공공성의 공간으로서 개인의 자기서술(Selbstdarstellung des Individuums)을 허용하고 기대하였다. 개인은 더 이상 신분으로 정열된 사회적 위치 내지는 기능적 위치를 대변하는 자로 등장하지 않음으로써 사교적 개인은 자기 자신과 자신의 고유함을 더 이상 숨기는 것이 아니라 다른 개인들과의 교류 속에서 스스로 자연스럽게 행동할 수 있었다. 가령 크니게의 『사람들과의 교류에 대하여』에서 이미 제시된 바

> 있었던 시민적 표준행위들을 포함한 관습화된 사회의 교류형식들이 개인들의 행위를 엄격하게 예식화하고 규범화하고 있었다면, 슐라이어마허의 경우 개인들 간의 사회적 교류 내에서의 사교적 의사소통의 '자유로운 유희'에 의하여 개개인들의 잠재력이 더욱 외분화되어야 하는 바, 그 어떤 보편적인 개념에 의해서 그 잠재력은 고정될 수 없다.[29]

계몽주의 이념과 연관된 크니게의 사교성 개념의 경우 모두 합리적인 사유의 인간이 이성적으로 대화와 담론을 주고받음으로써 진리와 행복을 찾아갈 수 있다는 측면이 강조되고 있으며, 그 교류의 방식 자체도 제도화되고 규범화되는 식으로 전개되어야만 했다. 아울러 계몽주의가 강조한 대화의 경우 여전히 일종의 제한적 조건이 주어져 있었다. 예를 들면 남녀 간의 발화가 자유롭지 않았다는 점, 계층 간의 위계질서 존속, 그리고 모임의 전체 어울림을 중시하는 점 등을 들 수 있다. 비록 칸트가 계몽주의적 덕목으로 '미성숙에서 벗어나 스스로 생각하는 능력'을 강조했을지라도 여전히 후견인(가령 위대한 종교 지도자, 사상가, 저술가, 작가 등)의 권위에 수동적으로 의존하는 의식이 18세기 중반기에는 지배적이었으며, 또한 문학이나 연극 토론 등에서 생산자와 수용자, 작가와 독자 간의 자유로운 대화가 당시에는 불가능했다. 이와 같은 인간 간의 교류에 대한 계몽주의적, 합리주의적 사유와 '함께'하면서도 동시에 그에 저항하는 내지는 완전히 '달리'하는 차원에서 초기낭만주의적 사유 성향을 지닌 젊은이들은 독특한 사교성 이론을 제시하게 된다. 대표적으로 슐라이어마허의 사교성 이론은 그와 같은 규범, 격식, 규정 등에 정향되지 않고 개인성의 잠재력을 극대화하려는 측면을 강조한다. 그는 '개인들 간의 상호영향, 나아가 개인과 집단 간의 상호영향' 같은 식으로 전개되는 대화와 담론의 합리성뿐만 아니라 '상호영향'이라는 느낌과 생각을 주고받는 감성적 방식의 사교성을 강조하고 나섰다.[30] 어울림의 이름 하에 절제된 대화를 요구하고 과장된 발화 등을 금지하는 식의 계몽주의적 제한성을 넘어서서 슐라이어마허를 비롯한 초기낭만주의의 사교성에서는 철저히 개인의 고유성과 자유로운 대화가 중시되었다.[31]

계몽주의적 사교성에서는 볼 수 없었던 다른 또 하나의 중요한 점은 바로 자유로운 사교 모임을 여성이 주도하였다는 것인데, 그렇다면 이러한 여성주도의 살롱 문화가 왜 1790년대 중후반기에 갑자기 활성화된 것일까? 이와 관련하여 유르겐 포어만(J. Fohrmann)은 성별의 논리에서 벗어나 새로운 해석을 제시한 바 있다. 그에 의하면, 18세기 말 자유로운 사교로서의 살롱은 18세기 중반 계몽주의 시기에 팽배했던 학자 중심의 '문자문화'를 대중 중심의 '대화문화'로 전환하려는 시도라고 분석한다.

> 1800년 경 인쇄문화가 더욱 포괄적으로 관철됨으로써, 즉 인간이 '독자'로 규정되고 지속적으로 알파베트화(글쓰는 능력:역주)하는 것과 함께 (상보적으로?) 하나의 생각이 싹트게 된다. 그것은 문학적 학자 공화국을 대중성의 컨셉으로 전이시키려는 생각이다. 바로 (자유로운) 사교성이라는 상호작용이 열정적으로 주장되는 바, 이는 구두성에 기초한 것이다(즉 구두성을 위하여 글자의 매개로 외쳐진 사교성이다.[32]

이와 같은 구두문화로의 전환을 꾀한 대표적인 예로 포어만은 슐라이어마허의 「사교적 행동 이론에 관한 시도」와 슐레겔의 「포에지에 관한 대화」를 들고 있다. 전자는 사교성에 관한 이론을 제시하는 글이며, 후자는 사교성이 - 비록 허구적인 설정을 통해서지만 - 현실에서 어떻게 구체적으로 작동했는지를 보여주는 글이다. 포어만의 관점에서는 문자문화와 대화문화가 계몽주의의 상보적인 두 측면을 구성하게 된다. 그런데 살롱과 사교성을 이처럼 계몽주의의 확장으로만 파악할 수 있을지에 대해서는 의문이 뒤따른다. 18세기 말 베를린, 예나 등에서 활성화된 살롱 및 사교성 개념은 그와 같은 계몽주의 문화(문자문화, 구두문화)의 관점과는 다르게 파악될 필요가 있다. 18세기 말 - 문학적으로는 초기낭만주의가 싹튼 시기인데 - 에 여성에 의해 활성화된 살롱 및 사교성 문화는, 아도르노/호르크하이머의 용어를 빌려서 말하자면, 계몽주의 시기에 주로 도구적 이성에 의해 형성되었던 목적지향적인 모임 형태, 그리고 여전히 계급적, 계층적, 성적 차별이 작동하고 있던 모임 형태 등을 비판하는 데서 나왔으며, 나아가 보다 자유롭고 목적 없는 모임을 활성화하고자 하는 목표를 지녔다. 특히 독일인과 유대인, 남성과 여성 같은 민족적, 성적 차별화를 극복하려 했던 점은 '문자문화에서 구두문화로의 전환' 같은 관점과는 완전히 질적으로 다른 새로운 의미를 갖는다. 그런 맥락에서 다음 장에서 집중적으로 고찰하게 될 슐라이어마허의 「사교적 행동 이론에 관한 시도」는 기존 계몽주의 시기와는 달리 한 단계 더 높은 차원에서 사교성의 낭만적 유토피아를 제시하고자 했던 글로 파악된다.

2장

살롱과 '상호영향으로서의 사교성' - 슐라이어마허의 사교성 이론

2.1. 사교성의 의미

사교성(Geselligkeit)은 18-19세기 유럽의 계몽주의, 낭만주의 같은 문화 및 예술 운동의 핵심을 짚어줄 수 있는 키워드다. 그렇다면 사교성은 어떤 의미를 지닐까? 앞서 언급한 바 있듯이, 사교성은 사회적, 직업적, 민족적 등 여러 차원에서 사용될 수 있는 개념이지만, 그 다양한 사용에도 불구하고 한 가지 공통된 의미는 바로 '함께 존재한다는 것', 즉 '공동모임, 공동생활'이다. 이러한 의미의 사교성이 가장 활발히 사용되고 논의된 시기가 서구의 경우 18세기다. 18세기는 계몽주의 시대이지만, 그 세기의 말엽인 1780년부터 계몽주의가 서서히 물러나고 낭만주의가 들어선다. 흥미롭게도 계몽주의와 낭만주의 시기에는 사교성 개념이 동시에 강조되고 있지만 각기 그 개념의 의미가 달리 파악됨으로써 두 사조 간의 차이점이 형성된다.

합리주의 사상을 표방한 저술가 아돌프 크니게가 『사람들과의 교류에 관하여』(Über den Umgang mit den Menschen)를 발표한 비슷한 시기에 칸트, 멘델스존과 더불어 대표적인 계몽주의자로 손꼽히는 크리스티안 가르베(Christian Garve)도 『사회와 고독에 관하여』(Über Gesellschaft und

Einsamkeit, 1790)라는 제목으로 두 권의 책을 출간한다. 그 책의 핵심 테제는, 사람들은 대화를 통해 "형식과 표현"을 배우며 나아가 "지성과 마음의 교양"에 영향을 끼칠 수 있다는 것이다.[1] 영국 경험론 철학자 데이비드 흄(David Hume)을 추종했던 가르베는 철저히 경험적 현실을 바탕으로 실용주의적 대화론을 옹호했는 바, 그는 사교성과 관련하여 "그 누구도 너무 과도하게 희생하지 않으며 또한 혼자 있을 때보다는 좀 더 만족스럽게 존재할 정도로 자신의 관심사를 상호 만족시키는 식으로 사람들은 서로 영향을 주고받아야만 한다"[2]고 규정한다. 각자 지나친 희생 없이, 적당히 각자 만족도를 거두면서, 상호간의 이해관심사를 주고받는 행동으로서의 사교성은 철저히 실용주의적 관점에서 나온 것임을 쉽게 알 수 있다.

이와 같은 사교성에 대한 계몽주의적 시각에 대항하여 1799년에 『시대와 당대 취향의 베를린 아카이브』(Berlinisches Archiv der Zeit und ihres Geschmacks)라는 잡지에 두 차례에 걸쳐 「사교적 행동 이론에 관한 시도」(Versuch einer Theorie des geselligen Betragens)[3]라는 익명의 글이 발표된다. 글의 저자는 밝혀지지 않았다가 100년이 넘은 1911-1913년에 헤르만 놀(Hermann Nohl)이 바로 신학자이자 철학자인 프리드리히 슐라이어마허(F. Schleiermacher)가 글의 저자였음을 밝혀냈다.[4] 사실 슐라이어마허의 글은 18세기 말 베를린에 살롱들이 팽배했던 사회문화적 현상과 매우 밀접한 관계를 이루고 있다는 점에서, 그리고 '자유로운 교제'를 이론적으로 정립했던 20세기 사회학자 게오르크 짐멜을 비롯한 오늘날의 학자들에게도 지대한 영향을 끼치고 있다는 점에서 매우 의미심장한 글로 간주된다.

1786-1815년까지 베를린에는 100여 개의 크고 작은 살롱들이 존재해 있었으며, 그 가운데 비교적 많은 이들이 방문했던 인기 있는 베를린 살롱의 숫자는 대략 14개 정도로 추정된다. 이 중 독일계 여성 호스트의 살롱은 5개 정도였고 무려 9개의 살롱이 유대인 가문 출신의 여성 호스트(대표적으로 헨리에테 헤르츠 Henriette Herz, 라헬 레빈 Rahel Levin, 도로테아 파이트 Dorothea Veit, 레베카 프리트랜더 Rebecca Friedländer, 자라 레비 Sara

Levy, 필리피네 코헨 Philipine Cohen, 자라 마이어 Sara Meyer 등)에 의해 개최되었다. 물론 누구나 살롱을 열 수 있었지만 많은 지인의 방문 및 참석을 위해서는 호스트의 자격과 사교적 능력이 매우 중시되었다. 유대인 여성의 경우 살롱을 통해 독일 사회 및 독일인과 사회적으로 동화되고자 했으며, 소위 '열린 집'으로서의 살롱을 유지하기 위해서는 개인적, 사회적 인정의 전제 조건으로 부와 교양이 특히 중요하게 작용했다.[5]

「사교적 행동 이론에 관한 시도」는 그와 같은 1790년대 대도시 베를린의 살롱 현상과 밀접한 관계를 맺고 있다. 1790년대에 주로 베를린 및 근교에서 지냈던 슐라이어마허는 베를린을 대표하는 헨리에테 헤르츠의 살롱, 라헬 레빈의 살롱에 적극 참석하였고, 그와 같은 실제의 경험이 그의 이론적 글에 직간접적으로 녹아들어 있다. 그렇다고 해서 「사교적 행동 이론에 관한 시도」를 동시대 현실의 반영으로만 간주할 수는 없다. 사교적 행동에 관한 글은 경험을 바탕으로 하지만 일종의 이론적 '이상화'와 '심미화'를 꾀하고 있기에 전혀 현실적, 경험적 반영의 산물이 아니다. 특히 헨리에테 헤르츠와 라헬 레빈의 살롱은 현실적으로 한계를 지닐 수밖에 없는 형태였기에, 그러한 살롱 경험을 넘어서 슐라이어마허는 자신의 소망과 바람을 바탕으로 살롱 및 사교적 행동을 이상적으로 이론화하고자 했다. 완벽하고 이상적인 형태로서의 살롱은 사실 그 어떤 현실에서도 불가능하다. 매 순간 역사적이고 경험적인 형태로서 제시되는 살롱의 한계는 점진적으로 개선될 수밖에 없으며, 이를 위해서는 사교적 행동이 무엇인지, 어떻게 작동하는 것인지를 체계적이고 이론적으로 밝히는 시도가 필요하다. 그런 맥락에서 슐라이어마허는 「사교적 행동 이론에 관한 시도」의 서두에서 "이론 없이는 그 어떤 개선이 없다"(keine Verbesserung ohne Theorie)[6], "그것(이론: 역주) 없이는 모든 실제 행위가 단지 맹목적이고 연관성 없는 경험으로만 존재할 게 틀림없다"[7]고 밝힌다. 실제와 이론, 현실과 이상 사이를 오가는 의미에서 자유로운 사교 행동이 작동하는 살롱 - 이 살롱에 대해 슐라이어마허는 '모임'이라는 의미의 "Gesellschaft"라는 단어를 사용하고 있는데 - 은

"존재하면서도 생성해 나가는"(seiend und werdend)[8] 과정을 밟는다.

2.2. '대화적 상호작용'으로서의 사교성

자유로운 사교 행동에 관한 슐라이어마허의 이론적 사유는 근대 세계에 대한 진단에서 출발한다. 근대 세계에서 인간은 공적(즉 직업) 차원에서나 사적 차원(즉 가정)에서 구속 내지는 제한을 받게 됨으로써 자신의 자유로운 정신을 실현할 수 없는 처지에 놓인다. 가령 직업 세계에서 개개 인간은 세계의 다채롭고 복잡한 관계를 고려하여 판단하기보다는 집단의 구성원으로서 자신이 몸 담고 있는 특정 직업의 이해(목적, 조직, 특성 등)와 논리를 따라야만 하며, 그로 인해 문제의 복잡성을 축소시키는 제한된 자기 활동을 수행하게 된다. 상업적 직업의 경우 오로지 성공과 실패, 이익과 손실 같은 관점에 의해 자유로운 정신은 제한된다. 그렇다면 공적 세계가 아닌 개인적이고 사적인 차원에서 개인은 자신의 자유로운 정신을 마음껏 전개할 수 있을까? 공적 세계보다는 비교적 더 많은 자유로운 시간과 여유가 주어지기에 언뜻 그렇게 보일 수 있지만 실은 전혀 그렇지 않다. 누구나 경험하듯, 시간을 자유롭게 보내는 것처럼 보이는 사적인 삶(가정)에서도 마찬가지로 구속 내지는 제한이 뒤따른다. 왜냐하면 가정에서의 삶은 개개인으로 하여금 원대하고 거대한 것에 대한 꿈을 향하게 하기보다는 "아주 적은(사소한) 것들에만, 언제나 그런 적은(사소한) 것들과만"[9] 관계하도록 만들기 때문이다. 직업과 가정에서 개인은 모두 "일면성"(Einseitigkeit)과 "제한성"(Beschränkung)의 테두리 안에 갇혀 있을 뿐이다. 비록 막스 베버를 비롯한 현대 사회학자의 전문적인 분석은 아닐지라도 슐라이어마허는 공적 차원과 사적 차원, 직업과 가정 간의 분리로 인해 근대적 인간이 처하게 되는 자유롭지 못한 상황을 정확히 인식하고 있었다. 그와 같은 상황에서 슐라이어마허는 양방향에서 가해지는 구속과 제한에서 벗어나 자유로운 정신을 펼칠 수 있는 새로운 차원을 모색하는데, 그 제 삼의 차원은 다름 아닌 '자유로운 사교 행동의 모임'(즉 살롱)이다. 직업과 가정에서 벗어난 사교 행동의 필요성을 강조하는 핵심 대목은 다음과 같다.

> 이 두 영역(가정 세계와 직업 세계: 역주)을 보완해주는 상태가 존재해야만 한다. 즉, 한 개인의 영역이 다른 이들의 영역들에 의해 가능한 한 다채롭게 교차될 수 있는 상태로 그 한 개인의 영역을 옮겨 놓는 그런 상태가 존재해야만 한다. 그 상태에서는 자신이 지닌 고유한 한계점들 중 개개 한계점이 다른 낯선 세계로의 전망을 그에게 열어줌으로써 그 결과 인류의 모든 현상이 그에게 차츰차츰 알려지게 되고 아주 이질적인 마음 및 관계들과 친숙해지고 흡사 서로 이웃처럼 된다. 이러한 과제는 이성적으로 서로 교양을 넓혀주는 인간들 간의 자유로운 교제를 통해서 해결된다.[10]

공적 시민으로 제한된 직업에 종사하고 사적 개인으로 가정의 온갖 작은 근심에 사로잡혀 살아가는 개개인은 그 제한과 구속에서 벗어난 '제 삼의 차원'을 찾게 된다. 그 제 삼의 차원에서 개개인은 낯선 이들, 낯선 세계관, 낯선 마음 등을 모두 받아들이는 가운데 자신의 관점과 세계관을 자유롭고 무한하게 펼칠 수 있는데,[11] 그 제 삼의 차원이란 위 인용문의 마지막 구절에서 강조된 "이성적으로 서로의 교양을 넓혀주는 인간들 간의 자유로운 교제"가 작동하는 공간이다. 자유로운 교제 모임에서는 바로 언어적 상호행위로서의 "사교적 대화"(geselliges Gespräch)가 작동되어야만 하며, 나중에 자세히 언급하겠지만 사교적 대화도 마찬가지로 공적 차원과 사적 차원 중 그 어느 곳에도 속하지 않는 중간적 특성을 간직해야만 한다. 철학자 볼노브(Bollnow)의 분석처럼 사교적 대화는 "친구들과의 대화에서의 실존적 관여와 무책임한 잡담 간의 중간쯤, 직업 노동 내에서의 실무적 대화와 가족 내에서의 친밀한 왕래 간의 중간쯤"[12]에 위치한다. 다르게 말하자면, 사교적 대화는 진지함과 가벼움, 냉정함과 느슨함 사이에서 움직이는 언술 행위다. 이와 같은 자유로운 교제 행동 및 사교적 대화가 실현되는 제 삼의 차원은, 하버마스의 소통행위 이론적 용어로 말하자면, 권력 관계에서 벗어난 상호주관적 소통 행위의 공간이라고 말할 수 있으며, 구체적으로 18세기 말 당시의 언어로 말하자면, 계층적, 종교적, 인종적 차별화에서 벗어나서 자유로운 교제를 펼칠 수 있는 '모임/살롱'의 공간이다. 이 새로운 지적인 세계의 열린 모임에서는 직업적, 가정적 제한 및 구속 없이 자신의 것(Eigenes)과 낯선 것(Fremdes)이 상호 융합하게 된다.

> 여기서 (...) 인간은 지적인 세계 내에 존재하며 그 지적 세계의 구성원으로 행동할 수 있다. (...) 자기 자신에 부과된 어떤 법칙에 의해서도 지배되지 않은 채, 자신이 원하는 기간 동안 가정 관계와 시민적 관계를 몰아내는 것은 바로 그에게 달려 있다. 이것이 바로 자유로운 사교성의 윤리적 목적이다.[13]

그렇다면 '자유로운 사교'를 언급하면서 슐라이어마허는 가정과 직업에서 벗어난 다양한 크고 작은 모든 형태의 특정 목적을 띤 모임을 염두에 둔 것일까? 그렇지는 않다. 슐라이어마허가 강조한 자유로운 사교 모임의 핵심적인 특징은 무엇보다도 경제적, 외교적, 정치적, 종교적 차원에서의 특정 목적이나 이해 관심사를 지향하지 않는다는 데 있다.

> 모든 교양 있는 인간들은 자유롭고, 그 어떤 외적 목적에 의해 구속되지 않고 규정되지 않는 사교성을 자신들의 첫 번째의, 가장 고귀한 욕구들 가운데 으뜸가는 욕구로 당당히 장려한다.[14]

이와 같은 무목적적 사교성을 제 일 원칙으로 삼는 모임에 대한 강조는 특정 목적 하에 조직된 계몽주의 시대의 모임 경향, 즉 인간 관계를 목적지향적으로 물화시키는 모임 경향에 대한 우회적인 비판을 내포하고 있다. 특정 목적과 이해 관심사에 구애받지 않은 자유로운 사교성의 발현을 슐라이어마허는 인간의 타고난 '자연적 본성'으로 간주하고 있으며, 따라서 사심 없는, 목적 없는 자연적 본성이 발현되는 모임은 '사회 속에서 반사회적 특성'을 지닌다. 목적 없는 자유로운 사교 모임을 위해 이제 개개 구성원이 갖추어야 할 전제 조건과 특징은 다음과 같이 강조된다.

> 누군가 이런저런 개별 특성이나 지식을 소유하고 있다거나 혹은 어떤 특별한 계급에 속해 있다고 해서 그가 한 모임의 구성원인 것은 아니다. 한 모임의 구성원은 바로 자신의 개성, 자신의 고유성을 가져와야 한다. 왜냐하면 그의 사유와 느낌의 자유로운 놀이는 바로 그것(개성, 고유성: 역주)에만 근거를 두고 있기 때문이고, 이것이 곧 모임에서의 그의 활동으로 존재하고 있기 때문이다. 모든 것이 자신에게 연관되어 있고 어떤 중심을 갖고 서로 쌍방향으로 규정되고 설명될 때 비로소 한 사람은 한 개인으로 존재한다.[15]

전문적인 지식의 소유 여부, 직업이나 특정 계급(계층)에의 소속 여부 등은 결코 자유로운 사교 모임을 위한 전제 조건이 될 수 없다. 오로지 자신의 개성(Individualität)과 고유성(Eigentümlichkeit)을 지닌 구성원만이 자유로운 사교 모임에서 자신의 "사유와 느낌", 즉 독특한 정신적, 감성적 능력을 발산할 수 있다. 이 대목에서 한 가지 흥미로운 점은, 슐라이어마허가 특별히 각주를 만들어 자신이 강조한 모임의 특성을 부연하고 있다는 것이다. 그는 자유로운 사교 모임을 뜻밖에도 게젤샤프트(Gesellschaft)라고 명명한다.

> 이 말(모임의 자유로운 사교성: 역주)은 바로 그런 의미에서만 이해되어야 한다. 어떤 외적 목적에 의해 구성된 특정한 사교적 관계에서는 참여자들에게 어떤 공통적인 것이 있고, 이런 관계는 게마인샤프트, 즉 '코이노니아'이다. 반면에 여기서는(자유로운 사교 모임: 역주) 본래 참여자들에게 그 어떤 공통적인 것이 없으며 모든 것이 상호영향적, 말하자면 본래 대립적인 바, 이는 게젤샤프트, 즉 '수누시아'이다.[16]

목적 없는 자유로운 사교 모임은 게젤샤프트(Gesellschaft, synousia)로, 목적지향적이고 구속적인 사교 모임은 게마인샤프트(Gemeinschaft, koinonia)로 구분되고 있다. 이러한 슐라이어마허의 구분은 두 개념에 대한 근대 사회학적 개념 규정과 통념에 완전히 배치된다. 잘 알려진 퇴니스

(Ferdinand Tönnies)를 비롯한 독일 사회학자들의 구분에 의하면, 게마인샤프트는 전통적인 모임 형태로서 이익을 추구하지 않는 '공동사회적 모임'을 가리키고 이와 달리 게젤샤프트는 근대 사회에서의 집단 형태로서 철저히 이익을 도모하는 의미에서 '이익사회적 모임'을 뜻하며 19세기 이후에 출현한 모든 모임 형태들이 그에 해당된다. 그 점은 다음과 같은 간단한 백과사전적 정의에서도 쉽게 찾을 수 있다.

> 게젤샤프트가 특정 목적을 지닌 합리적인 행동을 대변한다면, 게마인샤프트는 그 자신 속에 목적을 두고 있는, 즉 도구적이지 않은 행동과 활동을 목표로 한다. 게마인샤프트로 연상되는 것으로 퇴니스는 가족생활, 협동, 신념, 민족, 마을, 풍습, 정감, 공동체를 꼽았다. 이와 달리 그는 게젤샤프트는 대도시, 협약, 타산, 관료제와 연관되어 있다고 보았다.[17]

슐라이어마허가 목적 없는, 사심 없는 자유로운 사교 행동의 모임을 '게마인샤프트'가 아닌 '게젤샤프트'라고 명명한 까닭은, 자유로운 사교 모임이 혈연, 지연 등에 근거하지 않기 때문이다. 자유로운 사교 행동의 모임은 사회 속에서 인위적으로 구성된 모임이기에 게젤샤프트일 수밖에 없지만, 그러나 완전히 전도된 의미에서 슐라이어마허는 특정 목적과 이해 관심사를 추구하지 않는 게마인샤프트의 속성을 '게젤샤프트'에 부여하고 있다. 한 걸음 더 나아가서, 그 게젤샤프트는 '공통적인 것'을 전제하기보다는 근본적으로 '상호영향적, 대립적 상태'를 모임의 근본으로 삼는다는 것이다. 요컨대, 슐라이어마허의 관점과 규정 방식을 보면, 일반적인 명명과 의미, 기표와 기의가 서로 어긋나 있는 것이다.

그렇다면 슐라이어마허의 명명과 의미 부여는 잘못된 것일까? 이에 대해서는 세 가지 대답이 가능하다. 첫 번째로, 슐라이어마허는 일차적으로 기표 상의 공통점을 강조하려 했던 것으로 보인다. 기표적 측면에서 보면, 사교성을 뜻하는 '<u>Gesell</u>igkeit'에 가까운 것은 'Gemeinschaft'가 아니라 'Gesellschaft'이며, 'Geselligkeit'와 'Gesellschaft'에 공통적인 어근 'Gesell'은 '동무'를 뜻한다. 한 모임 내에서 모두가 등무가 된다는 의미에서 자유로운 사교 모임을 'Gesellschaft'로 지칭한 것은, 비록 사회학적 정의에 반할지라도, 기표상으로 더욱 설득력을 지닌다. 두 번째로, 비록 목적 없고, 사심 없는 자유로운 모임일지라도, 그 모임은 출신이나 배경이 서로 다른 이질적인 구성원들로 구성된 인위적인 모임이다. 따라서 반사회적인 모임일지라도 산업화, 도시화라는 근대 사회 영역에서 벗어날 수 없는 모임이기에 슐라이어마허는 '게마인샤프트'보다는'게젤샤프트'라는 용어를 취할 수밖에 없었던 것으로 보인다. 그렇지만 특정 목적을 지닌 모임은 결코 아니다. 세 번째 가장 중요한 점은, 슐라이어마허가 무목적적인 모임으로서의 게젤샤프트의 반사회적이고 자연적인 특성을 강조하고 있을지라도, 이것이 전통적인 '게마인사프트'의 이념으로 회귀하는 사유로 해석될 수는 없다. 왜냐하면 자유로운 사교 모임인 게젤샤프트에서는 게마인샤프트에서 중시되는 조화와 통일보다는 '상호작용적', '대립적', '이질적' 같은 특성이 더욱 중시되기 때문이다.

그런데 '게젤샤프트'와 관련하여 다른 한 가지 해석의 문제점이 제기된다. 즉, 게젤샤프트의 이념을 계몽주의적 사유의 연장 선상에서 파악해야 하는 것일까, 아니면 낭만주의적 사유 선상에서 파악해야 하는 것일까? 단언하기 쉽지 않은 이러한 문제점과 관련하여 슐라이어마허 연구가인 안드레아스 아른트(Andreas Arndt)는, 슐라이어마허가 사회화 단계 내에서의 게젤샤프트를 주장했을지라도 그것을 사회화의 형태로서가 아니라 계몽주의적 사유의 연장 선상에서 "인본성" 이념과 연관되어 파악해야 한다고 강조한다.

> 퇴니스(Tönnies), 리트(Litt)를 비롯한 다른 이들의 경우 '게마인샤프트'(Gemeinschaft)는 사회정치적 사회화에 앞서 있는 근본적인 차원, 즉 자연발생적이고 조직적으로 파악된 유대 관계의 차원을 뜻한

> 다. 이와 달리 슐라이어마허의 경우 자유로운 사교의 직접적인 상호 영향은 그런 사회화의 침전물이 아니라 인본성(Humanität)의 보편화라는 역사적인 발전 과정의 생산물이다. 그런 의미에서 「사교적 행동 이론에 관한 시도」는 전체 초기낭만주의처럼 계몽적 사유의 연속성에 놓여 있다[18]

아른트의 관점은 초기낭만주의를 "계몽적 사유의 연속성"에서 파악하고 있기에 게젤사프트의 의미도 소위 계몽의 이념인 "인본성"과 연관되어 있다고 해석한다. 나아가 아른트는 슐라이어마허의 사교적 행동 이론을 20세기 후반에 하버마스가 주장한 의사소통 행위 이론과도 연결하면서 양자의 공통점을 제시하고 있다. 즉, 슐라이어마허는 사교 모임을 "도구적인 행위와 외적 목적의 세계"를 비판하는 미학적, 도덕적 사회화의 형식으로 간주하고 있으며, 이는 단순한 아름다운 가상이 아니라 하버마스가 강조한 "지배에서 벗어난 의사소통적 행위"가 구현된 "진실한 모임(사회)"을 뜻한다는 것이다.[19] 슐라이어마허, 슐레겔 등으로 대변되는 초기낭만주의적 사유를 계몽적 사유의 연속 선상에서 파악하는 것이 과연 타당한지에 대해서는 연구자들마다 이견이 있을 수 있으며,[20] 그런 맥락에서 자유로운 사교 모임으로서의 게젤샤프트를 "인본성" 이념에 귀속시키는 관점의 타당성은 좀 더 복잡하고 세밀한 논의를 요구한다.

완전히 다른 방향에서의 비판적 시각도 가능하다. 가령 슐라이어마허가 강조한 게젤샤프트, 즉 자유로운 사교 모임은, 앞서 언급했듯이, 1790년대 중후반기 베를린을 중심으로 성행했던 살롱(정확히는 문학살롱)의 형식을 가리킨다. 그런데 이 살롱 형식은 사회학적 관점에서 보면 이익, 교환, 사욕 등을 추구하는 게젤사프트의 하위 형식들 중 하나로서 부정적으로 평가될 수 있다. 즉, 게젤샤프트 자체가 이익과 교환을 추구하기에 근본적으로 부정적으로 평가되는 가운데, 그 하위 형식으로서의 살롱 형식의 모임에서는 사회의 도덕적 질서가 파괴된 채 자유로운 사교만이 강조되고 그 결과 '퇴폐적이고 문란한 관계' 같은 부정적 현상을 낳는다는 것이다. 요컨대, 사회학적 관점에 의하면 "사회, 사교, 살롱은 이상화된, 근원적 공동체의 역사적인 쇠퇴 형식으로 비추어진다."[21] 20세기의 살롱에 대한 이와 같은 사회학의 부정적인 시각을 18세기 말 슐라이어마허의 '자유로운 사교 모임'으로서의 게젤사프트, 그리고 당시 베를린 살롱에 적용하려는 시도는 사실 나름 적지 않은 문제점을 지닌다. 왜냐하면 후에 언급하겠지만, 당시 자유로운 사교 모임은 '자본주의의 퇴폐적 현상' 같은 일반적인 정치사회학적 의미보다는 매우 각별한 미학적, 문화적 의미를 지닌다. 즉 계급, 종교, 민족 간의 차별화가 일순간 지양된 이상적 공동체의 의미가 그것이다. 따라서 넓은 의미에서 게젤샤프트로서의 살롱은 흔히 연상되는 퇴폐적인 모임이 아니라 "사교 모임이라는 낭만적 이상의 가장 뛰어난 구체화"[22]와 다름 없다.

다시 슐라이어마허의 논의로 되돌아오면, 게젤샤프트는 두 가지 방향에서 파악된다. 특정 목적에서 벗어난 자유로운 사교 모임이라는 의미에서의 게젤샤프트는 긍정적이지만, 특정 목적에 의해 구성된 모임으로서의 게젤샤프트는 철저히 비판의 대상이 된다. 그 결정적인 이유는, 일종의 목적지향적인 모임에서는 구성원들 간의 영향력이 자칫 한 방향으로 흐를 수 있기 때문이다. 그에 대한 예로 슐라이어마허는 낭독회(Lesung), 무도회(Ball) 같은 모임을 들고 있다. 낭독회의 경우 작가(예술가)가 독자에게 일방적인 영향만을 끼치는 형식을 취할 뿐 양자 간의 상호작용이 작동하지 않는다. 마찬가지로 무도회에서도 춤추는 한 쌍은, 다른 쌍들로부터 영향받지 않으려 하거나 또한 다른 쌍들의 자유로움을 전혀 고려하지 않은 채 오로지 자신들의 자유로움만 추구하게 된다. 요컨대 다양한 쌍들 간의 상호영향이 부재해 있다.[23] 이와 달리 특정한 목적에서 벗어난 자유로운 모임의 경우 그 정황이 다르다. 자유로운 모임에서는 언뜻 이질적이고 대립적인 개인들이 모일지라도 이들은 서로를 부정하려는 것이 아니라 자극과 활기를 띠는 상호작용으로서의 "자유로운 놀이"를 전개하게 된다. 그러한 상호작용이 작동하는 모임에 대한 욕구를 슐라이어마허는 인간의 다양한 욕구 중 가장 첫 번째 욕구라고 정의한다.

모임의 목적은 그 모임 밖에 놓여 있는 것으로 생각될 수 없다. (…) 오로지 사유와 감성의 자유로운 놀이에만 집중함으로써, 이를 통해 모든 구성원은 서로 상호적으로 자극과 활기를 준다.[24]

자유로운 사교 모임의 목적이 모임 밖이 아닌, 모임 자체에 놓여 있다는 것, 이는 외적인 '목적에서 벗어난, 목적 없는'(zweckfrei, zwecklos) 자유로운 상태에 대한 요청을 뜻하며, 이러한 슐라이어마허의 시각은 '목적에서 벗어나 자유롭게 지각된 자연미'를 강조했던 칸트로부터 영향을 받은 것으로 보인다. 목적 없는 자유로운 사교 모임은 목적을 지닌 다양한 국가적, 사회적 조직 형태와는 철저히 구분된다. 1812/13년의 『윤리학 소고』에서도 슐라이어마허는 "자기 스스로를 위해"(um ihrer selbst willen) 조직되는 자유로운 사교 모임에 대해 다음과 같이 정의하고 있다.

스스로 국가에서 벗어나는 것을 통해서만이 자유로운 사교성은 고유한 조직체로 나타나게 된다. 왜냐하면 내적 자격 부여가 존재하지 않는 곳에 세부적으로 존재할 수 있는 그런 외적 특징들을 국가는 고수하려 하기 때문이다. 자유로운 사교성이 그런 외적 특징에 따라 조직될 경우 자유로운 사교성은 곧 사멸하고 만다.[25]

국가적, 사회적 모임들이 외적인 목적에 따라 조직되고 그 목적 유지를 위해 많은 세부 조항을 마련함으로써 유지된다면, 이와 달리 자유로운 사교 모임은 다른 어떤 목적과 세부 조항 없이 오로지 "상호영향"(Wechselwirkung)이라는 대화적 방식만을 '목적 아닌 목적'으로 삼을 뿐이다. 상호영향은 사교적 모임의 "형식이자 목적"으로 다음과 같이 정의되고 있다.

상호영향은 그 자신 속으로 되돌아오며 완성된다. 상호영향의 개념 내에는 모임의 형식과 목적이 담겨 있으며, 이것이 모임의 온전한 특성을 규정한다.[26]

상호영향이란 원인과 결과가 구분되지 않은 채 모임 참석자들이 서로 영향을 주고받는 관계가 끝없이 전개되는 순환 과정을 뜻한다. 「사교적 행동 이론에 관한 시도」의 이듬해 1800년에 씌어진 『독백들』(Monologen)에서 "상호영향"은 "Entgegensetzung"(대립, 마주함)이라는 개념과 연관된다. 거기서는 "스스로를 특정한 인성을 지닌 자로 함양하려는 자에게는, 자신이 아닌 모든 것에 대한 감각이 열려 있어야만 한다. (...) 마주함을 통해서만이 개별적인 것이 인식될 수 있다"[27]라고 언급됨으로써 상호영향, 대립, 열림으로서의 마주함 자체가 개인보다는 훨씬 앞선 조건처럼 서술되고 있다.[28]

그렇다면 자유로운 사교 모임으로서의 살롱 내에서 상호영향은 어떻게 이루어지는 것일까? 상호영향의 가장 중요한 매개체는 다름 아닌 대화(Gespräch, Konversation)이다. 물론 대화 개념은 계몽주의 시대에도 이미 중요한 사교적 매개체로 간주되었다. 그렇지만 가르베의 계몽주의적 사유의 경우 대화는 지식 교환을 위한 수단 내지는 상대방을 가르치려는 일종의 교화 수단(Belehrungsmittel)으로, 나아가 소위 '계몽적 교양'이라는 목적을 위한 언어적 수단으로 여겨졌었다. 그런 가르베를 "경험의 최고 절정"에 놓여 있는 철학자라고 비판했던 슐라이어마허와 슐레겔은 대화를 새롭게 파악하고 나선다. 요컨대, 대화는 쌍방향적 상호영향 자체를 위한 언어적 행위일 뿐 그 어떤 목적을 위한 수단으로 파악되지 않는다. 슐라이어마허에게 대화는 사전에 주어진 특정 주제를 중심으로 직선적으로 진행되는 것이 아니라 "자극적인 힘"으로서의 사유와 느낌을 자유롭게 교환하는 행위이며, 그 교환은 끝없이 순환을 이루는 가운데 다양성 및 지평 확장을 가져온다. 정리하자면, 슐라이어마허에게 자유로운 사교 모임은 곧 자유로운 대화 자체와 동일시되는데, 후에 씌어진 『변증법』의 서문에서는 "자유로운 대화란 대체로 예술적 사유에 속한다"(Das freie Gespräch gehört überwiegend dem künstlerischen Denken an)고 서술되면서 다음과 같이 부연되고 있다.

> 자유로운 대화는 이제 이러한 도정 위에서 쌍방의 전달에 의해 발

전해 나가는 상호영향이며, 여기서는 그 내용에 따른 한 사람의 사유와 다른 사람의 사유 간의 관계가 고려되는 것이 아니라 단지 전달에 대한 만족감에 의해서 촉진되는 자극적인 힘만이 고려될 뿐이다. 이 자극적인 힘에 의해 한 사람의 사유 생산은 다른 사람의 사유 생산에 영향을 끼친다. (...) 모든 공동의 삶에서 형성되는 이러한 근원적인 대화는 (...) 서술된 과정의 점진적 고갈 이외에 다른 어떤 자연적 끝맺음을 갖지 않으며, 자극적인 힘이 생산적인 사유에 더 많이 내재되어 있을수록 그 대화는 더욱더 오랫동안 지속할 수 있다.[29]

슐라이어마허의 '대화적 상호작용'을 단순히 두 사람이 언어적으로 의견을 주고받는 행위로만 이해할 경우 그것은 매우 협소한 시각이 아닐 수 없다. 청자의 듣는 행위는 단순한 수동적 행위가 아니라 이미 화자에게도 영향을 끼치는 능동성을 내포하고 있으며, 마찬가지로 화자의 발언도 무조건 능동적 행위가 아니라 이미 스스로 청자로서의 영향력을 받게 되는 수동성을 내포하고 있다. 화자나 청자 모두 수동성과 능동성, 원인과 결과를 동시에 지닌다. 베를린에 머물렀던 시기(1796-1799)에 씌어진 다음과 같은 단상에서도 그 점은 쉽게 읽을 수 있다.

어떤 이의 활동이 곧 다른 이의 영향으로 존재하는 곳에서만 상호작용이 존재한다. 가령 듣는 동안 청자의 활동의 경우, 그는 단지 들어야만 하며, 이러한 그의 활동은 그의 인본성의 자유로운 발전이어야만 한다. 나는 그가 듣는 것 이외에는 다른 어떤 것을 행할 수 없는 상태로 그를 옮겨 놓아야 하며, 또한 그가 듣는 것 이외에는 다른 어떤 것을 바라지 않는 그런 상태 속으로도 옮겨 놓아야 한다.[30]

청자의 듣기가 활동이어야 한다면, 그것은 화자에게도 어떤 영향을 일으켜야만 한다. 수동성은 능동적이어야만 한다. 이것은 무한하게 지속해야 하며 모임의 말 없는 놀이이다. 그것이 더욱 강화되어 있을수록, 더욱 좋은 삶의 스타일이 우세하게 된다.[31]

'자유로운 사교 행동은 곧 대화적 상호영향'이다. 이를 좀 더 세분화하는 차원에서 슐라이어마허는 "모든 것은 상호영향이어야만 한다"(Alles soll Wechselwirkung seyn)는 점을 형식적 법칙으로, "모든 이들은 자신의 사유를 전달함으로써 자유로운 사유의 놀이로 고무되어야만 한다"[32]는 점을 물질적 법칙으로 각기 정의한다. 이와 같은 형식적, 물질적 법칙을 함께 결합하여 말한다면, 자유로운 사교 행동은 '상호영향적 대화를 통해 사유 내용을 전달하면서 놀이를 즐기는 것'이라고 요약될 수 있다. 이처럼 사교성의 근원은 상호영향이며, 상호영향이 작동하는 사교 모임은 일종의 자기목적적인 자유로운 '놀이'(Spiel, 유희) 행위와도 같다. 18세기 후반 칸트, 실러 미학의 핵심 개념인 놀이 개념이 사교 행동 및 모임을 이론화하려는 슐라이어마허의 글에서도 통용되고 있음을 알 수 있다. 『인간의 미적 교육에 관한 편지』(1794)에서 실러가 미적 충동으로서의 놀이충동(Spieltrieb)에 의해 바로 아름다움(예술작품)이 생산된다고 주장하였듯이, 그런 실러로부터 영향을 받은 듯 슐라이어마허도 '대화적 상호영향, 자유로운 놀이' 같은 사교 행동의 구현을 마치 "예술작품을 구성하는 것"(Kunstwerk [zu] construiren)이라고 부연하고 있다.[33] 요컨대, 이질적이고 다양한 구성원들이 모여서 자유로운 사교 행동을 전개하는 모임은 마치 한 편의 아름다운 예술작품을 구성하는 것과도 같다. 슐라이어마허의 글을 해석학적 예술이론에서 파악하려는 알텐호퍼(N. Altenhofer)도 그와 같은 '예술과 사교성' 간의 유사성을 다음과 같이 강조한 바 있다. "본래 자유로운 사교성은 오롯이 예술 영역에 해당된다. 예술 영역은 바로 자유로운 사교성을 통해 보편성을 획득한다. 자유로운 사교성은 그것이 좁은 의미에서 개인적인 것의 서술이라는 점에서 예술과 공통점을 지닌다. 그리고 아름다운 예술에 있어서 개개 작품은 어떤 개별적 이념의 완성된 서술이다. 자유로운 사교성에서는 일련의 모든 활동은 바로 인간 자체라는 근본 이념의 서술이다"[34]

슐라이어마허가 사유 내용의 전달보다는 '대화적 상호영향' 자체를 더욱 근본으로 삼고 있기에, 사교 행동에서는 무엇보다도 '형식으로서의 상호영향'이 더욱 중시되는 셈이다. 이러한 슐라이어마허의 시각은 20세기 초엽의 사회학자 게오르크 짐멜에게도 영향을 끼치고 있다. 「사교성」(Geselligkeit, 1917)이라는 글에서 짐멜은 '상호영향 내지는 형식으로서의 사교성', '예술작품과도 같은 사교적 행동' 등을 그대로 언급하고 있다. "아주 있는 그대로의 사실적 사교성이라 할지라도 사교성이 어떤 의미와 지속성을 지니려면, 사교성은 형식, 즉 좋은 형식에 중요한 가치를 두게 된다. 이는 언어 사용의 단순한 우연의 일치가 아니다. 왜냐하면 형식은 요소들의 쌍방간 결정 내지는 상호영향이며, 이를 통해 요소들은 통일성을 형성하기 때문이다. 구체적이고 삶의 목적 설정과 결합된 통일성의 동기화는 사교성에서 중지되기 때문에 저 순수한 형식, 소위 개인들 간에 자유롭게 부유하는, 상호영향을 주는 연관성은 더욱더 강력하게, 더욱더 영향력 있게 강조되어야 한다. 그리고 예술을 놀이(유희)와 결합시키는 것, 이 점은 예술과 놀이가 사교와 맺고 있는 유사성에서 잘 드러난다."[35] 슐라이어마허와 짐멜 모두 비슷한 사유를 공유하고 있는 셈이다. 즉, 삶의 배경, 정치적 경험과 목적 등을 내세워서 조직되는 사교 행동의 모임은 진정한 상호영향이 작동하는 모임이 아니며, 그 어떤 사회적, 정치적 이데올로기가 개입되지 않는 상태에서 상호영향의 형식 자체만이 모든 순수한 사교 모임의 근원이자 출발점으로 작동하는 것이다.

2.3. 방식(Manier)과 톤(Ton)의 상호작용

자유로운 사교 행동의 모임과 예술(혹은 예술작품) 간의 유사성은, 슐라이어마허의 논지를 계속 살펴보면, 더욱 명료해진다. 자유로운 사교 행동은 개인과 모임(집단) 간의 관계에 해당되는 바, 이를 위해 슐라이어마허는 두 개념을 제시한다. 그 하나는 개인의 특성과 관련된 방식(Manier. 양식, 태도, 스타일: 역주)이라는 개념이며,[36] 다른 하나는 모임의 특성과 관련된, 소재(Stoff)를 바탕으로 하는 톤(Ton)이라는 개념이다. 두 개념은 마치 '형식과 소재로 구성된 예술작품'의 특성을 암시하는 듯하다.

> 개개 인간의 특징을 규정하려 할 때 우리는 그의 사유와 행위와 관련하여 그것의 소재에 따라서가 아니라 (...) 그가 소재를 어떻게 취급하고 연결하고 향상하고 전달하는가의 방식에 따라서 논하게 된다. 이것이 바로 한 개인의 특징을 논하는 본질적인 점이며, 모임과 관련하여 우리는 그것을 방식이라고 명명하고자 한다. 이와 달리 우리는 바로 소재에 따라서 여러 모임을 다양한 종류들로 분류하고 그 모임의 특성을 규정하게 된다. (...) 그렇게 소재에 의해 규정된 어떤 모임의 특성을 나는 (...) 그 모임의 톤이라고 명명하고자 한다.[37]

방식은 한 개인이 지닌 어떤 대상에 대한 사유 내용을 뜻하는 것이 아니라 그의 개인적인 특성과 방식(Art und Weise), 즉 각각의 개인이 소재로서의 의사소통적 대상을 "어떻게 취급하고 연결하고 향상하고 전달하는지의 방식"을 말한다. 개인의 방식은 다양한데, 슐라이어다허는 가령 "기지 있는, 범속한, 나직한, 활발한, 떠들썩한"(witzig, gemein, still, lebhaft, geräuschvoll)[38] 같은 다양한 방식을 구체적으로 예시한다. 개인이 대상을 다루는 방식은 대상(주제와 소재)을 다룸에 있어서 구성원들 모두에게 관통되는 보편적인 것이 아니라 그야말로 개인적이고 고유하다.

자신의 개인적이고 고유한 방식을 취하는 개개인들은 사교 모임에서 서로 느낌과 의견을 교환하기 마련인데, 이때 그들에게 공통된 대화적 소재가 필요하며 이 소재가 나아가 모임의 특성을 규정해준다. 개인의 방식과 마찬가지로 소재도 다양할 수 있다. 슐라이어마허는 스스로 "정치와 역사, 문학과 비평, 연극과 연기"(Politik und Geschichte, Literatur und Kritik, Theaterwesen und Mimik)[39] 같은 소재를 언급한다. 이러한 소재가 곧 "모임의 톤"(Ton der Gesellschaft)을 결정한다. 여기서 소재는 이중적 특성을 지닌다. 즉 모임에 참석한 모든 이들에게 관심과 견해를 불러일으킬 수 있을 정도로 보편적이어야 하지만 동시에 진부함을 뛰어넘어 새로운 지식과 세계관을 열어줄 수 있어야 한다.

참석자들의 특정한 모임이 소화할 수 있는 일정 양의 소재를 발견하기 위해서, 우리는 참석자들의 시민적 형편상 그들에게 필연적으로 존재하는 것 같은 그런 소재에서 출발해야 한다. 그러나 우리는 다음과 같은 점도 전제해야만 하는 바, 즉 참석자들은 자유로운 사교의 목적을 위해 적합할 정도로 소재를 잘 연마해 왔으며 또한 그들은 본래의 생업과 직업 차원을 넘어설 정도로 보편적으로 흥미로운 그런 견해와 지식에 도달해 있다고 말이다.[40]

참석자들 모두가 공통적으로 다룰 수 있어야만 한다는 이유로 소재가 피상적이고 범속한 것으로 제한될 수는 없다. 참석자들 모두가 자신의 고유하고 개인적인 시각을 제시할 수 있는 능력을 지니고 있기에, 그런 능력에 부합하는 참신하고 흥미로운 소재여야만 한다. 개인의 고유한 방식이 작동하는 가운데 모두에게 흥미를 일으킬 수 있는 보편적 소재에 의한 '모임의 톤'은 사실 그리 쉬운 일이 아니다. 여기서도 일종의 딜레마가 야기된다. 슐라이어마허가 염두에 둔 사교 모임은 17-18세기처럼 단순히 소양과 교양만을 쌓기 위해 참석자들이 일반적인 평범한 대화를 나누는 그런 모임 형태가 아니다. 특히 슐라이어마허가 정치, 역사, 문학비평, 연극 같은 예를 들고 있는 점을 보면, 상당히 전문적이고도 세부적인 소재에 의해 모임의 톤이 형성되어야 함을 알 수 있다. 그런데 이 지점에서 문제점이 발생한다. 참석자 전체를 관통하는 공통적인 소재여야만 하지만 동시에 평범하지 않은 전문적인 소재로 인해 그 모임은 자칫 차별과 소외 같은 부정적 병폐를 낳을 수 있게 된다. 그런 위험은 서로 다른 모임들 간에서도 발생할 수 있지만, 개개 모임 자체 내에서도 발생할 수 있다. 즉 "정치, 역사, 문학비평, 연극" 등 각각의 소재를 다루는 가운데 참석자들 사이에서도 선지식 및 전문성의 차이(즉, 지식과 이해력 등에 있어서 개개 참석자들 간의 능력 차이)가 발생하여 다른 이들을 소외시킬 수 있게 된다. 그런 위험을 슐라이어마허는 다음과 같이 언급하고 있다.

두 명이 서로 자신들에게는 공통적이지만 다른 이들에게는 완전히

> 낯선 어떤 것에 대해 논할 경우, 그들은 서로 하나의 모임을 만들지만 다른 이들로부터 분리되고 만다. 그런 경우 모임은 하나의 전체로 존재하지 못하게 된다.[41]

현대 사회의 각종 모임에서도 엿볼 수 있는 문제점이 지적되고 있는 셈이다. 즉, 공통된 주제로 형성된 모임임에도 불구하고 그 내부에서 최소 두 명 내지는 특정한 부류가 자신들만의 공통적인 어떤 소재(주제, 대상)를 다룬다면 자칫 사적인 내밀화 내지는 전문화라는 부정적인 현상이 초래되고, 그로 인해 점차 소외와 배제가 심화할 경우 모임은 "전체로서 존재하지 못하고" 붕괴할 수 있다. 이를 극복하기 위해서도 모임의 참석자들은 소수에게만 관심을 불러일으키는 특별한 주제를 피해야만 한다. 그렇지만 이때 전문화보다는 일반화, 보편화를 추구하는 순간 마찬가지로 악순환이 발생하게 된다. 즉, 소외를 발생하지 않기 위하여 일반화 및 보편화만을 중시한다면 그 모임은 자칫 진부해질 수 있는 것이다. 이렇듯 적어도 소재적 차원에서 모임(즉 전체 참석자들)은 일반화와 전문화 사이에서의 딜레마를 극복해야만 하는 과제를 항상 안게 된다.

위에서 언급한 개인의 방식은 모임 내에서의 '개인적 정체성'을, 소재에 의해 결정된 모임의 톤은 일종의 '사회적 정체성'을 가리킨다. 전자는 근본적으로 자유롭고 무제한적인 특성을 지니며, 후자는 구속적이고 제한적인 특성을 지닌다. 전자는 구성원 개개인의 주관적인 측면과 관련되고, 후자는 구성원들 간의 상호주관적인, 객관적 측면과 관련된다. 문학이론적으로 사유하자면, 전자는 어떤 대상에 대한 개인의 해석 및 표현 능력과 관련되며, 후자는 집단적 구성원들이 공통으로 다루는 대상과 관련된다. 어쩌면 개인의 방식과 소재의 톤은 대립적일 수 있지만, 이 양자가 궁극적으로는 서로 조화로운 관계를 맺어야 한다는 것이 슐라이어마허가 제시하려 했던 사교성의 '목적 아닌 목적'이기도 하다.

앞서 자유로운 사교 행동과 모임과 관련한 첫 번째(형식적), 두 번째(물질적) 법칙과 함께 슐라이어마허는 한 걸음 더 나아가 가장 중요한 세 번째 법칙으로 "양적 법칙"(das quantitative Gesetz)에 대해 논한다. 형식적 법칙이 개인들 간의 영향의 문제와, 그리고 물질적 법칙이 모임의 소재적 문제와 관련된다면, 세 번째 양적 법칙은 개인의 고유한 방식과 소재에 의한 모임 간의 조화 및 균형과 관계된 법칙이다. 자유로운 사교 모임에서는 형식적 법칙과 물질적 법칙, 즉 개인의 방식적 특성과 모임의 소재적 특성이 각기 무제한으로 허락될 수는 없으며, 양적 법칙의 작동에 의해 두 법칙은 일정 범위 내에서 제한되어야만 한다.

> 이것(양적 법칙)은 서로서로 자유로운 사교성의 상태에 처해 있기를 원하는 이들의 제한성에 근거를 둔다. 즉 '당신의 사교 활동은 특정 모임이 하나의 전체로서 존속하게 되는 테두리 내에서 언제나 유지되어야만 한다'는 것을 말한다.[42]

양적 법칙은 모임이 깨지지 않아야 한다는 일종의 제한성과 관계된 법칙을 말한다. 원어 "sich innerhalb der Schranken halten"이라는 구절에서 "Schranke"는 '테두리, 한계, 장벽'이라는 뜻이며 "sich ... halten"은 '스스로를 유지하다, 억누르다' 등을 뜻한다. 사교적 활동이 '어떤 테두리 내에서 스스로를 유지한다'는 것은 결국 개개인이 자신의 고유한 방식으로 자유롭게 활동하더라도 어떤 테두리 내에서 머물러 있어야 한다는 것이다. 이렇게 개인이 자신의 고유한 방식(개성)을 발산하되 동시에 전체의 틀이 잘 유지되어야 한다는 것이 양적 법칙인 바, 이를 슐라이어마허는 우회적으로 "어울림의 계율"(das Gebot der Schicklichkeit)이라고 명명한다.

> 언어 자체는 우리로 하여금 이런 개념을 위해 '어울리는'이라는 이름을 지시한다. 그 내용에 따라 우리의 법칙이란 바로 어울림의 계율이며, 이는 다음을 뜻한다. 모든 이들의 공통적인 차원에 속하지 않는 것은 결코 활기 있게 다루어지지 말아야 한다.[43]

"Schicklichkeit"는 '어울림, 적절함, 예의 바름' 같은 다양한 의미를 지닌다. 16-17세기의 각종 모임에서는 '예의 바름'(Höflichkeit)이 사교의 필수적 조건 내지는 목적으로 간주되었지만, 그런 귀족의 행실과 관련된 용어 대신에 슐라이어마허는 '예의 바름'을 포함하면서도 참석자들 간의 원활한 관계를 담고 있는 '어울림'이라는 용어를 취한 것으로 보인다. 위 인용문을 자세히 읽어 보면, '모든 이들의 공통적인 차원에 속하는 것'만을 모임에서 활기차게 다뤄야 한다고 강조되고 있으며, 이는 발생가능한 소외와 배제 현상을 가능한 한 차단하기 위한 것으로 보인다. 그런데 양적 법칙의 특징인 "어울림의 계율"은 개인의 고유한 방식보다는 소재적 측면을 더욱 강조하는 것으로 보이며, 그 점을 슐라이어마허 스스로도 "어울림의 본래 대상은 방식이 아니라 소재다"[44]라고 강조하면서 다음과 같이 부연한다.

> 어울림의 법칙은 이제 다음과 같은 의미를 지닌다. 즉, 나는 모임의 톤을 지켜야 하며 소재와 관련하여 모임에 따라야 하고 스스로를 제한해야만 하며 (...), 그런데 여기서 그 차원 내에서 나의 고유한 방식을 완전히 관장하는 일은 바로 나에게 달려 있다.[45]

분명 "어울림"은 참석자 모두에게 공통의 관심을 불러일으키는 소재와 관련된 개념이며, 이를 통해서 "모임의 톤"이 유지된다. 결국 "모임의 톤"은 어쩌면 '어울리는 톤'을 뜻하는 셈이다. 이러한 모임의 어울리는 톤 내에서 참석자들이 대화적 상호영향을 끼쳐야 함은 두말할 나위 없다.

그렇지만 이 대목에서도 흥미로운 질문이 제시될 수 있다. 즉, 모임 참석자들 전체에게 관련된 공통적인 소재를 중심으로 대화가 전개될 경우 개인의 고유한 방식, 즉 자유로운 사유와 느낌 표현이 일정 부분 제한되는 것은 아닌가 하는 점이다. 슐라이어마허의 텍스트는 다분히 그렇게 읽힐 수 있는 여지를 갖고 있는데, 그로 인해 데트레프 가우스(D. Gaus)는 일종의 선후 조건의 논리로 슐라이어마허의 텍스트를 다음과 같이 해석하고 있다. "톤이 소재의 한계를 확실하게 설정해야만 하고, 그런 후 비로소 그 한계 내에서 사람들 가운데서 개인은 의사소통의 개인적 방식을 전개해야만 한다."[46] 하지만 이러한 시각은 슐라이어마허의 텍스트에 대한 섣부른 해석이 아닐 수 없다. 오히려 개인의 고유한 방식을 중시하는 다음과 같은 해석도 가능하다. "누구나 '톤'에, 즉 가령 모임의 대화 소재에 적응해야만 하는 가운데, 그는 개인적인 것을 모임에서 몰아내지 않기 위해서라도 바로 자신의 '방식', 즉 사물에 대한 개인적인 시각을 제시해야 한다."[47] 이처럼 모임의 톤이 우선적인지 아니면 개인의 고유한 방식이 우선적인지에 대해서는 최종 대답이 불가능할 정도로 애매하지만, 한 가지 분명한 점은 슐라이어마허가 어울림의 계율로 인해 자칫 개인의 방식(즉 개성, 개인성)이 위축되거나 말살될 수 있는 위험성을 곳곳에서 경고하고 있다는 것이다.

> 그(누구나: 역주)는 자신의 개인성, 자신의 독특성을 갖추고 있어야 하는데, 모임에서 자신의 활동으로 존재해야만 하는 개인의 사유와 감정의 자유로운 놀이는 바로 그런 독특성에 근거하기 때문이다.[48]

> 이와 달리 - 적어도 어울림 때문에 - 자신의 고유한 방식에 있어서 그 누구도 스스로 주저해서는 안된다.[49]

역설적이지만, 어쩌면 어울림을 위해서라도 개인의 고유한 방식은 철저히 보장되고 유지되어야만 한다. 개인의 고유한 방식이 제한되거나 억압될 경우 자유로운 사교 모임 자체가, 그리고 모임의 어울리는 톤 자체가 불가능할지도 모른다. 자신의 고유한 방식을 포기할 경우 개인은 자칫 목적정향적인 그룹의 부속품, 그룹의 들러리, 거수기 같은 수단으로 전락할 수도 있다. 따라서 모임 전체의 어울림을 위해 공통의 소재가 강조될지라도 개인의 고유한 방식까지 부정될 수는 없으며, 소재의 진정한 스펙트럼은 역설적이지만 개인들의 독특성에 의해서 넓혀지고 풍부해질 수 있는 것이다. 누군가 '말이나 행위 따위가 둥글지 못하고 까다로운' 방식으로 자신의 사유와 느낌을 과도하게 표현할 경우에도 그런 개성은 결코 억압되서는 안되며 오히려 다른 이들은 그 기이한 방식을 장려하고 존중해주어야만 한다.

… 누구나 자신의 있는 그대로를 드러내도록 노력하며, 자신의 불쾌한 특성을 제어할 경우 이것이 다른 이들의 관심사가 되며, 다른 이들은 그 점에 대해 배려하게 된다.[50]

가령 누군가 자신의 느낌과 사유를 제시할 때 그것이 대화의 소재 속으로 녹아들지 않아 초조함과 불편함을 낳는다면 다른 이들은 그 점을 주시하고 장려해주어야 하며, 그러한 쌍방향적 배려와 관심은 바로 모임의 어울리는 톤을 위해서도 적극 요청된다.

양적 법칙, 즉 어울림의 계율을 지킨다는 것은 형식적, 물질적 법칙의 조화로운 관계를 뜻하며, 부연하자면 자신의 고유한 방식을 간직하는 가운데 공통적인 소재를 다루어야 한다는 것을 뜻한다. 이러한 양자의 관계와 관련하여 슐라이어마허는 다른 두 개념을 통해 보충적으로 설명하는데, 그 하나는 "유연성"(Elastizität)이며, 다른 하나는 "비관통성"(Undurchdringlichkeit: '불가해성'으로 의역할 수도 있음)이다. 어울림은 소재와 관련된다고 밝힌 바 있는데, 이때 대화적 소재는 확장과 수축 사이에서 '유연하게' 움직여야 한다. 반면에 개인의 고유한 방식은 비관통적으로 남는다. 다시 말하면, 개인의 고유한 방식은 결코 꿰뚫어질 수 없는, 결코 파헤쳐질 수 없는 특성으로 머문다. 비관통성 개념은 어쩌면 소재적 유연성과는 극단적으로 대척하는 개념일 수 있다. 어울림을 위한 소재적 유연성이 과도하게 강조되더라도, 개인의 고유한 방식(즉 개인적 에너지와 태도 등)은 자의반 타의반, 다른 이들에 의해 완전히 이해되고 수용되는 특성으로 전환될 수 없다. 그 점은 어원적으로 '나눌 수 없음'(In + dividieren)에서 유래한 개인(Individuum), 개성(Individualität) 같은 개념 내에 암시되고 있다. 개인의 고유한 방식으로서의 개성은 중성화, 균등화, 평준화에 종속되지 않는 최소한의 독특한 어떤 것으로 남으며, 그렇기 때문에 어울림을 추구하는 소재적 유연성에 '끝까지' 대척해야만 한다. 물론 개성의 비관통성이 과도하게 강조될 경우에도 문제가 없지는 않은데, 가령 개인이 모임에 동화되지 못한 채 스스로 소외될 수 있는 위험이 발생할 수 있다. 그런 소외를 극복하려면 개인은 자신의 비관통성을 어느 정도 제어해야만 하지만, 그렇다고 비관통성이 완전히 제거될 수는 없는 일이다.

자유로운 사교 행동과 모임에서는 이처럼 두 가지 특성, 즉 소재의 유연성과 개성의 비관통성 간의 조화로운 균형이 작동해야 하는데, 슐라이어마허는 그 양자 간의 조화로운 관계를 이끌어내는 능력을 능숙함(Gewandtheit) 혹은 "세련성"(Feinheit)이라고 명명하고 있다. 능숙함 혹은 세련성은 앞서 논의했던 개인과 집단, 방식과 소재, 비관통성과 유연성 같은 양 극단 사이에서 경쾌하게 움직일 줄 아는 능력이다. 능숙함 혹은 세련성은 양 극단 사이에 놓여 있는 것들이 어떤 영향(결과)을 낳을지를 인지하는 가운데 모든 것을 잘 다룰 줄 아는 능력이며, 또한 무지를 탓하면서도 상대방을 당황 속에 빠트리지 않는 능력이며, 또한 모든 이들에게 어떤 고상함에 대한 '암시'(Andeutung)를 건넬 줄 아는 능력이기도 하다.[51] 모임의 보편적 소재를 받아들이면서도 자신의 고유한 방식을 지킬 줄 아는 능력의 소유자를 슐라이어마허는 "가장 능숙한 이"라고 명명한다.

> 가장 능숙한 이는 바로 가장 다방면적이고 동시에 독창적인 자이다. 그는 모든 소재에 접근할 준비를 하고 있으며 가장 사소하고 낯선 소재에도 자신의 고유함을 다양한 방식으로 표명할 줄 아는 자이다.[52]

"다방면적이고 동시에 독창적인 자"로서 가장 능숙한 이는 고상한 것과 평범한 것, 보편적인 것과 특수한 것 등 양극단 사이 공간을 오가면서 모든 참석자들의 대화에 반응하는 가운데 자신의 고유한 느낌과 사유를 발휘한다. 가장 능숙한 자의 그런 능력은 바로 "대화에서의 세련성"(die Feinheit in der Konversation)[53]이라고도 명명된다. 유연성과 비관통성 사이에서 부유하는 능숙한 이의 능력을 언급하는 가운데 슐라이어마허는 대화적 매개로서의 언어와 관련해서도 그와 같은 이중적인 특성을 강조한다. 그 점은 다음과 같은 대목에서 읽을 수 있다.

> 그러므로 모임에서의 모든 발화는 이중 경향, 흡사 이중 의미를 띠어야만 한다. 그 하나를 나는 일반적인 의미라고 명명하고 싶으며, 그것은 대화에 직접 관계된 의미로서 필연적이고 즉각적으로 그 목적에 도달하는 의미이다. 다른 하나를 나는 한층 더 높은 의미라고 명명하고 싶은 바, 즉 누군가 그 의미를 받아들이지만 그 안에 포함된 암시를 계속 추구해 나갈지의 여부가 불확실할 정도로 내던져진 그런 의미이다.[54]

모임에서 능숙한 참석자들은 가능한 한 '일반적인 의미'와 '심오한 의미'를 동시에 지닌 언어를 주고받아야 한다는 것인데, 이는 유머(Humor), 기지(Witz), 아이러니(Ironie), 패러디(Parodie), 풍자(Anspielung), 조롱(Persiflage) 같은 지적이고 예술적 언어 사용을 염두에 둔 것으로 보인다. 왜냐하면 대체로 예술적 언어가 그런 두 가지 의미를 띠기 때문이다. 그렇다면 왜 이와 같은 이중적 의미의 예술적, 유희적 언어가 요구되는 것일까? 이중적 의미를 지닌 언어는 오히려 오해와 불신을 불러일으키는 것은 아닐까? 이러한 질문에 대한 대답은 지금까지 슐라이어마허가 강조해왔던 자유로운 사교 행동의 두 가지 특성, 즉 개인의 고유한 특성과 소재에 의한 모임의 톤 간의 대립적 관계 속에서 찾을 수 있다. 한편으로 개개인들의 발화(언어적 표현)는 모두에게 공통으로 이해될 수 있는 표면적인, 일반적인 의미를 지녀야만 하는데, 그것은 표면적인 의미가 적어도 소재적 차원에서 모임의 톤을 형성할 수 있기 때문이다. 다른 한편으로 언어적 발화는 숨겨진, 한 단계 더 높은 의미를 지녀야 하는데, 이는 내포적, 암시적 의미가 개개인에게 좀 더 깊은 사유와 성찰을 유도할 수 있기 때문이다. 가령 "풍자와 조롱조차도 허락되는 까닭은, 비판적 혹은 익살맞은 방식을 슬쩍 섞어 놓는 부언적 소견이나 대화의 확대를 위한 여타 연결점이 바로 제시된 좁은 대화의 테두리에서 벗어나도록 해 줄 수있기 때문이다."[55] 두 가지 의미 중 하나의 의미만을 지닌 발화가 행해질 경우 각기 문제점이 노출된다. 가령 언어적 발화가 표면적 의미만을 띨 경우 대화적 상호작용으로서의 사교 모임은 자칫 평범하고 천박한 수준에 머물 수 있으며, 반면에 언어적 발화가 숨겨진 고도의 의미만을 지향할 경우 그 모임은 자칫 지나치게 전문화됨으로써 모든 참석자들이 보편적으로 어울릴 수 있는 가능성이 사라질 수 있다. 이러한 두 가지 위험을 극복하기 위해 슐라이어마허는 가능한 한 두 가지 의미가 동시적으로 작동하는 언어적 대화를 강조하고 있다. 공공적인 모임 내에서도 두 가지 의미가 작동하는 발화의 사용이 허락되는 까닭은, 그런 발화가 "다른 이들에게 해를 끼치지 않으면서, 몰래, 단지 스쳐 지나가는 순간일지라도, 한층 더 매력적이고 내용이 풍부한 화합을 이루는"[56] 수행적 힘을 지닐 수 있기 때문이다. 물론 두 가지 의미를 지닌 발화가 자유롭게 실행되기 위해서는, 그리고 특히 한층 더 심오한 의미를 파악하면서 깊이 있는 대화가 계속 전개되기 위해서는 반드시 상대방의 해석학적 능력이 요구되며, 그런 점에서 이미 사교성 이론에도 슐라이어마허의 해석학적 시각이 작동하고 있는 듯이 보인다.[57] 요컨대, 모든 이들에게 공통된 표피적인 의미는 아마도 '문법적 의미'의 해석과, 그리고 한층 더 심오한 의미는 '심리적 의미'의 해석과 관련된다고 할 수 있다.

2.4. 개인과 집단 간의 딜레마

슐라이어마허의 글은 크니게에게서 절정에 도달한 계몽주의적 사교술에 대항하는 초기낭만주의의 비판적 대답이지만, 철학의 학문적 시각에서 보면 칸트가 노년에 집필한 「세계시민적 견지에서 본 보편사의 이념」(Die Idee zu einer allgemeinen Geschichte in weltbürgerlicher Absicht, 1784)에서 제시한 명제에 대한 성찰적 응답이기도 하다. 인류 진보를 위한 일정한 법칙을 밝히려는 그 글에서 칸트는 제 4 명제로 "비사교적 사교성"(ungesellige Geselligkeit)이라는 이율배반적 명제를 밝힌다. 인간은 서로 좋아하지 않는 개인적인 성향을 띠지만, 그렇다고 해서 극단적인 개인적 고독을 취하기보다는 서로를 놓지 않으려는 집단적인 경향(소질)도 지닌다.

즉, 고립을 취하는 성향과 집단화를 추구하는 성향이 모든 개개인에게 이율배반적으로 작동하고 있다는 것이다.[58] 이런 모순 속에서 사회는 개인을 침해하는 수준에 머무는 것이 아니라 공통적인 질서의 확립, 즉 '법질서'를 갖춘 차원에서 끊임없이 발전해 나가려 하며, 칸트에 의하면 고립화(개인)의 경향과 사회화(집단)의 경향 간의 '적대 관계'(Zwietracht)가 점차 지양되는 과정, 즉 양자가 점진적으로 일치하는 조화(Eintracht)의 과정을 통해 인류의 진보가 이룩된다고 한다. 이러한 칸트의 이상주의적 관점에도 불구하고 개인과 집단 간의 적대 관계는 정치, 경제, 종교 등 여러 사회적 영역에 만연되어 있으며, 개개 영역마다 나름의 규칙을 제정하고 준수함으로써 그 적대 관계가 완화될 수 있겠지만 완전한 조화에 도달하기란 결코 쉽지 않다.

그와 같은 논의 선상에서 슐라이어마허의 살롱에 대한 이론적 구상도 개인과 집단 간의 불협화음을 극복하려는 목표를 내포하고 있다. 여타 직업, 계층, 신분 같은 사회적 차이를 지양하는 가운데 자유로운 사교 행동을 펼치는 문화적 모임으로서의 살롱은 그러한 개인과 집단 간의 적대 관계, 즉 "비사교적 사교성"이라는 모순과 그것의 극복 가능성을 실현할 수 있는 삶의 공간으로 여겨진 것이다. 그렇지만 개인과 집단 간의 대립 및 적대 관계를 극복하는 것은 결코 쉽지 않으며, 그 점을 인식한 듯 슐라이어마허는 다양한 논의의 반복적인 서술을 통해 '개인이 모임 전체를 깨지 않으면서 어떻게 자신의 고유성을 발휘할 수 있을까' 혹은 '모임이 개인의 특성을 억압하지 않으면서 어떻게 전체의 어울리는 분위기를 잘 유지할 수 있을까'하는 식으로 자신의 고민을 끊임없이 드러내고 있다. 개인과 집단은 각기 매우 소중하지만, 상호 관계에서는 서로 반목하기 마련이다. 자신의 개성을 지나치게 강조하고 나아가 스스로 모임의 "중심"(Centralpunkt)이 되려는 개인들이 다수 존재하기 마련이며, 그런 이들 간의 상호 반목으로 인해 "끊임없는 투쟁의 상태"(Zustand des beständigen Krieges)[59]가 야기될 수 있다. 그렇다고 해서 집단의 조화로움만을 강조할 수는 없다. 그것은 "모임의 최선을 위해" 개인의 고유한 방식을 억누르고 "전체의 중간 정도의 평범성"만을 추구한다면 어쩌면 “밋밋한 피상”(eine glatte Oberfläche)이 조성될 수 있기 때문이다. 이 밖에도 전체주의 논리가 모임에서 과도하게 관철될 경우 개인들은 그에 대항할 수 있는 아주 가벼운 언술조차도 행사할 수 없게 되고, 나아가 보편적인 이념에 맞서는 “미숙한 마찰”(ungeschickte Frikzion)[60]까지도 허용될 수 없게 된다.

개인과 집단 간의 관계에서 슐라이어마허가 어떤 심급을 더욱 중시하고 있는지는 매우 애매하며 최종적 해석이 불가능한 것 같다. 그의 조심스러운 줄타기는 글의 곳곳에서 발견되는데, 가령 다음과 같은 대목은 언뜻 개인이 집단의 논리를 따라야만 한다는 논조처럼 읽힌다.

> 다만 여기서는 공공적 힘이 어쩔 수 없이 결핍되어 있기 때문에 각자는 스스로에 있어서 입법자로 존재해야만 하며 그리고 각자는 공동체가 그 어떤 해를 입지 않도록 모든 방식으로 노력해야만 한다.[61]

그 어떤 구속과 압력을 받지 않는, 스스로의 “입법자”임에도 전체에 해를 끼치지 않는 자로 개인이 존재하는 것, 개인과 집단이 서로 충돌하지 않으면서 아름다운 조화의 관계를 맺어야 하는 것이 요청되고 있으며, 이는 개인에게 부과된 무거운 짐처럼 여겨질 수 있다. 반면에 개인이 집단 전체 논리에 종속되는 것처럼 읽히는 언술과는 완전히 다른 식의 논조, 가령 개인이 존중될 때에만 모임 전체가 가능하다는 식의 논조도 다른 대목에서 발견된다.

> 즉, 모든 개개의 모임은 (...) 알맞은 정도(程度)를 지녀야만 하며, 그런 정도를 갖고 있을 경우에만 모임은 한 개인으로 존재한다.[62]

위 서술을 보면, 궁극적으로 개인뿐만 아니라 모임 전체에도 ‘개인적’ 특성이 부여되고 있으며, 이러한 시각은 슐라이어마허의 친구였던 노발리스에게서도 엿보인다. 노발리스에 의하면, “모임은 공동체적 삶과 다름 없다. 즉 분리될 수 없는 사유하는, 느끼는 개인과도 같다. 개개 인간은 하나의 작은 모임이다.”[63] ‘개인이 집단이며 집단이 개인’이라는 식으로 개인과 집단에 모두 개인적 특성을 부여하는 시각이며, 이와 같은 개인과 집단(사회) 간의 이상화된 변증법적 상태를 혹자는 "개인적 보편성"(individuelle Allgemeinheit)이라고 부르기도 한다.[64]

슐라이어마허는 궁극적으로 개인과 집단을 모두 중시하는 가운데 양자에 일정 범위로 '자기제한'을 요구하고 있는 것처럼 보인다. 한편으로 개인성(즉 개인의 고유한 방식)이 무조건 강조될 경우, 그것은 공동체가 부과하는 모든 제약을 무시해도 좋다는 식의 극단적 주관주의로 흐를 수 있으며, 다른 한편으로 집단성이 무조건 강조될 경우, 개인을 억압하는 극단적 전체주의로 흐를 수 있다. 그러한 위험을 극복하기 위하여 자유로운 사교 행동의 개인 및 모임에는 바로 "자기활동과 자기제한"(Selbsttätigkeit und Selbstbeschränkung)[65]이 요구된다. 즉, 개인으로서, 모임 전체로서, 양자는 모두 스스로 활동하지만 동시에 스스로에 제한을 가해야만 한다.

> 나는 나의 개성을, 나의 특성을 제시해야 하며, 그리고 나는 모임의 특성을 받아들여야만 한다. 이 두 가지는 한 순간에 일어나야 하며, 하나로 존재하고 하나의 행위 방식으로 화합되어야 한다.[66]

언뜻 보기에 부분과 전체, 개인과 집단 간의 조화를 강조하는 듯이 보이지만, 궁극적으로는 개인이 중시되고 있다. 집단의 논리 내지는 '모임의 어울리는 톤'을 개인이 자신 속으로 받아들여만 하는데, 이는 결코 '집단에 개인이 종속하는 식'을 뜻하기보다는 모임의 톤을 어느 정도 받아들일지는 궁극적으로는 개인의 결정 권한에 놓여 있음을 뜻하기 때문이다.

이 지점에서 슐라이어마허 사유의 발전 과정을 역사적으로 살펴볼 필요가 있다. 슐레겔 형제, 노발리스, 셸링, 티크, 카롤리네 슐레겔 등을 비롯한 예나의 초기낭만주의자들과 친구 관계를 맺는 1790년대 중후반의 경우 슐라이어마허는 집단의 논리보다는 개인을 더욱 중시하였으며, 이 점은 「사교적 행동 이론에 관한 시도」뿐만 아니라 거의 비슷한 시기에 발표된 글들, 가령 「종교에 대하여」(Über die Religion. Reden an die Gebildeten unter ihren

Verächtern, 1799), 개별성의 직관을 중시한 「독백」(Monologen, 1800), 절친 프리드리히 슐레겔의 소설 『루친데』를 종교적, 예술적으로 적극 옹호한 「루친데에 대한 친밀한 편지」(Vertraute Briefe über die Lucinde, 1801) 등에서 드러난다. 그러나 나폴레옹의 침략에 대항하는 독일의 민족적, 애국적 보수주의가 맹위를 떨친 1810년대 및 그 이후의 시기에는 슐라이어마허도 전체(가정, 사회적 집단 등)의 논리를 강조하는 성향을 띤다. 이러한 점은 사교 행동에 대한 그의 관점 변화에서도 읽을 수 있다. 「사교적 행동 이론에 관한 시도」의 경우 자유로운 사교 행동의 모임 공간이었던 살롱은 가정과 직업으로부터 완전히 분리된 소위 제 삼의 영역으로 간주되고 있지만, 세기 전환 이후의 글의 경우 슐라이어마허는 가정에 제한과 구속이 있다고 보았던 초기의 시각과는 달리 가정을 가장 이상적인 사교 행동의 근원으로 설정하고 있다.[67] 그 점은 후기작 『윤리학 체계의 초고』에서 사교, 가정, 사랑, 모임 간의 내밀한 친화성을 강조하는 다음과 같은 대목에서도 쉽게 알 수 있다.

> 자유로운 사교성은 사랑을 위해 선행되어야만 한다. 그러나 사교성은 가정을 통해서만 발생되어야만 하는 바, 왜냐하면 사교성은 소유를 전제로 하고 있기 때문이다. 따라서 가정은 근본적으로 주어진 어떤 것으로 간주되어야만 한다. 자유로운 사교성도 마찬가지다. 그렇기에 양자는 동일하다. 가정은 바로 자유로운 사교성의 근원적 차원이다.[68]

사교 행동의 근원적 공간으로서의 가정 내에서 개개 구성원들은 자신의 고유한 특성을 발현하는 동시에 '가정'이라는 작은 틀을 항상 유지하여만 하는 바, 이러한 언술은 '개인, 가정, 직업, 국가' 간의 긴밀한 상관성을 강조하는 독일 관념론 및 보수적인 독일 시민계급의 전형적인 사유의 흔적이며, 후에 가정을 '국가적 전체'의 근원으로 설정하는 독일 민족주의 및 파시즘 이데올로기의 뿌리가 되기도 한다. 실제로 후기 슐라이어마허는 왕정복고주의 시대로 전환한 시기에는 여러 보수주의 단체의 회원이 되기도 한다. 가령 <기독교-독일 연석회 Die Christlich-Deutsche Tischgesellschaft>에 가담하기도 하며 또한 1809년에 설립된 보수적인 남성 단체인 <법 없는 모임 Gesetzlose Gesellschaft>(이 단체는 '강요 없는 모임 Zwangslose Gesellschaft'이라고도 불림)에 가입하여 1829-1834년까지 회장을 맡기도 했다.

어쨌든 이상적인 조화가 현실적으로 거의 불가능하다고 볼 때, 그리고 개인의 고유한 방식과 소재에 의한 모임의 톤, 즉 개인과 집단 간의 대립 관계에 직면하여 슐라이어마허는 적어도 1790년대 중후기에는 개인을 중시하는 시각을 지녔으며, 그 근거는 텍스트 내외적으로 찾을 수 있다. 우선 「사교적 행동 이론에 관한 시도」에 다음과 같은 대목이 눈에 띈다.

> 대상의 견해에 있어서 그리고 대상을 다루는 자신의 방식에 있어서 모임의 구성원들은 가능한 한 다양하게 서로 달라야만 한다는 점이 바로 모임의 완전함에 속한다. 왜냐하면 사교성과 관련하여 대상은 고갈되기 마련이고 사교성의 특성은 완전한 틀을 갖출 수 있기 때문이다.[69]

구성원들이 각기 지닌 고유한 방식의 상호 이질성 및 다양성이 강조되고 있음을 알 수 있다. 소재(대상)와 관련하여 어떤 모임이 뚜렷한 방향성을 갖게 될 경우 그 모임은 폐쇄적이고 경직된 색깔("완성된 틀")을 띠게 된다. 바로 그런 경직된 획일적 상태를 극복하거나 혹은 그런 상태에 함몰되지 않기 위해서라도 개개 구성원들은 자신의 고유한 특성을 항상 유지해야만 하며 또한 상호 이질적으로, 생동성 있게 존재해 있어야만 한다. 모임의 톤을 위한 보편적 소재는 자칫 상호 완화와 순화(즉 '어울리는 톤')를 조장할 수 있는데, 그런 분위기에 대항하여 개개인은 항상 차이성과 이질성을 제시해야 한다. 즉, 개인들은 "가능한 한 다양하게 서로 달라야만 한다"(so mannigfaltig als möglich voneinander abweichen). 요컨대, 앞서 언급한 개인과 집단, 고유한 방식과 모임의 톤 간의 관계에서 바로 전자가 더욱 중시되는 것이다. 그런 맥락에서 슐라이어마허는 "자신의 고유한 방식을 자유롭게 발산하는 데 있어서 두려워하는 마음이야말로, 그 고유한 방식이 설사

부차적이고 잘못된 것일지라도, 모임에 지극히 해를 끼치는 어리석음이다"[70] 라고 강조한다. 이는 실수, 사소함, 오류 등에 대한 불안한 마음을 떨쳐내면서 개인이 항상 자신의 고유한 방식을 과감하게 드러내야만 한다는 것을 뜻한다. 소재에 의한 모임의 어울리는 톤을 보살피는 것보다는 개개인이 자신의 고유한 방식을 간직하고 발현시키는 것이 더욱 중요하며, 이는 실제 슐라이어마허의 모습에게서도 찾을 수 있다. 가령 훗날 라헬 레빈과 결혼한 파른하겐 폰 엔제(Varnhagen von Ense)가 전하는 슐라이어마허에 대한 사람들의 평에 의하면, 그는 다른 이들과의 대화에서 "온건하지 않았고 통렬한 말을"(ungemäßigt und scharf in seinen Worten) 쏘아댔다고 전해진다.[71] 슐라이어마허를 비롯한 초기낭만주의자들은 "사교성에 있어서 방식(Manier)과 독창성(Originalität)을 최대한 발휘할 수 있어야 한다는 요청"[72]을 제 일 덕목으로 삼았던 것이다.

마지막으로 자유로운 사교 행동 및 모임에 대한 슐라이어마허의 유토피아적 구상과 관련하여, 그리고 실제로 1790년대 후반 그가 베를린에서 경험했던 사교 행동 및 모임과 관련하여 가장 중요한 점이 언급될 필요가 있다. 그것은 자유로운 사교 행동 및 모임에서의 여성의 역할이라는 측면이다. 슐라이어마허에 의하면, 자유로운 사교 행동이 분출하는 모임의 추동력은 남성보다는 여성에게서 나온다. 그것은 상대적으로 여성이 남성보다 훨씬 자유롭기 때문이다. 공적 차원과 사적 차원으로 나뉜 삶을 살아가는 남성과는 달리 두 차원이 전혀 분리되지 않은 채 살아가는 여성들은 언뜻 더욱 가중된 제한과 구속을 겪는 것처럼 보이지만, 역설적이게도 여성은, 슐라이어마허의 관점에서는, 그 두 차원으로부터 가해지는 "원리원칙"에서부터 한층 더 자유로울 수 있으며 나아가 남성들과 대등한 차원에서 "교양 있는 인간의 지위"를 누릴 수 있으며, 그로 인해 "보다 나은 모임"(bessere Gesellschaft)을 조직할 수 있는 역할을 수행할 수 있다.

우리의 경우 보다 나은 모임이 여성들의 눈초리 하에서, 여성들의

> 힘으로 형성되고 있다는 것이 정말 사실이라면, 다른 여러 멋진 일과 마찬가지로 이는 인간사의 필수적인 일이 아닌지 라는 의견을 나는 피력하지 않을 수 없다. 여성들은 (...) 그 점에 있어서 남성들보다 훨씬 곤란한 상황에 처해 있다. (...) 남자가 자신의 직업에 대해 말할 경우 그는 다른 한 측면, 즉 가정적인 측면에서는 자유롭다고 느끼고 있기 때문이다. 여성의 경우는 그와 다르다. 두 가지 측면(가정과 직업: 역주)이 하나가 되어 있는 여성들의 경우, 그들 모두 환담에서도 구속을 느끼고 있으며, 이런 점이 여성들을 남성들보다 열등하게 만든다. 그렇지만 시민적 삶과는 아무 상관 없기 때문에, 그리고 국가의 사정에 대해 관심을 두고 있지 않기에 여성들은 그러한 원리원칙을 더 이상 준수하지 않아도 되며 또한 남성들과는 오로지 교양 있는 인간의 지위 이외에는 다른 어떤 점도 공통으로 갖고 있지 않기에 보다 나은 모임의 창립자가 될 수 있다.[73]

슐라이어마허가 기대한 "보다 나은 모임"(살롱)이란, 여성이 단지 남자들의 모임을 위한 매개 역할을 하는 계몽주의적 살롱을 뜻하는 것이 아니라 한 차원 더 높은 모임, 즉 성별, 계급, 직업, 종교 등의 차이가 사라진 모임, 인간들 간의 자유와 평등이 실현된 모임 등을 위해 여성이 더욱 능동적이고 진취적인 역할을 행하는 그런 모임이다. 물론 슐라이어마허의 "보다 나은 모임"과 관련하여 여성의 역할을 지나치게 이상화하는 시각이라고 비판될 수 있는데, 좀 더 확장하여 말하면 18세기 말의 유토피아적 구상은 당시 여성이 처해 있는 실제 현실의 열악한 상황을 은폐하고 있다고 비판되기도 한다.[74] 이러한 비판은 유토피아의 비현실성, 이상의 현실은폐적 내지는 현실옹호적 기능에 대한 비판과도 상통한다. 그러나 유토피아적, 이상주의적 구상도 현실을 비판하고 개혁하려는 의지의 간접적인 표현으로 해석될 수 있다. '현실에서의 구체적인 개혁 없이는 모든 이상은 의미가 없다'는 현실주의적 시각은 지극히 위험하다. 그것은 자칫 '모든 문학적, 철학적 사유의 무용성'이라는 잘못된 실용주의적 시각을 낳기 때문이다.

사실 슐라이어마허가 여성이 진취적, 선도적 역할을 하는 '보다 나은 자유로운 사교 모임'을 강조하게 된 까닭은, 서론에서 짧게 언급한 바 있듯이, 그의 개인적인 경험에 근거한다. 「사교적 행동 이론에 관한 시도」가 집필된 시기는 1799년이다. 이 시기는 슐라이어마허, 슐레겔 형제, 노발리스, 티크 등 초기낭만주의 동인들이 베를린과 예나를 오가는 가운데 여러 살롱을 경험했던 시기이며, 특히 예나에서는 카롤리네 슐레겔(Caroline Schlegel)을 중심으로 '문학 동인 모임'이 형성되는 가운데 개개인의 고유한 개성을 간직한 공동실천의 결과물인 잡지 『아테네움』이 발간되었던 시기다. 당시 여성들이 주도한 '보다 나은 모임'에 대한 경험과 기대감은 슐라이어마허뿐만 아니라 프리드리히 슐레겔에게도 마찬가지였다. 헨리에테 헤르츠에게 보낸 1798년 8월 24일자 편지에서 슐레겔은 다음과 같이 피력하고 있다. "제가 들은 바로는 베를린의 학자들이 우리를 이해하려 하지 않기에, 우리 둘(슐레겔과 슐라이어마허: 역주)은 여성들에게 우리의 희망을 걸기로 했습니다."[75] 특히 헨리에테 헤르츠, 라헬 레빈 같은 유대인 가문 출신의 여성이 조직한 살롱은 기독교와 유대교 간의 종교적 차이, 남성과 여성의 성적 차이, 귀족과 시민의 신분적 차이 등을 지양한 자유로운 사교 모임이었으며, 비록 완전하지는 않았지만 슐라이어마허의 표현대로 '교양 있는 인간의 지위'를 서로 확인하면서 상호영향을 추구했던 "보다 나은 모임"의 현실적인 형태로 간주된다. 그런 자유로운 사교 행동 및 모임으로서의 살롱에서 궁극적으로 보장된 것은 바로 개인의 '자유로운 본질', '사유와 감성의 자유로운 놀이' 등이었다. 18세기 말 베를린과 예나를 중심으로 실제적으로 활성화되었던 살롱은 그와 같은 이상(Ideal)을 향한 끊임없는 발전과 생성의 과정 중에 나온 역사적 형태였던 것이다.

2.5. 살롱의 명암

슐라이어마허의 「사교적 행동 이론에 관한 시도」는 1790년의 베를린 살롱 및 예나의 '문학 동인 모임'이라는 문화적 현상과 연관된 유토피아적 기획이다. 특히 유대인 여성들이 호스트 역할을 했던 당시의 살롱은 한편으로 종교적, 신분적, 민족적 차이 등에서 벗어나 여러 영역의 참석자들이 함께 모여 자유로운 대화를 나눈다는 긍정적인 측면을 지니지만, 다른 한편으로 부정적인 측면도 없지는 않았다. 가령 슐라이어마허와 함께 헨리에테 헤르츠, 라헬 레빈 등의 살롱에 참석했던 프리드리히 슐레겔은 베를린 살롱의 자유로운 분위기에도 불구하고 때로 "견딜 수 없는 구속"(unerträgliche Fesselung)[76]을 경험했다고 하며 혹은 아테네움의 한 단상에서는 "지루함"(Langeweile)과 "숨 막힐 것 같은 공기"(Stickluft)가 뒤섞여 있는 폐쇄적인 모임 형태를 비판하고 있다.[77] 마찬가지로 헨리에테 헤르츠의 살롱에 참석했던 노발리스도 진부한 잡담을 주고받는 자리였다고 불만족스러운 감정을 토로한 바 있다. 또한 후에 프리드리히 슐레겔과 재혼한 도로테아 파이트도 슐라이어마허에게 보낸 편지에서, 살롱에서는 '(...) 사람들이 스스로를, 서로를 이해하지 못하고 있다"[78]고 아쉬움을 전하고 있으며 아울러 1801년 어떤 사교 모임에 참석한 프리드리히와 자신은 "마치 로빈손처럼 외로웠다"(so einsam wie die Robinsone)[79]고 밝히고 있다. 개인의 고유한 방식보다는 소재를 통해 모임의 어울리는 톤이 유지될 경우 때로 진부함, 외로움, 소외 등이 야기될 수 있음을 입증하는 언술들이다. 이 밖에도 모든 모임 형태에서 의례 엿볼 수 있는 시기, 질투, 경쟁, 애정 싸움 같은 복잡한 감정도 피할 수 없었는데, 이는 사람들 간의 모임에서 필연적으로 일어나는 현실적 현상들이다.

슐라이어마허의 사교 행동 및 모임에 관한 이론을 정리하자면, 사교성 이론은 자유로운 개인들이 쌍방향적으로 자극과 고무를 주고받는 모임에 대한 이론이다. 개개인들 간의 자유로운 사교 모임으로서의 살롱에서는 계급상, 신분상 등의 모든 공공적 위계질서가 해체되어야 하며, 그런 상태에서 자유로운 대화가 작동되어야만 한다. 또한 자유로운 대화를 주고받는 사교 행동의 모임에서는 개인성과 집단성 간의 '길항작용'이 작동해야 하는 바, 즉 양자는 항상 상호 견제를 주고받아야 한다. 무조건, 아무런 제한 없이 개인의 고유성만을 발산하는 것이 아니라 모든 참석자는 어울림의 법칙을 따라야만 하지만, 그렇다고 해서 모임 전체를 잘 유지해야만 한다는 목적 하에, 혹은 '조화로운 전체'라는 명목 하에 고유한 개성을 억압하여 소위 '중도적, 범속한 길'만을 꾀해서도 안된다.[80] 개인의 과도한 고유한 개성이 모임 전체의 어울림을 파괴할 수 있지만, 전체의 평이하고 진부한 분위기 또한 고유한 개성을 침해할 수 있다. 모임의 '어울리는 톤'이 강조되면 될수록 고유한 개성의 생동성 있는 발현도 마찬가지로 더욱 강조될 수밖에 없다. 그와 같은 '고유한 개성이 살아 있는 모임의 어울리는 톤'은 궁극적으로 아름다운 조화의 형태를 띠는 것이 아니라, 미학적으로 표현하자면, 다양한 파편 조각들이 합성된 알레고리컬하고도 아라베스크한 형태를 띠는 것이다.

역사적으로 보면, 슐라이어마허의 사교성 이론은 두 가지 의미를 내포하고 있다. 그 하나는 인간 상호 간의 이질성, 소외감 같은 19세기 근대 사회의 부정적 경향을 비판적으로 암시하는 가운데 이를 극복하고 싶은 마음에서 이상적이고 심미적인 대안으로서 '자유로운 사교 행동의 모임', 더욱이 여성들이 주도하는 '보다 나은 모임'으로서의 살롱 같은 문화적 공간이 강조되고 있다는 것이다. 다른 하나는 그 이상적으로 채색된 살롱의 구성 방식은 다름 아닌 공교롭게도 종종 근대의 부정적 양상으로 해석될 수 있는 소위 '구성원 개개의 고유한 개성(즉 차이성과 이질성)'들이 합성된 상태, 즉 이질적인 구성원들 간의 일그러진 상태를 띤다.[81] 슐라이어마허가 구상한 이상적 모임은 일종의 '반근대적인 근대', '비통일적인 통일성'이라는 역설을 지니는 바, 다시 말하면 마치 근대의 부정적 양상을 바로 그 부정의 방식을 통해 극복하려는 시도와도 같다. 이는 하나의 아름다운 통일성을 지향하는 자유로운 사교 모임이 아니라 오늘날 포스트모더니즘 이론에서 강조되는 소위 '이질성', '차이성'을 인정하고 존중해주는 방식으로 통합되는 모임이라는 역설적인 관점처럼 보인다. 자유로운 사교 모임에서는 '차별'이 아닌 '차이'가 존중되며, 또한 서로 이질적인 참석자들은 '소외'를 지양하면서

'다름'을 경험하고 확인한다. 나아가 자유로운 사교 모임은 한편으로 여성 해방의 공간이라는 각별한 의미를 지니지만, 다른 한편 여성만을 위한 공간을 넘어서 당시의 수직적이고 위계적인 질서가 무너진 새로운 삶의 공간으로 확장된다. 즉, 자유로운 사교 모임의 공간은 주변부로 밀려 있던 일종의 "아래에서 위를 향하고" 싶은 이들(유대인, 시민, 여성)이 추구한 욕망의 공간일 뿐만 아니라 동시에 자신의 계층적, 계급적 위치, 즉 자신에게 주어진 정치적, 사회적 기득권을 기꺼이 포기하고 "위에서 아래를 향하고" 싶은 이들(기독교인, 귀족, 남성)이 보여준 의지의 공간이기도 했다.[82] 그런 의미에서 자유로운 사교 모임으로서의 살롱은 성과 신분 차이를 넘어서 모두를 위한 저항적, 해방적 의미를 지닌다.

3장

슐라이어마허와 베를린 살롱 문화

일반적인 공동체적 모임에 대한 슐라이어마허의 관심과 참여 동기는 그의 개인적 배경에서 찾을 수 있다. 그 하나는 자신이 태어나고 자라났던 브레스라우(Breslau: 지금은 폴란드 남부 지역에 있는 도시)에서의 '헤른후트 공동체'(Herrnhuter Gemeinde/Brüdergemeine: 형제단공동체)에 대한 경험이며, 다른 하나는 1790년대 중후반기 베를린 체류시 겪은 살롱 경험이다. 1783년 친어머니가 사망하고 아버지가 재혼하게 되면서 슐라이어마허는 자신보다 세 살 많은 병약한 누이와 자주 서신을 교환하였는데, 당시 1787년 누이에게 보낸 편지에서 그는 헤른후트 공동체로부터 정신적으로 상당히 영향을 받았음을 밝히는 가운데 특히 공동체적 의식에 강한 애정을 지니고 있다고 고백한다.

> 이런 상황에서 나는 형제단공동체에 굳건히 의존해 있으며 그 공동체의 형제가 되지 못한다면 그것은 커다란 불행으로 여겨질거예요. 이는 자연스러운 일이겠지요.[1]

후에 누이에게 보낸 또 다른 편지에서도 슐라이어마허는 인간들 간의 공동체성으로서의 사교성을 언급하고 있다. 그는 인간이 다른 피조물

뿐만 아니라 인간들과도 서로 평등한 관계를 맺고 있음을 강조하는 가운데 특히 인간들이 서로의 생각과 마음을 나눌 수 있는 일종의 "도덕적 사교성"(moralische Geselligkeit)을 강조한다. 1799년 3월 23일자 누이에게 보낸 편지의 다음과 같은 대목에 그 점이 제시되어 있다.

> 모든 개개인은 전적으로 도덕적 사교성의 상태에 놓여 있어야 한다. 그는 자기 심성, 마음의 내면성, 그리고 자신의 행실을 고백할 수 있는 한 사람 혹은 서너 사람을 두고 있어야 한다. 자신 이외의 다른 어떤 이에게 전달하지 못하는 그 어떤 것을 자신 속에 간직해서는 안된다. 인간만이 다른 어떤 피조물들보다 훨씬 그 이상으로 존재한다는 것은 그리 좋지 않으며, 그것은 신적인 권한 내에 있을 뿐이다.[2]

고독한 개인보다는 자신의 내면을 기꺼이 밝힐 수 있는 타인들을 가까이 두고 그들과 교류해야만 한다는 것, 이것이 슐라이어마허가 일찍부터 간직하고 있던 공동체적, 사교적 인간에 대한 이념이다. 종교적 공동체에서 얻은 직접적인 경험과 자신의 인간학적, 도덕적 사유 등이 서로 결합되어 있으며, 이는 나중에 베를린의 자유로운 살롱에서 슐라이어마허가 얻은 긍정적인 문화적 인식과도 긴밀히 연결된다.

그런데 자세히 살펴보면, 슐라이어마허가 초창기 종교적 경험에서는 집단의 중요성을 강조하고 있다면, 살롱의 경험에서는 개인 자체의 고유성을 더욱 중시하게 된다. 목사 과정을 밟으면서 그는 살롱을 방문하여 다양한 직업의 지인과 문인 등을 사귀며, 특히 직접적으로는 베를린에서의 두 살롱(헨리에테 헤르츠 살롱, 라헬 레빈 살롱)의 경험, 간접적으로는 예나에서의 살롱(카롤리네 뵈머 살롱) 경험이 그의 해석학적 인식과 철학적 사유에 지대한 영향을 끼쳤다. 베를린에서의 살롱 문화 경험과 관련해서는 헤르츠 부부의 살롱 경험이 먼저이고, 이윽고 라헬 레빈의 살롱이 뒤따른다.

고향 근처에서 어린 시절 학교 교육을 받은 슐라이어마허는 1787-89년 동안 할레에서 신학, 철학, 고전 문헌학 등을 공부하였다. 이후 베를린으로 옮기면서 1790-94년 신학 시험을 준비하는 동안 그는 가정교사, 고아원 교사 등을 지냈으며, 1794-96년에는 잠시 폴란드에 있는 바르테라는 작은 마을에서 교회 부목사직을 맡기도 했다. 다시 베를린으로 돌아온 후 1796년부터 1802년까지 비교적 장기간 머물면서 슐라이어마허는 베를린 자선 병원에서 정식 목사로 근무하였는데, 바로 이 시기에 슐라이어마허는 다섯 군데의 살롱을 방문하였다고 전해진다. 그 가운데 베를린을 대표하는 헤르츠 부부의 살롱과 라헬 레빈의 살롱이 그에게 소중한 경험이 되었다. 그러나 동료 목사들과 종교적 지인들은 당시 자유로운 분위기에서 예술적, 철학적, 교육적, 종교적 주제 등에 대해 토론하는 살롱으로부터 슐라이어마허가 잘못 영향을 받아 종교로부터 멀어질 수 있지 않을까 하는 우려와 걱정을 했다고 전해진다. 그러나 이 시기의 살롱 경험을 토대로 그는 예술, 종교, 사교 등에 관한 매우 중요한 초기 글들을 집필하게 되는데, 자유주의 신학의 아버지가 될 수 있었던 『종교에 관하여』(Über die Religion. Reden an die Gebildeten unter ihren Verächtern, 1799), 개별성의 직관을 중시한 『독백』(Monologen, 1800), 절친 프리드리히 슐레겔의 소설 『루친데』를 종교적, 예술적으로 적극 옹호한 『루친데에 대한 긴밀한 편지』(Vertraute Briefe über die Lucinde, 1801), 그리고 앞서 분석된 「사교적 행동 이론에 관한 시도」 등이다. 이 저작들은 베를린 살롱을 경험하던 시기에 집필된 것이며, 특히 살롱 경험은 「사교적 행동 이론에 관한 시도」에 깊은 연관성을 지닌다. 이미 분석한 바 있지만, 18세기 말에 성행한 베를린의 살롱(특히 문학살롱)은 기존의 독서 모임, 우애회, 미덕회 같은 여타 모임들과는 완전히 다른 특성을 띠며, 가장 커다란 차이점으로는 베를린의 여러 새로운 살롱은 "자발성과 우연성"에서 형성되었다는 것이다. 이러한 특징과 관련하여 18세기 말 베를린 살롱 문화의 대표적인 연구가인 페트라 빌헬미(P. Wilhelmy)는 계몽주의 시대에 존재했던 '미덕회' 모임 형태와 차별되는 문학살롱의 특징을 다음과 같이 서술해 주고 있다.

독서 모임이자 실천적인 문제를 다루는 유토피아적인 '미덕회'는 완전히 자유롭고 구속력 없는 사교성이면서 동시에 구칙적이고 진지한 사교성으로 존재해야 한다는 요청에 제대로 부응할 수 없었다. 단지 살롱만이 그 두 가지 장점을 결합하였다. 왜냐하면 살롱은 내용적으로 자유로웠고, 형식적으로는 교양을 갖춘 여성 호스트 인물에 묶여있기 때문이었다. 누구나 시간과 흥미를 지녔다면 살롱으로 직행하였고 어떤 특정한 '프로그램'을 기대하지 않아도 되었다. 이런 사교성의 매력은 바로 자발성과 모임 구성의 우연성을 기반으로 삼는다.[3]

18세기 말 프로이센 제국의 수도였던 대도시 베를린은 일종의 문화도시로 불릴 만큼 매우 자유로운 분위기가 조성되어 있었다. 그런 자유로운 문화도시 베를린과 살롱 문화는 서로 분리될 수 없을 정도로 밀접하게 연관되어 있으며, 특히 지방의 소도시에서 대도시로 올라온 수많은 지식인은 그와 같은 살롱 문화에서의 만남을 통해 지식과 정보를 교환하고 싶어 했다. 이런 점을 종합하면, 살롱, 대도시, 시민적 지식인은 서로 불가분의 관계를 맺으며, 그런 특징들을 종합하여 하버마스는 "문학적 공공성"(literarische Öffentlichkeit)이라는 개념을 사용하였다.

도시는 경제적으로만 시민 사회의 생활공간이 아니다. '궁정'(Hof)과의 문화정치적 대립에서 도시는 무엇보다도 초기 문학적 공공성을 띠게 되는데, 이 문학적 공공성의 제도적 장치는 다름 아닌 커피숍, 살롱, 차모임이다.[4]

그런데 베를린의 특별한 현상으로는, 유대인 가문 출신의 여성들이 주도했던 문학살롱이 바로 문화적 산실의 중심지로 작용하였다는 것이다. 18세기 초 독일에서도 이미 보편적인 살롱 문화가 싹트기 시작했지만, 그것은 왕과 귀족 중심의 모임이었다. 대표적인 예로는 프로이센 국왕 및 브란덴부르크 선제후 프리드리히 1세의 아내였던 여왕 조피 샤를로테(Sophie Charlotte)가 1700년 자신의 궁전에서 예술적, 문학적 성격의 모임을 개최한 것이었는데, 이것이 베를린 살롱 역사의 최초 모임으로 알려져 있다. 이후 왕족의 행위를 모방한 귀족과 고위 관료들, 그리고 시민 계층도 살롱 문화를 이끌었으며, 1786-1815년까지 베를린의 경우 잘 알려지지 않은 단순한 모임을 포함하여 대략 69-100여 개의 크고 작은 살롱들이 존재했던 것으로 파악된다(현재까지 베를린에서 열렸다가 사라진 전체 살롱의 숫자는 총 300여 개에 이른다고 한다). 당시 비교적 많은 이들이 찾은 잘 알려진 베를린 살롱은 대략 14개이다. 그 가운데 독일 여성 호스트가 이끌었던 살롱은 5개 정도일 뿐이고, 나머지 9개의 살롱은 대부분 유대인 가문 출신의 여성 호스트가 주도하였다. 대표적으로 헨리에테 헤르츠 (Henriette Herz), 라헬 레빈(Rahel Levin), 도로테아 파이트(Dorothea Veit), 레베카 프리트랜더 (Rebecca Friedländer), 자라 레비(Sara Levy), 필리피네 코헨(Philipine Cohen), 자라 마이어(Sara Meyer)가 이끌었던 살롱을 들 수 있다. 누구나 살롱을 열 수 있었지만 많은 지인이 찾아오도록 하기 위해서는 무엇보다도 호스트가 재력(Reichtum), 사교(Geselligkeit), 교양(Bildung)을 갖추고 있어야만 했다. 특히 유대인 여성의 경우 독일 사회 및 독일인과 사회적으로 동화되기 위해서 자신의 공간을 일종의 '열린 집'으로 이끌어나갈 수 있을 정도로 부유하고 교양을 지니고 있어야만 했다. 재산과 교양은 일찌감치 유대인들의 개인적, 사회적 인정을 위한 전제조건이었던 셈이다.[5] 18세기 말 베를린의 모든 살롱과 관련하여 각 살롱의 개최 시기, 참석자들의 전체 명단, 정기적 내지는 비정기적 개최 여부 등과 관련된 정확한 역사적인 사료는 아쉽게도 존재하지 않으며, 단지 동시대인들이 남긴 편지, 일기, 기타 기록 등을 통해서만 간접적으로 알려져 있을 뿐이다. 당시 외교관, 역사학자, 고고학자로 이름을 떨친 빌헬름 도로우(Wilhelm Dorow)는 1790-1827년까지 프로이센 제국과 수도 베를린에서 겪은 자신의 다양한 경험과 관찰 등을 담아 4권의 책을 발행한 바 있는데, 그 책에는 18세기 말의 베를린 살롱 문화의 경험과 관련하여 "여성 없는 집은 운문 없는 시와도 같다"(Häuser ohne Frauen sind Verse ohne Poesie)[6]라는 구절이 적혀 있다. 이는 당시 문화 및 예술 살롱에서 여성이 얼마나 중요하고 핵심적 역할을 담당했는지를 간접적으로 시사해주고 있다. 마찬가지로 슐라이어마허도 1798년 8월 4일 누이에게 보낸 편지에서 당시 베를린 살롱 문화의 풍경과 분위기를 다음과 같이 전해준 바 있다.

> 젊은 학자들과 세련된 사람들이 이곳 거대한 유더인 저택들을 자주 방문하고 있는 것은 매우 자연스러운 일입니다. 정말이지 이곳에는 아주 유복한 시민 가정들이 많으며, 그 가정들은 문을 활짝 열어 놓으면서 여러 나라에서 온 이들과 폭넓은 대인 관계를 맺고 있습니다. 이곳은 모든 계층의 이방인들을 만나게 되는 거의 유일무이한 장소입니다. 거리낌 없는 방식으로 멋진 모임을 보고 싶은 이는 소개를 받아 그런 가정들을 찾아가면 됩니다. 재능 있는 이들은 누구나 - 물론 사교적인 재능을 가진 이들의 경우지만 - 그곳에서 기꺼이 관심을 받으며 또한 서로 확실히 흥겹게 지내게 됩니다. 유대인 여성들 - 남자들은 너무 일찍 사업 얘기로 넘어가지만 - 은 정말이지 상당히 교양이 높으며, 그들은 모든 것에 대해 이야기를 나눌 줄 알고 있으며 또한 일반적으로 높은 수준의 이런저런 아름다운 예술적 지식도 지니고 있습니다.[7]

분명 유대인 가문 출신의 여성들이 이끄는 살롱을 예찬하는 가운데 계층과 신분 등에 구애받지 않은 인간적 만남을 중시하는 슐라이어마허의 시각을 엿볼 수 있으며, 이러한 살롱 경험이 곧 그가 자신의 이론적 글에서 "보다 나은 모임"에서의 여성의 역할을 강조하게 된 계기로 이해된다. 마찬가지로 율리우스 퓌르스트(J. Fürst)는 1858년에 발간한 헨리에테 헤르츠와 그녀가 개최한 살롱에 관한 자서전에서 다음과 같이 당시 살롱의 분위기를 읽어낼 수 있다.

> 우리 서클 내에서는 마치 마법처럼 조금씩, 베를린에 살았거나 혹은 방금 방문한 젊은이들과 젊은이들 사이에서 중요했던 모든 것이 그 안으로 빨려들어 갔다. 자의식과 삶의 활력은 한 번 켜진 등불을 말 아래 두는 것(한 번 드러난 자신의 지식과 능력을 숨기는 것: 역주)을 결코 허용하지 않았는데, 그것은 멀리서부터 빛을 발했기 때문이다. 그런 정신적으로 유사한 기질을 지닌 여성 친척들과 젊은이들의 여성 친

> 구들이 곧 합류하게 되었다. 그와 같은 사교성의 소식이 우리 모임 속으로 스며든 이후 성숙한 남성들 중에서도 자유사상가들이 모여들었다. 내 생각이지만, 게다가 우리는 마침내 하나의 유행이 되었던 것 같았다. 왜냐하면 그 어떤 낯선 외교관들도 우리를 거부하지 않았기 때문이었다.[8]

모든 이방인이 서로를 경험할 수 있는 열린 공간, 지적 수준에서 남성과 대등한 능력을 지닌 여성들의 적극적인 참여 등이 강조되고 있으며, 특히 직업(사업 등)에 관한 남성들의 대화와는 완전히 다른 예술에 대한 대화가 더욱 중시되었음을 알 수 있다. 여기서 주의해야 할 점은, 여성들이 호스트로 살롱을 이끌었더라도 많은 여성이 그 모임에 자연스럽게 적극 참석하지는 못했다는 것이다. 이는 헨리에테 헤르츠, 라헬 레빈 등의 살롱에도 모두 마찬가지였다. 그러한 제한성은 가부장적 유대인 가정에서 여성의 사회적 활동이 제한될 수밖에 없었기 때문이며, 또한 귀족 남성들과 스스럼없이 대화를 나눌 수 있는 뛰어난 예술적 감각을 지닌 교양 있는 여성이 많지 않았기 때문이다. 어쨌든 18세기 초 궁정 사회에서 촉발되었던 베를린의 살롱 문화가 서서히 시민들의 문화적 삶 속으로 깊이 파고들게 되었으며, 특히 그런 열린 살롱 문화를 적극적으로 제공했다는 점에서 유대인 가정은 기독교를 신봉하는 독일인 가정보다 훨씬 앞섰고 개방적이었다. 이 점은 헨리에테 헤르츠의 자서전에서도 다음과 같이 대조적으로 서술된 바 있다.

> 많은 젊은 부부들이 양쪽 지인들에게 자신의 집을 제공하였는데, 이는 일종의 기회였다. 즉, 문학에 대한 여성들의 몰두와 환담을 통해서, 그리고 그들에게서 생산된 여러 이념을 통해서 정신이 형성되었던 기회였고 또한 폭넓은 주변 손님과 참여를 끌어들이는 기회가 되었다. 그 정신은 정말 독특했다. (...) 다른 한편 베를린의 기독교 가정들은 정신적 사교에서 유대교 가정들이 제공했던 것에 필적할 만한 혹은 비슷할 만한 어떤 아주 작은 것조차도 제공하지 못했다.[9]

18세기 후반 슐라이어마허가 직접 참석했던 베를린 살롱 문화 가운데 당시 지식인들 사이에서 가장 인기 있던 두 개의 살롱이 있었다. 그 하나는 헤르츠 부부, 즉 남편 마르쿠스 헤르츠(Marcus Herz, 1747-1803)와 그의 부인 헨리에테 헤르츠(Henriette Herz, 1764-1847)의 살롱이다. 헤르츠 부부가 자기 집에서 개최한 살롱은 일명 베를린 스판다우어 거리의 '더블살롱'(Doppelsalon)이라고 불렸다. 직업이 의사였지만 철학에 관심이 많았던 칸트 추종자인 33살의 남편 마르쿠스 헤르츠는 귀족, 학자, 은행가, 외교관, 귀족 등 다양한 직업의 지인들을 불러들여 함께 주로 칸트 철학과 물리학에 관한 공부와 토론 모임을 이끌었다면, 남편보다 열일곱 살 연하의 젊은 부인 헨리에테 헤르츠는 옆방에서 문학살롱을 주도하였다. "수요모임"(Mittwochsgesellschaft)이라고 불린 남편 헤르츠의 모임과 "심미적 화요일"(ästhetische Dienstage)이라고 불린 아내 헤르츠의 모임은 언뜻 '남성적 vs. 여성적' 모임 내지는 '학문적 vs. 예술적' 모임, '계몽주의 vs. 낭만주의' 등으로 서로 특성 있게 분류되기도 하고 나아가 두 모임이 상호 경쟁 관계를 이룬 것처럼 보이기도 하지만, 사실 참석자들이 자유롭게 넘나들어 참

안나 도로테아 테어부쉬의 <헤르츠 초상화>(1778년)

안톤 그라프의 <헤르츠 초상화>(1792)[10]

석할 정도로 두 모임은 서로 열린 관계를 이루었다고 전해진다. 가령 유명한 조각가 샤도우(Gottfried Schadow, 1764-1850: 베를린의 브란덴브르크 성문 꼭대기의 사륜마차 조각가로 널리 알려져 있음)나 계몽주의 시대를 대표하는 소설가 칼 필립 모리츠(K. Ph. Moritz)는 두 모임을 넘나들면서 참석하였다.

소위 '문학의 화려한 청춘'(literarische jeunesse dorée)이라 불리는 헨리에테 헤르츠의 살롱은 때때로 "우애를 보호하는 미덕회"(Tugendbund zur Pflege der Freundschaft) 혹은 "문학 다과모임"(literarisches Teekränzchen)이라고도 불렸다. 헨리에테 헤르츠의 살롱은 그 명명된 이름과 관련해서는 양가적이다. 왜냐하면 한편으로 "미덕회"라는 이름은 계몽주의적 유산을 상속하는 것처럼 들리지만, 다른 한편으로 괴테의 작품 등을 비롯한 다양한 문학적, 예술적 작품에 대한 토론을 전개했다는 점에서 미덕(덕성)을 장려하려는 계몽주의적 모임보다는 예술적, 문학적 모임의 특성이 더욱 강했다. 1780년부터 이따금 가까운 친구들과 모임을 이끌다가 1787년부터 본격적으로 모임을 확대하고 1803년 남편이 사망하기 직전까지 열렸던 헨리에테 헤르츠의 살롱에는 당시 베를린에 체류하고 있던 수많은 철학적, 예술적 지인들이 참석하였는데, 그녀의 살롱은 남편의 학문적 살롱보다 더 유명했다고 한다. 대표적인 참석 지인으로는 위에서 언급한 바 있는 조각가 샤도우, 작가 칼 필립 모리츠를 비롯하여 브링크만, 훔볼트 형제, 슐레겔 형제, 슐라이어마허, 도로테아 파이트, 라헬 레빈, 프리드리히 겐츠, 장 파울, 다비트 프리드랜더 등을 들 수 있다. 그녀를 추앙하는 차원에서 후에 헨리에테 헤르츠의 흉상을 조각했던 샤도우는 당시의 살롱 분위기를 다음과 같이 전한 바 있다.

> 안주인의 살롱에는 (...) 몇 명의 젊은 남자들이 있었으며 이들은 독일 시문학에 심취해있었고 신간서적을 갖고 와서 논평하고 낭송하고 비평하기도 했다. 많은 이들 가운데 몇몇 이름을 아직도 기억하고 있

다. 스웨덴인 브링크만의 경우 그의 시는 막 인쇄 중이었고, 역사학자 볼트만(Karl Ludwig Woltmann), (...), 폰 클라이스트, 도나 백작 형제가 있었다. 형은 나중에 장관이 되었고 동생은 몇 차례 외교관을 지냈다. 그 유명한 슐라이어마허는 몇 년 후에 합석하였다.[11]

남편 헤르츠의 살롱보다 헨리에테 헤르츠가 주도한 살롱이 얼마나 유명했는지는 당시 베를린을 방문한 한 여행객이 "장다르멘 광장(Gendarmenmarkt)과 헤르츠 양을 보지 못한 사람은 베를린을 보지 못한 것과도 같다"[12]고 밝힌 언술에서 간접적으로 읽어낼 수 있다.

베를린의 대표적인 또 하나의 자유로운 사교 모임으로는 라헬 레빈의 살롱을 들 수 있다. 잔다르멘 마르크트 내에 있었고 헨리에테 헤르츠의 집에서 아주 가까운 곳에 살았던, 헨리에테 헤르츠보다 일곱 살 아래였던 라헬 레빈은 처음 헤르츠의 살롱에 참석하면서 많은 지인을 알게 되었고, 그런 경험을 토대로 미혼의 젊은 나이에 자신의 살롱을 만들면서 헤르츠의 지인들까지도 초청하게 되었다. 헤르츠 살롱과 라헬 레빈의 살롱 - 물론 두 살롱뿐만 아니라 당시 대부분의 베를린 살롱들이 그랬듯이 - 은 지인들을 끌어들이기 위해 서로 경쟁 관계에 있었다고 할 수 있지만, 다른 각도에서 보면 두 살롱은 경쟁 관계보다는 서로 다른 특성을 띠고 있었다. 즉, 아름다운 미모와 유부녀였던 헨리에테 헤르츠가 이끌었던 살롱은 비교적 후기계몽주의의 연장 선상에 놓여 있었다면, 라헬 레빈은 어린 나이에도 불구하고 매우 탁월하고 재치 있는 대화적 능력으로 낭만주의적 살롱 분위기를 조성하였다. 헨리에테 헤르츠의 살롱을 모델로 삼아 라헬 레빈은 자신의 다락방에서 1790년부터 살롱을 개최하였는데, 헤르츠의 살롱에서 이미 라헬 레빈을 알게 된 슐라이어마허는 이후 라헬 레빈의 살롱에도 참석하였다. 슐라이어마허가 두 살롱 중 어느 살롱으로부터 많은 영향을 받았는지가 종종 연구 주제로 수행되었는데, 평생 절친으로 지낸 두 사람의 관계로 보아 슐라이어마허는 라헬 레빈의 살롱보다는 헨리에테 헤르츠 살롱에 더욱 애착을 지녔던 것으로 보인다. 라헬 레빈 또한 자신의 살롱 손님임에도 불구하고 슐라이어마허와 그의 사교성 이론 등에 전혀 관심을 표명하지 않았던 것으로 보인다. 더욱이 슐레겔의 『루친데』를 옹호한 글(『Vertraute Briefe über Friedrich Schlegels Lucinde』, 1800)을 슐라이어마허가 발표했을 때도, 슐레겔의 소설에 반감을 가졌던 라헬 레빈은 슐라이어마허의 글에 대해서도 그리 긍정적으로 생각하지 않았다. 어쨌든 라헬 레빈이 이끌었던 살롱은 그녀 자신의 명명대로 "자유로운 정신의 공화국"(Republik des freien Geistes)과도 같았는데, 특히 라헬 레빈의 살롱에는 완전히 서로 다른 신분과 분야의 이질적인 참석자들이 많이 모여들었기에 "선동적으로 뒤섞인 모임"(provokativ gemischte Gesellschaft)이라고 명명될 정도였다. 사적으로는 슐라이어마허와 라헬 레빈이 매우 친밀하지 않았을지라도 모든 참석자들의 개인적 고유성이 존중되었다는 점에서 라헬 레빈의 살롱이 아마도 슐라이어마허가 구상한 자유로운 사교 모임의 이상적인 살롱 모델에 가장 부합한다고 해도 전혀 과언이 아닐 듯 싶다. 어쨌든 슐라이어마허와 라헬 레빈의 관계에 대해서는 헤르만 파취(Hermann Patsch)가 가장 적절하게 서술해주고 있다. 그에 의하면 "라헬과 슐라이어마허는 서로 알았고 존중했고 높이 평가했지만, 그렇다고 해서 두 사람이 화목하게 지낼 수는 없었다."[13] 라헬 레빈이 개최한 살롱에 대해서는 다음 장에서 더욱 자세히 기술하겠지만 다만 여기서는 슐라이어마허뿐만 아니라 이질적인 다양한 분야의 여러 참석자들에게 그녀의 살롱이 얼마나 소중한 새로운 의사소통적 공간으로 작용했는지가 중시될 뿐이다.

> 이와 같은 매력적인 분위기에서 젊은 라헬 레빈은 계층초월적인 대화 및 관계 모임 내에서 새로운 사교 문화의 중심으로 부각되었다. 그녀의 다락방은 이내 탁월한 손님들에게 장소를 제공하였다. 가령 이프란트(Augut Wilhelm Iffland, 1759-1814: 독일 연극의 극작가이자 배우)가 이끄는 연극 그룹의 인기배우들, 장 파울, 루트비히 티크, 프리드리히 슐레겔, 홈볼트 형제, 프리드리히 겐츠, 외국 외교관들, 리뉴 영주, 프로이센의 루이 페르디난트 왕자 같은 높은 클래스의 귀족들을 들 수

있다. 몇 년 전까지만 해도 그 누구도 사교적인 장소라고 여길 수 없었던 치외법권적 영역, 즉 유능한 유대인 여성들의 살롱에서 그들 모두가 서로 만나게 되었다.[14]

이와 같은 자유로운 사교 모임의 살롱에서 슐라이어마허가 가장 소중하게 여겼던 점은, 출신, 직업, 신분 등에 상관 없이, 나아가 기독교와 유대교, 귀족과 시민, 여성과 남성, 이성과 감성, 계몽주의와 낭만주의 간의 대립과 갈등에서 벗어나 모든 참석자가 인간적, 문화적 교류의 활동을 전개할 수 있었다는 것이다. 기존 독일의 보수 세력이 유대인 여성들이 주도한 살롱을 '비프로이센적이고 비시민적 혹은 비독일적'이라고 부정적으로 바라봤음에도 불구하고 헨리에테 헤르츠와 라헬 레빈의 두 살롱은, 슐라이어마허가 구상했던 사교 모임의 특성 그대로, 자유로운 의사소통적 상호 교류 공간으로 작용하였다. 비록 10-15년 정도 짧은 기간 유지되었지만 두 살롱의 존속은 어쩌면 독일의 문화사 및 정치사회사 내에서 획기적인 사건과도 같았고, 그 점을 마이스너는 일찍이 다음과 같이 서술한 바 있다.

이는 유대인이든 비유대인이든 많은 개성 있는 인물들의 순간적인 공생(共生)이었으며, 그 점을 넘어 남성과 여성이 동등한 위상과 평등한 위상을 이룬 역사적인 순간이었다. 이러한 공생의 매력은 이중적이다. 즉, 유대인 해방과 여성 해방이 결합되었으며 이런 방식의 결합은 향후 더 이상 나타나지 않았다.[15]

이와 같은 '유대인 여성들의 해방'이라는 점과 관련하여 한나 아렌트도 라헬에 관한 뛰어난 연구서에서 그 베를린 유대인 여성들이 이끌었던 살롱의 의미를 다음과 같이 강조한 바 있다.

유대인들은 사회 바깥에 놓여 있었기에 짧은 기간 동안 그것들(유대인 여성들의 살롱들: 역주)은 지식인들이 서로 만났던 일종의 중립 지역이 되었다. (...) 모든 관습에서 벗어난 믿을 수 없는 자유가 여러 부류와 제한된 계층 사회에서 벗어나서 창궐하게 되었다.[16]

이렇듯 헨리에테 헤르츠의 살롱, 라헬 레빈의 살롱은 당대의 시민적 지식인들, 특히 슐라이어마허, 슐레겔에게 새로운 문화적 자유, 혁신, 해방을 경험하게 해 준 공간으로 작용하였다. 물론 당시 살롱들간에는 미묘한 의미상의 차이가 있다. 슐라이어마허와 슐레겔은 작가이자 프리메이슨 단원이었던 계몽주의자 페슬러(Ignatius Aurelius Feßler: 1756-1839)가 주도한 '수요모임'(Mittwochsgesellschaft)[17]에서 처음 서로 만나게 되었는데, 참석자들의 전언에 의하면 그 모임에서는 모든 것이 매우 엄격하게 통제되었다고 한다. 가령 대화와 토론 중 질문시 사전에 손을 들게 하는 도덕적 규칙이 있었고 또한 토론 내용에 대한 프로그램도 제한적이었으며 참석자들도 비교적 엄선되었다고 한다. 이러한 페슬러의 '수요모임'의 주제와 운영 방식에 대해 두 사람은 실망하게 되었고 이후 헨리에테 헤르츠의 살롱을 찾게 되었다. 이 살롱은 매우 자유롭고 문학적인 방향으로 진행되었기에 자유주의 사상을 추구했던 슐라이어마허와 슐레겔에게는 특히나 매력적으로 여겨졌다. 그렇지만 넓은 의미에서 헨리에테 헤르츠 살롱도 페슬러의 모임과 마찬가지로 후기계몽주의의 정신 선상에 놓여 있던 모임이었다. 이와 달리 라헬 레빈의 문학적 살롱은 그 점을 보완해 주었다. 라헬 레빈의 살롱은 계몽주의적 정신과 낭만주의적 정신이 서로 뒤섞인 듯한 분위기를 띠고 있었고, 도덕적, 계몽적 이념을 완전히 외면하지는 않았지만 참석자들을 더 자유롭게 받아들이거나 문학적, 예술적 소재에 방향을 맞추었다는 점에서 한층 더 낭만주의적 성향을 띠고 있었다. 물론 라헬 레빈의 살롱도 넓은 의미에서는 후기계몽주의적 정신이 우세한 베를린의 분위기에서 크게 벗어나지 못했다.[18] 더욱 자유롭고, 더욱 문학적, 창작적 정신을 요구하는 살롱 정신은 베를린에서 벗어난 작은 소도시 예나에서 구현되었으며, 카롤리네 뵈머가 주도한 '낭만주의 정신이 깃든 예나 살롱'은 베를린의 살롱과는 완전히 다른 성격을 지녔다. 요컨대, 헤르츠 부부와 라헬 레빈이 주도한 살롱 문화를 중심으로 보면, 1790년대의 대도시 베를린의 경우 정신사적으로 두 개의 사상, 즉 후기계몽주의와 초기낭만주의가 잠시 함께 어우러진 시공간이었다. 그러나 1795년 아우구스트 슐레겔이 베를린을 떠나 예나로 이주하게 됨으로써 두 지역 간의 문화적 차이가 형성된다. 즉, 아우구스트 슐레겔뿐만 아니라 프리드리히 슐레겔, 도로테아 파이트, 틱 등이 예나로 향함으로써 살롱의 문화적 거점은 베를린에서 예나로 이동된다. 이는 마치 계몽주의가 끝나고 그 자리에 낭만주의라는 새로운 혁신적 문화 현상이 싹트게 되는 현상과 궤를 같이 한다. 슐라이어마허는 비록 베를린에 계속 체류하고 있었지만 멀리서나마 예나에서의 정신적 운동을 적극 지지한 친구로 남았다.

이상과 같은 자유로운 사교 모임으로서의 살롱이라는 공간은 정치사회적, 문화적 차원에서의 해방적, 혁신적 의미를 지닐 수 있지만, 근본적으로 살롱을 이끌어가는 상호작용적 힘으로서의 사교성은 개인들 간의 관계에서 친밀감과 내밀함 등을 야기하였고 이를 통해서 서로의 정신적 발전을 위한 계기로 작용하였다. 그 대표적인 사례로는 슐라이어마허와 헨리에테 헤르츠 간의 관계, 슐라이어마허와 프리드리히 슐레겔 간의 관계를 들 수 있다.

우선 슐라이어마허는 1794년 3월 칼 구스타브 폰 브링크만(Carl Gustav von Brinckmann, 1764-1847)의 소개로 헨리에테 헤르츠를 처음 알게 되었다. 스웨덴 출신으로 어린 시절 독일에서 성장한 브링크만은 슐라이어마허와 거의 같은 시기에 할레에서 수학하였으며 이후 계속 독일에서 작가, 외교관으로 활동하였다. 베를린에서 서로 친구로 만난 그들 세 사람(브링크만, 헨리에테 헤르츠, 슐라이어마허)은 요즘 언어를 빌리자면 평생 절친의 관계를 맺고 지냈다. 남성의 마음보다는 인간적 우정으로 슐라이어마허는 유부녀였던 헨리에테 헤르츠와 진솔하게 지냈는데, 1799년 3월 23일 누이 샤를로테에게 보낸 편지에서 슐라이어마허는 '남사친', '여사친' 같은 오늘날의 개념으로 설명될 수 있을 정도로 남녀에 대한 선입견을 깨부수는 언술을 남기고 있다.

> ... 한 여성을 여친으로 삼는 것은 어쩌면 불편한 일이겠지요. 그리고 헤르츠 부인이 유대인 여성이라는 것은 틀림없이 많은 이들에게 불

쾌감을 유발할 겁니다. 그러나 그것은 지독한 선입견들 중 하나에 지나지 않아요.[19]

계속 두 사람의 부도덕한 관계에 대해 걱정하는 누이 샤를로테에게 보낸 1801년 2월 12일자 편지에서도 그는 다시금 헨리에테 헤르츠와의 관계와 관련하여 "남성과 여성이 전혀 중요하지 않을 정도로 정말이지 마음을 터놓고 지내는 진심 어린 우정의 관계입니다"[20]라고 강조하였다.[21] 어쨌든 헤르츠와 슐라이어마허는 살롱에서의 남녀 관계보다는 우애 관계를 더욱 소중하게 여겼는데, 특히 슐라이어마허는 전통적으로 남성들 간의 개념인 우애 개념을 더욱 확장시켰던 것이다. 물론 남녀의 생물학적 차이를 부정하는 것이 아니라 그 차이를 인정하는 가운데 우애 개념은 인간 상호간의 개인성을 존중해 주는 일종의 윤리적인 개념으로 발전하였다.[22] 요컨대, 자신과 헨리에테 간의 관계를 슐라이어마허는 남녀 시각에서보다는 오히려 인간적이고 윤리적인 시각에서 파악하고 있었으며, 또한 - 헨리에테가 유대인 여성이라는 점을 고려한다면 - 종교적, 민족적 차이(유대인 가정 출신의 유대교를 신봉하는 여성과 전통적인 기독교 가정 출신의 기독교를 신봉하는 남성)까지도 지양하는 시각을 갖고 있었다.

슐레겔과 슐라이어마허 간의 인간적, 정신적 교류는 더욱 명확하게 언급될 수 있다. 슐라이어마허는 1796-1802년 베를린의 자선병원에서 목사로 지내면서 베를린을 주거지로 삼았었다. 반면 슐레겔은 1791-1794년까지 라이프치히에서, 1795년에는 드레스덴에서, 1796년에는 예나에서 잠시 지내다가 1797년 베를린으로 왔으며, 이때 살롱을 통해 슐라이어마허를 비롯한 여러 지인과 교류하게 되었다. 앞서 언급했듯이, 헨리에테 헤르츠의 살롱을 통해 남녀 간의 차이가 지양된 상호 교류의 모임을 경험하기 직전에 슐라이어마허는 1797년 8월 경에 페슬러의 '수요모임'에서 슐레겔을 만나게 된다. 1797년 8월 25일 니트함머(I. Niethammer)에게 보낸 편지에서 슐레겔은 당시 슐라이어마허와의 첫 만남에 대해 "나는 학자들의 모임보다는 좀 더 기분 좋은 모임에 어울렸습니다. 철학은 여기서 혼란스러운 상태에 놓여 있었지요. 하지만 나는 슐라이어마허라는 목사를 알게 되었는데, 그는 피히테의 글을 읽었으며 호기심과 개성의 관점과는 완전히 다른 관점에서 저널을 읽더라구요"[23]라고 적고 있다. 얼마 지나지 않아 슐라이어마허와 슐레겔은 같은 집에서 1797년 12월부터 1799년 9월까지 주거공동체를 형성하여 함께 지냈다(물론 1798년에 드레스덴으로 갔던 슐레겔은 잠시 슐라이어마허와 떨어져 지내기도 했다). 1799년 가을부터 슐레겔은 베를린을 떠나 1796년에 잠시 지냈던 예나로 다시 자리를 옮겼는데, 당시 베를린에 머물러 있던 슐라이어마허는 절친 슐레겔과 지속적으로 연락을 주고받았으며 때론 예나를 방문하여 학문적, 정신적 동지들과 우정어린 관계를 맺었다. 어쨌든 2년 동안의 베를린 체류 시기는 두 사람이 함께 지내는 단순한 주거공동의 시기를 넘어서 일종의 우애를 바탕으로 "공동철학"(Symphilosophie), "공동시학"(Sympoesie)을 시도했던 의미를 지닌다. 그들은 함께 피히테, 플라톤 등을 저녁 늦게까지 공부하였고 나아가 플라톤을 공동 번역하고 집필하려는 계획을 세우기도 했다. 이들은 또한 잡지 「아테네움」을 베를린에서 1798년부터 발행하기 시작했다. 이 당시 슐레겔의 글쓰기 재능으로부터 많은 영향을 받은 슐라이어마허도 본격적으로 글을 집필하였는데, 이때 공동으로 만든 잡지 「아테네움」에 실린 단편적인 글뿐만 아니라 『종교에 관하여』, 「사교적 행동 이론에 관한 시도」등 다양한 글이 집필되었다. 마치 살롱에서의 사교적 정신이 두 사람의 연구와 집필 작업에도 발현된 것과도 같았다. 가령 슐라이어마허의 『종교에 관하여』에 대한 슐레겔의 적극적인 옹호와 마찬가지로 슐레겔의 『루친데』에 대한 슐라이어마허의 옹호는 마치 사교적 행위의 근본인 "상호영향"이 글속에서도 투영된 것처럼 이해될 수 있다. 두 사람의 관계는 마치 남편과 아내의 관계, 이성적-도덕적 정신과 감각적 감성 간의 만남 등과 같았으며, 이러한 두 친구의 관계는 "정신적 부부관계" 내지는 "문학적 부부관계"라고 비유적으로 서술되기도 한다.[24] 그들이 학문적, 예술적 차원에서 서로 보완하면서 '조화/공생 인간'(Symmensch)을 향해 나아가려 노력했다는 점은 여러 글을 통해 알 수 있다.

> 슐라이어마허는 인간으로 형성된 인간이었다. (...) 나보다 세 살 위였던 그는 도덕적 지성에 있어서 나보다 훨씬 앞섰다. 나는 그로부터 많은 점을 배우고 싶어.[25]

> 내가 아쉬워하는 점은, 삶의 사랑스러운 작은 일들, 그리고 그런 작은 일들에서 무의식적으로 온 마음을 드러내는 아름다운 의식을 지닌 섬세한 표현에 대한 부드러운 감정과 섬세한 감각이야. 그(슐레겔)는 위대한 저술을 담고 있는 책들을 아주 좋아했고 마찬가지로 사람들에게서도 위대하고 강렬한 특성을 좋아하지. 자기 자신의 심성과 유사하게 그는 뜨겁고 강렬하게 보이지 않는 것에 대해서는 모두 유약하다고 여기고 있으며, 그래서 부드럽고 아름다운 것에 대해 그리 매력을 느끼지 않는 것 같아.[26]

두 사람의 관계는 살롱에서의 만남을 통해 가능했지만 그 관계는 단순한 만남을 넘어서 점차 평생의 개인적 우애 관계로 발전하였다. 슐라이어마허를 비롯한 초기낭만주의자들의 경우, 사교, 사랑, 우애 같은 개념들은 서로 이질적인 개인들 간의 자유로운 정신 교환이라는 점에서 상호 긴밀한 의미를 지닌다.[27] 특히 사교와 우애는 거의 동일한 의미망을 형성한다. 초기 슐라이어마허에게서 우애 개념의 의미를 분석한 오버도르퍼(B. Oberdorfer)에 의하면, 우애의 핵심 요건은 "쌍방향성, 평등성, 개성과 관계성 촉진을 위한 상호 창발성"(Wechselseitigkeit, Gleichheit, Koemergenz der Förderung von Individualität und Relationalität)으로 정리된다.[28] 이런 조건은 사실 사교에 참석하는 개개인이 갖추어야 할 필수적인 조건이기도 하다. 즉, 사교에서 모든 참석자는 평등하게 쌍방향적으로 대화를 주고받아야 하며, 이때 개개 참석자는 자신의 개성을 유지하는 동시에 다른 이들과의 관계성을 잃지 않도록 유념해야 한다. 그런데 적용 범위를 기준으로 삼을 경우, 사교와 우애 개념은 각기 차이점을 띤다. 요컨대, 개인과 집단 간의 관계가 중시되는 살롱 같은 모임에서는 사교가 적절한 개념으로 여겨질 수 있고, 모임이 아닌 두 사람 간의 내밀한 관계에서는 우애가 더욱 적절한 개념이다.[29] 후에 『윤리학』에서 슐라이어마허는 사교와 우애를 구분하는 가운데 양자 간의 쌍방향성을 강조하고 있다.

> 주로 관찰을 통해 인식되어야 하는 곳에는 자유로운 사교가 있으며, 감정이 토대인 곳에서는 우애가 있다. 자유로운 사교의 결합은 우애가 되려는 경향이며, 모든 우애는 언제나 자유로운 사교를 만들어낸다.[30]

이처럼 사교와 우애는 비슷하지만 미묘한 의미상의 차이를 띤다. 사교, 우애, 사랑 같은 개념 이외에도 환대성(Gastfreiheit)이라는 개념도 개인들 간의 교류에서 매우 중요하다. 환대성을 자칫 모임을 이끄는 호스트만의 능력으로만 파악할 경우 그것은 대단히 협소한 시각이 아닐 수 없다. 일차적으로는 살롱 호스트가 당연히 환대성을 지녀야 하지만 사실 환대성은 호스트를 포함한 모든 참석자들의 상호주관적 정신으로 작동해야 하며, 그럼으로써 '나는 주인이자 손님이다'는 의식이 싹튼다. 자신의 고유성 속으로 타자의 고유성이 자발적으로 들어오도록 하는 기꺼운 자세로서의 환대성은 상호적이어야 하며, 그런 의미에서 슐라이어마허는 "상호적 환대성"(gegenseitige Gastfreiheit)이라는 용어를 사용한 바 있다.[31]

18세기 말 19세기 초의 정치사회적 상황을 보면, 19세기 초의 나폴레옹 전쟁(1803~1815년)에 대한 저항 차원에서 국수주의적, 왕정복고적 정치가 들어섬으로써 18세기 말의 자유로운 문화 전체가 서서히 붕괴하며, 그로 인해 계층, 신분, 민족, 종교 등의 차이를 지양했던 자유로운 살롱 문화도 1805-6년을 전후로 서서히 사라지게 된다. 그런데 여기서 유념할 점은, 살롱이라는 사교 모임이 문을 닫게 된다고 해서 사교성의 정신마저도 사라진 것은 아니었다. 사교성이라는 개념은 직접적인 상호대면적인 모임 형식에서 벗어나 당시 지식인들 간의 글자 문화의 행위로 스며들게 되었다. 다시 말해 사교성은 '서신교환'을 비롯한 다양한 글쓰기 행위를 통해서 계속 존속했다. 일종의 '낭만적 사교성으로서의 서신교환', 즉 구두 행위를 넘어서 문자 행위에로 확대되고 변형된 사교성이 팽배해졌다.

마지막으로 사교 개념을 적용할 수 있는 또 다른 영역으로는 문학 및 예술 영역을 들 수 있다. 이 경우 사교성은 사회문화적 차원에서 문학살롱을 넘어서 작가와 독자의 관계에도 적용된다. 스촌디(P. Szondi)의 해석학을 분석하는 가운데 알텐호퍼(N. Altenhofer)는 그 양자의 관계를 일종의 "사교적 해석학"(gesellige Hermeneutik)이라는 용어로 강조한 바 있다. 사교성을 작가와 독자(대중)가 맺는 상호주관적 분석과 인정 행위로 옮겨 놓으면서 알텐호퍼는 살롱에서의 사교 행동처럼 작가와 독자는 생산과 수용 간의 끊임 없는 상호 영향과 이해로서의 사교적 과정 내에 놓여 있다고 밝힌다. 텍스트(작품)를 매개로 독자와 작가(예술가)가 행하는 해석학적 상호작용으로서의 의사소통은 일종의 컨텍스트(Kontext)라고 할 수 있는 동시대의 정치적, 문학적 논쟁과 성찰 내에서 이루어진다고 그는 강조한다.

> 슐라이어마허의 '해석학'을 '사교적 행동 이론'과 관련하여 돌이켜 본다면, 그의 해석학 단초는 더 이상 단지 아카데미즘적(문헌학적, 신학적) 학자의 지적 관점에서만 결정되는 것이 아니라 적어도 같은 정도로 시대의 문학적, 정치적 의사소통의 추동력과 그에 대한 성찰을 통해 규정되고 있다는 점이 명백해진다.[32]

사교적 해석학은 결국 작품, 작가, 독자, 시대적 맥락이 서로 대화적 관계를 맺는 것으로 요약될 수 있다. 물론 알텐호퍼의 시각은, 비록 전통적인 해석학의 순수문예학적, 비정치적 특성과는 거리를 취하고 있지만, 다시금 일반적 문예학의 기본틀로 되돌아가고 있다는 인상을 준다.

이상과 같은 1800년 전후의 베를린 살롱 연구와 관련해서는 다양한 연구 방향을 엿볼 수 있으며, 지금까지 전개된 연구는 크게 세 방향으로 정리된다. 우선 첫 번째로는 전설적인 베를린 살롱에 대한 실증주의적 연구 방향인데, 가령 헨리에테 헤르츠, 라헬 레빈, 도로테아 파이트 등의 살롱이 실제로 어떻게 존재했었는지를 경험적으로 연구하는 방향을 말한다. 데보라 헤르츠(Deborah Hertz)의 학위논문인 『베를린의 문학살롱 The Literary Salon in Berlin, 1780-1806』(1979), 페트라 빌헬미-돌링거(Petra Wilhelmy-Dollinger)의 『19세기의 베를린 살롱. 1780-1914. Der Berliner Salon im 19. Jahrhundert. 1780-1914』(1989) 및 『베를린 살롱: 역사적-문학적 산책들. Die Berliner Salons: Mit historisch-literarischen Spaziergängen』(2000), 페터 자이베어트(Peter Seibert)의 『문학살롱: 계몽주의와 3월 전기 사이의 문학과 사교성 Der literarische Salon: Literatur und Geselligkeit zwischen Aufklärung und Vormärz』(1993) 등을 들 수 있다. 물론 이와 같은 살롱 연구가 완전히 경험적이고 실증적인 것에 바탕을 두고 있는 것인지, 아니면 '신화 내지는 허구로서의 살롱'이 작동하는 것은 아닌지에 대한 물음이 제기될 수 있다. 그것은, 지나간 것의 기억(회상)에 상상과 소망, 나아가 왜곡 등의 요소가 개입하듯이, 살롱이라는 지나간 현상의 재구성 작업에도 '허구적 구성'이 작동될 수 있기 때문이다.[33]

두 번째로는 살롱을 이끌었던 개개 여성 호스트를 작가로서 파악하려는 연구 방향이다. 살롱이라는 집단보다는 그 살롱을 이끌었던 개개 호스트에 초점을 맞추면서 동시에 그 호스트를 '여성작가'로서 자리매김하려는 방향을 말한다. 가령 카롤리네 뵈머, 라헬 레빈에 관련하여 고통받는 개인이자 여성작가로서의 삶을 조명하는 연구 성과들이 있다. 물론 이 방향 내에서는 커다란 불균형을 목격할 수 있다. 카롤리네 뵈머, 라헬 레빈에 비하면 도로테아 파이트에 대한 연구는 너무 빈약하며, 카롤리네 뵈머에 비하면 라헬 레빈에 대한 연구는 상당히 진척되어 왔다. 또한 카롤리네 뵈머, 라헬 레빈, 도로테아 파이트 같은 잘 알려진 여성들에 비하면 마리안네 마이어 아이벤베르크(Marianne Meyer Eybenberg)와 그녀의 살롱 활동에 관해서는 거의 알려진 바가 없다.[34]

세 번째로는 '사교적 실험 공간'으로서의 살롱의 사교성을 다양한 영역으로 확대하여 연구하는 방향이다. 이와 관련해서는 가령 살롱의 사교성을 사회적으로 소외와 차별을 극복하는 현대적인 의사소통을 위한 기능으로, 대학 및 학문 발전에서 개별 전공들 간의 융합을 위한 기능으로 적용하기도 하며, 또는 독일인과 유대인, 기독교와 유대교 간의 가교를 위한 기능으로 파악되기도 한다. 이와 관련해서는 한스 라이네케(Hans Reinecke)의 『1800년 경의 베를린 살롱. 헨리에테 헤르츠와 라헬 레빈 Berliner Salons um 1800. Henriette Herz und Rahel Levin』(1961), 호르스트 마익스너(Horst Meixner)의 『유대인과 독일인의 공생 공간으로서의 베를린 살롱 Berliner Salons als Ort deutsch-jüdischer Symbiose』(1982), 한나 로테 룬트(Hannah Lotte Lund)의 『1800년 경의 베를린의 유대인 살롱. 논란 속의 해방 Der Berliner jüdische Salon um 1800. Emanzipation in der Debatte』(2012) 등의 연구를 들 수 있다.[35]

베를린을 중심으로 살롱 문화들이 다채롭게 형성되는 가운데 또 한 가지 흥미로운 점이 있다. 그것은 후기계몽주의와 초기낭만주의(대략 1795~1806년)의 사상과 연관된 문학살롱(literarischer Salon)이 두드러진다는 것이다. 앞서 언급했듯이, 문학살롱의 호스트는 주로 유대인 여성들이다. 이들의 문학살롱은 한편으로 주로 남성들로 구성된 종래의 살롱 문화에 의식적으로 대항하였으며, 다른 한편으로 신분적, 계층적, 민족적 차이를 지양하는 해방적 공간으로 작용한다. 문학살롱의 각별한 의미는 다음과 같이 정리될 수 있다.

> 공공적, 문학적, 학문적 생활에서 완전히 배제되어 있었던 여성들은 학자 공화국(res publica litteraria)을 자신의 집으로 옮겨왔다. 자신들의 매력, 자신들의 문학적 관심사와 대화를 통해서 여성들은 남성들의 공식적인 진부한 문인 세계와는 정반대의 대항 문화를 만들어냈다.[36]

국가와 성별 등의 경계를 해체하면서 이질적인 영역의 모든 손님들을 기꺼이 받아들이는, 여성에 의해 주도된 문학살롱은 어쩌면 초기낭만주의의 이념인 코스모폴리타니즘, 즉 학문적, 문화적 정신인 세계주의를 실제 생활

공간 내에서 구체적으로 실현해보려는 시도와도 같았다. 성별을 초월한 문학적 지식인들을 위한 문학살롱을 여성이 이끌어갔을 때 여성은 18세기 중반기에 흔히 볼 수 있었던 단순한 역할, 가령 남성 모임에서의 들러리 혹은 손님 초대 같은 수동적 역할에 그치지 않았다. 그들은 대화를 통해 지적 호기심과 새로운 지식을 생산해내는 능동적이고 적극적인 독자 내지는 청자의 역할을 강조했던 낭만주의적 사유 및 의식과 궤를 같이하는 차원에서 살롱에서 활동적이었다. 문학살롱의 여성들은 다른 이들과의 토론에 적극적으로 임했을 뿐만 아니라 모임을 벗어난 개인적인 글쓰기를 통해서도 자신의 사교성을 지속해 나갔는데, 즉 다양한 글쓰기 형식(편지, 에세이, 일기, 여행기 등)을 통해 자신의 사유와 감성을 표출해나는 '여성작가'로 변모하게 된다.

> 초기낭만주의의 사교 모임이 동시대 살롱의 여타 방식 및 형태, 특히 다른 문학살롱과도 구분되는 점은, 그들이 자신들의 생산성에 있어서 매우 구체적이고 매우 높은 생산적 결과물을 제시하였다는 것이다. 과거에 포괄적인 왕래의 모습을 취했던 여타 살롱과 구분되는 그와 같은 '텍스트 생산의 형성체'(자이베어트)로서의 '살롱'은 여러 문학적 결과물을 만들어냈으며, 나아가 강연, 잡지, 번역, 문학작품, 학문적 논문 등도 생산하였다. 이 밖에도 초기낭만주의는 공동철학(Symphilosophie), 공동포에지(Sympoesie)를 단지 개념으로만 사용한 것이 아니라 실제로 예나와 베를린(티크-베른하르디의 모임), 그리고 (...) 파리에서도 (....) 그런 일을 행동으로 옮기고자 했다.[37]

여성이 주도한 살롱 문화는 일차적으로 여성들이 스스로 자신의 정신적 영역을 넓히고자 하는 욕망과 갈망에서 행해졌지만, 이차적으로는 남성들의 정치사회적 목적에 의해 구축된 기존의 폐쇄적인 문화에 대항하는 의미를 지닌다. 이와 같은 문학살롱은 독일의 경우 18세기 후반에 최고로 성행하였다가 1803년 나폴레옹이 일으킨 전쟁으로 인해 점차 쇠락하게 된다. 특히 국적과 인종 등의 차별 없이 손님들을 자유롭게 받아들였던 유대인 가문의 여성이 주도한 '낭만적 문학살롱'이 1810년대에 거의 사라지며, 또한 귀족과 시민 간의 대립이 격화하는 1820-30년대 시점에는 다른 살롱들도 문을 닫게 된다. 이와 같은 문학살롱의 종말은 공교롭게도 라헬의 살롱을 자주 방문했던 하이네가 '혁명의 아들'로서 프랑스 1830년 7월 혁명을 옹호하는 가운데 괴테 식의 "예술시대의 종말"(Ende der Kunstperiode)을 선언했던 시점과 궤를 같이 한다.[38] 문학살롱과 자율적 예술이 서로 완전히 부합하는 것은 아니지만, 정치적 혁명의 시대에서는 어쨌든 문학살롱과 자율적 예술이 모두 '비정치적, 반정치적'으로 비추어졌다.

물론 살롱을 어떻게 해석해야 할지는 아직도 연구자들마다 그 시각과 판단을 달리하고 있기는 하다. 앞서 언급했듯이, 살롱은 독일인/유대인, 기독교/유대교 간의 차이가 현실적으로 지양된 완전히 해방된 공간으로 파악될 수 있는데, 즉 "시민 사회에 문화적으로 동화됨으로써 해방된 (...) 유대인의 유토피아 모델"[39]로 간주될 수 있다. 즉, 적어도 독일인과 유대인 간의 행복한 공존을 바라는 소망의 공간과도 같다.

> 목가적이고 거의 비더마이어풍의 형상(다락방에서의 살롱)은 분명 하나의 소망을 담아내고 있다. 즉, 적어도 한 번만이라도 독일인과 유대인의 멋진 공동생활이 존재했어야만 했다는 생각은 바로 그 다락방 형상에서 정점에 도달했다.[40]

이와 달리 "사회적 유토피아"와 연결하여 살롱을 이상화하려는 시각은 실제 현실 사회에서 "아직 일어나지 않았던 해방에 대한 환상"[41]을 심어주는 것으로 비판될 수 있다. 살롱 문화와 관련하여 또 한 가지 매우 조심스러운 접근이 요구된다. 가령 혹자는 '유대인 가문 출신의 여성들에 의하여 살롱 문화가 지나치게 이상화되고 있다'는 식으로 비판하기도 하며, 또한 추종자나 연구자들에 의해서 '그들 여성 작가가 신화화 내지는 신격화되고 있다'는 식으로 비판되곤 한다. 그러나 그러한 비판적 언술 뒤에는 일종의 '독일적, 남성적 이데올로기'가 작동하고 있을 수 있다. 특히 '유대인 여성 작가의 신화화하기'라는 의심쩍은 언술과 관련하여 특히 '유대인'에 방점을 찍는 비판은 자칫 독일 고유의 문화만을 고집하는 국수주의적 문화관에서 나온 것일 수 있으며, 또한 '여성 작가'에 초점을 맞춘 비판의 경우 거기에는 남성중심주의와 결탁한 보수주의적 문학관의 이데올로기가 그 저변에 깔려 있을 수 있다. 그러한 비판에서 벗어나 비록 짧게는 1780년부터 1806년까지의 25년 동안 혹은 1780년부터 라헬 파른하겐이 결혼과 함께 두 번째 살롱을 이끌었던 1825년까지의 45년 동안 유대인 여성들이 주도했고 많은 기독교적 독일인이 스스럼 없이, 격의 없이 참여했던 살롱 문화는 오히려 더욱 강조될 필요가 있다. 그것은 최초로 독일인과 유대인이 상호 공생하는, 분열 없이 존재하는 문화 형태가 현실적으로 구현되었기 때문이다. 또한 유대인 여성들의 경우, 비록 그들의 혁신적인 활동이 사회 전체를 뒤흔드는 활동으로까지 확장성을 갖지 못한 한계를 보였지만, 그들은 개인의 집이라는 사적 공간을 통해 공적인 활동을 구현하고 싶은 욕망과 의지를 내보였다. 그들 여성들은 여성과 유대인이라는 불리한 환경 속에서도, 슐라이어마허가 언급한 "보다 나은 모임(사회)"의 설립자 역할을 도맡았다. 유대인 여성들은, 밖으로는 유대인이라는 사회적 편견으로 인해 아웃사이더로 취급되었고 안으로는 가정 내에서 철저히 권위적인 부모에 의존되어 있었음에도 불구하고, 놀랍게도 진취적이고 자유로운 사고 능력과 의지를 발휘했다.

> 그들은 여성으로서 그리고 유대인으로서 이중적인 짐을 짊어졌기에 결코 대중적으로 모습을 드러내지 말아야 하는 운명을 타고 났다. 라헬 레빈, 헨리에테 헤르츠 혹은 도로테아 파이트-슐레겔(처녀 시절의 이름은 브렌델 멘델스존) 같은 여성들이 지녔던 영향력은 베를린, 동시대 사회, 독일 국가가 역사의 소용돌이에 빠져 있던 그 갈등이 적재된 충돌 시대라는 점을 통해 부분적으로 설명되기도 하지만, 또한 그들이 자신의 힘으로, 모든 방해에도 불구하고, 1800년을 중심으로 베를린에서 사교적 공간이라는 일종의 네트화를 구축해냈다는 점을 통해서도 설명된다. 갈등의 시기에 그와 같은 사회적 구조의 구축은 불안정한 기존 사회에서 일시적으로만 가능했다. 즉 사적인 영역에서,

좀 더 급진적으로 말하자면, 사회의 주변부에서만 가능했다.[42]

18세기에서 19세기로 전환하는 시기에 비록 짧은 역사적인 기간이었지만 정신적, 학문적, 예술적 차원에서 자유로운 사교 모임을 구현했던 살롱은 귀족과 시민, 독일인과 유대인, 기독교와 유대교를 서로 연결해주는 가교 역할을 수행했다. 또한 다양한 참석자들 간의 상호작용적, 의사소통적 정신을 중시했던 살롱의 경험은 무엇보다도 1810년 베를린 대학 창립에 앞장섰던 빌헬름 폰 훔볼트, 피히테, 슐라이어마허 등에게 정신적으로 지대한 영향을 끼쳤다. 왜냐하면 그들이 이질적인 학문들이 함께 모여서 조화롭게 지식을 교환하는 행위를 다름 아닌 대학의 '교양 이념'(Bildungsideal)으로 내세웠던 것은 바로 살롱의 경험에 근거를 둔 것으로 볼 수 있기 때문이다. 사교적 문화가 대학으로 어떻게 변형되어 들어갔는지를 분석한 포어만(J. Fohrmann)에 의하면, 피히테의 경우 사교적 행위는 '학문들 간의 대화'로서 대학의 이념으로 설정되었고, 훔볼트의 경우 사교적 행위는 '교육 명제와 세미나의 모델'로 제시되었다.[43] 이처럼 베를린의 살롱 문화는 독일인과 유대인의 공존, 남성과 여성의 공존, 나아가 근대 독일 대학의 설립 과정과 운영 등 다양한 차원에서 '해방적 기능의 롤모델'로 작용하였으며, 그와 같은 사교적 문화에 대해서 역사학자 코젤렉은 다음과 같이 서술해준 바 있다.

> 사교성에 의한 자기교양(Selbstbildung)은 해방적 기능을 지니고 있다는 점은 종종 충분히 강조된 바 있다. 그것은 사교에 의한 자기형성이 모든 권위에 저항했기 때문이며, 또한 사교에 의한 자기교양은 국가에 속하지 않는 식으로 형성되었고 계층 차이와 교회의 서면 계율에 노골적으로 대항했기 때문이다. 그러므로 이곳(베를린의 살롱: 역주)은 유대인과 여성이 동등하게 참여하는, 더욱이 이니셔티브를 쥘 수 있는 그런 합법적인 공간이었다. 베를린의 살롱 문화는 교양을 발전시켰으며 동시에 새로운 해방적 교양 개념을 생성해냈다. 그 결과 여타 상황에서도, 여타 위기에서도 항상 다시금 불러낼 수 있는 하나의 모델이 정립되었다.[44]

이상과 같은 1790년대 후반에서 1800년대 초기까지 지속한 베를린 및 예나의 살롱 문화, 그리고 이와 연관된 슐라이어마허의 사교 행동 이론 등은 매 시기, 매 지역마다 다시 요청할 정도로 매우 중대한 의미를 지닌다고 해도 과언이 아니다. 종교, 민족, 성별, 직업 등의 차이에서 벗어나 사교 모임을 실현했던 당시의 살롱 문화는 곧 '사회문화적 유토피아의 순간적 실현'과도 같았다. 안타깝게도 1805년 이후 국수주의 문화가 팽배해지고, 또한 1820년 이후 독일 보수주의 시민 계급이 자본가의 지배 세력으로 성장함으로써 유대인, 노동자 등에 대한 적대심이 팽배해지고, 그와 함께 자유로운 사교 모임으로서의 이상적인 살롱 문화는 서서히 몰락하고 만다. 특히 독일 사회 내에서 유대인은 사회적 해방을 지속적으로 간직하지 못한 채 다시금 아웃사이더로 남게 된다.

> 성공적인 유대인 살롱이 문명화된 사교의 중심지로 존재했다고 해서 마침내 독일 사회 내에 유대인들이 진출하고 정착하게 되었다는 식의 가정으로 잘못 유도되어서는 안된다. 역사는 정반대를 가르쳐준다. 1812년의 평등법에 의해 허가된 자유공간은 모두 서서히 프로이센 내에서 다시 철회되었다. 과거에 아웃사이더였던 유대인은 아웃사이더로 남고 말았다. (...) 프로이센의 수도에서 역사적으로 짧은 국면 동안 유대인이 끼친 교양 있는 사회적 삶에의 영향력은 성장한 교양 시민 계급에 의해서 제압되고 말았다.[45]

독일 시민계급의 성장은 곧 유대교 배척과 기독교의 강화와 연관되어 있다. 1843년에 발표된 브루노 바우어의 「유대인 문제」라는 에세이에 대한 답변으로 마르크스는 이듬해인 1844년 「유대인 문제에 대하여 Zur Judenfrage」(1844)라는 글에서 다음과 같이 비판한 바 있다. "유대교는 기독교인의 종교적인 눈에는 모욕적인 사실이다. 종교적으로 존재하는 그의 눈이 중지할 때 곧 모욕적이라는 사실도 중지된다."[46] 마르크스의 요청과는 달리, 기독교인으로서 독일 시민계급은 계속 자신의 종교적 눈을 부릅떴고, 그로 인해 유대인에 대한 인종차별적, 민족주의적 성향은 더욱 심화되고 말았다. 즉, 그들 독일 시민계급은 유대인을 향한 자신의 모욕감을 스스로 증폭하면서 유대인 배척에 앞장섰다. 그런 기류에 대항하는 듯한 의미에서 18세기 말 자유로운 사교 모임으로서의 살롱은 독일 사회 내에 만연된 차별, 배타, 배척 같은 정치적, 사회문화적 현상을 극복할 수 있는 비판적 대안임에도 불구하고 안타깝게도 지속하지 못한 채 순간에만 머물고 말았다.

1780년대부터 살롱 문화를 주도했던 헨리에테 헤르츠는 정치사회적으로 다양하게 급변하는 상황을 겪으면서 1847년에 삶을 마감하였다. 70세로 접어든 1834년에 그녀는 정치적 당파성만이 지배하는 동시대의 과격한 정치사회적 모임을 비판하면서 1790년 후반에 자신이 주도한 과거의 살롱 문화에 대한 추억을 다음과 같이 전해주고 있다.

> 몇 년 전부터 우리 사교 모임들에서는 그것(정치:역주)에 대한 논의가 과다해지고 있는데, 답답할 지경입니다. 거기서는 정치적, 사회적 견해에서 형성된 듯한 심각한 균열이 엿보이며, 그런 균열은 판단 능력이 있는 상층 계급에서부터 하층 계급에까지 일어나고 있습니다. 안타깝게도 대체로 어두운 감정과 격앙된 감정이 그런 균열에 수반되고 있어요. 우리의 멋진 독일어 '모임방'이라는 단어 대신에 '살롱'이라는 말이 우리나라에 정착된 이래 '모임방'이라는 말은 중립적인 토대로 작용하지 못하고 있네요. 오늘날도 서로의 기분을 밝게 하고 정신적으로 서로 장려하기 위해 함께 모일 수 있겠지만, 결과가 의도와는 어긋나고 있어요, 모임방에 흐르는 북돋우고, 빛나는, 종종 눈이 부실 정도의 정신의 섬광 대신에 저는 살롱에서 종종 우울한 천둥소리만 듣고 있습니다. (...) 그 멋진 관습, 말씀드리자면, 저 매혹적인 세련된 태도는 사라져 버렸어요. (...) 여성들은 더 이상 모임에서 눈에 띄지 않으며, 남성들의 관심사는 더 이상 모임에서 여성 주위를 맴돌지 않고 있어요. - 거기에 오류가 있습니다. 왜냐하면 여성들만이 세련된 사교를 위한 교양을 갖춘 이들이기 때문입니다. 우리의 역할은 사라져 버렸습니다. 지난 세기의 마지막 분기(1775년 이후: 역주)에서의 사랑과 관련하여 '우리는 당시처럼 서로 사랑할 줄 모른다'라고 했던 구츠코우(K. Gutzkow, 1811-1878)의 말은 옳은 지적입니다.[47]

18세기 말 자신의 살롱의 특징이었던 자유로움, 관용, 여성, 개성 등이 완전히 사라지고 정치적인 논쟁, 유물론, 당파성, 격앙된 감정과 분노 등이 모든 모임에 지배하는 있는 현상황에 대한 비판이다. 특히 여성의 역할이 사라진 점을 가장 아쉬워하고 있는 그녀의 언술은 남성적, 가부장적 권력이 부활하고 있는 독일 사회의 암울한 경향을 우회적으로 비판하고 있다.

정치사회적인 상황으로 인해 지속할 수 없었던 안타까움에도 불구하고 짧은 기간 동안 문학살롱은 다양한 지인들과 직접 교류하고 소통하는 공간을 창출해냄으로써 문화사회적, 역사적으로 중요한 의미를 지닌다. 다음 장에서는 베를린과 예나를 대표한 두 문학살롱(라헬 레빈의 베를린 문학살롱, 카롤리네 뵈머을 중심으로 하는 예나의 문학살롱)을 살펴볼 것이다. 분석에 앞서 한 가지 유의할 점은, 살롱과 관련된 여러 사항(가령 참석자, 매번의 주제와 토론, 토론자들의 반응 등)의 구체적이고 역사적인 기록이 남아 있지 않기에 살롱의 완전한 재구성은 불가능하다는 것이다. 따라서 라헬 레빈의 베를린 살롱이나 카롤리네 뵈머를 중심으로 한 예나 살롱에 대한 조명 작업은 현실적 살롱의 열악함과 이상적 살롱의 동경 사이에서 부유할 수밖에 없다.

4장

“자유로운 정신의 공화국”으로서의 라헬의 문학살롱

앞장에서 다룬 바 있듯이, 헤르츠 부부가 개최한 두 살롱은 많은 이들이 방문하고 싶어한 베를린의 명소였으며 특히 아름답고 기품 있는 헨리에테 헤르츠가 주도한 문학살롱은 당시의 문인들 사이에서 회자되었던 가장 인기 있는 살롱이었다. 그렇지만 베를린에는 자유로운 사교 모임의 이상적이고 전형적인 살롱 유형으로 간주될 수 있는 또 하나의 사교 모임이 있었는데, 그것은 미혼의 젊은 처녀 라헬 레빈(Rahel Levin, 1771~1833)이 주도한 살롱이었다. 유대인 은행가이자 보석상인 마르쿠스 레빈(Markus Levin)의 장녀로 태어난 라헬 레빈은 어린 시절 아버지의 사업 덕분으로 비교적 부유한 환경에서 자라났지만 1790년 부친이 사망한 이후 남동생이 사업을 이어받게 되자 라헬은 경제적으로 동생에게 의존하는 삶을 살았으며 종국에는 형제들 간 유산 상속 다툼도 벌어지게 된다.

라헬을 비롯한 18-19세기 독일 여성들은 정식 교육을 받을 수가 없었다. 따라서 교양과 학식을 쌓는 일을 여성은 오로지 스스로 해낼 수밖에 없었다. 카롤리네 뵈머, 도로테아 파이트처럼 아버지가 교수이거나 철학자, 신학자인 경우 주변 환경으로부터 여러 도움을 받아 여성은 자신의 교양을 쌓을 수 있었지만, 라헬의 경우 자기 교양을 위한 특별한 주변 환경이 조성되어 있지 않았다. 그럼에도 불구하고 라헬은 스스로 자기 교양과 자기 성장을 이루었는데, 자신의 성장에 대해 라헬은 다음과 같이 익살스럽게 밝힌 바 있다.

> 저는 그 어떤 교육을 받지 못했습니다. 저는 마치 사람들의 숲속에서처럼 성장하였으며, 하늘이 돌봐준 덕에 그 어떤 더러움과 거짓이 저에게는 다가오지 않았습니다.[1]

이러한 라헬 스스로의 자기 성장에 대하여 헤르베르트 스쿠르라(Herbert Scurla)는 레씽, 칸트 등을 비롯한 계몽주의적 맥락에서 다음과 같이 설명한다. 라헬이 레씽의 사진을 자신의 다락방에 걸어 놓았다는 점을 상기하면 틀린 해석은 결코 아니다.

> 라헬은 양성기관인 학교를 다니지 못했으며 부모의 집에서도 교육되지 않았다. 그녀는 지식과 식견, 삶에 대한 태도, 인간 존재의 가치와 문제에 대한 자신의 태도 등을 대부분 자기 자신의 독자적인 부단한 노력을 통해 얻어냈다. 시대적 상황과 생활 환경이 그녀로 하여금 그와 같은 자기 교육을 하도록 만들었다. 즉, 독자적으로 사유하기가 그것이다. 그런 자기 교육은 레씽에 의해 요청된, 라헬이 스스로 자신에게 요구한 인간의 능력이기도 하다. 즉, 자발적으로만 '이성의 진실'에 도달하는 인간의 능력이다. 이러한 능력은 '스스로의 삶'에 대한 충동으로 치환되었고, 낭만주의 시기에는 개성의 자기 전개의 갈망이라고 명명될 수 있었다.[2]

이처럼 스스로 교양과 사유를 발전시킨 라헬이 문학살롱을 언제 시작하였는지는 명확하지가 않다. 아버지가 사망한 해인 1790년에 혹은 삼 년 뒤인 1793년에 그녀 살롱의 문이 본격적으로 열렸다고도 전해진다. 의사 남편과 결혼하여 경제적으로 풍요로웠던 헨리에테 헤르츠의 살롱에 참석했던 라헬은 자신의 집에서 스스로 호스트가 되어 여러 지인과 대화를 하고 싶은 욕망에 사로잡혔는데, 이 "낯선 곳에서 온 소녀"(Mädchen aus der Ferne)[3]가 스스로 자신을 '대화적 인간'으로 천명하였음은 편지 곳곳에서 발견된다. 라헬이 얼마나 기쁜 마음으로 살롱 모임을 이끌었는지는 클레멘스 브렌타노(C. Brentano)에게 보낸 그녀의 편지에서 쉽게 읽어낼 수 있다.

> 나는 모임을 정말 좋아하며, 모임을 위해 태어났고 천부적으로 그런 기질을 부여받았다고 확신합니다. 파악하고 대답하고 논의하기 위해 나는 정신을 집중하고 빠르게 판단합니다. 특성과 관계에 대하여 대담한 감각을 유지하고 농담과 진지함을 이해하며 거기서 제시된 모든 대상은 내가 서투르게 처리할 정도로 전혀 낯설지는 않습니다. 나는 겸손하지만 말하기를 통해 나 자신을 드러내기도 하며 오랫동안 침묵할 수 있으며, 나는 인간적인 것을 사랑하며, 거의 모든 인간을 용인합니다.[4]

참석자들의 말에 집중하면서 귀 기울이는 능력뿐만 아니라 "특성과 관계에 대하여 대담한 감각을 유지하고"라는 구절은 여러 소재들이 다채롭게 엮어지는 뜻밖의 관계에 대한 감각적 이해 능력을 그녀가 지녔음을 스스로 밝히는 것이다. 또한 "농담과 진지함을 이해하며"라는 구절은 슐라이어마허가 언어적 대화에서 중시한 '이중적 의미'를 스스로 잘 파악할 줄 아는 능력을 지니고 있음을 시사한다. 특정 표현의 이중적 의미뿐만 아니라 그녀는 두 가지 방식의 대화, 가령 "인간과 인간 간의 내적으로" 주고받는 대화와 모임 전체의 참석자들과 관계된 "의미 있고 재치 있는 언술"[5]같은 대화를 즐겼다고 한다. 어쨌든 위에 인용된 구절은 언뜻 자신의 대화적 능력, 정신력 능력을 자화자찬하는 언술처럼 여겨질 수도 있겠지만 무엇보다도 라헬 스스로 얼마나 순수한 마음에서 지인들과의 대화를 즐기고 싶어했는지를 쉽게 감지할 수 있게 해주는 대목이다. 살롱에서의 그녀의 사교성은 반드시 공간적인 차원에서만 이해될 수 없다. 그녀가 10,000통 이상의 편지를 지인 300여 명과 주고받았다는 사실은 그녀의 사교성이 다락방, 살롱 같은 공간에서의 상호대면적 교류에 제한되지 않고 오히려 비대면적인 글쓰기 방식을 통해 자신의 사교성의 깊이와 폭을 넓혀갔음을 시사한다. 그런 의미에서 그녀는 살롱에서나 글쓰기에서도 근본적으로 "대화적 사유"(Dialogisches Denken)를 즐겼던 셈이다.[6] 그와 같은 라헬의 능력과 소질을 다른 지인들도 자주 인정하였는데, 라헬 살롱 참석자이자 오랜 지인이었던 후고 폰 잘름(Hugo von Salm) 백작은 1801년 10월에 그녀의 뛰어난 언어적, 사유적, 대화적 능력과 기질을 다음과 같이 전해주고 있다.

> 어떤 자유로움과 우아함으로 그녀는 자신의 주변 사람들을 고무할 줄 알고 밝게 하고 따뜻하게 할 줄 알고 있었다! 그 누구도 그녀의 쾌활함을 거부할 수 없었다! 그녀는 모든 것을 말했다! 나는 마치 소용돌이 속에 휘감기는 듯 느꼈으며, 그녀의 놀랍고 예기치 않은 표현에서 무엇이 위트이고 심오한 명상이고 선한 생각이고 천부성인지 아니면 무엇이 특이함이고 변덕스러움인지 도저히 구분할 수 없었다. 그녀로부터 나는 놀라운 구절을 듣기도 했는데, 그것들은 종종 번개처럼 대기를 뚫고 나와 내적 심장을 정확히 맞추는 듯한 몇 마디의 말에 담긴 진실한 영감과도 같았다.[7]

그녀의 살롱 공간은 차를 마시면서 담소를 나누는 우아한 공간이라기보다는 그녀의 표현을 빌리자면 '망사르드 Mansarde'(다락방, 꺽인 지붕의 고미다락)라고 불리기도 했다. 1801년 당시 그녀의 모임에 참석한 한 귀족은 다음과 같이 그녀의 소박한 모임 공간을 묘사해 주고 있다. "사치스럽게 꾸미지 않았지만 편안하고 기분 좋은 망사르드가 우리를 맞이하였다. 우리는 비스듬한 다락방 천장을 마주하고 앉았는데, 거기에는 레싱의 그림이 걸려 있었다."[8] 그런 다락방이 어떠한 분위기였고 어떤 식으로 모임이 전개되었는지에 대해서는 지금도 독자의 상상력을 자극하는데, 그녀의 삶, 살롱, 그리고 베를린 간의 내적 친밀성을 그려낸 다음과 같은 후세의 상상적 묘사도 대표적인 예이다.

> 저녁이면 예거슈트라세 54번지의 붉은 구석방은 사람들로 가득 찬다. 귀족과 시민, 배우와 정치인, 철학자와 작가는 차와 비스킷을 들면서 문학, 연극 및 생활에 대해 이야기를 나눈다. 논쟁이 아무리 뜨겁더

> 라도 그에 상관없이, 몸집이 작고 귀여운 눈에 띄지 않는 여성이 목소리를 높일 때면 이 수도의 저명한 인물들은 그녀의 말에 귀 기울이게 된다. 라헬 레빈, 후에는 라헬 파른하겐이라고 불린 이 여성의 매력에 그 누구도 저항할 수 없었다. 통찰력, 공감, 생기발랄함으로 그녀는 손님들의 마음을 사로잡으며, 그녀의 말은 손님들에게 자극을 주며 손님들을 양극화한다. 대화는 라헬의 삶이다. 사교적인 저녁 모임과 편지를 쓰면서 그녀는 여자와 유대인으로서 겪는 외로움과 사회적 추방에서 벗어난다. 그녀의 말은 오늘날에도 여전히 매력적이며 평생 베를린과 내적으로 결합해 있던 한 여성의 자부심, 갈망 및 열정을 드러낸다.[9]

라헬은 스스로에 대해 "아름답지 않다는 점 이외에도 저에게는 내적 우아함도 없습니다. ... 저는 못생겼다기보다는 볼품없는 여인입니다"[10]라고 밝힌 바 있는데, 이는 헨리에테 헤르츠의 아름다운 외모에 비교한 자신에 대한 열등감으로 읽힌다. 그러나 살롱 참석자들이 전하는 그녀에 대한 평가는 완전히 달랐다. 그들은 대체로 외모보다는 그녀의 정신적 능력을 높이 평가하였는데, 후에 열네 살 연하의 나이로 라헬 레빈과 결혼한 칼 아우구스트 파른하겐 폰 엔제(Karl August Varnhagen von Ense)는 라헬 사망 후 발간한 자서전에서 그녀의 외모에 감추어진 내면의 정신적 우월감을 다음과 같이 전하고 있다.

> 검은색의 많은 머리카락 숱으로 감싸인 얼굴은 정신적인 우월감을 나타냈으며, 빠르게 움직이는 어두운 시선은 그녀가 많은 것을 주려는 것인지 아니면 받아들이려는 것인지 의심스럽게 만들며, 어떤 고통스러운 표정으로 인해 선명한 얼굴 모습은 부드러운 우아함을 띠기도 했다.[11]

라헬 레빈과 그녀의 살롱에 관해 많은 기록을 남긴 잘름 백작도 "레빈 양은 키가 크지도 아름답지도 않았지만, 그러나 세련되고 기품 있는 교양을 갖추고 있었고 기분 좋은 표정을 했다"[12]고 적었으며, 특히 뛰어난 언어 솜씨를 발휘하여 다른 이들의 영혼과 정신에 생기를 불어넣는 여성이었다고 한다.

아울러 같은 글에서 라헬의 오랜 지인으로 지냈던 외교관 브링크만도 그녀의 뛰어난 지적 능력을 다음과 같이 전해주고 있다.

> 브링크만은 대답했다. '그녀는 아주 뛰어난 정신력을 지닌 자주적인 소녀이며, 태양처럼 영리하고 마음이 착합니다. 정말이지 고유한 특성을 지녔습니다. 그녀는 모든 것을 이해하며 느끼며, 그녀가 말하는 것은 기분 좋은 패러독스였으며 종종 참으로 적절하고 심오하여, 몇 년이 지난 후에도 사람들은 그녀 말을 반복하여 생각해보고는 놀라지 않을 수 없게 됩니다. 대단히 기지 있고 저명한 이들이 그녀에게로 모여드는데, 사람들은 그 어떤 자랑과 과시 없이, 감히 말하자면, 그 어떤 차별과 선별 없이, 외적인 어떤 계기와 내적인 편안함의 자연스러운 풍에 따라서 모여들었지요. 그녀는 유복하였고 어머니 집에서 지내면서도 무척 독립적이었습니다. 그녀는 전혀 낭비를 하지 않았어요. 사람들이 후한 대접 때문에 그곳을 찾아간 것이 결코 아니었습니다. 모든 외적인 것은 아주 소박했는데, 그럴수록 편안했고 그런 방식으로 풍요로웠고 고급스러웠습니다.'[13]

브링크만이 전하는 이 대목은 라헬 레빈의 살롱에 대해 여러 가지 점을 시사해준다. 그녀의 독립적이고 고유한 개성, 서로 이질적이고 연관성이 없는 것들을 아이러니와 위트로 엮어내는 뛰어난 패러독스한 화법, 외면보다는 내면의 중시, 시민과 귀족, 남성과 여성, 독일인과 유대인, 기독교와 유대교 같은 사회적 신분 차이의 지양, 이 모든 점을 비추어 볼 때 라헬의 살롱이야말로 슐라이어마허가 구상한 자유로운 사교 모임의 특징을 가장 잘 반영한 모델로 간주된다.[14]

그런데 라헬 레빈의 살롱은 두 시기로 나뉜다. 1790년(혹은 1793년)에 시작한 첫 번째 살롱은 아버지 사망 후 이사한 '예거슈트라세(Jägerstraße) 54번지'의 주택이었으며, 1819년의 두 번째 살롱은 '프란쬐지셰 슈트라세(Französische Straße) 20번지'의 집에서 열렸다. 첫 번째 살롱의 경우 처녀 시절의 이름을 따서 '라헬 레빈의 살롱'으로, 두 번째 살롱은 결혼과 남편의 성을 따라서 '라헬 파른하겐 폰 엔제의 살롱'으로 명명될 수 있다. 문화사회사적, 사회정치학적 측면에서 보면 두 차례의 살롱 중 첫 번째 살롱이 매우 중요한 의미를 지닌다. 예거슈트라세 54번지 주택의 이층 다락방에서 열린 첫 번째 모임은 자신과 지인들에 의해서 종종 '무리'(Kreis), '동아리'(Zirkel), '차모임'(Teetisch), '모임'(Gesellschaft), '다락방'(Dachstube) 등 다양하게 명명되었다. 요컨대, 라헬 스스로에 의해서는 다락방, 모임, 무리 등으로 지칭되었다면, 당시 참석자나 주변인들, 그리고 추후 라헬 연구자 등은 주로 라헬의 다락방 모임을 살롱이라고 명명한다. 혹자는 라헬이 다락방과 살롱이라는 두 가지 방식으로 자신의 모임을 이끌었다고 주장하기도 하지만, 정확히 말하면 같은 공간에 대한 서로 다른 지칭일 뿐이다. 따라서 가장 정확하게는 "예거슈트라세의 다락방에서 열린 라헬의 살롱"(Rahels Salon in der Dachstube in der Jägerstraß)이라고 부르거나 혹은 두 개념을 합쳐서 '다락방 살롱'(Dachstube-Salon)이라 불러도 무방할 듯 싶다. 어쨌든 다락방이든 살롱이든 두 개념 모두 라헬의 사교 모임과 관련하여 각별한 의미를 지니는데, 특히 두 가지 점에서 그렇다. 그 하나는 집의 소박한 공간적 의미이며, 다른 하나는 지인들의 탁월한 능력 및 호스트의 뛰어난 정신적 능력 등 모든 것이 한곳으로 모인다는 의미이다. 물론 이러한 두 가지 내재된 각별한 의미에도 불구하고 다락방과 살롱 두 개념 모두 간단히 해결될 수 없는 문제점을 내포하고 있다. 살롱의 경우 사회문화적 차원에서 이상적으로 제도화된 형식으로 간주되는 반면, 다락방은 개인사적 차원에서 라헬을 이상화하는 명칭으로 여겨질 수 있다. 일찍이 베르타 바트-슈트라우스(Bertha Badt-Strauss)는 1912년에 발표한 글에서 라헬과 관련하여 '살롱과 다락방'의 혼용을 두 가지 시각에서 분리하였다. 가령 살롱은 그녀의 집 내부의 비교적 넓은 방에서 개최된, 많은 지인을 초대했던 저녁 모임을 가리키고, 다락방은 글자 그대로 비스듬한 천장 아래의 공간에 소수의 아주 가까운 지인들을 초대했을 경우의 모임을 가리킨다고 분석하였다. 물론 살롱과 다락방 간의 약간의 차이점이 다음과 같이 부연되고 있다.

그녀의 사교성은 살롱과 다락방이라는 두 가지 측면을 지닌다. 살롱은 번뜩이고 유일무이한 현상이며, 그런 특성 때문에 그녀는 그 시기를 좋아했다. 다락방은 다른 이들과의 고독 속에서 전개될 수 있는, 다른 이들의 깊은 내면 속에 잠겨서 발산하는 경우에 해당된다.[15]

이러한 구분에도 불구하고 살롱과 다락방은 모두 라헬의 사교 모임을 이상화하고 미화하는 개념들이다. 살롱의 경우 남성과 여성, 기독교와 유대교 등의 차이가 해체된 이상화된 공간을 지칭하는 보편 개념으로 작용할 수 있으며, 나아가 기존 제도적 모임 형태와는 완전히 다른, 비록 주변부적 모임임에도 불구하고, 기존의 관습과 차별 등에서 벗어난 해방 공간으로 파악될 수 있다. 마찬가지로 '다락방'의 경우 비록 실제로는 매우 초라하고 비루한 공간일 수 있지만 그 작은 공간은 라헬을 포함한 극소수의 지인들이 상호내적인 교류 및 정신적 해방을 꾀했다는 식으로 해석될 수 있다.[16] 두 개념은 각기 라헬 모임의 사회적 특성과 개인적 특성을 대변하고 있지만 해방이라는 공통점을 지닌다.

이처럼 여러 분야의 이질적인 사람들이 함께 모여 다채로운 생각과 의견을 주고받는 자연스러운 살롱(혹은 다락방) 모임을 두고서 라헬 스스로는 "자유로운 정신의 공화국"(Republik der freien Geister)[17]이라고 명명했다. 지인들이 겪은 다양한 삶과 경험을 인간학적, 역사적 흐기심에서 청취하고 또한 그들과 기꺼이 대화를 나누는 천부적 재능을 갖고 태어난 그녀는 단순한 탐구 차원을 넘어서 자유와 평등을 추구하는 급진적인 시각도 갖게 된다. 물론 자유와 평등에 대한 시각이 인간과 삶에 대한 탐구의 결과인지 아니면 그와 같은 탐구를 위한 전제 조건인지에 대해서는 명확하게 단정지을 수 없지만, 라헬이 근본적으로 차별이나 배제보다는 급진적인 평등 의식을 간직하고 있었다는 점은 1815년 2월 16일자 편지에서 입증된다,

나는 이 세상에서 가장 위대한 현상으로 유일무이합니다. 위대한 예술가, 철학자 혹은 시인들이 나보다 뛰어나지 않습니다. 우리는 똑같은 기본 특성을 지니고 있습니다. 같은 지위를 지니며 함께 속해 있습니다.

다른 이를 배제하려는 자는 자기 자신만을 배제하게 됩니다. 나에게는 삶이 지정되어 있고, 나는 나의 시대까지 씨앗 상태로 있으며 외부에서 완전히 파묻혀 있습니다. 그 때문에 나는 그것을 스스로 말합니다.[18]

모든 인간 개개인들은 자신만의 독특성을 지니며 동시에 평등하다는 점, 그 어떤 혁명주의자도 이처럼 평등에 대한 과격한 의식을 내보인 적이 없다. 특히 다른 사람에 대한 배제는 부메랑처럼 자기 자신의 배제라는 결과를 가져온다는 언술은 매우 시사적인데, 이는 현대 사회에서도 적용될 수 있는 대단히 선취적인 안목이 아닐 수 없다. 또한 라헬 레빈의 글쓰기와 관련된 2부의 글에서 다루겠지만, 유대인 여성으로서의 결정론적 존재의 한계("나에게는 삶이 지정되어 있고", "외부에서 완전히 파묻혀 있다"등)에 대한 인식은 그녀의 삶에서 매우 중요한 의미를 지닌다. 사실 라헬이 이끌었던 살롱은 두 배로 증폭된 주변부적 운명에서 싹텄는데, 한나 아렌트는 그 점을 다음과 같이 설명해주고 있다.

베를린의 유대인 살롱은 사회 바깥에 놓인 사회적 공간이었으며, 라헬의 다락방은 한 번 더 바깥에 놓여 있었다. 즉, 유대인 살롱의 관습과 관례에서 벗어나 있었다.[19]

18세기 독일 사회 내에서 유대인은 차별 의식에 의해 주변부로 밀려나 있으며, 다시금 남성중심주의적 관례가 중시되는 유대인 사회 내에서의 차별로 인해 유대인 여성은 또 한 번 주변부로 밀려난다. 따라서 라헬의 살롱은 두 방향에서 도전적이다. 한편으로 독일 사회 내에서의 민족적, 계층적 차별을 극복하려는 방향이며, 다른 한편으로 기존 유대인의 남성중심주의적 관습과 관례에 대항하여 여성의 적극적이고 진취적인 모습을 제시하려는 방향이다. 1790년대 말기의 문화사회사적 전환기에서 라헬의 살롱은 그와 같은 두 가지 방향에서 매우 파격적이고 선취적이었다. 특히 자신이 처한 한계와 제한, 차별 등에 대해 과감히 언급하지 않을 수 없다는 의식은 대단히 혁명적이며, 그런 인식을 바탕으로 그녀는 다양한 대화적 사유와 글쓰기를 통해 자신의 환경과 역사적 상황에서의 부당함을 적극 발화하고 극복하려는 삶을 살았다. 요컨대, 인간들 간의 평등한 관계에 대한 갈망이 그녀가 이끌었던 사교적 모임과 사교적 글쓰기의 핵심을 이룬다.

베를린 유대인 여성들의 대표적인 살롱(헨리에테 헤르츠, 라헬 레빈, 도로테아 파이트)의 또 하나의 공통된 특징은, 그 모든 모임이 항상 괴테 작품을 읽고 대화를 나누고 서신을 주고받는 등 거의 '괴테 종교의 신도들 모임'과도 같았다는 점이다. 헤르츠 살롱의 경우 참석자들은 서로 역할을 나누어 괴테의 희극 작품들 가운데 의미 있는 장면들을 낭독했으며, 라헬 또한 자신의 살롱 및 지인들과 주고받은 서신 등에서 언제나 괴테를 예찬하였다. 라헬은 총 세 번 괴테를 직접 만난 것으로 전해진다. 첫 번째는 1795년 요양 차 칼스바트(Karlsbad)에 체류하고 있던 괴테와의 짧은 만남이고, 두 번째는 1815년 프랑크푸르트에서의 만남이고, 세 번째는 1817년 바이마르에서 재상직을 맡은 괴테를 알현한 만남이다. 두 번째 괴테와의 만남 시기였던 1815년 9월 8일자 파른하겐에게 보낸 편지에서 라헬은 다음과 같이 괴테를 예찬하였다. "괴테는 나에게 영원한 기사직을 수여해 주었던 것이지요. 하늘에 맹세코! 그는 그것을 알고 있어요. 하늘! 괴테 같은 올림피아의 신만이 나에게 그런 명예를 베풀어 줄 수 있으며, 나에게 명예롭게도 많은 것을 베풀어줄 수 있습니다."[20] 1795년 9월 8일 휴양지 칼스바트에서는 짧은 순간이었지만 매우 뛰어난 표현력과 독창적인 사유 능력을 지닌 라헬을 만났을 때 괴테 또한 그녀에 대해 감탄을 금하지 않을 수 없었으며 그 점은 그가 고전주의 이념적 모토인 '아름다운 영혼'의 구현을 라헬에게 부여하고 있는 대목을 통해 알 수 있다.

> 그래요, 정말 사랑스러운 소녀입니다. 그녀의 감성 하나하나는 강한데, 표현력은 모두 경쾌하지요. 강한 감성은 그녀에게 지고한 의미를 부여해주며, 경쾌한 표현력은 그녀를 호감 있게 해 줍니다. 전자로 인해 우리는 그녀의 위대한 독창성을 감탄하게 되고, 후자로 인해 그 독창성은 사랑스럽게 여겨지고 우리 마음에 들게 되지요. (...) 제가 알

고 있는 한, 그녀는 매 순간 스스로 변함없으며, 언제나 자신의 방식으로 격동적이면서도 동시에 평온하더군요. - 말하자면, 그녀는 제가 *아름다운 영혼*이라고 명명하고 싶은 그런 존재입니다.[21]

이와 같은 괴테의 찬사 이외에도 후에 라헬의 두 번째 살롱에 참석했던 하이네도 그녀의 매력에 흠뻑 젖은 나머지 "이 무한한 세계의 가장 기지 넘치는 여성"(geistreichste Frau des Universums)이라고 찬사를 보냈다. 베를린의 살롱 역사를 연구한 페트라 빌헬미-돌링어는 라헬 주변인들의 다양한 평가를 종합하면서 "그녀는 여성 호스트들 가운데 일종의 예외적인 인물이었다. 감수성이 풍부하고, 사유에 있어서 극도로 독자적이며, 기존 관습에서 벗어난 인물"[22]이라고 정리한 바 있다.

앞서 언급했듯이, 라헬의 베를린 살롱은 크게 두 시기로 구분된다. 첫 번째 시기는 대략 1790년(혹은 1793년)부터 1806년까지로 나폴레옹이 프로이센과 베를린을 침공한 시기에 해당된다. 독학으로 단테, 셰익스피어, 루소, 레싱, 디드로 등을 읽고 문학적, 철학적 소양을 쌓은 라헬은 열아홉 살의 나이로 다양한 분야의 지인들을 초대하는 모임을 주도했는데, 주로 결혼한 부인들이 살롱을 주도했던 당시의 일반적인 경향과 비교해 보면 처녀로서 살롱을 이끌었던 라헬의 모습은 여러 동시대 지인들에게 매우 신선하고 파격적으로 전해졌던 것으로 추측된다. 1786년 프리드리히 2세가 사망하고 자유로운 통치가 끝난 이후에도 1790년대의 베를린에는 계속 자유로운 정신이 유지되었고, 그런 분위기 하에서 라헬의 살롱은 다양한 계층과 이질적인 직업에 종사하던 이들, 가령 시인, 자연과학자, 정치인, 귀족, 관료 등이 자유롭게 만날 수 있는 멋진 가교 역할을 했다. 당시 참석한 대표적인 이들로는, 장 파울, 루트비히 티크, 슐라이어마허, 프리드리히 슐레겔, 샤미소, 빌헬름/알렉산더 훔볼트 형제, 저널리스트 프리드리히 폰 겐츠(Friedrich von Gentz), 라헬의 남동생이자 작가 및 연극배우인 루트비히 로베어트 레빈(Ludwig Robert Levin), 스위스 역사가 요하네스 폰 뮐러(Johannes von Müller),

루이 페르디난트(Louis Ferdinand) 왕자와 그의 연인이자 연극배우 파울리네 비젤(Pauline Wiesel), 여가수 프리데리케 베트만-운첼만(Friederike Bethmann-Unzelmann), 연극배우 페르디난트 플렉(Ferdinand Fleck), 여성작가 레베카 프리트랜더(Rebecca Friedländer), 스웨덴 외교관 칼 구스타브 브링크만(Karl Gustav Brinckmann), 군인 장교 페터 폰 구알테리(Peter von Gualteri), 라헬과 사랑의 관계에 빠졌던 백작 칼 폰 핑켄슈타인(Karl von Finckenstein), 백작 알렉산더 폰 마르비츠(Alexander von Marwitz) 등을 들 수 있다.

라헬 파른하겐 살롱 방문자들의 명함들
(1830년에 제작된 것으로 추정되는 작가 미상의 콜라주)[23]

나폴레옹에 의해 베를린이 점령되고 연인 핑켄슈타인 백작과의 결혼 계획이 물거품이 되자 라헬은 파리, 빈, 프랑크푸르트, 칼스루에 등으로 거처를 옮겨 다니면서 지낸다. 이후 1814년 베를린으로 돌아온 후 그녀는 외교관이자 작가인 칼 아우구스트 파른하겐 폰 엔제(Karl August Varnhagen von Ense, 1785-1858)와 결혼하였다. 결혼을 통해 그녀는 어린 시절부터 겪어 온 '독일의 유대인'이라는 사회적 차별을 극복하고 보수적인 독일 사회에 완전히 동화된 '독일인'으로서의 삶을 지내고자 했다. 그러나 나폴레옹 전쟁 이후 민족주의가 점차 심화된 사회적 상황에서 노골적 차별과 보이지 않는 차별은 여전했다. 결혼과 함께 1819년부터 삶을 마감한 1833년까지 그녀는 자신의 두 번째 살롱을 유지했지만 모임의 열기는 예전과 전혀 달랐다. 이 시기에 라헬의 살롱에 참석했던 대표적인 이들로는 하인리히 하이네(Heinrich Heine), 뵈르네(L. Börne), 프리드리히 드 라 모트 푸케(Friedrich de la Motte Fouqué), 베티나 폰 아르님(Bettina von Arnim) 같은 문인들과, 음악가 멘델스존(Felix Mendelssohn), 역사학자 랑케(Ranke), 철학자 헤겔(Hegel), 영주 헤르만 폰 퓌클러-무스카우(Hermann von Pückler-Muskau) 등을 들 수 있다.

1826년 라헬의 살롱 장면

라헬의 살롱 전개의 역사 및 대부분의 연구 자료를 보면, 후기의 살롱보다는 초기의 살롱이 더욱 중시된다. 두 번째 살롱이 지속했던 시기에는 여러

모로 사회 자체가 자유롭지 않았으며 또한 정치적 의견 대립과 갈등이 심화되었고, 참석자들도 의식적, 무의식적으로 살롱 참석에 거리를 취했다. 특히 1814-1825년에 개최되었던 빈 회의의 반동 정치 이후 독일 사회 전역이 철저히 보수적인 색채를 띠게 되었고 또한 각종 검열 등이 실시되었고, 그에 대항하여 자유주의적 시민들의 정치적 투쟁이 간헐적으로 전개되는 등 전체적으로 사회가 몹시 불안정했다. 따라서 이념 및 출신 등에서 벗어난 자유로운 왕래와 교제 등이 쉽지 않았다. 반면 1790년대 라헬의 첫 번째 살롱은 문화사회적, 정치사회적 차원에서 매우 중대한 의미를 지닌다. 18세기 초중기 기존의 여타 살롱에는 귀족과 시민 간의 계층적 차이, 남성과 여성 간의 성별 차이, 기독교와 유대교 간의 종교적 차이가 남아 있었다면, 18세기 말 라헬이 주도한 살롱은 그와 같은 차이가 존재하지 않는 자유로운 공간이었다. 당시 라헬의 살롱에 참석했던 잘름(Salm) 백작은 1801년의 자유로운 문학 살롱의 분위기를 다음과 같이 전해 준다.

> 대화는 활발하게 되었고 참석자들 사이를 오가면서 다양한 대상들에 대해 저울질해 보았다. 나는 그 빠른 전환과 다양한 내용을 묘사할 능력이 없으며 감히 지금 그런 시도조차 할 수 없다. 사람들은 연극에 관해 이야기를 나눴으며, 플렉(Johann Friedrich Ferdinand Fleck, 1757-1801, 18세기 독일의 연극배우이자 연출자)에 대해 언급하면서 그의 병과 아마도 곧 다가올 그의 죽음에 대해 대체로 안타까워하기도 했으며, 또한 당시 매우 호평을 누렸던 리기니(Vincenzo Maria Righini, 1756-1812, 이탈리아 작곡가)의 오페라에 대해서도 환담을 나눴다. 또한 사회적인 일이나, 여성들이 많이 참석한 아우구스트 빌헬름 슐레겔의 강연에 대해서도 이야기를 나눴다. 아주 뛰어난 이념들, 대담한 생각들, 아주 재치 있는 기지들, 상상력의 변덕스런 유희들이 우연하고 일반적인 계기의 단순한 실마리에서 서로 꿰어지곤 했다. 대화의 겉모양은, 다른 여타 모임에서처럼, 목적과 의도가 없었으며, 모든 것이 막 떠오른 것들, 즉 순간의 관심사, 개인의 관심사, 이름의 관심사와 연결되었다. 암시적이었던 점, 어떤 지식을 전제로 하는 점 등 많은 것에 관해 나는 알 수 없었고 기껏해야 부분적으로만 알 수 있었다. (...) 모든

이들이 자연적인 방식으로 활기를 띠고 있었고 그 누구도 볼썽사납게 굴지 않았으며, 사람들은 대체로 말하기보다는 들으려는 것처럼 보였다.[24]

활발한 대화, 여러 주제의 자유로운 넘나들기, 상상력과 기지 등의 발산, 목적과 방향 없이 순간적 관심에서 떠오른 것 등에 관해 즐거운 대화를 주고받음 등을 통해 당시 살롱의 분위기와 운영 방식을 쉽게 가늠할 수 있다. 문학, 철학, 예술 등에 관한 일반적인 이야기를 나누었을 뿐만 아니라 신간 서적이나 연극, 오페라, 대학 강연 등에 관해서도 이야기를 나누었고, 또한 작가와 배우 등을 초청하기도 했다고 한다. 이런 여러 가지 점에 있어서 그녀의 살롱은 충분히 '문학살롱'으로 명명될 만했다. 이와 같은 라헬의 초기 살롱을 후기계몽주의적 사교성의 연장으로 간주해야 할지 아니면 초기낭만주의적 사교성의 태동으로 파악해야 할지에 대해서는 연구자들마다 상이한 대답을 내놓고 있으며,[25] 이는 넓은 의미에서 베를린 살롱 문화를 후기계몽주의적 현상 혹은 초기낭만주의적 현상으로 파악해야 하는지에 대한 학문적 시각과도 연결되기도 한다.[26]

다양한 자유로운 주제를 다루었지만 단 한 가지, 즉 정치에 관해서는 대체로 이야기를 나누지 않았다. 정치적 견해로 인하여 참석자들 간의 배타적 거리두기가 발생하는 것을 사전에 차단하기 위하여 '보이지 않는 규율'이 작용했을 수도 있으며, 나아가 정치적인 입장과 견해차로 인해 모임이 오염되지 않도록 하려는 의도가 작용했을 것으로 짐작된다. 혹자는 정치사회적 문제에 대한 여성 호스트의 무능력과 무관심 등도 작용했을 것이라고 보지만 그런 설명은 전혀 설득력을 갖지 못한다. 다른 이들과는 달리 라헬 레빈은 오히려 시대적 전환기 속에서 유대인의 정치사회적 운명에 고통받았을 뿐만 아니라 프랑스 혁명, 나폴레옹 전쟁, 빈 회의와 왕정복고, 1830년 7월 혁명 등 거대한 정치적 소용돌이 속에서 역동적인 삶을 살아왔기에 그녀는 다른 누구보다도 정치적 사건에 대해 남다른 판단력과 예지력을 지녔다. 정치적 사건에 대한 토론과 대화가 진행되지 않았을 뿐 살롱의 운영과 구성 방식 등을 보면 그녀가 계층적, 민족적 차별을 지양하기 위해 얼마나 대담하고 과감한 정치적 의식을 지녔는지를 간접적으로 알 수 있다. 소위 '무차별적인 열린 방식'으로 운영된 살롱 분위기는 그런 자유와 평등에 대한 라헬의 의식을 암시해 주고 있다.

> 다양한 계층의 손님들로 인해 때때로 그 가운데 몇몇 이들을 유보하게 되는 모임의 선택성에 있어서 라헬은 소위 '무차별성'을 취했는데, 이것이 바로 그녀 살롱의 대표적인 특성이 되었다. 모든 종파와 세계관을 지닌 사람들이 그녀의 살롱으로 찾아올 수 있었을 뿐만 아니라 그것을 넘어서 라헬은 모든 개개 손님들을 그 모임의 관심과 에티켓에 따라서 분류하고 취급하는 것이 아니라 손님들 각각의 고유한 척도에 따라서 대해 주었던 것으로 유명했다.[27]

헨리에테 헤르츠와 평생 친구로 지냈던 이가 슐라이어마허였다면, 라헬과 오랫동안 친구로 지냈던 이는 빌헬름 폰 훔볼트(W. v. Humboldt)였다. 그런 점에서 라헬에 대한 훔볼트의 회상은 두 가지 점에서 매우 의미 있다. 그 하나는 참석자들에게 사유와 교양의 스펙트럼을 넓혀 주는 라헬의 뛰어난 지적이고 감성적인 능력과 관계하는 점이며, 다른 하나는 참석자들을 끌어들이는 단순한 분위기 메이커로서의 라헬의 수동적 역할이 아니라 오히려 그녀로부터 정신적인 자극을 받기 위해 모임을 찾아오려 했던 참석자들의 열망 및 갈망과 관계하는 점이다.

> 내가 지금까지 만났던 인간들의 모든 장점이 여기(라헬의 모습: 역주)에서 동시에 함께 있음을 발견하게 되는 바, 정신과 기지, 통찰력과 상상력 등이 일련의 민첩하고 그윽한, 우아한 삶의 움직임과 결합되어 있었다. 괴테의 말과 비슷하게, 그것은 사태에 아주 밀착해 있는, 아니 사태 자체이면서, 그 심오한 정신의 모든 힘으로써 순간적으로 영향을 끼치는 삶의 움직임 말이다.[28]
>
> 사람들이 그녀를 기꺼이 방문했던 까닭은 라헬이 아주 사랑스러운

> 성격을 지녔기 때문에서가 아니다. 그녀로부터 무엇인가를 듣고서 얻어 가지 않으면 그녀와 헤어질 수 없을 것이라고 기대할 수 있었기에, 그리고 그녀가 더 폭넓은 진지하고도 심오한 사색을 위한 소재를 제공했거나 감정을 활기차게 고무해주었기에 사람들은 기꺼이 그녀를 방문하고자 했다.[29]

라헬에 대한 훔볼트의 뛰어난 관찰과 서술 이외에도 라헬 스스로 내린 '교양 있는 자'에 대한 정의를 통해서도 그녀가 얼마나 신선하고 독특한 사유의 소지자인지를 알 수 있다. 그 점은 푸케의 부인 카롤리네 폰 푸케(Caroline von Fouqué)[30]에게 보낸 1807년 12월 14일 편지의 대목에서 읽어낼 수 있다.

> 교양 있는 자는 자연이 낭비하여 다룬 그런 사람이 아닙니다. 교양 있는 자는 자신이 지닌 능력을 온화하고 현명하게 그리고 정확하게, 가장 지고한 방식으로 사용할 줄 아는 사람이지요. 그는 자신에 결핍된 곳이 어디인지 정확히 볼 수 있으며, 무엇이 자신에게 결핍되어 있는지를 들여다볼 수 있습니다.[31]

라헬에 의하면, 교양 있는 자는 단순히 학식과 지식을 갖춘 뛰어난 이들이 아니라 자신의 결핍을 인지하고 있는 사람을 뜻한다. 따라서 교양 있는 자들이 참석하는 살롱이란 계층적, 신분적, 지적으로 이미 그 능력을 인정받은 이들의 모임이 아니라 '결핍을 인식한 자들'의 모임과도 같다. 이처럼 라헬의 뛰어난 능력에 대해서는 괴테, 훔볼트 등의 회상 이외에도 칼 구스타브 폰 브링크만도 마찬가지로 남다른 회상을 남겼는데, 오랜 지인이었던 그의 회상은 문학살롱의 호스트로서의 라헬이 지녔던 예술적 능력과 작가적 소양 등을 가장 잘 서술해주고 있다.

> 뒤섞인 사회적 관계로부터 단순히 즐거움을 찾을 뿐만 아니라 유용성을 만들어내기 위해서는 아마도 그녀의 정신처럼 다방면의 정신이 어울린다. 인간에 대한 그녀의 이해는 매우 풍부한 만큼, 서로 완전

히 반목할 수 있는 아주 다양한 인물들을 대하는 그녀의 태도도 놀라울 정도로 능숙하고 가볍게 움직였다. (...) 그녀는 내 마음속을 읽고는, 마치 넓은 주변 여백의 열린 책에서처럼, 내 마음의 어느 곳에 무엇인가를 써넣고 개선해야 할지를 알고 있었으며, 또한 나의 불안한 정신의 손글씨가 내게 읽을 수 없을 정도로 여겨지는 곳에서도 그녀는 그 점을 나 자신보다 훨씬 더 재빠르고 능숙하게 알아내곤 했다.[32]

이처럼 라헬이 다양한 이질적인 손님들을 맞이하면서 그들과 함께 다방면으로 즐거운 대화를 전개하고 나아가 대화 속에서도 상대방의 마음을 읽어낼 줄 아는 능력까지도 소유하고 있었음을 곳곳에서 엿볼 수 있다. 참석자들 가운데에는 일명 '프로이센의 아폴로'(der preußische Apoll)라고 불리던 루이스 페르디난드 왕자가 있었다. 당시 관례로 보면 상당히 고귀한 신분이었음에도 불구하고 파격적으로 그는 라헬의 살롱에 참석하여 격의 없이 여러 지인과 교류를 즐겼다. 무엇보다도 음악, 특히 작곡에 조예가 깊었던 그는 라헬 살롱에서도 피아노를 치거나 음악적 대화를 즐겼다. 그는 라헬의 모임에서 유부녀 파울리네 비젤(Pauline Wiesel)를 만나 열애에 빠지게 되지만 안타깝게도 후에 나폴레옹 전쟁에 참전하여 사망하였다. 자신의 살롱에 참석한 왕자에 대하여 라헬은 다음과 같이 밝힌 바 있다. "누가 지금 저와 지인 관계를 맺었는지 아시나요? 루이스 왕자입니다. 매우 다정스러운 분이라고 저는 생각합니다. 이러한 교류 관계를 그는 지금 즐기지 않고 있지만 곧 진정한 다락방의 진실을 듣게 될 것입니다."[33] 궁에서 지내는 왕자로서는 평소 듣기 어려운 시민들의 목소리를 "진정한 다락방의 진실"이라고 표현하고 있으며, 이 표현은 많은 책의 제목으로 인용될 정도로 그 시적 언어적 감각을 인정받고 있다. 이렇듯 소박한 공간에서 여러 지인과 기지 있는 대화를 나누도록 자극과 동기를 주는 라헬을 가리켜 루이스 왕자는 후에 "정신적 산파"(moralische Hebamme)[34]라고 극찬하였다.

앞서 언급한 바 있듯이, 1790년대의 첫 번째 살롱은 나폴레옹의 프로이센 침공으로 인해 1806년에 문을 닫게 되는데, 이러한 분기점의 의미에 대해서 한나 아렌트는 다음과 같이 분석해 준 바 있다.

> 1806년의 파국은 살롱이라는 가벼운, 전원적인, 환상적인 세계를 파괴했을 뿐만 아니라 무엇보다도 '무리의 일원'으로서만 누구나 살아갈 수밖에 없었을 저 다른 굳건하고도 견고한 세계의 허약성을 보여주었다. 아마도 낡은 세계의 몰락이 라헬에게는 하나의 새로운 세계로 진입하는 기회였을 것이리라.[35]

나폴레옹의 침공과 함께 라헬에게는 서로 다른 의미를 지닌 세 가지 변화가 초래되었다. 그것은 깨지지 않을 것만 같았던 오랜 기존의 낡은 사회의 붕괴, 이상적인 공동체로서 살롱의 순간적 유토피아의 상실, 그리고 개인적으로 라헬의 새로운 세계 - 이를 아렌트는 파른하겐 폰 엔제과의 결혼을 통해 라헬이 유대인의 삶에서 벗어나 독일 사회에 완전히 동화된 삶을 추구하는 것이라고 보았는데 - 의 진입 시도이다. 세 가지 변화 가운데 라헬에게는 두 번째가 가장 충격적이었다. 자신의 문학살롱이 그녀에게 얼마나 소중했었는지는 살롱 중단 당시의 심정에서 충분히 감지할 수 있다. 1808년 브링크만에게 보낸 편지에서 라헬은 결코 외롭지 않았던 자신의 살롱 시절을 회상하면서 친구들이 모두 떠나간 비통한 심정을 다음과 같이 밝히고 있다.

> 당신이 명명하는 나의 '차모임'에서 나는 사전들을 갖고 앉아 있었습니다. 칠일 내지는 십일 마다 열리는 차모임을 제외하곤 저의 집에서는 차를 끓이지 않았습니다 (...). 나는 결코 혼자가 아니었습니다. 절대로. 전혀, 결단코 싫증 나지 않았습니다. 당신 스스로도 생각해보셔요, 싫증이라니! (...) 나는 결코 혼자가 아니었습니다. 겨울이나 여름에도 나는 몇몇 프랑스인들을 알고 지냈으며, 그들과 나는 때때로 이야기를 나눴지요. 그들 모두가 지금 떠나갔습니다. 나의 독일 친구들, 얼마나 오래되었나요. 그들은 죽거나 뿔뿔이 흩어졌어요.[36]

이미 언급한 바 있듯이, 칼 아우구스트 파른하겐 폰 엔제(Karl August Varnhagen von Ense)는 자신보다 열네 살이나 많은 라헬 레빈과 결혼했으며, 아내보다 이십오 년을 더 살았던 그는 라헬의 유언대로 그녀의 편지를 수집하여 책으로 발간했다. 그녀가 1816년 및 1817년에 쓴 편지의 두 대목에서도 1806년에 문닫은 첫 번째 살롱에 대한 애절한 마음을 다시 읽을 수 있다.

> 우리 시대는 어디에 있는지! 우리 모두가 함께 지냈던 그 시절! 그 시절은 1806년에 몰락해 버렸어. 아름다운 삶의 재화를 실은, 아름다운 삶의 향유를 담은 배가 침몰하듯. 그리고 1000여명에 달하는 많은 고귀한 활기찬 친구들과 함께. (...) 아듀, 아듀.[37]

> 당신(파른하겐: 역주)은 예거슈트라세(첫 번째 살롱을 열었던 라헬의 집: 역주)에서 나를 위해 울음을 터트렸지요! 그래요. 그곳은 나의 왕릉(Mausoleum)입니다. 거기서 나는 사랑했고, 살았고, 아파했고, 흥분했었지요. 괴테를 알았었지요. (...) 우리가 다시 한번 함께 다락방 창문 앞을 지나가게 되다니! 아, 누가 다시는 회복할 수 없는 것을 향해 기꺼이 외치지 않을 수 있겠어요?[38]

나폴레옹의 침략으로 독일 국수주의가 팽배해짐으로써 유대인 여성들이 주도했던 모든 살롱은 거의 문을 닫게 되었고, 특히 그동안 그들의 살롱을 방문했던 독일의 '기독교' 지성인들마저도 발길을 끊었다. 라헬과 주변 친구들이 존경했던 '위대한 이들'(가령 피히테)도 모두 국수주의에 빠져드는 상황에 라헬은 크게 실망하였으며, 아렌트의 말을 빌리자면 "피히테도 관계가 없지 않았던 저 애국적 반유태주의는 유대인과 비유대인 간의 모든 관계를 해치고 말았다."[39]

이후 베를린을 떠나 여러 곳으로 유랑 생활을 떠난 라헬은 인간 간의 자유로운 교류가 불가능해지고, 여성으로서, 유대인으로서 사회적 차별과 배제를 겪을 수밖에 없는 당시의 사회적 상황에 대해 매우 비판적이었다. 믿었던 독일인 및 독일 사회가 결국 기만과 속임수로 가득한 위선적인 사회로 드러나는 상황은 크나큰 실망을 일으켰다. 즉, 자신을 그동안 '인간'으로 받아들인 것이 아니라 '독일 유대인 여성'(deutsche Jüdin)으로만 받아들여 왔던 것이며, 이는 국수주의적 분위기에서 더욱 명확해졌다. 루이스 페르디난드 왕자의 연인으로 손가락질을 받았던 파울리네 비젤이 결국 베를린 사회로부터 추방되었을 때 그녀에게 보낸 다음과 같은 편지 대목은 대단히 감동적이면서 유머러스하고 나아가 사회비판적인 의미를 자아낸다.

> 우리는 이 세계에서 진실을 살아가도록 태어났습니다. 그리고 다양한 길 위에서 우리는 그 하나의 지점에 도달한 것입니다. 그런데 우리는 사회 옆에 존재해 있을 뿐입니다. 우리를 위한 그 어떤 자리도, 그 어떤 관직도, 그 어떤 멋진 타이틀도 없어요! 모든 거짓에는 하나의 자리가 주어져 있지만, 저 영원한 진실, 저 진실한 삶과 느낌 - 부단히 아주 심오한 인간 성향, 우리들에게서 포착될 수 있는 자연적 성향으로 되돌아갈 수 있는 그런 올바른 삶과 느낌 말입니다 - 은 그 어떤 자리를 갖지 못하네요! 우리는 사회로부터 축출 당한 것입니다. 특히 당신의 경우 사회를 모독하였기에 축출 당한 것이지요. (그 점에 대해 저는 당신에게 축하의 인사를 드립니다. 그렇게 재미있는 나날들. 정말 당신은 무엇인가를 해낸 것입니다). 저도 마찬가지인데, 저는 사회와 함께 죄를 짓지 않아서, 사회와 함께 거짓을 행할 수 없었기에 축출 당했습니다. 저는 당신의 내적인 역사를 잘 알고 있지요. (...) 기꺼이 당신은, 괴테가 이행시로 표현했듯이, '살림 잘하는 아내였을 것이며 남편을 애무하고 키스했겠지요.' 그러나 그렇게 되지 않았습니다.[40]

사회가 지정해 준 '자리', 그 자리는 자신이 원하지 않음에도 불구하고 억압적인 질서에 의해 배정된 위치로서 특히 여성에게는 가정 내에서의 자리만이 부여된다. 남성중심적 사회의 압력에 의해 지정된 자리를 박차고 나가려 하는 여성들, 즉 스스로 진실을 사유하고 진실을 찾으려는 여성들이 자신의 목소리를 낼 경우 그들은 사회적 울타리 밖으로 쫓겨나고 만다. 라헬과 비젤은 그렇게 사회에서 '축출 당한' 비슷한 운명을 겪었다. 두 여인은 서로 백조(Schwan)와 뜸부기(Ralle)라는 애칭으로 부를 정도로 오랫동안 절친으로 지냈다(누가 각기 백조, 뜸부기에 해당되는지는 쉽게 추측할 수 있을 것이리라). 유부녀였지만 아름답고 우아하여 남성들에게 인기가 많았던 비젤과 프로이센의 왕자 루이스 페르디난드는 라헬의 모임에 자주 참석했고 결국 두 사람은 열애에 빠지고 만다. 베를린에 퍼진 온갖 악성 소문에도 불구하고 잘 버티고 있던 비젤은 루이스 페르디난드가 1806년에 사망하자 '도피 내지는 축출' 당하는 길을 걷게 된다. 베를린에 머물 수 없게 된 그녀는 1806년 파리에 머물다가 1810년 스위스로 거주지를 옮겼다. 소위 자유연애로 인해 부도덕하고 반윤리적인 여인으로 사회적 낙인이 찍힌 비젤은, 라헬의 표현대로, '사회 모독죄'라는 주홍글씨가 새겨져 독일 사회로부터 축출 당했던 것이다. 그렇게 '축출 당한 것에 대해 축하 인사를 드린다'는 유쾌한 농담으로 비젤을 위로하는 가운데 라헬 스스로도 마찬가지로 국수주의적 독일 사회로부터 '유대인'이라는 냉담과 비난을 받아 결국 외국으로 떠돌게 된다. 그렇게 라헬은 진실을 외면한 채 기만적이고 위선적인 삶을 살아가는 독일 사회를 적나라하게 비판하였다. 특히 마지막 문장, 즉 "사회와 함께 죄를 짓지 않아서, 사회와 함께 거짓을 행할 수 없었기에"라는 표현은 당시 현실을 재치 있게, 엄중하게 비판하고 있다. 거짓과 기간을 일삼는 사회적 삶에 함께 하지 않겠다는 것은 곧 그녀가 독일 사회에 동화되지 않은 채 이방인으로서의 유대인을 유지하겠다는 것을 암시한다. 유대인과 독일인, 유대교와 기독교 사이에 '두터운 보이지 않은 벽'이 놓여 있음을 깨닫게 된 것이다. 그런 벽을 부수면서 라헬과 파울리네는 남성과 여성, 독일인과 유대인 간의 경계가 해체된, 오로지 진정한 우애(Freundschaft) - 라헬이 즐겨 사용한 "그것은 나나 당신이나 마찬가지예요"(es ist mit mir wie mit Ihnen)라는 언술에는 그 우애가 표출되고 있는데 - 에 기반한 새로운 공동체적 삶을 동경하는 마음을 서신으로 끊임없이 주고받았다. 그 새로운 삶에 대한 동경은 1824년 12월 15일 파울리네에게 보낸 편지에서 라헬이 '꿈/꿈꾸다'라는 말을 여러 번 반복하여 만든 저 유명한 "우리가 함께 꿈꾸고 있다는 의식으로 삶의 꿈을 꾸어봐요. 다시 한 번"(Und träumen den Lebenstraum mit Bewusstseyn, dass wir zusammen träumen. noch Einmal)[41]이라는 문장으로 뛰어나게 표현된 바 있다.

빈 회의를 기점으로 반동적인 왕정복구가 들어섬으로써 기존의 계몽주의 사상, 프랑스 혁명, 나폴레옹 예찬, 유대인 살롱 문화 등을 탄압하는 기류가 형성된다. 특히 유대인 여성들이 추구했던 살롱에 대한 거부는 넓은 의미에서는 인종차별주의이며, 좁은 의미에서는 여성 해방을 꾀했던 이들에 대한 남성중심적 사회의 억압에 다름 아니다. 그렇지만 나폴레옹 전쟁 동안 파리, 프랑크푸르트, 함부르크, 프라하, 드레스덴 등지를 떠돌았던 라헬은 1814년 독일인 파른하겐과 결혼하여 기독교인으로 개종하고 독일 사회에 동화된 가운데 1819년에 다시 베를린으로 돌아온다. 그와 동시에 문학살롱이 다시 열렸지만 1790년대의 자유스러운 사교 모임의 분위기는 완전히 사라졌다.[42] 또한 유대인, 여성, 외국인(특히 프랑스인) 등에게 참석이 허락되지 않는 여러 남성중심주의적, 독일인중심주의적 각종 모임이 생겨났다. 유명한 철학자, 문인들도 그런 '애국적' 모임에 가입하였는데 문학사적으로 이 시기는 흔히 후기낭만주의 혹은 비더마이어(Biedermeier) 시대라고 불린다. 라헬은 브링크만(Brinckmann)에게 보낸 편지에서 과거 1790년대 다채로운 색깔을 띠었던 자유로운 살롱을 회상하면서 당시의 살롱 분위기를 그리워했다.

> 아름다움, 우아함, 아양 떨기, 연정, 연애, 위트, 세련미, 애교, 이념을 발전시키고 싶은 충동, 성실한 엄숙함, 격식 없는 방문과 만남, 익살맞은 농담 등이 완전히 뒤섞였던 상황은 이제 뿔뿔이 흩어져버렸다.[43]

라헬이 자신의 살롱을 유지하는 데 가장 소중히 여겼던 것은 무엇이었을까? 무엇보다도 인간에 대한 사랑, 개성 있는 참석자들 간의 상호인정, 그 상호 이질적인 특성들의 한바탕 어우러짐 등을 들 수 있으며, 라헬은 살롱에서 그런 기쁨과 즐거움을 만들어내고자 노력했다. 21세기 현재의 문화적 핵심 요소로는 '이질성과 차이의 결합'을 들 수 있는데, 라헬의 다음과 같은 편지 대목에서는 그와 같은 시대 선취적인 시각을 엿볼 수 있다.

> 제 친구들이 서로를 인정하는 것만이 저의 마음을 들뜨게 만듭니

다. 의기양양하게 저는 앉아서 '그래, 네가 그를 발견한 첫 번째 사람이며, 사람들이 그를 좋아할 것이 틀림없어!'라는 생각에 젖지요. 종종 저는 이질적인 것으로 보이는 것을 하나로 결합해 봅니다. 종종 사람들의 좋은 점들이 서로 부합하지 않으려 하기도 하고, 저의 최선의 준비에도 불구하고 모든 것을 장려하는 호의적인 마음 대신에 무례하고 사려 깊지 않은 비난이 제기되곤 합니다. 그래도 서로에 대한 사랑 속에서 저의 사랑을 불러일으키는 일이 성사된다면, 그들이 저에게 동의해주고 경의를 표시해준다면, 저는 활기찬 기쁨을 느끼게 됩니다.[44]

한나 아렌트는 계층, 신분, 인종, 종교, 성별 등의 차이가 지양된 이상적이고 급진적인 모임으로서의 라헬 레빈의 살롱을 "항상 꿈꿔왔던 혼합 사회라는 목가적 상태"로 간주하면서 이를 한 개인이 만들어 낸 "사회 전환기에 있었던 우연한 상황의 뜻밖의 산물"[45] 이라고 부연한 바 있다. 프랑스 혁명처럼 사회 전체를 변혁할 수 있는 필연적인 새로운 상황을 만들어냈더라면 독일은 일찍 민주적인 공화국 체제를 갖추었겠지만, 그와 같은 필연적인 상황의 부재로 인해, 헬무트 플레스너(Helmuth Plessner)의 표현처럼, 독일은 "지체된 국가"(eine verspätete Nation)로 머물 수밖에 없었음은 잘 알려져 있다. 그런 점에서 민주적인 사교성이 넘쳐났던 라헬의 살롱은, 아렌트의 지적대로, 18세기에서 19세기로 전환하는 시기에 '우연히' 존재했던 한 편의 작은 드라마 장면과도 같았다. 그렇지만 그녀의 살롱 자체는 라헬 개인의 관점에서 보면 그녀의 존재적 필연성에서 나온 산물이기도 하다. 자신에게서 사교성이 완전히 사라질 경우 자신의 존재 자체가 부정될 수밖에 없다고 그녀는 생각하였는데, 그 점은 다음과 같은 파격적이고 충격적인 구절에서 입증된다.

나에게 사교성이 손상된다면 나는 그렇게 (손상된 상태로: 역주) 존재한다. 반면 나에게 사교성을 파멸시키는 사람은 나를, 즉 나의 가장 본래적 자아를 파멸시키는 것이다. 사람들은 흔히 연결 없이 지내는 이들에게 '복 받을 지어라!'라고 말하지만 나는 그들에게 '저주 있을지

> 어다!'라고 말하겠다. 그들에게 아침 시간은 저녁 모임과 아무 관련이 없는 사업 시간일 뿐이며, 그들에게 책읽기는 소화되지 않는 거짓말을 생산할 수 있는 공부일 뿐이다.[46]

사업적이고 계산적인 일상의 삶에서 벗어난 저녁 시간의 모임(살롱)에 대한 애정, 그 모임을 이끌어나가는 사교적 존재로서의 자기 자신을 매우 익살스럽고도 진지한 언술로 서술하고 있다. '상호 연결'로서의 사교성은 그녀에게 일종의 "가장 본래적 자아" 혹은 존재의 "근원성"(Ursprünglichkeit)[47]이며, 그런 사교성이 침해되거나 손상되는 경우는 참을 수 있지만 사교성 자체를 빼앗기거나 박탈당할 경우 이는 그녀의 존재 자체의 불가능성과 같다. 이렇듯 그녀는 '사교적 존재로서의 자아'를 역설하였다. 사교적 존재로서의 라헬은 유대인과 독일인, 여성과 남성 간의 차이가 지양되고 오로지 개개 인간의 개성들이 존중되는 가운데 함께 어우러지는 공간으로서의 살롱을 이끌고 싶었던 것이며, 그런 점에서 18세 말 라헬의 살롱은 낭만주의와 더불어 '유대인 해방과 여성 해방'을 동시에 추구한 것이다. 이는 19세기 중반 이후의 근대 사회에서 찾아볼 수 없는 일회적이고 파격적이고 급진적인 형태였다.[48]

라헬의 사교적 정신은 두 갈래로 발현된다. 그 하나는 인간 간의 직접적, 공적인 만남의 공간인 살롱을 통해서이며, 다른 하나는 편지 쓰기라는 간접적, 사적인 행위를 통해서였다. 특히 후자의 경우 편지를 주고받았던 수신자의 전체 수는 무려 300명이 넘었으며, 그런 편지들을 가능한 한 모두 수합하여 사후 책으로 발간해주기를 라헬 스스로 희망했기에 이미 편지 쓰기는 살롱의 연장 선상에서 공적인 사교 행위의 지속이면서도 작가적 행위이기도 했다. 살롱과 편지라는 두 갈래를 하나로 묶어 내는 라헬의 사교 정신은, 유대인이라는 신분에서 겪는 배척과 차별의 아픔을 극복하고 싶은 마음에서 나온, 근본적으로는 사유와 언어를 주고받고 싶은 즐거움에 뿌리를 둔다.

5장

"멋진 유배자들 가족"으로서의 예나 서클

1780년대 중엽부터 활성화된 대도시 베를린 내의 문학살롱과 대비되는 다른 소도시의 살롱들이 있다. 대표적인 예로 소도시 바이마르와 예나의 살롱을 들 수 있다. 헤르츠 부부와 라헬 레빈 등의 베를린 살롱에서는 후기계몽주의적 경향이 지배적이었다면, 바이마르와 예나의 살롱은 베를린 살롱과는 다른 경향을 띠게 된다. 독일 고전주의 사조가 꽃피운 바이마르에서는 고전주의적 정신에 합당한 귀족적 성향의 살롱이 열렸다면, 주로 학자와 문인 등을 중심으로 낭만주의 사조가 형성된 예나에서의 모임은 시민적이었고 엄격히 말하면 살롱이라기 보다는 '서클'(Zirkel), '무리'(Kreis), '모임'(Gesellschaft), 그룹(Gruppe) 같은 개념이 적절할 듯 싶다(물론 오늘날의 시각에서 살롱 개념을 사용하는 것은 무방하다).[1] 실제 예나 모임을 주도했던 카롤리네는 남편 아우구스트 슐레겔에게 보낸 편지에서 "친구들의 서클"(Zirkel der Freunde), "진실로 신성한 무리"(ein wahrhaft geweihete(r) Kreis)라고 표현한 바 있다.[2] 이 모임 혹은 무리에는 바로 슐레겔 형제, 카롤리네 뵈머, 도로테아 파이트, 티크, 노발리스, 셸링 등과 여러 철학자와 과학자들이 속해 있었다.

시민적 도시인 예나와는 달리 비교적 귀족적 도시인 바이마르의 경우 영주 칼 아우구스트의 어머니였던 안나 아말리아 폰 작센-바이마르-아이제나흐(Anna Amalia von Sachsen-Weimar-Eisenach)가 이끌었던 일명 '바이마르 뮤즈 호프'(Weimarer Musenhof)라고 불린 살롱이 있었다. 이 살롱은 시민계급 지식인들의 자유로운 참여를 철저히 제한한 채 오로지 귀족 중심으로 운영되었으며, 다만 귀족들의 총애를 받았던 고상한 시인들, 가령 뷔란트, 괴테, 헤르더 같은 고전주의 문학의 시인들이 주로 초청되었다. 반면 독일 낭만주의가 싹텄던 소도시 예나의 경우 대학을 중심으로 시민적 사교 문화가 형성되었다. 예나는 비교적 작은 도시였다. 일종의 대학도시로서 총 주민수가 고작 5000명인 가운데 공부하고 가르치는 이들이 거의 20%를 차지하고 있었고 나아가 대학과 관련된 직원과 각종 종사자들을 포함하면 인구 절반 정도가 대학도시의 구성원을 이루고 있었다. 그러나 소도시 예나는 1785년부터 1803년까지 문화적 절정에 도달한 곳이었으며, 이 시기의 예나는 여러 가지 문화적 의미를 지닌다. 우선 발행 부수가 가장 많았고 독일 전역에 문학적으로 커다란 영향을 끼친 '일반 문학 신문'(Allgemeine Literatur-Zeitung)이 예나에서 발행되었으며, 또한 젊은 시인과 철학자를 중심으로 초기낭만주의가 태동하고 발전하는 가운데 새로운 자유로운 학문적, 문화적 도시로 부상하였다. 초기낭만주의뿐만 아니라 독일 관념론의 대가들인 피히테(1794-1799), 셸링(1798-1803), 헤겔(1801-1807) 등이 예나 대학의 교수로 재임했던 곳이기도 하다. 대학도시 예나는 그야말로 정신적으로 문화와 철학이 끓어오른 용광로와도 같았으며 혹은 괴테가 1800년 7월 29일 실러에게 보낸 편지에서 말한 것처럼 '지식과 학문의 집산지'(Stapelstadt des Wissens und der Wissenschaft)와도 같았다. 오늘날의 용어로 표현하면, 예나는 다양한 분야의 젊은 사람들이 교류와 소통을 통해 상호 지식을 나누고 지적 즐거움을 쌓는 '네트워크' 공간이었다.[3] 다른 도시에서 활동했던 괴테, 횔덜린, 훔볼트 형제 등도 이따금 예나를 방문하였는데, 특히 바이마르에서 고전주의 문학을 꽃피웠던 괴테는 자신의 『파우스트』, 『빌헬름 마이스터의 수업시대』를 구상하고 집필하는 동안 종종 예나를 찾아와 자신의 동료 실러뿐만 아니라 낭만주의를 주도한 젊은 지성인들과 대화를 나누면서 새로운 문화적, 정신적 성향에 귀를 기울였다. 그 작은 도시가 수많은 지성인에게 얼마나 거대한 자극제 역할을 하였는지를 쉽게 짐작할 수 있다. 여러 곳을 떠돌다 1796년 예나에 도착한 카롤리네 뵈머(슐레겔-셸링)는 당시 "예나는 나에게 해박한, 그렇지만 정말이지 흥겨운 술집처럼 여겨진다"(Jena scheint mir ein grundgelehrtes, aber doch recht lustiges Wirtshaus zu sein)고 언급하면서 도시의 자유로운 분위기를 전해준 바 있다. 바이마르의 괴테와 더불어 독일 고전주의를 꽃피웠던 실러는 예나 대학의 역사학과 교수로 재직하고 있었는데, 1795년 크리스티안 고트롭 포그트(C. G. Vogt)에게 보낸 편지에서 그는 다음과 같이 예나의 자유로운 학문적, 정신적 분위기를 서술한 바 있다.

> 예나 그리고 사람들 간의 이웃 관계는 내게 대단했으며 독일의 그 어느 공간도 내게 그와 같은 적이 없었다. 그 어디서도 참되고 이성적인 자유를 누린 적이 없었으며 아주 작은 규모이지만 그렇게 우수한 사람들을 발견한 적이 없었다고 나는 확신하기 때문이다.[4]

도시 자체의 자유로운 분위기에 대해 긍정적이었던 실러는 안타깝게도 예나에서 활동한 젊은 낭만주의자들 그룹과 그들의 글쓰기 정신에 대하여 그리 호의적이지 않았다. 완성, 평온, 조화, 질서 등을 내세운 고전주의자 실러는 모순, 갈등, 대립, 부조화 등을 옹호하는 낭만주의자들의 예술관에 대해 적대적이었는데, 이는 일종의 신구 갈등과도 같았다. 상당히 도전적이고 파격적인 예나의 젊은 문인과 철학자들에 대해 고전주의의 두 거장인 괴테와 실러는 각기 다른 반응을 내보였다. 가령 「아테네움」에 실린 초기낭만주의자들의 글과 관련하여 실러는 1798년 7월 23일자 괴테에게 보낸 편지에서 "이런 시건방지고, 단호하고, 강렬하고, 편파적인 방식은 저에게 생리적으로 고통스럽게 여겨집니다"[5]라고 신랄하게 비판했다. 그러나 이틀 후 1798년 7월 25일자 실러에게 보낸 답장에서 괴테는 오히려 초기낭만주의자들(특히 프리드리히 슐레겔)을 옹호하였는데, 그들 젊은이들의 사유와 글쓰기는 평범성과 비루함이 팽배해 있는 독일 문화에 강렬하게 일침을 가하는 "말벌집"(Wespenneste)과도 같다고 칭찬하였다.

> 그의 개성에 녹아 있는 슐레겔 식의 요소는 우리 독일 잡지 문화의 *올라 포트리다*(Olla potrida: 혼성시)에서 결단코 무시할 수 없습니다. 저 일반적인 허접함, 극도로 중용적인 것만을 좋아하는 당파성, 저 아첨하는 짓거리, 머리를 조아리는 아부 행위, 별로 좋지 않은 작품들도 빠져들고 있는 저 공허함과 결단성 부족, 이런 것들이 이제 저 단편들(프리드리히 슐레겔의 단편들: 역주)의 말벌집에서 정말이지 무시무시한 적수를 보게 될 것입니다.[6]

이렇듯 초기낭만주의자들을 중심으로 예나에서 싹튼 '반독일적, 혁명적, 도전적, 진취적' 성향과 분위기는 횔덜린에게도 적지 않은 영향을 끼쳤다. 자신의 소설 『히페리온』을 예나에서 집필했던 횔덜린은 1796년 6월 2일 칼 고크(Carl Gock)에게 보낸 편지에서 당시 자신의 해방적 의지를 다음과 같이 서술한 바 있다.

> 어렸을 때, 젊었을 때, 성숙한 때에도 사방에서부터 우리 영혼과 정신 속으로 굴종하라는 요구가 들어왔고 우리의 고귀한 힘은 학대당하고 질식당하고 있지만, 그럼에도 불구하고 우리가 좀 더 나은 우리의 목적을 실행하고자 한다면, 그것은 우리에게 숭고한 자신감을 심어 준다.[7]

전통적인 규율과 질서, 지배계급(특히 귀족)에 의한 굴종의 강요와 학대에 대항하는 정신은, 비록 정치사회적인 차원에서 프랑스 혁명 같은 실천적 행동으로 전환하지는 못했지만, 바로 예나에서 끓어올랐고, 그런 정신은 당시 예나에 거주했던 이들 모두에게 공통적이었다. 1790년대 예나의 분위기가 어떠했는지는 당시 피히테 추종자 학생들의 모임인 <자유로운 남성의 문학 단체>(Litterärische Gesellschaft der Freien Männer>에 가입했던 요한 게오르크 리스트(Johann Georg Rist, 1775-1847. 홀스타인 지방 출신의 덴마크 작가이자 외교관 및 정치가)의 기록을 통해 알 수 있다. 그는 당시 횔덜린 등을 포함한 많은 젊은이와 교류하면서 그들이 추구했던 정신적 성향을 다음과 같이 적고 있다.

> 총명한 젊은이들에게는 위태로운 시기가 있기 마련인데, 특히 이때가 가장 위태로운 시기였다. 사방으로부터 격렬하기 흥분되고 매료된 채 삶은 극단들 사이에서 움직였고, 방향성은 결핍되어 있었다. 방향성이 확고해지려는 곳에서는 혁명과 전쟁의 강력한 외적 충동이 교란하듯 파고들었다.[8]

그 어떤 사유의 지점에서도 결코 멈출 수 없었던 초기낭만주의자들, 극단적인 양 지점에서 부유하는 사유를 펼쳤던 그들은 '혁명과도 같은 위태로움'을 과감히 즐겼으며, 이것이 곧 예나에서 학문과 삶을 주도해 나간 전위주의자들의 특징이었다. 시인이자 문학사가인 리카르다 후흐(Ricarda Huch)는 후에 이들 젊은 무리들에 대해 다음과 같이 높이 평가하였다.

> 일군의 젊은 남녀 무리가 독일의 태만한 대중을 사로잡듯 몰려들어왔다. 수백 년 전 금발의 게르만 민족의 이동처럼 그들은 모험심으로, 승리를 확신한 채, 자신의 도덕과 삶으로 성스럽게 충족된 채, 낡고 부패한 문화를 무너뜨리면서 다가왔다.[9]

특히 18세기 근대가 시작하면서 계몽주의 및 자본주의가 싹트고 그와 함께 공적인 것과 사적인 것, 노동과 자유, 개인과 사회, 예술과 삶 등이 서로 분리되는 소위 '합리적인 상황'이 성행하자, 예나의 초기낭만주의자들은 그런 상황을 비판하면서 인간이 본래 누려야 할 '행복한 존재'의 순간을 되찾고자 하였다. 예나에서의 작은 공동체적 모임을 통해 그들 모두는 자유로운 삶을 표현해내는 글쓰기의 즐거움에 도취했었으며, 이러한 '삶의 예술작품'(Lebenskunstwerk)은 그들에게 진정한 '노동이자 향유'로 인식되었다.[10]

정확히 1796년부터 1797년까지가 초기낭만주의를 주도한 젊은이들이 속속 예나로 모여든 시기였다. 프리드리히 슐레겔의 형 아우구스트 슐레겔은 당시 발행되던 잡지 「호렌」(Horen)에 참여해달라는 실러의 권유를 받고서 아내 카롤리네 뵈머(이후 카롤리네 슐레겔)와 함께 예나에 도착했으며, 베를린에서 슐라이어마허와 함께 지냈던 프리드리히 슐레겔도 뒤따라왔고, 시를 쓰면서 의학을 공부하던 클레멘스 브렌타노도 이 도시를 찾아왔다. 예나에서 멀지 않은 바이센펠스(Weissenfels)라는 소도시에서 생활하고 있던 노발리스는 예나 대학병원에 입원해 있던 연인 조피 폰 퀸(Sophie von Kühn)의 병문안 때문에 자주 예나로 왔고 이미 거주해 있던 슐레겔 형제, 티크 등을 사귀게 되었다. 후에 딜타이(Dilthey)는 1799년 초기낭만주의의 절정기 당시 친구들이 갑작스럽게 화합하는 상황을 여러 기초 자료 및 자신의 상상력을 바탕으로 다음과 같이 전기적 문체로 뛰어나게 묘사해 낸 바 있다.

> 1799년 여름 막 성장기에 들어선 일군의 사람들이 예나에 모여들었으며, 이들의 눈에 띄는 공동체는 무한한 발전을 약속하는 듯이 보였고, 그들의 사교적 교환, 그들의 고독한 일은 새로운 친구관계를 통해서, 눈에 띄는 열정적인 관계를 통해서 이끌어지게 되었다. 바이마르와 더불어 예나는 독일 정신의 두 번째 도시와도 같았다. 이곳에는 철학이 지배적이었다. 괴테 또한 일 년에 몇 차례 궁정의 삶과 혼란스런 가정사들에서 벗어나 이곳을 방문하여 조용한 성에서 고독을 즐기면서 글을 쓰며 지냈다. 여기서 새로운 학파는 바이마르의 괴테 주변 사람들과의 사전 접촉 없이도 자신들이 떠받들었던 저 우두머리, 즉 '이 세계에서 포에지의 총독'(괴테: 역주)을 직접 만날 수 있었다. 빌헬름 슐레겔과 그의 부인 카롤리네는 새로운 예나 그룹의 중심을 형성하였으며, 특히 카롤리네는 가벼운 몸가짐과 순간의 향유에 대한 감각으로 여주인 역할을 수행했다. 이 점이 그녀에게 너무 매력적이었다. '카롤리네와 너무 기분 좋게 하나가 되었던' 셸링은 손님으로 매일 그녀의 집을 찾아와 식사를 같이 했다. 그 해 여름 중순에 이미 베를린에서 빌헬름 슐레겔과 함께 친구 관계를 맺고 있었던 티크가 이 세계를 들여다보기 위해 기비헨슈타인(Giebichenstein)에서부터 이곳으로 왔다. 프리드리히 슐레겔은 이미 일 년 전에 이곳에서 티크를 만났었다. 또한 민속동화는 티크에게 두 명의 친구 노발리스와 셸링을 얻게 해준 듯 했

> 는데, 정말 그에게 그 두 명의 친구가 다가왔다. 열정적이고, 아주 배타적인 기질을 지녔던 셸링은 티크를 좋게 받아들이지 않았다. 반면에 티크와 노발리스의 경우 둘 간의 만남은 너무나 소중했다. 노발리스는 이념적 차원에서 프리드리히 슐레겔과 가까웠다면 시적 상상력에 의해서 티크와 가까운 친화력을 느꼈다. 첫째 날 저녁 노발리스와 티크는 서로 마음을 열었고 술잔을 부딪치면서 우애를 마셨다. 자정이 되자 그들은 밖으로 나갔다. 시인의 오랜 친구인 보름달이 떠올라 있었고, 예나의 산등성이 위에는 신비로운 빛이 드리워 있었다. 그들은 가까운 마을 동산으로 올라가 여름밤 안으로 들어가 걸어 다녔다. 거의 동시적으로 그들 둘에게는 낭만적 포에지의 정신이 - 마치 그런 정신이 그때부터 그들의 마음속에 함께 있었듯이 - 치솟아 올랐다. (...) 그 해 가을부터 이듬해 1800년 여름까지 티크는 예나에 오래 체류하였다. 8월인가 9월에 프리드리히 슐레겔이 형을 찾아 좀 더 오래 머물기 위해 예나에 도착하였고, 이윽고 후에 그의 부인이 되었던 도로테아 파이트가 뒤따라왔다. 슐라이어마허도 그 활동에 합류하기를 친구들이 얼마나 원했을까. '위트, 철학, 예술에 관한 대화, 혹평 등으로 정말이지 혼잡스럽게 지냈던 그런 활동' 말이다. 그는 단지 자신의 '연설'로만 자신의 모습을 드러냈다.[11]

이외에도 알렉산더 폰 훔볼트, 슐라이어마허 등이 예나에 자주 들렀으며, 그리고 유명한 철학자이자 시인인 모제스 멘델스존(Moses Mendelssohn)의 장녀 도로테아 파이트도 이혼 후 프리드리히 슐레겔과 함께 예나로 왔다. 이 밖에 조피 메로는 법학과 교수 에른스트 칼 메로(Ernst Carl Mereau)와 결혼하여 1793년부터 이미 예나에 거주해 있었다. 그녀는 차를 즐기며 단순히 수다를 나눴던 다른 교수부인들의 모임과는 달리 헤르더(Herder), 실러(Schiller), 장 파울(Jean Paul), 서정시인 마티존(Matthison), 슐레겔 형제 등을 초청한 차모임을 이끌고 있었다. 남편과 함께 그 모임을 경험했던 카롤리네는 자신의 집에서 더욱 자유로운 분위기의 모임을 개최하면서 초기낭만주의를 이끌게 되었다. 이들 문인 이외에도 물리학자 빌헬름 리터(Wilhelm Ritter), 문헌학자 그리스(Gries), 노르웨이 출신의 식물학자 헨릭 스테펜스

(Henrik Steffens) 등도 예나에서 여러 문인과 함께 사교 모임에 참석하였다. 이들의 모임이 베를린의 살롱(헨리에테 헤르츠, 라헬 레빈)과 어떤 차이를 형성하였는지에 대해서는 다음과 같이 서술될 수 있다.

> 호스트는 부유한 여성이며, 이들의 정신과 유머는 자석처럼 작용한다. 여성 호스트는 가벼운 에로틱한 메시지가 흐르는 세련된 분위기를 창출하며 기분 좋은 대화를 야기하고 대립을 중화시키고 정신적인 운동뿐만 아니라 마음의 평화도 준다. 그녀의 아무런 방해를 받지 않은 부드러운 권위는 항상 중재를 향한다. 그녀의 집에서 의견을 주고받는 이들 모두가 정신적으로 집중된 공동체를 형성하게 된다. (...) 사교적인 교제의 이러한 영토 내에서 그녀는 다양한 소양을 지닌 이들의 창조성을 요구하며 그런 독창성을 서로 뒤섞으면서 모든 참석자를 풍요롭게 해주는 전문적인 전체의 구성원들로 만들어낸다.[12]

위 인용에서 괄호를 기준으로 앞부분의 서술은 베를린 살롱에 해당된다고 할 수 있다. 부유하고 아름답고 재치 있는 여성 호스트의 분명한 역할, 호스트에 의해서 대화가 진행되고 중재가 마련되고 평화로운 분위기를 띨 수 있다는 점 등등, 이는 분명 헤르츠와 라헬의 살롱에 적용될 수 있다. 그러나 예나에서의 모임은 다르다. 가령 '아름답고 부유한' 여성의 중재적, 통합적 역할보다는 남녀 참석자 모두가 성별 구분 없이 동등한 차원에서 자신의 개성을 발휘했으며 모두가 생산적인 일(즉 글쓰기)에 매진함으로써 공동철학, 공동포에지를 추구했다.

예나에서의 모임이 누구의 집에서 열렸는가에 대해서는 사실 정확하지 않다. 후에 슐레겔이 언급한 바 있듯이 초기낭만주의자들은 마치 "유배자들"처럼 모두 다른 도시에서 예나로 모여든 외지인들이었기에 대도시 베를린의 헤르츠 부부, 라헬 레빈처럼 비교적 부유한 저택을 소유한 이들이 없었다. 또한 헨리에테 헤르츠, 라헬 레빈처럼 구체적으로 어떤 여성이 호스트로서 자기 집을 개방해 놓고 지인들을 받아들였는지는 정확하게 기록되어 있지 않다. 이렇듯 당시 모임의 정확한 기록의 부재에도 불구하고 소위 '예나 그룹(모임, 살롱)'과 관련해서 세 가지 점은 명확하게 제시될 수 있다. 첫 번째로 현재 예나시에 꾸며 놓은 '운터름 마르크트 12a'(Unterm Markt 12a) 번지에 있는 일명 "낭만주의자들 하우스"(Romantikerhaus)는 실제로는 1795-1799년 동안 예나에서 강의하기 위해 피히테가 거주지로 사용한 집이며, 이 집은 정확히는 낭만주의자들의 문학모임과는 무관하다. 다만 피히테는 자신의 집으로 슐레겔 형제를 비롯한 여러 지인을 불러들여 강의 이외에도 학문적 대화를 나누었던 것으로 전해진다. 따라서 현재 '낭만주의자들 하우스'라고 명명되면서 정원에 슐레겔 형제 및 카롤리네 뵈머의 흉상이 제작되어 있고 집안 내부도 슐레겔 형제, 카롤리네 뵈머, 도로테아 파이트, 슐라이어마허, 노발리스, 티크 등의 사진과 각종 소도구 및 책들로 꾸며 있을지라도, 그곳은 초기낭만주의자의 실제 모임과 전혀 관계없는 소위 '피히테 하우스'인 셈이다.[13]

예나 모임 - 이미 언급했듯이 살롱 개념은 당시의 모임을 담아내기에 적절하지 않지만 - 과 관련된 두 번째 특징은, 카롤리네 뵈머, 도로테아 파이트를 중심으로 한 모임이라는 것이다. 학생시절 괴팅엔에서 이미 카롤리네를 만나 그녀에게 반했던 아우구스트 슐레겔은 당시 그녀에게 청혼을 했으나 퇴짜를 맞은 바 있다. 그러나 첫 번째 결혼 후 사별하고 혼자 아이를 키우면서 자코뱅 당원으로서 여러 고초를 겪고 있던 카롤리네를 그는 1796년 여름에 다시 만났다. 결혼 후 그들은 잡지 「호렌」에의 참여와 대학에서의 강의 때문에 그해 예나로 오게 된다. 이들은 처음 시장 근처에 있는 어느 상인 집의 형편없이 더러운 임시 거처에서 지내다가 1797년 초에 '로이트라가세 5번지'(Leutragasse 5)로 옮겼다. 이 집은 신학자 프리드리히 니트하머와 그의 부인 로지네 엘레오노레 되더라인(Rosine Eleonore Döderlein)이 거주했던 곳으로 일명 '되더라인 하우스 Döderlein-Haus'라고 불리는 집이었다. 이 즈음 베를린에 머물러 있던 프리드리히 슐레겔도 형과 형수를 찾아서 1797년 7월 8일 예나로 와서 '로텐 투름' 근처에 거주하게 된다.[14] 마찬가지로 첫 남편과 이혼한 도로테아 파이트도 베를린에서 친구 관계로 지냈던 프리드리히 슐레겔을 찾아 예나에 합류하였는데, 아직 도로테아가 정식으로 혼인하지 않은 상태였기에 그들은 일정 기간 동거를 거쳐 1804년에 결혼하였다. 예나 모임에서 핵심적인 역할을 했던 프리드리히 슐레겔은 1794-1796년까지 대략 이년 반 동안 드레스덴에서 체류한 후 1796년 8월부터 1797년 7월까지 예나에서 1년정도 체류하였다. 드레스덴에서의 체류가 그리스/로마 예술에 집중하는 기간이었다면, 예나로 거주지를 옮기면서 프리드리히 슐레겔은 칸트의 선험철학을 넘어서 피히테로 대변되는 사변적 관념론의 연구에 몰두하였다. 그러나 예나에서의 첫 번째 체류 기간 동안 그는 피히테를 추종하였지만 동시에 피히테를 극복하게 되는데, 그에 의하면 피히테의 『지식론』은 너무 좁게 갇혀 있을 뿐 "사회, 교양, 위트, 예술 등"(Gesellschaft, Bildung, Witz, Kunst usw.)[15]으로 확장할 사유의 여지를 주지 못한다고 밝힌다.[16] 1797년부터 1800년까지 예나에 모여 있던 초기낭만주의자들은 모임을 통해 피히테가 간과했던 미학적 사유를 활성화하였다.

예나의 '문학서클' 내지는 '문학모임'은 시기적으로 상이하게 재구성될 수 있다. 혹자는 1796년에서 1799년 말기까지의 약 3~4년 동안 아우구스트/카롤리네 뵈머가 여러 거처를 옮기면서 형성된 모임을 예나에서의 살롱 활동으로 파악하거나 혹은 프리드리히 슐레겔이 예나에 두 번째로 체류했던 1797년부터 1800년까지 지속한 모임을 강조하기도 한다. 어쨌든 '로이트라가세 5번지'에 있는 비교적 큰 집의 뒤편 가옥은 초기낭만주의자들에게 있어서 비록 아주 짧은 기간이었지만 정신적 사유의 교환, 남녀의 성별 구분 해체, 혼인 관계에 구속되지 않은 개개인의 자유로운 존재 등을 토대로 의견과 감성을 주고받았던 '삶의 공간이자 문학 공간'이 되었다(물론 이 집은 이차 세계 전쟁 중 파괴되었고 지금은 자취를 찾을 수 없다고 한다). 이러한 문학모임이 얼마나 자유롭고 유익했는지에 대해서는 도로테아 파이트가 이들과 계속 관계를 맺고 있던 베를린의 슐라이어마허에게 보낸 1799년 10월 28일자 편지의 다음과 같은 구절에서 감지할 수 있다.

> 우선 멋진 소네트를 받아보세요. 빌헬름(아우구스트 슐레겔: 역주)

과 티크가 멋진 시간을 함께 보낸 결실입니다. (그런데 그 일에 있어서 티크는 아직 비밀입니다). 그 두 사람의 샘물과 불꽃을 보기 위해서라도 당신이 이곳에 함께 계셨으면 하고 저는 진심으로 바라고 있습니다. 저와 마찬가지로 당신도 무척이나 기쁨에 젖었을 것입니다. 정말이지 덱(프리드리히 슐레겔에 대한 애칭: 역주)은 멋진 사람입니다. 그는 예의 바르게 행동하며 항상 자기 자리를 지킬 줄 알아요 - 사랑하는 친구여, 이쪽으로 오기 바래요. 위트, 철학, 예술 대화, 그리고 혹평하기 등으로 뒤죽박죽 재미있게 보내면서 저는 당신을 정말 떠올립니다.(...)[17]

슐레겔 형제와 그들의 아내(카롤리네, 도로테아)가 함께 한 공동생활은 현대적 개념으로 말하자면 일종의 거주공동체(Wohngemeinschaft) 내지는 '최초의 문인-콤뮨'(Dichter-Kommune) 형태라고 할 수 있다. 이 거주공동체의 안주인이었던 카롤리네가 호스트 역할을 맡은 것으로 보인다. 그런데 사람들이 모이면 그녀는 차나 음식을 전혀 성대하게 대접하지 않았으며, 설혹 음식이 제공되었을지라도 그녀의 음식 솜씨는 형편없었기에 초라했다. 또한 집안 내부도 자주 청소를 하지 않아 완전히 무질서했다고 전해지는데, 동료 티크는 그들의 거주 공간을 "희귀한 돼지우리"(Einzige Schweinewirthschaft)[18]라고 유머러스하게 서술하기도 했다. 쾌적하고 멋진 공간에서 우아하게 차를 마시면서 유쾌한 대화를 나누는 흔한 살롱의 분위기는 상상조차 할 수 없었으며 그 대신 평소 그대로의 상태에서 참석자들은 오로지 정신적 교류에만 신경을 썼다. 아우구스트와 카롤리네 부부의 거주지는 소박하고 한소했음에도 불구하고 모든 지인이 기꺼이 방문하고 싶은 문학살롱의 공간으로 자리 잡았으며 동시에 '비평'을 주된 정신적 활동으로 표방한 초기낭만주의의 태동에 적지 않게 기여하였다.

슐레겔 형제와 그들의 친구들, 이들 모두는 젊은 야수파, 예나의 보헤미안들이었다. 그들은 밤낮으로 예술, 도덕, 정치 등에 대해 토론했다. 그들은 작은 극을 공연했고 함께 산책을 다녔으며 프랑스 앙피르 양식의 유행에 따라 만든 옷을 입고 다녔다. 실러의 발라드 시들에 대해 그들은 놀려댔는데, 특히 「종의 노래」는 의도치 않게 그들의 풍자물이 되었다. 또한 대중적 계몽주의자들의 진부한 합리주의나 바이마르 고전주의의 규범적 시학에 대해서도 그들은 조소했다. 그런 일이 실러에게도 알려지게 되었다. 카롤리네에 대해 실러는 '마담 루시퍼'라고 불렀으며, 프리드리히 슐레겔에 대해서는 '불손한 차가운 익살꾼'이라고 명명했다.[19]

이처럼 초기낭만주의자들은 예나에서 사교적인 공동의 정신을 구축하면서 실러로 대변되는 기존 문단의 보수적인 예술관(즉 계몽적, 고전적 예술관)에 노골적으로 저항하였으며, '마담 루시퍼'로 불릴 정도로 부정적으로 여겨졌던 카롤리네는 그러한 비판적 움직임의 선봉에 서 있었다.[20] 예나의 초기낭만주의를 역사적으로 연구한 페터 노이만(P. Neumann)도 당시 낭만주의자들의 모임 정황을 최근 다음과 같이 상상적으로 서술해 낸 바 있다.

로이트라가세 5번 집에 저녁이 찾아들었다. 항상 그렇듯이 각자 낮에는 자신의 방에서 공부하거나 글을 쓰고 있었다. 시간이 좀 앞당겨진 지금 프리츠(프리드리히 슐레겔: 역주)와 빌헬름, 카롤리네, 도로테아, 셸링, 노발리스, 티크는 벽난로 옆에 있는 살롱의 작은 소파 주위로 모여들었다. 차, 치즈, 절인 청어, 감자 등이 준비되었는데, 모두 점심 식사 때 남았던 음식들이다. 셸링의 손은 구르켄(오이피클: 역주)이 들어 있는 그릇으로 향했다. 저축한 돈은 이미 소진된 상태이며, 글을 쓰면서 버는 돈은 그리 많지 않았다. 그렇지만 그런 것은 그리 중요하지 않았다. 모두 수프를 먹으면서 철학적 이야기를 나눴고 이탈리아어를 공부했다. 단테의 『신곡』이 다루어졌고, 프리츠는 단테에 관한 달인이었다. 단테를 암송할 때면 그의 눈은 빛나기 시작했고, 『루친데』의 2부가 잘 진척되지 않아 너무 힘들어 접혀 있던 얼굴 주름이 서서히 매끈하게 펴졌다. 단테를 암송하는 동안 그는 음식을 거의 잊어버렸다.[21]

슐레겔 형제의 주거지를 중심으로 한 문학모임의 공간은 단순한 거주공동체를 넘어서 더욱 중요한 의미를 지니는데, 그 모임은 슐레겔, 노발리스 등이 내세운 공동철학(Symphilosophie), 공동포에지(Sympoesie) 같은 목표 실현을 위한 실제적인 모임과도 같았다. 이 모임은 학문적, 예술적으로 뛰어난 이들이 함께 사색하고 실천하는 '예나의 문학살롱'으로서 초기낭만주의의 산실로 기능하였다. 특히 이미 베를린에서 여러 문학살롱을 경험했던 도로테아 파이트, 슐레겔 형제(그리고 이따금 예나를 방문했던 슐라이어마허) 등은 당시의 공허함과 한계를 뛰어넘어 한층 더 의미 있는 고귀한 목표를 지향하였다. 그것은 서로 모여 단순히 담화를 주고받는 것에 그치지 않고 공동실천(Sympraxis)을 추구하는 것, 즉 함께 '비평적 글쓰기'를 생산하는 실천 행위를 말한다. 이에 대해서 이리나 훈트(I. Hundt)는 다음과 같이 그 모임의 성격을 잘 서술해내고 있다.

> 친구들과 함께 거주하면서 연구, 글쓰기 작업, 출판물을 엮어내는 것, 이것이 바로 초기낭만주의자들이 자주 실행한 도델이었으며, 자신들이 발전시킨 여러 인간관계들 중 하나였다. 즉, 관용과 개방성이 근본적 사유를 형성해내는 그런 이상적인 모임의 모델 말이다.[22]

당시 모든 이들이 함께 글쓰는 일종의 무크지와도 같았던 「아테네움」을 발행하는 등 실제적인 글쓰기의 생산 과정과 결과물을 보면서 카롤리네는 1799년 2월 4일자 노발리스에게 보낸 편지에서 "당신들이 거기서 함께 창작하는 것은 나에게도 멋진 마술냄비와도 같아요"[23]라고 언급한 바 있다. 또한 글쓰기 및 비평적 토론을 즐기는 그 모임의 참석자들을 놓고서 도로테아 파이트도 매우 흥미로운 묘사를 남겨주고 있다. 베를린에 머물고 있던 슐라이어마허에게 보낸 그녀의 편지 한 구절에 의하면 "사람들은, 정말이지 폭군들의 공화국에서 자연스러운 일이듯이, 소년들처럼 언제나 티격태격 싸우고 있는"[24] 듯했다고 한다. 1800년 1월 도로테아 파이트는 라헬 레빈에게도 다음과 같은 내용으로 예나의 모임 분위기를 전하고 있다.

> 나는 여기서 정말 만족스럽게 지내며 매일 같이 좀 더 현명해지고 노련해지는 느낌입니다. 이런 사람들 곁에서, 이런 사람들과 함께 지

내면서 그런 느낌을 갖지 못하는 이가 있다면, 그는 아마도 냉정하고 무감각한 사람이 틀림없을 것입니다. 여기서 나를 감싸고 있는 듯한 위트, 포에지, 예술, 철학으로 구성된 영원한 콘서트는 우리로 하여금 여타 세계 및 그 여타 세계에서 환희라고 명명되는 모든 것을 모두 잊게끔 해 줍니다.[25]

"위트, 포에지, 예술, 철학으로 구성된 영원한 콘서트"라는 기막힌 비유는 그 모임이 얼마나 개방적이고 자유로웠는지를 말해주고 있으며, 카롤리네, 도로테아, 조피 메로 같은 급진적인 여성들이 그와 같은 모임을 유지하는 데 크게 기여하였다. 낭만주의에 대한 기존 보수적인 문학사가들의 거부감은 어쩌면 낭만주의적 사유 자체의 급진성보다는 급진적인 여성들 및 그들과 함께 어우러진 남성들의 모임에 대한 반감에 기인하는 것일 수 있다. 특히 짧은 기간 동안 문학사적으로 의미 있는 모임이 유지될 수 있었던 데에는 카롤리네의 공헌이 가장 컸다. 그녀는 모임의 활성화를 주도하였고 논의 주제의 사회를 맡아보기도 했으며 또한 논의된 것에 대해 촌철살인의 비평을 가하는 냉정한 역할도 담당했다.[26] 자코뱅 당원을 도운 이유로 정치적 탄압도 겪은 이력 때문에 카롤리네는 이미 지성인들 사이에서 급진적 여성으로, 아마도 낭만주의자들 가운데서 가장 뛰어난 '사유의 혁명가'로 평가되었을 것이다. 카롤리네와 예나의 낭만주의 친구들 간의 관계에 대하여 자라 프리드리히스마이어(S. Friedrichsmeyer)는 종전의 시각과는 완전히 다른 흥미로운 해석을 제시했다. 즉 카롤리네가 예나에서 만난 새로운 학문적 지인들과 분위기에 의존했다기보다는 오히려 예나에서 공부하거나 강의하던 지식인들이 모두 카롤리네에 의존해 있었다는 것이다.[27] 이는 충분히 설득력 있는 해석이다.

어쨌든 카롤리네와 도로테아가 주도적인 역할을 했던 예나 모임에서는 자유와 평등 같은 정치적 주제 이외에도 예술, 철학, 결혼, 사랑, 우정, 고대와 현대, 민족주의와 세계주의 등 다채로운 주제가 논의되었다. 많은 지인이 한자리에 모여들도록 두 여성(카롤리네와 도로테아)은 앞장섰으며, 그 점은 당시 모임에 참여했던 티크가 여동생에게 보낸 편지에서 두 여인을 익살스럽게 묘사한 대목에서 읽어낼 수 있다.

> 파이트는 형용할 수 없을 정도로 잔인해. 음악 전문가야. 슐레겔의 친한 친구이자, 메스꺼움을 야기하는 치명적인 힘의 루친데이며, 모든 것에 유용한 다용도 알약이지. (...) (카롤리네) 슐레겔은 영리하기보다는 여우 같고, 이성적이기보다는 영리하고, 고상하기보다는 이성적이고, 여성이기보다는 우아해. 그녀들은 마치 코뿔소 (...), 자웅동체, 아니 오히려 - 이런, 나는 더 이상 생각할 수 없는데 - 마치 헤르가프로디트(남녀추니: 양성성을 가진 존재)와도 같았어. 두 사람이 여성이라는 점은 그 누구에게도 눈에 띄지 않았어.[28]

두 여성을 약간 비아냥거리는 투로 묘사한 것처럼 읽힐 수도 있지만, 그보다 더 중요한 점은 두 여성이 기존의 소극적이고 수동적인 여성 역할에서 벗어나 남성과 대등한 위치에 놓여 있음을 암시해주고 있다는 것이다. 모임에서는 남녀 성별 구분 없이 모든 주제에 대해 거침없이 토론하였으며, 다양한 주제에 관해 서로 질문과 답변을 주고받는 자연스러운 모임을 바탕으로 구체적인 글쓰기의 장(Feld)과도 같았던 자신들의 잡지 『아테네움』을 기획하고 발간하였다. 이 잡지 발행을 위해서는 흔히 슐레겔 형제, 슐라이어마허, 노발리스 같은 남성 작가들이 주도적인 역할을 했다고 하지만, 사실 카롤리네, 도로테아 등도 보이지 않게 결정적인 역할을 담당했다. 도로테아 파이트의 경우 그녀는 이미 1783년에 베를린에서 작은 '차모임'을 시작했고 1790년에는 비교적 더 큰 모임을 이끌었다고 하며, 또한 예나로 거주지를 옮겼을 때도 조촐한 문학살롱을 열었다고 한다. 아쉽게도 도로테아 파이트의 모임과 관련해서는 자료가 거의 남아 있지 않지만, 아마도 카롤리네가 열었던 모임과 비슷하게 남편을 비롯하여 티크, 노발리스, 셸링 등이 참여했을 것으로 추정된다. 마찬가지로 모임의 방점은 예술적인 주제에 관한 토론과 동시에 창작(글쓰기)과 번역 등에 놓여 있었던 것으로 짐작된다.

다시 정리하자면, 주로 슐레겔 형제, 카롤리네, 도로테아, 노발리스, 티크,

셸링 등이 중심이 된 모임을 소위 예나 모임, 예나 그룹, 예나 살롱이라고 부른다. 옆에서 그들과 밀접한 관계를 맺은 주요 조력자들로는 브렌타노, 슐라이어마허, 피히테, 괴테, 훔볼트 등을 들 수 있다. 초기낭만주의자 그룹으로서의 예나 모임은 일종의 '가족' 같은 분위기를 형성함으로써 베를린에서의 살롱들과 결정적인 차이점을 띠게 된다. 대도시 베를린의 많은 살롱이 저명한 이들의 참석을 확보하려는 일종의 '인지도' 경쟁을 벌이고 있었다면, 예나의 모임은 참석자들의 수에 연연하기보다는 마음과 뜻에 맞는 이들을 중시했으며 비록 소수일지라도 참석자들은 가족 같은 소박하고 내밀한 분위기를 유지하면서 철학적, 문학적 주제에 관한 전문적이고 심도 있는 대화를 즐겼다.

> 자유로운 사교성, 세련된 대화, 공동체적 활동은 낭만주의 작가들에 있어서 단순한 이론으로 머물지 않았다. 첨예하게 표현하자면, 고전주의자들에게 작센-바이마르 공국이 현실이었다면, 낭만주의자들의 경우 그룹으로 된 자신들이 사회적 삶의 현실이었다. 한 가지 중요한 차이점은, 사회학적으로 관찰할 경우, 낭만주의 그룹은 궁중 사회와 거리를 두면서 자신들의 사교 형태를 발전시켰다는 것이다. 그 공간은 다름 아닌 확장된 가족 내지는 살롱이었다.[29]

글을 생산하는 이들의 모임 같은 초기낭만주의의 공동체는 일종의 '예술가 가족'(Künstler-Familie)과도 같았다. 여기서 예술가 개념은 소설가, 비평가 같은 소위 '예술에 전문적으로 종사하는 이'를 지칭하기보다는 개성 있는 개개 모든 이들을 뜻한다. 그 점은 "누구나 (...) 자신의 내면에 하나의 소설을 지니고 있다"(슐레겔),[30] "누구나 예술가이어야만 한다"(노발리스)[31] 같은 낭만주의자들의 시적 모토에서 읽어낼 수 있다. 이와 같은 예술가로서의 개성 있는 이들이 함께 모이는 것, 이는 바로 이상적 인간 사회에 대한 동경과 직결된다. "예술가들이 하나의 가족을 형성하는 곳, 바로 그곳에 인류의 근원적 모임이 존재한다."[32] 이와 같은 공동체에 대한 낭만주의자들의 열망은 다음과 같이 해석될 수 있다.

> 낭만주의자들에게는 어떤 활발한 감정이 있었다. 마치 인간과의 공동체를 통해서 개개인이 자신의 존재와 능력에서 상승되고 고양되는 그런 감정 말이다. 언제나 다시금 그들의 주변에서는 어떤 집, 교회 같은 것을 세우려는 계획이 생겨났으며, 마치 그들은 가장 내밀한 형제애라고 명명하려는 듯 말이다.[33]

낭만주의자들이 자신들의 모임을 '가족' 같이 인식했다는 점은 프리드리히 슐레겔과 노발리스의 여러 표현에서 짐작해 낼 수 있다. 1799년 피히테가 베를린으로 자리를 옮기자 그를 따라서 베를린으르 옮긴 프리드리히 슐레겔은 형수 카롤리네에게 함께 베를린으로 이주해올 것을 권유하면서 - 물론 이 시점에 슐레겔은 형수가 셸링과 열애 관계에 빠져 있음을 아직 눈치채지 못했는데 - 베를린에 "예나 식민지"(Jena Kolonie)를 세워보자는 소망과 함께 "우리는 어차피 멋진 유배자들의 가족이다'(Wir gehören doch alle zu der einen Familie der herrlichen Verbannten)[34] 라고 말했다. 예나든 베를린이든, 초기낭만주의자들은 자신들을 경제적, 직업적, 정치적 이유에서 이곳저곳으로 떠돌아다닐 수밖에 없는 유목민 내지는 이방인으로 표현해냈으며, 당연히 '가족'이라는 표현은 실제 가족 관계를 지칭하기보다는 '형제애' 같은 정신적인 유대 관계를 말한다. 그와 유사한 표현은 노발리스의 소설『자이스의 제자들』내에서도 발견된다. 그 소설에 들어 있는 '히아신스와 로젠블뤼트헨'이라는 단편 동화에서 히아신스는 잠결에 숲속에서 일군의 무리를 보게 되는데, 여기저기를 떠다니는 그들은 '정령의 가족'(Geisterfamilie)이라고 명명되고 있다.[35] 여기서 '정령의 가족'이라는 무리는 바로 예나에 일시적으로 모여 있던 낭만주의자들을 떠올린다. 이와 같은 초기낭만주의자들의 모임이 왜 하필이면 예나라는 작은 도시에서 가능했을까에 대해서는 몇 가지 점이 추론될 수 있다. 무엇보다도 예나는 산으로 둘러싸여 있는 작은 도시이기에 지형학적으로 마치 외부로부터 보호된 듯이 위치해있다. 대략 1797-1800년 비교적 제한된 기간 동안이지만 뛰어난 문인들과 철학자들이 공교롭게도 예나로 모여들어 자연스럽게 교류의 시간을 가졌다. 그들은 젊은이들로서 특정한 장소에 정착하여 장기적으로 일할 수 있는 직업을 갖고 있지 못했으며, 경제적 궁핍에 시달렸지만 역설적이게도 그런 경제적 상황이 그들로 하여금 학문적, 문학적 대화와 교류를 더욱 활발히 갖도록 했다.[36] 그러나 예나에서의 '향연'(Symposion)과도 같은 시간은 그리 오래 지속하지 않았다. 그들 '정령의 가족'은 다시금 뿔뿔이 흩어져 각자 서로 다른 곳으로 길을 떠났으며, 이 또한 어쩌면 그들 '유배자'의 본래 운명이기도 했다.

예나 모임의 또 한 가지 중요한 점은, 베를린 살롱(헤르츠, 레빈), 바이마르 살롱 같은 곳에서는 주로 상호 대화성 및 상호 수용성 같은 능력만이 강조되었다면 예나 모임에서는 단순한 의견 교환 및 사유의 수용을 넘어서 모두가 각자 글을 생산해내는 창작적 능력이 더욱 중시되었다는 것이다. 다른 말로 하자면, 베를린의 대도시적 살롱에서는 구두성(Mündlichkeit)의 문화가 강조되었다면 예나의 소도시적 모임에서는 글자성(Schriftlichkeit)의 문화가 더욱 중시되었다. 이처럼 '문학적 생산'(즉 글쓰는 작가성)이 예나 모임의 특징이 되었던 까닭은 초기낭만주의의 예술관, 즉 '모든 이들은 예술가이어야 한다'거나 '진실한 독자는 곧 저자이기도 하다'는 언술로써 생산적 능력을 강조했던 예술관이 그 모임의 저변에 깔려 있었기 때문이었다. 또한 주로 대화적 구두성만이 작동했던 베를린 살롱에서의 경험과 한계 등도 마찬가지로 글자성으로의 전환에 계기가 되었다. 그 점은 슐레겔의 「포에지에 관한 대화」에 잘 투영되고 있다. 그 글에서 모임을 주도한 아말리아는 일종의 패러다임 전환, 즉 '구두성에서 글자성으로 전환'을 제안하고 나선다.

> 그 때문에 전달에 혼란이 생기고 평소 잘 말을 꺼냈을 법한 이들도 종종 침묵하게 된다는 것이다. 그래서 누구나, 혹은 우선 가장 기꺼이 발표하고 싶은 사람이라도 포에지에 관한 자신의 생각, 또는 포에지의 한 부분이나 한 측면만이라도 솔직하게 자신의 생각을 한번 말해 보는 것이 좋다고, 아니 오히려 글로 써서 발표하면 좋겠다고 했는 바, 이는 누가 어떻게 생각하는지를 모두가 명확하게 알 수 있도록 하기 위해

서였다. 카밀라는 아말리아에 적극 찬성하면서 계속 책만 읽는 것에서 벗어나 기분 전환으로 적어도 한 번쯤 어떤 새로운 것을 도입하기 위해서라도 좋겠다고 했다.[37]

말하기(aussprechen)에서 글쓰기(ausschreiben)로의 전환, 즉 혼란과 불명확성을 야기하는 구두적 대화의 한계가 지적되고 이에 대한 보완책으로서 글을 발표한 후 토론하는 방식이 제안되고 있다. 즉, 애매한 생각과 느낌의 교환보다는 '자율적 포에지'로서의 글쓰기 활동이 전제되고 이를 토대로 글에 대한 '해석학적 소통'이 뒤따라 온다는 것이다. 사실 「포에지에 관한 대화」의 저자인 슐레겔은 베를린의 다양한 살롱 문화를 경험하면서 "낡은 계몽주의를 신봉하는 베를린주의"(alten Aufklärungsberlinism), "베를린 도당"(Berliner Klicke), "비열한 악당들로부터 벗어나자"(Pack von Lumpenhunden)라고 비판한 바 있다.[38] 이는 아무런 생산적 자극을 주지 못했던 대도시 살롱의 패거리 문화가 지닌 한계에 대한 비판임을 쉽게 알 수 있다. 이와 같은 베를린 살롱 문화를 극복하는 차원에서 「포에지에 관한 대화」가 씌어졌다. 슈테판 마투셱(S. Matuschek)은 이 글의 의미를 더욱 급진적으로 해석해준 바 있는데, 그에 의하면 「포에지에 관한 대화」에서 엿보이는 살롱의 사교적 대화 형식은 결코 "시문학적 사유를 위한 매개"가 아니라 오히려 비판의 대상이 되고 있다는 것이다. 또한 「포에지에 관한 대화」 내에 등장하는 참석자들이 "전문적으로 작성된 논술적 글과 고전적 권위"를 내보이고 있는 점도, 바로 아마추어적 예술애호가들로 구성된 베를린의 살롱 문화를 비판하는 의미를 지니며 그 대안으로서 "전문적인 독자와 작가"를 요청하고 있다는 것이다.[39]

이렇듯 생산적 글쓰기로서의 문자문화로의 전환을 증시하면서 예나 모임의 구성원들은 다양한 글쓰기를 감행하였다. 「아테네움」은 비록 1798-1800년까지 3년 동안 총 6권만을 발행하고 폐간되었지만 새로운 문학이론을 천명하는 동시에 실험적 사유를 행했던 글쓰기의 놀이터와도 같았다. 주로 슐레겔 형제가 그 잡지의 편집 및 발행을 맡았고 베를린에서 인쇄되었다. 집필자들은 슐레겔 형제를 비롯하여, 노발리스, 슐라이어마허, 도로테아 파이트, 카롤리네 뵈머, 아우구스트 페르디난트 베른하르디, 조피 베른하르디, 아우구스트 루트비히 휠젠, 칼 구스타브 브링크만 등이었다. 1798년에 발행된 1, 2권에는 아우구스트 슐레겔의 「언어」, 「현대 문학의 비평에 관한 기고」, 노발리스의 「꽃가루」, 슐레겔 형제의 「그리스 비가 연구」, 슐레겔 형제/카롤리네/노발리스/슐라이어마허 등의 공동 단편들, 프리드리히 슐레겔의 「괴테의 빌헤름 마이스터에 관하여」 등이 실려 있으며, 1799년에 발표된 1, 2권에는 프리드리히 슐레겔의 「철학에 관하여」, 아우구스트/카롤리네 뵈머의 「회화들」에 관한 대화, 휠젠의 「인간의 자연적 평등에 관하여」, 아우구스트 슐레겔의 「그리스 예술」, 「시에 대한 그림들와 존 플랙스만 개요」, 슐라이어마허의 「종교론」, 「임마누엘 칸트의 인간학」 등이 실려 있으며, 1800년 1, 2권에는 프리드리히 슐레겔의 「헬리오도라에게」, 「이념들」, 「문학에 관한 대화」, 휠젠의 「스위스 여행 중의 자연 관찰」, 슐라이어마허의 「가르베의 의해 출간된 그의 마지막 저서들」, 아우구스트 슐레겔의 「마티송, 포스 등을 비롯한 여러 단상적인 글」, 「파니. 신들의 전쟁」, 「졸타우의 돈키호테: 루트비히 틱의 번역」, 프리드리히 슐레겔의 「포에지에 관한 대화」, 「독일인에게」, 「불가해성에 관하여」, 노발리스의 「밤의 찬가」, 조피 베른하르디의 「인생관」, 슐레겔 형제의 「그리스 전원시」, 「소네트」, 도로테아 파이트의 「람도르의 도덕적 이야기」, 슐라이어마허의 「세상을 위한 천사의 철학자」, 아우구스트 페르디난트 베른하르디의 「지성과 경험」, 슐라이어마허의 「피히테의 인간 규정」 등이 실려 있다. 이상과 같이 다양한 주제에 관한 글들이 기고되었으며 주로 개별 기고자의 글이 실려 있지만, 슐레겔 형제의 공동 집필, 아우구스트 슐레겔 부부의 공동집필 등도 눈에 띤다. 새로운 형식의 저널, 특히 집단적 글쓰기의 양상을 띤 새로운 형식의 저널에 대해서 노발리스는 다음과 같이 매우 파격적인 선언을 제시하고 있다.

> 저널들이란 본래 공동체적 책들이다. 공동체의 글쓰기는 저술 행위의 거대한 양성을 예감하도록 해주는 흥미로운 징후이다. 누구나 언젠가 집단적으로 글을 쓰고 사유하고 행동하게 될 것이다. 공동체들 모두, 국가들조차도, 하나의 작품을 감행할 것이다.[40]

학자, 비평가, 작가, 철학자 등으로 구성된 사교적, 집단적 모임에서 서로 대화를 주고받는 가운데 특정 주제에 대한 사유가 싹트고 그에 관한 심도 있는 성찰적 글쓰기가 이루어짐으로써 무에서 유를 창조해내는 뜻을 지닌 '포이에시스'(poiesis)의 행위가 실현된다. 「아테네움」은 사교적 모임을 넘어서 그와 같은 '공동실천'(Sympraxis)으로서의 생산적 작업이 구체화된 산물이다. 공동실천의 생산물인 「아테네움」에서는 그와 같은 서로 이질적인 학문(철학과 문학, 과학과 예술 등)과 종사자들이 서로 횡단하고 넘나드는 공동작업을 펼치며, 이와 관련하여 프리드리히 슐레겔은 다음과 같은 일종의 선언을 제시하고 있다.

> 공동철학과 공동포에지가 보편적이고 내면화됨으로써 서로 쌍방으로 보완해주는 본성의 몇몇 사람들이 공동작업을 행하는 것이 더 이상 기이한 일로 여겨지지 않는다면, 아마도 학문과 예술의 완전히 새로운 시대가 열릴 것입니다. 두 영혼이 마치 나뉘어진 반쪽들처럼 있지만 본래 하나로 결합되어 있었을 것이라는 생각, 그리고 그렇게 결합한 상태에서만이 그들이 할 수 있는 모든 것을 행할 것이라는 생각을 우리는 종종 떨쳐버릴 수 없을 것입니다.[41]

여기서 주의할 점은, 공동실천, 공동생산이 언뜻 특정한 이들만이 형성한 내밀한 집단, 즉 전체성, 통일성, 총체성 이념을 지향하는 집단을 위한 전체주의적 이데올로기로 작용하지 않는다는 것이다. 흔히 특정한 모임이 형성되고 또한 공동의 산물로서 자신들을 대변하는 특정 잡지가 발행될 경우, 자칫 특정 집단의 '하나의' 목소리로 인식될 수 있는 위험이 뒤따른다. 그러나 낭만주의자들은 '전체'(Ganzheit)의 이름 하에 서로 이질적인 개인의 독창성을 지양하거나 억압하는 경향에 대해 이미 비판적 거리를 취하고 있었다. "그 어떤 조화로운 결합이 아니라 사유 교환을 위한 정신적 모임이 핵심이었다. 이와 같은 모임에서 장려된 것은 논쟁적인 관점과 의견이었다. 이것이 슐레겔을 중심으로 한 여러 구성원들에게서 어렵지 않게 엿볼 수 있다."[42] 예나의 모임은 구성원들 간의 이질성과 차이성을 근간으로 '컨센서스'(Konsensus)보다는 '디센서스'(Dissensus)를 추구하는 작은 모임이었다. 슐레겔의 글 「포에지에 관한 대화」에서는 다음과 같이 이질성, 다양성, 횡단성을 옹호하는 듯한 언술이 제시되어 있다.

> 나에게는 오래전부터 시인들이나 시적인 정서를 지닌 사람들과 포에지에 관한 대화를 나누는 것이 커다란 자극이 되었다. 나는 그런 종류의 많은 대화들을 전혀 잊지 않고 있다. 다른 대화들에 대해서는 무엇이 상상이고 무엇이 기억인지 나는 정확히 알지 못한다. 실제로 있었던 사실도 많고, 날조된 것도 많다. 지금 이 대화도 마찬가지여서, 서로 완전히 상이한 견해들이 서로 대립하고 있을 수밖에 없다. 물론 이 견해들 각각은 자신의 관점에서부터 시문학의 무한한 정신을 새롭게 조명할 수 있으며, 이 견해들 모두 어느 정도는 때로는 이쪽으로부터 때로는 다른 쪽으로부터 본질적인 핵심으로 파고들어 가기 위해 노력하고 있다. 이러한 다양성에 대한 관심으로 인해 나는 친구들 사이에서 깨달았으며 처음에는 그들과의 관계 속에서만 생각했던 것을, 이제 마음속에 자신의 사랑을 감지하고 자신의 내면에 가득 한 삶의 충만함으로 자연과 포에지의 신성한 비밀에 스스로를 바칠 의도가 있는 모든 사람에게 전달해야겠다는 결심을 하게 되었다.[43]

많은 내용을 암시하는 구절이다. 특히 자신이 전하려는 생경한 대화와 관련하여 "실제로 있었던 사실도 많고, 날조된 것도 많다"라고 말함으로써 경험과 상상, 진정성과 허구성 간의 경계를 스스로 해체하고 있다. 또한 대화에서는 상호 대립이 작동할 수밖에 없으며, 다양성의 존중으로서의 상호 대립이야말로 깨달음으로 나가는 길이라고 서술되고 있다. 이는 총체성, 통일성보다는 다양성, 다원성을 중시하는 모임의 특성을 시사하는 언술이기도 하다. 예나의 사교적 모임 및 그 구체적 결과물인 「아테네움」도 전체성, 통일성, 총체성에 의해 결코 지양될 수 없는 '개인의 정신적 독립성'을 중시하였으며, 가령 잡지의 서문에는 그 점이 제 일 원칙으로 선언되고 있다.

> 우리는 서로 많은 의견을 나눈다. 그렇지만 우리는 각자가 다른 이의 의견을 자신의 것으로 만들려고 하는 것을 목표로 삼지 않는다. 누구나 자신의 고유한 주장을 제시한다. 정신의 독립성 - 이를 통해서만 사유하는 작가의 일이 가능할 수 있기 마련인데 - 은 추호도 단조로운 만장일치에 희생되어서는 안 된다. 따라서 이 잡지의 진행 과정에서는 종종 편차 있는 판단이 제시될 수 있다.[44]

대단히 놀라운 선언이 아닐 수 없다. 의견 교환은 다른 이들의 의견을 자신의 생각에 종속시키는 과정이 아니라는 점, 누구나 자신의 생각과 의견을 고수할 수밖에 없으며 이러한 정신의 독립성과 자립성만이 개개인의 기질을 완성할 수 있다는 점, 그렇기 때문에 공동실천의 결과인 잡지 「아테네움」도 궁극적으로 다양하고 이질적인 목소리로 채워질 수밖에 없다는 점 등이 선언되고 있다. 서로 의기투합하여 잡지를 출간할지라도 소위 집단적, 패거리 의식의 특징인 "단조로운 만장일치"에 대해 스스로 엄격하게 경계하는 목소리를 엿볼 수 있다. 독일어 "Einstimmigkeit"는 '하나의 목소리'로서 조화를 뜻하지만, 그 '조화로운 하나의 목소리'는 자칫 개개의 정신적 독립성을 억누르는 만장일치의 해악으로 작용할 수 있다. 따라서 공동정신의 산물인 「아테네움」은 확고한 통일된 의식의 공유를 자랑하기보다는 개개인의 예리한 목소리가 울리는 '느슨한 결합'의 틀로서만 작용해야 한다. 철학, 문학, 종교학 등 다양한 영역의 친구들(슐라이어마허, 슐레겔 형제, 노발리스, 티크 등)은 잡지를 통해 일종의 '함께 하는 개인의 정신'을 즐겼던 셈이다. 그런 맥락에서 슐라이어마허도 「사교적 행동 이론에 관한 시도」에서 기본적으로 개인의 고유성을 강조한 바 있다.

> 그 어떤 하나의 특정한 행위가 공동체적으로 실행되어서는 안되며, 그 어떤 하나의 실행(작업)이 통일적으로 성사되어서도 안되며, 그 어

떤 하나의 견해가 방법론적으로 획득되어서도 안된다. 모임의 목적은 그 모임 밖에 놓여 있는 것으로 생각될 수 없다. 누군가의 영향은 다른 이들의 활동으로 나아가야만 하며, 누군가의 활동은 다른 이들에 대한 영향력이어야만 한다. (...) 오로지 사유와 감성의 자유로운 놀이에만 집중해야만 하며, 이를 통해 모든 구성원은 상호 자극을 주고 활기를 준다. 그럼으로써 상호영향은 자신 속으로 되돌아오며 완성된다.[45]

이렇듯 개인의 정신적 독립성의 존중은 바로 진정한 사교적 모임의 근본인 셈이다. 예나 모임은 종전의 대도시적 살롱 모임이 지녔던 성향, 즉 '비생산적인 동질화'의 성향을 경계한 것이었으며, 그렇기에 언제나 생산적이고 상호존중하는 다양화의 정신을 내세웠다. 다양성 유지와 관련하여 특히 강조될 점은, 그 모임이 무엇보다도 남성과 여성 간의 차별이 지양된 '낭만적 유토피아'라는 의미와 연관되어 있다는 것이다.

이상과 같은 이유에서 '낭만적 살롱'이라는 사교성 문화는 18세기 말엽의 유명한 살롱 서술과 일치하지 않는다. 오히려 낭만적 '사교성'은 독일의 모임들, 살롱들, 중심지들 같은 곳에서 서로 상이하게 간직된 바 있는 '유토피아'로서 분석될 수 있다. 이는 다음과 같은 의미를 지닌다. 즉, 낭만적 살롱을 여성 호스트의 공간이라는 특징으로 간주하는 것이 아니라 흔히 여성들에 의해 주도되고 조직되었던 저 사교 문화의 유토피아적 모델로서 파악하는 것이다. 그럼으로써 대화 문화의 내용이 서술될 수 있으며, 이런 점이 그룹을 형성하고 각인하는 가운데 이루어진 독일 낭만주의의 핵심적 특징이 된다.[46]

앞서 언급한 것처럼, 슐라이어마허의 「사교적 행동 이론에 관한 시도」가 이론적인 글이라면 예나 모임은 그러한 이상적인 이론을 구체적으로 실현하려 했던 차원에서 이해될 수 있다. 그 모임이 어떻게 진행되었는지에 대한 자료는 충분하지 않지만, 프리드리히 슐레겔의 『루친데』에서의 한 장면은 그 모임이 어떠했는지를 함축적으로 시사해주고 있다.

그(율리우스: 역주)는 점차 많은 우수한 사람들을 끌어들였고, 루친데는 모든 이들을 받아들이고 연결해주었으며, 그럼으로써 자유로운 모임 내지는 자신의 교양을 통해 스스로를 항상 새롭게 유지하려는 하나의 거대한 가족이 발생하였다. 우수한 외국인들도 들어올 수 있었다. 율리우스가 그들과 이야기를 나누는 일은 드물었지만, 루친데는 그들과 잘 소통할 수 있었다. 그녀의 그로테스크한 보편성과 잘 형성된 공동체성은 다른 이들을 채워주었으며, 그 어떤 정지 상태나 듣기 좋지 않은 음향이 정신적 음악에서는 일어나지 않았다. 그 정신적 음악의 아름다움은 조화로운 다양성과 변화로 유지되고 있었다. 사교적 모임의 예술에 존재하는 위대하고 진지한 스타일 이외에도 모든 매혹적인 자세와 순간적인 기분만이 그 안에서 적절한 위치를 찾아야 했다.[47]

루친데가 프리드리히 슐레겔의 연인이자 부인이 된 도로테아 파이트의 형상인지 아니면 형수 카롤리네 뵈머의 형상인지어 대해서는 연구자들마다 의견이 다르지만, 어쨌든 루친데라는 허구적인 형상을 통해 살롱 호스트의 면모와 능력이 서술되어 있다. 율리우스와 루친데를 중심으로 형성된 모임은, 지인들 간의 네트워크 확장, 자유로운 토론을 통한 개개인들의 새로운 소양 형성, 외국인을 비롯한 다양한 이들이 모여 "하나의 거대한 가족"이 형성될지라도 이질성과 다양성을 통해 '조화로운 불협화음'을 이루는 것 등의 특징을 지닌다.

베를린 살롱 문화를 대표하는 헨리에테 헤르츠, 라헬 레빈의 살롱은 18세기 말에서 19세기 초엽까지 대략 20-30년 동안 지속하였지만, 그에 비해 초기낭만주의자들의 예나 모임은 잡지 발행과 수많은 비평 및 창작물 등을 발표했음에도 불구하고 3-4년 정도의 짧은 기간만 존속하였다. 모임과 정신적 유대 관계를 위한 짧은 시간의 아쉬움은 슐라이어마허에게 보낸 도로테아 파이트의 편지에 다음과 같이 기록되어 있다.

사랑하는 친구여, 나는 서두르지 않으면 안되요. 그래서 내 편지가 혼란스러울 거예요. 나는 정말이지 오랫동안 당신과 이야기를 나누고 싶지만 시간이 많지 않네요. 아름다운 사교는 오랜 시간을 필요로 하지요.[48]

모임의 급속한 해체 원인에 대해서는 세 가지 정도의 상황 변화를 들 수 있다. 첫 번째로는, 예나의 낭만주의자들은 매우 과격하고 진취적인 사유를 제시하였기에 베를린, 바이마르 같은 도시에서 문화 권력을 쥐고 있던 이들(주로 계몽주의자들 및 고전주의자들)로부터 철저히 외면당했다. 가령 1799년 「문학연감」(Musenalmanach)에 실러의 「종의 노래」가 발표되었을 때 그 시는 당시 문단 내에서 커다란 찬탄과 반향을 얻었고 고전주의의 최고의 시로 평가되었지만, 그러나 낭만주의자들은 그 시를 조롱하였다. 예나 대학의 교수로서 문학잡지 「호렌」, 「문학연감」 등을 이끌어가고 있던 실러에게 대항하였으니 계몽주의와 고전주의 진영에서의 반감이 매우 컸을 것이며, 그로 인해 젊은 낭만주의자들의 설자리는 점차 위축될 수밖에 없었다. 두 번째로는 예나 모임을 주도했던 노발리스의 때 이른 죽음(1801)과 아우구스트 슐레겔을 비롯한 몇몇 친구들이 다른 도시로 일자리를 옮기게 되었던 것도 모임의 해체에 결정적인 영향을 끼쳤다. 세 번째로는 - 이는 피할 수 없는 점이기도 한데 - 개개인들 간에 불화와 감정싸움이 있었기 때문이다. 특히 소설 『루친데』에서 슐레겔은 카롤리네를 여주인공으로 묘사했는데, 이는 시동생과 형수의 관계를 불편하게 만들었을 뿐만 아니라 처음에는 서로 좋게 지냈던 도로테아 파이트와 카롤리네 뵈머 사이에서도 점차 차가운 감정이 싹트게 되었다. 또한 아우구스트 슐레겔, 카롤리네 뵈머, 프리드리히 셸링 간의 미묘한 관계도 모임의 해체로 이어지는 결정적인 불화의 요인으로 작용하였다. 1798년 젊은 교수로 예나에 와서 슐레겔 가족과 친밀하게 교류하던 셸링은 연상의 여인이자 아우구스트 슐레겔의 부인 카롤리네 뵈머를 흠모하게 된다. 이즈음 아우구스트 슐레겔은 새로운 직장 때문에 혼자서 베를린으로 떠났고 이후 홀로 예나에 남은 카롤리네는 결국 이혼 후 셸링과 세 번째 결혼을 하였다. 어쨌든 다양한 요인으로 인해 1801년 소위 '예나 모임'은 해체되고 말았으며, 서로 개별적으로 다른 소모임을 갖게 되었다. 이상과 현실 간의 부조화적 관점에서 기젤라 디슈너(G. Dischner)는 모임의 해체를 서술했는데, 특히 정신적 차원에서 사유와 의견을 같이 나눴던 형수 카롤리네가 젊은 셸링과 연인 관계를 맺게 된 정황에 대해 매우 충격적이었던 프리드리히 슐레겔의 경우 "이상(理想), 즉 특정한 테두리 내에서 사교성을 실현하고자 한 이상은 예측 불가능한 인간의 감정 때문에 깨어질 수밖에 없다"[49]고 여겨졌을 것으로 추측한다.[50] 어쨌든 이들 모임의 해체는 개개인들에게도 진한 아쉬움으로 남게 되며, 그 점은 모임을 주도했던 카롤리네에게 더욱더 컸던 것으로 보인다. 왜냐하면 셸링과 함께 대도시 뮌헨으로 떠났던 카롤리네는 도착 후 "예나와 같은 모임 장소가 여기서도 형성될 것처럼 보입니다. 여러 집단이 여기서도 서로 합류하고 있네요."[51]라고 자신의 마음을 드러냈기 때문이었다. 그러나 그 기대감은 실현되지 않았으며 생을 마감하기 2년 전 1807년 1월 4일자 고터(Gotter) 가족에게 보낸 편지에서 그녀는 과거 예나의 모임에 대해 크나큰 아쉬움과 슬픔을 전하고 있다.

> 오, 한 때 예나의 작은 모임에 모였던 이들이 지금 세상 도처에 흩어져 있으며 여러 이방인을 가르치고 있습니다. 나의 슬픔은, 그들이 함께 더 이상 아무것도 창작하지 못한다는 것입니다. 그들의 시에 대해서 우리는 전혀 아무것도 듣지 못하고 있습니다.[52]

예나 모임과 초기낭만주의는 비록 짧은 순간이었지만 독일 문학사 및 문화사 내에서 중요한 의미를 지닌다. 이와 관련하여 잉에 호프만-악스트헬름(Inge Hoffmann-Axthelm)은 18세기 말 새로운 사교적 공동실천을 통해 삶과 예술에서 완전한 자유를 추구하려했던 초기낭만주의의 운동과 1968년 학생운동 간의 정신적 연관성을 강조하는 가운데 "슐레겔 무리와 그 주변 환경에서 태동한 사유 방식은 19세기를 거쳐 바로 현재까지 모든 영역에서 지속적으로 발전하고 외연을 넓히면서 확실한 영향을 끼쳤다"[53]고 강조한다.

6장

살롱문화에서 서신문화로의 전환: '대화적 독백'의 글쓰기

사교 개념은 살롱을 넘어서 또 다른 문화적 행위 영역으로 전환된다. 그것은 개인들 간의 서신 교환 행위라는 글쓰기의 영역이다. 자유로운 사교 모임으로서의 살롱이 구두적, 대면적 상호 교류의 행동 공간이라면, 서신 교환은 사교적 정신을 이어받는 가운데 문자적, 비대면적 상호 교류의 행위를 추구한다. 사교성이라는 공통점을 제외하면서 살롱과 서신 교환은 언뜻 서로 대립하는 것처럼 보인다. 그렇기에 종종 살롱과 서신, 구두문화와 문자문화, 구두성(Mündlichkeit)과 문자성(Schriftlichkeit) 같은 이분법이 설정되곤 한다. 예를 들면 다음과 같은 이분법적 도식이 가능하다.

살롱	서신
대면적, 개방적	비대면적, 폐쇄적
직접적, 경험적, 현실적	간접적, 관념적, 추상적
집단적	개인적
유형적	무형적
구두성	문자성
듣기	쓰기
말	글

살롱에서는 일차적으로 서로 얼굴을 보고 말하고 듣는 행동, 즉 대면적인 행동이 실행되지만, 그와 같은 직접적인 만남 행동이 불가능할 때 주로 서신 교환 행위가 일종의 대체제처럼 작동한다. 사교성 혹은 대화성은 살롱과 서신 교환에 모두 공통적이지만, 다만 서신 교환은 육체적인 만남이라는 협소한 의미에서 벗어나 만남의 의미를 더욱 확대시킨다. 살롱과 서신 교환 간의 또 다른 차이점으로는, 살롱의 경우 집단적인 만남이 필수적이라면, 서신의 경우 일대일, 즉 개인 간의 글쓰기가 특징이다. 요컨대, 서신을 통해 개인 간의 '대화적 글쓰기'(dialogisches Schreiben)로서의 사교가 펼쳐지는 셈이다.

물론 위와 같이 파악하는 시각은 매우 단순 비교일 뿐이다. 18세기 말에서 19세기 중반까지 살롱과 서신은 매우 복잡한 관계를 이룬다. 우선 대화적 글쓰기로서의 서신 교환 행위는 비록 비대면적이지만 넓은 의미에서 살롱의 변형된 형태로서 살롱을 보완하는 의미를 지닌다. 요컨대, 문자적 활동으로서의 서신은 대화적, 구두적 활동과 대립하는 것이 아니라, 비록 개인들이 공간적으로 서로 떨어져 있어서 서로 대면할 수 없을지라도, 넓은 의미에서 상호 대화를 계속 진행하거나 그 대화의 폭을 넓혀 준다. 그런 의미에서 편지 쓰기도, 살롱이 그러했듯이, "사회적 삶의 선한 톤"을 향해 나가는 "글자 수단에 의한 대화 문화"이다.[1] 이처럼 살롱과 서신 교환, 구두성과 문자성 간의 상호보완적 관계에 대해서는 다음과 같이 분석될 수 있을 것이다.

> 편지, 일기, 살롱은 - 세 가지 모두 - 개인적 자아 실현의 매개체였다. 게다가 다음과 같은 점도 언급할 수 있다. 즉 광범위한 우애 교환에서의 살롱 대화는 말하자면 다른 수단과 연속하여 진행되는 바, 즉 공간적, 시간적 거리에도 불구하고 서신을 통해 살롱의 여기와 지금을 지속하고 보충하고 확장해 나간다. 살롱과 서신 문학이 서로 얼마나 밀접하게 연관되어 있는지는 편지 속으로 들어간 살롱 대화를 통해서 알 수 있을 뿐만 아니라, 멀리 떨어진 곳에 있는 발신자의 편지가 살롱 내에서 낭독되거나 혹은 서로 돌려가며 읽었다는 사실에서도 알 수 있다.[2]

넓은 의미의 대화적 관점에서 살롱과 서신 교환은 서로 긴밀한 관계를 맺으며 상호 친화성을 공유한다. 그런데 살롱과 서신 교환의 관계를 일방적으로 상호보완적 차원에서만 파악하는 것은 정말 타당한 시각일까? 위의 대목처럼 서신을 무조건 살롱의 연장 선상에서만 파악해야 하는 것일까? 위에 인용한 대목은 한편으로 개인과 집단, 서신과 살롱의 관계를 상호보완적 차원에서 파악했다는 점에서 의미가 있지만, 다른 한편으로 '낭독되거나 돌려가며 읽히는 편지'의 특성과 기능 변화를 매우 단순화함으로써 그것에 내재해 있는 중요한 의미를 간과하고 있다. 위 인용 대목이 말해주었듯이, 낭만주의 여성작가들의 서신의 경우 특정인에게 보낸 편지일지라도 그 편지는 여러 지인이 돌려가며 읽곤 했으며, 이는 비록 소수 독자일지라도 편지가 처한 새로운 환경 변화를 암시해 준다. 간단히 말하면, 여러 명이 읽는다는 점에서 편지는 이미 전통적인 관계, 즉 발신자와 수신자 간의 지극히 사적인 관계에서 벗어나 공개적이고도 공적인 장(場) 안으로 들어간 것이며, 이는 곧 편지를 둘러싼 환경 변화를 뜻한다. 18세기 말에서 19세기 중반까지의 개개 여성 편지 발신자들은 그와 같은 정황 및 환경을 당연히 잘 알고 있는 가운데 편지를 씀으로써 서신작가로서의 여성작가의 길을 걷게 된다. 많은 지인에 의해서 자신의 편지가 읽혀진다는 가능성을 전제로 그들 여성들은 편지를 쓰는 가운데 자신의 언어화 작업(즉 표현, 문장 구성 등)에 신경 쓰지 않을 수 없게 된다. 말하자면, 편지는 글쓰는 여성들의 인위적인 가공 작업을 거치면서 생산되는 텍스트와도 같게 된다. 이처럼 전통적으로 두 사람 간의 내밀한 글쓰기로 분류되었던 편지 - 나아가 일기, 에세이, 여행록 등도 포함되는데 - 는 더 이상 사적인 관계 속에 갇혀 있는 것이 아니라 열린, 공공적인 차원에서 많은 이들이 함께 읽는 환경을 맞이하게 된다. 이러한 편지의 새로운 환경 변화 및 그것의 '문자적' 의미는 다음과 같이 서술될 수 있다.

> 첫 번째 표현형식으로서의 서신 교환은 재능과 능력을 소유한 여성들이 두각을 나타내는 유사공공성을 만들어낸다. 편지는 마음의 토로

로 위장되어 여기저기 건네지고 동시에 전달기관이 되며, 성찰의 장소가 되고, 모든 가능한 장르들을 위해 깔린 잔디 놀이터가 된다. 라헬 파른하겐의 서신은 가장 세련된 사례이며, 베티나 폰 아르님 또한 어린 시절의 서신 교환을 시적으로 전이시키고 그럼으로써 자신의 장르를 만들어내는 방식으로 창조적인 재능을 내보였다.[3]

18세기 말부터 시작된 여성작가들의 편지 쓰기 행위는 단순히 공간적으로 멀리 떨어진 이들에게 자신의 생각, 생활, 감정 등을 알리는 의미에서 벗어나 새로운 다양한 문학적, 매체적 정의가 요구되는 글쓰기 유형이 된다. 특히 특정 개인의 편지가 낭독되거나 돌려가며 읽힌다는 현상은, 비록 서신이 완전히 공적인 담론 공간(예를 들면 문학시장) 속으로 진입한 것은 아니지만, 일종의 "유사공공성"(Parallelöffentlichkeit)이 형성되어 있음을 뜻한다. 좀 더 정확히 서술하자면, 편지는 개인의 사적 공간에서 오가는 수단에서 벗어나 소수의 여러 지인이 함께 독서하는 텍스트로서 - 모순적 표현이지만 - '사적 공공성'(private Öffentlichkeit) 내지는 '내밀한 공공성'(intimisierte Öffentlichkeit) 내에 존재하는 흥미로운 읽을거리가 된다. 이러한 "유사공공성" 내지는 '사적 공공성' 내에 존재하는 편지는 전통적인 감성과 마음의 토로 같은 특성에서 벗어나 완전히 새로운 특성, 요컨대 공개적으로 다양한 장르적 글쓰기를 실험적으로 펼치는 텍스트 특성을 지닌다.

편지에는 다양한 정의와 범위 규정이 필요하다. 편지는 한 가지 특성이 아니라 다양한 특성을 띤다. 예를 들면 편지는 자전적 도큐먼트이기도 하며, 사적인 문서이기도 하며, 대화의 보충물이기도 하며, 매체 역사의 구성요소이기도 하며, 문학적 유물이기도 하다. 편지는 - 여기서 데리다를 한 번 인용하자면 - "모든 장르들이 하나 속에 있는" 것이다. 편지는 다양성이다. 뒤집어서 말하면, 다양성은 결핍이라고 서술될 수 있으며 문예학의 관점에서 보면 주변부에 위치해 있다. 편지들은 전문 분야의 토대가 되는 바로미터를 결핍하고 있는 바, 즉 작가와 작품으로 구성된 독문학의 본래적 본질을 결핍하고 있다. 편지들은 무엇보다도 작가가 아니라 '글쓰는 자'를 갖고 있을 뿐이다. 편지들은

> 이어서 일종의 독자, 즉 일종의 읽는 대중이 아니라 수신자만을 갖고 있을 뿐이다. 의사소통 수단으로서 편지들은 인쇄되는 것이 아니라 발송되기 때문에 편지들은 의도에서나 혹은 전수의 실행에서도 '작품'이라고 할 수 없다. 편지들은 배달된다는 점에 있어서 글의 왕래이며, 경우에 따라 통신 네트워크에 속한다.[4]

위대한 작가가 완성한 미적으로 뛰어난 작품에 비하면 편지는 결코 작품이 될 수 없는, 주변부적 위치에 놓인, '작가와 독자'를 결핍한 글일 뿐이다. 이것이 편지에 대한 일반적인 전승된 통념이지만, 그러나 이러한 편지의 불완전한 특성이 곧 장점이 된다. 편지는 다양한 글쓰기 장르들이 실험적으로 펼쳐질 수 있는 매체("모든 장르들이 하나 속에 있는")가 된다. 비록 가까운 이들만이 함께 읽는 "유사공공성" 내에 놓여 있지만 실험적 특성의 편지는 서서히 대중을 위한, 출판을 위한 텍스트, 나아가 새로운 문학 장르가 되는 것이다.[5] 라헬 레빈의 편지들은 사후 상당수 수집되어 남편 파른하겐에 의해 정식으로 '책'으로 출간됨으로써 오늘날에는 누구나 읽을 수 있는 공공성 내의 '작품'이 되었으며, 베티나 폰 아르님은 생존시 스스로 '서간문학'의 형식을 띤 편지 모음서를 출간하기도 했다.

요컨대, 18세기 말에서 19세기 중반까지 주로 여성들이 취했던 주관적인 자기고백의 글쓰기는 유사공공성 이외에도 '편지와 책(작품)', '진정성과 허구성' 사이에서 부유하는 특징을 갖게 된다.[6] 훗날 남편이 되는 파른하겐에게 보낸 1808년 12월 어느 편지에 씌어 있는 라헬의 저 유명한 "나는 몹시 괴로울 뿐이예요. 나의 삶은 편지가 되어야만 해요"(Ich martere mich nur ab: Mein Leben soll zu Briefen werden)[7]라는 구절은 편지의 그 이중적 특징을 말해주고 있다. "텍스트로서의 삶"(Leben als Text), 이는 편지가 매우 고통스러운 삶을 글로 적어 놓는다는 단순한 알림 기능을 넘어서 일종의 의미전환을 시사한다. 가령 '삶으로서의 편지'에서 그 방점이 '삶'에 놓일 경우 그 삶의 진정성, 솔직함, 직접성이 글쓰기 속에 담겨야만 한다는 식으로 이해된다. 그 점을 서신작가 라헬 스스로도 다음과 같이 강조한다. "모든 것을 진실

안에서, 진실과 함께. 학습된 허튼소리 없이"(Alles in und mit Wahrheit; ohne angelernnte Flause).[8] 이와 같은 경우 편지는 삶에 대한 다양한 체험과 느낌의 단상을 진솔하게 기록하고 고백하는 도구적 수단으로 파악된다.

이와 달리 '삶으로서의 편지'에서 그 방점이 '편지'에 놓일 경우 - 더욱이 여러 지인이 함께 읽고 건네진다는 상황 속에서 - 편지의 글쓰기 행위는 새로운 의미를 취하게 된다. 쌍방 간의 대화적 현재화를 위한 글쓰기일지라도 편지는 일종의 언어화 행위이다. 이때 언어화의 경우 순수한 마음의 진정한 토로 같은 측면보다는 언어적, 수사적 표현력의 특성이 더욱 중시되며, 그 언어적, 수사적 의미 또한 일상적인 의미를 넘어서 범상치 않은 의미로 전환한다. 예를 들면 자신의 편지에서 라헬이 편지에서 "밤에 적은 양의 비가 내린 후 꽃이 만발한 행복한 봄날씨"[9]라던가 혹은 "습기찬 따뜻하고 불안한 날씨, 지금은 햇빛. 나는 질병이 날씨에서 온 것 같다고 말하겠어요. 오래전부터 나는 고통받고 견디고 있어요. 정말이지 거대한 날씨의 급변이예요"[10]라는 표현을 썼을 경우 이는 단순히 자신의 주거지 공간의 날씨를 알려주는 언어가 아니라 오히려 불안과 환희 사이를 오가는 내적인 심리 상태를 암시하며, 때론 그런 심리는 수사적으로 더욱 인위적으로 가공되고 과장된 표현과 연관된다. 이 경우 언어화된 편지는 진정성 자체보다는 한 단계 더 나아가 "허구로서의 진정성"(Authentizität als Fiktion)[11] 같은 특성을 획득한다. 비록 삶을 있는 그대로 재현한 것은 아니지만 허구적, 수사적 표현을 통해 삶의 고통은 더욱 애처롭게 연출된다. 이와 같은 관점을 베커-칸티리노는 다음과 같이 매우 적절하게 서술해 준 바 있다.

> 편지는 예로부터 의사소통 및 자기묘사의 수단, 사실 전달의 수단, 다른 사람과의 대화수단이었고 또한 자기 영혼의 이미지(epistola imago animi)였다면, 18세기에 편지는 점차 여성의 삶과 체험의 표현으로서 점점 더 중요해졌다. 규범적 수사학에 따라 정교하게 만들어진 바로크 작가들의 편지도 아니고 또한 허구적인 인공물도 아닌, 사적인 편지, 즉 일상적인 편지 - 글을 쓸 수 있는 사람이라면 많든 적든 전달

로서 그러한 편지를 쓸 수 있는데 - 는 여성에게 여성적 생활 환경에 대해 글을 쓰는 기회를 주었으며, 또한 그 생활 환경에 의미를 부여하고 평가하도록 했다. 사적 편지는 정해진 모범적 문체와 작문 관습에 얽매이지 않고 직접적인 자신의 생각과 감정을 쏟아낼 수 있게 해주었다. 편지는 여성의 생활 공간, 그녀들의 멘탈, 그리고 고민거리를 기록하였다. 편지는 진정한 증언, 진정한 자아 문서가 될 수 있었다. 이러한 비허구적인 기본틀 내에서 편지는 글을 쓰는 여성의 창의성에 많은 여지를 부여했다. 특히 라헬 파른하겐(1771-1833)과 베티나 폰 아르님(1785-1859)에게서처럼 편지는 다소간의 허구적인 자기묘사와 자기성찰을 가능하게 했으며 그럼으로써 문학화와 미학화라는 결과를 갖는다.[12]

단순한 의사소통적 도구에서 벗어나 편지는 일차적으로 여성작가들이 자신의 삶에서 경험한 것을 있는 그대로 기록하고 보존하는 아카이브, 즉 "진정한 증언과 진정한 자아문서"라는 근본적인 특성을 지닌다. 그렇지만 편지는 그와 같은 미메시스적 특성을 넘어서 또 다른 이차적 특성인 '미학적, 문학적 창의성'을 갖게 된다. 요컨대 "다소간의 허구적인 자기묘사와 자기성찰"을 담은 문학화와 미학화라는 특성을 갖는다. 이로써 편지의 기능적 특성도 변환된다. 살롱의 대체 내지는 보완 기능을 수행하던 편지는 상대방과의 대화를 목적으로 삼는 것이 아니라 상대방과의 대화를 가장한 자기주관적인 독백적 글쓰기, 즉 문학화와 미학화를 추구하는 '대화적 독백'의 텍스트로 변화되며, 독자로서 여러 지인은 그 편지 텍스트를 마치 파편적 에세이처럼 흥미롭게 읽는다. 삶과 텍스트 간의 경계는 해체되어 "삶으로서의 텍스트, 텍스트로서의 삶"(Text als Leben als Text)[13]이 가능해진다.

이상과 같이 편지의 새로운 특성, 즉 미메미스(mimesis)와 포이에시스(poiesis)가 결합된 텍스트 특성에 관해서는 이미 서론에서 자세히 밝힌 바 있다. 이러한 편지의 고유한 특성을 의식하면서 다음에 전개할 제 2부에서는 살롱 활동에서 편지 쓰기로 전환했던 여섯 명의 여성작가를 살펴볼 것이다. 그들이 처한 사회적 환경과 심리적인 불안, 고통, 욕망과 소망 등은 편지 속에 처절하고 애달픈 표현으로 녹아 있지만, 그것은 미메시스적 재현이 아니라 문학적으로 가공된 인위적인 산물일 뿐이다. 물론 인위적인 산물이라고 해서 사회적 환경과 심리적인 내적 상태에 대한 지시와 암시가 완화되거나 소멸되는 것은 결코 아니다. 인위적인 가공은 오히려 진정성을 더욱 강화하기도 한다. 결국 편지는 진정성과 허구성, 삶과 문학 사이에서 끊임없이 변증법적으로 부유한다.

제2부

낭만주의 여성작가의 글쓰기 문화

1장

"이런 조건부 자유에 나는 만족할 수 없습니다"

카롤리네 뵈머-슐레겔-셸링

(Caroline Böhmer-Schlegel-Schelling, 1763-1809)

1. 혁명적 여성의 행복과 불행

태어나면서 아버지로부터 물려받은 가족의 성(미하엘리스) 이외에도 세 개의 남편 성(뵈머, 슐레겔, 셸링)을 지닌 카롤리네 미하엘리스-뵈머-슐레겔-셸링(Caroline Michaelis-Böhmer-Schlegel-Schelling)은 낭만주의 여성 작가들 가운데 가장 기구하고 파란만장한 삶을 살았던 여성이다. 혹은 다르게 말하면, '낭만적'이라는 용어의 다양한 의미를 가운데 '혁명적'이라는 의미를 떠올릴 경우 카롤리네야말로 독일 문학사에서 가장 '낭만적이고 혁명적인' 여성이었다. 그렇지만 그녀는 문학사에서 전혀 중요하게 다루어지지 않으며 고작해야 아우구스트 슐레겔의 부인, 셸링의 부인으로 가끔 언급될 정도다. 이와 같은 부당한 수용사에 대항하여 어떤 점에서 카롤리네는 혁명적이고 낭만적인 여성으로 파악될 수 있는 것일까?

1763년 9월 2일 카롤리네는 괴팅엔 대학에서 동양어와 신학을 가르쳤던 저명한 인문학 교수인 요한 다비드 미하엘리스(Johann David Michaelis)의 딸로서 비교적 부유한 환경 속에서 태어났다. 18세기 중후반 괴팅엔 대학에 재직해 있던 다섯 명의 교수는 모두 딸을 두고 있었으며 그들 딸들을 가리켜 '다섯 명의 대학 아가씨"(fünf Universitätsmamsellen)라는 독일어 낱말이 사용된 바 있다. 그들은 카롤리네를 비롯하여 역사학과 교수 요한 크리스토프 가터러(Johann Christoph Gatterer)의 딸 필리피네 가터러(Philippine Gatterer), 고전문헌학과 교수 크리스티안 고트롭 하이네(Christian Gottlob Heyne)의 딸 테레제 하이네(Therese Heyne), 철학과 교수 루돌프 베데킨트(Rudolf Wedekind)의 딸 메타 베데킨트(Meta Wedekind), 역사학 및 국가학과 교수 아우구스트 루드비히 슈뢰쩌(August Ludwig Schlözer)의 딸 도로테아 슈뢰쩌(Dorothea Schlözer)를 가리킨다. '다섯 명의 대학 아가씨' 라는 낱말을 누가 언제 사용했는지는 정확히 알 수 없다. 그들은 후에 스스로 유명해지거나 혹은 저명한 아버지의 딸로 남거나 혹은 유명한 남편의 아내가 되었으며, 그 가운데 카롤리네는 스스로 자신의 이름을 저명하게 만들었다. 나이가 엇비슷한 이들은 대학교수의 딸들로서 서로 친하게 지냈으며, 특히 카롤리네, 테레제, 메타는 괴팅엔을 떠나 다른 곳으로 시집갔지만 후에 공교롭게도 1790-92년에 마인츠에서 서로 조우하게 된다.

18세기 중후반에도 독일 여성들은 정식으로 학교 교육을 받을 수 없었으며 대학교수의 딸들도 예외는 아니었다. 그러나 그들 대학교수의 딸들은 다른 여성들보다 비교적 좋은 교육 환경을 누렸다. 특히 교수로서 도서관장을 맡고 있던 요한 다비드 미하엘리스는 자신의 딸 카롤리네가 읽고 싶어하는 책이라면 모두 집으로 가져다주었다. 철학적, 문학적, 종교적, 교육적 지식을 언제나 접할 수 있는 주변 환경 속에서 카롤리네는 스스로 외국어를 함양하거나 다양한 책읽기를 통해 자신의 특별한 재능을 쌓아갈 수 있었다. 그녀는 영국 문학에서 셰익스피어, 밀턴, 포프, 에드워드 영 등을 즐겨 읽었으며 독일 문학에서는 레싱, 괴테, 실러, 뷔란트 등의 작품에 탐닉했다. 이 밖에 카롤리네는 스스로 영어, 불어, 이탈리아어를 습득하였는데, 영어 실력은 워낙 뛰어나서 후에 아우구스트 슐레겔과 결혼했을 때 그의 셰익스피어 작품 번역에 크게 기여했다. 그녀는 아름답고 출중한 외모를 지닌 여성은 아니었다고 하지만, 외모보다는 편안하고 다정다감한 마음씨, 그리고 뛰어난 정신과 재능으로 후에 슐레겔 형제, 셸링을 비롯한 여러 남성을 정신적으로 압도하는 기질을 발휘했다. 이러한 점은 슐라이어마허를 비롯한 카롤리네 빌켄(Karoline Wilken) 등이 남긴 그녀에 관한 묘사를 통해 모두 공통적으로 확인되는 특징이다.[1]

괴팅엔에서 성장한 카롤리네는 스물한 살이 되던 해인 1784년에 아버지의 권유로 자신보다 열 살 많은 요한 프란츠 빌헬름 뵈머(Johann Franz Wilhelm Böhmer)와 결혼한다. 오빠 친구였던 뵈머의 직업은 의사였으며, 결혼 후 그들은 괴팅엔에서 멀지 않은 하르츠 산맥 근처에 위치한 클라우스탈(Clausthal)이라는 작은 마을에서 지냈다. 그곳에서의 삶을 카롤리네는 포근함, 비루함, 지루함, 적막함, 갇혀있음 등 여러 상태가 뒤섞여 있는 '누추한 둥지'(Lumpennest)라고 표현한 바 있다. 결혼 후 이듬해인 1785년에 첫 번째 딸이자 친구처럼 지냈던 아우구스테(Auguste)가 출생하며, 1787년에 태어난 둘째 딸 테레제(Theres)는 이년 후 사망한다. 엎친 데 덮친 격으로 1788년 2월 남편 뵈머마저도 갑작스러운 출혈로 세상을 떠난다. 남편이 사망한 당시 임신 중이었던 카롤리네는 그해 가을에 홀로 셋째 아들을 낳았으나 며칠 후 그 아이도 죽고 만다. 첫 번째 남편과의 사 년에 걸친 짧은 결혼생활 동안 세 번의 죽음(남편과 두 아이)을 마주함으로써 그녀는 자신의 기구한 운명을 감지하게 된다. 후에 그녀는 "나는 나의 불멸의 행복뿐만 아니라 불치의 불행도 확신하고 있어"[2]라는 문구를 남겼는데, 몇 차례 그녀에게 다가온 '행복과 불행'은 이때부터 시작되었던 셈이다.

남편이 사망하자 카롤리네는 1788년 10월 아우구스테와 함께 친정이 있던 괴팅엔으로 되돌아가 잠시 휴양을 취하고, 이듬해 1789년 마르부르크에서 의학을 공부하고 있던 이복동생의 권유로 딸과 함께 마르부르크로 이동하여 이년 반 정도를 지낸다. 1792년 그녀는 지인 게오르크 포르스터(Georg Forster. 1754-1794) 부부의 권유로 마인츠로 다시 거주지를 옮긴다. 포르스터는 하이네와 함께 '청년 독일파'를 이끌었던 프랑스 자코뱅당 추종자이자 독일의 급진적 혁명주의자였으며, 그의 아내는 다름 아닌 고향 괴팅엔에서 교수의 딸로서 카롤리네와 함께 지냈던 테레제 하이네였다. 당시 기록에 의하면 친구 테레제는 카롤리네의 마인츠 이주를 크게 반기지 않았다고 한다. 카롤리네가 어떻게 마인츠로 오게 되었는지에 관해서는 정확한 기록이 남아있지 않으며, 어쨌든 생활비 절약 때문에 카롤리네는 이미 마인츠에 체류하고 있던, 마찬가지로 교수의 딸로서 어린 시절을 함께 보냈던 친구 메타 베데킨트와 같은 집에서 살게 되었다. 마인츠에서 카롤리네는 메타, 테레제, 포르스터, 그리고 또 한 명의 남성인 작센 주 공사관이자 작가였던 루트비히 페르디난트 후버(Ludwig Ferdinand Huber) 등과 함께 작은 모임을 즐겨 가졌다. 그 모임은 많은 지인이 만날 수 있는 베를린의 살롱 형식은 아니었다. 안타깝게도 그 모임은 그리 좋은 분위기와 결과를 가져오지 못했다. 무엇보다 테레제와 포르스터의 부부 관계가 그리 좋지 않았기 때문이었는데, 특히 테레제는 자기 남편과 친구 카롤리네가 친하게 지내는 것에 대해 몹시 질투하였다. 그로 인해 설상가상 카롤리네는 포르스터의 내연녀라는 소문에 시달리기도 했으며, 그녀의 중재 노력에도 불구하고 포르스터 부부는 결국 이혼한다.

마인츠에서의 체류는 카롤리네의 삶에 중대한 결정적인 전환을 가져온다. 마인츠는 사실 독일에서 아주 독특한 역사를 지닌 도시이다. 혁명 이후 프랑스는 소위 왕과 군주에 의해 지배되고 있던 유럽의 여타 영토를 향해 '민중이 주인이 되는 공화국' 이념을 내세워 소위 "유럽 해방을 위한 성전"(Kreuzzug für die Freiheit Europas)을 시작한다. 1792년 10월 프랑스는 퀴스틴(Custine) 장군을 앞세워 마인츠를 점령하고 이듬해 1793년 3월에 일명 '마인츠 공화국'(Mainzer Republik)이라는 자유국가가 세워지게 된다. 물론 실상은 프랑스에 소속된 소공국과도 같았다. 그러나 이 공화국은 안타깝게도 단명하고 만다. 사 개월 후인 1793년 7월 프랑스는 이 지역을 포위하고 있던 연합군(프로이센과 오스트리아)에 다시 마인츠를 내주는 조건으로 전투 없이 안전하게 후퇴한다. 당시 마인츠에 체류하는 동안 카롤리네는 프랑스 혁명을 지지한 독일 내의 정치적 그룹(독일 마인츠 자코뱅당)과 가까이 지냈으며, 여성 당원을 받아들이지 않았기에 비록 당원이 될 수 없었지만 포르스터를 포함한 그룹의 지도부에 지속적으로 협력하였으며, 왕정과 군주제를 무너뜨리고 민중의 삶을 위한 과격한 민주주의 혁명을 옹호하는 운동을 펼쳤다. 그렇지만 마인츠 공화국의 불안한 상황으로 인해 1793년 3월 그녀는 마인츠를 떠나 고타로 피신하는 도중에 발각되고 결국 체포 및 가택 구금을 당하게 된다. 당시 그녀는 마인츠를 통치하고 있는 프랑스 군대 소속의 열아홉 살 젊은 장교를 무도회에서 만나 하룻밤을 보내고 임신하게 된다. 조국으로 돌아간 그 젊은 장교는 카롤리네에게 프랑스에서 결혼하자는 서신을 보냈지만, 그녀는 그 제안을 거절하고 혼자서 아이를 출산하였다. 그러나 빌헬름 율리우스라고 불린 그 아이도 1795년 두 살의 나이로 역시 질병으로 사망하였다. 삶의 내적인 고통 이외에도 카롤리네는 주변 환경으로부터도 크나큰 박해를 받게 되었는데, 몰래 가명으로 지냈음에도 불구하고 지인들은 그녀를 '프랑스 군인의 창녀'로 비방하거나 당국에 신고하였다. 그렇게 카롤리네는 보수적인 독일 내에서는 전혀 환영받지 못하는 정치적 혁명주의자로서 박해를 받았을 뿐만 아니라 개인적 삶의 차원에서도 또 한 명의 자식을 잃게 되는 등 힘든 나날을 보냈다.

다행히 프로이센 왕의 충복이었던 동생의 도움과 괴팅엔에서 알고 지냈던 여러 지인(슐레겔 형제, 괴테, 훔볼트 등)의 탄원으로 인해 카롤리네는 구속과 감금 생활에서 벗어났으며, 혁명적인 정치적 활동의 시간을 뒤로 하고 잠시 브라운슈바이크에서 홀로 지내고 있던 어머니 집으로 거처를 옮겼다. 괴팅엔 시절부터 알고 지냈던 아버지의 제자 아우구스트 슐레겔이 경제적, 사회적으로 어려움에 처한 그녀의 사정을 알고서 암스테르담에서부터 그녀를 찾아왔으며, 두 사람은 결혼하여 1796년 예나로 향했다. 그녀의 행복한 새로운 삶이 시작되었다. 예나에서 아우구스트 슐레겔과 함께 셰익스피어 작품 번역에 매진하는 동시에 그녀는 자신의 집으로 여러 젊은 지인을 끌어모아 초기낭만주의의 태동에 결정적인 역할을 했다. 그러나 예나에서도 그녀에 대한 부정적인 소문과 비방은 그치지 않았으며, 그녀의 급진적인 사유와 행실을 두고서 실러 부부는 카롤리네를 악녀라는 의미의 "마담 루시퍼"(Dame Luzifer)라고 칭하면서 비아냥거렸다고 한다.[3] 카롤리네 슐레겔, 도로테아 바이트, 라헬 레빈, 귄더로데, 베티나 폰 아르님 등 여러 여성은 남성작가들의 지배 내에서 아름다운 여인으로 이상화되거나 혹은 남성작가들에 의해 '무녀', '루시퍼' 등으로 명명됨으로써 사회적 배제화 및 차별화를 당하기도 했다.[4] 이것이 19세기 여성작가들이 겪게 되는 극단적인 젠더화였다. 가령 카롤리네를 자칫 18세기 말기의 '낭만적 팜므 파탈'(romantische femme fatale)로 간주할 경우 이는 남성적 시각에서 나온 부정적 매도에 지나지 않는다. 그녀는 단지 자유와 사랑 및 자기 자신을 찾기 위해 동시대 관습과 도덕에 맞섰던 용감한 여성이었다.

예나에서 카롤리네의 행복한 삶은 안타깝게도 그리 오래 지속하지 않았다. 부부 생활은 순탄하지 않았다. 특히 카롤리네 집에서 열린 점심 식사 모임에 참석했던 열두 살 연하의 젊은 철학과 교수 프리드리히 셸링(F. Schelling)이 그녀와 정신적으로 가깝게 지내게 됨으로써 부부생활은 크나큰 곤경에 처하게 되었다. 그런 가운데 열다섯 살의 어린 딸 아우구스테가 이질로 갑작스럽게 세상을 떠나게 된 것도 그녀에게는 커다란 충격이었다. 삶의 의지가 완전히 꺾인 상황에서 셸링에게서 위로를 받는 가운데 그녀의 이혼 청구는 1803년 괴테의 중재로 정식으로 승인되며 얼마 후 셸링과 두 번째 재혼하게 되었다. 이후 셸링과 함께 카롤리네는 예나를 떠나 뷔르츠부르크를 거쳐 뮌헨에 정착하였다. 그러나 첫째 딸 아우구스테를 사망하게 만든 이질에 걸려 그녀 또한 1809년 46살의 나이로 생을 마감하였다.

독일 낭만주의 여성작가들 중 그녀만큼 행과 불행이 끝없이 교차한 파란만장한 삶을 살았던 이가 없으며, 그녀의 삶 자체는 그야말로 하나의 소설과도 같았다. 일종의 비극적인 소설과도 같은 삶 속에서도 그녀는 매 순간 항상 '자기 자신에 대한 확신'만을 지키면서 살았다. 19세기 말 독일 지성계의 대모로 일컬어진 작가, 비평가, 문화사가였던 리카르다 후흐(R. Huch)는 낭만주의에 관한 두 권의 연구서 - 그 하나는 1899년에 발표된 『낭만주의의 절정기』이며, 다른 하나는 1902년에 발표된 『낭만주의의 만연과 몰락』인데 - 를 집필하는 가운데 슐레겔 형제, 아테네움, 노발리스 같은 여러 소제목과 더불어 '카롤리네'라는 소제목을 할당하여 그녀를 특별히 다루었으며, 후흐는 카롤리네의 삶과 의지를 다음과 같이 서술하였다.

> 그녀는 자신이 실수했다는 점은 알았지만 결코 자기 자신을 잃어버릴 수는 없었다. 그녀는 몽유병자처럼 행복한 본능을 지녔다. 즉, 사람들이 편안하게 걸어가도록 놔두면 결코 쓰러지지 않는 그런 몽유병자의 재능 말이다. 그녀가 저지른 실수, 그녀가 택했던 잘못된 방향도 그녀에게는 도움이 될 수밖에 없었다. 삶의 형성을 위한 재능보다 그녀에게서 더 부러워할 만한 점은 없었다. 이런 표현을 사용해도 좋다면, 근본적으로 최후의 출구를 걱정하지 않았기 때문에 모든 운명에 있어서 스스로 확신을 갖는 그런 삶의 형성을 위한 재능 말이다.[5]

2. "나와 세상 사이의 칸막이 벽을" 넘어서

18세기 중후반까지만 해도 여성들은 대부분 아버지가 정해주는 짝과 결혼을 하는 가부장적 풍습을 따라야만 했다. 어린 시절 강한 자의식을 지녔던 카롤리네였지만 그와 같은 혼인 풍습에 과감히 맞설 수는 없는 처지였다. 정해진 혼사를 따를 수밖에 없는 상황에서 열여덟 살의 그녀는, 여성의 경제적 독립성을 강조하는 20세기 페미니즘적 사유를 선취하듯, 충분히 자립할 수 있는 경제적 조건이 자신에게 주어진다면 결혼하지 않은 채 독자적인 삶을 살고 싶다는 당찬 욕망을 친구 루이제 고터(Luise Gotter)에게 밝힌 바 있다.

> (...) 내가 완전히 나 자신의 주인이라면, 그리고 품위 있고 괜찮은 환경에서 살 수만 있더라면, 나는 차라리 결혼하지 않을 것이며 다른 방식으로 세상에 쓸모있고 싶을 거야.[6]

소망과 현실은 결코 하나가 될 수 없다. 위 대목을 뒤집어 읽는다면, 혼기에 접어든 소녀들은 현실적으로 결코 "자신의 주인"이 되지 못한 채 '어느 가정 내지는 어느 가장의 딸'로서만 그 존재를 인정받을 수밖에 없는 사회적 상황이 암시되어 있다. 설혹 자의식이 강한 여성일지라도 현실적으로는 가정과 배우자의 사회적, 경제적 힘에 의존된 삶을 살아갈 수밖에 없는 처지였다. 어쨌든 혼자서 살아갈 수 있는 경제적 여력만 주어진다면 "다른 방식으로 세상에 쓸모있고" 싶다는 소망은 카롤리네가 얼마나 진취적인 생각을 지녔는지를 가늠하게 해준다.

당시 사회적 환경이 얼마나 여성들에게 억압적이고 불합리했는지는 카롤리네 주변의 여성들을 통해서도 확인할 수 있다. 괴팅엔 교수들의 다섯 명의 딸들 가운데 한 명이었던 도로테아 슈뢰쩌(Dorothea Schlözer)는 천재적인 지능을 지녔었다. 여성들이 정규 교육을 받을 수 없었던 당시 그녀의 아버지는 개인 교사를 채용하여 도로테아를 가르치도록 했으며, 그 개인 교육을 통해 열여섯의 나이에 그녀는 무려 아홉 개의 외국어(프랑스어, 영어, 네덜란드어, 스웨덴어, 이탈리아어, 라틴어, 스페인어, 히브리어, 그리스어)를 습득할 정도로 천부적인 언어 능력을 발휘하였다. 또한 그녀는 수학, 식물학, 동물학, 광학, 종교, 광업 및 광물학 등 거의 모든 학문에서도 탁월한 지식을 섭렵하였으며, 후에 괴팅엔 대학의 교수위원회는 별도의 검증 방식을 거쳐서 정규 교육을 밟지 않은 그녀에게 독일 최초의 여성 철학 박사학위를 수여했다. 그렇게 뛰어난 언어적, 학문적 재능을 지닌 그녀는 열다섯 살의 어린 나이에 이미 가정 내에서의 여성의 불합리한 위치를 인식하고 있었으며, 카롤리네의 여동생 루이제 미하엘리스에게 보낸 1785년 6월 19일자 편지에서 도로테아 슈뢰쩌는 가사일에만 묶여 있는 여성의 위치를 다음과 같이 거부한 바 있다.

> 너의 질문을 나는 잘 이해하고 있단다. 내가 아버지의 역사학 강의를 듣는 것보다 요리하고 바느질하는 것이 더욱 편안할 것이라고 너는 생각하고 있니? (...) 여성들은 남자들을 기분 좋게 해주려고 이 세상에 태어난 것이 아니야. 여성들도 남성들과 마찬가지로 인간이야. 각자는 상대방을 행복하게 해주어야만 해.[7]

열다섯 살의 소녀가 피력한 여성관이라고는 도저히 믿기지 않을 정도로 대단히 파격적이고 과격한 언술이다. 남녀평등을 넘어서 인간에 대한 근본적인 관점을 담고 있으며 또한 "각자는 상대방을 행복하게 해주어야만 해" 같은 놀라운 언술은 부부나 연인의 공동생활에서의 행복은 상호 이타적 의식과 행동을 통해서만 가능하다는 점을 암시해주고 있다. 도로테아 슈뢰쩌보다 일곱 살 많은 동생 친구의 언니로서 카롤리네도 그녀를 잘 알고 있었다. 그렇게 뛰어났더라도 도로테아 슈뢰쩌는 '여성'이라는 차별화에서 해방되어 '인간 개인'으로서 사회적으로 인정 받을 수는 없었으며, 그런 그녀를 두고서 카롤리네는 여성의 능력보다는 '여성적 존재'라는 생물학적 기준으로 여성을 평가하는 당시 사회적 젠더 상황을 냉정하게 비판한 바 있다.

> 도르트헨(도로테아 슈뢰쩌의 애칭: 역주)은 엄청난 재능과 지성을 소유하고 있지만 불행한 일이예요. 왜냐하면 그런 성향을 갖고서도 (...) 그녀는 행복과 존경심을 기대할 수 없을 거예요. 사람들은 여성을 단지 그녀의 존재 모습에 따라서만 평가하기 때문입니다.[8]

여성이 어떤 역할(어머니, 아내, 연인 등)을 맡고 있는지에 따라서만 그 존재의 의미를 갖는 상황에 대한 비판인 바, 이처럼 남성 못지않은 혹은 남성보다 뛰어난 재능과 지성을 지니는 여성들이더라도 결코 사회적으로 인정받지 못하는 현실에 대한 비판은 동시대의 남성중심주의적 사회 현실뿐만 아니라 그러한 현실에 맹목적으로 복종하면서 살아가는 여성들을 향해서도 가해질 수 있다. 이 점은 카롤리네 자신에게도 마찬가지였다. 강한 자의식을 지녔던 그녀는 "사람들이 나를 아무렇게나 부엌데기로 만들어 버리려는 것은 무책임한 일이야"[9]라고 밝히면서 여성의 역할을 오로지 가정의 일에만 제한하려는 주변 환경에 대해 강한 거부감을 피력하고 있다. 그러나 그와 같은 자의식에도 불구하고 그녀도 자신을 구속하는 사회적 상황에 순응하는 차원에서 아버지와 오빠의 권유로 오빠 친구였던 뵈머와 결혼하게 된다. 자신과 가족 모두에게 만족스러울 것이라는 어떤 "압드적인 동기에 이끌려" 그와 같은 결정을 내리게 된 자신의 심정을 그녀는 시니컬하게 다음과 같이 밝힌다.

> 오빠가 나를 자신의 가장 좋은 친구에게 넘길 예정인데, 오빠는 그 사람에게 어린 시절부터 나를 보낼 것을 결정했던 것 같아. 그분도 옛날부터 나를 좋아했었어. 이런 결혼으로 나는 내 부모님, 내 친구 및 동료들의 소원을 들어주게 되는 것이지. 오랫동안 내 마음은 그들의 마음과 일치해 있었어, 그렇게 압도적인 동기에 이끌려서 나는 내 선택을 내렸어.[10]

그러나 결혼과 함께 소도시 클라우스탈에서 지낸 이 년여 동안 그녀는 고독, 체념, 한계 등을 경험하였으며 그런 상황과 내적으로 처절하게 싸우지 않을 수 없었다. 1786년에 여동생 로테(Lotte)에게 보낸 편지의 다음과 같은 대목은 그녀의 좌절된 회의적인 목소리를 들려주고 있다.

> 나는 더 이상 소녀가 아니야. 사랑은 나에게 가벼운 의무적인 가사일 이외에는 아무 것도 가져다주지 않는구나. - 나는 장밋빛 미래에 대해 더 이상 아무 것도 기대하지 않아. 내 운명은 내던져 있어. 그렇다고 나는 그 어떤 신비로운 종교에 도취해 있는 사람은 아니야. 그것(가사일과 종교적 도취 - 역주)은 그저 여성들의 열정이 맴도는 두 가지 차원일 뿐이지. 내가 몰두할 그 어떤 가까운 것을 전혀 발견하지 못하기 때문에, 저 열려져 있는 광활한 세계는 그저 나로 하여금 서글프게 울

> 도록 하는구나.[11]

가사일에 구속된 삶에서 오는 답답함, 저 멀리 놓여 있는 넓은 열린 세계 속에 뛰어들어 자신의 자아를 마음껏 펼칠 수 없는 상황, 이러한 한계 상황은 그녀에게 슬픔, 고독, 절망, 고통만을 안겨줄 뿐이었다. 그런 상황에서 카롤리네가 찾은 유일무이한 탈출구는 어린 시절부터 심취했던 독서에서 즐거움을 찾는 것이었다. 소도시에서의 적막과 고독을 이겨내기 위해 그녀는 각종 책을 읽고 싶어했다. 가령 소파에서 드러누워 읽는 가벼운 책들부터 프랑스 희비극, 각종 소설 및 회고록 같은 문학적 책뿐만 아니라 책상에서 꼼꼼하게 읽어야만 하는 영국 역사와 플루타르크의 영웅전 등 종류에 관계 없이 모든 책을 섭렵하였다. 그렇지만 소도시에는 읽을 만한 책이 절대적으로 부족했었고, 카롤리네는 고향 괴팅엔에 있는 동생에게 자주 책의 송부를 부탁하는 편지를 보냈다.

> 바라건대, 제발 시계줄 같은 것을 보내지 말고 이번에는 고트어로 씌어진 읽을 만한 책을 보내 줬으면 해. 나는 너에게 빵을 부탁하는데 너는 나에게 돌을 주는구나.[12]

어린 시절부터 독서광으로 잘 알려져 있던 카롤리네의 책에 대한 열망은 '돌보다 빵'을 보내 달라는 시적인 표현을 통해 익살스럽게 표현되어 있다. 1786년에도 친구 고터에게 보낸 위 편지에 들어 있는 또 다른 한 문장은 요즘의 후세 작가들에 이해 자주 인용되고 있으며 또한 인용문 사전에도 올려 있는 "책의 샘물이 완전히 막혀버렸기에 얼마 전부터 나는 시들고 있어"(ich vertrockne seit einiger zeit, weil alle meine Bücherquellen sich verstopfen)[13]라는 문장이다. 독일어 표현상 "vertrocknen"와 "verstopfen" 이라는 두 단어는 절묘하게 운을 맞추고 있을 뿐만 아니라 인과적 의미까지도 형성하는데 이는 카롤리네의 뛰어난 시적 감각을 드러내주고 있다. 물이 부족하여(verstopfen) 몸이 메마르게(vertrocknen) 되었다는 것은, 곧 책이 부족하여 정신적으로 결핍된 상태에 처해 있음을 말해주고 있다. 특히 "vertrocknen"라는 동사는 단순히 '메마르다, 시들다'라는 뜻을 넘어 '무미건조하게 보내다, 정신적으로 무기력해지다'라는 전이된 뜻을 지니고 있기에 정신적 결핍 상태가 더욱 강렬하게 전해진다. 결국 정신적 생동성을 가져다주는 중요한 삶의 매체인 많은 책을 클라우스탈에서 마음껏 읽지 못하는 상태로 인해 그녀는 종종 무기력과 권태에 빠진 것으로 보인다.

이처럼 소도시에서 고독과 외로움 속에서 무기력하게 살아가는 자신의 상황을 두고서 그녀는 "슬픈 마음으로 나는 눈이 내리는 것을 보고 있어, 나와 세상 사이의 칸막이 벽을"[14]이라고 서술하고 있다. 지그리트 담(S. Damm)은 벽 안에 갇혀있는 듯한 소도시적 삶 속에서 "세계를 위한 대용물"로서 다양한 책을 독서하는 카롤리네의 모습을 상호텍스트적 관점에서 괴테의 『젊은 베르테르의 슬픔』의 1771년 5월 22일자 편지에서 베르테르가 밝힌 바 있는 "인간이 자신이 갇혀있는 감방의 벽에 여러 형상과 밝은 견해를 그려놓는"[15] 모습과도 같다고 해석한 바 있다.[16] 그러나 한 걸음 더 나아가 그런 비판적 체념과 함께 베르테르가 한 걸음 더 나아가 인식했던 점, 즉 "나는 나 자신 속으로 되돌아가서 그곳에서 하나의 세계를 찾지만, 이것 역시 분명한 서술이나 생생한 힘으로 나타나기보다 오히려 그 어떤 예감과 막연한 욕망으로 다시 나타나는 그런 세계였다!"[17]라고 밝힌 언술이 당시의 카롤리네의 처절한 상황과 인식에 더욱 잘 부합할 듯 싶다.

그런 고독하고 무기력한 생활 중에도 카롤리네는 1788년 어린 시절의 친구 루이제 슈틸러(Luise Stieler)에게 보낸 편지에서 삶의 행복은 바로 자기 자신의 의지에 달려 있다고 밝힌다.

> 단언컨대, 나는 결코 몽상적인 사람도 아니며 광적인 사람도 아니야. 나의 사유는 - 가능하다면 - 나의 냉정한 기질로 심사숙고해 낸 생각의 결과일 뿐이지. 나는 자 자신에 만족하지 않아. 내 심장은 그 어떤 순간에도 한결같지 않으며 언제나 요동치고 있어. 내 편지는 언제나 너에게 나의 모든 마음을 묘사해주고 있기에 너는 그 점을 틀림없이 잘

> 알고 있을 거야. 나는 신에 대한 진실하고도 확고한 믿음을 갖고 있으며, 나는 나를 행복하게 해주십사 애타게 신에게 부탁하고 있지. 그런데 내가 행복해지도록 너무 여러 가지 소원을 늘어놓았기 때문에, 결국 신이 내 생각대로 그 모든 소원을 들어주려 한다면 나는 어쩔 수 없이 틀림없이 불행해지게 되는 것 같아.[18]

당찬 마음과 의지 등을 읽을 수 있지만, 동시에 신에게 너무 의존했기에 자신에게 불행이 닥친 것이 아닌가 하는 자신을 향한 냉소적인 마음도 엿볼 수 있다. 1788년 남편과 사별한 후 이듬해 1789년 초 고향 괴팅엔으로 돌아가 잠시 마음을 추스른 후 카롤리네는 마르부르크로 향한다. 남편과 두 아이를 잃은 후 쇠약해진 건강과 의식을 회복한 후 그녀는 1789년 3월 1일 마이어에 보낸 편지에서 이제 더 이상 다른 이들의 뜻에 따라서가 아니라 오로지 '자신의 마음', '자신의 뜻이나 결정'에 따라서만 살아가겠노라고 밝힌다.

> 내가 완전히 행복할 수 있을지 모르겠지만, 결코 완전히 불행해지지 않을 것임을 나는 알고 있습니다. 내가 사방으로부터 제한을 받으면서 내 무게의 압력에 의해 침몰한 상황에 놓여 있음을 당신은 알고 계실 것입니다. 나는 잔인하게 찢겨 있지만 제가 존재해 있음을 느낍니다. 마치 살아 있는 듯 내 주위가 처음으로 너무 밝아지고 있기 때문입니다. 마치 환자가 생명을 되찾고 힘을 하나하나 얻고 새로운 순수한 봄의 향기를 마시며 결코 느껴보지 못했던 의식을 탐닉한 듯 말입니다. 하나하나 베일이 벗겨지며, 더 이상 그 어떤 것도 나에게 중요하지 않습니다. 경험은 사물의 새로움을 앗아가기 때문에 사물의 가치를 떨어뜨리기 마련입니다. 나는 내 마음이 나에게 제시하는 것 이외에는 그 어떤 것을 평가하지 않으려 하며, 나 스스로 준비한 것 이외에는 그 어떤 것을 얻으려 하지 않겠습니다.[19]

자신의 의지가 결핍되었던 클라우스탈에서의 지나간 삶을 회고하면서 향후 자신이 스스로 어떻게 삶을 살아갈지 밝히고 있다. 소녀 시절 강한 자의식을 지녔음에도 불구하고 부모와 오빠의 뜻에 따라 뵈머와 결혼하여 작은 마을에서 사 년을 보냈지만, 그 기간은 작은 마을에 갇혀 지냈던 삶이었고 또한 남편과 두 아이를 잃는 비극으로 끝난 삶이었다. 그런 사 년 동안 그녀는 스스로를 병들어 있는 환자처럼 느꼈다. 이제 부모의 뜻에 따라 살았던, 소중한 이들을 잃은 비극적인 삶은 지나갔으며 오토지 자의식과 자유에 의한 삶을 살아가려는 그녀의 강한 의지를 엿볼 수 있다. 마찬가지로 몇 달 후 1789년 10월 24일 마이어에게 보낸 편지에서도 카롤리네는 다음과 같이 자신의 강한 의식을 밝히고 있다.

> 여기서 대략 사 개월을 지내고 있으며 당신이 예상했던 대로 여름을 잘 보냈고 봄의 만개에 대한 희망으로 겨울을 맞이하고 있어요. 로테는 저와 함께 지내고 있어요. 그녀는 더 이상 괴팅엔으로 가고 싶어하지 않네요. 괴팅엔을 떠나는 것은 당신이나 나에게 그리 어려운 일이 아니지요. 마르부르크는 별로 내세울 만한 점이 없지만, 어쨌든 치명적인 단조로움이나 제국 수도의 거만함을 갖고 있진 않아요. 사람들은 그리 박식하지 않고 농담도 즐기지 않지만 어쨌든 관용적이에요. 사람들은 저를 몹시 좋아합니다. 그건 저의 가슴이 머리의 장점들 위에 옷자락을 펼쳐놓았기 때문인데, 그 두 가지(머리와 가슴: 역주) 표현은 모두 저의 공으로 여겨도 됩니다. 원하면 언제든 제가 떠날 수 있다는 점이, 여러 가지 불편한 점에도 불구하고 여기에 머무르는 이유인데, 이는 죽음을 두려워하지 않은 자의 태만함이기도 합니다.[20]

클라우스탈에서의 비극적 삶에서 점차 치유되어 마르부르크에서 편안하게 보내고 있음을 알 수 있으며 전체적으로 여유와 유머를 느낄 수 있는 편지 대목이다. 특히 장소를 불문하고 어디로든 떠날 수 있는 자신의 마음을 표현한 "죽음을 두려워하지 않은 자의 태만함"라는 구절은 평범한 일상의 소소한 내용을 전하는 편지 내에서 숨 쉬고 있는 뛰어난 철학적, 인간적 성찰의 시적 표현이다. 1789년 3월 8일 고터에게 보낸 편지에서는 더욱 강한 자의식을 읽을 수 있다. 그런 자의식은 다가오는 삶의 2막과도 같은 마인츠에서의 정치적 의식 및 행동을 위한 밑거름이 된다. "나의 의지가 할 수 있는 것이 곧 나의 의지가 될 것이며, 필연성이 요구하는 것을 나는 필연성에 양도할 거야. 그렇지만 필연성이 정말 요구하는 것 이상을 결코 필연성에 양도하지는 않으려 해."[21] 오로지 자신의 의지가 요구하고 원하는 것만을 수행하겠다는 결연한 마음을 읽을 수 있다. 이러한 강한 자의식은, 마인츠에서의 혹독한 시련을 겪은 후 다시 예나에서 초기낭만주의자들과 우애를 쌓을 때도 계속 지속한다. 그 자의식은 복잡한 심경으로 인해 예나를 떠나 잠시 브라운슈바이크에 머물렀던 시기인 1801년 2월 내지는 3월 중 그녀가 셸링에게 보낸 것으로 추정되는 편지에서도 여전히 드러난다. 그 편지에서 그녀는 "나는 내가 무엇을 원하는지를 알고 있기 때문에 내 자신에 대해 더욱 확신에 차 있는 것입니다"[22]라는 문장을 남긴다. 자의식이 무척 강화된 상태임을 엿볼 수 있다.

남편과의 사별 후 그녀는 주변 지인들로부터 재혼을 권유받지만, 그런 권유를 뿌리치고 위 편지에서 알 수 있듯이 자신의 마음과 의지에 따라 살아가는 길을 택한다. 1791년 친구 고터는 카롤리네에게 가톨릭 교구 감독 뢰플러(Joseph Friedrich Löffler)와 재혼 가정을 이룰 것을 권했지만, 재혼은 경제적으로 안정된 삶을 가져다 줄 수 있지만 다시금 자신의 딸과 새 남편의 자식 등 여러 명의 아이를 키워야 하는 희생적 삶을 감수해야만 하는 길이었기에 카롤리네는 단호하게 그 제안을 거부했다. 뵈머와의 첫 번째 결혼도 어느 정도 주변 환경(부모, 오빠 등)의 권유를 무조건 따르는 것이었기에 카롤리네는 다시는 자의식 없는 희생적 삶을 반복하고 싶어 하지 않았다. 그러한 의지는 1791년 10월 29일 마이어에게 보내 편지에서 다음과 같이 단호하게 피력된다.

> (...) 모든 삶의 혼란이 내 머리 속에서 서로 엇갈리고 있어요. 아무튼! 사흘 동안 나에게는 수수께끼였어요. - 그것은 마침내 질문으로 풀려지더군요. 즉, 얽매여서, 편안하게, 삶이 끝날 때까지 세상의 존경 속에서 살기를 원하는가, 아니면 비록 온갖 걱정을 감수할지라도 자유롭게 살기를 원하는가라는 질문 말입니다. **태만한 자연은 전자를 향했지만, 마음의 아주 순수한 내적 불꽃은 후자를 택했어요. 나는 내가 무엇**

을 할 수 있는지를 느끼고 있기 때문에 내가 무엇을 해야만 할지를 나는 느끼고 있어요. 아무도 나를 멍청하다고 꾸짖지 못해요. (...) 결과에 대해 결코 슬퍼하지 않을 정도로 확신에 찬 사람만이 자신에게 좋다고 생각되는 것을 행해도 좋은 법이지요.[23]

자신의 단호한 의지를 매우 뛰어난 성찰적이고도 시적인 언어로 표현해낸 대목이 아닐 수 없다. 사회적 명망을 지닌 남자와 재혼하여 경제적으로 안정된 삶과 새로운 가족을 꾸려 그 안에서 다시금 구속된 삶을 살아가는 것보다 자신이 원하는 마음과 의지로 자신의 삶을 살아가겠다는 자신감이 결연하게 표현되고 있다. 그런 자신감을 바탕으로 모든 필연적인 것을 해낼 수 있다는 마음가짐은 매우 간결한 시적인 라임이 곁들여진 구절("ich fühle was ich muß - weil ich fühle was ich kann")로 표출되고 있으며, 이런 문장에서 카롤리네의 뛰어난 문학적 감수성을 감지할 수 있다. 위 편지에서는 카롤리네의 자의식과 관계된 또 다른 흥미로운 시적이고도 철학적인 성찰을 계속 엿볼 수 있다.

> 받는 것보다 더 많이 희생해야 한다면 누가 과연 자신을 기꺼이 희생하려 하겠습니까? 그것은 채워 넣어야 할 결함, 즉 숨겨야 할 허점을 가진 자에게서만 일어나는 법입니다. 저는 그 어떤 희생을 믿지 않으며 그 어떤 예외도 믿지 않습니다. 전자(희생: 역주)는 내가 까닭 없이 불행하게 존재하지 않는 것을, 그리고 내가 불행한 사람으로 여겨지지 않는 것을 방해할 것입니다. 후자(예외: 역주)는 내 기대감에 있어서 실망하게 되는 것을 방해할 것입니다.[24]

"채워 넣어야 할 결함, 즉 숨겨야 할 허점을 가진 자"로 더 이상 존재하지 않겠다는 의지가 결연하다. 이는 '아이들을 위해서 희생을 감수하라'는 식의 혹은 '이번 경우는 예외로 받아들여라'는 식의 주변 권유를 결코 더 이상 수용하지 않으려는 단호한 의지에 다름 아니다. 좀 더 구체적으로 말하자면, 미망인인 자신에게 경제적으로 안정된 삶을 보장해 줄 수 있는 새로운 남편과 결혼하는 것이, 만약 이것이 자신의 결함(Lücken)이나 허점(Leere)을 이겨내려는 방편에서 나온 것이라면, 결단코 받아들이지 않겠다는 것이다. 또한 '이번은 예외야'라는 식의 논리로 자신에게 재혼을 스스로 허용할 경우 어쩌면 기대감에 어긋난 삶의 모습을 다시금 은폐할지도 모른다. 자신에게 던진 질문의 핵심은, 희생의 논리나 예외의 논리를 들어서 경제적으로 윤택하고 평온한 재혼의 삶을 택할 것인가 아니면 재혼을 거부하고 스스로 추구하는 자유로운 삶을 택할 것인가 하는 것이며, 이러한 선택의 기로에서 그녀는 후자를 당당하게 택한다. 이처럼 독립성과 자신감을 되찾은 카롤리네는 결혼보다는 다른 한 가지 덕목을 중시하게 된다. 그것은 다름 아닌 인간들 간의 우애 관계이며, 그 점은 다음과 같은 편지의 두 대목을 통해 알 수 있다.

> 저는 사랑 없이는 살 수 있지만, 저에게서 우애 관계를 빼앗는 자는 제 인생을 사랑스럽게 해주는 모든 것을 저에게서 앗아가게 됩니다.[25]

> 생사를 걸고 친구와 하나가 되지 않고서는 결코 친구를 가질 수 없을 겁니다.[26]

이처럼 카롤리네가 강조한 우애 관계는 마인츠에서의 정치적 동지 간의 관계뿐만 아니라 후에 예나에서 형성된 초기낭만주의자들(슐라이어마허, 슐레겔 형제, 노발리스, 셸링 등) 간의 학문적, 문학적 관계에서 제일 중요한 덕목으로 간주된다. 우애야말로 계급, 신분, 성별 차이 등을 극복할 수 있는 새로운 삶의 동인으로 작용하게 된다. 이처럼 우애를 무척 소중히 여기는 카롤리네의 의식은 극히 개인적인 삶에서 나왔지만, 사실 그녀뿐만 아니라 초기 낭만주의의 문인과 철학자들 모두에게도 우애 관계는 매우 중시되었다. 마이어에게 보낸 1791년 1월 14일자 편지에서는 다시금 자신의 의지 및 자신의 독자적인 힘을 강조하는 카롤리네의 강력한 모습을 읽을 수 있다. 이런 의식으로 가득한 그녀는 얼마 후 정치적 동지들과의 우애를 바탕으로 마인츠에서 삶의 2막을 장식하는 거대한 정치적 소용돌이와 마주하게 된다. 다음의 편지 대목에는 그 결연한 마음이 담겨 있다.

> 확고한 의지가 승리를 거둡니다. 의지는 기쁨을 향한 욕망을 자신의 관심사 내로 끌어들입니다. 신들과 사람들의 방해에도 불구하고 나는 행복해지길 원하며, 나를 힘들게 하는 혹독한 시련에도 그 어떤 여지를 주고 싶지 않습니다. 나는 그 혹독한 시련 속에서도 나의 힘을 느끼고 싶어요.[27]

3. 마인츠에서의 혁명적 삶의 궤적

정치사회적, 문화적 영역에서 거대한 변혁을 가져온 1789년의 프랑스 혁명은 계몽의 정신없이는 불가능했고 그 계몽의 연장 선상에서 자유, 평등, 박애라는 세 가지 이념을 내세웠다. 그러나 세 가지 이념 가운데 평등 이념은 계층과 성별 차원에서 전혀 실현되지 못했으며, 특히 남녀 평등은 전혀 구현되지 않았다. 계몽과 해방의 이념은 오로지 시민 사회의 남성들에게만 해당되었을 뿐 18세기 중후반기 여성들(특히 여성작가들)에게는 그런 평등의 길이 처음부터 차단되어 있었다. 대부분의 낭만주의 여성작가들이 남녀 평등에 대한 일반적인 의식을 지녔다면 카롤리네의 경우는 예외적으로 그것을 넘어섰다. 남녀평등뿐만 아니라 그녀는 동시대의 억압적이고 불평등한 사회적 현실을 개혁하는 마음에서 정치적 행동에 나섰던 것이다. 독일 남성작가들 가운데서도 그녀보다 급진적인 의식과 행동을 취한 작가는 아마도 존재하지 않았다 해도 결코 과언은 아니다.

앞서 언급했듯이, 불행한 결혼 생활을 끝내고 카롤리네는 마르부르크를 거쳐 마인츠로 거처를 옮긴다. 1792년 3월부터 이듬해 1793년 3월까지 1년 정도 마인츠에 머무르면서 카롤리네는 괴팅엔 시절의 친구 테레제와 그녀의 남편이자 독일 자코뱅당원 포르스터와 가깝게 지냈다. 저명한 풍자작가이자 물리학자인 리히텐베르크(Georg Christoph Lichtenberg)에게 보낸 1792년 12월 8일자 편지에서 포르스터는 그녀의 삶을 다음과 같이 전해주고 있다. “고인이 된 미하엘리스 교수의 딸이자 미망인 뵈머 부인이 5월 초 여기에 와 있으며 고독하지만 만족스럽게 지내고 있습니다. 우리 집에 오는 것 이외에는 전혀 외출을 하지 않고 있습니다. 그녀는 똑똑한 여성인데, 그녀가 왕래해 줌으로써 우리 집의 모임(정치적 모임로 추측됨: 역주)은 상당히 고양되었지요"[28]

은거하여 지내던 카롤리네는 혁명적인 포르스터와 왕래하고 그가 주도한 모임에 참석하면서 민주적 공화정에 대한 정치적 의식을 갖게 되었다고 추측할 수 있지만, 그러나 남편 사망 후 괴팅엔에서 잠시 머물면서 그녀는 프랑스 혁명이 발발하던 해 당시에 이미 급진적인 사회 변혁을 갈망하고 있었다. 그에 대한 대표적인 예는 1789년 3월 1일 마이어에게 보낸 다음과 같은 편지 대목이다.

> 마이어씨, 우리는 자랑스러운 거지예요, (...) 이제 결사체를 구성해 봅시다. 광명회(1776년에 결성된 과격한 비밀 결사대: 역주)가 바보들을 물리치고 영리한 사람들을 내세웠듯이, 사물의 질서를 전복시키는 비밀스런 결사체 말입니다. 그러면 부자들이 물러나고 가난한 백성들이 세계를 통치하게 될 것입니다. 나는 시민과 결혼하려는 당신의 생각은 정말 멋지다고 생각해요 (...)[29]

18-19세기 독일 남성작가는 대부분 현실에서의 정치적 개혁의 실천행위보다는 관념적, 추상적 차원에서 '미적 교육'(실러) 같은 보수적 이념에 몰두해 있었다면, 독일 내의 자코뱅당원이 되기를 꿈꾸었던 카롤리네는 남성들보다 더욱 급진적이었고 혁명적인 행동을 실제 현실에서 행하려 했다. 위의 인용 구절에서 '사물의 질서를 전복시키자'라는 외침은 곧 민중을 위한 '사회주의적' 혁명을 함의하며, 그런 맥락에서 신분 차이를 부정하는 차원에서 시민(가난한 백성)과 귀족 간의 결혼 등이 적극 옹호되고 있다. 그녀의 언술은 19세기 중반 이후에 형성된 맑시즘의 정치적 이념 및 강령보다 훨씬 더 급진적이었다. 친구 고터에게 보낸 1792년 4월 20일자 편지는 그녀가 프랑스 혁명을 얼마나 열렬하게 지지하였는지를 보여주고 있는데, 가령 혁명을

이끌었던 미라보를 예찬하는 다음과 같은 대목을 들 수 있다. "감옥에서도 미라보는 인쇄된 책에서 뜯어낸 종이 조각 위에 저 신성한 일을 적었어"[30] 이처럼 미라보의 혁명적인 행동과 사유에 매료된 카롤리네는 포르스터에게 미라보의 저작 중 일부를 번역하여 출간하고 싶다는 마음을 밝히기도 했으며, 이에 포르스터는 출판업자 크리스티안 프리드리히 포스(Ch. F. Voss)에게 그녀의 번역 계획을 의뢰한 바 있다. 그녀를 소개하는 편지에서 포르스터는 "숙련된 판단력, 심미안, 문체"(geübte Urtheilskraft, Geschmack, Styl)[31] 등의 표현으로 카롤리네의 뛰어난 번역 능력을 극찬하고 있다.

아직 프랑스 군대가 마인츠를 점령하지 않은 시점에 프랑스 혁명군을 옹호하는 독일의 지식인들은 자신들의 의견을 공개적으로 표명하는 데 있어서 극히 조심스러웠다. 프랑스 군대는 1792년 10월 19-21일에 마인츠를 최종 점령했기에 7월까지만 해도 프랑스 자코뱅당 지지자들은 자신을 노출하지 않았다. 1792년 7월 21일과 22일에 마인츠의 포르스터 집을 두 번 방문했던 괴테는 추후 1819-1822년에 집필된 『프랑스 종군기』(Campagne in Frankreich, 1792)에서 당시의 살벌한 분위기를 전해주고 있다. 당시 약간 위태롭고도 신중한 시기에 저녁 무렵 포르스터 집을 방문했던 괴테는 자신을 찾아온 그 지역의 여러 지인과 이야기를 나누었으며 그는 프랑스의 공화정에 대한 공공연한 대화가 금기시되었던 당시 분위기를 다음과 같이 전해주고 있다.

> 두 번의 활기찬 저녁을 보냈다. 여기서 나는 다시금 조국의 분위기 속에 있는 듯 느꼈다. 대부분 오랜 지인들, 학창 시절의 동료 등을 보니 마치 근접해 있는 고향집 프랑크푸르트에 있는 듯 했다. (...) 학문과 통찰력을 바탕으로 아주 유쾌한 농담을 주고받는 자우로움 덕분에 정말 즐거운 분위기를 보냈다. 정치적인 문제는 전혀 언급하지 않았으며 누구나 서로를 보호해야만 하는 듯 느끼고 있었다. 왜냐하면 공화국 신념을 완전히 자제하지 않았더라면 나 또한 분명 서들러 그런 신념과 영향을 단호하게 철퇴시킬 군대를 이끌고 왔었을 것이리라.[32]

프랑스 군대의 침략을 반대하는 괴테의 모습을 알 수 있다. 마인츠 내에는 공화국 이념을 놓고 서로 첨예하게 대립하는 두 진영이 있었기에 누구나 그 이념의 찬반을 노골적으로 거론하는 것에 조심스러워했다. 얼마 후 프랑스 군대에 의해 점령된 마인츠에는 일시적으로 독일의 최초 공화정이 세워졌지만 그것은 불완전한 공화정이었다. 프랑스 공화정에서처럼 시민과 민중을 기반으로 한 온전한 정치 세력이 들어섰다기보다는 여러 세력이 뒤섞인 불안정한 공화정으로서 자유 도시국가 형태로 머물렀기 때문이다. 이와 같은 자유롭지만 불안한 시기에 프랑스 혁명의 이념을 절대적으로 옹호했던 카롤리네는 기꺼이 '프랑스 혁명의 동조자'(Sympathisant der Französischen Revolution)로서 자코뱅당 일원이 되고자 했다. 그런 공화정 이념에 대한 그녀의 혁명적 의지는 일찍이 그녀 스스로의 자의식에서 싹텄고, 전쟁이 발발하기 직전인 1792년 4월 20일자 친구 고터에게 보낸 편지에서 그녀는 다음과 같이 프랑스 혁명을 지지하는 자신의 단호한 의식을 밝힌다.

> 전쟁이 발발한다면 나는 정말이지 생생한 장면을 얻게 될 수 있을 거야. 여기서 나는 죽지 않을거야 - 내가 프랑스 군대의 마인츠 포위를 어떻게 경험했었는지, 어떻게 사람들이 성직자들을 조롱하고 또한 민주주의자들이 공공의 시장에서 어떻게 그들 성직자들을 요리했었는지를 훗날 내 손주들에게 이야기해주는 것을 한 번 떠올려 보렴. 우리는 지극히 흥미로운 정치적 순간 속에 있어. 저녁때 차를 마시는 테이블에서 듣는 예리한 일들 이외에도 이 순간은 나로 하여금 너무 많은 점을 생각하도록 하네.[33]

여기서 간과할 수 없는 매우 중요한 측면은, 카롤리네가 프랑스 혁명을 옹호했을 때 그것은 그 혁명의 이념을 지지한 것일 뿐 프랑스의 충복이 되고자 했던 것이 결코 아니라는 점이다. 그 점은 시동생과 관련된 사건을 통해서 간접적으로 알 수 있다. 마이어에게 보낸 1792년 10월 27일 편지에서 그녀는 자신의 죽은 남편의 동생, 즉 시동생인 게오르게 뵈머(George Böhmer)가 교수직을 포기하고 마인츠를 점령한 프랑스 군대 퀴스틴 장군의 비서로 일을 하게 되자 그를 '비열한 도구' 역할의 인간으로 비판하였다.[34] 또한 지배 세력인 보수적인 귀족들을 처형하려 했던 프랑스 혁명과는 달리 그녀는 구체제의 지배 세력인 귀족 계급 모두를 무조건 처형하는 급진적 사회사상을 맹신하지는 않았다. 가령 마이어에게 보낸 다음과 같은 편지 대목에서는 카롤리네의 아이러니컬한 모습을 엿볼 수 있는 바, 그녀의 의식은 언뜻 자코뱅당 추종을 부정하는 듯한 언술을 내비추지만 그렇다고 해서 군주제의 폭정을 옹호하는 것이 아님을 보여준다.

> 당신이 저에게 씌어준 붉은 자코뱅당 두건을 저는 당신의 머리 위로 던져버릴래요. 물론 왕실과 왕실 군대의 행복을 위해 기도하지는 않을 겁니다. 전제주의적 폭정은 혐오하지만, 그렇다고 모든 귀족들을 혐오하는 것은 아닙니다. 요컨대, 성숙하고 고귀한 공정성이 지배되어야 합니다.[35]

그녀가 원한 것은 귀족 혹은 민중 같은 특정 계급에 의한 지배 체제보다는 '평등하고 공정한 사회'였다. 괴팅엔에 있던 마이어는 혁명적 의식으로 고무된 카롤리네가 자코뱅당을 적극 지지한다고 하자 그녀를 걱정하는 편지를 보낸 바 있다. 그런 마이어에게 카롤리네는 1792년 12월 17일자 편지에서 '평등하고 공정한 사회'에 대한 자신의 시각을 아주 소박한, 그러나 매우 급진적인 민중 사상을 담고 있는 시적인 비유 장면을 통해 다음과 같이 전한다.

> 그런데 나흘 중 사흘 동안 주인들을 위해 자기 얼굴의 땀을 잊고서 저녁에야 마지 못해 땀을 닦고 느끼는 어느 불쌍한 농부에 대하여 당신은 정말 웃을 수 있을까요? 그 농부는 잘 지낼 수 있고 잘 지내게 될 것일까요? 이런 단순한 관점에서 우리는 출발해야만 합니다.[36]

이와 같은 짧은 예를 통해 카롤리네는 민중이 흘린 땀에 대해 그 어떤 합당한 대가를 지불하지 않고 오로지 착취만을 일삼는 귀족들의 잔인성을 고발하고 있다. 민중의 삶을 위한 공정한 사회를 이루고자 하는 열망, 이것이 그녀의 정치적 면모의 핵심을 이룬다. 이와 같은 시민 계급 및 하층민 계급을 위한 그녀의 의식은 후에 청년 독일파의 혁명적인 작가 게오르크 뷔히너가 작성한 「헤센급전」 내에서 천명된 정치적 의식과 연관될 정도로 매우 급진적이었다.

그러나 앞서 언급한 바 있듯이, 마인츠 공화국은 이내 무너지고 혁명은 좌절되고 만다. 프랑스 군대가 물러가고 다시 독일과 오스트리아 연합군이 마인츠를 재탈환하기 직전 카롤리네는 이미 프랑크푸르트 방향으로 도피의 길에 오른다. 기존 군주제 및 영주제의 보수 세력이 다시 들어서게 되자 그녀를 향한 비방문이 나붙었는데, 가령 "포르스터의 안락의자"(Forsters canapé)라는 말이 나돌거나 혹은 그녀의 "민주화하는"(demokratiseren) 의식과 행동은 그저 "애무하는"(caressieren) 행동에 다름없다는 언어적 놀림을 당한다.[37] 남녀의 성적 차이 등을 포함하여 계급 차이까지도 사라지기를 바랐던 그녀는 마인츠에서 완전한 정치적 자유의 실현이 불가능해지자 크론베르크로 도피하였으며, 그곳에서 1793년 6월 15일 마이어에게 보낸 편지에는 "이런 조건부 자유에 나는 만족할 수 없습니다"[38]라는 언술로써 자신의 안타까운 실망과 낙담을 전한 바 있다. 같은 편지에서 카롤리네는 자신의 의식과 마음으로 더 높은 삶을 살아가고 싶지만 현실적으로 제한된 삶을 살아갈 수밖에 없는 여성의 신세를 다음과 같이 한탄한다.

> 당신이 내게서 항상 알고 있던 그런 동일한 여성으로 내가 존재해 있다고 보면 됩니다. 조용한 가정생활의 울타리를 뛰어넘지 못하도록 정해진 그런 여성, 그렇지만 어떤 알 수 없는 운명에 의해서 나의 생활권에서 벗어난 여성, 그렇지만 그 생활권의 미덕을 저버리지 못한 채 살아가는 여성, 여성 탐험가가 되지도 못하는 그런 여성 말이예요.[39]

사회적으로 규정된 여성성, 즉 여성은 "가정생활의 울타리" 내에 위치해 있어야만 한다는 젠더화된 사회에 대한 비판적 의식을 읽을 수 있으며, 동시에 그런 여성성에서 벗어나서 "탐험가"가 되고 싶은 욕망을 어쩔 수 없이 포기할 수밖에 없는 상황에 대한 비탄의 목소리도 들린다.

처참한 신세의 카롤리네는 도피 생활 중 체포되어 쾨닉슈타인(Königstein)이라는 도시 내의 독일 요새 감옥에 잠시 투옥당하고 이후 가택연금을 당하게 된다. 감옥에 있던 도중 임신 사실이 밝혀짐으로써 '프랑스 군인의 창녀'라고 비방되기도 했으며 그로 인해 첫 번째 남편의 연금 등이 박탈되는 등 사회적, 경제적으로 큰 어려움을 겪게 된다. 다행히 슐레겔 형제 및 동생의 탄원 등으로 1793년 7월 5일 카롤리네와 그녀의 딸 아우구스테는 구금에서 풀려났고, 이때의 심정을 그녀는 고터에게 보낸 편지에서 다음과 같이 처절하게 전하고 있다.

> 영원히, 적어도 독일에서만이라도, 내가 저 미지의 여성적 영역에서 벗어나지만 않게 된다면 나는 내 삶의 일부를 내주겠어.[40]

"저 무명 상태의 여성적 영역"이란 자신의 고유한 이름이 불려지지 않는 일상적인 생활 영역을 말하는 바, 너무나 힘들고 괴로운 시간을 보낸 카롤리네는 이 순간 자신이 간직했던 정치적인 의식과 행동을 모두 버리고 일반적인 여성들처럼 살아가기를 바라는 회의적 상념에 젖은 것처럼 보였다. 또한 미국, 체코, 라트비아 등 다른 나라로의 정치적 망명 내지는 이주 등을 계획할 정도로 카롤리네는 사회적으로 철저히 배제되어 있었으며, 그 누구도 도와주지 않는 추방된 듯한 상황에서 오는 자포자기의 심정을 그녀는 다음과 같이 묘사한 바 있다.

> 사람들 사이에서의 평온한 기쁜 마음이 저를 외면하고 있습니다. 여기서는 매우 가혹한 저 정치적 판결이 다른 곳에서와 마찬가지로 저를 단호하게 외면하는 구실로 작용하고 있어요. (...) 사는 것이 나은지 아니면 죽는 것이 나은지 곰곰이 생각했을 때 제가 예상했던 것들이 모두 거의 사실로 드러났습니다. 나는 추방되어 있으며 적어도 바깥을 내다보지 않을 수 없겠지요. 즉, 내 모습을 왜곡되지 않은 채 비추어주는 거울 속을 말이에요.[41]

물론 실제 독일에서 추방되지는 않았지만 카롤리네는 모든 이들로부터 외면당하고 있는 자신의 신세를 '추방된 상태' 내지는 '일반적 시민이 될 수 없는 죽은 상태' 같은 식으로 표현하고 있다. 독일 사회에 존재하지만 독일 사회로부터 추방되어 있는 듯한 상태, 독일 여성이지만 독일인으로서 보호받지 못하는 상태, 이러한 이중의 배제를 겪은 카롤리네는 마치 오늘날 난민과 이주 노동자 등과 관련하여 아감벤이 규정한 '특정 사회에 존재하지만 그 사회의 법질서 외부에 있는 존재', 즉 호머 사케르(Homo Sacer)와도 같다. 이즈음 아우구스트 슐레겔은 카롤리네를 구원해달라는 동생 프리드리히 슐레겔의 권유로 그녀와 결혼하여 그녀를 다시금 시민 세계 속으로 돌아올 수 있게끔 도움을 주고자 한다. 물론 프리드리히 슐레겔도 당시 마음 속으로 카롤리네를 연모했던 것으로 보이며, 그 점은 형 아우구스트 슐레겔에게 보낸 1792년 5월 17일자 편지에 읽어 낼 수 있다.

> 나는 무한성을 향한 충동의 어떤 점을 여성들에게서는 발견하지 못했으며 내가 사랑할 수 있는 가능성을 본 그런 여성을 만나지도 못했어. - 물론 한 여성에게서만은 그런 일이 있었어. 그렇지만 내가 그녀 자체를 찬양하는 것인지 혹은 고상한 남성적 마음의 거울 속에 놓인 그녀의 미화된 형상을 찬양하는 것인지는 잘 모르겠어.[42]

한 여인을 사랑할 때 그것이 "그녀 자체"인지 아니면 자신의 마음 속에 투영된 "그녀의 미화된 형상"인지라는 식의 구분은 매우 흥미로운 뛰어난 자기 분석이 아닐 수 없다. 실제 삶에서 남성이 여인을 사랑할 경우 그 사랑은 현실적 차원과 이상적 차원으로 각기 구분될 수 있으며, 나아가 위 인용문은 남성작가들이 자신의 작품에서 특정 여인을 묘사할 때 충분히 '미화된 형상'이 투영되었을 가능성을 암시해주는 구절이기도 하다. 어쨌든 이렇듯 슐레겔 형제의 두 마음은 오래전부터 카롤리네를 향해 있었다. 특히 남편 뵈머가 사망한 후 1789년 마르부르크에 머물러 있을 때 카롤리네는 이미 아우구스트 슐레겔로부터 청혼을 받았지만 그것을 거절하기도 했다. 당시 카롤리네는 "슐레겔과 나! 편지를 쓰면서도 웃음이 절로 나와! 아니야, 확신컨대 우리는 아

무 사이도 아니야!"[43]라고 말한 바 있다. 자의식이 강한 카롤리네가 동정심에서 나온 청혼을 선뜻 받아들일 수는 없었을 듯 싶다. 그러나 아무런 탈출구가 보이지 않는 삶의 낭떠러지 앞에 선 그녀는 아우구스트의 두 번째 제안을 더 이상 뿌리칠 수 없는 형편이었다. 물론 사랑하는 마음에서 나온 선택이었다기보다는 자신의 처절한 상황에서 벗어나기 위한 궁여지책의 수단 내지는 일종의 정략결혼의 길을 택한 것으로 보이며, 이에 대해 카롤리네는 아우구스트 슐레겔에게 매우 미안한 마음을 지녔던 것으로 보인다.

> 평생 그렇게 성실하고 종종 매우 고귀했던 슐레겔은 언제나 나의 친구로 머물러 있어야만 했어. 그런 확신에서 내가 더욱 단호한 모습을 보이지 못했던 것은 정말 용서를 구하지 않을 수 없는 일이야.[44]

괴팅엔 시절 카롤리네의 아버지 밑에서 수학하던 아우구스트 슐레겔은 그녀를 흠모했었지만, 그런 그를 그녀는 영원히 진정한 친구로만 삼고 싶었던 것 같았다. 그렇지만 이제 사회적, 경제적으로 몹시 어려운 상황에 직면하여 그녀는 그와의 재혼을 새로운 삶의 탈출구로 받아들이려 했으며, 그런 소위 '타산적 결혼'(Vernunftehe)을 택한 자신을 몹시 힐책했다. 물론 아우구스트 슐레겔에게 미안한 마음을 지녔지만, 그렇다고 해서 자신의 당당한 자의식까지도 완전히 포기하지는 않았다.

> 내가 어떤 사람인지 누가 알며, 누가 나를 알 수 있을까요. 사람들은 나를 버림받은 피조물로 여기며, 나를 완전히 땅 위에 메치는 것은 자업자득이라고 생각하고 있습니다. (...) 이러한 상황을 극복하기 위해서 나는 진정으로 마술사가 되어야만 할 것 같아요.[45]

사람들의 냉대에서 오는 절망감과 어떻게든 살아갈 수밖에 없는 자신에 대한 시니컬한 자존감("마술사가 되어야만 할 것 같아요")이 뒤섞인 심정 고백이다. 이렇듯 삶의 2막에서 카롤리네는 민주적 공화정을 위한 투쟁이라는 정치적 소용돌이 속에 휩쓸렸고 그로 인해 도피, 비방, 투옥, 감금, 배제 등의 비극적인 상황을 맞이했지만, 이 모든 경험과 좌절을 그녀는 자신의 자율적인 의식과 행동에서 나온 결과로 받아들였다. 아우구스트 슐레겔과의 재혼을 통해 마인츠에서의 곤경을 딛고 일어서려는 자신을 책망하기도 했지만, 그녀는 여전히 자유와 해방을 갈망하고 있었다. 아우구스트 슐레겔과 함께 이주한 예나에서는 삶의 3막이 그녀를 기다리고 있었으며, 그곳에서 카롤리네는 정말 마술사처럼 다시금 새로이 자신의 자의식을 발현하게 된다. 물론 그 행복한 순간도 얼마 지나지 않아 좌절에 부딪히게 되지만 말이다.

4. 예나에서의 '문학적 공동체의 삶'

아우구스트 슐레겔과 결혼한 후 일주일이 지난 1796년 7월 1일 카롤리네는 조용하고 작지만 매우 역동적인 도시 예나로 이주하여 새로운 삶을 시작한다. 앞서 언급한 바 있듯이, 예나는 인구 5,000명 정도의 작은 도시였지만 1790-1810년 동안 예술, 철학, 과학 등 거의 모든 분야의 뛰어난 학자 및 문인이 찾아든 새로운 학문의 성지와도 같았다. 도착 후 카롤리네는 비교적 조용히 지냈지만 이내 마치 서로 약속이나 한 듯 모여든 소위 초기낭만주의자들(슐레겔 형제, 도로테아 파이트, 조피 메로, 노발리스, 티크, 브렌타노, 셸링, 슐라이어마허 등)의 모임을 위하여 구심점 역할을 하였다. 십오명 내외의 지인들이 점심때면 그녀의 집에 모여들었으며, 당시 아우구스트 슐레겔과 카롤리네가 기거했던 집에 대해서는 카롤리네 빌켄(Karoline Wilken, 1783-1843)이 다음과 같이 묘사하고 있다.

> 예나의 슐레겔 집은 (...) 전혀 정리되어 있지 않았다. 살림살이는 있을 수 있는 비상한 모든 무질서를 뛰어넘었으며 정말이지 나에게는 무척 역겹게 여겨졌다. 이를 통해 나는 보다 나은 살림살이를 위해서는 정돈의 필연성이 소중하다고 깨달았다.[46]

이 대목은 빌켄이 지녔던 기억의 단상이다. 1799년 어느 날 그녀는 어머니 조피 티쉬바인(Sophie Tischbein: 화가 요한 프리드리히 아우구스트 티쉬바인의 아내)을 따라 슐레겔 집을 방문했었다고 한다. 빌켄은 거의 정리 정돈되지 않은 카롤리네의 살림살이에 대해 매우 시니컬한 기억을 제시하고 있으나, 그녀의 지적은 사실 정확했지만 한 가지 점을 간과하고 있다. 그것은 카롤리네가 일찍부터 '젠더화된 여성상'을 거부하였다는 점이다. '여성은 요리하고 청소하기 위해 태어난 것이 아니다'라는 남다른 의식을 지닌 카롤리네는 일반 여성들과는 달리 정리 정돈된 살림살이와 음식에 본래부터 관심을 두지 않았다. 이 점은 빌켄의 편지에서 계속 재확인된다. 빌켄에 의하면, 점심시간이 가까이 왔는데도 카롤리네는 특별히 식사 준비를 하지 않았으며 단지 자우어크라우트(시큼한 양배추: 역주), 감자, 청어, 스프 등 아마도 먹다 남은 듯한 음식을 대충 내왔다고 한다. 그런데 흥미로운 점은 그 부부를 방문한 지인들의 반응이다. 점심시간에 찾아온 젊은 낭만주의자들은 애초부터 맛있는 음식은 안중에 없었고 오로지 대화를 주고받는 일종의 정신적인 향유를 더욱 중시하였다고 한다. 특히 카롤리네의 대화적 능력에 대한 극찬을 엿볼 수 있다.

> 모든 이들에게 생기를 부여하고 자극을 주며 자신의 위트를 빛나게 할 줄 아는 여주인(카롤리네: 역주)의 부단한 능숙함의 정신적 요소가 이 식사에 양념 역할을 하였으며, 모인 참석자들은 대화 때문에 식사를 아예 잊을 정도였다.[47]

카롤리네 및 그녀를 중심으로 진행된 점심시간의 '살롱 같지 않은 평범한 모임'에 대한 빌켄의 전언을 요약하자면, 지인들의 모임 장소로 제공된 카롤리네의 집은 베를린, 바이마르, 라이프치히 같은 대도시적 살롱과는 전혀 관계없는 소박한 공간이었으며, 그런 비루한 공간에도 불구하고 많은 지인은 그곳에 모여 '뜨거운 대화의 성찬'에 심취했다. 호사스러운 음식과 대접은 모임 참석자들 모두에게는 전혀 중요하지 않았으며, 오로지 이질적인 사유와 참신한 생각을 주고받는 것만이 그들에게는 소중했다. 뛰어난 재능과 소양을 지닌 이들이 새로운 이념과 사상을 주고받는 그런 모임에서 카롤리네는 핵심적인 역할을 수행했다. 이처럼 뛰어난 정신적 능력으로 지인들과의 모임을 이끌었던 카롤리네의 모습은 아우구스트 슐레겔의 동생인 프리드리히 슐레겔의 유일한 소설 『루친데』에도 투영되어 있다. 주인공 율리우스가 다양한 여인을 만나는 소위 <남성의 수업시대>(Lehrjahre der Männlichkeit)라는 장에서 그는 '고상한 여자친구'(erhabene Freundin)를 발견한다. 그녀는 유희와 진지함, 범속함과 비상함, 따뜻함과 냉철함 같은 극단적 특성의 소지자이며 뛰어난 대화적 능력의 소지자로 그려진다.

> 잘 훈련 받은 배우처럼 그녀는 자유로운 세련됨과 익살스러운 황당함의 결합을 거의 동시에 흉내낼 수 있었으며, 기교 없는 노래의 매력적 품위로써 고상한 시를 낭독할 수도 있었다. 그녀는 때로는 모임에서 빛났으며 장난치기를 원하기도 했고 때로는 도취에 젖기도 했지만, 때로는 충고와 행동으로써 마치 자상한 어머니처럼 겸손하고 친절하게 도움을 주기도 했다. 보잘 것없는 사건도 그녀의 이야기하는 방식을 통해서는 마치 아름다운 동화처럼 매력적으로 변했다. 그녀는 모든 것을 감정과 기지로 감쌌으며 또한 모든 것에 대한 감각을 지녔으며, 그로 인해 세련된 그녀의 손과 달콤하게 말하는 그녀의 입술을 거치면 모든 것이 고상하게 변했다. 그녀가 아주 열정적으로 관여할 경우에는 선한 것과 위대한 것도 그렇게 성스럽거나 보편적이지 않았다. 그녀는 모든 암시를 경청했으며 언급되지 않은 질문에도 대답했다. 그녀와의 대화를 멈추는 일은 불가능했다. 대화는 저절로 진행되었으며, 관심이 고양될 경우 그녀의 아름다운 얼굴 위에는 매우 재치 있는 시선과 사랑스러운 표정으로 가득한 새로운 음악이 항상 펼쳐졌다. 그녀가 쓴 편지를 읽을 때면 사람들은 이런 저런 대목에서 그 시선과 표정들이 어떻게 변했는지를 볼 수 있다고 믿었는 바, 그렇게 그녀는 대화 때 자신이 생각했던 바를 아주 명징하고 감정이 풍부하게 글로 써냈다. 이런 점에서 그녀를 알고 있는 사람은 아마도 다음과 같이 생각했을 수도 있었으리라. 즉 그녀는 너무 사랑스러웠으며, 여배우였다면 매력을 불러일으켰을 것이며, 부드러운 포에지가 되기 위해서는 그녀의 유창한 말에는 단지 운율과 각운만이 부족할 뿐이라고. 하지만 모든 위대한 일에

서 그녀는 놀라운 용기와 힘을 보여주었으며, 이것이 곧 그녀가 인간의 가치를 판단해냈던 고귀한 관점이기도 했다.[48]

슐레겔의 묘사를 통해 카롤리네가 얼마나 양 극단을 오가는 대화적 인간이었는지, 또한 문학적 인간인 동시에 정치적 인간 같은 양면성을 지닌 여성이었는지를 충분히 감지할 수 있다. 슐레겔은 "고상한 여인의 신격화는 곧 그의 정신에 있어서 하나의 새로운 세계의 확고한 중심이며 토대가 되었다"[49]라고 함축적으로 부연하기도 했다. "여인의 신격화"라는 낱말은 특히나 예나에서 모임을 이끌었던 카롤리네의 위상을 더욱 뒷받침해주고 있다.

그런데 마인츠에서 예나로의 공간적 변화를 통해서 카롤리네의 삶에도 크나큰 변화가 일어났다고 말한다면 이는 타당한 것일까? 언뜻 보기에, 그녀의 삶은 '정치적 삶에서 문학적 삶'으로 옮겨진 것처럼 보인다. 다시 말해, 마인츠 시절에는 혁명과 해방을 위한 정치적 의식과 활동이 중시되었다면, 예나 시절에는 정치적 운동에서 벗어나 철학적, 문학적 탐구, 그리고 번역 활동 같은 문화적 활동이 그녀의 삶을 이루고 있었다. 이러한 두 공간과 관련된 활동 및 의식 등과 관련하여 다양한 해석이 가능한데, 혹자는 예나의 집에서 정치, 예술, 철학, 과학 등에 관해 지인들과 열띤 논쟁을 벌였던 카롤리네의 행위는 프랑스 혁명을 옹호했던 마인츠에서의 정치적 행위의 연장선상에서 파악하기도 한다. 대표적으로는 지그리트 담(S. Damm)이 그와 같은 시각을 고수한다.

> 모임에 참석한 이들은 프랑스 시민 혁명을 직접적으로 이어받는 가운데 자신의 철학적, 문학적 원칙들을 발전시켰으며, 프랑스 혁명을 예로 삼아 독일에서 정신적 혁명을 일으키고자 했다. 파른하겐이 그렇게 명명한 바 있는 "포에지의 자코뱅당원들"은 비평의 무기를 들고서 "저 부패한 속물적인 나라, 낡은 관리된 독일"에 대항하였다.[50]

프랑스 혁명 이념에 대한 예나 낭만주의자들의 예찬, 특히 카롤리네의 공화국적 의식은 마인츠 혹은 예나 같은 지역적 차이 없이, 나아가 정치적 삶뿐만 아니라 학문과 예술의 문화적 삶에서도 계속 간직되고 있다는 시각이다. 슐레겔의 아테네움 65번 단편은 그와 같은 프랑스 혁명의 지속적 영향력을 상기시킨다. "포에지는 공화국적 말하기인 바, 즉 스스로 자신의 고유한 법과 자신의 고유한 목적으로 존재하는 말하기이며, 모든 부분이 자유로운 시민들이며 공동으로 결정해도 좋은 말하기이다."[51] 이 단편은 기존의 관습과 질서를 무너뜨리는 혁명적 인식이 포에지를 포함한 모든 문화적 영역과 정치적 영역에서 여전히 유효하다는 식으로 읽힌다. 그런데 이처럼 혁명적, 공화국적 의식을 강조하는 지그리트 담의 시각은 매우 중요한 한 가지 미세한 차이점을 간과하고 있다. 즉, 개개인의 자유와 공동결정을 중시하는 새로운 민주주의 형태인 공화정이라는 정치 시스템은 실은 포에지의 자율성을 강화해주는 은유적 언어로 사용되고 있다는 것이다. 문화 영역의 자율성과 정치 영역의 자율성을 분리해주는 시각도 바로 그 공화국적 의식의 산물이 아니겠는가.

이와 같은 정치와 예술(문화)의 연관성 내지는 차이성을 떠나서 카롤리네의 삶은 근본적으로 어떠했을까? 마인츠에서는 정치적 혁명 의식이, 예나에서는 예술적(문화적) 변혁 의식이 지배적이었다는 점은 분명하다. 그런데 이러한 정치와 문화를 각각 중시하는 시각보다 더욱 중요한 것은, 그녀의 의식에는 항상 '혁신과 변화'를 향한 소망이 자리하고 있었다는 점이다. 따라서 과거의 낡은 의식과 관습에 저항한 카롤리네의 저항 의식은, 마인츠에서의 '군주제와 공화정 간의 대립'이라는 정치 영역에서든, 그리고 예나에서의 '고전주의와 낭만주의 간의 대립'이라는 문화 영역에서든, 언제나 도처에서 관철되었다. 충돌과 대립의 현장에서 카롤리네는 다가오는 시대를 위한 변화의 저항적 의식, 즉 공화정과 낭만주의를 동시적으로 견지했다. 마인츠에서의 공화정에 대한 의식과, 예나에서의 낭만주의에 대한 의식은 '혁신과 변화'라는 공통점으로 수렴되며, 그런 점에서 카롤리네는 항상 자신의 일관성을 철저히 유지했다.

카롤리네는 그와 같은 혁신과 변화의 의식을 예나에서도 간직하고 있었던 것으로 보인다. 가령 「공화국 개념에 대한 에세이」(Versuch über den Begriff des Republikanismus, 1796)라는 프리드리히 슐레겔의 글은, 물론 그 전부터 그는 프랑스 혁명을 옹호하는 입장이었지만, 실은 형수인 카롤리네의 행동과 사유로부터 적지 않은 영향을 받은 것으로 추측된다. 군주제에서 공화정으로의 전환을 내세운 프랑스 혁명은 귀족과 시민(또한 하층민) 간의 계급적 지배 관계를 근절하고 평등 사회를 실현하려는 목표를 내세웠는데, 슐레겔, 카롤리네 등으로 구성된 예나의 초기낭만주의자들은 그러한 민주적 공화정의 의식을 토대로 일상에서도 새로운 혁신과 변화를 구현하려고 했다. 그 일상에서의 변화에 대한 대표적인 예로는, 전통적인 가정 내에 지배하고 있던 성차별과 지배 질서를 청산하려는 페미니즘적 의식을 들 수 있다. 가령 프리드리히 슐레겔은 가족 내에 있는 남녀 간의 불평등 관계를 극복하기 위해서는 장자상속제도까지도 폐지해야만 한다는 과격한 주장을 펼쳤다.

> 가족의 현재 관계에서는 아직 공화정이 일어날 수 없는 상태다. 가족 관계의 변화가 대략 일어날 수 있으려면, 한 입법자가 상속법을 뒤집어 놓으면 될 것이리라. 즉, 딸들이 부동산을 상속받고 아들들이 혼수를 지참하는 식으로 말이다. 이런 보편적 도덕성이 현재의 가족 관계에서는 억압되어 있다.[52]

'딸의 부동산 상속, 아들의 혼수 지참'은 기존의 장자(내지는 아들) 중심의 상속 제도를 완전히 전복시키는 발상이다. 이처럼 공화정의 의식으로써 가족 내에서의 남녀평등의 관계를 획기적으로 변혁하고자 했던 과격한 비평가는 아마도 역사적으로 존재하지 않았을 듯 싶다. 스스로 남성으로서 상속 기득권을 지녔음에도 불구하고 프리드리히 슐레겔은 기존의 우월적 의식에서 벗어나 오히려 여성의 지위와 위상을 높이고자 했으며, 이러한 급진적인 그의 사유는 바로 카롤리네로부터 적지 않게 영향을 받았다. 프리드리히 슐레겔이 카롤리네를 향해 "정치적이고 에로틱한 기질"(politisch-erotische

Natur)의 소유자라고 언급한 간결한 구절은 매우 적절한 평가가 아닐 수 없다. 왜냐하면 카롤리네는 항상 진정한 자유와 진정한 사랑을 찾고자 했던 여인이었기 때문이다. 또한 슐레겔은 '양성성 신화'(Androgynenmythos)에서 인간의 이상을 찾았으며, 어쩌면 카롤리네야말로 그와 같은 양성성의 신화를 구현한 인물로 평가될 수 있을 것이리라. 그 점은 후에 카롤리네와 결혼한 셸링에 의해서도 입증된다. 카롤리네에 대하여 그는 "가장 여성적이고 온화하고 사랑스런 마음의 예지력과 남성의 위대한 영혼, 가장 예리한 정신을 서로 결합한 아주 드문 여성"[53]이라고 언급한 바 있다. 비록 '여성 = 부드러움, 남성 = 지적인 예리함'이라는 등식이 작동하고 있지만 셸링의 관점에서는 카롤리네가 그 두 특성을 모두 소지한 '인간'으로 비추어졌다. 이와 달리 프리드리히 슐레겔은 카롤리네를 남성보다 더욱 강한 자의식을 지닌 여인으로 간주했다. 자신의 소설 『루친데』에서 카롤리네를 양가적 특성을 지닌 고상한 여성으로 그려냈던 점 이외에도 그는 여러 편지에서 그녀를 "자주적인 여인"(Selbständige), "자주적인 디오티마"(selbständige Diotima)라고 예찬하기도 했다. 이와 같은 강인한 자의식을 지닌 카롤리네를 비롯하여 도로테아 파이트, 헨리에테 헤르츠, 라헬 레빈 등 여러 여성들에 대한 초기낭만주의자들의 새로운 기대감은, 프리드리히 슐레겔이 헨리에테 헤르츠에게 보낸 1798년 8월 24일자 편지에서의 "우리 둘(슐레겔과 슐라이어마허: 역주)은 여성들에게 우리의 희망을 걸기로 생각했었지요"[54]라는 구절을 통해 입증된다.

예나의 카롤리네 집에 모여든 초기낭만주의자들이 정치적, 문화적 차원에서 얼마나 진취적이었는가는 또 다른 하나의 일화를 통해 알 수 있다. 예나 대학의 역사학과 교수로 재직하면서 고전주의 문학을 이끌었던 실러가 일군의 젊은 초기낭만주의자들과 대척 관계를 이루고 있었다는 사실은 문학사에 널리 알려져 있다. 물리적 행동을 통해 사회 변혁을 가져온 프랑스 혁명에 대해 실러는 반대하였으며, 그러한 그의 보수적 입장은 문화적 차원에서도 마찬가지였다. 가령 가정 내의 남녀관계에서 전통적인 보수적 시각은 남녀 역할분담(Rollenverteilung)을 고수하였는데, 바로 실러가 그러했다. 정치적, 문화적 차원에서 실러의 보수적인 모습은 총 425행, 30개 연으로 구성된 「종의 노래」(Das Lied von der Glocke, 1799)라는 그의 장편시에서도 잘 드러난다. 실러의 이 시는 후세에 극단적 평가 받고 있다. 가령 한편으로 '독일 고전주의'의 가장 아름다운 시라고 오늘날까지도 극찬되기도 하지만, 다른 한편으로 보수적인 도덕관 및 정치관을 드러낸 형편없는 시라고 혹평되기도 한다. 그 시의 전반부에는 소시민적 가정의 가부장적 의식과 역할분담이 예찬되고 있다. 가령 남자가 저 바깥의 "위험한 삶 속으로"(ins feindliche Leben)(107행)으로 뛰어들어야 한다면, 여자는 "행실 바른 아내이자/ 아이들의 엄마"(die züchtige Hausfrau/ die Mutter der Kinder)(117-118행)로서 살림살이와 자녀교육 같은 일을 도맡아야만 한다는 식이다. 이와 같은 여성에 대한 실러의 보수적인 시각은 혁명에 반대하는 그의 정치적 시각과 밀접하게 연관되며 그 점은 프랑스 혁명과 여성을 부정적으로 형상화하고 있는 시의 후반에서 드러난다.

> 자유와 평등! 을 외치는 소리를 우리는 듣는다,
> 얌전한 시민이 무기를 들며,
> 거리와 공회당은 사람들로 가득하고,
> 죽음의 무리가 주변을 쏘다닌다.
> 하이에나로 돌변한 아낙네들은
> 경악스러운 농지거리를 행한다.
> 표범의 이빨로 실룩거리며
> 그들은 적의 심장을 갈가리 찢어 놓는다.[55]

마인츠에서 프랑스 및 독일의 자코뱅당을 지지하고 자유와 평등의 공화정을 옹호했던 급진적인 카롤리네는 자유를 위해 투쟁하는 여인들을 "하이에나로 돌변한 아낙네들"로 간주한 실러의 시를 읽고서 아마 무척 분노했을 것이다. 그것은 분명 일종의 여성폄훼적인 시각으로 읽히기 때문이다. 이 시가 발표되었을 때 낭만주의자들의 반응은 어떠했을까? 1799년 10월 21일 첫째 딸 아우구스테에게 보낸 카롤리네의 편지 대목은 그 반응을 다음과 같이 전해 주고 있다. "실러의 어느 시에 대해 우리는 어제 점심때 너무 웃겨서 의자에서 넘어질 뻔했단다."[56] 이러한 초기낭만주의자들의 냉소적 반응에 대해 실러는 매우 분노했다고 전해지며, 특히 카롤리네를 사악한 "마담 루시퍼"(Madame Luzifer)라고 부를 정도로 그녀에 대한 실러 부부의 적개심은 매우 컸다. 이처럼 공화정 사상, 남녀평등 사상을 지녔던 카롤리네가 예나 친구들의 학문적, 문학적 모임을 주도하였으니 그 모임의 성격은 충분히 짐작할 만하다. 물론 그녀가 예나의 공동체적 모임의 호스트였는지에 대해서는 아직 명확하게 밝혀진 바가 없다. 또한 엄격히 말하면, 예나의 모임과 관련하여 살롱, 호스트 개념 등을 사용하기도 적절하지 않은 바, 그것은 베를린의 살롱과는 달리 특정인에 의해 주도되지 않는 자연스런 모임이었기 때문이다. 다만 슐레겔의 「포에지에 관한 대화」에 등장하는 아말리아(Amalia)라는 인물이 종종 카롤리네로 동일시되곤 한다. 그 글에서 아밀리아가 개개 참석자들에게 적절한 자극과 비평을 주는 가운데 모임의 분위기를 주도해 나가고 있는 것으로 보아 카롤리네가 살롱에서의 호스트 역할을 떠맡은 것으로 추정된다.

사실 슐레겔의 「포에지에 관한 대화」는 예나의 문학 모임이 어떤 형태로, 어떻게 진행되었는지를 '문학적으로' 가장 잘 보여주는 사례로 손꼽힌다. 1800년에 잡지 「아테네움」에 발표되었던 그 글은 일종의 액자소설(Rahmenerzählung) 형식의 허구적인 작품이지만 동시에 예나 모임의 현장성을 보여주는 유일무이한 글이기도 하다. 기젤라 디슈너(G. Dischner)는 예나의 초기낭만주의 예술 형식에 담겨 있는 사회적 의미를 다음과 같이 해석했으며, 그 의미는 바로 「포에지에 관한 대화」에 그대로 적용될 수 있다.

> 편지, 서간소설, 단편, 대화의 '열린' 예술 형식은 보다 새로운 열린 삶의 표현 형식으로 이해될 수 있다. 즉, 성에 따라 전문적으로 구분되는 역할분담이 처음으로 대중적으로 의문시되고 '역할 유희' 속에서 해체되는 그런 삶의 형식 말이다 (...).[57]

물론 슐레겔의 글에 제시된 살롱의 다양한 모습(참석자, 대화, 발표, 토론 등)이 실제 예나의 문학 모임과 어느 정도로 동일시될 수 있는지에 대해서는 확실한 대답을 줄 수 없다. 일정 정도 예나의 실상이 반영된 것일 수도 있으며, 그 실상의 반영에 상상적인 측면이 덧붙여진 것일 수도 있으며, 아니면 글 전체가 현실과는 완전히 다른 일종의 이상적 모임의 미학화일 수도 있다. 어쨌든 한 가지 분명한 점은, 그 글은 "기억과 허구 사이의 문지방에 위치하며 현실적 경험의 문학화"[58]라고 명시될 수 있다는 것이다. 여러 가지 애매한 특성에도 불구하고 「포에지에 관한 대화」의 내용을 들여다보면, 포에지, 예술사, 문학이론 같은 오로지 문학적인 주제에 관해서만 서로 발표하고 토론을 나누고 있는 '문학살롱'의 모습을 엿볼 수 있으며, 이를 토대로 - 비록 허구적인 차원에서일지라도 - 당시의 모임에 가장 잘 부합하는 글로 해석해도 무방할 듯 싶다.[59]

이렇듯 모임에서의 활동적이고 주도적인 역할 이외에도 카롤리네는 또 다른 뛰어난 재능을 지니고 있었다. 그것은 다름 아닌 '번역가'로서의 카롤리네의 능력이다. 독일문학사에서는 흔히 아우구스트 슐레겔과 루트비히 티크가 총 12권의 셰익스피어 작품 전집을 완성했다고 전해진다. 그러나 그 전집 가운데 총 16개의 셰익스피어 작품은 아우구스트 슐레겔이 어린 시절부터 남다른 영어 실력을 지녔던 카롤리네의 도움을 받아 독일어로 번역한 것으로 추측된다. 그 점은 1799년 2월 4일 노발리스에게 보낸 편지의 짧은 대목을 통해서 암시되고 있다. "우리는 부지런하며 매우 행복합니다. 올해 초부터 나는 빌헬름의 방에서 거의 나오지 않아요. 나는 셰익스피어의 두 번째 작품을 번역하였고 약강격, 산문, 때로는 운율도 맞추고 있어요."[60] 이와 같은 번역가로서의 카롤리네의 모습은 간접적으로 루트비히 티크에 의해서도 확인된다. 젊은 시절 잠시 예나에서 슐레겔 형제와 함께 활동했던 티크는 30년 정도 지난 후인 1834년 『여름휴가여행』(Sommerreise)이라는 소설을 발표하였다. 사실과 허구가 뒤섞인 그 여행소설에서 주인공 페르디난드 - 이 인물은 작가 티크를 상기시키는데 - 는 자신이 젊었을 때 머물렀던 예나에 관한 당시의 이야기를 전해준다. 그곳에서 슐레겔 형제, 노발리스, 셸링 등을 만나 그들과 모임을 형성했던 일뿐만 아니라 카롤리네의 죽은 어린 딸 아우구스테가 묻혀 있는 교회의 무덤을 찾아갔던 등의 일화가 그려진다. 특히 무덤 장면에서 아우구스테뿐만 아니라 카롤리네에 관한 기억을 떠올리며 그녀가 아우구스트 슐레겔의 번역 작업 및 여러 문학적 작업에서 얼마나 중요한 역할을 수행했는지를 알려 준다.

> 이 여성(카롤리네: 역주)은 슐레겔(아우구스트 슐레겔: 역주)이 그의 시와 번역에 대해 그녀에게 자문을 구할 정도로 정말 예리하고 능숙하게 귀 기울일 줄 알았으며, 또한 슐레겔이 서너 개의 여러 독본 사이에서 불확실할 때 그가 어떤 독본을 아주 편안한 독본으로 혹은 가장 적합한 독본으로 선택해야 좋을지를 언제나 결정해 주곤 했다.[61]

이처럼 그녀가 번역에 공동 참여했음에도 불구하고 셰익스피어 독일어 번역집에서는 그녀의 이름을 결코 찾을 수 없다. 자의반, 타의반 그 나름의 이유가 있겠지만 어쨌든 여성작가의 역량은 그렇게 남성작가들의 그림자에 의해 가려지고 말았다. 그녀의 문학적 능력은 번역뿐만 아니라 뛰어난 상상력을 발휘하는 창조적 편지 쓰기에서도 발현된다. 1800년 1월 경 셸링에게 보낸 편지의 한 대목은 카롤리네의 뛰어난 문학적 상상력과 글솜씨를 보여주고 있다.

> 친구여, 나는 오늘 이른 아침 먼 길을 왔으며, 어떻게 빛나는 대지가 처음엔 굳어졌다가 거품을 만들어내는지를 보고 있었습니다. 그 거품에서 산이 생성되었고, 이 모든 현상이 내게 잘 이해되는 것 같았습니다. 정말이지 우리가 물질을 미리 갖게 된다면, 우리는 가벼운 유희를 하면서 원하는 대로 사물들의 형상을 만들어 낼 수 있겠지요.[62]

"이른 아침 먼 길을 왔으며"라는 표현은 자신을 시대에 앞선 자로, 먼 곳에서 때 이르게 찾아온 이로 가리키고 있으며, 나아가 물질의 유희적 상상을 펼칠 수 있는 창조적, 작가적 능력을 소지한 이로 간주하고 있다. 이 밖에도 노발리스가 카롤리네에게 보낸 1799년 1월 20일자 편지도 그녀가 얼마나 뛰어난 학문적, 문학적 능력을 지녔는지를 시사해주고 있다. 티크의 번역물 『돈 키호테』뿐만 아니라 리터, 셸링, 스피노자, 플로틴, 괴테, 라이프니츠 등과 관련된 다양한 철학적 사상이 그 편지에서 거론되고 있다. 이처럼 노발리스가 어려운 사상을 카롤리네에 전하고 있다는 것 자체는 곧 그녀의 학문적 능력을 간접적으로 반증해주고 있다.

> 자연의 뛰어난 점을 이 분들은 명확하게 보고 있지 않아요. 피히테는 그의 친구들을 부끄럽게 만들 것입니다. 헴스터휘스는 물리학을 향한 저 신성한 길을 충분히 명확하게 예감하고 있어요. 스피노자에게서도 자연 지성의 신적인 불꽃이 피어 있습니다. 플라톤으로부터 자극받은 플로틴은 처음으로 순수한 정신으로 성전으로 걸어갔습니다. 이후 그 누구도 다시금 그런 성전 안으로 돌진하지 못하고 있습니다. 많은 고문서에는 비밀스러운 맥박이 뛰고 있으며 보이지 않는 세계와의 접촉 지점, 즉 생명의 도래를 가리키고 있습니다. 괴테는 그런 물리학의 사제가 되어야 합니다. 그는 성전에서의 봉사를 완전히 이해하고 있습니다. 라이프니츠의 변신론은 항상 그런 영역에서의 뛰어난 시도였지요. 미래의 물리학은 그와 유사한 어떤 것이 될 것입니다. 물론 멋진 문체로 씌어지겠지요. 이제 물리신학에서 경탄 대신에 다른 언어를 사용할 수 있으면 좋을 텐데요.[63]

5. 행과 불행의 갈림길 - 다시 한 번 사랑을 찾아서

안타깝게도 예나에서의 행복한 삶의 3막은 그리 오래 지속되지 않았다. 동정심에서 이루어진 아우구스트 슐레겔과 카롤리네의 부부 생활은 끝내 암초에 부딪히고 마는데, 그 원인 제공자가 아우구스트 슐레겔인지 아니면 카롤리네인지는 아직 정확히 밝혀지지 않고 있다.[64] 1798년 예나에 도착한 스물세 살의 젊은 셸링은 슐레겔 형제를 비롯한 초기낭만주의자들과 자주 교류하였고 특히 아우구스트 슐레겔의 집에서 자주 식사를 할 정도로 매우 가깝게 지냈으며, 그때부터 카롤리네는 셸링의 범상한 능력에 큰 관심을 가졌던 것으로 보인다. 프리드리히 슐레겔에게 보낸 1798년 10월 14일자 편지에서 카롤리네는 젊은 셸링을 다음과 같이 극찬하고 있다. "이제부터 셸링은 그가 말한 대로 스스로를 벽 안에 가두겠지만 틀림없이 지속되지 않을 것입니다. 믿어 보세요, 그는 당신이 인정한 것보다 인간으로 더욱 흥미로우며, 정말이지 온전한 자연물, 광물, 순수한 화강암처럼 보입니다."[65] 1799년 2월 4일 카롤리네가 노발리스에게 보낸 편지는 겉으로는 셸링에 대한 그녀의 반감 섞인 어투로 씌어 있지만, 그 이면에는 그녀의 애정 어린 내밀한 감정이 싹트고 있음을 충분히 읽을 수 있다.

> 셸링에 관해서는, 그렇게 깨지기 쉬운 껍질은 결단코 없었던 것 같아요. 나는 싸움 없이는 6분도 그와 함께 있지 못함에도 불구하고, 그는 이 일대에서 내가 알고 있는 가장 흥미로운 사람이며, 나는 우리가 그를 더욱 자주 보고 더욱 친밀해지길 바라고 있어요.[66]

물론 셸링에 대한 묘한 감정은 아직 완전한 사랑으로 발전하지 않았다. 1800년부터 베를린에서 강의를 맡았던 아우구스트는 때론 혼자서, 때론 카롤리네와 함께 베를린에서 체류하기도 했다. 남편이 베를린으로 잠시 떠났을 때 혼자 예나에 남은 카롤리네는 셸링과 정신적으로 더 친밀하게 지냈다. 남편과 소원한 관계에 놓여 있던 카롤리네는 나이 차이가 있는 젊은 청년이 자신에게 더욱 가까이 다가오자 상당한 부담을 지녔던 것으로 보인다. 그 점은 다음과 같은 편지 대목에서 읽을 수 있다. "그(괴테: 역주)는 아버지로서, 나는 어머니로서 당신을 좋아하고 있으니, 얼마나 멋진 부모를 당신은 두고 있습니까. 우리 서로의 감정을 욕되게 하지 말아요"[67] 자신을 '어머니' 같은 여인으로 명명함으로써 카롤리네는 셸링과 거리감을 취하려 했다.

그러나 점차 두 사람의 관계는 사랑하는 사이로 발전하였다. 1800년에 갑작스러운 질병(발진티푸스)으로 카롤리네는 6주 이상의 심각한 중증 치료의 요양을 받았으며, 이때 셸링은 카롤리네의 딸 아우구스테뿐만 아니라 카롤리네를 지극히 돌봐줌으로써 두 사람은 더욱 가까워졌다. 그런데 이 시기에 크나큰 불행이 그녀에게 닥쳤다. 그녀가 중증에서 회복한 후 얼마 지나지 않은 1800년 7월 12일 지금까지 동고동락해왔던, 삶의 동반자와도 같았던 큰딸 아우구스테가 이질에 걸려 십오 세의 나이로 갑작스럽게 죽음을 맞이하였다. 친구 고터에게 보낸 편지에서 그녀가 남긴 "나는 반쯤 겨우 버티고 있으며 그림자처럼 대지 위를 떠돌고 있어"(Ich lebe nur noch halb und wandle wie ein Schatten auf der Erde)[68]라는 구절은, 그녀가 얼마나 거대한 정신적 충격을 입었는지를 잘 표현해주고 있다. 엄마와 함께 삶의 온갖 고통을 짊어졌던 어린 딸의 이른 죽음은 슐레겔 형제, 도로테아, 셸링, 티크 등 카롤리네의 모든 지인들에게도 충격적이었다. 셸링은 "자기 인생 중 가장 고통스러운 사건"(die schmerzlichste Begebenheit meines Lebens)이라고 했으며, 별거 중이었던 남편 아우구스트 슐레겔도 "그 죽음에 나는 울음을 멈출 수가 없었으며 그 첫 소식을 듣자마자 거의 미칠 지경이었다"[69]라고 말했다. 그렇지만 어린 딸의 죽음으로 완전히 넋이 나간 카롤리네에 대하여 세상의 인심은 무정했고 사나웠다. 예나에서 그녀의 활동과 삶을 혐오했던 이들의 입에서는 '셸링과의 불륜적 사랑으로 인해 그 벌로 딸을 잃은 것'이라는 비인간적인 소문이 나돌았다.

카롤리네는 자신의 삶이 무너진 듯한 상태에서 심한 우울증에 시달렸다. 일 년여 베를린에 머물면서 다시 건강을 되찾고 예나로 돌아온 카롤리네는 아우구스트 슐레겔과 별거 상태에 들어갔으며 이때 셸링과 더 가깝게 지냈다. 1801년 3월 경에 셸링에게 보낸 편지에서 카롤리네는 다음과 같이 자신의 심정을 고백하였다.

> 그래요, 나는 나 자신을 사랑에 내던졌기에 범죄를 저지르고 말았어요. 그러나 사랑의 구속과 관련해서 말하자면, 그것은 과거에도 신

성했고 현재에도 신성합니다. 그것은 어떤 자유로운 의식의 결핍이 아니며 사랑의 불완전함도 아니예요. 당신을 향한 저항하기 어려운 끌림이 그런 사랑을 깨트렸다는 점에 대해 당신은 나를 결코 용서하지 않으실 것인가요? 우리와 같은 마음의 소유자들에게는 치유할 수 없는 것은 없습니다. **어쨌든 나는 부도덕하지 않았으며 대담했습니다!** 용서해주세요. (...) 모든 것을 심사숙고해 주세요. 내 모든 존재는 당신의 손안에 놓여 있습니다. 나를 혼란스럽게 하지 말아주세요. 나는 내가 당신을 사랑하며 당신이 나의 유일무이한 기쁨이라고 느끼고 있습니다. 셸링, 나를 사랑해주고 믿어주세요.[70]

12살 아래인 젊은 학자와 유부녀 간의 사랑은 사회의 온갖 악담, 저주, 조롱에 시달렸으며, 1803년 2월 18일자 편지에서 카롤리네는 "수 백 개의 널리 살포된 거짓은 결코 사실이 아님을 나는 굳이 확언할 필요가 없을 것 같아요"[71]라고 말하면서 셸링과의 관계가 단순한 불륜이 아니라 진정한 사랑임을 당당히 주장한다. 물론 별거와 이혼 절차를 밟게 된 비극적인 상황에서 그녀는 때론 자살 같은 극단적 생각도 가졌던 것으로 보이며, 친구 고터에게 보낸 다음과 같은 편지 구절은 당시의 처절한 심정을 암시한다.

나는 이제 모든 것을 잃어버렸어, 나의 귀중한 친구여, 내 인생의 삶이 사라졌으며, 나 자신을 해방시키기 위해 나로부터 저 마지막 껍질을 내던져 버린다면 사람들은 나를 아마도 용서해주겠지. 그러나 그 점에서도 나는 이미 얽매여 있어. 하늘이 원하는 한 나는 그런 현존재를 계속 유지해야만 해. 다만 그 대가로 내가 단연코 바랄 수 있는 유일한 것은 오로지 평온뿐이지, 나의 주변 환경 속에서의 참된 평온과 조화 말이야.[72]

1803년 아우구스트 슐레겔과 카롤리네의 이혼은 두 사람의 청원으로 정식으로 받아들여졌다. 카롤리네와 도로테아 파이트 등은 각기 이혼을 거쳐 재혼의 삶을 살았으며, 특히 카롤리네의 경우 재혼을 두 번 했다. 이처럼 카롤리네가 진정한 사랑을 찾아갈 수 있었던 것은 일차적으로 "저는 부도덕하지 않았으며 대담했습니다"라는 강인한 자의식에서 나온 것이지만, 다른 한편 18세기 계몽주의 이후 이혼이 합법화되는 경향이 사회적으로 조성되었기 때문이기도 했다. 과거 기독교 전통 내에서는 "죽음이 그대들을 갈라놓기 전까지"(bis dass der Tod Euch scheidet)라는 종교적 불문율로 인해 부부의 이혼이 힘들었지만, 이미 16-17세기 종교개혁을 거치면서 가톨릭 교회 내에서도 - 물론 여성이 다시 재혼하지 않는다는 조건이 뒤따랐지만 - 점차 이혼이 인정되기 시작하였으며, 17세기 중반에 들어서는 개신교 내에서도 소위 "부부 별거와 이혼"(Trennung von Tisch und Bett: 식탁과 침대의 분리)이 점차 승인되었다. 가령 1749년 프로이센의 경우 '부부의 합의 이혼'은 마침내 법으로 제정되기도 했다.[73] 물론 사회적으로 이혼이 합법화되었을지라도 사회적 관습과 지인들의 이목 때문에 이혼 결단은 여성에게 그리 쉬운 일이 아니었다. 그런 상황에서 초기낭만주의를 주도적으로 이끌었던 카롤리네를 비롯한 여성들은, 비록 아내, 과부, 이혼녀 등 다양하게 명명되었을지라도, 사회적 관습과 도덕 등에 맞서는 과정을 통해 자신의 진정한 사랑을 찾아 나섰던 것이다. 1800년 10월로 추정되는 셸링에게 보낸 편지에서 카롤리네는 다음과 같이 삶과 평화를 도출해 내고 싶은 자신의 마음을 드러낸 바 있다.

> 나는 내가 $\frac{죽음}{고통}$ x $\frac{기쁨}{사랑}$에서 삶과 평화를 끄집어낼 수 없는지를 시험해 보아야 할 것 같아요. 이러한 공리가 나의 경우 어디에서 오는 것인지에 대해 당신은 내게 예리하게 물어보지는 않겠지요. 그것을 어디서 가져온 것인지 답변을 제시하고 무언가 확신해 한다면, 유감스럽겠지만요.[74]

일반적인 곱셈 공식에 의하면 $\frac{2}{3}$ X $\frac{1}{2}$ = $\frac{2x1}{3x2}$ = $\frac{2}{6}$ = $\frac{1}{3}$ 이 된다. 그렇다면 $\frac{죽음}{고통}$ X $\frac{기쁨}{사랑}$ 의 분수 곱셈은, $\frac{죽음 x 기쁨}{고통 x 사랑}$ 으로 치환되며 그 답으로 삶과 평화를 얻게 된다. 그렇다면 분자와 분모에는 무엇이 자리하는 것일까? 죽음과 기쁨의 결합에 '삶'이 있고, 고통과 사랑의 결합에 '평화'가 있게 되어 그 결과 $\frac{삶}{평화}$가 되는 것일까? 아니면 정반대로 죽음과 기쁨의 결합에 '평화'가 있고 고통과 사랑의 결합에 '삶'이 있어 그 결과 $\frac{평화}{삶}$가 되는 것일까? 어쨌든 '죽음과 고통'이 각기 '기쁨과 사랑'과 결합함으로써 그 결과로 '삶과 평화'를 얻게 된다면 그 자체로 만족해야 할 뿐 더 이상의 물음과 대답이 불필요할 것이다. 그렇다면 이러한 수학적 표현은 무엇을 암시하는 것일까? 아마도 카롤리네가 지금까지 걸어왔던 삶이 진정한 삶이 부재한, 오로지 '죽음과 고통'으로만 점철된 비극적인 과정 자체였다면, 이제 셸링(기쁨과 사랑)을 만나게 됨으로써 마침내 '진정한 평화로운 삶'을 얻을 수 있을 것이라는 카롤리네의 기대감이 표출되고 있는 듯 하다.

1803년 이혼 후 몇 달이 지나서 카롤리네는 셸링과 결혼하였고 셸링이 뷔르츠부르크에서 새로운 교수직을 얻게 되자 두 사람은 예나를 떠났다. 1806년 셸링은 더 좋은 조건으로 뮌헨에 있는 <조형예술 아카데미>의 사무총장 자리를 받아들였고 다시 두 사람은 대도시 뮌헨으로 이주했다. 뮌헨에서 카롤리네는 예나에서와는 달리 조용히 생활하였으며 이따금 예나의 옛 친구들(전 남편 아우구스트 슐레겔, 스타엘 부인, 티크, 브렌타노, 베티나 폰 아르님 등)이 방문했을 때 재회의 기쁨을 나누곤 했다. 예나에서의 모임은 이미 소중한 과거가 되어버렸고, 그녀는 더 이상 새로운 학문적, 예술적 모임을 형성하고 싶은 충동이나 생각을 갖지 않았다. 몸과 마음이 지친 그녀에게는 오로지 휴식과 안정만이 필요했다. 그러나 행복은 잠시 뿐이었다. 도보로 셸링 부모 집을 방문한 여행 이후 그녀는 갑자기 쇠약해졌고 결국 1809년 9월 7일 첫째 딸 아우구스테처럼 이질에 걸려 갑작스럽게 마흔여섯 살의 젊은 나이로 생을 마감하였다. 당시 추도사에서 셸링은 자신이 사랑한 카롤리네의 죽음과 관련하여 다음과 같은 진한 이별의 아픔을 남겼다.

> 그녀는 독특한 사람이었고 그녀에 대한 사람들의 호불호는 갈릴 수밖에 없었을 것입니다. 마음의 중심을 겨냥하는 그런 힘을 그녀는 평생 간직하고 있었습니다. 우리는 아주 신성한 운명의 끈으로 하나가 되었으며, 가장 고통스러울 때나 가장 불행할 때에도 서로 변함없이 지냈습니다. - 그녀가 내게서 사라진 이후 모든 상처에서 피가 흘러나오고 있습니다. 존재했던 그대로 그녀가 내게 존재하지 않기에, 저는

인간으로서 그녀를 애도하지 않을 수 없으며 또한 정신의 거장이 더 이상 존재하지 않는다는 사실에 슬퍼하지 않을 수 없습니다. 그녀는 가장 여성스럽고 온화하고 사랑스런 마음의 예지력과 남성의 위대한 영혼, 가장 예리한 정신을 서로 결합한 아주 드문 여성입니다. 정말이지 그런 특성은 결코 다시는 찾을 수 없을 것입니다.[75]

기젤라 디슈너는 카롤리네의 삶을 "시민적 고독"(bürgerliche Vereinzelung)과 "낭만적 사교성"(romantische Geselligkeit) 사이에서 오가는 삶이라고 해석한 바 있다. 여기서 '낭만적 사교성'과 관련해서는 좀 더 세밀한 이해가 요구된다. '낭만적 사교성'은 대도시 베를린에서 엿볼 수 있던 '계몽적 사교성'과 동일시되기보다는 프랑스 혁명에서 발현된 공화정 이념 및 자유, 평등, 형제애 같은 사상을 포에틱한 방식으로 표현한 것이다. 그런 낭만적 사교성은 어쩌면 시민적 고독과 불가분 모순적 관계를 맺을 수밖에 없는데, 즉 양자는 '사교적일수록 고독할 수밖에 없는 모순성'을 이룬다. 어쩌면 카롤리네의 삶은 "시민적 고독과 낭만적 사교성" 사이에서 결코 조화와 화해를 찾지 못한, 궁극적으로 분열된 삶이라고 해도 과언이 아닐 듯 싶다.[76] 그녀의 삶 자체는, 어느 시기든, 어느 장소든, 그런 분열된 양면적 특성을 가질 수밖에 없었다. 첫 번째 남편 뵈머와 함께 지냈던 소도시 클라우스탈에서는 개인적 고독 속에서 낭만적 사교성에 대한 욕망이 꿈틀거렸으며, 정치적 변혁을 위한 독일 자코뱅 당원들과의 활발한 사교에서는 그녀의 개인적 고독이 남아 있었으며, 예나에서 친구들과 낭만적 사교 모임을 형성하면서 혁명적인 낭만주의 문화를 열어 놓으려 했던 그녀였지만 결국 저 거대한 보수적인 문화 세력의 벽을 뛰어넘지 못한 나머지 다시금 시민적 고독에 젖고 말았다. 정치적, 문화적 차원에서 인간의 평등 관계를 원했던 카롤리네의 급진적인 사유는 보수적인 독일의 제도권 내에서 결코 온전하게 수용되지 못한 채 언제나 "마담 루시퍼"라고 박해 받을 수밖에 없었다. 이와 같은 카롤리네 수용과 관련해서는 괴테의 『파우스트』 2부에서 미의 여신 헬레나가 자신을 소개하는 식의 언술이 어쩌면 가장 적절할 수 있을지도 모르겠다. 즉, "찬사를 많이 받고 욕설도 많이 받는 헬레나입니다"(bewundert viel und viel gescholten, Helena)[77] 라는 양면적인 언술 말이다. 그런 헬레나의 양면성을 암시하려는 듯 카롤리네 자서전 집필자 마르틴 로이레케(Martin Reulecke)도 '카롤리네야말로 주변으로부터 찬사를 많이 받고 욕설도 많이 받는 여인'이라고 부연한 바 있다.[78] 이와 같은 찬사와 비난의 역설은 카롤리네가 근본적으로 자신에 대해 당당한 여성이었기에 가능하지 않을까?

사십육 년이라는 비교적 짧은 그녀의 삶은 매 시기 굴곡, 음영, 영욕을 맞이함으로써 평범한 인간이 짊어지기에는 너무나 버거운 삶의 연속이었다. 그와 같은 그녀의 삶과 그녀가 남긴 각종 편지 등에 대해서는 다음과 같은 모순적 표현들로 요약될 수 있을 것이리라.

> 카롤리네의 삶은 사십육 년 지속했다. 그 삶은 다양했다. 모순으로 가득할 정도로 다양했으며, 채워지지 않았지만 동시에 채워지기도 했다. 카롤리네는 우리에게 많은 편지를 남겨 주었다. 그것은 친구와 지인에게 보낸 내밀하고 솔직한 자기 자신의 진술이었으며, 고독과 절망에서 씌어진, 일기 같은 자기 분석과 시대 분석의 시도였다. 그 편지들은 흡사 정치적 도큐먼트로서, 초기낭만주의의 증거로서, 한 위대한 인간의 개인적 고백으로서 자극을 불러일으킨다. 그런 편지를 카롤리네 스스로 명명한 대로 우리는 '특별한 헝클어진 사건들의 도큐먼트'로 읽어야만 할 것이며, 하나의 중요한, 우리에게 '흥미로운 경험'으로서 그 편지들을 '필요로 해야 할' 것이다.[79]

그러나 그녀의 짧은 생애의 재구성 작업은 그리 쉽지 않다. 모든 자서전 집필자들이 그렇듯이, 카롤리네 자서전 작업과 관련해서도 집필자들 간의 과도한 경쟁의식으로 인해 상호 비판, 나아가 상호 비난도 엿볼 수 있다. 그 원인은 '객관적 자료에 충실하여 자신만이 카롤리네에 관한 진리를 전하는 자서전을 쓴다'는 지나친 맹신과 자신감에 있다. 잘못된 자료에 기반을 둔 작업은 당연히 비판될 수 있지만, 카롤리네의 경우 자서전의 진위, 타당성, 설득력 등과 관련하여 많은 집필자가 서로 다른 관점 하에서 카롤리네를 해석해왔기 때문에 적지 않은 문제점이 야기된다. 나아가 수용적 차원의 경우 주로 편지로만 전해진 카롤리네의 삶의 기록에서 특정한 대목, 그것도 감성적인 키치 같은 구절 등을 내세워 인물상을 왜곡시키는 사례도 자주 제시된 바 있다. 특히 독일이 분단되었을 당시 서독과 동독에서 이데올로기적으로 서로 다른 식의 자서전을 통해 상이한 카롤리네 모습을 재구성했던 것도 적지 않게 문제적이었다. 나아가 독일 통일 이후 자서전 집필 경향은 더욱 복잡한 문제점을 낳고 있는 바, 즉 과거와는 완전히 다른 관점에서 자서전 집필이 시도되고 있기 때문이다. 이 밖에도 주로 남성 작가들에 의해 집필된 카롤리네 전기들에는 커다란 문제점이 내재되어 있었다. 지난 백년 동안 출간된 카롤리네에 관한 사십 여권의 전기물을 분석한 프란치스카 마이어는 특히 남성적 정전화 및 규범화 관점에서 씌어진 모든 카롤리네 전기물을 향하여 다음과 같이 페미니즘적 관점에서 강하게 비판하고 있다.

> 카롤리네 슐레겔-셸링에 관한 전기적 텍스트는 무엇을 항하는가? 이와 같은 여러 전기를 동시적으로 독서한 실상을 요약하면, 그 결과는 걱정스럽다. '아주 유일무이한 여성'의 구성에는 다른 삶의 가치에 대한 평가 절하가 녹아 있다. 여기서 제시된 구성물에 나타난 여성적 인물에는, 남성 세계와 관점의 동반자로서 세세하게는 아니지만 동시대인들 속에의 지양 상태가 시인되고 있다. 카롤리네 자서전은 남성적 정전을 제도화하는 형식이며 또한 젠더 편파적인 장르 규범을 장려하는 효과적인 형식이다. 전문적인 지각 전략을 공고화하는 데 있어서 카롤리네 전기는 여성들의 텍스트와 삶을 베껴내는 정전화의 형식이다.[30]

어쨌든 자서전의 타당성 및 정당성 여부와 관련된 복잡한 다양한 문제점에도 불구하고 카롤리네의 자서전 집필자였던 엑카르트 클레스만(Eckart Kleßmann)은 카롤리네의 삶과 글쓰기를 가장 적절하게 언급해 준 바 있다.

> 당시 한 여성이 대변한 것으로 보이는 문제들, 여기서 대략 제시해 볼 수밖에 없는 문제들, 그것은 카롤리네의 삶에서도 나타나는 문제들이다. (...) 1763년에 여자로 태어났다는 것은 무엇을 뜻하는 것일까? 그

것은 대부분 자신의 의지를 다른 이들, 즉 남자의 의지에 굴복시키고 종속시키는 것을 뜻한다. 파트너로 존재하는 것이 아니라 대상으로 존재할 뿐이다. 교육이나 법 앞에서의 평등, 직업에 대해 아무 요구를 제시하지 못한다. 자신의 육체와 소망에 아무 권한을 부여하지 못하며 평생 열등적 가치의 인간을 구현해야 하는 - 신이 그것을 원했다고 했기에 - 식으로만 의식하고 살아가는 것이다. 그렇지만 이런 상황은 곧 모든 것을 받아들이지 않는다는 것을 뜻할 수 있으며 나아가 사회를 화해할 수 없는 적으로 삼아야 하는 것을 뜻할 수도 있다. 비록 소수의 숫자이지만 그런 여성들이 있었다. 카롤리네가 그런 여성들에 속해 있었다. 사십육 년간 그녀의 삶은 자아실현을 위해 한 여성이 벌였던 사십육 년간의 투쟁이었다.[81]

클레스만은 18세기 중후반기에 여성으로 태어났을 때의 사회적으로 불평등한 상황을 매우 적절하게 묘사해주는 가운데, 강한 자의식으로 무장하여 사회적 불평등에 대항했던 카롤리네의 삶과 의식, 그녀의 존재적 의미를 "사십육 년간 그녀의 삶은 자아실현을 위해 한 여성이 벌였던 사십육 년간의 투쟁이었다"라는 압축적인 문장으로 정리해 줌으로써 강렬한 분석을 제시한 바 있다.

6. 맺음말

짧은 삶 동안 카롤리네는 자의반 타의반 스스로 다양한 역할을 도맡았다. 자신에게 닥친 행과 불행의 삶 속에서 수시로 딸, 아내, 엄마, 자매, 과부, 연인, 이혼녀, 재혼녀 등 사적인 영역에서 다양한 역할을 도맡을 뿐만 아니라 자코뱅당을 추종하는 혁명주의자, 낭만주의자, 번역가, 살롱 호스트 등 사회적 영역에서도 활발히 활동하였으며, 문학적 영역에서는 끊임없이 편지 쓰기를 통해 자기 자신을 찾고자 했던 여성 편지작가(Briefschriftstellerin)로서의 위상도 지니고 있다. 다른 낭만주의 여성작가들과 마찬가지로 그녀에게도 편지는 일차적으로 일상과 환경, 자신의 다채로운 경험 등을 글로 옮기고 전달하는 수단이었지만 동시에 자기 자신을 분석하고 자기 자신의 욕망과 소망을 구현해보고 싶은 독백적 글쓰기의 장이기도 했다. 예나의 초기낭만주의자들 가운데 도로테아 파이트, 조피 메로 등은 주변 남성 작가의 도움을 받아 다행히 자신의 문학작품을 출간할 기회를 얻을 수 있었다면, 이와 달리 라헬 레빈과 카롤리네는 생존시 '위대한 작품'에 대한 욕망을 지닌 작가적 위상의 관심보다는 오로지 편지 쓰기를 통해 스스로를 작가적으로 시험했을 뿐이었다. 물론 이들은 후대에 비로소 '걸출한 여성 편지작가'로 인정받게 되었다. 어쩌면 그들은 '삶의 작품'을 쓸 필요가 없었을지도 모른다. 왜냐하면 그들의 삶 자체가 이미 하나의 '비극적인 위대한 작품'과도 같았기 때문이다. 특히 카롤리네처럼 드라마틱하고 비극적인 삶의 여정을 걸어온 여성작가는 문학사에서 존재하지 않는다.

이미 살펴보았듯이, 그녀의 삶은 크게 세 영역으로 나뉜다. 첫 번째는 아주 사적인 영역에 제한된 삶인데, 이는 첫 번째 결혼 생활을 보냈던 클라우스탈, 소녀 시절 및 사별 후에 짧은 기간을 보냈던 괴텡엔, 마르부르크 등에서의 삶이 해당된다. 두 번째는 짧은 기간 동안 급진적인 정치적 의식을 지녔던 마인츠에서의 삶이며, 세 번째는 초기낭만주의자들과 함께 공동의 낭만적 프로젝트를 실현하고자 했던 예나 시절의 삶이다. 각각의 시절마다 카롤리네는 모두 절정과 추락, 극도의 환희와 고통을 경험했으며, 더욱이 그것을 세 번 반복적으로 경험한다. 그녀의 편지를 읽으면, 마인츠와 예나 시기의 정치적, 미학적 여러 사건과 관련된 글쓰기는 탁월한 판단을 보여주고 있으며, 클라우스탈, 괴팅엔, 마르부르크 시절의 사적인 불행이 담긴 글쓰기는 자기분석적인 색채를 띠며, 셸링과의 편지에는 사적인 사랑과 행복을 향한 솔직하고도 담대한 열정으로 가득하다. 정치적 의식에서나 사적인 사랑의 감정에서도 그녀는 매우 급진적이고 파격적인 자의식을 보여줌으로써 20세기 중후반기의 페미니스트들에 의해 재발견되어 우상화되고 있다.[82] 18세기 여성작가들은 비록 오늘날 페미니즘 작가들이 내세우는 '여성

해방' 같은 이념적 의식을 명확하게 제시하지는 않았을지라도 자의식, 자아 실현 등을 강조하고 있다는 점에서 카롤리네는 충분히 페미니즘의 선구자로 자리매김될 수 있다. 물론 이러한 해석에 대해 클레스만은 조심스럽게 우려를 표명한 바 있지만 말이다. "그녀(카롤리네: 역주)는 정신적 독립이라는 의미에서 해방된 것일 뿐 결코 페미니스트가 아니었다. 왜냐하면 그녀의 삶의 실현은 남성에 대항하거나 남성 없이라기보다는 남성과 함께 해야만 이루어질 수 있기 때문"이었으며, 결국 그녀에게는 "남성적 원칙과 여성적 원칙의 총체성"(die Totalität des Männlich-Weiblichen-Prinzips)이 중시되었다고 할 수 있다. 남녀로 구성된 총체성이 곧 "인간 존재"(das Menschsein)를 가능하게 하는 바, "인간 존재는 대립 대신에 쌍방향적 자유 속에서 함께 하는 존재의 요청을 내세우기 때문이다."[83] 이러한 클레스만의 시각은 조화, 공존 같은 이념에 뿌리를 둔 해석일 뿐이다. 그러나 남성과 여성 간의 조화로운 총체성은 18세기에서나 지금에도 현실적으로 불가능하며, 그런 현실에서 카롤리네가 찾고자 했던 것은 비록 실현 불가능한 이상이었을지라도 '인간으로서의 자기 자신'이라고 할 수 있다. 카롤리네의 편지 출간 작업을 도맡았고 그녀에 대한 뛰어난 평전을 집필했던 지그리트 담(S. Damm)도 그 점을 강조한 바 있다. 즉, 카롤리네는 스스로 결정하는 삶, 여성으로서가 아니라 "인간으로서 스스로를 실현하고자"(sich als Mensch zu verwirklichen) 했던 것이며, "그녀는 감히 살고자 했으며, 이것이 그녀의 전대미문의 대담함이다."[84]

카롤리네는 많은 지인과 육백여 통의 편지를 교환했다고 전해진다. 문학성이 뛰어난 편지가 아쉽게도 상당수 사라졌음에도 불구하고 일부 남아 있는 편지들은 그녀를 '여성 편지작가'로 인정하기에 전혀 손색이 없다. 다른 도시에서의 체류보다 예나에서의 체류 기간은 그녀에게 무척 특별했고 소중했었다. 셰익스피어 작품 번역의 숨은 조력자로서, 그리고 초기낭만주의의 태동과 발전을 위한 정신적 구심점으로서 그녀가 행했던 역할은 뒤늦게 인정되었는데, 예나 시는 그녀의 문학성과 정신성을 기리는 차원에서 2000년에 <카롤리네-슐레겔-상>(Caroline-Schlegel-Preis)을 제정하여 3년마다 에세이, 수필 영역에서 뛰어난 글을 발표한 작가를 선정하여 문학상을 수여해오고 있다. 그 상을 제정하는 짧은 전문은 예나의 초기낭만주의자들 그룹 내에서 그녀가 차지하고 있는 위상을 간결하게 잘 정리해주고 있다.

> 아우구스트 슐레겔과 프리드리히 슐레겔, 그리고 그들의 부인이었던 카롤리네와 도로테아를 중심으로 1800년 경 문인, 철학자, 자연과학자의 그룹이 형성되었다. 그 그룹은 '예나 초기낭만주의'로서 유럽의 문화사 내에 자리하고 있다. 새로운 형태의 '공존'(共存, Symexistenz)을 추구하면서 초기낭만주의적 살롱에서는 낭만적 사교성의 이상이 싹트게 되었다. 카롤리네 슐레겔의 편지와 많은 동시대인의 편지를 보면, 초기낭만주의에 끼친 영향에 있어서 그녀는 단순한 살롱참가 여성 그 이상이었음을 알 수 있다. 그녀 편지에 담긴 정확한 판단과 유쾌한 냉소를 대하면, 사유와 감정을 활발하게 교환하는 것에 본질을 두고 있는 지성인 그룹 내에서 그녀가 파트너이자 조언자이자 사교적 구심점이었음을 알 수 있다. 카롤리네가 사망한 후 그녀 남편이었던 자연철학자 셸링은 다음과 같이 쓴 바 있다. "… 정신의 거장이 더 이상 존재하지 않습니다. 가장 여성스럽고 온화하고 사랑스런 마음의 예지력과 남성의 위대한 영혼, 가장 예리한 정신을 서로 결합한 아주 드문 여성 말입니다."[85]

2장

"나는 비루한 중용의 삶으로 빈둥거리며 살 수 없어요"

도로테아 파이트-슐레겔

(Dorothea Veit-Schlegel, 1764-1839)

1. 비운의 '독일 유대인 여성작가'

도로테아 파이트-슐레겔은 독일 문학사에서 독일 초기낭만주의를 주도적으로 이끌었던 문학평론가 프리드리히 슐레겔의 부인이다. 슐레겔이 워낙 뛰어난 비평가와 작가로 인정되었기에 흔히 '슐레겔의 부인'이라고 명명되며, 이는 곧 그녀가 항상 남편의 그늘에 가려져 있었음을 말해준다. 카롤리네 뵈머-슐레겔-셸링의 이름에 세 개의 성이 나열되었듯이, 도로테아도 또한 이혼과 재혼의 길을 걸었기에 파이트와 슐레겔이라는 두 개의 성을 지닌다. 이 또한 심상치 않은 그녀의 삶을 암시한다. 카롤리네와 도로테아는 슐레겔 형제의 부인으로서 서로 동서지간이었고 또한 모두 이혼과 재혼 등을 경험했지만, 두 여성 사이에는 한 가지 중요한 차이점이 있다. 그것은 카롤리네가 독일 여성이었다면 도로테아는 - 그녀의 처녀 시절의 이름 '브렌델'(Brendel)에서 알 수 있듯이 - 유대인 가문 출신의 여성이라는 점이다.[1] 유대인 여성으로서 '브렌델/도로테아'는 사실 재혼한 남편 '프리드리히 슐레겔'의 그늘에 앞서서 또 하나의 거대한 그늘 아래에 놓여 있었다. 그녀의 아버지는 바로 계몽주의 시대의 대표적인 철학자, 특히 유대인과 계몽주의를 결합하는 소위 '유대 계몽주의'라 불리는 하스칼라(Haskala) 운동을 주도했던 모제스 멘델스존(Moses Mendelssohn, 1729-1786)이었으며, 그런 거대한 아버지의 그늘에 그녀는 가려져 있었다. 대표적인 계몽주의자 멘델스존의 둘째 딸로 태어난 도로테아는 어쩔 수 없이 '유대인 여성'이라는 제한과 구속의 삶을 살아가야만 했다. 사실 멘델스존이 주창한 유대 계몽주의는 가족 질서, 자녀 교육 등과 관련하여 남녀평등을 실현하지 못한 채 철저히 남성중심주의적, 가부장적 체제 하에서 계몽을 꾀하려 했던 운동이었기에 전혀 여성들에게는 희망적이지 않았다. '계몽주의는 전혀 계몽적이지 않았다'는 시각은 유대인 가정뿐만 아니라 독일 사회 전반에 깔려 있을 정도로 보편적이었으며, 그런 상황에서 유대 가문 출신의 여성들은 '유대인'과 '여성'이라는 이중적 고통을 감내할 수밖에 없었다. 도로테아는 그런 유대인으로서의 삶과 전통에서 일찍부터 벗어나고 싶었다. 사회와 가정 내의 열악한 불평등 상황 속에서 도로테아는 자신의 능력과 교양을 닦았다. 헨리에테 헤르츠, 라헬 레빈 등과 마찬가지로 그녀도 문학과 예술에서 남다른 능력을 보였으며, 특히 프랑스어 실력이 워낙 탁월하였기에 프리드리히와 결혼한 후 프랑스 책의 번역을 통해 생활비를 벌기도 했다.

1778년 열네 살의 나이로 도로테아는 아버지가 일찌감치 사위로 점찍어 놓은 은행가이자 사업가였던 지몬 파이트(Simon Veit)와 약혼하였고 열여덟 살이 된 1783년에 결혼했다. 사랑의 감정 없이 아버지의 권유로 자신보다 열 살 많은 지몬 파이트와 결혼한 후 그녀는 1787년부터 1793년까지 무려 네 명의 아들을 출산하였다. 두 명의 아들은 태어나자마자 일찍 사망했고 두 명의 아들만이 생존했다. 그녀의 결혼 생활은 전혀 행복하지 않았다. 지몬 파이트는 흔히 고루하고 엄격한 전형적인 유대인 가장이었으며, 도로테아가 참석했던 베를린의 헨리에테 헤르츠, 라헬 레빈의 살롱 내에는 지몬 파이트에 대한 부정적인 평판이 많았다고 전해진다. 그러나 최근 연구에 의하면, 지몬 파이트에 대한 당시 세간의 소문은 단순한 선입견에 지나지 않는다.[2] 유대인 여성들이 주도한 베를린의 대표적인 살롱으로 흔히 헨리에테 헤르츠, 라헬 레빈, 도로테아 파이트 등의 살롱이 거론되기도 하지만, 사실 이는 추측일 뿐 도로테아가 살롱을 운영했는지에 관해서는 확실한 기록이 전혀 남아 있지 않다. 그녀의 살롱이 존재했었다면, 아마도 참석자들이 많았던 헤르츠와 레빈의 살롱과 비교해 볼 때, 극히 적은 지인들만이 참석한 가벼운 '차모임' 형태로 존재했을 가능성이 높다.[3]

남편과의 불화 때문에 도로테아는 1797년부터 작은 방을 얻어 별거 상태에 들어갔으며, 그해 7월 그녀는 헨리에테 헤르츠의 살롱에서 만났던, 자신보다 여덟 살 아래의 젊은 천재적 비평가 프리드리히 슐레겔과 동거 생활에 들어갔다. 그들의 만남과 '사랑의 보금자리'(Liebesnest)는 순식간에 스캔들로 퍼져 나갔으며, 아직 정식 이혼을 하지 않은 도로테아는 베를린의 독일 및 유대인 사회에서 '비윤리적인 간통녀'로 낙인찍혔다. 그녀가 거대한 스캔들의 주인공이 되었던 까닭은, 그 유명한 계몽주의 철학자 멘델스존의 딸이었기 때문이었고 나아가 두 명의 아들을 둔 유부녀였기 때문이기도 했다. 도덕적 비난과 사회적 낙인 등에 맞서 도로테아는 유부녀 신분임에도 과감히 자신의 사랑을 추구하였기에 어쩌면 그녀야말로 흔히 말하는 '낭만적 사랑'을 진정으로 추구한 여인일 수 있다. 1799년 프리드리히 슐레겔의 『루친데』가 출간되었을 때 소설에서 강조된 '감각적이고 정열적인 사랑'이라는 주제는 흔히 프리드리히와 도로테아가 맺은 현실적 관계와 연관된 것으로 해석되었다. 어쨌든 애정 없이 보냈던 첫 번째 남편과의 십육 년 동안의 부부 생활, 그로 인한 끊임없는 마찰과 불화로 인해 도로테아와 지몬 파이트는 소위 유대인 '랍비 재판'(Rabbinatgericht)을 통해 마침내 1799년에 이혼하였다.

당시 이혼 조건은 도로테아가 둘째 아들 필립만 키운다는 것, 그리고 두 사람(도로테아와 아들)은 결코 기독교로 개종하지 않는다는 것이었다. 이러한 조건을 받아들이면서 도로테아는 이혼과 함께 자신의 이름을 개명했고, 이때 처녀 시절의 이름인 '브렌델'이 독일식의 '도로테아'로 바뀌었다. 이혼 절차가 완료된 후 얼마 지나지 않아 도로테아는 다음과 같이 자신의 심정을 밝혔다.

> 여러 논쟁과 말다툼, 그리고 많은 주저와 의심 끝에 마침내 파이트와 이혼한 지 3주가 지났습니다. **저는 혼자 지내고 있으며, 나를 오랜 노예 상태에서 해방시켜 준 저 난파선으로부터 아무 것도 구해내지 못했습니다.** 다만 극도로 절약해서만 살 수밖에 없는 아주 적은 수입, 무척 기쁜 마음, 나의 필립과 몇몇 지인들, 그리고 피아노 이외에는 아무 것도 없었습니다 (...)[4]

파경을 맞이한 결혼 상태를 배의 침몰인 '난파선'으로 비유하고 있으며, 흥미롭게도 부부 생활의 파탄은 생명을 앗아간 침몰이 아니라 오히려 "노예 상태" - 이 언어는 그녀의 결혼 생활이 얼마나 힘들었는지를 말해주는데 - 에서 벗어나는 긍정적인 계기로 간주되고 있다. 남편과 별거하고 정식 이혼을 기다리는 동안 그녀는 베를린의 여러 살롱을 방문하였으며, 특히 헨리에테 헤르츠의 살롱에 자주 참석하였다. 도로테아에 대하여 헤르츠는 당시 다음과 같이 묘사해준 바 있다.

> 그녀의 눈보다 아름다웠던 것은 없었다. 사랑스러운 심성과 환하게 피어난 정신이 그녀의 눈에서 빛나고 있었다. 그 눈 이외에는 아무 것도 없었다. 얼굴이나 모습, 그리고 평소 그리 아름답지 않은 여성들에게 엿볼 수 있는 예쁜 손과 발도 그 정도는 아니었다.[5]

이렇듯 빛나는 눈과 정신의 소유자인 도로테아는 헤르츠의 살롱에서 연하남 프리드리히 슐레겔을 만났다. 이혼 후 도로테아는 프리드리히와 함께 초기낭만주의가 태동한 작은 도시 예나로 거주지를 옮겨 1799년부터 1803

년까지 머물렀다. 흔히 남편을 위한 도로테아의 애정과 헌신이 비판되고 있지만, 사실 도로테아를 위한 프리드리히의 응원과 지원도 다른 여성들이 부러워할 만큼 대단했다. 특히 예나에서 동거하는 동안 프리드리히의 지원 덕분으로 그녀는 여성적 자의식으로 작가의 삶을 보냈는데, 초기낭만주의자들과의 '공동철학', '공동포에지' 같은 삶의 모토 하에 대략 1810년 정도까지 활기찬 작가로서의 삶의 시간을 보냈다. 세기 전환기에 비록 익명이었지만 프리드리히 슐레겔의 도움으로 그녀는 대표작 『플로렌틴』(Florentin, 1801년)을 출간했으며, 또한 『플로렌틴』의 2부로 집필되었으나 미완성에 그친 『카밀라』(Camilla, 1801)도 남겼다. 그 이외에도 애국소녀 잔 다르크를 다룬 프랑스 역사서인 기욤 쿠시노(Guillaume Cousinot)의 『오르레앙 소녀의 이야기』(Die Geschichte der Jungfrau von Orleans, 1802), 앙리 4세의 부인이었던 『마가레타 폰 발루아의 자서전』(Autobiographie der Magaretha von Valois, 1803) 등을 번역하기도 했다. 그녀의 대표적인 번역서로는 무엇보다도 프랑스 문학비평가 스타엘 부인(Madame von Stael)의 소설 『코린 혹은 이탈리아』(Corinne ou l'Italie, 1807)인데, 해방된 여성을 주인공으로 하는 이 작품을 번역하여 독일에 소개함으로써 도로테아는 비교적 커다란 문학적 성과를 거두었다. 또한 수많은 지인과 편지를 주고받음으로써 도로테아도 대표적인 낭만주의 여류 편지작가로 손꼽힌다.

1800년에 접어들면서 예나에서의 초기낭만주의 모임은 서서히 붕괴되고 젊은 문인들은 각자도생의 길을 떠났다. 1802년 파리로 잠시 거주지를 옮긴 도로테아와 프리드리히는 그곳에서 결혼식도 올리고 정식 부부의 삶을 살아갔다. 1804년 그들은 개신교로 개종하고 쾰른으로 돌아왔다. 1808년에 개신교에서 다시금 가톨릭으로 개종한 후 도로테아는 프리드리히와 함께 오스트리아 빈으로 거주지를 옮겼고 평생 그곳에서 지내면서 삶을 마감했다. 두 번의 개종(1804년 개신교, 1808년 가톨릭)을 통해 그녀는 유대교를 버리고 독실한 기독교 신자가 된 셈이다.[6] 18세기 초엽 이러한 개종 현상은 도로테아에게서만 목격되지 않는다. 이들 부부뿐만 아니라 형 아우구스트 슐레겔을 비롯하여 슐라이어마허, 티크, 브렌타노 등 거의 모든 초기낭만주의자들도 1804/05년을 기점으로 개신교에서 보수적인 가톨릭으로 개종하는 동시에 왕정복고의 추종자로 변신하였다. 독일의 경우 1810년부터 1830년까지는 '절대주의 왕정, 가톨릭, 가부장적 제도'가 상호 내밀한 관계를 형성하면서 사회적 지배력을 행사하였으며, 그런 보수적인 삼박자의 질서 속에서 도로테아가 자신의 비판적 의식을 간직하기는 매우 힘들었을 것으로 보인다. 개종 후에는 남편 슐레겔만을 위해 헌신적인 삶을 살아가려는 도로테아의 모습이 더욱 두드러지고 그 모습은 주변 지인들에게 그녀의 자주적, 주체적 의식의 상실처럼 비추어졌다. 어쨌든 1810년 이후 그녀의 삶은 거의 종교적이었으며 또한 문학적 차원에서 주목할 만한 글이나 작품은 찾아볼 수 없으며, 이는 매우 안타까운 점이기도 하다.

그녀의 삶은 라헬 레빈의 삶과 비슷하다. 즉, 그들은 독일 사회에서 '유대인, 여성'이라는 이중고에 시달리는 삶을 살았다. 유대인의 운명을 공유하고 있던 그들은 독일인 남편과 결혼하여 새로운 삶을 찾으려 했으며 나아가 여성이라는 사회적 한계를 뛰어넘으려고 부단히 노력하였다. 그래서 라헬의 경우 여러 이름이 가능하듯 도로테아도 마찬가지다. '도로테아 파이트, 브렌델 파이트, 도로테아 슐레겔' 등, 이 모든 이름은 동일 인물을 가리키지만 서로 다른 의미를 지닌다. 이름의 명명에는 각기 민족적, 종교적, 정치적 함의가 담겨 있다. 순수한 유대인으로 머물기를 원하는 파리아(pariah)의 관점에서는 '브렌델 멘델스존', '브렌델 파이트' 같은 유대인 이름이 강조되며, 이와 달리 독일인(즉 프리드리히 슐레겔)과 결혼한 아내, 독일 사회로의 동화가 강조될 경우 지몬 파이트와 결혼했던 사실보다는 그 대신 슐레겔과 동거한 시점에 얻은 '도로테아' 혹은 '도로테아 슐레겔' 같은 식으로 명명된다. 그녀를 '도로테아'라고 단순히 부르는 것은 두 가지 의미를 지닐 수 있다. 그것은 한편으로 '독일인'으로의 귀화를 함의할 수도 있지만, 다른 한편으로 '슐레겔의 아내'라는 명명에서 벗어나서 개인적 주체로서의 '도로테아'를 강조하는 것이다. 물론 유대인과 독일인이라는 두 민족성을 융합하는 관점에서 '도로테아 파이트', '도로테아 파이트-슐레겔'이라고 명명할 수도 있는데, 어쩌면 그런 명명이 독일인과 유대인 간의 민족적 갈등에서 벗어나서 중립적인 관점을 취하는 방식일지도 모르겠다.

2. 이혼과 재혼 - 새로운 삶을 찾아서

앞서 언급했듯이, 십육 년 동안 지속한 첫 번째 결혼 생활이 파국을 맞이하는 시점에 도로테아는 젊은 남친 프리드리히를 만났고 오 년 기간의 동거 생활 끝에 1804년 파리에서 재혼했다. 남편과 시아주버니 아우구스트 슐레겔, 그리고 손윗동서 카롤리네와 함께 도로테아가 예나에서 초기낭만주의자들의 공동체적 모임을 꾸려나갈 당시는 비록 경제적으로 풍요롭지 않았지만 정신적으로는 그야말로 행복한 나날의 연속이었다. 그러나 시아주버니와 손윗동서가 서로 불신 끝에 이혼하게 되자, 프리드리히와 도로테아는 파리로 삶의 터전을 옮겼다. 타지에서의 삶은 경제적으로 몹시 궁핍했지만, 그런 경제적 어려움 속에서도, 그리고 새로운 행복을 바라는 재혼의 생활 속에서 젊은 남편을 향한 그녀의 마음은 그야말로 지극정성이었다. 자신의 일기장에 도로테아는 프리드리히와 자신의 관계를 다음과 같이 밝힌 바 있다.

> *"그가 너의 주인이 될지어다!"*- 하느님의 이 말씀은 도덕률이 아니라 자연률이며 그 자체 애정 어린 경고이자 언명(言明)일거야. 남자들의 몰상식한 지배에 의해 여자들은 불행해질 수 있지만, 그러나 그런 지배가 없다면 여성들은 영원히 길을 잃을 것이며 거의 예외 없이 그럴 거야.[7]

"그가 너의 주인이 될지어다!"(Er soll dein Herr sein!)라는 창세기 구절을 통해 남성의 지배 및 여성의 의존성을 강조하고 있으며, 나아가 부당한 남성의 행위를 비판하고 있음에도 불구하고 궁극적으로는 '남성의 지배'까지도 서슴없이 수용하겠다는 식의 언술은 독자에게 불편한 당혹감을 준다. 그렇다면, 여성을 불행하게 만드는 남성의 지배를 인식하고 있는 가운데 용인된 '남성의 지배'란 도대체 어떤 의미에서의 지배일까? 위 인용문의 경우, 사실 십육 년 동안 '남성의 지배'를 경험했던 도로테아가 여성으로 하여금 글자 그대로 '폭력적인 지배'를 감내하도록 권하는 구절로 해석될 수 없다. 자세히 읽어 보면, '남성의 지배'를 진지하게 용인하고 있는 듯한 그 언술 자체에는 진지함이 결여되어 있다. 그녀의 언술은 남편에 대한 일종의 익살스러움처럼 읽히며, 그런 점은 1799년 여름 슐라이어마허에게 보낸 다른 편지에서도 읽을 수 있다. "프리드리히에게 우리가 신전을 지어주었으면 좋겠어요. - 그 이상이 아니더라도 어쨌든 그는 신이예요"[8] 이러한 언술은 남성의 신격화 같은 식의 진지한 의미를 지니기보다는 재미있는, 약간 과장된, 장난스러운 표현으로 여겨진다. 실러의 「종의 노래」에 나타난 보수적 여성관을 냉소적으로 비난하면서 기존의 남녀 역할분담론을 해체하고 독일 여성 해방의 토대를 놓으려 했던 예나 초기낭만주의자들의 급진적인 입장을 떠올려 본다면, '슐레겔의 지배', '슐레겔의 신격화' 같은 언술은 그저 익살과 장난기를 담은 표현으로 여겨진다. 그런데도 연구자들은 그런 익살스러운 언술을 진지하게 받아들이면서 '남편에 충실한 아낙네로서의 도로테아'라는 식으로 폄훼하고 있으며, 나아가 전형적인 독일 보수주의적 질서에 동화된 유대인 여성의 모습이라고 비난하기도 한다. 십육 년 동안 글자 그대로 보수적인 남편 지배 하의 가정 생활을 "노예 상태"라고 지칭하고 그런 난파선으로부터 벗어나고자 했던 여성이 과연 새로 만난 젊은 남편을 진지한 마음에서 '신'처럼 떠받들려 했을까?

다시 그들의 현실적인 삶으로 돌아오면, 두 사람이 처한 경제적 어려움은 심각했다. 프리드리히는 뚜렷한 직업이 없었기에 항상 수입이 불안정했으며 그로 인해 오 년에 걸친 두 사람의 동거 생활은 경제적으로 항상 피폐하였다. 더욱이 아이를 데리고 재혼한 도로테아는 어떻게든 생활의 안정을 위해 자신도 경제적 활동에 뛰어들어서 일정 부분 기여하고 싶었으며, 특히 젊은 남편이 생활고에서 벗어나 자유로운 글쓰기 활동을 전개할 수 있도록 도와

주고 싶었다. 자주 인용되는 슐라이어마허에게 보낸 다음과 같은 편지에는 그 마음이 절실하게 표출되어 있다.

> 프리드리히의 친구가 되려는 나의 노력, 즉 그가 나를 위해 계획한 것을 그의 뜻대로 내가 수행한 것이 과연 성공할까요? - 그것이 하나의 목적이예요! 또 다른 목적은, 프리드리히가 더 이상 돈을 위해 글을 쓸 필요가 없을 정도로 내가 글을 써서 많은 돈을 벌었으면 하는 것입니다.[9]

자신의 소설 『플로렌틴』을 어쩔 수 없이 프리드리히 슐레겔의 계획대로 '슐레겔'을 발행자로 하여 익명으로 출간할 수밖에 없었던 것, 그리고 그 소설 출간을 통해 생활비를 벌어 프리드리히가 좀 더 자유로운 글쓰기를 행할 수 있게 되기를 바라는 작은 소망이 피력되고 있다. 그러나 익명이었지만 이내 도로테아가 소설의 저자라는 사실이 밝혀짐으로써 그녀의 소설은 당시 계몽주의적, 고전주의적 문단의 풍토 내에서 그 어떤 반향을 얻지 못했다. 글쓰기에 의한 생활비 충당 계획은 물거품이 되고 말았다. 1802년 파리로 거주지를 옮겼을 때에도 그들 부부의 생활은 여전히 안타깝게도 더욱 궁핍해졌다. 슐라이어마허에게 보낸 또 다른 편지에서 도로테아는 당시 프리드리히를 향한 자신의 처절한 마음을 다음과 같이 전하고 있다.

> 아무리 노력을 기울여도 종종 잘 지내지 못할 때면, 또한 몇 년만이라도 프리드리히가 아무 걱정 없이 살고 생각할 수 있도록 제가 잘 해내지 못할 때면, 저는 종종 인내심을 잃고 말아요.[10]

특정한 직업이나 재산도 없이 단지 뛰어난 능력만을 자신의 유일한 자산으로 갖고 있던 프리드리히를 위해 도로테아는 진심으로 그가 경제적 고통에서 벗어나 마음껏 글을 쓸 수 있도록 해주고 싶었던 것으로 보인다. 이러한 그녀의 진심 어린 마음과 관련하여 연구자들은 남편을 떠받드는 전형적인 헌신형 여성의 모습이라고 비판하고 있다. 물론 이는 틀린 시각이 전혀 아니다. 1801년에 씌어진 것으로 추정되는 일기장에서도 그와 같은 순종적이고 헌신적인 여성의 단면을 다시 발견할 수 있다. 특히 다음과 같은 대목은 현재의 페미니즘적 사상가들의 강한 분노와 비판을 불러일으킬 수 있는 듯한 언술이다.

> 아름다운 부부 생활에서 필수적인 것은, 아내가 남편의 지성을 이해하기 위해서 같은 정도의 지성을 소유해야 한다는 것이다. 그 이상 넘어서는 것은 좋지 않아.[11]

"그 이상 넘어서는 것은 좋지 않아"라는 언술은 남성을 뛰어넘는 여성의 능력을 인정하지 않는 듯한 뉘앙스를 풍긴다. 라헬 레빈에 관한 뛰어난 연구서에서 한나 아렌트(H. Arendt)는 도로테아의 삶을 짧게 다루는 가운데 '프리드리히 슐레겔만을 향한 도로테아의 애정은 가부장적 삶에 종속된 의식에 지나지 않는다'고 냉소적으로 비판하였다. 아렌트에 의하면, 도로테아는 독자적인 정신을 소유하지 못한 채 오로지 '슐레겔 바라기'로 존재했을 뿐이며 나아가 개신교, 가톨릭 등으로의 개종도 진정한 신앙심과 개인의 결단에 의한 개종이 아니라 단지 슐레겔이 걸었던 길을 따라가려 했던 것에 지나지 않는다고 폄훼했다.

> 도로테아는 세상을 아는 것이 아니라 슐레겔만을 알고 있었으며, 낭만주의에 속한 것이 아니라 슐레겔에 속해 있었으며, 가톨릭으로 개종한 것이 아니라 슐레겔에 대한 믿음으로 개종하였다. (...) 남은 것은, 그녀가 스스로 이탈한 후 한 남성에게 의존하고 그에게서 세상을 헤치며 살아가는 법을 터득해냈다는 것뿐이다. (...) 그녀의 삶은 아무런 이야기(역사: 역주)를 갖고 있지 않기에, 그녀의 삶은 단지 순간의 섬광 내에 숙달된 것만을 완강하게 고수하고 있기에, 그 삶은 전혀 이야기될 수가 없다.[12]

같은 유대인 출신의 여성이었지만 아렌트는 라헬 레빈보다 도로테아를 매우 혹독하게 비판했다. 첫 번째 결혼의 파경 도중에 자신을 따뜻하게 보듬어주었던 프리드리히를 향해 도로테아는 순간의 뜨거운 사랑과 열정에 사로잡혔으며,[13] 엄청난 사회적 비난과 험담 속에서 그와의 동거 생활을 유지하고 싶었던 도로테아였기에 어쩌면 그녀는 아렌트가 말한 대로 프리드리히를 '절대자'처럼 섬기고 싶었을지도 모른다. 예나에서 시아주버니(아우구스트)와 동서(카롤리네)와 함께 지냈을 때 그녀는 오로지 남편 프리드리히에 의존했다. 도로테아와 카롤리네는 동서 관계였고 각각 이혼의 아픔을 겪었기에 처음에는 친하게 지냈지만 점차 성격과 인생관에서 서로 차이를 느끼면서 거리를 두었다. 이혼과 정치적 소용돌이 속에서 몇 번 죽음의 고비를 넘겼던 카롤리네가 예나에서 또 한 번의 자유분방한 정신으로 자신의 사랑, 즉 젊은 셸링을 향한 사랑의 마음을 포기하지 않는 당당한 의식을 간직했다면, 도로테아는 프리드리히와의 사랑과 결혼에 만족해 있었다. 어쨌든 두 여성의 각기 다른 삶의 진행은 각자 스스로 처한 상황을 어떻게 받아들이는가에 대한 의식의 차이에 기인한다.

프리드리히를 향한 도로테아의 애정은 가톨릭으로 전향한 이후 더욱 확고했다. 가령 라헬 레빈의 남편 칼 아우구스트 파른하겐은 1814년 빈에서 프리드리히/도로테아 슐레겔 부부를 만난 직후 약간의 안타까움과 비아냥이 섞인 투로 도로테아에 대한 인상을 다음과 같이 전한 바 있다.

> ... 제가 알기로, 한 남자 - 물론 그가 정부(情夫)였더라도 - 를 위해 자신의 자립성을 일부러 포기한 여성보다 더 고통스러운 일은 없습니다.[14]

도로테아가 자신의 작가적 삶을 계속 걸어 나가지 않는 상황에 대한 파른하겐의 안타까운 마음을 읽을 수 있다. 1808년 가톨릭으로 개종한 후 빈에 살고 있던 도로테아는, 과거 독자적인 정신을 지니면서 여러 지인과의 만남을 즐기고 작가와 번역가로서 활동했던 예나 시절의 그녀가 더 이상 아니었다. 파른하겐의 전언처럼, 그녀는 가정과 종교에 충실한 소위 '우직한 부인'(Biederfrau). '진부한 여성'(Spießerin)으로 변했고, 그와 같은 점은 그녀의 절친이었던 헨리에테 헤르츠가 후기 도로테아를 보면서 옛 모습이 사라진 점에 몹시 안타까워하는 다음과 같은 편지 구절을 통해서도 재차 입증된다.

> 1811년 빈에서 나는 그 부부를 다시 만났지요. 그들이 만족스런 상태에 있다고 나는 알았지만, 그러나 그 옛날 세상으르부터 금기시된 것을 뚫고 지나갔던 그런 포에지는 어디로 사라졌는지![15]

예나 시절의 모습, 즉 『루친데』, 『플로렌틴』 같은 "금기시된 것을 뚫고 지나갔던 그런 포에지"가 그들 부부에게는 부재해 있었음이 확인되고 있다. 이처럼 가톨릭으로의 전향 후 도로테아는 분명 현실안주적이었고 빈에서는 더 이상 문인들과 교류하지도 않았으며 그 대신 주로 가톨릭 성직자들과 모임의 시간을 즐겼다. 빈에서의 그녀의 삶이 문학과 철학 등과 완전히 결별했었음은 더 이상 의심할 여지가 없다.

이 글에서는 후기낭만주의 혹은 비더마이어(Biedermeier)에 젖어 있던 중년의 도로테아를 다루지 않으며 그 대신 그녀가 예나 초기낭만주의 시절(1799-1808)에 어떠한 문학적, 철학적 정신을 지녔는지만을 고찰하고자 한다. 최근 20-30년의 연구 동향에서 자주 강조된 바 있듯이, 초기낭만주의와 후기낭만주의는 엄격히 분리되어야 하며, 그런 맥락에서 예나 시절의 도로테아와 빈에서의 도로테아는 결코 서로 동일시될 수 없다. 또한 예나 시절 도로테아의 글쓰기의 경우, 그녀의 고백을 글자 그대로 받아들여 단순히 슐레겔에 대한 헌신 및 가정의 경제적 살림을 위한 단순한 돈벌이 행위로만 간주해서도 결코 안된다. 가령 아렌트의 시각은 두 사람의 부부 생활을 단지 표면적으로 관찰한 것에 지나지 않을 뿐 도로테아의 글쓰기를 엄격하고 치밀하게 분석한 결과가 결코 아니다. 프리드리히와의 동거 생활은 외적으로 남성의존적인 모습으로 비추어질 수 있었을지라도 사실 그녀에게는 자기 자신을 발견해 나가는 과정의 일환이었다. 그녀는 동거 및 부부 생활에서의 자기 자신을 단순히 '순정적인 아낙네'의 시각으로만 인식하지 않았다. 한 남자의 아내 위치에 안주하려는 단순한 의식에서 벗어난 도로테아의 자주적 의식은 파편적으로 흩어져 있는 여러 단상에서 읽어낼 수 있다. 특히 부부 생활과 관련된 그녀의 문학적 언술은 크나큰 의미를 시사해 주고 있다. 나중에 좀 더 자세히 분석하겠지만, 그녀가 단순히 현실안주적이고 남편만을 바라보는 '비더마이어 식의 아낙네'(Hausfrau im Biedermeier)가 결코 아니었음은 『플로렌틴』의 2부를 위해 기획해 놓은 파편적인 글의 한 대목을 통해서도 쉽게 입증된다. 엘레오노레와 클레멘티나가 사랑을 주제로 대화를 나누는 장면에서, 클레멘티나는 외적으로 행복해 보이는 듯한 부부의 결혼 생활이 과연 '둘의 하나된 생활'을 뜻하는 것인지에 관해 매우 파격적인 의견을 제시한다. 클레멘티나는 둘이 함께 행복하게 존재할지라도 결국 인간은 혼자가 아닌가 하는 생각을 밝히는데, 그 언술은 현대의 실존주의적 사유의 단초까지도 담고 있을 정도다.

> 우아, 헌신, 관용! 이런 것들은 사랑스러운 사람의 아름다운 특성을 나타낼 뿐이야. 사교적인 삶을 위해서 말이야. 그런데 더 이상 사교적이지 않은 결혼 생활, 둘이 하나로 존재해야만 하는 그런 결혼 생활에서, 즉 둘로 존재하지만 혼자 존재하는 그런 결혼 생활에서, 그런 특성들은 도대체 무슨 뜻을 지닐까?[16]

1부에서 살펴보았듯이, 슐라이어마허, 슐레겔 등은 18세기 말 사교성(Geselligkeit) 이념을 제시한 바 있으며, '상호작용'으로의 사교성이 부부 관계에도 적용된다면 그 관계는 아주 멋지고 아름다운 사교성의 최소 단위가 될 수 있다. 그러나 만약 외적으로만 "둘이 하나로 존재해야만 하는 그런 결혼 생활"에서 진정한 사교성이 작동하지 않는다면, 그 삶은 "둘로 존재하지만 혼자 존재하는", 즉 극도의 고독한 삶으로 남을 뿐이다. 이러한 맥락에서 프리드리히와 도로테아의 부부 관계를 파악해 볼 경우, 외적으로 도로테아는 강한 애정과 헌신을 바탕으로 프리드리히와 '둘이지만 하나인 행복한 관계'를 형성한 듯이 보이겠지만, 어쩌면 내적으로는 보이지 않은 심리적인 불안과 갈등에 시달리면서 혼자만의 고독한 삶을 살았을지도 모른다. 그렇다면 행복한 외적인 삶에도 불구하고 내적으로는 혼자만의 고독감이 왜 발생하는 것일까? 그것은 독일인 남편과 재혼하고 또한 유대교에서 기독교로 개종하면서 독일 사회에 당당히 '독일 남자의 부인으로서 내지는 독일인으로서' 살아갈 수 있다고 생각했지만 실은 여전히 '유대인 여성'이라는 그녀만의 태생적 운명이 사라지지 않았기 때문일 것이다. 유대인에서 독일인으로의 사회적 동화, 즉 "파브뉴"(Parvenü)로의 전환이 프리드리히와의 결혼을 통해 실현되었지만, 그러나 그녀의 마음 한 구석에는 "파리아"(Pariah: 버림받거나 따돌림받은 이들)의 의식이 남아 있었을 것으로 보인다.[17] 그리하여 사회적 동화(기독교를 신봉하는 독일인)가 혹시 유대인의 숙명을 저버린 비양심적인 행위가 아닌지 하는 반성적 의식이 작동하거나 혹은 사회적 동화가 과연 진실로 실현된 것일까 등에 대한 의구심도 따랐을 것이다. 유대인으로서의 자기 존재를 결코 지워버리지 못한 나머지 심한 고통과 부조화의 인식이 내면 속에 강하게 남아 있었기에 역설적으로 도로테아가 프리드리히에게 지나칠 정도로 헌신과 애정을 내보였던 것이 아니었을까? 유대인/유대교에 대한 강한 부정은 곧 그것의 강한 긍정일 수도 있지 않을까? 1803년 파리에서 슐라이어마허에게 보낸 다음과 같은 편지를 들여다보면 그 점이 여실히 드러난다

> 내가 그(프리드리히: 역주)의 발전을 방해하고 있다는 확신이 내 마음속에 계속 자리하고 있어요. 그렇게 나 자신을 괴롭혀야만 하는 것이 늘 내 운명이었으며, 나와 함께 태어났고 나를 결코 떠나지 않을 그런 부조화 하에 그도 시달려야만 하며, 지금도 그는 틀림없이 시달리고 있을거예요! 아마도 내가 죽은 후에야 프리드리히가 잘 지내게 될 것이라는 확신을 갖기도 해요. 그렇지만 그런 부조화에 함께 속해 있는 점은, 그런 확신에도 불구하고 제가 여전히 이 세상에 집착해 있고 공허한 희망에서 빨리 벗어날 수 없다는 것이지요.[18]

'유부녀가 아니고 젊은 처녀였다면' 같은 자격지심은 그리 큰 심리적 고

통이 아니었으며, 오히려 그보다 더 근본적인 점은 바로 '유대인 운명'에서부터 오는 존재론적 불안과 고통이 그녀를 평생 억누르고 있었던 것이다. 이는 그녀만의 슬픔은 아니었다. 독일에서 태어난 유대인으로 독일 사회에서 살아가야만 하는 '파리아'로서의 자기 존재를 부정할 수 없었던 라헬 레빈과 마찬가지로, 도로테아도 그런 자신의 존재를 '타고난 부조화'라고 여기고 있었으며 다만 죽음만이 그런 부조화에 종지부를 찍을 수 있다고 생각했다. 그와 같은 '타고난 부조화'의 삶에도 불구하고 도로테아는 매 순간 자신이 옳다고 여겼던 것을 최선으로 받아들이면서 순간의 선택을 과감하게 취했다. 비록 프리드리히를 향한 지고지순의 사랑이 가부장적 독일 사회 내에서의 순종적인 아낙네 모습으로 비추어졌을지라도, 사랑 없는 결혼 생활과의 과감한 단절(이혼), 뒤늦게 찾아온 진정한 사랑(프리드리히와의 만남과 동거, 그리고 결혼)의 구현, 그리고 지적이고 감각적인 글쓰기 행위를 보여준 그녀의 모습 등은 적어도 예나 시절까지는 결코 '진부한 아낙네'의 모습이 아니었다.

흥미로운 점은, 프리드리히 슐레겔에게 조건 없는 헌신적인 사랑을 베풀었다는 것은, 역으로 말하자면, 그녀에 의해 스스로 억압된, 아마도 소설 같은 글쓰기에서만 폭발할 수 있는 "거부의 충동, 즉 자기주장의 충동"(Impulse der Verweigerung, der Selbstbehauptung)이 그녀 내면 속에 강력하게 자리하고 있었음을 반증한다.[19] 그녀의 글쓰기를 보면 억압적인 현실을 부정하고 극복하고 싶은 소망을 도처에서 읽어낼 수 있다. 가부장적 현실로부터 벗어나고 싶은 소망은 가령 "나는 날개를 갖고 싶어"(Ich möchte mir Flügel wünschen) 같은 아주 간결한 표현 속에 담겨 있다.[20] 그녀는 매우 파격적이고 급진적인 언술도 종종 제시하였다. 예를 들면 라헬 레빈에게 보낸 1793년 6월 6일자 편지에서는 "나는 비루한 중용의 삶으로 빈둥거리며 살 수 없어요"[21]라고 밝힌 바 있다. 이는 구속적이고 제한적인 삶에서 벗어나고 싶은 강한 의지와 동경을 드러낸다. 또한 베를린에서 북서쪽으로 약 백 킬로미터 정도 떨어져 있는 라인스베르그(Reinsberg)의 성을 둘러보면서 도로테아가 밝힌 언술은 매우 급진적이다.

> 이곳 사람들은 왕자(하인리히 폰 프로이센: 역주)에 의해서, 왕자를 통해서 살고 있습니다. 사람들이 그의 장수(長壽)를 기도할 수 있게끔 모든 것이 잘 계산되어 꾸며져 있습니다. 이 무의미한 권력과 부, 누구에게나 역겹게 느껴집니다. 그의 집, 그의 정원, 그리고 그가 자신의 창문에서 볼 수 있는 모든 것은 사치스럽고 화려합니다. 그렇지만 한 집만 더 걸어가 보세요. 골목만 돌아도 거기에는 온전한 지붕이 없으며, 제대로 된 길도 없으며, 제대로 옷을 입은 아이도 없습니다. 도처에 궁핍과 빈곤만이 있을 뿐입니다. (...) 빌어먹을 귀족주의 [22]

상세한 묘사뿐만 아니라 "빌어먹을 귀족주의!"(Verdammte Aristokratie!)라는 욕설은 빈부차를 심화시키는 동시대의 정치적 전제주의 체제를 강하게 비판하는 도로테아의 예리한 시각을 함축적으로 드러내고 있다. 이 밖에도 소설 『플로렌틴』의 2부로 기획된 『카밀라』와 관련된 파편적 글쓰기에는 "오, 맙소사, 나의 상상력은 어떤 연유로 검게 변해 버렸을까? 상상력은 떠오르는 태양의 보라색 이외에 다른 색을 갖지 못하는 것일까?"[23] 같은 매우 난해한 시적 언술도 담겨 있다. 이는 그녀가 독창적인 시적 상상력을 갈망하고 있었음을 입증한다. 글쓰기를 포기한, 낭만주의의 중후기로 접어드는 시기인 1811년 경의 일기장에서도 도로테아는 기이한 언술을 남겼는데, 그것은 다른 이들을 위해서가 아니라 오로지 '자기 자신과의 수다'를 위해서도 글쓰기에 대한 강한 욕구를 포기할 수 없다는 놀라운 고백이다.

> 나는 종종 모든 글쓰기에 대하여 정말이지 혐오감을 갖고 있지만, 그렇지만 갑자기 글쓰기에 대한 진정한 욕구가 솟구치기도 해. 그것은 누구나 수다를 떨고 싶은 것, 자기 자신과 가장 편안하게 수다를 떨 수 있는 것, 그 이상이 아니야. 기억력이 좋은 사람, 대답을 얻기 전까지는 결코 질문을 잊지 않는 사람 - 종종 내가 그렇기도 하지만 - 은 적어 놓을 필요가 없기 마련이지. 그러나 자기 자신과 다른 이들에 대한 여러 경험, 기이한 사건들, 재미있는 착상들은 언제나 적어 놓아야만 해. 어

떤 유용성 때문에서가 아니라 바로 너의 인간적 지적 능력에 대한 존경 심 때문에서라도 말이야.[24]

이렇듯 그녀가 지녔던 글쓰기에 대한 강렬한 욕망은 이미 십여 년 전인 1801년에 발표한 유일한 소설 『플로렌틴』에서 가장 극도로 분출된 바 있다. 그녀가 남긴 유일한 완성된 글쓰기의 결과물인 『플로렌틴』은 언뜻 보기에 매우 평이한 소설처럼 보이지만 실은 동시대의 교양소설과는 전혀 다른 차원에서 읽어야만 하는, 시대를 앞서간 '문제작'이다. 그 소설에는 '검게 변해버린 상상력'이 아니라 다채로운 색깔의 상상력이 분출하는 가운데 다양한 사회적, 문화적 주제들이 성찰되고 있다. 진정 도로테아만의 독특한 글쓰기를 엿볼 수 있는 『플로렌틴』은 발표 당시보다는 오히려 200년이 지난 현재에 오히려 더욱 큰 반향을 일으키고 있으며, 특히 페미니즘적 문예학과의 연관 속에서 대단히 파격적이고 혁신적인 화두를 던져주는 소설로 평가되고 있다. 이 소설에서는 '도로테아 파이트-슐레겔'의 삶과는 결이 다른, 그녀만의 독특한 글쓰기에 내재해 있는 새로움과 놀라움을 발견할 수 있다. 따라서 여기서는 도로테아의 서신 분석보다는 그녀가 남긴 유일무이한 작품 『플로렌틴』의 구체적인 분석을 통해서 그녀의 글쓰기에 가까이 다가보도록 하자.

3. 『플로렌틴』의 문학적 의미와 플로렌틴의 정체성

1799년에 발표된 남편 프리드리히의 『루친데』가 문단에 거대한 스캔들을 일으켰다면, 1800년 10월 경에 착수되어 사 개월 후인 1801년에 발표된 도로테아의 『플로렌틴』에 대한 반응은 뜨뜻미지근했다. 본래 3부작으로 기획되었지만 1부만 발표되었다. 물론 1부 자체만도 사실 그 자체 완결된 작품으로 볼 수 있다. 아무튼 기획된 전체가 완성될 수 없었던 까닭은 동시대 여성작가의 열악한 상황 때문이었다. 여성작가에 대한 부정적 선입견은 18세기 후반까지도 문단 및 출판계에 지배적이었고, 그런 '반계몽적' 상황 때문에 도로테아는 자신의 이름을 내걸지 못한 채 남편 프리드리히의 이름을 발행자로 삼아 간신히 자신의 작품을 발표했다. 더욱이 애초 출판을 약속했던 웅어 출판사가 거절 의사를 밝힘으로써 도로테아의 작품은 출판의 어려움에 봉착하였으나 다행히 남편 프리드리히의 도움으로 본(Bonn)에 있는 작은 출판사에서 어렵게 자비로 출간되었다. 당시 문단의 반응은 어처구니없었다. 프리드리히의 『루친데』는 비록 심한 부정적인 평가를 받는 가운데 그나마 문단의 토론 대상이 되었지만, 익명으로 발행된 『플로렌틴』은 발행자인 남편 이름 덕분으로 잠시 주목을 받았다가 이내 도로테아가 저자임이 알려지자 거의 논의 대상이 되지 못했다. 작품의 예술적 특질보다는 '누가 작가인가'가 우선시되었으며, 특히 여성작가의 작품에 대한 부정적 선입견과 여성폄훼적인 시선이 크게 작용했음을 짐작할 수 있다. 가령 1790년대에 문단 권력을 쥐고 있던 고전주의자 괴테와 실러 등은 여성작가의 작품을 "딜레탕티즘과 모방적 아류"(Dilettantismus und Epigonalität)로 간주하면서 작품의 가치를 일축해버렸다.[25] 1801년 2월 27일 클레멘스 브렌타노에게 보낸 도로테아의 편지는 당시 자신의 작품에 대한 부정적인 시선과 상황이 얼마나 우스꽝스러운 촌극을 연출했는지를 전해주고 있다.

> 우리가 들은 바로는, 플로렌틴을 제가, 제가 집필했다는 말이 지금 예나에 떠돌고 있다네요. 그 점에 대해 확신하게 되자 그들은 가차 없이 비난을 가하고 있습니다. 광고를 보고서 그 소설이 프리드리히가 직접 집필한 것이라고 믿고 있었던 몇몇 이들은 예전에는 그를 칭찬하였지만 지금은 그 칭찬을 철회하고 있답니다. 이미 이전에 혹설을 가했던 다른 이들은 지금 자신들이 어떤 표정을 지어야 할지 황당한 상태에 놓여 있는 것 같습니다. 정말이지 재미 있는 일입니다 ...[26]

『플로렌틴』에 대한 당시의 반응은 작품의 집필자가 남성작가인지 여성작가인지에 따라 다르게 변하고 있음을 말해준다. 이처럼 당시 여성작가가 처한 열악한 상황 및 수용자들의 반응도 흥미롭지만, 현재의 수용과 관련해서도 매우 특이한 현상을 읽을 수 있다. 요컨대, 연구자들의 시각은 양 극단으로 나뉜다. 한쪽의 극단에는 부정적 수용 양상이다. 가령 실제 삶과 현실에서 남편 슐레겔을 향한 도로테아의 헌신적 사랑과 애정이 작품 내에도 그대로 녹아 있으며 나아가 『루친데』의 아류로서 여성작가로서의 최소한의 자의식도 없이 단지 여러 여성을 만나며 떠도는 남성 주인공의 편력을 그렸다는 식으로 비판되고 있다. 다른 쪽의 극단에는 완전히 정반대의 시각이 자리하고 있다. 가령 『플로렌틴』은 『루친데』뿐만 아니라 남성 주인공을 내세운 남성작가의 교양소설을 패러디하는 가운데 기존의 남성중심주의적, 가부장적 삶과 관점을 완전히 전복하려는 매우 급진적인 페미니즘적 소설로 극찬되고 있다.

그렇다면, 왜 그와 같은 극단적인 상이한 해석이 가능한 것일까? 그것은 해석자들의 자의적인 관점에 기인하기보다는 도로테아에게서 엿보이는 삶과 글쓰기, 현실과 허구적 작품 간의 모순과 괴리에 기인한다. 즉, 현실적 삶에서 그녀는 독자성과 주체적 의식을 강력히 주장하기보다는 남편에 대한 사랑과 가정에 충실한 여성의 삶을 살았다면, 문학적 글쓰기에서는 현실과는 정반대로 사회도덕적, 관습적 차원에서 여성에게 가해진 제한, 절제, 한계 등을 뛰어넘으려는 과감한 의식을 보여주고 있다. 특히 후자적 측면은 일기장, 편지 같은 글쓰기보다는 소설 『플로렌틴』에 가장 극명하게 제시되어 있다. 이러한 현실적 삶과 문학적 글쓰기 간의 모순적 괴리가 있음에도 불구하고 문학사 및 과거의 연구 동향에서는 남편에 대한 그녀의 의존성만이 거론되었을 뿐 그녀의 급진적인 글쓰기는 거의 분석되지 않은 채 가려져 있었다. 이와 같은 도로테아의 삶과 문학(글쓰기) 간의 모순적 현상뿐만 아니라 그녀의 삶 및 문학과 관련해서도 해석자들은 서로 기이한 관점을 취하고 있다. 가령 가부장적 관점의 문학사 서술자들은 그녀의 삶에 대해 긍정적이라면, 페미니즘적 관점의 연구자들은 그녀의 삶에 대해 부정적이다. 반면 그녀의 문학과 관련해서는 그 입장이 완전히 뒤바뀌며, 무엇보다도 『플로렌틴』과 관련해서 특히 그렇다. 도로테아의 삶을 옹호했던 가부장적 관점의 문학사 서술자들은 『플로렌틴』을 '매우 형편없는 소설' 내지는 '매우 위험한 소설'로 치부하고 있다면, 도로테아의 삶에 부정적이었던 페미니즘적 관점의 연구자들은 『플로렌틴』에 대해서만은 도로테아의 독특하고도 급진적인 색깔을 강조하고 나선다. 흥미로운 점은, 『플로렌틴』에 대한 페미니즘적 관점 내에서도 분석의 스펙트럼은 무척 다양하게 전개된다는 것이다. 해설을 덧붙여 『플로렌틴』을 새롭게 출간한 볼프강 네링(W. Nehring)은 페미니즘적 관점과 관련하여 매우 시사적인 언술을 던지고 있다.

> 제시하고자 하는 목표는, 점차 사회적, 종교적 전통과 동일시되는 보수적인 근본적 사고 방식에도 불구하고 도로테아 슐레겔은 자신의 사유와 행위에 있어서 강력한 자의식을 지닌 여성이었다는 것이다. 그녀는 현대의 페미니스트들이 그 가치를 평가해줄 수 있는 많은 특성을 지녔다.[27]

긍정적이든 부정적이든 매우 혁신적이고 파격적인 소설로서의 『플로렌틴』에 대한 해석은 어쨌든 뒤늦게서야 제시되었다. 『플로렌틴』은 여성작가 도로테아의 이름 하에 정식으로 출간되지 못했을 뿐만 아니라 출간 당시부터 '불운의 수용'을 겪었다. 계몽주의와 함께 탄생한 근대 소설의 역사를 일견해 보면, 소설을 쓰고 출간한 작가는 대부분 남성작가였으며 그런 남성작가의 작품 내에서 주인공도 마찬가지로 대부분 남성이었다. 요컨대, 소설은 철저히 남성중심의 글쓰기 장르로 간주되었다. 18세기 소설이론은 그 점에 대해 노골적인 주장을 펼쳤다. 가령 주인공은 절대로 감성적 여성이어서는 안되며 인과적 서술과 직선적 서술을 띠어야만 한다고 피력된 바 있다.[28] 물론 그렇다고 해서 18세기에 여성작가가 존재하지 않았던 것은 아니다. 매우 극소수였지만 도로테아 이전에 작품을 발표한 몇몇 여성작가가 있었는데, 가령 프리데리케 헬레네 웅어(Friederike Helene Unger, 1741-1813)의 『율헨 그륀탈』(Julchen Grünthal, 1784), 조피 폰 라 로셰(Sophie von La Roche, 1730-1807)의 『슈테른하임 양의 이야기』(Die Geschichte des Fräuleins von Sternheim, 1771), 테레제 후버(Therese Huber, 1764-1829)

의 『젤도르프 가족』(Die Familie Seldorf, 1795) 등을 들 수 있다. 이들 여성작가의 작품들은 주로 감성주의적 시련소설(Prüfungsroman)로 분류된다. 대부분 주인공들은 해방적, 성적 욕구에 사로잡혀 비행을 저지르지만 결국 덕성, 희생, 순결 등의 소중함을 깨닫게 되며, 이는 소위 '시련을 통한 삶의 교훈성'이라는 덕성의 함양을 꾀하는 계몽주의 및 감성주의 시대의 소설의 특징을 이룬다. 바로 이러한 기존 여성작가들의 시련소설적 경향에 대하여 도로테아는 스스로 매우 비판적이었다.

여성작가에 대한 거부감 이외에도 소위 발전소설, 교양소설의 모방이라는 시선하에 『플로렌틴』은 거부되기도 했다. 시련소설 유형을 한층 더 업그레이드한 교양소설로는 괴테의 『빌헬름 마이스터』(1796)를 시작으로 야코비의 『볼데마르』(1779), 낭만주의자 티크의 『윌리엄 로벨 씨의 이야기』(1795-96) 등을 들 수 있다. 『플로렌틴』과 관련해서는 바로 괴테의 『빌헬름 마이스터』, 『슈테른발트』, 『볼데마르』 등을 짜깁기한 것 같다는 인상 비평이 주를 이룬다. 대표적인 예로는 1801년 3월 16일자 괴테에게 보낸 실러의 다음과 같은 편지 대목이다.

> 막 출간된 파이트 부인의 소설을 당신에게 알려 드리고 싶습니다. 그 소설의 진기함 때문에 소설을 꼭 한 번 읽어보셔야 할 것 같습니다. 널리 알려진 것들이 그 소설에서 유령처럼 출몰하고 있음을 보시게 될 것입니다. 어쨌든 기이한 역겨운 모습의 그 소설을 통해서 그 여성저자를 더 잘 이해하게 되었으며, 또한 그 소설은 아마추어적 글쓰기가 얼마나 기계적인 면을 띨 수 있고 공허한 형식을 지닐 수 있는지에 대한 새로운 증거이기도 합니다.[29]

프리드리히 슐레겔의 『루친데』가 발표되었을 때도 실러는 매우 냉혹한 거부 반응을 남긴 바 있는데, 그와 거의 비슷한 언술로써 그는 도로테아의 『플로렌틴』 대해서도 마찬가지로 혹독한 비평을 가하고 있다. 가령 "진기함", "널리 알려진 것들이 그 소설에서 유령처럼 출몰하고 있음", "기이한 역겨운 모습", 아마추어적 글쓰기의 "기계적인 면"과 "공허한 형식" 같은 표현이 눈에 띈다. 우선 '널리 알려진 것들이 유령처럼 출몰한다'는 지적은, 『플로렌틴』 이전에 출간되었던 남성작가들의 작품을 『플로렌틴』이 모방하고 있다는 점을 암시하며, 그런 모방을 바탕으로 한 아마추어적 글쓰기는 독창성을 결핍한, 무의미한 형식을 취하게 된다는 것이다. 종합하자면, 『플로렌틴』은 "진기함"(Kuriosität)과 "기이한 역겨운 모습"(eine seltsame Fratze)을 띠고 있다는 것이다. 이러한 실러의 평가는 과연 정당한 것일까?

그렇다면 자신의 작품에 대하여 작가 도로테아는 스스로 어떻게 평가하고 있었을까? 남성 주인공을 내세우면서 마치 남성적, 가부장적 글쓰기의 계보학 속으로 자신의 글쓰기를 옮겨 넣으려는 듯한 도로테아의 문학적 방식은 도대체 어떤 연유에서 시도되었고 또한 어떤 의미를 지니는 것일까? 이러한 물음과 관련하여 우선 도로테아는 『플로렌틴』을 무엇보다도 시련소설, 교양소설 등으로 분류하는 시각에 거리를 취하고 있었다. 1801년 2월 27일 브렌타노에게 보낸 편지에서 도로테아는 '교양소설을 흉내 낸 어설픈 아마추어적 글쓰기'라는 실러 식의 혹평을 미리 예상한 듯 정반대의 의견을 피력하였다. 즉, 자신의 소설은 이미 출간된 바 있는 남성작가들의 소설들과는 아무 유사성을 갖고 있지 않다고 밝혔으며,[30] 또한 "울먹임"을 자아내는 소위 감상주의적 소설과는 정반대로 자신의 소설은 "즐겁고, 재미있고, 흥겨운 책"이라고 강조했다. 나아가 특히 장식물처럼 "관점에 따라"(perspektivisch) 다채롭게 읽을 수 있는 여러 색깔로 채색된 소설이라고도 했다.[31] 1801년 4월 16일 슐라이어마허에게 보낸 편지에서는 주인공 플로렌틴을 단순히 남성이 아닌 '이념'으로 파악할 것을 제안하면서 도로테아는 다음과 같이 자신의 작품의 특성을 밝히고 있다.

> 당신은 나의 옥동자 '플로렌틴'에 관해 너무나 재미있는 점을 써주셨어요. 그 가련한 남자는 다시금 주저앉을 수밖에 없었으며, 그가 '이념'으로 오랫동안 계속 작용하는 한 그는 그런 주저앉음에 대해 전혀 꿈조차 꾸지 않았을 것입니다.[32]

『루친데』와 마찬가지로 『플로렌틴』도 이념의 감각적 서술, 즉 알레고리컬한 소설에 다름 아니다. 표면적으로 『플로렌틴』은 자유를 실현하는 데 앞장서기 위해 아메리카로 떠나려 하다가 우연히 백작의 생명을 구해줌으로써 백작의 성에서 잠시 지내는 가운데 그곳의 현실에 휘말리게 되는 한 남성의 이야기를 다루고 있지만, 작가로서 도로테아는 플로렌틴을 단순한 인물보다는 하나의 "이념"으로 파악해야 한다는 점을 명확하게 해주고 있다. 낯선 곳에서만 실현될 자유 이념 이외에도 소설 내에서 에두아르트와의 대화 도중 플로렌틴은 자신을 "가난한 자, 고독한 자, 배척당한 자, 우연의 자식"(der Arme, Einsame, Ausgestoßne, das Kind des Zufalls)이라고 명명하고 있다. 이는 영원히 떠도는 유대인의 운명뿐만 아니라 현실적 삶에 적응하지 못해 문제적 자아로서 떠다닐 수밖에 없는 소위 '방랑자', '유목민' 같은 이념을 상기시킨다. 소설은 플로렌틴이 흔적도 없이 사라지면서 끝나지만, 후에 씌어진 소설의 <헌사>에서 도로테아는 어느 곳에서도 살아 있을 플로렌틴의 현존성을 다음과 같이 보편화한다.

> 그(플로렌틴: 역주)는 어쩌면 아직 살아 있을 것이며 자신의 후손들에게 유럽인들의 불행을 야기한 놀라운 현상과 찬란한 불행을 이야기해줄 것이리라.[33]

유럽인들이 자초한 역사적인 불행을 아이러니컬하게 표현해주는 대목이지만, 이 대목과 관련하여 베커-칸타리노는 플로렌틴의 의미를 단순히 소설의 주인공에 제한하기보다는 고향, 정착지를 찾지 못하는 현대인 또는 구체적으로 '파리아 유대인'으로서 도로테아의 내면에 간직된 허무주의적 성향으로 읽어내고 있으며, 다른 각도에서는 예나 초기낭만주의자들이 꿈꾸었던 공동체적 유토피아에 대한 회의 및 좌절 가능성까지도 들여다보고 있다.[34] 물론 개인과 공동체(부부, 사교, 민족, 국가 등)의 관계와 관련하여 도로테아는 그 어떤 확고한 진보적, 낙관적인 이념을 지니지 않았던 것으로 보이며, 그런 점에 베커-칸타리노의 해석은 전혀 틀린 것은 아니다. 그렇다고 해서 도로테아를 극단적인 회의론자라고 단언하기는 힘들 것 같다. 따라서 "이념"으로서의 플로렌틴과 관련하여 그것이 '낙관적인 이념'인지 아니면 '회의적인 이념'인지 확언하기는 쉽지 않다.

다시 교양소설과 『플로렌틴』의 관계로 되돌아오자. 이 소설을 단순히 기존 남성작가들이 점유하고 있던 교양소설과의 연관 속에서 "여성적 교양소설"(weiblicher Bildungsroman)이라는 식으로 파악할 경우, 이 또한 『플로렌틴』만의 고유한 내용과 형식, 구조 등을 제대로 파악하지 못한 시각이다. 우선 주인공 플로렌틴은 교양소설의 주인공들과는 달리 성장 내지는 발전의 길을 걷지 않는다. 또한 교양소설의 경우 소위 '아름다운 영혼'의 소유자는 주로 여성이며 그 여성은 이상을 추구하는 남성을 위한 희생자로 등장하기 마련이다. 그런 교양소설과는 달리 『플로렌틴』에서는 플로렌틴을 위해 자발적으로 희생하는 여성의 모습이 존재하지 않는다. 장르적 연관성에서 굳이 교양소설이라는 개념을 도입할 경우 『플로렌틴』은 일종의 '교양소설의 패러디'라고 할 수 있다. 패러디 개념은 낭만주의 시학에서 활성화된 개념이기에, 따라서 『플로렌틴』은 '낭만적 소설'에 가깝다. 가령 『루친데』에서 <남성의 수업시대>라는 한 장(章)을 통해 교양소설 형식이 패러디되었듯이, 총 18장으로 구성된 『플로렌틴』에서도 고작 총 4장(7장부터 10장까지)에서만 주인공의 수업 시대가 마치 교양소설을 패러디하듯 축소되어 그려져 있다. 그리고 그 축소된 수업 시대의 내용 중에는, 나중에 분석하겠지만, 남성중심주의 사회에 대한 비판적 성찰이 담겨 있다. 그리고 직선적 진행이라는 교양소설의 형식과 다르게 『플로렌틴』은 그 자체 고유한 구조와 서술 방식을 취하고 있으며, 이와 관련하여 베커-칸타리노(Becker-Cantarino)는 "낭만적 자기발견의 여행소설이자 정거장 소설"(Reise- und Stationenroman der romantischen Selbstfindung)이라고 명명한 바 있다.[35] 요컨대, 『플로렌틴』은 계몽주의 선상에서 감성적 교훈을 심어주는 시련소설이 아니며, 또한 '주인공의 흔적 없는 갑작스러운 사라짐 = 부재'의 방식을 통해 주인공을 없애버림으로써 『플로렌틴』은 이상을 향해 성장해가는 남성을 위한 교양소설과도 거리를 취하고 있다. 『루친데』의 경우 율리우스와 루친데가 목가적인 부부 생활을 영위하는 장면으로 끝남으로써 언뜻 '완성의 유토피아'를 향한 교양소설적 이념을 간직하고 있다면,[36] 『플로렌틴』의 경우 주인공이 이유 없이 갑작스럽게 사라짐으로써 형식과 내용이 미완성에 머물며 그런 점에서 철저히 반교양소설적이다. 이와 같은 『플로렌틴』의 반교양소설적 특성을 베커-칸타리노는 도로테아의 예나 시절과 관련하여 다음과 같이 설득력 있게 분석하기도 한다.

> 도로테아 파이트는 예나 낭만주의가 내세운 요청에 대해 성찰하였다. 그녀는 주인공을 공격적인 남성성, 에로틱, 사랑, 결혼에서 벗어나도록 하였다. 그것(『플로렌틴』: 역주)은, (...) 루친데가 '결코 떠날 수 없는' 저 '마법의 구역'에 대한 냉정한 패러디에 다름 아니다. 플로렌틴은 그 마법을 체험하고는 그것에서 벗어났다.[37]

작가 도로테아 혹은 주인공 플로렌틴이든지 간에, 사회의 주변부적 인물이 걸어가는 여행은 "하나의 완전한 사회적 통합"(eine vollkommene gesellschaftliche Integration)을 추구하지 않는다. 아울러 흔히 교양소설의 작품 구조를 통해 약속되는 '화해' 이념의 결말이 『플로렌틴』의 열린 형식과 구조 내에는 부재해 있다.[38] 이런 점에 있어서 『플로렌틴』은 기존 교양소설의 형식과 내용과 전혀 부합하지 않는 낭만적 소설이다.

이 밖에도 『플로렌틴』에는 다양한 남녀 생활이 그려져 있다. 가령 아름답게 보이는 완전한 일부일처제의 모습부터 동성애, 간통, 그리고 간통에서 파생된 소위 낙태 등 다양한 성생활을 엿볼 수 있다. 18-19세기 성의 담론을 고찰하는 가운데 푸코는 그 시대의 모순성을 분석한 바 있다. 즉 한편으로 비도덕적인 방탕한 성의 발산을 규제하고 억압하기 위해 도덕, 관습, 규범 등이 강조되는 가운데 소위 이성애적 일부일처제가 강변되었지만, 다른 한편 성에 대한 그와 같은 이성적이고 도덕적인 담론이 강화되면 될수록 그로부터 이탈하려는 담론이 팽배해진다는 것이다. 특히 문학과 예술에서는 동성애, 근친혼, 간통, 성도착증 같은 기형적이고 이탈적인 성의 담론이 표출되었다. 이와 같은 18-19세기 시대적 특징을 푸코는 "비정통적인 섹슈얼리티의 가시적인 폭발"(a visible explosion of unorthodox sexualities), "특별한 쾌락의 확산과 이질적인 섹슈얼리티 증식"(the proliferation of specific pleasures and the multiplication of disparate sexualities)이라고 설명한 바 있다.[39] 도로테아의 『플로렌틴』은 바로 그와 같은 이성의 도덕적 담론과 쾌락의 반도덕적 담론을 동시적으로 제시한 대표적인 소설이다.

4. 『플로렌틴』에서 '플로렌틴'은 누구인가?

소설의 외적인 줄거리 상에서 플로렌틴은 분명 남자 주인공이지만 그가 암시하는 내적 함의의 스펙트럼은 매우 넓다. 가령 여성작가 도로테아의 남성 분신, 자유를 지향하는 인물, 동성애 및 양성성 인물, 교양소설의 전형적인 인물, 혹은 부정적인 의미에서의 폭력적인 남성 인물 등 다양하게 파악될 수 있다. 이처럼 주인공 플로렌틴의 정체성 및 의미의 불명료함은 작품 내에 시사되어 있는데, 그것은 고모에게 보낸 율리아네의 편지 말미의 대목이다. "아무리 제가 상세하게 묘사할지라도 고모는 그분에 대한 정확한 형상을 얻지 못할 것이예요"[40] 두말할 나위 없이 단순히 외적 형상이 아니라 그 형상의 정체성과 의미가 결코 명확하지 않다는 점이 지시되어 있다.

이제 플로렌틴의 형상 및 그 의미에 접근하기 위해 소설의 내용을 살펴보기로 하자. 『플로렌틴』에는 여타 낭만주의 소설처럼 그 어떤 흥미진진한 내용이 전개되지 않는다. 부모, 출생 등을 전혀 알 수 없는 플로렌틴은 아메리카의 자유를 위한 전쟁에 참전하기 위하여 배를 타러 항구로 가는 도중에 멧돼지 습격을 받은 슈바르첸베르크(Schwarzenberg) 백작을 구해주게 된다. 백작은 생명의 은인인 플로렌틴을 자신의 성으로 데리고 가서 대접하길 원하며, 백작의 청을 거절할 수 없었던 그는 자신의 계획을 미룬 채 백작과 함께 성으로 간다. 그곳에서 백작 부인 엘레오노레(Eleonore), 백작 부부의 딸 율리아네(Juliane), 그리고 그녀의 약혼자 에두아르트(Eduard) 등이 그를 환대한다. 에두아르트는 백작 친구의 아들로서 아버지 사망 이후 백작의 성에서 기거하고 있는 청년이다.

성에 머무는 동안 플로렌틴, 율리아네, 에두아르트는 어느 날 사냥꾼으로 변장하여 소풍을 나간다. 흥겹게 소풍을 즐기다가 그들은 폭풍우를 만나 방앗간 집으로 피신하여 하룻밤을 보내게 된다. 이때 플로렌틴은 두 사람에게 자신의 유년 시절 및 성장 시절을 들려주며, 그 이야기를 통해서 독자는 그의 지난 시절을 간접적으로 알게 된다. 유년 시절에 관한 플로렌틴의 이야기에 의하면, 섬에서 낯선 이들의 보호 하에 자라난 그는 얼마 후 엄마를 만나지만 그녀는 사실 계모였다. 그 엄격한 계모는 플로렌틴과 여동생이 가톨릭 사원에서 훈육된 후 구도자로 살아가기를 원했다. 그러나 종교적 삶에 어울리지 않는 성향 때문에 플로렌틴은 이웃과 친구의 도움으로 사원에서 도피한 후 군사 아카데미에 들어간다. 수녀가 되는 여동생을 구출하기 위해 잠시 빠져나왔던 군사 아카데미로 되돌아갈 수 없게 되어 그의 수업 및 편력 시대가 시작된다. 플로렌틴은 이탈리아의 베니스에서 살다가 억울하게 살인 사건의 범인으로 몰려 로마로 피신한다. 로마에서 동거했던 한 여인 - 그가 그녀와 결혼했는지는 불확실한데 - 이 임신을 하게 되고, 그의 의사를 묻지 않은 채 그가 부재한 틈을 타 그녀는 낙태를 감행한다. 그녀의 자의적인 행동에 대해 플로렌틴은 무척 분노하였으며 더욱이 그녀의 새 남자 친구로부터 위협을 받게 되자 그는 프랑스 파리로 도망간다. 파리에서 화가로 생활하기도 하고 또한 런던으로 여행을 다녔으며, 다시금 스위스 바젤로 가서 문학을 공부하였다가 이탈리아의 베니스에서 양치기로 지내면서 평온한 시간을 보냈다고 한다. 이후 영국의 식민지로부터 해방되려는 아메리카의 혁명과 자유를 위해 군인이 되고 싶은 마음에 항구로 가는 도중 그는 위험에 처한 백작을 구해주게 되었다고 한다. 율리안느와 에두아르트에게 이야기된 소위 '플로렌틴의 수업시대'는 소설 내에서 7장부터 10장까지를 차지하는데, 이는 소설 전체에서 한 가운데 위치하고 있는 셈이다.

소풍 후 다시 백작의 성으로 돌아와 지내던 플로렌틴은 율리아네와 에두아르트의 결혼식 날에 성을 몰래 빠져나온다. 사실 성에서 지내는 동안 그는 기이하게도 결혼을 앞둔 두 선남선녀에게 매력적으로 여겨졌고, 그로 인해 두 사람은 플로렌틴을 놓고서 '사랑-우애-결혼' 사이에서 오가는 복잡한 감정의 혼란을 겪게 된다. 어쩌면 그의 갑작스러운 사라짐 내지는 도피는 아마도 자신 때문에 싹트게 된 두 젊은 연인들의 오해와 불신을 불식시켜 주려는 배려심에서 나온 것으로 이해된다. 여행길에 오른 그는 우선 백작의 여동생이자 엘레오노레의 친구인 클레멘티나(Clementina)가 있는 도시를 향하게 되는데, 그것은 출발 전 엘레오노레로부터 클레멘티나에게 편지를 전해 달라는 부탁을 받았기 때문이었다. 그녀가 사는 마을에 도착한 그는 편지를 전하려 했으나 그녀의 시종 베티(Betty)로부터 클레멘티나가 몸이 불편하다는 말을 듣고 편지만 전하게 된다. 슈바르첸베르크 백작의 성에 걸려 있던 그림을 통해 플로렌틴은 이미 클레멘티나의 모습을 알고 있었으며 당시 그림 속의 그녀 모습에 반했었다. 베티는 단순한 시종이 아니라 클레멘티나의 상속자로서 폭악한 기병 대위 발터(Walter)와 결혼을 약속한 소녀였다. 도시를 둘러보는 중에 플로렌틴은 클레멘티나가 주민들 사이에서 사회적 약자를 보살펴주는 따뜻한 마음씨의 인도주의자로 칭송되고 있음을 알게 된다. 마침내 음악회에서 두 사람은 조우하게 되며, 클레멘티나는 그를 본 순간 쓰러지고 방으로 옮겨진다.[41] 거의 동시에 플로렌틴은 베티를 학대하고 모욕하는 발터의 행위를 보고 격분하여 그와 말다툼을 하며 끝내 검을 들고 덤비는 발터를 제압한다. 때마침 결혼한 율리아네와 에두아르트가 인사차 고모 클레멘티나를 찾아오게 된다. 그 순간 "플로렌틴은 그 어느 곳에서도 발견할 수 없었다"(Florentin war nirgends zu finden)라는 마지막 문장으로 소설은 끝난다. 이처럼 플로렌틴이 사라지는 방식으로 소설이 끝나는 것은 어쩌면 그의 성적, 사회적 정체성 등이 모두 불명확한 현상과도 깊은 연관을 지닌다. 즉, 주인공의 성적, 사회적 정체성이 열려 있듯이, 소설도 그렇게 '사라짐'의 열린 상태로 끝나고 있다.

이와 같은 열린 결말의 내용을 지닌 『플로렌틴』은 여러모로 노발리스의 『하인리히 폰 오프터딩엔』(1800/1802)을 상기시킨다. 가령 평면적으로 보면, 노발리스의 『하인리히 폰 오프터딩엔』에서 하인리히가 '푸른 꽃'으로 상징화되는 이상적인 여인 – 그녀는 소설 후반부에 클링조어 딸 마틸데로 구체화되고 있지만 – 을 찾으려는 여정에 오른 것처럼, 플로렌틴도 어떤 '이상적인 여인'을 향해 떠나는 여행소설처럼 보이며 소설의 서두에서 그는 다음과 같이 혼자 말로 중얼거린다.

> 내가 여기에 머물고 싶은가! ... 홀로서? ... 아, 홀로는 아니야! ... 그녀와 함께! ... 아직 나의 눈은 그녀를 보지 못했지만, 나는 그녀를 알고 있어, ... 오, 그녀는 자신을 붙잡으려 하는 모든 것을 버릴 거야, 그녀는 나를 찾았기에 나를 따라 이곳으로 올 것이며 여기서, 나와 함께 사랑으로 살아갈 거야.[42]

비록 기대와 확신을 담고 있는 대목이지만, 그러나 율리아네이든 아니면 다른 여인이든 그는 결코 이상적인 여인을 만나지 못할 것이며 그 어떤 곳에서도 정착하여 살아가지 않을 것으로 추측된다. 기대와 확신과는 정반대로 다른 대목에서는 "나는 율리아네를 잘못 판단하지 않아. 설혹 그녀가 나의 배필로 정해져 있었을지라도 내가 행복해질 것이라고 나는 생각하지 않아"[43]라고 그가 스스로에게 단호하게 말했듯이 그는 결코 자신의 이상적인 여인을 발견하지 못하는 것이다. 프리드리히 슐레겔의 『루친데』와는 달리 『플로렌틴』은 그 어떤 "자기발견의 연속성 구조"를 갖지 않으며 또한 소설 전체 내용 가운데 그 어떤 남녀(백작 부부, 율리아네-에두아르트, 미래의 부부인 베티-발터 등)도 "행복한 부부" 생활을 이루지 못하는 것처럼 보인다.[44] 또한 『플로렌틴』에서도 주인공 플로렌틴은 『루친데』에서의 주인공 율리우스처럼 다양한 여성 편력의 삶을 걸어왔던 것으로 보임으로써 두 소설 간의 공통점이 형성되는 것처럼 보이지만, 그러나 두 소설 간에는 여러 가지 차이점이 있다. 우선 『루친데』의 경우 율리우스와 루친데의 안락한 부부 생활이 언급되는 가운데 소설이 끝난다면, 『플로렌틴』의 경우 주인공이 사라지는 장면으로 끝난다. 이는 '이상적인 여인'의 부재, 즉 이념의 현존 불가능성과도 연관된다. 플로렌틴의 흔적 없는 사라짐은 그의 본래적 의미, 즉 영원한 방랑자, 아웃사이더, 고향 상실자로서의 그의 존재적 의미에 합당한 끝맺음 방식이다. 주인공의 사라짐으로 끝나는 열린 결말이라는 관점에서 『플로렌틴』은 『루친데』보다는 어쩌면 『하인리히 폰 오프터딩엔』과 구조적 유비성을 지닌다. 『플로렌틴』의 경우 3부로, 『하인리히 폰 오프터딩엔』의 경우 2부로 기획된 가운데 각각 미완성으로 남지만, 어쩌면 그 미완성이 곧 그 자체 완결된 것일 수도 있다. 여기서 중요하게 환기되어야 할 점은, 작가 도로테아도 소설의 "만족스런 결말"로서의 '완결'에 대해서는 회의적이었다는 것이다. 그 점은 추후에 씌어진 <발행자에 대한 헌사>(Zueignung an den Herausgeber) - 이 발행자는 바로 남편 프리드리히 슐레겔을 가리키는데 - 에서 다음과 같이 제시되고 있다.

> 만족스런 결말! 친구여, 나는 이 말에서 멈추어야만 했고 계속 더 이상 쓸 수가 없었어요. 도대체 무엇이 만족스런 결말인지 내가 한 번 생각해봐야 할 것처럼 여겨지더군요. 많은 이들에게 그렇게 여겨지는 것이 나에게는 그렇지가 않습니다. (...) 나의 현실과 나의 만족은 동경과 예견에 놓여 있습니다.[45]

아리스토텔레스 전통의 서사 기법의 완결이 '시작(Anfang) - 중간(Mitte) - 끝(Ende)'이라는 틀에 기초하고 있다면,[46] 『플로렌틴』에는 바로 그 '끝/결말'이 부재한다. "만족스런 결말"로서의 완결의 부재는 초기낭만주의의 미학적, 철학적 특징을 이루는데, 즉 현실과 이상, 유한과 무한 간의 대립을 극복하는 조화와 통일을 찾지 못한 채 영원히 부유하는 그런 특징 말이다. 그런데 결말, 완결, 완성 등의 부재는 여성작가의 글쓰기 차원에서는 새로운 형식의 발현에 다름 아니다.

모방원칙의 지양, 파편적인 것의 요청, 완결된 작품의 해체 - 특히나 현실구조와 서사구조가 일치하는 데서의 균열들 - 가 여성들에게는 자신들이 문학으로 들어갈 수 있는 문으로 작용한다.[47]

설혹 기획된 2부, 3부의 다른 공간, 다른 시기에 플로렌틴이 다시 나타나서 새로운 현실과 조우하게 될지라도 그것이 서사의 완결과 만족스런 결말을 보장하는 것은 아니다. "만족스런 결말"로서의 서사의 끝이 플로렌틴에게는 아마도 근본적으로 존재하지 않을 것이다. 플로렌틴이 향하고자 했던 '아메리카'라는 새로운 공간 - 아메리카는 조피 메로의 『엘리제』, 『감성의 만개 시기』등에서도 이상적 공간으로 언급되는데 - 도 정말 당시의 역사적인 실제 공간을 지시하는 것인지는 사실 불명확할 뿐이다. 어쨌든 결말의 부재, 그것도 주인공의 존재 자체를 지워버리는 방식을 통해 『플로렌틴』은 열림 자체로 머문다. 열린 결말로서의 플로렌틴의 사라짐과 관련해서는 다음과 같은 사회정치학적 의미가 제시될 수 있다. 즉, 스스로 사라지기 직전 플로렌틴은 폭력적인 남성 가부장의 전형이라고 할 수 있는 베티의 약혼자 발터와 대결하는 가운데 그의 검을 빼앗아 부러뜨리고는 발터의 발밑에 내던진다. 이는 폭력적인 남성을 거세했다는 의미를 지닌다. 플로렌틴은 폭력적인 남성을 거세하는 행동에만 그치는 것이 아니라 스스로 사라지고 만다. 이는 곧 남성성의 거세를 넘어 스스로 "남성성을 해체하는 태도"(Gestus der Dekonstruktion der Männlichkeit)[48]와 다름 없다. 요컨대, 『플로렌틴』은 남성 주인공의 존재를 지워버림으로써 동시대의 남성중심적, 가부장적 사회를 거부하는 파격적인 사회정치적 함의를 지니며 동시에 그런 사회에 부합하는 '교양소설'이라는 장르도 거부하는 작가적 소망을 투영해내고 있다.

이처럼 『플로렌틴』은 동시대의 주요 장르인 발전소설, 교양소설 등으로 분류될 수 없으며, 그 점은 주인공의 정체성과 관련해서도 좀 더 입증될 수 있다. 주로 교양소설에서 남성 주인공은 확고한 정체성을 갖고 있지만, 이와 달리 주인공 플로렌틴은 두 가지 측면에서 애매한 정체성을 지닌다. 그 하나는 플로렌틴이 그 어떤 특정한 사회적, 민족적 정체성을 지니지 않는다는 것이며, 다른 하나는 그 정체성의 불특정성과 마찬가지로 그가 남성인지 여성인지 단정할 수 없을 정도로 성적 정체성도 매우 애매하다는 것이다. 우선 사회적, 민족적 정체성의 부재는 에두아르트와의 첫 만남에서 주고받는 대화 장면에서 즉각 알 수 있다. 왜 조국을 지키지 않고 아메리카로 가려는 것인지에 대한 에두아르트의 질문에 플로렌틴은 다음과 같이 답변한다.

> "저의 조국이 어디 있나요?" 하고 그는 애잔하고 쓰라린 톤으로, 즉각 다시금 반쯤은 농담조로 외쳤다. "내 기억을 더듬어 올라가면 저는 이 세상에서 고아였고 이방인이었지요. 그래서 처음으로 저를 아버지라고 명명하는 소리를 제가 듣게 되는 곳을 저의 조국으로 지정할 생각입니다."[49]

고향, 부모, 조국 등이 존재하지 않는 플로렌틴은 다른 이들에게 소개할 때에도 자신의 성(姓, Familienname)을 대지 않고 단지 이름만을 말한다. 분명 자신의 고향, 조국, 가족을 나타내는 성이 있음에도 불구하고 그는 자신의 사회적, 민족적 정체성을 부정하고 자신을 정신적 자유를 찾아 나선 영원한 이방인으로 규정한다. 이와 마찬가지로 그의 소망대로 어디선가 자신을 "아버지라고 명명하는 소리"를 그가 과연 듣게 될 수 있을지도 사실은 불분명하다. 아메리카로 가고 싶다고 하지만 그가 아버지로 불릴 수 있는 이국적 공간은 어쩌면 영원히 존재하지 않을 수도 있다. 이와 같은 고향 상실, 영원한 방랑자 등의 언술은 18세기 말 당시 도로테아를 비롯한 유대인이 처한 현실과도 연관된다. 18세기 말 베를린은 비교적 문화적 자유주의의 물결이 싹튼 공간이었지만, 그럼에도 불구하고 유대인은 독일 사회에 완전히 동화되지 못했기에 '사회적 주변인', '아웃사이더'로 여겨졌다. 따라서 유대인 여성작가 도로테아의 모습이 투영된 인물로서의 플로렌틴은 역사 이래로 조국 없이 방황해 왔던 모든 유대인의 운명을 상기시켜 주기도 한다.[50] 초기낭만주의자들이 자신을 사회적으로 배척된 이들로 비유적으로 자주 언급했던 것처럼, '고향 상실자', '사회적 주변인', '아웃사이더' 등의 측면에서 소설 주인공 플로렌틴은 문학사적 차원에서 분명 전형적인 낭만주의자에 속하지만, 사회사적 차원에서 보면 동시대의 사회적 불평등, 차별, 억압 등에 시달려 있던 유대인의 역사적, 보편적 운명을 암시하고 있다.

성적 정체성의 경우 플로렌틴은 더욱 흥미로운 해석을 요구한다. 자세히 보면 소설이 전개되는 가운데 사회적, 민족적 정체성의 부재와 마찬가지로 그의 '성정체성'(Geschlechtsidentität)은 매우 애매하게 제시된다. 그는 분명 남성임에도 여성성을 상기하는 측면을 지니며, 그것은 무엇보다도 이름을 통해서 암시된다. 독일어의 경우 보통 '-in'으로 끝나는 단어는 주로 여성을 지칭한다. 또한 군사 아카데미를 졸업하지 못한 채 그가 방랑하는 수업 시대의 첫 번째 지역은 다름 아닌 이탈리아이다. 어원상 '플로렌틴'은 이탈리아어에 뿌리를 두고 있는 바, 이탈리아어에서도 '플로렌틴'은 주로 여성 이름으로 사용된다. 나아가 '플로렌틴'은 '활짝 피어난 사람, 꽃, 번영' 같은 단어들(floris, flos, florere) 등을 연상시키며 동시에 예술의 번영지인 이탈리아 플로렌즈(Florenz)도 상기시킨다.[51] 이와 같은 여성성에 대한 상기는 율리아네가 고모 클레멘티나에게 보낸 편지에서 더욱 구체적으로 제시된다.

> 베티가 그를 멋지다고 여겼나요? 엄마도 그가 에두아르트만큼 그렇게 멋지지는 않다고 여기고 있어요. 그는 에두아르트만큼 그렇게 키가 크지도, 남자답지도 않아요. 그렇지만 그의 몸매는 세련되고 날씬하지만, 힘 있어 보입니다. 그는 고상한 인상을 지니고 있지만 (...) 입과 눈은 아름다워요. 특히 그의 눈은 대체로 공허한 듯, 조용하고 생기 없이 멍하니 자기 앞을 보고 있었지만, 그의 관심을 불러일으키는 대화를 할 때면 그의 눈은 밝게 빛났고 점차 눈에 띄게 커지다가 어두워지기도 해요. 그의 이마는 아름답고 밝았고, 종종 그랬듯이 아래로 내려있는 짙은 갈색의 곱슬머리를 그가 손으로 뒤로 쓰다듬어 넘기거나 혹은 그 머리칼이 바람에 휘날리기라도 하면 그의 옷맵시 또한 매우 잘 어울리기도 하지요.[52]

플로렌틴의 외모는 마치 아름다운 여성을 묘사하는 듯한 유미주의적 서술로 가득하다. 이처럼 남성임에도 여성과 관계된 이름, 남성임에도 여성적 외모를 지닌 플로렌틴의 이중적 특성으로 인해 플로린틴의 남성성은 의문시된다. 그런 점에서 연구자들은 플로렌틴을 남성성과 여성성의 혼합, 즉 양성성(Androgynie)의 인물로 해석하기도 한다.[53] 양성성의 특성 때문에 플로렌틴은 동성애적 성향도 드러낸다. 그는 어린 시절 수도원에서 도피하도록 자신을 도와준 후작의 아들 만프레디(Manfredi)에 대해 첫 번째 사랑의 감정을 느끼며, 두 번째로는 율리아네와 결혼을 앞둔 에두아르트와도 동성애적 감정을 공유한다. 가령 2장에서 플로렌틴은 에두아르트의 모습과 말투를 떠올리면서 아름다운 생각에 젖으며, 마찬가지로 7장 말미에서 유년 시절 및 군사 학교 시절에 함께 지냈던 만프레디와의 이별에 대해 아쉬워하는 플로렌틴의 이야기를 듣고 있던 에두아르트는 그를 위로해준다. 이는 모두 마치 두 사람이 우애를 넘어서 동성애적 사랑의 감정을 주고받는 장면처럼 읽힌다. 그런 동성애적 감정은 율리아네에 의해서도 확인된다. 고모 클레멘티나에게 보낸 편지에서 그녀는 자신과 결혼을 앞두고 있는 에두아르트에 대해 "에두아르트는 아주 우정어린 친구 관계로 그(플로렌틴: 역주)에게 집착해 있어요"(Eduard hängt mit der brüderlichsten Freundschaft an ihm)라고 불만을 토로한다. 또한 두 남성은 자주 소풍을 즐기기도 하며, 그런 그들의 소풍에 함께 동반했을 때 율리아네는 갑자기 두 남성이 맺고 있는 관계에 대해 두려움을 느끼기도 한다.

> 두 남자가 그녀에게는 불안감 속에서 완전히 낯설게 느껴졌으며, 그녀는 그들에게 내맡겨져 있는 것에 놀랐으며, 자신이 그들과 맺고 있는 관계를 한동안 기억해 낼 수 없었으며, 그녀는 떨면서 창백해졌다.[54]

물론 동성에 대한 호의적인 마음을 무조건 동성애라고 단정할 수는 없으며, 더욱이 독일 낭만주의가 이성간, 동성간 우정 관계를 인간학적 관점에서 매우 중시하였다는 점을 고려한다면 에두아르트와 플로렌틴 간의 우정을 동성애 코드로 파악하는 것은 어쩌면 무리한 해석일 수 있다. 가령 도로테아는 현실적인 삶에서 남편 슐레겔과 슐라이어마허 간의 우정 어린 관계 등을 목도하고 있었으며, 초기낭만주의의 '공동실천'(Sympraxis)이라는 이념 차원에서 보면 그러한 우정은 동성애와 관계 없는, 인간적 교류의 해방을 위한 근본 감정의 교환으로 해석된다. 그렇지만 우정의 관계가 동성애와 전혀 무관하다고 단언할 수도 없다. 위에서 언급한 플로렌틴과 만프레디, 플로렌틴과 에두아르트 등의 관계를 더욱 상세히 추적해 보면, 그와 같은 동성애로 해석될 수 있는 여지가 없지는 않다.[55]

주인공이 이처럼 양성성을 지닌 인물로, 나아가 때론 동성애적 성향을 지닌 인물로 보이는 까닭은 근본적으로 도로테아의 기이한 글쓰기 방식에 기인한다. 어쩌면 작가 도로테아는 남성 주인공을 내세우는 가운데 자신의 여성성을 남성 속에 의식적으로 혹은 무의식적으로 투영했을 수 있으며, 그 결과 작가의 여성성(혹은 남성성)과 주인공의 남성성(혹은 여성성)이 작품 내에서 상호 오버랩된 것으로 보인다. 이와 관련하여 잉에 슈테판은, 프리드리히 슐레겔이 여성을 남성을 위한 도구적 기능으로 삼았다면 도로테아는 남성 인물 속에 이중적 소망, 즉 '유대인 + 여성'의 해방을 투영해 놓았다고 해석한다.

> 프리드리히 슐레겔은 『루친데』에서 자신과는 다른 성의 보충을 만들어냈다. 즉, 그는 여성적인 것을 합병함으로써 남성적인 것의 유희공간을 확대하며 동시에 여성적인 것을 남성적 완전성의 기능으로 규정해 버린다. 도로테아 슐레겔은 방랑 생활을 하는 고독한 남자 역할의 옷을 입는다. 그녀는 여성으로서 성취되지 못한 자신의 소망, 즉 확고히 규격화된 역할을 뛰어넘고 싶은 소망과 유대인으로서의 파리아 경험이 녹아 있는 자서전을 기획하고 있다.[56]

작가와 주인공 간의 동일성을 고수하는 잉에 슈테판의 시각에 문제가 없지는 않지만, 여성적 의미를 상기시키는 남성 주인공 이름 혹은 남성 주인공이지만 여성성을 지닌 듯한 주인공이 야기하는 애매함은 곧 작가로서의 자신의 이름을 숨긴 채 남편 이름으로 출간할 수밖에 없었던 당시의 열악한 상황과 궤를 같이 한다. 이와 같은 동시대의 작가적 정황과 관련하여 지그리트 랑에(S. Lange)는 한 걸음 더 나아가 플로렌틴의 이야기에 율리아네의 이야기를 덮어씌우는 방식을 두고서 "여성작가의 관점을 통해 남성적으로 결정된 인물 관점을 개조하려는 것"(Überformung einer männlich determinierten Figurenperspektive durch eine weibliche Autorenperspektive)이라고 해석하기도 한다.[57] 위에서 앞서 언급한 바 있듯이, 도로테아는 현실적인 삶에서는 분명 '슐레겔 부인'으로서 '남편에게만 헌신하는 아낙네'의 모습을 보였지만, 자신의 소설적 글쓰기 내에서는 주인공을 통해 자신만의 자유롭고 독립적인 삶을 살아가고 싶은 충동과 의지를 제시한 것으로 보이며, 이러한 삶과 문학에서의 상반된 모습은 남자 주인공 플로렌틴 주위에 편재해 있는 다양한 여성 인물들을 통해서도 발현되고 있다.

이렇듯 애매한 정체성을 지닌 주인공 플로렌틴과 관련하여 가장 근본적인 질문이 제기될 수 있다. 그는 과연 소설의 주인공일까? 『플로렌틴』이 작가의 여성성이 남성 주인공에 투영된 소설로 간주된다면, 소설의 핵심은 플로렌틴이라는 남자에 있는 것이 아니라 주인공의 여성성을 포함한 다양한 여성성에 있을 수 있다. 다시 말하면, 그가 만나는 여러 여성들(로마의 연인, 엘레오노레, 율리아네, 베티, 클레멘티나)이 곧 소설의 주인공들이 되는 셈이다. 플로렌틴의 수업 시대와 관련하여 잉에 슈테판은 소설에 등장하는 여러 여성과 관련하여 흥미로운 해석을 제시한 바 있다. 슈테판에 의하면, "엘레오노레, 클레멘티나, 베티, 테레제, 율리아네, 로잘리아 그리고 카밀라는 모두 '그 여성' 인물들의 다채로운 변화인 바, 즉 프리드리히 슐레겔이 <남성의 수업시대>에서 자신의 주인공 율리우스로 하여금 만나도록 하다가 다시금 외면하게 했던 그 여성들이다."[58] 나아가 잉에 슈테판은 『플로렌틴』에 나타난 여성들이 다음과 같이 이중적 특성, 즉 저항과 퇴행, 진취성과 보수성을 지니고 있다고 강조한다.

> 플로렌틴이라는 인물 안에 자기 자신의 여성성을 덮어쓰는 것은 역사적으로 보면 계몽의 이념(즉 자기결정과 진보)으로부터 여성이 배제되었던 상황에서 나온 필연적인 결과이다. 그런 덮어쓰기에는 경계 넘어서기가 표현되고 있는 바, 그 경계 넘어서기는 확고한 역할 지정에 대한 반란이면서 동시에 그런 역할 지정의 확고함을 받아들이는 퇴행이기도 하다. 피상적으로 보면, 여성작가와 남성 주인공을 융합하는 『플로렌틴』은, 남성작가와 여성 주인공이 모두 실제 남성 주인공 율리우스 - 그는 저자의 에고인데 - 와 관련되어 있는 소설 『루친데』보다도 한층 더 필연적으로 양성성 합일의 상상력을 문학적으로 전이시킨 소설처럼 보인다. 그러나 사실은 『플로렌틴』은 그와 같은 양성성 합일의 상상력에 대해 강렬하게 이의를 제기하고 있다. 왜냐하면 소설은 그것을 위한 모든 전제조건이 결핍되어 있음을 명확하게 보여주고 있기 때문이다.[59]

『플로렌틴』이 양성성 이념에 대한 옹호인지 비판인지는 어쨌든 해석의 시각일 뿐이다. 그와 같은 점에서 벗어나 근본적으로 중요한 점은, 『플로렌틴』에 나타난 여성들이 모두 플로렌틴의 성장을 위한 여성들로만 기능하는 '동일한' 인물들은 결코 아니라는 것이다. 그들은 매우 다채로운 모습과 의미를 지닌다. 때로는 남성에 의해 미화된 여성으로, 때로는 남성의 주체적 의식을 모방하는 여성으로, 나아가 가부장적 질서를 옹호하는 가운데 그 질서 내에 안주하려는 여성으로, 때로는 여전히 남성의 착취와 억압 하에 시달리는 여성으로, 그리고 때로는 가부장적 질서로부터 해방되고 싶은 욕망에서 남성에게 가차 없는 냉혈한 복수를 가하는 여성으로 등등, 다양한 해석을 요구하고 기다리는 여성들이다. 요컨대, 소설의 핵심과 주제는 남성 주인공 플로렌틴의 여성 편력 과정이 아니며 이탈, 자유, 책무, 봉사, 순종, 착취, 복수 등 다양한 삶의 맥락과 맞닿아 있는 다채로운 여성상의 실험성에 있다. 그런 의미에서 베커-칸타리노는 『플로렌틴』의 핵심은 다름 아닌 여성 주체의 "낭만적 자기발견"(romantische Selbstfindung)이라고 강조한다. 물론 그와 같은 해석에 일정 부분 동의하면서도 한 가지 간과하지 말아야 할 점은, 『플로렌틴』 내에서는 주인공 플로렌틴도, 여타 여성들도, 나아가 작가 도로테아도 그 어떤 완성된 자기발견에 도달하지 못한다는 것이다. 그러한 "자기발견"은 어쩌면 한 단계 높은 차원에서 다양한 인물과 그들의 의식을 읽는 독자에게만 주어지지만, 그러나 독자 또한 그러한 자기발견을 위한 뚜렷한 방향성을 찾지 못할 가능성이 크다.

5. 『플로렌틴』의 여성들과 페미니즘

프리드리히의 『루친데』와 도로테아의 『플로렌틴』에 대해서는 페미니즘적 시각 내에서도 현격한 해석의 차이가 있다. 『루친데』의 경우 여성은 남성 주인공에 의해서 '연인과 아내'로 미화되어 있다거나 혹은 그 남성 주인공이 걷는 교양 과정의 완성 - 좀 더 자세히 말하자면, 절대적 주체로서의 화가 율리우스, 나아가 문학 작품을 쓴 작가 슐레겔이 추구하는 교양 및 창작 과정의 완성 - 을 위해 여성이 희생되는 식으로 그려져 있다고 비판된다. 이와 달리 비록 출간 당시 문단 세계에서, 그리고 향후 이백 년 동안의 문학사에서 거의 주목받지 못했던 『플로렌틴』은 현대 문예학 내에서 소위 '페미니즘 문학의 선두'로 재평가되고 있다. 『플로렌틴』은 두 가지 측면에서 새로운 의미를 지닌다. 그 하나는 남성 주인공을 내세우는 일종의 위장된 방식이 실은 동시대 남성작가의 장르인 교양소설을 비판적으로 패러디하고 있다는 것이며, 다른 하나는 『루친데』와는 완전히 다른 차원에서 '남성과 다른, 혹은 남성과 대등한' 여성 의식을 제시함으로써 페미니즘적 사상을 선취하고 있다는 것이다. 물론 완전히 다른 시각도 제시되곤 한다. 가령 전자와 관련해서도 교양소설의 비판적 패러디가 아니라 오히려 여성작가의 새로운 실험적 글쓰기에 의해서 '교양소설이 한 층 더 변형되고 확장되고 있다'는 시각이 있다. 후자의 페미니즘적 시각과 관련해서도 무조건 긍정적이지만은 않은데, 가령 여성이 절대적 주체로서의 남성 의식을 모방적으로 추종함으로써 여전히 근대 주체의 패러다임 내에 머물고 있다고 비판되기도 한다. 이렇듯

『플로렌틴』은 교양소설의 발전과 한계, 혹은 페미니즘의 성취 및 한계, 페미니즘의 새로운 가능성 등 다양한 해석을 위한 '회전반' 역할을 하고 있다.[60]

여기서 『플로렌틴』과 관련하여 다양한 페미니즘적 시각이 가능한 까닭은, 그 해석이 결코 녹록치 않은 다양한 여성이 소설 내에서 등장하고 있기 때문이다. 그들의 사랑 및 결혼 생활은 결코 똑같은 모습과 의미를 띠지 않는다. 다양한 여성들 가운데 세 명의 여성이 우선적으로 거론될 수 있다. 첫 번째 여성은 오래 전 백작과 결혼하여 부부 생활을 유지하고 있는 중년의 엘레오노레이며, 두 번째 여성은 어린 시절부터 친구로 지냈던 에두아르트와의 결혼을 앞둔 젊은 율리아네이며, 세 번째는 사악한 품성의 발터와 약혼했고 훗날 그와 결혼하게 될 소녀 베티이다. 세 여성은 부부 생활과 관련해서는 마치 과거, 현재, 미래에 놓여 있는 듯한 여성상을 제시한다. 세 여인이 각각 어떠한 '낭만적 사랑'을 거쳐 결혼에 이르게 되었는지는 불명확하지만 소설 내의 현재 상태에서 보면 서로 상이한 모습을 제공해주고 있다.

우선 가장 눈에 띄는 여성은 엘레오노레다. 성인이 된 딸 율리아네를 두고 있으니 그녀는 상당히 오래전부터 결혼 생활을 영위해 온 여성이다. 그녀의 결혼 생활은 비교적 행복한 듯이 보이며, 그 점은 백작과 함께 지내는 성 안의 공간 묘사를 통해서 알 수 있다. 그곳의 생활은 거의 이상적인 공동체의 삶처럼 묘사된다.

> 부모, 자녀, 형제자매, 동거인, 머슴들은 서로 개방적이고 신뢰 있는 순진한 행동을 취함으로써 모든 강요와 불신을 내쫓아버렸다. 이곳과 같이 모든 관계가 아주 순수하고 동시에 잘 형성되어 있는 가족 공동체를 찾기란 쉽지 않다. 이곳은 모든 개인이 자신의 가치에 충실하게 머물면서도 동시에 어떤 공동체적 정신에 의해 활기를 띠고 있는 듯이 보이는 그런 가족 공동체처럼 보였다. 이곳에서 처음으로 플로렌틴은 부모에 대한 자녀들의 진실하고 내적인 사랑, 자녀의 권리에 대한 부모의 존중을 느끼게 되었다. 그 어떤 이도 다른 사람의 마음에 들기 위해 자신의 본성과 다르게 행동하지 않았으며, 모든 것이 완벽하게 서로 사이좋게 공존했다. 마찬가지로 모든 외적인 것도 조화를 이루고

있었다.[61]

개인과 공동체, 부분과 전체 간의 조화로운 생활, 낯선 이를 견제하고 배척하는 것이 아니라 기꺼이 환대해 주는 모습, 마을 주민들 간의 상호 이해와 존중, 믿음과 신뢰 등, 개개인의 내면과 외면, 특히 부모와 자녀 간의 사랑과 존중 등을 통해 글자 그대로 하나의 목가적인 화목한 삶의 공동체를 이루고 있다. 이러한 백작의 성내 주민들이 살아가는 모습의 서술은, 슐레겔 부부와 절친 관계를 맺고 있던 슐라이어마허의 사교적 행위 이론으로부터 영향을 받은 것처럼 보인다(특히 도로테아가 슐라이어마허와 자주 서신을 주고받은 것을 생각해보면 더욱 설득력 있다). 가령 "이곳은 모든 개인이 자신의 가치에 충실하게 머물면서도 동시에 어떤 공동체적 정신에 의해 활기를 띠고 있는 듯이 보이는 그런 가족 공동체처럼 보였다"라는 대목은, 앞서 분석한 바 있는 개인과 집단, 고유성과 전체적 어울림 간의 이상적인 조화 관계를 강조한 슐라이어마허의 사교성 이론을 상기시킨다.[62]

그런데 이와 같은 성내의 유토피아적 공동체의 삶을 이끌어가는 실질적인 살림꾼은 백작이 아니라 그의 아내 엘레오노레이다. 성내의 삶은, 백작의 관점에서 보면, 전통적인 남녀의 역할 분담에 의해 구축된 것으로 파악된다.

> 우리는 원래 우리 독일적 아버지의 삶을 살고 있지요. 남자는 전쟁에 나서고 평화로운 시절에는 사냥을 즐기지요. 여자는 집안을 돌보고 안살림을 떠맡고 있지요.[63]

이렇듯 남녀 역할을 구분하는 전통적인 가치관에 의해 지탱되는 백작의 성내와 사유지를 알레오노레는 경제적으로 잘 관리하고 경영함으로써 단순한 수동적인 살림꾼의 모습을 넘어서 한층 더 진취적으로 '아버지 위상'을 차지한 듯 서술되고 있다. 이와 같은 여성의 확장된 모습은 두 가지 의미로 해석된다. 그 하나는 여성의 생산적 능력에 의해 관리된 세계가 어쩌면 훨씬 나을 수 있다는 가능성이 시사되고 있으며, 다른 하나는 여성도 자본주의적 체계 속에서 관리와 경영 능력을 합리적으로 발휘하는 주체로 등장함으로써 결국 남성의 모습을 닮아갈 수 있다는 위험성이 내포되어 있다. 후자의 경우 피히테가 강조한 절대적 자아(absolutes Ich)와 여성의 현실적 실천성이 결합되는 것인데, 즉 엘레오노레의 강인한 아내이자 관리 주체의 모습에는 바로 "가부장적 전원"(patriarchalische Idylle) 을 이끌어가는 절대적 주체 의식이 투영되어 있는 것이다.[64] 그녀와 비슷하지만 어쩌면 대척적인 위치에 있는 여성은 바로 엘레오노레의 오랜 친구이자 백작의 여동생 클레멘티나이다. 그녀는 괴테의 『빌헬름 마이스터』에서 '아름다운 영혼의 소유자'로서 등장하는 나탈리에와 흡사 동일시될 수 있다. 그것은 그녀가 인도주의적 정신으로 주변의 사회적 약자들을 돌보는 이타적 행위를 실천함으로써 주민들로부터 칭송을 받고 있기 때문이다. 예를 들면 그녀는 항상 아이들에 둘러쌓여 있으면서 "어머니의 애정"(Zärtlichkeit einer Mutter)[65]을 보여주고 있다.

이와 같은 서로의 차이점에도 불구하고 어쨌든 엘레오노레, 클레멘티나 모두 전통적인 계몽적, 인본적 주체 내지는 가장(家長)의 변형된 모습에 다름 아니다. 엘레오노레, 클레멘티나 모두 일차적으로 전통적인 수동적 여성에서 벗어나 남성과 대등한 차원에서 자신의 주체성을 간직하고 실행하고 있지만,[66] 그녀들의 아비투스는 '냉정한 혹은 따뜻한' 전형적인 남성 가장의 행동과 역할 등을 모방하는 여성이다. 다르게 표현하자면, 두 여성 모두 계몽군주제의 남성적 권력 구조를 재생산하는 인물로서, 라캉의 용어로 말하자면, '상징적 아버지'의 구조적 질서를 내면화한 대타자인 셈이다. 물론 '감시와 처벌'을 행사하는 '아버지의 그늘'이 작동하고 있는지와 관련해서는 논란의 여지가 없지 않지만, 어쨌든 주체적 의식의 여성들에 의해 구현된 유토피아적 공동체 내지는 이상적인 실천적 삶, 아름다운 영혼의 인도적 실천 등에 대한 묘사는 당대 현실과 비교해 보면 비현실적인 공동체의 거주 공간 및 비현실적인 여성의 묘사일 수 있다. 따라서 유토피아 이론과 마찬가지로 그러한 이상적인 공간 및 이상적인 여성 주체의 묘사도 한편으로 현실 개혁에 대한 소망을 간접적으로 피력한 것으로 간주될 수 있지만, 다른 한편으로 잔인하고 어두운 현실을 은폐한 장면이라고 비판될 수 있다.[67] 그러나 현실 개혁의 관점에서 보면, 유토피아적 삶을 실현한 주체 모습의 서술을 통해 도로테아는 어쩌면 당시 지배 계층인 귀족이 더 이상 민중을 지배하는 자가 아니라 "민중의 조력자"(Gehilfe des Volkes)가 되기를 바랐을 수 있으며, 이는 곧 사회적 유토피아주의자로서의 도로테아의 면모를 드러내주는 것으로 해석할 수 있다.[68]

두 번째 여성으로는 에두아르트와 결혼을 앞둔 율리아네의 모습이다. 그녀의 모습은 사실 매우 흥미롭다. 도로테아의 자전적 배경을 고려해 보면, 율리아네와 에두아르트의 약혼 및 결혼은 도로테아 자신의 배경, 즉 어렸을 때부터 알고 지냈던 지몬 파이트와 결혼한 도로테아 자기 자신의 첫 번째 결혼을 상기시킨다. 『플로렌틴』은, 율리아네와 베티의 두 사례 모두를 보면, 어쩌면 일찍 배우자가 정해지는 결혼 유형이 결코 행복하지 않을 것임을 암시한다. 가령 고모에게 보낸 편지에서 율리아네는 자신과 에두아르트 간의 사랑에 이미 균열이 싹트고 있다는 느낌을, 나아가 결혼 후에도 불행해질 것 같은 예감을 다음과 같이 밝히고 있다.

> 그런데, 그에게 무엇이 부족한 걸까요? 그는 저처럼 배려심이나 신중함이 없고 그저 우울해하며 부당한 불만으로 가득한 채 언짢아하고 있어요. 그는 저의 사랑을 받고 있다고 생각하고 있지만, 저는 그를 그렇게 사랑하지 않아요. 저는 그의 의심을 진정시킬 방법을 모르겠으며, 제 자신의 불안감도 점점 더 커지고 있어요. 우리가 비로소 서로 평온하게 살게 된다면, 비로소 소음, 중요성, 격식이 사라지게 된다면, 아마도 우리 주변에 저 안개가 사라지게 되겠지요.[69]

결혼을 앞둔 여인의 입에서 불안과 걱정의 목소리가 흘러나오고 있다. 남편의 동성애적 성향에 대한 불안감을 암시하는 듯한 내용이지만, 그보다 더 중요한 점은 서로 상대방을 진심으로 사랑하지 않는 마음에서 두 집안 차원에서 정해진 정혼을 받아들이고 있다는 것이며 그로 인해 결혼 후에 과연 "안개"가 걷히게 될지 아직은 불안감이 도사리고 있다는 것이다. 이러한 불안한 젊은 쌍의 모습이 한편으로 도로테아의 첫 번째 결혼과 연관되어 있다면, 다른 한편으로 백작과 엘레오노레의 부부 모습은 1800년 이후 평화로운 가정을 꾸리며 살았던 도로테아와 프리드리히의 삶을 연상시킨다. 물론 백작과 엘레오노레의 부부 모습이 반드시 프리드리히와 도로테아 간의 실제 부부 관계와 완전히 일치하는 것은 아니다. 왜냐하면 허구적 인물인 엘레오노레의 의식은 실제 현실의 도로테아보다 더욱 당차고 도드라지며, 또한 가정과 사회적 삶과 관련하여 백작과 엘레오노레는 지배의 차원보다는 오히려 평등하고 대등한 차원에서 서술되어 있기 때문이다. 요컨대, 소설의 허구적 상황 및 인물은 프리드리히와 도로테아의 실제 삶의 현실을 훨씬 앞서가는 식으로 서술되고 있다.

어쨌든 젊은 여성으로서 율리아네는 어머니 엘레오노레와는 완전히 다른 모습을 보여주고 있다. 사랑과 결혼에 대해 불안한 감정을 지닌 그녀는 또 다른 장면에서 완전히 현실안주적인 모습을 드러낸다. 그 예로 플로렌틴, 에두아르트와 함께 그녀가 '남성 사냥꾼'으로 변장하여 소풍을 나가는 장면을 들 수 있다. 평소 두 남자가 즐겼던 소풍 및 마을 탐방에 율리아네는 남성으로 변장하여 동반하게 되는데, 이 소풍은 일종의 은유적 장면이다. 즉, 여성이 삶의 지정된 공간과 역할에서 벗어나 자연과 마을 주변을 자유롭게 구경하고 자신만의 자유로운 시간을 향유한다는 점에서 귀족과 시민, 여성과 남성 같은 신분적 정체성, 성적 정체성에서 해방된 사회적 일탈이라는 의미를 지닌다. 특히 '남성 사냥꾼'으로 변장한 율리아네와 관련해서는 페미니즘적 시각 내에 찬반이 엇갈릴 정도로 양가적이다. 남성으로의 변장은 현실에서 여성의 역할을 떨쳐내려는 시도로 볼 수 있지만, 그러나 변장을 떨쳐내고 다시금 현실 세계로 복귀하는 모습은 결국 여성의 역할 및 현실적 질서에 순응하는 것을 뜻한다. 후자적 측면은 무엇보다는 11장 초반과 후반에 드러난다. 즉 처음에는 해방적 마음 상태를 지녔던 율리아네가 시간이 지날수록 점차 서서히 불안에 젖는 상황으로 바뀌는 과정을 통해 드러난다. 사회적 질서와 정해진 삶으로부터의 일탈에서 엄습해오는 내적 불안감은 가령 어두운 자연

묘사를 통해 암시된다. 폭풍우가 부는 사나운 날씨로 인해 방향을 잃고 두려움과 불안감에 떠는 그녀의 심리 상태는 다음과 같이 제시되고 있다.

> 회오리바람이 그들 위의 짙은 구름처럼 먼지를 일으켰고, 천둥이 가까워졌으며 번개도 강해졌고 굵은 빗방울이 떨어졌다. 율리아네는 겁에 질렸고 사력을 다해 달렸다. 이내 폭풍이 그녀의 가슴을 짓눌렀으며 먼지가 주위를 어둡게 했고 그녀의 눈을 아프게 했다. 그녀는 나무 아래로 피신하는 것이 두려웠으며 마찬가지로 넓은 들판 위에 있는 것도 두려웠다. 날카로운 돌 위를 걷다가 그녀의 발은 상처를 입었고 그녀는 도처에 부딪혔다. 천둥과 함께 강한 번개가 그들 앞에 내리쳤고, 율리아네의 무릎은 비틀거렸으며, 결국 그녀는 반쯤 기절하여 바닥에 쓰러졌다.[70]

이는 소풍 도중에 일어난 날씨 변화로 인해 고통을 겪는 모습의 단순한 묘사가 아니다. 돌풍과 소나기 등은 사회적 역할의 부재 상황, 정체성 상실 상태 등에서 싹튼 인간의 심리적 혼란 상태를 암시한다. 자신의 사회적, 성적 정체성에서 벗어난 일탈이 순간적으로 자유를 주는 듯 했지만, 그러나 이내 폭풍우 같이 몰려오는 불안에 시달린다. 그런 심리적 불안 속에서 결국 안전과 보호를 찾으려 하는데, 이는 곧 사회적, 성적 정체성의 보장이 얼마나 소중한지를 깨닫게 되는 것과도 같다. 즉, 위 인용문은 간접적으로 기존의 현실 질서의 정당화와 합리화를 위한 이데올로기적 서술과도 같다. 방앗간 주인집에서 잠시 머무는 가운데 회복한 율리아네는 소풍을 끝내고 다시금 자신의 현실로 되돌아가게 된다. 이때 소풍의 일탈을 끝낸 후인 11장 말미에는 율리아네가 크게 안도의 숨을 내쉬는 모습이 그려진다. 다음과 같은 서술자의 언술은 안정과 질서가 자리 잡혀 있는 현실의 소중함을 옹호해주는 듯한 이데올로기적 언술로 작용한다.

> 이렇게 모험적인 하이킹이 끝났다. 평범한 일 이외에 다른 어떤 일이 그들에게 일어나지 않았음에도 불구하고 하이킹은 그들에게 중요하게 여겨졌다. 그들이 함께 걸었던 짧은 길 위에서 그들은, 그들이 더

큰 세상에서 수년간 함께 걸었을 때보다 자신의 내면을 더욱 심오하게 들여다보게 되는 기회를 가졌다. 율리아네는 의존성을 경험하게 되었으며, 또한 자신의 한계를 벗어나거나, 유대 관계와 인위적인 안락함을 무시하는 가운데 자기 마음대로 무조건 행동해서는 안된다는 점을 스스로 인정하지 않을 수 없었다.[71]

물론 변장하여 일탈한 후 다시금 현실 속으로 복귀하는 율리아네의 모습과 관련해서는 연구자들마다 각기 다른 해석을 내릴 수 있다. 특히 사회적 질서 속으로 복귀하는 모습은 곧 여성의 보수적인 심성을 드러낸다. 즉, 여성에게 주어진 사회적, 성적 정체성을 여성 스스로가 다시 내면화하는 모습과 다름 없다.[72] 특히 마지막 "자기 마음대로 무조건 행동해서는 안된다는 점을 스스로 인정하지 않을 수 없었다"라는 구절이 그 점을 명확히 드러낸다. 그렇다면 율리아네의 모습, 그리고 위에서 인용된 서술자의 주석 등과 관련하여 작가 도로테아의 관점은 어떻게 해석될 수 있을까? 두 가지 답변이 가능하다. 그 하나는 도로테아 스스로 율리아네처럼 보수적인 여성상을 지녔다고 볼 수 있으며, 다른 하나는 율리아네의 현실안주적인 보수적 여성상뿐만 아니라 서술자의 주해 자체까지도 어쩌면 작가 도로테아는 비판적 아이러니의 대상으로 삼고 있었다고 볼 수 있다. 소설의 여러 혁신적인 의미와 관련해서 볼 때, 아마도 후자가 더욱 설득력 있는 것으로 보인다. 이와 같은 여성성과는 완전히 다른 차원에서, 소위 '귀족 양반'들의 변장 놀이를 두고서 방앗간집 부부가 나누는 짧은 대화도 의미심장하다. 신분을 숨기며 서민들의 삶 속으로 들어오는 순간의 놀이가 귀족층에게는 자유와 즐거움을 가져다줄 수 있겠지만, 그들 부부는 그런 변장 놀이가 서민들에게는 크나큰 정신적 피해를 줄 수 있다고 비판한다.

마지막으로 포악하고 계산적이고 음흉한 기병 대위 발터와 약혼하였고 몇 년 내로 결혼하게 될 베티의 경우를 살펴보자. 베티는 클레멘티나의 모든 재산을 상속 받는 이로 지정되어 있다. 그런 그녀와 결혼하려는 발터의 의도와 목적은 명확하다. 플로렌틴의 시각에서 보면, 발터는 마을에서 "거의 사랑받지 못하며 전혀 호의적이지 않은"(wenig geliebt, und noch weit weniger liebenswürdig) 인물이며, 여러 대목에서 매우 탐욕스럽고 거칠고 포악한 자로 서술되고 있다.[73] 베티가 왜 그런 남자와 약혼했는지는 전혀 알 수 없으며, 또한 보호자 역할을 하는 클레멘티나가 왜 베티를 그런 남자와 결혼하도록 놔두고 있는지에 대해 독자들은 전혀 알 수 없다. 다만 추측할 수 있는 점은, 발터가 이미 어린 그녀를 유혹하여 성폭행했을 개연성이 높으며 그로 인해 베티는 발터와 어쩔 수 없이 미래를 약속한 것으로 보이며, 클레멘티나 또한 그에 대해 동의한 것으로 짐작된다. 물론 이는 추측에 불과할 뿐이다. 그런 악인 발터에 대해 플로렌틴은 의아할 정도로 적개심을 보인다. 마치 어린 여성을 보호하려는 마음에서 말이다. 그런데 페미니즘적 시각에서 살펴보면 대단히 흥미로운 점이 도출된다. 즉, 플로렌틴과 발터 모두 같은 이들로 분류되어 비판될 수 있다. 왜냐하면 플로렌틴도 실은 자기 그림의 모델로 일했던 로마의 여인에게 이미 유사 범죄를 저지른 것으로 해석되며(이 점은 다음 장에서 자세히 다룰 예정이다!), 또한 비록 다행히 실행되지 않았지만 플로렌틴은 백작 딸 율리아네에 대해서도 끊임없이 유혹의 눈길을 보냈기 때문이다.[74] 어쨌든 발터와의 예정된 미래의 부부 생활에서 베티는 '남편에 의해 억압받고 착취당하는 아내'라는 매우 어둡고 불안한 전망을 불러일으킨다. 이러한 베티와 발터의 모습은 비교적 행복한 백작 부부의 모습과는, 혹은 적어도 현재의 경우 불안하지만 어쨌든 평화롭게 결혼식을 거행하는 율리아네와 에두아르트의 모습과는 극명하게 대비된다. 어쩌면 세 여성 중에 가장 자립심과 주체성을 결여한 베티야말로 남편의 폭정과 억압 하에 살아갈 수밖에 없는 동시대 여성들의 모습을 대표하는, 가장 현실적인 모습일지도 모른다.

세 여인(클레멘티나를 포함하면 네 여인)의 모습을 종합적으로 평하자면, 이들은 한편으로 남성적 주체 내지는 계몽적 주체로서의 절대적 자아를 향한 노정에 있거나 혹은 그와 같은 절대적 자아와 비교하면 아직은 미성숙한 주체의 모습을 내보인다. 주체적 의식의 성숙도를 기준으로 삼을 경우, 엘레오노레는 가장 성숙한 자리에 위치하고, 그 중간에 율리아네가, 그리고 가장 미성숙한 자리에 베티가 위치하고 있는 셈이다. 그러나 가장 성숙한 자리에 위치한 엘레오노레의 경우도 결국 남성적 자아와 비슷해지려는 혹은 남성적 자아의 역할과 기능을 모방하려 한다는 점에서 계몽주의 이후의 근대적 주체의 모습, 즉 이성중심적인 절대적 주체의 모습에 사로잡혀 있다. 이들 세 명의 여성들은 현실개혁적인 인물이라기보다는 현실순응적인 여성들이라고 할 수 있다. 이러한 해석에 대해서는 두 명의 연구자가 그 단초를 제시한 바 있다. 우선 잉에 슈테판은 작가 도로테아가 자신의 이상적 여성성을 플로렌틴에 투영하는 데에만 치중함으로써 다른 여성들(엘레오노레, 율리아네, 클레멘티나 등)은 단순히 자신의 여성적 역할에 만족해하는 보수적인 인물로 그려냈다고 비판적으로 해석한다.

> 남성 주인공을 매개로 자신과는 정반대의 성을 허구적으로 점령하는 방식으로 그녀는 자신의 고유한 여성적 유희 공간을 확장하고 있다. 그녀는 이미 도입된 장르인 '여성소설'을 취하지 않고 '낭만적 소설'(romantischer Roman)이라는 당시에는 아방가르드적인 형식을 도입한다. 그렇지만 이는 그 대가를 치룬다. 즉, 텍스트의 여러 여성 인물들이 관습적인 역할에 확고하게 규정되고 마는 대가가 그것이다. 여성들의 역할 한계는 자신의 루친데로 하여금 '감각적이고 정신적인 여성'이라는 두 가지 특성의 여성으로 존재하도록 만든 프리드리히 슐레겔에게서보다 더욱 편협하게 제시되고 있다.[75]

여성들을 주로 "관습적인 역할"에 고착시켜 놓고 말았다는 슈테판의 시각은 너무 성급한 결론인데, 특히 소설 내 다양한 여성들의 복잡하고 미묘한 모습에 대하여 전혀 설득력 있는 분석을 제시하지 않고 있다. 이러한 슈테판의 시각을 뛰어넘어 프네브모니도우(E. Pnevmonidou)가 좀 더 흥미로운 시각을 제시하고 있다. 그에 의하면, 『플로렌틴』은 '동시대 남녀 관계에 내재해 있는 사회구조의 질서와 폭력을 은폐하는 낭만적 언어의 소설이 아니라 오히려 그러한 사회질서를 비판하는 페미니즘적 소설'이라는 것이다.

프네브모니도우의 시각에 의하면, 종교적, 인간애적, 관용적 차원에서 그려진 여성들(플로렌틴의 누이, 엘레오노레, 율리아네, 클레멘티나 등)은 언뜻 동시대의 가부장적 권력 질서의 형태에 순응하거나 길들여 있는 모습을 드러내는 바, 말하자면 여성들이 동시대의 남성적 권력 구조 내에 묶여 있거나 그런 질서에의 순응을 내면화함으로써 자신들이 희생되는 자생산적 구조를 보여준다. 그렇지만 소설 『플로렌틴』의 의도 및 작가의 의도는 다르다. 오히려 소설은 현실에 무의식적, 무의도적으로 적응하고 안주하고 있는 여성들을 비판적으로 보여주고 있으며, 그런 점에서 소설은 더 이상 "삶을 미화하고 신비화하는 소설"이 아니라 오히려 현실적 삶을 비판적으로 조명하고 성찰하도록 유도하는 소설이라는 것이다.[76] 슈테판의 시각보다는 프네브모니도우의 시각이 좀 더 진일보하지만, 그러나 두 연구자 모두가 간과하고 있는 또 다른 여성의 모습을 살펴볼 필요가 있다. 그것은 다름 아닌 플로렌틴이 로마에서 만난 여인이며, 이 여성적 인물이야말로 새로운 대안적 여성의 모습으로 해석된다.

6. 낙태, 여성의 자기결정권과 도덕적 단죄 사이에서

『플로렌틴』은 표면적으로 보면 흥미진진한 사건이 없는, 잔잔하고 평이한, 극단적으로 말하면 매우 진부한 소설일 수 있다. 그렇지만 자세히 들여다보면 소설 곳곳에는 마치 거대한 폭발을 일으키는 지뢰의 뇌관이 깔려 있다. 가령 소설 내에는 양성성 특성을 비롯하여 그룹 섹스, 동거, 간통, 낙태, 동성애 등 다양한 파격적인 논제가 담겨 있으며, 이는 사회적, 종교적, 문화적 차원에서 첨예한 논쟁을 야기하는 단초를 제공한다. 그런데 그 논쟁거리는 소설을 자세히 읽지 않으면 거의 눈에 띄지 않을 정도로 가볍게 스쳐 지나가는 듯한 서술 방식으로 제시되며, 이러한 방식은 도로테아가 친하게 지냈던 노발리스의 낭만화(Romantisierung) 수법, 즉 무겁고 진지한 의미의 소재에 가볍고 일상적인 외적 서술을 부여하는 서술 방식과도 비슷하다. 그런 낭만화 수법에 의한 예로는 양성적, 동성애적 성향을 띤 플로렌틴의 서술 장면, 남장여성으로 순간적으로 범속한 삶에서 이탈했던 율리아네의 서술 장면 등을 들 수 있지만, 가장 세련된 낭만화 수법의 예로는 자신의 지나간 삶을 들려주는 플로렌틴의 이야기 중에 등장하는 '이름 없는 로마의 여인'과 관련된 서술 장면이다. 앞서 살펴보았던 『플로렌틴』에 등장하는 여러 여성(엘레오노레, 율리아네, 베티, 클레멘티나 등)이 대체로 가부장적 질서의 희생자로서 또는 독립성과 주체성을 추구하는 소위 '남성성의 모방적 재생산자'로 해석될 수 있다면, 로마의 여인과 관련된 낙태 사건은 위의 여성들과는 완전히 다른, 눈에 띄지 않는 서술을 통해서도 실은 가장 파격적이고도 급진적인 여성의 모습을 담고 있다.

짧은 기간 동안 로마에서 어느 여성 모델과 동거했던 플로렌틴의 삶에서 핵심은 바로 '낙태'(Abtreibung, Abbruch der Schwangerschaft)에 있다. 낙태 이야기는 사실 19세기 초기만 하더라도 폭탄과도 같은 엄청난 주제였으며, 아마도 『플로렌틴』에 대해 심하게 거부 반응을 내보인 주변 지인들은 소설 내에 숨어 있는 그 파격적인 주제의 심각성을 이미 파악했던 것으로 보인다. 낙태는 동시대 남성작가들의 '교양 있는' 소설에서는 감히 생각이나 거론조차 할 수 없었으며 또한 소위 '낭만적 사랑'의 담론과는 전혀 다른, 현실적인 삶의 차원에서 매우 무거운 주제였다. 낙태에 대한 부정적 거부 반응의 간접 증거는 다양하게 찾을 수 있다. 우선 소설을 출간하려 했던 웅어 출판사의 거부 반응인데, 특히 그 출판사 사장의 부인이 강한 거부감을 표명하였기에 『플로렌틴』이 출판될 수 없었다고 전해진다.[77] 또한 실러의 부인 샤를로테 실러(Charlotte Schiller)는 예나에서 벌어진 여러 사건으로 인해 슐레겔 형제의 부인들(카롤리네, 도로테아)과 좋지 않은 관계를 맺고 있었으며, 그 점은 남편에게 보낸 1801년 3월 25일자 편지에서 도로테아의 『플로렌틴』에 대한 그녀의 혹평에서도 읽어낼 수 있다.

주인공이 저에게는 불쾌하게 여겨지며, 그 자신에 대한 이야기뿐만 아니라 로마에서의 그의 연애사도 저에게는 무척 역겨워요. 그 소설에서 우리는 그녀 친구들처럼 자유주의 사상으로 윤리적인 것을 넘어서려는 여성 저자의 자유분망한 심성을 엿볼 수 있을 거예요. (...)[78]

여성 편력을 일삼으며 방랑하는 플로렌틴은 작가 도로테아의 자유주의 사상에서 표출된 것이며, 특히 "로마에서의 그의 연애사"라는 부분을 콕 집어서 역겹다고 말하고 있는 것은 바로 - 샤를로테 실러 스스로 입에 담아내기 불편했던 - 그 로마 여인의 낙태 사건을 가리킨다. 이 밖에도 결정적인 부정적 반증의 예는 1802년 신간을 소개하는 「새로운 공공 총서」(Neue allgemeine Bibliothek)에서의 언술이다. 거기서 『플로렌틴』 내에 서술된 낙태 사건이 거론되는 가운데 로마의 여인은 "아름다운 영아 살인범"으로, 나아가 이 낙태 사건은 "태아를 지워버린 가장 끔찍한 장면"으로 혹평되고 있다.[79] 그렇다면 낙태를 소재로 취했던 것에 대해 작가 스스로는 어떤 입장을 취했을까? 1부가 발표되고 4~5년이 지난 1805년에 도로테아는 소설의 2부를 착수한다고 밝히면서 어떤 이유에서인지 1부에 대해 거리를 취한다고 밝혔다.

사실 나도 『플로렌틴』을 다시 착수했지만, 그러나 나의 현재 사고방식에서 내 마음은 플로렌틴에 대해 상당히 애정 없이 느껴집니다. 그 소설과 관련하여 나는 그 어떤 점에도 만족스럽지 않습니다(글쓰기 방식은 제외하고요). 당시 나는 즉각 그것을 끝내기를 원했지요. 그랬다면 지금 나는 안티-플로렌틴(Anti Florentin)을 훨씬 더 쉽게 쓸 수 있을 것입니다. 이제 나는 좋든 나쁘든 그런 의상을 고수해야만 하며, 이는 쉽지 않은 일입니다.[80]

『플로렌틴』의 어떤 내용과 주제가 스스로 불만족스러웠는지 명확하게 제시되어 있지는 않지만, 아마도 가톨릭으로의 개종(1808년)을 앞둔 보수적인 삶의 시기였기에 과거 자신의 소설에 담겨 있는 급진적인 내용(낙태, 동성애 등)에 거리를 두고 있는 것으로 보인다. 그럼에도 불구하고 『플로렌틴』의 단한 가지 측면, 즉 자신이 발휘한 "글쓰기 방식"에 대해서는 여전히 만족스럽다는 입장을 견지하고 있다. 작가의 입장 선회에도 불구하고 어쨌든 소설에 제시된 낙태 주제와 서술은 매우 까다로운 분석과 논쟁을 요구하는 명장면으로 손꼽힌다.

소설에서 낙태 사건의 전말은 어떻게 서술되고 있을까? 로마에서 플로렌틴은 자신의 그림 창작을 위해 모델로 일하는 여성을 사귀면서 그녀와 동거관계에 있었던 것으로 추측된다. 그녀가 누구인지, 그녀와 어떻게 동거를 했는지 등은 율리아네와 에두아르트에게 전해지는 플로렌틴의 이야기를 통해, 그리고 부분적으로 그들간의 질문과 대답의 상호 방식을 통해 간접적으로 서술되고 있을 뿐이다.

> 대부분은 풍경화였던 내 그림들의 판매와 수중에 넣은 돈의 사용에 대해서 나는 전혀 걱정하지 않았어요. 그림 판매는 내 친구들이 신경써주었고, 그리 사치스럽지 않은 내 생활 방식에 드는 돈을 내 친구들은 내 아내에게 건네주었지요. "당신 아내라고요?"하고 율리아네는 놀라면서 물었다. "아마도 당신 가정부가 아니었나요?" "아니요, 제 아내입니다!" "네? 당신은 결혼하셨나요?" "정식으로 결혼을 하셨나요?"라고 에두아르트가 물었다. "아마도 그녀는 나를 신뢰했고, 나 또한 그녀를 너무 많이 신뢰했었나봐요. 그녀는 로마 출신의 매우 아름다운 소녀였고, 우리들의 모델로 오랫동안 앉아 있어 주곤 했지요. 그녀는 스스로 영리하고 겸손하게 행동하였으며, 그래서 우리 친구들 모두에 의해서 높이 존중되었고 너무나 아름다웠기에 감탄을 불러 일으켰지요."[81]

아주 무해한 이야기의 서술처럼 읽힌다. 그러나 자세히 읽으면 그가 전해주는 여인과의 생활에서 몇 가지 눈에 띄는 점이 있다. 첫 번째로 플로렌틴의 경제적인 무능력을 들 수 있다. 마치 '고상한 화가'처럼 플로렌틴은 자신의 그림 판매와 돈의 사용 등에 신경 쓰지 않았던 자기 자신에 대해 전혀 부끄러워하지 않는다. 사실 친구들이 모두 도와주었다는 점, 로마의 여인이 경제적 생활을 이끌어나갔다는 점 등은 그리 자랑스러운 일이 아니다. 두 번째로는 그는 그녀와 정식으로 결혼했었는지에 대한 에두아르트의 질문을 애매하게 넘어가고 있다. 독일어 "trauen"은 '결혼하다, 신뢰하다'라는 두 가지 의미를 지닌다. 이 동사를 '결혼하다'의 의미로 묻는 에두아르트의 질문에 그는 '신뢰하다'라는 의미로 그 동사를 사용하면서 법적인 정식 결혼 여부의 질문에 대한 답변을 슬며시 회피하고 있다. 세 번째로는 율리아네가 자신도 모르는 낯선 여인을 "가정부"라고 칭하고 있는 문장인데, 이는 곧 플로렌틴과 로마의 여인 간의 관계가 화가와 모델이라는 직업적인 관계를 넘어서 동거 관계였음을 충분히 짐작하게 해준다. 비록 자신의 아내라고 답변했지만 그녀의 이름을 단 한 번도 거론하지 않는 모습에서 플로렌틴이 자신의 여자 친구를 무시하는 듯한 시각을 읽을 수 있다. 네 번째르는 로마의 여인을 두고서 친구들을 포함한 플로렌틴이 취했던 태도다. 그들은 모두 그녀의 미모에 반해 있었고, 특히 플로렌틴은 언제나 '여성의 미화'를 추구했던 자신의 마음을 다음과 같이 드러낸다.

> 그녀를 치장하는 것, 우리 모임에서 매일 언제나 새로운 의상과 예기치 않은 변화를 주어 아주 멋지게 그녀에게 옷을 입히는 것, 이것이 저의 가장 큰 기쁨이었으며, 그렇다고 저의 수입 중 한 푼도 그것에 낭비한 것은 아니었습니다. 저는 모든 형상 및 모든 자세의 그녀를 생각해내어 그려냈는데, 가령 여신, 성녀(聖女), 여사제, 요정으로 그려냈습니다.[82]

화가로서 평소 플로렌틴이 어떤 시각과 생각을 지녔는지를 알 수 있는 대목이다. 생활보다는 마치 유미주의적 화가처럼 그는 자신의 대상(연인)을 단지 "여신, 성녀(聖女), 여사제, 요정" 등으로 미화하는 데에만 몰두했던 것을 자랑스러워한다. 그런 생활 속에서 그는 어느 날 그녀의 임신 상태를 알게 되지만, 피렌체에서의 일을 마무리하기 위해 그는 무려 두 달 정도 로마를 떠나 있게 된다. 일을 마친 후 다시 돌아온 그는 그녀의 몸이 여전히 가냘픈 상태로 유지되고 있는 것에 의아해한다. 그는 여인의 낙태 행위를 슬픔, 분노, 당황, 아쉬움 등이 뒤섞인 투로 서술하고 있다.

> 마침내 나는 어떻게 몸을 날씬하게 유지할 수 있었는지 그녀에게 가능한 한 상냥하게 물어봤어요. 나의 부드럽고 조심스러운 질문에 대해 그녀는 큰 웃음을 터트렸습니다. 내가 중단하지 않자 그녀도 기분이 썩 좋아 보이지 않았습니다. 격렬하게 내뱉은 몇 마디로 나의 걱정은 커졌고, 나는 그녀를 추궁했습니다. 결국 ... 그녀는 내가 없는 틈을 이용했던 것이었습니다 ... 그녀는 인위적인 수단으로 그 상태(임신 상태: 역주)에서 자신을 해방시켰던 것이었어요. - 오랜 기간의 육체적 고통 ... 끊임없는 근심이 그녀에게는 옳지 않은 부담으로 여겨졌던 것이었어요 ... 그녀는 자신의 아름다움을 걱정했던 것이었어요! … 하느님 맙소사![83]

사실 유럽의 18세기 문화사회적 담론에서 낙태는 불법이었고 그런 낙태 장면을 다루거나 서술하는 것 자체가 문학에서도 금기시되었다. 따라서 『플로렌틴』에서 낙태를 다루는 위의 장면은 틀림없이 동시대 문단에서 일대 충격적인 사건처럼 여겨졌을 것이다. 물론 낙태와 관련된 구체적인 독일어 표현(abtreiben, abortieren, ein Kind aus dem Mutterleibe schneiden 등)은 전혀 사용되지 않았고 단지 "인위적인 수단으로 그 상태에서 자신을 해방시켰던"이라는 완곡된 표현으로 처리되고 있지만, 어쨌든 충격적인 사건의 서술임은 틀림없다. 이어서 피가 솟구치는 격분과 흥분 상태에서 플로렌틴은 낙태 행위를 저지른 연인을 향해 칼을 던졌으며 다행히 그 칼은 그녀를 빗나갔다고 말한다. 그런 그의 이야기를 듣고 있던 율리아네는 "당신은 저에게 무섭게 여겨집니다. 자칫 살인을 저지를 뻔했네요"라고 외치지만, 그러나 플로렌틴은 오히려 아이를 없앤 여인에 대해 "뭐라고요! 그녀야말로 냉혈한, 부정한, 자연 순리에 반한 살인자가 아니지 아닌가요? 그녀는 저를, 저를 가혹하게 살해한 것입니다"[84]라고 대답한다.

플로렌틴의 내용 전달 및 서술자의 언어와 관련하여 가장 특징적인 점은, 여인의 심정을 헤아려주는 중립적인 서술자의 서술 내지는 사건에 대한 서술자의 성찰적 주석의 개입 없이, 오로지 플로렌틴의 일인칭 관점을 통해서만 여인의 낙태 사건이 일방적으로 전해지고 있다는 것이다. 낙태의 이유에 대해 독자는 여인의 입에서 나온 직접적인 목소리를 전혀 듣지 못한 채, 단지 "오랜 기간의 육체적 고통", "끊임없는 근심", "자신의 아름다움" 등 오로지 플로렌틴의 전언으로만 간접적으로 듣게 된다. 이는 모두 플로렌틴의 관점과 해석에서 만들어진 언어일 뿐이다. 더욱이 부권을 주장하는 플로렌틴의 관점 하에서 그녀의 낙태 행위는 일방적으로 '아름다운 몸매 유지' 때문이라는 식으로 매도되고 있다. 엄밀히 말하면, 그 여인이 과연 어떤 마음에서 낙태를 감행했는지, 어떤 고통과 근심을 지녔는지, 즉 향후 아이 엄마가 될 그녀의 감성, 그녀의 관점 및 의향 등에 관해서는 전혀 상세하게 서술되고 있지 않다.[85] 플로렌틴의 추궁에 대해 그녀가 터트린 "큰 웃음"과 "격렬하게 내뱉은 몇 마디"가 어떤 의미를 지니는지에 대해 독자는 전혀 알 수 없다. 다만 제 삼자로서 독자인 우리는 그녀의 입장에서 낙태 행위를 헤아려볼 수 있다. 무엇보다도 그녀의 낙태 행위가 어쩌면 생활력을 결핍한 무능력한 예술가 남편에 대한 여성의 복수심에서 나온 행위일 수 있다는 것이다. 위에서 인용한 구절에서도 알 수 있듯이, 플로렌틴은 그녀를 오로지 심미적인 대상(그녀의 목소리와 노래에 대한 예찬, 나아가 여신, 성녀(聖女), 여사제, 요정 같은 회화적 묘사)으로만 대했을 뿐, 진정으로 서로 사랑하는 마음에서 남녀 및 부부 관계를 맺지 않았던 것으로 추측된다. 또한 플로렌틴이 그녀와 확실하게 법적으로 부부 관계를 맺었는지에 더한 율티아네와 에두아르트의 질문에 그가 대답을 회피하고 있었다는 점, 그녀의 이름을 단 한 번도 말하지 않고 있었다는 점, 그녀에게서 오로지 아름다움만을 찾았다는 점, 아이를 낳은 후 미래의 육아 및 생활 계획 등을 전혀 언급하지 않았다는 점, 이런 모든 점이 그녀에게 거대한 불안과 두려움을 안겨주었을 것이라고 충분히 짐작할 수 있다. 갑작스러운 임신 및 아이 출생 후의 미래적 삶에 대해 전혀 준비되지 않은 상황에서 오는 심리적 부담감 등으로 인해 그녀는 몹시 불안했을 것이며, 특히 경제적으로 무능력한 동거남 플로렌츠의 모습은 여성의 입장에서 내심 상당한 걱정과 실망을 불러일으켰을 것이다. 혹자는 임신 자체와 관련해서도 흥미로운 분석도 제시하고 있다. 가령 플로렌틴과 일체의 상의 없이 로마의 여인이 스스로 낙태를 감행할 수밖에 없었던 근본적인 원인으로는, 그들의 동거 및 여인의 임신이 사랑하는 마음의 결과가 아니라 일종의 '성폭행'이 그 이면에 놓여 있었던 것으로 추측된다는 것이다. 그 점은 플로렌틴의 전언에서 알 수 있는데, 그는 자신의 입으로 로마의 여인을 "폭력적으로 유혹했다"(gewaltsam verführt)[86]고 서술하고 있다. 이와 같은 표현을 놓고서 마야 게리히는 로마의 여인에 대한 플로렌틴의 "성폭행"(Vergewaltigung) 가능성을 도출해내고 있다.[87] 어쨌든 두 사람의 동거 생활에는 사랑이 결여된 것으로 보이며, 그것은 "자신은 그녀를 전혀 사랑하지 않았다"[88]라는 플로렌틴의 언술을 통해서도 입증된다. 그런 사랑이 결핍된 동거 관계를 로마의 여인도 충분히 감지하고 있었던 것으로 짐작된다.

로마의 여인이 왜 임신하고 낙태를 했을까에 대한 질문과 관련하여 텍스트는 명확한 답을 주지 않지만, 어쨌든 원치 않은 임신으로 인한 여인의 내적 불안과 걱정 등은 전혀 배려하지 않은 채 플로렌틴은 오로지 '아버지의 권리'(Vaterrecht)만을 주장하면서 자신과 상의 없이 낙태를 감행한 그녀에 대해 살의를 느낄 정도로 격분했던 것이다.[89] 리타 모리엔(Rita Morrien)은 낙태에 대한 플로렌틴의 격분에는 일종의 '상징적 거세'(symbolische Kastration)의 반응이 내재해 있다고 해석한다. 즉, 일반적으로 남성은 자신의 아버지 권한과 여성 육체의 소유를 서로 동일시하며, 따라서 남성은 아이의 상실을 곧 그와 같은 자신의 두 가지 권한의 상실과 동일하게 받아들인다는 것이다. 이와 비슷한 관점에 마야 게리히도 '예술 작품, 아이, 자기자신'을 동일시하는 예술가의 정신적 상태를 분석하고 있다. 즉, 플로렌틴은 이상적인 작품 완성, 스스로의 완성 등이 실패되자 이에 대한 대체적, 보상적 차원에서 아이를 원했던 것이다. 아이의 죽음은 곧 자기 자신의 살해, 자신의 작품의 부재 등과 관련되며, 그런 의미에서 그는 낙태와 관련하여 "그녀는 저를, 저를 가혹하게 살해한 것입니다"라고 언급하고 있다. 요컨대, '남성, 예술작품, 아이' 간의 내밀한 의미 연관성이 형성된다는 것이다.[90] 이러한 등식은 연구자가 자의적으로 생각해 낸 것이라기보다는 사실 낭만주의자들에게서 그 근거를 찾을 수 있다. 가령 노발리스는 "창작이란 생산하는 것이다. 모든 창작된 것은 하나의 살아 있는 개체이어야만 한다"[91]라는 명제를 남긴 바 있다. 즉, 작가와 작품은 곧 아버지와 아들의 관계와도 같은 셈이다. 이러한 맥락에서 아이를 갖고 싶었던 플로렌틴의 욕망은 일종의 "자기 자신의 재탄생, 인간으로서의 자기발견을 실현하려는 시도"[92]였고, 그런 시도가 좌절되자, 즉 자신의 예술적, 남성적 욕망이 거세당하자 플로렌틴은 분노와 저항에서 로마의 여인을 살해하고 싶은 충동에 젖었던 것으로 보인다. 이와 같은 플로렌틴의 모습은 동시대 남성작가의 자기중심적 아비투스를 대변하며, 넓게는 자신과 상의 없이 아이를 지운 여인에 대한 플로렌틴의 과도한 흥분과 비난은 마찬가지로 동시대 모든 남성의 자기중심적 태도에도 부합한다. 특히 플로렌틴이 전하는 "그녀는 자신의 아름다움을 걱정했었다"라는 서술은, 이는 평소 여성을 오로지 "심미적 객체"(ästhetisches Objekt)로만 대했던 플로렌틴의 태도와 관련된 것일 수 있다. "그녀는 자신의 아름다움을 걱정했었다"라는 그의 언술이 사실이라면, 이는 플로렌틴의 여성관을 비판하고 싶었던 로마 여인의 평소 마음을 역설적으로 암시하는 구절일 수 있다.[93] 다르게 말하자면, 아름다운 몸매 때문에 낙태를 했다고 비난하는 플로렌틴의 언술에는 어쩌면 평소 여인에게서 오로지 아름다움만을 찾고자 했던 자기자신에 대한 무의식적인, 비판적 아이러니로도 읽힐 수 있다. 이처럼 남성의 교양 과정 혹은 예술가의 자기 완성을 위해 여성의 희생을 연출하는 동시대 남성작가들의 교양소설에 대항하여 『플로렌틴』은 과감한 대항적인 사례를 제시하고 있는 바, 즉 여성의 자발적인 낙태 행위를 통해 플로렌틴에게서 아버지와 남편의 기회를 박탈하는 과감한 여성상을 제시함으로써 『플로렌틴』은 단호하게 반교양소설의 위치에 놓여 있는 셈이다.

이와 같이 뜻하지 않은, 원치 않은 임신 때문에 아이를 지우는 행위는 흔히 의학적 언어로 '낙태'로 규정되고 종교적, 인도적 시각에서는 '영아살인'

이라는 일종의 범죄 행위로 규정된다. 낙태와 관련해서 오늘날의 경우 페미니즘적 시각과 종교적-인도주의적 시각이 서로 대립하고 있음은 널리 알려져 있다. 전자에서는 원치 않는 임신과 출산을 거부하는 '여성의 자기결정권'(das Recht der Frau auf selbstbestimmte Entscheidung)이 중시되고, 후자에서는 '아이의 생명 존중 및 부모의 동등한 권한'이 중시된다. 로마의 여인에게 낙태는 여성으로서의 자기결정권을 행사한 것이지만, 플로렌틴에게는 '배우자의 동의' 없이 이루어진 살인 행위이다. 강압적인 폭력에 의한 예기치 않는 임신, 경제적으로 무능력한 남편의 평소 모습, 나아가 동거녀가 임신 상태인데도 이 개월 동안 집을 비우는 남편의 무심한 행위 등, 이런 부당한 상황에서 무조건 자신의 아이를 낳아야 한다는 남성의 요구는, 페미니즘적 시각의 경우, 여성에 대한 진심 어린 이해와 배려를 결여한 것으로 비판된다.

그렇다면, 낙태를 감행한 로마의 여인과 그 여인을 살해하려는 순간적 충동에 사로잡혔던 플로렌틴의 반응 등과 관련하여 작가 도로테아는 어떤 가치판단을 지녔을까? 가령 그녀가 동시대 남성들의 보수적인 관점을 공유하는 가운데 플로렌틴의 격분과 살해 충동 등에 일정 부분 동의하고 있는 것인지 아니면 예기치 않은 임신 및 육아에 대한 자신감의 결여 등으로 내적 불안감에 시달리던 로마의 여인의 낙태 행위를 일정 부분 수긍하고 있는 것인지 등, 이에 대한 확실한 최종 답변은 불가능하다.[94] 다만 일반적으로 임신 및 출산 등과 관련하여 18-19세기 당시 여성이 처해 있던 열악하고 불합리한 상황을 고려하면서 답변을 찾을 수 있겠다. 가령 카롤리네 뵈머, 도로테아 파이트, 조피 메로 등은 사랑 없는 결혼으로 인해 이십 대 초반의 젊은 나이에 임신과 출산을 반복했으며 유산이나 각종 병으로 일찍 삶을 마감한 아이들로 인해 크나큰 심리적, 육체적 고통을 겪었을 것이 틀림없다(도로테아도 네 명의 아이를 출산했지만 두 명은 태어나자마자 사망했다). 원하지 않은, 준비되지 않은 임신으로 인해 무조건 아이를 낳아 길러야만 하는 등 자신의 몸과 마음에 대해 전혀 자기결정권이 주어지지 않은 상황이었다. 그와 같은 열악하고 불행한 여성의 삶의 환경 내에서 어쩌면 낙태와 관련된 여성의 자기결정권에 대한 소망이 싹텄을 개연성이 높다. 따라서 서술 불가능한 사건으로 터부시되었던 낙태 사건을 도로테아가 자신의 소설 내에 슬며시 집어넣은 것 자체는 당시의 사회적 상황에 대한 그녀만의 은밀하고도 급진적인 항거였을지도 모른다. 서두에서 언급한 바 있듯이, 현실에서 도로테아는 남편 바라기의 삶을 살았지만, 작품에서는 자의식이 강한 여러 여성뿐만 아니라 낙태까지도 감행한 여성도 그려냄으로써 스스로 이상적인 여성상을 찾으려 한 것으로 보인다. 그런 점에서 도로테아야말로 어쩌면 - 이는 어쩌면 모든 작가가 부딪힐 수밖에 없는 숙명적인 괴리이기도 한데 - 슐레겔을 만난 후 외적으로는 행복해 보였을지라도 삶과 예술, 현실과 이상 사이에서 가장 고통스럽게 지냈을 수 있다. 프리드리히 슐레겔은 『그리스 포에지의 연구에 관하여』라는 글에서 삶과 작품 간의 어긋난 관계를 다음과 같이 서술한 바 있다. "정말이지 시인 자신은 비윤리적인 의도를 가질 수 있지만, 그러나 그의 작품은 비윤리적일 수 없다"[95] 작가와 작품이 동일한 관계를 맺을 수도 있지만, 그러나 '비윤리적인 작가와 윤리적인 작품' 혹은 '윤리적인 작가와 비윤리적인 작품' 같은 식으로 양자는 어긋난 관계를 형성할 수 있다. 이러한 양자 간의 괴리가 형성될 경우 작가 개인의 삶과 관련된 윤리적 잣대는 작품의 미학적 특성의 분석에 적용될 수 없다. 예컨대 유부녀로서 도로테아가 별거와 이혼 중 새로운 젊은 남자와 동거했다거나 혹은 도로테아가 자기 자신을 버릴 정도로 지극히 남편을 위해 헌신하는 보수적인 아내의 모습을 지녔다는 등 이러한 그녀 삶의 배경은 작품의 미학적 특성을 평가하는 잣대가 될 수 없다. 따라서 소설 내에서 파격적으로 그려진 낙태 장면과 관련해서도 작가의 실제 삶과의 연관성에서 그 의미를 찾기보다는 오히려 그 허구적 이야기를 읽는 독자가 그 의미를 구성해야할 듯 싶다. 그렇기 때문에 도로테아는 자신의 일방적인 관점(가령 자신의 시각과 의견을 적극 제시하는 서술자의 관점)을 독자에게 주입하는 서술 방식을 지양하고 그 대신 독자로 하여금 '여성의 자기결정권과 생명 존중(가장의 권한)' 사이에서 고민하도록 만드는 일종의 거리두기 서술 방식을 취하고 있다.

7. 『루친데』와 『플로렌틴』 - 같은 듯 같지 않은 두 소설

아버지의 권유로 받아들인 첫 번째 결혼 생활이 실패했지만 이후 도로테아는 프리드리히를 만나면서 평생 서로를 보살피는 부부 생활을 영위했다. 물론 그 부부 생활이 얼마나 평화롭고 행복했었는지는 당사자들만이 알고 있을 뿐 제삼자는 전혀 알 수 없는 노릇이다. 어쨌든 표면적으로 그들은 행복했었으며, 적어도 예나에서의 동거 기간만은 분명 행복했던 시절처럼 보인다. 초기낭만주의가 싹튼 예나에서 프리드리히와 도로테아는 친구들과 문학적, 철학적 토론을 즐기는 가운데 각자 『루친데』와 『플로렌틴』을 출간하였다. 마치 약속이나 한 듯 서로 딱 한 편의 소설만을 발표함으로써 두 작품은 그들의 유일무이한 작품으로 남아 있다. 형식적 차원에서 두 작품은 슐레겔이 천명한 모든 흩어진 장르를 혼합하는 '점진적 보편포에지'(progressive Universalpoesie)를 실천하고 있다. 가령 서로 분리되어 있던 다양한 형식들 - 편지, 대화, 에피소드, 수필, 서정적 노래 등 - 이 두 작품 내에는 모두 뒤섞여 있다. 또한 『루친데』에서 율리우스가 만났던 여인들의 이름이 전혀 언급되지 않듯이, 『플로렌틴』에서도 플로렌틴이 만났던 여인들의 이름은 전혀 거론되지 않고 있다. 아울러 흥미롭게도 주제적 차원에서 두 작품은 극단적인 평가를 받는다. 한편으로 두 소설 모두 '남성을 위한 여성의 희생'이라는 공통점을 지닌다고 비판되지만, 다른 한편으로 두 소설 모두 남성과 여성의 평등성을 비롯하여 급진적인 페미니즘적 사상을 선취하고 있다고 평가되기도 한다. 이 밖에도 '사랑과 결혼'(Liebe und Ehe)과 관련하여 『루친데』와 『플로렌틴』은 다양한 현상을 제시함으로써 매우 까다로운 성찰과 해석을 요구하고 있다. 특히 두 작품에 대한 페미니즘적 시각과 관련해서는 연구자들 사이에 상당한 이견이 충돌한다. 가령 한편에는 두 소설을 서로 대척하는 소설로 보려는 입장(잉에 슈테판, 프레브모니도우 등)이 있다면, 다른 한편에는 양성성 내지는 남성과 여성 간의 상보성 차원에서 두 소설 모두를 파악하려는 입장(피셔, 메르겐탈러 등)이 있다.[96]

약간의 시간차를 두고서 발표된 이 두 소설은 어떤 관계를 맺는 것일까? 우선 두 소설은 극히 대조적이다. 남성작가로서 프리드리히는 루친데라는 여성 주인공 이름을 소설 제목으로 삼고 있다면, 여성작가로서 도로테아는 플로렌틴이라는 남성 주인공 이름을 소설 제목으로 삼고 있다. 프리드리히(남성)와 루친데(여성), 도로테아(여성)와 플로렌틴(남성)의 관계는 마치 수사학적으로 교차대구법(Chiasmus)을 형성하는 듯하다. 개개 작품 차원에서 보면, 남성작가가 생산한 여성 주인공(루친데)은 남성작가의 여성성을, 그리고 여성작가가 생산한 남성 주인공(플로렌틴)은 여성작가의 남성성을 주장하는 듯이 보인다. 넓은 의미에서 각각의 작품에는 양성성 이념이 내재되어 있는 듯 하다. 사실 양성성 이념은 - 남성작가이든 혹은 여성작가이든 - 모든 작가에게 내재해 있다고 할 수 있다. 일찍이 19세기 말 리카르다 후흐가 언급해 준 것처럼, 모든 작가는 근본적으로 양성성을 지니고 있기에 그와 같은 '작가와 작품' 간의 양성적 결합은 자연스러운 현상일 수 있다.

> 뮤즈는 남자와 여자를 알지 못하는 천상의 인물에 속한다. 예술가의 유일한 척도는 예술이지 국적, 성, 종파, 계급이 아니다. 모든 시인은 양성적이기 때문에 성은 존재할 수 없다. 남성적인 것과 여성적인 것을 그 자신 안에서 통합하지 않은 시인은 존재하지 않는다.[97]

이러한 양성성 이념은 독일 낭만주의자였던 슐레겔, 노발리스뿐만 아니라 영국 낭만주의자 새뮤얼 콜리지(Samuel T. Coleridge)에게서도 발견되며, 그러한 전통의 연장 선상에서 20세기 초 버지니아 울프(Virginia Woolf)도 에세이집 『나만의 방』(A Room of One's Own, 1929)에서 양성성 이념과 창조적 작가 간의 밀접한 관계를 강조하였다. 오늘날에는 비평가 토릴 모이(Toril Moi)가 『성과 텍스트의 정치학』(Sexual/Textual Politics, 1985)에서 – 남성과 여성의 첨예한 대립을 통해서만 사회적 성의 문제를 극복할 수 있다는 일레인 쇼월터(Elaine Showalter)의 시각에 대항하여 – 페미니즘적 대안으로서 양성성 이념을 다시 주장하고 있다.

어쨌든 다시 슐레겔과 도로테아로 되돌아가면, 왜 부부는 각자 소설을 쓰면서 서로 그와 같은 체인징 스타일의 형식을 취했던 것일까? 근본적으로 소설의 주인공들은 과연 그들 부부와 관련된 것일까? 프리드리히가 그려낸 루친데의 모습은 과연 자신의 부인 도로테아에 해당되는 것일까 아니면 자신이 소망한 다른 이상적인 여성상일까? 도로테아가 그려낸 플로렌틴의 모습은 과연 자신의 남편 프리드리히에 해당되는 것일까 아니면 자신이 소망한 이상적인 남성상일까? 사실 이런 질문은 우문(愚問)일 수 있다. 왜냐하면 루친데와 플로렌틴이라는 두 허구적인 인물을 실제 현실적인 삶에서의 아내와 남편의 모습으로 동일시하는 것은 그 자체 불가능하며, 따라서 프리드리히와 플로렌틴, 도로테아와 루친데 같은 등식은 결코 성립할 수 없기 때문이다. 또한 삶과 문학은 근본적으로 다르며, 따라서 루친데와 플로렌틴은 완전히 독립된 허구적인 인물일 뿐이다. 허구적인 인물과 작가 간의 관계는, 『플로렌틴』에서 율리아네가 전하는 테레자의 언술처럼, 어쩌면 "동떨어진 유사성"(eine entfernte Ähnlichkeit)[98]을 이루고 있을 뿐이다. 즉, 같은 듯 같지 않은 유사성 말이다.

공통점이나 차이점에도 불구하고 『루친데』와 『플로렌틴』은 서로 마주 보는 작품이라고 할 수 있다. 그 마주 봄은 어떤 양태를 띠고 있을까? 두 작품은 서로 같은 시선으로 쳐다보고 있는 것일까, 아니면 의아한 시선으로 쳐다보고 있는 것일까? 두 작품에 대한 간단한 비교점은 결론에서 엿볼 수 있다. 『루친데』의 경우 율리우스는 자신의 이상적인 여성 루친데와 함께 전원적 삶을 영위하는 것으로 끝나지만, 『플로렌틴』의 경우 플로렌틴은 자신의 이상적 여인을 찾지 못한 채 오히려 스스로 갑작스럽게 사라지고 만다. 이처럼 두 작품의 상반된 모습에 대해 베커-칸타리노는 다음과 같이 강조한 바 있다.

『플로렌틴』은 성의 역할과 정체성을 중심으로 하는 낭만적 유희이기도 하다. 프리드리히의 『루친데』와의 대위법적 대화처럼 도로테아는 자신의 소설을 착수했다. 즉, 여성작가로서 남성 주인공을 선택하였는데, 이는 남성작가 프리드리히가 루친데라는 여성 인물을 내세운 것과 유사한 방식이다. 도로테아는 확고한 성의 척도로써 남성 주인공과 여타 소설 인물들을 횡단하고 있다. 프리드리히는 자신의 관점에서, 자신의 남성적 관점에서 소설을 쓰며, 그는 여성과의 결합, 즉 루친데라는 타자를 나르시스적으로 점유하는 데 성공하였다. 반면 도로테아의 플로렌틴은 루친데를 발견하지 못한다. 그 위대한 사랑, 이성적인 여성 파트너, 낭만적 결혼이 플로렌틴에게는 허용되지 않은 채 그는 낯설고, 고독하고, 추방되어 있을 뿐이다.[99]

이와 같은 베커-칸타리노의 해석은 당연히 하나의 시각일 뿐 완벽하게 두 작품의 특성을 대조적으로 분석한 것은 아니다. 이와 다른 해석도 가능한데, 그것은 두 소설의 친화성 내지는 연속물로 파악하는 해석이다.

분명히 알 수 있듯이, 『루친데』에서 여성의 임신 점유는 남성 시인 탄생 및 그의 소설의 목적을 위해서만 제한적으로 잘 처리되고 있다. 중의적 낙태, 즉 임신 찬양으로 위장된 임신중절이 소설 내에 씌어져 있다. 그런 위장이 여기서는(『플로렌틴』에서는: 역주) 없다. 『플로렌틴』은 『루친데』의 중의적 낙태를 실행한다. 한편으로 『플로렌틴』은 『루친데』에서 제시된 '남성의 시인 성장'이라는 프로젝트를 다시 받아들이지만, 다른 한편으로 그런 프로젝트는 이미 『루친데』에서 제시된 모순 때문에 좌절될 수밖에 없다는 점이 제시되고 있다. 『플로렌틴』이 『루친데』가 침묵하고 있는 것을 이야기하고 있다는 점에서 『플로렌틴』은 『루친데』의 속편인 셈이다.[100]

슐레겔의 소설에서 예찬된 아이의 출생은 어쩌면 낙태에 대한 소망을 은폐하고 있을 수 있다는 것이며, 도로테아의 소설에서는 위장과 예찬 대신에 노골적으로 낙태가 그려짐으로써 "『플로렌틴』은 『루친데』의 속편"이라고 해석되고 있는 것이다. 물론 이와 같은 프네브모니도우의 분석에는 충분한 근거 없이 약간 논리적인 비약이 앞서고 있다. 이처럼 서로 마주 보는 두 작품의 관계에 대한 설득력 있는 비교는 완벽한 이해와 해석을 통해서만 가능할 뿐이지만, 실은 이 또한 불가능한 작업일지도 모른다. 왜냐하면 각각의 소설 자체와 관련하여 가령 정반대의 상이한 페미니즘적 시각이 상존하기 때문이다. 따라서 두 소설에 대한 완전한 비교 자체는 더더욱 불가능한 일처럼 여겨진다. 간헐적으로 두 작품을 비교하는 연구가 제시되고 있지만,[101] 주로 두 소설에 대한 충분한 이해 없이 해석자의 피상적이고 편협된 시각을 바탕으로 일그러진, 왜곡된 해석이 제시되고 있을 뿐이다. 아주 간단한 예로 『루친데』와 관련하여, 소설 내에는 여성의 미학적 이상화가 작동하고 남성작가에 의한 그 이상화는 비현실적인 여성상을 낳는다고 비판되곤 하는데, 사실 이러한 시각은 피상적인 시각일 뿐이다.[102] 이러한 피상적인 시각을 바탕으로 『플로렌틴』이 『루친데』가 시도한 여성의 이상적 미학화에 부합한다는 결론을 제시할 경우, 이 또한 어설픈 결론에 지나지 않는다. 두 소설보다 앞서 씌어진 「디오티마에 대하여」(1795), 「철학에 관하여. 도로테아에게」(1798) 같은 글에서 슐레겔은 사회적으로 고정된 남성성과 여성성을 강하게 비판하였다. 가령 "여성성은 남성성과 마찬가지로 인륜성으로 정화되어야만 한다. (...) 정말 남성의 권력지향적인 폭력성, 여성의 자아를 버린 헌신성이야말로 당치도 않으며 추하다. 자주적인 여성성만이, 부드러운 남성성만이 좋고 아름답다"[103]라는 언술과 함께 그는 성에 대한 전통적인 선입견과 역할 분담의 논리 등을 완전히 전도함으로써 여성 해방의 단초를 제시하고 있었다.[104] 그와 같은 전도된 사유를 두 소설에 적용한다면 흥미로운 대답이 도출될 수 있다. 어쩌면, 슐레겔의 『루친데』의 경우 외적으로 "남성의 권력지향적인 폭력성, 여성의 자아를 버린 헌신성"을 비판의 대상으로 제시하는 가운데 "자주적인 여성성, 부드러운 남성성"을 향한 소망을 암시해주고 있을 수 있다. 반면 『플로렌틴』의 경우 정반대의 시각이 가능하다. 즉, 외적으로 여러 여성을 통해 "독립적인 여성성"을, 플로렌틴을 통해 "부드러운 남성성"을 보여주고 있지만 실은 각각의 인물 내면에는 전통적인 모습, 즉 "여성의 자아를 버린 헌신성"과 "남성의 권력지향적인 폭력성"이 자리하고 있으며, 소설은 그 점을 모두 비판의 대상으로 삼고 있다고 할 수 있다.

이처럼 매우 복잡한 두 소설의 관계에 대한 적절한 대안적 사유로는 '낭만적 포에지'의 시학적 차원에서 두 소설의 관계를 파악해보는 방식이다. 두 소설은 어쩌면 슐레겔이 정의한 "자기창조와 자기파괴 간의 영원한 변화"로서의 "낭만적 아이러니"의 관계를 맺고 있다고 할 수 있다. 물론 일차적으로 각각의 소설 내에서도 '자기창조와 자기파괴의 변화로서 아이러니'는 이미 작동하고 있다(가령 '율리우스와 여러 여성', '플로렌틴과 여러 여성' 사이에서 말이다). 이러한 개개 작품 내에서의 아이러니를 뛰어넘어 두 작품은 메타포에틱한 차원에서도 낭만적 아이러니의 관계를 맺고 있다. 요컨대, 형식적이든 내용적이든 두 작품을 비교하는 이차적 관찰 차원에서 『루친데』와 『플로렌틴』은 서로 모방과 아류의 관계를 맺고 있는 것이 아니라 패러디와 아이러니에 의한 상호 대응의 관계를 형성하고 있다. 이 때 두 소설의 아이러니컬한 관계는 다양한 양상을 띨 수 있다. 예를 들면 『루친데』가 상대적으로 선명한 자기창조의 성향을 띤다면, 『플로렌틴』은 그것의 부정인 자기파괴의 성향을 띠는 것이다. 물론 이 관계는 정반대로도 가능하다. 즉, 『루친데』에서 자기파괴의 성향이, 『플로렌틴』에서 자기창조의 성향이 두드러진다고 말이다. 이처럼 메타포에틱한 차원에서 보면, 두 소설은 일종의 상호대응(responce)의 관계 속에서 아이러니컬한 관계를 형성할 뿐이며, 그 자기창조와 자기파괴의 관계를 쌍방향적으로 주시하는 몫은 오로지 독자에게 주어져 있다.

3장

"나는 삶의 빗물을 그냥 맞을래요"

라헬 파른하겐 폰 엔제

(Rahel Varnhagen von Ense, 1771-1833)

1. '순응적 반란군'으로서의 라헬 레빈

도로테아 파이트-슐레겔, 베티나 폰 아르님, 카롤리네 폰 귄더로데 등은, 비록 동시대 남성작가와 후세 문학사가들에 의해 크게 인정받지는 못했지만, 어쨌든 생존시 자신의 작품(Werk)을 출간한 여성작가들에 속한다. 그런데 앞서 다룬 바 있듯이 어린 시절부터 오로지 살롱을 이끌면서 유명 지인들과 사교를 즐겼던 라헬 레빈(Rahel Levin)은 단 한 편의 독특한 '작품이 없어도' 가장 뛰어난 여성 작가로 평가받는다. 도대체 어떤 연유에서일까? 그것은 바로 편지 쓰기 때문이었다. 서간체 소설 형식의 작품을 남긴 베티나 폰 아르님과는 달리 라헬은 생존시 수많은 지인과 자연스럽게 편지를 주고받으면서 자신만의 사교적, 문학적 공동체를 형성해갔으며, 그녀가 남긴 편지는 그녀를 뛰어난 작가의 반열에 올려놓았다. 라헬에게 편지 쓰기는 일반인들의 서신 행위와는 다른 차원에서 그녀만의 고유한 문학적 의식이 분출된 행위였다. 그런 점에서 라헬의 편지 쓰기는 일상의 의미와는 완전히 다른 차원에서 삶과 문학, 사적 담론과 공적 담론의 경계를 해체하고 양자를 융합한 새로운 서간문학(Briefliteratur)의 의미를 지닌다.[1] 그녀에게나 혹은 그녀와 편지를 주고받았던 젊은 애인 - 훗날의 남편 - 칼 아우구스트 파른하겐에게 편지 쓰기는 자신의 공허한 텅 빈 마음 속으로 모든 것을 받아 채우려는 행위와도 같았다. 1808년 12월 21일자 라헬에게 보낸 편지에서 파른하겐은 자신과 라헬의 심리 상태를 다음과 같이 뛰어나게 서술한 바 있다.

> 내 마음속은 허전하며, 대부분 정말 텅 비어 있어요. 나는 생각이나 형체를 생산할 수 없으며, 어떤 연관성을 체계로서 서술해 낼 수 없으며 또한 아주 세세한 것을 위트로서의 개인적 삶 안으로 분류해낼 수가 없습니다. 나에게는 그 어떤 샘물이 솟아 나오지 않습니다! (...) 그럼에도 이 완전히 텅 빈 상태에서도 나는 항상 열려 있으며, 어떤 햇빛, 어떤 움직임, 어떤 아름다운 형체, 혹은 힘의 형체 등, 이런 것들은 나를 비켜 가지 않습니다. 나는 단지 무엇인가가 지나가기를 기다릴 뿐이며, 저는 길가의 거지입니다.[2]

"길가의 거지"로서 자신의 텅 빈 마음 속으로 모든 주변 대상을 받아들이겠다는 남편 파른하겐의 서술은 라헬에게도 마찬가지다. 1816년 1월 7일 출판사를 운영하는 트록슬러(Troxler)에게 보낸 편지에서 라헬은 특정한 대상과 주제를 삼아 어떤 작품을 쓰는 행위를 거절하면서 오로지 자유로운 편지 쓰기만을 즐기겠다고 밝힌다. 소위 완성도 높은 작픔 쓰기를 거부하는 모습을 엿볼 수 있으며, 또한 현실비판적("저는 반란군입니다")이지만 동시에 현실순응적인 자기 자신의 두 가지 모습에 대해서도 스스럼없이 밝힌다.

> 그러나 사랑하는 트록슬러 박사님, 나는 당신이 출판을 위해 필요로

하는 (...) 그 어떤 것에 대해서도 쓸 수 없습니다. 나는 편지만을 쓸 수 있으며 때로는 아포리즘도 쓸 수 있을 뿐, 사람들이 나에게 혹은 내가 나 자신에게 제시하고 싶은 어떤 대상에 관해서는 쓸 수가 없습니다. 이 편지처럼 나는 평상시 내가 지녔거나 혹은 했었을 것만을 즐거운 마음으로 당신에게 적어 보내고 싶습니다. 박사님! 오늘, 지금 나는 더 이상을 쓸 수가 없습니다. 파른하겐은 우리 주변에 있는 사람들에게 많은 것을 읽어주고 낭독해주며 그들은 답변을 하지요. (...) **나는 반란군입니다. 그렇지만 매우 순응적이지요**. 나는 나쁘게 여긴 점은 나쁘다고 말하고 싶지만, 하지만 그것이 좋아질 것이기에 참으려 합니다.[3]

앞서 제 1부 라헬 레빈의 살롱에 관한 고찰에서 강조한 바 있듯이 그녀에게 삶은 곧 사교와 동일시된다. 사교는 한편으로 여러 지인을 자신의 집으로 불러들여 다양한 주제에 대한 자유로운 대화 및 토론을 즐기는 소위 '대면 및 구두 방식'을 통해서도 이루어지지만, 다른 한편 다른 이들과 서신을 주고받는 정신적 만남으로서의 '문자적 행위'도 사교에 해당된다. 실제 삶에서 라헬은 두 가지 방식을 모두 실천하였다. 살롱뿐만 아니라 글쓰기의 경우, 대략 300명이 넘는 지인들과 무려 10,000통 이상의 편지를 주고받았으며 또한 스스로 일기와 단편 등을 쓰는 등 다양한 방식의 글쓰기를 통해 그녀는 '문학적 삶'을 살았다. 발신자와 수신자가 서로 소식을 주고받는 사적인 사교 매개처럼 보이는 편지는 그 단순한 의미를 넘어서 함께 글쓰기를 전개하는 공동포에지(Sympoesie)의 일환이었다. 특히 많은 지인에게 편지를 발송하면서 상대방의 글쓰기를 유도해냈기에 더욱더 '편지 쓰기의 공동포에지'를 추진한 셈이다. 흥미로운 점은, 지인들과 라헬이 주고받은 편지들 가운데 일부분이 당시 「코타의 조간신문」(Cottas Morgenblatt)이라는 문학잡지에도 발표되었는데, 이는 편지가 분명 공공적 차원에서의 문학적 생산 행위의 매체임을 말해주고 있다. 물론 편지 유통의 경우 외적으로 발신자와 수신자로 나뉘지만 실상 모든 개개인은 발신자이자 동시에 수신자이며, 이와 같은 편지에서의 발신자와 수신자 간의 경계 해체 현상은 마치 글의 쓰기와 읽기와 관련하여 "진실한 독자는 확장된 작가이어야만 한다"(Der wahre Leser muß der erweiterte Autor sein)[4]라고 했던 노발리스의 문학적 사유와 상통한다. 다르게 말하자면, 여러 사람이 동시에 읽고 쓰는 행위 매체로서의 편지는 메타 차원에서 일종의 '집단적 글쓰기'의 매체인 셈이다. 또한 '삶의 글쓰기' 혹은 '글쓰기의 삶'이라는 등가적 관계가 성립될 정도로 삶과 글쓰기는 서로 떼어놓을 수 없는 불가분의 관계를 이룬다 특히 라헬 레빈은 '삶으로서의 글쓰기' 내지는 '삶 = 글쓰기'가 유효하게 적용될 수 있는 유일무이한 작가였다. "여성들은 오랫동안 글을 쓰지 않으면서 살았다. 이후 그들은 (...) 자신의 삶을 걸고서 자신의 삶을 위해 글을 썼다. 그들은 오늘날까지 그것을 행하며, 아니 오늘도 다시금 행하고 있다."[5]

그녀의 글쓰기에서 핵심적 주제는 '여성적 존재'이다. 글쓰기에 나타난 여성적 존재에 관한 라헬의 의식을 마주하면, 18세기 말 여성작가가 자신의 나약하고 비참한 존재와 강렬하고 급진적인 의식 사이에서 얼마나 고통스럽게 지냈는지를 쉽게 짐작할 수 있다. 우선 다음과 같은 구절에서도 사회적 한계와 내적 무기력 내에 갇혀 있는 여성적 존재와 의식을 쉽게 읽어낼 수 있다.

> 어떻게 당신은 그렇게 잔인하실 수 있나요, 저도 그것을 봐야만 하며 보게 될 것이라고 훈계하시나요. 중지되고 마는 어떤 것처럼 제가 사라질 것임을, 완전히 사라질 것임을 당신은 알지 못하시나요? 베를린의 포장도로를 세계인 양 칭하도록 하는 것이 과연 정상적인 사람에게 가능한 일인가요? 이 끔찍한 바람 부는 날씨(그저께부터 처음으로 비가 내렸고 오늘은 좋은 날씨지만), 그런데 자신이 인간인데도 여성이 과연 그것을 옹호할 수 있을까요? 나의 어머니가 자비롭고 동시에 엄격했었더라면, 그리고 내가 어떤 사람이 될지를 예감할 수 있었더라면, 어머니는 나의 첫 울음소리를 들었을 때 이곳 먼지 속에서 나를 질식시켜 숨지도록 했어야 마땅했지요. 집에 머무는 것 이외에는 아무것도 기대할 수 없는 무기력한 존재, 사라지고 싶었지만 (다른 사람과 마찬가지로 생각하는 그 무기력한 존재) 온전히 집에 머물러야만 했을 때, 그 무기력한 존재는 어쩔 수 없이 하늘과 대지, 인간과 동물을 갖게

> 되었지요. 무기력한 존재가 눈에 띄는 움직임을 행할 때면 온갖 류의 비난을 집어삼키며 견딜 수밖에 없을 뿐이예요. 사람들은 무기력한 존재에게 그런 온갖 비난을 논리적으로 가하지요. 흔드는 행위는 이성이 아니지요. 왜냐하면 유리잔, 실패, 천들, 재봉도구들이 떨어지면, 모든 것은 박살나기 마련이니까요.[6]

1793년 4월 3일자 위 편지 대목은 본래 베를린에서 같이 자란 라헬의 동년배 남자 친구 다비드 파이트(David Veit, 1771-1814, 독일 의사이자 작가)가 여행을 다니면서 그녀에게 보낸 편지에 대한 답장의 일부분이다. 의학 공부를 위해 고향 베를린을 떠나 괴팅엔, 예나 등 외지로 나갔던 그는 여러 곳에서 뷔란트, 헤르더, 괴테 등을 만났다고 전하며, 특히 1793년 3월 20일자 편지에서 그가 바이마르에서 괴테를 만났다고 전하는 소식은 평소 괴테를 흠모하던 라헬에게 부러움을 불러일으켰다. 그녀는 괴테와의 만남을 부러워하는 가운데 "집에 머무르는 것" 이외에는 아무것도 할 수 없는 여성의 한계 및 여성을 둘러싼 억압적인 사회적 분위기를 밝히고 있다. "끔찍한 바람 부는 날씨"는 그저 단순히 일상의 나쁜 기상 상태를 가리키는 것이 아니라 여성적 존재와 삶에 제한과 터부를 가하는 사회의 분위기를 가리킨다. 물론 라헬은 부모의 경제적 여력 덕분으로 상대적으로 다른 여성들보다 훨씬 자주 여행을 다닐 수 있었지만 이 편지에서는 '낯선 곳'을 향한 자유로운 여행의 기회가 전혀 주어지지 않는 일반적인 여성의 애처로운 처지가 언급되고 있다. 베를린을 쉽게 떠나지 못하는 상황에서 흔적도 없이 사라질 수밖에 없는 무기력한 존재, 즉 "중지되고 마는 어떤 것처럼" 살아가야만 하는 존재, 특히 '유대인 여성'으로서의 비운의 삶을 살아가지 않기 위해서는 차라리 출생 직후 자신을 어머니가 살해했었으면 좋았을 것이라는 자기조소적 언술은 매우 충격적이다. 그 어떤 작은 변화, 즉 "움직임"(*mouvemente*)조차도 허락하지 않는 이성적, 남성적, 가부장적 사회에 대한 비판이 제시되고 있는데, "유리잔, 실패, 천들, 재봉도구들이 떨어지면"이라는 시적 언술이 무척 흥미롭다. 라헬은 같은 편지에서 계속하여 자신의 '유대인 여성'이라는 이중의 주변부적 삶의 비애를 다음과 같이 밝히고 있다.

> 마치 내가 이 모든 것을 한 번 봤던 것처럼 여겨지며, 내가 슐레밀이자 유대인 여성이라는 생각은 앞으로도 들지 않겠지요. 오랜 세월이 지난 후, 그에 대한 많은 생각 후에도 나에게는 그 점이 전혀 알려지지 않을 것이기에, 나는 결국 제대로 알지 못하게 되겠지요. 그 대문에 '저 살인 도끼의 소리도 나의 뿌리를 몰래 갉아 먹지는 않을 것이며', 그 때문에 저는 여전히 연명하겠지요.[7]

앞서 라헬의 살롱과 관련하여 분석한 바 있듯이, 베를린에 거주하고 있던 유대인 여성은 '유대인'과 '여성'이라는 이중의 배제(차별)에 시달리고 있었다. 특히 '슐레밀'(Schlemihl)이라는 단어는 중세 독일어에서는 '무능한 사람, 불행한 사람'을 뜻하지만 동시에 '미숙한, 순진한 유대인'을 뜻하는 히브리어 'shlimil'과도 연관되어 있다.[8] 위 인용문에서 라헬은 자신이 독일 사회에서 유대인으로 배타 당하고 있다는 의식이나 유대인 운명에 대한 지식과 관념 없이 그럭저럭 연명할 것이라고 말하지만, 이는 아이러니컬한 표현일 뿐이다. 편지 쓰기 자체는 그녀에게 언제나, 여전히 '자신의 뿌리'를 의식한 글쓰기였다.[9] 또한 편지 쓰기는 권위적인 남성중심주의적 유대인 전통 내에서 '여성'이라는 성적인 차별로 고통을 받고 있음을 언제나 시사해주고 있다. 자신의 억압적 상황을 내면화하여 무의식적으로 살아가는 여성들에게는 실존적 문제의식이 싹트지 않을 수도 있겠지만, 라헬처럼 자의식이 강한 여성은 틀림없이 그와 같은 상황에서 벗어나고 싶은 해방적 욕망을 강렬하게 지니고 있었다. 1795년 3월 22일자 다비드에게 보낸 편지의 한 대목은 라헬이 얼마나 자신의 실존적 상황으로부터 고통받고 있었는지, 그리고 거의 빠져나갈 수 없는 감옥과도 같은 사회적 질서에 의해 정신적으로 마음의 병을 앓고 있었는지를 가늠케 해준다. 편지의 언술은 사회적 질서에의 순응을 밝히고 있지만 동시에 그러한 순응에서 벗어나고 싶은 해방과 저항의 소망도 말해주고 있다.

> 살아가는 동안 나는 압박과 강요에 의해 병들어 있답니다. 항상 저항해야 함을 알고 있음에도 나는 내 성향에 반하면서 살고 있어요. 나는 얌전한 듯 꾸미고 이성적으로 존재해야 하는 것에 대해서도 알고 있어요. 그렇지만 그런 것을 견뎌 내기에는 너무 작습니다, 너무 작아요, (...) 나의 항상 위장하는 짓, 나의 이성적인 듯한 태도, 나 스스로 지각하지 못한 순종성, 나의 판단, 이런 것이 나를 갉아먹고 있어요. 나는 그것을 더 이상 견뎌 내지 못하며, 그 어떤 것도, 그 누구도 나를 도와줄 수 없을 거예요 (...) 물론 세계는 이미 정돈되어 있기 때문에 나는 거기서 빠져나갈 수 없을 거예요.[10]

여성에게서 순종적 자세를 기대하고 요구하는 동시대의 소위 '이성적, 사회적' 관습이 얼마나 레빈의 의식과 마음을 억누르고 지배하고 있는지를 너무나 잘 읽을 수 있는 대목이다. 독일어 "einrichten"는 가구 등이 잘 배열된, 정리 정돈된 상태를 뜻하는 단어인데, 여기서 라헬은 '세계의 잘 짜여진 질서' 속에 감금된 자신의 실존적 상태, 즉 '유대인 여성'으로 구속된 존재 상태를 비판하기 위해 그 단어를 사용하고 있다. 그녀는 자신의 여성적 존재에 대한 비판적 하소연뿐만 아니라 17세의 나이로 괴팅엔 대학에서 첫 번째 여성박사학위를 받을 정도로 뛰어났던 도로테아 슈뢰쩌(Dorothea Schlözer, 1770-1825)가 결국 아녀자의 길을 걷게 되는 상황에 대해서도 비관적인 의견을 보낸 바 있다.

> 정말이지 도로트헨(도로테아에 대한 애칭: 역주)은 너무 많은 재능과 정신을 지니고 있지만, 그러나 그녀에게는 너무 불행한 일이야. 그런 성향을 지니고 있었음에도 그녀를 정말이지 극도로 공허한 사람으로 만들 수 있는 아버지의 기이한 프로젝트로 인해 그녀는 진실한 행복도, 존중도 기대할 수 없을 거야. 사람들은 여인의 현재적 모습으로만 여인을 평가할 뿐이야.[11]

슈뢰쩌는 자신의 뛰어난 재능을 발휘하지 못한 채 자신의 아버지가 정해 준 상대와 결혼하여 평범한 아녀자로서의 삶, 즉 '자녀 Kinder, 부엌

Küche, 교회 Kirche'라는 소위 '3 K'의 공허한 삶을 살아갈 수밖에 없었으며, 이러한 여성이 처한 상황에 대해 라헬은 몹시 안타까워했다. 물론 아버지를 일찍 여읜 라헬은 그와 같은 부모의 강요로 재단된 여성적 삶에서 비껴나 있었지만, 어쨌든 그녀는 자신 및 주변 여성들이 처해 있는 상황에 강한 비판적 의식을 지니고 있었다. 물론 후에는 자신의 유대인 신분에서 벗어나기 위해 라헬도 독일인과 결혼의 길을 택하였지만 사실 젊은 시절에는 결혼 자체에 매우 부정적이었다. 그 점은 1799년 지인 브링크만(Brinckmann)에게 보낸 편지에서 엿볼 수 있다. 그녀가 사랑한 칼 폰 핑켄슈타인(Karl von Finckenstein) 백작과 결혼할 생각이 없느냐는 말에 대해 그녀는 다음과 같이 언급하고 있다.

> 당신은 결혼하라고 말하십니다. 저는 결혼할 수 없습니다. 왜냐하면 저는 거짓말을 할 수 없기 때문입니다. (제가 그 점에 대해 약간이라도 생각하고 있다고 생각하지 마세요. 누구나 플루트를 연주할 수 없듯이 저도 할 수 없습니다.) 그렇지 않았다면 지금 결혼을 했을지도 모르지요.[12]

결혼이 플루트 연주 재능으로 비유되고 있다. 모든 사람이 플루트를 불 수 없듯이 모든 여성이 결혼할 수 없다는 논리다. 즉, 라헬은 자신이 다른 여성들처럼 '3 K'의 일반적이고 보편적인 삶을 살아갈 수는 없다고 말한다. 그녀는 가정과 육아 일에 구속된 삶보다는 오히려 사람들을 자유롭게 사귀면서 자신의 사유와 감각을 마음껏 펼치고 싶은 사교적인 삶을 원했다. 동시대의 시각에서 보면 그녀가 바라는 자유롭고 자주적인 삶의 길은 '남성'처럼 걸어가는 길이지만, 사실 라헬의 시각에서 보면 '인간'이 걸어가야만 하는 길이다. 물론 1827년 지인 프리드리히 폰 겐츠(Friedrich von Gentz, 1764-1832, 독일 및 오스트리아 외교관)에게 보낸 편지에서 라헬은 '남성'이라는 언어로서 자신의 성향을 다음과 같이 서술한 바 있다.

> 저는 이제 남자가 되었습니다. 가장 민감하고 가장 강력한 신체 기

관인 내 심장은 언제나 그것을 향한 성향이었지요. 가장 자유로운 영혼들 중 나의 영혼, 나는 그런 영혼을 가진 사람처럼 여겨지며, 아니 그런 영혼의 사람으로 존재하듯 여겨집니다.[13]

라헬의 '남성' 같은 성향은 다른 이들에 의해서도 언급된 바 있다. 라헬의 살롱 참석자였던 프리드리히 폰 겐츠는 이미 1803년 2월에 보낸 한 편지에서 "당신은 무한히 생산하는 사람이고, 저는 무한히 수용하는 사람입니다. 당신은 위대한 남성이며, 저는 지금껏 존재했던 여성들 가운데 가장 첫 번째 여성입니다"[14]라고 쓴 바 있다. 겐츠는 육체적 성별의 차이와 관계없이 스스로를 여성으로, 라헬을 남성으로 간주하고 있으며 또한 "저는 그 어떤 것도 생각해 낸 바 없고, 그 어떤 것도 창작해 낸 적이 없으며, 그 어떤 것도 만들어 낸 적이 없습니다"[15]라고 덧붙이면서 라헬의 무한한 창작 능력을 한껏 치켜세우고 있다. "erfinden, dichten, machen" 같은 동사들이 라헬의 뛰어난 시적 창작 능력을 암시해주고 있음은 두말할 나위 없다. 전통적인 이분법에 의하면 남성은 능동적 생산자으로, 여성은 수동적 수용자로 분류되곤 했는데, 그와 같은 남녀의 특성 분리를 전복시켜 겐츠는 자신을 수동적 여성으로, 라헬을 능동적(생산적) 남성으로 간주했다. 이는 마치 프리드리히 슐레겔이 "자주적인 여성성만이, 부드러운 남성성만이 좋고 멋지다"[16]라는 식으로 남녀 특성을 전도시킨 것을 상기시킨다. 어쨌든 겐츠의 언술에서의 핵심은, 여성에게 부과된 '아름답고 부드러운' 같은 수동적 특성에서 벗어나 독자적이고 능동적인 사유와 글쓰기 능력을 마음껏 과시했던 '남성적 라헬'의 특성을 확인해주었다는 것이다.

라헬은 생물학적으로 여성으로 태어난 것 자체를 자신의 불행으로 인식했음에도 불구하고 결코 자신의 자아를 포기하지 않았다. 1807년 9월 19일자 절친 레베카 프리드랜더(Rebecca Friedländer)에게 보낸 편지에는 자기 자신에 대한 강한 의식이 다음과 같이 서슴없이 발화되고 있다.

태어났지만 나는 세상에서 내쫓겨져 있으며 행복은 허용되지 않았거나 내려놓은 채로 있어. 나는 한평생 내 마음의 힘에 의존해 있으며, 나의 정신이 내게 보여준 것에도 의존해 있어. 이것이 자연이 나에게 제시해준 권역이며, 그 권역에서 **나(ICH)**는 힘이 있고 다른 이들은 보잘 것 없지.[17]

간결하지만 소름 끼칠 정도로 존재의 나약함과 동시에 강인함을 엿볼 수 있는 대목이다. 보통 '세상에 태어났지만 힘든 시간을 보내고 있어'라는 식으로 표현하기 마련인데, 라헬은 마치 실존주의 사상의 화법처럼 매우 특이하게 "출생하면서 나는 세상 밖으로 내쫓겨졌다"("aus der Welt hat mich Geburt gestoßen")라는 식으로 자신의 존재를 표현하고 있다. 일상에서 누리는 행복 없이 불행하게 지낼 수밖에 없는 존재지만, 그렇다고 해서 그녀는 결코 나약하게 존재할 수 없다. 다른 이들에 의존하지 않은 채 오로지 자신의 힘과 정신에만 의존하여 그녀는 자신을 지탱하는 삶을 걸어왔다. 여성과 유대인으로서의 불행한 사회적 환경에도 불구하고 그녀는 자신의 의식과 힘이 미치는 범위를 대문자로 씌어진 '나'(ICH)로 강조하고 있었다. 그 당당한 '라헬 = 나'는 자신에게 부과된 "껍데기"와도 같은 사회적 젠더를 거부하고 나선다.

나는 잘못 태어난 여인인데도 상류층 여인이어야만 한다고 하네. 상류층 여인이란 나의 생산적인 내적 토대를 위한 아름다운 껍데기일 뿐이야.[18]

"상류층 여성"의 껍데기, 즉 자유가 허락되지 않는 여성적 존재에 대한 언술은 다시금 1826년 6월 8일 절친 파울리네 비젤(Pauline Wiesel)에게 보낸 편지에서도 엿볼 수 있다.

자유가 없어요. 더 알고 싶으세요? 나는 종종 내가 살아 있고, 항상 똑같은 여성이고, 나 자신으로부터 너무 멀리 벗어나 있다는 생각에 놀라곤 해요. (...). 부르주아 사회 내에서 부인, 공무원의 아내 등을 떠올려 보면 그들은 전혀 자유로운 존재가 아니지요.[19]

또한 1820년 5월 20일자 파리에서 쓴 편지에서 라헬은 여성을 단순히 아이를 낳는 기계로 간주하는 사회적 관습에 대해서 강한 비판을 가한 바 있다.

> 여성이 학대당할 수 있고 그녀의 욕망과 의지에 반(反)한 상태에서 인간(아이: 역주)을 낳을 수 있다는 것, 그런 점에서 자연은 무시무시해.[20]

임신과 출산 등은 철저히 여성 자신의 뜻과 마음에 달려 있는 것임에도 불구하고 오로지 남성의 아이를 출산하는 것만이 자연이 여성에게 부여한 역할이라고 주입된 것이 당시 사회적 상황이었다. 부모가 정해준 상대와 일찍 결혼하여 여성들은 자신의 의사와 관계없이 임신과 출산을, 또한 유산과 아이의 때 이른 죽음(요혼, 무복지상)을 자주 경험할 수밖에 없었으며, 이러한 사례는 카롤리네 뵈머-슐레겔-셸링, 조피 메로 등에게서도 발견된다. 마찬가지로 남성 위주로 움직이는 사회에 대한 강한 저항과 불만을 다음과 같은 대목에서도 읽을 수 있다.

> 조망하고 선택하고 빠르게 행동할 수 있는 그런 높은 사회층에 내가 있었더라면! 나는 제대로, 강인하고 부드럽게 해냈을 것이리라.[21]

소위 고상한 이들이 취하는 "선택하고 빠르게 행동"하는 것은 계몽주의가 강조한 오성적, 이성적 사유가 기계적, 도구적 사유로 전환한 상태를 빗대어 말하는 것이며, 그에 대한 대안으로 "강인하고 부드럽게"라는 양성적 사유가 제시되고 있다. 이렇듯 기존의 사회적 관습과 그 사회가 여성에게 부과한 순종적 역할 등을 강하게 비판하면서 라헬은 본래적 인간의 강하고 부드러운 자의식을 요청하였다. 그렇다면 그녀의 글은 어떤 특성을 지니는 것일까? 그에 대해서는 라헬 스스로가 언급한 다음과 같은 자기성찰적 언술이 매우 흥미롭고 유머스럽다.

> (...) 언뜻 보기에는 제 글은 여성으로부터 나온 것이라는 인상을 주

지 않습니다. 그렇다고 글을 다시 보면서 그 글을 남자의 것으로 돌리고자 한다면 그것도 그리 별로 타당하지 않을 것입니다.[22]

이처럼 그녀 스스로 자신의 글에 대해 내린 평가, 즉 여성적이지도 않고 남성적이지도 않은 모호성 내지는 이중성의 특성, 다르게 말하자면 남성적, 여성적 특성 중 그 어떤 것에도 귀속될 수 없는 중성적 특성 - 이는 남성적이면서 동시에 여성적인 소위 양성적 특성이라 해도 무방할 듯 싶다 - 이 곧 라헬의 글쓰기에 내재해 있는 고유한 특성을 이룬다.[23] 그렇지만 다른 이들은 그렇게 평가하지 않았다. 라헬의 어린 시절 친구 다비드 파이트는 라헬의 편지 쓰기에 대한 지인들의 일반적인 생각에 대하여 냉소적인 입장을 견지했는데, 가령 1795년 11월 20일자의 편지에서 다음과 같이 밝혔다.

이러한 편지는 (...) 오로지 완전한 여성만이 쓸 수 있습니다. 불량한 이들은 '편지는 한 대상에서 다른 대상으로 자연스럽게 전환하는 일종의 가벼움을 요구하기 때문에 여성들만이 편지를 쓸 수 있다면, 남자들은 항상 중용을 지키면 돼'라고 말합니다.[24]

파이트는 편지에 관한 일반인의 선입견을 비판하면서 오히려 '대상을 자유롭게 넘나드는 여성적 글쓰기'를 라헬 편지의 고유한 특성으로 강변하고 있다. 나중에 다시 자세히 언급하겠지만, 한 마디로 라헬의 글쓰기는 시대를 앞서 나간 글쓰기였다. 18~19세기의 경우 남성과 여성에 대한 차별은 글쓰기의 양식에도 투영되어 있었다. 가령 한 가지 주제나 대상에 신중하고 집중적인 마음가짐으로 체계적으로 완성된 글을 쓰는 것이 남성적 글쓰기로 긍정시되었다면, 이와 달리 여성은 경박함과 부박함 때문에 주로 이런저런 대상과 소재를 자주 옮겨 다니는 편지 형식을 즐긴다는 식이었다. 낭만주의 여성작가가 취한 '여성적 글쓰기'는 그와 같은 편지 형식에 대한 일반적인 선입견을 뛰어넘어 새로운 문학적 글쓰기 형식으로 발전하게 된다. 편지에서 엿보이는 다양한 소재의 넘나들기, 순간적으로 쏟아지는 감정의 토로, 반체계적이고 반문법적인 열린 경쾌함 같은 라헬의 글쓰기에서 엿보이는 특징들은 19세기 후반 자연주의와 모더니즘 문학에서 제시된 순간문체(Sekundenstil), 표음적 글쓰기(phonographische Schreibung), 의식의 흐름(Bewusstseinsstrom), 내적 독백(innerer Monolog) 같은 현대적 글쓰기 특성과 궤를 같이 한다.

새로운 글쓰기 형식으로서의 편지를 의식적으로 취하는 가운데 라헬은 무엇보다도 인간으로서의 주체적 존재를 강조했다. 여성에게서 인간으로서의 독립적이고 주체적인 의식을 강조함으로써 라헬은 20세기 후반의 페미니즘적 의식까지도 선취하는 모습을 보였다. 1820년 1월 9일자 라헬의 일기장은 남성중심주의적 사회에 대한 다음과 같은 냉소적이고 비판적인 구절을 담고 있다.

> 만약 피히테의 작품들을 피히테의 부인이 썼다면, 그 작품들은 더욱 형편 없는 것이 될까? 여성은 생각할 줄도 모르고 나아가 자신의 생각도 표현해 낼 줄 모른다는 점이 혹여 사회 조직 내에서 입증된 적이 있던가?[25]

씌어진 글의 의미와 특성에 대한 객관적 판단보다는 '누가 글을 썼는가', 즉 저자가 남성인지 여성인지에 따라 글의 의미와 가치를 결정하는 동시대 사회적 상황에 대한 예리한 비판이 매우 아이러니컬하게 표현되어 있다. 글쓰기 행위의 장(場)에서 여성이 배제되거나 폄훼되는 사회적 상황, 나아가 공적인 영역 내에서도 여성의 인식 능력을 인정하지 않으려는 19세기 초의 사회적 상황에 대한 비판과 함께 라헬은 다음과 같은 대목에서도 급진적이고 미래선취적인 안목을 보여주고 있다.

> 저는 마음속에 하나의 계획을 품고 있습니다. 그것은 유럽의 모든 여성으로 하여금 그녀들은 전쟁에 결단코 동참하지 말라는, 그리고 모든 고통 받는 이들을 협력해서 치유하라고 권장하는 계획입니다. 그러면 한편에서 우리 여성들은 조용히 지낼 수 있습니다. 그렇게 되어야 하지 않을까요?[26]

나폴레옹과 보수적인 왕정 세력 간의 전쟁이 절정에 도달한 시점인 1813년에 씌어진 편지의 한 대목이며, 그렇게 라헬은 일종의 급진적인 반전(反戰) 의식을 지니고 있었다. 또한 다음과 같은 대목도 더더욱 급진적이다.

> 흑인 무역, 전쟁, 결혼! - 이것들은 서로 놀라워하며 서로 땜질한다.[27]

> 담을 부숴라! 그것의 잔해도 치워라! 이 세상과 비슷하게 이 괴물이 만들어져 있구나! 생명 있는 모든 것이 그 위에서 꽃피우게 될 것이다. 자연적 식생(植生)! -[28]

사회운동 구호 같은 전자의 언술은 1803년에 씌어진 일기장의 한 대목이며, '결혼 및 가정' 같은 울타리를 벗어나라는 후자의 언술은 사망 직전인 1832년의 일기장의 한 대목이다. 시간적으로 30년의 간격이 있음에도 불구하고 그녀의 의식이 한결같이 급진적이었음을 잘 보여준다. 제국주의와 남성중심주의 사회 간의 긴밀한 연관성을 꿰뚫고 있는 그녀의 의식은 오늘날의 급진적 페미니즘 사상의 한 단면처럼 읽힌다. 흑인 무역, 전쟁, 결혼이 서로 연관성 없는 측면들로 보이지만 사실은 '억압과 착취'라는 반사회적, 반자연적인 공통점을 지니며, 그것들은 다시금 제국주의 및 남성중심주의 사회와도 연결된다. 위와 같은 인용 구절은 그 어떤 상세한 논리적인, 사회정치학적인 설명을 수반하지 않은 채 단지 간결하고 주관적으로 제시되어 있을 뿐인데도 그 미래적 안목이 놀랍다. 특히 전자가 씌어진 1803년은 아직 나폴레옹이 프로이센을 공격하지 않은 시점이지만, 이미 세계사적, 문명사적 차원에서 라헬은 가정과 사회에서의 남성중심주의가 어떤 점에서 제국주의적 국가 체계와 긴밀히 연결될 수 있는지를 간파하고 있었다. 가정과 국가가 사회적 약자(흑인, 유대인, 가난한 자, 여성)를 억압하고 착취하고 있다는 비판적 의식은, 라헬과 비판이론, 나아가 페미니즘 간의 상관성을 밝히는 연구의 촉진제가 되고 있다.[29]

이렇듯 강한 독립적인 삶과 자주적인 사유를 강조하며 동시에 사회적 억압과 착취에 강력하게 저항하는 글을 마주하는 독자는 글의 저자를 결코 여성이라고 생각할 수 없을 정도의 강한 인상을 갖게 되지만, 어쨌든 그것이 곧 라헬의 글이다. 사실 라헬의 글은 '남성적, 여성적' 같은 이분법적 범주로 재단될 수 없으며, 어쩌면 양성성에 근간을 둔 인간에 대한 관심사에서 발화된 글로 간주해야 함이 가장 적절할 듯 싶다. 라헬은 자신의 가까운 지인들에게 모두 인간이라는 의미로써 성을 초월한 친구(Freund)라는 표현을 사용하는 데 주저하지 않았다. 가령 자신의 남편이 될 파른하겐에 대해서도 자신을 여친(Freundin)으로 표기하지 않고 그 대신 "나는 한 인간으로 존재할 수 있는 그런 당신의 친구입니다"[30]라고 하거나 마찬가지로 평생 친구로 지냈던 여배우 파울리네 비젤에게 쓴 편지에서도 여성명사와 남성명사를 동시에 사용하여 "진실한 사랑스런 여친이자 남친이여!"(Theuere geliebte Freundin und Freund!)[31]라고 칭하고 있다. 친구는 여자, 남자를 구별하는 방식과 전혀 관계 없는, 오로지 진실한 인간만을 뜻한다. 같은 생각과 마음을 나누는 친구는 죽음, 절대적인 것 등과 같은 형이상학적 가치에 대해 함께 생각을 나누는 이들인데, 그런 친구들 간의 사교에 대해서 라헬은 다음과 같이 밝힌다.

> 친구란 무엇인가요? 생각과 마음이 같이 맞는 이들이지요. 만물의 끝에서 피조물인 인간은 정신들의 정신 이외에 어디를 향할 수 있을까요? 이와 같은 대상에 대하여 친구들은 - 우리 자신들처럼 - 서로 이야기를 나눠야만 합니다. 중지할 수밖에 없는 모든 존재의 중지로서의 죽음은 우리에게 절대적인 것을 환기시키며, 이는 우리의 가장 드높은 사유를 환기시킵니다. 그런 사유로써, 그런 사유에 있어서, 우리는 생각과 마음이 맞는 이들을 두고 있어야만 합니다. 이것이 사교의 가장 드높은 점이며, 별로 능력이 없어 보이는 사람들일지라도 그들 모두의 근원이자 원동력입니다.[32]

여기서 주의해야 할 점은 "생각과 마음이 맞는 이들"로서의 친구들일지라도 상호 간의 개인적 차이는 항상 존중되어야만 한다는 것이며, 따라서 마음 터놓고 지냈던 비젤과의 관계에 대해서도 라헬은 "우리들만은 같지 않으면서도 같아요"(nur wir sind gleich bey der Ungleichheit)[33]라고 적고 있다. 요컨대, 나와 친구 간의 아주 긴밀한 사이에는 동일성과 비동일성, 같음과 다름이 작동한다. 형이상학적, 인간학적 차원 이외에도 라헬은 사회적, 윤리적 차원에서도 친구의 의미를 규정한 바 있으며, 그 점은 다비드 파이트에게 보낸 편지에서 다음과 같이 언급되고 있다.

> 존경할 수 있는 어떤 사람 이외에 누가 과연 이 세상에서 다른 무엇을 더 원할 수 있겠는가, 그 존경 받는 사람은, 자신이 살아 있는 동안, 누군가로부터 존경받고 있기 때문에 그 누군가의 진실한 친구로 남게 될 것이 틀림 없다.[34]

남녀 성별 및 계층의 차이에서 벗어나 '상호 존중을 통한 인간 간의 교류'를 더욱 중시하는 마음에서 라헬은 일찍부터 그리고 노년에도 살롱의 사교 공간을 이끌었다. 1809년 9월 14일 푸케에게 보낸 편지에는 그녀가 "인간적 교류"를 인간의 근본 특성으로 삼고 있는 대목을 읽을 수 있다.

> 무엇이 인간의 가장 본래적인 본질을 규정하는 것일까, 무엇이 표정을 짓는 이들을 인간으로 받아들이고 그들을 자기 자신처럼 다루도록 만드는 것일까, 다른 이들과 다양한 방식으로 아주 다채롭게, 아주 풍부하게, 아주 자주 교류하는 방식 이외에 인간이 언제 더욱 잘 해낼 수 있겠는가! (...) 인간을 위한 모든 것의 총합은 바로 인간적 교류이며, 말하자면 인간적 교류가 인간을 위한 모든 것의 총합이라고 뒤집어 말할 수도 있다.[35]

신분과 인종 차별 없이 모든 이들은 서로를 인간으로 대함으로써 비로소 인간적 존재를 확인할 수 있다. 이때 인간적 교류에서 간과될 수 없는 점은, "모든 인간은 독자성인 바, 그렇지 않으면 그는 태어나지 않았을 것이리라"[36]라는 것이다. 인간 간의 상호 교류를 위해서 개개인이 지닌 고유성과 본래성이 포기될 수 없음을 라헬은 강조하고 있다. 개인의 고유성은 곧 인간은

'스스로 느낄 줄 아는 존재'라는 명제에 기반을 둔다.

> 스스로를 완전히 느끼지 못하는 이는 인간이 아닙니다. 의식과 무의식의 변화를 느끼지 못하는 이는 생각하는 인간이 아닙니다. 그것을 여러분의 실러는 간극이라고 했습니다. 그런 간극에서 우리들의 작업, 우리의 삶은, 의식적으로 혹은 무의식적으로 그 간극을 풀기 위하여 시작됩니다.[37]

실러의 사유로부터 영향을 받은 것처럼 보이는 대목이다. 이성과 감성, 의식과 무의식 등의 간극을 알고 느낄 줄 아는 이로 인간이 정의되고 있다. 자주적이고 독립적인 삶을 살아가야만 하는 존재로서의 인간은 '생각하는 인간'이라고 명명되고 있는데, 이때 '생각하는 인간'은 단지 이성적 사유을 지닌 인간을 뜻하진 않는다. '남성의 이성적 능력, 여성의 감성적 능력' 같은 식의 이분법적 구분이 라헬에게는 통용되지 않는다. 오히려 '생각하는 인간'은 이성과 감성, 의식과 무의식 간의 간극을 유지하면서도 그 간극을 통합하려고 노력한다. 그렇기에 남성들 가운데에서도 사유하지 않는, 소위 비겁한 이들은 수없이 많다. 1803년 남긴 '생각하기'에 대한 그녀의 단편적 언술은 거의 명언처럼 울린다.

> 생각하기란 땅을 파고 웅덩이 속에 추를 넣어 측정하는 행위다. 많은 사람은 땅을 파보려는 힘을 갖고 있지 않으며, 또한 어떤 이들은 웅덩이 깊은 곳으로 추를 내려 보고자 하는 용기와 습관을 갖고 있지 않다.[38]

기존의 선입견에 대항하여 새로운 사실을 발견해보려는 생각하기 행위는 반드시 생물학적으로 남성으로 분류된 인간에게만 주어지는 것이 아니라 모든 인간에게 가능한 것이다. 라헬 스스로에게서도 그와 같은 자주적인 인간을 추구하고자 하는 욕망을 엿볼 수 있으며, 라헬의 다락방 살롱에 참석했던 브링크만은 라헬의 그와 같은 독자적인 사유, 진실한 정신과 감정 추구의 특징을 예찬한 바 있다.

> 내가 현자들과 성인들에게서 헛되게 찾고자 했던 것, 즉 솔직한 진실, 정신의 독자성, 감정의 내면성 등이 스스로 생각하는 비범한 여인의 다락방 내에서 하나의 신성한 계시로서 나에게 다가왔다.[39]

자주적인 생각하기 능력과 행위는 축적된 '삶의 지식'에서 나오는 것이 아니라 즉흥적 영감과 개성적 판단 등과도 연관되며, 다비드 파이트에게 보낸 편지에서 라헬은 인간들 간의 교류에서는 지식보다는 '무지(無知)의 품위'가 중요하다고 강조하기도 했다. 이와 달리 지식이 많은 이들은 스스로의 도구적인 사유로 인해 쉽게 비인간적이고 진부한 인간으로 전락하기 마련이다.

> 나는 지식을 높이 평가하는 으뜸가는 무지한 사람입니다! 그렇다고 다른 사람들처럼 끔찍한 무지에서 그런 것은 아니에요. 오히려 나는 지식이 무엇인지 잘 압니다. 그런데 이 세상에서 그 어떤 것도 나를 도와줄 수 없어요. 나는 나 자신을 완전히 소진시켜야만 하며, 극히 소수의 다른 사람들로부터 위로를 얻을 수 있을 뿐입니다. 지식이 넘쳐나는 이들, 그들은 얼마나 바보스럽고 장황하고 옹졸합니까! 부디 내가 나의 무지라는 유일무이한 품위, 그로 인한 태평한 마음, 그 유일무이한 사랑스러움을 잃어버렸다고 생각하진 말아 주세요.[40]

그런 점에서 1800년 구스타브 폰 브링크만에게 베를린으로 오라고 권할 때 라헬이 구사하고 있는 언술을 보면, 지식 이전의 인간 간의 진심 어린 관계, 즉 자신과 상대방 간의 내밀성, 나아가 한 인간이 지닌 알 수 없는, 감지되어야만 하는 됨됨이 등이 우선적으로 강조되고 있음을 알 수 있다.

> 내가 당신을 잃게 된다면, 나는 나 자신의 커다란 부분을 잃게 될지도 모릅니다. 당신 이외에 그 누구도 알지 못하는 어떤 됨됨이를 당신은 나에게서 알고 있습니다 - 그 됨됨이를 나는 명명할 수 없으며, 이 순간에도 결코 표현할 수가 없어요 - 그 됨됨이는 인식되어야만 합니다. 그렇지 않으면 그 됨됨이는 없어지고 말아요.[41]

이처럼 당당하고 자주적인 인간, 지식에 의존하기보다는 자신의 됨됨이와 생각을 통해 다른 이들과 스스럼없이 교류하려는 인간이었기에 라헬은 앞서 언급했듯이 수많은 지인과 10,000여통이 넘는 편지를 주고받으면서 시대적, 존재적 상황에 대한 자신의 생각과 느낌을 소신 있게 밝혔다. 그런 라헬의 모습이 여성 폄훼적인 베를린의 보수적 남성들의 눈에는 '뻔뻔한 여성'으로 비추어졌을 수도 있지만, 그런 뻔뻔함으로 라헬은 남성 위주의 사회적 규범과 관습에 과감하게 대항하는 혁명적인 사유를 펼쳤다. 1819년에 씌어진 다음과 같은 편지 대목에서도 여성들의 독자적인 삶이 강조되고 있는데, 그 자체 대단히 혁신적이기에 오늘날의 관점에서도 매우 유효한 언술로 간주될 수 있다.

> 흉을 보는 규범에 의해서 여성들은 독자적으로 설 수 있는 자신의 공간을 갖지 못하며, 언제나 남성이 서 있었거나 서 있으려는 곳에만 앉아 있어야 합니다. 또한 여성들은, 마치 땅속에 뿌리를 내린 나무처럼 마법에 걸려 있는 듯한 어떤 사람처럼, 눈으로 움직이는 세상 전체를 볼 뿐입니다. 그런 비자연적인 상태의 속박에서 벗어나려는 모든 시도와 소망은 경박함이라고 명명되거나 혹은 벌 받아야만 하는 행동으로 간주되고 있습니다.[42]

매우 파격적인 언술이 아닐 수 없다. 사회적으로 지정된 특정 위치에서 살아가야만 하는 수동적인 여성을 "땅속에 뿌리를 내린 나무처럼 마법에 걸려 있다"고 비유하는 서술에는, 남성중심주의적으로 구성된 세상에 대한 비판뿐만 아니라 남성에 의해 부여된 자신의 위치를 무의식적으로 내면화한 채 살아가는 여성들에 대한 비판까지도 암시되어 있다. 또한 여성이 처해 있는 사회적 상태를 "비자연스런 상태"로 명명하는 가운데 라헬은 마치 여성들에게 그런 구속적인 세계의 상황에서 벗어나라는 명령과 지시를 내리고 있는 듯 하다. 비슷한 맥락에서 여성의 아름다움도 새롭게 정의된다. 라헬은 독자적인 사유와 자주적인 삶을 향한 의지를 지닌 여성을 아름답다고 간주하였으며, 이는 동시대 남성중심주의 사회 내에서 주입되고 통용된 '아름다운 여성의 나약함과 비자주성' 같은 선입견을 비판하는 언술과 연관되어 있다.

> 우아하고 교양 있고 현명한 여성은 진부하지도, 우둔하지도 않지만, 그러나 나약하고 의존적으로 존재할 수 있다. 이는 일반적이다. (...) 우아한 여성일수록 그녀는 자신을 발견해야만 하는 모든 일에서 더욱 신속하게 자신을 발견하며, 이것이 아름다운 특성이다. 아주 사랑스러운 피조물은 바로 용기와 독립성을 지녀야만 한다. 이는 매번 그녀가 반드시 그렇게 비추어져야만 하는 것으로 되지 않기 위함이며, 또한 매번 그녀가 마땅히 그렇게 비추어져야만 하는 것으로 비추어지지 않기 위함이기도 하다.[43]

자주적인 여성은 '여성은 순종적이어야만 한다'는 식의 사회적 강제성 내지는 당위성에 맞서야 하며 나아가 그런 요구를 부정해야만 한다. 자신의 묘비에 새겨질 글귀와 관련하여 라헬은 남성들이 자신에게 가하는 "경박함/뻔뻔함"(Frivolität)이라는 비난을 기꺼이 감수하면서도 동시에 자신은 '경건하고 신실한' 성향을 간직하며 살아왔다고 말한다. 이는 수동적인 여성성의 인정이라기보다는 남성과 여성을 떠나서 자신이 지닌 인간으로서의 기본적인 성향에 대한 강조일 뿐이다.

> 제가 뻔뻔해졌다는 점을 신들은 알고 계시지만, 그러나 신들이 모르는 한 가지 점은, 제가 경건하고 신실하였다는 것입니다. 그것이 저의 묘비명입니다.[44]

이 밖에도 자유로운 사교 모임인 다락방 살롱을 이끌었다는 점을 통해 그녀가 매우 사교적이고 활동적인 특성의 소유자였음을 알 수 있지만, 의외로 인식과 판단에 있어서 자신의 '낭만적 고독'을 소중히 여겼다는 점도 발견된다.

> 내 마음은 완전히 어둠 속에, 완전히 혼자 있으며, 혼자서만이 모든 것을 훨씬 더 잘 알게 된다. 그렇게 볼 때만 누구나 인식을 얻게 된다.

세상 전체의 혼란스러운 빛들은 그런 인식에 도달하지 못하지. 그것은 마치 어떤 다른 세계의 척도처럼 우리 내부에 기거하고 있어. 예 혹은 아니오만이 있을 뿐, 다른 어떤 것은 존재하지 않아.[45]

이처럼 고독한 상태에서 자신만의 인식과 결정을 중시하는 모습은, 살롱을 이끌면서 여러 지인과 정겨운 대화를 나누고 인식을 나누는 사교적 행동을 자신의 천부적인 재능으로 삼았던 라헬의 정겨운 모습과는 완전히 대조를 이룬다. 이를 두고 베르타 바트(Berta Badt)는 "고독하고 사교적"이라는 라헬의 "기이한 이중성"(seltsame Doppelheit)을 언급한 바 있다.[46] 혹은 '사교적 고독'(gesellige Einsamkeit)이라고도 표현해도 좋을 듯 싶다. 또는 "정지해 있지만 움직이는"(still und bewegt)[47], 혁명과 좌절(Revolution und Resignation), 파리아와 파브뉴(Pariah und Parvenü) 같은 모든 모순적인 언술도 그녀의 인간적 면모를 가장 잘 표현해줄 수 있다. 죽음이 다가오기 직전에 일어났던 1830년 7월 혁명에 대해서 그녀는 환호와 회의 같은 식의 모순적 태도를 보였으며, 라헬의 그런 모순적 태도를 바바라 한은 다음과 같이 뛰어나게 해석해 주고 있다. "그녀는 기대를 지녔지만, 그녀는 그런 기대가 충족되지 않을 것임을 사유와 성찰로써 이미 알고 있었다. 하지만 희망은 그런 이중적 태도에서 싹튼다. 그녀는 시간의 영원한 흐름을 중단시키는 - 혁명과 같은 - '오늘'을 향해 있었다."[48]

이상과 같은 '사교적이면서도 고독한 인간' 라헬의 모습에 대해서는, 그녀의 인간적 품격, 정신적 능력, 다른 이들을 따뜻하게 배려하는 마음 등에 매료된 나머지 열네 살의 연하에도 불구하고 그녀와 결혼한 파른하겐의 다음과 같은 언술이 가장 의미심장하게 다가온다.

내가 무엇보다도 말하고 싶은 점은, 나는 그녀의 존재에서 한 '순수한 인간', 즉 가장 수수하고 완전무결한 형태의 멋진 신의 피조물을 본 듯한 그런 도취된 감정을 갖게 되며, (...) 어디에서나 독창적이고 소박한 정신적이고 감각적인 표현들을, 천진난만함과 영리함을 지닐 정도로 뛰어나고 말과 행동에 있어서 가장 민첩하고, 능숙하고, 적합한 태도를 보게 됩니다. 가장 순수한 관용, 가장 아름답고 언제나 활기 있고 활동적인 인간애, 이질적인 평온과 고통에 대한 선명한 연민이 그 모든 것에 따뜻하게 흐르고 있었습니다.[49]

정신적인 면에서나 감각적인 면에서 뛰어났던 라헬은 살롱 내에서의 지인들과의 소통적 교류를 뛰어넘어 편지 쓰기를 통해 비대면적 차원에서 자신의 영향력을 넓혀 갔는데, 특히 편지 쓰기는 근본적으로는 그녀가 인간(Mensch), 사상가(Denkerin), 작가(Autorin)로 발전하는 일련의 진화 과정의 매체에 다름 아니었다.[50] 즉, 자신이 간직한 다채로운 감정과 사유를 낭만적 고독의 편지 쓰기를 통해 자유롭게 발산하는 가운데 라헬은 '편지 쓰기'라는 새로운 문학적 장르를 개척한 본격적인 여류작가로 성장하고 있었다.

1994년에 발행된 라헬 기념 우표

2. 파리아(Pariah)와 파브뉴(Parvenü) 사이에서

언급한 바 있듯이, 라헬을 비롯한 베를린의 '유대인 여성'의 삶은 여성으로서, 유대인으로서 그 고통이 이중으로 배가된다. 가부장적, 남성중심주의의적 사회 내에서 유대인 부모가 정해준 유대인 배필과 결혼하여 유대인 가정을 꾸려나가는 것에 만족해하는 여성들의 경우 유대인이라는 운명에 대한 자의식과 그와 연관된 사회정치적 의식이 싹트지 않을 수도 있겠지만, 여러 타인과 적극 교류하며 사회적으로 인정 받고 싶은 강한 자의식을 지닌 유대인 여성에게는 바로 그 유대인 신분이 일종의 사회적 스티그마(낙인)로 작용하게 된다. 자주적이고 독립적 자의식이 강했던 라헬에게 그와 같은 '유대인 문제'(Judenfrage)라는 정치사회적, 실존적 문제 의식은 매우 심각히 여겨졌으며, 라헬의 고통은 개인사적 문제의식을 넘어서 '독일 사회에 거주하는 유대인'이라는 집단적 문제의식과 연관된다. 1813년 1월 3일 알렉산더 폰 데어 마르비츠(Alexander von der Marwitz)에서 보낸 편지에서 라헬은 괴테의 드라마 『타소』(Tasso) 에 실려 있는 저 유명한 문구를 빗대어 "인간들은 서로를 알지 못한다. 좁게 묶여 있는 갈레선의 노젓는 노예만들만이 서로를 알 뿐이다"[51]라고 말한 바 있다. 이는 남녀 차이를 벗어난 두 사람 간의 우애를 표현해 낸 것이기도 하지만, 어쩌면 이 구절은 당시, 갈레선의 노예들처럼, 인종차별적인 실존적 상황 내에 갇혀 있는 유대인들만의 긴밀한 관계를 시사할 수도 있다.

유대인 존재에 대한 라헬의 의식은, 이미 인용한 바 있는 편지에서 어머니를 향해 내던진 구절, 즉 자신의 출생과 동시에 자신의 죽음을 바라는 목소리("어머니는 나의 첫 울음소리를 들었을 때 이곳 먼지 속에서 나를 질식시켜 숨지게 했어야만 했는데")와 관련하여 엿볼 수 있다. 그 죽음에의 소망은 여성을 배제하는 경직된 사회적 질서에 대한 비판과 동시에 유대인이라는 사회적 스티그마에 대한 자의식의 비관적인 분출과도 같다.

> 그래서 나는 한 순간도 치욕을 잊지 않고 있습니다. 나는 물로, 포도주로, 공기로도 그 치욕을 마십니다. 숨 쉴 때마다 (...). 유대인은 우리에게서 근절되어야 합니다. 그것은 거룩하고 진실하며, 생명이 수반되어야만 합니다.[52]

피히테의 반유태주의적 연설을 듣는 가운데 그녀는 '유대인이라는 치욕'에서 벗어나기 위해 자신의 소멸을 원한 듯이 읽히지만, 그러나 유대인 신분을 지우면서 독일 사회에 완전히 동화되고 싶은 소망은 곧 유대인으로서의 실존적 상황이 그녀에게 얼마나 근원적이고 심원적이었는지를 내포하고 있다. '유대인 여성'이라는 라헬의 의식은 단순한 운명에 대한 저주를 넘어서 자기부정 및 자기파괴를 외치고 있지만, 이러한 자기파괴에 대한 급진적인 소망을 무조건 글자 그대로 받아들일 수는 없다. 왜냐하면 자기파괴가 유대인 여성으로서 자기 근원 자체의 부정을 뜻하는 것은 아니기 때문이다. 1817년 12월 31일자 편지에서 라헬은 괴테의 『타소』에서 나오는 "어리석은 짓이다 / 모든 점에서 저렴하게 존재한다는 것 / 이는 곧 / 고유한 자기 자신을 파괴하는 것을 뜻한다"[53]라는 구절을 인용하면서 유대인으로서의 자신의 존재 부정에 대해 냉소적으로 다음과 같이 덧붙인다.

> 그래서 나는 어떤 점에서는 강인했지만 다른 점에서는 경박하고 사치스러운 기질을 지녔던 나 자신을 정말 파괴한다. 그래! 나는 계속 죽어야 하며 이미 상당히 죽은 상태야![54]

자기 자신에 대한 강한 부정은 곧 자기 자신에 대한 애착과 긍정을 뜻한다. 이러한 양면적 의식, 즉 파리아와 파브뉴 사이에서 라헬은 끊임없이 부유하고 있었다. 유대인 여성이라는 존재에 대한 그녀의 가장 애처롭고 비탄에 잠긴 목소리를 들을 수 있는 대목은 1795년 3월 22일자 다비드 파이트에게 보낸 편지에서 찾을 수 있다.

> 나는 다음과 같이 상상해 봅니다. 내가 이 세계로 내던졌을 때 마치 어떤 세상 바깥의 존재가 그 입구에서 비수와 함께 다음과 같은 말을 제 심장 안으로 찔러 넣은 것 같은 상상 말입니다. 〈그래 느껴 봐라, 몇몇 사람들이 세계를 보듯이 이 세계를 보고, 위대하고 고귀해 봐라, 영원한 기념비를 나는 너에게서 앗아올 수 없을거야. 한데 '유대인이어라!'는 한 가지 점은 망각했겠지.〉 이제 나의 모든 삶은 출혈이며, 조용

히 몸을 유지해야만 삶을 연명할 수 있을 뿐입니다. 출혈을 막아보려는 모든 움직임은 새로운 죽음이지요. 나의 경우 움직임의 정지는 죽음 자체에서만 가능하겠지요. 웃어주세요 혹은 동정심에서 눈물을 느껴 보세요. 나는 당신에게서 모든 악, 불행, 불만을 끄집어낼 수 있습니다 ...[55]

유대인으로서 자신의 운명을 '심장 안으로 찔러 넣은 비수'로 표현하고 있다. 위대한 사람이 되면 자칫 유대인으로서의 존재 망각에 젖을 수 있으며, 바로 그 순간 '유대인 존재 망각'에 대한 경고의 말이 비수처럼 날아와 자신의 가슴에 꽂히는 생각을 해보라는 것이다. '유대인 존재 망각'과 더불어 사회적 동화의 욕망이 현실적인 삶을 지배하게 될지라도, '유대인 존재 기억', 즉 독일 사회 내에서 영원한 아웃사이더로 머물러 있는 파리아의 숙명은 언제나 무의식과 상상 속에서 꿈틀거릴 수밖에 없다. 이를 라헬은 피 흘리는 삶, 즉 "출혈"(Verblutung)이라고 명명하고 있다. 그 출혈은 "결코 치유될 수 없는 사회적인 병"[56]이며, 출혈로서의 삶을 구원해 줄 수 있는 유일한 방법은 다름 아닌 "움직임의 정지", 즉 죽음뿐이다. 이렇듯 '유대인 여성'의 존재에 대한 언술은 다른 작가나 사상가에게서 발견할 수 없을 정도로 처절하고 비극적이다. 헤르더의 영향을 받아 라헬은 모든 이들(특히 유대인들)이 자신의 운명에 대한 인식을 명확히 갖고 있기를 권했는데, 그 점은 1824년 1월 4일의 일기장 메모에 다음과 같이 적혀 있다.

사람이 자신이 어떤 운명을 지니고 있음을 알지 못한다면, 그것은 어떤 위대한 운명을 갖는 데 아무런 도움을 줄 수 없다. 자신이 어떤 운명을 지니고 있는지를 알고 있는 개개인이야말로 어떤 위대한 운명을 갖게 된다.[57]

라헬은 유대인 여성으로서 자신이 사회 속에서 어떤 처지에 놓여 있는지에 대한 명확한 인식을 지녔기에 스스로 언급한 "위대한 운명"의 소유자인 셈이다. 이와 같은 라헬 스스로 내린 자신의 운명, 자신의 명확한 사유, 자신의 글쓰기 작업과 관련하여 한나 아렌트는 다음과 같이 부연한 바 있다.

> 그녀가 해야 할 일은 일어난 것의 메가폰이 되는 것이었다. 즉, 일어난 것을 언어화된 것으로 변화시키는 것 말이다. 그것은 성찰 속에서 자신과 다른 이들에게 자신의 이야기를 언제나 다시금 믿도록 꾸며 말하고 자기 글로 다시 이야기함으로써 이루어진다. 그럼으로써 그녀는 운명이 된다. "자신이 어떤 운명을 지니고 있는지를 알고 있는 개개인이야말로 어떤 위대한 운명을 갖게 된다." 이를 위해 누구나 지녀야만 하고 자신 속에서 활성화해야만 하는 유일무이한 특성은 바로 결코 버릴 수 없는 깨어남과 고통 능력이며, 이는 곧 적확하고 의식적으로 머물기 위해서이다.[58]

물론 라헬의 삶과 의식을 단순히 외적인 관점에서만 들여다보면, 자신의 유대인 출생을 철저히 저주하고 부정하는, 극단적으로 말하자면 유대인 증오를 스스로 내면화하는 가운데 스스로 독일 사회에 통합하려는 욕망, 즉, '독일의 유대인'에서 벗어나 파브뉴, 즉 '완벽한 독일인'으로 되고자 하는 강렬한 소망이 그녀를 지배하고 있는 듯 보인다. 그와 같은 독일 사회로의 완전한 동화의 시도는 두 번 행해진다. 그 하나는 칼 폰 핑켄수타인 백작과의 만남을 통해서였으며, 다른 하나는 칼 아우구스트 파른하겐 폰 엔제(Karl August Varnhagen von Ense)와의 만남을 통해서였다. 독일 사회에 동화하려는 첫 번째 시도는 실패하였고 두 번째 시도는 성공한 셈이었다. 1796년경 라헬은 오페라 관람 때 처음 핑켄슈타인 백작을 만났으며 이후 두 사람은 살롱에서 자주 조우하게 된다. 그들은 열애에 빠졌지만 사회적 편견이 그들의 관계를 방해하고 말았다. 독일인 백작이 시민 계급의 여성, 그것도 유대인 가문 출신의 여인과 결혼하는 것은 당시 터부시되었기에, 라헬의 구애에도 불구하고 핑켄슈타인 백작은 그녀와의 결혼을 망설였다. 결국 사 년간의 미적지근한 교류 끝에 그들의 관계는 1800년에 파국을 맞았으며, 그로 인한 실망, 고통, 치욕 등의 감정에 사로잡힌 나머지 라헬은 일 년간 파리로 도피한다.

두 번째 시도의 경우 칼 파른하겐과 결혼함으로써 완벽한 사회적 상승에 도달하게 된다. 물론 그 이전에도 라헬은 다른 남자들(Don Raphael D'Urquijo, Alexander von Marwitz)을 사귀었지만 매번 결혼은 성사되지 못했다. 라헬은 1803년에 파른하겐을 처음 알게 되었고 두 사람의 본격적인 교제는 1808년부터 이루어지며, 마침내 1814년에 마흔세 살의 나이로 라헬은 평소 자신을 흠모했던 열네 살 연하의 젊은 파른하겐과 결혼했다. 외적으로는 독일인과 결혼하고 동시에 기독교로도 개종함으로써 라헬은 자신의 유대인 운명에서 벗어나 완벽하게 기독교를 신봉하는 독일인이 되었다. 요컨대, 유대인에서 독일인으로, 즉 파리아(Pariah: 버림받거나 따돌림받은 이들, 국외자, 불가촉천민)에서 파브뉴(Parvenü: 벼락부자, 졸부)로 전환한 것이다. 자신은 근본적으로 해당 국가의 민족과는 다르고 이질적인 존재로 남을 수밖에 없다는 강한 의식을 지닌 유대인들은 파리아로 지칭되는데, 이들은 사회적 동화를 거부하고 유대인으로 머물면서 유대인 공동체의 대변인 역할을 한다. 이와 달리 자신의 유대인 신분을 철저히 부정하고 나아가 자신의 삶의 터전인 해당 국가 및 그 민족에 동화하려는 유대인은 파브뉴라고 명명된다. 이와 같은 두 개념에 대한 인식은, 잘 알려진 바 있듯이, 유대인 탄압 과정에서 총체적 사회로서의 파시즘적 사회의 근원을 찾으려 했던 한나 아렌트의 시도를 통해 활성화된 바 있다. 유럽 개개 민족 국가에서 흩어져 살고 있던 유대인은 '예외 유대인'(Ausnahmejuden)으로 간주되었다. 이 개념은 주로 동부 유럽에 거주하던 유대인에 대한 경멸적인 용어로 사용되다가 독일을 비롯한 서구 유럽의 여러 국가에 존재하는 모든 유대인을 가리키는 표현으로 관습화된다. 그들 예외 유대인은 크게 두 부류로 구분된다. 그 하나는 "재력 있는 예외 유대인"(Ausnahmejuden des Reichtums)으로서 금융계를 지배할 정도로 막강한 경제적 힘을 갖는 이들이다. 다른 하나는 "교양 있는 예외 유대인"(Ausnahmejuden der Bildung)으로서 비록 경제적으로 궁핍한 하층민에 속하지만 지적 수준은 매우 높은 이들이다.[59] 독일의 경우 유대인 문인과 철학자(뵈르너, 하이네, 마르크스 등), 유대인 가문의 여성들이 후자에 속한다. 이러한 두 부류의 유대인은, 의식적으로 혹은 무의식적으로, 자신이 속해 있는 국가 내에서 어떻게 존재해야 좋을지에 대한 실존적 문제와 마주하게 된다. 즉, 해당 국가의 민족에 동화해야 하는가 아니면 동화를 거부하고 영원히 유대인으로 남아야 하는가 하는 문제가 그들의 실존적 상황을 지배한다.

라헬의 삶과 환경을 들여다보면, 어린 시절 라헬은 금융업을 하던 부유하고 권위적인 유대인 아버지 밑에서 자라난 비교적 "재력 있는 예외 유대인"에 속했지만 그렇다고 완벽한 파브뉴는 아니었다. 동시에 그녀는 문학적, 철학적으로 뛰어난 재능을 지닌 "교양 있는 예외 유대인"이었지만 그렇다고 완벽한 파리아는 아니었다. 그녀의 삶은 요컨대 '파리아와 파브뉴 사이'에서 부유하였다. 파른하겐과의 결혼을 통해 '라헬 레빈'이라는 유대인 이름의 젊은 처자에서 '라헬 파른하겐(폰 엔제)'으로 불리게 됨으로써 라헬은 외적으로는 사회적 신분 상승 및 사회적 동화를 실현한 파브뉴로 변신한 것처럼 보였다. 그러나 이는 단지 외적인 신분 변화였을 뿐이다. '영원한 유대인'이라는 스티그마는 내적인 차원에서 결코 지워지지 않은 채 라헬은 여전히 독일 사회 내에서 소외와 차별의 고통을 겪는다. 특히 독일인과 결혼하여 유대인 신분에서 벗어난 여성들에 대한 소위 '순수한' 토착 독일인들의 공격적인 시선, 즉 일종의 반유대주의적 시선은 라헬의 주변 환경에서 사라지지 않았으며, 그로 인해 '완벽한 독일인'으로서의 존재는 불가능한 일이었다. 그것은 라헬 자신보다는 사회적 환경 탓이기도 했다. 가령 1803년 발행되어 급속하게 독일 전역에 알려진 그라테나우어(Carl Wilhelm Friedrich Grattenauer)의 선동책자 「유대인에 대항하여」(Wider die Juden) 같은 책자뿐만 아니라 나폴레옹 침공을 계기로 싹튼 외국인에 대한 적개심도 반유대주의를 더욱 심화시켰다. 이처럼 독일 사회 내에 민족주의적 극우파가 노골적으로 팽배해진 이후에는 평소 라헬과 가까이 지냈던 여러 독일 지인들(대표적으로 피히테)조차도 그녀의 살롱 방문을 기피하였으며, 그로 인해 라헬의 심리는 크게 위축되었다. 1819년 8월 29일 동생 루트비히 로베르트에게 보낸 편지에서 라헬은 당시 독일 민족의 반유대주의적 성향을 처절하고 뼈아프게 그려내고 있다.

> 나는 엄청 슬퍼. 과거에 내가 그래 본 적이 없을 만큼. 유대인 때문이야. 그렇게 많은 추방된 이들은 무엇을 해야 좋을까? 그들(독일인: 역주)은 그들(유대인:역주)을 붙잡아두려 하지. 괴롭히고 멸시하기 위해서이며, 가난한 유대인이라고 경멸하기 위해서이며, 작고 옹색한 폭리를 취하는 장사꾼이라고 발로 차고 계단 아래로 내던지기 위해서지. 신념이란 그런 것이야. 저주스럽고, 비열하고, 독살스럽고, 완전히 게으른 신념이며, 심장을 차갑게 할 정도로 충격적이며 매우 모욕적인 신념이지. 나는 이 나라를 잘 알아! 유감스럽게도. 나는 불행한 카산드라인 셈이야! 삼 년 전부터 나는 '유대인들이 (독일인에 의해: 역주) 공격당하고 있으며 나는 증인이 있습니다'라고 말하고 있어. 이것이 독일인의 분노심을 일으키지. 어째서일까? 독일은 가장 예의 바르고, 가장 선한 마음의, 가장 평화를 사랑하는, 공권력을 존중하는 민족이기 때문이야. 독일이 무엇을 요구해야 하는지를 독일은 모르고 있어. 이 민족 가운데 가장 교육을 잘 받은 이들만이 독일에게 그 점을 가르쳐 주고 싶어 하지. 그러나 그런 이들 가운데 상당히 많은 비교양인들이 존재하기 마련이야. 시기심의 공간이 있는 곳에서 야만적 마음으로 그들은 다수의 유대인들에 대항하며, 그들은 종교의 비정상적 발달로 인해 유대인들을 열등한 사람들로 증오하고 멸시하고 박해를 가해도 좋다고 생각하지. 오류가 점점 사라지는 장시간, 그리고 몇몇 현명한 독일 영주들은 그런 구실에 종지부를 찍은 바 있었어. 기독교를 향한 위선적인 새로운 사랑(신이시어, 저의 죄를 사해주시옵소서!), 그리고 예술, 문학, 잔인함을 지닌 중세를 향한 위선적인 새로운 사랑이 다시 그 민족을 전대미문의 전율로 부추겼고, 그렇게 옛 체험을 기억하면서 그 민족은 전율스런 행위를 하도록 스스로를 교사시키고 있는 거야! 유대인 급습. 몇 년부터 모든 신문에 오르내리는 소문들. 반유대주의 교수들인 프리스(Jakob Friedrich Fries, 1773-1843)와 뤼스(Friedrich Rühs, 1781-1820), 그리고 아르님, 브렌타노 같은 이름들, '우리의 왕래', 그리고 선입견을 지닌 저명한 분들. 그것은 종교적 증오가 아니야. 그들은 자신의 종교를 사랑하지 않아, 그들이 어떻게 다른 종교를 증

오할 수 있겠니. 그에 대해 나는 끝없이 언어를 축적할 수 있어. 어쨌든 그것은 행위와 모티브에서 오로지 사악함일 뿐이야. '이랴'[60]라는 말을 외치도록 가르친 그런 민족의 행위가 아니야.[61]

겉으로는 선량하고 친절하지만 내적으로는 유대인에 대한 증오와 적개심으로 가득한 독일인의 위선적인 모습에 대한 라헬의 냉소적이고도 조롱하는 마음을 읽어낼 수 있다. 순수한 독일적인 것('중세')을 향한 동경에서 나온 유대인에 대한 배타심, 그리고 친한 지인들이나 교수, 문인 등 사회적으로 저명한 인사들도 내보이고 있는 반유태주의적 증오심 등이 냉소적으로 비판되고 있다. '독일인의 아내'였고 기독교로의 개종도 서슴치 않았던 라헬이었지만 그녀는 결코 '기독교적 독일인'으로 받아들여지지 않은 채 영원한 아웃사이더로서의 파리아로 남게 된다.

파른하겐 폰 엔제에 의해서 파리아에서 파브뉴르 되었을 때 그녀 인생의 시점이 문제가 되는 것이 아니다. (...) 예외 유대인들이 귀족과 왕래하고 몇몇은 귀족과 혈연관계를 맺게 되지만 실은 이것이 그들 예외 유대인들에게 역공을 가했다. 라헬 레빈도 그와 같은 새르운, 국가적으로 채색된 반유태주의를 감지한 것이다.[62]

자신의 유대인 신분에 대한 강한 증오 및 독일인과 결혼을 통해 라헬은 파브뉴로의 전환을 시도했지만 그녀의 무의식 내에는 근원적으로 파리아로서의 존재가 자리하고 있었다. 의식적인 강한 증오는 두의식적인 강한 애정에 다름 아니다. 유대인 출생을 외적으로 자신의 치욕이자 고통으로 여겼지만, 이는 곧 자신의 존재를 인정하고 감내하려는 것과도 동일하다. 라헬은 유대인으로서의 처절한 고통과 아픔을 내심 자신의 저버릴 수 없는 운명처럼 받아들였다. 유대인 존재와 관련하여 라헬과 카프카는 '상처'라는 은유를 자주 사용하였는데, 카프카의 「시골의사」에서 시골의사가 젊은 청년의 엉덩이 근처에서 "손바닥만큼 커다란 상처(eine handtellergroße Wunde)를 발견하듯이 라헬은 자신에게서 "커다란 찢어진 상처"의 고통을 거부하지 않는다.

제가 저 자신을 위로해야만 한다고요? 결코 그럴 수 없어요. 그것은 가장 끔찍한 일입니다. 정말이지 제대로 저는 하나의 커다란 찢어진 상처처럼 고통을 느끼고 싶습니다.[63]

이와 같은 라헬을 두고서 아렌트는 기존의 해석과는 달리 유대인에서 벗어나려는 것이 그녀의 유일무이한 소원이었지만 "결국 유대인이라는 데서 빠져나오지 못한다"(Aus dem Judentum kommt man nicht heraus)[64]라는 결론에 도달한다. 그렇지만 이와 같은 빠져나오지 못함은 결과가 아니라 처음부터 그랬다. 즉, 라헬은 처음부터 끝까지 파리아로 존재했었으며, 죽음을 맞이하면서 라헬은 자신의 본래적 존재를 다음과 같이 처절하게 들려준다.

어찌 이런 역사가! ... 나는 마치 이집트와 팔레스타인에서 도피해 온 여성처럼 이곳에서 존재하며 당신의 도움, 사랑, 보호를 구하고 있어요. (...) 삶의 오랜 시간 동안 나에게 가장 커다란 치욕, 씁쓸한 고통이자 불행이었던 것은 유대인 여성으로 태어났다는 것이지만, 그렇지만 천금을 준다 해도 나는 그것을 놓치고 싶지 않아요. (...) 나는 예수님을 생각해 봤고 느꼈으며, 그분이 나의 형제라고 처음으로 느꼈어요.[65]

위 대목은 자주 인용되지만, 인용의 방식에 따라 의미가 다르게 파악되곤 한다. 인용문의 후반부에서 예수를 나의 형제처럼 느낀다는 고백은, 하느님의 아들로 인정 받지 못하고 박해 받은 예수처럼, 그녀 또한 독일 사회에서 인정받지 못하고 아웃사이더로 남게 되었음을 뜻한다. 그런데 이러한 결과적인 모습보다 더욱 흥미로운 것은, 앞의 언술, 즉 유대인으로서의 치욕과 고통을 결단코 져버릴 수 없다("천금을 준다 해도 나는 그것을 놓치고 싶지 않아요")는 고백이며, 이는 곧 파리아로서의 본래적 모습을 인정하고 있음을 뜻한다.

이처럼 굴곡진 인생을 걸어온 라헬을 추적하다보면, 그녀는 매 순간 파리아와 파브뉴 사이를 오가는 '문지방'에 놓여 있었다. 이러한 문지방에서 보면 파리아와 파브뉴에 대한 감정도 양 극단으로 오가는데, 파리아는 결별과 운명 사이에서, 파브뉴는 동경과 회의 사이에서 움직인다. 파리아였고 동시에 파브뉴였던 라헬의 입장을 정리하자면, 그녀는 "혁명과 체념 사이"(zwischen Rebellion und Resignation)에 놓여 있었다.[66] 이른바 "라헬 레빈 파른하겐은 모순적 삶을 살았다"(Rahel Levin Varnhagen lebt ein Paradox)[67]라는 표현이 가장 적절한 듯 싶다. 이와 같은 복잡 미묘한 감정의 상태 속에서 그녀의 정체성은 단 하나의 정체성으로 귀결될 수 없으며 적어도 두 가지(유대교와 기독교, 유대인과 독일인)의 정치성 가운데 매 순간 각각의 정체성과 관련하여 분열에 시달렸다. 즉, '독일의 유대인'으로서의 라헬은 '독일적'에 대해서 양가적이었고 마찬가지로 '유대적'에 대해서도 양가적이었다. 어쩌면 라헬은 요단강 앞에서 쉽볼렛(Schibboleth)이라고 발음하는 길르앗인이기도 했고 십볼렛(Scibboleth)이라고 발음하는 에브라임인이기도 했다.[68] 따라서 그녀의 "먼 곳으로부터의 귀향"(Heimkehr aus der Ferne)은 두 가지 의미로 파악될 수 있다. 그 하나는, 먼 곳은 유대인 존재를 말하며 그곳에서 귀향한다는 것은 곧 유대인 존재에서 벗어나 자신의 현재적 공간인 독일 사회로의 동화를 뜻한다. 다른 하나는 정반대의 의미다. 먼 곳은 영원히 동화될 수 없는 이질적인 공간으로서의 독일 사회를 뜻하며 그곳에서의 귀향은 곧 유대인 의식으로 되돌아옴을 뜻한다. 이렇듯 두 가지로 읽히는 의미들 가운데 라헬이 어떤 의미를 선호했는지에 대한 해석은 라헬의 텍스트를 읽는 독자들에게 달려 있을 뿐이다.

여기서 라헬과 독일 사회 간의 관계와 관련하여 자주 사용되는 동화(Assimilation) 개념과 관련하여 좀 더 세분화하는 시각이 필요하다. 캐나다 출신의 세계적인 심리학자 존 베리(John. W. Berry)는, 한 개인이나 집단이 특정 사회의 주류 세계에 적응해가는 과정을 나타내는 상위개념으로 "문화적 적응"(acculturation)을 제시한 바 있으며, 그의 문화적 적응의 분류에 따르면 총 네 가지 방식이 있다. 첫 번째는 통합(integration)으로서 자신의 민족적, 문화적 정체성 등을 간직하고 있을지라도 대체로 주류 사회 속으로 편입되는 방식이다. 물론 통합의 적응 방식에서 개인들마다 편차가 있기 마련이다. 가령 통합 속에서 어떤 이는 주류 문화의 성향을 더 많이 받아들이려 하거나 혹은 어떤 이는 자신의 민족적 정체성을 더 드러내려고 하며, 또는 두 성향 간의 균형을 유지하려는 이들이 있다. 두 번째는 동화(assimilation)로서 자신의 정체성을 상실한 채 주류 문화와 완전히 하나가 되려 한다. 세 번째는 분리(seperation)로서 주류 문화 내에 위치하고 있지만 자신의 민족적 정체성을 강력하게 지키려 하며 또한 주류 문화와 긴장 관계를 형성하기도 한다. 네 번째는 주변화(marginalization)로서 개인은 자신의 민족적 정체성과도 거리를 취하고 동시에 주류 사회의 문화와도 거리를 취하려 하며, 이때 개인은 자발적으로 일종의 민족적 뿌리 뽑기, 배제, 차별성을 경험한다.

Value and Maintain Host Culture \ Value and Maintain Native Culture	YES	NO
YES	Integration	Assimilation
NO	Separation	Marginalization

Berry's Model of acculturation

라헬 레빈의 삶의 여정을 살펴보면, 단계적으로 네 가지 방식의 문화적 적응이 모두 나타난다고 할 수 있다. 이질적인 종교, 신분 등의 차이에서 벗어난 자유로운 살롱을 개최하던 초기의 경우 통합의 성향이 강력하게 나타났지만, 1800년에 개인적으로 결혼에 이르지 못하고 부유한 가정도 몰락하고 나폴레옹 전쟁으로 인해 자신이 좋아했던 살롱을 더 이상 유지할 수 없었던 고통스러운 시기에는 주변화의 성향이 강했으며, 파른하겐과 결혼하고 기독교로 개종하던 시기에는 동화의 성향이, 그리고 1830년 전후의 마지막 시기에는 분리의 경향도 엿볼 수 있다. 물론 이러한 구분은 주로 그녀가 남긴 여러 가지 글의 표면적 의미에 의존한 것일 뿐, 독일인과의 결혼 및 개종과 함께 완전한 동화의 성향이 강했던 시기에도 분리 및 주변화 경향이 자신도 모르게 내면화되어 있었을 수도 있다. 파른하겐과의 결혼을 통해 동화된 삶을 살아가면서도 라헬은 1815년 빈 회의에서의 평등법 철회 및 이후 전개된 반유태주의적 사회 현상에 대해 매우 비판적이었으며, 그로 인해 분명 분리와 주변화의 경향으로 흐르게 된다. 즉, 외적으로는 주로 동화와 통합을 추구했지만 내적으로는 분리와 주변화 의식을 갖고 있었던 것으로 보인다.

이상과 같이 라헬이 유대인 운명을 받아들여 영원히 파리아로 남으려 했던 것인지 혹은 유대인 운명을 거부하고 부정하고 파브뉴로 전환하려 했는지에 대한 시각은 연구자들마다 상이하다. 혹자는 라헬 레빈에 대한 연구자들의 시각을 세 방향으로 정리하기도 한다. 가령 유대교와 기독교 사이에서 라헬의 정체성 단절(Deborah Hertz), 정체성 혼재(Barbara Hahn), 단계적 정체성(Natalie Naimark-Goldberg) 같은 방향을 들 수 있다.[69] 그로 인해 라헬을 '유대인 여성작가'(jüdische Schriftstellerin)로 별도로 분류해야 하는지 아니면 독일 여성작가, 그것도 '독일낭만주의 여성작가'(Schriftstellerin der deutschen Romantik)의 범주에 귀속시켜야 하는지 등의 관점도 논쟁의 대상이 된다. 가령 한나 아렌트의 라헬 레빈에 관한 연구서의 오리지널 제목은 "라헬 파른하겐. 어느 유대인 여성의 삶"(Rahel Levin. The Life of a Jewess. London 1957)이지만, 2년 후 독일어로 번역된 책의 제목은 "라헬 파른하겐. 낭만주의의 어느 독일 유대인 여성의 삶"(Rahel Varnhagen. Lebensgeschichte einer deutschen Jüdin aus der Romantik. München 1959)이다. 두 제목이 각기 다르다. 영어본에서는 낭만주의라는 단어가 사용되지 않은 채 단지 '유대인 여성'으로 명명되고 있는 반면에, 독일어판의 경우 '낭만주의의 어느 독일 유더인 여성'(einer deutschen Jüdin aus der Romantik)이라는 식으로 표현되는 가운데 '낭만주의, 독일' 등이 강조되고 있다. 독일어판 제목에 대해 아렌트가 동의했겠지만 어쨌든 그 제목은 영어판의 제목과는 완전히 다른 의미를 띤다. 영어판에서는 유대인 여성이 강조되고 있다면, 독일어판에서는 라헬을 낭만주의 시대에 귀속시키고 있으며 또한 '독일 유대인 여성'이라는 표현을 통해 독일 내에 존재하면서 동화의 아픔을 겪은 유대인 여성의 모습이 좀 더 강조되고 있다. 여기서 "낭만주의"라는 표현은 도대체 어떤 의미에서의 낭만주의를 지칭하는 것일까? 그리고 "독일 유대인 여성"은 어떤 운명을 암시하는 것일까? 이와 관련하여 "유대인이 낭만주의자일 수 있을까?"(Kann ein Jude ein Romantiker sein?)라는 물음도 마찬가지로 제시될 수 있다.[70] 만약 낭만주의를 순수미학적 예술 흐름이 아닌 '독일의 정신적, 문화적 뿌리', 즉 민족주의적 이데올로기를 대변하는 예술사조(즉 후기낭만주의)로 간주할 경우, 라헬은 독일 민족주의 이데올로기를 대변했던 '정치적 낭만주의'에 결코 속할 수 없다. 이와 달리 낭만주의를 자유와 평등 하에서 범유럽주의 내지는 코스모폴리타니즘의 이념을 간직했던 문예 사조(즉 초기낭만주의)로 파악할 경우, 자유로운 살롱을 통해 성별, 계층, 민족, 종교 등의 차이를 부정하고 평등한 관계를 옹호했던 라헬은 충분히 '문화적 초기낭만주의'에 속할 수 있다. "당신은 낭만주의 자체입니다. 낭만주의라는 개념이 창안되어 사용되기 이전에 이미 당신은 낭만주의 자체였습니다"[71]는 라헬의 지인 겐츠의 표현대로, 정신과 감성, 의식과 무의식, 자연미와 인공미 등의 융합, 그리고 모든 것을 역설적으로 뒤섞으며 유머러스하고도 아이러니컬한 언어를 구사하는 포에틱한 능력의 소유자라는 점에서 라헬은 낭만주의 혹은 낭만주의자 자체로 볼 수 있다. 물론 라헬을 독일 초기낭만주의보다는 '유대 계몽주의'의 선상에 올려 놓을 수도 있고, 그럴 경우 유대 계몽주의도 완전히 다르게 파악되어야만 한다. 왜냐하면 정통 유대 계몽주의는 결코 남녀 평등을 부르짖지 않았으며 또한 계급과 민족을 초월한 사상이 아니었기 때문이다. 따라서 '유대 계몽주의자로서의 라헬'이라는 시각이 관철되기 위해서는 무엇보다도 여성적 관점에서 유대 계몽주의가 새롭게 논의되어야만 한다.

3. 꿈, 환상 그리고 글쓰기

라헬은 작가라고 하지만 기존 문학사에서 중시하는 세 가지 장르(시, 소설, 드라마)와 관련하여 그 어떤 작품을 남기지 않았으며 그 대신 소위 "작품 없는 글쓰기"(Schreiben ohne Werk)[72]를 무한히 즐긴 작가였다. 대표적인 작품이 없기에 작가라는 명칭을 부여받을 수 없음에도 불구하고 그녀를 '여성작가'로 평가하는 까닭은 도대체 어떤 연유에서일까? 남성작가가 권력을 쥐고 있는 기존 문단에서 여성이 작가로 활동하는 데에는 적지 않는 제한과 한계가 있었으며, 그와 같은 여성에게 매우 열악한 환경 속에서 라헬은 자신만의 글쓰기 방식, 즉 편지와 일기 같은 소위 비주루적 장르 형식을 찾아냈다.[73] 편지는 단지 사적인 즐거움에서의 글쓰기로 머물지 않고 의도적으로 생각해낸 새로운 글쓰기로서 일종의 문학적 형식으로까지 부각되었으며, 이런 의미에서 라헬은 문학사에서 '편지 여성작가'(Briefschriftstellerin)라는 새로운 칭호를 부여받는다. 편지는 책과는 근본적으로 다른 의미를 지닌다. 책은 하나의 완결된 의미와 형식을 취하지만, 편지(아울러 일기)는 파편적으로 무수히 생산되는 글쓰기로서 어떤 하나의 의미나 목적을 향하지 않는다. 18세기 중반부터 정치적 영역, 학술적 영역뿐만 아니라 사적인 영역에서도 서로 주고받는 편지는 중요한 의견 교환의 매개체로 여겨졌지만, 라헬은 그런 편지 쓰기를 예술적 영역으로 끌어올렸다. 물론 기존의 예술 형식에 비해 편지 - 아울러 일기, 에세이도 마찬가지로 - 쓰기는 한편으로 작가의 탁월한 예술적 능력을 결핍한 형식, 혹은 삶도 아니며 예술도 아닌 '반쪽짜리 매체 형식'이라고 비판될 수 있지만,[74] 다른 한편 그와 같은 삶과 예술이 애매하게 뒤섞이는 것이 곧 편지 형식의 새로운 미학적 특성이자 장점으로 작용한다. 라헬이 글쓰기 형식으로 편지와 일기를 취한 것은 분명 새로운 문학적 형식의 실험적 창조 행위였다 해도 과언이 아니다. 라헬은 수많은 편지를 마치 작은 산문 텍스트처럼 송부한 ‘발신자(혹은 생산자)로서의 저자’ 역할을 맡았을 뿐만 아니라 또한 그들로부터 그들의 답장을 받고 읽는 ‘수신자(혹은 소비자)로서의 독자’ 역할도 취했다. 라헬에게 편지는 넓은 의미에서 자신이 중시했던 자유로운 사교 모임인 ‘살롱의 대체’이면서도 ‘살롱의 확장’이었으며, 동시에 그 살롱이 불가능하게 되자 스스로를 작가와 독자로 움직이게끔 하는 새로운 문학적 공간이 되었다. 요컨대, 현대의 매체이론적 용어로 말하자면 편지는 여러 이질적인 사람들과의 소통 및 그들의 이질적인 글쓰기를 서로 엮어내는 소위 “네트워크 텍스트”(Netzwerktext)로 기능하는 동시에 고독한 작가가 극도의 미학적 자기주관성을 발휘하는 글쓰기가 되었다. 1833년 라헬이 사망하자 남편 파른하겐은 몇 달 후 사적인 차원에서 라헬의 편지를 모아 『친구들을 위한 회상의 책』(Buch des Andenkens für ihre Freunde)이라는 단행본을 출판하였고, 좀 더 많은 편지를 수집하여 이듬해 1834년에는 총 1800페이지 분량의 세 권의 책으로 같은 제목의 소위 “편지 형태의 기념비적 자서전”(monumentale Autobiographie in Briefen)이 ‘둔커와 훔블로트’(Duncker & Humblot) 출판사에서 정식으로 발간되었다. 파편적으로 흩어진 라헬의 수많은 텍스트가 한 자리에 모여지게 됨으로써 그녀의 글쓰기는 “편지와 책 사이”(zwischen Brief und Buch)에 완벽하게 위치된 셈이다.[75] 물론 이후에도 여러 지인과 주고받은 그녀의 편지는 계속 발굴되었고, 이 과정에서 편지의 편집과 관련된 다양한 문제점이 야기됨으로써 그녀의 편지는 문헌학 내에서 소위 “편지 에디션”(Brief-Edition)이라는 새로운 학문 영역을 열어주었다.

라헬의 편지 쓰기와 관련된 다양하고도 복잡한 문제점에 대해서는 차치하고, 우선 동시대 여성들의 글쓰기 상황은 어떠했을까, 그런 상황과 관련된 라헬의 시각은 어떠했을까 하는 등의 질문이 제기된다. 라헬과 편지를 주고받았고 스스로도 작가로 활동했던 동생 루트비히는 그녀에게 여성이 책을 써야만 하는지에 대한 질문을 던졌고, 이에 대해 라헬은 시적인 미사여구가 전혀 없이 짧은 일상적인 언어와 형식으로 다음과 같이 대답을 전했다.

(루트비히)	(Ludwig)
여성은 책을 써야만 할까,	Soll ein Weib wohl Bücher schreiben;
아니면 그녀는 그것을 포기해야만 할까?	Oder soll sie's lassen bleiben?
(레빈)	(Levin)
할 수만 있다면 그녀는 글을 써야겠지,	Schreiben soll sie, wenn sie's kann,
혹은 남편이 그것을 원한다면,	oder wenn es wünscht der Mann,
그리고 그가 그녀에게 그것을 명령한다면,	Und befiehlt er gar's ihr an,
글쓰기는 그녀의 의무겠지.	Ist es eheliche Pflicht.
그러나 그녀가 글을 쓰지 말아야 하는 경우는,	Aber schreiben soll sie nicht,
가령 소재가 부족할 때,	Wenn es ihr an Stoff gebricht
혹은 해당 시간이 부족할 때,	Oder an gehöriger Zeit
혹은 능력이 부족할 때,	Oder gar an Fähigkeit
혹은 너덜너덜한 옷을 입었을 때이지.	Oder mit zerrissnem Kleid.
그녀가 일찍 혹은 나중에 글을 써야 하는 경우는,	Schreiben soll sie früh oder spät,
가난 때문일 때이거나,	Wenn es für die Armut geht,
혹은 더 나쁜 짓을 할 때이지.	Wenn sie sonst was Schlechtres tät.
그녀가 결단코 글을 쓰지 말아야 하는 경우는,	Aber schreiben soll sie nie,
자신의 상상력 때문에	Wenn durch ihre Phantaise
살림살이가 어려워질 때이지.	Leidet die Ökonomie.
이제 마지막으로 말하건대,	Und nun sag ich's noch zum Schluss:
그녀 안에 천부적 재능이 살아 있다면,	Lebt in ihr der Genius,
그녀는 글을 쓰게 될거야, 그럴 수밖에 없지.	Wird sie schreiben, weil sie muss.[76]

남편의 허락을 받거나 혹은 남편의 명령을 따라야 한다는 등의 조건 하에서 기혼 여성이 글을 써야만 한다는 것은 아마도 당시 여성이 처한 부당하고 열악한 상황을 우회적으로 비판한 것일 수 있다. 또한 시간의 결핍, 소재의 결핍, 능력의 결핍에서 나온 글쓰기는 오히려 중단되는 것이 낫다고 권해지는데, 이는 남성작가나 여성작가 모두에게 해당된다. 결정적인 점은, 말미에

제시된 글쓰기의 필연적 조건이다. 즉 글쓰기란 사회적, 경제적, 가정적 상황에서 출발하는 것이 아니라 바로 '천부적 재능'(Genius)에 달려 있다는 것이다. 따라서 천부적 재능을 소유한 자라면, 여성이든 남성이든, 어떤 조건과 상황이든지 간에, 글을 써야만 한다는 것이다. 그렇다면 그런 천부적 재능을 지닌 여성은 과연 실제 18-19세의 사회적 현실에서 모두 글을 쓸 수 있었을까? 물론 불가능한 일이었다.

이렇듯 특히 여성에게 열악한 상황에서 라헬은 편지, 일기, 메모 같은 형식을 통해 의도적으로 자신만의 글쓰기를 전개했다. 많은 이들이 언급한 바 있듯이, 라헬의 삶 자체는 편지 쓰기와도 동일시될 정도다. 그녀는 스스로 훗날 남편이 된 파른하겐에게 보낸 1808년 12월 8일자 편지에서 "나의 삶은 편지가 되어야만 해요"(Mein Leben soll zu Briefen werden)[77]라고 적었으며, 이는 그녀 삶의 좌우명처럼 들린다. '삶 = 편지'라는 등식 관계 혹은 "내 마음의 텍스트"(Text meines Herzens)[78]같은 구절은, 편지 쓰기를 그녀의 삶과 마음을 드러내는 필연적인 행위로 받아들이는 듯한 표현이다. 그러나 이러한 구절을 놓고서 연구자들의 해석은 서로 상충할 수 있다. 우선 그녀의 편지 특성을 논할 때 미학성, 예술성, 수사성 같은 흔히 작가의 주관적 능력을 배제한 채 '사실 그대로', '자연 그대로'의 특성만을 강조하려는 리얼리즘적, 자연주의적 시각이 있다. 이는 연구자들의 잘못만은 아닌데, 그것은 라헬의 편지 자체가 사실주의적, 자연주의적 근거를 제공하고 있기 때문이다. 가령 1794년 8월 11일자 편지의 경우 수신자가 동생 마르쿠스로 되어 있지만 실제로는 친구 프리데리케 리만(Friederike Liman: 애칭으로 '프란츠'라고 불림)에게 보낸 것으로 추정되는데, 그 편지에서 라헬은 자신의 편지는 철저히 순간적 영감에 의한 글쓰기의 산물임을 강조하고 있다.

> 내 편지는 나의 여행 일지니까 잘 보관해 줘. (;) 나는 순간의 영감으로 행하기에 두 번 쓸 수 없어. 내가 여행 중 매일 편지를 쓰는 시간 - 물론 그럴 것이라고 믿지는 않지만 - 을 갖도록 하겠지만, 프란츠, 네

가 그렇게 해주길 바래. 하나의 인상은 후에 다른 인상에 의해서 사라지기 마련이거든.[79]

이처럼 편지, 일기 같은 자신의 글쓰기에는 매순간 생생한 대화, 가슴에서 쏟아져 나오는 진솔한 감정, 순간의 영감과 인상만이 흐르고 있다고 라헬은 밝힌다. 그런 진정성의 맥락에서 라헬은 시인과 거짓말쟁이를 다음과 같이 구분하고 있다.

> 시인과 거짓말쟁이는 다음과 같은 방식으로 구분됩니다. 시인은 진리가 없지 않은 거짓을 이야기하지만, 거짓말쟁이는 거짓이 없지 않은 진리를 이야기합니다.[80]

시인이 설혹 허구적인 거짓을 늘어놓더라도 그것은 진리와 연결되어 있다는 것이며, 이와 달리 거짓말쟁이는 진리를 늘어놓더라도 그것은 거짓과 연결되어 있다는 것이다. 시인, 글쓰기, 삶, 진정성, 진리 등이 상호 연관성을 맺음으로써 라헬은 계몽주의, 고전주의, 사실주의 등으로 이어지는 예술관을 지닌 것으로 보인다. 다음의 편지 대목에도 그 점이 더욱 명확하게 제시되어 있다.

> 나는 내가 하는 방식에 있어서 아무런 선택 없이 글을 쓰지는 않습니다. 편지란 그것이 씌어진 순간의 초상화이어야만 합니다. 정신적인 고상한 가공에 대한 예술적 요청이 높이 제시될지라도 편지는 본질적으로 그래야만 합니다. 누구나 그런 예술적 요청에 대해 잘 알고 있지만, 그런 요청에 따라 행동하는 것은 허세적이고 공허한 것으로 보이게 됩니다.[81]

"정신적인 고상한 가공"의 위험성, 즉 "허세적이고 공허한" 글쓰기의 위험성을 거부하면서 라헬은 순수한 글쓰기를 중시하면서 편지 쓰기는 일종의 "씌어진 순간의 초상화"가 되어야만 한다고 강조한다. 초상화, 거울 등은 사실성, 진정성 등을 강조하는 미메시스적 예술관의 은유이다. 뿐만 아니라 라헬은 편지란 '살아 있는 대화'이어야 한다는 당위성까지도 제시한다.

> 나는 결코 '솜씨 좋은 구변'(Rede)을 쓰기를 원치 않습니다. 의지와 기예에 의해서가 아니라, 말하자면, 마치 식물표본실에서처럼, 사후의 질서에 따라 정리되는 대화가 아니라 사람들에게서 생생하게 일어나는 대화를 쓰고 싶습니다.[82]

겐츠에게 보낸 1830년의 이 유명한 편지 구절은, 편지란 수사적 꾸밈 및 인위적인 배열 등을 꾀하는 글쓰기가 아니라 삶 자체를, 삶 속에서 주고받는 대화 자체를 생경하게 제시하는 글쓰기임을 강조하고 있다. 편지에서 마치 예술가의 인위적 주관성을 철저히 배제하는 식의 논거이다. 이러한 라헬의 언술은 대략 50-60년 후에 일어난 자연주의 미학을 상기시킨다. 당시 자연주의 작가였던 아르노 홀츠(Arno Holz)는 저 유명한 "예술 = 자연 - X"(Kunst = Natur - X)라는 명제를 제시하였다. 여기서 'X'란 예술작품을 생산하기 위해 작가가 동원하는 주관적이고 인위적인 재생산 능력 및 수단 등을 뜻한다. 주관적, 인위적 재생산 능력을 완전히 배제하면 할수록 순수한 자연이 남고, 그런 자연이 곧 예술이라는 것이다. 라헬의 경우에도 삶에서 극도의 주관성을 배제하면 바로 편지(예술)와 삶이 서로 일치되는 셈이다.

그렇다면 라헬은 정말 이처럼 홀츠로 대변되는 자연주의 문학을 선취한 작가였을까? 이에 대해서는 실상 자연주의 문학 자체에서도 그 주관성 배제의 명제가 불가능했다는 연구 시각을 고려하여 답변해야 할 듯 싶다. 20세기 후반의 연구 상황에서 끊임없이 제기되었던 물음, 즉 사실주의와 자연주의에 몸담았던 작가들이 과연 인위적이고 주관적인 예술성을 완전히 배제하였을까 하는 물음이 제기된 바 있었고 그에 대해서는 부정적인 답변이 주를 이루고 있다. 즉, 아무리 현실이나 자연 그대로의 예술을 강조할지라도 궁극적으로 예술가의 주관성은 결코 배제될 수 없다. 라헬의 편지도 마찬가지다. 삶 그 자체, 살아 있는 대화 그 자체를 있는 그대로 담아내는 편지 쓰기를 라헬이 강조했을지라도 그녀의 글쓰기에는 그녀만의 독특한 주관적 사유와 미적 언어가 작동하고 있다. 즉, 진정성과 사실성을 중시하는 글쓰기에서도 여전히 정반대의 글쓰기가 작동하고 있는 것이다. 라헬은 다른 이들(가령 괴테, 파른하겐 등)의 논리정연한 글쓰기에 대해 매우 감탄했으며, 그 점은 라헬의 살롱을 자주 참석했던 하이네가 친구 루트비히 뵈르너에게 보낸 글에서 간접적으로 읽어낼 수 있다.

> 그녀(라헬: 역주)는 글쓰기를 사유의 나직한 정렬, 말하자면 생각들의 편집, 언어 부분들의 논리적 구성, 요컨대, 중복문의 기술로 이해하고 있었는데, 그녀는 괴테와 그녀 남편에게서 그 기술을 감탄했으며, 우리는 당시 거의 매일 같이 그에 관한 생산적인 논쟁을 전개했지.[83]

'정렬, 편집, 구성, 기술' 등은 모두 인위적인 미학적, 예술적 가공 작업과 관련된 개념들로서 라헬은 그와 같은 인위적 예술성의 장점을 괴테, 파른하겐, 하이네 등 뛰어난 작가들에게서 찾아냈으며, 이는 평소 라헬의 편지에서 강조된 '살아 있는, 자연 그대로, 진정성 있는' 같은 사실주의적, 자연주의적 특성과는 배치된다. 요컨대, 다른 작가들이 탁월하게 발휘하는 인위적인 예술성의 능력을 라헬은 자신의 글쓰기에서 구현해내고 싶었던 것으로 보인다.

라헬이 다른 작가들에게서 감탄한 정교한 언어 선택, 인위적인 문장 구성 등은 실제로 라헬 자신의 편지에서 큰 역할을 한다. 1808년 10월 11일자 백작부인 카롤리네 폰 슈라브렌도르프(Karoline von Schrabrendorf)에게 보낸 편지가 대표적인 예이다.[84] 그 편지에서 라헬은 남자 지인 로타리오가 애인 세실리아와 어린 딸을 내버려 둔 채 다른 여인과 정식 결혼하려는 비열한 계획과 행동을 알리면서 백작부인으로 하여금 그의 사악한 행동을 막아주기를 부탁하는 내용을 적고 있다. 고상한 시민적 삶에서 일어날 수 있는 저열한 사건 내용을 전달해주는 편지이지만, 로타리오와 세실리아의 매 순간의 행동과 마음, 그들을 지켜보는 라헬 자신의 감정의 동요 등을 전달하는 문장 구성 및 표현을 보면 언어학적(통사론적, 의미론적, 화용론적) 측면 및 수사학적 측면에서 매우 정교하고 치밀하게 구성되어 있으며 또한 내용에 적절히 부합하는 시적인 어휘와 문장도 적재적소에 구사되어 있다. 이미지를 적절하게 결합하고 비유적 언어 등을 활용하는 라헬의 편지 쓰기에는 “언어적 표현의 문학적 기능화에 대하여 문학적으로 잘 훈련된 지식”(literarisch geschultes Wissen um die poetische Funktionalisierung sprachlicher Äußerungen)[85]이 작동하고 있다. 따라서 라헬의 편지는 단순한 주관적 감성의 애처로운 읊음이 아니라 주관적 감성과 의도적이고 계획적인 표현 방식이 결합되어 생산된 문학적 텍스트에 다름 아니다. 요컨대, 일차적으로 작가는 현실성과 진정성을 주장하고 있지만 그것의 효과적인 전달 및 표현을 위하여 작가 스스로 철저히 자신의 주관적 시적 능력을 발휘할 수밖에 없다. 다음과 같은 구절은 그 점을 뒷받침해준다.

> 내 생각이 나 스스로에게 확인되었다. “평범한 개성에서 벗어난 상태.” 개성 있는 이야기! 이를 물리학에 응용하면, 기막힌 위트의 일격! 이곳 도덕에 대한 위트 있는 되치기이지.[86]

전후 맥락이 불명확하여 그 의미를 정확히 파악하기 힘들지만, 평범한 개성에서 벗어난 위트의 발현이 강조되고 있다. 평범한 개성의 거부 및 위트에 대한 강조는, 가령 현대의 포에지는 고대의 아름다운 포에지와 달리 “흥미롭고도 개성 있는” 포에지라고 밝혔던 슐레겔의 시각을 상기시켜 준다. 이때 위트 있는 흥미로운 포에지는 무엇보다도 인위적 예술성에 기반을 두고 있다. 이 밖에도 인위적 예술성을 중시하는 라헬의 시각은 언어와 관련된 다음과 같은 대목에서도 엿볼 수 있다.

> 우리의 언어는 우리들이 살았던 삶이다. 나는 나의 삶을 스스로 고안해냈다. 물론 나는 많은 다른 이들보다 이미 완성된 구문들을 덜 사용할 수밖에 없었다. 그렇기 때문에 나의 구문들은 서툴고 여러 가지 점에서 실수투성이지만, 그러나 언제나 순수하다.[87]

"살았던 삶"은 마치 삶의 진정성을 지시하는 듯이 보여도, 그러나 그 "살았던 삶"을 드러내기 위해서는 언어적 표현 작업, 즉 "나의 삶을 고안해내는"(erfinden) 능력이 요구된다. 'erfinden'이라는 낱말은 '고안하다, 발명하다' 등을 뜻하며 소위 주관적인 인위적 생산 능력과 관계된 언어이다. "살았던 삶"을 표현하는 것은 곧 시간적으로 지나간 것의 언어적 생산을 뜻한다. 다시 말하면, 일어난 사태와 언어 간의 관계는 시간적인 전후 관계를 이룬다. 자신에게 순간적으로 떠오른 생각과 느낌일지라도 그것을 글로 솔직하게 표현할 때는 반드시 양자의 시간적 전후 관계가 성립된다. 즉 언어는 그 일차적인 사태, 생각, 느낌 등을 추후에 옮겨 내는 도구, 즉 시간적으로 "살았던 삶"보다는 뒤늦게 사용되는 이차적인 도구이다. 따라서 "살았던 삶"의 기록 행위인 편지 쓰기는 사후적(事後的) 행위의 산물일 수밖에 없다. 그와 같은 "살았던 삶"을 사후적으로 글로 옮겨내기 위해서는 실수와 오류가 뒤따를 수밖에 없으며, 다만 라헬은 기존의 어법과 표현을 사용하지 않는다는 점에서 스스로를 미숙하다고 평가하고 있을 뿐이다. "실수투성이지만, 그러나 언제나 순수하다"라는 문구가 반드시 글쓰기의 진정성 내지는 순수성을 보장하는 것은 아니다. 실수투성이의 글쓰기는 일종의 반문법적이지만 실은 그녀만의 새로운 시적 글쓰기 특성일 수 있으며, 그와 같은 실수처럼 보이는 반문법적인 글쓰기를 통해서 라헬은 자신의 독특한 작가적 상상력과 인위적인 주관성을 발산하고자 했다.

이 밖에도 1794년 11월 15일 파이트에게 보낸 초창기의 편지에서 라헬은 여러 시인의 글쓰기를 적절히 '복제해내는' 기술, 즉 일종의 인위적인 상호텍스트성에 대해서도 긍정적인 입장을 내보인다. 이러한 언급도 주로 순수성, 진정성만을 강조했던 라헬의 평소 시각과는 완전히 대조적인 점이다.

> 단순히 이야기하는 것도 이따금 문학적이며, 단순히 복제하는 것은 어떤 작품에서는 아주 문학적이다. 다만 적절한 순간에 그것을 행하는 것은 위대하며, 어떤 풍경 묘사에서 감성과 이념을 가져오는 것만큼

심오한 인간에 대한 지식을 요구한다.[88]

글쓰기 과정에서 적절한 순간에 비유를 사용하거나 다른 이의 글을 인용(혹은 복제)하는 것은 매우 중요한 인위적인 수사적, 문학적 기법 중 하나다. 이와 같은 언급을 고려해 보면 라헬이 편지 쓰기를 전개할 때 나름대로 자신만의 문학적 서술 전략과 기법을 모색했던 것으로 보인다

그런데 이와 같은 자연적 사실성과 인위적 주관성 같은 두 가지 특성과는 완전히 다른 차원에서 라헬의 편지와 관련된 가장 중요한 특성이 언급될 수 있다. 그것은 다름 아닌 라헬의 무의식적 글쓰기 방식이다. 무의식적 글쓰기에 대한 미학적 단초는 1809년 12월 14일자 푸케에 보낸 라헬의 편지 대목에서 찾을 수 있다.

> 내가 어떻게 느끼는지를 당신에게 편지 쓰는 두 가지 방식이 제 앞에 놓여 있습니다. 그 하나는, 나 자신을 제쳐 놓고 우리가 계획한 것에 대해 당신에게 이야기하도록 저 자신을 강요하는 방식이며, 다른 하나는 내 마음이 할 수 있는 대로 당신 앞에서 내 마음이 유희하게 놔두는 방식이에요. 그러면 당신은 그 유희가 무엇을 억제하고 강요하고 교란시키는지를 판단하게 되고 그리고 인공폭포에서 관찰의 즐거움을 누리겠지요. 후자는 벌써 은연중 일어나고 있으며, 나에게 쉽게 나타나고 있습니다. 가령 모든 단어 조합에서 말입니다. 나는 나 자신을 교양시킬 수 없습니다. 그 어떤 것에서도요. 나의 광포한 마음 - 온순, 사랑, 기쁨, 고통 등 통틀어 - 이 내 안에서, 나에게서 모든 것을 교양시키며, 글쓰기에서의 그때그때 문체에서도 그렇습니다. 아무리 노력해도 소용이 없으며, 모든 것은 나 자신에게로 되돌아옵니다. 맙소사, 그럭저럭 어떤 사람이 되어야만 한다면 제가 어떤 교육을 받아야만 좋았을까요![89]

전자는 자신에 대한 의식적인 통제이고, 후자는 자신뿐만 아니라 모든 것을 무의식(혹은 무의지)에 그대로 맡기는 것이다. 무의식에 자신을 내맡기는 글쓰기는 교육, 수양, 단련 같은 의식적인 방식과는 동떨어져 있다. 계획적

인 의도와 지혜에 따라 글을 전개하는 인위적인 작가적 능력, 즉 "스스로를 교육하는 혹은 스스로 고안해내는"(sich bilden) 능력은 자신의 글쓰기에는 부합하지 않는다고 라헬은 강조한다. 이와 같은 무의식적인 글쓰기는 19세기 말 빈의 모더니즘이 옹호했던 '의식의 흐름'(Bewusstseinsstrom) 및 그에 부합하는 '내적 독백'(innerer Monolog) 같은 서술기법과 상통하며, 빈의 모더니즘도 무의식과 밀접한 관계를 맺는 문예사조이다. 그와 같은 의식에서 벗어난 자유로운, 무의식적인 글쓰기에 대한 라헬의 강변은 다음과 같은 대목에서도 찾을 수 있다.

> 너는 자유로워야만 한다. 내적으로도 더욱 자유로워야 한다. 네가 일하려면, 창작하려면 완전히 너 자신을 내려놔라. 피하기보다는 친구, 본보기, 위대한 대가, 출판 등 그 어떤 것에 대해서 아예 생각하지 말라! 너 자신의 가장 내적인, 달콤한 성향만을 따르라. 너 자신을 서술하라. 네가 보는 것 모든 것을, 네가 그것을 본 그대로 말이야. 너에게 가장 사랑스러운 것, 가장 무서운 것, 가장 고통스러운 것, 가장 비밀스러운 것, 가장 유혹적인 것, 그것은 너의 말을 통해 드러난다.[90]

생각나는 대로, 느끼는 대로 글을 쓰라는 요청은 사실주의적인 글쓰기라기보다는 의식적 통제에서 벗어난 일종의 무의식적인 글쓰기에 가깝다. 무의식적 글쓰기의 자유로운 전개와 관련해서는 또 다른 대목에서 "폭발", "흐름" 같은 은유적인 표현이 사용된다.

> 나는 글의 완성을 위하여 그 어떤 능숙한 계획된 생각을 나 자신 안에 갖고 있는 것이 아니라 착상, 흥분, 생각, 표현이 있을 뿐이며, 이 모든 것은 하나의 동일한 폭발이며 흐름입니다.[91]

완전히 자유로운 글쓰기에서는 그 어떤 특정한 목적이나 진정성을 향한 의도적이고 의식적인 사유 및 통제 등이 작동될 수 없으며 특히 생각과 표현의 경우 "착상과 흥분" 같은 순간적이고 즉흥적인 힘이 발산된다. "폭발", "흐름" 같은 언어는 무의식적으로 일어나는 일종의 경계 해체와 융합을 암시하며, 이를 편지에 적용할 경우 편지는 특정한 수신자를 넘어서 모든 이들을 향해 있는, 의미가 고정되지 않는 폭발적인 움직임과도 같다. 이처럼 자유로운, 폭발적인, 흐르는 듯한 무의식적인 글쓰기는 후에 아방가르드 미학에서도 주창된 소위 자동기술법(오토마티즘, Automatism), 즉 의식적인 사고에서 벗어나 흘러가는 대로 글을 적거나 그림을 그리는 방식과도 연관된다.[92] 이처럼 착상, 흥분, 폭발, 흐름 등과 같은 무의식적인 글쓰기가 곧 라헬 편지의 예술적인 특성을 이룬다. 다시 말하면, 그녀 스스로가 제시한 합리적이고 의식적인 통제에서 벗어난 불완전한 글쓰기는 아이러니컬하게도 다른 기존 작가들과 차별되는 라헬만의 예술적 독특성을 이룬다. 라헬의 글쓰기가 일종의 "자기투사"(Selbstentwurf)[93]로 간주될 때 그 자기투사적 글쓰기란 곧 무의식적 글쓰기와도 같다.

무의식이 의식의 틈새를 비집고 들어설 경우 자아는 분열되기 마련이다. 그런 분열된 자아에 의한 글쓰기는 완전한 문장을 구성할 수 없을 뿐만 아니라 특정한 어떤 진리 및 의미를 향할 수 없다. 그 점은 다음과 같은 두 대목에서 라헬 스스로에 의해서도 시사되어 있다. 우선 1825년 4월 28일자에는 다음과 같이 씌어 있다.

> 물론 나는 에고이스트입니다! 나는 나의 자아에 대해 하나의 에고(ego)를 만들었습니다! (...) 고유한 자아보다 모든 나의 자아들에 더 많은 것을 양도할 경우 왜곡 혹은 거짓이 있게 됩니다. 적어도 우리 자신에 반한 왜곡과 거짓이.[94]

에고이스트로서 "하나의 에고"에서 "모든 나의 자아들"(즉 에고들)이 생겨나고, 그런 수많은 부분 자아들에 의해서 왜곡과 거짓이 생산될 수 있다는 라헬의 인식은 매우 놀랍다. 특히 정신분석학이 학문적으로 아직 정립되지 않은 시기였기 때문에 더욱 그렇다. 과연 모든 부분 자아들을 통제하고 관장하는, 왜곡과 거짓에 물들지 않는 순수하고도 절대적인 자아가 존재하는지에 대해서 - 특히 프로이트 이후 정신분석학이 발견한 잠재의식, 무의식 등을 고려한다면 - 회의적으로 대답될 수밖에 없다. 라헬은 명료한 의식의 인간 존재를 내세운 데카르트 식의 근대적 인간관에 대해 확신하지 않았다. 가령 위 편지 나흘 전에 씌어진 1825년 4월 24일자 편지에서 라헬은 의식적인 우리 존재의 왜소함과 비참함에 대해 언급하는 가운데 의식과 무의식, 삶과 죽음이 혼재된 어떤 거대한 상태를 "바다"라는 시적 은유로 서술하면서, 의식적인 존재로서 인간은 그 바다 속으로 침몰(귀향)하고 싶은 동경심을 지니고 있다고 밝힌다.

> 아, 우리는 단지 한 방울의 의식일 뿐입니다! 나는 다시금 바닷속으로 되돌아가고 싶으며 아무것도 아니고 싶습니다.[95]

평소 강한 자의식을 내세웠던 라헬이지만 여기서는 "우리는 단지 한 방울의 의식일 뿐"이라는 시적인, 매우 전율스러운 존재론적 언술을 던지고 있다. 수많은 '부분 자아들'(에고들)과의 유희뿐만 아니라 의식의 해체, 나아가 실존적 허무, 자기소멸 같은 죽음을 향한 무의식적 동경이 언급되고 있다. 이는 단순히 '유대인 여성'의 한계 상황에만 국한되는 것이 아니라 뷔히너, 카프카 등이 간직했던 '근대인의 실존적인 상황'과 맞닿아 있다.

어쨌든 라헬의 편지와 관련하여 '삶으로서의 편지'(Brief als Leben)인가 아니면 '작품으로서의 편지'(Brief als Werk)인가를 각기 주장할 경우 양자는 나름 문제점을 지닌다. 전자의 경우 편지가 단순히 있는 그대로의 삶을 진정성 있게 담아 놓은 기록(Dokument)으로만 간주됨으로써 예술성의 결핍이라는 문제점이 제기된다면, 후자의 경우 편지가 삶의 인위적이고 예술적인 연출로만 간주됨으로써 진정성(현실성)의 상실이라는 문제점이 제기된다. 라헬의 편지와 관련하여 현실성과 예술성 중 어떤 특성에 더 방점을 찍어야 좋을지는 해석자의 예술관에 달려 있지만, 근본적으로 라헬의 편지는 - 상호 모순적이지만 - 삶의 생동성과 진정성, 그리고 예술의 인공성을 동시적으로 지닌다. 서론에서 이미 밝힌 바 있듯이, 진정성과 인공성, 미메시스와 포이에시스가 뒤섞여 있는 글쓰기, 아울러 무의식도 작동하는 글쓰기가 곧 라헬 편지의 본래적 특성을 이룬다. 진정성과 인공성이 동시에 작동하는 위트 있는 - 프리드리히 슐레겔에 의하면 위트는 "구속된 정신의 폭발"로서 일종의 무의식의 발산과도 같으며 이는 프로이트에 의해서도 후에 주장된 바 있다[96] - 글쓰기로는 일상적 동사와 추상적 명사가 특이하게 결합하는 예를 들 수 있고, 예컨대 "삶의 비가 내리다", "영혼의 산책" 같은 비유적 표현이 대표적이다. 일상을 시적으로 표현하는 데 있어서 라헬은 뛰어난 무의식적 상상력을 발휘하였으며, 1816년 8월 24일자 편지에서의 다음과 같은 대목을 들 수 있다.

> 나는 어제 당신이 슈투트가르트와 하이델베르크에서 보낸 편지를 받았어요. 그런 편지보다 좀 더 흥겨운 편지를 저에게 보내주세요. (...) 나도 당신에게 편지를 보내려 합니다. 내 영혼이 마차가 지나간 먼지로 뒤덮인 군용도로 위에서 목적과 의도가 있는 여행을 하는 것이 아니라 그저 산책을 즐기는 그런 편지 말입니다.[97]

라헬 레빈이 얼마나 뛰어난 철학적, 예술적 언어 감각을 지니고 있었지를 보여주는 또 다른 뛰어난 예로는 1810년 3월 11일자 일기장에 그녀가 남긴 다음과 같은 독백적 문장이다.

> 끔찍한 아침을 보냈다, 아직도 침대 속에 있다.
> "뭐 하세요?"
> "아무것도. 나는 삶의 빗물이 나를 향해 내리도록 할 거예요"
> Einen fürcherlichen Morgen verlebt, im Bette noch.
> "Was machen Sie?"
> "Nichts. Ich lasse das Leben auf mich regnen."[98]

삶에 대한 라헬 자신의 마음 상태를 뛰어난 시적 감정으로 표현한 위 문장들은 다음과 같이 그림엽서에 자주 인용되곤 한다.

그런데 마지막 문장이 매우 특이하다. 'regnen' 동사의 본래 뜻은 '비가 내리다'로서 주로 3인칭 중성대명사인 주어 'es'와 결합하여 'es regnet'라고 표현된다. 따라서 자연현상을 나타내는 비인칭동사를 사역동사(lassen)와 결합하여 표현한 것은 매우 특이하다. 물론 간혹 'regnen' 동사가 '빗발치다'라는 전이된 의미를 띠면서 가령 'Vorwürfe regneten auf ihn'(그를 향하여 비난이 빗발쳤다)라거나 혹은 'Als ob sein Schweiß auf mich regnen würde'(마치 그의 땀이 나를 향해 빗발치듯이)라는 표현이 가능하기도 하다. 그런데 라헬이 적어 놓은 위 문장은 단순하면서도 매우 철학적이다. 무엇을 하는가라는 질문을 뜬금없이 자신의 부분 자아에게 던지더니 "나는 삶의 빗물이 나를 향해 내리도록 할 거예요"(혹은 의역하면 "나는 삶의 빗물을 그냥 맞을래요")라고 답한다. 빗물을 피하려고 우왕좌왕 어떤 대피소를 찾지 않고 또한 우산 같은 보조 수단을 취하지 않은 채 삶의 운명을 그대로 받아들이겠다는 의미다. "삶의 빗물"은 보편적이고 추상적인데, 그것은 라헬이 처해 있던 시대적, 역사적 상황을 암시한다. 즉, 나폴레옹 전쟁 같은 거대한 역사적 물결과 그로 인한 불안한 사회적 상황, 그런 역사적, 사회적 상황과 맞닥뜨릴 수밖에 없는 유대인의 운명일 것이다. 그런 삶과 운명을 라헬은 피하거나 거부하지 않고 오히려 빗물에 흠뻑 젖듯이 그것에 자신을 내

맡기려 한다. 유대인 여성으로서 사회적 한계와 차별을 극복할 수 없는 상황에서 모든 것을 체념한 듯한 라헬의 소극적인 마음을 엿볼 수도 있지만, 그러나 마치 체념한 마음 상태에서도 활달한 식견과 관점으로 모든 세상사를 적극 대면하려는 듯 읽히기도 한다. 그와 같은 철학적, 시적인 문장의 의미에 대하여 한나 아렌트는 "그녀가 중시했던 것은, 스스로를 삶에 그대로 노출시켜서, 마치 우산 없는 날씨처럼, 그 삶이 나와 맞닥뜨릴 수 있게 하는 것이었다"[99]고 적절하게 부연한 바 있다.

이와 달리 아주 소박한 문장을 통해서도 함축적인 의미와 의도가 생산되기도 한다. 1794년 어느 날 칼 구스타브 브링크만은 라헬에게 치통을 호소하는 편지를 보내는데, 그에 대해 라헬은 다음과 같은 문장으로 편지를 시작한다.

> 이가 없어도 부용(고기스프: 역주), 와인스프, 콤포트(스튜: 역주) 등을 먹을 수 있습니다. 제 생각으론, 당신에게 정해진 소량만을 드신다면 그런 음식들이 당신에게 효과가 있을 것 같아요. 글을 쓸 때 구부리고 있는 자세를 유지할 경우, 그로 인해 화가 치밀 정도의 치통이 유발되곤 해요. 저는 그 점을 잘 알고 있답니다.[100]

상대방의 신체적 아픔에 대하여 '얼마나 아프세요', '이가 아프면 정말 아무 일도 못하지요' 같은 식상한 표현 대신 라헬은 심한 치통 속에서 실제 취할 수 있는 대안적 식사로 여러 가지 가벼운 종류의 음식을 나열해 주고 있다. 또한 '이가 없으면 잇몸으로 산다', '궁하면 통한다' 등의 의미를 지닌 'Not bricht Eisen', 'Not macht aus Steinen Brot', 'Wenn der Zahn nicht da ist, lebt man mit dem Zahnfleisch' 같은 격언 내지는 속담을 사용하지도 않는다. 이 모든 표현 또한 매우 식상하고 고리타분하며 스물 세 살 여인의 발신자와 서른 살 남자의 수신자 사이에서 주고받기에는 적합하지 않은 구문이기 때문이다. 구체적인 음식을 나열하는 표현 방식은 상대방의 아픔을 진심으로 알아주는 마음의 표시일 뿐만 아니라 동시에 상대방에게 잠시 고통을 잊게 해주는 듯한, 어쩌면 무의식에서 나온 유머러스한 표현일 수 있다. 그와 같은 표현 방식을 통해 라헬은 또한 '누구나 삶을 살아나가는 데 있어서 현재적 고통에만 머물 수 없고 다른 대안을 모색하여 어려움을 극복할 수 있다'는 조언을 살며시 건네고 있는 듯 하다.

라헬의 편지는 일상의 진솔한 묘사와 고백처럼 보여도 그 자체 뛰어난 시적 상상력, 인위적인 구성력, 낯설지만 새로운 표현력 등을 지닌 고도의 글쓰기임은 두말할 나위 없다. 뛰어난 문학성을 지닌 그녀의 편지는 때론 이해하기 힘들 정도로 의미의 모호성을 띠며 나아가 여백 읽기 등의 다양한 가능성을 요구하기도 한다. 그 점은 당시의 편지 수신자들에 의해서도 자주 확인되며, 특히 그녀의 절친 다비드 파이트의 반응이 매우 흥미롭다. 서신을 주고받았던 초창기인 1795년 4월 23일자 편지에서 파이트는 그녀의 글쓰기가 너무나 문학적이어서 "당신에게 확언컨대, 저는 당신의 편지를 너무 힘들게 읽고 있어요. 베르테르를 연속으로 이십 쪽 읽을 만큼입니다 ..."[101]라고 밝힌 바 있다. 자신의 편지에 내재된 문학적 특성을 라헬 레빈 스스로도 의식했던 것일까? 자신이 지인들과 주고받은 편지들이 삶의 기록을 넘어서 일종의 문학적 글쓰기로서의 작품이 될 수 있는 가능성을 라헬은 이미 20대 후반에 의식하고 있었던 것으로 보인다.

> 내가 죽으면 - 은밀히 - 모든 친구와 지인으로부터 내 편지를 모두 모아주도록 해줘. 그리고 핑큰에게도 말해 줘. 죽은 자로서, 죽임을 당한 자로서 - 물론 그가 죽인 것은 아니지만 - 내가 그에게 내 편지를 내놓도록 명령했다고 전해 줘. 그리고 그것을 브링크만과 함께 잘 정리해 주길 바래. 그것은 독창적인 이야기가 될 것이며 더욱이 문학적이겠지.[102]

이 인용문은 서로 나이가 비슷하여 평생 친구로 지냈던 빌헬미네 폰 보예(Wilhelmine von Boye)[103]에게 보낸 1800년 7월 초순 편지의 한 대목이다. '핑큰'은 라헬의 첫사랑이었던 연인 핑켄슈타인 백작의 애칭이다. 유대인 여성이라는 신분 차이로 인해 핑켄슈타인 백작과의 결혼이 좌절된 상황을 두고서 라헬은 자신을 "죽은 자, 죽임을 당한 자"라고 표현하고 있다. 단순히 부끄럽고 수치스러운 마음에서 연인과 주고받은 편지를 수거해 달라고 부탁하는 것이 아니라 미래의 계획을 라헬은 자신 있게 밝히고 있었다. 즉, 자신이 주고받은 모든 편지를 사후 책으로 묶어 낸다면 "그것은 독창적인 이야기가 될 것이며 더욱이 문학적이겠지"라고 단언했던 것이다. 이미 생존시 라헬은 자신의 편지가 문학적 글쓰기가 될 수 있는 가능성, 소위 '편지작품'(Brief-Werk)의 가능성에 대해 스스로 확신하고 있었다. 그녀가 "은유가 풍부한, 강력한 영향력 있는, 혁명적인 언어로 주조하여 (...) 자신의 사유를 대중에게 제시하려는"[104] 계획을 모색하고 있었다고 해도 과언은 아니다. 그만큼 자신의 편지를 사적인 차원에만 묶어둘 필요가 없는, 모든 이들도 기꺼이 읽을 수 있는 대담한 글쓰기의 산물로 간주하고 있었고, 나아가 자신의 언어적 감각 및 예술적 가공력 등에 대해 상당한 자신감을 갖고 있었다. 그리고 이러한 부탁은 그녀가 사망한 후 남편에 의해 실행되었고 또한 오늘날의 문학사에서는 그녀의 직감대로 불멸의 '편지-작품'으로 평가되고 있다.

'편지-작품'이라는 개념은 편지, 일기 등이 순전히 백 퍼센트 진정성 있는 기록물로 남을 수는 없음을 말해 준다. 순수한 자기 고백의 특성을 지닌 도큐먼트로서의 편지에도 이미 의도적인 혹은 비의도적인(무의식적인) 미학적, 예술적 자기연출이 작동할 수밖에 없다. 특히 편지 쓰는 이가 자신의 글이 '책'으로 출간될 가능성까지도 염두에 두고 있었다면, 그 편지는 사적인 진정성 있는 고백을 넘어서 편집, 왜곡, 복사, 아이러니, 위트 등 다양한 방식의 인위적 가공을 거치게 된다. 라헬의 편지와 관련해서는 "진실한 편지는 그 특성상 문학적이다"(Der wahre Brief ist seiner Natur nach poetisch)[105]라는 노발리스의 단편을 떠올리게 된다. 요컨대, 라헬의 편지는 진실성과 예술성, 사실성과 허구성의 경계가 해체된 글쓰기의 전형인 것이다. 이와 같은 사실성과 예술성 간의 결합 및 융합을 연구자들은 '허구성으로서의 진정성'[106] 혹은 "삶의 여성예술가"(Lebens-Künstlerin)[107] 같은 식으로 명명하고 있다. 모두 타당하다.

4. 삶과 예술 - 풀리지 않는 비동일성

'편지-작품', 즉 사실성과 예술성이 융합된 텍스트와 관련해서는 삶과 예술(글쓰기) 간의 동일성보다는 양자의 부단한 차이성을 읽어내야만 한다. 특히 예술성의 측면에서는 바로 예술가의 전문적 특성, 즉 심미적 주관성, 예술적 감각 등이 작동하고 있음을 반드시 인식해야 한다. 그런데 '편지-작품'에서 양자 간의 차이성을 인식했으면서도 동시에 그 차이성을 지양하려는 연구자의 시도가 있다. 요컨대, 삶과 예술 간의 불일치를 지양하고 궁극적으로는 그 양자 간의 동일성을 강조하는 시각이다.

> 예술의 자율성에 대한 여성들의 독특한 대척성 때문에, 내가 여성들의 문학이라고 명명할 때의 저 중간 영역에서는 그 긴장(즉 예술과 삶의 분리)이 표면화되면서 양자를 분리시킨 저 경계들을 밀어버린다. 그 결과 살았던 삶이 예술작품으로 나타날 수 있고 씌어진 것(예술작품: 역주)이 삶이 된다.[108]

라헬의 편지와 관련된 이와 같은 뷔르거의 시각은 두 단계로 이행된다. 즉, 작가가 뛰어난 예술적 감각으로 자신의 삶을 글로 옮겨 내는 순간 삶과 예술은 분리되기 마련인데, 이것이 첫 번째 단계이며 삶과 분리된 예술을 강조하는 소위 예술의 자율성 논리가 작동한다. 그런데 여성작가는 남성작가가 점유하고 있던 예술의 자율성에 대항하고 있었기에 삶과 예술을 결합하는 두 번째 단계가 작동하는데, 즉 삶과 예술의 분리가 의식되는 가운데 양자의 결합이 시도된다. 그렇다면 분리된 삶과 예술은 어떻게 다시금 하나로 결합될 수 있는 것일까? 이를 위해 여기서 뷔르거는 작가보다는 '독자'라는 심급기관을 끌어들인다. 뷔르거에 의하면, 일상의 순간을 보는 라헬(Rahel)과 그것을 글로 옮기는(즉 초상화를 그리는) 대문자로 표기된 라헬(RAHEL)이 첫 번째 단계에서는 상호 구분되지만, 두 번째 단계에서는 라헬(Rahel)과 라헬(RAHEL), 즉 실존적 라헬과 예술적 라헬 간의 차이가 독자에 의해서 지양되고 하나가 된다는 것이다.

> 그(수용자: 역주)는 라헬에게 예술이 아닌 초상화를 읽는데, 그녀의 편지에서 그에게 나타나는 '작품'의 동인들로 읽는다. 즉 라헬(RAHEL)로 읽는다. 수용자가 '라헬(Rahel) = 라헬(RAHEL)'의 동일성을 경험함으로써 그는 언제나 예술과 삶인 텍스트의 생산자가 된다.[109]

'생산자로서의 작가' 라헬에게서 삶과 예술이 구분된다는 뷔르거의 시각은, 한편으로 라헬 텍스트를 단순히 삶의 반영, 삶의 증거, 진정성의 산물로만 예찬했던 기존의 일차원적 접근 방식에 일침을 가하고 있지만, 다른 한편 삶과 예술의 분리를 극복하는 차원에서 '삶 = 텍스트'로 읽어줄 것을 독자에게 요청하고 있다. 이는 독자에게 과도한 지적, 감성적 능력을 부여하는 시각인데, 뷔르거가 염두에 둔 독자의 예로는 어쩌면 뷔르거 자신뿐만 아니라 한나 아렌트 같은 뛰어난 독자를 손꼽을 수 있을 것이다. 라헬의 편지를 분석한 아렌트도 "내가 관심을 두고 있는 것은, 그녀 스스로 이야기할 수 있었던 그대로 라헬의 인생사를 나의 글로 다시 이야기하려는 것 뿐이다"[110]라고 밝힘으로써 라헬과 자신 간의 텍스트적 교감을 바탕으로 삶과 글쓰기, 현실과 예술 간의 동일성을 회복하고 싶은 마음과 의지를 강조한다.

그렇다면 그와 같은 뛰어난 독자와는 달리, 일반적인 독자도 과연 라헬의 텍스트를 읽으면서 뷔르거와 아렌트처럼 삶과 예술 간의 분리를 지양해낼 수 있는 것일까? 그 분리의 지양은 아마도 독자가 텍스트를 읽으면서 작가의 삶과 영혼에 감정이입하는 식의 단순한 방식을 통해 실행되지는 않을 것이다. 대부분의 일반적인 독자들은 감정이입의 일차원적 차원에서 라헬의 편지를 사실적 기록으로 읽는 데 익숙해 있을 뿐, 삶과 예술, 사실과 허구 간의 분리를 명확히 인식한 후 다시금 양자의 종합을 창출해낼 수 있는 그런 능력의 소지자가 결코 아니다. 따라서 뷔르거가 말한 수용자로서의 독자가 스스로를 "예술과 삶인 텍스트의 생산자"로 전환하는 것은 거의 불가능하다. 따라서 뛰어난 능력을 소지한 독자를 기대하기보다는 오히려 라헬의 편지 자체에 대한 새로운 인식의 전환을 마련하는 것이 더욱 필요할 듯 싶다. 이를 위해서는 20세기 형식주의 문예이론가인 유리 티냐노프(Juri Tynjanov)의 "문학적 사실"(Das literarische Faktum)이라는 시각에 의존하여 라헬의 편지 텍스트를 곧 삶과 예술, 편지와 작품, 사실성과 허구성의 결합으로 파악할 필요가 있다. "문학적 사실"에 대한 그의 규정은 다음과 같다.

> 사실이 문학적 사실로서 존재하는 것은, 바로 그것의 차이 나는 퀄리티에 달려 있는 바 (...), 즉 다른 말로 말하자면 그것의 기능에 달려 있다.[111]

"문학적 사실"이라는 개념은 단순히 씌어진 텍스트를 문학적 텍스트이자 삶의 기록으로 간주하는 것을 뜻하지 않는다. 우베 슈바이커(Uwe Schweiker)의 "예술작품 같은 살았던 삶"(gelebtes Leben als Kunstwerk)[112] 같은 규정은 그 잘못된 관점을 대표하며, 거의 모든 자서전 집필자들이 그런 식으로 편지 텍스트의 '고상한' 특질을 강조하고 있다. 이와 달리 티냐노프가 위에서 언급한 '기능으로서의 차이 나는 퀄리티'란 일종의 진화론적 시각에 기반을 두는 개념이다. 러시아 형식주의 및 오늘날의 체계이론에서 강조되는 기능 개념은 텍스트의 기능적 진화 및 이를 통한 텍스트의 자율적 발전 과정을 설명해주는 개념이다. 가령 고대의 경우 시적 텍스트는 본래 운율에 그 문학적 기능을 두고 있었지만, 중세와 근대 초기의 경우 시적 텍스트는 운율보다는 왕족과 귀족의 각종 행사에서 축하, 찬양 같은 봉사를 수행하는 소위 '즉흥문학'(Gelegenheitsdichtung)의 기능을 지녔으며, 18세기 중반 이후의 현대시 - 체험시이든 관념시이든 간에 - 에서는 운율에 관계 없이, 위탁 여부와도 관계 없이, 오로지 개인의 감정과 사상을 표출하는 주관적 기능이 중시된다. 물론 역사적으로 발전하는 과정에서 시의 본래적 특징인 운율이 완전히 사라진 것은 아니지만, 시는 운율보다는 기능을 중시하는 가운데 자율적으로 진화해온 것이다. 이상과 같은 기능 변화의 측면에서 티냐노프는 편지라는 장르를 다룬 바 있다. 편지는 한편으로 친구들 간의 사적 소식 교환으로서의 '환경사실'(Milieufaktum)의 기능을 지녔지만, 다른 한편으로 소설 같은 웅장한 문체와는 다른 방식으로 일상을 문체적, 수사적으로 표현해낸 "문학적 사실"의 기능을 지니게 되었다.[113] 이 후자적 측면을 낭만주의 여성작가의 편지에 적용하자면, "낭만적 편지의 허구적, 미학적 위상"[114]이라는 의미에서의 "문학적 사실"이라는 기능이 언급될 수 있다.

이러한 "문학적 사실"로서의 편지를 쓴 라헬과 관련하여 두 가지 견해가 병립할 수 있다. 그 하나는 라헬을 편지 집필자(Brief-Verfasserin)로서 간주하는 것이며, 다른 하나는 라헬을 편지 작가(Briefschriftstellerin, Briefautorin)로 간주하는 것이다. 전자는 삶의 진솔한 기록자의 측면을 강조하는 용어이며, 후자는 정반대로 작가적 능력을 강조하는 용어이다. 편지(나아가 일기, 메모 등)는 18세기부터 20세기까지 기능 변화의 과정을 갖게 되며, 그 기능 변화에서 라헬은 전자에서 후자로 전환하는 단계에서 결정적이고 독보적인 위상을 차지한다. 즉, 편지와 관련하여 라헬은 바로 전통적인 특정 개인들 간의 내밀한 생각 및 감정의 교환 수단으로서의 소극적이고 폐쇄적인 글쓰기에서 벗어나 누구나 자유롭게 쓰고 읽는 가운데 느낌과 사상을 성찰해 볼 수 있는 대중적 차원에서 새로운 글쓰기 방식으로서 편지의 기능을 전환시키고 발전시켜낸 작가였던 셈이다. 특정 수신인을 향해 씌어졌지만 모든 이들(독자)이 읽을 수 있는 공적인 차원으로 전환된 편지(마찬가지로 일기, 에세이, 메모 등도)는 소설, 시, 희곡 같은 기존의 양식과 더불어 나름의 새로운 특성과 의미를 갖게 됨으로써 "문학적 사실"의 기능 변화를 일으킨 것이다. 그런 편지의 기능 변화를 받아들임으로써 문학 영역은 자신의 자율적인 영역을 더욱 넓히게 된다. 이처럼 편지의 기능 변화 차원에서 라헬의 글쓰기를 읽을 수 있으며, 1808년 11월 7일자 파른하겐에게 보낸 편지에 제시된 라헬의 뛰어난 시적 상상력은 간접적으로 그 점을 입증하고 있다. 그 편지는 아마도 1800년 10-11월 중에 있었던 장 파울과의 에피소드를 전하는 내용이다.

파리로 막 여행을 떠나고자 할 때 나는 예거슈트라세에서 장 파울과 함께 창문 밖을 보면서 그에게 말했어요. "저는 이유를 모르겠습니다. 8일 안에 저는 여행을 떠나게 됩니다. 그 여행을 확신하면서부터 지금까지 잘 알려진 모든 대상이 저에게는 낯설게 여겨지더라구요. 저쪽 모퉁이조차도 알지 못하겠고 그 모퉁이가 아주 낯선 거리처럼 여겨졌어요. 정말이예요." 그는 완전히 생각에 잠기고는 머리를 흔들면서 말하더군요. "대단한 상상이군요, 대단한 상상입니다." "어째서지요" 하고 나는 물었지요 그는 말이 없었고, 나 또한 원래 그런 성격을 지녔기에 침묵했어요. 당시 나는 그를 이해하지 못했고 지금도 여전히 이해하지 못하고 있어요. 그것은 정말이지 무능이었고 정말 부정적인 의미에서 그래요. 내가 새로운 대상들을 내 앞에 떠올릴 정도로 너무 자유롭게 상상한다고 장 파울은 생각했던 것이었을까요?[115]

여행 떠나기 전, 더욱이 처음 가보게 되는 대도시 파리에 대한 생각으로 인해 자신의 거주지 주변의 모든 대상을 인지할 수 없을 정도로 상상에 들떠 있던 자신을 묘사해주고 있는 대목이다. 이는 스스로 인정하듯, 그리고 장 파울에 의해서도 확인되듯, 상상을 즐기는 라헬의 평소 모습을 전해 준다. "대단한 상상입니다"라는 말만 반복했던 장 파울은 라헬에 대해 어떤 생각을 지녔던 것이었을까? 아직 경험하지 않은 낯선 세계 및 대상을 자유롭게 떠올리는 라헬의 모습은, 그녀 스스로의 염려대로, 부정적으로 비추어졌던 것일까? 라헬은 며칠 후 장 파울로부터 답장(1800년 11월 6일)을 받았으며, 라헬의 서신 전집 발행시 파른하겐은 그 답장을 첨부해 놓았다. 장 파울의 답장은 다음과 같다.

모든 의미로 미루어 상상의 나래를 펼친 것입니다. 당신은 이 겨울 몇 달 내내 여행에 대한 동요를 접었어야만 했어요. 형용할 수 없는 마음으로 저는 몇몇 (...) 당신의 편지를 읽었습니다. 그런데 엄청 고통스러웠습니다. 당신은 삶을 시적으로 다루고 있으며, 그런 삶이 곧 당신입니다. 당신은 시창작의 고귀한 자유를 현실 영역으로 가져오고 있으며, 저쪽(시창작: 역주)에서의 아름다움을 여기(현실: 역주)에서도 아름다움으로 다시 발견하려 하네요. - 그렇지만 삶의 산문으로 옮겨진 시적 고통이야말로 정말 진정한 고통입니다. 뮤즈 앞에서 악마는 아름답게, 운명의 여신도 그렇게 그려지지요. 그러나 뮤즈는 우리 안에 깃들어 있을 뿐, 우리 바깥에 있는 악마는 부드럽게 조명될 필요가 없습니다.[116]

장 파울은 시적 상상력을 통해 삶의 고통을 미화하는 위험성에 대해 경고하고 있지만, 이 답장에서 중요한 점은 "당신은 삶을 시적으로 다루고 있으며, 그런 삶이 곧 당신입니다. 당신은 시창작의 고귀한 자유를 현실 영역으로 가져오고 있으며"라는 구절이다. 이는 그가 라헬의 편지에서 뛰어난 문학적 능력을 발견하고 있다는 점을 입증해준다. 라헬의 편지에서는, 현실적 삶이 허구적인 상상 속으로 들어오는 다른 낭만주의 소설과는 완전히 전도된 모습으로, 허구적인 상상이 현실적 삶의 기록 속으로 들어오고 있다고 장 파울은 보았다. 그 결과 라헬의 편지는 진실한 기록과 예술적 가공, 삶과 허구가 뒤섞인 일종의 '심미적 형상물'(ästhetisches Gebilde) 같은 특성을 지닌다고 볼 수 있다. 다음과 같은 두 가지 해석도 라헬의 편지를 이해하는 데 적지 않은 도움을 준다.

> 순수한 '실제' 삶에 뿌리를 둔 문학적 사용형식으로서 그리고 일차적으로 정보전달적, 미메시스적 특성을 지닌 편지의 탈실용화 과정이 일어난 것이다. 이러한 형세는 다음과 같은 결과를 낳는다. 즉, 점진적으로 해당 주인공의 진정한 자서전과 많든 적든 직접적인 관계를 맺는 일종의 놀이(게임)에서 개개 편지는 하나의 대용 동전(jetton)이 되며 나아가 그 자체 잠재력 있는, 문학적으로 진행하는 '오리지널 이야기'- 즉, 낭만적인 보편문학 - 의 구성 요소가 된다.[117]

> 편지는 여성들의 삶의 공간, 그들의 심정, 그들의 문제를 확장하고 기록한다. 편지는 진정한 증거, 순수한 에고(자아) 도큐먼트일 수 있다. 인사말과 맨 끝의 안부 인사 같은 것을 차치하면, 비허구적인, 완전히 열린 기본 구조 내에서 편지는 글쓰는 이의 독창적 상상력에 상당한 여지를 준다. 편지는 많든 적든 상상력이 가득한 자기서술과 동시에 비판적인 자기성찰을 가능하게 한다. 진정성(도큐먼트 특성)과 허구(문학) 사이의 명확한 경계 설정이 편지에서는 불가능하며, 이것이 곧 편

지의 두 가지 중요한 양극을 형성한다.[118]

"편지의 탈실용화", 그리고 문학적 상상력을 바탕으로 자기서술과 자기성찰이 동시적으로 작동하는 편지는 더 이상 단순한 전달 수단이 아니다. 개개 편지는, 마치 개개 동전(칩)처럼, 출간을 목표로 삼아 계속 생산되는 부분이 되고, 모든 편지가 모여 추후 문학적 놀이로서의 전체 텍스트가 형성된다. 라헬 연구자인 바바라 한(Barbara Hahn)의 제자 비르기트 보졸트(B. Bosold)는 『라헬 레빈과 파울리네 비젤』이 나눈 서신 교환집 발행에 대한 서평에서 데리다의 글(écriture) 개념을 끌어들이면서 19세기 근대에서 편지가 어떻게 새로운 문학적 진화 과정을 거치는지를 매우 탁월하게 서술한 바 있다.

> 당시 여성들은 "삶"과 "진정성"의 파수꾼 혹은 당시의 표현을 빌리자면 "자연성"의 파수꾼으로서 편지 장르의 전문가로 예찬되었으나, 여성작가들은 자신의 편지를 자기 "삶"의 직접적인 표현으로 연출하지 않음으로써 편지라는 장르의 규칙을 무효로 만들었다. 구두 대화의 시뮬레이션으로서 편지는 지금까지 구두로 발화된 언어근처에 위치되어 있었고, 구두로 발화된 언어는 글자로 씌어진 말과 비교하여 "진정성 있는 자기 표현"의 보증으로 간주된 바 있다. 글자는 일종의 부차적인, "비본래적인" 언어, 즉 구두로 행해진 말의 의도된 의미를 불만족스럽게 운반해내는 파생어로 간주되었을 뿐이었다. 이에 반해 두 여성 작가(라헬 레빈, 파울리네 비젤: 역주) 중 그 누구도 자신들의 씌어진 편지 텍스트가 "본래" 자신들이 말하고 싶었던 어떤 점을 전혀 담아내지 못한다고 아쉬워한 적은 결코 없다. 모든 글쓰기의 고유한 특성인 "추후성"은 허구적 직접성을 위해서 상상적으로 생략되어야만 하는 것이 아니라 이미 전제되어 있다. 왜냐하면 서신 교환이 시작되면 두 여성의 공동 시간은 이미 사라진 것과도 같기 때문이다. 그렇다고 과거에 대한 기억은 하나의 이야기로 압축되어 과거에 넘겨지는 것이 아니라 "기억의 흔적"으로 간직된다. 장소와 사람의 이름으로서 혹은 이야기될 수 없는 기억의 암호로서 시그널과 같은 단어들이 여기저기서 변화하며, 그런 단어들에 대해서는 더 이상 그 어떤 것이 씌어질 필요가 없으며 단지 그 단어들을 호출하는 것만으로 충분하다. 편지는 글쓰기 후에 발

송되고 송달의 외적 과정에 내맡겨질 뿐만 아니라 "편지는 그 자체 내에 송달을 지니면서 통신의 메커니즘을 실행한다."(바바라 한).[119]

로고스중심주의에 의하면, 목소리(구두로 언급된 말)이 우선이고 글자는 단지 기생적, 파생적 역할을 수행한다. 그러한 로고스중심주의를 비판하면서 데리다는 글의 추후성, 기억의 흔적 글자를 긍정적으로 전도시킨 바 있다. 그런 데리다적 사유를 받아들이면서 보졸트는 '본래의 목소리', '삶의 진정성'을 중시하는 기존의 미메시스적, 로고스중심주의적 시각에서 벗어나 글(편지) 자체의 본래성을 강조하고 있다. 요컨대, 편지는 이미 추가성과 연출성이 작동할 수밖에 없는, 그 자체 내에 송달성과 통신성의 기능을 내포하고 있는 새로운 예술적 장르이다. 이는 라헬의 편지를 단순한 재현이론적 틀 내에 가두는 시각에서 벗어나서 한 층 진화된, 새로운 기능 변화를 지닌 "문학적 사실"로 확장시킬 수 있도록 해준다. 이와 관련하여 라헬은 예술적, 인공적 능력을 발휘할 수밖에 없는 미학적 인간(homo aestheticus)의 특성을 다음과 같이 강조한 바 있다.

> 인간으로서 인간은 그 자체 예술작품이며, 그의 전체 특성은 의식과 무의식이 그의 내부 안에 적절하게 변화한다는 데 있다. 그 때문에 나는 괴테를 무척 사랑하며, 감히 말하자면 예술가로서의 시인은, 마치 조각가가 자신의 대리석을 필요로 하듯, 자신의 감성을 종국에는 사용하지 않을 수 없으며, 결국 시인도 자기 자신의 신성함을 항상 더럽히는 것이다.[120]

조각가의 대리석처럼 작가에게는 사유뿐만 아니라 감성도 갈고 닦는 인위적 질료로 간주되며, 이러한 작업의 대가로 바로 괴테가 대표적인 예로 제시되고 있다. 자연 그대로의 감성 및 실제의 고통을 진정성 있는 글로 담아내려는 순간에도 '갈고 닦는 예술성'이 작동할 수밖에 없으며, 모든 수신자는 종국에는 인위적으로 만들어진 생산물로서의 편지를 손에 쥐게 된다. 소위 '구성된 진정성'(konstruierte Authentizität)으로서의 편지, 좀 더 파격적으로 말하자면 예술적 주관성에 의해 생산된 '심미적 구성물'로서의 편지는 순수한 진정성을 기치로 내세우는 모방이론적 시각을 더 이상 필요로 하지 않는다. 라헬의 편지는 어쩌면 노발리스의 저 유명한 "살아가는 예술 - 삶을 구성하는 예술"(Kunst zu leben - Kunst Leben zu construiren)[121]이라는 시학적 명제를 구체적으로 구현한 것과도 같으며, 그런 예술에서는 삶뿐만 아니라 "자아는 구성되어야만 한다"(Das Ich soll construirt werden)[122]는 명제도 요구된다.

5. 나가는 글

1920-30년대 연구 동향 내에서는 유대인 여성으로서 라헬이 독일 문화 및 사유에 동화하려 했던 인물로 긍정적으로 간주되었다면, 한나 아렌트 연구를 분기점으로 최근까지의 연구 동향에서는 영원히 이방인으로 남을 수밖에 없었던 라헬의 심리 상태를 연구하려는 경향이 우세하다. 최근에는 독일인과 유대인 사이에 놓여 있는 '경계인'(Grenzgänger)에 대한 연구를 넘어서 한 개인의 고통과 아픔을 치밀하게 조명하고 그녀의 글쓰기(특히 편지)를 '문학 텍스트'로 읽으려는 경향이 엿보인다. 물론 여기에는 페미니즘적 연구 경향도 함께 하고 있다. 라헬의 글쓰기에 관련해서는 작가 브리기테 크론아우어(Brigitte Kronauer)가 재출간된 라헬 서간 전집에 덧붙인 에세이에서 제시한 표현이 가장 적절한데, 그녀는 라헬을 "분석적 관찰자, 지적인 여인, 극도로 신경질적인 사람 혹은 여성문장가"(Analytische Beobachterin, Intelligenzbestie, Nervenbündel oder Stilistin)[123]다고 명명한 바 있다. 이러한 네 가지 모습이 라헬의 글 안에 농축되어 있기어 라헬 편지 읽기 및 해석 작업은 녹록치 않다. 또 한 가지 특징이 있다. 라헬의 남편 파른하겐의 누나(즉 라헬의 시누이)였던 로자 마리아 아씽(Rosa Maria Assing, 1783-1840, 독일 여성 작가)이 사망하였을 때 그녀의 절친이었던 하이네는 상대

방과 눈을 주고받으며 서로를 이해하는 "눈의 언어"(Augensprache)라는 표현을 사용하면서 다음과 같이 고인을 추모한 바 있다.

> 우리의 본래 비밀을 우리는 결코 말로 말한 적이 없으며 미래에도 결코 앞으로도 말하지 않게 될 것이며, 입을 닫은 채 우리는 무덤 속으로 들어가게 될 것입니다. 우리, 우리는 단지 시선을 통해서 서로를 이해했으며, 우리는 서로 쳐다보면서 우리 마음 속에 무슨 일이 일어났는지를 알아냈지요 - 이런 눈의 언어가 곧 사라지게 될 것이고, 가령 라헬의 편지 같은 우리의 사후 남겨진 글의 향연은 후세인들에게 단지 풀리지 않는 상형문자처럼 남게 될 것입니다 - 저는 그 점을 알고 있으며, 매번 맞이하는 새로운 죽음에서 그 점을 기억하게 됩니다.[124]

라헬의 시누이 죽음과 관련된 편지의 일부 대목이지만 "눈의 언어"와 텍스트 간의 관계에 대한 하이네의 표현은 여러 가지 점을 시사해주고 있다. 죽는 순간 모든 육체적인 기관의 운동은 정지되며, 따라서 살아 있을 때 행하는 내밀하고 진정성 있는 "눈의 언어"에 의한 대화가 불가능해진다. 대화가 불가능한 상황에서 죽은 이들이 남겨 놓은 "글의 향연"(Schriftmähler)은 살아남은 이들에게는 단지 이해 불가능한 "상형문자"로 여겨지며, 그리고 그 대표적인 상형문자의 예로 하이네는 다름 아닌 라헬의 편지를 손꼽고 있다. 그와 같이 상형문자와도 같은 편지 속에서 '**나 라헬**'(das Ich RAHEL)은 단순히 실존적 개인으로서의 라헬과 동일시될 수 없을 것이다. 편지 속 라헬의 삶은 소망, 동경, 결핍, 원망, 한탄, 비애 등으로 점철되지만, 이 또한 실존적 개인으로서의 라헬의 고유한 삶을 지시하는 것이 아니라 일종의 '만들어진 작품' 내에 등장하는 허구적 인물로서의 '라헬'일 뿐이다. 그 허구적 인물로서의 '라헬'과, 그런 그녀가 등장하는 작품을 읽는 우리 독자 사이에는 이제 완전히 다른 의미에서 소통적 "눈의 언어"가 요청될지도 모른다. 물론 독자는 자신의 상상적인 눈으로만 편지 속의 그녀를 바라볼 수밖에 없겠지만 말이다.

4장

"이 세상은 저에게 집이 아니었습니다"

카롤리네 폰 귄더로데
(Karoline von Günderrode, 1780-1806)

1. 비운의 여성작가

독일문학을 일견해 보면 병환과 자살 등으로 비교적 이른 나이에 요절한 천재 작가들이 비교적 많다. 스물아홉의 나이에 병으로 생을 마감한 「밤의 찬가」로 잘 알려진 낭만주의 시인 노발리스(Novalis, 1772-1801), 스물넷의 나이에 병으로 요절한 게오르크 뷔히너(G. Büchner, 1813-1837), 20세기 초엽 마흔하나의 나이로 생을 마감한 세계적인 작가 카프카(F. Kafka, 1883-1924) 등을 대표적으로 들 수 있다. 병으로 요절한 이들뿐만 아니라 비교적 이른 나이에 자살한 이들도 있다. 가령 『칠레의 지진』, 『미하엘 콜하스』 같은 명작을 남긴 하인리히 폰 클라이스트(Heinrich v. Kleist, 1777-1811)는 서른

넷의 나이로 베를린의 한 호숫가에서 불치의 암에 걸린 여인과 동반 자살했다. 젊은 나이는 아니었지만 독일의 시인 파울 첼란(Paul Celan, 1920-1970)도 파리 퐁뇌프 다리에서 세느 강 속으로 몸을 던졌다. 이들 모두 남성작가로서 문학사에서는 낭만주의, 청년 독일파, 표현주의, 현대문학 등을 대표하는 이들이다. 그렇게 '요절한 작가들' 가운데 자살로 자신의 삶을 일찍 마감한 여성작가가 있다. 그녀는 "이 세상은 저에게 집이 아니었습니다"(Die Erde ist mir Heimat nicht geworden)[1]라는 구절로써 세상과 화합될 수 없었던 자신의 삶을 표현했고 결국 그 부조화 내지는 불협화음으로 인해 안타깝게도 1806년 스물여섯 살의 나이로 스스로 생을 마쳤다. 그녀의 이름은 국내에 거의 알려지지 않은 '카롤리네 폰 귄더로데'[2]다. 귄더로데가 삶을 마감한 후 오 년이 지난 1811년 위에서 언급한 클라이스트도 자살을 시도했다. 그렇게 각기 1806년, 1811년 스스로 삶을 끊었던 두 문인은 1979년 크리스타 볼프의 『어느 곳에도 설 땅이 없다』(Kein Ort. Nirgends)라는 허구적인 소설 속에서 서로 만나 이야기를 나눈다. 동시대인이었지만 서로 다른 곳에서 활동한 관계로 생존시 전혀 만날 수 없었던 두 남녀 작가의 공통점은, 그들이 사회에 적응하지 못한 아웃사이더로서 존재했고 또한 당시의 문학적 경향에 전혀 부합하지 못한 비운의 작가였다는 점이다.[3]

이 글에서 우리는 그녀의 이름보다는 그녀의 성 '귄더로데'를 사용하기로 하며, 국내에는 잘 알려지지 않은 작가이기에 그녀의 생애를 짧게 정리해 보기로 하자. 1780년 칼스루에(Karlsruhe)에서 몰락한 귀족 가문의 육 남매 중 맏이로 태어난 그녀는 여섯 살 때에 아버지를 여의었기에 어린 나이에 경제적으로 힘든 상황에 처한다. 아버지 사망으로 받는 아주 적은 액수의 연금으로 어머니와 여섯 명의 딸은 제대로 살 수 없는 형편이었다. 또한 아버지의 유산 상속 문제로 인해 귄더로데는 다른 동생들과 함께 어머니와 법적 다툼을 갖기도 했다. 일찍 사망한 아버지는 법학을 공부한 관리였고 생존시 몇 권의 책을 집필한 바 있었고, 어머니는 문인들과 가깝게 지낼 정도로 문학적 기질을 지녔다. 비록 귄더로데의 부모는 자식들에게 경제적으로 여유 있는 생활 환경을 마련해주지 못했지만 귄더로데에게만은 그 학문적, 문학적 재능을 물려 주었던 셈이다.

경제적 열악함과 생활의 어려움을 덜기 위하여 귄더로데는 자의반, 타의반 1797년 프랑크푸르트에 있는 개신교 교단이 운영하는 수도원으로 들어가 소위 '수녀원 거주 여성'(Stiftsfräulein, Stiftsdame)으로 지내게 된다. 본래 이 수도원은 서른 살 이상의 가난한 귀족 가문 출신의 미혼 여성들만을 받아들이는 곳이었으나 귄더로데는 예외적으로 주거 허가를 받았다. 다행히 이 수도원은 수녀를 배출하는 엄격한 정통 수도원은 아니어서 비교적 외출도 자유로웠고 자신만의 시간을 많이 보낼 수 있었다. 그럼에도 불구하고 고향과 집에서 벗어난 공간에서 다른 이들과 함께 지내는 공동생활은 분명 어린 소녀에게 외롭고 구속적인 삶으로 여겨졌을 것이며, 다만 경제적 어려움 없이 마음껏 자유롭게 교육을 받을 수 있다는 것만이 위안으로 작용했을 것이다. 귄더로데는 오로지 교육으로 자신을 철저히 무장하는 것만이 그러한 경제적 결핍, 사회적 구속과 제한에서 벗어날 수 있는 유일한 길이라고 여겼다. 그랬기에 어린 나이에 그녀는 철학, 문학, 종교학, 신화학, 화학, 지리학 등 모든 학문을 섭렵하였으며, 특히 죽음을 맞이하기 직전에는 셸링 철학에 몰두하기도 했다. 문학의 경우, 그녀는 실러, 괴테, 횔덜린, 장 파울, 노발리스, 횔덜린 등의 열렬한 애독자였다.

수도원에서 비교적 평온한 생활을 하면서도 귄더로데는 여성들이 가정과 사회에서 극심한 차별 대우를 받는 실상에 대해 일찍 눈을 뜨게 되었다. 가령 아내 도로테아에게 보낸 편지 형식의 「철학에 관하여」(Über die Philosophie)라는 슐레겔의 글이 잡지 「아테네움」에 발표되었을 때 귄더로데는 그 글에서 제시된 남녀 역할 분담의 지양과 관련된[4] 슐레겔의 문구를 인용하면서 그에 동조하는 의견을 적은 바 있다.

> 일반적으로 받아들여지는 남성성과 여성성은 인류의 장대이며, 이런 장애를 줄이도록 누구나 노력해야 한다. 이는 곧 개개 성의 독특함

이 스스로 움직일 수 있는 경계를 더욱 넓히려는 목적을 지닌다.[5]

남성은 사회 내에서, 여성은 가정 내에서 일해야 한다는 역할 분담의 사회적 관습에 저항하는 비판적 인식이다. 사회적으로 고착화된 젠더화를 비판하는 가운데 그 대안으로서 여성성의 독특성과 그 사회적 역할의 외연을 넓히자는 요청이 제시되고 있다. 이는 20세기 중엽 시몬느 드 보부아르(Simone de Beauvoir)의 "여성을 해방한다는 것은 여성을 남성과의 관계에 가둬놓기를 거부하되 그 관계를 부정하지 않는 것이다"라는 잘 알려진 주장을 상기시킨다. 귄더로데는 평소 남성적 사유와 용기를 내세웠어도 자신의 여성성을 무조건 포기하지 않는 모습을 보였는데, 마치 남성적 욕망과 여성적 존재 간의 모순적 상반성이 귄더로데의 본래 모습을 이룬 듯이 보인다. 요컨대, 그녀는 자신의 여성성을 거부할 정도로 매우 강렬한 남성성을 외치면서도 한 남자와 영원히 사랑을 나누고 싶은 열정적인 여성이었으며, 그런 남성성과 여성성 간의 조화롭지 않은 상태로 인해 그녀는 내내 심한 좌절, 상처, 아픔 등을 겪었다.

스물여섯 살이라는 짧은 생애 동안 귄더로데에게 매우 중대한 영향을 끼친 세 명의 남성이 있다. 두 명의 남성은 귄더로데와 사랑하는 마음을 나누면서도 결정적인 순간에는 이별의 크나큰 상처와 아픔을 안겨 주었으며, 남은 한 명 - 그는 시인 클레멘스 브렌타노(C. Brentano)인데 - 은 문학적으로 귄더로데와 경쟁하는 관계 속에서 그녀를 연모했던 남성이었다. 전자의 두 명 가운데 한 사람은 후에 독일 근대 사법의 기초를 닦아 놓은 19세기의 저명한 법학자 프리드리히 칼 폰 사비니(Friedrich Carl von Savigny, 1779-1861)이며, 다른 한 사람은 마찬가지로 19세기 고고학자로 널리 알려진 하이델베르크 대학 교수 게오르크 프리드리히 크로이처(Georg Friedrich Creuzer, 1771-1858)이다. 두 남성 모두 처음에는 귄더로데의 뛰어난 지적, 문학적 능력에 매료되어 사랑하는 사이였지만 실제 결혼 단계에서는 귄더로데의 빼어난 지성 때문에 그녀를 아내로 삼는 것에 망설이다가 결국 이별을 고했다는 공통점을 지닌다.

1799년 우연한 모임에서 귄더로데는 청년 법학도 사비니를 만나 사랑에 빠졌다. 우울한 가정사를 지닌 두 사람은 처음 많은 이야기를 주고받으면서 사랑하는 마음을 키웠으나 안타깝게도 결혼에 이르지 못했다. 그 이유는 여러 가지로 추정된다. 그 하나는 귄더로데의 지적, 정치적인 세계관이다. 법학도 사비니는 평소 보수적인 세계관에 젖어 있었지만, 이와 달리 귄더로데는 프랑스 혁명 및 나폴레옹을 옹호하는 급진적인 정치적 관점을 지녔다. 가령 「이집트에서의 보나파르트」(Buonaparte in Egypten)라는 자신의 시에서 귄더로데는 "자유의 아름다운 아침이 여명의 어두운 꿈을 떨쳐내었으면"[6]이라는 구절로 나폴레옹을 예찬한다. 나폴레옹에 대한 예찬은 자유를 추구하는 그녀 내면 속의 영웅주의(Heroismus)를 대변한다.[7] 당시 사비니와 귄더로데 간의 정치적 신념의 차이에 대해서는 후에 크리스타 볼프가 소설 『어느 곳에도 설 땅이 없다』에서 상상적으로 매우 뛰어나게 서술해주고 있다. 그 소설에서 가령 사비니는 귄더로데를 향해 "기이한 감성들과 결심들, 귄더로데 양, 당신은 정말이지 공화국적 의식을 갖고 있으며, 그것은 아마도 프랑스 혁명의 잔재겠지요?"[8]라고 말하며, 나아가 이상적 의식을 실천하려는 행위에 대해서는 다음과 같이 경고한다. "사람들이 철학의 말을 곧이곧대로 받아들이지 않아야 한다는 것, 삶을 이상(理想)의 척도로 측정하지 말아야 한다는 것, 이것이 바로 준칙입니다"[9]라고 말한다. 볼프가 상상적으로 서술한 이와 같은 사비니의 언술은 프랑스 혁명에 대한 부정적인 의식, 즉 자유와 평등에 대한 의식과 이상을 거부하고 현실 질서에 순응하면서 충실히 살아갈 것을 중시하는 전형적인 독일 보수주의적 시민 의식을 대변하고 있다. 그런 사비니와는 정반대로 귄더로데는 정치적으로 프랑스의 혁명과 나폴레옹을 옹호했고 또한 칸트, 피히테, 헤르더, 슐라이어마허, 셸링 등 동시대의 이상주의 철학서를 탐독할 정도로 매우 뛰어난 지적 능력을 지녔는데, 그런 급진적인 의식의 귄더로데와 미래를 약속하는 것은 아마도 사비니에게 무척 부담스럽게 여겨졌을 것이다.

두 번째로 작가적 삶에 대한 귄더로데의 열정이 사비니에게는 부정적으로 비추어졌을 것으로 보인다. 1804년 2월 26일자 사비니에게 보낸 편지에서 귄더로데는 자신이 희곡을 집중적으로 쓸 때면 "(...) 나 자신의 삶이 나에게 낯설게 여겨질"(... dass mir mein eigenes Leben fremd wird) 정도로 완전히 몰입하게 된다고 밝힌다. 사비니와 귄더로데의 관계를 시샘하던 친구 군다 폰 브렌타노('Gunda'는 애칭이며 본명은 '쿠니군데 폰 브렌타노 Kunigunde von Brentano'임, 1780-1863)는 그렇게 글쓰기에 몰두하는 귄더로데의 모습은 너무 어리석다고 비판하였으며, 이에 대해 귄더로데는 "그러나 그것이 실수라면 저는 그런 실수를 좋아합니다. 그 실수는 이 세계를 위해 아무 해를 끼치지 않게끔 저 자신을 붙잡아 줍니다"[10]라고 재치 있게 자신의 글쓰기 몰두 작업을 옹호한다. 현실적 삶을 망각할 정도로 문학적 글쓰기에 몰입하고 비록 세계를 위해 아무런 실질적 기여를 할 수 없을지라도 자신은 그런 글쓰기를 즐긴다고 당당히 주장한 것이다. 아마도 내조에 충실한 아내를 원했던 사비니는 그와 같은 그녀의 솔직한 문학적 열정에 대해 거부감을 느꼈던 것으로 보이며 결국 이별을 통보하고 군다에게 눈길을 보낸다.

귄더로데와 사비니가 결별하게 된 세 번째 원인으로 군다의 시기심 때문이라고 보는 견해도 있다. 사실 귄더로데와 군다는 서로 친하게 지낸 친구였지만, 군다는 남몰래 친구의 남친에게 애정을 품고 있었다. '귄더로데-사비니-군다'의 삼각관계에서 귄더로데는 자신의 글쓰기를 통해 모든 심정을 친구에게 전했지만, 소유욕과 시샘이 강한 군다는 두 연인 사이를 이간질하여 친구의 남친을 가로채려 했던 것으로 보인다. 그 점을 귄더로데도 느낀 것 같았다. 1801년 10월 20일자 군다에게 보낸 편지에서 귄더로데는 군다로부터 거리감을 느낀다는 심정을 털어놓는다.

> 너는 나에게 너무 낯설게 여겨져, 나의 내면 세계의 가장 본연한 곳으로 너를 데리고 갈 수가 없구나. 어쨌든 너는 손님이며 문밖에 서 있게 놔둘 수는 없지. 크나큰 당혹감이라 할까. 너를 그리 멀리 있지 않은

특별석으로 데려가 배우들(사유, 상상, 감정)로 하여금 네 앞에서 연기하도록 하겠지만, 그러나 네가 무대 뒤로 가지 못하여 그 내면적인 활발한 움직임을 볼 수 없을 수도 있겠구나. - 어쨌든 군다, 나는 그런 일을 할 수 없어, 적어도 그것은 내게 너무 어렵게 느껴져. 양자택일뿐이야, 내가 극장을 완전히 닫아버리거나 혹은 가장 내밀한 것을 드러내야만 하던가.[11]

"배우들", 즉 사유, 상상, 감정 등을 모두 쏟아내는 연극무대란 다름 아닌 '편지 쓰기'를 암시하는 듯 싶다. 흔히 연극무대의 경우 대체로 무대 앞면과 무대 뒤편(백스테이지)이 구분될 수 있는데 전자는 통상적인 글쓰기를 말하고 후자는 그 글쓰기 내에 숨어 있는 솔직한 자신의 내면을 뜻한다. 귄더로데는 편지를 통해 자신의 모든 것, 즉 앞과 뒤, 외면과 내면 모두를 털어놓으면서 군다로 하여금 그 모든 것을 감지하고 이해하기를 원했다. 귄더로데는 극장의 폐쇄와 개방의 양자택일 중 "가장 내밀한 것을 드러내야만" 하는 글쓰기를 택하였지만, 그러나 문제는 그것을 바라보는 관객(즉 군다)에게서 발생한다. 즉, 자신의 내면을 솔직하게 드러내는 귄더로데와 달리 군다는 전혀 그렇지 않았다. 귄더로데는 군다가 전혀 다른 반응을 보였기에 섭섭함을 느꼈으며, 1801년 8월 11일자 군다에게 보낸 편지의 대목에는 그 점이 잘 드러나 있다.

나는 네가 네 자신을 볼 수 있는 (나는 이 점을 자부하는데) 충실한 거울 역할을 했었지. 나는 그 수용된 이미지를 아주 솔직하게 너에게 돌려주었어. 그런데 나는 너에게서 나를 결코 보지 못하겠구나. 어찌된 일인지 나에게 말해 주겠니?[12]

그렇게 군다에게서 '자신을 볼 수 있는 거울'(진정성 있는 글쓰기)을 전혀 기대할 수 없었다는 섭섭함이 묻어나 있으며, 이러한 친구에게서 자신을 들여다볼 수 있는 거울의 아쉬운 부재 현상은 그녀가 남긴 희곡 『불멸』(Immortalita)에서도 간접적으로 언급되고 있다. 그 작품에서 임모르탈리는 “내가 나를 볼 수 있는 거울을 누가 내게 보여주게 될까?”[13]라는 식으로 외치는데, 이는 바로 자신을 바라보게 해줄 수 있는 거울로서의 친구의 부재를 암시한다. 귄더로데는 군다뿐만 아니라 다른 사람들과의 소통적 관계에서도 그와 같은 거울의 부재를 안타까워했다. 귄더로데는 일상에서 사람들과의 의사소통적 교류를 즐겼는데, 그것은 자신의 느낌과 생각을 그들과 공유하고 싶었기 때문이었다. 그런데 귄더로데와 친구들 사이에는 크나큰 거리감이 있었을 뿐이었다. 귄더로데는 점차 고독한 아웃사이더로 남게 되고 그런 자신을 다음과 같이 서술한 바 있다.

> 우정도 저에게 아무런 행복한 망상을 주지 않습니다. 어떤 대상들에 대한 의미와 사랑, 그리고 그런 대상을 찾으려는 행위에 대한 의미와 사랑을 내게 보여주었던 사람들이 종종 제 친구들이었는데, 실은 의사소통의 필요성이 저에게 있었기 때문이었어요. 그러나 곧 제가 그들과 공유하던 관심사는 완전히 소진되고 말았으며 또한 제가 그들 스스로를 지치게 만들었다는 사실도 알게 되었어요. 그들은 이미 사유되었던 것, 이미 느꼈던 것을 함께 생각하고 함께 느끼는 힘만을 갖고 있었지요.[14]

귄더로데는 단지 경험과 사실을 확인하는 것에 머물지 않고 보이지 않는 것, 평범한 느낌과 사유에서 벗어난 것, 특이하고 비현실적인 것을 추구하고 있었기에, 그런 그녀의 앞서가는 느낌과 사유를 함께 공유하면서도 “행복한 망상”을 즐길 수 있는 친구들은 점차 귄더로데에게서 멀어져만 갔다. 다만 군다의 친동생, 즉 베티나 폰 아르님(브렌타노)과의 우정 어린 관계만 극히 예외적이었다. 귄더로데의 뛰어난 상상력을 수용하고 함께 다른 시공간 속에서의 사유와 공상을 즐길 줄 알았던 베티나는 훗날 『귄더로데』라는 자전적 소설을 통해 귄더로데와의 우정 어린 낭만적 관계를 재구성해낸 바 있는데, 두 사람의 소설적 삶을 담은 그 작품은 바로 ‘상상의 즐거움’(Lust der Phantasie)에서 나온 소산이었다.[15]

이렇듯 세 가지 이유에서 귄더로데와 사비니는 이별을 맞이하고 1804

년 5월 사비니는 군다와 결혼하게 된다. 두 사람의 결혼식에 즈음하여 귄더로데는 사비니에게 그 유명한 소네트 「꿈속에서의 입맞춤」(Der Kuß im Traume)을 적어 보냈는데 일종의 이별시였던 셈이다. 귄더로데는 사비니가 자신과 결혼할 수 없을 것 같은 예감을 일찍부터 지녔던 것으로 보인다. 그것은 1799년에 사비니와 관계를 "꿈의 그림자"(der Schatten eines Traumes)라고 표현했던 것에서 추측할 수 있다.[16] 이 표현은 셰익스피어의 『햄릿』에서 "야망은 꿈이며" 야망을 지닌 사람은 바로 "꿈의 그림자"에 불과하다고 주고받는 길든스턴과 햄릿 간의 대화에 나오는 유명한 구절이다. 어쩌면 사비니와의 결혼이 자신에게는 꿈 같은 야망으로 여겨졌고 그 결혼의 불가능성을 어렴풋이 느꼈던 것인지 귄더로데는 스스로를 "꿈의 그림자"를 찾는 이로 지칭한 것으로 읽힌다. 후에 뛰어난 해설을 곁들이면서 크리스타 볼프는 귄더로데의 시집을 발행하였는데, 그 시집의 제목도 바로 "꿈의 그림자"였다.

귄더로데의 어머니는 계몽주의 시대의 저명했던 여성 시인 조피 폰 라 로셰(Sophie von la Roche)와 친구였으며, 따라서 어머니의 소개로 귄더로데는 브렌타노 집안의 형제들과 친분 관계를 맺게 되었다. 귄더로데는 조피 폰 라 로셰의 외손주들 가운데 세 명과 특별한 우애 관계를 맺고 있었다. 같은 나이의 군다 브렌타노, 그리고 군다의 오빠 클레멘스 폰 브렌타노(Clemens von Brentano), 군다보다 다섯 살 아래의 여동생 베티나 폰 브렌타노(Bettina von Brentano) - 베티나는 후에 독일 낭만주의 시인 아힘 폰 아르님(Achim von Arnim)과 결혼하였기에 문학사에서 '베티나 폰 아르님'으로 널리 알려 있다 - 와는 더할 나위 없는 긴밀한 관계를 맺었다. 귄더로데보다 다섯 살 아래의 막내 베티나는 자신의 형제자매들보다 귄더로데를 훨씬 더 좋아했으며, 어린 나이에도 두 소녀는 서로 문학적 교감을 주고받았다. 귄더로데가 사망한지 오래 기간이 지난 후에 베티나는 『귄더로데』(1840)라는 서간소설을 발표하면서 유명해지기도 했다. 물론 이 서간소설은 귄더로데에 대한 회고적 소설이라기보다는 실은 다른 사람의 목소리를 스스로 만들어내는 방식을 통해 베티나가 자기 자신을 찾으려 했던 문학적 시도로 해석되기도 한다(이 점에 대해서 베티나에 관한 장에서 심도 있게 다룬다). 오빠 클레멘스 브렌타노도 예술적 동료로서 귄더로데와 각별한 관계를 맺는다. 1802년 5월 경 클레멘스는 일종의 사랑 고백의 편지를 귄더로데에게 보내지만 귄더로데는 단번에 거절 의사를 밝힌다. 당시 귄더로데는 여전히 사비니에 대한 사랑하는 마음을 간직하고 있었기에 브렌타노를 전혀 안중에 두고 있지 않았던 것으로 보인다. 이에 1803년 브렌타노는 다른 낭만주의 여성 작가 조피 메로(Sophie Mereau)와 결혼했다. 브렌타노와 귄더로데는 연인 관계를 맺었다기보다는 서로 동료 작가로 생각하면서 문학과 글쓰기 등에 대한 열정과 고민을 서로 주고 받은 사이였던 것으로 보인다. 마지막으로 귄더로데와 친하게 지냈던 세 번째 인물은 군다였다. 그녀는 사비니와 귄더로데 사이에서 연인을 가로챘으며 그로 인해 귄더로데는 군다로부터 - 물론 결정적인 원인은 사비니에게 있었지만 - 크나큰 마음의 상처를 입고 섭섭함을 지녔던 것으로 보인다.

1804년 사비니와 헤어진 후 몇 달이 흐른 여름에 귄더로데는 하이델베르크를 방문하며 그곳에서 고전 문헌학, 종교역사학, 신화학 교수인 크로이처를 만난다. 열세 살 많은 조피 레스케(Sophie Leske)라는 여성을 부인으로 두고 있던 기혼남 크로이처는 귄더로데를 만난 순간부터 그녀의 지적인 능력에 흠뻑 빠져들었으며 이혼과 함께 귄더로데와 재혼하려 했다. 그러나 그는 소심한 남자였다. 그는 귄더로데와의 비밀 연애가 세상에 알려지는 것에 대해 심히 걱정하여 우울증에 걸렸으며, 그런 우울증에서 벗어나기 위해 그는 변장하여 비밀리 러시아로 떠나서 그곳에서 귄더로데와 새로운 삶을 시작하려는 계획을 세우기도 했다. 하지만 크로이처의 변심으로 인해 그 계획은 좌절하고 만다. 주변으로부터 도덕적 비난을 받아 자신의 평판을 잃는 것에 두려움을 느낀 나머지 크로이처는 친구들과 상의한 결과 결국 귄더로데에게 이별을 통보하고 만다. 그 이별의 이유와 관련해서는 웃지 못할 해프닝도 전해진다. 귄더로데와 재혼하는 것에 대해 친구들이 강력하게 반대하자 크로이처는 귄더로데에게 결혼 후 철학 공부를 포기하고 아내로서 도리를 다하겠다는 내용의 편지를 자기 친구들 - 이들은 신학과 교수 프리드리히 하인리히 크리스티안 슈바르츠(Friedrich Heinrich Christian Schwarz)와 철학과 교수 칼 다우브(Carl Daub)였는데 - 에게 보내 달라고 청했다고 한다. 이러한 황당하고도 한심한 부탁을 귄더로데는 단번에 거절했으며, 당시 그런 소문 및 그의 변심(變心)에 대해 귄더로데는 1805년 6월 26일자 크로이처에게 보낸 편지에서 애처로운 마음을 전하고 있다.

> 나는 당신 의식의 변화를 믿을 수 없습니다. 내 사랑이 당신의 삶을 평생 밝게 비춰주고 승화시켜준다고 당신은 얼마나 자주 나에게 말했었나요. 그런데 지금 당신은 우리의 관계를 해로운 것으로 여기고 있습니다. 이 해로운 것을 얻기 위해 당신은 얼마나 노력했습니까? 어쨌든 그것이 당신의 모습이며, 얻어진 것이 지금 당신에게는 결함으로 여겨지는 것 같습니다 ... 저는 당신을 저의 모든 삶을 맡겨도 좋을 선장으로 여겼습니다. 그런데 지금 폭풍우가 몰아치고 파도가 넘실대고 있습니다. 바람은 저에게 거세게 흩날리는 소리를 내고 있고 저는 귀 기울여 듣고 있습니다. 선장이 나를 배 밖으로 던져야할지 아니면 황량한 해안가에 내버려야 할지를 자기 친구들과 어떻게 의논하고 있는지를 듣고 있어요. 그래요, 저는 그런 상황에 놓여 있음을 느껴요, 하지만 저는 아무런 결정의 감정을 갖고 있지 않습니다. 당신이 위험에 처해 있다고 믿고 있다면, 저를 해안가에 내버리고 당신 자신을 구하세요. 그 누구도 그런 행동을 비난할 수 없으며, 저도 그렇습니다. (...) 당신이 제 마음 속에서 고향을 찾게 되신다면 당신은 당신 주변 환경 내에서 이방인으로 남게 될 것입니다.[17]

마지막 문장에서 비유된 선장은 바로 크로이처이며, 그가 배에서 귄더로데를 내칠 것임을 비유적으로 묘사한 것이다. 자신과 헤어지려는 크로이처의 계획을 간파하고 동시에 그 이별을 기꺼이 받아들이는 일종의 체념이 흐르고 있다. 물론 완전한 체념인지 아니면 체념적 어트를 통해 오히려 자신을 붙잡아 주기를 바라는 것인지 그 의미를 정확히 파악할 수 없는 불확실성의 편지 서술체이지만,[18] 이별과 체념은 귄더로데의 자발성에서 나온 것이지 결코 타율적으로 강요된 것은 아니다. 어쨌든 크로이처는 이별 편지를 보내며, 그녀의 작품에서 표현된 구절처럼 귄더로데는 "현세적 삶의 난파에서"(aus dem Schiffbruch des irdischen Lebens) 내던져지고 만다. 1805년 11월 18일자 크로이처에게 보내는 편지에서도 그녀는 이별을 직감한 듯한 상황과 애처로운 마음을 다음과 같이 밝혔다.

> 사랑하는 당신, 저의 모든 삶은 당신에게 바쳐져 있습니다. 그런 헌신으로, 사심 없는 사랑으로 저는 영원히 당신의 일부가 될 것이며 당신과 살아가고 죽을 것입니다. (...) 당신의 사랑을 잃어버리면 저는 견딜 수가 없을 것 같아요. 저를 결코 떠나지 않는다고 약속해 주어요. 오, 내 삶의 삶인 그대, 제 마음을 떠나지 말아주세요.[19]

어떻게 보면 사랑하는 상대방에게 자신의 삶을 포함한 모든 것을 다 받치려는, 오늘날의 페미니즘적 시각에서 보면 매우 비굴할 정도로 남성에 의존하려는 듯한 전형적인 고백처럼 읽힌다. 그러나 일찍 부모를 여의고 아무도 자신을 돌봐주지 않았던 귄더로데의 사적인 성장 배경을 고려해 본다면, 위 인용 대목은 남성에 무조건 의존하려는 '여성적 태도'라기보다 누군가와 함께 하고 싶은 '인간적 마음'으로 읽힌다. 다르게 말하자면, 존재의 적막함과 쓸쓸함을 어루만져 줄 수 있는 누군가를 필요로 하는 소망이 담겨 있다.

우유부단한 행동으로 크로이처는 그토록 사랑을 갈구했던 귄더로데에게 크나큰 상처를 입혔을 뿐만 아니라 그녀의 사망 후에도 비열한 행동을 했다. 자살 직전 귄더로데는 크로이처의 도움으로 시와 단상 모음집 「멜레테」(Melete) - 영어로는 멜리테라고도 하며 제우스와 네다 사이에서 태어난 네 명의 뮤즈 가운데 명상의 신이다 - 를 '이온'(Ion)이라는 필명으로 출간하려 했으며, 그 시집은 당시 튀빙엔에 있는 모어(J.C.B. Mohr) 출판사에서 조판 중에 있었다. 귄더로데가 자살하자 크로이처는 「멜레테」 시집 발행을 중단시켰는데, 무엇보다도 자신과 귄더로데 간의 사랑을 암시하는 시들 및 '오이제비오'(Eusebio)라는 인물 - 오이제비오는 사실 크로이처를 가리키는데 - 이 등장하는 편지 형식의 글을 모두 제거하려 했다. 다행히 1896년 에르빈 로데(Erwin Rohde), 1899년 루드비히 가이거(Ludwig Geiger) 등에 의해 본래 인쇄된 원고 상태가 발견되어 세상의 빛을 보게 되었고 마침내 「멜레테」 완성본은 귄더로데 사후 100년인 1906년 레오폴트 히르쉬베르크(Leopold Hirschberg)에 의해 출간될 수 있었다. 결국 크로이처는 귄더로데에게 한 번은 절연 선언을 통해서, 다른 한 번은 그녀 작품의 출간 저지를 통해 두 차례에 걸쳐 실망을 안겼던 셈이다. 크로이처와의 이별이 귄더로데의 자살에 결정적인 원인이 되었던 것은 아니지만, 어쨌든 이별은 그녀의 '현실적 죽음'과 관련을 맺으며 한 걸음 더 나아가 사후 작품 발행을 저지하려는 크로이처의 행동은 그녀에게 '문학적 죽음'을 안겨준 셈이다. 사비니뿐만 아니라 크로이처의 사유와 행동은 여러 가지 측면에서 19세기 독일 보수사회의 비겁한 남성상을 전형적으로 대변하고 있었다.

그렇게 1806년 6월 26일 크로이처로부터 이별 통보를 받은 후 크나큰 실망과 실연의 아픔에 젖었던 그녀는 한달 후 1806년 7월 26일 라인 강변의 빙켈이라는 마을에서 산책 도중 자신의 가슴을 단도로 찌르고 물속에 투신자살을 한다. 당시 그녀는 자신의 시신이 라인강 밑어 가라앉도록 무거운 돌을 채운 주머니를 자신의 목에 둘렀다고 전해지며, 그런 계획과는 달리 다음날 그녀의 시신은 가라앉지 않고 물가에서 발견되었다. 그렇게 삶을 마감한 그곳, 라인 강변 빙켈의 공동묘지에 그녀는 묻혔고, 그녀의 지인들은 묘비에 다음과 같은 글귀를 새겨 놓았다.

> 그대, 나의 어머니인 대지여, 그대 나를 키워준 대기여, 내 친구인 신성한 불이여, 내 형제인 계곡물이여, 그리고 나의 아버지 에테르(하늘의 영기: 역주)여, 나는 그대들 모두에게 삼가 진심 어린 감사를 드립니다. 그대들과 나는 이곳에서 지냈어요. 이제 나는 다른 세계로 갑니다, 기꺼이 그대들 곁을 떠나면서.[20]

이 묘비 글귀는 그녀가 자살 직전 2주 동안 머물렀던 방에서 발견된 메모의 내용이다. 이 구절은 귄더로데가 창작한 것이 아니라 실은 「몇몇 브라만의 사유」라는 헤르더의 번역물에 실려 있는 <은둔자의 이별>(Abschied des Einsiedlers, 1792)이라는 시에서 귄더로데가 메모지에 옮겨 놓은 것이다. 자살을 결심하면서 옮겨 놓은 일종의 유서와도 같은 메모의 글귀는 "이 세상은 저에게 집이 아니었습니다"라는 마음과 함께 세상과 기꺼이 작별을 고했던 그녀의 내면을 솔직히 대변해주고 있다. 당시 많은 이들은 그녀의 자살을 사랑의 좌절로 인한 극단적인 길의 선택으로 간주하였지만, 그러나 그 선택은 매 순간 자신이 원하는 것에 모든 것을 걸고자 했던 귄더로데만의 결단주의적 의식과 태도에서 나온 것이다.[21] 요컨대, 자살이라는 극단적 선택은 크로이처로부터 입은 상처에서 나온 것이 아니라 자신의 운명에 저항하려 했던 그녀만의 존재론적, 결단주의적 의식에 기인하는 바, 이러한 의식을 귄더로데는 일찍부터 자신의 글속에 간직하고 있었던 것으로 보인다.

2. 삶과 사랑, 그리고 글쓰기

귄더로데는 외적으로는 평소 겸손하고 조용한 여성이었다고 전해진다. 그녀가 어떤 사람이었는지는 다음과 같은 전언을 통해 추측해 볼 수 있다.

> 귄더로데 양은 겸손하고 소박하였기에 사랑스러웠다. 브렌타노의 확신에 의하면 그녀는 깊은 사색을 즐겼으며 책도 많이 있었다고 해. 그러나 그녀의 친분 왕래에서는 그런 점을 얻어낼 수 없었는데, 그것은 그녀가 자신의 군소리를 별로 꺼내지 않았기 때문이며 또한 젠체하지도 않았기 때문이야. 그녀의 외모와 관련하여 말하면, 그녀는 키가 클 정도로 잘 자라났으며, 아름답지는 않았지만 그렇다고 못생기지는 않았어.[22]

이렇듯 말이나 행동에서 전혀 수선스럽지 않고 매우 얌전한 듯한 여성이 스물여섯 살의 젊은 나이에 자살을 감행했다. 자살은 예나 지금이나 충격적으로 여겨진다. 그것도 자신을 칼로 찌른 후 돌 주머니까지 목에 두른 채 물속으로 뛰어든 행동은 그 충격성을 더하기 마련인데, 이후 문단과 문학사에서도 그녀의 문학적 역량보다는 그녀의 자살 및 그 행동 양식간을 다루곤 했다. 귄더로데가 왜 그렇게 극단적인 죽음의 방식을 택했는지에 대해서는 지금까지 정확한 원인을 알 수 없으며 해석자들의 추측성 의견간이 난무할 뿐이다. 사비니와의 결별로 인해 상처가 아물지 않은 상태에서 기혼남 크로이처를 만났고 그 연약하고 비겁한 이로부터 다시금 이별의 아픔을 경험하게 된 것이 자살의 결정적인 계기라고 말하지만, 이는 단순한 추측성 시각에 불과하다. 자살의 근원은 오히려 귄더로데의 불행한 삶 자체에서 찾아야 할 듯싶다. 귄더로데는 어린 나이에 일찍 죽음과 마주했다. 여섯 살의 어린 나이에 그녀는 아버지의 죽음을 경험했고 아울러 자신의 다섯 동생들 가운데 세 명의 동생도 일찍 죽음을 맞이하였다. 이와 같은 가정 구성원들의 죽음은 죽음을 인식하는 데 결정적인 계기가 된다. 또한 귄더로데는 어린 시절 두통, 우울, 눈병에 의한 시력 약화 등으로 인해 육체적, 심리적으로 오랜 기간 고통을 겪어 왔으며, 그런 건강상의 결함도 사랑과 죽음의 상관성에 지대한 영향을 끼쳤다. 그와 같은 어려운 내외적 상황과 함께 죽음에 대한 인식은 철학적, 문학적, 종교적 차원에서 자주 성찰적 대상이 되었으며, 「도처에 사랑이」(Überall Liebe)라는 시를 비롯한 여러 작품에는 죽음에 관한 그녀의 성찰이 녹아 있다. 굳이 문학작품을 들지 않더라도 1805년 3월 22일자 크로이처에게 보낸 편지도 좋은 예이다. 거기서 귄더로데는 소포클레스의 작품 - 아마도 『안티고네』로 추측되는데 - 에 나오는 구절과 관련하여 다음과 같이 적고 있다.

> 그 봉헌식을 보았던 유한자들 중 행복한 이들은 하데스로 가게 되는데, 그들의 유일한 관심은 바로 그곳에서 사는 것이다.[23]

죽음을 좌절과 고통의 끝이 아니라 새로운 삶의 시작으로 받아들이는 것은 전형적인 기독교적, 낭만주의적 세계관의 한 측면이기도 하다. 따라서 그녀의 자살은 단순히 좌절된 사랑에 기인한 여성의 순간적 행위로만 해석될 수 없으며 존재론적 시각으로 확대하여 해석될 필요가 있다. "진실한 순수한 사랑은 대체로 불행한 현상이며, 누구나 스스로를 고통스럽게 만들며 세상의 학대를 받는다"[24]라는 귄더로데의 언술에서 알 수 있듯이, 그 자체 '불가능성'과도 같은 진실한 사랑은 남녀 간의 관계를 넘어서 자기 자신과 세계(사회적 환경, 조건, 시선 등) 간의 불협화음적 관계를 내포한다. 이 점이 귄더로데의 존재론적 사유의 핵심을 이룬다. 귄더로데는 자신의 존재 상태를 일종의 결핍 상태로 간주한 바 있고 그러한 결핍을 메우는 것을 불가능하다고 보았다. 1801년 11월 24일 군다 브렌타노에게 보낸 편지에서 귄더로데는 다음과 같이 그 점을 밝히고 있다.

> 여기 내 마음속에 빈자리가 있어. 나는 그것을 채우려 하고 그것을 합리적으로 메우려 하지만 헛된 일이야. 예술은 자연을 통해서만, 자연과 함께 융성할 수 있으며, 자연 없이는 예술은 아무것도 할 수 없어. 나는 일찍 느꼈고, 내가 너무 일찍 나의 감성 능력을 다 써버린 것이 아니었는지 두려웠어. 예전 것의 척도와 이상이 나에게 남아 있지만 나는 그 양자 사이에 놓여 있을 뿐 그 어떤 것에 도달할 수 없어. 너에게 이 상태를 묘사하고 있는 지금, 나는 그 상태를 들여다보기보다는 그 상태를 덜 느끼고 있어.[25]

존재의 결핍 내지는 빈자리(Lücke)를 자연과 예술을 통해 채우려 했지만 그것은 불가능했으며, 그 원인은 너무 빨리 찾아온 감수성의 소진 때문이라고 귄더로데는 밝히고 있다. 자기 내면의 결핍을 통찰하고 있지만 그것을 절절히 느낄 수 없다는 애처로움도 뒤따른다. 이러한 내면적 상황은 더욱 증폭되어 허무주의적 상태로 발전하고 그로 인해 결국 자살을 택했던 것으로 추측된다.

이 밖에도 자신의 남다른 능력을 인정해주지 않는 남성중심적 사회의 관습, 그리고 그에 대한 저항 속에서 무기력, 우울, 좌절 등이 쌓이면서 귄더로데에게는 결국 병든 마음의 상태가 '죽음에 이르는 병'에 이르는 계기로 작용한다. 자살하기 며칠 전 친구 리제테 네스(Lisette Nees)에게 보낸 1806년 7월의 한 편지에서 그녀는 자신의 삶을 마감하고 싶은 심정을 다음과 같이 처절하게 전한 바 있다.

> 너는 나에 대해 물었니? 나는 정말 삶에 지쳐 있어. 나의 시간이 끝나가고 있고 자연의 오류를 통해서 겨우 살아 있다는 느낌이야. 이런 감정이 내 마음속에서 때론 더욱 활기를 띠거나, 때론 더욱 희미해지곤 해. 이것이 나의 인생 항로인가 봐.[26]

20세기 현대 시인들 못지 않게 뛰어난 언어적 감각으로 존재의 불안과 무의미를 서술한 대목이 아닐 수 없다. 공허와 고독이 남았을 뿐 이 세상에서 그녀를 붙잡아 줄 수 있는 행복한 안식처가 더 이상 존재하지 않았다. 이러한 존재론적 허무주의는 30년 후 1830년대에 씌어진 뷔히너의 소설 『렌츠』와 희곡 『보이체크』에서 더욱 강렬하게 묘사되고 세기말 니체의 사상에서 절정에 도달하는 바, 그 허무주의의 문학적 단초는 바로 18세기 말, 19세기 초 귄더로데의 편지와 시에 적나라하게 서술되고 있었다. 「모든 것이 조용하고 허전하다」(Ist alles stumm und leer)라는 시의 첫 번째 연도 그 공허와 고독을 다음과 같이 그려내고 있다.

모든 것이 조용하고 허전하다;	Ist alles stumm und leer;
그 어떤 것도 내게 더 이상 기쁨을 주지 않는다;	Nichts macht mir Freude mehr;
향기, 향기는 향기를 내지 않으며,	Düfte, sie düften nicht,
바람, 바람은 바람 소리를 내지 않는구나;	Lüfte, sie lüften nicht;
내 마음은 그렇게 무겁구나!	Mein Herz so schwer![27]

공허와 고독, 그리고 죽음을 바라는 듯한 지독한 허무주의자, 결국 자살이라는 길을 택한 귄더로데는, 모순적이지만 어쩌면 지독히도 삶에 애착을 지닌 자였을지도 모른다. 크리스타 볼프의 진단대로, 그녀는 죽음을 동경한 것

이 아니라 현실과 삶에 머물고 싶은 열망에 사로잡혔을 것이며, 자신의 목숨을 내던진 것도 어쩌면 삶을 위해서였을지도 모른다. 후에 귄더로데 선집 발행에 덧붙인 해설에서 볼프는 귄더로데의 자살과 관련하여 "그녀는 죽음을 갈망한 것이 아니라 삶을 갈망했다. 그녀는 삶에서 벗어난 것이 아니라 삶이 아닌 상태에서 벗어난 것이다. 그녀가 유희에 내걸었던 저당물은 바로 자기 자신이었다"[28]라고 서술한 바 있다. 이는 귄더로데의 자살과 관련한 설득력 있는 해석으로 여겨진다. 여기서 그녀의 문학이 아니라 오로지 자살과 죽음만을 보려고 하는 기존의 연구 성향에 대한 한네로레 슈라퍼(Hannelore Schlaffer)의 비판적 시각이 특히 의미심장하다. 죽음을 단순한 사랑의 좌절에서 택한 한 여인의 행위로만 간주하는 기존 시각에 통렬하게 일침을 가하면서 슈라퍼는 귄더로데 문학 세계에서 '문학과 죽음'이 얼마나 줄기차게 내밀한 관계와 의미를 형성하고 있는지를 다음과 같이 서술하고 있다.

> 그녀의 문학작품이 아니라 그녀의 자살이 카롤리네 폰 귄더로데를 유명하게 만들었다. 그 자살에 대하여 사람들은 도처에서 속삭이고 비통해했고 그에 대한 책들이 발간되었으며 동시에 프리드리히 크로이처에 대해 질책하곤 했다. 그는 남성 같지 않은 망설임으로 인해 그 불행(귄더로데의 자살: 역주)을 초래한 장본인이었다. 귄더로데는 위대한 작품은 없는, 그러나 위대한 운명을 지닌 여성시인이다. 지금까지 그녀의 작품들에 가해진 부당한 멸시에도 불구하고 그녀의 시, 미니드라마, 대화, 편지에 관심을 기울이는 이가 있다면, 그는 죽음이 그녀의 문학적 강박관념이었음을 쉽게 감지할 수 있다. 영웅의 장렬한 죽음과 사랑의 죽음은 그녀 문학과 철학적 성찰이 선호했던 특별한 모티브였다.[29]

이렇듯 자신의 문학에서 죽음을 문학적으로, 철학적으로 성찰해왔던 귄더로데와, 사적으로 이룰 수 없는 사랑으로 인해 비통스럽게 삶을 마감한 귄더로데, 이 문학적 자아와 실존적 자아는 분명 귄더로데의 서로 같지 않은 분열된 두 자아의 모습을 이룬다. 하지만 공교롭게도 전자적 측면보다는 후자적 측면만이 부각됨으로써 그녀가 항상 글쓰기의 핵심으로 삼았던 '죽음의 문학적 성찰과 형상화' 측면은 귄더로데 연구와 비평에서 외면되고 말았다.

그렇다면 그녀의 문학적 삶은 어떠했을까? 짧은 생애에도 불구하고 귄더로데는 비교적 많은 작품을 남겼다. 그녀의 발전 시기는 크게 세 시기로 나뉜다. 공부와 습작을 즐겼던 10대 후반의 시기, 1804년 첫 번째 시집 출간과 함께 종교 및 신화 등을 바탕으로 발라드, 미니드라마 및 미완성 드라마, 시적 단편 등을 집필한 20대 중반까지의 시기, 그리고 이후 자살 전까지 2년여 동안 『멜레테』에 포함될 여러 작품을 집필했던 기간이 그녀의 마지막 시기를 이룬다. 두 번째 시기에 그녀는 '티안'(Tian)이라는 남성 이름의 필명으로 1804년 『시와 환상들』(Gedichte und Phantasien)이라는 작품집을 발표하면서 문단에 작은 반향을 불러일으켰으며, 이 시집에 대해 괴테는 "매우 보기 드문 시들"이라고 찬사를 보냈다. 귄더로데의 애인이 되고 싶었던, 그러나 결국 시인으로서만 귄더로데와 문학적 서신을 주고받았던 클레멘스 브렌타노도 그녀의 첫 시집 출간을 축하해주었는데, 1804년 6월 2일자 귄더로데에게 보낸 편지에서 그는 질투 어린 언술로 그녀의 시집 특성을 다음과 같이 서술해내고 있다.

> 그 전체 시집에 혹평을 가할 수 있는 유일한 점은, 그 시집이 남성적인 것과 여성적인 것 사이에서 부유하고 있다는 것이며, 또한 여기저기 충분히 시 같지 않은, 그저 성공적으로 작성된 습작 내지는 스케치 같다는 것입니다.[30]

귄더로데의 시가 남성성과 여성성 사이에서 부유한다는 브렌타노의 지적은 그의 시각에서는 부정적이겠지만 실은 귄더로데 특유의 문학성을 정확히 짚어낸 점이기도 하다. 귄더로데의 문학적 글쓰기 자체는 남성적 혹은 여성적이라고 구분할 수 없는 일종의 중성적인 측면을 지니고 있기 때문이다. 후에 하이델베르크 낭만주의를 이끌었던 브렌타노의 입장에서는 귄더로데의 시집 출간이 부러웠을 것이며, 따라서 "습작 내지는 스케치"라고 귄더로데 작품을 약간 혹평한 것은 시기 어린 마음에서 나온 것이 아닌가 싶다. 귄더로데는 시뿐만 아니라 짧은 드라마, 에세이 등을 통해 다양한 글쓰기의 실험을 전개하였고, 그런 글쓰기도 기존 장르와 규칙시학을 중시했던 브렌타노의 마음에 전혀 들지 않았던 것으로 보인다. 1805년에 귄더로데는 티안이라는 이름으로 다시금 「시학적 단상」(Poetische Fragmente)을 발표하였으며, 그녀가 자살한 이듬해인 1807년에 씌어진 그 시집에 대한 안내 서평은 브렌타노와 비슷한 시각으로 귄더로데의 시세계를 다음과 같이 소개하고 있다.

> 프랑크푸르트 암 마인 출신의 카롤리네 폰 귄더로데 - 죽음이 그 익명의 베일을 벗겨냈는데 - 는 여성으로서 남성적 정신으로 글을 쓰고자 했다. 그녀는 낭만적 예술에서 이상을 추구하였다. 그러나 그녀의 여성적 본성이 그녀로 하여금 그것 - 자기 의도와 목표의 확고함 - 을 놓치게 하고 말았다. 힘없는 중간 상태에서 그녀의 도약은 무기력해지고 말았다.[31]

이러한 부정적 시각은 대체로 여성작가에 대한 심리적인 선입견에서 근거하거나 혹은 새로운 실험적 시의 형태에 대한 거부감에 근거한다. 1805년에 귄더로데는 몇 편의 발라드와 시 이외에도 일종의 실험적 성격의 희곡 작품 『힐트군트』(Hildgund), 『마호메드, 메카의 예언자』(Mahomed, der Prophet von Mekka) 등을 집필하였으며, 이와 같은 희곡 작품에 대한 최근 연구에서는 프랑스 혁명을 옹호하는 그녀의 혁명적 세계관이 분석되고 있다. 그러한 분석에서 흥미로운 점은, 동시대 관념론의 특징인 인간 의식 주체에 의한 혁명보다는 완전히 다른 세계관, 즉 자연적 힘, 정치 권력과 사회적 결속의 순환론 등에 기초한 혁명을 제시한 귄더로데의 독특한 정치적 입장 등이 새롭게 부각되고 있다는 것이다.[32] 이는 여성작가에 대한 종래의 부정적 선입견에서 벗어날 수 있는 매우 중요한 측면이 아닐 수 없다.

귄더로데가 생존했던 1780-1806년까지의 시기는 독일문학사적으로 고전주의와 낭만주의가 동시에 싹튼 시기였다. 수많은 남성작가가 활동했던 시기에 그녀는 마치 순간 타오르고 사라진 불꽃 내지는 스쳐 지나간 바람 같은 존재였으며, 그런 짧은 생애로 인해 그녀의 문학사적 자리매김은 쉽지 않다. 또한 클라이스트, 횔덜린, 장 파울 등이 고전주의와 낭만주의에도 귀속할 수 없는 고유한 특성을 지녔듯이, 그녀의 문학성도 두 사조 어디에도 속할 수 없는 고유한 특성을 띤다.[33] 그러나 때론 두 사조에 걸쳐 있는 듯한 모습도 엿보인다. 가령 「예술가의 경향」(Tendenz des Künstlers)이라는 시에서는 "예술가는 미의 영역에서 변함없이 머물러 있으려 하며 / 그렇기에 지속하는 형식으로 그는 사유를 제시한다"[34]라고 서술되어 있다. "지속하는 형식"이라는 표현은 형식의 불변성 내지는 고정성을 중시하는 고전주의적 시학과 관계된 언술이다. 그러나 실제 귄더로데의 시문학적 실천 작업을 보면, 형식의 불변성보다는 새로운 형식에 도전해보려는 파격성 내지는 실험성을 보여주고 있었기에 그녀는 사실 고전주의보다는 낭만주의와 친화성을 지닌다고 할 수 있겠다. 더욱이 귄더로데는 주로 피히테, 슐라이어마허, 셸링 등의 글을 독서 대상으로 삼았으며 또한 예나 초기낭만주의자들과 함께 교류했던 클레멘스 브렌타노를 통해 우회적으로 낭만주의로부터 영향을 받았기 때문이다. 특히 스스로 노발리스를 예찬하는 두 개의 시를 썼던 만큼 노발리스의 시세계를 무척 좋아했다는 점도 그녀와 예나 초기낭만주의 간의 친화성을 입증해준다. 이 밖에도 그녀의 드라마와 시에서는 철학, 문학, 종교, 신화 등 영역 간의 경계를 해체하는 듯한 문학적 경향이 지배적인 바, 이것도 일종의 낭만화 프로그램에 속하는 특징이기도 하다. 그러나 어쨌든 귄더로데는 그들 그룹과는 단 한 번도 직접적인 만남과 교류를 갖지 않았으며, 다만 지적인 차원에서 동시대 문인들의 여러 글을 읽으면서 대화적 관계를 맺었고 작품과 편지에 그에 관한 흔적을 남겼다.[35] 예를 들면 헤르더의 역사철학과 인도학, 슐레겔 형제의 「아테네움 단편」, 노발리스의 「밤의 찬가」, 피히테의 『인간의 규정』, 셸링의 『자연철학』, 슐라이어마허의 『종교에 관하여』 등이다.

이렇듯 귄더로데를 어느 사조에 자리매김하는가의 어려움에도 불구하고 후세 비평가들은 이미 19세기에 그녀를 '낭만주의의 사포'(Sappho der

Romantik)라고 명명하면서 그녀의 문학성을 종종 거론한 바 있다. 그녀는 의식적으로 계몽주의와 고전주의의 핵심 장르였던 소설을 기피하고 그 대신 낭만주의가 중시한 '심미적 주관성'을 분출해 냈으며, 그에 부합하는 차원에서 시와 드라마에 더 많은 애정을 기울였다. 이러한 점도 그녀가 낭만주의 시인으로 분류될 수 있는 측면이다. 그녀가 남성작가들이 중시한 교양소설을 거부하고 드라마, 시, 단편, 대화, 산문 등 다양한 실험적 장르를 취한 것도 이미 동시대 남성작가의 경향에서 비껴가려 했던 모습, 즉 여성작가의 진취적인 모습을 보여주고 있는 셈이다. 그러나 페미니즘적 시각에서 자주 논의되어 왔듯이, 18세기에서 19세기로 전환하는 이른바 '말안장을 교체하는 시기'(Sattelzeit)는 소위 영웅적인 여성시인을 호의적으로 인정해주는 시기가 결코 아니었다. 문학사 차원에서 트레더(U. Treder)는 19세기 초기에 여성적 존재로서 귄더로데가 마주할 수밖에 없었던 한계를 다음과 같이 간결하게 서술해주고 있다.

> 스물한 살의 여성은 영웅의 죽음에서 희망의 좌절과 왜소한 시대 간의 균형을 꿈꾸었다. 그러나 시대는 비영웅적이었고, 그녀는 한 여성일 뿐이었다. 그녀는 자신이 정신적으로 완성하고 꿈꾸었던 것을 살 수 없었기 때문에 그녀는 "시는 채워질 수 없는 삶에 대한 위안"이라고 썼다.[36]

드레더가 인용한 "시는 채워질 수 없는 삶에 대한 위안"이라는 표현은 본래 베티나가 쓴 『귄더로데』에 적혀 있는 "시는 삶에서 채워질 수 없는 것에 대한 위안"(Gedichte sind Balsam auf Unerfüllbares im Leben)[37]이라는 표현의 변형이며, 이 구절은 후에 크라스타 볼프의 『어느 곳에도 설 땅이 없다』에서는 "시는 삶에서 충족될 수 없는 것에 대한 위안"(Gedichte sind Balsam auf Unstillbares im Leben)[38]이라고 변형되기도 한다. 약간의 뉘앙스 차이가 있지만 어쨌든 위 구절은 귄더로데 문학의 특성을 함축적으로 담아내고 있다. 여기서 "채워질 수 없는 삶"(혹은 충족될 수 없는 것)은 사랑이 실현되지 않는 불가능한 삶을 말한다. 이때 중요한 점은, 사랑은 단순히 남녀 관계에만 제한되는 것이 아니라 인간과 자연, 이성과 감성, 자아와 비아, 개인과 사회 등 다양한 대립이 완전히 지양되는 상태를 뜻한다는 것이다. 그 대립의 지양으로서의 조화는 결코 이 세계 내에서 실현불가능한 것으로 여겨지며, 어쩌면 귄더로데는 죽음을 통해서만 그 "채워질 수 없는 삶"을 찾고자 했던 것으로 보인다. 1801년 8월 19일자 군다에게 보낸 편지에서 귄더로데는 자신을 둘러싼 사회적 환경, 그리고 그런 환경 속에서 전혀 적응하지 못한 채 존재하는 자기 자신을 증오하는 모습, 그리고 비현실적인 상상력과 영감("술잔")에 도취된 상태만이 자신의 유일한 위안임을 밝히고 있다.

> 나를 기쁘게 해주는 것은 아무것도 없어, 나를 확실히 고통스럽게 만드는 것도 없구, 나는 아주 비참한 상태, 아무것도 느끼지 못하는 상태, 숨 막히고 차갑게 어딘가로 끌려가는 상태에 놓여 있을 뿐이다. 그런 상태에서 나는 나 자신을 증오하고 있어. 생각이 나에게 영감을 불러일으키는 일은 내 영혼의 삶의 일부가 되어 있으며, 이런 일은 종종 일어나곤 해. 하지만 그것은 언제나 어떤 새로운 것이 되어야만 하지. 나는 홀짝홀짝 마지막 한 모금을 마실 때까지 과도할 정도로 술잔을 들이키곤 하며, 술잔이 비워지면 정말 견딜 수 없어.[39]

다시 한번 "이 세상은 저에게 집이 아니었습니다"를 상기시키는 처절한 심정이 담긴 대목이다. 희노애락을 느낄 수 없는, 숨 막힐 정도의 공허로 가득한 존재 상태를 극복하려고 귄더로데는 끊임없이 새로운 것을 찾아 나섰지만 삶과 문학에서도 언제나 한계와 불가능에 부딪힌다. 허무주의자 내지는 염세주의자로서의 귄더로데를 엿볼 수 있다.

허무주의자는 실제 현실에서 매우 적극적인 사람이다. 남성처럼 존재하고 활동하고 싶은 소망과 열정에도 불구하고 그녀는 역설적이게도 남성과의 사랑을 갈망하고 결혼에 대한 강렬한 애착도 지닌 여성적 감수성을 갖고 있었다. 역으로 말하면, 딸, 연인, 아내, 어머니 등의 여성적 역할을 마다하지 않았음에도 불구하고 귄더로데는 철학과 신화학 등에 몰두했던 학자적 소망도 지니고 있었다. 때로 서정적 시인으로서, 성찰적 철학도로서 그녀는 사랑,

죽음, 신화, 자연 같은 주제를 천착하고 형상화하려 했다. 그녀와 교류하던 남성들(사비니, 브렌타노, 크로이처)은 결정적 순간에 그와 같은 그녀의 강렬한 학문적 정신, 뜨거운 시적인 열정을 부담스러워했고 결국 그녀를 거부했다. 사실 귄더로데 스스로도 현실과 소망 사이에 분열된 자신의 상태에 대해 고통스러워 했는데, 이 점을 크리스타 볼프는 "시간의 균열이 그녀를 통해 지나갔으며, 그녀는 여러 인격체로 분열되었으며 남성은 그 중 하나다"[40] 라고 설명하고 있다. 귄더로데 사후 200주년을 맞이했던 2006년에 카챠 베렌스(Katja Behrens)도 귄더로데의 시세계에 나타난 사랑과 죽음과 관련하여 다음과 같이 그녀의 분열된 이율배반적인 상태를 정리해주고 있다.

> 그녀는 급진적인 여성이지만 연약한 여성이며, 소심하지만 완강한, 열정적이지만 수줍어하는 성격이었다. 그녀는 남자가 되기를 원했지만 사랑했던 남자가 그녀를 외면하자 죽음 속으로 걸어 들어간 여성이었다. 헌신, 친밀, 파멸에 대한 갈망과 독자성, 거리, 형식에 대한 의지 사이에서 그녀는 타협 없이, 갈기갈기 찢기고 분열되었으며, 결국 자기 자신 속에서 조화시킬 수 없었던 모순들에 좌절했을 뿐만 아니라 그녀 스스로 순응할 수 없었던, 더욱이 종속할 수도 없었던 그녀 시대의 여성상에서도 좌절하고 말았다.[41]

흔히 그러한 분열을 치유해 줄 수 있는 힘으로 사람들은 사랑을 언급하며, 그런 치유의 힘을 지닌 사랑이 좌절되어 귄더로데가 결국 자살에 이르게 되었다고 말한다. 그러나 귄더로데에게는 사랑도 근본적으로 양면적이었다. 즉, 사랑은 모순을 극복하여 조화에 이르게 하는 힘이지만, 이와는 정반대 파괴를 가져오는 힘이기도 하다. 이 점을 귄더로데를 전문적으로 연구한 로스위타 버윅(R. Burwick)은 다음과 같이 적절하게 서술한 바 있다.

> 개인적으로 귄더로데는 "남성성"과 "여성성"의 갈등에 시달렸다. 자신의 삶이나 자신의 문학에서 그녀는 그 불일치를 지양하려 했다. 사랑에서 그녀는 내면 속의 모순을 지양할 수 있는 무한한 힘을 발견했

다고 믿었지만, 그러나 바로 사랑이 그 모순을 증가시켰으며 그녀에게는 파괴적인 힘이 되고 말았다.[42]

이와 같은 양성성의 권더로데는 삶의 어떠한 구속적 상황에 시달렸으며 그것의 해방을 어떻게 문학적, 철학적으로 형상화하였을까? 다음 장에서는 이 점을 집중적으로 살펴보기도 하자.

3. 현실과 이상의 균열

1804년 2월 26일 권더로데는 사비니에게 편지를 보냈다. 일 년 전 사비니는 권더로데와 결별한 후 1804년 4월에 군다와의 결혼을 앞두고 있었는데, 그 편지는 그들의 결혼식을 두 달 정도 앞둔 시점에 씌어졌다. 그 편지에서 권더로데는 평소 군다가 자신에 대해 부정적으로 말했던 점(가령 거만한 여성, 남을 사랑하지도 않고 관심을 두지 않는 여성, 오로지 쓸모없는 예술에만 전념하는 여성 등)을 거론하면서 그 점에 대해 자신을 강력하게 변호하였지만, 사실 이 편지에는 권더로데에게서 평온하고 따뜻하고 명확하고 확실한 여성상을 기대했던 사비니를 향한 항의의 목소리도 담겨 있다. 가령 드라마를 쓰고 시를 쓰는 행위와 관련하여 그녀는 다음과 같이 자신의 솔직한 마음을 항변하고 있다.

> 제가 확실하고 명료하고 따뜻해야만 한다고요? 저도 그랬으면 좋겠습니다. 그러나 제가 그렇게 할 수 있을까요? 당신은 모든 일의 필연성을 믿는 것은 아니시겠지요? 제 생각으로는, 제 본연의 모습이란 불확실하며 서로 오가면서 바뀌는 스쳐 지나가는 모습들로 가득 차 있습니다. 지속적인 내적인 따뜻함은 없습니다. 어쨌든 그래도 저의 타고난 나쁜 모습을 용서해주기를 당신께 청합니다.[43]

다소곳한 여성스러움을 바라는 사비니를 향해 자신은 전혀 그럴 수 없음을 당당히 밝히면서 권더로데는 자신의 글쓰기에서도 자신의 모습을 그대로 보여주고자 한다. 그 모습은 때로 진취적인 남성과 부드러운 여성이 교차하기도 하며, 때로 사회와 역사에 대한 냉철한 비판과 영웅적인 감성이 교차하기도 하며, 때로 독자적인 차가움과 희생적인 열정이 교차하기도 하는 등 다양한 분열의 양상을 띤다. 베티나와 라헬 레빈 등의 글쓰기와 비교하는 가운데 프렌취(L. French)는 귄더로데의 글쓰기에는 비교적 "솔직함(directness), 열정(fervor), 격렬함(intensity)"을 바탕으로 "자기표현의 덜 엄격한 화법을 표현해내는"[44] 방식을 엿볼 수 있다고 밝힌다.

카롤리네 슐레겔, 라헬 레빈 등과 마찬가지로 귄더로데는 시대를 앞선 대표적인 여성작가로 손꼽힌다. 그녀는 사실 '뛰어난 지적 정신과 강렬한 열정'이라는 두 가지 특성을 모두 갖춘 인물, 즉 양성성의 인물이라고 해도 과언은 아니다. 귄더로데는 일찍부터 한편으로 여성이라는 신분 제약을 뛰어넘어서 남성들과 대등한 위치에서 자신의 능력을 마음껏 펼치고 싶었지만, 다른 한편으로 다른 남성들과 열정적인 사랑을 나누고 싶어 했다. 자신 속에 있는 그런 두 가지 특성 사이에서의 "불균형"(Mißverhältnis)을 그녀는 일찍부터 감지했었는데, 자주 인용되는 군다 브렌타노에게 보낸 1801년 8월 29일자의 다음과 같은 편지 대목에는 그 점이 가장 잘 드러나 있다.

> 종종 나는 나 자신을 격렬한 혼잡한 싸움터 속으로 내던지고 싶은 전혀 여성적이지 않은 소망을 품고 있어. 나는 왜 남자가 되지 못하는 것일까! 나는 여성적 미덕, 여성의 행복에 대해 아무 의미도 두고 있지 않아. 거칠고 위대하고 빛나는 것만이 내 마음에 들어. 내 마음 속에는 불행하지만 치유될 수 없는 불균형이 있어. 이 점은 앞으로도 그럴 것이고 그럴 수밖에 없을 것 같아. 나는 여자이지만 남성의 힘은 없으면서 남자처럼 욕망을 지니고 있어. 그렇기에 나는 시시때때로 변하며 나 자신과도 전혀 일치하지 않아.[45]

기존의 계몽주의자들이 여성의 덕목으로 순종, 순수, 신중, 세련성, 부드러움 등을 요구하였다면, 귄더로데는 그와 같은 남자만을 위해 순종하는 여성적 삶보다는 스스로 남성처럼 "거칠고 위대하고 빛나는 것"을 추구하고 싫었다. 비록 육체는 생물학적으로 여성이었지만, 그런 육체적 한계를 뛰어넘는 강렬한 정신을 통해서 남자보다 더 활동적이고 지적으로 살고 싶었다. 그렇기에 그녀는 칸트, 피히테, 셸링의 철학적 사유를 탐구하였으며, 그와 동시에 시적인 재능을 마음껏 펼치기도 했다. 드라마 「힐트군트」(Hildgund)에서도 여성이 처해 있는 사회적 상황을 시니컬하게 언급하는 가운데 남성과 여성 간의 차이를 극복하고 싶은 충동을 주인공 힐트군트는 다음과 같이 암시한다.

> 남자는 얼마나 멋진가, 그는 자신의 운명을 만들어내며,
> 자기 자신의 힘의 척도만이 목표에 있는 그의 법이다.
> 아! 여성의 운명은 여성 자신의 손아귀에 있지 않다!
> 여성은 때론 곤경에, 때론 엄격한 윤리의 의지에 순종한다,
> 우월한 힘이 명령하는 것에서 우리는 벗어날 수 있을까?
> Wie herrlich ist der Mann, sein Schicksal bildet er,
> Nur eigener Kräfte Maas ist sein Gesetz am Ziele,
> Des Weibes Schicksal, ach! ruht nicht in eigner Hand!
> Bald folget sie der Noth, bald strenger Sitte Wille,
> Kann man sich dem entziehn, was Uebermacht befiehlt?[46]

「니벨룽엔 노래」에서 호전적인 여성으로 등장하는 '브륀힐트'(Brünhild)를 연상시키는 힐트군트는 단순히 육체적 차이가 아닌, '자기 의지'의 소지 여부로 남성과 여성을 구분한다. 여성에게 자기 의지가 결여되어 있는 것이 아니라 여성이 자유롭게 자기 의지를 발산할 수 없도록 만드는 사회적 환경이 비판되고 있다. 사회적 환경, 즉 경제적, 물질적 곤경 및 관습적인 윤리관 등이 여성을 억누르고 있으며, 여성 또한 무의식적으로 그런 사회적 상황에 종속됨으로써 자기 자신의 의지를 결여한 존재가 된다. '우월한 힘의 명령'은 다름 아닌 남성과 그 남성이 지배하는 사회적 환경을 말하며, 대부분의 여성은 그러한 사회적 환경에 종속된 삶을 당연한 것으로 받아들이고 있다. 요컨대, '젠더' 내지는 '사회적 성'이 작동하고 있는 것이다. '남성과 이성

적 사유'가 지배하는 동시대적 삶이 여성에게 얼마나 억압적인지, 또한 유용성을 절대 원칙으로 내세우는 사회적 삶이 얼마나 개인의 자유를 억압하고 상상력의 빈곤을 낳고 있는지에 대해서는 친구 리제테 네스가 귄더로데에게 보낸 1804년 6월 11일자의 편지에 잘 드러나 있다. 비록 친구의 편지이지만 귄더로데 또한 충분히 공감하는 내용의 편지 대목이다.

> 카롤리네, 나는 매일 매일 세계와 시민적 질서에 순응할 수가 없어. 나의 본성은 삶의 자유를 찾으려 하는데, 나는 그것을 결코 찾지 못할 것 같아. 사랑은 자유로워야만 한다는 생각이 들어. 사랑은 시민성의 답답한 구속에서 완전히 벗어나 자유로워야 해. (...) 시민적 관계성이 도처에서 억압하고 있으며, 사람들과의 만남은 자유롭게 비상하려는 사랑의 날개에 그 기를 꺾어 놓으려는 것 같아. 유용성은 환상의 독수리 날개에 달려있는 납덩어리 무게와도 같구나.[47]

일상의 시민적인 삶이 여성에게 얼마나 구속적인지, 그런 일상으로부터 벗어날 수 있는 유일한 탈출구는 사랑이지만 그 사랑을 결코 찾을 수 없는 현실 상황이 너무나 간절히 서술되어 있다. 귄더로데가 그러한 리제테의 사유와 감성을 공유하고 있음은 쉽게 추측할 수 있다. 귄더로데가 친하게 지냈던 조피 블룸(Sophie Blum)은 하이델베르크 대학 신학자이자 크로이처의 절친인 칼 다우브(Karl Daub)와 결혼하였는데, 1805년 친구 남편 다우브에게 보낸 편지에서 귄더로데는 리제테 네스와 비슷한 언술로써 불행한 결혼생활, 특히 구속과 학대 속에서 살아가야만 하는 동시대 여성들의 처지와 상황을 다음과 같이 적나라하게 서술하고 있기 때문이다.

> 그것이 합법적인 결혼이라면, 이는 자연에 대한 죄악이예요. 즉 서로 만족하지 못하고 서로 이해하지도, 사랑하지도 않는 두 사람을 괴로운 사슬에 묶어 놓는 것 말입니다. 그런 사슬에 묶여 누군가의 마음은 불만스러운 동경 속에서 고통스럽게 쇠약해지겠지요. 한 번 잘못 생각했기 때문에 그는 번민에 사로잡히게 되며, 누가 과연 그 학대 당한 마음이 내는 은밀한 신음소리에 대해 물어봐 줄까요, 그 사람만이

그로 인해 즉각 죽지 않는다면, 모든 주변 사람들은 곧 안정될 것이라고 생각하면서 안심하겠지요. 그러나 그렇게 되지는 않으며 상황은 더욱 나빠질 뿐이고, 결국 죽은 것처럼 그렇게 살아가겠지요. 저는 체념적인데, 당신은 여성이 이제 행복해질 것이라고 믿을 수 있겠습니까?[48]

삶이 삶이 아니라 죽음인 듯한 구속적이고 고통스러운 상황으로부터 여성은 결코 해방될 수 없다는 허무적인 시각이 위 편지 인용문에 흐르고 있다. 그럼에도 불구하고 귄더로데는 때론 그 불가능한 사랑을 추구하는데, 즉 여성이 자유롭게 마음껏 활동할 수 있는, 남성적 지배가 더 이상 존재하지 않는 그런 낯선 시공간을 갈구한다. 그런 갈구는 시 「한 사람에게만, 한 사람에게 헌신하는 것」(Einer nur und Einer dienen>에서 다음과 같이 서술되고 있다.

하나에만, 하나에 헌신하는 것	Einer nur und Einer dienen
그것은 내 마음을 지치게 한다.	Das ermüdet meine Seele.
장미들에만, 언제나 장미들에만 -	Rosen nur und immer Rosen -
다른 꽃들이 화려하게 피어있는데도.	Andere Blumen blühen noch bunter;
벌들처럼 나는 이리저리 다니며	Wie die Bienen will ich schwärmen
작열하는 포도에 심취하며	Mich in Traubenglut berauschen
하얀 백합 속에서 몸을 식히며	In der Lilie Weiß mich kühlen
수풀의 어둠 속에서 쉬고 싶구나.	Ruhen in der Nacht der Büsche.
맑고 자유로운 푸른 창공 속으로	In die heitre freie Bläue
무한한 먼 곳으로	In die unbegränzte Weite
나는 걷고 순례하고 싶으며	Will ich wandeln, will ich wallen
그 어떤 것도 내 발걸음을 붙잡지 않겠지.	Nichts soll meine Schritte fesslen.

가벼운 끈이 내게는 쇠사슬이며	Leichte Bande sind mir Ketten
고향도 감옥이 되는구나	Und die Heimat wird zum Kerker.
그렇기에 좁고 답답한 삶에서 나와	Darum fort und fort ins Weite
저 넓은 곳을 향해 앞으로, 앞으로	Aus dem engen dumpfen Leben.
활발한 감각으로 활발하게	Reg erfaßt mit regem Sinne
모든 사랑스럽고 아름다운 것을 붙잡자	Alles Holde alles Schöne
그 어떤 것에도 완전히 헌신하지 말고,	Keinem ganz sich hingegeben,
어떤 것에도 어떤 한계를 느끼지 말자.	Keine Gränze dem empfinden.
편협한 감각으로 하나에게,	Wehe, wer mit engem Sinne
단지 하나에만 자신을 받치는 자, 애처롭도다.	Einem, nur sich Einem weihet:
그가 엄격하게 멀리한 모든 것이,	Schmachvoll rächt sich an dem Armen
그 불쌍한 자에게 복수한다.	Alles was er streng verschmähet!
광활함은 고향이 되지 않으며,	Nicht zur Heimath wird die Weite,
삶의 내용은	Ungestaltet in die Ferne,
저 먼 곳을 향해 형성되지 않고	Aufgelöst in leeres Sehnen
허무한 갈망 속으로 소멸된다.	Wird der Inhalt so des Lebens
아름다운 것은, 스스로 경계짓고 만족하는 것이며,	Schön ist was sich grenzt und g'nüget,
한 가지에만 성실하게 움직이는 것이며,	Treu um eines sich beweget
하나에서만 자신을 새롭게 하는 것이지,	An dem Einen sich erneuet,
마치 맥박의 활발한 박동처럼.	Wie des Pulses rege Schläge
심장 주변에서만 항상 움직이며,	Stets sich um das Herz bewegen,
심장으로만 항상 다시 귀환하며,	Stets zum Herzen wiederkehren
심장에서만 항상 새롭게 되며,	Stets am Herzen sich erneuen
심장의 열정에서 발화되는구나.	Sich an seiner Gluth entzünden.[49]

1~5연에는 무한한 자유가 갈망되고 있다면, 6~9연에는 현실 순응적인 상황이 시니컬하게 그려져 있다. 시의 핵심은 그 대상이 여성이든 남성이든지 간에 한 사람에게만 봉사하면서 구속적인 삶(사슬, 감옥)을 살아가는 상황

에 대한 비판이다. 자신의 좁은 삶의 반경 내에 갇혀 있고 그것의 질서와 한계 내에 존재하는 것만을 아름다운 것으로 받아들이는 의식이 조소되고 있다. 귄더로데는 단지 자유로운 정신의 발산만을 외친 것이 아니라 그 정신을 시대적, 역사적 의식과 연결하고 있다. 그녀는 자신이 처해 있는 시대를 계몽주의 시대로 규정하면서 그 시대에 비판적인 입장을 취했다. 「과거의 시대, 그리고 새로운 시대」(Vorzeit, und neue Zeit)라는 시의 2연과 3연에서는 지성과 이성에 의해 지배되고 있는 계몽주의적 시대 경향이 다음과 같이 비판적으로 서술되고 있다.

> 하지만 모든 것이 이제 완전히 다르게 되어 버렸다,
> 하늘은 무너졌고, 낭떠러지는 메꾸어졌다,
> 물론 이성으로 뒤덮여 있어 걷기는 매우 편안해졌다
>
> 믿음의 언덕도 이제 무너져 있구나.
> 그리하여 평평한 땅 위에는 지성(知性)이 걸어 다니면서
> 평수와 피트로 모든 것을 측정하는구나.
>
> Doch alles ist ganz anders nun geworden,
> Der Himmel ist gestürzt, der Abgrund ausgefüllt,
> Und mit Vernunft bedeckt, und sehr bequem zum gehen.
>
> Des Glaubens Höhen sind nun demolieret.
> Und auf der flachen Erde schreitet der Verstand,
> und misset alles aus, nach Klafter und nach Schuen.[50]

하늘과 땅의 구분이 사라진, 피안에 대한 종교적 믿음이 완전히 해체된 상태에서 모든 것이 이성적, 과학적, 계산적으로 측정되는 계몽주의적 시대 경향에 대한 비판임을 단번에 알 수 있다. 이러한 이성과 지성만을 맹신하는 삶에 대한 비판은 좀 더 확장되어 유럽중심주의적 사회에 대한 비판으로 나아가는데, 그 점은 두 희곡 『마호메드, 메카의 예언자』와 『어느 브라만의 이야기』」에 잘 드러나 있다. 인간 이성과 지성을 절대적으로 신봉하는 세계관 및

사회와 역사가 무한히 발전한다는 소위 낙관주의적 세계관도 거부되고 있다. 그 낙관적인 사회에서는 언뜻 인간에게 무한한 자유로운 활동을 보장하는 듯 하지만 실은 구속과 제한을 가할 뿐이다. 특히 여성에게는 더욱 그렇다. 그런 이성적 현실의 위선적 모습을 귄더로데는 베티나에게 보낸 편지에서 "왜곡된 괴물"이라고 표현하고 있으며 그런 괴물과의 화합을 꿈꾸지 말라고 경고하고 나선다. 이는 물론 자기 자신을 향한 경고의 목소리이기도 하다.

> 다른 이들에게 경험을 가르쳐 주었던 것 - 그것에 대해 그들은 기분 좋았겠지만 -, 그것은 너에게는 터무니없는 허위일 뿐이야. 현실은 왜곡된 괴물로서 네게 모습을 드러내며 너를 내쫓지는 않았지만 너는 즉시 호들갑을 떨었지. 현실이 너의 밑으로 헤집고 들어와 끊임없이 움직이고 있으니, 너는 현실에 의해 옮겨지고 있는거야. 물론 네가 순간적으로 현실과 하나가 될 수 있다는 가능성에 내심 전혀 굴복하지는 않겠지만.[51]

계몽주의가 지배적인 경향이 되면서 인간의 존재와 행위를 획일화하고 계산적으로 평가하는 사회적 현실은 결국 인간의 자유를 더욱 억압하고 만다. 이런 상태에서 벗어나 자신만의 고유한 세계를 추구하려는 귄더로데의 소망은 두 가지 방식으로 표현된다. 그 하나는 외면적인 차원으로 하늘과 바다에서 '부유하는'(schweben), '날아가는'(fliegen) 식으로 묘사된 조종사 혹은 선장 등의 모습이다. 그 점은 시 「비행선 조종사」(Luftschiffer)에 잘 드러나 있다. 1801년 12월 30일자 군다 브렌타노에게 보낸 편지에서도 귄더로데는 "나는 대담한 선장 같아, 나는 폭풍우 치는 바다를 신뢰해"(Ich bin wie ein kühner Schiffer, ich vertraue mich der stürmischen See)[52]라고 적고 있다.[53] 현실의 바다를 거침 없이 헤쳐나가는 당당한 모습을 읽을 수 있다. 다른 하나는 극히 내면적인 차원을 지시하는 "작은 방"이라는 은유의 사용이다. 이는 그 어떤 구속, 차별, 종속, 지배 등이 더 이상 존재하지 않는 자유로운 공간을 뜻한다. 그런 자유로운 내면 공간으로서의 "작은 방"이라는 은유가 당연히 작가로서의 귄더로데의 의식과 관련되어 있음은 두말할 나위 없다. 1804년 1월 3일자 사비니에게 보낸 편지에서 귄더로데는 그 "작은 방"을 다음과 같이 서술하고 있다.

> 나는 나의 미래를 정확하게 그려보며 이 세계에서 내가 잘 지내지 못할 때면 그 미래로 도망칩니다. 나는 대개 내 마음 속에 조용하고 작은 방을 갖고서 돌아다닙니다. 그 방안에서 나는 나 자신만의 동떨어진 행복한 삶을 지냅니다. 어떤 사람, 어떤 생각, 어떤 학문 혹은 어떤 예술에 대한 관심과 사랑 속에서. 그 아늑한 작은 방구석에 너므 오래 머물기 때문에 나는 세상과 사람들에 대해 어리석고 이질적으로 존재하며, 누구나 당연히 그렇듯이 그들을 대하는 데 있어서 항상 너무 서툽니다.[54]

마음 속에 지니고 다니는 '방'이란 곧 자유로운 내면, 상상의 날개를 펼 수 있는 시적 세계에 대한 은유다. "작은 방"이라는 은유는 아마도 귄더로데가 처음으로 사용한 듯 싶으며 100년이 지난 후 영국의 버지니아 울프(Virginia Woolf)가 두 차례 강연을 토대로 「자기 자신만을 위한 방」이라는 제목으로 출간한 책을 통해 널리 알려진 문학적 토포스이다. 그 글에서 울프는 여성의 정신적 자유와 시문학 간의 긴밀한 관계를 강조하기 위해 '자신만의 방'이라는 표현을 사용하고 있는 바, 물론 그 방에서 정신적 자유를 누리기 위해서 여성은 우선적으로 물질적, 경제적 자립성을 갖추고 있어야만 한다고 강조된다. 독일의 현대작가 잉에보르크 바흐만(Ingeborg Bachmann)의 소설 『멜리나』(Melina, 1971)에서도 "방"은 자아의 내면을 위한 공간적 은유로 다시 사용된다. 파울 첼란과의 만남과 관련하여 바흐만은 부모님에게 보낸 편지에서도 "나의 방은 현재 양귀비밭이에요. 그 분은 그런 종류의 꽃을 저에게 즐겨 쏟아붓습니다"[55]라고 적고 있다. '양귀비로 가득한 방'은 내적으로는 시적 영감과 상상력에 도취한 주관적 상태를 뜻하며, 외적으로는 『양귀비와 기억』이라는 첼란의 시집을 지시하는 가운데 두 시인이 나누는 시적 상상력의 교감을 암시한다.

그렇다면 귄더로데는 작은 방을 들고 다니면서 어떤 능력을 발현하고 싶었을까? 클라우디네 피아우타츠(Claudine Piautaz, 1772-1840)에게 보낸 1804

년 4월 경에 씌어진 편지에서 귄더로데는 스스로 대상을 만들어내는 상상력을 강조하고 있으며, 가령 모든 시적 대상과 소재는 현실에 존재하는 것이 아니라 오로지 상상력에 의해서 만들어진 것임을 다음과 같이 설명하고 있다.

> 나는 나 자신 속에 틀어박혀서 스스로 하나의 다른 세계를 만들어 냅니다. 가벼운 꿈들이 나를 감싸며 나의 의식은 관찰하는 행위에 몰입합니다. 그것은 죽어가는 이에게나 일어날 수 있는 일이지요. 의식은 점점 더 약해지고 끊기기도 합니다. 꿈들이 더욱 촘촘히 의식을 감싸고 현실의 형상들과 하나가 됨으로써 마침내 현실은 완전히 사라지게 되고 꿈꾸는 이들은 꿈이 됩니다. 밝은 의식은 강압적이며 항상 많은 고통과 연결되어 있으며, 의식은 시간을 잊을 수 없어서 지상 그리고 그 시간성의 불행한 끈과 결합해 있지요. 그렇기 때문에 의식은 결코 영원성을 알지 못합니다. 꿈속에 영원성이 있으며, 여기서는 시간 계산은 중요하지 않습니다. 축복은 꿈속에 존재하며 모든 축복은 꿈꾸어진 것일 뿐입니다. - 영원성은 꿈의 나라이지요. (...) 서서히 자신을 살해하는 것이야말로 미덕입니다. 자신의 고유한 정신의 잔해 위에서 승리를 거둔 듯 서서 말할 수 있는 것, '여기 내 발밑에 있는 제압당한 이들, 구속된 이들, 화재 현장들을 봐라, 나의 의지가 그것들 모두에 대해 승리자가 되었노라.' 이것이 바로 미덕 있는 자의 보상 받을만한 감정입니다. - 애처로운 승리이지요![56]

아마도 낭만주의 시학을 가장 뛰어나게 천명한 듯한 언술이 아닐까 싶다. 자세히 편지 구절을 읽어 보면 꿈속에의 의식 해체, 시간성(현실)의 소멸 등이 예사롭지 않은 관점과 논리로 제시되고 있다. 꿈꾸는 이를 마치 죽어가는 이로 비유하면서, 그런 꿈꾸는 이에게는 점차적으로 의식의 두께가 엷어지게 되고 마침내는 "꿈꾸는 자가 꿈이 되는" 같은 매우 충격적인 자아 해체 과정이 서술되고 있다. 밝은 의식, 즉 계몽주의의 의식적, 이성적 자아가 거부되며, 꿈과 영원성이 삶과 현실을 지배하게 되는 상태, 즉 창조적인 자유로운 상상력이 펼쳐지는 무의식적인 상태가 요청되고 있다. 꿈, 무의식, 상상력은 모두 예술적 창조와 관련된 개념임은 자명하다. 상상력이 발현되는 창작 과정에서 예술가의 의식적 자아가 해체하는 과정, 즉 "꿈꾸는 자가 꿈이 되는" 과정을 강조한 대목은, 노발리스의 『하인리히 폰 오프터딩엔』에서처럼 꿈꾸는 하인리히 스스로가 서서히 '꿈의 형상'으로 변하게 되는 장면을 상기시킨다. 『하인리히 폰 오프터딩엔』뿐만이 아니다. 노발리스의 「밤의 찬가」에서도 밤(꿈, 죽음, 무의식)이 도래하면서 현실(의식, 시간, 유한성, 삶의 고통과 불행 등)이 모두 사라지고 무의식적, 무시간적 영원성이 들어선다. 꿈과 영원성에 대한 요청은 현세적 삶의 종말 - 이에 대한 비유적 표현은 "서서히 자신을 살해하는 것"인데 - 을 말하며, 그 결과 "자신의 고유한 정신의 잔해 위에 승리를 거둔 듯한' 상태, 즉 의식 없는 꿈의 상태, 삶이 정지한 상태만이 남는다. 이는 현실의 관점에서 "애처로운 승리"로 불린다. 낭만주의를 거쳐 상징주의, 표현주의, 초현실주의에 이르는 현대 예술에서는 '꿈의 상태'가 시문학의 근본적인 토대로 작용하고 있으며, 바로 그런 '꿈의 상태'에 대한 문학적 인식을 놀랍게도 귄더로데가 선취하고 있었다. 그런 점에서 귄더로데를 낭만주의 여성작가로 분류하는 것은 전혀 놀랄만한 일이 아니다.

작은 방, 상상력, 꿈, 무의식 등은 무엇 때문에 요청되는 것일까? 이는 현실적인 삶을 살아가는 방식과 행동을 위해서라기보다는 글쓰기라는 창작 상태를 위해 요청된 것이다. 즉, 지나치게 계산적이고 의식적인 지성에 의존된 글쓰기가 아니라 상상력의 날개가 자유롭게 펼쳐지는 몰아적, 무의식적 상태에서의 글쓰기 행위 말이다. 그런데 흥미로운 점은, 귄더로데의 또 다른 편지를 살펴보면, 그런 무의식적 꿈의 상태에 젖은 작가는 수용적 차원에서 자신이 쓴 글에 대해 낯선 감정을 갖게 된다는 것이다. 1803년 시인 클레멘스 브렌타노에게 보낸 다음과 같은 편지 대목은 삶과 문학, 생산(글쓰는 자아)과 수용(글읽은 자아) 간의 낯설고, 분열적인 관계를 스스로 경험한 귄더로데의 상태를 전해주고 있다.

> 당신 편지에서 당신이 내 편지가 말하도록 한 그대로 내가 과연 똑같이 말을 했는지는 잘 모르겠네요. 내가 어떻게 말하는지를 나 스스

로가 듣는 것은 정말 기이하게 여겨지며, 나 자신의 말들은 낯선 다른 말들보다 더욱 낯설게 여겨지더군요. **아주 진실한 편지여도 내 견해로는 단지 시체에 지나지 않습니다.** 그것들은 편지에 내재해 있는 존재했던 삶을 나타내고 있기는 합니다. 그것들이 살아 있던 것과 아주 비슷하게 보일지라도, 그것들의 삶의 순간은 이미 사라진 상태입니다. 그렇기 때문에 (내가 얼마 전에 글로 쓴 것을 지금 읽노라면) 마치 나는 나 자신이 관속에 누워 있는 것처럼 여겨지며, 나의 두 명의 자아는 놀란 얼굴로 서로를 쳐다보지요.[57]

삶과 언어, 현실과 문학 간의 낯선 관계를 다루고 있는 시문학의 이론적 언술로서 흠잡을 데 없는 매우 뛰어난 언술이다. 삶의 도취적 순간이든 혹은 주변 경험이든, 자신의 생각이나 이념이든, 글쓰는 이가 그것을 진정성 있게 글자로 옮겼을지라도, 그 글로 옮겨진 것 자체는 이미 온기나 생명력이 사라진 차가운 활자일 수밖에 없다는 것이다.[58] 이를 위해 귄더로데는 생명이 부재한 육체, 즉 피가 멈추고 몸이 굳어버린 "시체"라는 은유를 사용한다. 이와 같은 삶과 글 간의 차이를 다르게 표현하자면, 슐라이어마허 이후 낭만주의적 해석학에서 강조된 정신과 활자 간의 차이이며, 현대 문예학적 시각에서 보면 동일성 논리가 더 이상 유효하지 않은 차원에서 작가와 텍스트(혹은 독자), 생산자와 생산물 간의 차이와 상통한다. 즉, 과거와 현재, 삶과 글, 관 안의 자아(경험적 자아로서 글 안에 놓여 있는 자아)와 관 밖의 자아(성찰적 자아로서 글을 관찰하는 자아) 간의 차이와 낯섦이며 이를 귄더로데는 매우 뛰어나게 "나의 두 명의 자아는 놀란 얼굴로 서로를 쳐다보지요"라고 표현하고 있다. 이러한 차이, 괴리, 단절, 낯섦 등의 경험은 과거적인 것의 미학화에 대한 비판, 과거와 현재 간의 불연속성, 지나간 것의 현재화의 불가능성 등을 암시해주고 있다. 「묵시록적 단편」(Ein apokaliptisches Fragment)의 열한 번째 단상에서도 그와 같은 과거와 현재 간의 불연속성이 다음과 같이 성찰되고 있다.

11. 과거는 이제 내게서 사라져 버렸다! 나는 단지 현재에만 속해 있

었다. 그러나 그 대상을 알지 못하는 어떤 동경이 내 안에 있었고 나는 언제나 찾았지만 그 발견된 것은 찾고자 했던 것이 아니었다. 그래서 나는 동경하는 마음으로 무한한 것 속에서 방황했다.[59]

지나간 것(경험, 글, 생각 등)에 대한 추체험의 불가능성, 특히 자신이 쓴 글과도 하나가 될 수 없는 기이한 낯섦은 당연히 다른 이들의 글에도 확장된다. 후에 베티나의 『귄더로데』에 실려 있는 1802년으로 추정되는 베티나에게 보낸 어느 편지에서도 귄더로데는 놀라운 인식을 제공해 준다.

> 나는 항상 나만의 즐거움으로 전기들을 읽어 왔는데, 그대마다 항상 그 누구도 완전한 인간을 창작해낼 수 없을 것이라는 생각이 들었어. 우리는 단지 한 면만을 항상 창작해 낼 뿐이며, 인간 존재의 복잡한 상태는 결코 다가가지 못한 채 비사실적으로 머물러 있을 뿐이야. 왜냐하면 여러 순간은 항상 하나의 순간만을 결정하거나 혹은 이해할 수 있게끔 만들기 때문이지.[60]

두 가지 점이 눈에 띤다. 즉, 그 하나는 전기(Biographie)란 진정성 있는 글쓰기가 아니라 '비사실적인' 허구적인 창작물이라는 점이며, 다른 하나는 그 허구적인 창작물로서의 전기는 대상으로서의 어떤 인격체를 결코 완전하게 서술해내지 못하는 한계성("한 면만을 항상 창작해 낼 뿐", "하나의 순간만을")을 지닐 수밖에 없다는 점이다. 이러한 언술은 사실 전기, 자서전뿐만 아니라 모든 글쓰기의 특성과 관계된다. '시체'처럼 여겨지는 자신의 글에 대한 낯섦, 허구의 작동 및 완전한 서술의 불가능성 등에 대한 귄더로데의 인식은 계몽주의, 고전주의 그리고 사실주의로 이어지는 소위 재현미학적 전통과 결별하는 가운데 동시에 현대 미학의 새로운 특징인 글쓰기의 인위성, 즉 인공미(das Kunstschöne)와의 연관성을 시사하고 있다.

이처럼 귄더로데는 한편으로 내외적인 차원에서 자신만의 자유로운 내면 공간을 추구하였으며, 다른 한편으로 진정성에 집착하기보다는 글쓰기의 냉정함을 인정하는 가운데 철학적, 문학적, 신화적 방식에서 다양한 창작을 펼쳤다. 고도의 문예학적 문제점과 마주함으로써 그녀는 자신의 창작과 글쓰기에서 자칫 한계와 무기력을 경험할 수도 있었지만, 그에 관계없이 스물네 살의 나이에도 불구하고 자신의 첫 번째 시집을 출간할 만큼 당당한 모습을 유지했다. 당시 아직 시집을 출간하지 못하고 있던 스물여섯 살의 클레멘스 브렌타노는 두 살 아래의 귄더로데가 첫 시집을 출간하게 되자 그녀의 능력을 감탄하는 가운데 슬며시 출판의 비결을 묻는다. "저는 당신이 어떻게 그런 뛰어난 시적인 재능을 내 앞에서 숨길 수 있었는지 정말 이해되지 않습니다. (…) 정말 제가 몹시 궁금한 점은, 당신이 당신의 시들을 인쇄하도록 어떻게 결심하게 되었는지, 그리고 어떻게 출판자와 접촉할 수 있게 되었는지를 당신에게서 직접 듣고 싶군요."[61] 자신의 창작물을 발표하는 것에 대한 두려움, 출판에 대한 궁금증, 그리고 약간의 시샘도 엿볼 수 있는 브렌타노의 이런저런 질문에 대해 귄더로데는 1804년 6월 10일자 서신에서 다음과 같이 당차게 답변하고 있다.

> 내가 어떻게 나의 시를 출간할 생각을 갖게 되었는지를 당신은 알고 싶으셨죠? 나는 그에 대한 막연한 느낌을 갖고 있었어요. '어째서, 무엇 때문일까?'라고 나도 간혹 나 자신에게 물어보았어요. 출판업자에게 나를 소개해주는 일에 앞장서 준 누군가가 있었을 때 나는 정말 기뻤습니다. 쉽게, 그리고 내가 무슨 짓을 하는지를 알지도 못한 채, 나는 나의 내적 정서와 세상을 분리해 놓았던 울타리를 과감히 부숴버렸습니다. 여전히 출간에 대해 나는 결코 후회하고 있지 않아요. 왜냐하면 나의 삶을 불변의 형식에 담아 이야기하고 싶은 동경심, 즉 귀하신 분들에게 다가가서 그들에게 인사하고 그들과 공동체를 맺을 수 있을 만큼 품위 있는 형상으로 이야기하고 싶은 동경심이 나의 마음속에는 언제나 새롭게 살아 숨 쉬고 있었습니다. 나는 그런 공동체를 향한 욕망을 언제나 갖고 있었지요. 그것은 교회와도 같으며, 나의 정신은 이 지상에서 언제나 그 교회를 향한 순례길을 걷고 있습니다.[62]

출판업자를 소개해주는 등 귄더로데의 시집 출간을 위해 앞장 선 이는 앞서 언급된 바 있는 친구 리제테 네스였다. 그녀의 도움을 받아 귄더로데는 자신과 세상 사이에 놓여 있는 "울타리"를 과감하게 허물고 자신의 시적 형상화 작업을 독자들에게 제시했다. 자신의 시를 발표하는 데 있어서 브렌타노가 두려움과 소심함을 지녔다면, 귄더로데는 당당함과 과감함을 지녔던 것이다. 그런데 위 인용 편지에서는 또 다른 두 가지 점을 주목할 필요가 있다. 그 하나는 삶(Leben)과 형상(Gestalt)이라는 두 개념을 사용하고 있다는 점인 바 이는 다분히 실러의 『미적 교육의 서신』으로부터 영향을 받은 것으로 보인다. 실러는 두 개념을 각기 소재충동과 형식충동의 특징으로 간주하였고 아름다운 시적 형상화로서의 유희충동은 바로 소재와 형상의 완전한 조화, 즉 "살아 있는 형상"(lebende Gestalt)을 추구한다고 강조하였다. 다른 하나는 자신의 시와 교류하는 독자층을 "공동체"(Gemeinschaft), "교회"(Kirche) 같은 표현으로 명명하고 있다는 것인 바, 이는 초기낭만주의로부터 영향을 받은 것처럼 보인다. 1797년 베를린에서 발행된 잡지 「뤼체움」에 발표한 단편에서 프리드리히 슐레겔은 "대중이란 그 어떤 실체가 아니라 교회처럼 하나의 사유, 하나의 요청이다"[63]라고 정의한 바 있고, 그의 형 아우구스트 슐레겔도 "시문학은 마음을 사로잡고 대상에 충실해야 하며, 그것을 둘러싸면서 사랑하고 존중하는 마음은 고귀한 인간의 보이지 않는 공동체를 형성한다[64]고 밝힌 바 있다. 요컨대, 자신의 시문학적 성찰을 다각도로 서술하는 데 있어서 귄더로데는 고전주의적 시학과 낭만주의적 시학을 모두 끌어들이고 있으며 이는 곧 그녀가 두 사조 중 어느 사조에도 속하지 않는다는 점을 우회적으로 말해 주고 있다.

4. 불가능성으로서의 사랑과 죽음

문학이 존재했을 때부터 아마도 사랑과 죽음은 문학의 핵심적인 주제였을 것이다. 사랑과 죽음의 문학적 형상화는 모든 시인의 주된 관심사를 이루기 마련인데 여느 시인들보다도 귄더로데에게는 특히 그랬다. 사랑과 죽음은 한편으로 귄더로데의 개인적 삶과도 관계하지만, 다른 한편 그런 개인적인 차원을 넘어서 신화적, 철학적, 종교적 차원 등으로 확장된 문학적 형상화의 토포스이기도 하다. 이 밖에도 사랑과 죽음은 다른 차원으로도 확장되는데, 가령 사회학적 차원에서 사회로부터 소외된 아웃사이더 내지는 멜랑콜리한 근대인의 정서적 상태와 관계하며, 심리학적 차원에서 프로이트가 이론화한 에로스(Eros)와 타나토스(Tanatos)라는 모든 생물체의 근원적인 힘과도 관계한다. 사랑과 죽음은 보존과 파괴라는 점에서 서로 대립적이지만, 귄더로데를 비롯한 낭만주의 문인들은 양자를 궁극적으로 서로 분리되지 않은 하나의 상태로 인식하였다. '사랑의 죽음'(Liebestod)을 뛰어나게 형상화한 대표적인 낭만주의 시인은 귄더로데가 예찬했던 노발리스였는 바, 그의 「밤의 찬가」(Hymnen an die Nacht, 1800)가 제시한 '사랑의 죽음'의 형상화 및 인식은 두 시인 간의 상호텍스트성을 언급할 수 있을 정도로 귄더로데에게 지대한 영향을 끼쳤다. 그만큼 사랑과 죽음은 귄더로데 작품 그 자체의 특성을 이루고 있다 해도 과언이 아니다. 귄더로데가 사랑과 죽음에 다채로운 문학적 형상화을 부여한 작품들 가운데 「시뻘겋게」(Hochrot)라는 7행의 짧은 시 한 편은 대표적인 예로 언급될 수 있다.

그대, 진정으로 붉게,	Du innig Rot,
죽을 때까지	Bis an den Tod
나의 사랑은 그대와 비슷하겠지	Soll meine Lieb dir gleichen,
결코 창백해지지 않을 거야,	Soll nimmer bleichen,
죽을 때까지,	Bis an den Tod,
그대 달아오른 듯 붉게	Du glühend Rot
나의 사랑은 그대와 비슷하겠지	Soll sie dir gleichen.[65]

귄더로데 작품과 편지에서 언급된 사랑과 죽음, 그 형상화와 의미를 삶의 문학적 기록, 즉 일종의 '자전적 고백문학'(autobiographische Bekenntnisliteratur)의 범주 내에만 위치시킨다면 이는 그녀의 뛰어난 문학

성을 과소평가하게 될 뿐이다. 그녀의 작품은 삶의 진정성에서 벗어나 뛰어난 허구적 미학성을 지니며, 특히 사랑과 죽음은 개인적인 열망과 상처 같은 마음의 토로에 머무는 것이 아니라 남녀 의식, 글쓰기 의식, (탈)자아 의식, 철학적-신화적 의식 등과 얽히고설킨 가운데 보편적 맥락으로 확장된다. 가령 귄더로데가 남긴 미완성 드라마 「임모르탈리타」(Immortalita)를 짧게 살펴보자. 이 작품은 임모르탈리타(Immortalita: 불멸, 영생), 에로디온(Erodion), 헤카테(Hekate:하늘과 땅과 하계를 지배하는 여신), 카론(Charon: 죽은 이들을 배에 태워 레테 강과 스틱스 강을 건너 하데스에게로 데려다주는 뱃사공) 등 네 명의 신화적 인물이 등장하여 사랑에 관한 추상적인 담론을 전개하는 짧은 단편극이다. 헤카테와 카론은 잘 알려진 신화적 인물이지만, 임모르탈리타와 에로디온(아마도 에로스와 디오니소스가 결합된 이름으로 추측된다)은 귄더로데가 스스로 창작해 낸 인물이다. 임모르탈리타와 헤카테는 자아 인식과 사랑 간의 관계에 대해 다음과 같이 선문답을 주고받는다.

임모르탈리타	Immortalita.
저는 모르겠어요! 왜 나는 나를 모르는 것일까요?	Ich weiß es nicht! warum kenne ich mich nicht?
헤카테	Hekate.
네가 네 자신을 볼 수 없기 때문이지.	Weil du dich nicht sehen kannst.
임모르탈리타	Immortalita.
내가 내 자신을 들여다 보게 되는 거울을 누가 내게 줄까요?	Wer wird mir einen Spiegel zeigen, daß ich mich darin anschaue?
헤카테	Hekate.
사랑이지.	Die Liebe
임모르탈리타	Immortalita.
어째서 사랑인가요?	Warum die Liebe?
헤카테	Hekate.
사랑의 무한성은 너 자신의 사랑을 위한 척도이니까.	Weil nur ihre Unendlichkeit ein Maas für die deine ist.[66]

일종의 '사랑의 거울 기능'이 언급되어 있다.[67] 사랑은 반드시 타자와의 관

계에 기반하는 감정이다. 사랑에 의해서 자기 자신을 인식할 수 있다는 것은 곧 타자에 의해서 자신을 인식할 수 있다는 것이며, 이를 토대로 사랑은 궁극적으로 자아와 타자의 합일을 향한다. 그런데 타자를 통한 자기 자신의 발견 및 인식은 사랑에 의해서만 가능한 것은 아니다. 귄더로데는 군다, 베티나 등과 주고받는 편지에서 포에지는 거울과 같으며, 그 거울로서의 포에지에서 자신을 볼 수 있다고 언급한 바 있다. "나는 거울처럼 포에지에서 스스로를 집중하며 스스로를 들여다보고 나를 지나 더 높은 세계 속으로 들어가려 하며, 나의 모든 시문학은 그것을 위한 시도들이다."[68] 이처럼 여러 편지와 작품을 종합해보면, 문학(포에지)은 사랑의 정신이 투영된 시적 매개물이고, 그런 거울 같은 문학에서 형상화된 사랑을 통해 자기 자신까지도 인식할 수 있다는 것으로 추론된다.[69] 그러나 과연 임모르탈리타가 사랑을 통해 자기 자신을 인식할 수 있을지는 알 수 없는 노릇이다. 오히려 정반대의 시각, 즉 '사랑은 곧 불가능성 그 자체'라는 시각도 가능하다. 특히 앞서 인용한 구절을 다시 상기해보면, 문자화된 예술작품은 완전히 정반대로 생생한 나를 볼 수 있는 거울이 아니라 생기 없는 "시체"처럼 다가오며, 이 경우 포에지, 사랑/거울 등에 의한 자아 인식은 사실상 불가능한 것으로 여겨질 수 있다. 완전한 포에지의 불가능성처럼, 어쩌면 사랑 및 자기인식도 불가능성 그 자체이다. 이러한 두 가지 점을 염두에 두면, 귄더로데는 포에지의 특성 및 기능과 관련해서도 분열된 의식을 지녔던 것으로 보인다. 즉, 한편으로 거울의 전통적인 은유를 통해 포에지의 자연적, 미메시스적, 나르시시즘적 기능이 강조되고 있지만, 다른 한편으로 시체라는 정반대의 은유를 통해 포에지의 인공적, 허구적, 성찰적-비판적 기능도 강조되고 있다.

이 점을 토대로 사랑을 형상화한 귄더로데의 몇몇 시 가운데 우선 「사랑」(Die Liebe)이라는 시를 살펴 보자. 이 시는 사비니와의 사랑이 좌절된 시점인 1804년에 씌어진 것으로 추정된다. 그러나 시는 시인 자신의 개인적 실연(失戀)을 넘어서 남녀 간의 사랑과 관련된 이중적 감정의 다양한 양태를 표현해내고 있다.

오, 풍부한 빈곤! 주면서 행복한 받기!	O reiche Armut! Gebend, seliges Empfangen!
소심 속에서의 용기! 자유롭지만 구속된 상태.	In Zagheit Mut! in Freiheit doch gefangen.
말 없는 언어,	In Stummheit Sprache,
밝은 데서 부끄러우며,	Schüchtern bei Tage,
의기양양하지만 겁먹은 불안감이 함께 한다.	Siegend mit zaghaftem Bangen.
살아 있는 죽음, 하나된 축복된 삶	Lebendiger Tod, im Einen sel'ges Leben
곤경 속에서 만끽하며, 저항 속에서 순종하고,	Schwelgend in Not, im Widerstand ergeben,
향유하면서 갈망하며, 결코 지치지 않는 관찰	Genießend schmachten, Nie satt betrachten
꿈속에서의 삶 그리고 가중된 삶	Leben im Traum und doppelt Leben.[70]

20대 초반의 소녀가 사랑의 이중적 감정 특성을 이처럼 다채롭게 파악할 수 있는지 감탄을 자아내는 시구절이다. 주기와 받기의 단순한 상호 행위부터 행복과 절망, 소심과 용기, 저항과 순종, 향유와 갈망, 즉 삶과 죽음으로 압축되는 모순적인 특성이 사랑에 부여되고 있는 바, 이는 "살아 있는 죽음"(lebendiger Tod)이라는 모순적 표현에 응집된다. "살아 있는 죽음"으로서의 사랑은 삶과 죽음을 동시에 간직하고 있음을 뜻한다.

물론 시 「사랑」은 가볍게 읽히지만, 그러나 언어적 간결한 함축성 때문에 결코 쉽게 이해될 수 없는 시다. 2연의 마지막 두 행은 특히 난해함을 야기한다. "Nie satt betrachten / Leben im Traum und doppelt Leben"의 경우 문장 구조 자체가 매우 애매하여 독일인조차도 그 의미를 쉽게 파악할 수 없다. 또한 "결코 지치지 않는 관찰 / 꿈속에서의 삶 그리고 가중된 삶"으로 번역한 것이 과연 옳은 번역인지, 그 의미를 제대로 파악한 것인지 의구심을 자아낸다. 문장의 주어는 무엇일까? "꿈속에서의 삶"은 어떻게 이해하면 좋을까? 어쩌면 삶, 존재 자체가 한 바탕의 꿈일 수 있는데, 그런 꿈과도 같은 삶 속에서 꾼 꿈이기에 결국 "가중된 꿈"(= 꿈의 꿈)을 뜻하는 것일까? 그런 "가중된 꿈"(꿈의 꿈)을 관찰하는 이가 존재하는 것일까, 아니면 "가중된 꿈"은 누군가에 의해서 관찰되는 것일까? "가중된 꿈"은 혹시 시인의 창작 작업으로서의 예술적 글쓰기를 암시하는 것은 아닐까? 그렇기에 그런 창작 작업의 관찰은 아무리 실행되어도 충족될 수 없을 것이리라. 이와 같은 "꿈속에서의 삶"이라는 일종의 가상으로서의 존재를 배가시키는 시구절은 후에 니체가 『비극의 탄생』에서 언급한 아폴로적 예술충동을 떠올린다. 니체에 의하면, 존재는 하나의 '가상'(Schein), 즉 '꿈'으로 여겨지며, 아폴로적 예술충동은 그런 가상으로서의 존재를 또 한 번 미적 형상화 차원에서 '가상'으로 만들어 낸다. 그렇기에 "삶과 세계는 미적 현상으로서만 영원히 정당화된다"(nur als ästhetisches Phänomen ist das Dasein und die Welt ewig gerechtfertigt)는 미학적 세계관의 맥락 내에서 아폴로적 예술충동에 의한 만들어진 예술작품은 궁극적으로 "가상의 가상"(Schein des Scheins)[71]이라고 명명되고 있다.

두 번째 살펴볼 시는 1802년에 씌어지고 1804년에 발표된 「꿈속에서의 입맞춤」(Der Kuss im Traum)이다. 낭만주의와 관련하여 항상 인용되는 대표적인 시다. 시와 관련된 사적 배경은, 사비니, 귄더로데, 군다 간의 삼각관계다. 앞서 언급한 바 있듯이, 귄더로데와 사비니 간의 사랑은 결실을 맺지 못한다. 그것이 귄더로데의 강인한 남성적 정신에 부담을 느낀 나머지 결국 여성스러운 아내(군다)를 택했던 사비니의 자발적 결정 때문이었는지, 아니면 사비니와 귄더로데 간의 사이를 이간질하여 친구 애인을 빼앗은 군다의 욕심 때문이었는지, 아니면 사비니와 군다, 두 사람의 마음이 절묘하게 서로 맞아떨어진 것인지, 우리는 확실히 알 수 없다. 어쨌든 사비니의 마음이 점차 군다에게로 기울어지고 두 사람의 결혼이 다가오는 시점에 이를 예견한 귄더로데는 「꿈속에서의 입맞춤」을 한편의 이별시로 사비니에게 보낸다. 그러나 여타 시들과 마찬가지로 이 시도 그와 같은 사적인 배경에만 머무는 것이 아니라 사랑과 연관된 에로틱(입맞춤), 도취, 꿈, 잠, 어둠, 밤, 죽음 등 낭만주의(특히 노발리스) 문학의 전형적인 토포스가 작동하는 보편적인 예술작품에 속한다.

입맞춤이 내게 생명을 불어넣었고,
내 가슴의 가장 깊은 갈망을 달래주었다,
어둠이여! 와서 나를 기분 좋게 어둠으로 감싸주렴,
새로운 환희가 내 입술을 빨아들이도록.
Es hat ein Kuß mir Leben eingehaucht,
Gestillet meines Busens tiefstes Schmachten,
Komm, Dunkelheit! mich traulich zu umnachten,
Daß neue Wonne meine Lippe saugt.

그 삶은 꿈에 잠겨 있고,
그래서 나는 영원히 꿈을 바라보기 위해 살며,
다른 모든 기쁨의 화려함을 무시할 수 있는 까닭은
밤만이 그 달콤한 위안을 불어넣기 때문이지.
In Träume war solch Leben eingetaucht,
Drum leb' ich, ewig Träume zu betrachten,
Kann aller andern Freuden Glanz verachten
Weil nur die Nacht so süßen Balsam haucht.

대낮에는 사랑의 달콤한 환희가 없으며,
대낮 빛의 공허한 찬란함은 나를 괴롭히며
그리고 대낮 태양빛의 작열은 나를 갉아먹는다.
Der Tag ist karg an liebesüßen Wonnen,
Es schmerzt mich seines Lichtes eitles Prangen
Und mich verzehren seiner Sonne Gluthen.

그러니 지상의 태양 빛에 너의 눈을 감추어라!
너를 감싼 밤의 어둠이 너의 욕망을 달래주며,
그리고 레테의 차가운 물결처럼 고통을 치유해준다.
Drum birg dich Aug' dem Glanze ird'scher
Sonnen! Hüll' dich in Nacht, sie stillet dein Verlangen
Und heilt den Schmerz, wie Lethes kühle Fluthen.[72]

귄더로데는 소네트 형식을 즐겼는데, 바로 이 시는 전형적인 소네트 형식의 작품이다. 총 네 연의 기본 형식을 취하는 소네트는 크게 전반부, 후반부로 나뉜다. 전반부 두 연은 각각 네 행을, 후반부 두 연은 각각 세 행을 갖추어야만 한다. 전반부 두 연은 개별적인 내용을 제시한다면, 후반부 두 연은 보편적인 명제와 함께 결론을 제시한다. 낭만주의보다 한 세기 전의 17세기 바로크 시대에서도 소네트는 활발히 사용되었는데, 당시에는 전반부 두 연에 구체적인 형상이, 후반부의 두 연에는 추상적인 이념 내지는 명제가 제시되곤 했다.

우선 각기 네 행으로 이루어진 전반부 두 연에는 꿈속에서의 "입맞춤"으로 표현된 사랑의 환희가 감각적으로 서술되어 있다. 입맞춤이 불어넣어 준 삶은 고통과 아픔이 가득한 현실적인 삶을 망각한 삶과도 같다. 평소의 갈망을 완전히 잠재워줄 정도의 충족된 삶이며, 그런 삶의 영원한 지속을 위해 화자는 의인화를 사용하여 어둠을 불러들이고 있다. "나를 기분 좋게 어둠으로 감싸주렴"이라는 표현에서 "umnachten"은 "어둠으로 감싸다"라는 뜻 이외에도 '정신을 혼미스럽게 만들다'라는 뜻도 지니는데, 두 뜻을 결합하면 어둠에 의해 기분 좋은 혼미한 상태를 암시하며 이는 곧 현실과 꿈 간의 경계가 완전히 사라진, 영원한 꿈의 상태 자체만을 가리킨다. 현실 세계가 주는 "다른 모든 기쁨의 화려함"은 보잘것 없는 대상일 뿐이며 오로지 꿈속에서의 에로틱한 도취만이 시적 화자에게는 중시된다. 입맞춤, 어둠, 꿈, 새로운 삶은 모두 '밤'에 종속된 표현들이며, 그런 밤은 다시금 의인화되어 시적 화자(혹은 현실을 살아가는 독자도 포함된 우리 개개인)의 모든 상처를 씻어주는 "달콤한 위안"의 힘을 지닌다.

시의 후반부 두 연에서는 보편적인 차원에서 낮과 밤의 대립이 제시되고 있다. 밝은 빛은 아무런 환희를 주지 않으며 오히려 정신적인 고통과 공허, 육체적인 야윔 등을 야기하는 부정적인 세계다. 계몽주의 시대에서 계몽 자체가 주로 '낮과 빛'이라는 은유로써 예찬되었던 맥락을 떠올려보면, 이 시에서는 그런 낮과 빛, 즉 계몽주의의 정신적, 현실적 의미가 완전히 부정된다. 마지막 4연에서 시적 화자는 더욱 단호하게 그런 계몽주의의 현실적 세계(낮과 빛)를 거부하면서 어둠과 밤에 도취할 것을 권한다. 어둠과 밤에 도취된 '그대'는 시적 화자 자신이나 혹은 독자를 향해 내던진 이인칭 명령형을 띠고 있다. 밤으로의 전환 및 꿈의 도취 상태는 세속적인 현실 세계에서 입었던 모든 고통을 치유해주는데, 이는 레테 강을 건너는 순간 망자가 모든 것을 잊는다는 신화적 배경을 통해 부언되고 있다.

「꿈속에서의 입맞춤」은 권더로데가 분명 노발리스의 「밤의 찬가」(1800)를 읽고서 쓴 시로 보이며, 나아가 1800/01년에 씌어진 횔덜린의 「빵과 포도주」와도 관련 있는 시처럼 읽힌다. 노발리스의 「밤의 찬가」는 슐레겔 형제가 주도했고 노발리스도 참여했던 시문학 잡지 『아테네움』에 발표되었기에 권더로데가 그 시를 읽고 틀림없이 매료되었을 것으르 보인다. 「밤의 찬가」와 「빵과 포도주」에서는 밤과 낮의 대립적 특성이 그려진다. 특히 밤이 오면 화려하고 세속적 기쁨을 주었던 낮이 물러날 수밖에 없는데, 이때 밤은 단순히 물리적으로 어두워진 자연의 밤이 아니라 새롭게 빛나는 '영원하고 신성한 밤'이라는 비의적 특성을 지닌다. '낮의 빛'을 부정하면서 그 대안으로'밤의 빛'을 내세운 노발리스의 시상(詩想)에 완전히 부합하지는 않을지라도 어쨌든 「꿈속에서의 입맞춤」에서 권더로데는 노발리스, 횔덜린 등과 유사한 시적 표상을 공유하고 있었다.[73]

그렇다면, 그와 같이 사랑, 어둠, 꿈, 영원한 밤은 어떻게 가능한 것일까? 위에서 언급했듯이, 그 밤은 사실 밝은 낮이 물러가면서 찾아드는, 우리가 일상에서 경험하는 어스름한 어둠의 밤이 아니다. 그것은 다름 아닌 포에지가 만들어 낸 시적 표상의 세계를 암시하는데, 즉 사랑, 에르틱, 잠, 죽음이 모두 하나가 되는 시적 표상의 세계 말이다. 이러한 사랑, 밤, 포에지의 관계에 대해서는 카롤라 힐메스(C. Hilmes)도 다음과 같이 매우 적절한 분석을 제시해 준 바 있다.

> 밤에 스스로를 충족시키는 사랑은 단지 꿈꾼 사랑이며, 이는 포에지에서만 노래된다. 낮에, 일상에서 사랑이 부족했던 서정적 자아는

> 그 소망한 삶을 상상 속에서 스스로 창작해낸다. 시창작에서의 몰아(沒我) 상태는 (잃어버린) 사랑에서 얻을 수 없었던 완전함을 선사해준다. 경험의 자리에 대신 들어선 만큼 포에지는 경험을 보상해 줄 뿐만 아니라 환치시켜 버린다. 이제 포에지는 더 나은, 진실한 사랑의 형식으로 나타나는데, 즉 흡사 종교적 경배심으로 실천되는 그런 사랑으로 말이다. 2연에서 "그래서 나는 영원히 꿈을 바라보기 위해 살며"라는 구절은 곧 현실 세계와 상상 세계 사이를 오가는 것을 뜻한다.[74]

세 번째로는 1806년 자살 직전에 씌어진 것으로 추정되는 「도처에 사랑이」(Überall Liebe)를 들 수 있다. 자전적 배경에서 보면, 이 시는 귄더로데가 자살한 후 크로이처의 방해로 온전하게 출간될 수 없었던 시집 『멜레테』 내에 들어있다. 귄더로데와 교제하던 시기에 크로이처 또한 건강이 악화되어 죽음을 소망했다고 전해지며, 따라서 평소 죽음을 자신의 주된 시적 주제로 삼았던 귄더로데는 이 시를 통해 현실에서 불가능했던 연인의 사랑이 사후에라도 실현되기를 바라는 소망을 그려내고 있다. 그러나 이 또한 단지 사적인 배경에 불과하다. 「도처에 사랑이」는, 앞서 언급한 바 있듯이, 사랑과 죽음은 서로 나뉠 수 없는 동시성을 띤 '사랑의 죽음'(Liebestod)을 강조하고 있다.

마음 속에 뜨거운 소망을 간직할 수 있을까? 또한 삶의 꽃의 화환도 볼 수 있을까 그런데도 화환 없이 그곳을 지나간다면 그래서 슬퍼하며 나 자신 절망해야만 하나?	Kann ich im Herzen heiße Wünsche tragen? Dabei des Lebens Blütenkränze sehn, Und unbekränzt daran vorübergehn, Und muß ich trauernd nicht in mir erzagen?
죄스럽게 나는 내 소원을 체념해야 할까? 용기 내어 나는 저승 세계로 가야 할까? 다른 신들에게 다른 기쁨을 간청해야 할까, 죽은 자들에게 새로운 기쁨을 청해야 할까?	Soll frevelnd ich dem liebsten Wunsch entsagen? Soll mutig ich zum Schattenreiche gehn? Um andre Freuden, andre Götter flehn, Nach neuen Wonnen bei den Toten fragen?
나는 내려왔는데, 플루토의 영역에서도, 밤의 품속에서도, 사랑의 불빛이 타오르고, 혼백들도 서로를 향해 갈구하네.	Ich stieg hinab, doch auch in Plutons eichen, Im Schoß der Nächte, brennt der Liebe Glut, Daß sehnend Schatten sich zu Schatten neigen.

사랑의 기쁨을 갖지 못한 자는 버림받았다.	Verloren ist, wen Liebe nicht beglücket,
그가 지옥의 물결 아래로 내려가게 되더라도,	Und stieg er auch hinab zur styg'schen Flut,
하늘의 광명 속에서 그는 기쁨 없이 존재한다.	Im Glanz der Himmel blieb er unentzücket.[75]

이 시도 역시 소네트 형식을 취하고 있다. 1연에서는 갈망(소망)과 좌절(슬픔)이 읊어지고 있다. "뜨거운 소망", "인생의 꽃의 화환"은 사랑하는 이와 함께 하고 싶은 소망을 나타낸다. 더욱이 "꽃의 화환"을 주로 결혼을 나타내는 은유로 이해한다면 서정적 자아는 사랑하는 이와 결혼하고 싶은 강한 소망을 간직하고 있지만, 그러나 안타깝게도 그 소망은 이르어질 수 없는 듯 하다. 왜냐하면 화환을 쓰지 못한 채 지나갈 수밖에 없는 불안이 표출되고 있기 때문이다. 즉, 시적 자아는 사랑이 좌절되고 아도와 절망에 빠질 수밖에 없는 자신의 처지와 심정을 토로하고 있다. 1-2행은 소망과 동경을, 3-4행은 좌절과 절망을 다루고 있는데, 특히 좌절과 절망은 문법적으로 불완전한 형태를 통해 표현되고 있다.

2연에서는, 서로 하나가 되는 완전한 사랑이 현실 세계에서 불가능하게 되자 시적 화자는 체념에 사로잡혀 있기보다는 죽음 이후의 세계, 즉 명부(冥府)의 세계를 향하고 있다. 그는 그곳으로 내려가 그곳 신들에게 사랑을 구하고 싶은 마음을 내비친다. 사적인 차원에서 접근한다면, 귄더로데는 아마 이 시를 쓰던 시점에도 죽음을 결심했던 것으로 보이며 사후에라도 이승에서 불가능했던 사랑을 저승에서도 찾고자 하는 마음을 드러낸 것으로 보인다.

3연과 4연에서 '사랑의 죽음'은 신화적 서술과 결합된다. 명부 세계의 신 플루토 - 그는 하데스(Hades)라고도 불린다 - 가 지배하는 곳에서도 사랑은 존재한다는 점을 서정적 자아는 "혼백들도 서로를 향해 갈구하네"라고 서술하고 있다. 그렇기에 "도처에 사랑이"라는 제목이 이해된다. 특히 플루토의 세계가 "자연의 품"이라고 명명되고 있는 구절은, 지하 세계에서의 새로운 삶(자살)을 긍정적으로 미화하는 것으로서 밤의 세계를 자연의 품 안으로 비유했던 노발리스의 「밤의 찬가」를 떠올린다. 현실에서 이룰 수 없었던 사랑이 사후 사계인 지하에서 가능하다고 묘사되지만, 사실 이승과 저승이라는 영역 구분은 더 이상 유효하지 않다. 왜냐하면 산 자와 죽은 자 간의 구분은 '사랑의 죽음'에 의해서 이미 지양되었기 때문이다. 이승과 저승, 산 자와 죽은 자 같은 구분을 유효하게 여기는 자의 경우, 또한 죽음을 마다하지 않는 사랑의 행복을 깨닫지 못한 자의 경우, 그런 사람은 언제나 체념, 절망, 허무에 젖게 된다는 결론이 마치 보편적인 명제처럼 제시되고 있다. 이 보편적인 명제는 1-3연까지 등장했던 시적 화자에게 적용되는 것이 아니라 제 삼 자 - 이는 '그'(wer, er)와 관련된 부정대명사 및 대명사를 통해 표현되는데 - 인 모든 현실적인 이들에게 적용된다.

권더로데의 자살은 흔히 크로이처와의 사랑이 좌절되면서 그녀가 택한 길로 해석되고 있지만, 크로이처와 사귀는 기간 내내 권더로데는 죽음을 철학적, 문학적으로 천착하고 있었으며 특히 셸링의 자연철학으로부터 많은 영향을 받고 있었다. 권더로데의 문학을 미메시스적 관점에서 해석해왔던 버윅(R. Burwick)조차도, 1804-1806년 기간 동안 권더로데가 철학적으로 성찰했고 문학적으로 형상화했던 죽음을 결코 사적인, 현실적 맥락에서 파악하지 않고 오히려 "우주에 대한 사랑", "세계 영혼"과 하나가 되는 죽음으로 해석하고 있으며 나아가 그런 사랑의 죽음에는 남성과 여성 같은 성적 차이, 시민과 귀족 간의 계급적 차이, 민족들 간의 차이가 더 이상 존재하지 않는다고 강조한 바 있다.[76] 그러한 사랑의 죽음에 대한 보편적 이해는 다음의 시를 통해 더욱 뒷받침되고 있다.

화형당하기 위해 인더스 해변으로 간다	Zum Flammentode gehn an Indusstranden
남편과 함께, 젊음의 찬란함 속에서,	Mit dem Gemahl, in Jugendherrlichkeit,
여성들은 주저 없이, 고통 없이,	Die Frauen, ohne Zagen, ohne Leid,
마치 신부 옷차림처럼 화려하게 꾸민 채.	Geschmücket festlich, wie in Brautgewanden.

그 풍습은 사랑의 의미를 알아냈으며,	Die Sitte hat der Liebe Sinn verstanden,
그들을 이별의 가혹한 치욕에서 해방시켜 주었고,	Sie von der Trennung harter Schmach befreit
그들의 사제장에게는 죽음을 받쳤지만	Zu ihrem Priester selbst den Tod geweiht,
그들의 끈끈한 언약에는 불멸성을 주었다.	Unsterblichkeit gegeben ihren Banden.
이별조차도 그 끈끈한 언약을 위협하지 못한다,	Nicht Trennung ferner solchem Bunde droht,
이전에 둘로 나뉘었던 사랑의 불꽃이	Denn die vorhin entzweiten Liebesflammen
그들을 하나로 강렬하게 묶어내기 때문이지.	In einer schlagen brünstig sie zusammen.
죽음은 달콤한 사랑의 축제가 된다,	Zur süßen Liebesfeyer wird der Tod,
서로 분리된 원소들을 결합하면서,	Vereinet die getrennten Elemente,
현존재의 끝은 삶의 절정이 된다.	Zum Lebensgipfel wird des Daseins Ende.[77]

귄더로데의 자살 직전에 씌어진 소네트 형식의 「말라바르의 과부들」(Die Malabarischen Witwen)이라는 제목의 위 시는 마찬가지로 『멜레테』에 실려 있다. 인도 남서안의 해안가에 위치한 말라바르 마을에는 젊은 남편이 죽으면 부인도 함께 화형함으로써 죽어서 하나가 되게 하는 오랜 풍습이 있다. 그 풍습은 사티 풍습(Sati-Sitte, Sati-Ritual)이라고 불린다. 현실에서의 사랑은 일종의 불완전한 사랑인데, 왜냐하면 둘 중 한 사람이 갑작스럽게 삶의 끝에 있을 경우 둘의 사랑은 멈출 수밖에 없기 때문이다. 그러나 물질적 사라짐(죽음)을 같이 실행함으로써 그 불완전한 사랑은 완전한 사랑으로 전환할 수 있다. 즉, 죽음으로 인해 언뜻 현실적 삶이 끝난 것처럼 브여도 실은 - 이 시의 마지막 구절처럼 - "현존재의 끝은 삶의 절정이 된다." 사랑의 죽음은 새로운 영원한 삶으로의 전환을 뜻하며, 분리된 원소들이 하나로 결합된다는 점에서 인도 불교의 카르마(Karma, 윤회업)를 자연철학적으로 변형한 것이다.[78] 선생과 학생이 주고받는 대화로 이루어진 『혼령』(Die Manen)에서도 선생은 죽음을 다음과 같이 정의한다.

> 죽음은 화학적 과정, 즉 힘들의 분리이지 그 어떤 파괴가 아니다. 죽

음은 나와 비슷한 영혼들 사이의 끈을 끊어 놓지 않는다. 한 사람의 진행과 다른 사람의 후퇴는 그런 공동체성을 끊어놓을 수 있다. 모든 일에서 멋지게 발전한 사람과 무지하고 미숙하게 멈춰 있는 어린시절의 친구가 서로 더 이상 조화롭게 지내지 못하는 것처럼 말이다.[79]

현실 세계에서는 발전과 후퇴, 성공과 퇴보 같은 기준으로 사람들 간의 공동체적 관계가 끊어질 수 있다면, 이와 달리 사랑의 죽음에서는 그와 같은 기준이 통용되지 않는다. 사랑의 죽음은 오히려 두 사람 간의 내밀한 관계를 더욱 공고히 해준다.

이처럼 「시뻘겋게」, 「사랑 」, 「꿈속에서의 입맞춤」, 「도처에 사랑이」, 「말라바르의 과부들」 등은 모두 사랑의 죽음에 의한 영원한 합일, 즉 육체적, 물질적 삶이 끝난 사후 세계에서도 사랑이 영원히 지속할 수 있음을 말해주고 있다. 그러나 사랑의 죽음은 아이러니컬하게도 그 영원성의 이행불가능성이라는 정반대의 의미를 담고 있다. 다르게 말하면, 극도의 도취가 극도의 절망과 하나를 이루고 있듯이, 사랑의 가능성은 곧 그것의 불가능성이기도 하다. 이와 같은 '아이러니컬한 패러독스'[80]를 인식하지 못한 관점은 '낭만적 사랑'의 일면성에만 머무르게 되며, 그러한 잘못된 일면성에 대해서 연구자들은 언제나 스스로 경계하고 있다. 힐메스의 다음과 같은 언술에도 그 점이 잘 드러나고 있다.

사랑에 대한 동경, 행복에 대한 유토피아적 비전 그리고 사랑에 내접해 있는 극단적인 대립의 긴장('살아 있는 죽음'으로서의 사랑을 참조할 것)은 귄더로데의 여타 작품들에서도 특유하다. 그러나 낭만적 이상만을 불러낸 것이 아니라 그 낭만적 이상의 이행불가능성도 항상 현존한다. 왜냐하면 사랑은 예감과 기억의 상태에서만 형상화되고 있기 때문이다. 결국 귄더로데는 본질적으로 멜랑콜리한 근대적 시학의 길을 일찍이 닦아 놓고 있었다.[81]

낭만적 사랑이 과거에 있었던 것만으로 혹은 앞으로 미래에 가능한 것만으로 미적으로 형상화되고 있는 바, 이는 곧 사랑은 현재에 실현 불가능하다는 점을 내포하는 것이다. 이와 같은 귄더로데의 시세계와 관련하여 힐메스는 "낭만적 사랑의 이행불가능성"이라는 개념을 매우 적절하게 사용하고 있다. 크리스티안 셰르프(Ch. Schärf)는 그와 같은 시각을 좀 더 확장하여, 사랑이 현재적 차원에서 이행불가능한 것으로 파악될 수밖에 없는 까닭은, 칸트와 피히테로 대변되는 독일 관념론적 사유와는 달리 낭만주의의 문학적, 철학적 기저에는 근본적으로 주체의 자아 구성의 불가능성이 놓여 있기 때문이라고 분석하고 있다.

> 이로써 다음과 같이 추론될 수 있다. 즉 그 '광기의 사랑'에는 정신적 고양의 무공간성과 여성으로서의 불가능한 정체성이 서로 일치한다는 것이다. 이러한 사랑의 본질은 불가능성이다. 이것은 본래의 낭만성이라고 말할 수 있겠지만, 그러나 그런 불가능성은 주체 자체의 컨셉에서 발견될 수 있다고 덧붙여야만 한다. 카롤리네가 그 불가능한 것을 원한 까닭은, 그녀 스스로가 자신의 존재와 행위에 있어서 불가능하게 되었기 때문이다. 바로 그것이 낭만적 지평에서의 주체 의식이다. 자아의 극단적인 목표점은 바로 자아 구상의 도달불가능성에 있다. 이런 배경을 놓고 보면 도달불가능성 혹은 불가능성은 '나를 죽이는 것을 잉태한다'를 뜻한다.[82]

정신적으로 고양된 상태가 실현될(혹은 수용될) 수 있는 현실적 공간은 이 세계에 없으며, 이는 남성과 대등하게 자주적으로 자신을 펼칠 수 없는 여성 주체의 불가능성과도 깊은 관계를 맺는다. 정신적으로 고양된 자아 상태의 실현불가능성 내지는 도달불가능성 등은 낭만주의의 반관념론적 시학의 핵심을 이루며, 그런 점에서 낭만주의는 18-19세기 서구 근대의 계몽적 주체 사유에서 비껴나 있다. 그러한 주체의 불가능성에 대한 귄더로데의 성찰은 유럽중심주의, 주체중심주의 등에 대한 그녀의 비판적 시각과 궤를 같이 하는 바, 이는 귄더로데 시학의 또 다른 특징인 '탈유럽주의'와 깊은 연관을 맺는다.

5. 종교와 신화: 유럽중심주의적 사유에 대한 비판

1803년에 집필되고 1805년에 발표된 귄더로데의 산문 『어느 브라만의 이야기』(Geschichte eines Braminen)는 한 인도 출신의 청년이 이방인으로서 서구 유럽을 경험하고 다시금 자신의 고향 인도로 귀향하여 브라만 성직자가 되어가는 과정을 담고 있다. 그 이방인은 처음에 서구의 주체적, 이성적 사유에 매료되어 예찬하는 이가 되지만 점차 그와 같은 유럽의 주체중심적 사유가 실은 다른 지역과 민족을 지배하려는 헤게모니로써 약탈과 전쟁을 일삼는 파괴적인 힘으로 작용하고 있음을 인식하게 되고 결국 탈유럽적 문화 공간으로 선회하게 된다. 즉, 아시아(시리아, 인도)에서 그 대안적인 길을 찾게 된다. 귄더로데의 개인적 발전 과정 차원에서 보면 미완성 드라마 『우돌라(Udohla)』와 함께 『어느 브라만의 이야기』는 유럽중심주의에 대한 비판적 작품으로 간주된다.[83] 유럽 문화에 대한 비판적 시각이라는 점에서 헤르만 헤세의 『싯다르타』를 선취하는 이 짧은 산문은 오랫동안 연구자들의 이목을 끌지 못했다가 1970년 이후 귄더로데의 재발견 과정 중에 해체론, 페미니즘 등이 가세하면서 새롭게 조명되고 있다. 특히 포스트모더니즘과 결합된 탈식민주의(Postcolonialism), 에코크리티시즘(Ecocriticism) 같은 시각도 『어느 브라만의 이야기』의 분석에 적지 않게 기여하고 있다.

『어느 브라만의 이야기』는 알모르(Almor)라는 화자가 자신의 경험을 이야기하는 짧은 일인칭 자전적 독백 이야기로 읽히다가 중간부에 알모르의 이야기를 중단하면서 질문을 던지는 루바르(Lubar)가 등장하는데, 따라서 글 전체가 기본적으로는 대화적 이야기로 구조화되어 있음이 드러난다. 어머니에 대한 기억이 없는 것으로 보아 알모르가 출생하자마자 어머니는 사망한 것으로 읽히며, 기독교에서 힌두교로 전향한 프랑스 상인 출신의 아버지 밑에서 알모르는 홀로 성장하였다. 자식에 대한 차갑고 냉정한 아버지와 자기 자신과의 관계에 대해 알모르는 매우 시니컬하게 전해준다. “부모를 통해 자연은 처음으로 아이들에게 말을 건넨다. 그런데 그 첫 번째 언어가 차갑고 애정 없을 경우 그 불쌍한 아이들은 얼마나 슬프겠나!"[84]라는 그의 언술은, 가족 내 사랑의 결핍이 인간에게 불행을 안기는 첫 번째 경험임을 시사하고 있다. 열여섯 살 때 알모르는 아버지의 사업상 명령으로 고향을 떠나 유럽(아버지의 모국인 프랑스로 추정됨)으로 떠나게 된다. 도착 후 서구 사회의 시민적 의식이나 문화 등을 피상적으로만 경험하거나 전혀 관심을 두지 않은 채 무료하게 지낸다. 얼마 후 아버지가 사망했다는 소식을 듣게 되고 자신을 돌봐주던 지인이 재산을 전부 잃게 되자, 열심히 일하는 가운데서도 알모르는 과연 물질적 재산과 감각적 향유 등이 진정한 행복을 가져오는지, 자기 자신은 어떤 존재인지 등에 대해 자문하게 된다. 그가 우선적으로 제기한 여러 가지 근본적인 질문은 다음과 같다.

> 이 아름다운 나라를 발견했던 순간부터 나는 내 직업 일에 관심을 잃었고 결국 그 직업을 포기하고 말았다. 왜냐하면 내 활동 반경을 결정하기 전 우선 나는 내가 누구인지, 내가 무엇인지, 어떤 위치가 내게 주어지는지, 내가 시민이 되고자 했던 이 나라에 어떤 법이 지배하고 있었는지를 알고 싶었기 때문이었다.[85]

서구 사회를 이끌어가는 근본적인 힘이 무엇인지를 탐구하는 과정에서 알모르가 낯선 이방인으로서 인식한 것은 바로 관념론적 사유이다. 즉, 인간은 자신의 감각적 열정 및 물질적 탐욕을 제어할 줄 아는 "예지와 덕성"을 소지해야 하는 바, 이는 계몽주의의 근간을 이루는 관념론적 사유이기도 하다.

> 처음에 나는 나의 본성과 목적을 분리한 채, 오로지 나 자신만을 고려하면서 고찰하였다. 그런데 나는 내 정신의 안녕은 예지와 덕성 없이는 유지될 수 없음을 알게 되었다. 즉 나는 예지와 덕성이 나의 지고한 노력의 대상이며 감각과 열정의 제어를 통해서, 그리고 고상하고 유용한 활동 속에서 힘을 사용하는 것을 통해서만이 얻어질 수 있는 것임을 알게 되었다. 나 자신을 도덕적 나라의 시민으로 간주한다면 나는 나 자신의 안녕과 마찬가지로 나라의 안녕을 온 힘으로 촉진하고 나라의 안녕에 모든 것을 바치며, 나 자신을 나라의 소유물로 관찰해야

만 하는 그런 의무감을 지녀야 한다는 것을 알게 되었다.[86]

알모르가 터득한 것은 바로 전형적인 계몽주의와 관념론의 사회적, 철학적 정신이었음을 누구나 쉽게 알 수 있다. 감각과 열정보다는 "예지와 덕성"이 중시되어야만 하며, 또한 부분으로서의 자아 혹은 개인은 전체의 행복을 위해 희생되어야만 한다는 인식도 그러한 계몽주의적, 관념론적 사유의 근간을 이룬다. 계몽주의와 관념론에 대한 그의 예찬은 다음과 같은 구절에서 절정에 도달한다. "나의 자랑스러운 이성은 내 안의 나 혼자만의 지배력을 자부하였다. 즉 나의 이성은 모든 것이 이성적으로 존재하기를 원했다."[87] "Alleinherrschaft"는 '나 혼자만의 지배력'이라고 번역하였지만 이는 정치철학적으로 말하자면 '일인 독재'를 뜻한다. 이성적 존재로서의 예지와 덕목을 갖춘 주체에 대한 강조는 역사적으로 전통적인 종교적, 정치적 구속에서 벗어난 인간의 해방을 뜻하지만 19세기 이후에는 자연을 비롯한 타자를 지배하려는 절대적 주체의 논리로 변모하게 된다.

어쨌든 "예지와 덕목"을 지닌 인간에 대한 관점은 1800년에 발표된 피히테의 『인간의 규정』(Bestimmung des Menschen)을 상기시키며 당시 귄더로데는 피히테에 탐닉해 있었기에 그 연관성은 충분히 가능하다. 『인간의 규정』에서 피히테는 "이성이 현존재를 위해서 존재하는 것이 아니라 현존재가 이성을 위해서 존재한다"[88]라고 언급하였는데, 일종의 이성중심주의에 다름 아니다. 동시에 '인간의 사유, 의지, 활동 등은 모두 이성적이어야만 한다'는 점이 피히테에게는 제 일 원칙으로 설정되고 있다.

> 이성의 전체 최종목적은 완전히 자기 자신을 통해서 그리고 자기 자신 밖의 어떤 도구를 필요로 하지 않는 그 자체의 순수한 활동이다. 이성 자체가 아닌 것으로부터의 독립성, 절대적인 무조건성이다. 의지는 이성의 살아 있는 원칙이며, 의지가 순수하고 독립적으로 파악될 경우 그 자체가 곧 이성이다. 이성은 그 자체를 통해 활동적이다. 즉, 순수 의지는 오로지 그 자체로서 작용하고 지배한다.[89]

알모르는 이와 같은 이성적이고 도덕적인 사유에 의해서 서구 유럽이 발전하게 되었다는 인식을 갖게 되며 유럽 문화에 심취한다. 그러나 그에게는 다시금 이분법 자체가 의문시된다. 즉 전체와 개인, 자연과 이성, 내면의 목소리와 이성적 규율(도덕) 간의 충돌과 모순이 싹트게 된다. 특히 전체의 이성적 활동 과정을 들여다보면, 개인이 전체를 위해 희생할 것을 강요하는 논리가 깔려 있음을 알모르는 깨닫게 된다. 그는 결국 이성적 사유의 보고(寶庫)인 '철학'을 증오하고 부정하게 된다.

> 이제 나에게 철학은 증오스럽게 여겨졌다. 철학은 개개의 것들로 구성된 전체를 위한 수단으로 모든 개개의 것을 바라본다. 철학은 이것 혹은 저것이 다른 이들을 위해 어째서 유용한지를 언제나 물어보며, 모든 것을 전체에 의해서 소비되기 위해 꽃을 피우고 무르익게 되는 과실로 간주한다. 즉, 철학은 한 정원 안에서 아주 다양한 자연물들을 재배하려 하지만, 하나의 규칙에 따라 떡갈나무와 장미를 키우려고 한다.[90]

서구의 경우 전체를 위해 개개의 것이 희생되는 논리였다면, 이와 달리 아시아의 여러 나라, 특히 인도 등의 철학과 문화에서는 개인 및 부분이 더욱 중시되고 있음을 알모르는 알게 된다. 전체의 논리와 맞닿아 있는 이성적, 철학적 사유를 중시하는 유럽 사회의 문화에서 그가 발견한 결정적인 문제점은, 그 사회가 거둔 평화와 성과란 '서구'라는 자기중심주의적 논리를 토대로 파괴적 전쟁을 일삼으면서 타자를 지배하는 것에 다름 아니라는 것이다. 그와 같은 서구 문화에 대해 알모르는 다음과 같이 강하게 회의를 피력한다.

> 마침내 내면의 목소리가 나에게 말했다. "어째서 이 지상에 있는 모든 것은 인간만 제외하고 선한 것일까? 왜 인간만이 자신이 존재하는 것과는 다르게 되는 것일까? 자신의 고유한 정신의 잔해 위에서 '봐라, 이들은 난을 일으키더니 전사하였노라, 나는 그들 도두를 이긴 승리자가 되었노라'라고 말할 수 있는 자만이 덕성 있는 자일까? - 야만인이

다! 너의 승리를 기뻐하지 마라, 너는 시민전쟁을 일으켰고, 패배자들은 너 자신의 조물주의 자식이었기에 너는 네가 거둔 승리에서 결국 너 자신을 죽인 셈이다, 네가 너의 전쟁에서 전사한 것이다." 그 누구도 자신의 성향에 대해 싸우지 않을 경우 흔히 도덕적 세계가 빠지게 되는 무질서, 이 무질서 이외에 다른 어떤 것을 나는 그 내면의 목소리에 대항하여 제시할 수 없었다. '희생을 치루고 얻은 평화는 나에게 너무 귀한 것이었어'라는 대답은 내게 만족스럽지 않았으며, 부분적으로 나 자신을 좀 더 낫게 유지할 수 있기 위해서는 나 자신을 부분적으로 파괴해야 한다는 생각도 나는 더 이상 견딜 수 없었다.[91]

질서, 승리, 평화, 안녕(복지) 등은 누군가의 패배를 통해서만 얻게 되는 것인데, 그 '누군가'는 결국 넓은 의미에서 보면 인간 자신임을 알모르는 깨닫게 된다. 즉, '인간에 의한 인간의 파괴'인 것이다. 결국 자기 자신을 되찾기 위해 알모르는 유럽을 떠나 시리아의 페르시아 해변에 잠시 머물다가 이후 최종적으로 티베트를 거쳐 인도에 도착하여 어느 나이 많은 브라만 성직자를 만나게 된다. 그 성직자와 함께 살면서 알모르는 우주적, 종교적 가르침을 깨닫게 되며 성직자가 사망하자 그의 어린 딸 라지다(Lasida)와 함께 살아가게 된다.

유럽 식의 문명 발전과 이성의 절대성을 거부하고 자연발생적인 차원에서 자기자신을 발견하기 위해 알모르는 동양으로 시선을 돌리며, 조로아스터교, 유교, 가톨릭, 개신교, 이집트 신화, 인도 신화 등 다양한 종교와 신화를 공부하면서 인간과 내적으로 교류하는 근원적인 힘을 탐구하게 된다. 동양의 문화에서 그는 개인의 고유한 존엄성을 발견하며, 어떻게 세계정신이 개별자 속에 투영되는지를 깨닫게 된다. 아울러 서구 유럽에서 갈등과 투쟁을 낳게 된 문제점, 가령 전체와 개인, 지배와 자유, 보편과 특수, 도덕과 반도덕 같은 이분법이 더 이상 존재하지 않는 상태가 무엇인지를 탐구하게 된다. 가령 이집트의 이지스 여신상에는 "나는 현재에 존재하고 과거에 존재했고 미래에 존재하게 될 어떤 것이다"(Ich bin, was da ist, was war und seyn wird)[92]라는 문구가 새겨 있는데, 이러한 존재론적 문구와 관련하여 알모르는 탈자아론적 차원에서 "이는 곧 무한한 힘, 즉 영원한 삶이며, 이 삶은 현재 존재하고 과거에 존재했고, 미래에 존재하게 될 모든 것으로 존재하며, 또한 자기 자신을 비밀스러운 방식으로 생산하고, 모든 변화와 사멸에도 불구하고 영원히 머물러 있는 삶이다"[93]라고 깨닫게 된다. "무한한 힘", "영원한 삶"은 자연과 정신을 구분하지 않는 "자연정신"(Naturgeist)이라고 명명되기도 한다. 그 자연정신과의 교감에 대해 알모르는 다음과 같이 밝힌다.

> 이러한 동경 속에서, 이러한 사랑 속에서 자연정신이 내게 말을 해왔다. 나는 그 목소리를 들었지만 그런 목소리가 어디서 온 것인지 알지 못했다. 그러나 내가 그 목소리에 귀기울이면 기울일수록 더욱 더 선명하게 된 점은, 보이는 것이든 보이지 않는 것이든 모든 것이 하나가 되어 있는 근본적 힘이 존재한다는 것이다. 나는 그런 힘을 근원적 삶이라고 명명했으며 그런 힘과의 연관 속으로 내 의식을 가져가려 했다(왜냐하면 나에게 비밀스럽고 무의식적인 그 힘의 기원은 내게 명확했기 때문이다). 나는 그 힘을 향해 올라갈 수 있는 모든 방향의 길, 세속적인 것에서 영원한 것으로 나아가는 길을 찾았다. 마침내 종교가 내게는 그 길인 것처럼 보였다.[94]

"무한한 힘", "자연정신", "세계정신", "근원적인 삶" 등은 주체와 객체, 인간과 자연, 신과 세계, 창조와 피조 등이 서로 구분되지 않는 상태인 일종의 '신비로운 합일'(unio mystica)을 나타낸다. 지성과 이성만을 신봉하는 서구의 문화와 철학적 사유가 도외시했던 그와 같은 신비로운 합일을 알모르는 동양, 특히 인도에서 발견하게 된다. 이러한 시각은 사실 귄더로데만이 아니라 이미 헤르더, 괴테 등의 고전주의자들, 슐레겔 형제를 비롯한 낭만주의자들에 의해서도 강조된 바 있다. 자연과 신의 합일은 18세기 후반 독일에 널리 팽배해 있던 범신론(Pantheismus)으로부터 영향을 받은 것으로 짐작되는 바, 모든 자연 현상을 신적인 것의 발현으로 보는 스피노자의 범신론은 특히 젊은 괴테와 횔덜린뿐만 아니라 노발리스, 슐레겔 등 초기낭만주의자들에게 많은 영향을 끼쳤다. 그런 범신론의 영향권 하에 귄더로데도 마찬가지로 놓여 있었다. 다만 귄더로데는 그와 같은 범신론적 사유를 아시아 문화와 접목함으로써 동시대인들과는 다른 지평을 열고 있다.

이와 같은 허구적 산문에서 알모르가 추구하는 범신론적 신비로운 합일의 특징은, '주체로서의 자아는 무엇인가'를 자신의 사유 대상으로 취하는 주체중심주의적 사유에서 벗어나 주체와 객체 간의 분리 자체가 불가능한 상태를 근원적인 것으로 삼는다는 것이다. 또 다른 글 「묵시록적 단편」에서는 주체를 부정하는 상태가 강조되고 있는데, 그 글의 13번째 단편에는 안개에 둘러싸인 상태에서 "내가 나에게는 내가 더 이상 아닌 듯 보이지만, 평상시의 나보다 더 많은 듯 여겨졌다"(ich schien mir nicht mehr ich, und doch mehr als sonst ich)라는 부재 상태가 서술되고 있다. 15번째 단편에서는 그와 같은 상태가 주체와 객체, 육체와 정신, 시간과 영원성 등이 구분되지 않는 "무한한 삶"이라고 명명된다.

> 15. 그렇기에 듣는 귀를 지닌 이는 들어라! 그것은 둘도 아니고 셋도 아니며 수천도 아니며, 그것은 하나이자 전체다. 하나는 시간에, 다른 하나는 영원성에 속한다는 식으로 정신과 육체는 나뉘어 있지 않다. 그것은 하나이며 서로 속해 있으며 시간과 영원성은 동시적으로 존재하며, 보이지만 보이지 않게, 변화 속에서 불변한다. 그것은 무한한 삶이다.[95]

주체와 객체가 분리된 상태에서는 주체가 객체를 지배하기 마련이며 또한 항상 분절된 시간화(과거, 현재, 미래)의 논리가 작동하기 마련이지만, 이와 달리 무한한 것, 우주적인 것, 근원적인 것만이 존재하는 상태에서는 그런 시간적 구분은 지양되어 있으며 오로지 '영원한 현재로서의 절대적인 순간'만이 있을 뿐이다. 『멜레테』에 실려 있는 「오이제비오의 대답에서 나온 단편」(Fragmente aus Eusebio's Antwort)라는 글에서는 그 절대적인 순간과 관련하여 "시간이 존재하지 않는 곳, 즉 지나간 것이나 미래적인 것이 존재하지 않고 영원한 현재가 존재하는 곳에서는 기억이 필요치 않는다"[96]고

서술되고 있다. 그와 같은 "영원한 현재"의 무시간적 특성은 다름 아닌 자연, 역사, 우주 등에 부여된다.

> 그러나 자기 자신에 동일하고, 외적으로나 내적으로도 이와 같은 조화로운 존재를 자신 속에 지니고 그 자체 그러한 표현으로 존재하는 것, 즉 하나이자 다양성에서도 분열되지 않는 것, 이것이 바로 저 완전함, 불멸함, 불변함이다. 이는 곧 내가 자연의 목표, 역사의 목표, 시대의 목표, 요컨대 우주의 목표로서 바라보는 유기체이기도 하다.[97]

영원히 동일한 상태, 분열되지 않는 상태, 더 이상 개별자와 보편자로 구분되지 않는 상태, 불멸하고 불변하는 상태 등은 「지상의 이념」(Idee der Erde)이라는 글에서도 반복적으로 서술된다.

> 그러나 언제나 자기 자신에 동일하고, 자신과 조화롭고, 개별성으로 분열되지 않는 것, 이런 것이 변화와 병폐 없이 불멸하는 것인 바, 요컨대 그것은 내가 이 지상(혹은 우주)의 실현된 이념이라고 명시했던 것에 다름 아니다.[98]

영원한 현재의 무시간적 상태에서는 주객체 도식에서의 자아, 그리고 세계와 우주를 자신의 대상으로 삼는 그런 자아가 부정되어 있음은 자명하다. 칸트, 피히테에서 강조된 의식적이고 능동적인 자의식, 나아가 절대적인 위상까지도 갖게 되는 자아의 논리에서 벗어나 알모르는 우주, 무한한 것을 수동적으로 직관하는 자아만을 인정할 뿐이다.

> 사물들의 관조, 근원의 관조가 모든 종교의 가장 내적인 영혼이며, 이는 각 개인들에게 상이하게 개인화되어 있다. 그러나 그 영혼 자체는 모든 종교 체계에 관통한다. 무한하고 명백한 것을 나타나게 하는 저 무한한 것, 보이지 않는 것, 인간이 된 저 신적인 것, 즉 유한한 삶에서 영원한 삶으로 전환하는 것을 너는 모든 종교에서 보게 될 것이다.[99]

이러한 서술은 귄더로데가 아마도 '개인, 직관, 우주(신)'의 상관관계를 중시한 슐라이어마허의 종교론으로부터 영향을 받은 것으로 추측된다. "사물들의 관조"가 곧 종교의 근원이라는 귄더로데의 시각은 종교를 "우주의 관조와 감정"으로 규정한 슐라이어마허의 사상과 매우 밀접하게 연결되어 있다. 이러한 인식이 인도의 종교관에서 깨달은 것으로 제시되고 있지만 사실 인도, 이집트 같은 특정 공간이나 기독교, 불교, 이슬람교 같은 특정 종교 등은 중요하지 않다. 일차적으로 탈유럽적 종교관을 중시하는 가운데 모든 종교에 관통하는 공통적인 특징이 인식되고 있는 바, 즉 종교들이란 무한한 것, 근원적인 것의 서로 다른 방식의 계시와 명명에 다름 아니라는 인식이다.

이처럼 탈유럽적 맥락에서 강조된 신비로운 합일 및 그와 관련된 철학적, 종교적 서술은 두 가지 점에서 새로운 의미를 지닌다. 그 하나는 귄더로데가 '남성적 주체로서 이방인'을 끌어들이고 있다는 점이며, 다른 하나는 이방인의 고향으로 유럽인들에게는 '낯선 곳'인 인도(Indien)가 동경의 공간으로 제시되고 있다는 점이다. 우선 두 번째 질문의 경우, '낯선 곳'으로서의 인도는 희랍을 중심으로 오랫동안 형성된 유럽 문화의 전통과 권위를 부정하면서 새로운 것, 젊은 것, 문명에 의해 훼손되지 않는 것을 갈망하는 청년 문화에 대한 공간적 은유로 파악될 수 있지만,[100] 18세기의 경우 그 낯선 곳으로의 정신적 여행은 계몽주의 및 유럽중심주의를 비판하는 차원에서 상상적으로 실행된다. 18세기 중후반부터 독일 지성인들 사이에서 팽배해 있던 인도에 대한 관심은 소위 '인도 열풍', '인도마니아'(Indomanie)라고도 불렸는데, 특히 칸트, 헤르더, 괴테, 슐레겔 형제 등이 인도에 대해 지대한 관심을 보였다. 가령 헤르더는 유럽의 젊은이들은 인도로부터 "자연의 정신"을 배울 필요가 있다고 밝힌 바 있으며,[101] 슐레겔은 이미 『포에지에 관한 대화』(Gespräch über die Poesie)에 실려 있는 <신화에 관한 강연>(Rede über die Mythologie)에서 "동양에서 우리는 최고의 낭만적인 것을 찾아야만 한다"[102]라고 역설한 바 있다. 친구 루트비히 티크에게 보낸 1803년 9월 15일자 편지에서도 슐레겔은 "여기에(산스크리트어: 역주) 모든 언어의 근원, 모든 사유의 근원, 인간 정신의 시의 근원이 들어 있는 바, 그 모든 것은 예외 없이 인도에서 기원한다"[103]라고 밝혔으며 이후 1808년에는 『인도인들의 언어와 지혜에 관하여』(Über die Sprache und Weisheit der Indier)라는 글을 집필하기도 했다.[104]

이처럼 독일인들이 한 번도 가보지도 않았던 '인도'라는 공간에 대한 언급과 서술은, 엄격히 말하면 결코 '체험된(erlebt) 인도'에 기반한 사실적 표상에 근거하는 것이 아니라 단지 '허구적으로 만들어진(erdacht) 인도', 즉 일종의 상상적 관념에서 나온 공간적 기호이다.[105] 그와 같은 인도에 대한 상상적 관념 및 서술과 관련해서는 상반된 두 가지 해석적 시각이 가능하다. 그 하나는 타자로서의 인도에 대한 18-19세기 독일(혹은 유럽)의 관심은 소위 '식민지를 확보하려는 독일 제국주의 및 파시즘의 이데올로기적 뿌리'로 작용할 수 있다고 보는 비판적 시각이다. 인도는 '서양의 제국주의적 사유에 의해 구성되고 지배되는 동양의 형상'으로 간주되면서 귄더로데 또한 '오리엔탈리즘'(Orientalismus)에 속하는 작가로 비판될 수 있다. 다른 하나는 '아시아 혹은 인도'라는 공간은 오히려 유럽중심주의에 대한 비판으로서 탈유럽주의적, 탈식민주의적 시각에서 파악되어야만 한다는 정반대의 시각이다. 인도 자체는 아시아에 위치한 실제적이고 구체적인 공간을 가리키는 것이 아니라 '비동일적인 타자'로서 기능하는 상상적 기표일 뿐이다. 요컨대, 인도라는 공간적 기표는 서구와 비서구, 문명과 야만 같은 이분법적 시각을 토대로 유럽의 근대적 발전, 주체의 동일성, 서구의 이성적, 계몽적 문화 등을 예찬하는 유럽중심주의적 이데올로기를 비판하는 상상적 은유로 작용할 뿐이다. 베티나 폰 아르님에 관한 연구에서 기젤라 디슈너(G. Dischner)는 귄더로데의 「오제비오에 보낸 편지」의 의미를 분석하면서 매우 중요한 점을 지적한 바 있다. 디슈너에 따르면 귄더로데는 20세기 초 막스 베버가 서구 근대화의 양축으로 제시한 '자본주의와 프로테스탄티즘'을 비판적 대상으로 삼았던 시인이었다는 것이다. 자연정신 등에 함의된 '선사세계'(Vorwelt) 내지는 인도라는 공간은 역사와 문명 이전 세계로의 회귀를 뜻하는 것이 아니라 자본주의와 프로테스탄티즘이 작동하는 서구의 근대화를 비판하기 위한 은유적 표현이며, 그런 점에서 "시적인 서술의 풍요로움과 충만함"(Reichtum und Fülle der poesiereichen Darstellungen)의 세계, 즉 자유로운 상상력과 시적 형성이 무한히 허용되는 시적 세계에 대한 강변도 그와 같은 서구 문화에 대한 비판 차원에서 이해되어야만 한다.[106]

그렇다면 위에서 제시한 첫 번째 질문, 즉 귄더로데는 왜 이야기의 주체로서 남성적 주체를 설정하였는가와 관련해서 그 대답은 쉽지 않다. 알모르는 당연히 남성적 주체이지만, 정확히 말하면 사실 프랑스 출신 아버지와 인도 출신 어머니 사이에서 태어난 혼혈 남성 주체다. 그런 알모르가 유럽(프랑스)으로 가서 처음에는 그곳의 사회문화에 무관심하다가 서서히 그 사회문화의 이성적, 윤리적 토대에 매료되면서 사회적 동화를 추구하지만, 그러나 지배적 탐욕, 갈등과 전쟁 등을 야기하는 유럽 문화에 강한 회의를 품게 되고 결국 아시아(시리아, 인도)로 시선을 되돌리게 되는 일련의 과정은 시사하는 바가 매우 크다. 유럽의 계몽주의적, 이성중심적 문화를 이끌어가는 주체는 소위 '강력한 주체'로서의 남성이지만, 주인공 알모르는 비록 육체적으로는 남성이지만 이성을 거부하고 자연으로 되돌아가는 '연약한' 내지는 '혼성적' 주체인 셈이다. 낯선 곳으로서의 인도에서 무한한 힘, 자연정신, 근원적 삶 등을 찾으려는 '연약한' 내지는 '혼성적' 주체로서의 알모르는 낯선이, 즉 '이방인'일 뿐이며, 그는 기존의 남성과 여성 간의 차별 구도에 놓여 있는 생물학적 주체로 파악되지 않는다. 포스트모더니즘적 관점과 페미니즘적 관점이 결합된 시각에서는 특정 성(性)에 귀속되지 않는 혼혈적 주체로서, 이방인으로서의 알모르는 다음과 같이 일종의 "텍스트 주체"로서 해석되기도 한다.

> 시민적 주체성의 로고스중심적, 유럽중심적 구성조건들로부터 더욱 거리를 취하는 서술적 제스추어를 보면, 텍스트 차원에서 - 한 순간 - 새로운 주체가 스스로 구성된다. 바로 텍스트 주체이며, 이는 여성적도 아니고 남성적도 아니며 '이방인'이다.
>
> 여성과 마찬가지로 이방인은 (...) 언어의 논리적인 제시 형식 및 상

> 징적 코드화 내에서 '자신을 상실한'(Selbst-Losigkeit) 여성의 딜레마를 비유적으로 형상화/대표한다. 이 점이 바로 귄더로데에게는 거의 의식되지 않은, 페미니즘 연구의 불빛에서 비로소 탈암호화된 서브 텍스트(Sub-Text: 숨어 있는 의미)이다.[107]

『어느 브라만의 이야기』는 표피적으로는 알모르라는 남성 주체를 내세우고 있고 또한 남성의 논리적 서사로 서술되고 있지만 그 이면에는 '텍스트 주체'로서의 여성, 이방인, 서브 텍스트 등을 암시하는, 명료하고 단일한 주체성과 결별한 존재자들을 대변하는 텍스트로 파악되어야 한다.

6. 두 차례의 '귄더로데 르네상스': 베티나와 볼프

귄더로데 르네상스는 두 차례 일어난다. 첫 번째 르네상스는 귄더로데 생존시 가장 친하게 지냈던 동생뻘 베티나가 귄더로데 사후 34년이 지난 1840년에 발간한 『귄더로데』라는 서간체 자서전에 의해서다. 브렌타노 집안의 자녀들 가운데 특히 군다, 클레멘스, 베티나는 귄더로데와 친밀하게 지냈다. 그 중 군다는 귄더로데에게서 사랑하는 연인 사비니를 빼앗았다면, 클레멘스는 시인으로서 귄더로데와 선의의 경쟁 관계를 펼친 친구처럼 지냈으며, 막내인 베티나는 귄더로데와 진심을 나누는 자매처럼 지냈다. 실제 생존시 1801년부터 서로 교류했던 귄더로데와 베티나 간의 우정어린 관계는 그리 길지 않은 기간에도 불구하고 친자매의 혈연관계 이상으로 더 내밀하고 인간적이었다. 그 둘의 친밀한 관계는 서로 '군터'(Gunther), '베틴헨'(Bettinchen)이라는 애칭을 통해서도 느껴진다. 베티나는 그런 귄더로데를 주인공으로 삼아 그녀를 기리는 차원에서 1840년에 서간체 자서전인 『귄더로데』를 출간하였다. 물론 『귄더로데』에 담겨 있는 귄더로데의 다양한 감성과 사유 등과 관련하여 그 사실성의 진위에 대한 논란은 여전히 현재진행형이기에 그 점을 집중적으로 다룰 수는 없으며, 여기서는 다만 '귄더로데-

르네상스'에 그 작품이 적지 않게 기여했다는 점으로만 만족하기로 하자.[108]

두 번째 귄더로데 르네상스는, 베티나의 『귄더로데』 이후 130년 정도 지난 시점인 1970년대 후반에 일어난다. 동서독으로 분단된 상태에서 당시 사회주의 국가를 표방한 동독에서 대표적인 작가로 활동했던 크리스타 볼프(Ch. Wolf)는 두 가지 방식으로 귄더로데를 활성화한다. 그 하나는 허구적인 소설을 집필하는 방식을 통해서, 다른 하나는 귄더로데의 작품과 서신 등을 편집, 발행하는 방식을 통해서였다. 두 작업의 결과물은 모두 1979년에 출간된다. 우선 볼프의 작품 『어느 곳에도 설 땅이 없다』는 생존시 서로 알지 못했던, 그렇지만 자살이라는 공통된 길을 선택한 클라이스트와 귄더로데가 허구적인 소설 공간에서 만나 서로 대화를 나누는 소설이다. 19세기 초엽 두 작가는 사회로부터 인정받지 못한 아웃사이더였고, "시간이 우리로부터 멀어져가버린 저 비열한 흔적"(Die arge Spur, in der die Zeit von uns wegläuft)[109]을 볼프는 두 작가를 중심으로 추적해간다. 소설 내에 설정된 공간적 배경은 귄더로데가 자살한 라인 강변의 빙켈이며, 그곳의 상인 메르텐의 집에서 개최된 차모임이 만남의 장소가 된다. 두 사람 이외에도 사비니, 군다, 클레멘스, 베티나 등 귄더로데의 여러 주변 인물들이 등장하고, 클라이스트의 주변 인물로는 의사 베데킨트, 여동생 울리케, 약혼녀 빌헤미네 폰 쳉에 등이 - 실제의 등장 없이 - 거론된다. 서로의 관찰과 생각 등이 교차적으로 서술되다가 소설 후반부에 귄더로데와 클라이스트는 함께 산책하면서 억압적인 사회와 개인의 자유에 대해 허심탄회하게 대화를 주고받는다. 볼프의 작가적 의도는 19세 초 자살을 택한 두 작가의 허구적 만남, 사회와의 마찰 및 고통만을 전하려는 것이 아니라 개인의 자유로운 주관성을 억압하고 있던 동시대 동독 사회를 우회적으로 비판하는 것이었으며, 넓은 의미에서 『어느 곳에도 설 땅이 없다』는 1970년대 서독의 문학 경향인 '신주관성'(Neue Subjektivität)의 영향권에 놓여 있던 작품이다.

소설 창작 이외에도 볼프는 자신의 뛰어난 해설과 함께 귄더로데의 선집 『꿈의 그림자』(Der Schatten eines Traums, 1979)를 출간한다. 그 선집에는 볼프가 인상 깊게 읽은 귄더로데의 주옥 같은 작품, 편지, 산문 등이 실려 있으며, 해설에서 볼프는 억압된 여성 작가로서 귄더로데가 겪은 시대적 아픔과 글로 표현하는 데 있어서의 여성의 한계를 매우 섬세하게 설명하고 있다.

> 누군가 글을 쓸 수 있기 전 그는 우선 살아야만 한다. 이 점은 진부하며 남성, 여성 모두에 해당된다. 여성들은 글을 쓰지 못한 채 오랫동안 살아왔다. 여성들은 - 상황이 호전되었을 때에서야 - 자신의 삶으로 글을 쓰고, 자신의 삶을 대가로 글을 쓴다.[110]

19세기 초만 해도 여성들의 글쓰기 상황은 녹록치 않았으며 지인의 도움으로 작품을 출간할 수 있었던 도로테아 슐레겔, 귄더로데 같은 작가들조차도 모두 익명이나 필명으로 글을 발표했다. 동시대 사회 질서의 이성적, 도덕적 문법에 저항하는 글쓰기 방식을 취한 여성 작가들은 그 지배세력의 각종 비난, 야유, 조롱, 비판 등을 감수해야만 했으며 때론 자신의 삶을 그 대가로 치루었는데, 그런 맥락에서 귄더로데는 자살을 택했던 것이다. 자살은 단순히 사랑의 좌절에서 나온 감정의 극단화가 아니다. 볼프의 언급대로, 귄더로데는 자유를 억압하는 현실과 자유를 갈망하는 자신 간의 마찰, 즉 "시대적 불협화음"에 병들어 있었다. "스물 한 살의 귄더로데가 인지한 자기 마음의 불협화음은 - 이 점을 그녀는 알지 못했는데 - 곧 시대의 불협화음이다."[111] 이와 같은 "시대의 불협화음"은 19세기 초엽의 귄더로데뿐만 아니라 20세기 후반 동독 사회에서 살았던 볼프 자신에게도 해당된다. 19세기 초엽의 억압적 상황은 시간이 흐르면서 전혀 사라지지 않았으며 모든 인민의 평등과 행복을 구현한다던 동독 사회에서도 여전했으며, 볼프는 그와 같은 자신이 처한 시대적 상황을 귄더로데를 통해 표현해냈다. 귄더로데를 향한 시선이었지만 볼프도, 130년 전 베티나처럼, 귄더로데를 통해 실은 자신을 향해 목소리를 내던지고 그 메아리를 듣고 있었던 것이다.

> 그녀를 심연 속으로 끌어들여 빤히 보면서도 그 심연의 가장자리를 걷도록 하는 데에는 사소한 것만으로 충분한 듯 보인다. 그녀를 살해

> 하는 것이 정말 사소한 것인지 의문시된다. 그녀를 결국 죽게 만든 그것 - 맙소사, 그것이 불행한 사랑이라니! - 은 이미 정해진 그녀의 운명이 그녀에게 준 표시가 아닐까. 즉 버림받고, 오인되고, 배신당하고 마는 그 운명의 표시 말이다. 아니면 그녀가 이 표시를 완전히 잘못 해석했던 것인지.[112]

'잘못'(ver-)이라는 뜻을 지닌 전철과 연결된 여러 동사, 즉 '버림받고, 오인되고, 배신당한'(verlassen, verkannt, verraten)이라는 세 단어의 나열을 통해 귄더로데의 비운의 삶이 매우 함축적으로 잘 서술되고 있다. '귄더로데가 그 운명의 표시를 잘못 해석했었을지도 모르겠다'는 언술은 당연히 그녀를(그리고 볼프 자신을) 수용하지 않은 동시대 사회를 향해 내던지는 아이러니컬한 목소리로 읽힌다. 귄더로데라는 한 여성의 억압, 한 인간이 처했던 억압적 상황을 환기하기 위해 볼프는 자신의 글쓰기 행위를 일종의 기억으로 정의한다.

> 기억하는 것은, 글을 쓰는 행위처럼, 시류에 역행하는 것이다. 즉 언뜻 보기에 자연스러운 망각의 흐름에 대항하는, 힘든 움직임이다.[113]

모든 것을 덮어버리려는 시대적 경향, 즉 비판적 자유 대신 망각을 강요하는 시대적 경향에 대항하여 글쓰기는 지나간 것을 불러내는 일종의 기억작업이다. 볼프의 문학적 글쓰기는 귄더로데를 비롯하여 클라이스트, 횔덜린, 베티나 등 다양한 지나간 문인의 삶의 흔적을 불러낸다. 즉, 부자유, 차별, 제한, 구속, 배제 등이 지배하던 19세 초엽의 사회적 상황 속에 그들이 어떤 불안하고 우울한 의식과 병든 마음을 지녔는지를 상상적으로 그려냄으로써 볼프는 동시에 자신이 처해 있는 20세기 후반기 동독 사회에 대한 현재적 경각심을 불러일으켰다. 이러한 볼프의 귄더로데 재발견을 통해 동독 사회의 폐쇄성과 경직성이 비판적으로 인식됨으로써 서독에서도 귄더로데의 재발견이 일어난다. 1980년대부터 본격적으로 전개된 연구 경향에서 귄더로데는 더 이상 단순히 사랑에 좌절하여 자살한 여성 작가로 해석되지 않고 뛰어난 문학성을 지닌 페미니즘적 여성 작가로 새롭게 조명되었다. 일종의 "귄더로데 신화"(Mythos Günderrode)가 형성될 정도였다.[114] 그와 같은 르네상스 선상에서 하네로레 슈라퍼(Hannelore Schlaffer)는 자신의 해설과 함께 귄더로데의 시, 산문, 편지 선집을 1991년에 출간하였으며 동시에 1990-1991년에는 발터 모르겐탈러(Walter Morgenthaler)에 의해서 귄더로데의 역사비평본 전집 3권이 발행되었다.

이처럼 서로 동떨어진 시대에 살았던 두 여성 작가 베티나와 볼프는 자신들보다 더욱 비극적인 삶을 살았고 극단적인 행동을 택했던 '귄더로데의 뒤늦은 수용'을 위해 크나큰 기여를 했다. 흥미로운 점은, 두 작가 모두 실존 인물 귄더로데의 실제 상황과 심리 상태 등을 역사적으로 재현하는 방식보다는 자신들의 독특한 글쓰기 방식과 해석 방식을 통해 귄더로데의 글쓰기와 삶을 재구성해냈다는 것이다. 그러나 재구성이란 귄더로데의 모습을 존재했던 그대로 완전히 구현하는 것이 아니라 후세의 주관성이 개입할 수밖에 없는 작업이기에, 어쩔 수 없이 여성작가 '귄더로데'의 형상은 역사적 진정성과 심미적 허구성 사이에서 부유하는 특성을 갖게 된다. 그렇지만 이 대립적인 특성은, 귄더로데를 부활하는 측면뿐만 아니라 베티나와 볼프 자신의 글쓰기와 해석의 측면에서도 모두 긍정적으로 작용한다. 베티나와 볼프가 거둔 작가적 성과에 대해 훔멜(A. Hummel)은 다음과 같이 정리해준 바 있다,

> 요컨대, 두 작가는 - 적어도 소위 - 자신들의 공통된 선배 작가의 이름으로 자신들의 "소망된 전설"(이는 크리스타 볼프의 개념임: 역주)에 대해 글을 썼다. 베티나 폰 아르님은 예언자적 능력을 지닌 몽상가의 권한으로 『귄더로데』라는 허구적 편지 전기로써 그 방식을 합법화했다. "그날 나는 지나간 것들에 아주 가까이 있다고 느꼈으며 정말 모든 체험한 것의 항구적인 현재성에 대해 내가 확신을 가질 정도였다." 크리스타 볼프는 자신의 작품 선별 및 〈꿈의 그림자〉라는 제목의 자기 에세이를 정당화하기 위해 '시적 진정성'의 해방적 영향력을 환기하고 있다.[115]

인용문 내에 있는 "그날 나는 지나간 것들에 아주 가까이 있다고 느꼈으며 정말 모든 체험한 것의 항구적인 현재성에 대해 내가 확신을 가질 정도였다"라는 인용문은 베티나가 연하의 연인 율리우스 되링(Julius Döring)에게 보낸 1840년 1월 20일자 편지에 들어 있는 구절이다. 베티나가 밤에 꿈속에서 귄더로데를 만났던 순간은 결코 지나간 것으로 그치는 것이 아니라 현재에도 지속한다는 내용인데, 이는 곧 귄더로데와 베티나 간의 관계를 넘어서 귄더로데의 현재성을 강조하려는 시각이다. 이처럼 훔멜은 두 작가 모두 귄더로데 작품을 부활하면서도 동시에 그들이 지닌 독특한 "예언적 능력을 갖춘 몽상가"와 "시적 진정성의 해방적 영향력"을 발휘하였다는 점을 강조하고 있다.

7. 나가는 말

26세의 젊은 나이로 삶을 마감한 귄더로데는 두 가지 형태의 삶과 그와 비슷한 맥락에서 삶을 살아가는 두 가지 방식을 구분한 바 있다.

> 두 가지 삶이 있을 뿐이다. 일반적인 삶(이는 우리보다 저열한 것인데)과 더욱 드높은 삶이다. 많은 이들이 두 가지 삶 사이에서 부유하는데, 진실한 예술가는 후자의 삶 속에 있으며, 그것은 진실한 축복이다, 그런 삶에 발을 들여놓은 이는 구원 없이 세계에 내버려진다.
>
> 제대로 사는 두 가지 방식만이 있다. 세속적으로 사는 방식과 내세적으로 사는 방식이다. 우리는 세상에 기여하고 쓸모있게 되고 관리가 되거나 사업 활동을 하거나 아이를 키울 수 있는데, 이것이 세속적으로 사는 방식이다. 이와 달리 영원하고 무한한 것을 바라보면서, 영원하고 무한한 것을 추구하면서 우리는 내세적으로 살기도 한다(일종의 수녀의 상태). 이 두 가지 방식 중 어떤 것과 완전히 다르게 살아가려는 자는 파멸한다.[116]

두 인용 문단은 같은 내용인가 다른 내용인가? 앞 문단에서는 두 가지 삶,

즉 비루한 삶과 고상한 삶이 구분되고 있다면, 뒷 문단에서는 삶을 살아가는 방식, 즉 현세적으로 살아가는 방식과 내세적(천상적)으로 살아가는 방식이 서로 구분된다. 비루한 삶에는 당연히 이익 추구, 성공, 결혼과 가정 같은 추구하는 세속적인 방식이 요구되기 마련이며, 고상한 삶에는 천상적으로 살아가는 방식이 요구되기도 한다. 따라서 사실 앞뒤 문단이 서로 다른 내용을 담아내고 있지는 않다. 낭만주의 이후 예술가는, 목사와 수녀 같은 구도자들처럼, 고상한 삶과 그에 부합하는 내세적 방식을 취할 것임은 자명하다. 그런데 앞뒤 문단의 마지막 문장의 경우, 각기 특이한 의미를 띤다. 앞 문단의 경우, 고상한 삶 속으로 발을 내디딘 예술가는 결국 세계와 화합하지 못한 나머지 몰락하게 된다는 것이다. 반면 뒷 문단의 경우, 두 가지 방식을 모두 버리고 완전히 다른 제 3의 방식을 취하는 자는 파멸한다고 언급되어 있다. 귄더로데의 삶과 그녀가 취한 방식은 어떠했을까? 앞뒤 문단에 모두 적용될 수 있다. 그녀는 예술가로서 고상한 삶을 취했기에 세계와 부조화를 이룰 수밖에 없었다. 그렇다면 당연히 세인(世人)의 현세적 방식을 취하지 않은 귄더로데는 목사나 수녀처럼 구도자의 내세적 방식을 취했던 것일까? 그렇지 않았다. 예술가 귄더로데는 세인과 구도자 사이에서 그 어디에도 귀속될 수 없는 예술가적 방식을 취했기에 결국 분열에 시달리고 파멸을 맞이할 수밖에 없었다. 그녀는 때론 한 남자의 연인과 아내로서 세속적인 삶을 살고 싶었지만, 때론 구도자처럼 정신적인 차원에서의 무한한 것(예술, 자아, 근원적 존재, 근원적 힘 등)을 추구하는 내세적 삶을 동경하기도 했다. 그러나 궁극적으로 두 가지 방식은 그녀에게 끝없이 충돌과 모순을 안겼을 뿐이다. 그녀는 스스로 말한대로 "다르게 삶을 원하는 자"가 되고 말았으며 결국 자살이라는 파멸의 길을 걷고 말았다. 『마호메드, 메카의 예언자』에서도 두 가지 삶이 다음과 같이 서술되고 있다.

> 이 성좌에서 이중의 삶이 나에게 흘러 내려왔다 그것은 내게 이중적 삶의 표상인 바, 한편으로 이 세계와 세상사에 나를 묶어 놓은 삶이

며, 다른 한편으로 나를 초현세적이고 희귀한 계시로 이끌어주는 그런 삶이다.[117]

그렇게 두 가지 삶의 방식의 모순과 충돌에 귄더로데는 시달리고 있었고 결국 다른 길을 택했다. 귄더로데의 자살과 관련하여 당시 두 명의 친구는 그녀의 죽음에 대한 안타까움을 서로 달리 표명한 바 있는데, 그 다른 표명은 서로 상이한 듯 보이지만 실은 모두 귄더로데의 삶과 적절하게 연결된다. 1806년 7월 28일 수잔네 폰 하이덴(Susanne von Heyden)은 귄더로데의 죽음과 관련하여 "그녀는 사랑 없이는 살 수 없었으며, 그녀의 삶 전체는 삶의 권태 속에서 용해되고 말았습니다"[118]라고 사랑을 중시하였다면, 자주 서신을 교환했던 리제테 네스는 '시대의 희생물'로서의 귄더로데를 강조한 바 있다.

그녀는 시대의 희생물, 즉 자신 속에 강력하게 작용하는 이념의 희생물이었으며 또한 일찍 시들어버린 윤리적인 원칙의 희생물로 죽음을 맞이했다. 불행한 사랑은 단지 그런 모든 점이 모습을 드러낸 형식이었을 뿐이다 (날짜 미확인).[119]

이와 같은 리제테 네스의 함축적인 시각이야말로 귄더로데의 죽음을 가장 잘 표현해 준 것이 아닌가 싶다. 단순히 사랑이 실현되지 않아 삶을 마감한 여성으로 간주하는 일반적인 시각은 그녀를 깊이 이해하지 못한 성급한 판단이며, 오히려 시대를 앞서가는 이념을 위해서, 당시의 시대적 윤리와 도덕에 저항하면서 자유롭게 삶을 펼치고 싶어 했던 당찬 여성이 바로 귄더로데의 본연의 모습에 가깝다. 마찬가지로 자신의 부인 베티나에게 보낸 편지에서 아힘 폰 아르님이 밝힌 다음과 같은 대목도, 이 세상이 귄더로데에게 결코 평화와 안정을 가져다주는 집이 될 수 없었음을 우회적으로 시사해주고 있다.

그 가련한 귄더로데의 부드럽고 푸른 시선이 더욱 안전하게 나와 마주치지요. 비록 그녀가 이제 더 이상 말할 수 없을테지만, 그녀는 망설임 없이 더욱 자유로이 세상을 보겠지요. 우리는 서로 답답하게 느끼면서 시선을 떨구며 가슴을 치게 됩니다. 그녀를 여기에 붙잡아두기 위해 우리는 그녀에게 그 어떤 것도 충분히 내줄 수 없을 것입니다. 또한 그녀에게는 낯선 불행한 열정의 저 분노의 횃불을 꺼뜨릴 만큼 충분히 밝은 노래를 부를 수도 없습니다.[120]

5장

"나 자신으로 머문다는 것, 이것이 내 삶의 소득이지요"

베티나 폰 아르님

(Bettina von Arnim, 1785-1859)

1. 사슬에 묶인 "위대한 전사"

베티나 폰 아르님의 성은 혼인 후 남편 성을 따른 것인데 그녀의 혼전 이름과 성은 베티나 폰 브렌타노(Bettina von Brentano)다. 베티나 대신 '베티네'(Bettine)로 불리기도 한다. 소녀 시절의 이름은 '안나 엘리자베스 브렌타노'(Anna Elisabeth Brentano)였다. 이탈리아 혈통의 아버지 페터 안톤 브렌타노(Peter Anton Brentano)는 프랑크푸르트에서 거상(巨商)을 이끈 사업가로 유명했으며 어머니는 아버지의 두 번째 부인으로서 막시밀리아네 폰 라 로셰(Maximiliane von La Roche)다. 출중한 미모의 어머니는 젊은 괴테가 연모했던 여성이었고 그녀의 외모는 『젊은 베르테르의 슬픔』의 여주인공 로테의 모습에 일부 투사되었다고 전해진다. 베티나의 작가적 기질은 부모보다는 외할머니로부터 물려받은 것으로 보인다. 외할머니는 유명한 독일 최초의 여성작가 조피 폰 라 로셰(Sophie von La Roche)이며 대표작은 『슈테른하임 양의 이야기』(Die Geschichte des Fräuleins von Sternheim, 1771)라는 여성소설이다. 문학사적으로 계몽주의와 감성주의의 사이에 놓여 있는 『슈테른하임 양의 이야기』는 능동적인 자기결정을 추구하는 여주인공을 그려냄으로써 수동적인 여성상을 그린 괴테의 『젊은 베르테르의 슬픔』과는 대척한다. 베티나의 오빠는 바로 시인 클레멘스 폰 브렌타노(Clemens von Brentano)다. 그는 친구 아힘 폰 아르님(Achim von Arnim)과 함께 소위 '하이델베르크 낭만주의'를 이끌었다. 베티나는 오빠와의 서신 교환을 바탕으로 서간소설을 발표했으며 또한 오빠 친구인 아르님과 결혼하여 남편성을 갖게 된다. 이처럼 외할머니, 오빠, 남편 모두 18세기 중반부터 19세기 중반까지 독일 문학을 주도했던 이들이었고 베티나 스스로도 문학사에 길이 남는 작가가 되었으니, 그녀와 그녀 주변 환경은 문학 자체였다 해도 과언이 아니다.

경제적으로 풍요로운 가정에서 태어난 베티나였지만 안타깝게도 부모는 일찍 자녀들 곁을 떠났다. 베티나가 여덟 살 때인 1793년 어머니가 병환으로 세상을 떠났기에 그녀는 일정 기간 카셀(Kassel) 근처의 프리츠라르(Fritzlar)라는 작은 마을의 수도원에서 기숙사 생활을 하였으며, 4년 후인 1797년 아버지마저 세상을 뜨자 그녀는 오펜바흐(Offenbach)에 있는 외할머니 집으로 갔다. 베티나는 외할머니에게서 엄청난 문학적 소양을 자유롭게 쌓았으며 특히 어린 나이에 외할머니가 주도했던 살롱에서 많은 이들을 만나는 행운도 누렸다. 외할머니와 함께 프랑크푸르트로 다시 거주지를 옮기면서 그녀는 철학, 문학, 역사 등에 몰두하였고 또한 작곡과 미술 등의 소양을 쌓기도 했다.[1] 1799년에는 귄더로데와, 1806년에는 괴테의 어머니 카타리나 엘리자베스 괴테(Katharina Elisabeth Goethe) 부인과 친분을 쌓으면서 서신을 교환했다. 오펜바흐, 프랑크푸르트 등 그녀가 주로 거주했던 여러 도시는 프랑스로부터 새롭고 진취적인 소식을 가깝게 들을 수 있는 곳이었고 또한 프랑스에서 도피해 온 많은 프랑스인과 사적으로 교류할 수 있었다. 그러한 자유로운 도시적 환경과 성장 과정은 후에 베를린 거주 당시 발발했던 1848년 혁명을 그녀가 적극 지지하게 되는 정치적 의식에 적지 않은 영향을 끼쳤다.

1800년으로 접어드는 시기에 열다섯 살 소녀였던 그녀는 자신만의 삶과 일반적인 여성의 삶 사이에서 상당히 갈등을 겪었다. 후에 언니 군다의 남편이 되는 법학자 사비니에게 보낸 1804년 10월의 편지에서 베티나는 여성이 처해 있는 애처로운 상황을 비탄의 목소리로 다음과 같이 전하고 있다.

> 내가 슬퍼하고 있다는 점을 당신도 스스로 쉽게 알 수 있을 거예요. 엄청난 활기와 용기가 있지만 그것을 사용할 수단이 없어요! 위대한 일과 행동을 위해 마음은 타오르고 있지만, 사슬로 묶여 있는, 구출을 전혀 생각할 수 없는 포로 상태의 위대한 전사는 과연 어떤 기분일까요? 활동에 대한 영원하고 거침없는 욕망이 종종 내 마음을 압도하지만, 나는 단순한 소녀로서 그 운명은 완전히 다릅니다. 어제는 오늘과 같은 날이고 내일과 같은 날이 될 것이며, 그렇게 많은 나날이 이미 있었고 또 앞으로도 더 많은 나날이 그렇게 있게 될 것임을 생각해 보면 종종 내 의식은 망연자실 어두워집니다. 내 힘에 적합한 역량을 발휘할 수 있는 그런 상황 속으로 들어가지 못한다는 것, 이것이 얼마나 나를 불행하게 만드는지 상상조차 할 수 없는 지경입니다.[2]

여성으로서의 자신의 처지를 감옥에 갇혀 있는 "위대한 전사"로 비유하고 있는 점, 즉 현실이라는 거대한 장벽의 감옥에 갇힌 상황, 매일 같이 반복되는 일상 속에서 무뎌지는 자신의 감각과 사유, 또한 자신의 힘과 용기에 적합한 일을 행할 수 없는 사회적 상황 등, 이러한 제한과 배제의 규율 속에 갇혀 있는 여성적 존재에 대한 통찰과 인식은 모든 낭만주의 여성작가가 공유하는 점이기도 하다. 이상과 현실, 즉, 한편으로 남성 못지않게 인간으로서 원대한 행위를 펼치고 싶은 강렬한 욕망과, 다른 한편으로 현실에의 순응을 강요하는 상황에서 벗어날 수 없는 한계 상황, 이것이 모든 여성작가들의 존재적 참모습을 이룬다. 1807년 8월 사비니에게 보내 편지에서도 마찬가지로 베티나는 일상과 일탈, 관습적 삶과 열정적 삶 사이의 갈등을 밝히고 있다.

> 낮에 나는 모든 이들과 함께 웃고 농담을 나누는데, 내 삶에서 다른 식으로 얻을 만한 가치가 있는 것은 아무것도 없다는 생각이 들어요. 그러나 혼자 있을 때 내가 스스로에게 던지는 질문이 있습니다. 가령 다른 이들 앞에서 다채롭게 이리저리 나풀댈 정도로 나를 사로잡는 것, 내 심장을 뛰게 할 정도로 재능 있는 분으로 알려진 이가 근처에 도착해 있다는 소식을 들었을 때 너무 기쁜 나머지 놀랄 정도로 나를 사로잡는 것, 이런 상태는 도대체 무엇인지를 저 스스로에게 물어보게 됩니다.[3]

여성으로서의 관습적인 삶에 대해서는 스스로 지루함을 지녔지만 다른 뛰어난 이들과 사유를 나누고 대화를 즐기는 것에 대해서는 그녀가 무척 열정적이었음을 간접적으로 읽을 수 있는 대목이다. 뛰어난 이들과의 교류에 대한 그녀의 흥분 및 도취와 관련해서는 문학과 음악 세계의 두 거성인 괴테와 베토벤과의 만남을 대표적인 사례로 언급할 수 있다. 괴테 어머니와의 친분을 통해 베티나는 평소 존경하던 괴테를 바이마르에서 총 세 차례(1807년, 1810년, 1811년) 만났으며, 그 만남 이외에도 1807-1811년 동안 두 사람은 서신을 주고받았다. 당시 괴테의 나이는 60세 전후였고 베티나의 나이는 20세 초반이었으니 서로 마흔 살 정도의 나이차가 있었다. 이와 같은 괴테와의 서신을 바탕으로 베티나는 괴테 사망(1832년) 이후 1835년에 『한 어린아이와 괴테와의 서신 교환』(Goethes Briefwechsel mit einem Kinde)이라는 서간소설을 발표하였다. 이때 그녀의 나이는 정확히 50세였지만 이 소설로 그녀는 전국적인 작가로서의 명성을 얻었다. 베티나는 문학적 소양뿐만 아니라 뛰어난 음악적 재능도 갖고 있었는데, 1810년 언니 근다와 형부 사비니가 사는 곳인 베를린을 향해 가는 도중 베티나는 잠시 오스트리아 빈에 한 달 정도 머물면서 베토벤을 만났다. 이들 두 거장과의 만남에서 베티나는 – 나중에 다시 언급하겠지만 – 여러 일화를 남긴 바 있다.

베를린에 도착한 베티나는 1811년 오빠 친구 아힘 폰 아르님과 결혼하여 삶의 전환기를 맞이한다. 오빠 클레멘스와 아르님은 1805년부터 1808년까지 독일 민중시를 수집하여 『어린아이의 마술뿔피리』(Des Knaben Wunderhorn)라는 제목으로 노래집을 공동 편집, 출간하였으며, 이때부터 베티나는 아르님과 가깝게 지냈다. 그런데 두 사람의 결혼은 열정적인 사랑에서 이루어졌다기보다는 비퍼스도르프(Wipersdorf)라는 작은 마을에 있는 농지와 가옥을 물려받기 위해서 반드시 결혼해야만 했던 아르님이 그녀에게 적극 청혼을 했고 결혼에 전혀 관심 없었던 베티나는 그 청혼을 갑자기 받아들였다고 전해진다. 그렇게 아르님과 결혼하여 삼 년 정도 베를린에서 지내다가 1814년 베티나는 아르님과 함께 베를린에서 230km 이상 떨어진 비퍼스도르프로 이주하였다. 그러나 그곳에서의 삶은 베티나에게 불행 자체였다. 대도시 베를린에서 힘들게 지내던 아르님은 스스로 명명한 소위 "아르님아르무트"(Arnimarmut. '아르님의 빈곤'이라는 뜻: 역주)의 경제적 곤경에서 벗어나 스스로 농장을 경영하고 수입을 올리는 삶을 통해 경제적으로 자족적인 삶을 찾고자 했으며 또한 시골에서의 조용한 삶이 자신의 문학적 집필 작업에 더욱 적합하다고 생각했다. 그러나 베티나의 마음과 현실은 완전히 달랐다. 사회적 교류를 싫어했던 아르님이 비퍼스도르프에서의 농부의 삶과 전원 속에서의 집필 작업에 만족했다면, 여러 뛰어난 지인들과의 교류 등을 즐겼던 대도시적 여성 베티나에게는 전원적 삶은 몹시 지루하게 여겨졌고 또한 육아로 인해 점점 지치게 된 나머지 우울증에 시달리게 되었다. 결국 1817년 – 혹자는 1819년이라고 보는 이들도 있는데 – 베티나는 아이들과 함께 베를린으로 거주지를 옮기며 이후 십오 년 동안 여름에는 비퍼스도르프에서, 겨울을 비롯한 다른 시기에는 대도시 베를린에서 지내는 이중적 삶을 보냈다. 물론 때로는 아르님이 아내와 아이들을 보기 위해 잠시 베를린에 머무르기도 했다. 일곱 명의 아이를 키우고 교육하는 데 있어서 잦은 갈등과 의견 차이가 있었고 또한 공간적으로 서로 멀리 떨어져 지냈지만 그들의 부부 생활에는 큰 어려움이나 문제점이 없었던 것으로 보였다.

1831년 아르님은 갑작스럽게 세상을 뜨게 되며, 남편의 죽음은 베티나의 삶에 많은 변화를 가져온다. 가장 큰 변화는 오십 세의 늦깎이 작가로 그녀가 문학사에 자신의 이름을 남기는 작가적 삶을 걷게 된 것이었다. 특히 1807년부터 1811년까지 괴테와 주고받은 서신과 자신의 일기를 바탕으로 1835년에 출간된 서간소설 『한 어린아이와 괴테와의 서신 교환』은 수많은 젊은이에게 순수한 사랑의 감정을 불러일으켰다. 가령 베티나의 소설을 읽고 감동한 스물두 살의 젊은 법학도 율리우스 되링(Julius Döring, 1817-1893)은 오십 살의 그녀를 연모하였다. 1839년에 서로 만난 후 짧은 기간이었지만, 베티나와 괴테의 관계처럼, 베티나와 되링은 사랑하는 마음으로 서신을 주고받는 사이가 되었다. 그러한 젊은 학생과의 만남을 드고 일부 연구자들은 베티나의 "마지막 사랑"이라고 명명하기도 하지만,[4] 과연 남녀 간의 사랑이라는 통상적인 감정이 타당한 것인지에 대해서는 해석의 여지가 있다. 되링에게 베티나는 서로의 교류에 대해 다음과 같이 덧붙인 바 있다.

> 우리 둘은 그저 소박하기로 하고 그 어떤 관용적 표현이나 숨김없이 지내기로 해요. 우리는 더 친해지기로 해요. 우리가 원하는 가까움을 위해서요. 당신이 나와 가까워지고 싶어하고 나도 당신에게 그러길 원하기 때문이지요. 서로 소박할수록 우리는 더욱 직접적으로 가까이 지낼 수 있어요.[5]

자신보다 나이가 많은 괴테, 귄더로데 등과의 만남에서도 베티나는 언제나 인간적 가까움을 중시했었으며, 그 점은 서른두 살 연하 남성과의 교제에서도 마찬가지였다. 『한 어린아이와 괴테와의 서신 교환』 이후 그녀의 문학적 생산 작업은 마치 화산이 분출하듯 본격적으로 진행되었는데, 그녀가 남긴 대표작은 다음과 같다.

『한 어린아이와 괴테와의 서신 교환』(Goethes Briefwechsel mit einem Kinde, 1835)
『귄더로데』(Die Günderode, 1840)
『제국의 백작부인 그리타 폰 라텐쭈하우스바이운스』(Reichsgräfin Gritta von Rattenzuhausbeiuns, 1840)(딸 기젤라와의 공동 작업)
『스폰티니에게의 헌정』(Dedié á Spontini, 1842)
『이 책은 왕의 것』(Dies Buch gehört dem König, 1843)
『클레멘스 브렌타노의 봄의 화환』(Clemens Brentanos Frühlingskranz, 1844)
『일리우스 팜필리우스와 불로초』(Ilius Pamphilius und die Ambrosia, 1848)
『해산된 프로이센 국민 의회를 향하여』(An die aufgelöste Preussische National-Versammlung, 1848)
『폴란드 브로셔』(Die Polenbroschüre, 1848)
『악마와의 대화』(Gespräche mit Daemonen. Des Königsbuchs zweiter Teil, 1852)
『빈민서』(Armenbuch, 미출간)[6]

이처럼 베티나는 다양한 주제들을 다루었으며 그 형식도 일기, 편지, 동화, 건의문, 팜플렛, 보고서 등 다채롭다. 여성작가로서 베티나의 글쓰기는 크게 두 방향으로 나뉜다. 하나는 서정적, 주관적인 방향이며, 다른 하나는 사회비판적 방향이다. 상호 교류 및 자신의 일기를 비롯한 괴테, 귄더로데, 오빠 클레멘스 등에 관한 서간소설이 전자의 경향을, 『이 책은 왕의 것』, 『악마와의 대화』, 『빈민서』 등이 후자의 경향을 띤다. 특히 『빈민서』는 베를린 슬럼가에 주거하는 하층민 삶의 실태를 경험적으로 수집하여 발간하려는 의도로 착수되었지만 감시와 검열로 인해 결국 출간되지 못했다. 사실 베티나의 사회참여적 의식은 1840년대 중반 갑작스럽게 발현된 것이 아니었다. 동구권에서 발생한 콜레라 전염병이 1831년 베를린에 창궐했을 때 그녀는 이미 하층민을 위하여 의복, 음식, 의약품 등을 모아서 나눠주는 구호 활동에 앞장섰다. 사회적 약자들을 위한 이타적 행위, 휴머니즘적 의식, 단호하고 과감한 행동 등은 일찍부터 베티나의 내면에 자리하고 있었으며, 그 점은 1844년 오빠 클레멘스를 편지 파트너로 삼았던 서간소설에서 재확인될 수 있다.

> 별들이 빛나는 저녁, 그때 나의 장엄한 선서의 증인으로 많은 별을 불러들이기 위해 나는 머리를 다락방 창문 밖으로 내밀었지요. 그때 나는 누군가 위험에 처해 있고 칼이 그의 머리 위에서 흔들거리고 있음을 보게 되면 모든 것을 행하겠노라고 맹세했지요. - 신속한 결정이야말로 많은 것을 할 수 있습니다. 망설임은 모든 위대한 일을 망칩니다![7]

사회적 약자를 위한 단호한 의식과 결단의 행동 차원에서 그녀는 자기 집으로 젊은 과격한 혁명주의자들을 적극 초대하고 대화를 나눴다. 1842년 칼 맑스(Karl Marx)와도 만나면서 베티나는 초기 사회주의 사상을 공유했으며 1848년 혁명 당시 진보주의 진영에 서기도 했다. 물론 그렇다고 해서 그녀를 완전한 사회주의자로 간주할 수 없는데, 그것은 그녀가 '공화정'뿐만 아니라 '왕정'(군주정)도 옹호하는 가운데 사회비판적 의식을 내보였기 때문이다.[8] 서로 양립할 수 없는 두 형태의 정치 시스템에 직면하여 베티나는 '군주정 체제에서 왕은 민중의 복지를 위해 많은 관심을 기울여야 하며 좀 더 과감히 개혁에 앞장서야만 한다'고 주장했다. 어쨌든 젊은 혁명가들을 암암리에 도와주고 익명으로 각종 팜플렛을 만들고 왕을 비판하는 책을 집필하는 등 여러 사건으로 인해 베티나는 결국 베를린 관청으로부터 고발되어 1847년 재판에서 두 달간의 구속형을 받게 되었지만, 다행히 여러 지인의 청원으로 인해 실제 구속은 면할 수 있었다.

격동의 1848년 혁명 이후 베티나는 1854년 뇌졸증으로 몸의 일부가 마비되고 또한 시력과 청력을 상실하는 등 심한 병환으로 고생하다가 1859년 74세의 나이로 삶을 마감했다. 1985년에 '베티나 탄생 200주년'을 맞이하여 대대적인 학술 및 기념 행사가 열렸으며, 1992년 서독의 마지막 5마르크 지폐에는 그녀의 초상이 새겨지기도 했다. 브렌타노 집안의 문인(클레멘스, 베티나 등)을 전문적으로 연구하는 볼프강 분첼(Wolfgang Bunzel)은 '베티나 사후 150주년'을 맞이한 2009년에 "작품 없는 여성 작가, 언더커버 시사평론가, 미완성 기록물 작가"(Autorin ohne Werk, Publizistin undercover, Dokumentaristin avant la lettre)[9]라는 키워드로써 그녀 글쓰기의 전반적인 특성을 제시한 바 있다. "작품 없는"이라는 표현은 부정적인 의미로 사용된 것이 아니라 고전주의적, 남성중심주의적 미학이 중시하는 소위 '완결된 작품'을 거부한다는 의미를 지닌다. 완결성의 미학적 형식을 거부한다는 점에서 베티나는 낭만주의 여성작가에 속하지만 동시에 "언더커버 시사평론가"로서 정치적 삶과 실천에 앞장선 사회투쟁가였다. 많은 연구자는 베티나를 "사회투쟁가이자 여성작가"(Sozialkämpferin und Schriftstellerin)로 명명하는데, 어쩌면 이 두 가지 면모는 베티나에게서는 확연하게 구분될 수 없는 특징이기도 하다. 이미 낭만주의적 글쓰기의 결정체인 『귄더로데』에서도 가령 베티나는 "내가 왕좌에 있노라면 나는 웃으면서 용기를 내어 세상을 뒤집어 놓을 텐데(Wär ich auf dem Thron, so wollt ich die Welt mit lachendem Mut umwälzen)[10]라는 식으로 매우 급진적 사유를 드러냈기 때문이다.

2. "스스로 생각하기가 가장 지고한 용기입니다"

부모를 일찍 여의고 잠시 할머니의 보살핌 하에 성장한 베티나는 근본적으로 자립심이 강한 여성이었다. 물론 그녀에 대한 주변인들의 평가는 주로 '천재'와 '말괄량이'라는 양극단으로 나뉜다. 가령 1808년 야코비와 만나는 자리에서 베티나를 소개받은 빌헬름 폰 훔볼트(Wilhelm von Humboldt)는 당시 그녀에 대한 즉흥적인 인상을 자신의 부인에게 다음과 같이 전하고 있다.

> 스물세 살의 베티나라는 이름의 한 젊은 여자는 라 로셰 부인의 손녀인데, 그녀는 나를 엄청난 놀라움 속에 빠뜨렸어요. 정말 생동성 있고 사유의 비약이 엄청나며 몸도 이리저리 (바닥에 앉아 있다거나 난로 위에 앉더군요) 움직이더군요, 그렇게 대단한 정신과 익살은 여태 본 적이 없어요. (...) 그녀는 귄더로데의 죽음을 내게 이야기해 주었는데, 마치 다른 세계 있는 듯 했어요.[11]

"정신과 익살"은 문학적, 철학적 능력으로 다른 이들과 재미있게 교류하는 베티나의 소통적 능력을 함축적으로 나타내주고 있다. 이런 양면성은 성격적으로 많은 이들로부터 '짓궂고 변덕스럽다거나 혹은 혁신적이고 천부적이다'는 식으로 평가되었던 점과 연관되며, 나아가 늦깎이 작가로 데뷔한 베티나가 취했던 두 방향, 즉 서정적 작가의 모습과 정치적 투쟁자의 모습이라는 두 가지 특성과도 연관된다. 베티나와 서신을 주고받았고 실제 세 번이나 자신을 방문한 그녀를 두고서 괴테 또한 마찬가지로 1827년 라헬 파른하겐에게 보낸 편지에서 다음과 같이 그 상반된 베티나의 특성을 언급한 바 있다.

> 그녀는 이 세상에서 가장 놀라운 여성입니다. 불행하게도 이탈리아적 특성과 독일적 특성 사이에서 그 어떤 곳에도 정착하지 못한 채 이리저리 부유하고 있어요. 그녀는 자신의 방식에 따라 한 번 포착했던 것에 대한 집요함을 갖고 있지만, 그 와중에도 다시금 아주 불안정한 기분을 번뜩이는데, 그 기분들이 어디를 향하고 있는지 그녀 자신조차도 잘 모르는 것 같아요.[12]

후에 토마스 만은 자신의 작가적 특성을 열정과 냉정, 이탈리아와 독일, 남쪽 기질과 북쪽 기질, 예술가와 소시민 같은 이중성으로 서술한 바 있었는데, 그러한 두 가지 특성을 괴테는 베티나에게서도 발견하고 있었다. 그런데 괴테와 비슷한 논조로 라헬 레빈도 "베티나는 새 같아. 언제나 그녀는 움츠려있거나 아니면 날고 있어"(Bettine ist ein Vogel: sie ist immer entweder gekauert oder in Lüften)[13]라는 단 두 문장으로 베티나의 두 면모를 자신의 메모장에 적어 놓은 바 있다. 마찬가지로 라헬 레빈의 남편이

된 칼 아우구스트 파른하겐 폰 엔제도 1850년 5월의 일기장에서 다음과 같이 그녀의 모순적 특성을 확인해주고 있다.

> 나는 베티나의 아주 고유한 특성에 대해 알려야만 할 것 같다. 요컨대 말하자면, '모순에 모순을 쌓고, 모든 것을 꽃으로 덮고 동시에 불꽃과 번개가 빛나도록 하게 한다면, 그것이 바로 베티나의 모습이라고 할 수 있다.'[14]

이처럼 많은 지인의 다양한 언술에서 베티나의 양면성 내지는 모순성이 자주 언급되어 왔음을 알 수 있지만, 실은 베티나가 스스로 집필한 서간소설 『귄더로데』에서도 그 점은 귄더로데의 관점으로도 다음과 같이 서술되고 있다(물론 이 점은 베티나 스스로에 의해 서술된 것이기에 일종의 베티나의 자기 평가인 셈이다).

> 너(베티나: 역주)는 경계에서 벗어나 있는, 일상적인 이들에게는 보이지 않는, 접근할 수 없는 그런 존재지. 그렇지 않으면 너는 진실하지 않으며 너 자신이 아닐 거야. 너는 오로지 아이러니로써만 인생을 살아갈 수밖에 없어. 사람들 가운데 있는 너를 볼 때면 나는 꿈꾸고 있는 생각이 들어. 사람들은 너를 스스로를 통제할 줄 모르는 아이로 여기고 있지만, 그 누구도 네 마음속에 무엇이 있는지를 생각하지도, 예감하지도 않고 있어. 사람들은 책상과 의자 위를 뛰어다니며 몸을 숨기고 작은 구석에 웅크리는 것 이외에는 네가 아무것도 할 줄 모른다고 생각하지, (....) 그렇지만 너는 모든 것을 듣고 있고, 누군가 어떤 것을 원할 경우 너는 그것을 가져오기 위해 계단을 내려오며, 누군가 너의 이름을 부르면 아주 먼 구석에 있을지라도 너는 항상 그곳에 와 있곤 하지.[15]

괴테와 라헬 레빈 등이 언급했던 베티나의 저 양면적인 모습(이리저리 오르내리거나, 구석에 앉아 있어도 실은 모든 것을 주시하는 듯한 모습)은 단지 외적인 특징에 국한되는 것이 아니다. 귄더로데의 서술에 시사된 그 핵심적 특성은 베티나가 "경계에서 벗어나 있는, 일상적인 이들에게는 보이지 않는, 접근할 수 없는 그런 존재"라는 것이다. 다시 말해, 베티나는 일상성 속에서도 시적 세계에 심취해 있는 그런 존재라는 것이다. 사실 양면적 모습 속에서 가장 중요한 점은, 베티나가 근본적으로 예술적, 자주적 여성이었다는 것이다. 예술적인 개성의 소유자로서의 베티나, 그것도 문학, 음악, 미술 등 모든 예술적 분야에 조예가 깊었던 베티나의 예술가적 정신은 1832년 4월 헤르만 폰 퓌클러-무스카우(Hermann von Pückler-Muskau)와의 서신 교환에서 스스로 자신을 서술하고 있는 다음과 같은 대목에서 읽을 수 있다.

> 나의 영혼은 모든 방향으로 달려가지요. 내 영혼이 스스로를 표현하기 위해 수단으로 포착하지 않는 것은 아무것도 없습니다. 음악, 미술, 언어, 사랑, 이 모든 것을 내가 할 수 있는 범위 내에서 나는 가져오고 싶었고 지배하길 원했지요. 다만 사랑은 예외입니다. 사랑이 나를 지배하고 말았어요 (...)[16]

이렇듯 예술의 모든 분야에서 자신을 표현하고 싶었던 욕망은, 자주적인 삶(사유와 행동)을 살아가고 싶었던 그녀의 의식과도 깊게 연관되어 있다. 그녀의 삶과 글쓰기에는 항상 자주적인 삶에 대한 욕망이 투영되어 있다. 가령 지인들과의 교류를 추구하는 대도시적 삶을 살아가기 위하여 그녀가 남편 아르님과 동떨어진 채 아이들을 홀로 키우면서 헤쳐나갔던 것도 그녀의 자주적인 면모를 보여주며, 마찬가지로 괴테, 귄더로데, 으빠 클레멘스 등과의 서신 교환을 통한 글쓰기도, 설혹 세 사람을 미화하였다는 부정적 평가가 뒤따른다 해도, 실은 근본적으로 베티나 자신만의 자주적인 글쓰기를 실현하려 했던 행위에 다름 아니다. 그리고 후에 주변의 압박과 감시에도 불구하고 자신의 사회참여적, 사회비판적 행위를 과감히 시도한 것도 그녀의 올곧은 자주적인 의식에서 비롯된 것이었다. 베티나만의 그와 같은 자주적인 자세는 『귄더로데』에서 그녀가 밝힌 다음과 같은 대목을 통해 간접적으로 읽을 수 있다.

> 스스로 생각하기가 가장 지고한 용기입니다. - 대부분의 사람들은

스스로 생각하질 않아요. 사람들은 모든 현실을 규명해주는 신적인 정신의 우화로부터 가르침을 받지 못한 것입니다. 그 정신의 우화는 모든 현실을 규명하면서 현실을 상형문자로 형성해내지요. 지혜를 간직한 우화의 비밀을 통해 인간은 성숙해지며, 그 성숙 속에서 인간은 새로운 세계를 유기적으로 엮어나가고 영원히, 영원히 신성함으로까지 스스로 도야(陶冶)하게 됩니다. - 그러나 좁은 항구에 갇혀서, 좌절의 공포심에서, 그는 높은 파도 위에서 신성성을 인식하지 못하게 되지요. 하지만 모든 역사는 상징입니다. 즉 신의 가르침입니다. 그것이 있지 않을 경우, 인간에게는 아무것도 일어나지 않을 것입니다. 스스로 생각하기를 시도하는 자는 또한 스스로 행동할 것입니다. 스스로 생각하지 않는 자, 즉 자신의 정신으로 자유롭고 무한한 파도 위를 향해 항해하지 않는 자는, 신성함에 스스로 도달하지 못할 것이며 스스로 행동하지도 못할 것입니다. 왜냐하면 다른 이들을 따라하는 것은 행동하는 것이 아니기 때문입니다. 행동이란 스스로 존재함이며, 이것이 바로 신 안에서 사는 것입니다. -[17]

구속, 억압, 제한 등이 작동하는 좁은 현실의 한계를 뛰어넘기 위해서는 다른 무엇보다 스스로 사유해야만 하며, 이 스스로 사유하기가 곧 스스로 행동하기를 가능하게 만든다. 스스로 사유하고 행동하기야말로 곧 "스스로 존재함"을 뜻하며, 이러한 존재 방식은, 종교적인 언어로 말하자면, 신이 원하는 것이라고 할 수 있다. 스스로 사유하고 행동하기로서의 "스스로 존재함"에 대한 시각은 다른 글에서도 엿보인다. 오빠 클레멘스와의 대화를 담은 서간소설에서도 다음과 같이 '자신만의 자유 의지'가 강조되고 있다.

나 자신을 도야하는 것, 그것은 나에게서 나와야 하며, 그 때문에 나는 모든 연민에서 벗어나 오로지 나 자신과만 상대하고 싶어요. 내 안에 있는 근원적인 것을 미혹하는 어떤 지배에 사로잡힌다면 이는 나에게 죄악처럼 여겨지지요. (...) 나는 나 자신이 되어야 하며, 그것은 내 자신의 의지입니다. 그렇지 않으면 나는 헛되이 존재할지도 모릅니다. 전체적 존재에서 나 자신을 고유하도록 만들어주는 단 하나, 그것은 바로 내 안에 있는 자유 의지의 고귀함입니다. 다른 식으로 저는 표현할 수 없어요. - 자신의 존재를 지니지 못한 다른 이의 생각과 의지에 복종하는 것, 이것은 바로 자유로운 의지의 고귀함을 포기하는 것이지요. 그런 고귀함을 포기하지 않는다는 것, 그 점은 내게 명약관화하지요.[18]

어떤 사상이나 인물로부터 지도를 받는 의존적인 상태, 칸트식으로 말하자면 '미성숙'의 상태는 "죄악"처럼 여겨진다는 표현을 통해 베티나가 얼마나 자신만의 자주성을 생각하고 있었는지를 확인할 수 있다. 그와 같은 자유로운 의지에서 나온 스스로 생각하기, 스스로 존재하기, 스스로 행동하기 등은 결혼과 관련한 입장에서도 명확히 드러난다. 오빠 클레멘스는 베티나에게 자신의 친구(아르님)를 남편감으로 받아들일 것을 권했지만, 그녀는 '좋은 남편과 결혼하여 의존하며 알뜰하게 내조하는 아내' 같은 기존의 관습적 여성상에 저항하는 가운데 자신만의 자유로운 삶을 추구하려 한다.

내가 오빠에게 제발 부탁하고 싶은 점은, 나에게 데려오고 싶어하는 어떤 좋은 남자 때문에 오빠가 한숨 소리를 내지 말라는 것이예요. (...) 클레멘스, 그것은 미래에 대한 좋은 배려이지만, 그렇지만 내 삶에 있어서 나는 그 어떤 조력자를 필요로 하지 않아요. 또한 나는 어리석은 편견의 희생자가 되고 싶지 않아요. 나는 내가 무엇을 필요로 하는지를 잘 알고 있어요. - 내게 필요한 것은, 내가 나의 자유를 간직하는 것이예요. 무엇을 위해서냐고요? 어떤 내면의 목소리가 나에게 행함을 지시한 것을 찾아내고 완성해내기 위해서지요.[19]

여성이면 의례 결혼하여 남편에 의지하고 내조하면서 살아야만 한다는 기존 관념을 비판하는 가운데 베티나는 자신이 찾고 지키려는 것은 다름 아닌 '자기 자신의 자유'임을 당당하게 밝히고 있다. 물론 그녀는 얼마 후 오빠 친구인 아르님과 결혼했지만, 그렇다고 해서 결코 일상적인 부부 생활에 구속되지 않았다. 자신의 성격에 맞지 않는 시골의 전원적 삶, 남편과 함께 살아야만 한다는 결혼의 구속적인 환경 등에서 벗어나 베티나는 남편과 동떨어져 살면서 자신이 하고 싶은 일과 행동을 추구하는 자유를 지켜냈다. 서로 동떨어져 지내는, 당시로는 매우 생소한 부부 생활방식은 바로 그녀만의 자주적인 의식에서 싹튼 것이었다. 오빠 클레멘스를 대상으로 삼은 서간소설에서 베티나는, 남성이든 여성이든, 모든 인간이 현실 속에서 처해 있는 구속적인 노예 상태에서 벗어나 자유로운 의식과 과감한 행위를 취하기를 강조하고 있다. 낭만적 여성이 얼마나 '인간의 자유'를 갈구했는지를 멋지게 서술하고 있는 대목은 다음과 같다.

> 오, 주어진 날개를 움직일 수 없는 것, 얼마나 심각한 저주일까요? 그들은 손님이 머물지 못하는 집을 짓습니다! - 오, 나는 노예 시대에 태어난 거예요! - 우리가 혼령으로서 예전 우리 자신의 노예적 근성을 자책했음에도 그냥 내가 묵종하고 만다면, 후손들은 언제가 나를 동정하듯 조롱하지 않을까요 - 그래! 그들은 정신을 가두고 정신의 입에 재갈을 물렸고 영혼의 위대한 자질에 대해 모른 채 뒷짐 짓고 있었지라고요. - 아, 클레멘스, 파도들이 서로 넘실거리는 바다로 항상 가세요!. 마치 압도되고 녹아지듯, 그 어떤 것도 확실한 형태를 띠지 않는 바다로! 고결함과 자유가 존재하지 않는다면, 형태를 취하는 것보다는 모든 것이 용해되는 것이 훨씬 낫습니다! - 이 점은 삼주 동안 하나우에 머무른 귄더로데와 나누었던 대화의 여운(餘韻)입니다.[20]

스스로 사유하고 행동하기는, 남성이든 여성이든, 모든 존재자가 근본적으로 지녀야만 하는 존재 방식이다. 그렇지만 이 세계의 현실적 삶은 그와 같은 "스스로 존재함"을 쉽게 허락하지 않으며 오히려 명령과 금지, 제한과 구속 등을 가한다. 자신만의 존재를 추구하는 개인의 천부성을 결단코 인정하지 않는 "속물근성"으로 가득한 세계는 귄더로데와의 대화에서 계속 비판되고 있다.

> 온 세상은 바로 속물근성이며, 그들은 지식을 그곳으로까지 끌어들일 때까지 쉬지 않아요. 재능 있게 자유로이 다루어질 수만 있다면, 그 시작은 천진난만할 텐데. 정당화될 수 없는 '너는 그것을 해서는 안되고 그것을 해야만 해'라는 식의 명령과 금지는 얼토당토 않아요. 그런

> 데 지금! 나는 그런 것이 나를 붙잡지 말아야만 한다고 느끼며, 나는 온 힘으로 다할 것이며, 나의 부족함은 신께서 채워주겠지요. 나를 강하게 다른 생각으로 자극하는 어떤 자연 충동에 대해서 언니는 확신하겠지요. 저는 그것의 이점을 얻고 있지만, 나의 위대한 성향은 지금 의심받고 있거나 혹은 나에게 완전히 거부당하고 있습니다. 나의 천부성은 교만으로 간주되고 나의 캐릭터는 온갖 바보 같은 짓을 기대할 수 있는 경솔함으로 간주되지요. 물론 그런 경솔함에 그 어떤 비난도 가할 수 없겠지만요. 어쨌든 난 지금 이대로가 아주 편해요. 다시 한 번 사람들 가운데서 기분 좋게 느끼게 됩니다 (...).[21]

명령과 금지를 따르며 살아가는 속물적인 이들에게는 개인의 천부적 특성이 교만 내지는 바보 같은 면모로 비추어질 수 있지만, 베티나는 그러한 엉뚱하고도 특별한 천부성이야말로 곧 개인의 자유를 보장해주는 근원적인 힘이라고 여기고 있다. 요컨대, 속물근성으로 가득한 세계에 대항하는 힘은 바로 '스스로 사유하기와 스스로 행동하기의 결합인 스스로의 존재함'에 다름 아니다. 비록 인용문의 마지막 구절에서 자신의 현실순응적인 모습을 시니컬하게 비판하고 있기는 하지만 근본적으로 그녀는 그런 구속된 상황을 뛰어넘고 싶어 했다. 베티나는 본래 결혼 같은 구속적인 삶을 스스로 원하지 않았다. 물론 아르님의 청혼을 받아들이고 결혼하여 일곱 명의 자녀를 낳고 대도시에서의 자녀 교육을 강조하는 등, 글자 그대로 속물근성의 여성 내지는, 스스로 명명한 바 있는 "단순한 소녀"(ein einfältiges Mädchen)로서 속물적 삶의 방식을 받아들인 듯한 여성처럼 보였을지라도 근본적으로 그녀는 자신의 해방적 내면성 및 자신만의 독자적 사유와 행동을 펼치려는 끈을 결코 놓은 적이 없었다. 아르님의 사망과 함께 그런 속물근성에서 완전히 벗어날 수 있는 삶의 계기가 찾아왔을 때 마침내 그녀는 자신만의 내면적 글쓰기와 사회적 참여를 본격적으로 시도하였으며, 이것이 가능했던 까닭은 바로 어린 시절부터 사망 직전까지 자신의 내면 안에 "스스로 존재함"을 간직하고 있었기 때문이었다.

3. 비퍼스도르프와 베를린을 오가는 '현대적 계절부부'

앞서 짧게 언급한 바 있듯이, 1811년 결혼한 아르님과 베티나는 잠시 베를린에서 지내다가 농가를 유산으로 물려받은 아르님의 제안으로 1814년 베를린으로부터 멀리 떨어진 작은 마을 비퍼스도르프로 이주했다. 그러나 결혼 후, 특히 비퍼스도르프에서의 삶은 베티나에게 전혀 행복하지 않았다. 사실 베티나는 일찍부터 아내와 엄마로서 가사 일에 묶여 지내는 여성의 삶에 대해 회의적인 시각을 갖고 있었다. 『귄더로데』에서 베티나는 '좋은 남편을 얻기 위해서 반드시 결혼 전에 가사 일을 잘 해내야만 하는 여성의 덕성'을 강조한 주변인들 - 특히 스무 살 위의 큰오빠 프란츠 브렌타노를 언급하면서 - 의 조언에 대하여, "가사일의 좀 먹는 폐해"(Mottenfraß der Häuslichkeit)라는 재치 있는 표현을 통해 가사 일에 매달려야만 하는 아내의 역할에 통렬한 조소를 가하고 있다.

> 나는 오빠(프란츠: 역주)도 항상 함께 조소해야만 할 것이라고 그에게 편지를 썼어요. 지금은 나 자신을 변화시킬 시간이 더 이상 아니기 때문이라고 했어요. 또한 그 유대인(베티나의 히브리어 선생: 역주)이 내 일정 안에 들어와 있어서 가사 일의 좀 먹는 폐해로부터 나 자신을 지켜주고 있다고 말했지요. 행복한 가사 일로 누구나 일요일이면 언제나 이웃을 향해 지붕 기와를 세고 있는데, 그런 일은 정말이지 내게 끔찍한 지루함을 야기하지요. 그래서 차라리 나는 결혼하고 싶지 않더군요.[22]

히브리어 학습 때문에 단조롭고 지루한 가사 일을 할 시간이 없다는 재치 있는 표현, 그리고 배열, 정리, 계산 같은 일상의 건조한 삶에 대한 비판적 표현을 통해 베티나는 결혼을 거부하고 있다. 물론 여성과 유대인의 결합을 통해서 베티나가 동시대의 남성중심적, 가부장적, 인종주의적. 차별적 경향에 대해 비판하고 있다고 추론될 수도 있다.

이와 같은 결혼에 대한 회의적 의식에도 불구하고 어쨌든 베타나는 결혼을 했으며, 이후 시골마을 비퍼스도르프에서의 체류는 그녀에게 몹시 힘들었다. 아이들의 교육 방치, 아이들의 질병 위험성의 증가 및 그에 따른 치료의 불가능성,[23] 넉넉지 않은 경제적 상황, 하인들과의 마찰 등 다양한 걱정거리로 베티나는 정신적으로 몹시 시달렸다. 특히 아이들의 교육 및 건강과 관련하여 그녀는 시골보다 대도시가 한결 나은 환경을 제공할 수 있다고 보았다. 19세기 초엽의 시골 생활은 오늘날과 마찬가지로 나름 장단점을 지닌다. 시골의 경우 한편으로 질병에 노출되어 제때 치료를 받을 수 없는 부정적인 측면이 있지만, 다른 한편 자연과 호흡하며 자유롭게 살 수 있는 긍정적인 측면도 있다. 교육도 마찬가지이다. 이와 같은 장단점을 파악하면서 베티나는 대도시 환경이 아이들의 교육과 건강을 위해, 그리고 사람들과의 교류를 좋아했던 자기 자신을 위해 더 적합하다는 입장을 취했다. 비퍼스도르프에서의 삶을 끝내고 1817년 아이들과 베를린으로 이주한 후에 씌어진 다음의 편지 대목은 그런 베티나의 시각을 잘 보여준다.

> 어떤 필연성으로 우리가 도시로 오게 된 것은 정말 잘된 일인 것 같아요. 깨끗한 생활양식이 강요됨으로써 더욱 건강해지며, 더 이상 거칠어지지 않아야 하는 우리 아이들을 위해서는 특히나 그래요. 비퍼스도르프에서의 나의 서툴렀던 시절에 그대로 머물러 있었더라면, 아마 농부 아이들에게서 목격했을 저 지독한 나쁜 생활 습관으로부터 나는 우리 아이들을 보호하지 못했을지도 모릅니다. 오, 사랑하는 당신, 나는 이미 내 인생의 절반을 살았습니다. 그런데 젊은 시절 꿈꾸었던 나 자신의 자유로운 움직임을 위해서가 아니라 참고 견디며 살아가도록 내가 타고난 것이 아닌가 하는 생각이 들기도 해요.[24]

비록 시골에서의 생활이 부정적으로 언급되었을지라도 아이들의 삶뿐만 아니라 자신의 자주적인 삶을 위해서 대도시적 환경을 택했음을 자인하고 있다. 특히 대도시적 환경 속에서 항상 아이들이 성숙과 용기를 갖도록 장려해주고 싶었던 베티나의 의식은, 물론 허약한 마음에 놓인 상태였지만, 1823년 신년 초 형부 사비니와 언니에게 보낸 편지에서도 다음과 같이 강변되고 있다.

> 아이들의 현실적 유익을 위해 모든 희생을 치루기 마련이지만, 경제와 타협되지 않는 모든 일에서는 아이들이 등한시되곤 하지요. 내 양심에 따른다면, 아이들의 정신적 실존을 가장 부드럽게 돌봐주는 것이야말로 그에 대한 모든 비용을 정당화할 수 있는 것입니다. 아이들에게 줄 수 있는 가장 고귀한 사랑은, 아이들의 능력에 허락되는 범위 내에서 가능한 한 빨리 아이들이 성숙해지도록 해주는 것입니다. 그러나 저에게는 (이 점은 말하기가 부끄러운데) 손이 묶여 있으며, 내가 숙고할 때마다 요청받은 듯이 느꼈던 것들 중 그 어떤 것도 장려할 수 없는 형편입니다. - 충분히 힘이 넘쳐난다고 느껴서 내가 평소 인내심 있게 감내했던 것을, 나는 지금 너무 나약한 상태여서 성급하게 받아들이고 말아요. 나의 관점이 결국 만사의 끝이지요.[25]

베티나 자신, 남편, 아이들과 관련하여 시골에서의 삶은 매우 힘들게 여겨졌다. 베티나는 시골에서의 삶이 아이들의 교육과 건강뿐만 아니라 아르님의 창작에도 방해가 된다고 생각했다. 본래 그녀는 아르님의 문학적 재능과 기질을 대단히 높이 평가했으며, 베를린으로 아이들과 이주한 후에도 시골에 남아 있던 남편의 문학적 작업을 출판하는 데 앞장섰다. 그녀는 아르님이 오로지 문학에만 전념하여 천부적 시인으로서 문학적 성과를 거두기를 기대했지만, 그런 소망과 달리 아르님은 비퍼스도르프로 이주한 이후 농부 생활에 오히려 더 만족했다. 다시 말하면, 베티나의 관점에서는 비퍼스도르프에서의 농부 생활이 아르님의 시적 재능을 가로막는 결정적인 장애물로 여겨졌는데, 그 점은 베를린으로 이주한 후 아르님에게 보낸 베티나의 다음과 같은 편지에 잘 드러나 있다.

> 당신은 저에게 마치 백 년마다 한 번 꽃을 피우는 식물과도 같아요. 꽃이 만개하는 시간이 여기 도래했는데, 그러나 무의미한 장애물들이 그 꽃의 만개를 막으려 합니다. 그렇지만 꽃이 만개하려는 충동은 결코 없앨 수 없으며 더욱 강력해지고 있어요, 모든 이들이 지금까지 먼

지로 뒤덮인 그 식물을 지나쳐 가고 그 누구도 그 뜨거운, 비길스러운 식물의 생명력을 인지하지 못하고 있지만, 스스로를 펼치기 위해, 모든 시선을 자신에게로 끌어모으기 위해, 모든 이들에게 무한한 향유를 베풀어 주기 위해 그 식물의 생명력은 문 옆에 가까이 있지요.[26]

사회적 삶에서 철저히 차단된 채 외롭고 쓸쓸한 나날을 보내면서 정신적으로 힘들어했던 베티나였지만 아르님의 열정적인 창작 활동에 대한 희망적인 믿음을 갖고 있었고 동시에 "무의미한 장애물"(농사와 관련된 일)이 남편의 시적 창작을 방해하는 것이 아닌가 하는 우려 섞인 모습도 엿볼 수 있다. 다음의 편지에서도 비퍼스도르프에 혼자 남은 아르님이 혹시 자신의 시적 천부성을 발현하지 않은 채 농부의 일에만 모든 시간을 다 쏟아붓는 것이 아닌지 걱정하는 베티나의 모습을 엿볼 수 있다.

내게 닫혀 있던 세상과 즐거움, 그리고 풍요로움을 당신도 향유할 것이라고 내가 스스로에게 말할 수 있다면 얼마나 기쁠까요? 또한 내가 집과 방에 묶여 있다면, 이와 달리 자연과 아름다운 모든 것이 누군가 - 그의 천부성은 자연과 모든 아름다움과 친구 관계를 맺고 있는데 - 의 영혼과 신성한 유대 관계를 맺는 지역을 당신이 온 발로 떠돌아다닌다고 말할 수 있다면 나는 얼마나 기쁠까요? 내가 한 번만 당신의 마음을 일깨울 수 있고 당신이 스스로에게 무엇을 빚지고 있는지, 당신이 불안해하고 당신의 시간이 낭비되는 일들을 다른 이들에게 맡기지 않기 때문에 당신 스스로 무엇을 놓치고 있는지 등을 느끼도록 할 수만 있으면 좋겠어요. 시간을 절약하면서 당신이 최선을 다하길 바래요.[27]

이처럼 아르님이 농부 생활에서 벗어나 전적으로 문인의 삶을 걸어가길 바라던 베티나였지만, 그렇다고 해서 그녀가 대도시적 환경 속에서의 창작 활동을 무조건 옹호했던 것은 결코 아니었다. 베티나는 아르님이 대도시 독서층의 갈망과 요청, 취향 등에만 신경 쓰는 대중 작가로 활동하는 것에 대해 철저히 경계했으며 오로지 독특한 개인적 시적 특성을 지닌 작가로서만 활동하기를 원했다.

> 아르님, 당신은 시인이어서 행복하며, 독서 대중을 향해 당신을 형성하는 것이 결단코 당신의 근심거리가 되지 않도록 하세요. (...) 집요한 외침과 평가 앞에서 당신의 고유한 특성을 어떻게 간직하면 좋을지를 생각하세요..[28]

그러나 앞서 언급했듯이 비퍼스도르프에서 지내는 아르님 본인은 정작 완전히 정반대였다. 베티나의 시각과는 달리 그는 농업과 창작 작업의 병행을 즐겼다. 1821년 5월 12일자 베티나에게 보낸 편지에서 그는 비퍼스도르프에서의 고독한 삶이 오히려 대도시 베를린에서의 고독한 삶보다 훨씬 낫다고 밝히고 있다.

> 여기서 고독은 베를린에서보다 덜 괴로워요. 물론 당신과 아이들 없이 사는 것은 몹시 힘들긴 해요. 그러나 여기서는 그래도 나는 무엇인가로 존재하며, 매일 같이 무엇인가로 존재할 수 있으며 외부 활동을 하고 있어요.[29]

이처럼 베티나와 아르님의 속마음은 각기 달랐으며, 그리고 상대를 향한 마음과 생각에서도 차이가 있었다. 가령 베티나는 아르님이 자신을 배려해 주고 있다고 생각했지만, 그럼에도 오로지 시골에서의 삶만을 중시하는 그의 마음에 대해 섭섭함을 느꼈다고 밝힌다.

> 사 주 동안 집을 비운 후 돌아오는 대략적인 시간을 내게 미리 알려주는 것조차도 당신은 생각하지 않았는데, 그 점은 너무 섭섭했어요. (...); 당신의 편지에서 당신은 언제나 은밀히 시골 생활의 기쁨과 필연성에 대해서만 내게 언급하고 있는데, 그 두 가지는 모두 쓸모없으며 나를 슬프게 만들 뿐입니다. 물론 나는 당신을 너무 잘 알고 있으며. 당신이 당신의 안락보다는 나의 안락을 더 중시하고 있다고 확신하고 있지요. (...) 나에게 그 어떤 고통을 보상해 주지 않아야 하고 그 어떤 희생을 강요하지도 않아야 하는 것, 이것이 당신의 큰 걱정거리라는 점을 저는 믿어 의심치 않아요 (...).[30]

상대에 대한 배려심과 섭섭함이 뒤섞인 듯한 마음 상태는 아르님에게도 마찬가지였다. 비퍼스도르프의 삶을 아르님도 실은 스스로 힘들게 견뎌 나가고 있음에도 불구하고, 그런 자신의 상황을 인지해주지 않았던 베티나에게 내심 서운한 마음을 갖고 있었다.

> 나는 당신의 고통에 대해 진심으로 안쓰럽지만, 행하는 모든 일에서 심란하고 부주의하여 모든 노력에도 불구하고 헤매고 있는 나 자신도 안쓰럽기는 마찬가지입니다. 여기(비퍼스도르프와 베어발데 Bärwalde: 역주)서 나는 나 자신을 돌보는 것만을 생각하며, 내 일에만 전념을 다하고 있습니다. 그런데 당신은 편지마다 불안하게 나에게 안부를 물음으로써 나를 두렵게 만듭니다.[31]

어쨌든 아이들의 교육과 건강을 위하여, 그리고 자신의 자유로운 사회적 활동을 위하여 베티나는 비퍼스도르프의 삶에서 벗어나 베를린으로 다시 돌아갔다. 프랑크푸르트, 베를린 등 대도시적 환경에 익숙해 있던 베티나에게 한적하고 단조로운 비퍼스도르프에서의 삶은 이루 말할 수 없는 크나큰 무기력증과 우울증 등을 주었으며, 그런 증상은 베를린으로 다시 이주한 후에도 여전히 남아 있었다. 1822년 형부 사비니에게 보낸 편지에서 베티나는 비퍼스도로프에서 생활하는 자신의 모습을 '고문대에 앉아 있는 죄수'의 형상으로 비유했다.

> 아, 삶에 대한 나의 요구가 어떻게 가라앉았는지, 내가 적게 요구하면 할수록 삶은 더 많은 것을 내게 요구하며, 그로 인해 내가 도적이나 비열한 사람이 되는 것 이외에는 아무것도 베풀어진 것이 없습니다. 내 결혼 생활의 십이 년을 육체적으로나 정신적으로 고문대에서 보냈으며, 배려에 대한 나의 요구는 전혀 충족되지 않았습니다.[32]

자신의 첫 번째 결혼 생활을 "난파선"으로 비유했던 도로테아 슐레겔의 편지 대목을 떠올릴 만큼 매우 파격적이고 급진적인 서술이 아닐 수 없다. 이렇듯 과감한 비유법은 자유로운 활동을 열망했던 여성들에게 결혼 생활이 얼마나 크나큰 고통을 안겨주었는지를 시사해준다. 물론 베티나가 가정과 남편을 완전히 등한시한 것은 결코 아니었다. 베를린에 거주하면서 베티나는 틈나는 대로 비퍼스도르프로 가서 잠시 머무르곤 했다. 그러나 그곳에서의 삶에 대한 부정적 시각은 여전했다. 1823년 비퍼스도르프에 머물던 베티나는 아무 자극을 주지 않는 시골의 단조로운 삶에 대한 회의적인 마음을 언니 군다 브렌타노 - 군다가 사비니와 결혼하였기에 정확히는 '군다 사비니' 인데 - 에게 다음과 같이 전하고 있다.

> 여기서는 발이나 팔을 들고 싶어할 정도의 어떤 것이 하루 종일, 일년 내내, 평생 동안 일어나지 않기에 편지 쓰는 일은 누구나에게 필요 없어요. 아무것도 행하지 않고 경험하지 못하는 것이야말로 머리를 가장 아프게 하는 것 같아요. 모든 생각은 자신이 처해 있는 상황에서 벗어나려 하고 누구나 날아서 저 멀리, 힘들게 현재를 넘어서려 하는데, 종국에는 마치 모든 뼈가 부러진 듯 더욱 깊이, 더욱 위험하게 뒤로 자빠질 뿐이에요.[33]

시골에서의 삶에 대한 회의적인 시각과 우울증은 1827년까지도 남아 있었다. 가령 1827년 남편 아르님에게 보낸 편지에서 베티나는 시골에서의 삶과 결혼 생활을 "바스티유 감옥"에 갇혀 지내는 것으로 과격하게 - 물론 '감옥 생활 내에서의 만족'이라는 시니컬한 표현을 뒤섞어 사용하면서 - 비유하고 있다.

> 평소 나는 바스티유에서처럼 살고 있는 듯이 여겨지며, 다만 죄수들보다 더 많은 근심과 불편한 마음을 갖고 있어요. 그렇지만 나는 만족하고 있고 더 나은 것을 요구하지 않으며 편안하고 침착한 마음으로 내 삶의 종착점을 향해 바라보고 있어요.[34]

아이들과 함께 베를린에서 지낸 베티나는 아르님이 갑자기 세상을 떠난 1831년까지 서로 동떨어져 지내는 계절부부 생활을 했다. 이와 같은 두 사람의 결혼 생활과 관련해서는 두 가지 시각이 가능하다. 그 하나는 그리 평탄치 않은 부부 관계라는 시각이며, 다른 하나는 이상적인 부부 관계라는 시각이다. 어쩌면 동전의 양면과도 같은 시각이다. 베티나 연구자인 란트페스터(Landfester)에 의하면, 베티나에게 천부적인 시인으로 비추어졌던 아르님이 비퍼스도르퍼에서 정착하면서 농부 생활에 만족해하고 대도시에서의 삶에 혐오감을 보이게 되자 베티나는 크게 실망했던 것으로 보이며 특히 자신의 경우 "사회적 자극과 치열함이 결핍되어 있는 시골의 삶"에 대해 크게 환멸했고, 결국 두 사람은 "법적으로는 이혼하지 않았지만 사실적인 이혼, 즉 부부 생활을 반쯤 정도로만 안정적으로 유지하는 타협"[35]의 생활을 했었다는 것이다. 많은 편지에서 표출된 그들의 사랑과 갈등은 다양하게 해독될 수 있지만, 사실 부부의 진정한 관계에 대해서는 당사자들만이 알 수 있을 뿐 당시 주변인들과 오늘날의 독자는 정확히 알 수 없다. 어쨌든 베티나와 아르님은, 요즘의 언어로 말하자면, 주말부부가 아니라 '계절부부'라고 명명될 수 있는 그런 관계를 유지했던 셈이다. 이와 달리 베티나와 아르님의 전기를 두 차례에 걸쳐 집필한 바 있는 바움가르트(H. Baumgart)는 이들 부부를 두고서 "사랑의 수업시대"(Lehrjahre einer Liebe), "어느 이례적인 부부의 이야기"(Geschichte einer ungewöhnlichen Ehe) 같은 식으로 명명한 바 있다.[36] 이례적일 수밖에 없는 측면이란, 베티나가 다른 여타 낭만주의 여성작가들과는 달리 결코 이혼의 길을 걷지 않았다는 점을 말한다. 비퍼스도르프에서의 삶을 경멸했던 베티나는 처음에 아르님과 심한 갈등을 겪었지만, 아르님이 세상을 떠난 후 계절마다 비퍼스도르프에서 남편과 함께 보냈던 시간을 그리워했다고 전해지기도 한다. 시대에 앞서가는 부부 생활 방식이 얼마나 주변 사람들에게 파격적이었는지는 베티나가 아르님에게 전하는 서술을 통해서도 알 수 있다. 비퍼스도르프와 베를린에서 서로 떨어져 지내는 기이한 생활 방식, 즉 법적으로는 부부이면서 마치 별거 생활을 하는 듯한 부부의 모습, 그렇지만 서로 왕래가 자주 있었던 이 두 사람의 관계에 대해 당시 주변 사람들은 다양한 반응을 보였다고 한다. 그러나 오랜 기간 주고받은 부부의 서신 교환을 통해 알 수 있듯이, 주변 사람들의 질타, 의심, 악의 등의 시선에 상관 없이 두 사람 모두 편하게 지냈던 것으로 보인다. '비퍼스도르프와 베를린'이라는 시골과 대도시에 대한 두 사람의 생각은 서로 달랐지만, 그런 공간적 거리가 역설적으로 두 사람 각자에게는 긍정적으로 작용한 것처럼 보인다. 대도시적 여성 베티나는 베를린에서의 여러 살롱 경험 및 여러 지인과의 서신 교환을 즐겼고, 특히 남편과의 서신 교환은 일종의 '부부 서간문학'이라는 새로운 문학 영역을 일구어낸 셈이다. 애정과 갈등, 이상과 현실 등으로 어쩌면 헤어질 수도 있었던 그들 부부는 오히려 공간적 거리두기의 생활 방식을 통해 상호 분열과 부조화를 극복했는지도 모른다. 이상적인 해석이지만 어쩌면 아내와 남편의 역할 분담이 아니라 사랑의 정신이 두 사람의 부부 생활에 근원적 토대로 작용하고 있었을지도 모른다. 왜냐하면 "내가 알고 있는 유일한 법칙은, 바로 사랑만이 나와 당신을 결합하고 있다는 것입니다"(Ich kenne kein Gesetz, was mich an Dich bindet außer der Liebe)[37]라고 베티나는 밝힌 바 있기 때문이다. 물론 그런 사랑의 낭만적 담론이 수사적 미화 차원에서 나온 것일 수도 있지만 베티나가 염두에 둔 남녀 간의 진실한 화합을 가능케하는 '낭만적 사랑'은 어쩌면 개인적 삶을 존중해주는 정신을 뜻할지도 모른다.

4. 사실과 허구의 합성 마이스터

이미 언급했듯이 1831년 남편 아르님의 사망은 아이러니컬하게도 베티나에게 인생의 커다란 전환을 가져온다. 오십 세의 나이로 늦깎이 작가로 등단한 것이다. 대략 5년 간격으로 발표된 묵직한 세 편의 서간소설 『한 어린 아이와 괴테와의 서신교환』(1835), 『귄더로데』(1840), 『클레멘스 브렌타노의 봄의 화환』(1844)은 베티나 서간소설의 삼부작을 이룬다. 특히 『한 어린 아이와 괴테와의 서신교환』 및 『귄더로데』를 통해 베티나는 베를린의 젊은 학생들과 대중들에게 문학적으로, 사회정치적으로 지대한 영향력을 끼치는 주요 인사가 되었으며[38] 나아가 전국적인 스타 여류작가로 부상했다. 늦깎이 작가였지만 그녀의 글쓰기 활동은 사실 일찍부터 남편과 여러 지인에게 보내는 편지 및 일기 쓰기 등을 통해 소리 없이 진행되어 왔다. 후에 헤르만 그림(Herman Grimm, 1828-1901. 그림 형제 가운데 형 빌헬름 그림의 아들)은 어린 시절 아버지를 따라 베티나 집을 방문했을 때 보았던 '글쓰는 베티나'에 대한 강렬한 인상을 1880년에 다음과 같이 전하고 있다.

> 그녀는 항상 글을 써야 했다. (...) 내가 그녀의 이미지를 생생하게 떠올려보면, 그녀는 책상에 조용히 앉아 있었다. 그녀 손글씨의 글자는 또렷했고 달필이었으며 힘이 넘쳤다. 그녀는 자신의 마음에 들지 않는 것조차 모두 끊임없이 베껴 썼으며, 스쳐 지나가듯 적어 놓은 듯한 가벼운 문체까지도 받아들였다.[39]

이처럼 글쓰기를 즐겼던 베티나가 마침내 세 권의 서간소설을 출간하였던 것이며, 그 글쓰기 산물들에는 두 가지 공통점이 내재해 있다. 그 하나는 그녀가 문학적으로, 인간적으로 애정을 간직했던 이들(괴테, 귄더로데, 오빠 클레멘스)을 대화 상대자로 취했다는 것이다. 다른 하나는 세 권 모두 그들과 주고받은 편지를 단순히 모아놓은 서간집의 형태를 띠는 것이 아니라 사실적인 것과 허구적인 것이 뒤섞인 소위 하이브리드적(혼성적) 글쓰기 형식을 취했다는 것이다. 베티나 이전의 서간소설 전통에는 두 가지 방식이 있었으며 그것은 주로 양자택일적이었다. 즉, 사실성에 근거하거나 혹은 허구성을 취하는 방식이다. 사실성의 범주가 강조될 경우, 엄격히 말하면 소설이라 할 수 없는 글자 그대로 편지 모음집이다. 반면에 루소의 『신(新) 엘로이즈』(1761), 괴테의 『젊은 베르테르의 슬픔』(1774) 등은 철저히 허구적 특성의 소설이다. 루소와 괴테의 작품은 작가에 의해 허구적으로 창조된 인물들이 글자 그대로 편지 형식을 빌려 독백적 서술을 담아낸 서간소설이다. 이와 같은 두 가지 서로 상반된 방향과는 달리 베티나의 작품에서는 사실적인 것과 허구적인 것이 뒤섞임으로써 애매성이 증폭된다. 즉, 베티나 자신이 실존 인물들과 서신을 주고받음으로써 언뜻 '사실성'이 부각된 듯 보인다. 그러나 그녀의 책은 실제 편지를 모아놓은 도큐먼트라기보다는 자신의 허구적 글쓰기를 가미함으로써 일종의 '만들어진' 서간소설의 특성을 띠게 된다. 괴테, 귄더로데, 클레멘스와 직접 주고받은 사실적인 편지 양은 극히 적지만, 그것을 바탕으로 베티나는 인위적 가공, 첨가, 창작 등을 통해 사실적인 것과 허구적인 것 간의 경계가 흐트러진 소설을 만들어낸 것이다. 여기서 흥미로운 점은, 베티나는 주로 자신과 소통하던 파트너들이 모두 삶을 마감한 시점 - 괴테, 클레멘스의 경우 각각 사후 3년이, 귄더로데의 경우 사후 36년이 지난 시점 - 에 각각의 서간소설을 발표하였다는 것이다. 이러한 시간적 인터벌은 중요한 의미를 지닌다. 시간적 인터벌은 바로 과거적인 것의 완전한 재현 내지는 재구성의 불가능성, 결핍의 보충적 필요성, 어쩔 수 없는 인위적 상상력의 작동 등을 암시한다. 18세기에 통용되었던 창조적 작가, 즉 '제 2의 신'(alter Deus)으로 여겨진 '천부적 작가'라는 절대적 범주가 사라진 시점인 19세기에 등단한 베티나의 경우 - 『귄더로데』(1840)의 경우 - 스스로 하나의 인물로서 소설 안으로 들어가서 그 죽은 인물과 서로 대화를 나누는 것이다. 여기서 작가와 동일한 이름을 지닌 인물은 결코 작가 자신과 동일시되지 않는, 하나의 유희적 인물일 뿐이다. 이처럼 작가 스스로 자기 자신을 대상화함으로써 사실성과 허구성이 뒤섞이는 서간소설은 근대의 새로운 유희적 글쓰기의 유형이 된다. 이와 같은 서간소설적 글쓰기의 의미를 베첼(M. Wetzel)은 매체이론적 관점에서 매우 탁월하게 서술해 준 바 있다.

> 18세기에 굳어진 문학 장르로서의 서간소설은 어떤 객관적 사실을 기록하는 것이 아니라 '작가 주체들'과 '일종의 작가성의 신학'을 생산한다. 이러한 작가성에 베티나도 관여하고 있다. 즉, 그녀는 괴테 시대의 마지막 시점에 신과도 같았던 창조적인 천재와 현대적 작가성 간의 거리를 전복하면서 유희하고 있다. 그녀의 글쓰기는 무에서 유를 창출하는 것이 아니라 일종의 접속하기, 즉 글과 정보의 흐름을 연결하고 송달한다. 매체공학적으로 말하자면, 그녀는 기표, 활자, 편지의 무한

한 가분성(可分性)을 언제나 다시금 입증하는 가운데 괴테 코드를 가로채고 우려내고 유출한다.[40]

'작가 주체로서의 베티나'만을 신성시하며 동시에 그 작가와 관련된 실제성, 기록성, 진정성 등만을 강조하려는 시각은, 19세기의 현대적인 새로운 글쓰기 시학의 특징, 즉 작가 자신의 이름 및 여러 실존 인물의 이름을 유희적으로 작동하는 가운데 '복사, 접속, 연결, 공유, 전환, 배분, 우출' 등을 시도하는 다채로운 글쓰기의 특성을 간과하게 된다.

이상과 같은 베티나 글쓰기의 새로운 특성과 의미를 염두에 두면서 여기서는 세 권의 서간소설 중 『귄더로데』를 집중적으로 다루어보기로 한다. 우주와 자연 속에 놓인 개체에 대한 사유는 베티나와 귄더로데가 공유하고 있었고, 또한 소설 속 두 여성 모두 '다른 이에게서 자신을 찾아나서는' 여성적 유토피아를 꿈꾸고 있었으며, 이를 토대로 그들이 주고받는 서신은 외적으로 상호대화성의 특징을 띤다. 그러나 자세히 들여다보면 그들은 그 어떤 특정한 공통된 주제를 집중적으로 다루지 않으며 오로지 자신의 사색과 이야기만을 독백적으로 제시하고 있을 뿐이다. 개개 편지는 마치 그 자체 하나의 짧은 산문적 에세이와도 같다. 서신 내용은 주로 일상의 신변잡기에서부터 동화적, 신화적 이야기, 사회철학적 분석, 예술과 자연의 관계, 미학적 사유 등 다양하게 흩어져 있다. 이와 같은 『귄더로데』와 관련하여 세 가지 관점을 제시할 수 있는데, 그 세 관점은 점층적으로 강화된다. 첫 번째는 두 여성의 진실하고 내면적인 대화를 강조하는 관점이며, 두 번째는 첫 번째 측면을 지양하는 차원에서 '대화'를 가장한 베티나의 독백적 소설을 강조하는 관점이며, 세 번째는 사실과 허구의 경계가 지양된 혹은 양자가 혼합된 독백적 소설의 하이브리드적 특성을 강조하는 관점이다. 이러한 세 가지 관점을 구체적으로 제시하기에 앞서 '베티나'라는 이름과 관련된 세 가지 서술 층위의 해석학적 전제가 요구된다.

- 작가 베티나(Autor Bettina)

- 서술하는 베티나(erzählende Bettina)
- 체험하는 베티나(erlebende Bettina)

'작가 베티나'는 한 남자의 부인이자 아이들의 엄마로서 작가적, 사회적 삶을 살았던 베티나를 가리킨다. '서술하는 베티나'는 서간소설에서 이야기하는 – 흔히 '서술자 혹은 화자'라고도 명명되는 – 베티나로서 『귄더로데』에서는 유일하게 서문에서만 자신의 존재를 알리는 가운데 귄더로데와 서신을 주고받았던 과거의 삶을 회상하는 베티나이다. 물론 서술하는 베티나를 작가 베티나와 동일시하는 가능성을 완전히 배제할 수는 없다.[41] 마지막으로 '체험하는 베티나'는 서간소설 내에 등장하는 인물로서의 베티나를 가리킨다. 그렇다면 세 권의 서간소설 속에 등장하는 베티나는 모두 일치할까? 그렇지 않다. 각각의 서간소설 내에 존재하는 '체험하는 베티나'는 각기 다른 인물이다. 즉, 괴테와 대화하는 인물 베티나, 귄더로데와 대화하는 인물 베티나, 오빠 클레멘스와 대화하는 인물 베티나, 이들 세 명의 베티나는 언어와 사유에서 다른 감각과 재능을 내보이는 그때그때의 인물 베티나일 뿐이다. '작가 베티나'가 '서술하는 베티나'와 반드시 동일하지 않듯이, '서술하는 베티나'도 '체험하는 베티나'와 반드시 동일하지 않다. 이처럼 서로 다른 서술층위에서의 '세 명의 베티나'를 전제해야만 위에서 언급된 세 가지 관점이 설득력을 지닌다.

4-1) 1801년부터 1806년까지 귄더로데와 다섯 살 아래의 베티나는 실생활에서 직접 만나기도 했지만 주로 편지로 서로 활발히 교류하였는데, 특히 1804-1806년까지의 서신 왕래를 토대로 서간소설 『귄더로데』가 추후 출간되었다. 당시 두 여성은 서로 신뢰하며 애틋한 감정을 나누었으며, 다음과 같은 실제 편지의 한 대목은 두 여성의 우정어린 교감을 보여준다.

> 나는 언니의 친구이지만 내가 버팀목을 지녀야 할 정도로 연약해서가 아니라 (...) 내가 친구를 얻는 것이야말로 더 위대하고 멋지다고 생

각했기 때문이에요. 지속성에는 모든 활동과 산물의 위대함이 담겨 있어요. 그런 점에서 나는 언니의 우애를 신뢰하고 있어요...[42]

편지에서 두 여성은 서로 간직하고 있던 내적 사유와 감성을 형식에 얽매이지 않은 채 자유롭게 교환했다. 일상의 가벼운 주제와 진지한 학문적(예술, 철학, 종교, 역사, 신화 등) 성찰 간의 결합, 잔잔한 서정적 분위기에 젖은 소녀적인 감수성과 추상적인 존재론적 인식 간의 결합 등이 『권더로데』의 특징을 이룬다.

1840년에 작가 베티나는 삼십 년 전 스스로 삶을 마감했던 불운의 작가 권더로데를 다시금 서신교환의 파트너로 불러냈다. 과거의 권더로데를 현재로 소환하는 글쓰기는 과거 서신을 가져오는 방식뿐만 아니라 권더로데의 실제 작품들을 곳곳에 재삽입하는 방식을 통해서 진행되며, 그럼으로써 『권더로데』는 '작품 내의 작품'이라는 메타문학적 특성도 지닌다. 나중에 언급하겠지만, 『권더로데』는 두 여성이 지녔던 각자의 느낌과 성찰, 철학적, 종교적, 신화적, 문학적 사유 등을 진정성 있게 전하는 작품이라기보다는 작가 베티나 혹은 서술하는 베티나가 자신의 글쓰기를 한층 유희적으로 구성한 작품이다. 서술하는 베티나는 『권더로데』에서 자신의 시적 낭만화 정신을 마음껏 펼치고 있는데, 가령 "나는 구석에 앉아 장편의 시를 엿듣지요. 영혼은 눈 속으로, 별이 빛나는 대기 속으로 나가길 갈망하고 있어요"[43] 같은 구절은 『권더로데』에 내재해 있는 서술하는 베티나의 시적 낭만화 정신을 간접적으로 암시해주고 있다.

잘 알려져 있듯이, 『한 어린아이와 괴테와의 서신교환』에는 괴테와의 서신뿐만 아니라 '라트(Rath) 부인'으로 불리는 괴테의 어머니 카타리나 엘리자베스 괴테(Catharina Elisabeth Goethe)와의 서신 교환도 제시되고 있다. 그 서신들 가운데에는 베티나가 권더로데의 자살 소식을 들은 당시의 심정뿐만 아니라 권더로데 생존시 그녀와 함께 떠날 여행 계획을 세웠던 지난 시절에 대한 기억을 떠올리는 대목이 담겨 있다. 거기서 그녀는 자신과 권더로데 간의 평상시 관계를 다음과 같이 서술하고 있다.

> 현실에서 일어난 것에 대해 우리는 서로 아무 이야기를 나누지 않았습니다. 우리가 함께 만났던 왕국은 우리를 비밀스러운 낙원으로 받아들이기 위해 열리는 구름처럼 내려왔습니다. 거기서는 모든 것이 새로웠고 놀라웠으며, 정신과 마음에 적합한 것이었습니다. 그렇게 나날이 지났지요.[44]

어쩌면 『귄더로데』의 전체 내용과 특성을 암시해주는 듯한 대목이기도 하다. 즉, 『귄더로데』에서 두 여성이 주고받은 시상(詩想)과 교감을 나눈 이야기들은 현실에서 일어난 것이라기보다 내면성과 상상력에 의해 펼쳐진 것이며, 그런 비현실적인 이야기 왕국 내에 두 여성은 같이 거주하고 있었다. 두 사람의 관계를 보면 다섯 살 아래의 베티나가 귄더로데를 향한 애틋한 사랑과 진솔한 마음을 더 많이 간직한 듯이 보이는데, 그 점은 베티나가 귄더로데와 자유로운 담화를 주고받고 싶은 '소통적 소망'을 피력하고 있는 『귄더로데』의 첫 장면에서 엿볼 수 있다.

> 내 마음속 잡담의 활기는 평탄치 않은 숲을 지나 트라게스(Trages: 헤센 주에 있던 사비니 소유의 농장)까지 계속 언니와 재잘거리며 지속되었지요.[45]

이와 같은 두 사람 간의 우정어린 애틋한 관계는 작품 도처에 서술되어 있다. 베티나와 마찬가지로 귄더로데 또한 베티나를 향한 자신의 마음을 드러내고 있다.

> 나는 정말 오랫동안 너에 대해 생각했어, 사랑하는 베티네. 며칠 전 나는 네가 죽은 꿈을 꾸었지 뭐니. 나는 펑펑 울었고 종일 내 마음속에는 그 꿈의 슬픈 여운이 남아 있었어. 그런데 저녁 무렵 집으로 돌아왔을 때 네 편지를 발견하고는 얼마나 기뻤는지. 그리고 내 꿈과 너의 생각 사이에 어떤 확실한 연관성을 발견했다고 생각하면서 나는 너무 놀랐어.[46]

두 사람의 관계를 위 구절보다 더 사랑스럽고 애절하게 서술할 수 있을까? 베티나가 죽은 꿈을 귄더로데가 꾸었던 것도 실은 베티나를 더욱 그리워했기 때문이었을 것이다. 그렇게 베티나를 그리워하는 귄더로데의 애틋한 마음이 베티나에게 전해졌는지 바로 베티나의 편지가 도착했고, 그 순간 "나의 꿈과 너의 생각" 간의 일치를 확인할 수 있었다는 표현은 두 여성의 내밀한 친밀감을 한 층 더 강화하고 있다. 이에 대한 응답으로 베티나 또한 귄더로데를 향한 자신의 마음을 밝히는데, 그녀는 귄더로데를 자기 내면의 소리를 들어 주고 자신의 마음과 하나가 되어 다시 돌아오는 반향(메아리, 에코)으로 여긴다고 말한다.

> 사랑하는 메아리여, 언니의 근황에 관해서는 알고 있는 것이 없기에 모든 일에서 내가 느끼는 저 고통스러운 지루함에 대해서만 언니에게 말하려 해요. 내가 외치지 않을 때더라도 언니는 틀림없이 외치겠지요. 아니, 정말 언니는 메아리예요. 내 외침이 언니에게서 울리기 전까지는 나는 바라면 안 되겠지요.[47]

> … 아무리 아름답더라도 살아 있는 가슴 속에 메아리가 없다면 슬픈 일이며, 인간이란 결국 상대방 속에서 스스로를 느끼려는 욕망 이외에 아무것도 아니지요.[48]

두 사람의 애틋하고 내밀한 관계를 베티나는 '소리의 외침(베티나)과 그것의 메아리(귄더로데)'의 관계로 서술하고 있으며, 이는 이상적인 관계처럼 들린다. 그런데 두 번째 인용문은 특이하다. 왜냐하면 "상대방 속에서 스스로를 느끼려는 욕망"을 인간의 근본적인 특성으로 규정하고 있기 때문이다. 이는 외치는 소리와 메아리 간의 이상적인 관계보다는 '자기 자신'의 소리만을 강조하는 주관주의적 관점처럼 읽힌다. 어쩌면 귄더로데(메아리)는 궁극적으로 자기 자신을 느끼고 인식하는 인간으로서의 베티나를 위하여 단지 매개적 역할만을 수행한다고 볼 수 있다. 이 점을 확대하여 강조하자면, 서간소설 『귄더로데』 전체는 귄더로데와 베티나 간의 상호주관적 서신교환을 목적으로 하는 소설이라기보다는 실은 귄더로데를 매개로 베티나가 자신의 주관적 사유와 감성만을 마음껏 펼쳐보려는 주관주의적 글쓰기로 간주될 수 있다. 어쨌든 외적으로 귄더로데와 베티나가 서로를 향해 지녔던 진심 어린 마음, 두 사람 간의 내밀한 관계 등은 다음과 같은 편지 대목에서 더욱 감동적으로 서술되어 있다.

> 나는 언니처럼 창작할 수 없지만, 그래도 혼자 자연과 함께 있을 때면 자연과 이야기할 수 있어요. 내 뒤에 그 누구도 있어서는 안돼요. 왜냐하면 혼자 있을 때만 내가 자연과 함께 하는 것이 가능하기 때문이지요. 긴 도랑을 낀, 밤의 이슬 속에 있는 저 푸른 성곽 위에서 언니와 함께했던 때는 멋있었고 내 삶 중에서 가장 아름다운 시간이었어요. 내가 다시 돌아오면 여드레 동안 함께 그곳에서 지내고 싶어요. 침대를 서로 가까이 놓고 밤새도록 이야기를 나누기로 해요. 바람 소리에 지붕은 덜그럭거리는 소리를 내며, 살며시 다가온 쥐들은 램프에서 풍기는 기름 냄새에 흠뻑 취하겠지요. 그런 사이사이의 장면에 의해 사랑스럽게 중단되어도 우리 둘은 철학자가 되어 심오하고도 위대한 생각을 나눌 것이며, 우리의 그 생각들에 대해 낡은 세계는 녹슨 경첩에 금이 가서 전혀 돌아올 수 없을 정도가 될 거예요. - 이러면 어떨까요, 언니가 플라톤이 되어 저 성으로 추방되어 있는 거예요. 나는 언니의 사랑스런 친구이자 제자인 디온(Dion)이구요. 우리는 서로 다정하게 사랑하고 당연하다면 서로를 위한 삶을 살도록 해요, 당연히 그러길 바라며, 언니를 위해 내 인생을 모두 받치는 것보다 더 나은 일은 없습니다. 그것이 행복이며 - 위대한 영웅적인 행동을 하도록 요청된, 말할 수 없는 행복이지요. 세상의 가장 위대한 스승인 나의 플라톤을 위해, 넓은 이마와 가슴을 지닌 천상의 젊은 정신을 위해 나의 삶을 받치면서 함께 있는 것입니다. 그래요, 저는 언니를 앞으로 플라톤이라 부르고 싶어요. 그런 애칭을 저는 언니에게 드릴게요. 소크라테스가 플라톤을 그렇게 불렀듯이 저는 언니를 백조라고 부르겠어요. 언니는 저에게 디온이라고 부르고요.-[49]

이 편지 대목은 아마도 『귄더로데』 내에서 귄더로데와 베티나의 관계를 가장 서정적이고 내밀하게 서술해주는 대표적인 예로 손꼽힐 것이다. 친언니 군다보다 오히려 권더로데와 더욱 다정하고 친밀한 감정을 나누었던 베티나의 마음은 다채롭게 언급되고 있다. '소크라테스와 플라톤', '플라톤과 디온' 혹은 '백조와 디온' 같은 식으로 언급된 두 사람은 모두 세상에서 추방된 듯한 인물, 현실 세계에는 부적합한 인물 등을 가리킨다. 그런데 인용문에서 "나는 언니처럼 창작할 수 없지만, 그래도 혼자 자연과 함께 있을 때면 자연과 이야기할 수 있어요"라는 베티나의 고백은 시문학적 능력에 대한 스스로의 저평가일까? 전혀 아니다. 그러한 베티나의 독소리는 권더로데에 의해 다른 방식으로 응답된다. 베티나에게 보낸 권더로데의 다른 편지에서는, "너는 창작할 수 없지. 왜냐하면 시인들이 시적이라고 명명하는 그런 존재가 바로 너 자신이기 때문이지. 원물질은 스스로를 형성하는 것이 아니라 형성되는 것이지"[50]라는 식으로 오히려 베티나는 자연이 베풀어준 천부적인 시인으로 서술되고 있다. '창작'(dichten)은 부자연스러운 인위적인 작업이기에 자연적인 시인과도 같은 베티나에게는 부적절하다는 논리로 권더로데는 베티나를 높이 치켜주고 있다(그러나 다음에 자세히 언급하겠지만, 이러한 표현은 사실 '권더로데의 입'을 빌려 서술된 베티나의 자기 미화로 해석될 수 있다). 이 밖에도 자연과 하나가 되는 삶, 서로를 위해 기꺼이 자신의 삶을 바치려는 마음, 또한 자신과 권더로데의 관계를 디온와 플라톤의 관계로 설정하는 점에서 두 사람만의 내밀한 관계를 엿볼 수 있다. 또 다른 편지 대목에서는 권더로데를 따르고 싶어하는 베티나의 마음이, "언니, 제 바램은, 언니가 통치자가 되고 저는 언니의 악동이기를 원해요. 그것이 내 마음이예요. 순수한 삶의 불길에 대해 제가 두려워하리라는 점을 잘 알고 있지만 어쨌든 그래요!"[51]라는 식으로 매우 재치있게 서술되고 있다. 두 여성이 주고받은 놀라운 사유의 편린은 정치사회적 측면에서도 매우 혁신적인데, 그 점은 위 인용문에서 자신들의 사유가 시대를 너무 앞서가기에 "낡은 세계는 녹슨 경첩에 금이 가서 전혀 돌아올 수 없을 정도가 될" 것이라는 구절을 통해 암시되고 있다. 베티나가 언급한 "낡은 세계"란 자유로운 활동을 마음껏 펼치고 싶은 여성을 억누르고 지배하려는 권위주의적, 남성중심주의적 현실 세계 - 정치적으로는 절대 군주(왕)에 의해 지배되는 사회 - 를 가리킨다. 베티나에게 보낸 귄더로데의 편지에서는 동시대의 사회적 상황이 모든 것이 쓸려나가는 "썰물의 시대", 즉 인간의 의지가 부재해 있는 시대, 무관심과 무기력으로 가득한 시대라고 비판되고 있다.

> 바다에 썰물과 밀물이 있듯이, 나에게는 시간에도 그런 것이 있는 것 같아. 우리는 지금 썰물의 시대에 살고 있어. 누가 자신을 중시하게 만드는지 전혀 관심을 두지 않는 그런 썰물의 시대 말이야. 정신의 바다가 끓어오르는 그런 시대가 아직은 다가오지 않았기 때문이지. 인류는 숨을 낮추고 있으며, 역사에서 어떤 의미 있는 일이 일어나면 그것은 단지 준비하는 것이고, 감정을 일깨우는 것, 힘의 사용과 집중이며, 정신의 한층 더 높은 활력을 붙잡는 것이지.[52]

이와 같은 정치철학적 인식을 지닌 귄더로데를 베티나는 태양으로 비유하고 자신은 그러한 태양의 빛을 받으면서 싹트는 '씨앗'이라고 비유하기도 한다. 그런 비유는 귄더로데로부터 영향을 받아 자신도 마음껏 자유로운 느낌과 생각을 표출하고 싶은 베티나의 주관적 욕망을 나타내는데, 그런 욕망은 태양 빛을 받으며 외부 공간을 향해 뛰쳐나가고 싶은 갈망과도 연관된다. 이에 대해서는 소설 첫 장면에서 피력된 '외부 공간'(들판, 평야, 산, 강 등)을 향한 강렬한 충동이 대표적인 예다.

> 태양이 신선한 잎사귀를 통해 빛을 발하듯이 정신은 언니를 통해 빛을 발하며, 언니를 생각할 때면 나는 태양 속에서 싹트는 씨앗 같은 느낌이 들어요. 내 몸이 따뜻해지며 열정적이고 당당해지며 내 잎사귀를 펼치게 되지요. 종종 나는 불안하여 어떤 자리에 머물 수가 없어서 들판으로, 숲 속으로 나가지 않을 수 없어요. - 자유로운 대기 속에서 나는 방에서는 불가능했던 모든 것을 생각할 수 있으며, 그 때 사유들은 무리를 지어 산을 넘어가며, 나는 그런 사유를 말없이 바라보게 되어요.[53]

자유로운 사유와 의지를 펼칠 수 있는 외부공간에 대한 소망은 억압이 존재하지 않는 새로운 세계에 대한 갈망을 뜻하며, 이러한 베티나의 갈망은 창문을 통해 밖을 내다보는 여성의 뒷모습을 담은 카스파 다비드 프리드리히의 <창가의 여성>(Frau am Fenster, 1818-1822)을 연상시킨다. 다른 관점에서 보면, 위 인용문에서 언급된 평야, 숲, 산, 강 같은 외부공간은 글자 그대로 바깥의 자연 공간을 뜻하기보다는 실은 내면성의 강화를 위한 은유로 작동한다. 베티나의 글쓰기에 나타난 자연 공간의 의미와 관련하여 "자연환경은 그녀 자신의 내면성의 은유적 공간으로 들어갈 수 있는 특별한 접속 장소로 기능하는 바, 즉 그녀는 자기 자신의 마음속으로 쉽게 들어가기 위해 밖으로 나간다"[54]라고 해석될 수 있다. 외적 자연은 내면의 강화를 위한 우회적 표현이라 할 수 있는데, 이러한 관점은 슐레겔이 정의한 저 관념론적 관점, 즉 "모든 형태의 관념론은 이런저런 방식으로 자기 자신에서 나와야만 하며, 이는 곧 자기 자신 속으로 되돌아갈 수 있기 위함이다. 즉 자신이 존재하는 그대로 머물러 있기 위함이다"[55]라는 관점과도 유사하다. 이런 맥락에서 귄더로데, 베티나, 자연, 정신 간의 상호 내밀한 감정 교환은 도두 낭만주의적 정신의 발현과 관계를 맺는다. 다음과 같은 구절도 마찬가지다.

> (...) 별들과 나 사이에는 정신만이 존재해요. 모든 것들이 내 가슴에서 솟아오르는 정신의 거울임을 나는 느끼며, 그 별들은 그 정신을 받아들이고는 다시 빛을 반사하지요. 언니가 생각하는 것, 그것만이 진실이에요 (...) 언니의 예감은 언니에게 새로운 세상을 예고해 주며, 그런 새로운 세상을 향한 배회는 죄악이 아니예요. 왜냐하면 세상의 무수한 것들을 발견하기 위하여 정신이 존재하고 있는 것이기 때문이지요.[56]

귄더로데뿐만 아니라 오빠 클레멘스와의 서신 교환에서도 베티나는 그와 같은 자연과 내면 간의 정신적 상호 교감 내지는 상호 동화를 서술하고 있고, 다음과 같은 대목이 대표적이다.

그것은 사실이에요 (…). 내 안에는 여러 얼굴들이 뛰어노는 무대가 있으며 맥박이 거세게 뛰는 가운데 만발한 자연이 넓게 펼쳐있어요. 아침놀은 내 영혼 안으로 빛나고 모든 것을 비추지요. 엄지손가락으로 눈을 감고 머리를 괴고 있노라면, 이 위대한 자연의 세계는 나를 스쳐 지나가면서 나를 완전히 취하게 만들어요. 스쳐 지나가는 별들로 뒤덮인 하늘이 천천히 움직이기도 해요. 그리고 대기의 양탄자에 여러 색깔의 빛을 발하는 꽃나무들도 있지요. 이 모든 것이 실제로 존재하는 나라가 있을까요? 내가 세계의 다른 지역을 바라보고 있는 것은 아닐까요?[57]

이상과 같이 『권더로데』의 두 여성은 거의 비슷한 언어로 자연과의 내밀한 정신적 교감을 서술하고 있다. 남녀 이성(異性) 간의 정신적 우애와 사랑을 다루는 베티나의 두 권의 서간소설과는 달리, 『권더로데』는 개인적, 존재론적, 종교적, 시대적, 철학적 주제와 관련하여 두 여성이 다양한 사상과 감성을 주고받는 특징을 지닌다. 그런데 이성과 동성 간의 단순한 차이점을 넘어서 『한 어린아이와 괴테와의 서신교환』, 『클레멘스 브렌타노의 봄의 화환』과 『권더로데』 사이에는 글쓰기 차원에서도 다른 미묘한 차이점을 엿볼 수 있다. 그 점에 대해서는 이미 울리케 그로베(U. Growe)가 적절하게 분석한 바 있다.

임박한 자살(권더로데의 자살: 역주)의 배경 앞에서도 대조적으로 젊음의 순수성과 몽상성, 개방성과 수용성이 전체 서신 왕래에 깔려 있으며, 이는 오빠 클레멘스와의 서신 교환, 그리고 우상으로 사랑했던 괴테와의 서신 교환에서는 전혀 엿볼 수 없는 점이다.[58]

괴테, 클레멘스를 대화적 파트너로 삼고 있는 글쓰기에서는 각기 '우상과 오빠'에 대한 동경과 친밀감 등이 작용하고 있다면, 권더로데와 베티나 간의 서신에서는 오히려 "젊음의 순수성과 몽상성, 개방성과 수용성"이 발현되고 있다. 나아가 『권더로데』에서는 이성 간의 서신에서는 찾아볼 수 없는 독특한 특성을 엿볼 수 있는데, 요컨대 일종의 "협력, 상호존중, 지적/정신적인 상호 계발 및 사랑"(cooperation, mutual respect, reciprocal enrichment and love)[59]을 근간으로 하는 의사소통적 특성이 그것이다. 귄더로데와 베티나가 처해 있던 19세기 초반의 사회적 상황은 여성들에 대해 결코 우호적이지 않았는데, 그러한 억압적인 현실을 변혁하고 싶은 소망은 내적으로 격의 없는 소통 방식을 취하는 방식을 통해 대체되었다. 『귄더로데』는 남성에 비해 열등한 위치에 놓인 여성의 현실 상황을 극복하고 싶은 글쓰기의 소산이다. 즉, 남성우애(Männerfreundschaft)에 대항하여 이상적으로 상상화된 여성우애(Frauenfreundschaft)를 실현하려는 글쓰기 행위이며, 이는 넓은 의미에서 남성 우애에 대하여 "그 의미에서 있어서 더등한 여성 동맹을 대립시키는 것"[60]과도 같다. 혹은 이성 간의 대립보다는 인간학적으로 더욱 넓힐 경우, 『귄더로데』의 소통적 방식을 혹자는 하버마스 식의 "지배로부터 자유로운 의사소통"(eine herrschaftsfreie Kommunikation)을 향한 글쓰기의 사례라고 평가한다.

> 그것(『귄더로데』: 역주)은 근본적으로 변화된 공동체의 비전을 담고 있는 사회 대항적인 구상을 서술해줌으로써 일종의 역사적인 메시지로 읽힐 수 있다. 이 서간소설은 마찬가지로 살아 있는 유토피아적 실천을 담고 있는데, 왜냐하면 자신들의 우정 속에서 베티나와 카롤리네는 자신들이 요청한 이상을 실현하고 있기 때문이다. 예를 들면 서로의 관계에서 그들은 짙은 감성적 헌신과 지적인 교류를 결합하는, 지배로부터 자유로운 의사소통에 다다르고 있기 때문이다.[61]

서간체로 씌어진 글쓰기 내에서 실행된 두 여성의 자유토운 의사소통은 당연히 낭만주의자들이 추구한 '새로운 공동체 형성'이라는 이상(理想)의 한 단면을 제시한다. 즉, 지배, 설득, 강요 등이 더 이상 존재하지 않는 자유로운 소통적 관계의 공동체 말이다.

그런데 이와 같은 동성 간의 이상적 소통 내지는 평등 관계에 대한 사회철학적, 정치적 소망은 단지 작품의 외연적 의미를 구성할 뿐, 『귄더로데』에는 또 다른 내포 의미가 작동하고 있다. 느낌과 생각을 자유롭게 주고받는 소통적, 대화적 형식의 글쓰기는 실은 '서술하는 베티나'가 전개한 자기 자신의 고유한 글쓰기에 다름 아니다. 요컨대, 『귄더로데』는 '베티나와 귄더로데'라는 실제 역사적 인물이 서신을 주고받은 실존적 상황을 반영한 서간소설을 넘어서 서술하는 베티나가 온전히 자신에 의해 상상화된 인물(체험하는 베티나와 귄더로데)을 바탕으로 자신의 글쓰기를 시험하고 있는 장(場)이다. 이미 인용한 바 있는 "낯선 이에게서 자신을 찾으려 한다"(sich im Unbekannten suchen gehen)는 베티나의 구절이 그 점을 시사해주는데, 『귄더로데』는 실존 인물 베티나와 귄더로데 간의 대화적 실상을 뛰어넘어 상상적으로 불러들인 타자(귄더로데)를 통해서 서술하는 베티나가 자기 자신 찾으려는 혹은 자신의 글쓰기를 전개해보는 시도와 다름 없다.

4-2) 반복하는 질문이지만, 『귄더로데』는 과연 귄더로데와 베티나 간의 내밀한 교감, 나아가 두 여성의 이상적인 소통적 관계를 보여주는 소설로만 해석되어야 할까? 소설에서 '귄더로데'와 '베티나'는 도대체 누구일까? 이에 대해 과감하게 대답하자면, 두 여성 모두 서간소설에서 등장하는 상상화된, 대상화된 인물일 뿐이다. 서술자(화자)가 작가와 동일시될 수 없듯이, 이 서간소설의 등장인물(즉 체험하는 베티나, 체험하는 귄더로데)은 실존 인물 베티나, 귄더로데와는 엄격히 구분되며, 특히 체험하는 베티나는 서간소설 내의 본래 화자, 즉 서술하는 베티나와도 구분되어야만 한다. 체험하는 베티나는 글쓰기 안에서만 존재하는 허구적인 인물 베티나일 뿐이다. 이러한 시각을 좀 더 확대하자면, '괴테와 베티나', '귄더로데와 베티나', '클레멘스와 베티나'에서 각각의 베티나 또한 각각의 맥락과 환경에서 다르게 존재하는 '서로 다른 허구적 인물로서의 베티나'인 셈이다. 각각의 서간소설에서 등장하는 세 명의 베티나 사이에는 동일한 정체성이 존재하지 않으며, 나아가 세 명의 베티나와 작가 베티나 사이에도 마찬가지로 그 어떤 동일한 정체성이 형성되지 않는다. 『귄더로데』의 경우 동일한 정체성은 더더욱 부재한다. 실

제 권더로데는 소설이 발표된 시점인 1840년에는 이미 34년 전에 사망한 고인이며, 따라서 소설 속의 권더로데는 작가 베티나에 의해 상상적으로 호명된 인물일 수밖에 없다. 그렇게 호명된 권더로데뿐만 아니라 그녀와 서신을 주고받는 소설 속의 인물 베티나도 마찬가지다. '권더로데와 베티나는 누구인가'에 대한 질문에, 그들 모두 실제 살아 있던 인격체가 아니라 서술하는 베티나에 의해 대상화(對象化)되고 물화(物化)된 타자로서 소설 내에서 인위적이고 상상적인 관계를 맺고 있다. 이처럼 권더로데뿐만 아니라 괴테, 클레멘스 같은 실존 인물의 이름을 소설 내로 갖고 와서 상상화된(허구화된) 인물로 전이시키는 작가 베티나의 글쓰기 전략과 관련하여 베첼(M. Wetzel)은 다음과 같이 분석해주고 있다.

> 베티나의 글쓰기 방식은 오늘날의 팝문화와 거의 유사하다. 무엇보다도 그녀는 경험을 체험으로 대체하면서 저널리즘적 센세이션 문체를 선취하고 있으며 내밀한 고백의 전달을 통해 대중의 호기심과 정체성의 욕구를 만족시키고 있다. 그녀의 획기적인 도발은 내용이 아니라 기명(Signatur)이다. 즉, 자신의 이름과 괴테의 이름 하에 서신교환을 출간하는 것이다. 이런 방식으로 그녀는 하나의 현상을 제시하고 있다. 즉, 자신 앞에서 일어난 현상, 또한 괴테 같은 역사적 위인에 의해서 무엇보다도 장려된 현상을 제시하는 것이다. 이는 작가라는 허구적 산물을 제시하는 것이며, 그리고 텍스트를 텍스트 생산자에 대한 폭로로서 해석학적으로 오인하도록 만드는 것이기도 하다.[62]

실제 이름의 기명일지라도 그것은 '실제 인물'을 가리키는 것이 아니라 이미 소설 속에서 존재하고 기능하는 허구적인 '이름 기호'일 뿐이다. 작가 베티나는 그와 같은 '실제의 허구화'를 취하는 서술 수법을 통해 일차적으로 '진실된 대화에 의한 내면성의 탐구를 갈구하는 대중의 취향'을 사로잡았다. 모든 실존 인물이 상상화되고 허구화된 인물로 작동하는 가능성은 『권더로데』보다 오 년 전에 출간된 『한 어린아이와 괴테와의 서신교환』에서 도출될 수 있는데, 거기서 소설 속의 인물 베티나는 자신에 대해서 다음과 같이 말한 바 있다.

> 그리고 내가 어떤 기분이 들었는지 나는 수다를 떨어요. **내가 당신의 이름으로 나 자신에게 주었던 대답**, 즉 "나의 아이여, 나의 사랑스런 착한 소녀여! 사랑스런 마음이여!"라는 대답을 신중하게 꺼내 봅니다. 그래요, 그것은 정말이지 놀라운 시간, 즉 내가 정령들에 의해 다른 세계 속으로 옮겨진 듯한 생각이 들었던 시간에서 나온 것 같았지요. 정말이지 당신 앞에 서 있을 때면 **당신의 입술로부터 메아리가 나올 수 있다**고 생각하게 되는데, - 그럴 때면 나는 기쁨과 동경으로 인해 소스라치게 놀라지요. 얼마나 많이 꿈을 꾸었는지, 그리고 어떤 이보다도 더 멋지게 꿈을 꾸었는지. - 나는 때때로 경박하고 거만하기도 하며 그토록 사랑받는 그분을 행복하게 찬양합니다. 그러면 당신은 웃음을 지으면서 자상한 넓은 마음으로 그 점을 시인하시지요.[63]

전체적으로 괴테에 대한 사랑과 존경의 마음을 표하고 있는 대목처럼 읽히지만, "내가 당신의 이름으로 나 자신에게 주었던 대답"(die Antwort aber, die ich mir in Ihrem Namen gebe)이라는 구절은 특별한 해석을 요구한다. 그것은 서간소설 내에서 괴테가 언급했던 자신에 관한 모든 말들이 실은 '괴테의 이름으로' 혹은 '괴테의 이름을 빌려서' 서술하는 베티나가 스스로에게 주었던 말임을 시사하고 있다. 또한 "정령들에 의해 다른 세계 속으로 옮겨진 듯한 생각", "멋진 꿈", "당신의 입술로부터 메아리가 나올 수 있다" 같은 표현도 마찬가지다. 이는 괴테와 베티나, 귄더로데와 베티나, 클레멘스와 베티나 등 각각의 서간소설에서 상대방 인물이 발화했던 모든 사유와 감성은, 실은 서술하는 베티나가 '그들의 이름을 빌려서' 스스로에게 발화한 것임을 암시해준다. 요컨대, 괴테는 실제 시인으로서의 괴테를 지칭하기보다는 서술하는 베티나가 추구하는 보다 드높은 시적 세계를 향한 은유적 기호로 작동한다. 『한 어린아이와 괴테와의 서신교환』의 또 다른 대목에서도 그와 유사한 의미를 시사하는 구절을 발견할 수 있다. 그것은 서술된 베티나가 언급한 "내가 당신을 소유하려는 것이 아니라 나를 당신 것으로 만들도록 하는 것이 저의 첫 번째 과제입니다, 매우 존경스러운 분이시여!"[64] 라는 구절이다. 이 구절은 가령 체험하는 베티나가 괴테에 의해 실제로 파악된 인물이 아니라 서술하는 베티나가 괴테에게 심어 놓은 인물("나를 당신 것으로 만들도록 하는 것")임을 암시하고 있다. 좀 더 확장하여 말하자면, 세 권의 서간소설에서 각기 괴테가 바라본 베티나, 귄더로데가 바라본 베티나, 클레멘스가 바라본 베티나, 이 모든 체험하는 베티나의 이미지는 곧 개개 실존 인물들이 바라보고 지녔던 베티나의 모습 자체가 아니라 각각 서술하는 베티나에 의해 허구적으로 구축되고 주입된 이미지에 다름 아니다. 서술하는 베티나는 체험하는 베티나뿐만 아니라 다른 이들의 '이름/입'을 통해서도 그 체험하는 베티나의 이미지를 더욱 증폭하는데, 그 결과 글쓰기 자체가 '베티나 신화화' 내지는 '낭만화(허구적 미학화)'를 구축한다.

『귄더로데』와 관련하여 다시 정리해보기로 하자. 소설에 등장하는 귄더로데와 베티나 모두 서술하는 베티나에 의해서 허구적으로 상상화된 인물이다. 실존했던 귄더로데가 생존시 발표한 작품의 재수록 및 실제 주고받은 몇몇 서신의 재수록 이외에 다른 모든 서신은 서술하는 베티나에 의해 인위적으로 만들어진(생산된) 것이다. 자신의 입으로뿐만 아니라 '귄더로데의 입'으로, 혹은 할머니를 비롯한 여타 인물들을 통해서도 서술하는 베티나는 체험하는 베티나를 허구적으로 만들어내고 있다. 특히 할머니는 작가 베티나의 실제 외할머니 조피 폰 라 로셰(Sophie von La Roche)를 가리키는 것이 아니라 서술하는 베티나의 지나간 기억을 떠올리도록 자극하는 기능을 수행하는 허구적 기호로 작동한다. "할머니는 그 어떤 개인적인 프로필을 수반하지 않으며 (줄거리가 빈약한) 텍스트 내에서 그 어떤 줄거리의 심급기관도 아니며, 인물 베티나의 유년시절, 젊은 시절, 안전하게 보호된 상태, 고향의 공간을 대변하고 있다."[65] 그런 의미에서 할머니의 집도 프랑크푸르트에 있던 외할머니의 구체적인 공간이 아니라 소설 속에만 존재하는 "인물 베티나의 (은밀한) 글읽기와 글쓰기의 공간"으로 기능하며, 나아가 "낭만적으로 비유된 표현에서의 여성서술자이자 문학적 활동 공간"[66]으로 해석된다.

다시 한 번 강조하자면, 소설 내의 두 인물 베티나와 귄더로데는 서로 다른 두 명의 실존 인물이라기보다는 서술하는 베티나에 의해 만들어진, 요컨대 자신의 글쓰기를 미학적으로, 허구적으로 강화하고 증폭하려는 서술하는 베티나의 분열된 인물이다. 두 인물이 실은 서술하는 베티나의 분신이라는 가능성은 다음과 같은 구절에서 간접적으로 암시된다.

> 내게는 다른 어떤 특권이 없으며 오로지 한 가지 비밀스러운 가치만을 갖고 있어요. 그것은 언니로부터 버려지는 것이 아니라 언니의 정신적 눈으로 바라보면서, 내가 언니의 정신으로 읽지 않는다면 결코 예감하지 못했을 그런 사유를, 나 자신 속으로 들어오게끔 마법을 거는 그런 비밀스런 가치예요.[67]

위 대목은 베티나가 언제나 귄더로데 하의 영향권 내에 놓여 있음을 말해주고 있을 뿐만 아니라 두 인물이 거의 하나가 되어 동일한 사유와 감성을 지니고 있음을 암시한다. 베티나의 위의 언술과 거의 부합하는 귄더로데의 언술도 찾을 수 있는데, 가령 다음과 같은 대목이다.

> 내 일을 포함해서 많은 일을 나에게 적어 보내 주면 나도 많은 일을 적어 보내 줄게. 네가 항상 옳았던 대화에서보다 훨씬 더 내가 나르시스트로서 너에 대해 나 자신을 방어하면, 그 점을 너는 기분 좋게 받아들일 게 틀림없어. 나는 그렇게 생각하며, 내가 옳고 네가 틀릴 거야. 활기찬 자연 기질로써 네가 나에 대해 확신할 정도로 그렇게 느끼는 것에 네가 항상 만족할 수 있으리라고 나는 생각해.[68]

귄더로데는 자신의 나르시시즘이 베티나에게 오히려 즐거움과 만족을 안겨 줄 것이라고 확신하고 있으며, 이는 역으로도 마찬가지다. 베티나의 나르시시즘은 소설의 도처에 깔려 있으며 종종 상대방(서술된 귄더로데)을 자신의 나르시시즘적 시각으로 점유할 정도로 과도한 모습을 띠는 경우가 많다. 그렇게 나르시시즘에 젖은 두 인물은 서로 동일한 사유와 감성을 공유하고 있으며, 그런 가능성을 암시하는 결정적인 대목은 다음과 같다.

> 나의 편지는 흩어진 채 씌어있어요. 그것은 내가 언니를 찾고 있기 때문이지요. - 그렇지 않으면 언니가 내 앞에 있겠지요. 내가 언니에게 편지를 쓸 때면 나는 언니와 말을 나누고 있어요. 절반은 내 생각이며, 절반은 언니의 대답이예요. 왜냐하면 내가 언니에게 므엇인가를 말할 때면 언니가 무엇을 대답할지 나는 매번 알고 있기 때문입니다. 그렇게 나는 언니에게서 좀 더 심오한 것, 현명한 것, 확실한 것을 더 배우게 되지요.[69]

'언니'는 글자 그대로 보면 부재해 있는 타자로서의 귄더로데를 지시하는 듯하지만 실은 체험하는 베티나 자신을 뜻한다. 베티나는 "언니가 무엇을 대답할지를 매번 알고" 있다고 한다. 이는 생각과 대답이 모두 베티나 자신 속에서 일어나고 있음을 암시한다. 이처럼 두 인물 간의 분열된 동일성을 암시하는 대목은 도처에서 찾을 수 있다. 가령 "그런데 내 마음속에는 고통이 자리하고 있지만, 언니가 있어서 나는 그 고통을 종종 억누르게 됩니다. 그러나 언니 자신에게서 언니를 유혹해내고 싶은, 언니 자신에게서 언니를 잊혀지게 만들고 싶은 비밀스런 소망이 있지요"[70] 같은 언술도 그렇다. 귄더로데는 곧 베티나가 자신의 타자로 점유한 귄더로데인 셈이다. 비슷한 맥락에서 다음과 같은 언술, 즉 "언니는 거대한 비밀이지만 공공연한 비밀이기도 해요. 내가 언니 앞에서 잠을 자면, 언니의 정신은 나를 잠들게 하여 나는 꿈을 꾸지요. 말하자면 내가 깨어 있어서 모든 것을 꿈 속에서만 느낀다고 꿈을 꾸어요. 그건 좋아요. 그렇지 않으면 저는 혼란스러울 거예요"[71]라는 대목에서도 귄더로데와 베티나 간의 분열된 동일성을 읽을 수 있다. 두 인물 간의 분열된 동일성은 다음과 같은 에로틱한 서술에서도 계속 암시된다. "언니, 그리고 말할 때면 언니의 손가락으로 놀이하는 나, 이것은, 우리들 가까이에 있는 어떤 정신이 다른 터무니 없는 것으로부터 우리를 보호하려는 듯이 여겨져요"[72]라는 서술의 경우, '언니의 손가락으로 놀이하는 나'의 에로틱한 서술을 통해 체험하는 베티나는 자신과 귄더로데의 내밀한 관계를 암시하고 있다. 베티나가 귄더로데에게 보낸 마지막 편지 대목에서도 두 인물 간의 분열된 동일성은 명료해진다.

> 언니의 바람은, 내가 배우기 위해서는 오로지 나 자신에만 전념해야만 하고 스스로 방책을 알아내야만 한다는 것이지요. 그래서 우리는 편지에 대해서는 아무것도 이야기를 나누지 않지요. 나는 모든 것을 이해하고 있어요. 나는 많은 것을 고통스럽게 받아들이는데, 그것은 내가 아직도 상처를 입었다고 느끼고 있기 때문이겠지요. 혹은 내가 너무 강하지 못한 나머지 언니의 신성한 음성을 들을 수 없기 때문이겠지요. 나는 눈물로 언니의 말에 귀기울이고 있어요. 언니 편지에서 나는 언니의 목소리를 읽어내는데, 언니 편지는 내 감각을 자극해요, 나는 사랑으로 너무 지쳐서 피곤해진 병든 아이예요. 이제 걱정, 그래요 절망이, 내게서 사라졌으니 울지 않을 수 없네요![73]

굳이 두 사람이 구체적으로 어떤 말을 주고받지 않더라도 서로 교감할 수 있다는 대목, 그렇지만 베티나는 상처와 절망을 회복하기 위해서는 귄더로데의 목소리가 필요하다고 밝히고 있다. 그런데 자세히 읽으면, 위 인용 대목은 베티나의 목소리임에도 불구하고 두 번이나 사랑의 절망을 겪고 삶을 마감한 귄더로데의 목소리로 읽힌다. 특히 "나는 사랑으로 너무 지쳐서 피곤해진 병든 아이이며, 걱정, 그래요 절망이, 내게서 사라졌으니 울지 않을 수 없네요!"라는 서술이 그렇다. 귄더로데의 심정이 '베티나의 입으로' 피력되고 있는 바, 결국 소설의 마지막 부분에서는 베티나와 귄더로데가 서로 일치하고 있다. 소설 중간의 다음과 같은 대목은 두 사람 간의 분열된 동일성을 결정적으로 이미 암시해주고 있다.

> 다른 이들과 함께 하는 언니의 존재는 몽환적이예요. 나는 그 연유를 알고 있어요. 언니는 그들 속에서 깨어 있을 수 없으며 아마도 순응적으로 존재할 것 같아요. 아니, 어쩌면 그들은 언니를 위협할지도 모릅니다. 언니가 깨어 있다면 그들의 찌푸린 무시무시한 얼굴은 언니를 도망치도록 할 거예요. - 저도 일찍이 꿈속에서 그런 것을 본 적이 있어요. 겨우 두 살 때였어요. 그 꿈은 종종 아직도 갑자기 저를 덮친답니다. 사람들은 정말 무서운 가면들과 같으며 나는 그들에 둘러싸여 있

> 다는 생각이 들어요. 그들은 내 감각을 모두 앗아가려 해요. 그것을 보지 않기 위하여 그리고 불안감으로 인해 사라지지 않기 위하여 나는 꿈속에서 당시 눈을 감았지요. 언니도 삶 속에서 고결한 마음에서 그냥 눈을 감아버리겠지요, 인간들 주변이 어떤 정황인지 보려 하지 않을 거예요. 언니는 자신의 마음속에서 그들에 대한 혐오감이 솟아 나오지 않도록 할 것 같아요. 그들은 결코 언니의 형제가 아니에요. 부당한 것은 결코 우리의 자매나 형제가 아니지요. 그렇지만 언니는 그들과 형제자매가 되기를 원하며 몽환적인 머리를 치켜들고 그들 가운데 서 있으며 잠 속에서도 웃음을 띠고 있잖아요. 이리저리 방황하는 그로테스크한 가면춤으로 언니는 모든 것을 받아들이는 듯한 꿈을 꾸고 있기 때문이지요.[74]

베티나가 소설 내에서 귄더로데에게 서로 비슷한 실존적 상황을 공유하고 있음을 밝히는 대목이지만, 이러한 고백적 서술은 실은 독자에게 두 사람 간의 동일성을 암시해주고 있다. 그렇다면, 두 인물은 어떤 실존적 상황에 처해 있는 것일까? 두 사람 모두에게 현실은 가증스럽고 두렵게 여겨지며, 깨어 있는 정신에서 그들은 그러한 무시무시한 현실을 받아들일 수 없지만 그렇다고 해서 무조건 도피할 수만은 없는 상황이다. 결국 '꿈꾸는 듯한' 몽롱한 상태를 유지한 채 그러한 억압적인 현실을 받아들이며 살아갈 뿐이다. 서술된 두 인물 베티나와 귄더로데 - 혹은 서술하는 베티나도 마찬가지로 포함되는데 - 가 "이리저리 방황하는 그로테스크한 가면춤"(als dahinschweifenden grotesken Maskentanz)을 취할 수밖에 없는 상황은 19세기 말 니체 및 20세 중반 사르트르 등이 강조한 부조리한 실존 상황, 즉 삶과 죽음이 공존하는 부조리한 상황을 상기시킨다. 그와 같은 부조리한 실존 상황을 감당하기 위해서는 어쩔 수 없이 '꿈의 상태'를 취할 수밖에 없다는 시각은 대단히 파격적이다. 이는 가상적이고 허위적인 자기 자신을 비판하는 냉소적인 시각인 동시에 그런 순수한 자기 현존의 불가능성을 내포하는 허무적인 시각이기도 하다.

이상과 같이 서술된 베티나의 편지, 그리고 그녀의 대화 상대자인 여러 인물의 입을 통해 발화된 편지는 모두 '서술하는 베티나의 분열된 동일성의 시학'과 관계된 것임을 알 수 있다. 괴테, 귄더로데, 클레멘스 등 인물들과 함께 체험하는 베티나가 상호 대화를 주고받는 서간소설 『귄더로데』는 궁극적으로 서술하는 베티나의 뛰어난 새로운 글쓰기의 전략과 방식에서 나온, 일종의 '심미적인 자기연출화'(ästhetische Selbstinszenierung)가 작동하는 작품이다. 그 서술하는 베티나가 자신의 시문학적(포에틱한) 글쓰기와 관련하여 제시한 의도와 기획은 소설 내에서 자주 시사되고 있는데, 가령 체험하는 베티나가 시문학(포에지)을 '거울'이라는 비유적 언어로 언급하고 있는 다음과 같은 대목이 대표적인 예이다.

> 나는 거울처럼 시문학에서 스스로 집중하려 하며, 나 자신을 주시하려 하며, 나 자신을 지나서 한층 높은 세계 속으로 들어가려 해요. 나의 시문학은 이를 위한 시도입니다.[75]

편지는 여성작가가 자신의 글쓰기를 마음껏 펼칠 수 있는 주요한 시문학의 형식이다. 서간소설 내에서 인물은 언뜻 각기 수신자, 발신자로 나뉠 수 있겠지만 사실 그들은 수신자이자 발신자이며, 수신자이자 발신자로서의 모든 인물은 서술자로 수렴된다. 서술자와 거울로서의 시문학간의 관계는 『클레멘스 브렌타노의 봄의 화환』에서 '브렌타노의 입으로' 다음과 같이 언급되고 있다. "작가는 자기 자신에게 글을 써야 하는데, 그것은 편지를 통해 자기 자신과 친숙해야 하기 때문이다. (...) 편지 속에서 너는 너의 영혼의 거울을 보게 될 것이며, 그렇기 때문에 너 자신에 대한 오류에 빠지지 않기 위해서도 너 자신에 대한 가장 깊은 진실이 필요한 것이지."[76]

그렇다면 『귄더로데』에서 서술하는 베티나는 자신의 글쓰기를 통해 무엇을 목적으로 삼고 있는 것일까? 교양소설의 최종 목적과도 같은 '온전한 자아 발견 및 성장'을 실현하려는 것일까? 작가 베티나의 여러 작품을 보면 흥미롭게도 거울의 의미는 다채롭게 서술되고 있다. 거울은 때론 자기 발견을 위한 은유적 매개로서, 때론 낯선 이(자신의 알터 에고를 비롯한 타자)와의 갑작스러운 만남에 대한 은유적 매개로서도 제시되곤 한다. 전자와 관련해서는『한 어린아이와 괴테와의 서신교환』의 3부에 실려 있는 매우 뛰어난 장면이 거론될 수 있다. 일기 형식으로 씌어진 3부의 한 대목에는 서술된 베티나가 거울 속에서 자신을 발견하는, 일종의 자기 인식의 즐거움을 찾는 순간이 매우 뛰어나게 서술되고 있다. 거울조차 없었던 수도원 기숙사에서의 생활을 끝내고 열세 살의 베티나는 다른 두 동생과 함께 외할머니 집에 도착하여 서로 껴안았던 장면을 떠올리면서 그 당시 거울 속에서 발견된 낯선 이가 다름 아닌 자기 자신임을 알게 되었다고 적고 있다.

> 모든 이들을 발견한 가운데 나는 단 한 명의 여자아이만 알지 못했다. 불타는 눈과 새빨간 빰, 그리고 멋진 검은 색 곱슬머리를 가진 아이였다. 그녀를 알지 못했지만 나의 심장은 그녀를 향해 뛰고 있었으며, 그런 얼굴을 나는 이미 꿈속에서 좋아했던 것 같다. 눈의 표정에는 나로 하여금 눈물을 흘리도록 하는 어떤 것이 놓여 있었으며, 그녀를 향해 나는 뒤따라가야만 했고 그녀에게 충심과 믿음을 주지 않을 수 없었으며, 그녀가 울 때면 나는 조용히 애도를 표하고 싶었으며, 그녀가 기뻐할 때면 나는 그녀를 조용히 섬기고 싶었다. 나는 그녀에게 눈짓을 보냈지. - 어쩜, 그녀가 몸을 일으켰고 나를 향해 다가왔으며, 우리는 서로를 웃으면서 바라보았다. 나는 더 이상 의심할 수 없었다. 나는 거울 속에서 바로 내 모습을 보았던 것이다.[77]

거울에 비친 형상이 처음에는 낯선 자로 여겨지다가 서서히 자기 자신임을 알게 되는 과정이 서술되어 있다. 지금까지 다른 이들(괴테, 귄더로데, 클레멘스 브렌타노 등)의 '이름'(혹은 '입')을 통해서 자기 자신을 그려내는 것과 비슷한 맥락에서 이 장면에서도 거울 속에 비친 낯선 형상을 매개로 베티나는 자기 자신을 찾는다. 일종의 성공적인 자기 자신의 발견에 대한 예인 셈이다. 이러한 자기 자신의 발견 장면의 미학적 연출 장면에서 특별한 점은, 그것이 문법적으로 과거로 서술되고 있는 것이 아니라 '직설법 현재'를 띠는, 서사이론에서 흔히 '역사적 현재'(historisches Präsens)로 불리는 글쓰기 수법이다. 이는 과거 사건의 모방적 재현보다는 사건의 현재화를 꾀하는데, 이러한 현재화는 서술하는 베티나의 상상력에서 만들어진 인위적 자기연출성에 속한다. 이에 대하여 베첼은 크리스타 뷔르거의 말을 빌려서 다음과 같이 덧붙인 바 있다.

> 기분 좋은 나르시시즘의 길 위에서 베티네는 어떤 이미지를 찾는 도중에 실망감에 젖는 위험을 벗어나게 된다. 크리스타 뷔르거가 강조했듯이, '자서전의 소망'은 '어떤 종점에서부터, 어떤 목적(개인의 교양)을 향해 나가는 인생 과정의 해석이 아니라 순수한, 기억 없는 현존이며, 초현실의 자리에 직설법 현재를 세우는 일종의 '바꾸어 상상하기'에 근거한다. '글을 쓰면서 베티나는 스스로 순수한 에너지를 얻는다.'[78]

서술하는 베티나의 글쓰기는 자기 발견 같은 목적을 향하기보다는 오로지 자신의 현재화만을 위한 상상적 글쓰기라는 특징을 지닐 뿐이다. 야코비에게 보낸 실제의 편지에서는 거울과 관련된 일종의 자아 분열 현상 같은 경험이 언급되는데, 물론 그러한 경험의 서술도 넓은 의미에서는 상상적 글쓰기의 특징에 속한다. 흔히 호프만을 비롯한 낭만주의 작가들의 작품에서 거울은 전통적인 나르시시즘의 매개물에서 벗어나 오히려 자신의 도플갱어를 경험하는 주체 분열의 매개물로 간주되곤 하는데, 베티나 또한 위에서 인용한 바 있는 경험(어린 시절 거울 속에서 자신을 발견한 경험)과는 완전히 달리 거울 속에서 낯선 이와 마주하는 가운데 두려움과 도취가 교차하는 순간을 경험했다고 야코비에게 밝힌다.

> (...) 나는 거울 앞에 섰으며, 모든 이 세상사를 극복한 고통스러운 정신이 밖으로 내다보았지요, 나는 무심하게 그 형체를 바라봤고, 그것도 무심하게 나를 다시 쳐다보았지요. 나는 내면 깊숙이까지 사로잡혔고, 나는 차가운 유리잔에 불타는 입술을 갖다 댔지요. 아주 열렬히 나의 신의를 맹세하면서 나의 고유한 실체에 입맞춤을 했습니다(...)[79]

이 구절과 관련하여 란트페스터(U. Landfester)는 자기 자신이나 거울의 형상을 받아들이지 못하는 제 삼자 같은 베티나의 모습을 엿볼 수 있다고 해석한다. 즉, 현실적인 자아와 거울 속의 자아 사이에서 부유하는, 불완전한 자아를 가리킨다는 것이다.[80] "나의 정신은 하나의 거울이다"(mein Geist ist ein Spiegel)[81]라는 명제가 유효하다면 그 정신 혹은 거울에 비추어진 모습은 전혀 낯설게 여겨지지 않아야만 한다. 그러나 그런 명제와는 달리 거울 안에서 밖을 향해 베티나를 바라보는, 저 무시무시하게 여겨지는 형체는 도대체 누구인 것일까? 그것은 어쩌면 체험하는 베티나를 비롯하여 그녀와 함께 대화를 나누는 여러 상대자들을 가리킬 수 있으며, 서간소설 전체를 이끌어가는 서술하는 나(베티나)는 그와 같은 '거울과도 같은 편지'(포에지)에서 비추어지는 모든 이들과 마주하는 순간 낯섦 내지는 두려움을 겪는 것이다. 그렇기에 양자는 서로 "무심하게"(낯설게) 바라보고 있는 것이다. 따라서 서간소설 『귄더로데』 자체는 '대화의 성공'이기보다는 실은 '대화의 좌절'을 내포하고 있다. 다르게 말하면, 거울과도 같은 『귄더로데』라는 글쓰기 산물은, 자아 발견의 매개물이 아니라 "자아와 타자로서의 '형체' 간의 근본적 차이를 스스로 그 '존재'에 써넣는 자율성 의식"(Bewußtsein einer Autonomie, die diesem 'Wesen' ihrerseits die fundamentale Differenz zwischen dem Ich und seiner 'Gestalt' als einem Anderen einschreibt)[82]의 산물과도 같다. 이러한 글쓰기의 의미와 관련하여 란트페스터는 흥미롭게도 "에코가 나르시스를 쓴다"(Eco schreibt Narziß)라는 식으로 명명하고 있다. 즉, 진정성과 사실성 사이에서 부유하는 서술하는 베티나는 타자들(가령 괴테, 귄더로데, 클레멘스)과 소위 '진정성 있는 대화'를 꾀하는 듯 하지만 실은 정체성을 상실한 상태에서 자아와 알터 에고 간의 '좌절된 대화'만을 전개할 뿐이다.[83]

그렇다면 이처럼 체험하는 베티나와 다양한 인물들 간의 상호 소통 과정을 관찰하는 서술하는 베티나는 어떤 자아를 지닌 것일까? 『한 어린아이와 괴테와의 서신교환』를 분석한 그라이너(B. Greiner)에 의하면, 스스로 자아와 비아를 정립하는 피히테식의 절대 자아, 즉 흔들리지 않는, 확고부동한 첫 번째 자아로서의 베티나가 서신 속에는 부재하고 그 대신 이곳

저곳 흐트러져 있는 다양한 분열된 자아들만이 나타난다고 해석한다. 서간소설 전체는 자신의 모든 목소리(확고한 사유)를 듣고 있는 통합적이고 절대적인 자아가 부재해 있는, 즉 "첫 번째 화자 없는 에코의 담화"(Eco-Rede ohne ersten Sprecher)일 뿐이다. 요컨대, "자아가 담화 속으로 흩어지고 있음"(ein Zerstreuen des Ich in die Rede)을 뜻한다.[84] 위에서 인용한 바 있는 "나의 편지는 흩어진 채 씌어져 있는데, 그것은 내가 그대(언니: 역주)를 찾고 있기 때문입니다"라는 구절이 그 점을 입증한다. 서간소설을 읽는 독자에게도 저 단일하고도 통합적인 자아로서의 '하나의 서술하는 베티나'의 목소리는 전혀 들려오지 않는다. 서술하는 베티나 또한 자신의 분열된 자아를 통제할 수 없으며 단지 "스스로를 읽고, 읽혀진 이로서 스스로를 쓰는"(Sich-Lesen und Sich-als-Gelesene-Schreiben)[85] 행위만을 부단히 전개할 뿐이다. 따라서 『귄더로데』에서 독자는 다양하게 분열된 베티나의 메아리(Echo)만을 들을 수 있을 뿐이다.[86] 여기서 유의할 점은, 흔히 메아리의 경우 첫 번째 화자의 목소리가 전제되고 그것의 반향을 뜻하는데, 『귄더로데』의 경우 그 "첫 번째 목소리의 화자"는 부재하며 그 대신 여기저기서 '다양한 메아리들'만이 들려온다는 것이다. 이와 관련하여 힐메스(C. Hilmes)는, 두 명의 실존적 화자를 전제하고 있을지라도, 어쨌든 절대 자아의 부재를 설득력 있게 해석해 준 바 있다.

> 베티나의 자아는 다양한 목소리를 내며, 그녀의 정체성은 끊임없이 변화하고 있으며, 편지의 여기저기서만 구체화되고 있다. 대화적 자서전은 자기 삶의 서술인 바, 그러나 자아의 중심을 세우기 위해 자아를 정 가운데로 밀어놓으려는 그런 자기 삶의 서술이 아니다. 그 점은 이미 『베티네 폰 아르님 : 귄더로데』라는 책 겉장의 제목에서 의미심장하게 제시되고 있다. 작가 이름, 제목, 장르는 명확하게 제시되어 있지 않다. 정 가운데에는 빈자리를 나타내는 콜론이 있다. 『베티네 폰 아르님 : 귄더로데』는 한 여성의 전기이자 동시에 예술이라는 매체로 제시된 자기표현이다. 두 명의 서로 대립하는 여성이 실존적으로 서로 의존되어 있다. "살아 있는 가슴 속에 메아리가 없다면 슬픈 일이며,

인간이란 결국 상대방 속에서 스스로를 느끼려는 욕망 이외에 아무것도 아니지요."[87]

여러 대상(인물)과 소통적 관계를 맺는 체험하는 베티나를 관찰하고 서술하는 베티나와 관련하여 다음과 같이 정리될 수 있다. 즉, "나는 나 자신 속에서 가분적 자아에 가분적 비아를 대립적으로 정립한다"(Ich setze im Ich dem teilbaren Ich ein teilbares Nicht-Ich entgegen)라는 피히테의 명제에 반하여,[88] 『귄더로데』에는 그 다양한 목소리를 관장하는 절대적인 자아로서의 베티나가 부재해 있다. 이러한 철학적 인식이 가능한 까닭은, 베티나도 당시 피히테식의 사유에 거리를 취했던 초기 낭만주의자들(슐레겔, 노발리스, 티크 등)의 시각과 궤를 같이하고 있었기 때문이다. 그 결정적인 근거로는 베티나가 퓌클러에게 보낸 편지의 대목인데, 거기서 작가 베티나는 "당신은 결코 당신 자아의 자아로 동시에 존재하지 못합니다"(Du wirst nie das Ich Deines Ichs zugleich seyn)[89]라고 밝힌 바 있다. 베티나가 명백히 피히테의 절대적인 자아에 회의적인 입장을 취했음을 알 수 있다. 그 분열된 노마드적 부분자아들이 떠다니는 공간은 다름 아닌 시적 공간인 바, 즉 현실과 꿈, 의식과 무의식 간의 부유가 끊임없이 펼쳐지는 예술적 글쓰기의 공간이다.[90]

그렇다면 서술하는 베티나가 간직한 시학적 세계관 내지는 문학관은 어떻게 요약될 수 있을까? 그 점은 『귄더로데』의 곳곳에 발화되어 있다. 우선 가장 눈에 띄는 특징은, 서술하는 베티나는 시인의 열정적이고 천부적인 기질을 강조함으로써 초기낭만주의적 시각을 따르고 있다는 것이다. 시인의 열정은 자연과 호흡하며 또한 시인은 다른 이들에 결코 종속하거나 의존하지 않는 자율적인 존재임을 강조하는 대표적인 세 대목은 다음과 같다.

삶에 대해 영원히 열정적인 사람은 언제까지나 삶의 봄입니다. 삶은 단지 열정일 뿐이며, 그렇지 않으면 삶은 곧 죽음이기 때문이지요. (...) 삶 전체는 오로지 미래의 열정이며, 자연의 열정이 삶을 위해 존재하지 않는다면 한 순간도 다른 순간에 나올 수 없어요. 자연이 봄의 열정 같지 않다면 시간은 중지할 거예요. 자연이 영원히 미래를 추구할 경우에만 자연은 생존하며, 자연이 영원히 봄을 새롭게 할 경우 그것이 곧 자연의 영혼이요, 육(肉)이 되는 자연의 언어입니다.[91]

수많은 시인이 존재하는 것이 아니라 오로지 한 사람의 시인만이 존재하며, 다른 이들은 그를 단지 모방할 뿐이며 같이 울릴 뿐입니다. 하나의 목소리가 울리면 그 목소리는 여러 목소리를 일깨웁니다. 모든 이들 위에 서 있는 자가 시인이지요. 시인의 정신은 많은 것들을 통해 지나가면서도 어떤 하나에 집중하지요. - 시인의 정신은 종종 인식되지 않지만 다른 이들보다 한 층 뛰어납니다. - 이미 닦아지고 지정된 길 외에 다른 길을 가지 않으려는 자는 시인이 아닙니다.[92]

포에지의 싹은 오로지 내면에서만 발현되며 그보다 더 본질적인 것은 없다고 저는 믿어요. 감정의 어떤 깊은 심연에서 나오든지 아니면 별로 그렇게 보이지 않든지간에, 자연의 정신에서 나온 불꽃을 스스로 생산하는 것, 이것이 바로 열정입니다. 포에지에서 중요한 것은, 담화에서도 그렇듯이, 마음에서 정말로 일어나는 진실한 직접적인 느낌입니다. 마음이 단순 명료하게 느끼거나 우리가 그런 마음의 느낌을 증대시키려 한다면, 그로 인해 마음의 정신적 영향력은 사라질지도 모릅니다. -[93]

세 인용문에서 강조되고 있는 점은, 시적 감성의 열정과 느낌은 자연적으로 솟아나는 것이지 인위적으로 만들어지는 것이 아니라는 것이다. 그러나 이처럼 표면적으로 자연적인 느낌과 감성을 강조하는 듯이 보일지라도, 편지라는 형식 속에서 열정과 느낌을 다채롭게 예술적, 수사적으로 가공하고 있는 듯한 베티나의 글쓰기를 읽을 때면 독자는 다른 관점에 도달하게 된다. 즉, '진정성과 자연성'보다는 '허구성과 인공성'이 더욱 중시되고 있는 듯이 읽힌다. 인간 정신의 함양과는 관계 없는 허구적이고 인공적인 글쓰기를 추구하는 베티나의 문학관은 초기낭만주의적 문학관의 영향권 내에 놓여 있다고 추측될 수 있는데, 그에 대한 결정적인 대목은 할머니의 지인 뷔리(Büri)[94]

가 정신의 함양을 위하여 실러의 미학 관련 저서를 체험하는 베티나에게 가져왔던 일화이다. 그녀는 그 관련 저서에 대해 다음과 같이 반응한다.

> 그가 내 손안에 그것을 놓아주었을 때 나는 정말 놀랐어요. 마치 나에게 해를 끼치는 듯하여 나는 그것을 내던져 버렸지요. - 내 정신을 함양하라니! - 나는 그 어떤 정신을 갖고 있지 않으며, 나는 그 어떤 고유한 정신을 원하지 않으며, - 끝내 나는 그 어떤 신성한 정신을 더 이상 이해할 수 없습니다.[95]

베티나가 인간성 함양, 진정성 교환 같은 계몽주의적, 고전주의적 이상에 대해 회의적인 입장을 취하는 장면이다. 이와 같은 베티나의 모습을 통해 서술하는 베티나 및 작가 베티나가 예술의 유희성을 중시하는 문학관과 연관되어 있다고 추론할 수 있다. 물론 고전주의 문학관에 대한 강렬한 저항에도 불구하고, 베커-칸타리노가 정확히 분석하였듯이, 서술하는 베티나는 여전히 도처에서 자연, 아이, 국가, 조화, 아름다움 같은 전형적인 실러 식의 고전주의적 시학 개념들을 사용하고 있는데,[96] 이는 어쩌면 체험하는 베티나와 서술하는 베티나 간의 상호 모순일 수도 있다. 혹은 텍스트 자체의 모순, 즉 슐레겔 식의 낭만적 아이러니에 속한다. 요컨대, 『귄더로데』는 바로 인물(체험하는 베티나)과 서술자(서술하는 베티나) 간의 아이러니컬한 모순성을 드러내는 낭만적 텍스트와 다름 없다.

이 밖에도 포에지, 언어, 사유 등의 관계에 관한 대목도 흥미롭다. 체험하는 베티나는 독일 외교관이자 작가로서 프랑스 혁명을 옹호했던 이작 폰 싱클레어(Isaac von Sinclair, 1775-1815)와 알고 지냈던 것으로 보인다. 횔덜린의 절친이었던 싱클레어는 횔덜린의 유일한 소설 『히페리온』에서 히페리온의 친구 '알라반다'로 등장하기도 한다. 귄더로데에게 보낸 편지에서 체험하는 베티나는 그런 싱클레어의 입을 빌려 언어와 사유에 대한 성찰을 다음과 같이 제시하고 있다.

> 그리고 언어는 모든 사유를 형성한다고 합니다 왜냐하면 언어는

인간 정신보다 훨씬 위대하며 인간 정신은 단지 언어의 노예라네요. 언어가 정신을 오롯이 불러내지 않는한 인간 정신은 완전한 정신이 아니라네요. 그런데 정신의 법칙은 운율을 띠고 있다고 하며, 그 점은 언어에서 느껴질 수 있다고 합니다. 정신 위에 던진 언어의 그물망 안에서 정신은 신적인 것을 발화해야만 한다고 하며, 시인이 리듬(박자)에 의해 이끌리지 않고 시구절의 억양(운율)만을 찾을 경우 그의 포에지는 진리를 전혀 지니지 못한다네요. 왜냐하면 포에지는 고루하고 무의미하게 운을 맞추지 않으며, 보다 심오한 정신은 그런 압운(押韻)을 즐거워하지 않습니다. 정신이 오로지 리드미컬하게 표현될 수 있을 경우에만, 즉 정신의 언어가 리듬 내에 놓여 있는 경우에만, 포에지가 존재하는 것입니다. 포에지가 아닌 것은 단조로우며 박자가 없다고 하네요. 언어 정신이 없는 말들로써 감정을 운율로 억지로 불러내는 것 - 이는 정신의 목구멍을 끈으로 조이는, 정말이지 가식적인 인공작품의 운율을 생산해내는 것과 다름 없는데 - 이 과연 노력할만한 것일까요? 자신에게 타고난 리듬의 비밀을 자신 속에 지닌 정신만이 포에지이며, 그런 리듬으로써만 정신은 생동성을 띠고 보여질 수 있다고 하네요. 리듬은 정신의 영혼이지만, 그러나 만들어진 운율을 갖춘 시는 영혼을 가진 정신들이 아니라 순전히 환영(幻影)에 불과하다네요.[97]

이 대목은 싱클레어의 예술관을 전하는 내용이기에 모두 간접화법으로 씌어있다. 지금까지의 다양한 분석처럼, 이 편지에서도 '싱클레어의 입으로' 서술되고 있지만 실은 체험하는 베티나가 자신의 예술관을 밝히고 있는 셈이다. 위 인용 대목에서의 핵심은, '언어는 정신에 앞서며 그 언어 내에는 정신이 살아 있어야 한다'는 것이다.[98] 아울러 흥미로운 점은, 언어 내에서의 정신의 발현은 인위적으로 운율을 조화롭게 만드는 작업을 통해서가 아니라 오로지 자유로운 리듬을 통해서만 가능하다는 것이다. 다른 맥락과 연관지워 읽을 경우 위 대목은 18세기 말에 제시된 고대와 현대, 운율(Metrik)과 리듬(Rhythmus) 간의 논쟁과 깊은 관계를 맺고 있음을 알 수 있다. 운율을 중시하는 의고전주의적 예술관과 리듬을 중시하는 현대적(낭만적) 예술관은 18세기 말 서로 대립적으로 인식된 바 있었는데, 이를 이론적으로 제시한 이는 바로 초기낭만주의 이론가인 프리드리히 슐레겔이다. 자신의 『그리스 포에지에 관한 연구』(Über das Studium der griechischen Poesie, 1795-1797)에서 슐레겔은 운율을 중시하는 고대의 규칙시학과는 완전히 다른 차원에서 리듬과 멜로디를 중시하는 현대적인 시학을 강조한 바 있다.[99] 이러한 슐레겔의 문학관을 베티나는 싱클레어 입을 빌려 다시 불러들이고 있으며 또한 슐레겔처럼 리듬을 강조함으로써 현대적 시학을 옹호하고 있다.

이 밖에도 초기낭만주의적 시각의 흔적은 인물들의 언어적 발화를 통해 도처에 남겨져 있다. 가령 "언니가 포에지 영역에서 스스로이 거리를 두고 있는 저 영역에는 어떤 정신이 거닐고 있으며, 그 정신은 심연 속에서 언니에게 솟아나는 세계, 의미, 비밀스런 힘을 베일로 가리면서도 은밀히 그 베일을 살짝 흔들지요"[100]라는 언술은 닫힘과 열림 사이에서 부유하는 초기낭만주의의 비의적 포에지(esoterische Poesie)의 특성을 상기시킨다. 또한 '귄더로데의 입에서' 나온 다음의 구절도 초기낭만주의적 포에지의 카오스 특성을 상기시킨다. "너의 헝클어진 생각의 카오스를 약간은 정돈해서 써 보내줘."[101] 혼돈스런 카오스의 특성뿐만 아니라 포에지에서 강조되는 또 다른 특성은 다름 아닌 '상상력'인데, 다음과 같은 대목도 상상력을 포에지의 근원으로 규정한 바 있던 프리드리히 슐레겔의 시학과 상통하는 결정적인 대목으로 읽힌다.

> - 상상력? - 상상력이란 무엇인가요? - 그것은 그대를 다정한 아이로 받아들이는 정령들의 다채로운 놀이터가 아닌가요, 거기서는 모든 것이 놀이일지라도 모든 것은 인간 마음 속의 비밀과 관련을 맺고 있지요. - 사람들은 자신이 어떻게 정신의 불빛으로 가게 되는지를 알고 있지 않아요. 왜냐하면 그것은 삶의 비밀 가운데 하나이기 때문이거든요. 그러나 나는 어떻게 그것을 알고 있을까요? - 아마도 내가 그런 비밀에 대한 확고한 믿음을 갖고 있기 때문이겠지요. 그 믿음은 정령들을 결속시킴으로써 그 정령들은 누구에게나 다가갈 것이 틀림없습니다. 왜냐하면 불신은 모든 것을 내쫓지만, 믿음은 누구나에게나 모든 것을 안으로 불러들이기 때문이예요.[102]

상상력에 의해 여러 인물이 모여 한바탕 놀이를 전개하는 곳, 그곳은 오빠 클레멘스에게 보낸 편지에서는 저 “여러 얼굴들이 뛰어노는 무대”(ein Tummelplatz von Gesichten)라고 언급된 바 있는데, 그 공간은 다름 아닌 포에지다. 현실에서 불가능한 것들(인물, 사건 등)이 상상적 포에지 내에서는 자유롭게 유희할 수 있으며, 그런 유희적인 포에지를 대하면서 독자는 ‘텍스트에의 즐거움’(Lust an dem Text)에 사로잡히게 된다. 그와 같은 포에지의 유희적 속성은 이미 『한 어린아이와 괴테와의 서신교환』에서도 다음과 같이 멋들어지게 서술된 바 있다.

> 왜냐하면 이 씌어진 잡담은 본래 단지 응급조치일 뿐 - 내 안에 있는 가장 심오한 사랑은 말이 없습니다. 그것은 마치 잠잘 때 당신 귓가에 한 마리 모기가 윙윙거리는 것과도 같아요. 당신이 깨어나지 않는 가운데 나를 의식하고 싶을 때면, 그 모기는 당신을 찌르겠지요.[103]

언어화되기 이전의 ‘말 없는 상태’만이 진정할 뿐 언어로 전환되었을 경우 모든 것은 “응급조치”로서의 “씌어진 잡담”일 수밖에 없다는 것이다. 낭만적 사랑의 감정도 마찬가지로 언어로 전환된다면 결국 잡담 같은 특성, 즉 “귓가에 한 마리 모기가 윙윙거리는 것” 같은 특성을 띠게 되며, 사랑뿐만 아니라 진정성을 담은 모든 편지도 잡담의 예외가 될 수 없다.

마지막으로 정리하자면, 『귄더로데』는 서술하는 베티나가 체험하는 베티나를 비롯하여 여러 사람의 입을 빌려 글쓰기를 펼쳐 놓은 낭만적 포에지다. ‘서간소설’이라는 포에지 형식에서 그 방점은 ‘서간’보다는 ‘소설’에 놓인다. 요컨대, ‘편지가 소설이 되는’ 새로운 포에지다. 다음의 대목은 ‘귄더로데의 입을 빌려’ 편지 쓰기가 어떤 특성을 지니는지를 암시하고 있는데, 이 또한 서술하는 베티나의 문학관과 관련된 포에지의 자기준거적인 언술로 읽힌다.

> 사랑하는 베티네, 너의 편지는 마치 멋진 소설로 들어가는 입구 같아. 걱정을 없애주는 뤼오이스(디오니소스를 말함: 역주)의 잔처럼 그

> 소설을 나는 냉큼 비웠지. (...) 너의 편지가 우울한 여은 없는 기분 좋은 것으로 남게 해주고, 그런 아무 제지를 받지 않는 자유로운 생명력이야말로 너의 본성에 부합하는 것 같아. (...) 너는 마치 식물 같아서, 약간의 빗방울이 너를 기분 좋게 할 것이며 대기는 너에게 영감을 불어넣어주며 태양은 너를 변용시킬 거야.[104]

체험하는 베티나의 편지 쓰기를 일종의 "멋진 소설로 들어가는 입구"로 비유하는 귄더로데의 언어적 표현이지만, 이는 『귄더로데』의 텍스트적 특성에 대한 성찰로서 일종의 자기준거적인 언술이며 나아가 『귄더로데』라는 서신교환의 생산물을 소설로 읽어줄 것을 독자에게 권하는 듯한 언술로 읽힌다. "아무 제지를 받지 않은 자유로운 생명력", "식물", "빗방울", "대기", "태양" 같은 비유적 표현들도 베티나의 편지에 대한 귄더로데의 개인적 인상을 표현하는 것이 아니라 포에지로서의 『귄더로데』 자체의 자기준거적인 특성을 암시해주고 있다.

4-3) 칸트에서 시작된 18세기 독일 미학의 경우, 정치적, 도덕적 요구에서 벗어난 예술의 자율성이 강조되었고 그런 맥락에서 아름다움의 허구성도 강조되었다. 그 고귀한 예술의 자율성을 강조한 이들은 주로 고도의 예술적 능력을 갖춘 '남성작가들'이었고 주로 그들만의 고상한 작품이 높이 평가되었다. 18세기 남성작가들은 고전적 시학의 규율을 준수하는 가운데 자신의 '작품'을 완성해냈으며 그런 의미에서 그들의 창작 행위는 '공적인 글쓰기'였다. 이와 달리 글쓰는 여성들의 사정은 전혀 녹록치 않았다. 그들의 글쓰기는 공적인 글쓰기의 장(場) 속으로 진입할 수 없었고 대체로 '사적인 것'으로 치부되었다. 그런데 18세기 말부터 19세기 초엽에 기이한 현상이 발생하게 되었다. 즉, '사적인 것' 내지는 '사적인 주변 생활'의 글쓰기로 치부되던 여성들의 글쓰기가 점차 공적인 영역을 침입하는 현상이 두드러지게 된다. 여성들은 편지, 일기, 다큐, 여행기 같은 사적인 자신의 글쓰기를 주변의 여러 지인에게 제시하거나 혹은 남편 혹은 지인의 도움으로 비록 익명이지만 자

신의 창작물을 출간하기도 하며 마침내 19세기 중엽 베티나는 서간소설 장르를 내세우면서 남성들의 공적인 글쓰기 영역 내에 작가적 위상을 차지하게 되었다. 이러한 현상을 두고서 볼프강 분첼(W. Bunzel)은 "사적인 것의 출간/공공화"(Ver-Öffentlichung des Privaten)[105] 과정이라고 명명한 바 있으며, 그의 시각을 수용하면서 베커-칸타리노도 베티나의 서간소설과 관련하여 그 의미를 다음과 같이 정리해주고 있다.

> '사적인 것의 출간/공공화'는, 그것이 엄청난 양의 서간소설이든 혹은 다른 출판물이든지 간에, 자율적 위상으로 예술의 권리를 정립했던 이상주의적 예술론의 한계를 뛰어넘는다. 낭만적 저널리스트인 베티나 폰 아르님은 필연적으로 세계로부터 도피하는 그런 내면성의 제시를 전혀 중시하지 않았다. 그 대신에 자신의 고유함을 담은 특이한 포에지와 의도된 저널리즘적 개입 방식으로 그녀는 세상의 정황에 관심을 지닌 근본적인 여성 작가의 모습을 제시하고자 했다. 그럼으로써 고유한 것과 낯선 것, 사적인 것과 공적인 것이 그녀의 작품에서 때때로 새로운 형세 속에서 서로 부딪히고 서로 다시 분리된다.[106]

'공적인 글쓰기 = 예술성 = 남성작가', '사적인 글쓰기 = 일상성 = 여성작가'라는 기존의 이분법적 도식을 해체하면서 베티나를 비롯한 여성작가들은 일상에서의 편지 쓰기를 통해서 의도적으로 공적인 것과 사적인 것, 예술성과 일상성, 기교성과 진정성을 뒤섞는(혹은 양자의 경계를 해체하는) 새로운 글쓰기를 전개하였는데, 이는 20세기 초엽 '레디메이드로서의 작품', 즉 예술과 산업, 삶과 예술 간의 경계를 해체시키려 했던 아방가르드적 시도를 선취하는 것과도 같았다. 이와 같은 18세기 말부터 시작된 사적인 것과 공적인 것 간의 경계를 해체하는 글쓰기 현상은 100년 후에 나타난 아방가르드를 거쳐 하이브리드(잡종, 혼종, 이종)를 강조하는 포스트모던의 문화적 상황과도 매우 가까이 맞닿아 있다. 역사적으로 보면, 이러한 현상의 근원은 삶과 포에지, 사실과 허구 등의 혼합을 내세웠던 슐레겔의 '낭만적 보편포에지'(romantische Universalpoesie) 프로그램에서 찾을 수 있다.

사실 베티나는 자신의 삼부작을 발표하기 전부터 공적인 것과 사적인 것, 사실과 허구, 삶과 예술 등을 혼합하는 글쓰기를 시도했다. 그 양자의 혼합은 주로 개인적인 편지에서 이루어졌는데, 아마도 베티나는 일찍부터 편지를 진정성 있는 지극히 사적인 내면적 글쓰기가 아니라 사실과 허구를 뒤섞는 유희적인 글쓰기로 여겼던 것으로 추측된다. 이러한 추측을 가능하게 하는 대표적인 사례는 바로 괴테, 베토벤 등과 관련된 베티나의 편지 쓰기를 들 수 있다. 잘 알려져 있듯이, 1810년 베를린을 향한 여행 도중에 베티나는 오스트리아 빈에 살고 있던 오빠 프란츠 브렌타노(Franz Brentano)와 올케 안토니 브렌타노(Antonie Brentano)를 잠시 방문하였고 그곳에서 올케의 소개로 평소 숭배했던 베토벤을 만났다. 자신과 베토벤의 친밀한 관계를 은근히 자랑했던 안토니 브렌타노에 대해 베티나는 몹시 시샘하였다. 그런데 벤토벤이 베티나의 음악적 감성을 극찬해주자 그녀는 자신과 베토벤 간의 관계를 주변인들에게 과장하고 나섰다. 베토벤이 <연인에게>(An die Geliebte)라는 노래를 자신에게 선사할 정도로 친밀감을 보여주었으니 베티나가 그럴 만도 했다. 더군다나 연도가 아직 정확히 밝혀지지 않은 소위 '7월 6일자'의 베토벤 편지에는 <불멸의 연인>이라는 수신자가 적혀 있었는데, 그 연인이 베티나로도 해석되기도 했다(물론 지금까지 그 연인이 누구인지는 정확하게 밝혀지지 않은 가운데 베티나, 올케 안토니 등 여러 여성이 그 수신자로 해석되고 있다). 어쨌든 베토벤과의 친밀감을 과시하려는 듯 베티나는 추후 베토벤이 자신에게 보낸 세 통의 편지가 있다고 밝혔으나,[107] 그 가운데 두 개의 편지는 베티나가 자의적으로 쓴 것으로 드러났고 또한 베토벤이 직접 보낸 한 편의 편지에서도 베티나는 질투심으로 '안토니 브렌타노'가 언급된 대목을 슬쩍 바꿔 놓기도 했다. 일종의 변경/위조를 자행했던 셈이다.[108]

또 다른 가장 유명한 일화로는 1812년 8월 휴양지 테플리츠(Teplitz)에서 베티나, 괴테, 베토벤 사이에서 벌어진 사건이다.[109] 친구 관계를 맺고 있던 헤르만 폰 퓌클러-무스카우(Hermann von Pückler-Muskau) 영주에게 보낸 편지에서 베티나는 괴테와 베토벤의 일화를 전하는데, 그 편지의 내용은 훗날 왜곡, 변형 등의 비판을 받게 된다. 당시 베티나의 편지에 의하면, 휴양지에서 괴테는 산책 중 오스트리아 여왕 마리아 루도비카(Maria Ludovica) 일행의 행차와 마주치자 걸음을 멈추고 정중히 인사를 드렸던 반면, 이와 달리 베토벤은 베티나와 팔짱을 낀 채 그들을 무시하면서 자신의 길을 당당히 나아갔다고 한다.[110] 이러한 괴테와 베토벤의 상반된 반응을 전하는 편지 일화는 사실 정확히 확인되지 않은, 베티나에 의해서 일방적으로 서술된 것이며, 최근 연구에서는 베티나에 의해서 인위적으로 왜곡된 내용이라고 비난되고 있다. 사실 베티나가 괴테를 왕족에게 아첨하는 작가로 부정적으로 서술해냈던 데에는 이유가 없지 않다. 휴양지에서의 일화가 일어나기 며칠 전 베티나는 그림 전시회에서 괴테의 부인 크리스티아네(Christiane)와 크게 말다툼을 하였으며, 이때 자기 부인편을 들었던 괴테에 대해 베티나는 몹시 섭섭한 감정을 느꼈다고 한다. 그런 까닭에 괴테 부부에 대한 뒤끝 감정으로 베티나는 괴테를 왕족에게 아부하는 작가로 폄훼하는 식으로 편지를 쓴 것으로 추정되고 있다. 개인의 사생활과 관련하여 왜곡 내지는 위조의 글쓰기는 명예훼손 같은 법적, 도덕적 비난을 면할 수 없겠지만, 그렇다고 해서 무조건 사실의 완전한 전달 및 재현의 시각만을 기준으로 베티나의 유희적 글쓰기를 비난할 수는 없다. 그것은 편지 쓰기 자체를 그녀가 이미 자신만의 유희 행위로 받아들였던 것으로 보이기 때문이다.

그와 같은 사실과 허구를 뒤섞는 방식은 사소한 일화를 담은 편지 쓰기를 넘어서 1835년에 출간된 『한 어린아이와 괴테와의 서신교환』이라는 서간소설에서 더욱 과감해진다. 그 서간소설은 서신교환뿐만 아니라 3권의 경우 일기 형식도 취하고 있는데, 일기를 출간하는 행위는 곧 사적인 것을 공적인 것으로 전환하려는 명확한 의도를 내포한다. 공공성에 내던져진 편지와 일기는 더 이상 소박한 자기 내면성의 단순 노출(표명)이 아니다. 그것은 '내면성의 전달'로 위장된 일종의 자기 연출적 글쓰기의 발생과도 같다. 『한 어린아이와 괴테와의 서신교환』에서 베티나가 얼마나 인위적인 연출의 글쓰기를 전개하였는지를 보여주는 대표적인 예로는, 괴테의 『빌헬름 마이스터의 연극적 사명』에 나오는 춤추는 미뇽의 모습과 자신의 모습을 상상적으로 오버랩하는 장면을 들 수 있다. 체험하는 베티나는 미뇽이 죽을 때의 옷을 입고서 자신이 괴테 앞에서 춤을 추었다는 꿈에 관하여 다음과 같이 서술하고 있다.

> 나는 종종 같은 꿈을 꿉니다, (...) 마치 내가 당신 앞에서 춤을 추어야만 하고, 천상의 옷을 입고, 모든 것이 나에게 잘 될 것 같은 감정을 지니게 되고, 사람들이 내 주위로 몰려들고 있는 것 같아요. - 나는 당신을 찾으며, 당신은 내 건너편에 자유로이 앉아 있지요. 마치 당신은 나를 알아채지 못하고 다른 일로 바쁜 듯이 보입니다. 이제 나는 금빛 신을 신고 은빛 소매는 아무렇게나 늘어뜨린 채 당신 앞으로 다가가 기다리지요. 그때 당신은 고개를 들고 시선은 무의식적으로 나를 향해 주시합니다. 나는 나직한 발걸음으로 마법의 원을 그리며, 당신의 눈동자는 더 이상 나를 떠나지 않습니다. 당신은 내가 어떻게 곰을 돌리는지 나를 주시하며, 나는 성취감의 들뜬 마음을 느낍니다.[111]

물론 이 장면은 미뇽의 모습을 패러디한 것이지만, 사실 미뇽뿐만 아니라 - 후에 야코비(Jacobi)가 연상했듯이 - 괴테의 『친화력』에서 나오는 나탈리에와 루치아네의 모습까지도 떠올리게 하는 장면이다. 그런데 자세히 읽으면, 빌헬름 앞에서 달걀춤을 추는 미뇽의 모습과는 완전히 다른 공간적 차이가 발생하고 있다. 빌헬름 앞에서의 미뇽의 춤은 여관방 안에서 내밀하게 진행되지만, 꿈에서 서술된 베티나의 춤은 공공장소에서 행해진다. 또한 달걀춤을 출 때 미뇽의 눈은 묶여 있으면서도 달걀을 건드리지 않은 채 마치 기계 시계처럼 움직인다면, 꿈속에서 베티나는 괴테를 바라보면서 춤을 추며 괴테 또한 그녀의 모든 움직임을 서서히 주시하는 식으로 서술되고 있다. 여기서 춤의 은유가 무엇을 뜻하는지 명확하지 않지만, 춤은 일종의 글쓰기 욕망에 대한 은유적 표현으로 작동한다. 춤이 베티나의 "자신을 표현하는 언어"를 뜻한다면, 춤 속에서(즉 언어적으로) "호명되고 있는 '당신'과의 시선

접촉에서 괴테는 분명 그와 같은 신비스럽게 작용하는 자기 서술의 수신자로 명명되고 있다"[112]고 해석될 수 있다. 이처럼 괴테 소설에서의 허구적 장면을 패러디하는 방식을 통해서 서술하는 베티나는 - 노발리스의 표현을 빌리자면 - 일종의 시적 낭만화를 강화하고 있으며, 그 결과는 곧 '허구의 허구' 혹은 '가상의 가상'으로 귀결한다. 『한 어린아이와 괴테와의 서신교환』에서 얼마나 많은 대목에서 사실과 동떨어진 허구화(즉 실제에서 벗어난 미학화)가 작동하고 있는지에 대해 일일이 제시할 수는 없지만, 소설의 전체적인 특성인 허구화는 당시의 반응을 통해 간접적으로 입증된다. 가령 초기낭만주의의 대표적인 작가 루트비히 티크(L. Tieck)는 1835년 하인리히 브록하우스에게 보낸 편지에서 『한 어린아이와 괴테와의 서신교환』을 다음과 같이 평가한 바 있다. 비록 부정적이지만 브렌타노의 시각은 베티나 식의 허구적 글쓰기 특성을 정확하게 꿰뚫어 본 시각이기도 하다.

> 이 치명적인 책이 얼마나 끔찍한 거짓말인지 당신은 나만큼 잘 알 수 없을 것입니다. 그 글만큼 나를 화나게 한 것은 우리 시대에 없는 것 같습니다.[113]

베티나의 책에 대해 '전혀 사실적이지 않은 것의 허구화', 극단적으로 말하면 '거짓말'(Lüge)이라고 지칭하면서 티크는 크게 분노하고 있지만, 이와 같은 부정적 반응을 일으키는 베티나의 글쓰기는 오히려 문학적 측면에서는 글쓰기의 새로운 장르를 개척한 것과도 같다. 즉, 서신과 일기는 독자들에게 더 이상 진정성과 내면성을 담보하는 형식이 아니라 '연출된 허구적 글쓰기'가 작동하는 새로운 형식으로 나타난다. 서술하는 베티나에게 서간소설은, 슐레겔의 낭만적 포에지에 대한 정의처럼, 일종의 "많든 적든 위장된 자기고백"(ein mehr oder minder verhülltes Selbstbekenntnis)[114]의 형식을 취하는 글쓰기인 셈이다. '위장된'은 일종의 연출성을 함의하며, 결국 자기고백은 진정성과는 거리가 멀다.

『한 어린아이와 괴테와의 서신교환』이 그렇듯이 『귄더로데』도 마찬가지로 "위장된 자기고백"이다. 좀 더 엄격히 말하자면, 『귄더로데』는 두 사람의 사실 고백과는 거리가 멀다. 그것은 1804년부터 1806년까지 귄더로데와 베티나가 실제 주고받은 편지는 소설 내에서 아홉 편 정도일 뿐이며 나머지 모든 편지는 백퍼센트 사실과는 거리가 먼, 베티나가 자신의 기억과 기타 기록 등을 통해 재구성해낸 것들이기 때문에 더욱 그렇다. 극단적으로 말하자면, 거의 허구적인 편지들인 셈이다. 어쨌든 실제 주고받은 편지는 극소수이고 나머지는 두 여성이 실제 주고받은 것인지 전혀 알 수 없는, 단지 '베티나' 및 '귄더로데'의 이름으로 서술된 것들이다. 어디까지가 실제적인지 혹은 허구적인지를 전혀 알 수 없는, 전체가 편지 형식 하에 인위적으로 창작되고 가공된 서간소설이다. 설혹 서술하는 베티나가 사실에 대한 완전한 기억을 바탕으로 자기 자신의 혹은 서신 파트너의 생각과 감정 등을 복원하고 재구성하려 했을지라도, 완전한 복원과 재구성은 애초 불가능한 일이며 따라서 허구적 창작의 가능성이 필연적으로 개입될 수밖에 없다. 극단적으로 말하면, 『귄더로데』는 서술하는 베티나가 인위적으로 재구성한(혹은 작가가 자의적으로 집필한), 허구적인 글쓰기의 결과물이다. 물론 서술하는 베티나의 관점에서는 "... 자신의 것과 점유된 것, 슬쩍 밀어 넣은 것과 스스로 생산한 것 간의 경계가 정신적으로 존재하지 않는"(... dass die Grenze zwischen Eigenem und Angeeignetem, zwischen Untergeschobnem und Selbsterzeugtem geistig nicht existiert)[115] 가능성이 있을 수 있고 또한 표현상에서는 완전한 재현이 아닐지라도 그 이면에서는 정신적 교감 및 실제 간직했던 인간적 감정의 교환이 이루어지고 있었을지도 모른다. 그렇지만 그것은 단지 추측일 뿐 독자에게는 궁극적으로 창작된 허구적 글쓰기로 여겨질 뿐이다. 따라서 『귄더로데』에 대한 이해와 접근은 완전히 다르게 제시되어야만 한다.

> 1835년부터 출간된 편지 형식의 책들에서 그녀는 사실과 허구를 결합하는데, 이때 그녀는 실제 서신교환을 자신의 글쓰기의 출발점으로

삼았지만 서신교환을 다양한 방식으로 가공하고 바꾸고 새로운 의미 층위를 부여하고 있다. **낭만적 보편포에지에 기대고 있던 이 여성작가는 자의적인 방식으로 문학과 진실을 결합한다. 따라서 그녀에게 오리지널 편지의 의식적 위조를 탓할 경우 그녀는 오인되고 만다. 편지의 예술적 낯설게 하기의 목적은 오히려 사실적인 것의 진리와 내적 체험의 진리를 서로 마주 보게 하는 것이다.**[116]

물론 이러한 새로운 글쓰기의 현상과 관련해서는 여전히 상반된 평가가 내려질 수밖에 없다. 가령 객관성, 진정성 등의 측면을 중시하는 이들은 그러한 과도한 주관적 글쓰기, 더욱이 실제 사실과 허구를 교란하는 자의적인 주관성이 작동하고 있는 글쓰기를 결코 긍정적으로 평가하지 않을 것이며, 이와 달리 문학의 특징을 주관성과 허구성으로 간주하는 이들은 사실과 허구를 뒤섞는 베티나의 주관적 글쓰기를 오히려 긍정적으로 평가할 것이다. 이러한 상반된 관점 및 평가에도 불구하고 베티나의 글쓰기 자체의 특성은 그대로 남으며, 다만 이러한 글쓰기와 관련하여 '도큐먼트의 진정성 부족', '도큐먼트의 왜곡 내지는 위조' 같은 식의 비판은 적절치 않다. 19세기 초중반의 사회문화적 상황을 고려해 본다면, 그와 같은 사실과 허구의 혼합된 글쓰기의 방식은 어쩌면 여성작가들에게는 필연적이었을지도 모른다. 도로테아 슐레겔이 자신의 본명을 내세우지 못하고 남편의 이름 하에 자신의 소설을 출간할 수밖에 없었듯이 또한 귄더로데가 익명으로 시집을 발표할 수밖에 없었듯이, 작품 발표와 출판 여건이 결코 녹록치 않은 상황에서 베티나는 다른 방식, 즉 괴테, 귄더로데, 클레멘스 같은 문학적 상대방을 끌어들여서 마치 그들과 실존적 대화를 나눈 듯한 위장된 방식을 택할 수밖에 없었던 것으로 보인다.

소설은 대체로 정교한 구성을 지니기 마련이며 베티나의 『귄더로데』도 그렇게 구성되어 있다. 크게 1부와 2부로 나뉘어 있는 『귄더로데』의 전체 편지수를 분류해 보면, 귄더로데가 베티나에게 보낸 편지는 총 23편이고 베티나가 귄더로데에게 보낸 편지는 총 37편으로 되어 있다. 베티나가 쓴 편지가 비교적 많은 분량을 차지하여 언뜻 불균형을 이룬 듯이 보이지만, 귄더로데가 발표했던 상당수의 시와 단편들이 편지의 여기저기에 삽입되어 있기에 - 이와 같은 귄더로데의 시와 단편을 편지 속에 집어넣은 것도 사실적 정황에 전혀 부합하지 않는, 실제로는 작가 베티나의 자의적인 '편집작업'인데 - 결국 전체적인 분량 차원에서 베티나와 귄더로데 사이에 상호 균형이 형성된다. 어쩌면 거리상 떨어져 있고 또한 자주 만나지 못한 실제 현실로 인하여 두 여성에게 결여되었던 "대화적 조화"가 작품 『귄더로데』의 구성을 통해서 이상적으로 실행되고 있는 듯이 보인다.

> 이 책에서 읽게 되는 실제 귄더로데에 의해 씌어진 카롤리네 폰 귄더로데의 편지수는 극히 적다. 베티나 폰 아르님의 서술에서 그녀는 이상적인 대화 파트너를 찾았으며 귄더로데의 오리지널 편지에는 결여되어 있던 대화적 조화도 발견하고 있다.[117]

마찬가지로 중요한 점은, 제목이 『귄더로데』이지만 실은 '귄더로데'만을 조명하는 소설이 전혀 아니라는 것이다. 자세히 음미해보면, 이 서간소설은 한편으로는 삶의 마지막 단계에서 귄더로데가 어떤 사유와 감성을 지녔는지를 보여주고 있다는 점에서 '귄더로데 전기'(Günderrode-Biographie)의 특성을 띠지만, 다른 한편으로 그런 귄더로데와 서신 대화를 하면서 자신의 사유와 감성을 쏟아 놓고 있다는 점에서 '베티나의 자서전(Bettina-Autobiographie)이라는 특성도 지닌다. 요컨대, 『귄더로데』는 전기와 자서전이 하나로 합성된 소설인 셈이다.[118] 전기(귄더로데)와 자서전(베티나)이 뒤섞인 형식은 '단일주체로서의 저자'라는 천재시학적 이념을 거부하는 데서 출발한다. 혹자는 그 분열이 '서술하는 베티나' 내에서 통합됨으로써 단일주체가 현존해 있다고 주장할 수도 있겠지만, 그러나 앞서 분석한 바 있듯이 서술하는 베티나는 부단히 다양한 주체들로 분열되고 해체될 뿐 스스로를 관장하는 '절대적인 자아'로서 존재하지 않는다.

이처럼 서로 다른 특성의 자서전과 전기가 통합된 소설의 미학적 특성에도 불구하고 사회사적 시각에 근거한 비판이 제시될 수 있다. 그것은 소위 '신화화'(Mythisierung)라는 비판이다. 즉, 당대 최고의 문인이었던 괴테, 스스로 삶을 마감한 불운의 여성작가 귄더로데, 문학적으로 자신을 항상 보듬어주었던 친오빠이자 중기낭만주의 시인 클레멘스 같은 문인들을 베티나가 허구적인 글쓰기를 통해 '신화화한다'는 비판이다. 그와 같은 신화화의 비판은 대화 상대자들뿐만 아니라 작가 베티나에게도 적용할 수 있다. 과도한 허구적, 수사적 글쓰기를 통해 작가 베티나가 자신을 아름답게 승화시키는 미학화 및 신비화를 꾀함으로써 스스로 "베티나 신화"(Mythos Bettina)를 생산하고 있으며 이를 후세 수용자들이 무비판적으로 받아들이고 있는 것이다. 이 점을 약간 우려하면서 베티나 전집 1권의 편집자인 발터 슈미츠(W. Schmitz)도 베티나 연구 상황과 관련하여 다음과 같은 주석을 제시한 바 있다.

> 그녀 작품의 저자로서가 아니라 기이하고 논란을 일으키는 개인으로서 베티나는 후세의 의식 속에 자리 잡고 있으며, 그녀가 출간했던 것은 항상 그녀 개성의 증언으로 평가되었다. 이미 그녀의 동시대인들로부터 '베티나 신화'가 장려되었고 그녀 스스로는 그와 같은 자기 삶의 이상형에 순응되었다.[119]

작가 베티나의 글쓰기 산물이 특정 개인(베티나, 괴테, 귄더로데, 클레멘스)을 숭배하는 문화적 이데올로기에서 벗어날 수 없겠지만, 다른 각도에서 보면 그녀 글쓰기의 궁극적인 목적은 자기 자신의 독백적 목소리를 독창적이고 창의적으로 펼쳐보려는 데에 있다. '베티나 신화'로부터 벗어나기 위해서는 그녀의 삶과 작품 간의 내밀한 관계를 강조하는 시각보다는 자서전과 전기가 하나로 통합된 서간소설이라는 새로운 실험적 형식의 유희적 측면에서 소설의 특성을 더욱 강조하는 시각이 필요할 듯 싶다. "이 씌어진 잡담은 본래 단지 응급조치일 뿐"이라고 명명한 베티나의 언술은 그런 유희성의 맥락에서 발화된 것이 아닐까?

5. 베티나의 사회 참여와 글쓰기

어린 시절에서 처녀 시절까지가 첫 번째 삶의 시기였고, 아르님과의 부부 시절이 두 번째 삶의 시기였으며, 1831년 남편이 사망한 후에 시작된 작가적 삶부터 죽음을 맞이한 1859년까지가 베티나의 세 번째 삶의 시기이다. 첫 번째, 두 번째 시기가 자신의 교양을 쌓고 결혼과 함께 고통스럽게 가정생활을 꾸려나간 개인적 시기였다면, 세 번째 시기는 베티나가 글쓰는 작가로서 "대중 속으로, 대중을 위해서"(in die Öffentlichkeit und für die Öffentlichkeit)[120] 지냈던 공적인 시기로 명명될 수 있다. 그런데 세 번째 시기는 다시 두 단계로 나뉜다. 우선 세 권의 서간소설(1835, 1840, 1844)이 집필되고 발간된 소위 '베티나의 낭만적 시기'를 들 수 있고, 1848년 3월 혁명의 격변기를 맞이하는 가운데 『이 책은 왕의 것』, 『악마와의 대화』, 『빈민서』 같은 세 권의 저서를 집필하고 혁명가들과 함께 하는 의식을 지녔던 소위 '베티나의 사회참여적 시기'를 들 수 있다.

앞서 언급했듯이 프랑크푸르트에서 어린 시절을 보낸 베티나는 1810년 언니 부부(군다 브렌타노, 프리드리히 사비니)를 따라서 베를린으로 거주지를 옮겼고 1811년 아르님과 결혼하였다. 1814-1817년까지만 잠시 비퍼스도르프에서 지냈을 뿐 1817년 이후에는 베를린에서 머물면서 일곱 명의 아이 - 두 명의 아이는 태어나자마자 얼마 후 사망했지만 - 를 혼자 키우면서 삶을 마감하였으니 거의 40년 가까이 베를린에서 거주했던 셈이다. 베를린에서 그녀의 삶은 무척 사교적이었다. 결혼 전부터 베티나는 베를린의 여러 살롱을 방문하거나 참석하였는데, 라헬 파른하겐(Rahel Varnhagen), 자라 레비(Sara Levy), 엘리자베스 폰 슈테게만(Elisabeth von Staegemann), 아말리에 폰 헬비히(Amalie von Helvig), 헤드비히 폰 올퍼스(Hedwig von Olfers), 루드밀라 아씽(Ludmilla Assing) 등의 살롱을 비롯하여 대략 10여 개의 살롱에 참석했던 것으로 추측된다.[121] 그 가운데 베티나가 자주 참석한 곳은 라헬의 살롱이었다. 이미 살펴보았듯이, 라헬의 살롱은 베를린에서 가장 인기 있는 모임이었고 그곳에서 베티나는 여러 지인과 접촉하면서 대화를 즐겼다. 특히 헨리에테 헤르츠, 라헬 레빈 등의 살롱에서 베티나는 슐라이어마허를 만났는데, 자비네 쇼어만(S. Schormann)은 두 사람의 상호 관계를 추적하면서 "신, 인간, 세계 간의 지배적인 불화 관계의 극복", "이상적인 자아의 추구, 부유하는 종교에 대한 구상, '한층 높은 세계의 언어'로서의 예술, 형성적 힘으로서의 사랑" 등에 있어서 공통의 관심사를 주고받았다고 한다. 그러한 쇼어만의 분석을 수용하면서 베커-칸타리노는 한 걸음 더 나아가 "계몽주의의 합리적인 유용성 사유에 대한 낭만적 비판, 시민계급의 상업성과 천박함에 대한 비판" 및 "예술, 종교, 교양, 생활관에서의 목적합리적인 원칙과 공리주의"에 대한 비판 등을 베티나와 슐라이어마허 간의 공통된 의식으로 간주하고 있다. 베커-칸타리노의 결론에 의하면, 베티나에게 슐라이어마허는 현실보다 더 나은 세계를 향하도록 인도해 준 결정적인 "매개-인물, 뛰어난 선생"(eine Mittler-Figur, ein genialer Lehrer)[122]과도 같았다. 이미 분석한 바 있듯이, 라헬의 살롱은 민족주의적 분위기로 인해 오랫동안 문을 닫았다가 1819년 다시 개최되었는데, 베를린에 거주하던 베티나는 라헬의 살롱에서 하이네, 샤미소, 호프만 같은 유명 작가들을 비롯하여 철학자 헤겔, 역사학자 레오폴트 폰 랑케, 그리고 영주 헤르만 폰 퓌클러-무스카우(Hermann von Pückler-Muskau) 같은 이들을 만났다. 이들 모두와 베티나는 좋은 관계를 맺고 지냈다. 그런데 호스트인 라헬과 참석자였던 베티나의 관계에 대해서는 두 가지 상반된 해석이 있다. 두 사람은 한편으로 평소 자주 편지를 주고받을 정도로 친했다는 시각이 있으며, 다른 한편 그 관계가 전혀 원만하지 않았다는 시각도 있다. 후자의 경우 그 결정적인 원인은 뛰어난 두 여성에게 흔히 나타날 수 있는 경쟁적 관계 및 그로 인한 시기와 질투 같은 감정 때문인 것으로 보인다. 라헬과 베티나가 모두 '편지'로 자신의 글쓰기를 전개했지만 그 방식은 서로 달랐다. 라헬이 '작품 없이'(ohne Werk) 여러 지인들과 사적인 차원에서 실제 수많은 편지를 주고받는 행위만을 중시했다면, 라헬보다 열네 살 아래였던 베티나는 편지 쓰기를 공적인, 문학적 작업으로 전환하였고 일종의 '편지 형식의 작품' 출간을 통해 작가로서 명성을 얻게 되었다(물론 라헬은 1833년에 사망했기에 작가로서의 베티나의 성공을 직접 목도할 수 없었지만 베티나는 일찍부터 '작가적 길'을 걸으려는 소망을 지녔던 것으로 추측된다). 또한 베티나는 글쓰기 이외에도 작곡, 노래, 그림 등 여러 예술적 분야에서 뛰어난 재능을 지녔기에 살롱 참석자들로부터 상당한 인기를 끌었던 것으로 보인다. 어쨌든 묘한 경쟁심과 질투심에도 불구하고 두 사람은 서서히 서로를 이해했던 것으로 보이며, 라헬이 사망했을 때 베티나는 자신의 편지에서 라헬과의 애정 어린 관계를 적어 놓은 바 있다. 두 여성의 복잡한 관계에 대해서는 다음과 같은 분석이 적절할 듯 싶다.

> 결국 모든 편견과 허영심을 이겨낸 후 두 사람은 조화로운 화합을 위해 서로 보완했으며, 세상 사람들이 두 여성들 중 누가 더 높이 평가될 수 있는지에 대해 계속해서 논쟁했을지라도, 베티나와 라헬 스스로는 서로를 인정하면서 하나가 되었다.[123]

어쨌든 라헬의 살롱 참석들 사이에서 가장 인기가 많았던 베티나였지만 그녀는 자신의 집에서 스스로 살롱을 개최하진 않았다. 아마도 그녀가 남편 아르님이 살았을 때 비퍼스도르프와 베를린을 오가는, 거주지가 불안정한 삶을 보냈기 때문이 아닌가 싶다. 물론 남편의 사후 비교적 안정된 거주지를 갖게 되었고 본격적으로 '사회적 삶'을 살았을 때에도 그녀는 살롱을 개최하지 않았던 것으로 보인다. 1835년 퓌클러(Pückler) 영주에게 보낸 편지에서 베티나는 자신의 삶을 다음과 같이 서술한 바 있다.

> 저는 무척 행복하며, 마치 불씨의 중심과도 같았던 이전 시절의 단조로움에서 벗어나 새롭게 깨어난 화염 속으로 솟구치는 것보다 더욱 행복한 어떤 것이 있을까요.[124]

그러나 어쨌든 정식 살롱은 아니었을지라도 그녀의 거주지는 언제나 사람들로 들끓었다. 그녀의 집 주소 "인 덴 첼텐 5번지"(In den Zelten 5)는 당시 지인들에게 문화적 교류를 위한 중심 역할을 했는데, 요즘 언어로 말하자면 사람들 간의 교류를 위한 '여성 네트워크'(Netzwerkerin)로 작용하였다.[125] 특히 『한 어린아이와 괴테와의 서신 교환』으로 전국적인 스타작가로 떠오른 베티나는 이미 생존 시에도 일종의 제도(Institution) 내지는 신화(Mythos)가 되었다. 그렇다고 해서 방문자들을 맞이한 베티나 집의 공간은 엄격한 의미에서의 살롱은 아니었다.[126] '만남의 광장' 같은 그녀의 집을 자주 방문한 주요 손님들로는 카롤리네 슐레겔, 프리드리히와 도로테아 슐레겔 부부, 그림 형제, 알렉산더 폰 훔볼트, 파른하겐 폰 엔제 부부 등이 있었다. 특히 하노버 공국의 왕이 헌법을 위반하였다고 비판한 이유로 1837년 괴팅엔 대학에서 해임된 바 있던 그림 형제가 1840년 베를린 대학 교수로 취임할 수 있도록 베티나는 공개적으로 앞장서기도 했다.

그런데 베티나의 집은 문인들과의 단순한 교류 장소를 넘어서 점차 정치적으로도 뜨거운 장소가 되었다. 사실 베티나의 시민 참여 의식은 이미 오래전부터 싹트고 있었다. 1831년 베를린에 콜레라가 창궐했을 때 그녀는 적극적으로 빈민 구호 활동을 행했으며 또한 폴란드와 헝가리 등지에서 벌어지는 소수자들에 대한 정치적 박해를 비판하면서 인권 보호 운동에 앞장서기도 했다. 이 밖에도 남녀평등, 유대인과 독일인 간의 평등, 반유태주의에 대한 비판, 사형제 폐지 등을 주장하기도 했다. 그녀는 평소 많은 사회운동가를 만나고 서신을 주고받았다. 대표적으로는 급진적 자유주의자이자 인권운동가였던 하인리히 베른하르트 오펜하임(Heinrich Bernhard Oppenheim, 1819-1880), 청년헤겔학파의 신학자이자 철학자인 브루노 바우어(Bruno Bauer) 등과의 서신교환 및 1842년 칼 맑스와의 만남 등을 들 수 있다. 이들과 교류하는 가운데 베티나는 사회비판적 관점에서 정치적 글쓰기를 집필하였고 나아가 1848년 3월 혁명을 옹호하는 급진적 입장을 취하기도 했다. 프로이센 경찰의 감시 속에 있던 젊은 학생들과 혁명가들이 종종 그녀의 집으로 피신하기도 했었는데, 그런 연유로 1847년 한 감시자의 보고서에는 베티나 집에서의 모임 성향 및 '주동자 베티나'에 대한 동향이 다음과 같이 기록되어 있다.

> 이 차모임의 경향은 사회주의적이다. 참석자들이 본질과 형식에서 개선될 수 있는 삶에 관하여 담화를 나누고 토론했기 때문이다. 무엇보다도 여성들은 관습, 풍조, 인습의 족쇄로부터 해방되는 것을 갈망하고 있었다. 공적인 명성을 지닌 이런 류의 베를린 여성들 가운데 베티나 폰 아르님은 의심할 여지 없이 가장 요주의 인물이다.[127]

낡은 관습 및 구태 문화의 타파, 여성 해방, 정치적 참여 등의 인식을 지닌 가장 위험한, 체제 위협적인 인물로 베티나가 지목되고 있었음을 알 수 있다. 그런데 흥미롭게도 그녀의 집에는 혁명적 사상가들만이 모여들었던 것이 아니다. 마찬가지로 매우 보수적 의식을 지닌 이들도 그녀의 집을 즐겨 방문했다고 전해진다. 베티나의 딸들에 의하면, 베티나의 집은 홀을 중심으로 두 그룹의 모임 공간으로 나뉘었다고 한다. 즉, 한쪽에는 왕자, 귀족 등을 영접하며 대화를 즐기는 보수주의자들의 모임 공간이 있었고, 다른 쪽에는 혁명적, 급진적 문인과 학자들이 함께 하는 민주주의자들의 모임 공간이 있었다.[128]

1830-40년대 베를린은 과거보다 인구가 3배 정도로 늘어남으로써 도시 빈민층이 많아졌고 그로 인해 빈부 격차는 더욱 악화되었다. 베를린 슬럼가 및 근교에서의 소위 산업화 이전의 '광범위한 빈곤 상태'(Pauperismus)가 사회적 문제로 대두했지만, 그러나 왕을 비롯한 귀족층은 그러한 사회적 문제를 개선할 의식과 의지를 갖고 있지 않았다. 『한 어린아이와 괴테와의 서신 교환』 이후 높은 인지도를 지닌 베티나는 그와 같은 경제적으로 궁핍한 하층민의 삶을 몹시 걱정하였으며 이들을 착취하고 지배하는 귀족층을 공개적으로 비판하였다. 이러한 급진적인 의식은 동시대 남성작가 및 여성작가들에게서 엿볼 수 없는 베티나의 남다른 모습이었다. 특히 민중의 삶을 위한 진실한 의식을 갖도록 지배자에게 강렬하게 촉구했던 베티나였기에 그녀는 귀족들에게 눈엣가시로 여겨질 수밖에 없었다.

> 당신들은 영주들이 아무런 깨우침 없이 정해진 대답을 하게 되는 그런 말들만을 영주들에게 하고 있습니다. 이제 진리가 그들을 일깨워야만 합니다. 그들은 더 이상 자동인형이 아니며 독자적인 지배자가 될 것입니다. (...) 보세요. 나 또한 완전히 다릅니다. (...). 나는 이상적인 국가의 빛을 왕에게 점화해 드릴 것이며, 이것이 유일무이한 진리이기에 이를 깨닫는 일에서 나는 나의 모든 정신과 사랑을 다 받쳐서 왕을 도와드릴 것입니다.[129]

왕을 깨우치게 하려는 의식에서 베티나는 1843년 일명 『왕의 책』(Königsbuch)으로 불리는 『이 책은 왕의 것』(Dies Buch gehört dem König)이라는 도큐먼트 저서를 발표한다. 그 책은 소위 '민중의 왕'(Volkskönig)이 될 것을 천명했던 프리드리히 빌헬름 4세(Friedrich Wilhelm IV)에게 향한 베티나의 쓴소리가 담긴 책인데,[130] 그 책에서 베티나는 빌헬름 4세로 하여금 민중들이 처해 있는 궁핍한 삶을 정확히 들여다보며 민중을 위한 구체적인 개선책을 마련할 것을 주문하고 나섰다. 사적으로 1843년 빌헬름 4세에게 보낸 편지에서 베티나는 "진정한 정치는 창의적인 정치여야 합니다"(Die echte Politik muß Erfinderin sein)[131]라고 역설한 바 있다. 이는 지금까지 영주(왕)가 지녔던 낡은 관습적 의식을 벗어던지고 민중의 삶을 위한 새로운 혁신적인 정치를 펼칠 것을 강조하는 언술이다. 그 책을 집필하기 앞서 1840년에도 이미 베티나는 빌헬름 4세에게 다음과 같은 공개서한을 보낸 바 있다.

> 나는 민중과 함께 이야기할 수 있으며, 타고난 통치자에게 민중의 소외에 대해서, 민중의 구원을 말할 수 있습니다. 민중은 세계 무대 위에서 단순히 합창대로서가 아니라 통치자에 대한 사랑 속에서 자유롭게 움직인다고 말할 수 있습니다. 나는 올바름을 알고 있으며, 그런 올바름에 대한 열쇠인 용기도 갖고 있습니다. (...) 그 열쇠로 나의 왕께서도 곧 독일의 낙원을 열어 놓을 준비를 하시길 바랍니다.[132]

이처럼 민중의 고충을 해결해주기를 기대하는 마음에서 베티나는 『왕의 책』을 집필하게 된다. 『왕의 책』은 정치를 비판적으로 풍자하는 허구적인 이야기로 구성되어 있다. 1부에는 괴테의 어머니 라트(Rath) 부인이 사형법 폐지, 하층민 삶의 개선 등을 역설하면서 시장과 목사 등을 꾸짖는 대화를 전개하고 빌헬름 4세의 어머니 루이제(Luise) 여왕과 대화를 시도하는 등의 내용이 제시되는데, 이는 앞서 발표한 바 있던 세 권의 서간소설처럼 현실과 허구를 뒤섞어 놓는 글쓰기 방식의 연장이기도 하다. 흥미롭게도 베티나는 스위스 출신의 작가 하인리히 그룬홀처(Heinrich Grunholzer)가 작성한 베를린 빈민가에 대한 보고서를 입수하여 2부 말미에 첨부해 놓는데, 그 결과 『왕의 책』은 도시 빈민층의 상태를 전하는 독일 최초의 르포문학 형태도 취하고 있는 셈이다. 이처럼 왕의 의식을 비판적으로 개조하려는 베티나의 사유는 갑작스럽게 나온 것이 결코 아니다. 오빠 클레멘스에게 보낸 편지에서도 이미 그녀는 착취와 허상의 이데올로기에 현혹되어 살아가고 있는 인간들을 비판하면서 그 대안으로서 자율적인 인간들에 의한 새로운 세상을 요청하고 나선다.

> 신과 인간의 차이점이 무엇일까요? - 신에게서는 모든 삶의 자극이 깨어 있다면, 인간에게서는 삶의 자극들이 잠자고 있어요. 인간은 어떤 생각이 날 경우에만 머리를 들고 자신의 의견을 찾고 그런 의견을 발견했다고 믿지요. 자신의 의견을 파악되지 않은 일에 꼐맞추고, 다른 일들을 그에 따라서 정돈합니다. 오랫동안 근원적인 것을 전도시키고 신적인 것을 가상과 허위로 대체시켜 버린 자를 사람들은 현인(賢人)이라고 부르는데, 그런 현인은 '내가 모든 것을 이해했노라'고 말하곤 하지요. (...) **내가 왕이라면 나는 세상을 물속에 가라앉혀 정화한 후 그 세상이 시대의 물결에서 솟아나도록 할 것입니다.** -[133]

허위가 판치는 세상을 완전히 새롭게 변혁하고 싶어하는 베티나의 의식을 엿볼 수 있는 대표적인 구절이다. 사회를 비판하는 가운데 베티나가 『왕의 책』을 통해 모색하려 했던 점은 왕과 민중 간의 조화로운 관계를 추구하는 것인데, 이는 정치시스템 상으로 왕이 지배하는 봉건사회적 군주정과 프랑스 혁명을 통해 촉발된 시민사회적 공화정 간의 대립을 극복하고 양자를 조화롭게 하려는 사유이다.

> 영주와 신하, 동시에 공화정과 군주정 간의 아름다운 관계에 대한 본보기가 여기 있습니다! - 여기서는 두 가지 좋은 점이 발생합니다. 우리는 이미 소유하고 있는 것을 헛되게 갈망하고 있지 않은바, 공화정은 하늘의 침상이며 군주정은 그 하늘에 있는 우리의 멋진 별입니다.[134]

공화정과 군주정 간의 조화로운 관계를 소망하는 베티나의 사유는 실은 노발리스로부터 영향을 받은 것으로 보인다. 1798년에 집필한 「믿음과 사랑 혹은 왕과 여왕」(Glauben und Liebe oder Der König und die Königin)이라는 단편에서 노발리스는 다음과 같이 군주정과 공화정의 관계를 피력한 바 있다.

> 언젠가 때가 올 것이다. 공화정 없이는 그 어떤 왕도, 왕이 없이는 그 어떤 공화정도 존속할 수 없다고 누구나 보편적으로 확신하게 될 그런 때 말이다. 양자는 육체와 영혼처럼 떼어질 수 없으며, 공화정 없는 왕, 왕 없는 공화정은 단지 의미 없는 단어와도 같다. 그래서 언제나 진정한 공화정과 함께 왕이 있었으며, 진정한 왕과 함께 공화정이 있었다. 진정한 왕이 공화정이 되며, 진정한 공화정이 왕이 된다.[135]

이와 같은 노발리스 영향의 흔적은 베티나의 또 다른 편지에서도 표출되는데, 소위 '타자 속에서 자신을 발견하는' 식의 인식을 토대로 베티나는 영주는 민중 속에서, 민중은 영주 속에서 자신을 찾아야만 한다고 강변한다.

> 민중의 특성과 영주의 특성은 서로 속에 자신을 투영해야만 한다. (...) 민중의 특성은 지배자 속에서 변용되어 자신을 표현해야만 하며, 민중은 영주의 방식과 일치된 감정을 지녀야만 하며, 민중은 자신의 경향에 있어서 지배자를 통해서, 보편적인 세계 유기체 속에서, 스스로를 유효하게 해야만 한다. 우리는 국민의회가 영주의 영향력을 붕괴할 수 있는 그런 단계에 있지 않다. 아니, 영주의 영향력은 자유로운 정부의 절대적이고 필연적인 원칙이어야 한다. (...).[136]

왕의 존재를 필연적인 원칙으로 받아들임으로써 군주정 자체를 폐기할 수 없다는 베티나의 사유는 어쨌든 보수주의적 시각이지만, 그렇다고 베티나가 왕정복고 같은 수구적인 정치 시스템만을 주장하고 있는 것은 결코 아니다. 왕은 민중으로 구성된 정치적 공동체 내에서 첫 번째 민증이어야만 하고 그들과 함께 살아가면서 민중 국가를 만들어야만 하기 때문이다. 요컨대, 민중 없이는 왕이 존재할 수 없다는 것이 베티나의 근본적인 시각이며, 다르게 말하면 공화정이 곧 군주정의 토대가 된다는 시각이다. 『왕의 책』의 연장 선상에서 씌어진 『악마와의 대화』(1853) - 이 책의 부제는 "『왕의 책』의 2부"(Des Königsbuches zweiter Band)인데 - 에서도 마찬가지로 민중과 함께 하는 "정신적인 군주"(왕, 영주)가 강조되고 있다. 민중정신(Volksgeist), 민중들(Völker), 민중(Volk), 잠자는 왕 등 다양한 인물이 등장하며, 서로 대화를 전개하는 가운데 민중정신과 민중은 "정신적인 군주"를 다음과 같이 정의한다.

> 민중정신: 정신적인 군주는 민중 특성을 자신 속에 지니고 있는 자이다. - 자유롭게 그는 민중의 의미에서 행동해야만 한다. 그 어떤 전횡, 그 어떤 자의적인 은총이 있으면 안 되며, 바람이 불어 넣은 변덕에서 나온 격노도 있으면 안 된다.
>
> (...)
>
> 민중: 민중의 특성을 자신 속에 지닌 지배자에게 민중은 환호를 보낸다. 왜냐하면 선한 것이 모든 이들을 즐겁게 해주기 때문이다. 모든 이들은 위대한 것에 참여하며 그것이 지배자에게 성공되기를 끊임없이 기도하며, 나쁜 일이 지배자에게 일어나면 슬퍼한다.[137]

이렇듯 군주정과 공화정 간의 조화로운 관계를 추구하는 베티나의 시각과 관련하여 혹자는 18세기 중반 칸트를 비롯한 계몽주의자들이 주장했던 '계몽군주제'와의 연관성을 가리키기도 한다. 그러나 베티나의 경우, 계몽적 군주의 의식에 앞서 무엇보다도 민중의 존재와 삶을 중시하고 있다는 결정적인 차이점이 있다. 베티나의 근본적인 시각은 지배 세력에 의해 억압되고 착취되고 있는 민중(시민, 하층민)의 사회적 상황에서 출발하고 있었으며, 이 점은 베를린 시장에게 보낸 실제 편지에서 잘 드러나 있다. 그 편지에서 베티나는 사리사욕 없이 이웃을 위해 기꺼이 자신을 희생시키는 프롤레타리아의 존재를 다음과 같이 매우 뛰어난 감동적인 수사로 강변한 바 있다.

> 내가 어째서 프롤레타리아를 가장 높은 곳에 위치시키는지에 대한 이유는 다음과 같습니다. 프롤레타리아는 세계의 정세로부터 무엇인가를 얻어내려는 고리대금업자의 비열함에서 벗어나 있기 때문입니다. 그는 모든 것을 내주며 또한 다른 이들의 이득을 위한 새로운 힘을 모을 수 있기 위하여 필요한 것 그 이상을 더는 취하지 않기 때문입니다. - 이 후자가 국가와 맺는 관계는 분명 고상한, 그의 곤궁함으로써 경외심을 불러일으키는 가장 고무적인 관계입니다. 자신이 가난한데도 불구하고 가난한 이들을 위해 가장 행복하게 활동하는 이들입니다. 내가 귀족보다 시민을 우선시하는 까닭은 시민의 실천적 기질이 귀족의 허황된 기질과 대립하고 있기 때문입니다. 그래서 나는 성형(星形) 훈장보다는 시민 훈장을 선호하며, 다른 무엇보다도 민중에 의해서 인정받는 것을 우선시합니다. 민중의 체념은 영웅적이며 민중의 희생은 가장 사리사욕이 없는 희생입니다.[138]

시민, 즉 프롤레타리아(도시 빈민층)를 위한 베티나의 의식을 가장 명징하게 보여주고 있는 대목이 아닐 수 없다. 이처럼 프롤레타리아를 옹호하는 시각은 가령 범죄자를 옹호하는 시각과도 연결된다. 『왕의 책』에서 라트 부인은 통치자는 하층민이 왜 범죄를 일으키는지를 들여다 보고 이해할 것을 강변하고 나아가 범죄자에게서도 자기 자신을 찾으려는 자세를 지녀야만 한다고 말한다. 라트 부인, 목사, 시장 간의 다음과 같은 대화 장면은 베티나의 정치사상이 얼마나 급진적인지를 잘 보여주고 있다.

> 라트 부인: (...) 자연법칙을 이해하는 자는 대담하며 그는 범죄자에게서 자신을 느끼게 됩니다 - 당신은 별 관심 없다는 듯이 어깨를 으쓱거리시나요? - 저는 범죄자에게서 나 자신을 느끼며, 나는 자연적 재능으로 앞으로 나아가려 하며, 통치자는 저를 이해할

것이며 무엇이 *세계를 변혁하게* 될지를 다루게 될 것입니다. 지금이 바로 적기이지요.

시장: 당신은 통치자를 잘 모르시네요. 당신이 지금 공공연하게 주장하고 있듯이, 영혼이 불멸의 공명하는 톤임을 통치자는 잘 깨닫지 못할 것입니다. 그것이 자연 정신이라면, 우리는 그 점을 잘 이해하지 못합니다.

라트 부인: 그것이 어떤 고상한 개념에 대한 당신의 판단입니까? - 그 개념은 제 것이 아닙니다! - 나는 당신의 국가 지혜에 의해서 현명한 사람이 되고 싶지 않아요. 당신의 국가 지혜는 명제와 법률에 대해 그 어떤 의심을 허락하지 않으며 정신의 빈곤에 교활한 거짓말을 덧붙이지요. 민중의 단순한 감각이 지배자의 관용이어야만 하며 지배자의 정신을 통치해야 합니다. 그가 느껴야 하는 점은, 범죄자에게서 자신을 보게 되는 자야말로 더 순수하게 존재한다는 것이며, 범죄자와 아무 관계가 없다고 생각하는 자들이야말로 정신적으로 훨씬 무능력한 이들이라는 것입니다. 그들은 자신의 범죄적 무개념성을 이성으로 끌어올리지 못하는 이들입니다. 통치자는 범죄자에게서 자신을 느껴야만 합니다! - 그래요, 여성의 머리에서 나온 오만함을!

목사: 당신의 세계 변혁은 마치 당신이 이 세상이 자전하는 중심축에 대해 전혀 고려해보지 않는 듯한 명제에서 출발하고 있군요.

라트 부인: 그것은 바로 자연정치이지요. 자연정치는 당신네 정치에는 전혀 눈에 띄지 않는 근거에서 출발하지요. 그 어떤 러시아인, 그 어떤 오스트리아인, 그 어떤 프랑스인, 그 어떤 터키인도 내가 나의 범죄자 시스템을 완전히 다른 것에 근거시키고 있음을 보지 못할 것입니다. - 그러나 보세요. 진리의 빛은 그곳을 통과하는 어떤 균열을 발견했으며, 그리고 빛이 되지요![139]

기존의 국가, 질서 등을 거부하고 완전히 새로운 자연정치에 기반을 둔 세계 변혁을 요청하는 대목이다. 목사, 시장 등의 지배층이 내세우는 "국가의 지혜"는 개혁 없는 현실(현상) 유지를 목적으로 삼을 뿐이며 간혹 개혁이 필요할 경우 그들은 단지 '점진적 변혁'을 취할 뿐이다. 이는 그 어떤 급격한 변화가 아니라 천천히 진행되는 변혁을 뜻하며 넓은 의미에서 역사의 항구적인 발전 과정을 내세운 계몽주의적 시각과도 같다. 가령 목사는 "사람들이 언어를 단숨에 내던질 수 있듯 그렇게 세계를 전복할 수 있는 것이 아니며, 세계는 점진적으로 형성되는 것입니다. 그렇지 않으면 그 누구도 우리를 이해하지 못해요!"[140]라고 말한다. 이러한 지배층이 옹호하는 "국가의 지혜"에 대항하여 라트 부인이 내세운 "자연정치"란 곧 과격한 변화 자체를 말하며, 이를 위해서는 "세계 변혁은 그것을 시도해보는 자에게만 오로지 가능한 것입니다"[141]라는 외침과 함께 혁명 같은 구체적인 행위까지도 강조된다.

앞서 언급했듯이, 낭만적 포에지라 할 수 있는 세 권의 서간소설을 통해 이미 세간의 관심을 한 몸에 받고 있던 베티나는 완전히 다른 톤으로 매우 급진적인 사회 변혁의 내용을 담은 세 권의 '정치적 저서'로 다시금 사회적 반향을 일으킨다. 『왕의 책』은 베를린의 여러 살롱 및 각종 모임에서 다채로운 반응을 일으켰는데, 특히 체제비판적인 처제(베티나)와 체제옹호적인 형부(당시 사비니는 프로이센 정부에서 추밀고문, 판사, 법무장관 등 각종 요직을 맡았음) 간의 묘한 갈등과 대립이 대표적인 사례다. 살롱에서 두 사람의 대립을 목격한 하이네는 파른하겐 폰 엔제(Varnhagen von Ense)에게 보낸 편지에게 당시의 흥미로운 상황을 다음과 같이 전한 바 있다.

> 그녀의 『왕의 책』이 어떤 모임에서는 매우 불만족스러웠지요. 특히 그녀 형부인 사비니 - 당시 법무부장관이었는데 - 가 무척 못마땅했어요. 그의 집에서 열린 어느 저녁 모임에서 베티나는 그 책으로 인해 상당히 공격당하고 우롱당했지요. 그럼에도 불구하고 그녀는 '앞으로 몇 권 더 출간될 예정이니 분노를 억누르시지요. 그 책들이 더 자극할지도 모르니까요'라고 말했지요. 그에 대해 사비니는 고개를 저으면서 "이미 한 권으로 충분해요!"라고 말하더군요. 그러자 베티나는 격분하여 사람들 앞에서 말하기를, "왕이 당나귀를 장관으로 삼고 있다고 나는 왕에게 명백히 말하지 않을 수 없네요. 달리 간결하게 말할 수 없어요." 참석자들은 너무 놀란 나머지 침묵했고, 사비니는 웃어넘기려 했으나 소용없었습니다. 찡그리는 얼굴 모습이 엿보이더군요.[142]

형부와 처제 사이에 오갔던 상호 냉소와 비판, 거리감 등을 엿볼 수 있다. 베티나는 자신의 저서에 당당했고, 그렇게 지배층과 귀족들에게 베티나의 저서는 위협적으로 여겨졌다. 물론 그렇다고 해서 그녀의 저서가 급진적인 사회주의자의 진영 내에서 긍정적으로 수용된 것은 아니었다.[143] 언뜻 보기에 군주정(영주)와 공화정(민중) 간의 조화를 꾀하려는 듯한 베티나의 시도는 일정 부분 국가에 대한 비판을 담고 있을 뿐 군주정(영주) 자체를 완전히 부정하지는 않았기에 온전히 공화정만을 꿈꾸는 사회주의자들에게 베티나는 '개혁적 보수주의자'로 여겨졌다. 사실 베티나는 민중의 삶을 위한 왕의 개혁적 의식만을 강조하였을 뿐 공화적, 민주적 국가를 위한 헌법이나 법률적 제도화에 대한 의식은 전혀 지니지 못했다.[144] 그렇다고 해서 급진주의자들(마르크스주의적 사회주의자들)이 민중을 위한 베티나의 애정 어린 시각까지도 완전히 거부한 것은 아니었다. 실제로 당시 급진주의자들 내에서도 베티나의 저서는 긍정적으로 평가된 바 있는데, 가령 청년 독일파의 급진적인 작가였던 칼 구츠코브(Karl Gutzkow)의 시각이 대표적이다. 1843년 자신이 편집장을 맡고 있던 잡지 <독일 전신>(Telegraph für Deutschland)에서 그는 베티나의 책에 대한 서평을 다음과 같이 제시하고 있다.

> 이 기이한 여성의 신간 『왕의 책』은 한동안 바스락거리다가 겨울의 눈발 아래서 잊혀지는 가을 낙엽 같은 그런 의미에서의 책이 아니라 책의 통상적 개념을 훨씬 뛰어넘는 사건이자 행위이다. 이 책은 왕에게 속해 있지만 세상에 속해 있다. 이 책은 단테의 『신곡』, 마키아벨리의 『군주론』, 칸트의 『순수이성비판』과 같이 역사적인 책이다. 이 책은 이전에는 아무도 말하지 않았던 실상을 말해 주고 있으며, 스백만 명의 사람들이 느꼈기 때문에 언급하지 않을 수 없는 그런 실상을 담고 있다.[145]

"이 책은 왕에게 속해 있지만 세상에 속해 있다'는 구츠코브의 예리한 시각은 베티나의 관점과 책의 내용을 정확히 꿰뚫고 있다. 아울러 최근 연구자의 시각 내에서도 『왕의 책』을 비롯한 베티나의 모든 저서는 삶과 예술, 포에지와 정치 간의 상관적 의미에서 "실존의 정치적 미학"(politische

Ästhetik der Existenz)[146]이라는 관점에서 새롭게 조명되고 있다. 또한 군주정과 공화정 간의 조화, 개혁적인 왕, 모든 인간의 평등 등을 추구했던 베티나의 사유가 현실정치적으로 과연 실현 가능한지에 대한 비판적 질문보다 더욱 중요한 점은, 레나테 뫼어만(Renate Möhrmann)이 강조했듯이, 베티나는 자신의 마음을 고백하는 식의 여성작가적 글쓰기에서 벗어나 "정치적 관심사로 대중에게 다가가는" 소위 "여성적 정치"(weibliche Politik)를 꾀했다는 것이다.[147] 또한 『왕의 책』 등에서 나타나는 대화 형식의 글쓰기는, 동시대의 살롱 정신을 반영한 것으로 해석되고 있다. 요컨대, 베티나는 살롱의 정신을 자신의 글 안에서 가장 잘 구현한 작가로 평가된다.

> 플라톤의 대화도, (...) 슐레겔 그룹의 초기낭만주의적 공동철학도 『왕의 책』에 나타난 대화 상황의 모델로 간주될 수 없다. (...) 오히려 『왕의 책』 - 그 시대의 여타 다른 출판물보다도 훨씬 더 - 을 위한 본보기는 다름 아닌 살롱의 구두적 대화 상황이다.[148]

이처럼 살롱의 대화적 형식을 차용하고 내용적으로는 민중을 위한 국가 개조 및 가톨릭 종교 비판을 담고 있는 베티나의 글은 귀족층에게 '눈엣가시 내지는 위험한 작가'로 여겨질 수밖에 없었다. 한 걸음 더 나아가 베티나는 민중의 실생활을 전달하려는 목적으로 1844년부터 도큐먼트집 『빈민서』(Armenbuch)를 집필하였지만, 300여쪽의 그 책은 당국의 검열과 작가 베티나의 망설임으로 인해 끝내 출간되지 못한 채 미완성으로 남고 말았다. 『왕의 책』의 경우 "명확하지 않은 시적인, 환상적인 언어"로 씌어졌기에 빌헬름 4세도 관용적 차원에서 책의 출간을 허락했다고 전해지지만, 왕의 생각과는 다르게 당국은 베티나를 1844년 슐레지엔 지방에서 일어난 직조공들의 반란을 간접적으로 사주한 공산주의자 혹은 사회주의자로 지목했고 그로 인해 베티나는 재판을 받게 되었다.[149] 베티나가 얼마나 급진적인 의식을 지녔는지에 대해서는 『빈민서』에 실려 있는 다음과 같은 대목을 통해서도 알 수 있다.

> 누가 국가의 신하인가? 가난한 자이겠지! - 부자는 아닌가? - 아니야, 왜냐하면 부자의 토대는 자기 소유와 그는 오로지 자기 자신에게만 속해 있다는 그의 확신이지! - 나약함, 속박된 힘이 가난한 이를 그 자리에 묶어 놓고 있지. - 무한한 욕심, 거만함, 강탈이 부자를 그의 자리에 묶어 놓고 있지. 가난한 자의 정당한 요구를 인정해 준다면 그는 혈연이라는 끊어낼 수 없는 끈으로 조국의 터전에 매달릴 것이며, 그러면 조국은 그 가난한 자의 자기 보존의 힘을 일깨우고 먹여 살릴 것이다. 왜냐하면 가난한 이들은 공동의 민족이기 때문이다. 그러나 부자들은 전혀 공동의 민족이 아니다. 그들은 오로지 자기 자신을 위해서 존재하며 민족을 팔아 약탈물을 서로 나누어 가질 때에만 그들은 공동으로 뭉친다.[150]

오로지 자기 자신만을 생각하는 이기적인 부자 계층을 매우 신랄하게 비판하는 베티나는 '가난한 자들이 공동으로 만들어가는 나라'로서의 국가를 강조하고 있다. 물론 가난한 민중에 대한 베티나의 애정 어린 시선을 마르크스주의적 계급이론의 관점에서 설명하기에는 적지 않은 무리가 따른다. 오히려 계급이론적 관점에 앞서 베티나에게는 "인간적으로 존재하기"(Menschlichsein)라는 휴머니즘적 사유가 더욱 중요시되었다는 견해가 타당할 듯 싶다. 그 점은 1844년 뷔르템베르크 왕세자에게 보낸 베티나의 편지를 통해 뒷받침된다.

> 존경하는 왕세자님, 자기 자신과 다른 이들과 함께 순수하게 인간적으로 존재하는 것 이외에 그 어떤 것도 건강한 것은 없습니다. 그런 인간적 존재는 모든 것을 포함하고 모든 것을 얻으며 모든 것을 이겨냅니다. 모든 운명의 카드놀이의 진실한 해결책은 그런 인간적으로 존재하기에 달려 있습니다 (...).[151]

이처럼 『왕의 책』, 『악마와의 대화』, 『빈민서』 등의 집필을 통해 베티나가 추구하고자 했던 목적은 바로 민중의 삶을 공공에 알리고 개선하는 것이었다. 그로 인해 혹자는 베티나를 초기 사회주의 신봉자로 간주하기도 한다. 그러나 넓은 의미에서 그녀는 1830-50년대 독일에서 싹튼 자유주의 운동에 속해 있던 작가로 분류하는 것이 가장 타당할 듯 싶다. 특히 1840-50년대 삶을 위협하는 격동의 물결 속에서 베티나는 그녀의 표현대로 "담대하게 시대의 가시를 잡으며"(herzhaft in die Dornen der Zeit greifen)[152] 자신의 삶을 살았다. 그녀는 도시빈민층, 민중, 프롤레타리아 등으로 명명되는 이들을 위하여 추호의 망설임도 없이 단호하게 자신의 행동과 의식을 내보였다. 사실 그녀에게는 '보수적 반동주의자' 혹은 '급진적 혁명주의자'라는 식의 단색적 명명보다는 어쩌면 '보수적 혁명가'라는 모순적인 명명이 더 어울릴지 모른다. 그것은 한편으로 그녀가 선한 왕이 지배하는 군주정의 국가를 부정하지 않았기 때문이며, 다른 한편으로 약한 자와 가난한 자들이 정당한 대접을 받으며 살아갈 수 있는 공화정의 국가를 원했기 때문이다. 문학적 글쓰기에서 진정성과 허구성을 뒤섞은 것처럼 정치 영역에서 보수와 진보를 결합시킨 베티나의 모순적 입장은 사실 근본적으로 프랑스 혁명(1789년)의 영향하에 프랑크푸르트, 예나 등지에서 싹튼 '낭만주의와 자유'(Romantik und Freiheit)의 상관관계로 소급될 수 있다.[153] 어린 시절 프랑크푸르트에서 지냈던 베티나는 프랑스 혁명과 관련하여 많은 소식을 접했으며 또한 프랑스 혁명을 예찬했던 예나의 초기낭만주의자들과 가까이 접촉하면서 사회참여적 의식을 갖게 되었던 것으로 보인다. 프랑스 혁명에 대한 기억과 의식을 내면 속에 간직함으로써 그녀는 1840년대의 베를린에서 적극적으로 사회적 실천 행위를 꾀했던 것이다.[154] 이와 관련하여 호이켄캄프도 다음과 같은 해석을 제시한 바 있다.

> 이 여성작가는 자신의 책(『권더로데』: 역주) 안에서 진보적인 낭만주의의 정신적 유산을 이어받아서 그것의 사회비판적 이념을 자신의 시대 속으로 받아들였으며, 그리고 새로운 정치적, 사회적 상황을 위해 그 비판적 잠재력을 생산적으로 만들고자 했다.[155]

한 작가의 아내로서의 베티나, 일곱 아이들의 어머니로서의 베티나, 타고난 문학적 감수성의 작가 베티나, 가난한 이들을 위해 앞장선 정치적 참여작가로서의 베티나 등, 이러한 다양한 모습의 베티나가 가능함에도 불구하고 베티나의 삶 전체를 관통하는 두 가지 핵심 키워드가 있다. 그 하나는 『귄더로데』에 씌어있는 명제와도 같은 구절이다.

> 스스로 생각하기가 가장 지고한 용기입니다. (...) 스스로 생각하기를 시도하는 자는 또한 스스로 행동할 것입니다.[156]

이러한 스스로 생각하기와 비슷한 맥락에서 이해되는 또 하나의 중요한 삶의 명제는, 『클레멘스 브렌타노의 봄의 화환』에서 다음과 같이 제시되고 있다.

> 어떤 인간의 운명이 내게 덮치더라도 그것은 나에게 전혀 중요치 않아요. 그러나 이를 악물고 나아가는 것, 나 자신으로 머문다는 것, 이것이 내 삶의 소득이지요, 이 세상의 모든 행복 재화로부터 다른 어떤 것을 원치 않아요.[157]

서로 다른 서간소설에 나오는 두 인용 구절은 실은 같은 뜻을 지닌다. 두 구절은 '스스로 생각하고 행동함으로써 자기 자신으로 머문다' 혹은 '자기 자신으로 머물면서 스스로 생각하고 행동한다'는 식의 한 문장으로 요약될 수 있으며, 바로 이것이 문학적 베티나, 정치적 베티나 이전에 베티나의 의식과 삶을 관통하고 있는 본질이다. 이 점을 강조하는 측면에서 볼프강 분첼(W. Bunzel)도 "베티나에게 있어서 정신의 자유와 정치적 독립은 함께 속해 있기 때문에 개인적 자율성에 대한 그녀의 진력은 곧 언제나 정치적 해방의 모델이었다"[158]라고 그녀의 삶을 함축적으로 요약해주고 있다.

6장

"살아 있는 삶 속으로 나는 뛰어들고 싶어"

조피 메로-브렌타노

(Sophie Mereau-Brentano, 1770-1806)

1. 고전주의자 실러의 아마추어 문하생?

조피 메로를 비롯한 낭만주의 여성작가들에게는 몇 가지 특이한 점이 있다. 첫 번째 결혼 생활에 실패하여 이혼의 아픔을 겪는다는 점, 결혼 생활 중 아이들의 이른 죽음을 경험한다는 점, 그리고 자신도 생을 일찍 마감한다는 점 등이다. 충분한 연애 기간을 통해 파트너를 사랑하고 결혼에 이르는 것이 아니라 주로 부모의 권유로 정해진 상대와 결혼하는 사회적 관습은 동양과 마찬가지로 서양에서도 19세기 중후반까지 지속하였다. 대부분의 평범한 여성들이 원치 않는 결혼을 받아들이고 권위주의적인 남편에 종속되어 부부생활을 말없이 이어나갔다면, 소위 자의식이 강했던 낭만주의 여성작가들은 사회의 부정적 시선에도 불구하고 과감히 이혼을 통해 불행한 결혼 생활에서 벗어나려 했으며 그와 동시에 자신의 진정한 낭만적 사랑을 찾아 나섰다. 가령 세 번 결혼한 카롤리네 뵈머, 두 번 결혼한 도로테아 슐레겔, 두 번 결혼한 조피 메로 등이 대표적인 낭만주의 여성작가들이다.

그렇게 원치 않았던 결혼이든 원했던 재혼이든 젊은 그녀들이 자신의 삶에서 겪은 또 다른 충격적인 경험은 바로 아이들의 출생 및 죽음이다. 주로 이루어질 수 없는 연인들 간의 '사랑의 죽음'(Liebestod)만이 낭만주의의 특징이 아니다. 오늘날과 달리 의학이 발전하지 않은 18-19세기 사회적 상황에서 아이들의 조기 사망은 모든 결혼한 부부에게는 불가피한 일이었다. 어린 나이에 결혼하고 임신하여 자신의 아이가 일찍 세상을 떠나는 것을 경험한 여성작가들에게 죽음의 일상화는 대단히 충격적이었을 것이며, 아마도 아이의 죽음은 그들에게 슬픔, 고독, 절망 같은 멜랑콜리한 감정을 자주 불러일으켰을 것이다. 그와 같은 아이들의 죽음을 경험한 여성 작가들로는 카롤리네 슐레겔, 도로테아 슐레겔, 베티나 폰 아르님, 조피 메로 등을 들 수 있다. 그런데 아이들뿐만 아니라 스스로 이른 죽음을 맞이함으로써 자신의 문학적 재능을 마음껏 펼치지 못한 채 요절한 여성작가들이 있는데, 카롤리네 폰 귄더로데, 조피 메로 등이다. 위에서 언급된 세 가지 현상을 모두 한 몸으로 경험한 여성작가로는 조피 메로가 유일하다. 재혼 후 행복한 부부 생활을 영위한 도로테아 슐레겔과는 달리, 또한 세 번의 결혼 끝에 행복한 순간을 맞이했던 카롤리네 슐레겔과도 달리, 조피 메로의 두 번의 결혼 생활은 모두 불행했다. 그녀는 여섯 명의 아이를 출산하였지만 그 가운데 다섯 명의 아이가 죽음을 맞이했다. 첫 번째 남편과의 사이에서 태어난 두 아이들 중 한 명이 출생 후 얼마 지나지 않아 사망하였고 두 번째 남편과의 사이에 태어난 첫째, 둘째 아이 모두 출생 후 바로 사망하였다. 셋째 아이는 임신 중 유산되었고 마지막 네 번째 아이를 출산할 때 조피도 서른 여섯 살의 나이로 죽음을 맞이했으니, 그녀의 삶은 아이들의 죽음과 함께 한 불행 그 자체였다.

1770년 조피 메로(이하 조피)는 튀링엔 주에 있는 작은 도시 알텐부르크(Altenburg)에서 수석 세무공무원을 지낸 아버지 고트헬프 하인리히 슈바르트(Gotthelf Heinrich Schubart)와 어머니 요한나 조피 프리데리케(Johanna Sophie Friederike) 사이에서 둘째 딸로 태어났다. 한 살 많은 언니 헨리에테(Henriette Schubart, 1769 - 1831)는 후에 번역가로 활동하였는데 그리 널리 알려지지 않았다. 언니와 마찬가지로 조피도 부모의 어학 교육 열정으로 어린 나이에 영어, 라틴어, 프랑스어, 이탈리아어, 스페인어 등을 모두 섭렵하였으며 철학, 음악, 문학, 그림 등에서도 남다른 재능을 보였다. 그러나 1786년 어머니의 사망, 1791년 아버지의 사망으로 인해 언니와 함께 세상에 홀로 남겨진 조피는 1793년 23살의 나이로 프리드리히 에른스트 칼 메로(Friedrich Ernst Carl Mereau, 1765-1825)와 결혼했다. 1787년부터 조피를 알고 지냈던 칼 메로는 1790년부터 예나 대학에서 법학과 교수 및 도서관장직을 맡고 있었기에 결혼 후 조피는 예나에서 지내게 된다. 조피가 애정 없이 칼 메로와 결혼했을 것이라는 의견이 지배적이며, 그 이유에 대해서는 의견이 분분하다. 가령 부모의 사망으로 경제적 어려움을 극복하기 위해서라는 의견이 있다. 혹은 조피 스스로 결혼을 통해 학문과 문학의 중심지인 예나에서 여러 문인과 철학자들과 교류하면서 자신의 문학적 재능을 마음껏 펼치고 싶었기 때문이라는 의견이 있다. 그런 점을 간파하여 청혼 시 칼 메로는 조피에게 예나에서의 삶을 적극 권했다고 한다. 왜냐하면 그는 예나 대학 역사학과 교수이면서 '호렌'(Horen)이라는 문학잡지의 편집자이자 고전주의 문학을 대표하는 실러와 교류하고 있었고 또한 출판업자 프리드리히 유스틴 베르투흐(Friedrich Justin Bertuch)와도 막역한 관계를 맺고 있었기 때문이다. 이와 같은 칼 메로의 사회적 위치와 여러 지인들과의 관계가 그녀와의 결혼에 적지 않은 영향을 끼쳤던 것으로 보인다.

예나에서의 거주는 여성작가로서 활동하고 싶은 조피에게 매우 소중한 시기였지만 동시에 '메로 교수 부인'으로서 결혼 생활이 파경을 맞이하게 되는 불행한 시기이기도 했다. 대학 교수인 남편의 소개로 그녀는 예나의 여러 저명한 문인과 학자들과 교류할 수 있었는데, 남편 덕분으로 가령 여성으로서 피히테 강의를 특별히 청강할 수 있는 특혜를 누렸다. 또한 괴테, 실러, 헤르더, 피히테, 횔덜린, 슐레겔 형제와 그들의 부인, 클레멘스 브렌타노, 아힘 폰 아르님, 셸링 등과 교류할 수 있었다. 조피는 자신의 남편을 내조하는 아내의 역할을 뛰어넘어 다른 남성들과 자유롭고 인간적으로 교류함으로써 자기 자신을 펼쳐나가고자 했으며 동시에 작가로서의 자의식을 발휘하고 싶었다. 후에 작가이자 외교관으로 활동했던 홀슈타인 지방 출신의 요한 게오르그 리스트(Johann Georg Rist, 1775-1847)는 당시 예나에 머물면서 법학을 공부했었는데, 그는 남성들 사이에서 조피가 얼마나 인기가 높았는지를 다음과 같이 전해주고 있다. "모든 모임에서 단 한 명의 사랑스런 여인은 바로 메로 교수의 부인이었다. 그녀는 아주 작은 것까지도 섬세했으며 기품과 센스 넘치는 매력적인 작은 모습이었다. (...) 당시 감각과 취향을 지닌 모든 이들은 그녀에 대해 무척 감탄했다. 그녀가 등장할 때면 그녀 주변으로 사람들이 붐볐으며 거의 그녀에게만 모여들었다. 그녀의 말 한마디와 미소를 붙잡으려 애쓰는 찬미자들이 주변에 밀집했다."[1] 사랑스런 조피의 외모와 언어 등에 감탄한 프리드리히 슐레겔도 그녀를 "매혹적인 악동"(eine reizende Knaille)이라고 명명하였으며,[2] 장 파울은 "우아함을 지닌 귀여운 미니어처"(eine niedliche Miniatur-Grazie)라고 평하기도 했다. 그녀의 사랑스러운 자유분망한 특성은 한편으로 자유로운 여성의 이미지로 칭송되었지만, 다른 한편 다른 여성과 부인들 사이에서는 질투와 시기의 대상이기도 했다. 특히 괴테, 실러, 훔볼트 등의 부인들은 뛰어난 글쓰기 재능을 지닌 조피가 자신들의 남편과 자유로운 대화적 교류를 갖는 것에 대해 상당히 질투하고 시샘하였고 나아가 도덕적 험담까지도 늘어놓았다. 따라서 남편과 불화가 잦았던 조피가 하인리히 키프, 프리드리히 슐레겔, 브렌타노 등과 친하게 지냈을 때도 주변의 이목과 질투 어린 시선을 받는 것은 당연한 일이었다. 그 가운데 이혼 후 아직 정식으로 재혼하지 않은 상태에서 클레멘스 브렌타노(Clemens Brentano, 이하 '브렌타노'로 칭함)와 사귀면서 혼전임신을 한 것은 많은 이들의 구설수에 올랐다.

앞서 언급했듯이, 조피는 낭만주의 여성작가들 가운데 유일하게 고전주의자 실러와 가깝게 지내면서 시적 재능을 인정받았다. 당시 문학 잡지 「탈리아」(Thalia), 「호렌」(Horen), 「문학연감」(Musen-Almanach: 18-19세기에 독일에서 발행되던 문학잡지 형태를 일컬음) 등의 편집 및 발행을 맡았던 실러 덕분으로 그녀는 자작시, 번역물, 단편 등을 발표할 수 있었다. 실러와의 인연은 남편 덕분만은 아니었다. 결혼 전 조피는 이미 1790년 실러가 담당했던 잡지 「탈리아」에 「프랑스 축제일에, 1790년 6월 14일」(Bey Frankreichs Feier. Den 14ten Junius 1790)라는 시를 투고하여 게재한 바 있었다. 남편 이름으로 소설을 발표한 도로테아 슐레겔 혹은 익명으로 시를 발표한 귄더로데 등과는 달리 조피는 「호렌」뿐만 아니라 여러 잡지에도 당당히 자신의 이름으로 작품을 투고했으며, 게다가 실러로부터 인정을 받음으로써 그녀의 문학적 활동은 다른 여성작가들에 비해 비교적 더 순탄했을 뿐이었다. 1794년에는 여성의 자유로운 감성과 독립성을 그려낸 첫 번째 중편 소설 『감성의 만개 시기』(Das Blüthenalter der Empfindung)를 출간하였다. 1797년 「호렌」에 일부를 발표한 후 중단되었다가 1803년에 비로소 완성된 형태로 출간된 『아만다와 에두아르트』(Amanda und Eduard)는 그녀의 대표작으로 간주된다. 이 밖에 잘 알려지지 않은 단편소설로 「마리」(Marie, 1798), 「엘리제」(Elise, 1800), 「네 아낙네의 남자」(Der Mann von vier Weibern, 1805), 「수도로의 탈출」(Flucht nach Hauptstadt, 1806) 등도 있다.[3] 외국어 실력이 뛰어났던 조피는 여러 외국어 작품도 출간하였는데, 마담 드 스타엘, 보카치오, 코르네이유, 루소 등의 작품 번역물이 있다. 대표적인 프랑스어 작품 번역과 관련해서는 17세기 바로크 시대의 프랑스 여성 지성인 니농 드 랑클로(Ninon de Lenclos, 1620-1705)에 관한 번역 및 평전 작업이 중요하다. 랑클로는 계몽주의 이전 시기였던 17세기에 이미 여성 해방을 꿈꾸었던 선구자로 널리 알려져 있었고, 자유로운 연애 사상을 주도한 그녀는 당시 프랑스 화류계 내에서 남성들로부터 지적이고 예술적인 여성으로 추앙되었다. 그리스 아테네에서 당대 철학자와 문인의 애인으로 간주되었던 아스파지아(Aspasia)와 비견될 정도의 현대적 인물이 바로 17세기 중반 프랑스 파리에서의 랑클로였다. 조피는 랑클로에 관하여 두 차례 작업을 하였다. 그 하나는 1801-02년 자신이 발간하던 잡지 「칼라티스코스」(Kalathiskos」에 랑클로에 관한 에세이를 발표했던 것이며, 다른 하나는 1805년 뷔란트와 실러가 공동으로 편집 발행한 「독일 여성들이 집필한, 독일 여성들을 위한 저널」(Journal für deutsche Frauen, von deutschen Frauen geschrieben)에 랑클로의 편지를 번역해서 발표했던 것이다. 랑클로에 관한 조피의 에세이는 에로틱에 대한 그녀 자신의 독창적인 견해를 서술했다기보다는 프랑스에서 출간된 앙토니 브레(Antonie Brêt)의 '랑클로 평전'을 번역 및 개작을 통해 소개한 것으로 보인다.[4] 물론 하너만은 "독창성을 결여했다고 해서 조피의 업적이 감소되는 것은 결코 아니다"[5]라고 언급한 바 있는데, 어쨌든 편지 번역 및 에세이 집필 과정에서 조피는 랑클로의 자유 사상으로부터 상당히 영향을 받았던 것으로 보인다. 그녀의 대표작 『감성의 만개 시기』, 『아만다와 에두아르트』가 모두 신분 구속에서 벗어나 여성이 자신의 감성을 마음껏 발산하고 싶은, '성의 평등'을 통한 자유로운 개인의 해방을 주제로 삼고 있는 것도 랑클로의 사상적 영향에 기인하는 것으로 보인다. 조피는 처음에 자신의 창작을 출간하여 약간의 돈을 벌었으나 특히 이혼 후에는 여러 잡지에 프랑스어, 이탈리아어, 영어, 스페인어 등의 다양한 작가의 작품을 번역 및 게재하면서 더 많은 생활비를 벌어야만 했었다. 그녀는 독일 문학사 내에서는 글쓰기를 직업으로 삼았던 첫 번째 '직업여성작가'(Berufsschriftstellerin)였던 셈이다. 물론 조피 이전에도 몇몇 여성작가가 존재했었지만 그들은 생계와 연결된 직업작가라기보다는 단지 일종의 예술애호가로서 활동했었을 뿐이었다.

작가로서의 역동적인 활동에 반비례하여 예나에서의 첫 번째 결혼 생활은 그리 오래가지 않았다. 메로 교수 부인의 삶보다는 자신의 삶, 그것도 '사랑과 자유'를 삶의 이상으로 삼았던 그녀는 자유로운 창작활동 및 사람들과의 자유로운 교류를 소중히 여겼다. 특히 1794-95년 동안 남편의 학생이었던 젊은 법학도 요한 하인리히 키프(Johann Heinrich Kipp, 1771-1833)와의 열애가 일종의 스캔들로 번지기도 했다. 한 번은 조피가 남편의 허락 없이 유부녀 신분으로 키프와 함께 베를린으로 여행을 다녀온 일이 크나큰 비난거리가 되었다. 그러나 1년여 동안의 그들 교제는 키프가 뤼벡으로 되돌아가면서 끝나고 말았다(키프는 훗날 뤼벡 시의 시장이 되었다). 1799년 조피는 프리드리히 슐레겔의 집에서 여덟 살 아래의 젊은 의학도 브렌타노를 만났는데, 이 만남에서 비롯된 그들의 운명은 훗날 비극적 결말을 맞이하게 되었다. 베티나 폰 아르님의 오빠이자 귄더로데와 친밀한 관계를 맺었던, 훗날 소위 '하이델베르크 낭만주의'를 이끈 시인 브렌타노는 당시 마르부르크 대학에서 법학 공부를 끝내고 의학 공부를 시작하기 위해 예나에 도착하였다. 조피와의 첫 만남 당시 브렌타노는 "육체적으로나 정신적으로 완전히 우리의 죽은 어머니의 형상" 같았던 그녀에게 완전히 반했다고 한다. 그로 인해 조피에게 청혼하기 직전 1801년에 브렌타노는 서간소설과 1인칭 소설의 혼합 형식을 취한 소설 『고드비. 어머니의 석상』(Godwi. Das steinernde Bild der Mutter)에서 조피의 형상을 그려내기도 했다. 이렇듯 여러 지인과 스스럼없이 교제하는 자유분망한 부인은 남편 메로의 심사를 틀림없이 글컹거렸을 것이다. 그 와중에 1800년 첫 번째 아들 구스타브가 병으로 일찍 세상을 떠나자 두 사람은 별거 상태에 들어갔고 이후 1801년에 정식으로 이혼하게 되었다. 그 이혼은 예나에서 허가된 첫 번째 정식 이혼 사례로 널리 알려지게 되었다.

이혼 후 조피는 딸과 함께 예나에서 멀지 않은 작은 마을 캄부르크(Camburg)로, 얼마 후에는 바이마르로 거주지를 옮기면서 지냈다. 번역과 작품 발표를 통해 극히 적은 생계비를 벌어들여 홀로 아이를 키우는 싱글맘의 고통스러운 삶이었다.[6] 이혼 후에도 가끔 서신을 주고받았던 브렌타노와 1803년 5월에 바이마르에서 재회하였고 두 사람은 예나에서 잠시 동거하였다. 이혼의 아픔을 겪은 스물아홉 살의 조피는 자신보다 여덟 살 아래였던 스물한 살의 브렌타노와 거리를 두었지만 오랜 망설임 끝에 그의 강렬한 구애와 원치 않은 임신으로 인해 1803년 11월 29일 마침내 재혼하였다. 조피와 브렌타노는 마르부르크, 프랑크푸르트 등을 거쳐 하이델베르크로 거주지를 옮기며 지냈다. 그러나 결혼 전 낭만적 사랑을 애절하게 외쳤던 브렌타노는 결혼 후 조피에게 아내로서 출산과 육아에만 전념해주기를 바라는 가부장적인 마음을 드러내고 말았는데, 그로 인해 브렌타노와의 결혼 생활은 그녀가 예감했던 다가올 미래의 불안감을 확인하는 생활이 되고 말았다. 특히 아이 욕심이 많았던 브렌타노 때문에 그녀는 삼 년 동안 무려 네 번이나 임신하였다. 그 가운데 한 명은 유산되었고 두 명은 태어나서 몇 달 후 죽음을 맞이했으며, 1806년 10월 31일 네 번째 아이를 출산할 때 출혈이 멈추지 않아 조피도 아이와 함께 끝내 숨지고 말았다. 조피와 브렌타노는 문학 영역에서 같이 활동하는 작가였지만 실제 결혼 생활에서는 전혀 행복하지 않았다. 문학적으로 '낭만적' 성향을 지닌 두 작가는 실제 현실에서는 아이러니컬하게도 '비낭만적인' 비극적인 삶을 살았던 셈이다. 1806년은 독일 문학사에서 두 명의 낭만주의 여성작가를 잃은 해였다. 앞서 다루었던 베티나 폰 아르님은 조피의 나이 어린 시누이였고 카롤리네 폰 귄더로데의 절친이었다. 베티나는 그 두 사람의 비극적인 죽음을 경험했던 것인데, 즉 절친 귄더로데가 1806년 7월 26일 자살로 죽음을 맞이했고 몇 달 후인 10월 31일에 새언니 조피가 생을 마감했다.

자신의 뛰어난 작가적 능력을 발휘하고 나아가 여성 해방을 실현하려는 의지를 지닌 여성작가들은 자신의 능력을 인정해주지 않는 가부장적인 남성과 결혼할 경우 세 가지 유형의 길을 걷게 된다. 그 하나는 강한 자의식에도 어쩔 수 없이 남편과 사랑 없는 삶을 살아가는 경우이며, 다른 하나는 권위적이고 억압적인 남편의 태도에 자신도 모르게 점차 순응되어 여성에 대한 부당한 사회적 인식을 당연한 것으로 내면화하는 경우이며, 마지막 세 번째는 자신의 해방적 욕망과 남편의 현실순응적 요청 사이에서 끝없는 갈등과 분열에 사로잡힌 나머지 비극적인 삶을 맞이하는 경우이다.[7] 조피는 첫 번째와 세 번째 경우에 속한다. 첫 번째 남편과 사랑 없는 삶을 살다가 이혼의 길을 택했고 재혼과 함께 사랑과 행복을 약속했던 남편이 가부장적이고 억압적인 남자로 돌변하자 순응하는 사랑의 마음과 그에 저항하는 여성작가의 자기존립성 사이에서 고통을 겪는 가운데 끝내 죽음의 불행을 맞이하고 말았다.

2. 예나에서의 '사랑과 자유'

대학교수의 부인으로서 조피는 다른 여성들에 비해 비교적 유리한 활동 공간을 누렸다. 남편의 도움으로 그녀는 "작가적 작업을 위한 전제조건으로서 대학의 환경"을 경험할 수 있었는데, 이것은 그녀가 스스로 "여성 작가로서 사회적 관계의 기능"을 수행하는 데 있어서, 그리고 여러 잡지의 편집자 역할을 맡는 데 있어서 여러모로 도움을 주었다.[8] 작가적 활동과 관련하여 조피가 어떠했는지에 대해서는 1797년 8월 17일 실러가 괴테에게 보낸 편지를 통해 간접적으로 알 수 있다. 당시 예나에서 활동하고 있는 조피와 바이마르에서 활동하고 있는 아말리에 폰 임호프(Amalie von Imhof, 1776-1831)에 관하여 실러는 다음과 같이 서술하고 있다.

> 우리의 친구 메로 부인은 정말로 어떤 친밀감, 때로는 심지어 감성의 품위를 지니고 있으며 그녀의 어떤 정신적 심오함을 저는 결코 부인할 수 없습니다. 그녀는 고독한 실존 속에서, 세상과의 모순 속에서 자신을 형성시켜 왔습니다. 이와 달리 아멜리에 임호프 양은 마음을 통해서가 아니라 상상력을 통해서만 포에지로 나아가고 있는데 아마도 평생 상상력과 유희할 것 같더군요. 그런데 내 생각으로는, 미학적인 것이란 내용에 근거한 진지함이면서 동시에 형식에 근거한 유희이죠. 메로 부인은 형식에 따른 시적인 것을 언제나 놓치고 있다면 이와 달리 임호프 양은 내용에 따른 시적인 것을 언제나 놓치고 있습니다.[9]

두 여성작가는 모두 괴테와 실러를 추종하였는데, 실러는 두 여성작가의 부족한 점을 지적하고 있었다. 즉, 조피의 경우 내면성, 느낌, 깊이, 마음 같은 소위 진지함의 특성이 너무 압도적이어서 형식적 유희가 결여되어 있다면, 반면에 주관적 상상력의 자유로운 유희가 우세한 임호프의 경우 내용적 진지함이 결여되어 있다는 것이다. 두 여성작가 모두 실러가 『인간의 미적 교육에 관한 편지』(Über die ästhetische Erziehung des Menschen, in einer Reihe von Briefen)에서 제시한 고전주의적 미학의 아름다움, 즉 진지함과 유희, 내용과 형식 간의 조화에 전혀 미치지 못하고 있다고 지적당하고 있는 것이다.

그런데 실러의 평가는 과연 올바르고 절대적일까? '형식과 내용의 조화'라는 미적 기준 하에서만 조피의 문학적 특성이 평가되어야만 하는 것일까? 당시 1790년대의 문학적 경향은 크게 후기계몽주의, 고전주의, 낭만주의가 혼재되어 있던 시기였다. 대도시 베를린이 주로 후기계몽주의적 성향을 띠고 있었다면, 바이마르는 고전주의의 산실로, 그리고 작은 도시 예나는 - 물론 실러는 이 도시의 대학교수로 재직하고 있었지만 - 초기낭만주의의 산실로 간주된다. 사실 예나의 경우 고전주의자 실러와 젊은 낭만주의자들 사이에 문학적 충돌이 잦았던 도시였다. 가령 실러의 보수주의적 여성관을 대변하는 「종의 노래」(Lied von der Glocke, 1799)가 발표되었을 때 젊은 낭만주의자들은 그에 대해 조소와 비판을 가했으며 이에 실러의 심기는 당시 몹시 불편했다. 그런 실러로부터 조피는 여러 도움과 영향을 받고 있었으며, 또한 1790년대의 동시대 낭만주의 작가들로부터도 영향을 받고 있었다. 이처럼 서로 상이한 영향들로 둘러싸여 있던 가운데 조피는 자신만의 독특한 색깔을 찾고자 했다. 조피와 임호프를 비교했던 편지보다 삼 년 전 1795년 6월 18일자 조피에게 보낸 편지에서 실러는 조피의 시를 다음과 같이 높이 평가하고 있었다.

> 아주 즐거운 마음으로 나는 당신의 시를 읽었습니다. 거기서 나는 당신이 창작해 낸 모든 것에 담겨 있는 명상의 동일한 정신을 발견하였

답니다. 당신의 상상력은 상징화를 즐기고 있고, 그 상상력에 제시된 모든 것을 이념의 표현으로 다루는 방식을 즐기고 있네요. 이는 독일 시적 정신의 으뜸가는 특징인 바, 그에 대한 최초의 의미심장한 표본은 바로 클롭슈톡이 제시한 바 있습니다. 우리 모두는 - 어떤 이는 적게, 어떤 이는 많게 - 그것을 단순히 모방하기보다는 오히려 우리 북유럽의 철학적 기질을 통해 그 특성을 따라가야 할 것입니다.[10]

괴테에게 보낸 편지에서의 냉정한 평가와는 달리 시인 조피에게 보낸 편지에서는 미사여구가 섞인 긍정적인 평가를 엿볼 수 있다. 임호프에 비해 상상력, 즉 형식의 유희가 부족하다고 지적한 관점과는 달리 그는 여기서는 조피의 상상력, 정확히 말하면 보편적 이념의 감각적 서술로서의 "상징화"라는 측면에서 조피의 시를 높이 평가하고 있다. 그리고 이러한 창작 방식은 자신을 비롯한 독일적, 북유럽적 기질에 기인한다고 주장함으로써 그는 바이마르 고전주의에 내재해 있는 민족주의적 특징도 드러내고 있다. 같은 해 7월 11일자 조피에게 보낸 편지에서도 실러는 「문학연감」에 조피의 시가 게재 가능하다는 긍정적인 평가를 전하면서 다음과 같이 조피의 문학적 특성을 언급해 주고 있다.

명징성, 경쾌함 그리고 (여성 시인의 작품에서는 아주 드문 장점인) 정확성이 매우 출중합니다. 감언 없이 미리 제가 감히 당신에게 확신시켜 드리는 바, 그것(조피의 시작품: 역주)은 연감 내에서 출중한 작품이 될 것입니다.[11]

"명징성, 경쾌함, 정확성"은 모두 계몽주의적, 고전주의적 미학에 속하는 개념이며 이를 근거로 실러는 조피의 문학성을 평가하고 있다. 이상과 같은 평가가 주로 조피의 시와 관련된 것이라면, 그녀의 다른 작품, 예를 들면 소설은 어떻게 평가되었을까? 1794년에 출간된 『감성의 만개 시기』에 대한 실러의 평가는 알려 있지 않다. 대신 1795년에 집필된 서간소설 『아만다와 에두아르트』의 일부(8개의 편지)는 이미 1797년 「호렌」에 게재되었는데, 1797

년 6월 30일 괴테에게 보낸 편지에서 실러는 조피의 소설에 대해 다음과 같이 적고 있다.

> 「호렌」을 위해 우리의 시인 메로 부인은 정말 저를 놀라게 하는 기분 좋은 선물을 저에게 주었습니다. 그것은 편지로 된 소설의 시작 부분인데, 제가 그녀로부터 기대한 것 이상의 상당한 명징성, 경쾌함, 단순성으로 씌어 있습니다. 자신은 거의 고칠 수 없다고 여겼던 그런 실수들로부터 그녀는 완전히 벗어나려고 하더군요. 그렇게 좋은 방식으로 계속 나아간다면 우리는 그녀에게서 무엇인가를 경험하게 될 것 같습니다. 딜레탕트한 방식이지만 지금 우리 여성들이 거의 예술에 가까운 어떤 글쓰기 솜씨를 발휘할 줄 알고 있다는 점에 대해 저는 놀라지 않을 수 없습니다.[12]

실러는 조피의 시에 대해서는 "명징성, 경쾌함, 정확성"을, 그녀의 소설과 관련해서는 "명징성, 경쾌함, 단순성"이라는 개념을 사용하고 있다. 시의 경우 "정확성"이, 소설의 경우 "단순성"(Simplicität) 개념이 각기 부가적으로 언급되어 있다. 이러한 상이한 개념 사용은 매우 흥미롭다. 그 상이함의 연유를 단순히 장르 상의 차이점 때문으로만 볼 수는 없을 것 같다. 주목해야 할 점은, "Simplicität" 개념은 단순성이라는 의미뿐만 아니라 평범함, 유치함 등의 의미를 지니고 있다는 것이다. 실러가 빙켈만(Winckelmann)의 "고상한 단순성"(edle Einfalt)을 상기시키는 차원에서 "Simplicität" 개념을 사용하였다면 이 경우 고전주의적 미학 내에서 긍정적인 의미를 갖게 된다. 그러나 "Simplicität" 개념은 '평범함, 유치함'이라는 의미도 띠고 있기에 그 평가는 긍정과 부정의 양가성을 지닌다. 따라서 실러의 관점과 평가와 관련해서는 두 가지 의문이 제시된다. 긍정적인 의미에서 "Simplicität" 개념을 조피의 소설에 적용할 경우 과연 『아만다와 에두아르트』가 실러의 관점에서처럼 '고상한 단순성'을 지닌 고전주의적 소설로 분류될 수 있는지 매우 의심스럽다. 더욱이 당시 실러는 극히 소설의 일부분인 시작 부분만을 읽고서 고전주의 미학의 관점에서 조피의 소설을 평가하고 있었는데, 사실 1803년에 비로소 완성된 『아만다와 에두아르트』는 매우 파격적인 내용과 형식을 지닌 소설이다. 주인공 기혼녀 아만다가 자신의 사랑을 찾아 정신적, 감성적 차원에서 외도를 걷는 낭만적 소설의 전체 내용을 실러가 읽었더라면 아마도 자신의 관점을 철회했을지도 모른다. 또 한 가지 의문은 어쩌면 "Simplicität" 개념이 '평범함, 유치함'의 의미에서 사용되었을 개연성이 있다는 것이며, 따라서 실러의 평가는 조피 소설에 대한 온전한 긍정적인 평가라기보다는 실은 '조건부' 평가일 수 있다는 것이다. 잘 알려진 바와 같이 괴테와 실러는 예술 호사가와 진정한 예술가를 구분한 바 있는데, 예를 들면 "예술 호사가와 예술의 관계는, 서투른 일꾼과 수공업의 관계와도 같다"(Der Dilettant verhält sich zur Kunst, wie der Pfuscher zum Handwerk)[13]라는 구절이 대표적이다. 소위 예술 호사가들의 '딜레탕티즘'(Dilettantismus, 아마추어리즘) - 사실 딜레탕티즘은 실험적인 새로운 예술의 출현과도 깊은 관계를 맺는데 - 을 저평가했던 괴테와 실러는 초기낭만주의자 같은 젊은 예술가들뿐만 아니라 동시대 여성작가들의 글쓰기에 대해 부정적 시각을 갖고 있었으며, 바로 그런 실러의 시각이 조피 작품에 대한 평가에 투영된 것으로 보인다. 조피의 글쓰기에 관한 "딜레탕트한 방식이지만 (...) 거의 예술에 가까운 어떤 글쓰기 솜씨"라는 식의 평가 구절에는 그와 같은 보이지 않는 전형적인 남성작가적, 문단권력자적 우월감이 내재해 있다.[14] 고전주의적 관점 및 남성작가의 우월한 관점에서든지 혹은 단순한 호의적인 관점에서든지 간에, 어쨌든 외면적으로 실러는 조피의 글쓰기 능력을 비교적 긍정적으로 평가하였다. 그리고 조피가 작가로서의 길을 걷는 데 있어서 그리고 잡지 편집과 관련된 여러 일을 수행하는 데 있어서 실러는 그녀에게 많은 도움을 주었으며, 조피 또한 그의 미학적 충고를 받아들였던 것은 사실이다. 그러나 엄격히 살펴보면, 조피는 자신의 창작과 관련해서 궁극적으로 오롯이 자신만의 독특한 감성과 사유를 바탕으로 고유한 글쓰기를 전개했을 뿐 그 어떤 동시대의 문학적 경향(후기계몽주의, 고전주의, 낭만주의 등)을 모방한 글쓰기를 취하지 않았다. 따라서 실러처럼 "명징성, 경쾌함,

정확성/단순성" 같은 개념을 그녀의 글쓰기에 적용하는 시각과 평가는 전혀 적절치 않다.

조피는 창작, 번역 뿐만 아니라 잡지 편집 및 발행에서도 매우 의욕적이었다. 그녀는 잡지 발행 계획을 일찍부터 세웠으며, 1795년에는 「상상력과 사유」(Phantasie und Gedanke)라는 잡지의 제목까지 염두에 두고 있었다. 또한 당시 친하게 지냈던 젊은 연인 하인리히 키프는 경제적 차원에서 잡지 편집 및 발행을 위한 인력을 구해줄 수 있다고 그녀에게 언급한 바 있다. 물론 이러한 계획은 실현되지 못했다. 대신 조피는 실러가 편집, 발행하는 잡지에 헌신적으로 일하면서 많은 경험을 쌓았으며, 이러한 경험은 훗날 자신의 잡지 발행에 밑거름이 되었다. 주로 자신의 시와 번역물로 채워진 상태로 1801-1802년에 발행된 두 권의 전문 여성잡지 「칼라티스코스」(Kalathiskos)[15]가 조피에 의해 발행되었고, 이 밖에도 실러가 도맡아왔던 「괴팅엔 뮤즈연감」을 1803년 한 해에만 제한적으로 도맡아 스스로 편집, 발행하기도 했다. 널리 알려진 일화로는, 미래의 남편 브렌타노는 당시 자신의 시를 「괴팅엔 뮤즈연감」에 발표하기를 원했지만 조피로부터 거절당했다. 또한 1805년에도 조피는 「다채로운 일련의 작은 서집」(Bunte Reihe kleiner Schriften)이라는 잡지를 편집, 발행하는 일을 했다. 그러나 브렌타노와 결혼한 후 그녀의 창작 및 잡지 발행은 가부장적 사유에 젖어 있던 남편의 방해와 견제로 인해 더 이상 진행될 수 없었다.

예나에서 실러의 영향과 도움 덕분으로 작가로서 활발한 활동을 전개하는 가운데 조피는 많은 남성 지인들과 교류하였다. 한편으로 실러의 영향으로 그녀가 고전주의적 경향을 띠기도 하지만, 다른 한편으로 피히테, 슐레겔 형제 및 그들의 부인 카롤리네, 도로테아 등을 비롯하여 노발리스, 횔덜린, 티크, 셸링 등과 활발한 교류를 통해 낭만주의적 성향을 띠기도 한다. 양쪽 성향에 동시에 걸치고 있는 것과 마찬가지로 여성작가들 내에서도 조피의 위치는 중간적이다. 그녀는 조피 폰 라 로셰 같은 계몽주의적, 감성주의적 여성작가와는 구분되며, 마찬가지로 베티나 폰 아르님, 라헬 레빈, 카롤리네 슐레겔 같은 대표적인 낭만주의 여성작가들과는 다른 특성을 띠기도 한다.[16] 이와 같은 상이한 분류에 앞서서 무엇보다도 중요한 점은 조피만의 특징을 짚어보는 일이다. 예나에서 거주하는 동안 조피가 자기 인생의 모토로 내세운 것은 '자유와 사랑'이며, 이 두 개념의 근간에는 바로 "자기존립성"이 자리하고 있다. 조피 메로 연구자인 카타리나 폰 함머슈타인(Katharina von Hammerstein)은 - 프랑스 국기 색깔에 빗대어 - "자유, 사랑, 여성성"이라는 삼색의 사회적, 개인적 자기규정을 조피에게서 찾을 수 있다고 함축적으로 서술하고 있다.[17] 자유 개념이 사랑, 여성성과 분리될 수 없는 까닭은 나름 근거를 지닌다. 우선 자유는 프랑스 혁명를 옹호하는 정치적 입장에서 파악된다. 조피는 예나의 많은 문인과 철학자들이 당시 그랬듯이 프랑스 혁명을 지지하였다. "나는 나 자신에게 인류의 대표자다"(Ich bin mir selbst der Repräsentant der Menschheit)[18] 같은 대담한 조피의 언술은, 프랑스 혁명 당시 '나는 민중의 대표자다'라는 식으로 자신을 표명한 바 있는 혁명가들(가령 미라보)의 언술과 유사하다. 이처럼 프랑스 혁명에 대한 조피의 적극적인 옹호는 「프랑스 축제일에, 1790년 6월 14일」(Bey Frankreichs Feier. Den 14ten Junius 1790)이라는 시에서도 잘 드러난다. 프랑스 혁명의 자유 정신을 예찬하는 총 12연으로 구성된 시 중에서 1-2연, 7-9연은 다음과 같다.

자유의 정신이여! 그대여 나라의 심장부로 뜨겁게 뛰어들어, 인간 존엄성의 빛이 잠들고 있는 그곳에서 그 빛을 타오르는 화염 속으로 불어 넣으라,	Genius der Freiheit! Du der glühend sich ins Herz der Nationen taucht, wo ein Strahl von Menschenwürde schlummert, schnell den Strahl in lohe Flammen haucht,
어디서, 어떤 하늘의 화염에서 그대는 횃불을 켜는가? - 어떤 태양이 그대에게 그 빛을 부여하여, 그 빛에 의해 따뜻해진 모든 지역이 그대에게 제단을 바치는가? (...)	Wo, an welchem Himmelsfeuer zündest du die Fackel? - Welche Sonne leiht ihren Strahl dir, daß von ihm erwärmet jede Zone dir Altäre weiht? (...)

소수의 폭군들, 그들의 가슴 속에는
결코 인륜성이 울리지 않는데,
그들의 증오스런 억압이 있는 그곳에
순수가 정의를 헛되이 외치고 있구나.

Dort, wo unter dem verhaßten Drucke
weniger Tyrannen, denen nie
Menschlichkeit im Busen schlug, vergebens
nach Gerechtigkeit die Unschuld schrie.

그곳에서 마침내 - 태풍이 분노하여
바다의 조용한 수면을 움직여 -
침묵하던 인류가 그 목소리를 드높이며
독재의 거만한 고삐를 저지한다.

Dort hebt endlich – so bewegt des Meeres
stillen Spiegel zürnend der Orkan –
die verstummte Menschheit ihre Stimme
hält der Willkühr stolzen Zügel an.

자유는 고귀하다! 자유를 찾으려는 것이야말로
고상한 이들 모두의 힘의 가치에 합당하다,
설혹 승리의 영광이 모든 이들에게
운명의 고귀한 손에 의해 선사되지 않을지라도.

Freiheit adelt! und nach ihr zu ringen
ist der Kräfte jedes Edlen werth,
ist auch jedem nicht die Siegespalme
von des Schicksals hoher Hand beschert.

프랑스 혁명에 대한 옹호는 조피의 경우 여성에 대한 자의식, 자율적인 인간으로서의 여성에 대한 인식과 긴밀한 관계를 맺는다. 사실 프랑스 혁명은 발발 당시 여성 해방과 연결되지 않았다. 혁명 직후 1789년 8월 26일에 공표된 인권 및 시민권 선언은 “책임 있는 시민”에게 적용되는데, 그 책임 있는 시민은 오로지 남성만을 지칭하고 있었다. 그와 같은 불합리한 선언에 대항하여 1791년 9월 5일 ‘여성과 여성 시민의 권리 선언’(Die Erklärung der Rechte der Frau und Bürgerin/französisch: Déclaration des droits de la femme et de la citoyenne)이 발표된다. 근대 여성운동의 어머니라고 할 수 있는 올랭프 드 구주(Olympe de Gouges, 1748-1793)가 작성한 것으로 알려진 그 선언문의 제 1항은 “여성은 자유롭게 태어났으며 모든 권한에 있어서 남성과 대등하다”(Die Frau ist frei geboren und bleibt dem Manne in allen Rechten gleich)[19]라는 구절이다. 조피는 루소의 자연권 사상뿐만 아니라 프랑스 혁명 당시 여성의 자유와 평등을 부르짖은 올랭프 드 구주로부터 상당한 영향을 받았으며, 그런 사상이 바로 『감성의 만개 시기』의 직접적인 주제로 발전된다.

이와 같은 자유 개념은 일단 정치사회적 차원에서 프랑스 혁명의 옹호에서 나온 것으로 이해될 수 있지만, 조피의 경우 정치적 자유를 넘어서 남녀, 민족, 종교 등에 존재하는 차별의 폐지를 갈망하는 인간의 정신적 자유 의식과 행동으로 확장된다. 젊은 연인 하인리히 키프와 사랑에 빠진 당시에도 그녀는 다음과 같이 자유를 향한 자신의 심정을 밝힌다.

> 나는 떠나고 싶어, 살아 있는 삶 속으로 나는 뛰어들고 싶어. 물론 거기서 나는 자유로워야만 해. 얼마나 그런 욕구가 점점 더 확고하게 나 자신 속에 꿈틀거리고 있는지를 느끼고 있어 - 하지만 도처에서 마음의 속박, 내 의무의 속박이 나를 붙잡고 있네.[20]

결혼과 유부녀라는 틀에서 벗어나 진정한 사랑을 찾고 싶은 마음은 개개인간의 "살아 있는 삶"을 향한 욕망인 바, 즉 자기 자신을 찾아 마음껏 전개하고 싶은 자유로운 삶에 대한 갈망에 다름 아니다. 이러한 의미에서 조피는 "자유란 (인간을) 자신 밖의 사물에 자기 마음대로의 형식을 주고 그것을 자신의 자유로운 목적을 위해 사용할 수 있게 해주는 것"[21]이라고 밝히고 있다. 이러한 자유 개념의 정의는 아마도 조피가 절대적 자아를 정립하고자 했던 피히테 사유로부터 영향을 받았던 것으로 짐작된다. 어쨌든 그와 같은 자유 개념은 남녀 간의 동등한 관계와 밀접하게 연관되는데, 즉 자유로운 여성들은 "자신이 사랑하고 싶었던 남자와 동등한 권한"(gleiche Rechte mit dem Manne, den sie lieben wollte)[22]을 지녀야만 한다. 이처럼 개인들간의 사랑의 감정은 자연철학적, 정치사회적, 인간학적 차원에서 '자연, 자유, 평등' 같은 이념들과 매우 밀접한 의미망을 형성하며 그 점은 다음과 같은 조피의 언술에 잘 나타나 있다.

> 사랑은 자연으로, 평등으로 이끌며, 여기서는 의견의 모순이 마침내 종결되며, 민주주의와 전제주의는 아무 의미 없는 단어들일 뿐이다.[23]

조피의 개인적인 메모에서는 사랑이 다음과 같이 삶의 절대적 원칙으로서, 한 인간의 절대적 특성으로 규정되기도 한다.

> 사랑, 도처에 사랑, 나는 사랑 없이 어떤 것이 도대체 흥미로울 수 있을지 도무지 모르겠다. 사랑이 삶의 가장 중차대한 일이 아닌가? - 사랑이 가장 내면적이고 정신적인 삶의 최고의 매력이 아니라면 남성과 여성에서 인간이라는 본질을 형성해내는 달콤한 조화는 필요치 않을 것이며, 자연은 진실한 〈원문 그대로〉 삶에 전혀 눈을 뜨지 못한 어리석은 암수동체의 피조물만을 생산하는 것에 족할 것이다.[24]

요컨대, 남성이든 여성이든 사랑의 감정이 없는 인간은 그 어떤 진실한 삶과 진실한 조화에 도달할 수 없다. 사랑은 단순히 동물적인 쾌락의 교환만을 추구하는 행위가 아니다. 그렇다고 해서 정신적, 이성적 사유에 의해 사랑의 감정과 감각이 무조건 제한되거나 통제되는 것도 아니다. 사랑은 자연적 감성에서 솟아난 동시에 정신적 삶을 형성해나가는 힘이다.

사랑과 자유를 자신의 신조처럼 삼았던 조피는 사실 일찍부터 결혼이라는 제도에 대해 부정적이었다. 그녀는 여성이 자유로운 독립체로서 인정받지 못하는 당시의 사회적 현실에 대해 매우 비판적이었는데, 그 점은 다음과 같은 일기장의 구절에서 엿볼 수 있다.

> 여성이 자기 실존을 자유롭고도 활기차게 향유하는 경우는 매우 드물다. 마음에 듦(특히 남성들의 마음에 듦: 역주)이라는 좁은 한계 내로 지정될 경우 여성은 모든 쾌활한 매력을 잃게 된다. 왜냐하면 그 어떤 다른 특정한 필연적 목적이 아닌, 오로지 자기 자신만을 위한 자유로운 상태, 이것이 바로 쾌활의 근본적인 점이기 때문이다. **사랑만이 여성의 답답한 사유 영역 속에 독립성과 생명을 불어넣는다. 여기서만, 오로지 여기서만(사랑: 역주) 여성은 더욱 자유로운 현존재를 향유할 수 있으며 그리고 남자와 동등한 삶의 권한을 공유할 수 있다.**[25]

칸트 식의 '마음에 듦'(Gefallen)과 쾌활한 만족(Vergnügen)을 구분하면서 조피는 '여성은 자신의 자유로운 쾌활한 만족을 포기하고 다른 이들(특히 남성)의 마음에 맞추어 살아가야만 한다'는 사회적 관습과 통념을 비판하고 있다. 사랑만이 여성으로 하여금 자기 자신, 본래적 특성인 쾌활한 만족을 추구하도록 할 수 있으며, 그런 사랑의 힘에 의해서만 남녀 간의 동등한 실존까지도 가능해진다. 요컨대, 사랑은 모든 사회적 구속과 제한에서 벗어나 여성이 한 인간으로서 자신의 독립성과 자유를 취할 수 있도록 해준다. 반면 결혼이라는 사회적 제도는 그러한 사랑을 불가능하게 만든다. 특히 여성이 남성에게 물질적으로 완전히 종속된 결혼의 경우, 여성은 자신의 독립성과 자유를 완전히 상실한 상태에 놓인다. 결혼을 앞둔 친구 헨리에테 가이슬러(Henriette Geißler, 1772-1822)에게 보낸 1792년의 다음과 같은 편지 대목에서도 결혼에 대한 조피의 회의적 입장을 읽을 수 있다.

> 내가 너와 함께 단둘이서 말하고 싶은 점은, 결혼할 때 한 소녀가 고유한 자기 자신을 내던지고 모든 것을 새롭게 시작한다면 그리고 - 남성의 부속물로서 - 세상에서 나타나려 한다면 - 마치 다른 이의 마음에 의해서만 움직여야 하는 인간과 비슷한 기계처럼 나타나려 한다면 -, 그것이야말로 최고 수준의 자기부정이라는 것이야.[26]

위 대목은 18세기 말기의 여성에게서 나온 언술이라기보다는 오늘날의 급진적 페미니스트에서 나온 언술처럼 읽힌다. 결혼과 함께 여성이 자의식을 상실한 채 남편의 마음과 뜻에 의해 조종당하는 기계인간처럼 되고 만다는 시각, 더욱이 여성이 "남성의 부속물"(Anhang eines Mannes)로 간주될 수 있다는 표현은 그 자체 매우 급진적이다. 아직 칼 메로와 결혼하지 않은 시점인데도 조피는 이처럼 일찍부터 남성이 중심이 되는 결혼 생활에 매우 부정적인 인식을 지니고 있었다. 따라서 칼 메로와의 결혼을 통해 자신에게 부여된 '메로 교수의 부인'이라는 사회적 칭호가 그녀에게는 결코 긍정적으로 인식되지 않았을 것이다. 오히려 결혼한 상태에도 불구하고 그녀는 '사랑 = 자의식 = 자유와 독립성 = 자신의 실존'을 간직하려 했었을 것이라는 점이 더 자명하다. 사랑으로, 자유로운 의식으로써 그녀는 바로 "살아있는 삶 속으로 나는 뛰어들고 싶어"(in das lebendige Leben möchte ich hineinstürzen)[27]라고 과감히 밝혔던 것이며, 이러한 여성의 자의식이 『감성의 만개 시기』와 『아만다와 에두아르트』의 핵심 주제가 된다.

3. 성의 평등과 인간의 평등: 『감성의 만개 시기』와 『아만다와 에두아르트』

1794년에 발표된 『감성의 만개 시기』는 남성 1인칭 형식으로 씌어진 소설이다. 스위스 출신의 주인공 알버트(Albert)는 아버지의 권유로 이탈리아 제노바, 프랑스 파리를 거쳐 다시금 자신의 고향인 스위스로 돌아오는 일종의 '교양여행'을 밟는다. 그러나 소설에서는 현실과의 갈등 및 부조화 같은 쓰디쓴 경험에 대한 서술은 전혀 찾아볼 수 없기에, 따라서 교양여행을 밟는 주인공을 다루고 있을지라도 이 소설을 '교양소설' 내지는 '발전소설'로 분류하는 시각은 부적절하다. 소설 출간 당시 계몽주의적 비평가 프리드리히 니콜라이(Friedrich Nicolai, 1733-1811)가 서평에서 언급한 바 있듯이, 『감성의 만개 시기』는 흔히 말하는 흥미로운 사건 중심의 정통 소설이 아니다.[28] 계몽주의적, 고전주의적 소설이 주로 주인공의 사회적 경험에 관한 서사를 통해 도덕적, 윤리적 가치관에 대한 성찰을 제시한다면, 『감성의 만개 시기』에서는 그 어떤 흥미로운 사건과 줄거리를 찾을 수 없으며 단지 개개인의 내면적 정서 및 풍경 묘사 등으로 가득하다. 혹자는 문학사적으로 『감성의 만개 시기』를, 감성을 중시한 소위 '감성주의/감상주의'(Empfindsamkeit, 1740-1780) 시기의 소설로 혹은 반사회적인 열정적 감정을 강조한 '질풍노도'(Sturm und Drang, 1765-1785) 시기의 소설로 분류하기도 한다. 그렇다면, 감성은 이 소설에서 이성과 어떤 관계를 맺고 있을까, 그리고 감성은 '감성주의/감상주의' 혹은 '질풍노도'에만 갇혀 있는 것일까? 제목에 암시되어 있듯이, 우선 소설의 두 주인공 알버트와 나네테(Nanette)는 감성을 자신의 존재적 본질로 삼고 있는 이들이다.

> 감성은 신성하지 않은가? - 감성이야말로 자연이 우리에게 말하는 순수한 시적인 언어가 아닌가? - 이성은 감성을 억압하지 않고 이끌어야만 한다 - 감정의 어두운 예감을 명료하게 하기 위해서는 감성의 더욱 숭고한 힘이 필요하다.[29]

이성이 감성을 통제하고 억제하는 것이 아니며 감성이 오히려 이성보다 더욱 신성한 힘으로 언급되고 있다. 언어와 감성의 관계에서도 감성은 언어 이전의 것으로 파악되는데, 왜냐하면 언어는 이성적이고 논리적으로 작동하기 때문에 비이성적인 감성을 명료하게 파악하는 데 있어서 한계를 지니며, 그로 인해 감성과 언어적 발화 간의 불일치가 발생한다.

> 내가 얼마나 느끼는지를 내가 말할 수 있을 때면 나는 별로 느끼지 못한다. 언어는 감성의 결과일 뿐이다. 감성의 진실한 순간은 그 어떤 언어를 용인하지 않는다.[30]

이성적, 언어적 발화는 곧 언어 이전의 순수한 감성을 상실하는 상태와도 같다. 이처럼 이성과 감성은 서로 불일치한 상태를 이루지만, 그렇다고 해서 감성과 느낌이 반드시 이성과 배치되는 것은 아니다. 소설에서는 때론 이성과 감성 간의 조화가 서술되기도 한다. 가령 남동생 로렌초의 죽음과 관련해서 화자는 "이성의 무기로 그녀는 자신의 고통(로렌초의 죽음: 역주)과 씨름했으며 그 고통을 밀쳐내려 했다기보다는 고통을 제어하려 했다"[31]고 서술하면서 감성을 이겨낸 이성적인 나네테의 모습을 강조한다. 이는 애정 어린 대상의 상실에도 불구하고 지속적으로 살아가기 위한 불가피한 대처일 수 있다.[32] 또한 "나네테의 사유 방식과 감성 방식 사이에 지배하고 있는 내적인 조화"[33]라는 언술을 보면, 이성적 사유가 완전히 부정되기보다는 오히려 '이성과 감성의 조화'를 이념으로 내세운 고전주의적 미학과 연결되기도 한다. 이처럼 간혹 이성, 지성 등이 강조되고 있지만, 중요한 점은 그 이성과 감성 간의 조화가 소설의 목적은 아니라는 것이다. 계몽주의의 이성을 보완해주는 광의적 의미에서 감성을 중시한 감성주의 및 질풍노도와는 달리,

『감성의 만개 시기』에서 제시된 감성은 좀 더 과격한 의미를 지닌다. 그것은 바로 프랑스 혁명의 맥락에서 여성 해방 및 남녀 평등 같은 정치사회적 의미와의 연관성이다. 또한 나중에 다시 언급하겠지만, 소설의 형식적 차원에서 『감성의 만개 시기』는 '남성적 화자의 여성성' 내지는 남성과 여성을 융합한 양성적인 화자를 도입한 실험적 서사 방식의 측면에서 낭만주의 소설에 가깝다.

알버트는 매번 가는 곳마다 어떤 우연에 의해 여성 주인공 나네테와 조우한다. 나네테는 제노바에서 태어났지만 부모가 사망하자 로렌초와 함께 스위스의 숙모 집에서 성장하였는데, 혈연적, 법적 차원에서 로렌초가 나네테의 보호자이지만 실질적인 차원에서 나네테에게 결정적인 영향을 끼치는 인물은 숙모다. 자신의 감성을 이성적으로 제어하는 로렌초 - 그가 사실 주인공 알버트와 친구 관계를 맺고 있었음이 뒤늦게 밝혀지는데 - 는 숙모 집에서의 성장 과정을 포기하고 다시금 제네바로 돌아간 후 안타깝게도 일찍 사망하지만, 반면에 나네테는 숙모 집에 계속 머무르며 숙모와 같이 여행을 다닌다. 그녀에게는 또 다른 의붓오빠가 있었으며, 그는 나네테의 삶을 지배하려고 했다. 가령 의붓오빠는 나네테를 수도원으로 보내 추기경의 말동무가 되어 평생 부유하고 편안한 삶을 누려보라는 유혹적인 제안을 했지만 그녀는 단번에 거절한 후 파리로 도피했다. 나네테를 키운 숙모는 동시대의 사회적 관습이나 이성적 사유보다는 철저히 '자연', '가슴', '감정'에 의한 성장을 뜻하는 기표와도 같다. 다음과 같은 대목에는 숙모에 의해 대변되는 자연적 교육과 삶의 소중함이 잘 드러나 있다.

> 그녀(숙모: 역주)는 그들(나네테와 로렌초: 역주)에게 그 어떤 것도 인위적으로 주입시키지 않았다. 그녀는 자연은 언제나 선하다고 믿고 있었다. (...) 그녀는 그들에게 그 어떤 개념이나 낱말을 가르치지 않았고 옳고 그름에 대한 그들의 감정을 발전시켰으며 오로지 그녀가 아이들에게서 발견했던 것만을 형성시키고자 했다. 그녀는 그들에게 그 어떤 것도 길들이려 하지 않았다.[34]

1762년에 발표된 루소의 『에밀, 혹은 교육에 관하여』(Émile ou de l'éducation)의 영향을 읽을 수 있는 대목이며, 따라서 소설에서 숙모는 루소의 자연관을 대변하는 비유적 기표로 기능한다. 사회의 모든 법적, 제도적 장치가 인간의 자연적 본성을 억압한다는 루소의 자연관을 암시하는 숙모로부터 영향을 받은 나네테는 여성의 "자연적 권리", 즉 인간의 독립성과 자유를 중시한다. 다음과 같은 성찰적 거리두기의 사유 대목 - 사실 이 대목은 툭 내던져 있는 듯한 객관적인 서술인데, 제 삼자인 화자의 사유인지 알버트의 사유인지, 아니면 나네테의 사유인지 정확히 알 수 없다 - 에는 그 점이 강력하게 시사되어 있다.

> 법의 보호를 직접적으로 즐길 수 있는 권리를 여성은 어디서 지닐까? - 그들은 거의 모든 곳에서 남자의 자의성에 더욱 종속되어 있는 것이 아닐까? 그들의 자연적 권리, 그들의 자유와 힘의 방해 받지 않는 향유는 얼마나 적게 고려되고 있는가! 여성들은 보호되기보다는 오히려 단지 용인되고 있는 것이 아닌가? -[35]

남성의 지배, 즉 그들에 의해 구축된 법과 관습이 작동하는 사회적 실상을 비판하는 저항의 목소리임을 쉽게 알 수 있다. 이러한 저항이 추구하는 목표는 다름 아닌 남녀 모두가 평등한 자연권의 회복에 있다. 이처럼 루소의 자연관을 바탕으로 자연적 감성을 중시하는 숙모와 나네테의 모습은 넓은 의미에서 작가 조피의 자연관으로 귀착한다.[36]

소설의 서술적 측면에서 흥미로운 점은, 화자이자 주인공인 알버트가 전통적인 남녀 이분법적 구분에 따라 사회적으로 구축된 남성성과는 전혀 관계가 없다는 것이다. 자세히 보면, 남녀의 생물학적 구분 및 그에 따른 남녀의 사회적 역할 분리 등이 이 소설에서는 해체되어 있다. 가령 알버트는 외적, 내적 차원에서 마치 여성처럼 읽히며, 마찬가지로 나네테도 전통적인 조신한 여성 이미지가 아니라 자기감정과 자의식을 소유한 남성 이미지를 띤다. 형 아우구스트에게 보낸 1796년 5월 27일자 편지에서 프리드리히 슐레겔은 조피의 『감성의 만개 시기』 및 주인공 알버트와 관련된 간단한 독서평을 다음과 같이 전한 바 있다.

> 나는 최근 조피 메로의 『만개 시기』를 대강 읽어 봤어요. 상당히 재밌더군요. (...) - 처음에 젊은 사람이 등장하는데, 그에게서는 모든 있을 수 있는 감정이 보랏빛으로 넘쳐나고 있습니다. 그 젊은 사람은 조용히 잔디밭에 앉아 있어요. 나는 그 젊은 사람이 여성이라고 확신하였기에 그 점을 언급한 것인데, 그러나 그 젊은 사람은 실은 청년이 더군요.[37]

주인공 알버트의 외적 인상에 대한 짧은 언급이지만, 이러한 인상학적 진단은 소설 인물이 지닌 양성성의 특성을 암시해주고 있다. 알버트뿐만 아니라 나네테 또한 단순한 전통적인 가부장적 사회에서의 여성상으로 읽혀질 수 없다는 점에 대해서는 함머슈타인(Hammerstein)이 적절하게 분석해주고 있다. 함머슈타인에 의하면, 전통적인 남녀 구분 및 사회적으로 지정된 역할 분리 등이 오히려 조피의 소설에서 완전히 전도되어 있다는 것이다.

> (...) 『감성의 만개 시기』의 여주인공은 살림살이 소질도 전혀 없으며 부인이나 어머니로도 등장하지 않는다. 그녀는 독자적인 여성으로 행동할 뿐이다. 그녀는 자신의 운명조차도 손아귀에 쥐고 있으며 남성을 동반하지 않은 채 오로지 나이 많은 숙모와 함께 유럽 여행을 감행하고 있다. 이와 반대로 남성 주인공은 부드러운 용모를 지니고 있으며 대담한 방랑자보다는 오히려 감성적인 몽상가에 가깝다. 이와 같은 역할 교환의 경향은 일종의 소리 없는 이의제기를 담고 있다. 즉 성에 따라 특별한 행동 방식과 특성을 지정하는 전통적인 사유를 문제시하는 이의 제기 말이다.[38]

그런데 좀 더 정확히 살펴보면, 『감성의 만개 시기』는 남녀 구분의 역할 교환 및 전도를 넘어서 알버트와 나네테 모두를 동등한 인간으로 강조하고 있음을 알 수 있다. 남성과 여성이라는 성적 구분에서 벗어나 인간으로서의 내적 감정, 자유, 자연, 마음, 열정 같은 감성적 특성이 두 사람 모두에게 중시된다. 그와 같은 인간에 대한 강조는 가령 소설의 첫 장면에서 알버트와 관련하여 명확히 서술되고 있다.

> 인간은 혼자일 경우 그는 완전히 다른 존재이다! - 마치 자기 자신과, 자연과 하나처럼 파악된다! 마법의 베일이 현실을 에워싸며 고상한 존재자들만이 여기서 나타날 권리를 지닌다.[39]

고독과 자연에 대한 알버트의 예찬에서도 루소 자연관의 흔적이 읽힌다. 또한 혁명이 일어났던 파리에서의 "자유의 축제"에서 두 주인공이 뜻밖에 조우하는 것도 알레고리컬한 의미를 지닌다. 요컨대, 루소의 자연관에 토대를 둔 그들의 자연적 감성은 곧 인간의 자유와 사랑을 내세운 프랑스 혁명과 연결된다. 어쨌든 감성의 소유자인 알버트는 우연히 나네테를 만남으로써 더욱더 강렬한 자유로운 감성적 존재자로 변하는데, 그 점은 다음과 같은 구절을 통해 암시되고 있다.

> 신성한 자유! 나는 갑자기 내 뒤에서 살랑거리는 플룻의 소리를 들었다. 나는 주위를 둘러보았다. 나는 자유와 열정으로 변형된 커다란 검은 눈을 보았다. 그것은 나네테의 눈이었다. 그녀는 그런 존재 자체였다.[40]

> 그녀와의 교류에서 나는 매일 훨씬 나아짐을 느꼈다. **그녀 존재의 형언할 수 없는 마법은 나의 모든 존재를 변화시키는 것 같았고, 나를 그녀 자신과 더욱 유사하게 만드는 것 같았다**. 그 어떤 오해나 질책을 두려워하지 않은 채 나는 어둠 속에서 마음의 미로를 헤매던 모든 것을 그녀에게 털어놓을 수 있었다. 물론 그녀는 내 안에서 어떤 들뜬 상상력이 만들어낸 초자연적 존재를 사랑한 것이 아니라 인간을 사랑했기 때문이다.[41]

물론 여기서도 남녀에 대한 전통적인 인식이 완전히 전도되고 있음을 알 수 있다. 즉, 알버트를 변화시키는 주체가 다름 아닌 나네테인데, 이는 남성이 여성을 이끌어간다는 전통적인 통념을 부정하는 것이다. 다음과 같은 대목에서도 남성보다 더욱 우월한 여성의 위치가 언급되고 있다.

그녀의 정신은 성숙했으며, 그런 성숙함에 도달하기 위해 나의 정신은 여전히 고군분투하고 있다. 자기 형성에 있어서 그녀는 나보다 훨씬 앞서가고 있었다. 여기서 나는 진정한 위대함과 독립성이 무엇인지, 그것이 무엇을 할 수 있는지를 느끼고 이해하는 법을 배웠다.[42]

앞서 언급했듯이, 알버트와 나네테는 각기 남성과 여성으로서가 아니라 인간으로서, 즉 사회적 규범과 관습에 의해 통제받지 않는 자유로운 감성의 소유자로서 서로 조우하고 있기에, 주체와 객체 간의 지배적 관점에서 남녀관계를 논하던 전통적인 시각은 해체된다. 상호주체적 차원에서 두 사람은 서로 감성적 존재적 의미를 발견하고 있다.

알버트와 나네테는 오로지 감성이 만개한 사랑을 통해서만 영원히 같이 존재할 수 있다고 믿는다. 그들의 사랑은 일종의 사회적 승인 제도인 결혼을 필요로 하지 않는데, 그렇기에 "사랑하기 위하여 과연 제삼자의 허가가 필요한가요?"[43]라고 반문하기도 한다. 여기서 제삼자는 부모, 국가, 종교, 사회적 관습 등을 일컬으며 사랑의 결속은 그와 같은 사회적 심급을 단호히 거부한다.

내용이 신성시하지 않는 형식이 있을까? - 우리의 결속보다 더 존중할 만한 것이 있을까? - 두 명의 자유로운 인간은 공동으로 활동하기 위해, 공동으로 선을 행하기 위해, 공동으로 고통을 감내하기 위해 결속한다. - 우리의 결속은 그 자체의 힘으로 유지된다. 성직자의 축복, 시민적 명예, 병약한 양심 같은 깨지기 쉬운 조력물은 우리의 결속을 붙잡아주지 못한다. 우리 자신이 우리 스스로를 위한 보증이다.[44]

시민사회가 연인들의 사랑에 요구하는, 후에 헤겔이 철학적으로 '객관성'이라고 지칭한 종교적, 사회적, 도덕적 인정("성직자의 축복, 시민적 명예, 병약한 양심)을 모두 거부하면서 오로지 연인들이 간직한 자연적이고 자유로운 감성에 의해서만 서로 결속하는, 그럼으로써 스스로가 주체가 되는 인간관계만이 중시될 뿐이다. 이를 나타내기 위한 공간적 기표는 흥미롭다. 자유로운 인간으로서 알버트와 나네테는 인간의 자유와 평등을 외친 정치적 혁명이 일어난 파리에서 만나기도 하고, 그리고 공화정이 실시되고 있는 스위스로 이동하여 자신의 주체적 삶을 살아간다. 그런데 이들이 궁극적으로 원하는 공간은 유럽을 넘어서는 완전히 다른 곳이다. 그들은 오랜 관습과 전통이 존재하는 유럽이라는 공간에서 벗어나 완전히 새로운 공간에서의 삶을 꿈꾸는데, 그곳은 다름 아닌 '아메리카'다. 도로테아 슐레겔의 『플로렌틴』의 첫 장면에서도 주인공 플로렌틴이 아메리카로 향하려는 계획을 지녔듯이, 이 소설도 아메리카로 향하고 싶은 소망으로 끝을 맺는다.[45] 18세기 말에 제시된 새로운 삶에 대한 소망, 즉 저 바깥을 향한 꿈은 기존의 지배와 억압 등이 존재하지 않는 공간적 유토피아로서 '아메리카'라는 상징적 기표를 통해 표출되는데, 조피의 경우 단편 『엘리제』(1800)뿐만 아니라 『감성의 만개 시기』에서도 아메리카를 향한 동경과 함께 소설은 끝을 맺는다.

> 아메리카에서 태양은 우호적으로 빛나며 마찬가지로 하늘도 맑은 빛을 낸다. 그곳에는 자유로운 민족이 살고 있고 인류의 정신은 자신의 권리를 다시 기뻐하며, 그곳에서 신생 국가의 새로운 행복한 상태는 그 어떤 역겨운 개혁의 두려움을 갖도록 하지 않는다. 그곳으로 갑시다! -[46]

알버트와 나네테가 새로운 공간인 아메리카로 이주하여 자유로운 삶을 시작하기를 원했던 까닭은, 비록 이탈리아, 프랑스, 스위스 등이 다른 여타 국가에 비해 정치적으로 자유로운 공화국 시스템을 도입했을지라도, 시민의 삶에는 여전히 가부장적인 관습과 도덕이 지배하고 있고 그런 현실이 그들에게 완전히 자유로운 삶을 허락하지 않을 것임이 자명했기 때문이다.[47] 특히 나네테의 삶에서는 여전히 큰 의붓오빠의 거대한 지배력, 즉 나네테로부터 정신적 자유와 물질적 유산 등을 부당하게 강탈하려는 그의 지배력이 작용하고 있었기에 그녀에게는 완전한 해방이 더욱 절실했다. 요컨대, "그곳에서 그들은 자율적 개체로서 자유로운 사회에서 자유롭게 선택된 사랑의 결속이라는 행복을 체험할 수 있기를 기대하고 있다."[48] 비슷한 맥락에서 주체의 자율성 이념과 아메리카 간의 밀접한 연관성도 가능하다.[49]

4. 소설의 새로운 형식미

이상과 같은 사랑의 정치사회학적, 인간학적 의미론의 측면 이외에 『감성의 만개 시기』는 소설의 형식미학적 측면에서도 다양한 흥미로운 점을 제시하고 있다. 우선 소설의 서문에는 흥미롭게도 여성집필자(Verfasserin)가 등장한다. 그녀는 한편으로 작가 조피일 수 있지만, 다른 한편 반드시 작가와 동일시될 수는 없는 허구적인 익명의 인물일 수도 있다. 그런데 이 여성집필자는 소설 내에서 이야기를 이끌어가는 화자의 역할을 지속적으로 수행하는 것이 아니라 단지 자신이 "순수한 감정의 표현"(die Aeußerungen eines reinen Gefühls)[50]을 성공적으로 서술해낼 수 있을지 서문에서 스스로 자문해보고는 이내 사라진다. 서문 이후의 소설 전체는 남성 주인공의 1인칭 관점으로 전개되지만, 소설이 진행하는 가운데 그 1인칭 남성 화자(알버트)보다 여성 주인공(나네테)이 더욱 중시된다. 여성작가 조피는 왜 서문에서만 여성집필자를 등장시키고 정작 소설 내에서는 남성 주인공에게 화자 역할을 부여한 가운데 주로 여성 주인공을 부각시키고 있는 것일까? 이와 같은 서술 수법은 도로테아 슐레겔의 『플로렌틴』의 경우에도 비슷하다. 그렇다면 여성작가의 소설 내에서 남성적 화자 및 주인공은 도대체 누구이며 어떤 의미를 지니는 것일까? 기존의 남성 작가들이 이끌어가는 소위 계몽주의적 교양소설의 서술 원칙, 가령 프리드리히 폰 블랑켄부르크(Friedrich von Blanckenburg)의 『소설론』(Versuch über den Roman, 1774)에서 제시된 '소설은 항상 남성 주인공을 내세워야만 한다'는 서술 원칙을 따름으로써 조피의 작품은 소설미학적 차원에서 모방과 안주를 꾀한 것일까, 아니면 다른 의도를 지닌 것일까? 이를 위해서는 주인공 남성을 제대로 파악해 볼 필요가 있다. 바이겔(S. Weigel)에 의하면, 그 화자는 비록 생물학적 차원에서는 남성이지만 실은 자기 자신을 보기 위해 '남성적 안경'을 쓴 여성적 화자일 수 있다는 것이다.

> 문화적 질서는 남성에 의해 지배되며 여성들은 그 문화적 질서에 속해 있기 때문에, 여성들도 자신들 스스로가 객체로 존재하는 그 규범을 이용한다. 즉, 남성적 질서 속에서의 여성은 관여되어 있는 동시에 배제되어 있다. 여성의 자아 이해에 있어서 그것은, 여성들이 자신이 관찰되고 있는지를 그리고 어떻게 관찰되고 있는지를 보는 가운데 자기 자신을 관찰하고 있음을 뜻한다. 즉 그들의 눈은 남성의 안경을 쓰고서 보고 있다.[51]

여성 집필자(혹은 여성작가)가 스스로 이야기의 화자로 등장하지 않은 채 알버트라는 남성을 내세운 것, 더욱이 알버트가 남성적 존재자보다는 감성을 중시하는 여성적 존재자처럼 읽힌다는 것, 나아가 알버트와 나네테가 '사랑하는 인간'으로서 서로 하나가 되고 있다는 것, 이 모든 점은 알버트가 남성 인물이 아니라 '남성의 안경을 쓴 여성적 화자'의 가능성을 반증해 준다. 설혹 알버트라는 남성 화자를 글자 그대로 받아들일지라도, 위에서 언급한 바 있듯이, 그는 결코 나네테를 지배하거나 억압하는 남성 주체가 아니라 오히려 스스로를 나네테에 의해 이끌리고 변화되는 객체로 여긴다. 가령 위에서 인용한 바 있는 "그녀 존재의 형언할 수 없는 마법은 나의 모든 존재를 바꾸는 것 같았고, 나를 그녀 자신과 더욱 유사하게 만드는 것 같았다"는 구절을 다시 떠올릴 필요가 있다. 다르게 말하자면, 여성 집필자와 남성 서술자의 관점 간의 구분은 이 소설에서 더 이상 통용될 수 없으며 오히려 트레더(U. Treder)의 해석처럼 양성성(Androgynie)의 관점이 요구된다.

> 상당히 복잡한 줄거리로 이 소설은 어떤 연애사를 이야기하고 있다. 그 연애사는 여성의 자유로운 성적 발달에 대한 권한을 주장하는 가운데 시민적 관습과 여성의 규범에 대해 저항하고 있다. 남성적 서

술 관점은 여성의 탈경계적 상상력을 가려주는 마스크로 이용되고 있다. 남성적 '나'라는 화자와 그의 연인 간의 동일성이 절정에 도달하는 소설의 말미에는 남성적 서술 관점이 양성적인 서술 태도를 위해서 포기되고 있는데, 즉 - 덧붙여 말해도 좋다면 - 남성적, 여성적 시각이 서로 뒤섞이는 '여성적이면서도 양성적인' 서술 태도를 의해서 말이다.[52]

아울러 비슷한 관점에서 함머슈타인도 다음과 같이 화자 알버트와 작가 조피 간의 상호 연관성을 다음과 같이 분석해주고 있다.

그녀(조피: 역주)가 남성 1인칭 화자인 알버트를 자신의 세계관적 고찰의 대변자로 택함으로써 그녀는 이중적 성별 서술관점의 가능성과 유희하고 있는 셈이다. 그런 이중적 서술관점으로 그녀는 자신의 실제 삶에서. 가령 프리드리히 에른스트 칼 메로나 혹은 클레멘스 브렌타노에게서 찾지 못했던 감성적이고 관용적이고 풍부한 감정을 지닌 남성을 그려내고 있을 뿐만 아니라 거기에 더하여 그 남성의 입에서 혁명적이고 여권신장적인 구호가 나오도록 하고 있다. 남성에 의한 방식으로 아마도 그 이데올로기적 설득력을 독자들에게 드높일 수 있다는 희망에서 말이다.[53]

모두 매우 설득력 있는 분석이다. 『감성의 만개 시기』는 외적으로는 남성적 서술을 취하지만 이는 여성적 관점에서의 서술을 위한 마스크일 뿐이며 궁극적으로는 안과 밖, 여성성과 남성성 간의 경계가 해체된 양성성의 서술을 향해 나아가는 소설이다. 여기서 귄더로데의 시집 특성에 대해 브렌타노가 부정적으로 지적한 저 양성성의 특성 - 물론 이는 브렌타노의 관점에서는 매우 부정적인 특성인데 - 을 어쩌면 조피의 작품에 적용해도 크게 무리가 없을 듯 싶다.

그 전체 시집에 혹평을 가할 수 있는 유일한 점은, 그 시집이 남성적인 것과 여성적인 것 사이에서 부유하고 있다는 것이며, 또한 여기저기 충분히 시 같지 않은, 그저 성공적으로 잘 작성된 습작 내지는 스케치 같다는 것입니다.[54]

『감성의 만개 시기』의 화자가 남성의 안경 혹은 남성의 마스크를 쓴 여성적 주체로 파악될 수 있을지라도 어쨌든 여성적 주체를 당당히 내세우지 못한 점은 소설의 한계로 지적될 수 있다. 그런데 그와 같은 한계는 조피의 다양한 작품 내에서 서서히 극복된다. 조피는 1798년에 발표된 『마리』에서는 당당히 동명의 여성 화자를, 그리고 1806년에 마지막으로 발표한 단편소설 『수도로의 탈출』(Die Flucht nach der Hauptstadt)에서도 여성 주인공을 이야기의 화자로 내세운다. 요컨대, 여성 주체가 더 이상 남성의 안경을 쓰지 않고 자신의 성을 당당히 드러내는 서술 방식이 두드러진다.

이런 서술 방식의 전환에서 매우 중요한 계기 내지는 주춧돌 역할을 하는 소설은 다름 아닌 1803년에 발표된 조피의 두 번째 장편 소설 『아만다와 에두아르트』이다. 1797년에 소설의 일부가 발표되었지만 1803년에 비로소 단행본으로 완성되어 출간된 『아만다와 에두아르트』에는 다분히 조피의 작가적 삶의 배경이 담겨 있기에 혹자는 서간소설 형식을 띤 자서전(Autobiographie)으로 간주하기도 한다. 실제 조피가 스스로 유부녀 신분에도 불구하고 젊은 학생 키프와 사랑을 나눴으며 또한 프리드리히 슐레겔, 브렌타노 등과 자유롭게 교제했던 - 소설의 단행본 출간 시기인 1803년은 조피가 브렌타노와 재혼하게 되는 해이다 - 점 등을 고려해보면 거의 자서전적 소설처럼 읽히는 것은 당연하다. 그런 맥락에서 소설에서 첫 번째 남편으로 등장하는 알브레트는 칼 메로를, 에두아르트는 키프(혹은 브렌타노)를, 그리고 에두아르트와 잠시 헤어져 있는 동안 사귀었던 안토니오는 프리드리히 슐레겔을 가리킬 수도 있다.

서간소설인 『아만다와 에두아르트』의 형식적 특징으로는, 괴테의 『젊은 베르테르의 슬픔』처럼 한 명의 주인공이 편지의 발신자로 존재하는 것이 아니라 남녀 두 주인공이 서로 대등한 차원에서 편지의 서술 주체로 등장한다는 것이다. 남녀 두 명의 서술 주체의 등장은 소설의 단순한 형식적 변화를 넘어서 사회적 의미와도 연결되는데, 즉 여성과 남성의 평등한 관계라는 의미를 시사한다. 『감성의 만개 시기』에서 언급된 “그녀는 자신이 사랑하고 싶었던 남자와 평등한 권리"(gleiche Rechte mit dem Manne, den sie lieben wollte)[55]를 갖고 싶었다는 언술이 『아만다와 에두아르트』에서는 소설의 서술 형식을 통해 구체적으로 표출되어 있는 셈이다.

『아만다와 에두아르트』의 구성은 1부와 2부로 나뉘어 있으며 글쓰기 주체로서의 남녀 주인공이 각기 자신의 친구와 연인에게 보낸 편지들로 구성되어 있다. 1부에는 총 27편의 편지가 실려 있는데, 아만다와 율리, 에두아르트와 바르톤이 나눈 편지가 19편을 차지하고 정작 두 연인 아만다와 에두아르트가 나눈 편지는 고작 8편일 뿐이다. 2부에는 총 20편의 편지가 실려 있다. 아만다가 에두아르트에게 보낸 편지는 전혀 없고 다만 에두아르트가 아만다에게 보낸 1편의 편지와 아만다와 에두아르트가 각기 자신의 친구에게 보낸 19편의 편지들이다. 따라서 소설 제목을 보면 『아만다와 에두아르트』이지만 실제 두 주인공이 주고받은 편지는 전체 47편 중 고작 9편일 뿐이다. 그렇지만 두 사람 모두 자신의 감정과 생각을 친구에게 전하는 간접적인 방식으로 전개되고 있기에 아만다와 에두아르트가 나누는 사랑에 관한 소설이라고 해도 무방하다. 두 사람의 글쓰기와 관련하여 한 가지 덧붙일 점은, 총 47편의 편지 가운데 아만다가 28편의 서신 주체로, 에두아르트는 19편의 서신 주체로 등장하고 있기에 적어도 양적인 차원에서는 여성적 주체가 글쓰는 주체로서 남성 주체를 압도하고 있는 모양새다.

	1부(Teil 1)	2부(Teil 2)
아만다가 율리에게 (Amanda an Julie)	11	13
에두아르트가 바르톤에게 (Eduard an Barton)	8	6
아만다가 에두아르트에게 (Amanda an Eduard)	4	
에두아르트가 아만다에게 (Eduard an Amanda)	4	1
총	27	20

이 서간소설의 또 다른 특징은 삶과 작품, 현실과 허구를 뒤섞는 방식을 취하고 있다는 것이다. 특이한 점은, 일반적으로 프롤로그 내지는 편집인의 서언 등으로 이야기의 문을 여는 낭만주의 작품(예를 들면, 호프만의 『수고양이 무르의 인생관』, 샤미소의 『페테 슐레밀의 환상적 이야기』등)과는 달리, 『아만다와 에두아르트』는 소설 말미에 마치 짧은 에필로그처럼 소설 내용의 현실성을 강조하는 듯한 일종의 위장된 서술을 취하고 있다. 그 대목은 다음과 같다.

> 이 편지들이 내 수중에 들어왔으며, 몇몇 필요한 사전 수정을 거친 후 독자 세계에 전달하기에 충분히 흥미로운 편지라고 생각했다. 판단에 있어서 내가 약간 성급했을지라도 독자 세계는 양해해 줄 것이리라.[56]

아만다와 에두아르트가 친구들과 주고받은 편지의 우연한 입수 과정 및 수정, 편집하여 출간하게 되었다는 언술은 현실성과 진정성을 전하려는 서술 전략에서 나온 것이지만 이는 오히려 작품 자체의 허구성을 한층 더 강화하는 효과를 낳는다. 흥미로운 점은, 저자 조피 또한 현실과의 연계성을 강조하는 서술자의 고백과 비슷한 입장에서 작품을 창작했다는 것이다. 조피는 자신의 실생활에서 직접 지인들과 나눈 편지를 작품 창작 속으로 가져왔는데, 물론 작품 속에 차용된 편지들은 변형, 수정, 왜곡 등을 거침으로써 허구적 특성을 갖게 된다. 가령 『아만다와 에두아르트』의 1부 18번째 편지부터 22번째 편지까지의 경우, 주로 젊은 연인 키프에게 보낸 실제 편지이지만 실은 허구적 작품을 위한 변형된 텍스트 질료로 사용되고 있다. 예를 들면 1795년 6월 17일자 키프에게 보낸 실제 편지에서 조피는 두 사람의 사랑이 실현될 수 있는 새로운 세계에 대한 소망을 다음과 같이 피력한다.

> 내가 얼마나 새로운 세계를 그리워하는지! - 당신을 어딘가에서 만날 수 있는 달콤한 공상은 자유를 향한 모든 이전의 소망을 다시금 내게 일깨워주었습니다. 격렬한 상상이 내 주위로 몰려들어요![57]

이러한 실제 편지의 대목은 『아만다와 에두아르트』 내에 문학적으로 차용되는데, 친구 율리에게 보낸 18번째 편지에서 아만다는 "열정적인 동경이 나를 저 멀리 머나먼 지역으로 부르며, 그곳에서 나는 그를 만나기를 바라고 있어. 격렬한 상상이 내 주위로 몰려들고 있어"[58]라는 말한다. 원본 편지와 비슷하지만 결코 동일하지 않은 표현이다. 또한 1부 22번째 편지의 경우, 조피가 키프에게 보낸 여섯 편의 편지들에서 일곱 군데나 차용되고 있다. 트레더(U. Treder)는 키프에게 보낸 편지 및 괴테의 『빌헬름 마이스터의 수업시대』 같은 실제 편지 및 문학적 전범이 어떻게 조피의 창작적, 허구적 글쓰기에서 결합(Montage) 및 해체(Demontage) 과정을 거치고 있는지를 상세히 분석하면서 조피의 삶의 경험과 문학적 작업 간의 관계를 다음과 같이 서술한 바 있다.

> 해부용 칼로 조피는 자신이 쓴 사랑의 편지를 해부하고 그 분해된 문장들 내지 구문들을 소설의 코퍼스 내로 이식한다. 위대한 사랑 - 조피가 항상 강조했던 사랑은 그녀에게 지금까지 가장 위대한 매력적이고 감각적인 경험이었는데 - 을 구문 차원에서 이식하는 것을 가능케 하는 전제조건은 바로 외과의사의 냉정한 손과 차가운 시선이다. **그 이식 작업은 미학적 수술과 비교될 수 있다.** 즉, 애인에게 온 정성을 다해 쓴 편지를 매우 탁월하고, 문체적으로 냉정하게 심사숙고한, 내용적으로 영리하게 계산된 방식으로 소설을 위해 이용하는 그런 미학적 작업 말이다. 순서, 문장, 동사와 부사 등에 변화를 주거나 추신에서의 변화 혹은 몇몇 편지 대목을 제거하는 등, 이러한 측면에서 조피의 함축된 시학을 읽어낼 수 있다. 즉 개인적으로 절실히 느꼈던 자유 및 탈경계에 대한 상상력을 채색하려는 곳에서 그녀가 동시에 스스로 문체적으로, 형식적으로 매우 절제하고 제한할 줄 아는 시학 말이다. 소설 『아만다와 에두아르트』로써 조피는 자신의 사랑을 정갈하게 완성한 원고, 즉 자기제어의 경험과 소망을 정갈하게 완성한 원고를 써냈다.[59]

대단히 설득력 있는 분석이다. 실제 편지도 "미학적 수술"과도 같은 작업을 거침으로써 더 이상 실제 그 자체로 머물지 않는 바, 요컨대 이미 인공적 예술성의 장 속으로 전환된 것일 뿐이다. 그렇게 『아만다와 에두아르트』는 실제 현실의 모방이 아니라 이미 허구적 유희의 산물에 다름 아니다.

5. 소설의 고전주의적 흔적

이제 소설의 내용을 짧게 살펴보기로 하자. 각자 친구들에게 전하는 간접적인 서신 내용을 종합하면 다음과 같이 줄거리가 재구성될 수 있다. 궁핍한 집안 사정으로 인해 아만다는 아버지의 권유로 사랑 없는 일종의 '부양결혼'(Versorgungsehe)을 받아들일 수밖에 없었다. 아만다의 아버지는 그녀에게 부유한 알브레트(Albret)와 결혼할 것을 종용하는데, 율리에게 보낸 편지에서 그녀는 당시 결혼에 대한 아버지의 논거를 전한다. 아버지의 언술은 다음과 같다.

> 너는 한 남자에게 의존하게 되겠지. 그렇지만 그 밖에는 자유로울 거야. 생각해 봐라, 사랑만으로 혼인 관계가 맺어지는 경우가 얼마나 드문지, 한 여성이 의존적인 상황에서 그런 사랑을 요청할 수 있는 경우가 얼마나 드문지 말이야. 생각해 봐라. 너는 온갖 불안한 근심거리 없이 걱정 없는 자유로운 삶을 갈망하는 욕구와 소망을 지니고 있잖니. 그런데 우리가 외적 관계에 어떤 자의적인 형식을 부여할 수 있는 그런 자유는 바로 부(富)를 통해서만 가장 손쉽게 얻을 수 있는 거란다.[60]

남편이 베풀어주는 물질적 삶을 기반으로만 여성이 자유롭게 살 수 있다는 아버지의 결혼에 대한 논거는 동시대의 전형적인 가부장적 사유를 대변하고 있다. 즉, 사랑의 감정 없이 정해진 상대와 결혼하는 것과 그런 남편의 부에 의존된 삶만이 자유를 보장한다는 식으로 합리화되고 정당화되고 있다. 결국 아버지의 강요대로 주인공 아만다는 집안의 경제적 안녕을 위해 알브레트와 결혼한다. 그러나 기혼녀라는 사회적 굴레에도 불구하고 그녀는 자신의 자유로운 감정과 의지를 구현하고 싶어 하며 남편 몰래 후작을 사귄다. 두 사람의 연애는 질투심 많은 남편에 의해 발각되고 얼마 후 후작은 살해된다. 아만다는 알브레트가 후작의 살인범임을 직감한다. 이후 그녀는 친구 나네테의 소개로 그녀 친척인 가수 에두아르트를 사귀게 된다. 유부녀인 아만다는 비록 에두아르트와 성적 관계를 맺지 않았을지라도 정신적으로 강렬한 사랑의 마음을 갖게 되며, 당시 시민사회의 도덕적 관점에서는 정신적 차원에서 이미 간통을 범한 셈이다. 남편 알브레트는 그들의 교제에 대해 이내 알게 된다. 그러나 알브레트는 중병에 걸린 상태였으며, 자신의 죽음을 예감한 그는 아만다에게 에두아르트와 더 이상 교제하지 말기를 부탁한다. 이행할 수 없는 부탁을 들어줄 수 없기에 아만다는 단호히 거절하자, 이에 다시금 알브레트는 자신이 사망한 후 최소 사 개월 동안만이라도 에두아르트와 교제나 서신 교환을 하지 말아 줄 것을 청한다. 죽어가는 남편에 대한 최소한의 도리 차원에서 아만다는 그의 청을 받아들인다. 남편이 죽자 사 개월 동안 그녀는 에두아르트와 교류를 끊으며, 거의 동시에 에두아르트도 아버지의 명령으로 고향 집으로 돌아갈 수밖에 없게 된다. 두 사람은 서로 헤어졌다고 여기며, 이후 아만다는 안토니오라는 남자를 사귀게 되고 마찬가지로 에두아르트도 여러 여인을 편력하는 생활을 한다. 그러나 두 연인은 우연히 재회하게 되어 서로의 사랑을 확인한다. 행복한 시간을 잠시 보내지만 불행하게도 아만다는 산에서의 뜻밖의 사고로 죽음을 맞이한다. 『감성의 만개 시기』와 마찬가지로 『아만다와 에두아르트』도 흥미로운 줄거리가 전혀 없는 소설이다.

개인의 의식은 동시대의 철학적, 역사적 의식과 긴밀한 관계를 맺는다. 개인적 차원에서 아만다와 에두아르트가 서로 나누는 사랑의 감정에 대한 묘사는 동시대의 역사철학적 삼 단계 이론(통일-불화-재통일)에 완전히 부합하는 방식으로 전개된다. 가령 아만다와 에두아르트가 처음 만나 사랑의 감정을 주고받는 상태는 완전한 통일성의 상태로 서술되는 바, 관념론적 개념으로 말하자면 필연과 자유, 현실과 이상, 유한과 무한이 서로 일치된 상태를 이룬다. 그 점은 친구 바르톤에게 보낸 편지에서 에두아르트가 아만다에 대한 자신의 감정을 전하는 대목에 잘 드러난다.

> 나의 안과 밖에 있는 모든 것은 일치, 희망, 사랑이야! 전체 자연에서 나는 그녀 이외에 다른 어떤 목적을 알지 못해. 그녀는 여러 실체들이 얽혀 있는 천공의 맑은 화환이야. 필연성의 나직한 욕구와 의지의 자유로운 비행 이외의 다른 어떤 목적이 설정되어 있지 않아. 그녀는 우리를 행복하게 해주는 유일무이한 여인이야. 왜냐하면 그녀는 감정의 무한성에도 불구하고 우리의 모든 소망을 제한해 주고 있기 때문이지.[61]

필연과 의지, 충동과 자유, 유한성(제한성)과 무한성 사이에는 그 어떤 균열이 없는, 완전한 일치가 있을 뿐이며, 그런 일치(통일, 단일, 조화)가 비유적으로 아만다의 모습을 통해 서술되고 있다. 사랑은 그 일치의 구현을 위한 매개적 역할을 한다. 그러나 두 사람은 사소한 오해로 헤어지고, 이 헤어짐은 현실과 이상 간의 분열된 상태로서 고통과 절망을 가져온다. 아만다에게 보낸 편지에서 에두아르트는 통일 및 조화가 불가능한 상태, 즉 아만다와 헤어진 상태를 다음과 같이 서술하고 있다.

> 당신은 나만이 오로지 속해 있는 그런 세계의 유일무이한 존재입니다. 다른 이들은 나를 인간으로 만들지만, 당신은 나를 신으로 올려놓았지요. 당신과 헤어진 이후 내가 높이 서면 설수록 나는 더욱 아래로 침몰하고 있습니다. 자연 전체가 나에게는 무감각하게 느껴집니다. (...) 꿈꾸고 있는 대지여, 그대는 내 마음의 꿈을 더 이상 금빛으로 물들이지 못하고 있습니다! 나는 영면하지 못한 채 죽어 있어요, 나의 감각이 모든 현상을 사랑스러운 통일로 묶어 놓았던 저 마법의 반지가 부서졌지요. 우주의 조화가 내 마음의 조화와 함께 사라져 버렸어요. 무한은 한계를 지니고, 차가운 운명은 내 사유의 영역 내에서 신적인 자유 의지의 자리에 들어서 있습니다. 나는 세계를 증오하며 이 세계에서 나 자신을 가장 증오합니다.[62]

헤어진 상태는 곧 부조화, 불일치, 분열, 절망, 증오 등만이 존재하는 상태다. 이런 상태에서 뜻밖에 두 사람은 스위스의 로잔에서 재회하게 된다. 이별 후 찾아온 재회는 그동안 상실했던 통일과 조화를 다시 가져다주고, 두 사람은 '순간의 유토피아' 같은 지극히 행복한 상태에 도달한다. 율리에게 보낸 아만다의 편지에는, 그 잃어버린 사랑을 되찾은 형복한 순간이 다음과 같이 서술되고 있다.

> 우리는 더욱 행복하게, 행복한 시간 속에 다시 살고 있어. 그 사이에 놓여 있는 시절은 사라졌고, 그것의 폐허 위에서 그 행복한 시기의 화환이 신선하고 훼손되지 않은 상태로 솟아오르고 있으며, 모든 새싹이 아주 완전하고 화려한 꽃들로 펼쳐지고 있어. - 현재 달이야! - 침묵해야지. 언어는 실제로 과거와 미래의 행복을 표현할 수 있지만, 순간의 행복은, 결코 발화되지 말아야 하는 신성한 비밀처럼, 언어적 표현에서 벗어나 있지.[63]

언어화 이전의 지극한 사랑의 감성 상태를 되찾은 것이다. 그러나 안타깝게도 아만다의 갑작스러운 죽음으로 인해 두 사람이 되찾은 통일과 조화의 상태는 현실적 삶에서 지속하지 못하고 피안으로 옮겨진다. 즉, 완전한 일치와 조화로서의 사랑의 영원성은 초월성으로 전환된다.

> 우리는 결속되었어. 에두아르트가 원했던 대로 여기서 우리의 결혼이 있었어. 애정, 신뢰, 환상, 진실이 드물게 아름답게 감싸주는 결속이 다른 이들에게서도 확인된 것이지. 그 결속은 - 나는 확실하게 믿고 있는데 - 흔하지 않게 진정한 의미와 순수함으로 행복한 두 사람을 하나로 묶어 주었지.[64]

소설 말미에서 두 사람은 산행 중 굴러떨어지며, 에두아르트는 다행히 살아나지만 심하게 부상당한 아만다는 열병을 앓다가 갑자기 죽음을 맞이한다. 여기서 사랑과 죽음 간의 형이상학적인 결합이 발생한다. 그녀에게 죽음은 사랑의 중단이 아니라 사랑의 고양된 도취 상태와 다름없다. 이미 율리와 주고받은 편지에서 아만다는 율리의 말을 빌려 "서로 같은 두 마음이 서로를 찾았다면 그것이아말로 인생이 가장 꽃을 피운 것이야"[65]라고 언급한 바 있다. 사랑하는 연인이 실제 현실에서 행복한 시민사회적 삶을 영위하지 않을지라도 그것은 전혀 중요치 않다. "인생이 가장 충만하게 꽃을 피운 상태"에서 아만다는 소위 '사랑의 죽음'(Liebestod)을 맞이한 것이며, 서술자는 그 상태를 다음과 같이 서술한다.

> 그녀는 연인의 품안에서, 지고한 행복의 축복 받은 감정 속에서, 그녀의 인생이 가장 충만하게 꽃을 피운 상태에서 세상을 떠났으며 그녀는 죽음을 느끼지 못했다.[66]

이처럼 아만다의 죽음으로 끝나는 소설의 장면을 놓고서 연구자들은 연인(특히 여성)의 죽음을 이상화하는 '낭만주의 이데올로기'가 작동하고 있다고 비판하거나 혹은 소설이 전반부에서 제시한 사랑의 사회정치학적 의미 및 여성 해방에 대한 요청이 아만다의 형이상학적 죽음에 의해서 철회되고 있다고 지적하기도 한다. 요컨대, 조피 메로가 보수적인 사회 질서로 회귀하는 식으로 해석된다. 이와 달리 주인공 아만다와 작가 조피를 구분하는 시각도 가능하다. 아만다의 죽음이 진정한 사랑의 불가능성을 인정하면서 현실로 회귀하는 의미를 지닌다면, 조피는 아만다의 죽음을 통해 오히려 그와 같은 암울한 현실을 비판적으로 성찰하도록 유도하는 의도를 지녔을 수도 있다. 아니면 소설 주인공이든 저자 조피든 간에 모두 "순응과 저항" 사이에서 부유한다고 볼 수 있다.[67] 이 밖에도 경제적 독립 없이 여성이 단순히 성의 해방과 자유 등을 부르짖는다면, 이는 사회 현실을 간과한 무의미한 환상에 머무를 수밖에 없다는 비판적 관점도 가능할 것이다.

『감성의 만개 시기』와 마찬가지로 『아만다와 에두아르트』의 핵심 주제도 남녀 간의 자유로운 사랑(열정, 감성, 마음, 자연 등)이다. 아만다와 에두아르트는 진심으로 사랑의 감정을 나눌 수 있는 상대방을 찾고 있다. 다만 두 소설의 차이점은, 『감성의 만개 시기』에서는 미혼 남녀 간의 사랑이, 『아만다와 에두아르트』에서는 유부녀와 미혼남 간의 사랑이다. 『감성의 만개 시기』

와 비교해보면, 유부녀 아만다는 여러 남자(후작, 에두아르트, 안토니오 등)와 적극적으로 교제하며 남편과의 사별 이후 에두아르트와 재혼을 시도하는데, 소위 자유부인의 사랑은 어쨌든 파격적인 설정이다. 사랑에는 사회적 구속이나 제한이 통용될 수 없으며, 소설 말미에 율리에게 보내는 아만다의 마지막 편지에는 그와 같은 사랑에 대한 매우 현대적이고 급진적인 강변이 제시되고 있다.

> 우리가 단 한 번만, 오로지 한 사람만을 사랑할 수 있다는 주장은 터무니없는, 심지어 해로운 오류야. 살면서 우리는 우리의 애정이 이끌리는 여러 사람을 만나며, 운명의 힘이 섬세한 꽃을 두르익게 할 때면 - 애정만으로 사랑을 명명할 수 없기에 - 우리는 그들을 사랑하지 않을 수 없는 법이야. 물론 희귀한 자신의 본성을 지닌 사람이 감동받기는 쉽지 않은 일이야. 당연히 어떤 대상은 더욱 빠르게, 어떤 대상은 더욱 천천히 우리에게 감동을 주기 마련이지. 우리가 아주 좋아하는 특성을 낯선 이에게서 많이 발견하면 할수록 우리는 더욱 강력하게 이끌리게 되는 법이야. 인간의 가장 아름답고 고귀한 것이 감동되고 만족될 때 사랑은 가장 아름답고 고귀한 법이지. 물론 실수 자체가 사랑을 유발하여 더욱더 단단하게 결속할 수 있기도 해.[68]

"우리가 단 한 번만, 오로지 한 사람만을 사랑할 수 있다는 주장은 터무니없는, 심지어 해로운 오류야"라는 첫 구절은 현재의 관점에서도 매우 파격적이 아닐 수 없으며, 동시대 보수적인 독일 사회에는 틀림없이 거의 부도덕한, 비도덕적인 언술로 여겨졌을 것이다. 이러한 파격적인 언술을 담고 있는 소설은 당시 동료 낭만주의 여성작가들에게도 충격적이었다. 가령 1801년에 소설『플로렌틴』을 발표했던 도로테아 슐레겔은 1804년 9월 20일 카롤리네 파울루스(Karoline Paulus)에게 보낸 편지에서『아간다와 에두아르트』에 대하여 "치명적이고 (...) 죄악스럽고 파렴치하게 여겨지는 매우 주관적인 서술"[höchst subjektive Darstellung, die ihr fatal und (···) sündlich und frevelhaft vor(komme)]의 소설이라고 혹독하게 평가했다. 도로테아 슐레겔은 남편 이외에 다른 남성들과 과감히 사랑의 감정을 자유롭게 주고받는 교제에 매우 비판적이었다. 그런데 조피의 소설에 대한 도로테아의 부정적 반응에는 사실 개인사적 배경이 작용하고 있었다. 왜냐하면 조피는 자신의 남편 슐레겔과도 가까운 관계를 맺고 있었으며 이에 대해 도로테아는 몹시 질투하고 있었기 때문이었다. 그 밖에도 동서 카롤리네 슐레겔이 젊은 셸링과 사랑하는 사이가 되었던 상황에 대해서도 도로테아는 매우 부정적이었다. 어쨌든 조피는 동시대 여성들보다 매우 앞서가는 과격한 관점을 지니고 있었다. 그녀는 미혼이든 기혼이든 누구나에게 사랑의 감정은 일종의 "양도할 수 없는 자연권"(unveräußerliches Naturrecht)[69]으로 해석하고 있었기 때문이었다. 즉, 사랑의 감정 자체는 결혼, 도덕, 이성, 관습보다 더 절대적이다. "아만다에게 있어서 의무는 타고난 성향이 되지 않으며, 오히려 타고난 성향, 감정 그리고 열정이 의무, 지성, 도덕보다 우선시되고 있음은 너무나 명확하다."[70] 물론 결혼이라는 사회적 제도 자체가 소설 내에서 완전히 부정되고 있지는 않다. 다만 결혼은 '사랑 없는 결혼'(Ehe ohne Liebe)이 아니라 '사랑에 의한 결혼'(Liebesehe)이어야만 한다. 에두아르트와 헤어져 있는 동안 율리에게 보낸 편지에서 아만다는 그동안 사귀었던 안토니오와의 결혼 가능성과 관련하여 "서로 사랑하는 교양인들에게도 사랑은 확실히 가장 자유롭고, 가장 행복한 상태이겠지!-"[71]라고 말하면서 사랑에 의한 결혼 자체를 부정하지 않고 있다. 다만 결혼보다는 사랑의 감정이 아만다뿐만 아니라 에두아르트에게도 근본적인 힘으로 여겨지고 있을 뿐이다. 아만다에게 보낸 편지에게 에두아르트는 개인적, 집단적 차원에서 사랑의 감정이 인간 존재를 하나로 만들어주는 근원적 힘임을 역설한다.

> 나를 살아가도록 해주는 것이 무엇인지, 인간의 삶을 붙들어주는 것이 무엇인지를 나는 곰곰이 생각했으며, 나는 그것을 발견했음을 알게 되었지요. 그것은 바로 사랑이며, 오로지 사랑뿐입니다. 내가 사랑하지 않는다면 나는 살아가지 못할 것입니다. **사랑은 이기(利己)인데, 이것이 모든 인간 사회를 결합시키는 끈입니다.** 고통의 어두운 시간에 내가

사랑받지 못하고 사랑 없이 존재하는 나를 생각해 보면, 나는 소름 끼치며, 그때 나는 당신의 그림이나 당신 편지를 재빨리 쥐어 봅니다.[72]

그러나 '사랑에 의한 결혼'은 소설 내에서 불가능한 것으로 그려지고 있다. 아만다와 에두아르트가 재회하여 현실에서 부부의 연을 맺은 후 '두 사람은 행복하게 잘 살았다'는 식의 동화적인 결말을 작가 조피는 도입하지 않기 때문이다. 그 대신 산에서 우연한 사고로 부상 당한 아만다가 결국 죽음을 맞이하게 되는 것으로 처리되는데, 이는 어쩌면 '사랑에 의한 결혼'이 현실에서 불가능하다는 점을 암시할 수 있다.

사랑의 감정이 전혀 격정적으로 묘사되지 않는 점도 특이하다. 오히려 사랑은 "친근한 마음"(Ein verwandtes Herz)[73]에 의한 상호 감정이입, 불구속적인 상태에서도 "평온한 활동"(die stille Wirksamkeit), "아름답고 자유로운 순환"(Ein schöner, freier Kreis)[74] 등의 상태로 서술되고 있다. 다시 말하면, 사랑의 감정은 흔히 사랑하는 이를 향한 과정 속에서 역동, 격정, 불안 같은 소위 '낭만적 감정'을 수반하기 마련인데, 조피의 경우 사랑은 평온, 조화, 아름다움, 나직함 같은 고전주의적 이념과도 연관되고 있다. 이는 고전주의적 사유로부터 조피가 영향을 받은 것으로 보인다. 바르톤에게 보낸 에두아르트의 편지에서도 그와 같은 고전주의적 사유의 흔적이 여실히 드러나고 있다.

바르톤, 많은 이들이 단지 파도의 격렬한 유희만을 보는 삶의 격랑 속에서 고귀한 조화를 듣는 것, 그리고 상황의 생기 없는 소재에서 생동감 있게 솟구치는 저 감정의 아름다운 음색들을 맑은 감각으로 구분해 내는 것, 이보다 무엇이 더 아름다울 수 있겠는가? 이를 행할 수 있는 자는 마찬가지로 우연의 얼룩덜룩한 눈속임들을 잘 분류해 낼 수 있으며 또한 헝클어진 소재에 특정한 형식을 부여할 수 있을 것이야. 창조적인 손으로 그는 스스로 생기 없는 자연에 어떤 자유롭게 사유하는 본질의 흔적을 각인해주며, 그러면 삶의 영원한 목적은 진지한 도취의 시간 속에서 평이하고 순수하게 그의 마음 곁을 지나가지.[75]

고전주의 미학에 정통한 이들은 이러한 에두아르트의 편지 대목이 거의 고전주의적 언어와 이념으로 채색되어 있음을 쉽게 간파할 수 있다. 무질서, 우연 등에 명확한 질서와 형식을 부여한다는 것, 열정과 격정에서 벗어나 조화와 아름다움을 추구한다는 것 등 모두 고전주의적 사유에 가깝다. 자연 묘사에서도 마찬가지다. 『감성의 만개 시기』의 경우 자연은 개인의 자연스러운 감성 발산 및 여성 해방 같은 정치사회적 의미와 연관되어 있다면, 『아만다와 에두아르트』의 경우 자연은 조화롭고 평온한 총체성 같은 고전주의적 가치관을 담고 있다. 가령 율리에게 보낸 아만다의 편지에 나오는 다음과 같은 대목도 대표적인 예이다.

> 자연은 거대한 연관성으로 나에게 영향을 끼치며 자연의 날개로 나를 위로 들어 올리며, 상통하는 마음을 이해하고 그런 마음에 의해 이해되고 있다고 느끼는 것이 달콤하다면, 모든 인간의 마음이 가까이서 혹은 멀리서 아주 순수한 순간에 하나가 되는 그런 감성에 자신을 바치는 것은 신성하단다.[76]

또한 『감성의 만개 시기』에서는 사랑이 남녀 구분에서 벗어난 인간의 본성으로 제시되었다면, 『아만다와 에두아르트』에서는 사랑을 여성만의 특성으로 간주하는 보수적인 가치관을 엿볼 수 있다. 가령 에두아르트에게 보낸 편지에서 아만다는 다음과 같이 언급하고 있다.

> 여성의 본성은 사랑이에요. 사랑은 모든 고통스럽고 저급한 성향에서 여성을 해방시켜 주며, 그녀는 남성 연인에게서 신성함의 이미지를 경배하기 때문에 신적인 것의 숭배를 배우게 됩니다.[77]

여성의 본성으로서의 사랑, 더욱이 여성은 남성에게서 "신성함의 이미지를 경배"한다는 식의 언술은 언뜻 페미니즘적 시각에서 보면 대단히 문제적인 언술이 아닐 수 없다. 이러한 아만다와 마찬가지로 에두아르트의 경우에도 전통적인 이분법, 즉 남성은 성찰적 사유, 여성은 순간적 착상 같은 식의 이분법적 구분의 흔적이 남아 있다. 그 대표적인 대목은 친구 바르톤에게 보낸 편지에서 읽을 수 있다.

> 나는 그녀(아만다: 역주)가 꾸미지 않은 독창성과 경료함으로 아주 대단한 통찰력을 담고 있는 사유를 제시하는 것을 자주 듣고서 너무 놀랐어. 그 사유는 남자들에게서처럼 오랜 고된 숙고의 결과물이 아니야! 오히려 그 사유는 순수하고 오류 없는 감각의 민첩하고도 행복한 발견물이야. 어둠을 지나서 비로소 진리를 찾는 감각이 아니라 진리가 청명하고 반짝이는 빛 속에서 그 감각에 자신의 모습을 드러내지. - 그래서 내 생각으로는, 여성들은 상당히 생각하지 않으면서도 재빨리 자신에게 떠오르는 점을 항상 인지하고 있는 것 같아. 여성에게는 항상 결과가 맨 먼저 떠오르기 때문이지. 설혹 여성들이 글을 쓸지라도 그들은 그 점을 주시하며 항상 급격히 떨어지는 불꽃을 중시하고 있음에 틀림없어. 그렇지만 그들은 글을 쓰지 않아야 하고 그들은 사는 일, 즉 사랑하는 일 이외에는 아무것도 하지 않아야 해.[78]

아만다, 에두아르트 모두 대단히 보수적인 여성관을 지니고 있다. 특히 에두아르트는 남성의 성찰적 행위에 반하여 여성의 순간적 감각과 착상 능력을 높이 평가해주고 있지만, 그러나 성찰적 행위와 순간적 지각 방식 등은 개개 인간들 모두에게서 나타나는 특성이지 결코 각기 남성과 여성의 특성으로 규정될 수 없다. 또한 마지막 구절의 경우, 긴 성찰과 숙고가 필요한 글쓰기 작업에 여성은 적합할 수 없으며 단지 감각적인 삶("사는 일, 즉 사랑하는 일")에만 전념하는 것이 여성에게 가장 적합한 일이라고 단언하는 것이야말로 전형적인 가부장적 사유와 다름없다. 이 밖에도 에두아르트의 여러 생각이 드러나는 구절 내에는 공교롭게도 독일 고전주의의 다양한 미학적 개념과 범주가 작동하고 있다. 그 대표적인 예로 아만다를 향하여 "당신은 이 세계에서 유일무이한 존재입니다. 다른 사람들은 나를 인간으로 만들지만, 그러나 당신은 나를 신으로 올려놓습니다. 내가 더 높이 있을수록 나는 당신과 헤어지면서 더욱 깊이 아래로 떨어지게 되지요"[79]라는 구절의 경우 여성을 남성의 신격화를 위한 도구로 삼는 일종의 남성의 이기주의(Egoimsus)와 우월주의(chauvinismus)의 흔적을 엿볼 수 있다.[80] 이러한 서술 언어를 두고 작가 조피가 스스로 고전주의적 미학과 남성성의 우위를 무의식적으로 내면화하고 있다고 판단해야 하는 것인지, 아니면 아만다와 에두아르트에 내면화되어 있는 가부장적, 남성중심적 가치관을 조피가 오히려 비판적 대상으로 삼고 있는 것인지 그 최종적인 답변은 불가능하다(물론 후자일 가능성이 매우 높다!). 혹은 자유와 사랑을 인간의 근원적인 본성으로 삼으면서 기존 질서와 관습에서 벗어나려 했던 낭만적인 작가 조피가 놀랍게도 소설미학적 차원에서는 고전주의적 이념과 사유에 젖어 있었다는 모순적 해석도 가능한데, 이 경우 그 원인은 예나에서의 모순적 삶의 정황, 즉 한편으로 실러의 고전주의로부터, 다른 한편으로 슐레겔 형제, 브렌타노, 셸링 등의 낭만주의로부터 동시적으로 영향을 받았던 조피의 상황에 근거한다.

이상과 같은 조피의 대표작 『감성의 만개 시기』와 『아만다와 에두아르트』는 여러 가지 점에서 공통점과 차이점을 띤다. 우선 공통점으로는 두 소설 모두 이성보다는 감성, 사회적 관습보다는 개인적 열정을 중시한다는 것이며, 이때 감성은 독립적 개체로서의 인간의 자유와 연결되어 있다. 특히 감성의 해방과 함께 새로운 여성상을 제시하고 있다는 점도 두 소설의 공통점이다. 또한 남성도 완전하지는 않지만 미화된 모습을 띤다. 함머슈타인이 지적한 바 있듯이, 두 소설에서 여성과 진정한 사랑의 감정을 나누는 남성 파트너는 분명 현실적인 부부 관계에서의 두 남편(칼 메로, 클레멘스 브렌타노)의 모습과는 정반대로 그려져 있다. 첫 번째 남편 메로, 두 번째 남편 브렌타노는 조피에 대해 "우월성 추구, 질투심, 소유권"을 지닌 남성들이었으며, 현실에서의 그와 같은 부정적인 남편 모습과는 훨씬 다른 식으로 조피는 알버트와 에두아르트를 그려내고 있다. 이들 남성 주인공은 여주인공과 거의 동등하고도 동일한 "감정의 내면성"을 지닌, "관용적이고 감각적이지만 강건한 애인"으로 제시되고 있다.[81] 물론 고전주의적 미학 개념으로 남성을 이상화하고 있다는 비판을 받을 수 있지만 조피의 근본적인 관심사는 새로운 여성의 이미지를 제시하는 데 있었다. 남성 작가들이 지배하는 문학시장에서 경제적으로 살아남기 위하여 혹은 미학적으로 인정받기 위하여 계몽주의적 여성 작가들이 주로 "상냥함"(Artigkeit)이나 "친절함"(Gefälligkeit) 같은 특성의 여성을 그려냈다면, 그런 기존의 여성상에 반기를 들면서 조피는 두 소설에서 자신의 감성을 자연스럽게 발산하려는 신여성을 그려내고 있다. 이를 위해서 남성작가들이 주장하는 삶과 글쓰기(작품) 간의 경계를 해체하는 일종의 "탈경계의 상상력"(Entgrenzungsphantasien)을 바탕으로 조피는 여성 주인공의 사유와 감성을 가감 없이 표출해내는 글쓰기를 취하고 있다.[82]

이러한 공통점과 달리 두 소설의 여주인공은 서로 차이점을 띠기도 한다. 『감성의 만개 시기』의 경우 나네테는 "거부, 거절, 그리고 도피" 같은 수동적인 면모를 내보이면서도 실은 루소의 자연권 사상 및 프랑스 혁명과의 연관 속에 파악될 수 있는 여성의 자유와 평등이라는 정치적인 함의를 다각도로 보여주고 있다. 이와 달리 『아만다와 에두아르트』의 경우는 정반대다. 아만다는 유부녀라는 신분상의 제한에서 벗어나 매우 과감하게 사랑의 감정을 발산하는 적극적인 면모를 보이면서도 그 감정은 정치사회적 함의를 갖기보다는 단지 남녀의 사랑이라는 지극히 사적인 차원에 머물고 만다. 『아만다와 에두아르트』에 대한 비판, 즉 사랑을 기반으로 한 남녀평등 관계가 정치사회적 차원으로 외연을 넓히지 못한 채 "허구적 부부 관계의 사적인 전원 상태"로 후퇴하고 있는 것이다. 물론 이와 관련해서도 함머슈타인은 새로운 해석을 가한 바 있는데, 즉 사적인 삶으로 후퇴하는 듯한 『아만다와 에두아르트』는 실은 "인간 공동생활의 컨셉으로, 즉 18세기 말에서 19세기 초로 전환하는 시기에 정체된 공동생활의 전체 사회적 현상이 변화될 필요가 있고 변화 가능한 것으로 서술되고"[83] 있는 그런 소설로 보아야 한다는 것이다.

이와 달리 『아만다와 에두아르트』를 조피의 사적인 삶의 반영물, 즉 "자서전적 진정성"(autobiographische Authentizität)을 지닌 작품으로 간주하면서 크리스타 뷔르거는 작가 조피와 여주인공 아단다 사이에서 엿보이는 모순적 간극을 지적한 바 있다. 뷔르거에 의하면, 조피의 삶과 글쓰기는 상호 모순적인데, 즉 한편으로 "사회적 관습에 대항하는 주관적 자유 및 독자성"이, 다른 한편으로 "미학적 보수주의"[84]가 대립을 형성하는 가운데 그 "중간 차원"(mittlere Sphäre)에 작가가 머물고 있다는 것이다. 실제 삶에서 현실 안주적이고 글쓰기에서 해방적인 욕망을 추구하는 것이 대부분 작가들의 일반적인 모습이라면, 조피의 경우 정반대 현상이 관찰된다는 것이다. 즉, 실제 현실적인 삶에서 작가 조피는 사랑의 열정적인 감정으로 결혼, 이혼, 재혼 등 험난하고 과감한 길을 걸었지만, 『아만다와 에두아르트』 같은 작품의 경우 주인공 아만다는 외간 남자를 사랑하면서도 남편과 결코 이혼하지 않은 채 그의 죽음 및 유언 등을 충실히 이행한 후 우연히 다시 만난 에두아르트와 사랑에 빠진다. 요컨대, 조피의 삶 자체가 대단히 급진적 - 나아가 문학적 - 이라면, 그녀의 작품은 현실적이고 보수적인 모습을 띤다는 것이다. 그러나 뷔르거의 해석과 관련해서는 두 가지 문제점이 따른다. 우선 이혼 여부가 작가 조피와 소설 주인공 아만다 간의 차이를 밝히는 기준이 될 수 있을까 하는 점이다. 오히려 작가나 소설 주인공 모두 유부녀로서 동시대의 사회적, 도덕적 시선과 관습에서 벗어나 자신의 자유로운 감성을 과감하게 구현하려 했던 인간상을 보여주고 있다는 공통점을 지닌다.[85] 다른 하나는, 실존 작가와 허구적 인물을 놓고서 '누가 진보적이고 혹은 보수적인지'를 가늠하는 것은 문학 작품 해석과 관련하여 전혀 중요한 측면이 아니라는 점이다. 정치사회적 이데올로기보다는 오히려 열정과 냉정 같은 특성이 작가와 작품을 구분하는 데 있어서 적절한 범주로 활용될 수 있을 것이다. 가령 작품의 인물과 형식을 창조하는 차원에서 작가 조피가 냉정할 수밖에 없었다면, 반면에 현실에서 자신의 사랑을 찾는 데 있어서 조피는 열정적일 수밖에 없었다. 전자의 경우 작가 조피는 사랑의 감정을 언어적, 문학적으로 냉정하게 가공하는 데 주력했을 것이며, 후자의 경우 자유로운 사랑을 향한 열정으로 이혼과 재혼의 길을 좀 더 과감하게 걸어 나갔던 것이다.

6. 천국과 지옥 사이에서의 "자기존립성"(Selbstbestandheit)

앞서 언급했듯이 1799년 스물아홉 살의 조피는 친밀한 교류 관계를 맺고 있던 프리드리히 슐레겔의 집에서 스물한 살의 젊은 의학도 브렌타노를 만났다. 브렌타노를 만나기 전에도 조피는 기혼녀로서 젊은 법학도 키프와 열애에 빠진 바 있었지만, 1799년 당시에는 이혼의 기로에 있었을 뿐 아직 브렌타노와 사랑하는 관계를 맺지 않았다. 1799년 1월 1일자 일기에 그녀는 "순종과 용기 사이에서의 망설임"(Schwanken zwischen Ergebung und Muth)이라는 글귀로 자신의 심정을 적어 놓았는데, 이는 그녀가 평생 한 남자의 아내로서 현실에 순응하며 살아갈 것인지 아니면 과감히 이혼하여 홀로 자신의 삶을 살아나가야 할지 몹시 고민했음을 보여주는 흔적이었다. 그런 복잡한 심경에 처해 있던 조피에게 브렌타노는 끊임없이 구애의 편지를 보냈으며, 1799년 11월 24일로 추정되는 편지에서 조피는 브렌타노에게 다음과 같이 자신의 심정을 전한다.

> 종이로 누군가에게 다가가려 하는 것은 묘한 감정입니다. 내가 당신에게 편지를 쓰려는 지금보다 더욱더 당신과의 거리감을 느낀 적은 없는 것 같아요. 나는 어떤 대가를 치르더라도 놓치고 싶지 않은 그런 친숙한 사람들에게도 편지를 보내는 것을 싫어합니다. - **편지는 항상 나에게 소설처럼 여겨지기 때문이지요. 나는 많은 말을 늘어놓는 것보다 늘어놓지 않는 것을 선호합니다. 편지 종이는 시선과 소리를 잊고 종종 잘못된 의미를 전달하는 불충실한 메신저입니다. 하지만 아무 소리조차 들리지 않는 끔찍한 황무지보다는 그래도 오류와의 싸움이 훨씬 낫겠지요.**
>
> 나는 지금 몇 주 동안 자유로운 시적 분위기를 즐기고 있습니다. 내 펜에서 많은 운율이 흘러나오며, 내 마음의 모든 달콤한 꽃이 필연의 차가운 숨결에 의해 얼게 될 때까지 나는 고독 속에서 여러 날의 행복한 오후를 보냈습니다. - **삶에서 나는 기이한 싸움을 벌입니다. 어떤 저항할 수 없는 성향으로 인해 나는 상상력에 몰두하여 형체 없는 존재들에게 문학의 색깔을 입히면서 유희하며, 필요한 것을 신경 쓰지 않**

> **은 채 오로지 아름다운 것만을 위해 살지요.** 그러나 어쩌지요! 내 운명의 배는 내가 노를 내려놓고 아무 걱정 없이 달빛이나 별과 유희하며 놀 수 있는 그런 거울 같은 밝은 표면에서 떠 있지 않으며 그 사이 애무하는 듯한 바람에 가볍게 잔물결이 이는 파도를 통해 내 조각배를 내몹니다. 내 조각배는 절벽과 소용돌이를 지나 폭풍우에 의해 요동치며 주변을 떠돌며, 나는 노를 꽉 움켜쥐거나 가라앉을 수밖에 없습니다.
>
> 당신이 나와 함께 있을 때 내가 당신에게 말하지 않았었나요? 불평하고 싶지 않거나 몽상에 젖고 싶을 때면 나는 당신에게 별로 편지를 쓰지 않겠다고 말입니다. - 불평과 몽상을 저는 원치 않으며, 현금을 켜지 않도록 나 스스로 주의해야만 합니다. 왜냐하면 현금을 켜면 모든 것이 나에게는 울림, 소리, 고통스러운 노래가 되기 때문이지요. 그런데 현금이 가볍게 울리고 있네요! -[86]

우선 위 편지에는 예술적 작업과 관련하여 매우 흥미로운 점이 시사되어 있다. 우선 "소설처럼 여겨지는" 편지 쓰기에 대한 회의와 불신을 엿볼 수 있다. 편지가 다른 이들과 친숙해지는 매개물이 아니라 오히려 낯섦과 거리감을 불러일으키는 글쓰기라는 것이다. 직접 만남에서 경험하는 "시선과 소리"의 직접성이 편지에는 부재해 있으며, 언어의 인위적 특성으로 인해 편지는 잘못된 해독 내지는 오해 등을 야기하는 "불성실한 메신저"로 간주되고 있다. 그렇다 하더라도 편지를 쓰는 행위는 포기될 수 없는데, 그 '짧은 소설을 쓰는 것'과도 같은 글쓰기가 어쨌든 즐거움을 가져다주기 때문이다. 당시의 여타 작가들(혹은 연구자들)이 '편지의 진정성'을 강조하였다면, 그와 달리 조피는 편지의 인위적이고 허구적인 특성을 언급하고 있다. 1801년 클레멘스에게 보낸 편지에서도 조피는 비슷한 어조로 편지(글쓰기)의 진정성에 대한 회의적인 생각을 재치 있게 표현한다.

> 이 편지는 내게 기이할 정도로 건조하게 여겨지기에 그 편지에 생기를 불어넣기 위해서는 이름 대신에 입맞춤을 해야 할 것 같아요.[87]

진정성은 이름 서명보다는 오히려 '입맞춤'을 통해서만 가능한 것이 아닌가 하는 시니컬한 언급은, 편지란 근본적으로 진정성보다는 예술성(허구성, 인위성, 수사성 등)의 특성을 갖는다는 점을 암시하고 있으며, 이는 편지나 일기의 예술적 인공미를 강조하는 현재 문학이론가들의 시각을 뒷받침해주는 구절이기도 하다.

위 편지에서 눈에 띄는 또 다른 중요한 점은 생활인과 작가 간의 괴리에서 오는 괴로움이다. 위 편지 대목처럼 예술적 삶과 일상적 삶 간의 갈등 및 자신의 심정을 매우 뛰어나게 시적으로 서술한 여성작가의 편지가 과연 있었을까? 편지에서 알 수 있듯이 조피의 유일무이한 즐거움은 유용하고 필수적인 삶의 일에 전념하는 것이 아니라 오로지 작가적 행위, 즉 "자유로운 시적인 분위기" 속에서 "상상력에 몰두하여 형체 없는 존재들에게 문학의 색깔을 입히면서 유희하는" 것, 혹은 "울림, 소리, 고통스러운 노래"를 자아내는 "현금 켜는" 시적 작업을 추구하는 데 있다. 그러나 그러한 작가적 삶 - 이를 조피는 달빛과 별빛 아래 호수에서 작은 조각배를 타며 유희하는 상태로 비유하고 있는데 - 의 즐거움은 지속할 수 없다. 그것은 일상의 삶(파도, 폭풍우, 절벽, 소용돌이 등)이 그녀의 작가적 삶을 끊임없이 위협하기 때문이다. 즉, 칼 메로 교수의 부인 및 아이 엄마로서 그녀는 각종 생활인의 역할을 도맡지 않을 수 없었고 또한 주변 환경에서의 편치 않은 여러 일상적 상황이 그녀의 작가적 삶을 어렵게 만들었다. 7-8년 정도 예나에 거주하는 동안 그 두 유형의 삶은 내내 서로 부딪히면서 조피에게 고민과 절망을 안긴 것으로 보인다. 결국 그녀는 한 남자의 부인이라는 일상적 삶을 포기하고 결혼 생활의 파경을 맞이하게 된다. 그런 위기 속에서도 조피는 자신의 작가적 삶, 즉 "현금 켜는" 일을 결코 중단할 수 없었다. 그렇게 파경을 앞둔 상황에서도 그녀는 자신의 진정한 사랑을 찾고 싶은 마음을 내보이는데, 위에서 인용한 1799년 11월 24일 편지의 마지막 인사말로 조피는 자신을 흠모하는 브렌타노에게 "사랑을 위해 모든 것을 받치며 삶을 사랑해요"(Lebe der Liebe und liebe das Leben)[88]라는 뛰어난 반복치환법(antimetabole)의 글귀를 남기고 있다.

그러나 이혼을 앞둔 상황에서 조피는 즉각 브렌타노의 구애를 진지하게 받아들이지 않았다. 브렌타노와도 헤어진 후 조피는 예나를 떠나 다른 곳에서 지냈다. 딸과 함께 캄부르크라는 작은 마을에서 그녀는 시를 게재하고 역서 등을 출간하면서 자신과 딸을 위한 '빵'(Brot)을 벌었다. 소위 '생계형 직업작가'가 된 것이다. 비록 경제적으로 어려운 삶이었을지라도 그녀는 가부장적 가정 내에서의 순종적인 삶을 벗어던지고 자신의 작가적 삶을 살기로 결심하는데, 1801년 11월경 브렌타노에게 편지에서 자신의 현재적 삶에 대한 자신감을 다음과 같이 내비친다.

> 실행의 목적은 정해졌지요. 내가 나의 삶을 감행하고 있음을 알고 있어요. 누군가 살기 위해 어떤 삶 - 그 삶 없이는 결코 삶이 존재할 수 없어요 - 을 감행한다면 그것은 지나친 일일까요?[89]

물론 새로운 삶을 살아가려는 의지를 엿볼 수 있지만, 그러나 동시에 정말 진정한 삶을 살아갈 수 있을지에 대해서는 불안하고 약간은 허무적인 듯한 의식이 없지 않았다. 1801년 7월 마침내 이혼 판결을 받은 후 시간이 지날수록 자신감은 점점 사라지는 듯 보이는데, 1801년 12월 1일자 브렌타노에게 보낸 편지에서 그녀의 심정을 읽을 수 있다.

> 나의 현재는 숨 막히는 정적과도 같아요. 미래가 구름처럼 내 영혼 앞에 놓여 있는데, 그 구름이 기분 좋은 그림자를 드리울지 아니면 파괴적인 폭풍우를 야기할지 알 수 없군요. 나는 연옥 안에 있으며, 다가올 상태는 천국이거나 지옥이겠지요. 안녕 내 사랑![90]

어린 딸과 함께 홀로 사는 삶이 앞으로 어떻게 될지 확신할 수 없는 매우 불안해하는 그녀의 심정이 담겨 있다(나중에 다시 언급하겠지만, "다가올 상태"는 브렌타노와의 결혼 생활로 전환하는데, 그 생활은 안타깝게도 지옥이 되고 만다). 그렇게 불안한 조피를 향해 브렌타노는 무척 달콤하고 애절한 구애의 편지를 자주 보낸다. 1803년 2월경 조피에게 보낸 편지에는 과거의 모든 아픔과 고통을 잊고 함께 미래를 새롭게 시작해보자는 브렌타노의 고백을 읽을 수 있다.

> **모험과는 먼, 집안에서의 죽음과는 먼 자유로운 시적 실존이 가능합니다.** 나는 그런 실존을 알고 있으며 그런 실존을 살고 있지요. 그런데 나는 외로우며, 목숨과 생각을 즐겁게 공유할 그런 사람이 없습니다. 내게서 모든 평온을 앗아간 악마가 내 안에 들어와 있는 것이라고 나를 더는 비난하지 말아 주세요. 평온을 찾기 위해서는 밭을 갈고 쟁기질을 하라는 식으로도 조언하지 말아 주세요. 나는 당신의 밭을 갈 수 있으며, 오직 당신 안에 나의 보물이 묻혀 있으며, 나의 평화인 조피, 제가 당신을 얻을 수 있는 방법을 가르쳐 주세요. 당신 자신도 저를 통해서만 더 풍요로워질 수 있으며, 저는 당신에게 헌신할 것입니다. 진심입니다. 사랑은 기부가 아닙니다. 사랑은 신이 주신 높은 이자이며, 그런 이자를 당신은 아직 알고 있지 못하십니다. 당신은 사랑을 신뢰하지 않고 있지만, 저는 사랑을 영원히 신뢰합니다. 나는 당신을 믿고 있으며, 당신에 대해 희망하고 있으며, 당신의 모든 것을 갈망하고 있습니다. **우리 둘은 이제 평온하며, 자유롭고, 구속받지 않는 상태입니다.** 당신이 불행했을 때는 나는 청혼할 만한 가치 있는 사람이었지만, 지금 당신은 행복하고 평온하기 때문에 나는 당신에게 청혼할 만한 그런 가치 있는 사람은 아니겠지요. 이런 나를, 당신의 고통과 자신의 욕망에 의해 짓눌린 소년과도 같은, 이 불쌍하고 미숙한 나를 당신은 어찌 비난하시겠습니까. 맑고 자유로운 하늘 아래서 당신에게 다가가도록 허락해주신 후에 나를 비난해주세요. 사랑하는 조피, 지난 시간과 모든 고통은 사라졌어요. 오직 하나의 미래만이 있을 뿐입니다. 당신을 사랑합니다, 사랑합니다, 오, 그런 미래와 하나가 되기를 바라며, 나와 당신에게 찾아든 새로운 봄이 방해되지 않기를 바랍니다. 당신에게 다가가서 당신을 사랑하도록 내게 한 번 허락해주세요.[91]

이 편지에서 브렌타노는 "자유로운 시적 실존"(eine freie poetische Existenz)을 피력하면서 행복한 삶을 약속하고 있지만, 그러나 - 다시 언급하겠지만 - 사랑과 행복을 맹세하는 편지의 모든 언술은 실제 삶에서 환상으로 드러나고 만다. 결혼 후 그러한 시적 실존의 삶은 조피에게 전혀 부여되지 않았기 때문이다. 어쨌든 온갖 미사여구로 브렌타노는 이혼한 조피에게 자신과 재혼할 것을 끊임없이 권했으나, 조피는 선뜻 나서지 않았으며 오히려 처음에는 그의 청혼을 단호히 거절했다. 첫 번째 남편과의 별거 및 이혼의 아픔을 경험했고 또한 오로지 작가적 삶의 길만을 걷고자 하는 의지가 확고했기에 그녀는 다시금 다른 남성과 부부 생활을 영위하는 것에 관심을 두지 않았기 때문이었다.

이렇게 서로 서신을 주고받고 또한 이따금 상호 방문을 통해 두 사람은 자주 재회하는 시간을 가졌다. 1803년 5월 14일자 일기에서 조피는 "마음의 봄. 거대한 변화. 꽃. 사랑, 경건한 마음, 삶"(Frühling des Gemütes. Großer Wechsel. Blumen, Liebe, Andacht, Leben) 같은 단어를 나열하면서 브렌타노와의 재회에서 느꼈던 자신의 기쁨을 표현하고 있으며, 아울러 브렌타노와의 재회가 곧 과거 자신의 잘못된 결혼을 청산하고 새로운 행복한 삶을 가져다줄 수 있을 것 같다는 희망적인 마음을 적어 놓고 있다.

> 행복한 날! 마침내 내가 내 인생의 진정한 운명을 볼 수 있었던 날이야, 내가 내 불행의 진정한 근원을 발견한 날이야, 천둥 번개가 스쳐 지나간 후의 자연처럼 내 정신이 강해졌음을 느낀 날이야, 그 어떤 시간과 나이에 얽매이지 않은 채 삶의 진정한 향유가 내 앞에 닿을 수 있을 만큼 가까이 놓여 있던 그런 날이야![92]

이렇듯 기쁜 마음으로 지내는 가운데 그녀는 1803년 10월 12일자 서신에서 "클레멘스, 나는 당신의 부인이 되겠네요 - 가능한 한 빨리, 자연이 그것을 명하네요(Clemens, ich werde Dein Weib - und zwar so bald als möglich, die Natur gebietet es)라고 임신을 알리며 마침내 1803년 11월 29일 재혼을 한다. 결혼을 한 달 앞 둔 1803년 10월 28일자 편지에서 바이마르에 머물고 있던 조피는 브렌타노와의 행복한 현재를 다음과 같이 밝힌다.

> 나는 그대와 함께 행복해질 것이라고 알고 있어요. 물론 내가 영원히 그렇게 머무르게 될지는 잘 모릅니다. 그러나 미래가 무슨 상관이

겠어요? - 내가 불행해지기 전에 죽을 수도 있지 않을까요?[93]

행복한 현재에도 불구하고 그 '행복의 영원한 지속'에 대한 우려는 여전히 남아 있는 대목이다. 그런데 그 우려는 브렌타노와의 결혼 이후 안타깝게도 현실로 드러난다. 앞서 언급한 바 있듯이, 이혼 후 홀로 아이를 키우며 살아가야만 하는 자신의 삶과 관련하여 조피는 미래가 "천국 혹은 지옥"이 될지 불안해했는데, 재혼 후 얼마 지나지 않아 친구 샤를로테 폰 아레펠트(Charlotte von Ahlefeld)에게 보낸 편지에서 조피는 다시금 그와 비슷한 표현을 반복하는 가운데 브렌타노와의 결혼 생활은 "... 천국과 지옥을 담고 있지만, 그러나 지옥이 더 우세하네"(... enthält Himmel und Hölle, aber die Hölle ist vorherrschend)[94]라고 적고 있다.

왜 그렇게 되었을까? 그것은 전적으로 브렌타노의 정신적 상태 때문이었다. 사실 1800년대 초 브렌타노는 이미 정신적으로 위태로운 모습을 띠었는데, 이와 관련하여 연구자들은 "자기 존재와 사랑 간의 긴장관계"(Spannungsverhältnis von Selbstsein und Liebe)[95] 혹은 "의식과 상상의 변화관계"(Wechselverhältnis von Bewußtsein und Imagination)[96] 라는 식으로 브렌타노가 정신분열적 증세에 시달렸다고 해석하고 있다. 이러한 정신분열적 상태는 조피와의 관계에서 자유와 억압, 평등과 권위, 해방과 구속 같은 극단적 양면성을 형성하게 된다. 가령 결혼 직전 1803년 9월 9일자 편지에서 그는 조피와 함께 작가적 삶을 함께 하고 싶은 동등한 사랑, 즉 삶과 문학이 하나가 된 '포에틱한 삶'에 대한 소망을 다음과 같이 밝힌다.

> **제가 바라는 것은, 사랑스러운 낭만적 여성과 문학적 결속을 맺고 이 비루한 현실적 삶 한 가운데서 자유롭고, 포에틱한, 환상적인 삶을 시작하는 것입니다.** 그 어떤 호기심이 우리를 방해하지 않는 그런 평온 속에서 저는 모든 관계와 관습으로부터 멀어지고 싶고, 저는 그런 평온 속에서 우리 둘이서 기쁨에 넘친 채, 행복하게, 정말이지 미쳐서 지내기를 바랄 뿐입니다.[97]

또한 결혼을 앞둔 1803년 10월 24일자 편지의 경우 브렌타노는 조피와의 사랑을 꿈꾸는 가운데 전통적인 남녀역할에 대한 사회적 관습을 과감히 전복하자는 의견을 피력하기도 한다.

> 나, 이 불쌍한 녀석은 당신을 너무 굳게 믿어 다른 어떤 관계도 생각할 수 없습니다. 당신은 저의 초조함을, 저의 대단한 미성숙을 아시잖아요. 제가 어떻게 세계를 알지 못하는 여성과, 즉 나를 통해서 세계로 인도되기를, 그 세계 안에 고정되기를 원하는 한 여성과 함께 살 수 있겠습니까. 당신이야말로 나의 남편이며, 나는 당신의 부인입니다. 나를 받아주시고 지배해 주세요. 나에게 하나의 운명을, 하나의 역사를 주세요.[98]

남녀평등을 넘어서 자신을 이끌어주기를 바라는 소망, 나아가 조피와의 포에틱한 삶만을 소망했던 브렌타노는 그러나 위의 편지에서와는 완전히 정반대로 때론 가부장적 언술과 의식을 내보였다. 아직 조피와 결혼하지 않은 1803년 1월경 그가 여동생 군다 브렌타노에게 보낸 편지를 보면, 오늘날 페미니즘적 관점에서 매우 경악스럽게 여겨질 수 있는 사유가 표명되어 있다.

> 여성의 위대한 행동이 성적인 본능이나 모성에서 나오지 않는다면, 그것은 나에게는 항상 거의 치명적이다. 나에게 불임의 역겨운 비밀을 드러내지 않는 한 여성은 결코 인간적으로 위대할 수 없다.[99]

여성에 대한 브렌타노의 시각에 따르면, 여성의 위대함은 오로지 출산과 모성애에만 근거하며, 불임의 사연이 명확히 전제되지 않을 경우 아이를 낳지 않는 여성은 결코 용서될 수 없다는 시각이다. 이처럼 여성의 역할을 오로지 출산과 모성애에만 제한하고자 했던 브렌타노의 가부장적 시각은 실제 삶에서도 적나라하게 표출되었다. 아이에 대한 브렌타노의 과도한 욕심으로 인해 조피는 삼 년 동안 네 번 임신하였고 네 번째 아이 출산시에는 안타깝게도 출혈이 멈추지 않아 사망하고 말았다.

부인을 가정의 일(출산, 육아, 남편 내조)에만 묶어두려는 그의 의식은 -

조피에게 약속한 '시적인 삶'과는 정반대로 - '글쓰는 여성' 내지는 '여성작가'에 대한 거부감과도 연결되는데, 조피에게 보낸 1803년 1월 10일자의 편지에는 그 점이 명확히 드러나 있다.

> *글을 창작하는 일은 여성에게 매우 위험하며, 문학연감을 발행하는 일은 더욱 위험하지요.* 제가 양탄자 위에 널려 있는 여러 학위논문들 가운데서 아마도 당신의 관심을 불러일으킬 수 있는 것은 단 하나일 뿐이며, 다른 것들은 주로 다음과 같은 것을 다루고 있어요. 어느 정도까지 여성이 자신의 명예를 훼손하지 않으면서 커피숍을 유지할 수 있는지 아니면 방문할 수 있는지, 어느 정도까지 여성 시종들이 대학에서 학생들의 소양을 위해 필요한 것인지, 예절을 갖춘 여성은 어느 정도까지 마차를 타도 좋은지 아니면 말을 타도 좋은지 등등이지요.[100]

시적 창작물에 관여하는 여성에 대한 거부감 뿐만 아니라 커피숍, 승마, 마차 등과 같은 취향을 지닌 여성을 우회적으로 조소하고 비하하는 듯한 언술이다. 무엇보다도 글쓰는 여성, 잡지를 책임 편집 출간하는 여성을 노골적으로 거부하는 데에는 사실 나름 이유가 있다. 그것은 바로 열등감 때문이었다. 당시 브렌타노는 조피가 편집을 담당했던 「괴팅엔 문학연감」(Göttinger Musenalmanach)에 시를 투고했다가 그녀로부터 거절당했는데, 따라서 위 편지는 그녀에게 자신의 치기 어린 마음, 분노나 수치를 표현한 것과도 같았다. 어쨌든 그와 같은 분노를 표명한 뒤 바로 이어서 브렌타노는 자신의 여성 폄훼적인 시각에 대해 해명 내지는 변명을 늘어놓는다.

> 여성 작가의 글쓰기에 대한 내 농담이 당신을 모욕하지는 않았겠지요. 나는 당신에게서 조금도 작가적 교만을 인지한 바 없습니다. 내가 죄인이 아니어도 당신은 나를 여러모로 용서해 주었지요. 용서를 통해 나와의 유일한 관계가 맺어질 수 있기 때문이지요. 그 이유를 나는 잘 모르겠어요. 친구들에게서 어떤 것들을 목격하노라면. 그리 추한 것들이 아닌데 나는 그것들로부터 시선을 피하지 않을 수 없더군요. 당신이 나를 좋아했을 때 나는 당신의 어떤 인쇄물을 볼 때마다 언제나 놀

라곤 했어요. 당신의 어떤 글을 읽는 것보다 더욱 고통스러운 것은 없었습니다. 그것이 나에게 너무 나빴다거나 혹은 너무 좋았었기 때문에서가 아닙니다. 그것이 아니었습니다. 당신이 언급한 것들이 둔중한 활자로 못 박아둘 만큼 충분히 나쁠 수도, 충분히 좋을 수도 있다는 것, 그런 점이 나에게는 부자연스럽게 여겨졌었습니다. 출간 형태로 인해 당신의 시는 내게 우스꽝스럽게 혹은 애처롭게 여겨지기도 했습니다. 아니 시 자체가 스스로 우스꽝스럽게 혹은 안타깝게 내보인다고 해야겠지요. 그리고 여전히 당신이 나를 사랑하지 않는 듯 여겨지기도 했구요.[101]

여덟 살 어린 남자 친구가 자신이 흠모하는 여성작가로부터 게재 불가의 평을 듣고 난 후, 그에 대해 분노하는 마음과 사랑하는 마음을 동시에 표현하고 있는 유치한 글귀로 읽을 수 있다. 또한 글로 씌어진 조피의 인공적인 시보다는 조피의 마음 자체를 더욱 사랑하고 있다는 브렌타노의 내면적 호소도 담겨 있는 듯하다. 어쨌든 근본적으로 글을 쓰거나 잡지를 발행하는 등 작가적 삶을 걷는 여성을 폄훼하는 듯한 브렌타노의 모습이다.[102] 그와 같은 편지에 대하여 1803년 1월 20일자 답장에서 조피는 브렌타노의 여성관을 조롱하는 듯 다음과 같이 적어 보낸다.

당신이 여성 작가와 특히 나의 사소한 시도에 대해 언급하신 점, 그것은 저에게 정말로 감동적이었고 정말이지 계발적이었어요. 확실히 그런 일은 우리 여성에게는 어울리지 않을 것이며, 남성들의 뛰어난 관용만이 그런 허튼짓을 오랫동안 태연하게 지켜볼 수 있었겠지요. 그런 일의 무의미함과 무해함에 대한 생각에서 아무런 위로를 발견하지 않았더라면, 유감스럽게도(!) 지금 출간 중인 몇몇 작품들로 인해 나는 전율을 느꼈을지도 모릅니다. 그러나 미래에 나는 최소한 시창작에 더 이상 시간을 낭비하지 않도록 할 것이며, 만약 부득불 글쓰기를 강요받는다면 나는 좋은 도덕책이나 혹은 요리책을 완성하도록 노력하겠습니다. 친절하게도 나의 관심을 일깨웠던 당신의 박식한 작품이 나로 하여금 영원히 펜과 바늘을 교환하는 데 전적으로 영향을 끼칠지 누가 알겠어요.[103]

조피의 매우 뛰어난 시니컬한 언술이 아닐 수 없다. 여성의 글쓰기를 '허튼짓'으로 여기는 남성중심의 사회적 상황에 대한 비판, 그런 부당한 상황 속에서도 여성들은 충분히 감동적인 작품을 쓸 수 있다는 점, 또한 만약 감동적인 책을 쓸 수 없다면 요리책이나 도덕책 등을 쓰겠다는 식의 비아냥, 그리고 브렌타노 식의 박식한 창작 작품이 과연 조피로 하여금 펜을 접고 바느질만을 행하도록 만들 수 있는지 한 번 글쓰기를 겨뤄보자는 식의 당당함 등 매우 재치 있는 문장 구사를 엿볼 수 있다.

조피를 향한 브렌타노의 이중 언술에는 대체로 어린 연인의 버르장머리 없는 객기의 톤과 열정적인 사랑의 톤이 뒤섞여 있다. 그런 양면성은 점차 그의 분열증의 증후로 발전하게 된다. 가령 조피에게 보낸 1803년 1월 10일자 편지에서 브렌타노는 "당신은 시인으로서 창작하면서 스스로 생각할 수 있듯 그렇게 창작하고 있기 때문에"(weil Sie so dichten, wie Sie eine Dichterin sich dichtend denken können)라고 말하면서 조피의 사유적이고 성찰적인 창작 방식을 비판하고 있으며, 나아가 그런 시적 행위로 인해 "당신 자신의 첫 번째 순수한 자신을 만들어내지 못했으며, 당신은 훼손된 모습을 그럭저럭 형편없이 당신이 할 수 있는 만큼 만들어내고 있습니다"[104] 라고 혹독하게 비판한다. 그러나 이와 달리 거의 동시에 그는 조피의 작품으로부터 강한 시적 감동을 받았으며 나아가 조피를 찬양하지 않을 수 없다고 고백하기도 한다. "그 점을 당신이 인식하지 못하는 까닭은, 당신은 멋진 작품을 혹평하는, 즉 자기 자신을 혹평하는 나쁜 예술가이기 때문이지요. 당신은 아름다우시며 그렇게 되고 싶었으며, 사람들이 말하듯 스스로를 존경받는 인물로 만들었습니다."[105]

이렇듯 시인으로서의 조피 및 그녀의 작품을 때론 긍정적으로, 때론 부정적으로 평가했던 브렌타노의 무의식 속에는 가부장적 사유가 도사리고 있던 것으로 보인다. 1803년 10월 12일자 편지에서 브렌타노는 지금껏 무질서 속에서 살아왔던 자신(자신의 사유, 작품, 언어, 소유물, 기쁨, 사랑 등)이 조피와의 결혼을 통해서 앞으로 질서 있는 삶을 살아갈 수 있을 것임을 밝힌다.

내가 당신과 하나로 결합함으로써 나는 즐겁고 신성한 의무를 받아들이며, 당신과 결합된 상태에서 나는 가능한 모든 방법으로 질서를 향해 노력하고 싶은 바, 당신 자신에게도 삶에 대한 당신의 모든 유익한 영향과 더불어 다시금 안정과 순수함을 가져가도록 노력하고 싶습니다.[106]

결혼을 질서 있는 삶을 위한 수단으로 여기는 브렌타노의 생각은 초기낭만주의의 관점에서 보면 철저히 가부장적 사유로 비판될 수 있다. '결혼에 의한 질서 있는 삶'이란 바로 가정 내의 질서, 즉 '아내와 남편'에게 각각의 역할을 분담하는 질서 있는 삶을 뜻하기 때문에 더욱 그렇다. 그런 맥락에서 '결혼에 의한 질서 있는 삶'에 대한 브렌타노의 바람은 곧 자신에 내재해 있는 가부장적 의식을 무의식적으로 노출한 것이다. 따라서 결혼 후 브렌타노가 작가로 활동하고 싶었던 조피에게 바로 '아내의 역할'만을 요구한 것은 그와 같은 그의 가부장적 사유에서 나온 자연스러운 결과일지도 모른다. 결혼 후 일 년이 지난 시점인 1804년 11월 4일자의 편지에서는 그런 가부장적 사유가 매우 노골적으로 표명된다. 베를린으로 여행을 떠난 브렌타노는 조피에게 보낸 편지에서 "성실하고 사랑스런 아내, 착한 엄마, 나의 착한 부인이 되어 주세요"(Teures, geliebtes Weib, werde, sei eine gute Mutter, sei meine gute Gattin)라고 밝힌다. 브렌타노는 조피에게 '여성작가와 아내'라는 두 가지 역할의 조화, 오늘날의 용어를 빌어 표현하자면 '워라벨'(work & Life balance, 일과 생활의 벨런스)을 결코 용인하지 않았으며, 이는 결혼 전 조피와 함께 시적 존재를 영위하자는 자신의 약속을 철저히 부정하는 것과도 같다.

브렌타노의 이러한 분열적, 양면적 모습은 사실 결혼 전 조피에 의해서도 간파된 것처럼 보인다. 그것은 1798년 12월의 편지에서 조피가 브렌타노를 향해 "클레멘스!. 클레멘스! 사랑스러운, 놀라울 정도로 신적인, 비인간적인 클레멘스여!"(Clemens! Clemens! lieber, schrecklicher göttlicher, unmenschlicher Clemens!)라고 부르고 있기 때문이다. '사랑스럽지만 신적이고 비인간적'이라고 부르는 화법은 일단 자신을 좋아하는 젊은이에 대한 양면적 애칭처럼 들리지만, 이는 곧 결혼 전과 결혼 후 브렌타노의 양면적인 모습에 그대로 부합한다. 즉, 자유로운 여성 작가로서 조피를 떠받드는 사랑스런 모습과 순종적인 아내로 헌신할 것을 아내에게 강요하는 잔인한 비인간적인 모습이라는 양면성이 기이하게도 일찍부터 조피의 언술에서 인지된다.[107] 그래서였을까? 결혼을 앞둔 시점인 1803년 9월 13일자 편지에서 조피는 브렌타노에게 두 가지 점, 즉 아내로서 헌신하겠지만 결코 자신의 자유를 억압하지는 말아 줄 것을 우회적으로 밝힌다.

> 당신이 나로부터 갈망하는 모든 일에서, 그 이유를 당신 자신에게서만 찾으세요. 다른 이유를 그 안에 섞는다면, 당신은 내 감정을 불가피하게 격분시킬 것입니다. 내가 당신을 위해, 당신의 행복을 위해서 기꺼이 죽을 수 있는 순간이 있어요. 그리고 나는 당신에게 내 삶, 즉 순수한 희생을 받쳤습니다. 왜냐하면 그 희생은 사랑에서 나왔기 때문입니다. 그런데 당신이 낯선 신들을 섬기기 위해 내 선물(즉 희생: 역주)을 사용하려 한다면, 당신은 그 경배의 불꽃을 꺼트리며 희생을 모독하는 것입니다. 즉, 나의 행복이 배신당한 것이겠지요.[108]

한편으로 사랑하는 마음으로 자신의 삶을 기꺼이 브렌타노에게 받칠 수 있다는 마음을 드러내고 있지만, 다른 한편으로 브렌타노가 "낯선 신들", - 아마도 전통적인 사회적 질서와 권위 등을 암시할 수 있는데 - 을 경배함으로써 아내를 억압하고 지배하는 폭력적 남성성을 띨 수도 있는 경향에 대한 경고의 대목처럼 읽힌다. 이러한 조피의 우려를 무시한 브렌타노는 후자의 길을 택했고, 결국 조피는 '지옥 같은' 짧은 결혼 생활 속에서 죽음을 맞이하게 된다.

조피에 대한 브렌타노의 정신분열적 양면성은 어쩌면 이미 작가로서 인정받고 또한 편집자 능력을 한층 발휘하고 있던 조피에 대한 그의 열등감에 기인할 수 있다. 그런 열등감에서였는지, 사랑을 고백하는 브렌타노의 편지에는 진정성이 결핍된, 수사적으로 미화된, 결국은 허구적인 듯한 언술로 가득하다.[109] 특히 조피에 대한 강렬한 구애를 담고 있는 1803년 1월부터 11월까지의 브렌타노의 편지에는, 현대 진화심리학자 데이비드 버스(David Buss)가 밝힌 '선택, 환기, 조작'(Selection, Evocation, Manipulation) 같은 세 가지 심리적 요인이 작동하고 있으며, 그 가운데 특히 '조작'이 브렌타노의 수사적 편지에 상당수 투영되어 있다.[110] 결혼을 청하는 브렌타노의 편지에는 사랑의 진정성이 의심될 정도로 지나친 조작의 자기집착적 언술이 엿보이는데, 가령 1803년 8월 30일자 브렌타노의 다음과 같은 편지 대목이 대표적인 예이다.

> 사랑스러운, 정말이지 어린애 같이 사랑스러운 여성인 당신에 의해서만 저는 행복해질 수 있습니다. - 그렇지 않은가요, 당신은 더는 말을 타지 마시고, 다시는 결코 화장하지 마세요. 저를 사랑하는 것, 저를 행복하게 해주는 것, 그것만이 당신의 유일한 기쁨이어야만 해요.[111]

사랑으로 포장된 언어로써 조피의 행위까지도 간섭하려는 듯한 브렌타노의 집착을 읽을 수 있다. 물론 브렌타노의 편지만이 그와 같은 특징을 띠는 것은 결코 아니다. 조피의 편지에도 과도한 허구적 수사학이 작동하고 있다. 조피와 브렌타노는 이미 뛰어난 작가적 능력을 지닌 이들이기 때문에, 두 사람이 주고받는 편지 자체는 두 작가의 문학적 글쓰기의 경쟁에서 나온 산물과도 같다. 다르게 말하면, 조피와 브렌타노의 서신교환은 사랑의 감정을 나누는 실제 연인의 글쓰기라기보다는 두 작가가 스스로를 허구적인 두 주인공으로 등장시키는 글쓰기, 즉 일종의 '문학적 권력싸움'의 글쓰기의 행위와도 같다. 아우가르트(J. Augart)의 다음과 같은 해석은 그와 같은 두 사람의 글쓰기 특성을 매우 뛰어나게 서술하고 있다.

> 메로와 브렌타노는 권력 싸움에서의 인물과도 같다. 서로에게 우월의 한계를 보여주려는 시도가 행해지는 권력 싸움에서의 인물 말이다. 브렌타노는 자신의 힘과 의지를 관철하기 위해 분노 폭발 및 공격적인 행동을 내보이며, 메로는 브렌타노에게 명확하게 자신의 우월성, 독립

> 성 및 참된 자유를 알려주려 한다. 그들은 처음에는 사회적 의견의 권력 및 영향에 대항하여 결혼, 나이, 역할 분담을 무시하는 낭만적 삶을 계획하였으나 결국 서신 교환에서는 사회적 의견의 권력과 영향이 반영되고 있다. 점차 삶의 현실이 '시적 유대 관계'에 있던 두 시인을 따라잡고 말았으며, 그들은 바깥에서 자신들에게 영향을 가하는 규범과 의견을 무시할 수 없었다. 그것은 '사회적 관계가 그 어떤 탈출을 허용하지 않을 경우 누구나 그런 억압에 내맡겨지기' 때문이었다.[112]

낭만적 사랑과 현실적 결혼, 여성의 이상화와 여성의 길들이기 사이에서 브렌타노의 분열적 증세 때문이든지 혹은 작가로서 글쓰기의 권력 싸움을 전개한 두 사람의 특성 때문이든지 간에, 작가적 삶과 일상적 삶 간의 조화를 추구하려 했던 조피에게 현실은 결코 녹록치 않았다. 브렌타노와의 재혼은 자립심과 자의식이 강했던 조피에게 육체적, 정신적 차원에서 매우 치명적이었다. 삼 년 동안 네 번에 걸친 임신과 출산 과정에서 그녀의 건강은 육체적, 정신적으로 더욱 피폐해져 갔다. 정신적 차원에서 조피는 자신의 글쓰기 작업을 마음껏 자유롭게 전개할 수 없는 처지에 놓이는데, 그것은 브렌타노가 그녀의 내조만을 원했기 때문이다. 브렌타노는 조피를 옆에 둔 상태에서만 창작 작업을 할 수 있다는 심한 집착증까지도 내보였고, 그런 증상은 결혼 직전인 1803년 10월 27/28일자 편지에서도 엿볼 수 있다. "당신에게 단언컨대, 당신이 내게서 멀리 떨어져 있으면 나는 단 한 줄의 글을 창작할 수 없을 거예요. 당신과 내가 몇 걸음만 떨어져 있어도 당신은 내게서 멀리 있는 것 같아요."[113] 이와 비슷한 표현은 결혼 후 잠시 베를린에서 혼자 체류하는 동안 브렌타노가 조피에게 보낸 1804년 9월 26일자 편지에서도 반복한다. "내가 집에서 작업할 수 있다는 점에 대해서는 의심할 여지가 없지만, 이곳에서는 어떤 상황에서도 단 한 줄도 창작하지 못할 것임을 나는 단연코 잘 알고 있어요."[114] 이와 같은 집착에 가까운 브렌타노의 상태와 요구로 인해 그녀는 창작보다는 주로 번역에만 몰두했으며 그 작업도 브렌타노가 집에 있을 때는 거의 불가능했고 그가 여행 중이나 타지에 잠시 체류하고 있을 경우에만 가능했다.

아내에 대한 브렌타노의 집착은, 앞서 언급했듯이, 사실 작가로서의 조피에 대한 브렌타노의 열등의식 및 질투심과 밀접히 연관되어 있다. 결혼 전후 조피는 이미 문단에서 인정받은 여성작가로서 여러 잡지의 편집인으로도 활동하고 있었지만, 그런 조피와 달리 브렌타노는 거의 무명에 가까운 시인이었다. 따라서 후에 로베르트 슈만이 자신의 아내 클라라 슈만에게 그랬듯이, 열등감에 젖은 브렌타노도 출산, 육아, 내조 같은 일에 재능 있는 아내를 묶어두려는 전형적인 가부장적인 횡포를 가했던 것으로 보인다. 아내에 대한 집착과 정신분열에 가까운 브렌타노의 모습은 당시 지인에 의해서도 확인되고 있다. 가령 하이델베르크 대학 교수였고 귄더로데의 애인이었던 프리드리히 크로이처(Friedrich Creuzer)[115]는 브렌타노의 당시 상태에 대해 다음과 같이 전한 바 있다.

> 클레멘스는 - 종종 매우 정교한 기술로 - 그녀의 삶을 종종 우울하게 했으며, 그런 기쁨이 사라진 삶에 대해 우리는 정말이지 그녀를 동정하지 않을 수 없었습니다. 물론 그녀의 자존심은 그 점을 시인하지 않았겠지만 말입니다. 그런 클레멘스가 때때로 자기 아내를 칭찬하고 심지어 숭배할 때면 정말이지 웃지 않을 수 없었습니다. 덧붙이자면, 그녀는 그것을 받아들이지 않았고 또한 그것을 전혀 즐거워할 수 없었지요.[116]

여행 중이던 브렌타노에게 보낸 1804년 1월 21일자 편지에서 조피는 자신만의 자유롭고 고독한 시간을 강조하고 있는데, 이를 뒤집어 보면 그녀의 삶이 얼마나 구속적이었는지를 알 수 있다.

> 당신의 편지는 거의 나를 아프게 했어요. 당신의 불안감은 무해한 종이를 통해서도 전염되는 미세한 독 같아요. (...) 나는 당신을 사랑하며 자주 당신의 포옹을 진심으로 바라지만, 그렇다고 나는 당신의 비위를 맞추고 싶지 않아요. **나는 혼자 있어서 너무 기분이 좋아요. 나처럼 순진하고 연약한 마음을 지닌 이들에게 고독은 하늘의 이슬과도 같습**

니다. 삶에 지쳐 있는 이들을 상쾌하게 해주는 그런 이슬 말이에요.[117]

남편이 자신을 그리워한다는 점을 알고 있지만, 그렇다고 해서 조피가 남편의 이른 귀가를 바란 것은 결코 아니었다. 오히려 그녀는 혼자만의 고독한 시간을 너무 귀하게 여기고 있었다. 그 고독한 시간은 이슬처럼 생기를 준다는 표현은 진심 어린 고백에 가깝다. 1804년 11월 17일자 브렌타노에게 보낸 편지에서도 조피는 마찬가지로 구속받지 않는 자유로운 감정의 소중함을 표출하고 나선다. 자유로운 감정이 종종 브렌타노에 의해 억압당하고 있지만 근본적으로 자신에게서 빼앗겨질 수 없다고 강조된다.

> 정말로 내 안에는 어떤 감정이 있으며, 당신의 것에 속하지 않는 유일한 것이지요. 그것은 자유의 감정이며, 그것이 어떤 것인지는 잘 모르겠지만 타고난 것입니다. 당신은 때때로 그것을 훼손하고 있어요. 나는 그것을 지켜낼 수 없어요. 스스로 지켜내야만 하는 자는 자유롭지 못하기 때문이지요. 나는 속임수를 쓸 수 없어요. 속임수는 강요이기 때문이지요. 당신이 지금보다 더 많이 그 자유의 감정을 보호해 줄 수 있다면 나는 더욱 만족할 것입니다. 내 생활에 대해 나는 당신에게 아무 내용도 적어 보낼 수 없군요. 생활은 단순하고 근면한 일일 뿐입니다. 당신이 여기에 있을 때 내가 잘 작업할 수 있을지, 그것은 거의 불가능해요.[118]

브렌타노의 일시적인 부재가 조피에게는 곧 자유의 감정이 살아 움직이는 시간이었으며, 역으로 브렌타노의 존재는 자유의 감정이 억압된 시간이었다. 그렇게 억압적인 상황 속에서도 조피는 끊임없이 자의식을 지키고자 했으며 또한 작가로서의 자아실현을 결코 포기하지 않으려 했다. 일기장에 그녀는 “나 자신에 대한 용기”(Muth zu mir selbst), “자존감”(Selbstgefühl) 같은 개념을 적어 놓았으며 또한 헤르더에게 보낸 편지에서는 “자기존립성”(Selbstbestandheit)이라는 독특한 개념까지도 사용한 바 있다.[119] “자기존립성”은 다른 누구에게도 의존되거나 종속되지 않는 상태에서의 ‘자기결정’, ‘자아실현’, ‘나 자신에 대한 용기’(Muth zu mir selbst),

자존감 등을 뜻한다. “자기존립성”은 프랑스 혁명 이후 정치사회적 의미에서의 개인의 자유뿐만 아니라 부부의 공동생활 같은 사적인 차원에서도 간직해야만 하는 자신의 고유한 의식과 감정 같은 개인의 존재 근거를 뜻한다. 다음과 같은 그녀의 일기 메모도 그 개념의 의미를 간접적으로 시사해주고 있다.

> 나는 내가 몰두하는 어떤 세계를 내 안에서 찾았으며, 나는 그 세계를 현실 안으로 세우고 싶었다. 그것은 관찰자에게 기분 좋은 그림이겠지! 내 안에 놓여 있는 것을 형성하기 위해서는 나는 외적으로 평온함만을 필요했지만, - 그러나 운명은 그런 평온함을 내게 베풀어주지 않는구나.[120]

자기존립성 개념을 글쓰는 여성작가 조피에게 적용할 경우 그것은 어쩌면 ‘예술가의 자기 소명 의식’ 같은 의미로 이해될 수 있을 것이다. 그녀가 최초의 생계형 직업작가라고 할 때, 이는 단순히 글쓰기를 ‘빵’을 얻기 위한 수단으로 삼았던 작가를 지칭하지는 않는다. 단순히 ‘빵’에 종속되지 않으려는 조피의 작가적 소명 의식은 대단했다. 가령 글쓰기를 단순히 취미로 여기는 동시대 여성작가들에 대해 조피는 매우 비판적이었는데, 그녀에게 글쓰기는 단순한 호기심의 놀이가 아니라 천직이며 소명처럼 여겨졌다. 브렌타노의 어린 여동생, 즉 조피의 어린 시누이 베티나 브렌타노 - 1830년대 이후 그녀는 독일의 최고 인기 여성작가가 되었는데 - 에게 보낸 1805년경의 한 편지에는 그런 소명 의식이 다음과 같이 피력되고 있다.

> 예술이나 혹은 학문을 소명된 듯이 느끼고 있거나 예술과 학문에 헌신하고 있는 모든 여성은 진지하고 확고하게, 그리고 신중하게 그것을 해야만 해요. - 많은 운명과 성향에 자신을 내맡겼던 나와 같아서는 안 됩니다.[121]

자신처럼 불행한 작가가 되지 말고 그 어떤 것에도 굴복하지 않는 예술가의 소명 의식을 간직할 것을 조피는 부탁하고 있다. 예술가의 소명 의식은 1796년에 발표된 총 11연으로 구성된 <기억과 환상>(Erinnerung und Phantasie)이라는 시에서 암시된 바 있다. 그 시에서 예술적 소명 의식을 지닌 작가의 상상력은 현실적 차원에서 조국의 해방, 인류의 평화, 삶의 풍요로움, 이상의 불꽃 등을 찾고 있지만 한 걸음 더 나아가 삶의 도취, 동경, 희망, 무한성 등을 향한 예술적 이미지를 불러내려 한다. 시의 5연에서 제시된 상상력에 대한 외침은 곧 자기존립성, 즉 예술적 소명 의식을 지닌 여성작가로서의 자기 자신에 향한 외침과도 같다.

> 오, 상상력이여, 그대의 활기찬 날갯짓으로
> 나를 이 어두운 비통함에서 벗어나게 해주오.
> 이미 온 신경에서 나는 관통하는 힘을 느끼며,
> 우울의 팔에서부터 가볍게 달아난다.[122]

7. '조피 메로'의 재평가와 르네상스

그렇다면 강렬한 예술적 소명 의식을 지닌 조피와 그녀 작품은 동시대에 어떻게 평가되었을까? 우선 가까운 지인이었던 헤르더(Herder)는 「호렌」를 비롯한 여러 잡지에 발표된 조피의 작품을 읽고서 그녀의 문학이 "여성이라는 자신의 한계를 결코 벗어나지 않았다"(nie über die Grenzen ihres Geschlechts hinaus)라고 언급한 바 있다.[123] 헤르더의 관점에서 "여성의 한계를 결코 벗어나지 않았다"는 언술은 긍정적인 의미를 띠는데, 그것은 그가 남성과 여성의 고유한 특성을 철저히 구분하는 관점을 취하고 있었기 때문이다. 이는 당시 독자로서의 헤르더가 지녔던 가부장적 관점일 뿐이다. 현대적인 시각에서는, 헤르더와는 정반대로, 조피가 삶과 문학에서 끊임없이 '여성의 한계'를 넘어서려 했던 시인으로 평가되고 있다. 흥미롭게도 이미 조피 스스로도 그와 같은 점을 언급한 바 있었다. 가령 여성성을 부드러움과 온순함의 테두리(한계) 내에 가두어 놓으려는 남성들의 관습적 태도에 대해 조피는 매우 비판적이었다.

> 힘의 자유로운 행사와 존재의 생동적인 향유 감각이 여성적 특성의 가치를 떨어뜨릴 수 있고 여성적 본성의 온유한 우아함에 해를 끼칠 수 있다는 생각, 이는 정당치 않은 편견이다.[124]

이처럼 새로운 차원에서 여성해방적인 의식을 지닌 조피의 문학성에 대해 당시에는 어떤 반응이었을까? 이와 관련해서는 매우 흥미로운 평가가 발견된다. 조피의 작품은 대체로 호의적인 반응을 얻었지만, 그러나 그 호평은 조건부적이었다. 가령 남성작가들에게 자주 언급되는 "독창성"을 완전히 인정할 수는 없지는 그래도 매우 뛰어난 작품이라는 식의 평가다. 가령 『아만다와 에두아르트』가 발표되었을 때 당시의 비평은 다음과 같았다.

> 이 소설(아만다와 에두아르트: 역주)은 독일 여성의 가장 멋진 글에 속한다. (...) 내적인 인간의 고찰이 세세하게 엿보이며, 화려한 (때때로는 잘 치장된) 상상력과 생동감 있는 감정도 엿보인다. 자연에 대한 애착이 발견되며 또한 자연의 다채로운 장면들을 일관되고 의미심장하게 묘사하는 장면들도 발견된다. 이런 장면 묘사로 인해 이 작가의 초기 시의 여러 가지 점은 사랑스러웠다. 여성들과 다양한 여성들의 상황 묘사에서 이 책의 저자는 특히나 만족해 있다. 남성들의 묘사, 덜 행복해 보이는 그들의 본성과 활동의 묘사에 있어서 이 저자는 모든 동료 여성들과 공유하고 있다. 설혹 주인공들의 내적 본질이 남성적으로 존재해 있을지라도, 그것은 남성 주인공의 발화가 결코 아니다. 반면 저자는 여성적 글쓰기의 불완전함을 공유하고 있지는 않다. 오히려 그녀의 문체는 정교하고 항상 같으며 순수하다.[125]

뛰어난 상상력으로 인간에 대한 고찰을 그려내고 있다는 점, 특히 여성들이 처한 상황을 그녀만의 문체로 잘 그려냄으로써 조피의 작품이 일반적인 여성작가들이 지닌 "여성적 글쓰기의 불완전함"을 띠지 않고 있다는 식은 어쩌면 긍정적 평가에 속한다. 그런데 문체의 특성이 "정교하고 항상 같으며 순수하다"는 마지막 구절의 경우 이것이 과연 진정성 있는 평가인지 아니면 단순한 미사여구인지 정확히 알 수 없다. 이와 같은 당시 평가에서 드러나는 문제점은, 조피의 여성해방적 의식 같은 점을 전혀 언급해주지 않았다는 것이다. 마찬가지로 조피가 사망한 후 뒤늦게 그녀의 문학성을 평하고 있는 다음과 같은 언술도 조건부적 호평으로 그칠 뿐이었다.

> 안타깝게도 요절한 이 여류작가는 내적 사명과 엄숙함으로 창작에 헌신했던 독일 여성시인들 가운데 한 명이었다. 독창적이지는 않았지만 그녀는 고급 예술의 형식을 매우 내적으로 자신의 것으로 점유하는 방법을 알고 있었으며, 부드럽고 모든 아름다움에 대해 쉽게 감흥하고 열광하는 자신의 마음을 그 예술 속에 쏟아부었다. 그 결과 귀는 그 예술적 멜로디를 듣게 되며 그 멜로디를 통해 롤모델들을 상기시켜 주었다. (...) 거의 모든 것(작품들: 역주)이 한 단계 높은 예술적 관점에서 작업하고자 했던 노력을 입증하였다.[126]

여성작가에 대한 긍정적인 평가처럼 읽히지만, 이러한 평도 결국 실러 식의 관점을 반복하는 것과도 같다. 예술적으로 뛰어난 멜로디를 엿볼 수 있는 지고한 예술을 추구하고 있지만 독창성은 결여되어 있다는 식의 평가는 곧 '딜레탕트한 방식이지만 보다 높은 예술을 지향하고 있다'라는 식으로 동시대 여성작가들을 평가했던 실러의 관점을 반복하고 있을 뿐이다. 약간 뉘앙스가 다른 식의 서술 내용으로 동일한 평가가 반복하고 있는 셈이다.

이러한 19세기 초 동시대의 평가 이후 조피의 문학작품은 문학사 내에 거의 묻혀 있었고, 19세기말 20세기 초엽까지도 단지 위대한 남성작가(실러, 브렌타노, 슐레겔 등)의 지인, 아내 등으로만 언급되었을 뿐이었다. 다행히 1960년 이후 조피의 시적 재능이 재발견되었지만, 그 재평가도 19세기 초엽의 평가를 반복하는 수준이었다. 예를 들면, "재능 있는 남성 작가의 그늘 하에 놓여 있는 여성 모방자이자 여성 제자"(Im Schatten der männlichen Dichtergenies: Die Epigonin und Schülerin)[127]정도로서 인정되었을 뿐이었다. 그러나 이후 대중문화의 확산 속에서 통속문학(Trivialliteratur)에 대한 관심이 증폭되자 조피는 낭만주의 문학 시대에서 통속문학을 주도했던 대표적인 여성 작가로 인정받게 되었다. 1970년대 이후 재평가의 흐름 속에서 브레머는 조피 메로를 "남성의 영향을 받았지만 이를 넘어서 자신의 주제를 독자적으로 형상화하려는 시도"[128]를 감행한 여성작가로 해석하였으며, 당시 주된 주제는 바로 '부부란 무엇인가'에 대한 전통적인 관점과의 논쟁을 들 수 있다. 또한 조피가 남편 브렌타노와 여러 지인과 나눈 서신 교환에 대한 연구도 진행되었다. 이와 같은 재평가 과정 가운데 조피 문학 연구에서의 획기적인 르네상스는 1980년 이후 페미니즘과의 연관성 내에서 일어났다. '여성적 글쓰기'가 마주하는 두 가지 대척점, 즉 여성적 글쓰기란 "보수적인 미학인지 혹은 전복적인 미학"(konservative oder subversive Ästhetik)인지 하는 질문, 그리고 이와 관련하여 작품 내의 주인공들도 사회 체제에 대한 "적응과 반란"(Anpassung und Rebellion)의 사이에 놓여 있는 것은 아닌지, 나아가 글쓰기를 통해 작가는 과연 자신의 "정체성"을 구축한 것인지 아니면 정체성의 분열과 상실을 겪는 것인지 등 여러 측면에서 조피 문학은 비판적 성찰을 자극하는 뛰어난 문학으로 수용되고 있는 중이다.[129]

나가는 말: 독일 낭만주의 여성작가의 현재성

이상과 같이 살펴본 것처럼, 여섯 명의 독일 낭만주의 여성작가는 자신들이 처해 있던 여성의 위치에 대해 때론 허무적인, 때론 강한 비판적인 의식을 지니고 있었다. 비판적인 의식과 관련하여 그들은 20세기 중반 시몬느 드 보부아르가 '남성에 의해 주조된 특정한 여성상' 틀 안으로 여성을 집어넣으려는 사회적 상황, 즉 여성의 사회적 젠더화를 비판했던 그런 의식을 선취하고 있을 정도다.

> 우리는 여성으로 태어나는 것이 아니라 여성으로 만들어진다. (...) 여성은 항상 남성과의 관계 속에서 규정되고 구분되는 반면에, 남성은 결코 여성과의 관계 속에서 정의되지 않는다. 여성은 본질적인 것과의 관계 속에서 비본질적이다. 남성이 주체이자 절대자라면 여성은 타자일 뿐이다.[1]

이러한 20세기 중반의 페미니즘적 의식을 이미 선취한 가운데 독일 낭만주의 여성작가들은 자신의 글쓰기를 통해 다채로운 비판과 저항의 목소리를 외쳤다. 그것은 여성에 대한 사회적 구속에 대한 비판, 삶의 질서를 전복하고 싶은 욕망, 시대와 운명에 대한 애처로움, 자아실현에 대한 갈망, 글쓰기의 고민 등을 담고 있다. 물론 그들의 비판과 저항 의식이 명확하지 않은 경우가 있다. 가령 작품 내에 그려진 주인공의 모습이 당시 현실에 적응하려는 것인지 혹은 그런 현실에 대해 반란을 일으키려는 것인지 매우 애매한 경우가 상당하며, 이를 작가와 연계할 경우 더욱 혼란스럽다. 아울러 여성적 글쓰기의 고유성보다는 남성작가의 글쓰기를 모방하는 듯한 여성작가의 작품도 있는데, 이 경우 그 글쓰기를 과연 모방이라는 보수적 미학에 귀속시킬 것인지 아니면 모방 - 일종의 패러디 - 을 통한 전복적 미학의 글쓰기 전략으로 해석할 것인지 매우 모호하다. 이러한 독일 낭만주의 여성작가들의 애매한 글쓰기와 관련하여 보벤셴(S. Bovenschen)은 "다채로운 형상들"(Bilderreichtum)과 "그림자 존재(Schattenexistenz) 간의 모순 속에서 부유하는 글쓰기라고 명명한 바 있다.[2] 그러한 부유가 불가피했던 까닭은 남성이 주도하는 글쓰기 영역에서 자신만의 고유한 위치를 공고히 할 수 없었던 상황으로 인해 여성의 형상은 어둡고 애매하게 표출될 수밖에 없었기 때문이다. 따라서 독일 낭만주의 여성작가들이 때론 남성적 글쓰기를 모방하는 모습을 내보였을 때도, 그 모방적 글쓰기는 단순한 추종, 안주, 동화의 이데올로기에서 나온 것으로 볼 수 없으며 오히려 정반대로 남성중심주의 문화에 대한 저항의 아이러니일 수 있다.[3] 즉, 여성작가의 모방적 글쓰기는 소위 남성중심주의 및 로고스중심주의의 상징적 질서의 올가미에 자신들이 걸려 있는 상황을 인식하는 가운데 그런 상황을 극복하고 싶은 욕망을 담고 있는 일종의 역설(Paradox), 즉 아이러니 말이다.[4]

미국 페미니즘의 선봉자인 일레인 쇼월터(Elaine Showalter)는 영미문학에서의 여성문학을 삼 단계로 구분한 바 있는데, 가령 1840-1880, 1880-1920, 1920~ 의 세 시기는 각기 1단계(여성스러움의 단계, the feminine phase), 2단계(여성주의의 단계, the feminist phase), 3단계(여성의 단계, the female phase)로 언급되고 있다. 각각의 단계와 관련해서는 '지배적인 남성의 의식과 규범 등을 모방하고 내면화하는 글쓰기'(1단계), '저항과 자율적 의식, 소수자의 권리와 가치를 외치는 글쓰기'(2단계), '고유한 경험 및 자기 발견의 글쓰기, 고유한 문학적 형식 및 기법의 글쓰기'(3단계) 같은 특징을 띤다고 부연한다.[5] 그렇다면 이와 같은 영미권에서의 순차적, 단계적 발전과정은 18세기 말 및 19세기 초의 독일 낭만주의 여성작가들에 어떻게 적용될 수 있을까? 시기적으로 본다면, 18세기 말, 19세기 초 – 베티나 폰 아르님은 예외적으로 19세기 중반까지 활동했지만 – 의 독일 낭만주의 여성작가들은 어쩌면 1단계의 여성작가로 간주될 수 있겠지만, 이는 단지 표피적인 구분일 수 있다. 오히려 세세히 들여다보면 그들의 글쓰기는 20세기 페미니즘 문제의식과도 연결될 정도로 매우 심오하고 복잡한 양상을 띠며 어쩌면 쇼월터가 제시한 삼 단계의 모든 특성이 혼재해 있다고 해도 전혀 지나치지 않을 듯 싶다. 가령 도로테아 파이트의 『플로렌틴』의 경우, 언뜻 보기에 쇼월터의 시각에 부합하는 1단계 여성작가의 소설처럼 읽힐 수 있다. 왜냐하면 그 소설은 실제 자신의 이름을 숨긴 채 남편의 이름으로 출간되었을 뿐만 아니라 형식적으로도 남성작가의 교양소설을 모방한 작품처럼 보이기 때문이다. 그렇지만 『플로렌틴』은 그렇게 단순한 소설이 아니다. 여성작가의 작품 『플로렌틴』이 남성 주인공을 내세우고 있을지라도 그것이 곧 남성작가의 문화적 양식을 무조건 따르고 준수하려는 작가적 의식의 발로로 볼 수는 없다. 오히려 그러한 글쓰기를 통해 여성작가는 자신의 종속적 행위와 준수 행위에 대한 비판적 성찰을 지시하고 했거나 혹은 자신의 글쓰기의 한계를 비판적으로 드러내려 했을 수도 있다. 또한 이미 자세히 분석했듯이, 그 소설은 여성 인물과 남성 인물 간의 사회적 경계와 차별을 모두 해체하고 있으며 나아가 적극적인 여성 주체 및 양성성 이념까지도 대안적 의식으로 제시하고 있다. 또한 낙태와 관련해서도 여성의 자기결정권을 강변하는 현재의 페미니즘적 단초도 제시하고 있다. 물론 『플로렌틴』이 불러일으키는 양성성 이념의 경우 그것은 난해하다. 쇼월터와 토릴 모이(Toril Moi) 간의 상반된 의견처럼, 양성성은 남성과 여성 간의 대결로 나가지 못한 채 두 성의 '조화'만을 주장하는 보수적인 시각으로 비판되기도 하지만(쇼월터), 이와 달리 오히려 성 구분의 해체 차원에서 대안적 사유로 간주되기도 한다(토릴 모이).[6] 그와 같은 상반된 해석을 야기하는 양성성 이념이 이미 『플로렌틴』에 주제화되어 있으며 독자의 해석을 요구하고 있다.

이 밖에 조피 메로의 두 소설(『감성의 만개 시기』, 『아만다와 에두아르트』)은 남성중심주의적 사회에서 여성에게 부과된 특성 및 역할을 거부한 새로운 소설로 해석될 수 있다. 남성과 대등한 여성의 평등권 및 인권 등을 내세우는 조피의 소설은 쇼월터가 영미문학에서 두 번째 단계에서 찾아냈던 특징들, 즉 남성적 의식, 규범, 가치 등에 대한 저항, 여성에 대한 기존의 고정 관념 및 관습에서 벗어나려는 고유한 의식 등을 제시하고 있다. 이는 페미니즘에서 옹호되는 소위 '분리주의적 유토피아'의 특성처럼 보이기도 한다. 그리고 다른 작가들의 글쓰기에서는 쇼월터가 세 번째 단계의 여성작가들에서 강조한 현상도 엿볼 수 있다. 가령 라헬 레빈, 카롤리네 폰 귄더로데의 글쓰기에서는 소위 '여성'(female)의 고유하고도 다양한 경험과 의식이 녹아 있는, 남성의 글쓰기와는 완전히 다른 차원의 여성적 글쓰기가 주된 특징을 이룬다. 그것은 '로고스/남성 중심적' 언어를 거부하면서 자기 발견 및 정체성 탐색을 위한 내면으로 향하는 글쓰기와도 같다.

1970년대 페미니즘이 문학계 전반의 지형을 흔들어 놓는 가운데 이상과 같은 독일 낭만주의 여성작가들은 재발견, 재평가, 재해석 등을 맞이하게 되었다. 당시 여성작가의 페미니즘적 의식을 문학사 내에서 새롭게 정립하기 위해서는 무엇보다도 '전집 작업', 즉 '역사비평본'(Historisch-Kritische Ausgabe)을 제대로 갖추는 작업이 필수적이었다. 그런 의미에서 제대로 편집되지 않은 채 흩어져 있던 텍스트들(특히 편지와 일기 등)을 수집, 정리, 발행하는 작업이 자주 요구되었다. 동시에 개개 여성작가에 대한 평가와 해석도 다채롭게 이루어졌는데, 이를 위한 가장 중요한 전제조건은 여성작가의 글쓰기를 전통적인 남성 작가의 범주와 기준에서가 아니라 고유한 글쓰기라는 차원에서 관찰해야만 한다는 것이다.

마지막으로 독일 낭만주의를 포함한 일반문학사와 관련하여 '여성작가', '여성문학'이라는 개념의 사용은 과연 타당한 것일까 하는 질문이 제기될 수 있다. 일반적으로 '작가'라는 개념은 항상 남성으로만 인식되어 왔으며 여성이 작가에 포함되기까지는 오랜 시일이 걸렸다. 물론 현재의 경우 과거와는 달리 많은 여성이 문학 영역에서 활동하고 있으며, 18-19세기처럼 남성작가와 여성작가를 구분 - 이러한 구분에는 중심과 주변 같은 차별적 시각이 작동할 수 있는데 - 하는 시각은 강한 비판과 저항에 직면할 수도 있다. 따라서 여성작가, 여성문학 등의 명명은 어쩌면 불필요할지도 모른다.

그렇다고 글쓰는 이들 모두를 정말 성의 구분 없이 보편적으로 '작가'로 명명해야만 하는 것일까? 그리고 여성작가, 여성문학 같은 개념과 범주는 과연 불필요한 것일까? 모든 작가와 텍스트는 과연 평등하게 다루어질 수 있을까?

> 지난 세기를 들여다보면 여성들의 수많은 문학적 창작물이 있었지만, 그것들은 문학사에서 거의 읽혀지지 않았다. 문학사는 사회 전체 역사의 일부분이다. 사회 전체 역사는 남성적으로 구조화된 사회의 역사이다. 그런 사회 전체 역사가 여성들을 전혀 객관적으로 다루지 않았듯이, 문학사도 마찬가지로 여성들을 전혀 객관적으로 다루지 않고 있다.[7]

"모든 텍스트가 천사처럼 성별 없고 평등하게 있는 그런 약속의 땅"[8]은 현실과 문학사 내에 결코 존재하지 않으며 오히려 여성작가의 텍스트는 "소란스럽고 흥미로운 황무지"에 놓여 있다. 그것은 문학사가 여전히 남성작가를 중심으로 편제(編制) 및 편재(遍在)되어 있기 때문이다. 따라서 그에 대한 저항적 차원에서라도 여성작가, 여성문학이라는 식의 명명은 언제나 필요할 듯 싶다. 여성작가, 여성문학이 주변인(아웃사이더)처럼 취급되는 사회문학적 정황을 고려한다면 독특한 글쓰기를 전개하는 여성작가와 작품의 명명은 당연한 것으로 받아들여만 한다.[9] 작가라는 보편적, 일반적 이름은 전통적인 남성/여성 간의 구분 - 나아가 차별이든 차이이든 - 을 지양하고 모든 글쓰는 이들을 평등하게 호명하는 것처럼 들리겠지만, 그러한 보편적 호명에 의해서 어쩌면 독특한 감수성을 바탕으로 자신만의 고유한 글쓰기를 전개한 여성작가의 특성이 중성화될지도 모른다. 따라서 남성작가 중심으로 서술된 문학사의 보편적, 일반적 질서에 대항하여 여성적인 것의 특수성 및 고유성을 담아내는 여성작가, 여성문학은 부단히 강조되어야만 한다. 다만 이것이 자의반, 타의반 스스로를 주변화하는 여성작가, 여성문학의 '차별화'로 나아가서는 안되며 그것의 특수성 및 고유성을 중시하는 '차이성'의 차원에 머물러야 한다. 또한 여성작가, 여성문학이 '성차별의 부산물'로 여겨지는 것도 항상 경계될 필요가 있다. 흥미롭게도 마텐클로트는 낭만주의 여성작가의 고유한 개성을 살리기 위해 그들 가족(아버지 혹은 남편)의 성 대신에 그들의 '이름'을 불러주려는 현상을 고찰하면서 그것이 자칫 여성 개인의 사적인 삶을 강조하는 식으로 흐를 수 있음을 경고하는 가운데 그 대신 오히려 그 '이름'을 서신작가의 측면에서 인식할 필요가 있다고 지적한 바 있다.[10] 이러한 시각에 덧붙여서, 남성중심주의적 예술관과 문학사에 대한 저항의 차원에서라도 그들의 '이름'은 더욱 적극 호명되어야 하며, 이는 여성작가의 '신화화'를 꾀하려는 것이 아니라 남성중심적으로 구축된 사회 및 문학사 내에서 그들의 고유한 위치를 찾아주고 지켜주려는 전략으로 이해되어야만 한다. 특히 유대인 여성작가의 경우 유대인과 여성이라는 '이중의 주변성'(doppelte Marginalität)을 인식하고 극복하기 위해서라도 '자유로운 여성 미학'의 선상에서 그들의 이름은 더욱 적극적으로 호명될 필요가 있다. 이러한 맥락에서 독일 낭만주의 여성작가를 탐구하는 본 연구는 쇼월터가 제시한 여성중심비평의 지향점, 즉 "역사, 문체, 주제, 장르, 그리고 여성에 의한 글쓰기의 구조, 여성 창조성의 정신적 역동성, 개인적 혹은 집단적 여성 삶의 궤적, 그리고 여성 문학 전통의 진화와 법칙"[11]등에 관한 연구 방향과 궤를 같이 했다.

미주

서문

1 프랑스 인권선언문(Déclaration des droits de l'Homme et du citoyen-1789. 8.26)의 1조는 "인간은 권리에 있어서 자유롭고 평등하게 태어나 생존한다"로 선언되었다.

2 Ute Gerhard, Die Frauenrechtserklärung der Olympe de Gouges. Entwurf zu einer feministischen Rechtstheorie, in: Die Neue Gesellschaft, Frankfurter Hefte 7 (1989), p. 616: "Die Frau ist frei geboren und bleibt dem Manne in allen Rechten gleich."

3 Goethe, Torqvato Tasso, V. 1022: "Nach Freiheit strebt der Mann, das Weib nach Sitte."

4 Lavater an Goethe, Brief vom 25. Januar 1774, in: Briefe an Goethe, HA, Bd. I, p. 23:"Unterwürfig, unschuldig, weder zu gebildet noch zu schön, als Mutter, Schwester, Geliebte und Jungfrau dient sie zur Erholung des Poeten (ihres Mannes) und der häuslichen Sorglosigkeit."

5 Johann Gottlieb Fichte, Grundlage des Naturrechts nach Principien der Wissenschaftslehre, in: Ausgewählte Werke in 6 Bänden, Leipzig 1911, Bd. II, p. 313: "Im unverdorbenen Weibe äußert sich kein Geschlechtstrieb (...), sondern nur Liebe; und diese Liebe ist der Naturtrieb des Weibes, einen Mann zu befriedigen (...) für das Weib ist es nur Befriedigung des Herzens. Sie hat aufgehört, das Leben eines Individuums zu führen; ihr Leben ist ein Teil seines Lebens geworden (dies wird trefflich dadurch bezeichnet, daß sie den Namen des Mannes annimmt."

6 Ibid., p. 329:"In dem Begriffe der Ehe liegt die unbegrenzteste Unterwerfung der Frau unter den Willen des Mannes; nicht aus einem juridischen sondern aus einem moralischen Grunde. Sie muss sich unterwerfen um ihrer eignen Ehre willen. - Die Frau gehört nicht sich selbst an, sondern dem Manne."

7 Hegel, Grundlinien der Philosophie des Rechts, Zusatz zu § 166:"Frauen können wohl gebildet sein, aber für die höheren Wissenschaften, die Philosophie und für gewisse Produktionen der Kunst, die ein Allgemeines fordern, sind sie nicht gemacht. Frauen können Einfälle, Geschmack, Zierlichkeit haben, aber das Ideale haben sie nicht. Der Unterschied zwischen Mann und Frau ist die des Tieres und der Pflanze: das Tier entspricht mehr dem Charakter des Mannes, die Pflanze mehr dem der Frau, denn sie ist mehr ruhiges Entfalten, das die unbestimmtere Einigkeit der Empfindung zu seinem Prinzip erhält. Stehen Frauen an der Spitze der Regierung, so ist der Staat in Gefahr, denn sie handeln nicht nach den Anforderungen der Allgemeinheit, sondern nach zufälliger Neigung und Meinung. Die Bildung der Frauen geschieht, man weiß nicht wie, gleichsam durch die Atmosphäre der Vorstellung, mehr durch das Leben als durch das Erwerben von Kenntnissen, während der Mann seine Stellung nur durch die Errungenschaft des Gedankens und durch viele technische Bemühungen erlangt."

8 Goethe, Iphigenie auf Tauris, V. 24-32: "Der Frauen Schicksal ist beklagenswerth. / Zu Haus' und in dem Kriege herrscht der Mann. / Und in der Fremde weiß er sich zu

helfen. / Ihn freuet der Besitz; ihn krönt der Sieg; / Ein ehrenvoller Tod ist ihm bereitet. / Wie eng gebunden ist des Weibes Glück! / Schon einem rauhen Gatten zu gehorchen, / Ist Pflicht und Trost; wie elend, wenn sie gar / Ein feindlich Schicksal in die Ferne treibt!"

9 Rahel. Ein Buch des Andenkens für ihre Freunde, hrsg. v. Rahel Antonie Friederike Varnhagen von Ense, Berlin 1834, Teil 2, p. 565: "Aber erfüllen, erholen, uns ausruhen, zu fernerer Tätigkeit, und tragen, können die uns nicht; (...). Sie haben der beklatschten Regel nach gar keinen Raum für ihre Füsse, müssen sie nur immer dahinsetzen, wo der Man eben stand und stehen will, und sehen mit ihren Augen die ganze bewegte Welt, wie etwa einer, der wie ein Baum mit Wurzeln in der Erde verzaubert wäre. Jeder Versuch, jeder Wunsch, den unnatürlichen Zustand zu lösen, wird Frivolität genannt oder noch für strafwürdiges Benehmengehalten."

10 Barbara Becker-Cantarino, Der lange Weg zur Mündigkeit. Frau und Literatur(1500–1800), Stuttgart 1987, p. 342: "Ausdrücklich wird sie [die Frau] zur beruflichen und politischen Unmündigkeit (Unselbstständigkeit als Person) in der androzentrischen Gesellschaft bestimmt, was für ihre Mündigkeit sowie ihre außerfamiliäre, kulturschaffende Tätigkeit weitreichende Konsequenzen hat."

11 Cf. Miriam Seidlers/Mara Stuhlfauth(Hg.), Ich will keinem Mann nachtreten. Sophie von La Roche und Bettine von Arnim, Frankfurt a. M. 2013, pp. 27–36.

12 Sophie von la Roche(Hg.), Pomona für Teutschlands Töchter, 1 Heft, Speyer 1783, pp. 14-15: "Mein Eigensinn sagt aber; Ich will keinem Mann nachtreten, weil alsdann zu viel von mir gefordert und erwartet würde - - - Dabey war Iris jung - - - schön und leichten Ganges, das kan ich Großmama nicht seyn. Mein Büchelgen soll Pomona heißen, diese ist die Göttin des Herbsts. Ich bin in dem Herbst meines Lebens, und der Entwurf dazu entstund in dem Herbst - -"

13 F. Schlegel, KA, Bd. I, p. 92: "Was ist aber häßlicher als die überladne Weiblichkeit, was ist so ekelhafter als die übertriebne Männlichkeit, die in unsern Sitten, in unsern Meinungen, ja auch in unsrer bessern Kunst herrscht? - Ja sogar auf künstlerische Darstellungen, welche idealisch sein sollen, auf Versuche, den Begriff der Weiblichkeit rein zu entwickeln, äussert diese verderbliche Denkart ihren Einfluss."

14 F. Schlegel, KA, Bd. II, p. 63: "Die Geschlechtsverschiedenheit ist nur eine Äußerlichkeit des menschlichen Daseins (...). In der Tat sind die Männlichkeit und die Weiblichkeit, so wie sie gewöhnlich genommen und getrieben werden, die gefährlichsten Hindernisse der Menschlichkeit(...)."

15 F. Schlegel, KA, Bd. I, p. 93: "Aber eben der herrschsüchtige Ungestüm des Mannes und die selbstlose Hingegebenheit des Weibes, ist schon übertrieben und häßlch. Nur selbständige Weiblichkeit, nur sanfte Männlichkeit, ist gut und schön."

16 R. Varnhagen, Gesammelte Werke in 10 Bänden, München 1983, Bd. 9, p. 321.

17 R. Vamhagen, Briefwechsel, hrsg. v. Friedhelm Kemp, München 1979, Bd. 4, p. 207.

18 Friedrich Daniel Schleiermacher, Kritische Gesamtausgabe, Bd. 2, Schriften aus der Berliner Zeit, 1796-1799, hrsg. v. Günter Meckenstock, Berlin/New York 1984, pp. 165-184, hier p. 165.

19 Cf. Peter Seibert, Der literarische Salon. Literatur und Geselligkeit zwischen Aufklärung und Vormärz, Heidelberg 1993, Kap. 4~6.

20 Ibid., p. 6.

21 Andreas Arndt, Der Briefwechsel, in: Schleiermacher Handbuch, hrsg. v. Martin Ohst, Tübingen 2017, p. 7

22 G. Dischner, Die Briefform als künstlerischer Ausdruck romantischer Geselligkeit, in: https://arsfemina.de/madame-luzifer/die-briefform-als-k%C3%BCnstlerischer-ausdruck-romantischer-geselligkeit

23 Liliane Weissberg, Der jüdische Salon in Berlin (und Wien) um 1800, in: Handbuch der deutsch-jüdischen Literatur, hrsg. v. Hans Otto Horch, Berlin/Boston 2016, pp. 60-69, hier p. 62: "Der festumrissene, konkrete Raum(das Zimmer) wurde durch den imaginären Raum weiterer Begegnungen(den Brief) ergänzt."

24 Christian Garve, Weihnachtsgeschenk, in: Der Philosoph für die Welt, hrsg, v. Johann Jakob Engel, Leipzig 1777, pp. 18-23, hier p. 19: "Die Zunge und der Griffel machten endlich den Menschen zu dem, was er werden sollte."

25 Ibid, p. 21. 요한 야콥 엥겔(Johann Jakob Engel, 1741–1802)이 편찬한 <세계를 위한 철학자>라는 모음집에는 가르베의 <크리스마스 선물>(Weihnachtsgeschenk)이라는 에세이가 실려 있다. 그 글에서 아버지는 딸에게서 단순히 글을 읽는 자세에서 벗어나 자기활동적인 능력을 발휘할 수 있는 능동적인 작가가 되라는 가르침을 주고 있다.

26 Franz Muncker, Caroline Schelling, in: Allgemeine Deutsche Biographie(ADB), Band 31, Leipzig 1890, p. 6: "Ihr schriftstellerisches Talent bewies [Caroline Schelling] am meisten in ihren anmuthig plaudernden, von Verstand, Phantasie, wahrem Kunstsinn und poetischem Geist durchdrungenen, mit Neckerei und feiner Bosheit gewürzten Briefen, den schönsten Frauenbriefen aus der Glanzperiode unserer neueren Litteratur."

27 Cf. Hans-Walter Schmidt-Hannisa, "In mir ist ein Tummelplatz von Gesichten", Traum und Brief bei Bettine von Arnim, in: Traum Diskurse der Romantik, hrsg. von Peter-André Alt und Christiane Leiteritz, Berlin 2005, pp. 176–194, hier p. 182.

28 Barbara Becker-Cantarino, Leben als Text. Briefe als Ausdrucks- und Verständigungsmittel in der Briefkultur des 18. Jahrhunderts, in: Frauen Literatur Geschichte. Schreibende Frauen vom Mittelalter bis zur Gegenwart, hrsg. v. Hiltrud Gnüg und Renate Möhrmann, Frankfurt a. M. 1989, pp. 83-103, p. 83.

29 Marie-Claire Hoock-Demarle, Die Frauen der Goethezeit, München 1990, p. 183.

30 Astrid Reuter, Frauenbilder der Romantik, in: https://www.diegeschichteberlins.de/geschichteberlins/berlinabc/ stichworteag/542-frauenbilder-der-romantik.html: "Frauen wie Caroline von Humboldt öffneten nicht nur ihre Häuser, sie bauten über ihre umfangreiche Korrespondenz großflächige Netzwerke auf. Die Briefe blieben nicht auf den Privatbereich beschränkt, sondern wurden häufig herumgereicht, vorgelesen und teilweise noch zu Lebzeiten veröffentlicht. Sie enthalten Besprechungen literarischer Neuerscheinungen, Abhandlungen über Musik, Schauspielkunst, Tanz und Malerei und erscheinen so als Fortsetzung der Salongespräche. Den Briefschreiberinnen boten diese intensiven Schriftwechsel eine Möglichkeit, an den aktuellen Diskussionen teilzunehmen und diese zu bestimmen. Neben Themen von allgemeinem Interesse

finden sich in ihnen lebendige Schilderungen des alltäglichen Lebens."

31 F. Schlegel, KA, Bd. XVI, p. 493: "Der Brief ist seiner Natur nach unendlich prosaisch, fast gemein."

32 Novalis, Werke, Tagebücher und Briefe, hrsg. v. Hans-Joachim Mähl u. Richard Samuel, Bd. 2, Wien 1978, p. 249: "Der wahre Brief ist, seiner Natur nach, poetisch."

33 Julia Augart, Eine romantische Liebe in Briefen: Zur Liebeskonzeption im Brief-wechsel von Sophie Mereau und Clemens Brentano, Königshausen 2006, p. 27: "Er nimmt eine Mittelstelle zwischen Monolog, Alltagskommunikation, Gespräch, philosophischer Reflexion sowie Literatur ein und changiert zwischen Subjektivität und Objektivität, Künstlichkeit und Natürlichkeit, Regelhaftigkeit und Regellosigkeit."

34 M.-C. Hoock-Demarle, Lesen und Schreiben in Deutschland, in: Geschichte der Frauen 4, 19. Jahrhundert, hrsg. v. G. Fraisse und M. Perrot, Frankfurt a. M. 1994, p. 183: "Briefwechsel als erste Äußerungsform schaffen eine Art Parallelöffentlichkeit, in der sich die Frauen von Bagabung und Geist hervortun. Als Herzensergüsse getarnt gehen Briefe herum und werden zugleich zum Mitteilungsorgan, zum Ort der Nachdenklichkeit und zur Spielwiese für alle möglichen Genres. Die Korrespondenz Rahel Varnhagens ist dafür das subtilste Beispiel, doch Bettina von Arnim zeigt in der Art, wie sie ihre früheren Briefwechsel dichterisch umsetzt und daraus eine eigene Gattung macht, ebenfalls schöpferisches Genie."

35 Barbara Hahn, Vergessene Briefe, in: Kanon Macht Kultur: Theoretische, historische und soziale Aspekte ästhetischer Kanonbildung, DFG-Symposion 1996, hrsg. v. Renate von Heydebrand, Stuttgart 1998, p. 138: "Denken und Schreiben erscheinen als äußerst bewegliche Prozesse, die nie im Produkt stillgestellt werden. Umso schwerer sind sie zu überliefern, umso mehr entziehen sie sich jeglicher Kanonisierung. Schon der Breifschreiber setzt sich Bewegungen aus, die er nicht kontrollieren kann. Jeder Brief kann verloren gehen; nie weiß man, ob er eine Antwort zurückbringen wird. Nie weiß man, ob der Empfänger ihn aufbewahren wird. Wer so schreibt, setzt sich aus. Nie wird er sein Produkt in Händen halten, wie der, der Bücher schreibt und veröffentlicht. Nie wird sein Name an sein Produkt geheftet werden können. So namenlos wie seine Gedanken sind auch seine Briefe. Gedanken ohne Familie, Gedanken ohne institutionellen Rahmen, in denen sie produziert und weitergegeben werden. Überschreitungen, Grenzverletzungen."

36 Monika Nenon, Aus der Fülle der Herzen: Geselligkeit. Briefkultur und Literatur um Sophie von la Roche und Friedrich Heinrich Jacobi, Würzburg 2005, p. 46: "In der zweiten Hälfte des 18. Jahrhunderts ist der Brief das Mittel, wodurch literarische Öffentlichkeit organisiert wird. Autoren schreiben anderen Autoren; Autoren schreiben an Verleger oder Buchhändler; Freunde von Autoren suchen in deren Auftrag Subskribenten für erscheindende literarische Werke, weisen andere auf Neuerscheinungen hin und appellieren zum Kauf oder Vertrieb usw. Die Verständigung über den literarischen Markt läuft über Briefe und deshalb sind diese Briefe voll von geschäftlichen Informationen und Appellen, die Aufschluss über die Organisation des Buchhandels geben. Da der Vertrieb von Büchern vor allem durch ein Netz von persönlichen Beziehungen gewährleistet wird, kommt es für den einzelnen Autor darauf an,

möglichst weitreichende persönliche Verbindungen aufzubauen. Dabei ist es wichtig, wie man sich selbst präsentiert und welches Bild von der eigenen Persönlichkeit ein Anderer gewinnen soll. Briefe enthalten folglich nicht nur geschäftliche Informationen und Appelle, sondern auch private Mitteilungen und Selbstäußerungen. Viele Briefe des 18. Jahrhunderts lassen sich als eine Mischung aus Privat- und Geschäftsbriefen chrakterisieren. Deshalb sind auch die Grenzen zwischen Privatsphäre und öffentlicher Sphäre fließend."

37 니키쉬(R. M. G. Nickisch)는, 18세기 계몽주의 시대의 여성 서신작가는 편지를 통해 여성이 처해 있는 사회적 현실을 알리고 변화하려는 해방적 의도를 지녔다고 분석하고 있다(Reinhard M.G. Nickisch, Die Frau als Briefschreiberin im Zeitalter der deutschen Aufklärung, in: Wolfenbütteler Studien zur Aufklärung, Bd. 3, Wolfenbüttel 1976, pp. 29-66).

38 Bettina von Arnim, Werke und Briefe, hrsg. v. Walter Schmitz und Sibylle von Steinsdorff, Bd. I: Clemens Brentano's Frühlingskranz. Die Günderode, Frankfurt a.M. 1986, pp. 833-834: "Auch die wahrsten Briefe sind meiner Ansicht nach nur Leichen, sie bezeichnen ein ihnen einwohnend gewesenes Leben und ob sie gleich dem Lebendigen ähnlich sehen, so ist doch der Moment ihres Lebens schon dahin; deswegen kömmt es mir aber vor (wenn ich lese, was ich vor einiger Zeit geschrieben habe), als sähe ich mich im Sarg liegen und meine beiden Ichs starren sich ganz verwundert an."

39 Bettina von Arnim, Die Günderode, in: BYU ScholarsArchive, p. 70: "Dein Brief, liebe Bettine, ist wie der Eingang zu einem lieblichen Roman, ich habe ihn genippt wie den Becher des Lyäus, der ein Sorgenbrecher ist [...]. Lasse Deine Briefe recht heiter sein ohne schwermütigen Nachklang, Deiner Natur ist eine freie ungehemmte Lebenslust gemäß [...]. Du bist wie eine Pflanze, ein bißchen Regen erfrischt Dich, die Luft begeistert Dich und die Sonne verklärt Dich."

40 보러는 가령 하인리히 폰 클라이스트, 카롤리네 폰 귄더로데, 클레멘스 브렌타노 등의 소위 낭만적 편지는 더 이상 모방미학적 생산물, 즉 자아가 자신의 심리적 상황을 기억해내는 심리학적, 자서전적 도큐먼트가 아니라 오히려 자아의 정체성까지도 인위적으로 꾸며진 허구로서 작동하는 소위 "심미적으로 뛰어나게 구성된 편지"(die hochgradig ästhetisch konstruierten Briefe)로 간주되어야만 한다고 주장한 바 있다(K. H. Bohrer, Der romantische Brief. Die Entstehung ästhetischer Subjektivität, München/Wien 1987, p. 13).

41 G. Mattenklott, Romantische Frauenkultur. Bettina von Arnim zum Beispiel, in: Frauen Literatur Geschichte. Schreibende Frauen vom Mittelalter bis zur Gegenwart, hrsg. v. Hiltrud Gnüg u. Renate Möhrmann, pp. 123-143, hier p. 127: "In ihren Briefen kann sich Rahel von dieser bedrückenden Wirklichkeit befreien, ihr Leben, wenigstens zum Schein, in eigener Regie gestalten, die Klage zur Kunstklage stilisieren. Der Brief wird zum imaginären Aktionsort, zur intimisierten Öffentlichkeit, der für all das zu entschädigen hat, was die Wirklichkeit dieser neugierigen romantischen Frauengeneration hartnäckig vorenthält: die Praxis des selbständigen Handelns. Rahel versucht, die Diskrepanz, die zwischen den weiblichen Fähigkeiten und den Möglichkeit ihrer gesellschaftlichen Verwirklichung lag, in ihren Briefen ästhetisch zu überwinden. So wird der Brief zum utopischen Ort einer möglichen Selbstverwirklichung. In ihrem weitgespannten Briefwechsel bemüht sie sich immer wieder aufs neue, die schmerzvolle Selbstdarstellung des Ich bis an den Rand des Möglichen zu treiben."

42 Goethes Brief an Schiller vom 1. Juli 1797, in: Briefwechsel zwischen Schiller und Goethe in drei Bänden, Erster Band: 1794-1797, Leipzig 1912, p. 355: "Unsere Frauen sollen gelobt werden, wenn sie so fortfahren, durch Betrachtung und Übung sich auszubilden. Am Ende haben die neuern Künstler sämmtlich keinen andern Weg. Keine Theorie giebt's, wenigstens keine allgemein verständliche, keine entschiedenen Muster sind da, welche ganze Genres repräsentirten, und so muß denn jeder durch Theilnahme und Anähnlichung und viele Übung sein armes Subject ausbilden."

43 Schillers Brief an Goethe vom 30. Juni 1797, in: ibid., p. 354: "Ich muss mich doch wirklich darüber wundern, wie unsere Weiber jetzt, auf bloß diettantischem Wege, eine gewiße Schreibgeschicklichkeit sich zu verschaffen wißen, die der Kunst nahe kommen."

44 F. Schiller, Nationalausgabe Bd. 21, Anhang: "Alle Dilettanten sind Plagiarii. Sie entnerven und vernichten jedes original schöne in der Sprache und im Gedanken, indem sie es nachsprechen, nachäffen und ihre Leerheit damit ausflicken."

45 낭만주의와 딜레탕트 개념에 관한 다양한 관점에 대해서는 다음을 참고할 것(Dilettantismus um 1800. Kultur um 1800, hrsg. v. Stefan Blechschmidt/ Andrea Heinz, Heidelberg 2007; Genie - Virtuose - Dilettant. Konfigurationen romantischer Schöpfungsästhetik, hrsg. v. Gabriele Brandstetter/ Gerhard Neumann, Würzburg 2011).

46 Rahel. Ein Buch des Andenkens für ihre Freunde, hrsg. v. Rahel Antonie Friederike Varnhagen von Ense, Berlin 1834, Teil 2, p. 564: "Geh an Orte, wo neue Gegenstände, Worte und Menschen Dich berühren, Dir Blut, Leben, Nerven und Gedanken auffrischen. Wir Frauen haben dies doppelt nötig."

47 Novalis, HKA, Bd. 2, p. 445: "Indem ich dem Gemeinen einen hohen Sinn, dem Gewöhnlichen ein geheimnisvolles Ansehn, dem Bekannten die Würde des Unbekannten, dem Endlichen einen unendlichen Schein gebe so romantisiere ich es."

48 Cf. S. Bovenschen, Die imaginierte Weiblichkeit, pp, 200-201.

49 Barbara Becker-Cantarion, Leben als Text. Briefe als Ausdrucks- und Verständigungsmittel in der Briefkultur und Literatur des 18. Jahrhunderts, p. 91: "Noch Rahel Varnhagen klagte über ihre fehlende Schulbildung und ihren systematischen Unterricht. Ihr oft aphoristische Stil, die Gedankenassoziationen und -sprünge, die Vielfalt der Themen, die sie anschlägt und die perspektivische Beleuchtung der Dinge, die sie berührt, mögen wohl daher stammen, daß sie aus dem männlichen Bildungssystem ausgeschlossen war. Aber war das wirklich nur ein Nachteil? Haben dieser Ausschluß und diese Traditionslosigkeit, die schreibenden Frauen nicht auch neue Möglichkeiten und Formen finden lassen?"

50 Cf. Luce Irigaray, Wenn unsere Lippen sich sprechen, Berlin 1972, pp. 25-41.

51 두 명의 낭만주의 여성작가(카롤리네 뵈머-슐레겔-셸링, 라헬 레빈)의 편지 분석을 통해 '여성적 글쓰기'를 치밀하게 탐구한 다음 논문을 참조할 것(김성현, 낭만주의와 페미니즘 - 독일 낭만주의 '다시 읽기', 연세대학교 대학원 박사학위논문, 2004, 특히 114-154쪽 참조).

52 Helene Cixous, Weiblichkeit in der Schrift, Berlin 1980, p. 13: "Schreiben ist eine ambivalente Bewegung. Schreiben trennt, isoliert, zieht sich zurück. Es besteht die Gefahr des Elfenbeinturmes. Aber es gibt auch die Notwendigkeit, einzuschreiben, um dem Tod, dem Auslöschen, dem Schweigen Widerstand zu leisten."

1부 1장

1 Valerian Tornius, Salons. Bilder gesellschaftlicher Kultur aus fünf Jahrhunderten, 2. Bde, Leipzig 1913, Bd. 1, p. 3.

2 차는 문학살롱이 시민적 모임으로 전환되었음에 대한 상징적 기호로 간주될 수 있다. 물론 제공된 차의 종류에 따라서, 또한 차가 접대되는 이국적 나무 탁자의 종류에 따라서 시민적 호스트의 지위와 부의 경제력을 가늠할 수 된다. 커피에 부여되지 않았던 제식적 기품이 차문화에 부여되곤 했다(Irina Hundt, Geselligkeit im Kreise von Dorothea und Friedrich Schlegel in Paris in den Jahren 1802-1804, in: Salons der Romantik, Beiträge eines Wiepersdorfer Kolloquiums zu Theorie und Geschichte des Salons, hrsg. v. Hartwig Schultz, Berlin/New York 1997, pp. 83-134, hier pp. 128-129).

3 Verena von der Heyden-Rynsch, Europäische Salons. Höhepunkte einer versunkenen weiblichen Kultur, München 1992, p. 16: "Im weitesten Sinne stellt der Salon eine zweckfreie, zwanglose Geselligkeitsform dar, deren Kristallisationspunkt eine Frau bildet. Die Gäste, die sich regelmäßig und ohne besondere Aufforderung zu einem Jour fixe einfinden, die sogenannten Habitués, pflegen miteinander einen freundschaftlichen Umgang. Sie gehören verschiedenen Gesellschaftsschichten und Lebenskreisen an. Die Konversation über literarische, philosophische oder politische Themen verbindet sie - Konversation als eine erlesene Kunst der Geselligkeit, aber keineswegs nur auf L'art pour l'art - Inhalte bezogen und vom jeweiligen Zeitgeist und den sich daraus ergebenden Fragen nicht zu trennen."

4 유럽의 살롱 문화의 역사적 변천 과정에 대한 국내연구로는 한국연구재단이 1998-99년 지원한 공동 연구프로젝트를 참조할 것(이병애: 유럽살롱의 개념과 역사적 개관 - 고대 그리스에서 바로크까지, 진일상: 계몽주의 시대의 살롱문화, 한성자: 괴테 시대의 살롱문화 - 궁정문화에서 시민문화로, 최민숙: 독일 낭만주의 시대의 문학살롱 연구, 장혜순: 20세기의 살롱문화 - 소수집단의 문학과 살롱). 개별 논문은 <괴테연구>, <카프카연구> 등의 학회지에 발표되었음.

5 영국의 살롱과 관련해서는 다음을 참조할 것(Silke Meyer, Die Ikonographie der Nation. Nationalstereotype in der englischen Druckgraphik des 18. Jahrhunderts, Münster u.a. 2003, pp. 28-29).

6 Cf. Gigi Tevzadze, Der Salon als Instanz einer Vermittlung zwischen Staat und Gesellschaft. in: Robertyo Simanowski u. a.(Hg), Europa – ein Salon? Beiträge zur Internationalität des literarischen Salons, Göttingen 1999, pp. 81-88, hier p. 86.

7 Petra Wilhelmy-Dollinger, Die Berliner Salons: Mit historisch-literarischen Spaziergängen, Berlin/New York 2000, p. 3: "Im Idealfall wurde der Salonabend zu einem improvisierten Kunstwerk der Geselligkeit, zu einem Gesamtkunstwerk menschlichen Lebens und menschlicher Gesellschaft."

8 Barbara Becker-Cantarino, Schriftstellerinnen der Romantik: Epoche, Werke, Wirkung, München 2000, p. 193.

9 Cf. Astrid Köhler, Salonkultur im klassischen Weimar: Geselligkeit als Lebensform und literarisches Konzept, Stuttgart 1996, p. 47.

10 Detlef Kremer, Romantik. Lehrbuch Germanistik, 3. Aufl., Stuttgart 2007, pp. 27-28.

11 Wolfgang Adam, Freundschaft und Geselligkeit im 18. Jahrhundert, in: Katalog des Freundschaftstempels im Gleimhaus in Halberstadt, hrsg. v. Gleimhaus Halberstadt,

Leipzig 2000, pp. 9-34, hier p. 16: “Aufgewertet wird auch die Stellung der Frau: Weibliche Personen werden nach und nach zu einem gern gesehenen, wenn auch nicht gleichberechtigten Mitglied dieser Zirkel. Das Idealbild der geselligen Frau, das Männer für diese entwerfen, ist dabei nicht die Gelehrte, sondern das durch sein graziöses Auftreten gewinnende Frauenzimmer, das aufgrund seiner sorgfältigen Ausbildung in der Lage ist, sich an der Konversation zu beteiligen.”

12 Deborah Hertz, Die jüdischen Salons im alten Berlin, Frankfurt/M. 1991, pp. 149-150.

13 Brigitte Tolkemitt, Knotenpunkt im Beziehungsnetz der Gebildeten: Die gemischte Geselligkeit in den offenen Häusern der Hamburger Familien Reimarus und Sieveking, in: Ordnung, Politik und Geselligkeit der Geschlechter im 18. Jahrhundert, Göttingen 1998, pp. 167-202, hier p. 170.

14 Brief an Karoline Herder(Berlin, 12. Jan. 1801), in: Jean Paul, Sämtliche Werke, HKA, 3. Abt. 4. Bd: Briefe 1800-1804, Berlin 1960, p. 41: “Der Ton hier übertrifft an Unbefangenheit weit den Weimar'schen. Der Adel vermenget sich hier mit dem Bürger, nicht wie Fett mit Wasser, auf welchem dieses immer noch schwimmt und äugelt, sondern sie sind innig vereinigt wie diese durch Laugensalz, woraus Saife entsteht. Gelehrte, Juden, Offiziere, Geheime Räthe, Edelleute, kurz alles was sich an anderen Orten (Weimar ausgenommen) die Hälse bricht, fället einander um diese und lebt wenigstens freundlich an Thee- und Esstischen beisammen.”

15 Cf. Ulrike Weckel, Frauen und Geselligkeit im späten 18. Jahrhundert. Das offene Haus der Sophie von La Roche in Ehrenbreitstein, in: Koblenzer Beiträge zur Geschichte und Kultur, Neue Folge 4, 1994, pp. 41-60, hier p. 58.

16 Roberto Simanowski, Einleitung. Der Salon als dreifache Vermittlungsinstanz, in: Europa - ein Salon? Beiträge zur Internationalität des literarischen Salons, hrsg. v. Roberto Simanowski, Horst Turk und Thomas Schmidt, Göttingen 1999, pp. 6-40.

17 이에 대한 최근의 매우 뛰어난 연구 논문으로는 다음을 참조할 것(Christoph Schulte, Die Töchter der Haskala - Die jüdischen Salonièren aus der Perspektive der jüdischen Aufklärung, in: Die Kommunikations-, Wissens- und Handlungsräume der Henriette Herz (1764–1847), hrsg. v. Hannah Lotte Lund/ Ulrike Schneider/ Ulrike Wels, Göttingen 2017, pp. 57-70). 이미 유대 계몽주의에 대한 저서를 출간한 바 있는 슐테에 의하면, 하스칼라(Haskala)의 목표는 모든 유대인을 교육함으로써 유대인들이 독일과 유럽의 계몽에 동등하게 참여하고 그들의 문학, 지식, 교육 및 예술을 다룰 수 있도록 하는 데 있었다. 정치적으로 하스칼라는 국가의 종교, 양심의 자유뿐만 아니라 교회와 회당 내에서도 유대인에 대한 모든 차별을 종식하려고 했으며, 유대인의 동등한 참여와 인정뿐만 아니라 불우한 소수 민족의 시민적 평등과 생활 조건의 개선을 주장하였다(Ch. Schulte, Die jüdische Aufklärung: Philosophie, Religion, Geschichte, München 2002).

18 Immanuel Kant, Kritik der Urteilskraft, Werkausgabe Bd. X, Frankfurt am Main 1974, p. 300.

19 http://woerterbuchnetz.de/cgi-bin/WBNetz/wbgui_py?sigle=DWB&mode=Vernetzung&lemid=GG11044#XGG11044

20 티크의 <판타수스>를 연구하는 가운데 토마스 마이스너는 그와 같은 세 가지 의미로 사교성을 정리한 바 있다(Thomas Meissner, Erinnerte Romantik, Ludwig Tiecks <Phantasus>, Würzburg 2007, p. 116).

21 Zitiert nach Wolfgang Adam, Geselligkeit und Anakreontik, in: Dichter und Bürger in der Provinz. Johann Peter Uz und die Aufklärung in Ansbach, hrsg. v. Ernst Rohmer, Theodor Verweyen, Tübingen 1998, pp. 31-54, hier p. 37: "Ein geselliger Mensch ist an kein Land und an keine Religion so gebunden, daß er mit andern nicht recht gesellig leben könte.

22 Adolph Freiherr von Knigge, Über den Umgang mit den Menschen(1788/90), hrsg. v. G. Ueding, Frankfurt a. M. 1977, pp. 23-24.

23 Moses Mendelssohn, Ueber die Frage: was heißt aufklären?, in: Berlinische Monatsschrift, Bd. 4, 1784, pp. 193–200(Aus: http://www.deutschestextarchiv.de/book/view/mendelssohn_aufklaeren_1784?p=2). 그리고 멘델스존의 계몽, 교양, 문화 개념에 관해서는 다음을 참조할 것(Detlef Gaus, Geselligkeit und Gesellige. Bildung, Bürgertum und bildungsbürgerliche Kultur um 1800, Stuttgart/Weimar 1998, pp. 62-63).

24 Matthias Riemer, Bildung und Christentum. Der Bildungsgedanke Schleiermachers, Göttingen 1989, p. 30.

25 F. Schlegel, KA, Bd. VIII, pp. 54-55.: "Geselligkeit ist das wahre Element für alle Bildung, die den ganzen Menschen zum Ziel hat, und also auch für das Studium der Philosphie, von der wir reden"

26 F. Schlegel, KA, Bd. XVIII, p. 388: "Nur durch Geselligkeit wird die rohe Eigentümlichkeit gereinigt und gemildert, erwärmt und erheitert; das innre Feuer sanft ans Licht getrieben, die äußere Gestalt berichtigt und bestimmt, gerundet und geschärft. Unmäßge Einsamkeit hingeben ist die Mutter seltsamer Grillen. Daher die eckichte Härte, der barsche Ton, das finstre Kolorit mancher sonst trefflicher Deutscher Schriftsteller."

27 F. Schlegel, KA, Bd. I, p. 361.

28 F. Schlegel, KA, Bd. II, pp. 225-226.

29 D. Kremer, Romantik: Lehrbuch Germanistik, p. 31.

30 Wolfram Mauser, Geselligkeit. Zu Chance und Scheitern einer sozialethischen Utopie um 1750. in: Aufklärung, Vol. 4, No. 1, Entwicklungsschwellen im 18. Jahrhundert, 1990, pp. 5-36.

31 G. Oesterle, Eigenarten romantischer Geselligkeit, in: Europäische Romantik, hrsg. v. H. Hühn und J. Schiedermair, Berlin/Boston 2015, pp. 201-213.

32 J. Fohrmann, Gesellige Kommunikation um 1800. Skizze einer Form, in: Soziale Systeme 3 (1997), pp. 351–360, hier p. 353: "Um 1800, also mit der zunehmend flächendeckenden Durchsetzung der Druckkultur, mit der Bestimmung des Menschen als Leser, mit fortschreitender Alphabetisierung etc. macht (komplementär) eine Vorstellung Karriere, die die res publica litteraria als Öffentlichkeitskonzept transformiert. Emphatisch vertreten wird nun eine Interaktion (freier) Geselligkeit, die auf Mündlichkeit beruhen soll(im Medium der Schrift zur Mündlichkeit aufruft."

1부 2장

1 Cf. Nobert Waszek, Übersetzungspraxis und Popularphilosophie am Beispiel Christian Garves, in: Das achtzehnte Jahrhundert. Zeitschrift der Deutschen Gesellschaft für die

Erforschung des 18. Jahrhunderts, Jg. 31, Heft I, Wolffenbüttel 2007, pp. 42-61.

2 Zitiert nach: Delef Gaus, Geselligkeit und Gesellige: Bildung, Bürgertum und bildungsbürgerliche Kultur um 1800, Stuttgart/München 1998, p. 58.

3 Friedrich Daniel Schleiermacher, Kritische Gesamtausgabe, Bd. 2, Schriften aus der Berliner Zeit, 1796-1799, hrsg. v. Günter Meckenstock, Berlin/New York 1984, pp. 165-184(이하 여기에서는 'KG'로 표기함). 이 글의 제목이 국내 교육학, 철학 등에서는 「사교적 행동 시론」으로 번역되어 있다. 시사적, 시험적이란 뜻을 지닌'시론'이란 개념은 슐라이어마허 스스로 강조한 사교적 행동에 대한 '이론적 고찰'이라는 시도를 담아내기에는 적절하지 않기에 여기서는 그 점을 강조하기 위해 「사교적 행동 이론에 관한 시도」로 직역한다. 혹은 「사교적 행동 이론에 관한 에세이」라고 번역해도 좋다.

4 Hermann Nohl, Vorbemerkungen zu Schleiermachers <Versuch einer Theorie des geselligen Betragens>, in: Otto Braun/Johann Bauer(Hg.), Friedrich D.E. Schleiermacher: Werke, Auswahl in vier Bänden, Zweiter Band, Leipzig 1913, pp. XXII- XXIV.

5 Cf. Klaus L. Berghahn, Gesellige Assimilation. Die jüdischen Salons in Berlin 1780–1806, in: Renate Loos/ Horst Lademacher/ Simon Groenveld(Hg), Ablehnung – Duldung – Anerkennung. Toleranz in den Niederlanden und Deutschland. Ein historischer und aktueller Vergleich, Münster/New York/Münster/Berlin, pp. 380-399 hier p. 384. "사교적 동화"(Gesellige Assimilation)라는 개념 사용과 관련하여, 베르크한은 독일 내에 존재하는 유대인은 독일 사회 및 독일인에 동화될 수밖에 없음을 강조하고 있다. 하렌트의 시각에 의하면, 그것은 순수 유대인 파리아(pariah)로부터 다른 사회/민족/종교에 동화된 유대인 파브뉴(parvenu)로의 전환을 뜻한다. 이와 관련해서는 라헬 레빈(파른하겐)을 분석한 한나 아렌트의 뛰어난 연구성과(Hannah Arendt, Rahel Varnhagen: Lebensgeschichte einer deutschen Jüdin aus der Romantik, München, 1959)를 참조할 것.

6 KG, p. 166.

7 KG, p. 17: "ja ohne sie muß jede Ausübung nur eine blinde unzusammenhängende Empirie seyn."

8 KG, p. 168.

9 KG, p. 165.

10 KG, p. 165: "Es muß also einen Zustand geben, der diesen beiden ergänzt, der die Sphäre eines Individui in die Lage bringt, daß sie von den Sphären Anderer so mannigfaltig als möglich durchschnitten werde, und jeder seiner eigenen Grenzpunkte ihm die Aussicht in eine andere und fremde Welt gewährte, so daß alle Erscheinungen der Menschheit ihm nach und nach bekannt, und auch die fremdesten Gemüter und Verhältnisse ihm befreundet und gleichsam nachbarlich werden. Diese Aufgabe wird durch den freien Umgang vernünftiger sich untereinander bildender Menschen gelöst."

11 위 인용 대목은 '이질적인 것과의 교차'라는 매우 혁신적인 언술을 담고 있다. 이 구절과 관련하여 바이데만은 흥미로운 해석을 덧붙이고 있다. 즉, 18세기에는 다른 세계와 접촉하고 싶은 충동을 반영한 세 가지 증후군이 나타나는데, 항구, 여행, 소설이라는 세 가지 문화적 활동 장르가 그와 같은 "교차점에 대한 낙관주의의 활성화"(Aktualisierung des Schnittstellenoptimismus)를 표현해내고 있다. 이러한 세 가지 문화적 활동과 같은 선상에서 슐라이어마허의 사교 이론도 사회 내에서 다른 이들과 접촉하고 싶은 마음을 반영한 것으로 볼 수 있다는 것이 바이데만의 해석이다. 다만 위의 세 가지 문화적 활동과 슐라이어마허의 사교 이론 간의 결정적 차이점은, 전자가 단지 자기 자신의 삶의 지평 및 경험 등을 넓히는 일면성을 띤다면, '상호작용'을 중시하는

슐라이어마허의 시각은 자신의 시각을 넓히려는 개인만이 아닌, 개인들 간의 쌍방향적, 상호주관적 활동에 방점을 두고 있다는 것이다(Conrad Weidemann, Ideale Geselligkeit und ideale Akademie. Schleiermachers Geselligkeits-Utopie 1799 und heute, in: Ideale Akademie: vergangene Zukunft oder konkrete Utopie?, hrsg. v. Wilhelm Voßkamp, Berlin 2002, pp. 61-80, hier p. 64).

12 Otto Friedrich Bollnow, Zwischen Philosophie und Pädagogik. Vorträge und Aufsätze, Aachen 1988, pp. 71-72: "irgendwo in der Mitte zwischen der existentiellen Beteiligung im Freundesgespräch und dem verantwortungslosen Gerede, zwischen dem sachbezogenen Gespräch in der beruflichen Arbeit und dem vertraulichen Umgang in der Familie".

13 KG, p. 165: "Hier (...) ist der Mensch ganz in der intellektuellen Welt, und kann als ein Miglied derselben handeln; (...) von keinem Gesetz beherrscht, als welches er sich selbst auflegt, hängt es nur von ihm ab, alle Beschränkungen der häuslichen und bürgerlichen Verhältnisse auf eine Zeitlang, soweit er will, zu verbannen. Dies ist der sittliche Zweck der freien Geselligkeit."

14 KG, p. 165: "Freie, durch keinen äußern Zweck gebundene und bestimmte Geselligkeit wird von allen gebildeten Menschen als eins ihrer ersten und edelsten Bedürfnisse laut gefördert."

15 KG, p. 172: "Mitglied einer Gesellschaft ist jemand, nicht sofern er diese oder jene einzelne Eigenschaft oder Kenntnis besitzt, oder zu irgendeiner besonderen Klasse gehört, sondern er soll gerade seine Individualität, seine Eigentümlichkeit mitbringen; denn nur in dieser ist das freie Spiel seiner Gedanken und Gefühle, welche seine Tätigkeit in der Gesellschaft sein soll, gegründet. Ein Mensch ist aber nur insofern ein Individuum, als alles an ihm zusammenhängt, einen Mittelpunkt hat und sich gegenseitig bestimmt und erklärt."

16 KG, p. 169: "Das Wort sollte nur in diesem Verstande genommen werden. In jeder durch einen äußern Zweck gebundenen und bestimmten geselligen Verbindung ist den Theilhabern etwas gemein, und diese Verbindungen sind Gemeinschaften, κοινονιαι; hier(auf der anderen Seite) ist ihnen eigentlich nichts gemein, sondern alles ist wechselseitig, das heißt eigentlich entgegengesetzt, und dies sind Gesellschaften, συνουσιαι."

17 https://www.lbe.bayern.de/service/lexikon/neue/24905/index.php: "Während Gesellschaft für ein zweckhaftes, rationales Handeln steht, zielt Gemeinschaft auf ein Tun und Wirken, das den Zweck in sich selbst trägt, also nicht-instrumentell ist. Zur Assoziationskette der Gemeinschaft zählt Tönnies: Familienleben, Eintracht, Gesinnung, Volk, Dorf, Sitte, Gemüt, Gemeinwesen. Gesellschaft hingegen sieht er verwandt mit Großstadt, Konvention, Berechnung, Bürokratie."

18 Andreas Arndt, Friedrich Schleiermacher als Philosoph, Berlin/Boston 2013, p. 58.

19 Cf. A. Arndt, Friedrich Schleiermacher als Philosoph, p. 63.

20 최문규, 독일낭만주의, 연세대학교 출판부, 2005, 20-45쪽 참조.

21 Emanuel Peter, Geselligkeiten: Literatur, Gruppenbildung und kultureller Wandel im 18. Jahrhundert, Tübingen 1999, p. 9.

22 Kurt Lüthi, Feminismus und Romantik. Sprache, Gesellschaft, Symbole, Religion, Wien 1985, p. 32.

23 18세기 말 무도(Tanz)에 대한 관점은 다양하다. 슐라이어마허와 정반대의 관점은 실러에게서 엿볼 수 있다. 친구 쾨르너(Christian Gottfried Körner)에게 보낸 편지들 – 이 편지들은 일명 <칼리아스 서신>(Kallias-Briefe)으로 불리는데 – 가운데 1793년 2월 23일자 편지에서 실러는 "아름다운 교류의 이상"(das Ideal des schönen Umgangs)을 설명하기 위해 영국의 춤을 예로 들면서 춤추는 이들을 "자신의 자유를 주장하는 것과 다른 이의 자유를 보호하려는 것에 대한 가장 뛰어난 상징적 비유"(das treffendste Sinnbild der behaupteten eigenen Freiheit und der geschonten Freiheit des anderen)라고 강조하고 있다. 이는 슐라이어마허의 시각과는 배치된다. 이처럼 무도의 비유를 해석함에 있어서도 고전주의자(실러)와 낭만주의자(슐라이어마허)는 서로 다른 시각을 내보이고 있다. 춤추는 쌍들 간의 충돌 없는 아름다움이라는 비유로써 실러가 전형적인 독일 보수주의 미학의 '심미적 이데올로기'의 환상을 제시하고 있다면, 슐라이어마허는 춤추는 개별 쌍의 일방적인, 적나라한 이기심에 대한 사례를 제시하고 있다. 무도에 대한 실러의 시각을 비판한 글로는 다음을 참조할 것(Paul de Man, Ästhetische Formalisierung. Kleists Über das Marionettentheater, in: ders., Allegorien des Lesens, Frankfurt a.M., 1988, pp. pp. 205-233, hier pp, 205-206).

24 KG, pp. 169-170:" Der Zweck der Gesellschaft wird gar nicht als außer ihr liegend gedacht; […] es kann also auf nichts anders abgesehen seyn, als auf ein freies Spiel der Gedanken und Empfindungen, wodurch alle Mitglieder einander gegenseitig aufregen und beleben."

25 F. Schleiermacher, Entwurf eines Systems der Sittenlehre, in: Friedrich Schleiermacher's sämmtliche Werke. Dritte Abtheilung. - Zur Philosophie. Fünfter Band, Berlin 1935, p. 308: "Die freie Geselligkeit tritt nur dadurch als eine eigene Organisation auf, daß sie sich hierin ganz vom Staate trennt. Denn dieser kann den Stand nur an äußeren Kennzeichen festhalten, welche im einzelnen sehr oft da sein können, wo die innere Qualification nicht ist. Die freie Geselligkeit aber erstirbt, sobald sie sich nach äußeren Kennzeichen organisieren will."

26 KG, p. 170: "Die Wechselwirkung ist sonach in sich selbst zurückgehend und vollendet; in dem Begriff derselben ist sowohl die Form als der Zweck der Gesellschaft enthalten, und sie macht das ganze Wesen der Gesellschaft aus."

27 F. Schleiermacher, Monologen, Eine Neujahrausgabe, in: Friedrich Schleiermacher, Schriften, hrsg. v. Andresa Arndt, Frankfurt am Main 1996, pp. 168-169: "Wer sich zu einem bestimmten Wesen bilden will, dem muß der Sinn geöffnet sein für alles, was er nicht ist (...) nur durch Entgegensetzung wird das Einzelne erkannt."

28 이는 마치 개인의 주관성 이전에 차이, 차연, 다름 등이 선행한다는 데리다의 사유를 선취하는 듯이 읽히며, 그런 의미에서 만프레드 프랑크(M. Frank)는 슐라이어마허와 데리다 간의 유사성을 강조하고 있다. 이에 대한 논의는 매우 복잡하며 다른 지면이 필요하다.

29 F. Schleiermacher, Dialektik(1814/15)/Einleitung zur Dialektik(1833), hrsg. v. Andreas Arndt, Hamburg 1988, p. 120: "Das freie Gespräch ist nun die auf diesem Wege durch gegenseitige Mitteilung sich entwickelnde Wechselwirkung, wobei das Verhältnis der Gedanken des einen zu denen des anderen ihrem Inhalte nach so gut als gar nicht in Betracht kommt, sondern nur die allerdings durch das Wohlgefallen an der Mitteilung zu unterstützende erregende Kraft, welche die Gedankenerzeugung des einen auf die

des anderen ausübt. (...) Dieses ursprüngliche, in jedem Zusammenleben sich bildende Gespräch (...) hat kein anderes natürliches Ende als die allmählische Erschöpfung des beschriebenen Prozesses, und kann also um so länger fortgesetzt werden, je mehr erregende Kraft den hervortretenden Gedanken einwohnt."

30 F. Schleiermacher, Schriften aus der Berliner Zeit 1796-1799, hrsg. v. Günter Meckenstock, Berlin/New York 1984, p. 34: "Wechselwirkung ist nur da wo jede Tätigkeit des einen Wirkung des andern ist. Also auch die Thaetigkeit des Hörers während des Hörens; er muß also bloß vernehmen – nun aber soll seine Thaetigkeit eine freie Entwicklung seiner Humanität seyn: ich muß ihn also in den Zustand versezen daß er nicht anders kann als vernehmen, und auch in den daß er nichts anders will als vernehmen."

31 Ibid.: "Soll das Vernehmen des Hörers eine Tätigkeit seyn so muß es auch im Redenden etwas wirken. Die Passivität muß activ seyn. Dies muß ins unendliche fortgehn und ist das stumme Spiel der Gesellschaft. Je potentiirter es ist, desto mehr gute Lebensart herrscht."

32 KG, p. 170: "Alle sollen zu einem freien Gedankenspiel angeregt werden durch die Mitteilung des meinigen."

33 KG, p. 167. "무목적성", "자유로운 놀이"은 사교성과 예술작품 간의 공통적인 특성, 즉 수사학의 비유 이론에 의하면 '테르티움 콤파라치오니스'(Tertium Comparationis: 두 사물을 비교하기 위한 제 3의 존재)라고 할 수 있다. 사교 모임에서 계급, 신분, 종교에 기반한 위계질서가 해체되어 자유로운 교제가 가능하듯, 마찬가지로 예술적 놀이(그 결과물로서의 예술작품)에서도 장르 간의, 문체 간의 모든 위계질서가 해체되어 형식과 내용의 자유로운 실험이 가능하다. 낭만주의와 아라베스크의 연관성을 밝히는 논문에서 귄터 외스터레도 그 점을 정확히 규명해 준 바 있다 (Cf. Günter Oesterle, Arabeske und Zeitgeist, in: Ideologie und Utopie in der deutschen Literatur der Neuzeit, hrsg. v. Bernhard Spies, Würzburg 1995, pp. 43-57, hier p. 47).

34 Norbert Altenhofer, Geselliges Betragen-Kunst-Auslegung. Anmerkungen zu Peter Szondis Schleiermacher-Auslegung und zur Frage einer materialen Hermeneutik, in: U. Nassen(Hg.), Studien zur Entwicklung einer materialen Hermeneutik, München 1979, pp. 165-211, hier p. 181.

35 G. Simmel, Grundfragen der Soziologie: Individuum und Gesellschaft, Berlin 2019, p. 42: "Es ist kein bloßer Zufall des Sprachgebrauchs, daß alle Geselligkeit, auch die ganz naturalistische, wenn sie irgend welchen Sinn und Bestand haben soll, einen so großen Wert auf die Form legt, auf die gute Form. Denn Form ist gegenseitiges Sich—Bestimmen, Wechselwirken der Elemente, wodurch sie eben eine Einheit bilden; und da nun fur die Geselligkeit die konkreten, an die Zwecksetzungen des Lebens angeknüpften Motivierungen der Vereinheitlichung in Wegfall kommen, so muß die reine Form, der so zusagen freischwebende, wechselwirkende Zusammenhang der Individuen umso starker und mit umso größerer Wirksamkeit akzentuiert werden. Und was die Kunst mit dem Spiele verbindet, tritt an der Analogie beider mit der Geselligkeit hervor."

36 'Manier'를 혹자는 '기교'로 번역하기도 하는데, 그 번역은 수단적, 기술적 의미를 강하게 풍긴다. 'Manier'는 영어 '매너', '스타일'에 해당되는 바, 이는 개인이 취하는 '고유한 행동 양식 내지는 방식'을 뜻한다.

37 KG, p. 174: "Einen einzelnen Menschen nehmlich chrakterisirt man in Absicht auf sein Denken und Handeln keineswegs nach dem Stoffe (...) sondern nach der Art,

wie er ihn behandelt, verbindet, ausbildet und mittheilt. Dies ist das wesentliche, was ein Individuum chrakterisirt, und wir wollen es in Beziehung auf die Gesellschaft die Manier nennen. Dagegen ist es gerade der Stoff, nach welchem man Gesellschaften in verschiedene Arten abteilt, und ihren Charakter bestimmt. (...) Den so durch den Stoff bestimmten Charakter einer Gesellschaft will ich (...) den Ton derselben nennen."

38 KG, p. 174.

39 KG, p. 174.

40 KG, p. 179: "Um das Quantum des Stoffs, dessen eine bestimmte Vereinigung von Personen fähig ist, zu finden, muß man allerdings von dem Stoff ausgehn, den die bürgerliche Lage derselben als notwendig in ihnen vorhanden anweist; aber man muß zugleich voraussetzen, sie haben denselben so weit kultiviert, daß er zum Zweck der freien Geselligkeit geeignet ist, indem sie zu solchen Ansichten und Kenntnissen davon gelangt seien, die allgemein interessant sind, und über die eigentliche Sphäre des Gewerbes und des Berufs hinausliegen."

41 KG, p. 171: "Wenn zweie unter einander etwas besprechen, was ihnen zwar gemeinschatlich, aber den Andern ganz fremd ist, so machen sie zwar unter sich einen Gesellschaft aus, aber sie haben sich von den den Uebrigen getrennt. In jedem solchen Falle hört die Gesellschaft auf, ein Ganzes zu sein."

42 KG, p. 171: "Es gründet sich auf die Beschränktheit derjenigen, die sich gegen einander in dem Zustande der freien Geselligkeit befinden wollen, und lautet so: deine gesellige Thätigkeit soll sich immer innerhalb der Schranken halten, in denen allein eine bestimmte Gesellschaft als ein Ganzes bestehen."

43 KG, p. 171: "Die Sprache selbst weist uns demnach für diesen Begriff den Namen des Schicklichen an; unser Gesetz ist seinem Inhalt nach, das Gebot der Schicklichkeit, und besagt: daß nichts angeregt werden soll, was nicht in die gemeinschatliche Sphäre gehört."

44 KG, p. 174.

45 KG, p. 174: "das Gesetz der Schicklichkeit erhält nun die Bedeutung: ich soll den Ton der Gesellschaft halten und mich in Absicht auf den Stoff durch sie leiten und mich beschränken lassen (...), wobei es mir aber frei bleibt, innerhalb dieser Sphäre meine eigentümliche Manier vollkommen walten zu lassen."

46 D. Gaus, Geselligkeit und Gesellige: Bildung, Bürgertum und bildungsbürgerliche Kultur um 1800, p. 89.

47 Petra Wilhelmy-Dollinger, Die Berliner Salons: Mit historisch-literarischen Spaziergängen, Berlin 2000, p. 99.

48 KG, p. 172: "er(jemand) soll grade seine Individualität, seine Eigenthümlichkeit mitbringen; denn nur in dieser ist das freie Spiel seiner Gedanken und Gefühle, welches seine Thätigkeit in der Gesellschaft seyn soll, gegründet."

49 KG, p. 175: "Dagegen soll sich – wennigstens um der Schicklichkeit willen – in seiner eigenthümlichen Manier Niemand genieren."

50 KG, p. 175: "... daß jeder danach strebe, das was er ist, an den Tag zu geben; seine unbequemen Eigenschaften in Schranken zu halten, das ist dann die Angelegenheit

der Andern, und sie werden schon dafür sorgen."

51 Cf. KG, p. 180.

52 KG, p. 176: "Der gewandteste ist derjenige, der zugleich am vielseitigsten und am originellsten ist, der in jeden Stoff hinein zugehen bereit ist, und auch den geringfügigsten und fremdesten noch seine Eigentümlichkeit auf mancherlei Weise auszudrücken weiss."

53 KG, p. 180.

54 KG, p. 181: "Alle gesellschaftliche Äußerungen müssen demzufolge eine doppelte Tendenz, gleichsam einen doppelten Sinn haben, einen, den ich den gemeinen nenen möchte, der sich unmittelbar auf die Unterhaltung bezieht, und seinen Zweck notwendig und unmittelbar erreicht, einen anderen gleichsam höheren, der nur aufs Ungewisse hingeworfen wird, ob ihn jemand aufnehmen und die darin enthaltenen Andeutungen weiter verfolgen will."

55 P. Wilhelmy-Dollinger, Die Berliner Salons: Mit historisch-literarischen Spaziergängen, p. 101.

56 KG, pp. 182-183.

57 이에 대해 슐라이어마허 전공자들은 반론을 제기할 것이 틀림없다. 그들은 주로 슐라이어마허의 해석학적 작업과 논점이 1805년 이후 1833년까지 서서히 정립되었다고 한다.

58 I. Kant, Akademie Ausgabe, hrsg. v. Deutsche Akademie der Wissenschaften, Bd. VIII, Berlin 1902ff., p. 20.

59 KG, p. 172.

60 KG, p. 173.

61 KG, p. 166: "Nur daß hier, wegen des nothwendigen Mangels einer öffentlichen Gewalt, Jeder für sich selbst Gesetzgeber seyn, und Jeder auf alle Weise dahin sehen soll, daß das gemeine Wesen keinen Schaden leide."

62 KG, p. 170: "Jede einzelne Gesellschaft nämlich muß (...) ein bestimmtes Maas haben, und existirt nur, in so fern sie dieses hat, als ein Individuum."

63 Novalis, Schriften. Die Werke Friedrich von Hardenbergs, Historisch-kritische Ausgabe in vier Bänden, hrsg. v. Richard Samuel in Zusammenarbeit mit Hans-Joachim Mähl und Gerhard Schulz, Stuttgart u. a. 1960ff., Bd. 2, p. 431: "Die Gesellschaft ist nichts, als gemeinschaftliches Leben: eine unteilbare denkende und fühlende Person. Jeder Mensch ist eine kleine Gesellschaft."

64 Cf. Manfred Frank, Das individuelle Allgemeine. Textstruktuierung und Textinterpretation nach Schleiermacher, Frankfurt a. M. 1985.

65 KG, p. 173.

66 KG, p. 173: "Ich soll meine Individualität, meinen Charakter mitbringen, und ich soll den Charakter der Gesellschaft annehmen; beides soll in demselben Moment geschehen, soll eins und in einer Handlungsweise vereinigt seyn."

67 슐라이어마허는 「종교에 대하여」(Über die Religion. Reden an die Gebildeten unter ihren Verächtern, 1799)의 네 번째 글에서 가정을 "우주의 가장 잘 형성된(문명화된) 요소이자 우주의 가장 충실한 형상"(das gebildetste Element und das treueste Bild des Universums)으로 정의하고 있다. 종교적, 윤리적 차원에서 파악된 가정의 의미와 사회문화적 차원에서 사교성

을 제한하는 공동생활 형태로서의 가정의 의미는 서로 구분하는 것이 좋을 듯 싶다. 「종교에 대하여」에서 규정된 가정과 관련해서는 사실 다른 질문이 제기될 수 있다. 가령 가정 내에서의 친밀한 종교적 감수성과 교회 같은 제도적, 공적 공간 내에서의 예배 의식은 각기 여성적, 남성적으로 구분될 수 있는데, 「종교에 대하여」에서 '여성, 가정, 종교' 간의 친화성을 강조하는 슐라이어마허의 시각이 과연 '남녀역할 분담'(Rollenverteilung)이라는 전통적인 가부장적 사유를 답습하는 것인지, 아니면 좀 더 확장된 의미에서 여성의 적극적이고 전문적인 종교적 역할과 기능을 요청하는 것인지가 검토해 볼만 주제로 간주된다. 이에 대해서는 다음의 연구를 참조할 것(Elisabeth Hartlieb, Geschlechterdifferenz im Denken Friedrich Schleiermachers, Berlin 2006, esp. Kap. VI).

68 F. Schleiermacher, Entwurf eines Systems der Sittenlehre, in: Friedrich Schleiermacher's sämmtliche Werke. Dritte Abtheilung. - Zur Philosophie. Fünfter Band, Berlin 1835, p. 265: "Die freie Geselligkeit muß vorangehen für die Liebe, aber sie kann nur entstehn durch die Familie, weil sie das Eigenthum voraussetzt. Also muß die Familie als ein ursprünglich Gegebenes angesehn werden. Die freie Geselligkeit auch. Daher ist beides identisch. Die Familie zugleich die ursprüngliche Sphäre der freien Geselligkeit."

69 KG, p. 175: "Es gehört geradehin zur Vollkommenheit einer Gesellschaft, daß ihre Mitglieder in ihrer Ansicht des Gegenstandes und ihrer Manier, ihn zu behandeln, so mannigfaltig als möglich voneinander abweichen, weil nur so der Gegenstand in Beziehung auf die Geselligkeit erschöpft und der Charakter der Geselligkeit völlig ausgebildet werden kann."

70 KG, p. 175: "Die Scheu, seine eigene Art frei gewähren zu lassen, wenn sie auch untergeordnet und fehlerhaft sein sollte, ist eine der Gesellschaft höchst verderbliche Blödigkeit."

71 Hermann Patsch, Der Popo der Mereau. Ein unbekanntes Gedicht Friedrich Schlegels, in: Athenäum, 2009, pp. 155-165, hier p. 156.

72 Günter Oesterle, Eigenarten romantischer Geselligkeit, in: Helmut Hühn/ Joachim Schiedermair(Hg.), Europäische Romantik. Interdisziplinäre Perspektiven der Forschung, Berlin/Boston 2015, pp. 201-214, hier p. 212.

73 KG, p. 178: "Ich kann mich nicht hiebei der Bemerkung nicht enthalten, ob nicht, wenn es anders wahr ist, daß die bessere Gesellschaft sich bei uns zuerst unter den Augen und auf Betrieb der Frauen bildet, dieses, wie so vieles andere Vortreffliche, in den menschlichen Dingen ein Werk der Noth ist? Die Frauen nämlich sind (...) weit übler daran, als die Männer (...). Denn wenn der Mann auch von seinem Beruf spricht, so fühlt er sich doch von einer Seite noch frei, nämlich von der häuslichen; dagegen die Frauen, bei denen beides zusammenfällt, bei einer solchen Unterhaltung alle ihre Fesseln fühlen. Dies treibt sie dann weit weg unter die Männer, bei denen sie denn, weil sie mit dem bürgerlichen Leben nichts zu thun haben, und die Verhältnisse der Staaten sie nicht interessiren, jener Maxime nicht mehr folgen können, und eben dadurch, daß sie mit ihnen keinen Stand gemein haben, als den der gebildeten Menschen, die Stifter der besseren Gesellschaft werden."

74 Cf. Detlef Kremer/Andreas Kilcher, Romantik, 4. Aufl., Stuttgart 2015, p. 34.

75 F. Schlegel, KA, Bd. XXIV, p. 169: "Da die Schriftgelehrten in Berlin, wie ich höre, uns nicht verstehen wollen, so sind wir beyde sehr gesonnen unsere Hoffnung auf die

Frauen zu setzen."

76 F. Schlegel, KA, Bd. XXIV, p. 53.

77 Cf. F. Schlegel, KA, Bd. II, p. 110. 프리드리히 슐레겔과 아우구스트 슐레겔 중 누가 쓴 것인지는 불명확하지만 아테네움 2번 단편은 다음과 같다. "그 발생 방식이나 영향에 있어서 지루함과 숨 막힐 것 같은 공기는 서로 비슷하다. 한 무리의 사람들이 폐쇄적인 공간 내에 함께 있는 곳에서 그 두 가지가 발생한다"(Die Langeweile gleicht auch in ihrer Entstehungs- art der Stickluft, wie in den Wirkungen. Beide entwickeln sich gern, wo eine Menge Menschen im eingeschloßnen Raum beisammen ist). 살롱의 답답하고 진부한 분위기에 대해서는 다음의 글들도 참조할 것(KA, Bd. XXIV, p. 30; KA, Bd. XXIV, p. 171 u. p. 230).

78 L. Jonas/ W. Dilthey(Hg.), Aus Schleiermachers Leben. In Briefen, Bd. III, Berlin 1861, p. 132.

79 Ibid., p. 267

80 바이데만은 '자유로운 사교의 두 가지 조건'으로, 한편으로 개성을 무조건 예찬하는 것을 지양해야 하며, 다른 한편으로 중용의 예법에 적응하라는 명령을 강조하는 가운데 개성을 억압해서는 안된다고 강조한다(C. Weidemann, Ideale Geselligkeit und ideale Akademie, p. 66).

81 Thomas Grosser, Identität und Rolle: Kontext, Konzept und Wirkungsgeschichte der Genieästhetik bei Novalis, Opladen 1991, p. 106.

82 Cf. Konrad Feilchenfeldt, Die Berliner Salons der Romantik, in: Rahel Levin Varnhagen. Die Wiederentdeckung einer Schriftstellerin, hrsg. v. Barbara Hahn/ Ursula Isselstein, Göttingen 1987, pp. 152-163.

1부 3장

1 F. Schleiermacher, Kritische Gesamtausgabe. V. Abt. Bd. 1: Briefwechsel 1774-1796, hrsg. v. Andreas Arndt/Wolfgang Virmond, Berlin/New York 1985, p. 53: "Daß ich beim diesem Zustande eine unerschütterliche Anhänglichkeit an die Brüdergemeine bekamm und es für ein großes Unglück angesehen hätte kein Mitglied derselben zu werden, ist sehr natürlich." 슐라이어마허와 헤른후프파 간의 관계에 대해서는 일찍이 연구된 것으로 알려져 있다(Heinrich Gelzer, Schleiermacher und die Brüdergemeinde. Zur innern Geschichte des deutschen Protestantismus, in: Protestantische Monatsblätter für innere Zeitgeschichte. 6. Band, 1855, pp. 11-72).

2 KGA, V/3, p. 49: "Jeder Mensch muß schlechterdings in einem Zustand moralischer Geselligkeit stehen, er muß einen oder mehrere Menschen haben, denen er das Innerste seines Wesens, seines Herzens und seine Führungen kundtut, nichts muss in ihm sein, womöglich was nicht noch irgendeinem außer ihm mitgeteilt wurde. Das liegt in dem göttlichen Anspruche, es ist nicht gut, daß der Mensch allein sei mehr als irgend etwas anderes."

3 Petra Wilhelmy, Der Berliner Salon im 19. Jahrhundert(1780-1914), Berlin-New York 1989, pp. 54-55: "Lesegesellschaften und der utopische 'Tugendbund'mit seinen praktischen Problemen konnten der Anforderung nicht gerecht werden, eine völlig freie und ungebundene, aber dennoch regelmäßige und anspruchsvolle Geselligkeit zu sein. Nur der Salon vereinigte beide Vorzüge, weil er inhaltlich frei und formal nur

an die Person einer gebildeten Saloniere gebunden war. In einen Salon ging man nur, wenn man Zeit und Lust dazu hatte. Man erwartete kein bestimmtes 'Programm'. Der Reiz dieser Geselligkeit lag gerade in ihrer Spontaneität und in der Zufälligkeit ihrer Zusammensetzung."

4 J. Habermas, Strukturwandel der Öffentlichkeit, Darmstadt/Neuwied 1968, p. 45: "Die Stadt ist nicht nur ökonomisch Lebensraum der bürgerlichen Gesellschaft; im kulturpolitischen Gegensatz zum 'Hof' bezeichnet sie vor allem eine frühe literarische Öffentlichkeit, die in coffee-houses, Salons und den Tischgesellschaften ihre Institution findet."

5 Klaus L. Berghahn, Gesellige Assimilation. Die jüdischen Salons in Berlin 1780-1806, in: Renate Loos/ Horst Lademacher/ Simon Groenveld(Hg.), Ablehnung - Duldung - Anerkennung. Toleranz in den Niederlanden und Deutschland. Ein historischer und aktueller Vergleich, Münster/New York/Münster/Berlin 2004, pp. 380-399, hier p. 384. "사교적 동화"라는 개념 사용을 보면 베르크한은, 당시 유대인은 자신의 출생과 종교에서 벗어나 독일 사회 및 독일인과 동화되기 위해 사교 활동을 전개하였음을 강조하고 있다. 이와 같은 분석은 라헬 레빈(파른하겐)을 연구한 한나 아렌트의 유대인적 시각에서 보면 철저히 '독일적인 시각'이라고 할 수 있다. 언뜻 사회적 동화를 통해 신분 상승을 꾀한 유대인(parvenü)도 실은 배척된 아웃사이더의 아픔과 상처를 지닌 '파리아'(paria) 의식을 평생 간직할 수 있으며, 이에 대한 대표적인 예로는 한나 아렌트의 라헬 레빈(파른하겐)에 대한 연구를 들 수 있다.

6 Wilhelm Dorow, Aufzeichnungen, Aktenstücke und Briefe zur Begründung historischer Wahrheit und zur Berichtigung der Memoiren aus der neuesten Zeit in 4. Bde, Bd. 4: Erlebtes aus den jahren 1790-1827, Leipzig 1843-1845, p. 12.

7 KGA V.2, p. 370(Brief am 04. August 1798): "Daß junge Gelehrte und Elegants die hiesigen großen jüdischen Häuser fleißig besuchen, ist sehr natürlich, denn es sind bei weitem die reichsten bürgerlichen Familien hier, fast die einzigen, die ein offenes Haus halten und bei denen man wegen ihrer ausgebreiteten Verbindungen in allen Ländern Fremde von allen Ständen antrifft. Wer also auf eine recht ungenirte Art gute Gesellschaft sehn will läßt sich bei solchen Häusern einführen, wo natürlich jeder Mensch von Talenten, wenn es auch nur gesellige Taltente sind gern gesehen wird und sich auch gewiß amüsirt, weil die jüdischen Frauen - die Männer werden zu früh in den Handel gestürzt - sehr gebildet sind, von allem zu sprechen wißen und gewöhnlich eine oder die andere schöne Kunst in einem hohen Grade besizen."

8 Henriette Herz, Ihr Leben und ihre Erinnerungen, hrsg. v. J. Fürst, Berlin 2015, p. 80: "In unserem Kreis war nach und nach wie durch ein[en] Zauber alles hineinbezogen, was irgend Bedeutendes von Jünglingen und jungen Männern Berlin bewohnte oder auch nur besuchte. Denn Selbstbewußtsein und Lebensfrische duldeten nicht, daß das einmal aufgesteckte Licht unter den Scheffel gestellt würde, und schon leuchtete es daher aus weiter Ferne. Auch geistesverwandte weibliche Angehörige und Freundinnen jener Jünglinge fanden sich allgemach ein. Bald folgten auch die freisinnigen unter den reiferen Männern, nachdem die Kunde solcher Geselligkeit in ihre Kreise eingedrungen war. Ich meine, pour comble wurden wir zuletzt Mode, denn auch die fremden Diplomaten verschmähten uns nicht."

9 Joseph Fürst(Hg.), Henriette Herz. Ihr Leben und ihre Erinnerungen, Berlin 2015(Zuerst

1850), pp. 76-77: "Da nun manche der jungen Ehepaare ihr Haus den beiderseitigen Bekannten eröffneten, so wurde dies Gelegenheit, daß der Geist, welcher sich durch die Beschäftigung[120] der Frauen mit der Literatur, ihre Unterhaltung darüber, und die Ideen, welche sich durch Beide in ihnen erzeugten, gebildet hatte, zur Kunde und Theilnahme weiterer Kreise gelangte. Und dieser Geist war in der That ein eigenthümlicher. (...) Die christlichen Häuser Berlins boten andererseits nichts, welches dem was jene jüdischen an geistiger Geselligkeit boten, gleichgekommen oder nur ähnlich gewesen wäre."

10 안나 도로테아 테어부쉬(Anna Dorothea Therbusch: 1721-1782)는 독일 로코코 시대의 여류 화가이며, 안톤 그라프(Anton Graff: 1736-1813)는 저명한 스위스 출신의 화가로서 1000여 점의 초상화를 그릴 정도로 당대의 초상화 전문가로 손꼽혔다. 그라프의 초상화가 헤르츠의 실제 인물상에 가깝다면, 흔히 헤르츠 연구서의 겉표지에 자주 인용되는 그림인 테어부쉬의 헤르츠 초상화의 특징은 헤르츠를 마치 신부의 모습으로 혹은 그리스 신화에 나오는 청춘의 여신 헤베(Hebe)로 미화하고 있다는 점이다. 머리에 화환을 쓰고 어깨와 가슴을 에로틱하게 드러내고 또한 술잔을 들고 있다는 모습을 통해서 헤르츠는 아름답게 그려져 있다. 그렇지만 다른 각도에서 보면, 청춘의 여신 헤베로서 헤르츠를 에로틱하게 그려낸 것은, 유대인 여성임에도 불구하고 헤르츠가 여러 지인들과의 자유로운 사교 모임을 행했다는 의식, 즉 경계와 한계를 넘어서려는 그녀의 과감하고 아방가르드적인 욕망과 의식을 암시하고 있다. 즉, 당시 종교적으로나 윤리적으로 매우 엄격한 가정 교육 및 여성의 도덕을 중시하는 유대인 전통에 도전하고 그 타부를 부수려는 그녀의 의식 말이다.

11 Zitiert nach Petra Wilhelmy-Dollinger, Die Berliner Salons: Mit historisch-literarischen Spaziergängen, Berlin/New York 2000, p. 62.

12 Zitiert nach Petra Wilhemy-Dollinger, "Häuser ohne Frauen sind Verse ohne Poesie" - Berliner Salons vor und um 1800, in: Kennen Sie Preußen - wirklich?: Das Zentrum "Preußen-Berlin" stellt sich vor, hrsg. v. Bärbel Holtz/Wolfgang Neugebauer, Berlin 2009, p. 59. 장다르멘 마르크트는 베를린에 있는 아름다운 광장 이름이며, 현재는 콘서트하우스를 중심으로 좌우에 독일 성당과 프랑스 성당을 끼고 있음.

13 H. Patsch, Schleiermacher und die Bestattung Rahel Varnhagens. Eine kommentierte Briefedition, in: New Athenäum – Neues Athenaeum, vol. II, 1991, pp. 69-80, hier pp. 70-71.

14 H. Zimmermann, Meisterin der Kommunikation, in: https://www.deutschlandfunk.de/meisterin-der-kommunikation.700. de.html?dram:article_id=35109: "In diesem Reizklima avanciert die junge Rahel Levin zum Mittelpunkt einer neuen Geselligkeitskultur inmitten eines überständischen Gesprächs- und Beziehungskreises. Ihre Dachstube beherbergt bald einzigartige Gäste – Stars der Ifflandschen Theatertruppe, Autoren wie Jean Paul, Ludwig Tieck und Friedrich Schlegel, die Brüder Humboldt, Friedrich Gentz, internationale Diplomaten, Adelsgrößen vom Schlage des Fürsten de Ligné, oder des Prinzen Louis Ferdinand von Preußen. Sie begegnen einander auf einem exterritorialen Gebiet, das nur wenige Jahre zuvor kaum jemand für gesellschaftsfähig hätte halten können – dem der Salons exquisiter jüdischer Frauen."

15 Horst Meixner, Berliner Salons als Ort deutsch-jüdischer Symbiose, in: W. Grab(Hg.), Gegenseitige Einflüsse deutscher und jüdischer Kultur von der Epoche der Aufklärung bis zur Weimarer Republik. Internationales Symposium an der Univerität Tel Aviv, hrsg.

v. Walter Grab (Jahrbuch des Instituts für Deutsche Geschichte), Tel Aviv 1982, pp. 97-107, hier pp. 99-100: "Es war eine punktuelle Symbiose von Individualitäten, jüdischer und nichtjüdischer Menschen, und es gelang darüber hinaus für einen historischen Augenblick die Ebenbürtigkeit und Gleichrangigkeit der Geschlechter. Die Faszination dieser Symbiose ist doppelt: Judenemanzipation und Frauenemanzipation gehen eine Verbindung ein, wie sie in dieser Art später nie mehr herstellbar war."

16 Hannah Arendt, Rahel Varnhagen. Lebensgeschichte einer deutschen Jüdin aus der Romantik, München 1959. 이하 여기서는 피퍼 출판사(Piper Verlag)에서 최근 새롭게 편집하여 출간한 ebooks(31. Mai 2021)을 참고문헌으로 사용한다. 인용표기는 "H. Arendt, Rahel Varnhagen, ebooks"로 하고 쪽수를 병기함. 위 인용문의 출처는 다음과 같다. H. Arendt, Rahel Varnhagen, ebooks, p. 81: "Gerade weil die Juden außerhalb der Gesellschaft standen, wurden sie für kurze Zeit eine Art neutralen Bodens, auf dem sich die Gebildeten trafen. (...) Außerhalb der Gesellschaft jeder Art und jeden begrenzten Standes herrscht eine unglaubliche Freiheit von allen Konventionen." 아렌트의 책 제목은 라헬을 이중적으로 고찰하는 듯한 표현을 담고 있다. "aus der Romantik"은 한편으로 낭만주의에 기반을 두는 의미로 읽히지만, 다른 한편으로 낭만주의에서 벗어나는 의미로도 읽힌다. 낭만주의, 특히 후기낭만주의를 '독일적'이라는 뜻으로 읽을 경우 라헬과 낭만주의의 관계도 마찬가지로 두 가지 의미로 파악된다. 그 하나는, 라헬이 유대인의 운명에서 벗어나 독일 사회에 동화되어 독일인으로 살아가고 싶은 소망을 지녔다는 점에서 그녀를 '낭만주의, 독일, 파시즘'의 맥락에서 파악해야 하고 이 경우 '낭만주의(=독일적)에서 출현하다'(aus der Romantik)고 읽힌다. 다른 하나는, 그녀의 편지 곳곳에서는 독일 사회에의 동화보다는 유대인으로 존재할 수밖에 없는 자신의 운명을 받아들이려는 당당한 목소리가 들리며 이 경우 '낭만주의(=독일적)에서 벗어나 영원히 유대인으로 머문다'고 읽힌다. 아렌트가 파악한 라헬(Jüdin aus der Romantik)의 삶은 그와 같은 두 가지 의미를 지닌다.

17 1796년 시작한 페슬러의 수요모임은 2년 후 설립된 '휴머니즘모임'(Humanitätsgesellschaft)의 전신으로 파악된다. 1786-1815년까지 베를린에 조직된 각종 공적 모임과 사적 모임에 대한 자료집은 다음을 참조할 것(Handbuch der Berliner Vereine und Gesellschaften 1786-1815, hrsg. v. Uta Motschmann, Berlin/München/Boston 2015).

18 라헬의 살롱을 독일 낭만주의 문화 내에서 파악하려는 시도는 다음을 참조할 것(최민숙, 독일 낭만주의 시대의 문학살롱 연구, 실린 곳: 괴테연구 13권, 2001년, 263-299쪽).

19 F. Schleiermacher, Kritische Gesamtausgabe, Bd. V/3, p. 47: "... eine Frau eigentlich zur Freundin zu haben ist schon übler und daß die Herz grade eine Jüdin ist, gereicht gewiß vielen zum Anstoß, aber das ist eben eins von den jämmerlichsten Vorurtheilen."

20 F. Schleiermacher, Kritische Gesamtausgabe, Bd 5: Briefwechsel 1801-1802, Berlin 1999, p, 52: "Es ist eine recht vertraute und herzliche Freundschaft, wobei von Mann und Frau aber gar nicht die Rede ist."

21 누이뿐만 아니라 슐라이어마허와 함께 헤르츠의 살롱을 같이 참석한 슐레겔도 자기 친구가 호스트인 유부녀 헤르츠와 점점 더 친해지는 관계에 대해 우려하였다. 1798년 1월에 슐레겔은 이미 두 사람의 관계에 대해 회의적인 생각을 밝혔다. "헤르츠와 교류함으로써 슐라이어마허는 자기 자신에게 그리고 나에게도 망가지고 있으며, 우정도 해치고 있다. (...) 두 사람은 서로를 공허하게 만들고 있다"(Schleyermacher verdirbt durch den Umgang mit Herz an sich und auch für mich und die Freundschaft. (...) Sie machen sich einander eitel ...)(F. Schlegel, KA, Bd. 24, p. 211).

22 Cf. Elisabeth Hartlieb, Geschlechterdifferenz im Denken Friedrich Schleiermachers, Berlin/New York 2006, pp. 91-95.

23 F. Schlegel, KA, Bd. XXIV, p. 12.

24 양자의 관계에 대해서는 다음의 두 글을 참조할 것(Kurt Nowak, Schleiermacher: Leben, Werk und Wirkung, Göttingen 2002, pp. 79-96; A. Arndt, Eine literarische Ehe. Schleiermachers Wohngemeinschaft mit Friedrich Schlegel, in: Wissenschaft und Geselligkeit. Friedrich Schleiermacher in Berlin 1796-1802, hrsg. v. Andreas Arndt, Berlin/New York 2009, pp. 9-14).

25 F. Schlegel, KA, Bd. XXIV, pp. 45-46: "Schleiermacher ist ein Mensch, in dem der Mensch gebildet ist. Er ist nur drey Jahr älter wie ich, aber an moralischem Verstand übertrifft er mich unendlich weit.Ich hoffe noch viel von ihm zu lernen."

26 F. Schleiermacher, KGA, V/2, p. 220: "Was ich aber doch vermisse ist das zarte Gefühl und der feine Sinn für die lieblichen Kleinigkeiten des Lebens und für die feinen Aeßerungen schöner Gesinnungen die oft in kleinen Dingen unwillkürlich das ganze Gemüth enthüllen. So wie er Bücher am liebsten mit großer Schrift mag, so auch an den Menschen große und starke Züge; das bloß sanfte und schöne fesselt ihn nicht sehr, weil er zu sehr nach der Analoogie seines eignen Gemüths alles für schwach hält, was nicht feurig und stark erscheint."

27 이와 관련된 가장 잘 알려진 개념 정의는 슐레겔의 아테네움 359번에 제시되어 있다. "우애는 부분적인 결혼이며, 사랑은 모든 측면의, 모든 방향을 향한 우애, 즉 보편적인 우애다. 필연적인 한계(경계)의 의식은 우애에서 가장 필수적이고 희귀한 것이다"(Freundschaft ist partiale Ehe und Liebe ist Freundschaft von allen Seiten und nach allen Richtungen, universelle Freundschaft. Das Bewußtsein der notwendigen Grenzen ist das Unentbehrlichste und das Seltenste in der Freundschaft)(KA II, p. 229).

28 Bernd Oberdorfer, Geselligkeit und Realisierung von Sittlichkeit: die Theorieentwicklung Friedrich Schleiermachers bis 1799, Berlin/New York 1995, p. 88.

29 『윤리학』에서의 우애, 사교 등에 대해서는 이미 딜타이가 나름 분석한 바 있다(W. Dilthey, Leben Schleiermachers. Zweiter Band: Schleiermachers System als Philosophie und Theologie, in: Gesammelte Schriften XIV, hrsg. v. Martin Redeker, Göttingen 1966, pp. 331-333).

30 F. Schleiermacher, Entwurf eines Systems der Sittenlehre, in: Friedrich Schleiermacher's Sämmtliche Werke, Dritte Abtheilung. - Zur Philosophie, Fünfter Band, Berlin 1835, p. 313: "Wo nun vorzüglich durch die Beobachtung erkannt werden soll: da ist freie Geselligkeit; wo das Gefühl die Grundlage ist: da ist Freundschaft. Jede Verbindung der ersten ist eine Tendenz die letzte zu werden; jede der letzten stiftet immer freie Geselligkeit."

31 이에 대해서는 다음의 글을 참조할 것(Konrad Feilchenfeldt, Rahel Varnhagens 'Geselligkeit' aus der Sicht Varnhagens. Mit einem Seitenblick auf Schleiermacher, in: Hartwig Schultz(Hg.), Salons der Romantik. Beiträge eines Wiependorfer Kolloquiums zu Theorie und Geschichte des Salons, Berlin/New York 1997, pp. 147-170, esp. p. 162).

32 N. Altenhofer, Geselliges Betragen - Kunst - Auslegung. Anmerkungen zu Peter Szondis Schleiermacher-Auslegung und zur Frage einer materialen Hermeneutik, p. 183.

33 가령 라헬 레빈과 관련해서는 바바라 한의 연구가 대표적이다(Barbara Hahn, Der Mythos vom Salon. 'Rahels Dachstube' als historische Fiktion, in: Salon der Romantik. Beiträge eines Wiepersdorfer Kolloquiums zur Theorie und Geschichte des Alons, hrsg. v. Harmut Schulz, Berlin 1997, pp. 213-234).

34 Cf. Hannah Lotte Lund, Der Berliner "jüdische Salon" um 1800: Emanzipation in der Debatte, pp. 13-15.

35 Cf. Liliane Weissberg, Der jüdische Salon in Berlin (und Wien) um 1800, in: Handbuch der deutsch-jüdischen Literatur, hrsg. v. Hans Otto Horch, Berlin-Boston 2016, pp. 60-69, hier p. 67.

36 Petra Wilhelmy-Dollinger, Die Berliner Salons: Mit historisch-literarischen Spaziergängen, Berlin/New York, 2000: "Die Frauen, die aus dem öffentlichen literarischen und gelehrten Leben weitgehend ausgeschlossen waren, holten sich die res publica litteraria ins eigene Haus. Durch ihren Charme, ihre literarischen Interessen und ihre Konversation schufen sie ein Gegenbild zur eher pedantischen offiziellen Literatenwelt der Männer."

37 Irina Hundt, Geselligkeit im Kreise von Dorothea und Friedrich Schlegel in Paris in den Jahren 1802-1804, in: Salon der Romantik, hrsg. v. Hartwig Schulz, Berlin/New York 1997, pp. 83-134, hier pp. 85-86.

38 하이네는 1830년 7월 혁명의 정치적 상황으로 인해 프랑스 회화 전시회인 <살롱전>이 문을 닫게 되었음을 알리면서 "예술시대 – 이것은 괴테의 탄생에서 시작하고 괴테의 죽음으로 막을 내리는 데 – 의 종말에 대해 내가 내렸던 옛날의 예견이 마침내 실현되고 있는 듯이 보인다"라고 적은 바 있다(H. Heine, Französische Maler. Gemäldeausstellung in Paris 1831, in: Sämtliche Schriften, hrsg, v, Klaus Briegleb, Frankfurt am Main 1981, Bd. V, p. 72: "Meine alte Prophezeiung von dem Ende der Kunstperiode, die bei der Wiege Goethes anfing und bei seinem Sarge aufhören wird, scheint ihrer Erfüllung nahe zu sein."

39 Klaus L. Berghahn, Grenzen der Toleranz. Judentum und Christentum im Zeitalter der Aufklärung, Köln 2000, pp. 260-261.

40 Barbara Hahn, Der Mythos vom Salon. 'Rahels Dachstube' als historische Fiktion, in: Hartwig Schultz(Hg.), Salons der Romantik, pp. 213-234, hier p. 213: "Das idyllische, schon fast biedermeierliche Bild [des Salons in der Dachstube] erfüllt offenbar einen Wunsch. In ihm kulminiert die Vorstellung, daß es wenigstens einmal ein gutes Zusammenleben von Deutschen und Juden gegeben haben muß."

41 Liliane Weissberg, Nachwort, in: Dorothea Schlegel, Florentin, Berlin 1987, p. 208.

42 Marie-Claire Hoock-Demarle, Weibliche Geselligkeit. 'Private Öffentlichkeit' in Deutschland, in: Akten des XI. Internationalen Germanistenkongresses Paris 2005, Bd. X, hrsg. v. Jean-Marie Valentin, Bern 2007, pp. 97-106, hier p. 102.

43 J. Fohrmann, Gesellige Kommunikation um 1800. Skizze einer Form, in: Soziale Systeme. Zeitschrift für soziologische Theorie, Nr. 3(1997), H. 2, pp. 351–360, hier pp. 358-359.

44 Reinhart Koselleck, Begriffsgeschichten. Studien zur Semantik und Pragmatik der politischen und sozialen Sprache, Frankfurt am Main 2006, p. 120: "Es ist oft genug betont worden, daß die Selbstbildung durch Geselligkeit eine emanzipatorische Funktion hatte, weil sie sich gegen alle Autoritäten richtete, weil sie sich außerstaatlich konstituierte und offen gegen Standesunterschiede und kirchliche Vorgebote aufbegehrte. Deshalb ist

hier der legitime Ort, an dem Juden und Frauen gleichberechtigt teilhatten, mehr noch, die Initiative ergreifen konnten. Die Berliner Salonkultur entfaltete Bildung, indem sie den neuen emanzipatorischen Bildungsbegriff zugleich generierte. Damit wurde ein Modell gesetzt, das auch unter anderen Umständen in anderen Zeitlagen immer wieder abrufbar war."

45 Marie Haller-Nevermann, Mehr ein Weltteil, als eine Stadt. Berliner Klassik und ihre Protagonisten, Berlin 2018, p. 270: "Die Existenz erfolgreicher jüdischer Salons als Zentrum kultivierter Geselligkeit darf allerdings nicht zu der Annahme verleiten, die Juden seien nunmehr in der deutschen Gesellschaft angekommen und verankert. Die Geschichte lehrt das Gegenteil. In Preußen werden die durch das Gleichstellungsgesetz von 1812 gewährten Freiräume alle nach und nach wieder zurückgenommen. Die Juden waren und bleiben Außenseiter. (...) Der für eine kurze historische Phase gewonnene Einfluß der Juden auf das gebildete gesellschaftliche Leben in der preußischen Hauptstadt wird eliminiert durch das aufsteigend gebildete Bürgertum."

46 K. Marx, Zur Judenfrage, in: Theorien über Judenhass - eine Denkgeschichte. Kommentierte Quellenedition(1781-1931), hrsg. v. Birgit Erdle/Werner Konitzer, Frankfurt am Main 2015, pp. 153-178, hier p. 173: "Das Judentum ist eine beleidigende Tatsache für das religiöse Auge des Christen. Sobald sein Auge aufhört, religiös zu sein, hört diese Tatsache auf, beleidigend zu sein."

47 Julius Fürst, Henriette Herz. Ihr Leben und ihre Erinnerungen, Bremen 2010, pp. 263-264: "ja seit Jahren ist mir das Übermaß der Verhandlungen über sie in geselligen Kreisen fast drückend geworden. Denn es äußert sich auch hier der tiefe Riß, welcher sich in den politischen und sozialen Ansichten gebildet zu haben scheint und der sich von den höheren und urteilsfähigen Klassen bis zu den unteren zieht, welcher leider meist nur durch dunkle Gefühle und Leidenschaften bestimmt werden. Seit das Wort ›Salon‹ statt unseres guten deutschen Wortes ›Gesellschafts-zimmer‹ sich bei uns einbürgerte, hat das letzte aufgehört, ein neutraler Boden zu sein. Man mag auch heute noch zusammenkommen um einander zu erheitern, sich geistig zu fördern, der Erfolg widerspricht der Absicht, und an Stelle der erwärmenden, leuchtenden, oft freilich auch nur blendenden Geistesblitze, welche das Gesellschaftszimmer durchzucken, höre ich in dem Salon oft nur ein dumpfes Donnergrollen. (...) die feine Sitte, jene, ich möchte fast sagen bestrickende Courtoisie der früheren Zeit, ist dahin (...) Die Frauen herrschen nicht mehr in der Gesellschaft, die Interessen der Männer drehen sich in derselben nicht mehr um sie, — da steckt der Fehler. Denn für die feine Geselligkeit sind nur die Frauen eigentlich bildend. Wir sind überhaupt in der Geltung gesunken. Gutzkow hat recht, wenn er hinsichtlich der Liebe im letzten Viertel des vorigen Jahrhunderts sagt, die Leute verständen nicht mehr zu lieben — wie damals."

1부 4장

1 Karl August Varnhagen von Ense, Rahel. Ein Buch des Andenckens für ihre Freunde, Erster Theil, Berlin 1834, p. 584: "Mir wurde nichts gelehrt; ich bin wie in einem Walde von Menschen erwachsen, und da nahm sich der Himmel meiner an: viel Schmutz

und Unwahrheit ist nicht an mich gekommen."

2 Herbert Scurla, Begegnungen mit Rahel. Der Salon der Rahel Levin, Berlin 1966, p. 69: "Rahel ist weder durch eine bildende Schule gegangen noch durch das Elternhaus erzogen worden. Sie verdankte Kenntnisse und Wissen, ihre Einstellung zum Leben, ihr Verhalten zu den Werten und Problemen des menschlichen Daseins überwiegend eigener, unablässiger Arbeit an sich selbst. Zeit- und Lebensumstände zwangen sie zu einer solchen Selbstbildung (...) als das 'Selbstdenken', die von Lessing geforderte und von Rahel für sich in Anspruch genommenen Fähigkeit des Menschen, von sich allein aus zu 'Vernunftwahrheiten' zu gelangen, vom Drang des 'Selbstleben' verdrängt wurde, wie man das lebenshungrige Sich-Entfalten der Persönlichkeit in der romantischen Epoche bezeichnen könnte."

3 실러의 시 제목인 "낯선 곳에서 온 소녀"는 한나 아렌트를 조명하는 연구서(Anne Bertheau, "Das Mädchen aus der Fremde". Hannah Arendt und die Dichtung: Rezeption und die Dichtung, Bielefeld 2016)의 제목으로 사용된 바 있지만, 한나 아렌트뿐만 아니라 아렌트가 연구했던 라헬 레빈에게 적용되는 것이 적절한 듯 싶다.

4 R. Varnhagen an C. Bentano(1813), in: Gesammelte Werke, Bd. 9, p. 321: "ich liebe unendlihch Gesellschaft und bin gan überzeugt, daß ich dazu geboren, von der Natur bestimmt und ausgerüstet bin. Ich haben unendlich Gegenwart und Schnelligkeit des Geistes um aufzufassen, zu antworten, zu behandeln. Großer Sinn für Naturen und alle Verhältnisse, verstehe Scherz und Ernst, und kein Gegenstand ist mir bis zur Ungeschicklichkeit fremd, der dort vorkommen kann. Ich bin bescheiden und gebe mich doch preis durch Sprechen und kann sehr lange schweigen und liebe alle Menschliche, dulde beinahe alle Menschen."

5 Rahel Varnhagen, Briefwechsel, hrsg. v. Friedhelm Kemp, München 1979, Bd. 1, p. 194.

6 Cf. Axel Schmitt, Dialogisches Denken. Rahel Varnhagens Briefwechsel mit dem Bruder Ludwig Robert, in: https://literaturkritik.de/id/7111

7 Otto Berdrow, Rahel Varnhagen: Ein Lebens- und Zeitbild, Bremen 2013, p. 111: "Mit welcher Freiheit und Grazie wusste sie um sich her anzuregen, zu erhellen, zu erwärmen! Man vermochte ihrer Munterkeit nicht zu widerstehen! Und was sagte sie alles! Ich fühlte mich wie im Wirbel herumgedreht, und konnte nicht mehr unterscheiden, was in ihren wunderbaren, unerwarteten Äußerungen Witz, Tiefsinn, Gutdenken, Genie, oder Sonderbarkeit und Grille war. Kolossale Sprüche hörte ich von ihr, wahre Inspirationen, oft in wenig Worten, die wie Blitze durch die Luft fuhren und das innerste Herz trafen. Über Goethe sprach sie Worte der Bewunderung, die alles übertrafen, was ich je gehört hatte."

8 http://lesefrucht.de/salon_frameset.html: "Eine freundliche Mansarde, bequem, doch ohne Luxus eingerichtet, empfing uns. Wir setzten uns dem schrägen Dachfenster gegenüber, wo ein Bild von Lessing an der Wand hing."

9 Martha Wilhelm, Rahel Varnhagen von Ense und ihr literarischer Salon, aus: https://was-mit-geschichte.de/2016/05/19 /rahel-varnhagen-von-ense/ : "Abends füllt sich das rote Eckzimmer in der Jägerstraße 54 – Adlige und Bürger, Schauspieler und Politiker, Philosophen und Schriftsteller diskutieren bei Tee und Gebäck über Literatur, Theater und das Leben. Doch ganz gleich, wie hitzig die Debatten werden: Wenn eine

kleine, zierliche, unscheinbare Frau ihre Stimme erhebt, hören ihr die namhaften Persönlichkeiten der Residenzstadt zu. Niemand kann der Anziehungskraft der Rahel Levin, spätere Varnhagen, widerstehen. Mit Scharfsinn, Empathie und Lebendigkeit gewinnt sie die Herzen ihrer Gäste, ihre Worte bewegen und polarisieren. Das Gespräch ist Rahels Leben. In geselligen Abenden und Briefen entflieht sie der Einsamkeit und sozialen Ächtung als Frau und Jüdin. Ihre Worte faszinieren noch heute und offenbaren Stolz, Sehnsucht und Leidenschaft einer Frau, die Zeit ihres Lebens innig mit Berlin verbunden war."

10 Rahel Varnhagen von Ense, Rahel. Ein Buch des Andenkens, hrsg. v. Barbara Hahn, 6 Bde., Göttingen 2011, Bd. 2, pp. 241-242: "Außer dem, daß ich nicht hübsch bin, habe ich keine innere Grazie... Ich bin unansehnlicher als häßlich."

11 Karl August Varnhagen von Ense, Denkwürdigkeiten des eignen Lebens: I. II. III, Leipzig 1843, Bd. I, p. 300: "Das Antliz, von reichem, schwarzen Haar umflossen, verkündete geistiges Uebergewicht, die schnellen und doch dunklen Blicke ließen zweifeln, ob sie mehr geben oder aufnähmen, ein leidender Ausdruck lieh den klaren Gesichtszügen eine sanfte Anmut."

12 Die Grenzboten. Eine deutsche Revue, Zeitschrift für Politik und Literatur, Dritter Jahrgang, I. Semester, Leipzig 1844, p. 710: "Demoiselle Levin war weder groß noch schön, aber fein und zart gebildet, von angenehmem Ausdruck."

13 Ibid.: "Sie ist, erwiederte Brinkmann, ein selbständiges Mädchen von außerordentlichem Geist, klug wie die Sonne und dabei herzensgut, durchaus eigenthümlich; Alles versteht, Alles empfindet sie, und was sie sagt, ist in amüsanter Paradoxie oft so treffend wahr und tief, daß man es sich noch nach Jahren wiederholt und darüber nachdenken und erstaunen muß. Die geistreichste und vornehmste Gesellschaft versammelt sich bei ihr, aber ganz ohne Prunk und Ostentation, ja ich möchte sagen, ohne Unterschied und Auswahl, ganz nach dem natürlichen Zuge der äußeren Anlässe und der inneren Convenienz. Sie ist wohlhabend, lebt sehr unabhängig bei ihrer Mutter, die für reich gilt; sie macht keinen Aufwand, die Bewirthung ist es nicht, um derentwilen man hingeht, alles Aeußere ist höchst einfach, aber um so behaglicher, und in dieser Art doch wieder reichlich und auserlesen."

14 Norbert Altenhofer, Geselligkeit als Utopie. Rahel und Schleiermacher, in: Berlin zwischen 1789 und 1848. Facetten einer Epoche, Ausstellungskatalog der Akademie der Künste Berlin, Berlin 1981, pp. 37-42; Conrad Weidemann, Ideale Geselligkeit und ideale Akademie. Schleiermachers Geselligkeits-Utopie 1799 und heute, in: Ideale Akademie. Vergangene Zukunft oder konkrete Utopie?, hrsg. v. W. Voßkamp, Berlin 2002, pp. 61-80. 바이데만은 다음과 같이 단호하고 간결하게 요약하고 있다. "항구적인 대화적 자아-탐구라는 라헬의 일관성과의 일치 하에서 슐라이어마허를 조명하는 데에는 그리 많은 점이 필요치 않다"(Mehr bedarf es nicht, um Schleiermacher in Übereinstimmung mit der Rahel-Linie einer permanenten dialogischen Ich-Erkundung zu zeigen.)(p. 75).

15 Bertha Badt-Strauss, Rahel und ihre Zeit. Briefe und Zeugnisse, München 1912, pp. 12-13.

16 Cf. Hannah Lotte Lund, Der Berliner "jüdische Salon" um 1800: Emanzipation in der Debatte, p. 39.

17 Karl August Varnhagen von Ense, Ein Buch des Andenkens für ihre Freunde, Berlin 1833, p. 608.

18 Rahel. Ein Buch des Andenkens für ihre Freunde, hrsg. v. Rahel Antonie Friederike Varnhagen von Ense, Berlin 1834, Teil 1, p. 266: "Ich bin so einzig, als die größte Erscheinung dieser Erde. Der größte Künstler, Philosoph oder Dichter ist nicht über mir. Wir sind vom selben Element. Im selben Rang, und gehören zusammen. Und der den anderen ausschließen wollte, schließt nur sich aus. Mir aber war das Leben angewiesen. und ich blieb im Keim, bis zu meinem Jahrhundert und bin von außen ganz verschüttet, drum sag' ich's selbst,"

19 H. Arendt, Rahel Varnhagen, ebooks, p. 80: "Der jüdische Salon in Berllin war der soziale Raum außerhalb der Gesellschaft, und Rahels Dachstube stand noch einmal außerhalb der Konventionen und Gepflogenheiten auch des jüdischen Salons."

20 Goethe, Begegnungen und Gespräche, hrsg. v. Renate Grumach u. Bastian Röther, Berlin/Boston 2018, p. 139: "Goethe hat mir für ewig den Ritterschlag gegeben. Bei Himmel! Er weiß es, der Himmel! Kein Olympier könnte mich nicht mehr ehren, mir von meiner Ehre mehr bringen."

21 Rahel. Ein Buch des Andenkens, Teil 1, p. 158: "Ja, es ist ein liebevolles Mädchen; sie ist stark in jeder ihrer Empfindungen und doch leicht in ihrer Äußerung. Jenes gibt ihr eine hohe Bedeutung, dies macht sie angenehm. Jenes macht, dass wir an ihr die große Originalität bewundern, und dies, dass diese Originalität liebenswürdig wird, dass sie uns gefällt. (...) Sie ist, soweit ich sie kenne, in jedem Augenblick sich gleich, immer in einer eignen Art bewegt und doch ruhig – kurz, sie ist, was ich eine schöne Seele nennen möchte."

22 Aus: https://www.zitty.de/reise-durch-die-berliner-salonkultur/: "Sie war eine Art Außenseiterin unter den Salonnièren. Sensibel, extrem selbständig im Denken, auch unkonventionell."

23 https://de.m.wikipedia.org/wiki/Datei:Visitenkarten_aus_rahels_salon.jpg

24 Die Grenzboten, pp. 716-717(Graf Salm, Rahel Levin und ihre Gesellschaft. Gegen Einde des Jahres 1801, in Karl August Varnhagen von Ense, pp, 716-717. Zitiert nach Seibert, p. 330: "Das Gespräch wurde sehr lebhaft und wogte, zwischen den Personen wechselnd, über die mannigfachsten Gegenstände hin. Ich wäre nicht fähig, die raschen Wendungen und den verschiedenartigen Inhalt wiederzugeben und wage den Versuch nicht. Man sprach vom Theater, von Fleck, dessen Krankheit und wahrscheinlich nahen Tod man allgemein beklagte, von Righini, dessen Oper damals den größten Beifall hatten, von Gesellschaftssachen, von den Vorlesungen August Wilhelm Schlegel's, denen auch damen beiwohnten. Die kühnsten Ideen, die schärfsten Gedanken, die sinnreichsten Witze, die launigsten Spiele der Einbildungskraft wurden hier an dem einfachen Faden zufälliger und gewöhnlicher Anlässe aufgereiht. Denn die äußere Gestalt der Unterhaltung war, wie in jeder anderen Gesellschaft, ohne Zweck und Absicht, alles knüpfte sich natürlich an das Interesse des Augenblicks, der Person, des Namens, deren gerade gedacht wurde. Vieles, was in Anspielung bestand und irgend eine Kenntnis vorausetzte, entging mir ganz, anderes wenigstens theilweise. (...) Alle waren auf natürliche Weise tätig, und doch keiner aufdringlich, man schien ebenso

gern zu hören als zu sprechen."

25 Cf. Friedrich Römer, Varnhagen von Ense als Romantiker, Berlin 1934. 이 밖에 다음의 연구도 참조할 것(Hannah Arendt, Rahel Varnhagen. Lebensgeschichte einer deutschen Jüdin aus der Romantik, München 1997).

26 대표적인 시도로 콘라드 파일헨펠트의 논문을 들 수 있다(Konrad Feilchenfelt, Die Berliner Salons der Romantik, in: Rahel Levin Varnhagen. Die Wiederentdeckung einer Schriftstellerin, hrsg. v. Barbara Hahn/Ursula Isselstein, Göttingen 1987; Konrad Feilchenfelt, Rahel Varnhagens 'Geselligkeit' aus der Sicht Varnhagens. Mit einem Seitenblick auf Schleiermacher, in: Salons der Romantik, hrsg. v. Hartwig Schultz, pp. 147-169).

27 Gerhard Danzer, Rahel Varnhagen oder der Ausgang des Menschen aus seiner selbstverschuldeten Unmündigkeit, in: Frauen in der patriarchalischen Kultur: Psychographien über Rahel Varnhagen, Madame de Stael, Karen Horney und Simone de Beauvoir, hrsg. v. Gerhard Danzer, Würzburg 1997, pp. 9-58, hier, p. 48: "Rahels angebliche 'Wahllosigkeit' in der Auswahl ihrer Gesellschaft, die ihr wegen der Vielschichtigkeit der Gäste von einigen von ihnen [⋯] bisweilen auch vorgehalten wurde, geriet zum Markenzeichen ihres Salons. Nicht nur, daß bei ihr Menschen mit jeglicher Konfession und Weltanschauung zu Worte kommen konnten; Rahel war darüber hinaus auch bekannt dafür, einen jeden ihrer Gäste nach seinem ganz eigenen Maßstab und keineswegs der gesellschaftlichen Konvention und Etikette folgend zu klassifizieren und zu behandeln."

28 Adolph Kohut, Alexander von Humboldt und das Judentum, Nikosia 2016, pp. 147-148: "Die Vorzüge menschlicher Erscheinung, die mir bisher einzeln begegnet waren, fand ich hier beisammen, Geist und Witz, Tiefsinn und Einbidlungskraft, verbunden zu einer Folge von raschen, leisen, granziösen Lebensbewegungen, welche, gleich Göthe's Worten, ganz dicht an der Sache sich halten, ja diese selber sind und mit der ganzen Macht ihres tiefsten Geistes augenblicklich wirken." 여기서 괴테의 말이란 1818년 발표된 괴테의 <필로스트라트의 그림>이라는 에세이에서 괴테가 형상과 대상 간의 동일성을 언급한 다음과 같이 구절을 가리킨다. "그것은 사태로 존재하는 것이 아니라 사태입니다. 사태 말입니다. 정신적 거울에 응집되어 있는 형상이지만 대상과 동일합니다"(Es ist die Sache, ohne die Sache zu sein, doch die Sache; ein im geistigen Spiegel zusammengezogenes Bild, und doch mit dem Gegenstand identisch.)

29 Theodor Kappstein(Hg.), Wilhelm von Humboldt im Verkehr mit seinen Freunden. Eine Auslese seiner Briefe, Bremen 2011, p. 315: "Man suchte sie gern auf, nicht bloß weil sie wirklich von sehr liebenswürdigem Charakter war, sondern weil man fast mit Gewißheit darauf rechnen konnte, nie von ihr zu gehen, ohne nicht etwas von ihr gehört zu haben und mit hinwegzunehmen, das Stoff zu weiterem ernstem, oft tiefem Nachdenken gab, oder das Gefühl lebendig anregte."

30 본명은 카롤리네 폰 브리스트(Caroline von Briest)이며 젊은 군인 로초우(A. L. R. v. Rochow)와 결혼하였다. 로초우는 1798년에 카롤리네와 이혼 후 자살하였으며, 이후 카롤리네는 미망인이었다. 1803년 그녀는 『운디네』의 작가 푸케와 재혼하였고 결혼과 함께 카롤리네도 자신의 집에서 작은 모임을 열었다. 참석자로는 라헬 레빈, 칼 아우구스트 파른하겐 이외에 후기낭만주의 작가들로 아이헨도르프, 샤미소, 호프만 등이 있었다고 한다.

31 Rahel. Ein Buch des Andenkens, Teil 1, p. 325: "Ein gebildeter Mensch ist nicht der, den die Natur verschwenderisch behandelt hat; ein gebildeter Mensch ist der, der die Gaben, die er hat, gütig, weise und richtig und auf die höchste Weise gebraucht: der mit festen Augen hinsehen kann, wo es ihm fehlt, und einzusehen vermag, was ihm fehlt."

32 Karl August Varnhagen von Ense, Denkwürdigkeiten und vermischte Schriften, 8. Band, Leipzig 1859, p. 661: "Vielleicht gehörte aber auch eine solche Allseitigkeit des Geistes dazu, wie die ihrige, um auch aus noch so gemischten Gesellschaftsverbindungen nicht bloß Vergnügen, sondern Nutzen zu schöpfen. So reich ihre Menschenkenntnis war, so bewunderungswürdig gewandt und leicht abgewogen war ihre Behandlung der verschiedensten, sich einander oft völlig widersprechenden Charaktere [ ] In meiner Seele las sie, wie in einem offenen Buche mit breiten Rändern, wo sie überall etwas hinzuschrieb und verbesserte; und wo irgend die Handschrift meines unruhigen Geistes mir selbst unleserlich schien, entzifferte sie solche oft schneller und fertiger als ich selbst."

33 Tobias Debuch, Prinz Louis Ferdinand von Preußen (1772-1806) als Musiker im soziokulturellen Umfeld seiner Zeit, Berlin 2004, p. 23: "Wissen Sie, wer jetzt noch meine Bekanntschaft gemacht hat? Prinz Louis. Den find'ich gründlich lebenswürdig. Solche Bekanntschaft soll er noch nicht genossen haben. Ordentliche Dachstuben-Wahrheit wird er hören."

34 H. Arendt, Rahel Varnhagen, ebooks, p. 78.

35 H. Arendt, Rahel Varnhagen, ebooks, p. 156: "Die Katastrophe von 1806 zerstörte nun nicht nur die luftige, idyllische und illusionistische Welt der Salons, sondern zeigte vor allem die Zerbrechlichkeit der anderen festen, beharrlichen Welt, in der man nur als 'Glied einer Kette' hatte leben können. Vielleicht also ist der Untergang der alten Welt gerade Rahels Chance, in eine neue hineinzukommen."

36 Rahel Levin Varnhagen an Gustav von Brinckmann, 8. 1. 1808, in: Rahel-Bibliothek. Rahel Varnhagen: Gesammelte Werke, 10 Bde., hrsg. v. Konrad Feilchenfeldt, Uwe Schweikert und Rahel E. Steiner, Munchen 1983, Bd. I, p. 328: "Bei meinem 'Theetisch', wie Sie es nennen, sitze ich mit Wörterbüchern; Thee wird gar nicht bei mir gemacht, außer alle acht oder zehn Tage (...). Nie war ich so allein. Absolut. Nie so durchaus und bestimmt ennuyirt. Denken Sie sich, ennuyirt! (...) Nie war ich so allein. Im Winter, und im Sommer auch noch, kannt' ich einige Franzosen: mit denen sprach ich hin und her. Die sind alle weg. Meine deutschen Freunde, wie lange schon; wie gestorben, wie zerstreut!"

37 Brief vom 26. 6. 1816, in: GW, Bd. IX, p. 434: "Wo ist unsere Zeit! Wo wir alle zusammenwaren. Sie ist Anno 6 untergegangen. Untergegangen wie ein Schiff: mit den schönsten Lebensgütern, den schönsten Lebensgenuss enthaltend. Und viele teure belebende Freunde mit. (...) 1000 Bekannte, adieu, adieu."

38 Rahel Levin an Varnhagen, 01. 11. 1817, in: Rahel Varnhagen, Gesammelte Werke, Bd 5, p. 274: "Aber du hast für mich geweint in der Jägerstrasße! Ja. Da ist mein Mausoleum. Da hab' ich geliebt, gelebt, gelitten, mich empört. Goethe'n kennen lernen. (...) Wir gehen noch einmal zusammen vor dem Dachfester vorbei! Ach! Wer ruft nicht so gern

Unwiederbringliches an!"

39 H. Arendt, Rahel Varnhagen, ebooks, p. 158: "denn der patriotische Antisemitismus, dem auch Fichte nicht fernstand, vergiftete alle Beziehungen zwischen Juden und Nichtjuden."

40 Rahel an Pauline am 10. März 1810: "Und wir sind geschaffen, die Wahrheit in dieser Welt zu leben. Und auf verschiedenem Wege sind wir zu einem Punkt gelangt. Wir sind neben der Gesellschaft. Für uns ist kein Platz, kein Amt, kein eitler Titel da! Alle Lügen haben einen: die ewige Wahrheit, das richtige Leben und Fühlen, das sich unabgebrochen auf einfach tiefe Menschenanlagen, auf die für uns zu fassende Natur zurückzuführen läßt, hat keinen! Und somit sind wir ausgeschloßen aus der Gesellschaft, Sie, weil Sie sie beleidigten. (Ich gratuliere Ihnen dazu! so hatten Sie doch etwas; viele Tage der Lust!) Ich, weil ich nicht mit ihr sündigen und lügen kann. Ich weiß ganz Ihre innere Geschichte. (...) Gerne wären Sie 'ein häusliches Weib, herzten und küßten den Mann' wie Goethe im Distichon sagt; aber es ging nicht."(Rahel Varnhagen von Ense, Briefwechsel mit Pauline Wiesel, hrsg. v. B. Hahn, München 1997, p. 91). 괴테의 이행시란 <Wär' ich ein häusliches Weib>(내가 살림 잘하는 아내였더라면)이라는 4행시 중 다음과 같은 2행을 지시한다. "Wär' ich ein häusliches Weib und hätte, was ich bedürfte, / Treu sein wollt' ich und froh, herzen und küssen den Mann."(내가 살림 잘하는 아내였더라면 내가 필요한 것을 가졌더라면 / 나는 충실하고 기쁜 마음으로 남편을 애무하고 키스하고 싶었을 것이리라).

41 Rahel Levin Varnhagen, Briefwechsel mit Pauline Wiesel, p. 346.

42 물론 게르하르트 단처는 1819년에 다시 열린 라헬의 두 번째 살롱의 경우 그와 같은 점을 인정하면서도 동시에 그녀가 어머니 같은 교육적 멘토 역할 및 보수와 좌파 지식인을 아우르는 통합적 역할을 마다하지 않았다고 분석한다(Gerhard Danzer, Rahel Varnhagen. Eine Frau entdeckt sich über die Kultur, in: Bedeutende Frauen des 18. Jahrhunderts: elf biographische Essays, hrsg. v. Elke Pilz, Würzburg 2007, pp. 157-172, hier p. 164).

43 R. Levin an Karl Gustav von Brinckmann, 30. Nov. 1819, zit. nach K.L. Berghahn, a. a. O., p. 234: "Die ganze Konstellation von Schönheit, Grazie, Koketterie, Neigung, Leidenschaft, Witz, Eleganz, Kordialität, Drang, die Ideen zu entwickeln, redlichem Ernst, unbefangenem Aufsuchen und Zusammentreffen, launigem Scherz, ist zerstiebt."

44 Rahel. Ein Buch des Andenkens, Teil 1, p. 544: "Nichts freut mein Herz so sehr, als wenn sich meine Freunde anerkennen; und ich kann triumphierend sitzen und denken, du bist die Erste, du hast den entdeckt; und nun müssen sie ihn lieben! Oft hab' ich Heterogenscheinendes vereinigt; oft aber, wollten die besten Seiten an den Menschen nicht zu einander passen, und roher unüberlegter Tadel drängte sich an die Stelle des alles befördernden Wohlwollens, trotz meinem besten Bereiten; daher fühl'ich mit lebendiger Freude, wenn es mir gelingt, meine Lieben in Liebe für einander zu entzünden, und wenn sie meiner beistimmen und huldigen müssen."

45 H. Arendt, Rahel Varnhagen, ebooks, p. 80: "Die Berliner Ausnahmejuden in ihrer Jagd nach Bildung haben drei Jahrzehnte lang Glück gehabt. Der jüdische Salon, das immer wieder erträumte Idylle einer gemischten Gesellschaf, war das zufällige Produkt der zufälligen Konstellation in einer gesellschaftlichen Übergangsepoche."

46 Rahel. Ein Buch des Andenkens, Teil 2, p. 616: "Wenn mir also die Geselligkeit beschädigt

ist, bin ich es; wer mir die verdirbt, verdirbt mich: mein eigentlichstes Ich. Wohl denen! sagt man gewöhnlich; ich sage weh denen! die ohne Zusammenhang leben: denen ihr Morgen eine Geschäftszeit ist, die mit ihren Abendgesellschaften nicht zu schaffen hat: deren Lesen ein Studium ist, unverdautes Lügen produzieren zu können."

47 남편 파른하겐에 의하면, 라헬은 아무리 사소한 것일지라도 "삶의 자극, 진리와 근원성의 특성"(einen Reiz des Lebens, einen Karakter von Wahrheit und Ursprünglichkeit)을 부여하려 했다고 한다(Rahel. Ein Buch des Andenkens, Teil 1, p. 14).

48 Cf. H. Meixner, Berliner Salon als Ort deutsch-jüdischer Symbiose, in: W. Grab(Hg.), Gegenseitige Einflüsse deutscher und jüdischer Kultur von der Epoche der Aufkärung bis zur Weimarer Republik, Tel Aviv 1982, pp. 99-100.

1부 5장

1 대표적인 예로는 하르트비히 슐츠(H. Schulz)의 시각인데, 그는 카롤리네 뵈머-셸링에 의해 주도된 모임을'예나 살롱'으로 간주하고 있다(Hartwig Schulz, Die "neue Periode des deutschen Geistes". Der Romantikerkreis in Jena, in: Befreundet mit diesem romantischen Tal, Beiträge zum Romantikerkreis in Jena, hrsg. v. Uwe Grüning/Hartwig Schultz/ Heinz Härtl, Jena 1993, pp. 21-49).

2 Caroline an A. W. Schlegel, 07 und 08. Mai 1801, in: Caroline, Briefe aus der Frühromantik, Nach Georg Waitz vermehrt herausgegeben von Erich Schmidt, Bd. 2, Leipzig 1913, p. 126.

3 페터 노이만(Peter Neumann)은 최근 1800년 전후 예나의 자유로운 문학살롱에 관한 자신의 연구서를 라헬의 표현을 살짝 변형하여 "자유로운 정신들의 공화국"이라는 제목으로 출간하였다(Peter Neumann, Jena 1800: Die Republik der freien Geister, München 2018).

4 F. Schillers Brief an Christian Gottlob Vogt, 5. April 1795: "Kein Ort in Deutschland würde mir das sein, was Jena und seine Nachbarschaft mir ist, denn ich bin überzeugt, dass man nirgends eine so wahre und vernünftige Freiheit genießt und in seinem so kleinen Umfang so viele vorzügliche Menschen findet."

5 Goethe, Briefwechsel zwischen Schiller und Goethe, Zweiter Band, Hamburg 2012, p. 126: "Mir macht diese naseweise, entscheidende, schneidende und einseitige Manier physisch wehe."

6 Ibid., p. 127: "Das Schlegelsche Ingrediens in seiner ganzen Individualität scheint mir denn noch in der Olla potrida(Mischgedicht) unseres deutschen Journalwesens nicht zu verachten. Diese allgemeine Nichtigkeit, Parteisucht fürs äußerst Mittel mäßige, diese Augendienerei, diese Katzenbuckelgebärden, diese Leerheit und Lahmheit, in der die wenigen guten Produkte sich verlieren, hat an einem solchen Wespenneste, wie die Fragmente sind, einen fürchterlichen Gegner."

7 Friedrich Hölderlin, Sämmtliche Werke, hrsg. v. Christoph Th. Schwab, Bd. II, Stuttgart/Tübingen 1846, pp. 29-30: "Die Knechtschaft, die von allen Seiten auf unser Herz und unsern Geist in früher, Jugend und im Mannesalter hineindringt, die Mißhandlung und Erstickung unserer edelsten Kräfte gibt uns auch das herrliche Selbstgefühl, wenn wir dennoch unsere besseren Zwecke durchführen."

8 Johann Georg Rist, Lebenserinnerungen, hrsg. v. G. Poel, Bd. 1 Hamburg 1908, pp. 58-59: "Es war eine gefährliche Zeit für Jünglinge von Geist, und diese Zeit die gefählichsten. Heftig aufgeregt und angezogen von allen Seiten, bewegte sich das Leben zwischen lauter Extremen, die Richtung fehlte, und wo sie sich feststellen wollte, da griff der gewaltige äußere Drang der Revolution und des Krieges verstörend ein."

9 Ricarda Huch, Die Romantik. Blütezeit, Ausbreitung und Verfall, Tübingen 1951(zuerst 1899), p. 9: Eine: "Eine Schar junger Männer und Frauen stürmt erobernd über die breite, träge Masse Deutschlands. Sie kommen wie vor Jahrhunderten die blonden germanischen Stämme der Wanderung: abenteuerlich, siegesgewiß, heilig erfüllt von ihrer Sitte und ihrem Leben, mit übermütiger Verachtung die alte, morsche Kultur über den Haufen werfend."

10 Cf. G. Dischner, Caroline und der Jenaer Kreis: Ein Leben zwischen bürgerlicher Vereinzelung und romantischer Geselligkeit, Berlin 1979; Dies., Die Stimme des Fremden, Hofheim 1992.

11 W. Dilthey, Leben Schleiermachers. 1768-1802, Berlin 1970, pp. 446-447.

12 Verena von der Heyden-Rynsch, Europäische Salons. Höhepunkte einer versunkenen weiblichen Kultur, München 1992, p. 18: "Bei der Salonière handelt es sich [meist] um eine wohlhabende Dame, deren Geist und Witz als Magnet wirken. Sie stiftet eine kultivierte Atmosphäre, in die eine leicht erotische Note einfließt, provoziert amüsante Gespräche, gleicht Gegensätze aus und erzeugt seelisches Behagen wie geistige Bewegung. Ihre unangefochtene, sanfte Autorität zielt stets auf Vermittlung. Gebende wie Nehmende finden sich bei ihr zu einer Gemeinschaft geistiger Intensität zusammen. (...) In dieser Enklave geselligen Umgangs fördert sie die Originalität der verschiedensten Begabungen, wirbelt sie durcheinander und verbindet sie zu einem spezifischen Ganzen, das alle Anwesenden bereichert."

13 E. Behler, Das Romantikerhaus in Jena und die Frühromantiker, in: Athenäum, Jg. 4, Paderborn u.a. 1994, pp. 365-370.

14 예나에서 슐레겔 형제는 자주 거주지를 옮겼는데, 그들의 거주지 이동에 관한 연구로는 다음을 참조할 것(Peer Kösling, Die Wohnungen der Gebrüder Schlegel in Jena, in: Athenäum, Jahrbuch der Friedrich Schlegel-Gesellschaft, Jg. 8. Paderborn u.a. 1998, pp. 97-110).

15 KA, Bd. XVIII, p. 32.

16 E. Behler, Friedrich Schlegels erster Aufenthalt in Jena: Vom 6. August 1796 bis zum 3. Juli 1797, in: MLN, Vol. 102, No. 3, pp. 544-569.

17 F. Schleiermacher, Briefwechsel 1799-1800(Briefe 553-849), in: KGA, V. Abt. Bd. 3, p. 224: "Nächstens sollen Sie ein herrliches Sonett erhalten, die Frucht einer herrlichen Stunde von Wilhelm und Tieck. (Tieck ist aber ein Geheimniß dabey) ich habe es recht gewünscht, daß Sie hier dabey gewesen wären, um das Sprudeln und das Funkensprühen der beiden Menschen zu sehen. Sie hätten sich gewiß eben so sehr als ich ergötzt. Ueberhaupt ist Deck hier eine gute Figur; er nimmt sich sehr brav aus und ist an seiner rechten Stelle. — Ja, lieber Freund, Sie sollten herkommen; wenn es so recht kunterbunt her geht, mit Witz, und Philosophie, und Kunstgespräche, und herunterreißen, dann erinnere ich mich sehr lebhaft Ihrer. (...)."

18 L. Tiecks Brief an seine Schwester vom 6. Dezember 1799: "Es ist um die

Kreutzschwerenoth zu kriegen, mit Erlaubniß sei's gesagt, wie die Bestie sich hier benimmt (o laßt den Brief nicht drucken und zeigt ihn Niemand) die andern sind wie verzaubert, das macht, weil alles eine Einzige Schweinewirthschaft ausmacht. Du hast ganz recht gehabt, liebste Schwester, und Du wirst wieder einmahl über meine Dummheit lachen."(Geselliges Leben um 1800, hrsg. v. Thomas Neumann, Thüringen 2004, p. 96).

19 Gerd Fesser, Jenas goldene Jahre, in: https://www.zeit.de/2008/04/A-Jena: "Die Schlegels und ihre Freunde – junge Wilde allesamt, Jenaer Boheme. Nächtelang stritten sie über Kunst, Moral und Politik. Sie führten kleine Theaterstücke auf, wanderten gemeinsam, kleideten sich nach der Mode des französischen Empire. Über Schillers Balladen machten sie sich lustig, sein Lied von der Glocke war ihnen unfreiwillige Satire. Für den platten Rationalismus der Popularaufklärer oder die normative Poetik der Weimarer Klassik hatten sie nur Spott übrig. Schiller blieb das nicht verborgen: In Caroline sah er eine »Madame Lucifer« und in Friedrich Schlegel nur einen »unbescheidenen kalten Witzling«."

20 당시 카롤리네와 관련한 '마담 루시퍼'라는 명명의 의미는 단순히 부정적으로만 파악될 수 없으며 당시의 문학적, 수사적 맥락에서 보면 긍정적이면서도 부정적일 수 있을 정도로 그 의미는 난해하다. 이에 대한 연구로는 다음을 참조할 것(Martin Reulecke, 'Madame Lucifer' – Anmerkung zur Caroline-Rezeption, in: Athenäum, 20. Jahrgang, Paderborn 2010, pp. 183-196).

21 Peter Neumann, Jena 1800. Die Republik der freien Geister, München 2018, p. 13: "In der Leutragasse 5 ist der Abend angebrochen. Für gewöhnlich ist jeder tagsüber auf seinem Zimmer, arbeitet, schreibt. Jetzt, zu vorgerückter Stunde, versammelt man sich um das kleine Sofa im Salon, direkt neben dem Ofen: Fritz und Wilhelm, Caroline und Dorothea, Schelling, Novalis und Tieck. Tee wird gereicht, Käse, eingelegter Hering, Kartoffeln, was vom Mittag übrig ist. Schelling greift immer wieder in den Topf mit sauren Gurken. Die Ersparnisse sind so gut wie aufgebraucht, Geld kommt durchs Schreiben nicht viel rein. Aber das ist gerade nicht so wichtig, man soupiert und philosophiert, lernt Italienisch. Dante steht auf dem Plan, La Divina Commedia, Fritz versteht sich meisterlich darauf. Wenn er Dante vorträgt, beginnen seine Augen zu leuchten, glätten sich seine ebenmäßigen Gesichtszüge, die sonst, seit es mit dem zweiten Teil der Lucinde nicht vorangehen will, angestrengt in Falten liegen. Über dem Rezitieren vergisst er fast das Essen."

22 Irina Hundt, Geselligkeit im Kreise von Dorothea und Friedrich Schlegel, in: Salons der Romantik, hrsg. v. Hartwig Schultz, pp. 83-134, hier p. 101: "Die Verflechtung von Studien, Arbeit und Publikation mit dem gemeinsamen Wohnen von Freunden war ein von den Frühromantikern öfter praktiziertes Modell, eines der von ihnen entwickelten Ideale menschlicher Verbindungen, einer idealen Gesellschaft, in der Toleranz und Aufgeschlossenheit die Grundgedanken bildeten."

23 Caroline an Novalis, 4. Feb. 1799, in: Des Kennenlernens werth: Bedeutende Frauen Göttingens, hrsg. v. Traudel Weber-Reich, Göttingen 1995, p. 65: "Was ihr alle zusammen da schafft, ist mir auch ein rechter Zauberkessel."

24 Dorothea Veits Brief vom 16.1.1800 an F. Schleiermacher, in: Geselliges Leben um 1800, p. 191: "... die Menschen hier, wie es in einer Republik von lauter Despoten natürlich

sind, immer zanken wie die Buben..."

25 Zitiert nach Klaus Schwarz, Der romantische Aufbruch. Die Frühromantik in Jena, Ein Museumsführer, Jena 1991, p. 3: "Ich lebe hier recht vergnügt und werde alle Tage klüger und geschickter. Wer es aber bei diesen und mit diesen Menschen nicht werden wollte, müßte von Stein und Eisen sein. Ein solches ewiges Concert von Witz, Poesie, Kunst und Wissenschaft, wie mich hier umgibt, kann einem die ganze übrige Welt und besonders das, was die übrige Welt Freuden nennt, leicht vergessen machen."

26 Cf. Hans Eichner, Das Bild der Frau in der Frühromantik. Theorie und Wirklichkeit, in: Salons der Romantik, hrsg. v. Hartwig Schultz, pp. 1-19.

27 Sara Friedrichsmeyer, Caroline Schlegel-Schelling: "A Good Woman, and No Heroine", in: In the Shadow of Olympus. German Women Writers Around 1800, ed. Katherine Goodman/Edith Josefine Waldstein, New York 1992, pp. 115-136.

28 Zitiert nach M. Frank, Kommentare zu Ludwig Tiecks Phantasus, in: Phantasus, p. 1158: "Die Veit ist unbeschreiblich brutal: Musikkennerin, Vertraute der Schlegel, Lucinde in einer Brechpotenz, eine wahre Polychrestpille, zu allen Dingen nutze (...) die (Caroline) Schlegel ist auch mehr listig als klug und mehr klug als verständig und mehr verständig als edel und mehr edel als eine Frau: man ist mit ihr wie mit einem Rhinozeros (hätte ich bald geschrieben), wie mit einem Androgyn oder vielmehr – hols der Teufel, ich kann mich nicht besinnen – wie mit einem Hermaphrodit. Daß die beiden Frauen sind, fällt einem gar nicht ein."

29 Gert Ueding, Klassik und Romantik. Deutsche Literatur im Zeitalter der Französischen Revolution 1789-1815, 2 Bde., München/Wien 1987, Bd. 1, p. 107: "Freie Geselligkeit, gebildetes Gespräch, gemeinschaftliche Wirksamkeit sind für die romantischen Schriftsteller nicht bloße Theorie geblieben. Überspitzt formuliert: was für die Klassiker das reale Herzogtum Sachsen-Weimar, das war für die Romantiker ihre eigene soziale Lebenswirklichkeit in der Gruppe. Ein wichtiger Unterschied besteht, soziologisch gesehen, zunächst einmal darin, daß die romantische Gruppe in Distanz zur höfischen Gesellschaft ihre Geselligkeitsformen entwickelt, ihr Ort ist die erweitere Familie oder der Salon."

30 F. Schlegel, KA, Bd. II, p. 156: "Auch enthält jeder Mensch (...) in seinem Innern einen Roman."

31 Novalis, HKA, Bd. II, p. 497: "Jeder Mensch sollte Künstler seyn. Alles kann zur schönen Kunst werden."

32 F. Schlegel, KA, Bd. II, p. 268: "Wo die Künstler eine Familie bilden, da sind Urversammlungen der Menschheit."

33 Richarda Huch, Romantik: Die Ausbreitung, Blütezeit und Verfall, p. 379: "Bei den Romantikern findet sich ein sehr lebhaftes Gefühl, wie die Gemeinschaft mit Menschen den einzelnen in seinem Sein und Können hebt und steigert. Immer wieder tauchten in ihrem Kreise Pläne zur Herstellung eines Hauses, einer Kirche auf, oder wie sie diese innigste Verbrüderung nun nannte."

34 이에 대한 연구로는 다음을 참조할 것. Peter Neumann, Jena 1800. Die Republik der freien Geister, München 2018, pp. 138-146; Peer Kösling, Die Familie der herrlichen Verbannten. Die Frühromantiker in Jena. Anstöße-Wohnungen-Geselligkeit, Jena 2010;

Gisela Discher, "Wir gehören doch alle zu der einen Familie der herrlichen Verbannten". Briefkultur und romantische Geselligkeit zwischen Jena und Berlin, in: Sigrun Anselm(Hg.), Triumph und Scheitern in der Metropole. Zur Rolle der Weiblichkeit in der Geschichte Berlins, Berlin 1987, pp. 11-28.

35 Inge Hoffmann-Axthelm, Geisterfamilie - Studien zur Geselligkeit der Frühromantik, Frankfurt a. M. 1973, pp. 155-156. 이 동화에 대한 자세한 분석은 다음을 참조할 것(최문규, 도취와 아이러니의 저 놀랍고도 끝없는 변화, 87-112쪽).

36 Gelliges Leben um 1800, pp. 12-13.

37 F. Schlegel, KA, Bd. II, p. 287: "Dadurch werde die Mittheilung verworren, und schwiege mancher gar, der sonst wohl reden würde. Jeder, oder zunächst nur wer eben am meisten Lust habe, solle einmal seine Gedanken über Poesie, oder über einen Theil, eine Seite derselben von Grund des Herzens aussprechen, oder lieber ausschreiben, damit man's schwarz auf weiß besitze, wie's jeder meyne. Camilla stimmte ihrer Freundin lebhaft bey, damit wenigstens einmal etwas neues geschähe, zur Abwechslung von dem ewigen Lesen."

38 F. Schlegel, KA, Bd. XXIV, p. 30, 159, 218.

39 S. Matuschek, Wie berlinerisch ist das Athenaeum? Zum Ort der Frühromantik, in: Provinz und Metropole. Zum Verhältnis von Regionalismus und Urbanität in der Literatur, hrsg. v. Dieter Burdorf/S. Matuschek, Heidelberg 2008, pp. 103-127, hier p. 123.

40 Novalis, Schriften. Die Werke von Friedrich Hardenberg/Novalis, hrsg. v. Paul Kluckhohn, Stuttgart 1960-1975, Bd. 2, p. 645: "Journale sind eigentlich schon gemeinschaftliche Bücher; Das Schreiben in Gesellschaft ist ein interessantes Symptom, das noch eine große Ausbildung der Schriftstellerey ahnden läßt. Man wird einmal in Masse schreiben, denken und handeln. Ganze Gemeinden, selbst Nationen werden ein Werk unternehmen."

41 F. Schlegel, KA, Bd. II, p. 116: "Vielleicht würde eine ganz neue Epoche der Wissenschaften und Künste beginnen, wenn die Symphilosophie und Sympoesie so allgemein und so innig würde, daß es nichts seltnes mehr wäre, wenn mehrere sich gegenseitig ergänzende Naturen gemeinschaftliche Werke bildeten. Oft kann man sich des Gedankens nicht erwehren, zwei Geister möchten eigentlich zusammengehören, wie getrennte Hälften, und nur verbunden alles sein, was sie könnten."

42 Geselliges Leben um 1800, p. 14.

43 F. Schlegel, KA, Bd. II, pp. 286-287: "Für mich hatte es von jeher einen großen Reiz mit Dichtern und dichterisch Gesinnten über die Poesie zu reden. Viele Gespräche der Art habe ich nie vergessen, von andern weiß ich nicht genau, was der Fantasie und was der Erinnerung angehört; vieles ist wirklich darin, andres ersonnen. So das gegenwärtige, welches ganz verschiedene Ansichten gegeneinander stellen soll, deren jede aus ihrem Standpunkte den unendlichen Geist der Poesie in einem neuen Lichte zeigen kann, und die alle mehr oder minder bald von dieser bald von jener Seite in den eigentlichen Kern zu dringen streben. Das Interesse an dieser Vielseitigkeit erzeugte den Entschluß, was ich in einem Kreise von Freunden bemerkt und anfänglich nur in Beziehung auf sie gedacht hatte, allen denen mitzuteilen, die eigne Liebe im Busen spüren und gesonnen sind, in die heiligen Mysterien der Natur und der Poesie kraft ihrer innern Lebensfülle sich selbst einzuweihen."

44 Athenaeum, Eine Zeitschrift von Wilhelm und Friedrich Schlegel, Berlin 1798, p. IV.

45 F. Schleiermacher, KGA I.2, pp. 169-170: "Es soll keine bestimmte Handlung gemeinschaftlich verrichtet, kein Werk vereinigt zu Stande gebracht, keine Einsicht methodisch erworben werden. Der Zweck der Gesellschaft wird gar nicht als außer ihr liegend gedacht; die Wirkung eines Jeden soll gehen auf die Thätigkeit der übringen, und die Thätigkeit eines Jeden soll seyn seine Einwirkung auf die andern. (...) es kann also auf nichts anders abgesehen seyn, als auf ein freies Spiel der Gedanken und Empfindungen, wodurch alle Mitglieder einander gegenseitig aufregen und beleben. Die Wechselwirkung ist sonach in sich selbst zurückgehend und vollendet."

46 Hannelore Scholz, Der romantische Salon in Deutschland, in: Frauen Literatur Geschichte. Schreibende Frauen vom Mittelalter bis zur Gegenwart, hrsg. v. Hiltrud Gnüg/ Renate Möhrman, Berlin/Heidelberg 1999, pp. 72-80, hier p. 73: "Aus den angeführten Gründen ist die Geselligkeitskultur der ›romantischen Salons‹ nicht mit der Darstellung der berühmten Salons am Ende des 18. Jahrhunderts identisch. Vielmehr ist die romantische »**Geselligkeit als Utopie**« zu analysieren, die in Zirkeln, Salons, in Zentren Deutschlands höchst unterschiedlich gepflegt wurde. Dies bedeutet, den romantischen Salon nicht als Ort einer Salonière zu charakterisieren, sondern als Utopiemodell einer Umgangskultur, die häufig von Frauen initiiert und organisiert wurde. Folglich sind die Inhalte dieser Gesprächskultur zu beschreiben, die gruppenbildend und -prägend ein wichtiges Merkmal der Romantik in Deutschland darstellen."

47 F. Schlegel, KA, Bd. V, p. 57:"Er zog allmählich manche vorzügliche Menschen an sich, Lucinde verband und erhielt das Ganze und so entstand eine freie Gesellschaft, oder vielmehr eine große Familie, die sich durch ihre Bildung immer neu blieb. Auch vorzügliche Ausländer erhielten den Zutritt. Julius sprach seltener mit ihnen, aber Lucinde wußte sie gut zu unterhalten; und zwar so, daß ihre groteske Allgemeinheit und ausgebildete Gemeinheit zugleich die andern ergänzte, und weder ein Stillstand noch ein Mißlaut in der geistigen Musik erregt ward, deren Schönheit eben in den harmonischen Mannichfaltigkeiten und Abwechselung bestand. Neben dem großen, ernsten Stil in der Kunst der Geselligkeit sollte auch jede nur reizende Manier und flüchtige Laune ihre Stelle darin finden."

48 Dorothea Mendelssohn-Veit-Schlegel an Friedrich Schleiermacher, 16. Januar 1800, in: Geselliges Leben um 1800, p. 11: "Lieber Freund ich muß mich rasend sputen, daher kömt die Confusion in meinen Schreiben, ich unterhielte mich gern länger mit Ihnen, nur habe ich nicht viel Zeit. Die schöne Geselligkeit kostet gar viele Zeit."

49 G. Dischner, Caroline und der Jenaer Kreis. Ein Leben zwischen bürgerlicher Vereinzelung und romantischer Geselligkeit, Berlin 1979, p. 111.

50 이와 관련해서는 카롤리네 뵈머를 다룬 2부 1장에서 자세히 논의된다.

51 Caroline-Schlegel-Schelling in ihren Briefen, hrsg. v. S. Damm, Darmstadt/Neuwied 1981, p. 66: "Es läßt sich überhaupt dazu an, als würde sich hier ein Sammelplatz bilden, wie Jena war, eine Menge Faden laufen hier wieder zusammen."

52 Caroline und Dorothea Schlegel in Briefen, hrsg. v. Ernst Wieneke, Bremen 2011, p.

252: “O wie sind die einst zu Jena in einem kleinen Kreis Versammelten nun über alle Welt zerstreut, und lehren alle Heiden. Mein Kummer ist nur, daß sie alle miteinander nichts mehr dichten. - wenigstens hören wir von den Gesängen nichts.”

53 Inge Hoffmann-Axthelm, Geisterfamilie. Studien zur Geselligkeit der Frühromantik, p. 206.

1부 6장

1 Rainer Baasner, Briefkultur im 19. Jahrhundert. Kommunikation, Konvention, Postpraxis, in: ders.(Hg.), Briefkultur im 19. Jahrhundert, Tübingen 1999, pp. 1–36, hier p. 14.

2 Petra Wilhelmy-Dollinger, Die Berliner Salons: mit historisch-literarischen Spaziergängen, Berlin/New York 2000, p. 8: “Briefe, Tagebücher und Salons waren – alle drei – Medien individueller Selbstverwirklichung. Dazu kam ferner, daß das Salon-Gespräch in ausgedehnten Freundschaftskorrespondenzen gewissermaßen eine Fortsetzung mit anderen Mitteln erfuhr, sich brieflich das Hier und Jetzt des Salongesprächs auf räumliche und zeitliche Distanz fortsetzte, ergänzte und erweiterte. Wie eng Salon und Briefliteratur miteinander verquickte waren, erhellt nicht nur aus den in die Briefe eingegangene Salongesprächen, sondern auch aus der Tatsache, daß in den Salons Briefe von fernen Korrespondenten vorgelesen oder in der Runde herumgereicht wurden.”

3 M-C. Hoock-Demarle, Lesen und Schreiben in Deutschland, in: Geschichte der Frauen, Bd. 4, 19. Jahrhundert, hrsg. v. Michelle Perrot/Geneviève Fraisse, Frankfurt/M 1994, p. 183: “Briefwechsel als erste Äußerungsform schafffen eine Art Parallelöffentlichkeit, in der sich die Frauen von Begabung und Geist hervortun. Als Herzensergüsse getarnt gehen Briefe herum und werden zugleich zum Mitteilungsorgan, zum Ort der Nachdenklichkeit und zur Spielwiese für alle möglichen Genres. Die Korrespondenz Rahel Varnhagens ist dafür das subtilste Beispiel, doch Bettina von Arnim zeigt in der Art, wie sie ihre früheren Briefwechsel dichterisch umsetzt und daraus eine eigene Gattung macht, ebenfalls schöpferisches Genie.”

4 Silvia Henke, Eigensinnige Briefe. Zwischen Literatur- und Medienwissenschaft, in: Weiterlesen: Literatur und Wissen, hrsg. v. Ulrike Bergermann, Elisabeth Strowick, Bielefeld 2007, pp. 174-196, hier 175.

5 Barbara Becker-Cantarino, Schriftstellerinnen der Romantik: Epoche, Werke, Wirkung, pp. 171-173.

6 Matthias Emrich, Rahel. Selbstbekenntnisse zwischen Brief und Buch, in: Ichtexte. Beiträge zur Philologie des Individuellen, hrsg. v. Christopher Busch/Till Dembeck/ Maren Jäger, Paderborn 2019, pp. 133-147.

7 Frauenbriefe der Romantik, hrsg. v. Katja Behrens, Frankfurt am Main 1982, p. 201.

8 Rahel Varnhagen von Ense, Briefwechsel mit Pauline Wiesel, hrsg. v. B. Hahn, München 1997, pp. 436-437.

9 Rahel an Pauline Wiesen, den 15. April 1819: “das blüthenreichste wonnigste

Frühlingswetter nach kleinen Nachtregen"(Rahel Varnhagen von Ense, Briefwechsel mit Pauline Wiese, p, 273).

10 Rahel an Pauline Wiesel, den 29. Juli 1831: "Warmes, ängstigendes Wetter mit Feuchtigkeit, und jetzt Sonne. Ich sage die Krankheiten kommen rein daher. Es ist ja seit Jahren – die ich fühle, und leide, die große Wetterrevolluzion."(Ibid, p. 437).

11 Annette C. Anton, Authentizität als Fiktion. Briefkultur im 18. und 19. Jahrhundert, Stuttgart/Weimar 1995.

12 Barbara Becker-Cantarino, Leben als Text — Briefe als Ausdrucks- und Verständigungsmittel in der Briefkultur und Literatur des 18. Jahrhunderts, in: Frauen Literatur Geschichte. Schreibende Frauen vom Mittelalter bis zur Gegenwart, hrsg. v. Hiltrud Gnüg/ Renate Möhrmann, Stuttgart/Weimar 1999, pp. 129–146, p. 129: "War der Brief seit altersher ein Mittel der Kommunikation und der Selbstdarstellung, der Mitteilung von Fakten, des Dialogs mit anderen Menschen und ein Bild der eigenen Seele (epistola imago animi), so wurde er im 18. Jahrhundert zunehmend wichtig als Ausdruck weiblichen Lebens und Erlebens. Der Privatbrief – nicht der nach normativen Rhetoriken der barocken Briefsteller ausgefeilte Brief und auch nicht das fiktive Kunstprodukt –, der alltägliche Brief, wie ihn jeder Schreibkundige mehr oder weniger spontan als Mitteilung abfassen kann, gab den Frauen die Möglichkeit, über die weibliche Lebenssphäre zu schreiben, gab ihr damit Bedeutung und wertete sie auf. Der Privatbrief erlaubte das Ausströmen von unmittelbaren, eigenen Gedanken und Gefühlen, ohne an feste Stilvorbilder oder Schreibkonventionen gebunden zu sein. Der Brief dokumentierte den Lebensraum der Frauen, ihre Mentalität, ihre Probleme; er konnte ein authentisches Zeugnis, ein genuines Egodokument sein. Und innerhalb seiner nicht-fiktionalen Grundstruktur gab der Brief der Erfindungsgabe der Schreiberin viel Raum; er ermöglichte mehr oder weniger fiktionale Selbstdarstellung, Selbstreflexion und konnte zur Literarisierung und Ästhetisierung führen wie besonders bei Rahel Varnhagen(1771–1833) oder Bettina von Arnim(1785–1859)".

13 Cf. Renate Kroll, Text als Leben als Text. Briefe, Tagebücher und autobiographische Texte. Eine Zwischenreflexion, in: Germanisch-romanische Monatschrift, 74(1993), H. 4, pp. 452-455.

2부 1장

1 카롤리네에 대한 외모 및 기질 분석에 대해서는 다음을 참조할 것(H. Eichner, Das Bild der Frau in der Frühromantik, in: Salons der Romantik: Beiträge eines Wiepersdorfer Kolloquiums zu Theorie und Geschichte des Salons, hrsg. v. Hartwig Schultz, pp. 1-19, hier p. 14).

2 S. Damm(Hg.), Begegnung mit Caroline. Briefe von Caroline Schlegel-Schelling, Leipzig 1984, p. 251: "Ich bin meines unzerstörbaren Glücks, wie meines unheilbaren Unglücks gewiß."

3 정확히 누가 카롤리네를 '마담 루시퍼'라고 처음 명명했는지는 밝혀지지 않았지만 실러의 부인 샤를롯테가 사용한 것으로 추정된다. 이 용어의 수용사에 관해서는 다음을 참조할 것(Martin

Reulecke, Madame Lucifer - Anmerkung zur Caroline-Rezeption, in: Athenäum, Bd. 20, 2010, pp. 183–96).

4 Cf. Gabriele Dürbeck, 'Sibylle', 'Pythia' oder 'Dame Lucifer'. Zur Idealisierung und Marginalisierung von Autorinnen der Romantik in der Literaturgeschichtsschreibung des 19. Jahrhunderts, in: Zeitschrift für Germanistik, Vol. 10, No 2, 2000, pp. 258-280.

5 두 권은 합본되어 최근에 다시 출간되었다(Ricarda Huch, Die Romantik. Ausbreitung, Blütezeit und Verfall, Berlin 2018, p. 30: "Sie wusste, dass sie sich irren, nie aber sich selbst verlieren konnte. Sie besaß den glücklichen Instinkt der Nachtwandler, die nicht stürzen, wenn man sie nur ruhig gehen lässt. Auch die Fehltritte, die sie tat, und die Irrwege, die sie wählte, mussten ihr dienen. Um nichts dürfte man sie mehr beneiden als um dies Talent zur Bildung des Lebens, wenn man diesen Ausdruck gebrauchen kann, das einem in jedem Schicksal Zuversicht verleiht, weil man im Grunde um den letzten Ausgang nicht besorgt ist."

6 Brief an Louise Gotter, Göttingen, 1. November 1781, in: Caroline, Briefe aus der Frühromantik, Erster Band, hrsg. v. Erich Schmidt, Leipzig 1913, p. 57(auch bei gutenberg.spiegel.de http://gutenberg.spiegel.de/buch/briefe-6444/2): "(...) ich würde, wenn ich ganz mein eigner Herr wäre, und außerdem in einer anständigen und angenehmen Lage leben könnte, weit lieber gar nicht heyrathen, und auf andre Art der Welt zu nutzen suchen."

7 Das Universitätsmamsellen-Lesebuch: fünf gelehrte Frauenzimmer, hrsg. v. Ruth Finckh, Göttingen 2015, p. 286: "Deine Frage habe ich nun recht wohl verstanden. Meinst Du denn, dass Kochen und Spinnen angenehmer ist, als wenn ich ein historisches Collegium bei meinem Vater höre? (...) Weiber sind nicht in der Welt, bloß um Männer zu amüsieren. Weiber sind Menschen wie Männer: eines soll das andere glücklich machen."

8 Caroline Schlegel-Schelling, Die Kunst zu leben, hrsg. v. S. Damm, Frankfurt a. M. 1997, p. 95: "Dortchen hat unendlich viel Geist und Verstand, aber zu ihrem Unglück, denn mit diesen Anlagen (...) kann sie weder Glück noch Achtung erwarten. Man schäzt ein Frauenzimmer nur nach dem, was sie als Frauenzimmer ist."

9 Ibid., p. 92: "es ist unverantwotlich, daß man mich so gleichgültig zum Aschenbrödel werden läßt."

10 Brief an Louise Gotter, Göttingen, 3. April 1784: "Mein Bruder wird mich dem Manne geben, für den er mich seit meiner Kindheit bestimmt hatte, seinem besten Freund, der mich seit jener Zeit liebte. Mit dieser Heirat erfülle ich die Wünsche meiner Familie, meiner Freunde und der seinen, und mein Herz stimmte seit langem mit den ihren überein. Von diesen übermächtigen Motiven geleitet, traf ich meine Wahl."

11 "Lieber Freund, ich komme weit her schon an diesem frühen Morgen", Caroline Schlegel-Schelling in ihren Briefen, hrsg. und mit einem Essay eingeleitet von Sigrid Damm, Darmstadt 1984, p. 93: "Ich bin nicht mehr Mädchen, die Liebe giebt mir nichts zu thun als in leichten häuslichen Pflichten – ich erwarte nichts mehr von einer rosenfarbnen Zukunft – mein Loos ist geworfen. Auch bin ich keine mystische Religionsenthousiastin – das sind doch die beyden Sphären, in denen sich der Weiber Leidenschaften drehn. Da ich also nichts nahes fand, was mich beschäftigte, so blieb

die weite Welt mir offen – und die – machte mich weinen."

12 "Lieber Freund, ich komme weit her schon an diesem frühen Morgen", Caroline Schlegel-Schelling in ihren Briefen, p. 87: "Ich beschwöre dich, schick mit keine Uhrbänder, sondern diesmal etwas zu lesen in gotischen Buchstaben. Ich bitte Dich um Brod, und Du giebest mir einen Stein."

13 "Lieber Freund, ich komme weit her schon an diesem frühen Morgen", Caroline Schlegel-Schelling in ihren Briefen, p. 91: "ich vertrockne seit einiger zeit, weil alle meine Bücherquellen sich verstopfen."

14 S. Damm(Hg.), Begegnung mit Caroline, p. 91: "Mit Trauer seh ich den Schnee, die Scheidewand zwischen mir und der Welt."

15 Goethe, Die Leiden des jungen Werther, in: Hamburger Ausgabe in 14 Bänden, Hamburg 1948ff., Band 6, p. 13: "da man sich die Wände, zwischen denen man gefangen sitzt, mit bunten Gestalten und lichten Aussichten bemalt."

16 S. Damm, Caroline Schelling, geborene Michaelis(1763-1809), in: "Des Kennenlernens werth": bedeutende Frauen Göttingens, hrsg. v. Traudel Weber-Reich, 1995, pp. 59-71, hier p. 55.

17 Goethe, Die Leiden des jungen Werther, p. 13: "Ich kehre in mich selbst zurück, und finde eine Welt! Wieder mehr in Ahnung und dunkler Begier als in Darstellung und lebendiger Kraft."

18 "Lieber Freund, ich komme weit her schon an diesem frühen Morgen", Caroline Schlegel-Schelling in ihren Briefen, p. 71: "Glaub es nur, ich bin keine Schwärmerin, keine Enthousiastinn, meine Gedanken sind das Resultat von meiner, wens möglich ist, bei kaltem Blut angestellten Überlegung. Ich bin gar nicht mit mir zufrieden, mein Herz ist sich keinen Augenblick selbst gleich, es ist so unbeständig. Du must das selbst wißen, da Dir meine Briefe immer meine ganze Seele schildern. Ich habe wahres festes Vertrauen auf Gott, ich bitte ihn so sehnlich mich glücklich zu machen, aber ich habe so verschiedene Wünsche, wodurch ich das zu werden suchte, dass, wenn er sie alle nach meiner Phantasie erfüllen wollte, ich nothwendig unglücklich werden müsste."

19 "Lieber Freund, ich komme weit her schon an diesem frühen Morgen", Caroline Schlegel-Schelling in ihren Briefen, pp. 95-96: "Ich weiß nicht, ob ich je ganz glücklich seyn kann, aber das weiß ich, daß ich nie ganz unglücklich seyn werde; Sie haben mich in einer Lage gekant, wo ich, von allen Seiten eingeschränkt, durch den Druck meines eignen Gewichts niedersank - grausam bin ich herausgerissen, doch fühl ich, daß ich es bin, denn es ist so hell um mich geworden, als wenn ich zum erstenmal lebte, wie der Kranke, der ins Leben zurückkehrt und eine Kraft nach der andern wieder erlangt und neue reine Frühlingsluft athmet, und in nie empfundenem Bewußtseyn schwelgt. Ein Schleier fällt nach dem anderen, es ist mir nichts mehr sehr wichtig – Erfahrung mindert den Werth der Dinge, denn es nimmt ihnen die Neuheit – ich schätze nichts mehr als was mir mein Herz giebt, und erwerbe nichts als was ich mir selbst bereite."

20 "Lieber Freund, ich komme weit her schon an diesem frühen Morgen", Caroline Schlegel-Schelling in ihren Briefen, p. 101: "Hier leb ich seit 4 Monaten ohngefär so, wie Sie es voraus sahn, ich habe den Sommer ganz genossen und gehe dem Winter mit der Hoffnung der Frühlingsblüte entgegen. Lotte ist bei mir, denn sie mochte Göttingen

nicht mehr – von dem zu scheiden mir nichts kostete, so wenig wie Ihnen. Marburg hat wenig – aber doch nicht die tötende Einförmigkeit und den reichstädtischen Dünkel. Die Menschen nicht so kultiviert und geschwätziger, allein doch toleranter. Man liebt mich sehr, weil mein Herz ein Gewand über die Vorzüge des Kopfs wirft, daß mir beides Aeußerungen als Verdienst anrechnen läßt. Daß ich gehen kann wann ich will, macht, daß ich alles Ungemachs zum Trotz bleibe – das ist die Art von Trägheit, welche der hat, der den Tod nicht fürchtet."

21 "Lieber Freund, ich komme weit her schon an diesem frühen Morgen", Caroline Schlegel-Schelling in ihren Briefen, p. 99: "Was mein Wille kann, das wird er – und was die Nothwendigkeit fordert, werd ich ihr einräumen, doch niemals mehr ihr geben, als sie wirklich fordert."

22 "Lieber Freund, ich komme weit her schon an diesem frühen Morgen", Caroline Schlegel-Schelling in ihren Briefen, p. 225: "Ich bin so sicher in mir selber geworden, weil ich weiß, was ich will."

23 Caroline Schlegel, Briefe aus der Frühromantik, 2 Bände, Nach Georg Waitz verm. hrsg. v. Erich Schmidt, Leipzug 1913 u. 1921, Bd. 1, pp. 231-232: "(...) das ganze Lebensgewirr kreuzte sich in meinem Kopf - so oder so! 3 Tage wars mir ein Räthsel - es lößte sich zuletzt in die Frage auf: willst du gebunden seyn, und gemächlich leben, und in weltlichem Ansehn stehn bis ans Ende Deiner Tage - oder frey, müßtest Du es auch mit Sorgen erkaufen. - Die träge Natur lenkte sich dorthin - und die reinste innerste Flamme der Seele ergriff dieses - ich fühle was ich muß - weil ich fühle was ich kann - schelte mich niemand unvernünftig - (...) Wer sicher ist, die Folgen nie zu bejammern, darf thun was ihm gut dünkt."

24 Ibid.: "Wer wolte sich aufopfern , wenn mehr am Opfer ist als der Nahme – das geschieht nur von dem, der Lücken zu füllen – Leere zu verbergen hat. Ich glaube an keine Opfer - und an keine Ausnahmen – das erste wird mich hindern nicht ohne Noth unglücklich zu seyn, und mich nicht dafür zu halten - das zweyte, in meinen Erwartungen nicht getäuscht zu werden."

25 "Lieber Freund, ich komme weit her schon an diesem frühen Morgen", Caroline Schlegel-Schelling in ihren Briefen, p. 78: "Ich kann ohne Liebe leben, aber wer mir die Freundschaft nimmt, der nimmt mir alles, was mir das Leben lieb macht."

26 Eckart Kleßmann, Das Leben der Caroline Michaelis-Böhmer-Schlegel-Schelling(1763-1809), München 1979, p. 143:"Kann man denn gar keinen Freund haben, ohne sich auf Leben und Tod mit ihm zu vereinigen."

27 "Lieber Freund, ich komme weit her schon an diesem frühen Morgen", Caroline Schlegel-Schelling in ihren Briefen, p. 106: "Doch bleibt der feste Wille Sieger – er hat ja das Begehren nach Freude mit in sein Interesse gezogen. Göttern und Menschen zum Trotz will ich glücklich seyn – also keiner Bitterkeit Raum geben, die mich quält - ich will nur meine Gewalt in ihr fühlen."

28 E. Kleßmann, Das Leben der Caroline Michaelis-Böhmer-Schlegel-Schelling(1763-1809), p. 86: "Die Witwe Böhmer, des sel. Michaels Tochter, ist seit Anfang Mai hier und lebt sehr eingezogen und zufrieden, außer unserm Hause kommt sie nicht aus ihrer Wohnung. Es ist ein gescheites Weib, deren Umgang unsern häuslichen Zirkel bereichert."마인츠에 머물던 기간 동안 포르스터와 카롤리네 간의 동지적 관계에 대한 연구 논문은 다음을 참조할 것(Ruth Stummann-Bowert, Caroline Böhmer in Mainz: "im Anfang schwärmte ich herzlich", in: Georg-Forster-Studien, Bd. 14, Kassel 2009, pp. 105-132).

29 "Lieber Freund, ich komme weit her schon an diesem frühen Morgen", Caroline Schlegel-Schelling in ihren Briefen, p. 96: "Wir sind stolze Bettler, lieber Meyer, (...) lassen Sie uns lieber einmal eine Bande zusammen machen, einen geheimen Orden, der die Ordnung der Dinge umkehrt, und wie die Illuminaten die Klugen an die Stelle der Toren setzen wollte, so möchten denn die Reichen abtreten und die Armen die Welt regieren. Ich habe Ihre Idee Bürger zu heiraten vortrefflich gefunden, (...)."

30 "Lieber Freund, ich komme weit her schon an diesem frühen Morgen", Caroline Schlegel-Schelling in ihren Briefen, p. 113: "Mirabeau hat in seinmem Kerker die göttlichsten Dinge auf Stückchen Papier geschrieben, die er von gedruckten Büchern abriss."

31 Cf. Ruth Stummann-Bowert, Caroline Böhmer in Mainz: "im Anfang schwärmte ich herzlich", p. 121.

32 Goethe, Sämtliche Werke, in; Hamburger Ausgabe, Band. 10, pp. 188-189: "Zwei muntere Abende: hier fühlt'ich mich schon wieder in vaterländischer Luft. Meist schon frühe Bekannte, Studiengenossen, in dem benachbarten Frankfurt wie zu Hause (...) Die Freiheit eines wohlwollenden Scherzes auf dem Boden der Wissenschaft und Einsicht verlieh die heiterste Stimmung. Von politischen Dingen war die Rede nicht, man fühlte, daß man sich wechselseitig zu schonen habe; denn wenn sie republikanische Gesinnungen nicht ganz verleugneten, so eilte ich offenbar, mit einer Armee zu ziehen, die eben diesen Gesinnungen und ihrer Wirkung ein entschiedenes Ende machen sollte."

33 "Lieber Freund, ich komme weit her schon an diesem frühen Morgen", Caroline Schlegel-Schelling in ihren Briefen, p. 114: "Wir können noch sehr lebhafte Szenen herbekommen, wenn der Krieg ausbrechen sollte. Ich ginge ums Leben nicht von hier – denk nur, wenn ich meinen Enkeln erzähle, wie ich eine Belagerung erlebt habe, wie man einem alten geistlichen Herrn die lange Nase abgeschnitten und die Demokraten sie auf öffentlichem Markt gebraten haben – wir sind doch in einem höchst interessanten politischen Zeitpunkt, und das gibt mir außer den klugen Sachen, die ich abends beim Teetisch höre, gewaltig viel zu denken."

34 Cf. Brief an Meyer vom 27. Okt. 1792, in:"Lieber Freund, ich komme weit her schon an diesem frühen Morgen", Caroline Schlegel-Schelling in ihren Briefen, pp. 125-127.

35 "Lieber Freund, ich komme weit her schon an diesem frühen Morgen", Caroline Schlegel-Schelling in ihren Briefen, p. 113: "Das rote Jakobinerkäppchen, das Sie mir aufsetzen, werf ich Ihnen an den Kopf. Für das Glück der kaiserl. und königlichen Waffen wird freilich nicht gebetet – die Despotie wird verabscheut, aber nicht alle Aristokraten – kurz, es herrscht eine reife edle Unparteilichkeit -."

36 "Lieber Freund, ich komme weit her schon an diesem frühen Morgen", Caroline Schlegel-Schelling in ihren Briefen, p. 127: "Allein können Sie im Ernst darüber lachen, wenn der arme Bauer, der drey Tage von vieren für seine Herrschaften den Schweiß seines Angesichts vergießt, und es am Abend mit Unwillen trocknet, fühlt, ihm könnte,

ihm solte beßer seyn? Von diesem einfachen Gesichtspunkt gehn wir aus."

37 Cf. Stefan Bollmann, Frauen und Bücher: Eine Leidenschaft mit Folgen, München 2013, bes. Kap. 4; Ursula Naumann, Auf Forsters Canapé: Liebe in Zeiten der Revolution, Berlin 2012, esp. Kap. 2.

38 André Nawrotzki/ Gisela Horn, "Mir kann nicht genügen an dieser bedingten Freiheit": Frauen der Jenaer Romantik, Jena 2013, p. 44: "Mir kann nicht genügen an dieser bedingten Freiheit."

39 "Lieber Freund, ich komme weit her schon an diesem frühen Morgen", Caroline Schlegel-Schelling in ihren Briefen, p. 139: "denk, ich sei dieselbe Frau geblieben, die Du immer in mir kanntest, geschaffen um nicht über die Grenzen stiller Häuslichkeit hinweg zu gehen, aber durch ein unbegreifliches Schicksal aus meiner Sphäre gerissen, ohne die Tugenden derselben eingebüßt zu haben, ohne Abenteuerin geworden zu sein."

40 "Lieber Freund, ich komme weit her schon an diesem frühen Morgen", Caroline Schlegel-Schelling in ihren Briefen, p. 135: "Ein Stück meines Lebens gäb ich jetzt darum, wenn ich nicht auf immer, wenigstens in Deutschland, aus der weiblichen Sphäre der Unbekanntheit gerissen wäre."

41 "Lieber Freund, ich komme weit her schon an diesem frühen Morgen", Caroline Schlegel-Schelling in ihren Briefen, p. 149: "Unter den Menschen ist die Fröhlichkeit meiner Ruhe von mir gewichen, das politische Urteil, das hier so schneidend ist wie an irgendeinem Ort, gilt als Vorwand, um sich erklärt von mir abzuwenden (..) beinah alles ist wahr geworden, was ich damals voraussah, als ich überlegte, ob es besser sei zu sterben oder zu leben. Ich bin ja ausgestoßen und muß wenigstens ins Freie blicken können, in einen Spiegel, der mich nicht entstellt zurückwirft."

42 Friedrich Schlegel an August Wilhelm Schlegel, Leipzig, 17.05.1792, in: KA, Bd. XXIII, p. 53: "Ich habe bey Weibern nie etwas von diesem Triebe nach dem unendlichen gefunden, und ich habe noch keine gesehen, bey der ich die Möglichkeit einsähe, sie lieben zu können. – Nur bey einer findet es sich; ich weiß aber nicht ob ich sie selbst verehre oder ihr verschönertes Bild in dem Spiegel einer edlen männlichen Seele."

43 Briefwechsel von Caroline und Dorothea Schlegel, hrsg. v. Ernst Wieneke, Weimar 1914, p. 72: "Schlegel und Ich! Ich lache, indem ich schreibe! Nein, das ist sicher – aus uns wird nichts."

44 "Lieber Freund, ich komme weit her schon an diesem frühen Morgen", Caroline Schlegel-Schelling in ihren Briefen, pp. 239-240: "Schlegel hätte immer nur mein Freund sein sollen, wie er es sein Leben hindurch so redlich, oft so sehr edel gewesen ist. Es ist zu entschuldigen, dass ich nicht standhafter in dieser Überzeugung war."

45 "Lieber Freund, ich komme weit her schon an diesem frühen Morgen", Caroline Schlegel-Schelling in ihren Briefen, pp. 149-150: "Wer kennt mich, wie ich bin - wer kann mich kennen! Man hält mich für ein verworfenes Geschöpf, und meint, es sei verdienstlich, mich vollends zu Boden zu treten. (...) Um diese Situation zu überwinden, müßt ich wahrlich eine Zauberin seyn."

46 Aufzeichnungen Karoline Wilkens, in: Adolf Stoll, Der Geschichtsschreiber Friedrich Wilken, Cassel 1896, p. 301: "Im Schlegelschen Hause in Jena gabs (...) keine Ordnung.

Diese Wirtschaft übersteigt jede mögliche geniale Unordnung und wurde mir so widerlich, daß ich dadurch erst die Notwendigkeit einer besseren Einrichtung schätzen lernte."

47 Ibid., pp. 303-304: "Die Würze zu diesem Mahl lieferten geistige Bestandteile bei der unnachlassenden Gewandtheit der Wirtin, alle zu beleben und anzureizen, ihren Witz leuchten zu lassen, so daß die Gesellschaft über dem Sprachen das Essen vergaß."

48 Friedrich Schlegel, Lucinde, in: KA, Bd V, pp. 48-49: "Sie konnte in derselben Stunde irgend eine komische Albernheit mit dem Mutwillen und der Feinheit einer gebildeten Schauspielerin nachahmen, und ein erhabenes Gedicht vorlesen mit der hinreißenden Würde eines kunstlosen Gesanges. Bald wollte sie in Gesellschaft glänzen und tändeln, bald war sie ganz Begeisterung, und bald half sie mit Rat und Tat, ernst, bescheiden und freundlich wie eine zärtliche Mutter. Eine geringe Begebenheit ward durch ihre Art sie zu erzählen so reizend wie ein schönes Märchen. Alles umgab sie mit Gefühl und mit Witz, sie hatte Sinn für alles, und alles kam veredelt aus ihrer bildenden Hand und von ihren süß redenden Lippen. Nichts Gutes und Großes war zu heilig oder zu allgemein für ihre leidenschaftlichste Teilnahme. Sie vernahm jede Andeutung, und sie erwiderte auch die Frage, welche nicht gesagt war. Es war nicht möglich, Reden mit ihr zu halten; es wurden von selbst Gespräche und während dem steigenden Interesse spielte auf ihrem feinen Gesichte eine immer neue Musik von geistvollen Blicken und lieblichen Mienen. Dieselben glaubte man zu sehen, wie sie sich bei dieser oder bei jener Stelle veränderten, wenn man ihre Briefe las, so durchsichtig und seelenvoll schrieb sie, was sie als Gespräch gedacht hatte. Wer sie nur von dieser Seite kannte, hätte denken können, sie sei nur liebenswürdig, sie würde als Schauspielerin bezaubern müssen, und ihren geflügelten Worten fehle nur Maß und Reim, um zarte Poesie zu werden. Und doch zeigte eben diese Frau bei jeder großen Gelegenheit Mut und Kraft zum Erstaunen, und das war auch der hohe Gesichtspunkt, aus dem sie den Wert der Menschen beurteilte."

49 Ibid., p. 49: "Die Vergötterung seiner erhabenen Freundin wurde für seinen Geist ein fester Mittelpunkt und Boden einer neuen Welt."

50 S. Damm, Carolines Kunst, in: "Lieber Freund, ich komme weit her schon an diesem frühen Morgen", Caroline Schlegel-Schelling in ihren Briefen, p. 47: "Die Versammelten entwickeln ihre philosophischen und literarischen Grundsätze in unmittelbarer Nachfolge zur bürgerlichen Revolution in Frankreich, wollen, ihrem Beispiel folgend, in Deutschland eine geistige Revolution auslösen. Gegen "das alte offizielle Deutschland, das verschimmelte Philisterland" treten die "Jakobiner der Poesie", wie sie Varnhagen nennt, mit den Waffen der Kritik an."

51 F. Schlegel, KA, Bd. II, p. 155: "Die Poesie ist eine republikanische Rede; eine Rede, die ihr eignes Gesetz und ihr eigner Zweck ist, wo alle Teile freie Bürger sind, und mitstimmen dürfen."

52 F. Schlegel, KA, Bd. XII, p. 47: "Bey dem jetzigen Verhältniß der Familie kann die Republik gar nicht stattfinden. Eine Veränderung der Familienverhältnisse könnte ohngefähr bewirkt werden, wenn ein Gesetzgeber die Erbgesetze so umkehren würde, dass die Töchter die Mobilien erbten, und die Söhne ausgestattet werden. Bey dem

jetzigen Familienverhältniß wird die allgemeine Moralität untergedrückt."

53 Zitiert nach Paul Kluckhohn, Die Auffassung der Liebe in der Literatur des 18. Jahrhunderts und in der deutschen Romantik, Halle 1922, p. 349: "dieses seltene Weib von männlicher Seelengröße, von dem schärfsten Geist, mit der Weichheit des weiblichsten, zartesten, liebevollsten Herzens vereinigt."

54 F. Schlegel, KA, Bd. XXIV, p. 169: "[S]o sind wir beyde sehr gesonnen unsre Hoffnung auf die Frauen zu setzen."

55 Friedrich Schiller, Sämtliche Werke, Band 1, München 1962, pp. 403-404, 429-442: "Freiheit und Gleichheit! hört man schallen; / Der ruh'ge Bürger greift zur Wehr, / Die Straßen füllen sich, die Hallen, / Und Würgebanden ziehn umher. / Da werden Weiber zu Hyänen / Und treiben mit Entsetzen Scherz; / Noch zuckend, mit des Panthers Zähnen, / Zerreißen sie des Feindes Herz."(V. 362-369)

56 "Lieber Freund, ich komme weit her schon an diesem frühen Morgen", Caroline Schlegel-Schelling in ihren Briefen, p. 190: "Über ein Gedicht von Schiller, sind wir gestern Mittag fast von den Stühlen gefallen vor Lachen."

57 G. Dischner, Caroline und der Jenaer Kreis, p. 182: "Die 'offene' Kunstform von Brief, Briefroman, Fragment, Gespräch kann als Ausdruck einer neueren offeneren Lebensform verstanden werden, in welcher zum ersten Mal öffentlich die geschlechtsspezifischen Rollenzuweisungen in Frage gestellt und in einem 'Rollenspiel' aufgelöst werden (...)."

58 S. Matuschek, Wie berlinerisch ist das Athenaeum? Zum Ort der Frühromantik, in: Provinz und Metropole. Zum Verhältnis von Regionalismus und Urbanität in der Literatur, hrsg. v. Dieter Burdorf/ S. Matuschek, Heidelberg 2008, p. 103-127, hier p. 122.

59 Kristina Hasenpflug, Die Salongespräche im Phantaus, in: Hartwig Schultz (Hg.), Salons der Romantik, p. 67.

60 "Lieber Freund, ich komme weit her schon an diesem frühen Morgen": Caroline Schlegel-Schelling in ihren Briefen, p. 182: "Wir sind fleißig und sehr glücklich. Seit Anfang des Jahrs komme ich wenig von Wilhelms Zimmer. Ich übersetze das zweite Stück Shakespear. Jamben, Prosa, mitunter Reime sogar."

61 Ludwig Tieck, Gesammelte Novellen, Frankfutrt am Main 2018, p. 70: "Diese Frau hatte ein so feines, geübtes Ohr, daß Schlegel sie bei seinen Gedichten und Übersetzungen zu Rathe zog, und sie entschied fast immer, wenn er zwischen drei oder vier verschiedenen Lesearten ungewiß war, welche er als die wohllautendste oder passendste wählen sollte."

62 "Lieber Freund, ich komme weit her schon an diesem frühen Morgen", Caroline Schlegel-Schelling in ihren Briefen, p. 210: "Lieber Freund, ich komme weit her schon an diesem frühen Morgen und war dabei, wie sich die glühende Erde zuerst verhärtet hat und Blasen warf, aus denen die Berge wurden, welches alles mir sehr begreiflich scheint. Lieber Gott, wenn man sich die Materie einmal vorausgibt, so hat man ein leichtes Spiel und kann sich die Dinge nach Belieben gestalten lassen."

63 "Die schöne Geselligkeit kostet gar viele Zeit" - Geselliges Leben, hrsg. v. Thmas Neumann, in: https://www.lztthueringen.de/media/esll_leben1800.pdf, Erfurt 2004, pp. 134-135: "Das Beste in der Natur sehn indeß diese Herrn doch wohl nicht klar. Fichte

wird hier noch seine Freunde beschämen – und Hemsterhuis ahndete diesen heiligen Weg zur Physik deutlich genug. Auch in Spinotza lebt schon dieser göttliche Funken des Naturverstandes. Plotin betrat, vielleicht durch Plato erregt, zuerst mit ächtem Geiste das Heiligthum – und noch ist nach ihm keiner wieder so weit in demselben vorgedrungen. In manchen ältern Schriften klopft ein geheimnißvoller Pulsschlag und bezeichnet eine Berührungsstelle mit der unsichtbaren Welt – ein Lebendigwerden. Göthe soll der Liturg dieser Physik werden – er versteht vollkommen den Dienst im Tempel. Leibnitzens Theodicee ist immer ein herrlicher Versuch in diesem Felde gewesen. Etwas ähnliches wird die künftige Physik, aber freylich in einem höhern Style. Wenn man bisher in der sogenannten Physikotheologie nur statt Bewunderung ein ander Wort gesezt hätte!"

64 아우구스트 슐레겔과 카롤리네 간의 불화는 흔히 셸링과 카롤리네의 가까운 관계에서 그 원인을 찾고 있지만, 실은 아우구스트 슐레겔에게도 적지 않은 책임이 있었다. 티크와 셰익스피어를 함께 번역하는 작업 중에 그는 티크의 여동생인 유부녀 조피 베른하르디(Sophie Bernhardi) - 그녀 또한 남편과 별거 후 이혼하였는데 – 와 사귀었으며, 이러한 남편의 외도로 인해 카롤리네는 깊은 상처를 입었다고 한다.

65 Caroline und Dorothea Schlegel in Briefen, hrsg. v. Ernst Wieneke, p. 125: "Schelling wird sich von nun an einmauern, wie er sagt, aber gewiß nicht aushält. Er ist eher ein Mensch um Mauern zu durchbrechen. Glauben Sie, Freund, er ist als Mensch interessanter als Sie zugeben, eine rechte Urnatur, als Mineralie betrachtet, ächter Granit."

66 "Lieber Freund, ich komme weit her schon an diesem frühen Morgen", Caroline Schlegel-Schelling in ihren Briefen, p. 181: "Was Schelling betrifft, so hat es nie eine sprödere Hülle gegeben. Aber ungeachtet ich nicht sechs Minuten mit ihm zusammen bin ohne Zank, ist er doch weit und breit das Interessanteste, was ich kenne, und ich wollte, wir sähen ihn öfter und vertraulicher."

67 "Lieber Freund, ich komme weit her schon an diesem frühen Morgen", Caroline Schlegel-Schelling in ihren Briefen, p. 203: "Er [Goethe] liebt dich väterlich, ich liebe dich mütterlich, was hast du für wunderbare Eltern. Kränke uns nicht."

68 Brief an Luise Gotter, 18. September 1800, in: Begegnung mit Caroline. Briefe von Caroline Schlegel-Schelling, Leipzig 1989, p. 66.

69 August Schlegels Brief vom 14. Sep. 1800 an L. Tieck, in: Briefe an Ludwig Tieck: Dritter Band, hrsg. v. Karl von Holtei, Frankfurt am Main 2018, p. 225: "diesen Tod werde ich nie aufhören zu beweinen. Auf die erste Nachricht habe ich geglaubt wahnsinnig zu werden."

70 "Lieber Freund, ich komme weit her schon an diesem frühen Morgen", Caroline Schlegel-Schelling in ihren Briefen, p. 226: "Ja, ich habe ein Verbrechen begangen, da ich mich der Liebe überließ, aber, was ihr Fesseln anlegte, war und ist heilig, und nicht ein Mangel an freyer Gesinnung und nicht eine Halbheit der Liebe. Willst Du mir nie verzeihen, daß die unwiederstehliche Neigung zu Dir sie durchbrach? Nichts ist unheilbar für Seelen wie die unsrigen, und ich war kühn, aber nicht frevelhaft. Vergieb mir. [...] Überdenke alles, mein Daseyn liegt in Deiner Hand. Verwirre mich nicht, fühle, daß ich dich liebe, daß Du meine einzige Freude bist. O Schelling, liebe mich, vertraue."

71 "Lieber Freund, ich komme weit her schon an diesem frühen Morgen", Caroline

Schlegel-Schelling in ihren Briefen, p. 242: “Übrigens brauche ich nicht zu versichern, daß hundert ausgestreute Lügen keine Wahrheit sind.”

72 “Lieber Freund, ich komme weit her schon an diesem frühen Morgen”, Caroline Schlegel-Schelling in ihren Briefen, p. 239: “Ich habe nun alles verlohren, mein Kleinod, das Leben meines Lebens ist hin, man würde mir vielleicht verzeihen, wenn ich auch die lezte Hülle noch von mir würfe um mich zu befreyen, aber hierin bin ich gebunden - ich muß dieses Daseyn fortsetzen, so lange es dem Himmel gefällt, und das einzige, was ich dafür noch bestimmtes wünschen kann, ist Ruhe, wahrhafte Ruhe und Übereinstimmung in meinen nächsten Umgebungen.”

73 Cf. Barbara Becker-Cantarino, Der lange Weg zur Mündigkeit: Frau und Literatur(1500-1800), Stuttgart 1987, pp. 51-54.

74 “Lieber Freund, ich komme weit her schon an diesem frühen Morgen”, Caroline Schlegel-Schelling in ihren Briefen, p. 203: “Ich muss doch ausprobieren, ob ich nicht aus x $\frac{Wonne}{Liebe}$ Leben und Frieden herausbringen kann. Woher mir diese Ursätze kommen, darum wirst Du mich wohl nicht so scharf befragen. Es ist doch arg, wenn man etwas gewiss hat, und soll man auch noch Rechenschaft geben, woher man es nimmt.”

75 Nekrolog von Friedrich Schelling für Caroline Schlegel-Schelling, 29. November, 1809: “Sie war ein eigenes Wesen, man mußte sie ganz oder gar nicht lieben. Diese Gewalt, das Herz im Mittelpunkt zu treffen, behielt sie bis ans Ende. Wir waren durch die heiligsten Bande vereinigt, im höchsten Schmerz und im tiefsten Unglück einander treu geblieben - Alle Wunden bluten neu, seitdem sie von meiner Seite gerissen ist. Wäre sie mir nicht gewesen, was sie war, ich müßte als Mensch sie beweinen, trauern, daß dies Meisterstück der Geister nicht mehr ist, dieses seltne Weib von männlicher Seelengröße, von dem schärfsten Geist, mit der Weisheit des weiblichsten, zartesten, liebevollsten Herzens vereinigt. O etwas der Art kommt nie wieder.”

76 Cf. G. Dischner, Caroline und der Jenaer Kreis. Ein Leben zwischen bürgerlicher Vereinzelung und romantischer Geselligkeit, Berlin 1979.

77 Goethe, Faust II, Vers 8488.

78 Martin Reulecke, Caroline Schlegel-Schelling. Virtuosin der Freiheit. Eine kommentierte Bibliographie, Würzburg 2010, p. 10.

79 S. Damm, Caroline Schelling, geborene Michaelis(1763-1809), in: “Des Kennenlernens werth”: bedeutende Frauen Göttingens, p. 70: “46 Jahre währte Carolines Leben. Es war reich, widerspruchsreich, unerfüllt und erfüllt. Caroline hat uns Briefe hinterlassen, intime, unverstellte Selbstaussagen, an Freunde und Nächste gerichtet, aus Einsamkeit und Verzweiflung geborene tagebuchartige Versuche einer Selbst- und Zeitanalyse. Sie sind gleichermaßen erregend als politische Dokumente und Zeugnisse der Frühromantik wie als persönliches Bekenntnis eines großen Menschen. Wir sollten diese ‘Dokumente eigener verworrener Begebenheiten’- wie Caroline sie nennt – lesen, sie ‘gebrauchen’als eine wichtige, uns ‘interessierende Erfahrung’.”

80 Franziska Meyer, Die Konkurrenz der Biographen: Der Fall Caroline Michaelis-Böhmer-Schlegel-Schelling, in: Jahrbuch für Frauenforschung 2001, hrsg. v. I. von der Lühe/ A. Runge, pp. 85-102, hier p. 95: “Was leisten biographische Texte über Caroline Schlegel-Schelling? Fassen wir die Befunde dieser synchronisierende Lektüre zusammen, ist das

Ergebenis beunruhigend. Den Konstruktion der 'einzigsten Frau' ist die Entwertung anderer Leben eingeschrieben. Als Gefährte männlicher Welt und Perspektive wird der hinstorischen Figur in den hier vorgeführten Konstruktionen auch nicht punktuell das Aufgehobensein in konkreter Zeitgenossenschaft zugestanden. Caroline-Biogrphie ist eine effektive Form der Instutionalisierung des männlichen Kanons und der Beförderung geschlechterpolalisierender Gattungsnormen. In der Verfestigung spezifischer Wahrnehmungsstragien ist sie eine Form der Kanonisierung, die Texte und Leben von Frauen abschreibt."

81 Eckart Kleßmann, Caroline - Das Leben der Caroline Michaelis-Böhmer-Schlegel-Schelling 1763-1809, pp. 21-22: "Die Probleme, denen sich eine Frau damals konfrontiert sah und die hier nur kurz angerissen werden konnten, sind auch Probleme in Carolines Leben. (...) Was bedeutet es, 1763 als Mädchen geboren zu werden? Es bedeutet meistens, sich demütig unterzuordnen, den eigenen Willen unter einen anderen, den des Mannes zu beugen; nicht Partnerin zu sein, sondern Objekt; keinen Anspruch auf Bildung zu haben, auf Gleichberechtigung vor dem Gesetz; keinen Anspruch auf einen Beruf zu kenn; dem eigenen Körper und seinen Wünschen keine Rechte einzuräumen und zeitlebens sich bewußt zu sein, einen Menschen minderen Werts zu verkörpern, weil Gott es offenbar selbst so gewollt. Es konnte aber auch bedeuten, dies alles nicht zu akzeptieren und sich dafür die Gesellschaft zum unversöhnlichen Feind zu machen. Auch solche Frauen hat es gegeben, verschwindend wenige. Zu ihnen gehörte Caroline. Ihr sechsundvierzigjähriges Leben war der sechsundvierzigjährige Kampf einer Frau um ihre Selbstverwirklichung." 같은 책의 개정판은 다음을 참조할 것(Eckart Kleßmann, "Ich war kühn, aber nicht frevelhaft." Das Leben der Caroline Schlegel- Schelling, Berlin 2009).

82 Cf. Günter Häntzschel, Caroline Schlegel-Schelling, in: Walter Killy(Hg.), Literaturlexikon. Autoren und Werke, Bd. 10, Gütersloh/München 1991, pp. 267-269.

83 E. Kleßmann, Caroline - Das Leben der Caroline Michaelis-Böhmer-Schlegel-Schelling 1763-1809, p. 281: "weil es an die Stelle des Gegeneinanders die Forderung des Miteinander in wechselseitiger Freiheit setzt."

84 S. Damm, Caroline Schlegel-Schelling. Ein Lebensbild in Briefen, Frankfurt am Main/ Leipzig 2009, p 11: "Sie wagt zu leben. Das ist ihre unerhörte Kühnheit."

85 http://www.thueringer-literaturrat.de/2974-2/: "Um die Brüder August Wilhelm und Friedrich Schlegel und deren Frauen Caroline und Dorothea gruppierte sich um 1800 jener Kreis von Literaten, Philosophen und Naturwissenschaftlern, der als 'Jenaer Frühromantik' in die europäische Kulturgeschichte einging. Auf der Suche nach einer neuen Form der 'Symexistenz' entwickelte sich aus dem frühromantischen Salon das Ideal der romantischen Geselligkeit. Die Briefe der Caroline Schlegel und die vieler Zeitgenossen bezeugen, dass Caroline in ihrer Wirkung auf die Frühromantiker mehr war als eine Salondame. Treffsicherheit und Spottlust in ihren Briefen lassen eine Frau erkennen, die Partnerin, Ratgeberin und geselliger Mittepunkt eines Zirkels von Intellektuellen war, dessen Wesen sich im lebendigen Austausch von Gedanken und Gefühlen bestimmen sollte. Nach Carolines Tod schrieb ihr Mann, der Naturphilosoph Schelling:'… dass dieses Meisterstück der Geister nicht mehr ist, dieses seltene Meisterstück von männlicher Seelengröße von dem schärfsten Geist, mit der Weichheit

des weiblichsten zartesten liebevollen Herzen vereinigt. Oh, etwas derart kommt nicht wieder.'"

2부 2장

1 아브라함, 야콥, 이스라엘 같은 이름이 유대인 남성을 지칭하는 흔한 이름이라면, 사라, 유디트, 한나, 레베카, 브렌델 등은 유대인 여성의 흔한 이름이다. '브렌델'은 '갈색, 갈색머리'를 뜻한다.

2 지몬 파이트에 대한 비교적 최근 출간된 자서전(Hazel Rosenstrauch, Simon Veit. Der missachtete Mann einer berühmten Frau, Mannheim 2019)의 부제는 "어느 유명한 여인의 잘못 경멸된 남편"이라고 되어 있다. 그 자서전에 따르면, 종래의 지몬 파이트에 대한 부정적 평가와는 달리, 그는 대단히 마음이 넓고 온화한 성격의 소유자였다고 새롭게 해석되고 있다. 이혼시 도로테아는 두 아들 중 둘째를 키우게 되었는데, 지몬 파이트는 그 아들을 위해 평생 양육비를 보내주었고 또한 도로테아와 프리드리히 슐레겔이 힘든 상황에 처했을 때에는 항상 재정지원을 마다하지 않았다고 한다. 이혼 당시 도로테아는 자신이 걸어온 결혼 생활 및 전 남편에 대해 부정적인 생각을 품었지만, 노년기에 그녀는 지몬 파이트에게 진심으로 사과했다고 한다. 독일 학자들의 시각과는 달리 유대인 출신 연구자들의 시각 내에서는, 지몬 파이트야말로 19세기 초 소위 '세례 전염병'(Taufepidemie)에 젖어 기독교로의 개종을 통해 자신의 정체성을 부정하려 했던 수많은 유대인 지식인과는 달리 자신의 유대인 정체성을 끗끗이 간직한 이로 높이 평가되고 있다.

3 Cf. Elvira Grözinger, Die Jüdischen Salons in Berlin, in: Berliner Lese-Zeichen: Literaturzeitung, 10(1995), pp. 15-20.

4 도로테아가 프리드리히 슐레겔과 주고받았던 편지는 프리드리히 슐레겔의 전집 내에 일부 들어 있다. F. Schlegel, KA, Bd. XXIV, pp. 223-224: "Seit drei Wochen bin ich, nach vielen Kontestationen, Szenen – nach manchem Schwanken, und Zweifeln – endlich von Veit geschieden, und ich wohne allein, aus diesem Schiffbruch, der mich von einer langen Sklaverei befreit, habe ich nichts gerettet, als einen sehr kleine revenue, von der ich nur äußerst sparsam leben kann, vielen frohen Mut, meinen Philipp, einige Menschen, mein Klavier (...)"

5 Zitiert nach Barbara Becker-Cantarino, Der lange Weg zur Mündigkeit: Frau und Literatur(1500-1800), Stuttgart 1987, p. 51: "Nichts war schön als das Auge, aus welchem freilich ihr liebenswürdiges Gemüt und ihr blühender Geist strahlten, aber sonst auch gar nichts, nicht Gesicht, nicht Gestalt, ja nicht einmal Hand und Fuß, welche doch an sonst unschönen Frauen mitunter wohlgeformt sind."

6 슐레겔 부부의 가톨릭 개종과 관련된 사회사적 분석에 대해서는 다음을 참조할 것(Ulrich Breuer/Maren Jäger, Sozialgeschichtliche Faktoren der Konversion Friedrich und Dorothea Schlegels, in: Figuren der Konversion. Friedrich Schlegels Übertritt zum Katholizismus im Kontext, Schlegel-Studien 5, hrsg. v. Nikolaus Wegmann u. Winfried Eckel, München u.a. 2014, pp. 127-147).

7 Frauenbriefe der Romantik, hrsg. v. Katja Behrens, Frankfurt am Main 1982, p. 331: "'Und er soll dein Herr sein!' – Diese Worte des Schöpfers sind nicht Moralgesetz, sondern Naturgesetz und als solches liebevolle Warnung und Erklärung. Es können Frauen durch die unvernünftige Herrschaft der Männer unglücklich sein, ohne diese

Herrschaft sind sie aber auf immer verloren und das ohne alle Ausnahme."

8 Cf. Dorothea Schlegel an Schleiermacher, Sommer 1799: "Dem Friedrich wollen wir nur immer einen Tempel bauen. - Er ist doch ein Gott, wo nicht mehr!"(F. Schlegel, KA, Bd. XXIV, p. 297)

9 D. Schlegel, Tagebuch, in: J. M. Raich(Hg.), Dorothea v. Schlegel, geb. Mendelssohn und deren Söhne Johannes und Philipp Veit. Briefwechsel, Mainz, 1881, B. I, p. 91, Nr. 28: "Ob mir mein Bestreben wohl gelingen wird, Friedrich sein Gesell zu werden: nämlich das in seinem Sinn auszuführen, was er für mich angelegt? - Das wäre ein Zweck! Der andre wär, mit dem Schreiben so viel verdienen zu können, das Friedrich nicht mehr für Geld zu schreiben braucht."

10 Brief an Schleiermacher aus Paris vom 21. November 1802, in: Briefwechsel von Caroline und Dorothea Schlegel, hrsg. v. Ernst Wieneke, Weimar 1914, p. 357: "Mir reißt oft die Geduld, wenn es manchmal mit aller Anstrengung nicht gehen will, und ich es sogar nicht dahinbringen kann, daß der Friedrich ein paar Jahre sorgenfrei leben und denken könnte."

11 Briefwechsel von Caroline und Dorothea Schlegel, hrsg. v. Ernst Wieneke, p. 352: "In einer schönen Ehe ist es nothwendig, daß die Frau gerade so viel Verstand besitze, um den des Mannes zu verstehen; was darüber ist, ist vom Uebel."

12 Hannah Arendt, Rahel Varnhagen. Lebensgeschichte einer deutschen Jüdin aus der Romantik, München 1959. 이하 여기서는 피퍼 출판사(Piper Verlag)에서 최근 새롭게 편집하여 출간한 ebooks(31. Mai 2021)를 참고문헌으로 사용한다. "Dorothea lernt nicht die Welt, sondern Schlegel, sie gehöhrt nicht zu der Romantik, sondern zu Schlegel, sie wird nicht zum Katholizismus bekehrt, sondern zu Schlegels Glauben. (...) Was bleibt, ist, daß es ihr gelungen ist, sich loszuwerden, sich an einen Menschen zu hängen und von ihm sich durch die Welt schleifen zu lassen. (...) Ihr Leben ist unerzählbar, weil es keine Geschichte hat, weil es obstinat auf dem einmal im Blitze eines Augenblicks Erfahrenen besteht." (H. Arendt, Rahel Varnhagen, ebooks, p. 53)

13 프리드리히가 도로테아에게 보낸 편지는 일명 "철학에 관하여"(Über die Philosophie)라고 불리며 이 글은 사실 도로테아에게만 해당되기보다는 모든 여성이 자신의 시적, 철학적 능력을 마음껏 펼치기를 바라는 소망을 강변하는 글이다. 이 글과 관련하여 프리드리히는 1798년 8월 헨리에테 헤르츠에게 보낸 편지에서 도로테아와의 관계를 "정말로 저는 새로운 신선한 용기를 갖고 있으며 우리의 문학적 결혼을 향한 정말 뜨거운 사랑을 지니고 있습니다"(In der Tat habe ich einen ganz neuen frischen Muth und die wärmste Liebe zu unsrer litteraischen Ehe)라고 표현한 바 있다(F. Schlegel, KA, Bd. XXIV, p. 169).

14 Zitiert nach Maja Wicki-Vorgt, Gebürtlichkeit oder Die Befähigung zur Freiheit, aus: https://majawicki.ch/archive/265: "… ich kenne nichts Peinlicheres als eine Frau, die ihre Selbständigkeit zu Gunsten des Mannes, und sei's auch der Liebhaber, mit Fleiss entsagt."

15 Henriette Herz, Berliner Salon. Erinnerungen und Porträts, Berlin 1986, p. 63: "Ich sah das Ehepaar im Jahre 1811 in Wien wieder. Ich fand ein zufriedenstellendes Verhältnis, aber wohin war die Poesie entschwunden, welche das frühere von der Welt so verpönte durchdrungen hatte!"

16 Dorothea Schlegel, Florentin. Roman. Fragmente. Varianten, herausgegeben und

mit einem Nachwort versehen von Liliane Weissberg, Berlin 1987, p. 163(이하 책 제목과 쪽수만 기입함): "Delikatesse, Aufopferung, Großmut! Schöne Eigenschaften eines liebenswürdigen Charakters; für das gesellige Leben, aber was bedeuten sie weiter in der Ehe, wo man nicht mehr gesellig, sondern zwei eins sein muß, wo man zwei ist, und doch allein?"

17 이 점에 대해서는 라헬 파른하겐 폰 엔제를 다루는 다음 장에서 좀 더 상세하게 논의할 것이다.

18 Briefwechsel von Caroline und Dorothea Schlegel, hrsg. v. Ernst Wieneke, pp. 359-360: "Es hat sich in mir die Ueberzeugung festgesetzt, daß ich ihn am Fortkommen hindre, nemlich mein Schicksal war es von je her, mich quälen zu müßen, und nun muß er unter der Disharmonie, die mit mir geboren ward, und mich nie verlassen wird, nun muß er auch darunter leiden! Ich glaube gewiß, es wird Friedrich nach meinem Tode recht gut gehen; aber zu jener Disharmonie gehört auch mit dazu, daß ich trotz dieser Überzeugung nun doch noch immer fest an der Erde klebe und mich von eitlen Hoffnungen nicht rasch losreißen kann (...)"

19 Verena Ehrich-Haefeli, 'Romantische Liebe' – männlich und weiblich. Dorotheas Schlegels <Florentin> im Dialog mit Friedrich Schlegels <Lucinde>, in: Ina Brueckel/Dörte Fuchs/Ritag Morrien/Margarete Sander(Hg.), Bei Gefahr des Untergangs: Phantasien des Aufbrechens, Würzburg 2000, pp. 91-116, hier pp. 103-104.

20 C. Stern, "Ich möchte mir Flügel wünschen": Das leben der Dorothea Schlegel, Hamburg 1990: H. Frank, "··· Disharmonie, die mit mir geboren ward, und mich nie verlassen wird···": Das Leben der Brendel/Dorothea Mendelssohn-Veit-Schlegel, Frankfurt am Main 1988.

21 Briefwechsel von Caroline und Dorothea Schlegel, hrsg. v. Ernst Wieneke, p. 280: "Ich kann mich nicht auf der lumpigen Mittelstraße herumtreiben."

22 Briefwechsel von Caroline und Dorothea Schlegel, hrsg. v. Ernst Wieneke, p. 279: "Die Menschen leben hier von uund durch den Prinzen; das ist gut berechnet, damit man für sein langes Leben bete! aber ekelt einem, für dieses sinnlose Macht, und Reichtum. Sein Haus, sein Garten, und alles was er aus seinem Fenster übersehen kann, ist üppig und prächtig; gehen Sie nur um ein Haus weiter; nur die Ekke herum, Sie finden kein ganzes Dach, keine reine Straße, kein ganz angezogendes KInd. Düftigkeit und Elend allenthalben; (...) Verdammte Aristokratie."

23 Florentin, p. 200: "O Gott woher ist denn meine Phantasie so schwarz geworden? Hatte sie doch sonst keine Farben, als den Purpur der aufgehenden Sonne?"

24 1881년에 출간된 그녀의 일기장과 기타 메모는 아래 주소의 인터넷 아카이브에 구축되어 있다:https://archive.org/stream/bub_gb_FwM7AAAAMAAJ/bub_gb_FwM7AAAAMAAJ_djvu.txt: "Oft habe ich einen wahren Widerwillen gegen alles Schreiben, dann fliegt mir plötzlich ein wahrer Appetit dazu an. Es ist doch oft weiter nichts, als dass man gern schwatzen möchte und man mit sich selber doch am bequemsten schwatzen kann. Wer ein besseres Gedächtniss hat und die Frage nicht wieder vergisst, ehe er Antwort erhält, so wie ich oft, der braucht gar nicht aufzuschreiben. Erfahrungen, seltsame Vorfälle und witzige Einfälle von sich und andern sollte man doch aber jederzeit aufschreiben. Nicht grade des Nutzens wegen, sondern aus Respect vor deinem menschlichen Verstand."

25 Cf. Marcus Fischer, Romantische Konstruktionen von Männlichkeit und Weiblichkeit

– Die Romane von Dorothea und Friedrich Schlegel, in: Germanistische Beiträge, vol. 39, Hermannstadt 2016, pp. 130-155, hier pp. 133-134.

26 Briefwechsel von Caroline und Dorothea Schlegel, hrsg. v. Ernst Wieneke, p. 344: "So wird jetzt, wie uns gesagt wird, in ganz Jena behauptet, den Florentin hätte ich, ich gemacht! Und weil man nun so davon überzeugt ist, so schimpft man eben darum ganz unbarmherzig darauf. Einige Leute, die nach der Anzeige glaubten, er müße von Friedrich selbst seyn, lobten ihn schon vorher, die jetzt ihr Lob zurücknehmen, andre hatten schon vorher darauf geschimpft, die nun nicht wißen, was sie dazu für ein Gesicht machen sollen. Kurz es ist ein Spaß..."

27 Wolfgang Nehring, Nachwort, in: Dorothea Schlegel, Florentin: Ein Roman, Stuttgart 2004, pp. 285-324, hier p. 287: "Das Ziel ist zu zeigen, dass Dorothea Schlegel in ihrem Denken und Handeln trotz einer konservativen Grundeinstellung, die sich zunehmend mit den gesellschaftlichen und religiösen Tradition identifiziert, eine starke, selbstbewusste Frau ist, die viele Eigenschaften besitzt, welche auch moderne Feministinnen zu schätzen wissen."

28 최문규, 도취와 아이러니의 저 놀랍고도 끝없는 변화, 166-168쪽 참조.

29 Schiller an Goethe, 16. März 1801: "Von Madame Veit ist ein Roman herausgekommen, den ich Ihnen mittheilen will; der Curiosität wegen sehen Sie ihn an. Sie werden darin auch die Gespenster alter Bekannten spuken sehen. Indessen hat mir dieser Roman, der eine seltsame Fratze ist, doch eine bessere Vorstellung von der Verfasserin gegeben, und er ist ein neuer Beweis, wie weit die Dilettanterei wenigstens in dem Mechanischen und in der hohlen Form kommen kann."

30 Dorothea Mendelssohn-Veit-Schlegel an Clemens Brentano, 27. Februar 1801, in: Geselliges Leben um 1800, p. 219: "Friedrich giebt [den Florentin] unter seinem Namen heraus, wem wir ihn aber zu verdanken haben, weiss ich wahrhaftig auch nicht. Dem sei, wie ihm wolle, es ist ein recht freundliches, erfreuliches, ergötzliches Buch, das mit aller Macht dem Weinerlichen entgegen strebt, in dem die Farben manchmal etwas kindlich zu grell aufgetragen sind, aber sich eben darum perspectivisch wie eine Dekoration recht lustig ausnimmt, und das allerliebste Geschichtchen recht gebildet vorträgt."

31 Ibid.

32 Aus Schleiermacher's Leben in Briefen. Dritter Band: Schleiermacher's Briefwechsel mit Freunden bis zu seiner Uebersiedelung nach Halle, namentlich der mit Friedrich und August Wilhelm Schlegel Ludwig, hrsg. v. Ludwig Jonas/ Wilhelm Dilthey, Berlin 1861, p. 267: "Sie haben mir ja recht viel ergötzliches geschrieben über meinen guten Sohn Florentin. Der arme Mann muß sich doch auch wieder viel gefallen lassen, von dem ihm nichts träumte, so lange er noch als Idee spukte."

33 Florentin, p. 159:"Er lebt vielleicht noch und erzählt seinen Enkeln die unglückbringenden Wunder und das glänzende Elend der Europäer."

34 Barbara Becker-Cantarino, Schriftstellerinnen der Romantik, München 2000, p. 145.

35 Barbara Becker-Cantarino, Schriftstellerinnen der Romantik, p. 135.

36 언뜻 보이는 『루친데』의 행복한 결말은 그리 간단하지 않다. 소설 말미에 "아름다운 소유", "

정감 있는 절제", "가정생활의 품위", "순수한 부부 생활", "쓸모 있는", "자신의 부엌" 같은 언어들로 치장되는 가운데 소시민적 가정을 꾸리고 자식을 낳아 기르며 이상적인 생활을 해나가는 듯한 모습 – 소설 내에서 율리우스와 루친데가 결혼하여 부부의 연을 맺었다는 점은 전혀 언급되어 있지 않지만 – 은 사실 낭만적 사랑의 이상과는 전혀 관계 없다. 그런 묘사는 오히려 정반대로 아이러니컬한 대상일 수 있는바, 즉 매우 진부하게 서술된 남녀의 역할구분 및 소시민적 가정생활을 예찬하는 장면은 초기낭만주의가 서서히 막을 내리는, 다가오는 19세기 초중반의 시대적 상황, 즉 비더마이어(Biedermeier) 시대에 대한 비판적 예견일 수 있다. 이에 대한 분석은 필자의 다음 책을 참고할 것(최문규, 도취와 아이러니의 저 놀랍고도 끝없는 변화, 연세대학교 대학출판문화원, 2019, 5-6장 참조).

37 Barbara Becker-Cantarino, Schriftstellerinnen der Romantik, p. 145.

38 Liliane Weissberg, Schreiben als Selbstentwurf. Zu den Schriften Rahel Varnhagens und Dorothea Schlegels, in: Zeitschrift für Religions- und Geistesgeschichte, Vol. 47, No. 3, 1995, p. 247.

39 M. Foucault, The History of Sexuality, Volume I: An Introduction, New York 1978, p. 49.

40 Florentin, p. 35: "Ich fürchte, Sie werden, trotz meiner umständlichen Beschreibung, doch kein richtiges Bild von ihm haben."

41 클레멘티나가 왜 플로렌틴를 만난 순간 쓰려졌는지, 그리고 플로렌틴이 왜 사라진 것인지는 등은 정확히 알 수 없으며, 두 사람의 개연성 있는 관계에 대해서는 단지 추정만 가능할 뿐이다. 혹자는 클레멘티나를 플로렌틴의 친어머니로 간주하기도 하는데, 그것은 백작 딸 율리아네로부터 들었던 이야기, 즉 아이를 갖기 위해 여러 성지를 다니면서 기도를 했고 결국 유령 같은 아기천사의 모습을 집에서 보게 되면서 임신하게 되었다는 고모의 여자 친구에 관한 이야기는 바로 클레멘티나와 관련된 이야기일 수 있기 때문이다. 요컨대, 플로렌틴은 부모 없이 섬에서 낯선 이들에 의해 길러졌으며, 따라서 플로렌틴과 클레멘티나의 만남을 일종의 모자 상봉이라고 해석하는 이들이 있다. 그러나 이런 해석보다 더 개연성 있는 다른 해석은, 여러 귀족층 부인들과의 만남을 즐겼던 플로렌틴이 사원에서의 기도 여행 차 이탈리아를 여행 중이었던 클레멘티나를 우연히 만났고 그런 둘 사이에서 출생한 딸이 베티라는 것이다. 혼외 아이를 낳아 키울 수 없는 당시의 사회적, 도덕적 상황 때문에 클레멘티나는 자신의 딸을 일종의 수행 비서로 삼고 있었던 것으로 보이며, 베티가 그녀의 상속자로 지정된 것도 바로 두 사람의 은밀한 모녀 관계를 암시하고 있다. 베티와의 정략 결혼을 통해 재산을 챙기려는 악인 발터에 대해 심한 적개심을 품고 플로렌틴이 결국 그와 싸우는 장면도 어쩌면 아버지의 마음에서 딸을 보호하려 했던 행위로 짐작된다. 어쨌든 플로렌틴, 클레멘티나, 베티 등의 관계에 대한 다양한 해석은 단지 추측일 뿐이다.

42 Florentin, p. 13: "hier möchte ich bleiben! …allein? ...ach nicht allein! ... mit ihr!...noch hat mein Auge sie nicht gesehen, aber ich kenne sie, ..o sie wird alles verlassen, was sie halten will, und hat sie mich gefunden, mir hierher folgen, und hier mit mir der Liebe leben."

43 Florentin, p. 95: "Ich verkenne Julianen nicht. Wäre sie aber auch für mich bestimmt, ich zweifle, daß ich ganz glücklich sein würde. – "

44 Verena Ehrich-Haefeli, "Romantische Liebe" – männlich und weiblich. Dorothea Schlegels <Florentin> im Dialog mit Friedrich Schlegels <Lucinde>, in: Bei Gefahr des Untergangs: Phantasien des Aufbrechens. Festschrift für Irmgard Roebling, hrsg. v. Ina Brueckel/ Dörte Fuchs/ Rita Morrien/ Margarete Sande, Würzburg 2000, pp. 91-116, hier

pp. 91-92.

45 Florentin, p. 157: "Befriedigender Schluß! Sieh, mein Freund, bei diesem Wort mußte ich aufhören und konnte lange nicht weiterschreiben. Es war mir, als müßte ich mich besinnen, was denn wohl ein befriedigender Schluß sei? Was den meisten so erscheint, ist es nicht für mich. (...) Meine Wirklichkeit und meine Befriedigung liegt in der Sehnsucht und in der Ahndung."

46 Cf. Paul Ricœur, Zeit und Erzählung, Bd. 2: Zeit und literarische Erzählung, München 1989.

47 Sigrid Weigel, Der schielende Blick. Thesen zur Geschichte weiblicher Schreibpraxis, in: I. Stephan/ S. Weigel(Hg.), Die verborgene Frau: Sechs Beiträge zu einer feministischen Literaturwissenschaft, Berlin 1988, pp. 83-137, hier p. 92: "Die Aufhebung des Nachahmungsprinzips, das Postulat des Fragmentarischen, die Auflösung des geschlossenen Werkes - überhaupt die Brüche in der Übereinstimmung von Wirklichkeits- und Erzählstruktur - öffnen den Frauen Türen, durch die sie in die Poesie eintreten können."

48 Barbara Becker-Cantarino, Schriftstellerinnen der Romantik, p. 145.

49 Florentin, p. 16: "»Wo ist mein Vaterland?« rief jener in wehmütig bitterm Ton; gleich darauf halb scherzhaft: »So weit mich mein Gedächtnis zurückträgt, war ich eine Waise und ein Fremdling auf Erden, und so denke ich das Land mein Vaterland zu benennen, wo ich zuerst mich werde Vater nennen hören.«"

50 독일 학자들보다 유대인 학자들이 도로테아 파이트를 심도 있게 연구하는 까닭도 '플로렌틴-유대인' 간의 관계를 의식하고 있기 때문이다. 고향 없이 떠도는 플로렌틴의 정황을 유대인의 운명과 연결시키고 있는 점은 『플로렌틴』의 대표적인 연구자인 릴리아네 바이스베르그(Liliane Weissberg)에 의해서도 강조된다.

51 Barbara Becker-Cantarino, Schriftstellerinnen der Romantik, p. 139.

52 Florentin, p. 35: "So schön hat ihn Betty gefunden? So schön als Eduard ist er auf keinen Fall, das meint auch die Mutter, er ist auch nicht so groß und herrlich als Eduard; aber sein Bau ist fein, schlank, und dennoch kräftig. Er hat eine edle Physiognomie (...) aber der Mund ist doch hübsch, so wie auch sein Auge, das gewöhnlich fast ganz ohne Bedeutung, still und farblos vor sich hin schaut, das aber helle Funken sprüht bei einem Gespräch, das ihn interessiert, es wird dann sichtbar größer und dunkler. Er hat eine schöne helle Stirn, und es kleidet ihn gut, wenn er, wie er oft tut, sich die dunkelbraunen Locken, die tief darüber her fallen, mit der Hand zurückstreicht, oder wenn sie vom Wind gehoben werden."

53 초기낭만주의와 양성성 이념에 관해서는 다수의 연구 논문이 있으며 그 가운데 최근의 박사학위 논문을 참조할 것(Nicole Sotzek, Geschlecht als Methode: Androgynie-Konzepte im frühromantischen Geschlechterdiskurs bei Friedrich Schlegel und Friedrich von Hardenberg, Zürich 2018). 남성성과 여성성을 각기 인정하면서 양자 간의 상보적 관계가 이루어져야만 한다는 양성성 이론이 자칫 현실의 지배 질서 내지는 남녀 불평등을 유지하거나 은폐하기 위한 이데올로기가 될 수 있는데, 가령 미국의 페미니스트 학자이자 비평가인 일레인 쇼월터(Elaine Showalter)이 그와 같은 양성성 이론을 비판하고 있다. 이와 달리 남녀 불평등 구조를 극복하고 남성과 여성의 조화로운 관계를 실현하기 위해서는 오히려 양성성(Androgynie) 담론이 더욱 효율적이라는 토릴 모이(Toril Moi)의 페미니즘적 시각도 있다. 울라 복(Ulla Bock)

에 의하면, 현실적으로 실현가능한 해방의 전략으로 양성성은 "이성들 간의 현실적 권력관계를 조화롭게 하기 위한 내재적 경향"(immanente Tendenz zur Harmonisierung der realen Machtverhältnisse zwischen den Geschlechtern)으로 인식되어야 한다(U. Bock, Androgyie und Feminismus. Frauenbewegung zwischen Institution und Utopie, Weinheim/Basel 1988, p. 147).

54 Florentin, p. 40: "die beiden Männer kamen ihr in ihrer Angst ganz fremd vor, sie erschrak davor, so ganz ihnen iiberlassen zu sein; sie konnte sich einen Augenblick lang gar nicht des Verhältnisses erinnern, in dem sie mit ihnen stand, sie bebte, ward blaß."

55 이에 대해서는 다음을 참조할 것(Martha B. Helfer, Dorothea Veit-Schlegel's Florentin: Constructing a Feminist Romantic Aesthetic, in: The German Quarterly, Spring, 1996, Vol. 69, No. 2, pp. 144-160). 독일의 경우 우정을 동성애의 미화로 간주하고 그 결과 파시즘적 사유와 상통하는 식으로 해석하는 경향이 있는데, 이는 정신분석학과 페미니즘을 결합하는 시각에서 보면 틀린 것도 아니다. 우정, 동성애, 파시즘 등의 관계는 매우 복잡한 문제로 '반쪽 사실'의 의미도 지닌다. 이에 대해서는 다음의 문헌을 참조할 것(남성의 역사, 토마스 쿼네 외, 조경식, 박은주 공역, 솔출판사, 2001년).

56 I. Stephan, Weibliche und männliche Autorschaft. Zum »Florentin« von Dorothea Schlegel und zur »Lucinde« von Friedrich Schlegel, in: Inge Stephan/Sigrid Weigel/ Kerstin Wilhelms(Hg.), "Wen kümmert' s, wer spricht": Zur Literatur und Kulturgeschichte von Frauen aus Ost und West, Köln und Wien 1991, pp. 83-98, hier p. 86: "Friedrich Schlegel schafft sich in Lucinde die gegengeschlechtliche Ergänzung, erweitert die Spielräume des Männlichen durch die Inkorporierung des Weiblichen und schreibt zugleich das Weibliche als Funktion männlicher Vervollkommnung fest. Dorothea Schlegel schlüpft in die Rolle des einsamen, vagabundierenden Mannes. Sie entwirft eine Biographie, in der ihre unerfüllten Wünsche als Frau nach Übersehreitung festgelegter Rollenmuster und ihre Paria-Erfahrungen als Jüdin gleichermaßen eingehen."

57 Sigrid Lange, Spiegelbilder. Die Romane Dorothea Veits und Sophie Mereaus im Gegenlicht Friedrich Schlegels und Clemens Brentanos, in: Spiegelgeschichten. Geschlechter und Poetiken in der Frauenliteratur um 1800, Frankfurt/M. 1995, pp. 42-70, hier p. 52.

58 I. Stephan, Weibliche und männliche Autorschaft. Zum »Florentin« von Dorothea Schlegel und zur »Lucinde« von Friedrich Schlegel, in: "Wen kümmert' s, wer spricht". Zur Literatur und Kulturgeschichte von Frauen aus Ost und West, hrsg. v. Inge Stephan/ Sigrid Weigel/ Kerstin Wilhelmsm, Köln-Wien 1991, pp. 83-98, hier p. 85.

59 I. Stephan, Weibliche und männliche Autorschaft, p. 91: "Die Überschreibung der eigenen Weiblichkeit in die Figur des Florentin ist notwendige Konsequenz einer Situation, in der die Frau - historisch gesehen - von Selbstbestimmung und Progression ausgeschlossen war. In dieser Überschreibung drückt sich Überschreitung als Rebellion gegen festgelegte Rollenzuweisungen und Regression als Festlegung eben dieser Zuschreibungen zugleich aus. Oberflächlich gesehen ist der »Florentin« in seiner Verschmelzung von weiblichem Autor und männlichem Helden eine viel konsequentere literarische Umsetzung androgyner Vereinigungsphantasien als der »Lucinde«-Roman, in dem männlicher Autor und weibliche Heldin auf den eigentlichen Helden Julius als

Autor-Ego bezogen sind. In Wahrheit aber ist der "Florentin"- Roman eine vehemente Einrede gegen androgyne Vereinigungsphantasien, weil er deutlich macht, dass dafür jegliche Voraussetzungen fehlen."

60 바바라 베커-칸타리노(Barbara Becker-Cantarino), 잉에 슈테판(I. Stephan)을 비롯하여 마르타 헬퍼(Martha B. Helfer) 등은 넓은 관점에서 반교양소설, 페미니즘적 시각 등을 공유하고 있지만 동시에 미세하게 다른 입장과 분석을 제시하고 있다.

61 Florentin, p. 17: "Auch mußte das offne, zutrauliche, arglose Benehmen der Eltern, Kinder, Geschwister, Hausgenossen, Domestiken gegeneinander wohl jeden Zwang und jedes Mißtrauen verscheuchen. Nicht leicht konnte man eine Familie finden, in der so wie in dieser jedes Verhältnis zugleich so rein und so gebildet sich erhielt, die ganz durch einen gemeinschaftlichen Geist belebt zu sein schien, indem jeder einzelne zugleich seinem eignen Werte treu blieb. Hier zum erstenmal bemerkte Florentin die wahre innige Liebe der Kinder zu den Eltern, und die Achtung der Eltern für die Rechte ihrer Kinder. Keiner verleugnete sich selbst, um dem andern zu gefallen, es bestand alles vollkommen gut nebeneinander. Ebenso stimmte alles Äußere zusammen."

62 슐라이어마허의 사교론에 관해서는 이 책의 1부 2장을 참조할 것.

63 Florentin, pp. 19-20: "Eigentlich leben wir wie unsre deutschen Väter: den Mann beschäftigt der Krieg, und in Friedenszeiten die Jagd, der Frau gehört das Haus und die innere Ökonomie."

64 Cf. Elena Pnevmonidou, Die Absage an das Romantische Ich. Dorothea Schlegels <Florentin> als Umschrift von Friedrich Schlegels <Lucinde>, in: German life and letters, 58(2005) H. 3, pp. 271-292.

65 Florentin, p. 133.

66 남성작가들의 작품에서와는 완전히 다르게 『플로렌틴』에서는 사회적 주체성과 리더십을 지닌 두 여성(엘레오노레, 클레멘티나)이 긍정적으로 제시되고 있다고 강조한 연구로는 다음을 참조할 것(Christia E. Brantner, Frühromantische Frauengestalten in Dorothea Veit's Roman <Florentin>(1801), in: Michigan Germanic Studies, 17, 1991, pp. 51-70).

67 이러한 비판은 가령 『루친데』에도 적용될 수 있다. 『루친데』는 실제 동시대 여성들이 처한 열악한 "사회 경제적 현실의 질문이 완전히 배제된 채 남성과 여성 간의 지배 관계에서 벗어난 자유로운 관계의 유토피아"(die Utopie einer herrschaftsfreie Beziehung von Mann und Frau, in welcher Fragen einer sozialen und ökonomischen Realität völlig ausgeblendet sind)를 그려낸 소설이라고 비판될 수 있다(Jürgen Daiber, "Schlimm, dass bei uns nur die Wahl zwischen Ehe und Einsamkeit ist." Romantische Konzepte der Paarbeziehung am Beispiel von Friedrich Schlegels <Lucinde>, in: Thomas Martinec, Familie und Identität in der deutschen Literatur, Frankfurt am Main 2009, pp. 79-90, hier pp. 79-80).

68 Heike Frank, "...die Disharmonie, die mit mir geboren ward, und die mich nie verlassen wird...": Das Leben der Brendel/Dorothea Mendelsschn-Veit-Schlegel(1764-1839), Frankfurt 1991, p. 146.

69 Florentin, pp. 113-114: "Aber, was ihm nur fehlen mag? Er ist nicht allein besorgt und nachdenklich, wie ich es bin; er ist traurig, voll Mißmut bis zur ungerechten Klage: ich liebe ihn nicht so, wie er hoffte, von mir geliebt zu sein. Ich weiß seine Zweifel nicht zu beruhigen, und meine eigne Unruhe wird immer größer. Vielleicht zerstreut sich dieser Nebel um uns, wenn wir erst in Ruhe uns selber werden leben, wenn erst der

Lärm, die Wichtigkeit, die Feierlichkeiten vorüber sind."

70 Florentin, pp. 86-87: "Ein Wirbelwind jagte den Staub wie eine dichte Wolke über ihnen empor, der Donner kam naher, die Blitze wurden stärker, einzelne grosse Regentropfen fielen. Juliane ward ängstlich, sie lief aus allen Kräften, bald versetzte der Sturm ihr den Atem, der Staub verdunkelte, und verletzte ihre Augen. Sie fürchtete ebenso sehr auf freiem Felde zu bleiben, als Schutz unter einem Baume zu suchen. Ihre Füsse waren vom Laufen auf den spitzen Steinen wund geworden, und sie stiess allenthalben an. Ein starker Blitz, dem der Donner gleich nachfolgte, fiel vor ihnen nieder, Julianens Knie wankten, sie fiel halb ohnmächtig zu Boden."

71 Florentin, p. 106: "So endigte die abenteuerliche Wanderung. Obgleich ihnen keine andere als gewöhnliche Begebenheiten zugestoßen waren, so war sie ihnen doch wichtig geworden. Sie hatten auf diesem kurzen Wege, den sie miteinander gewandert, tiefere Blicke in ihr Inneres zu tun Gelegenheit gefunden, als sie in einem jahrelangen Nebeneinandergehen in der großen Welt vermocht hätten. Juliane hatte die Erfahrung ihrer Abhängigkeit gemacht, und mußte es sich gestehen, daß sie es nicht so unbedingt wagen dürfe, außer ihren Grenzen, und ohne ihre Bande und ihre erkünstelten Bequemlichkeiten fertig zu werden."

72 Cf. Liesl Allingham, Revolutionizing Domesticity: Potentialities of Female Self-Definition in Dorothea Schlegel's Florentin(1801), in: Women in German Yearbook, Vol. 27 (2011), University of Nebraska Press, pp. 1-30. 여성이 현실에서 해방된 것인가 아니면 현실로 복귀하는 것인가 같은 두 가지 대치하는 해석에서 벗어나, 이 글의 필자는 18세기 말 여성 해방이 공적 영역에서 불가능한 상황에서 남성 사냥꾼으로의 여성 변장 장면은 적어도 사적 영역에서 여성의 역할을 확대하려는 의미로 읽을 수 있다는 대안을 제시한다.

73 Florentin, p. 129. 그는 계속 다음과 같이 부정적으로 묘사되고 있다. "그는 매우 큰 소리로 떠들었다. 약간 엉뚱한 농담, 우스꽝스런 얼굴 표정, 뻔뻔한 조롱으로 다른 사람들을 당황케 하는 건방진 언행을 통해 그는 지인들과의 식탁 모임에서는 재치 있는 머리와 유쾌한 동반자의 명성을 얻었다. 사람들은 그가 말한 모든 것에 대해 웃고 박수를 쳤다. 지루한 느낀 플로렌틴은 웃지도 않았으며 호의적으로 웃으려는 시도 조차도 하지 않았다"(Hier führte er sehr laut das Wort. Durch einige zweideutige Späße, lächerliches Gesichterschneiden, und die Dreistigkeit, durch platte Persiflage, andere in beschämende Verlegenheit zu setzen, war er bei den bekannten Tischgenossen in den Ruf eines witzigen Kopfs, und eines angenehmen Gesellschafters geraten. Man belachte und beklatschte alles, was er vorbrachte; Florentin, der Langeweile hatte, lachte nicht, und gab sich auch die Mühe nicht aus Gefälligkeit zu lachen.)(같은 쪽).

74 이러한 흥미로운 해석에 대해서는 다음을 참조할 것(Jeffrey P. Librett, The Rhetoric of Cultural Dialogue: Jews and Germans from Moses Mendelssohn to Richard Wagner and Beyond, Standford 2000, p. 178: "she ist thus not only the victim of an oppressive marriage but also the victim of seduction or rape the Juliane might have become at Florentins hands, had he even attempted to overcome her, which did not occur.")

75 I. Stephan, Weibliche und männliche Autorschaft, p. 86: "Sie erweitert den eigenen weiblichen Spielraum durch die fiktive Eroberung des Gegengeschlechts im Medium des männlichen Helden. Sie schließt nicht an den 'Frauenroman' als eingeführtem Genre an, sondern greift zur damals avantgardistischen Form des 'romantischen Romans'.

Das hat jedoch seinen Preis: Die Frauenfiguren des Textes werden auf konventionelle Rollen festgelegt, deren Grenzen noch enger sind als bei Friedrich Schlegel, der seine Lucinde wenigstens beides sein läßt: sinnliche und geistige Frau."

76 E. Pnevmonidou, Die Absage an das Romantische Ich, p. 285, p. 291

77 Maya Gerig, Jenseits von Tugend und Empfindsamkeit. Frauenliteratur um 1800 als Forum für sozialpolitische Erörterungen, Chapel Hill 2006, p. 25.

78 Charlotte Schiller an Friedrich Schiller, 25. März 1801, in: Wilhelm Fielitz, Schiller und Lotte: Aus der Ehe, Bremen 2012, p. 176: "Der Held ist mir fatal, und die Geschichte von ihm selbst, zumahl die Geschichte seiner Liebschaft in Rom, ist mir so wiedrig. Man sieht das ungebundne Gemüth der Verfaßerin darin, die sich aus Freygeisterei über das Sittliche hinwegsezt wie ihre Freunde, (...)"

79 Cf. Maya Gerig, Jenseits von Tugend und Empfindsamkeit. Gesellschaftspolitik im Frauenroman um 1800, Köln-Weimar-Wien 2008, pp. 21-22.

80 Dorothea Schlegel an Karoline Paulus, Brief vom 13. Juli 1805, in: Rudolf Unger(Hg.), Der Briefwechsel von Dorothea und Friedrich Schlegel an die Familie Paulup, Berlin 1913. p. 63.(Zitiert nach Nehring, Anhang. Florentin. p. 277: "Übrigens habe ich auch den Florentin wieder vorgenommen, aber mein Herz ist ihm bei meiner jetzigen Denkungsart ziemlich stiefmütterlich gesinnt, ich bin fast mit nichts mehr darin zufrieden (die Schreibart ausgenommen); ich wollte, ich hätte ihn gleich damals fertig gemacht, so könnte ich jetzt weit leichter einen Anti Florentin dichten; nun muß ich aber wohl oder übel beim Costume bleiben, und das wird mir nicht leicht."

81 Florentin, p. 73: "Um den Verkauf meiner Bilder, meistens Landschaften, bekümmerte ich mich ebensowenig, als um die Anwendung des gelösten Geldep. Das erste besorgten meine Freunde, und die Summen, die zu meiner wenig kostbaren Lebensart vollkommen ausreichten, händigten sie meiner Frau ein.« – »Ihrer Frau?« rief Juliane erstaunt; »doch wahrscheinlich bloß Ihrer Haushälterin?« – »Nein, meiner Frau!« – »Wie? Sie sind verheiratet?« – »Wirklich getraut?« fragte Eduard. – »Wahrscheinlich traute sie mir, und ich habe ihr nur zuviel getraut. Es war ein sehr schönes Mädchen, eine Römerin, die uns lange zum Modell gesessen hatte. Sie hielt sich klug und bescheiden, so daß sie von uns allen hochgehalten, und wegen ihrer großen Schönheit sehr bewundert ward.«"

82 Florentin, p. 73: "Meine größte Lust war es, sie zu schmücken, und sie jeden Tag in unsern Zirkel in immer neuem Kostüme und unerwarteten Abänderungen aufs kostbarste zu kleiden, darauf verwandte ich nicht eben den kleinsten Teil meiner Einkünfte. Ich malte sie unter jeder Gestalt, und in allen ersinnlichen Stellungen, als Göttin, als Heilige, als Priesterin, als Nymphe."

83 Florentin, p. 76: "Endlich fragte ich sie so schonend als nur möglich, wie es zuging, sie noch so schlank zu finden? Meine zärtlichen bescheidenen Fragen wurden mit lautem Gelächter beantwortet; ich ließ nicht ab, sie ward übel gelaunt, einige heftig ausgestoßne Worte vermehrten meine Besorgnis, ich drang in sie, endlich … sie hatte meine Abwesenheit benutzt … sie hatte sich durch künstliche Mittel von dem Zustande befreit. – Die lange Beschwerde, … die ewige Sorgfalt ward dem Geschöpfe sträflich zur Last … sie fürchtete um ihre Schönheit! … Gott!"

84 Florentin, p. 76: "Wie! war nicht sie eine hartherzige, treulose, widernatürliche Mörderin? Mich, mich hatte sie höchst unbarmherzig gemordet!"

85 놀랍게도 이러한 관점과 해석을 마야 게리히도 이미 발견하여 제시한 바 있다. 그녀에 따르면, "남녀 독자 모두 아버지(플로렌틴: 역주)의 관점만을 알게 되기에 독자는 어머니의 감성에 대해 전혀 알지 못하고 만다"(Maya Gerig, Jenseits von Tugend und Empfindsamkeit. Gesellschaftspolitik im Frauenroman um 1800, p. 69).

86 Florentin, p. 77.

87 M. Gerig, Jenseits von Tugend und Empfindsamkeit. Gesellschaftspolitik im Frauenroman um 1800, p. 70. 비록 확실한 직접적인 언술은 아닐지라도 이 지점에서 로마 여인의 항변을 간접적인 서술 방식으로 제시함으로써 도로테아 슐레겔은 중립적인 위치에서 양자의 상반된 언술을 대립적으로 작동시키고 있다고 마야 게리히는 분석하고 있다.

88 Florentin, p. 75: "Geliebt habe ich sie wohl eigentlich nie."

89 Rita Morrien, Die schwarze Braut der Romantik. (De)Konstruktionen von Muttermythen bei Clemens Brentano und Dorothea Schlegel, in: Freiburger FrauenStudien. Zeitschrift für interdiszipinäre Frauenforschung, 1/98, pp. 61-90, hier p. 77.

90 『루친데』에서 루친데가 임신을 하자 율리우스는 "내가 월계수를 갖고 있다면 새로운 진지한 활동을 하도록 그대를 임명하기 위하여 그대 이마에 월계수 화환을 엮어 놓고 싶습니다"(Wenn ich Lorbeern hätte, würde ich sie um deine Stirn flechten, um dich einzuweihen zu neuem Ernst und zu neuer Tätigkeit)라고 말한다. 본래 여성에게는 은매화(Myrte)를 주기 마련인데, 여기서 율리우스는 남성 시인을 상징하는 월계수를 언급하는 가운데 그녀의 임신을 아들(즉 남성 시인)의 탄생과 연결시키고 있다. 이 또한 남성중심주의적 사유에 의한 여성의 미학화 점유 방식이다.

91 Novalis, HKA, Bd. II, p. 534:"Dichten ist zeugen. Alles Gedichtete muß ein lebendiges Individuum sein."

92 M. Gerig, Jenseits von Tugend und Empfindsamkeit. Gesellschaftspolitik im Frauenroman um 1800, p. 72: "Versuch, durch die Geburt seines Sohnes seine eigene Wieder-Geburt, seine Selbstfindung als Menschen zu reralisieren"

93 이에 대해서는 다음의 뛰어난 논문을 참조할 것(Martha B. Helfer, Dorothea Veit-Schlegel's Florentin: Constructing a Feminist Romantic Aesthetic, in: The German Quarterly, Spring, 1996, Vol. 69, No. 2, pp. 144-160).

94 마야 게리히의 예리한 분석에 의하면, 비록 충분하고 직접적인 언술은 아닐지라도 이 지점에서 로마의 여인이 항변한 간접적인 언술을 제시함으로써 도로테아 슐레겔은 중립적인 위치에서 '서로 대립적인 언술과 언술'을 작동시키고 있다(M. Gerig, Jenseits von Tugend und Empfindsamkeit. Gesellschaftspolitik im Frauenroman um 1800, p. 70).

95 F. Schlegel, KA, Bd I, p. 324: "Ja der Dichter selbst kann eine unsittliche Absicht haben, und sein Werk dennoch nicht unsittlich sein."

96 M. Fischer, Romantische Konstruktionen von Männlichkeit und Weiblichkeit, pp. 130-155; May Mergenthaler, Die Frühromantik als Projekt vollendeter Mitteilung zwischen den Geschlechtern: Friedrich Schlegel und Dorothea Veit im Gespräch über Friedrich Richters Roman, in: The German Quarterly, Vol. 81, No. 3 (Summer, 2008), pp. 302-321.

97 Ricarda Huch, Gesammelte Werke, Bd. 6. Köln und Berlin 1969, p. 881: "Die Musen gehören zu den himmlischen Gestalten, die Mann und Weib nicht kennen; der einzige

Maßstab für einen Künstler ist Kunst, nicht Nationalität oder Geschlecht oder Konfession oder Stand. Geschlecht kann es schon deswegen nicht sein, weil jeder Dichter androgyn ist, es gibt keinen, der nicht Männliches und Weibliches in sich vereinige."

98 Florentin, p. 35.

99 Barbara Becker-Cantarino, "Die wärmste Liebe zu unsrer litterarischen Ehe": Friedrich Schlegels <Lucinde> und Dorothea Veits <Florentin>, in: Bi-Textualität. Inszenierungen eines Paares, hrsg. v. Annegret Heitmann et al., Berlin 2001, pp. 131-141, hier p. 138: "Florentin ist auch ein romantisches Spiel um die Rolle und die Identität der Geschlechter. Wie einen Dialog mit Kontrapunkt zu Friedrichs Lucinde legte Dorothea ihren Roman an: die Autorin wählte einen männlichen Protagonisten, ähnlich wie der Autor Friedrich die Figur der Lucinde. Dorothea durchquert die festen Geschlechterlinien mit ihrem männlichen Held und anderen Romanfiguren. Friedrich schreibt in seiner und aus seiner männlichen Perspektive, ihm gelingt die Verschmelzung mit der Frau, die narzißtische Verschmelzung der Anderen, der Lucinde. Dorotheas Florentin findet keine Lucinde. Die große Liebe, die ideale Partnerin, die romantische Ehe sind Florentin versagt, der fremd, einsam und ausgestoßen bleibt." 같은 대목에서 베커-칸타리노는 『플로렌틴』의 작가 도로테아를 "문화국가의 시인과 예나의 낭만적 모임을 울타리 바깥에서 쳐다보는 유대인 여성"(Jüdin als Zaungast über den Dichter der Kulturnation und den romantischen Zirkel in Jena)으로 해석하고 있다(Ibid.).

100 E. Pnevmonidou, Die Absage an Das Romantische Ich, pp. 277-278: "Wie deutlich wurde, glückt auch in Lucinde die Aneignung der weiblichen Schwangerschaft zum Zweck der Geburt eines männlichen Dichters und seines Romans nur bedingt. In den Roman eingeschrieben ist ein doppelter, als Lob der Schwangerschaft maskierter Schwangerschaftsabbruch. Diese Maske fällt hier. Florentin vollzieht eine doppelte Abtreibung der *Lucinde*. Zum einen nimmt der Roman das in Lucinde etablierte Projekt männlicher Dichterwerdung zurück, zum anderen zeigt er auf, dass dieses Projekt aufgrund der bereits in Lucinde angelegten Widersprüche scheitern muss. *Florentin* ist insofern eine Fortsetzung der *Lucinde*, als er erzählt, was *Lucinde* verschweigt."

101 두 소설의 비교 연구가 독일과 미국에서 자주 제시되고 있다면, 국내의 경우 두 소설을 비교 분석한 논문으로는 - 비록 상세한 분석을 제시하고 있지는 않지만 - 다음의 논문이 유일하다(박희경, 도로테아 슐레겔의 소설 『플로렌틴』과 프리드리히 슐레겔의 소설 『루친데』 연구, 실린 곳: 괴테연구, 14권, 2002년, 212-232쪽).

102 요컨대, 『루친데』는 여성의 미화를 추구하는 남성적 소설이라면, 『플로렌틴』은 그런 소설을 모방하는 가운데 실은 『루친데』를 비판하는 대항담론적 소설이라는 식이다. 그러나 여성의 미화와 관련해서 『루친데』도 만만치 않은 메타비판적 서술을 제시하고 있는데, 가령 소설 말미의 <동경과 평온>이라는 제목 하에 서로 주고받는 대화가 대표적이다. 거기서 루친데는 자신을 이상화하려는 율리우스에게 노골적으로 다음과 같이 비판한다. "율리우스, 저는 당신이 신성하게 색칠해 놓은 것처럼 그런 사람이 아닙니다. (...) 당신이 나에게 (...) 바라보는 것은 당신 상상의 경이로운 꽃일 뿐입니다(Nicht ich, mein Juiius, bin die die Du so heilig malst; (. ..) es ist die Wunderblume Deiner Phantasie, die Du in mir („.) erblickst). 연인으로서, 부인으로서 루친데를 바라보려는 율리우스의 시각이 비판되고 있는 바, 이는 낭만적 사랑을 흔히 남성이 상상적으로 만들어낸 여성과의 교감으로 해석하려는 시각에 대해 소설 자체가 비판의 경종을 울리는 대목이다.

103 F. Schlegel, Über die Diotima, in: F. Schlegel, KA, Bd. I, p. 93.

104 Cf. Birgit Rehme-Iffert, Friedrich Schlegel über Emanzipation, Liebe und Ehe, in: Athenäum 12(2002), pp. 111-133.

2부 3장

1 18세기 말부터 19세기 중순까지의 서간문학(Briefliteratur)의 생성 및 발전 과정에 대해서는 다음을 참조할 것(P. Seibert, Der Literarische Salon. Literatur und Geselligkeit zwischen Aufklärung und Vormärz, Weimar 1993, pp. 247-254).

2 Rahel Varnhagen, Briefwechsel mit Karl August Varnhagen in 4 Bänden, hrsg. v. Friedhelm Kemp, München 1979, Bd. II, p. 87: "Leer ist es in mir, wirklich meistens leer, ich erzeuge nicht Gedanken, nicht Gestalten, weder den Zusammenhang kann ich darstellen als System, noch das Einzelste heraussondern in ein individuelles Leben als Witz, es sprudeln keine Quellen in mir! (...) Aber in dieser völligen Leerheit bin ich immer offen, ein Sonnenstrahl, eine Bewegung, eine Gestalt des Schönen, oder auch nur der Kraft, werden mir nicht entgehen, ich erwarte nur daß etwas vorgehe, ein Bettler am Wege."

3 Rahel. Ein Buch des Andenkens für ihre Freunde, hrsg. v. Rahel Antonie Friederike Varnhagen von Ense, Berlin 1834, Teil 2, p. 370: "Aber schreiben kann ich doch nichts, lieber Dr. Troxler, was Sie zum Druck gebrauchen können. Ich kann nur Briefe schreiben; und manchmal einen Aphorism; aber absolut über keinen Gegenstand, den man mir, oder ich mir selbst, vorlegen möchte. Sonst möchte ich Ihnen, was ich nur hätte oder könnte, mit dem größten Vergnügen wie dies Schreiben hier schicken. Mehr, Lieber! kann ich Ihnen heute, jetzt nicht schreiben, da Menschen bei uns sind, denen Varnhagen manches liest, und vorspricht, und die antworten. (...) Ich bin doch ein Rebell. Aber ach sehr ergeben: nur will ich auch das schlecht zu fühlende schlecht nennen dürfen: aber doch dulen, weil es wohl gut sein wird." 바바라 한은, 이 세 권의 서간집에 실린 편지는 남편 파른하겐에 의해 상당히 수정되고 보완된 나머지 결국 '역사적인 인물 라헬'의 자리에 '문학적으로 허구화된 인물 라헬'의 편지로 가득한 작품 성격을 띠고 있다고 비판한 바 있다(Barbara Hahn, "Antworten Sie mir!": Rahel Levin Varnhagens Briefwechsel, Frankfurt a. M. 1990, pp. 46-48). 부분적으로 라헬의 허구적인 언술이 담겨 있을지라도 여기서는 이 세 권의 서간집을 주로 인용한다.

4 Novalis, Schriften, Bd. II, p. 470.

5 Ch. Bürger, Der Schatten eines Traumes, in: dies., Fortgesetzter Versuch. Aufsätze, Gespräche, Essays, Leipzig 1978, p. 293: "Die Frauen lebten lange ohne zu schreiben, dann schrieben sie (...) mit ihrem Leben um ihr Leben. Das tun sie bis heute, oder heute wieder."

6 Rahel. Ein Buch des Andenkens für ihre Freunde, Teil 1, pp. 55-56: "Wie können Sie aber nur so grausam sein, und mich ermahnen, ich sollte oder müßte das sehen; wissen Sie denn nicht, daß ich vergehe, ganz vergehe, wie etwas, das aufhört? Ist es einem ordentlichen Menschen möglich, Berlins Pflaster sich für die Welt ausgeben zu lassen? Dies abscheuliche windige Klima nur (seit vorgestern hat's zum erstenmale geregnet,

und heut gut Wetter), und kann ein Frauenzimmer dafür, wenn es auch ein Mensch ist? Wenn meine Mutter gutmütig und hart genug gewesen wäre, und sie hätte nur ahnden können, wie ich werden würde, so hätte sie mich bei meinem ersten Schrei in hiesigen Staub ersticken sollen. Ein ohnmächtiges Wesen, dem es für nichts gerechnet wird, nur so zu Hause zu sitzen, und das Himmel und Erde, Menschen und Vieh wider sich hätte, wenn es weg wollte (und das Gedanken hat wie ein andrer Mensch) und richtig zu Hause bleiben muß, das, wenn's mouvemente macht, die merklich sind, Vorwürfe aller Art verschlucken muß, die man ihm mit raison macht; weil es wirklich nicht raison ist zu schütteln, denn fallen die Gläser, die Spinnrocken, die Flore, die Nähzeuge weg, so haut alles ein."

7 Rahel. Ein Buch des Andenkens für ihre Freunde, Teil 1, p. 57: "Es ist mir als sähe ich das doch alles noch einmal, es wird mir nie einkommen, daß ich ein Schlemihl und eine Jüdin bin, da es mir nach den langen Jahren und dem vielen Denken darüber nicht bekannt wird, so werd ich's auch nie recht wissen. Darum 'nascht auch der Klang der Mordaxt nicht an meiner Wurzel', darum leb ich noch."

8 라헬은 후에 샤미소(A. v. Chamisso)와 친분을 맺게 되지만, 이 편지에서의 '슐레밀'은 샤미소의 소설 『페터 슐레밀의 놀라운 이야기』(Peter Schlemihls wundersame Geschichte)의 주인공을 가리키지는 않는다. 샤미소의 소설은 뒤늦게 1814년에 출간되었기 때문이다. 그 소설에서 샤미소는 주인공을 '슐레밀'로 설정함으로써 보편적 질서로부터 배제된 이들, 즉 유대인을 비롯한 이방인, 동성애자, 난민, 아웃사이더 등을 염두에 두었다. 이에 대해서는 다음을 참조할 것(최문규, 도취와 아이러니의 저 놀랍고도 끝없는 변화, 연세대학교 대학출판문화원, 2019, 265-320쪽).

9 "저 살인 도끼의 소리도 나의 뿌리를 몰래 갉아 먹지는 않을 것이며"(nascht auch der Klang der Mordaxt nicht an meiner Wurzel)라는 문구는 괴테의 희곡 『에그몬트』(Egmont) 에 나오는 유명한 구절이다.

10 Rahel. Ein Buch des Andenkens für ihre Freunde, Teil 1, pp. 131-132: "Denn ich bin krank durch gêne, durch Zwang, so lang ich lebe; ich lebe wider meine Neigung, wenn ich auch nur immer dagegen handlen seh. Ich verstell mich, artig bin ich, daß man vernünftig sein muß, weiß ich; aber ich bin zu klein das auszuhalten, zu klein, (...) Mein ewiges Verstellen, meine Vernünftigkeit, mein Nachgeben, welches ich selbst nicht merke und meine Einsicht, verzehren mich; ich halte es nicht mehr aus, und nichts und niemand kann mir helfen (...) und da kann ich nicht heraus, weil die Welt eingerichtet ist."

11 Briefe aus der Frühromantik, nach G. Waitz vermehrt, hrsg. v. Erich Schmidt, Leipzig 1913, p. 55: "Es ist wahr, Dortchen hat unendlich viel Talent und Geist, aber zu ihrem Unglück, denn mit diesen Anlagen und den bizarren Projekten des Vaters, die sie zu der höchsten Eitelkeit reizen werden, kann sie weder wahres Glück noch Achtung erwarten. Man schätzt ein Frauenzimmer nur nach dem, was sie als Frauenzimmer ist." 이러한 라헬의 비판적 시선에도 불구하고 슈뢰처는 결혼 후 남편과 함께 여러 지인과 대화를 즐기는 살롱을 운영하기도 했다. 라헬의 안타까운 지적처럼 그녀는 뛰어난 철학자로 남지 못했다.

12 Rahel Varnhagen, Gesammelte Werke in 10 Bänden, hrsg. v. Konrad Feilchenfeldt, Uwe Schweikert und Rahel E. Steiner, München 1983, Bd. I, p. 180: "Heiraten, sagen Sie. Ich

kann nicht heiraten, denn ich kann nicht lügen. (Denken Sie nicht, dass ich mir etwas darauf einbilde: ich kann nicht, wie man die Flöte nicht spielen kann.) Sonst tät ich's jetzt."

13 Brief vom 27. Dezember 1827, Rahel an Gentz, in: Denkschriften, Tagebücher und Briefe von Friedrich von Gentz, hrsg. v. Gustav Schlesier, Mannheim 1840, pp. 305-306: "Ich bin doch ein Mann geworden, wozu das empfindlichste, das stärkste Organ, mein Herz, immer die Anlage war; bei meinem der freiesten Geister wie ich ihn habe, oder bin."

14 Brief von 1803, F. Gentz an R. Levin, in: Schriften von Friedrich von Gentz, Ein Denkmal. Von G. Schlesier, Erster Teil, Mannheim 1838, p. 113: "Sie sind ein unendlich produzirendes, ich bin ein unendlich empfangendes Wesen. Sie sind ein großer Mann; ich bin das erste aller Weiber, die je gelebt haben"

15 Brief vom 02. 1803, F. Gentz an R. Levin, in: Rahel Varnhagen. Briefwechsel, Bd. III, p. 122: "Nie habe ich etwas erfunden, nie etwas gedichtet, nie etwas gemacht." 이와 관련해서는 다음의 글을 참조할 것(Marie-Claire Hoock-Demarle, Weibliche Geselligkeit. 'Private Öffentlichkeit' in Deutschland, in: Akten des XI. Internationalen Germanistenkongresses Paris 2005, Bd. 10, hrsg. v. Jean-Marie Valentin, Frankfurt am Main 2007, pp. 97-105).

16 F. Schlegel, KA, Bd. I, p. 93: "Nur selbständige Weiblichkeit, sanfte Männlichkeit ist gut und schön."

17 Rahel. Ein Buch des Andenkens für ihre Freunde, Teil 1, p. 321: "Aus der Welt hat mich Geburt gestoßen, Glück nicht eingelassen, oder herunter; ich halte mich ewig an meines Herzens Kraft, und an was mein Geist mir zeigt. Dies ist der mir von der Natur angezeigte Kreis: und in dem bin ICH mächtig und die Andern nichtig."

18 Rahel. Ein Buch des Andenkens für ihre Freunde, Teil 2, p. 19: "Ich bin eine Falschgeborene und sollte eine Hochgeborene, eine schöne Hülle für meinen wohl ergiebigen inneren Grund sein."

19 Zitiert nach H. Arendt, Rahel Varnhagen, ebooks, p. 209: "Keine Freiheit. Wollen Sie noch mehr wissen? Oft wundere ich mich, dass ich lebe, dieselbige bin und so weit von mir abkam. (…). Man ist nicht frei, wenn man in der bürgerlichen Gesellschaft etwas vorstellen soll: eine Gattin, eine Beamtenfrau usw."

20 Rahel. Ein Buch des Andenkens für ihre Freunde, Teil 3, p. 19: "fürchterlich ist die Natur darin, daß eine Frau gemißbraucht werden kann, und wider Lust und Willen einen Menschen erzeugen kann."

21 Rahel. Ein Buch des Andenkens für ihre Freunde, Teil 2, p. 355: "Stünd' ich hoch in der Gesellschaft, wo zu übersehen, zu wählen, und rasch zu handlen ist! Ich macht' es richtig, stark, und zart."

22 Rahel Levin Varnhagen an Ignaz Paul Vital Troxler, 8. Jan. 1817, in: Rahel Varnhagen, Gesammelte Werke, Bd. II, p. 435: "(...) für den ersten Blick haben auch meine Blätter nicht das Ansehen, von einer Frau herzurühren: aber will man sie, bei einem zweiten, einem Manne zuschreiben, so geht das noch weniger."

23 헤겔의 '모순의 지양' 논리에 대항하여 데리다는 현존과 부재가 동시적으로 작동하는 '차연'(différance)을 제시한 바 있다. 차연은 '동시적'(zugleichl, sowohl... als auch) 현존과 '이것도 아니고 저것도 아닌'(weder... noch...) 부재를 동시에 포함한다. 라헬이 자신의 글을 '남성

적도 아닌 여성적도 아니'라고 한 것은 곧 그녀의 글은 '남성적이면서 동시에 여성적'이라고 할 수 있으며, 이것이 곧 라헬의 글이 지닌 차연의 특성을 시사한다.

24 Galerie von Bildnissen aus Rahel's Umgang und Briefwechsel, hrsg. v. Karl August Varnhagen von Ense, Leipzig 1836, p. 59: "diesen Brief [⋯] hat nur eine vollkommene Frau schreiben können. Jeder Lumpenhund sagt: nur Weiber können Briefe schreiben; denn Briefe erfordern eine Leichtigkeit, ein ungezwungenes Übergehen von einer Materie zur andern, und Männer bleiben immer bei der Schnur."

25 Rahel. Ein Buch des Andenkens für ihre Freunde, Teil 3, p. 10: "Wenn Fichtes Werke sein Frau geschrieben hätte, wären sie schlechter? Oder ist es aus der Organisation bewiesen, daßeine Frau nicht denken und ihre Gedanken nicht ausdrücken kann?"

26 Rahel. Ein Buch des Andenkens für ihre Freunde, Teil 2, p. 126: "Ich habe einen Plan im Herzen, alle europäischen Frauen aufzufordern, dass sie den Krieg niemals mitmachen wollen und gemeinsam alle Leidenden heilen wollen. Dann könnten wir doch ruhig sein, von der einen Seite, wir Frauen, meine ich. Sollte so etwas nicht gehen?"

27 Rahel. Ein Buch des Andenkens für ihre Freunde, Teil 1, p. 259: "Negerhandel, Krieg, Ehe! - und sie wundern sich und flicken."

28 Rahel. Ein Buch des Andenkens für ihre Freunde, Teil 3, p. 559: "Weg mit der Mauer! Weg mit ihrem Schutt! Der Erde gleich sei dies Unwesen gemacht! und alles wird auf ihr erblühn, was leben soll. Eine Vegetation! -"

29 Cf. Doris Starr Guilloton, Rahel Varnhagen und die Frauenfrage in der deutschen Romantik: Eine Untersuchung ihrer Briefe und Tagebuchnotizen, in: Monatshefte, Vol. 69, No. 4, Winter, 1977, pp. 391-403.

30 Rahel Varnhagen, Gesammelte Werke, Bd. IV/1, p. 45: "Ich bin Dein Freund, wie es ein Man sein könnte."

31 Rahel Levin Varnhagen, Briefwechsel mit Pauline Wiesel, hrsg. v. Barbara Hahn, München 1977, p. 91.

32 Rahel. Ein Buch des Andenkens für ihre Freunde, Teil 3, p. 178: "Was sind Freunde? Gleichgesinnte. Und wo kann der Mensch, die Kreatur, am Ende aller Dinge hin, als zum Geist der Geister. Über diese Gegenstände müssen Freunde - wie wir selbst - sich besprechen; der Tod, als das Aufhören alles Seins, welches aufhören kann, muß uns an das Absolute mahnen, und dies an unsre höchsten Gedanken: und in und bei diesen müssen wir Gleichgesinnte haben; dies ist der höchste Punkt der Geselligkeit, und der tiefste: und daher der Quell und das Mobil aller, noch so geringfähig scheinender."

33 Rahel an Pauline Wiesel, am 7. Juli 1831. 이 두 사람의 관계에 대해서는 바바라 한의 연구를 참고할 것(Barbara Hahn, "Nur wir sind gleich bey der Ungleichheit". Der Briefwechsel von Rahel Levin Varnhagen und Pauline Wiesel, in: Rahel Levin Varnhagen. Die Wiederentdeckung einer Schrifstellerin, Zeitschrift für Literaturwissenschaft und Linguistik, Beihefte 11, Göttingen 1987, pp. 56-66).

34 Rahel Varnhagen, Gesammelte Werke, Bd. VII/2, p. 190: "Was will der Mensch auf einer Welt von Erden anders, als einen Menschen, den er achten kann, und der ihm, so lang er lebt, ein treuer Freund sein muß, weil er von ihm geachtet wird."

35 Rahel. Ein Buch des Andenkens für ihre Freunde, Teil 1, p. 439: "Was macht denn sonst

wohl das eigentlichste Wesen des Menschen aus, und macht ihn dazu, als dass er andere Wesen, die Angesicht tragen, dafür annimmt, und sie behandelt wie sich selbst: wann kann er das besser, als im vielfältigsten, reichhaltigsten, häufigsten Umgang aller Art mit ihnen! (...) und der Inbegriff von allem für Menschen ist menschlicher Umgang, man mag es drehen wie man will."

36 Rahel. Ein Buch des Andenkens für ihre Freunde, Teil 3. p. 398: "Jeder Mensch ist ein Original; sonst wär' er nicht geschaffen."

37 Rahel. Ein Buch des Andenkens für ihre Freunde, Teil 1, pp. 227-228: "Das ist kein Mensch, der sich nicht ganz fühlt; das ist kein denkender Mensch, der nicht dem Wechsel von Bewußtsein und Nicht-Bewußtsein nachspäht: und das nennt Ihr Schiller den Bruch. Aus diesem Bruch geht unser Arbeiten an, unser Leben, bewußt und unbewußt, diesen aufzulösen."

38 Rahel. Ein Buch des Andenkens für ihre Freunde, Teil 1, p. 260: "Denken ist Graben und mit einem Senkblei Messen. Viele Menschen haben keine Kräfte zum Graben, auch andere keinen Mut und Gewohnheit, das Blei in die Tiefe sinken zu lassen."

39 Otto Berdrow, Rahel Varnhagen: Ein Lebens- und Zeitbild, p. 77: "Was ich bei den Weisen, den Frommen vergebens gesucht: unverschleierte Wahrheit, Selbständigkeit des Geistes und Innigkeit des Gefühls, kam mir in den Dachstuben dieser selten Selbstdenkerin als eine heilige Offenbarung entgegen."

40 Rahel. Ein Buch des Andenkens für ihre Freunde, Teil 1, p. 66: "Ich bin der erste Ignorant der Welt! der dabei so viel auf Kenntniß hält, und nicht aus erschrockener Unwissenheit, wie die andern, nein, ich weiß was es auf sich hat. Nun kann mir nichts in der Welt mehr helfen, und ich muß mich so aufbrauchen, kann auch an wenig andern Menschen Trost finden, und wenn sie auch von Kenntnissen strotzten, denn was sind sie dabei dumm, weitläufig und pedantisch! Glauben Sie aber ja nicht, daß ich die einzige Zierde meiner Unwissenheit, die Sorglosigkeit darüber, diese einzige Liebenswürdigkeit, verloren habe."

41 Zitiert nach K. Hasse, "Laß dies mein Epitaph sein (...)", in: B. Hahn/ U. Isselstein(Hg.), Rahel Levin Varnhagen. Die Wiederentdeckung einer Schriftstellerin, Zeitschrift für Literaturwissenschaft und Linguistik, Beiheft 14, Göttingen 1987, pp. 67-75, hier p. 69: "Wenn ich Sie verlöre, verlör'ich einen großen Teil von mir selbst. Denn eine Seite kennen Sie in mir, die niemand kennt, außer Sie – nennen kann ich sie nicht, nicht einmal bezeichnen in diesem Augenblick – und die muß erkannt werden, sonst ist sie tot."

42 Rahel. Ein Buch des Andenkens für ihre Freunde, Teil 2, p. 565: "sie(die Weiber) haben der beklatschten Regel nach gar keinen Raum für ihre eigene Füße, müssen sie nur immer dahin setzen, wo der Mann eben stand, und stehen will; und sehen mit ihren Augen die ganze bewegte Welt, wie etwas Einer, der wie ein Baum mit Wurzeln in der Erde verzaubert wäre, jeder Versuch, jeder Wunsch, den unnatürlichen Zustand zu lösen, wird Frivolität genannt; oder noch für strafwürdiges Benehmen gehalten."

43 Rahel. Ein Buch des Andenkens für ihre Freunde, Teil 1, pp. 76-77: "Ein feines, gebildetes, verständiges Frauenzimmer wird nicht platt und nicht dumm: kann aber schwach, und unselbstständig sein, und ist's gewöhnlich; (...) je feiner ein Frauenzimmer ist,

je schneller findet sie sich in alles, worein sie sich finden muß, das ist eine schöne Eigenschaft; und ein völlig liebenwürdiges Geschöpf muß dabei noch Courage und Selbständigkeit dabei haben, um nicht auch jedesmal zu werden, was sie scheinen muß, und auch nicht jedesmal zu scheinen, was sie scheinen soll."

44 Rahel. Ein Buch des Andenckens für ihre Freunde, Teil 1, p. 135: "Frech wohl bin ich geworden, ihr Götter wißt, und wißt nicht allein, daß ich auch fromm bin und treu. Das sei mein Epitaph."

45 Rahel. Ein Buch des Andenckens für ihre Freunde, Teil 3, p. 61: "Das Herz ist ganz im Dunklen, ganz allein, möchte man sagen, und weiß ganz allein alles besser. Nur wenn man dahin sieht, findet man Erkenntnis, weil die verwirrenden Lichter der ganzen Welt nicht hingelangen; und es wie ein Maß einer andern Welt in uns lebt; als ein Ja oder Nein: sonst nichts."

46 Rahel und ihre Zeit. Briefe und Zeugnisse, ausgewählt von Bertha Badt, München 1912, pp. 8-9.

47 횔덜린의 소설 『히페리온』의 저 유명한 "하늘의 별처럼 나는 정지해 있지만 움직입니다"(Wie der Sternenhimmel, bin ich still und bewegt)라는 구절을 라헬의 지인 마이어(Friedrich Ludwig Wilhelm Meyer)는 라헬 묘사를 위해 인용한 바 있다. 그 구절이 라헬과 관련하여 갖는 의미에 관해서는 다음의 연구를 참조할 것(Barbara Hahn, "Still und bewegt": Rahel Levins Konstellationen, in: MLN, Volume 126, Number 3, April 2011, pp. 486-494).

48 Barbara Hahn, "Still und bewegt": Rahel Levins Konstellationen, p. 494: "Sie ist im 'Erwarten', weiß zugleich, denkend, reflektierend, daß diese Erwartung nicht erfüllt werden wird. Doch gerade in dieser doppelten Haltung wächst wieder Hoffnung: Sie richtet sich auf ein 'heute', das immer auch die Unterbrechung des ewigen Flusses der Zeit ist. Wie eine Revolution."

49 Rahel. Ein Buch des Andenkens für ihre Freunde, Teil 1, pp. 12-13: "Zuvörderst kann ich sagen, dass ich in ihrer Gegenwart das volle Gefühl hatte, einen 'ächten Menschen', dies herrliche Gottesgeschöpf mit seinem reinsten und vollständigsten Typus vor Augen zu haben, (...) überall originale und naive Geistes- und Sinnesäußerungen, großartig durch Unschuld und Klugheit, und dabei in Worten wie in Handlungen die rascheste, gewandteste, zutreffendste Gegenwart. Dies alles war durchwärmt von der reinsten Güte, der schönsten. stetes regen und tätigen Menschenlieben, der lebhaftesten Teilnahme für fremdes Wohl und Weh."

50 Klaus Schröter(Hg.), Rahel Levin Varnhagen mit Selbstzeugnissen und Bilddokumenten, dargestellt von Heidi Thomann Tewarson, Hamburg 1988, p. 43.

51 Rahel. Ein Buch des Andenkens für ihre Freunde, Teil 2, p. 75: "Die Menschen kennen sich einander nicht;. Nur die Galeerensklaven kennen sich, die eng geschmiedeten." 괴테의 『타소』에는 본래 다음과 같이 씌어 있다. "인간들은 서로를 알지 못한다. 단지 의자에 고정되어 묶인 채 숨을 헐떡거리며 노젓는 갈레선의 노예들만이 서로를 알고 있을 뿐이다"(Die Menschen kennen sich einander nicht; / Nur die Galeerensklaven kennen sich,/ Die eng an eine Bank geschmiedet keuchen).

52 Zitiert nach H. Arendt, Rahel Varnhagen, ebooks, p. 146: "So vergesse ich doch die Schmach keine Sekunde. Ich trike sie im Wasser, ich trinke sie im Wein, ich trinke sie mit der Luft; also in jedem Atemzug (...). Der Jude muß aus uns ausgerottet werden,

das ist heilig wahr, und sollte das Leben mitgehen.”

53 Goethe, Werke, Hamburger Ausgabe in 14 Bänden, Hamburg 1948ff, Bd 5, p. 136: “Töricht ist's/ in allen Stücken billig sein; es heißt/ Sein eigen Selbst zerstören.”

54 Rahel Levin Varnhagen an Astolphe von Custine, 31. Dezember 1817, in: Gesammelte Werke, Bd. IX, p. 504: “und so zerstör'ich mich denn wirklich, die in machen Stücken stark und zu was anderem von der sorglos verschwenderischen Natur bestimmt war! So ist's! So muss ich weiter sterben: viel bin ich schon gestorben.”

55 Rahel. Ein Buch des Andenkens für ihre Freunde, Teil 2, pp. 133-134: “Ich habe solche Phantasie; als wenn ein außerirdisches Wesen, wie ich in diese Welt getrieben wurde, mir beim Eingang dieses Wort mit einem Dolch ins Herz gestoßen hätte: <Ja, habe Empfindung, sieh die Welt, wie sie wenige sehen, sei groß und edel, ein ewiges Denkmal kann ich dir auch nicht nehmen, eins hat man aber vergessen: sei eine Jüdin!>, und nun ist mein ganzes Leben Verblutung; mich ruhig halten, kann es fristen; jede Bewegung, sie zu stillen, neuer Tod; und Unbeweglichkeit mir nur im Tod selbst möglich. Lächeln Sie oder fühlen Sie Tränen aus Mitleid, ich kann Ihnen jedes Übel, jedes Unheil, jeden Verdruß, da herleiten...”

56 “Jeder Wunsch wird Frivolität genannt”: Briefe und Tagebücher, hrsg. v. Marlis Gerhardt. Darmstadt 1983, p. 10.

57 Rahel. Ein Buch des Andenkens für ihre Freunde, Teil 3, p. 130: “Es kann nichts helfen, ein großes Schicksal zu haben, wenn man nicht weiß, daß man eines hat. Es hat ein Jeder ein großes Schicksal, der da weiß, was er für eines hat.”

58 H. Arendt, Rahel Varnhagen, ebooks, p. 19: “Was ihr zu tun verblieb, war, ein Sprachrohr des Geschehenen zu werden, das Geschehene in ein Gesagte umzuwandeln. Dies gelingt, indem man in der Reflexion sich selbst und anderen die eigene Geschichte immer wieder vor- und nacherzählt; dadurch wird sie zum Schicksal: “es hat ein jeder ein Schicksal, der da weiß, was er für eines hat.” Die einzigen Eigenschaften, die man hierzu haben oder in sich mobilisieren muß, sind eine nie nachlassende Wachheit und Schmerzfähigkeit, um treffbar und bewußt zu bleiben.”

59 H. Arendt, Elemente und Ursprünge totalitärer Herrschaft, München 1986, p. 126.

60 ‘이랴’(Hep 혹은 Hepp)라는 단어는 유대인을 욕할 때 내짖는 소리를 뜻함. 1819년 8월 29일 독일의 주요 도시에서는 몇 달간 반유대주의적 폭동이 일어났는데, 그때의 폭동을 ‘헵-헵-소요’(Die Hep-Hep-Unruhen oder Hepp-Hepp-Krawalle)라고 불렀다.

61 Rahel Levin, Gesammelte Werke, Bd. IX, pp. 582-583: “Ich bin grenzenlos traurig; und in einer Art, wie ich es noch gar nicht war. Wegen der Juden. Was soll die Unzahl Vertriebener tun? Behalten wollen sie sie: aber zum Peinigen und Verachten; zum Judenmauschel schimpfen; zum kleinen dürftigen Schacher; zum Fußstoß und Treppenrunterwerfen. Die Gesinnung ist's, die verwerfliche, gemeine, vergiftete, durch und durch faule, die mich so tief kränkt, bis zum herzerkaltendsten Schreck. Ich kenne mein Land! Leider. Eine unselige Kassandra! Seit drei Jahren sag' ich: die Juden werden gestürmt werden; ich habe Zeugen. Dies ist der Deutschen Empörungsmuth. Und wie so? Weil es das gesitteste, gutmüthigste, friedliebendste, Obrigkeit ehrendste Volk ist; was es zu fordern hätte, weiß es nicht: nur Unterrichtete unter diesem Volk möchten es ihm lehren: unter diesen sind aber viele Ungebildete, mit rohen Herzen wo auch Raum

für Neid ist, gegen eine große Zahl solcher – Juden -, die man kraft Religionsauswüchsen als untergeordnete Wesen hassen, verachten und verfolgen durfte. Einige weise Fürsten Deutschlands, und lange Zeit, in der immer Irrtümer untergehen, hatten dieser Ausrede ein Ende gemacht. Die gleißnerische Neu-Liebe zur christlichen Religion (Gott verzeihe mir meine Sünde!), zum Mittelalter, mit seiner Kunst, Dichtungen und Gräueln, hetzen das Volk zu dem einzigen Gräuel, zu dem es sich noch, an alte Erlebnisse erinnert, aufhetzen läßt! Judensturm. Die Insinuationen, die seit Jahren alle Zeitungen durchlaufen; die Professoren Fries und Rühs, und wie sie heißen: Arnim, Brentano, 'Unser Verkehr', und noch höhere Personen mit Vorurtheilen. Es ist nicht Religionshaß: sie lieben ihre nicht, wie sollten sie andere hassen; - wozu die Worte, die ich ohne Ende häufen kann; es ist lauter Schlechtes; in That und Motiv; und nicht die That des Volks, dem man Hep schreien lehrte ..."

62 Klaus L. Berghahn, Gesellige Assimilation. Die jüdischen Salons in Berlin 1780-1806, in: Ablehnung - Duldung – Anerkennung. Toleranz in den Niederlanden und in Deutschland. Ein historischer und aktueller Vergleich, hrsg. v. Renate Loos, Horst Lademacher, Simon Groenveld, Münster u.a. 2004, pp. 380-399, hier p. 396: "Doch von dieser Periode ihres Lebens, als auch dem Paria durch Varnhagen von Ense ein Parvenu wurde, ist hier nicht mehr die Rede. (...) Daß diese Ausnahmejuden mit dem Adel verkehrten und sich einige mit ihm sogar versippten, schlug bald gegen sie aus - und Rahel Levin auch bekam diesen neuen, national gefärbten Antisemismus zu spüren."

63 Zitiert nach Michael A. Meyer, Die Anfänge des modernen Judentums: jüdische Identität in Deutschland 1749-1824, München 1994(2011), p. 127: "Ich sollte mich trösten? Gott bewahre! ich will gar nicht. Das wäre das Abscheulichste. Recht außerordentlich will ich den Schmerz fühlen, wie eine große aufgrissene Wunde."

64 Cf. H. Arendt, Rahel Varnhagen, ebooks, pp. 246-257.

65 Brief vom 2. März 1833, Rahel Levin an Karl August Varnhagen, in: Rahel Levin, Gesammelte Werke, Bd. I, p. 43: "Welch Geschichte! ... eine aus Ägypten und Palästina Geflüchtete bin ich hier, und finden Hülfe Liebe und Pflege von Euch! (...) Was so lange Zeit meines Lebens mir die größte Schmach, das herbste Leid und Unglück war, als Jüdin geboren zu sein, um keinen Preis möcht'ich das jetzt missen. (...) ich habe an Jesus gedacht, ich habe gefühlt, zum ersten Mal es so gefühlt, daß er mein Bruder ist."

66 Cf. Christina Ujma, Zwischen Rebellion und Resignation: Frauen. Juden und Künstler in den historischen Romanen Fanny Lewalds, in: Travellers in Time and Space/Reisende durch Zeit und Raum, Amsterdamer Beiträge zur neueren Germanistik, Volume. 51(2001), pp. 283–299.

67 Hannah Lotte Lund, Manches mehr als Musen ... - Preußens "jüdische Salonièren", in: Salondamen und Frauenzimmer: Selbstemanzipation deutsch-jüdischer Frauen in zwei Jahrhunderten, hrsg. v. Elke-Vera Kotowki, Berlin/München/Boston 2016, pp. 11-18, hier p. 15.

68 구약성서 사사기 12장 5-6절은 다음과 같다. "길르앗 군은 에브라임 지역의 요르단 강 나루를 차지하고 에브라임 사람이 도망치다가 건네 달라고 하면, 에브라임 사람이냐고 묻고 아니라고 하면 / "쉽볼렛"이라고 말해 보라고 하고 그대로 발음하지 못하고 "십볼렛"이라고 하면 잡아서 그 요르단 강 나루턱에서 죽였다. 이렇게 하여 그 때 죽은 에브라임 사람의 수는 사만 이천이나

되었다."첼란의 시집을 해석하면서 데리다는 모든 시에 기입된 시간과 날짜를 일종의 '쉽볼렛 Schibboleth'으로 비유하면서 그 날짜의 모순성, 즉 모든 역사적인 날짜는 현존과 부재, 역사성과 탈역사성, 일회성과 반복성, 의미 가능성과 의미 불가능성, 명확성과 암호성 사이에서 부유한다고 해석한다. "날짜에서는 반복 불가능한 것이 반복되어야만 하며, 그것이 나타내는 환원 불가능한 일회성을 자신 속에서 소멸시켜야만 한다. 반복 불가능한 것은 어떤 식으로 반복 속에서 스스로를 분해하고 스스로를 암호화하고 감추어야만 한다. 자연력처럼, 날짜는 스스로를 숨기는 것을 즐긴다. [날짜]는 읽을 수 있게 되기 위해 스스로를 지워야 하며, 독서 가능성 속에서 스스로를 독서 불가능하도록 해야만 한다."(Im Datum muss sich das Unwiederholbare wiederholen, in sich die irreduzible Einmaligkeit auslöschen, die es anzeigt. Das Unwiederholbare muss sich in gewisser Weise in der Wiederholung zerteilen und so sich chiffrieren oder sich verbergen. Wie die physis, liebt ein Datum es, sich zu verbergen. [Das Datum] muss sich auslöschen, um lesbar zu werden, sich in seiner Lesbarkeit unlesbar werden lassen)(J. Derrida, Schibboleth. Für Paul Celan, Graz/Wien/Böhlau 1986, p. 32).

69 Hannah Lotte Lund, Manches mehr als Musen ... - Preußens "jüdische Salonièren", in: Salondamen und Frauenzimmer: Selbstemanzipation deutsch-jüdischer Frauen in zwei Jahrhunderten, p. 17.

70 Cf. Liliane Weissberg, Kann ein Jude ein Romantiker sein?, in: Romantische Religiosität, hrsg. v. Alexander von Bormann, Würzburg 2005, pp. 265-283.

71 Friedrich von Gentz' Brief an Rahel von Varnhagen vom 11. Nov. 1830, in: Galerie von Bildnissen aus Rahel's Umgang und Briefwechsel, hrsg. v. Karl August Varnhagen von Ense, Bd. 1, Leipzig 1836, p. 251:"Sie sind die Romantik selbst. Sie waren es, noch ehe das Wort erfunden wurde."

72 Volkmar Mühleis, Schreiben ohne Werk, aus: https://www.deutschlandfunk.de/rahel-levin-varnhagen-tagebuecher-und-aufzeichnungen.700.de.html?dram:article_id=445861

73 라헬은 생존시 세 번(1812년, 1816년, 1817년) 잡지에 파른하겐과의 서신 형식으로 괴테 작품에 관한 글을 발표한 바 있으나, 당시에 'G'라는 익명을 사용하였다. 이 또한 여성의 이름을 당당하게 내세울 수 없는 당시의 열악한 상황을 말해 준다.

74 마텐클로트(G. Mattenklott)는 탁월한 주권성(Souveränität) 및 예술성을 결핍한 여성작가들의 편지에 지나치게 과도한 예술적 의미를 부여하는 연구 경향을 비판한 바 있다(G. Mattenklott, Aufbruch in neue Lebensräume oder Der ungestillte Hunger. Überlegungen zu Briefen der Henriette Herz. in: Frankfurter Allgemeine Zeitung. Nr. 33. 08. Feb. 1986). 그러나 그의 시각은 새로운 예술 형식으로서의 편지에 대한 부당한 평가일 뿐이다.

75 Cf. Matthias Emrich, Rahel. Selbstbekenntnisse zwischen Brief und Buch, in: Christopher Busch/ Till Dembeck/ Maren Jäger(Hg.), Ichtexte. Studien zur Philologie des Individuellen, Paderborn u. a. 2019, pp. 133-147.

76 Ludwig Robert'Schriften, Erster Teil, Mannheim 1838, p. 32. 이 시와 관련된 연구 논문은 다음을 참조할 것(Renata Fuchs, "Soll ein Weib wohl Bücher schreiben; Oder soll sie's lassen bleiben?": The Immediate Reception of Rahel Levin Varnhagen as a Public Figure, in: Neophilologus, Volume 98, 2014, pp. 303–324).

77 Frauenbriefe der Romantik, hrsg. v. Katja Behrens, Frankfurt am Main 1982, p. 201.

78 Cf. Carola Stern, Der Text meines Herzens. Das Leben des Rahel Varnhagen, Hamburg 1996.

79 Rahel Varnhagen, Familienbriefe, hrsg. v. Renata Buzzo Margari Barovero, München 2009, p. 28: "verwart meine Briefe den daß sind meine Jurnale (;) ich kann es nicht zwey mahl schreiben ich thu alles par inspiration du moment. Franz thu du's wenn ich nur auf meiner Reise zeit haben werde alle Tage zu schreiben ich glaub es nicht: und nachher geht ein Eindruck über den andren verloren."

80 Rahel. Ein Buch des Andenkens für ihre Freunde, Teil 1, p. 193: "Der Dichter unterscheidet sich auf diese Weise vom Lügner: daß der Erste eine Lüge nicht ohne Wahrheit erzählt, und der Zweite eine Wahrheit nicht ohne Lüge erzählen kann."

81 Rahel Levin, Gesammelte Werke, Bd. III, p. 102: "Ich schreibe nicht ganz ohne Wahl, in der Art, wie ich es tue. Ich will nämlich, ein Brief soll ein Portrait von dem Augenblick sein, in welchem er geschrieben ist; und getroffen soll es hauptsächlich sein, so hoch auch Kunstanforderungen an ideele Veredelung lauten mögen: von denen man allerdings wissen soll, aber nach denen sich zu gebärden affektiert und leer ausfällt."

82 Rahel Levin, Gesammelte Werke, Bd. III, p. 457: "Ich mag nie eine Rede schreiben, sondern will Gespräch schreiben, wie sie lebendig im Menschen vorgehen, und nicht erst durch Wille und Kunst - wenn Sie wollen - wie in ein Hebrarium, nach einer immer toten Ordnung hingelegt werden."

83 Heinrich Heine, Ludwig Börne: Eine Denkschrift, Berlin 2017(Erstdruck 1839), p. 5: "Unter Schreiben verstand sie nämlich die ruhige Anordnung, sozusagen die Redaktion der Gedanken, die logische Zusammensetzung der Redeteile, kurz jene Kunst des Periodenbaues, den sie sowohl bey Goethe, wie bey ihrem Gemahl so enthusiastisch bewunderte, und worüber wir damals fasttäglich die fruchtbarsten Debatten führten."

84 이 편지에 대한 상세한 분석은 다음을 참조할 것(Friederike Wonschik, Der Frauenbrief als Ausdruck weiblicher Solidarität und Handlungsfähigkeit. Ein Brief Rahel Levins an die Gräfin von Schlabrendorf, in: Briefkultur. Texte und Interpretationen – von Martin Luther bis Thomas Bernhard, hrsg. v. Jörg Schuster/ Jochen Strobe, Berlin/Boston 2013, pp. 95-110).

85 Ibid., p. 110.

86 Rahel. Ein Buch des Andenkens für ihre Freunde, Teil 3, p. 149: "Mir meine Meinung sehr bestätigt: "Ein Zustand außer der gemeinen Individualität." Also die Geschichte mit der Persönlichkeit! Dies auf Physik angewandt, höchster Witzschlag! Und Rückschlag des Witzes auf hiesige Moral."

87 Rahel an Georg Wilhelm Bokelmann vom 2. Juli 1801, in: Rahel Varnhagen. Ein Lebensbild aus ihren Briefen, ausgewählt und eingeleitet on Curt Moreck, München, p. 49: "Unsere Sprache ist unser gelebtes Leben; ich habe mir meines selbst erfunden, ich konnte also weniger Gebrauch, als viele andere, von den einmal fertigen Phrasen machen, darum sind meine oft holprig und in allerei Art fehlerhaft, aber immer echt."

88 Rahel. Ein Buch des Andenckens für ihre Freunde, Teil 1. p. 102: "auch bloß Erzählen ist manchmal dichterisch, und bloß Kopiren das dichterischeste in einem Werk; zu rechter Zeit nur das zu thun ist groß, und fordert eben so tiefe Menschenkenntniß, als Empfindungen und Ideen in die Beschreibung einer Landschaft zu bringen."

89 Rahel. Ein Buch des Andenkens für ihre Freunde, Teil 1, p. 449: "Zwei Wege stehen mir offen, Ihnen zu schreiben, so wie ich mich fühle: entweder, mich bei Seite zu legen,

und mich zu zwingen, Ihnen von dem zu sprechen, was wir gerade vorhaben, oder meine Seele vor Ihnen spielen zu lassen, wie sie kann, daß Sie beurtheilen, was dieses Spiel hemmt, treibt, trübt, und daß Sie am Kaskadenfall noch Lust der Betrachtung fänden; das letztere ist unvermerkt schon geschehen; und zeigt sich überall bei mir leicht, in jeder Wortfügung. Ich kann mich gar nicht bilden: in nichts! mein tobendes Herz – in Sanftmuth, Liebe, Freude, Schmerz; in allem ! – bildet ja alles in und an mir: bis zu meinem jedesmaligen Stil im Schreiben. Und kein Fleiß hilft mir; aller kehrt in mich selbst zurück: Gott! was hätte ich für eine Erziehung haben müssen, wenn ich nur hätte leidlich werden sollen!"

90 Rahel. Ein Buch des Andenkens für ihre Freunde, Teil 1, pp. 374-375: "Frei mußt du sein: und innerlich noch freier, Laß dich ganz gehen, wenn du arbeitest – dichtest – denk an keinen Freund; an kein Muster, an die größten Meister – als um zu vermeiden – an kein Drucken; an nichts! Folge deinem innersten, süßesten Hange; stelle dich dar: alles was du siehst, und so wie du's siehst. Was dir das Liebste, das Schrecklichste, das Peinlichste, das Heimlichste, das Verführerischeste ist, das kehre hervor mit deinen Worten."

91 Rahel. Ein Buch des Andenkens für ihre Freunde, Teil 3, p. 177: "Ich habe keine fertige Gedankenpläne zur Ausarbeitung in mir vorliegen: sondern Einfall, Anregung, Gedanke, Ausdruck, ist alles eine und dieselbe Explosion und ein Fluß."

92 초현실주의의 오토마티즘에 대해서는 다음의 글을 참조할 것(최문규, 초현실주의의 딜레마, 실린 곳: 인문과학, 80집, 연세대학교 인문과학연구소, 1999, 113-133쪽).

93 Cf. Liliane Weissberg, Schreiben als Selbstentwurf: Zu den Schriften Rahel Varnhagens und Dorothea Schlegels, in: Zeitschrift für Religions- und Geistesgeschichte, Vol. 47, No. 3(1995), pp. 231-253.

94 Rahel. Ein Buch des Andenkens für ihre Freunde, Teil 3, p. 195: "Freilich bin ich ein Egoist! Ich bin ja ein ego zu meinem Ich geschaffen! (...) allen Ich's mehr einräumen, als dem eignen, ist Verdrehung oder Lüge, wenigstens gegen uns selbst."

95 Rahel. Ein Buch des Andenkens für ihre Freunde, Teil 3, p. 195: "Ach, wir sind nur ein Tropfen Bewußtsein! Ich will auch ja so gern wieder zurück in's Meer, will gar nichts besonders sein!"

96 F. Schlegel, KA, Bd. II, p. 158: "Witz ist eine Explosion von gebundnem Geist."위트에 대한 정신분석학적 글로는 1905년에 씌어진 프로이트의 글(S. Freud, Der Witz und seine Beziehung zum Unbewussten)을 참조할 것.

97 Rahel. Ein Buch des Andenkens für ihre Freunde, Teil 2, p. 414: "Schreiben Sie mir mehr solche höchst amüsante Briefe, als der war, den ich gestern aus Stuttgart und Heidelberg von Ihnen erhielt! (...) Auch ich werde Ihnen solche Briefe schreiben; **wo die Seele spazieren gehen soll**, und nicht auf ausgefahrner staubiger Heerstraße eine zweck- und besonders absichtsvolle Reise zu betreiben hat."

98 http://www.varnhagen.info/gazzettini_als_pdf/Gazzettino43.pdf

99 H. Arendt, Rahel Varnhagen, ebooks, p. 18: "Worauf es ihr ankam, war, sich dem Leben so zu exponieren, dass es sie treffen konnte, wie Wetter ohne Schirm."

100 Rahel. Ein Buch des Andenkens für ihre Freunde, Teil 1, p. 66: "Man kann auch essen ohne Zähne, starke Bouillons, Weinsuppe, Kompots u.s.w. Wenn Sie nur ganz dieselben Tropfen haben, als der Eigensatz Ihre sind, ich bilde mir ein, sie müssen Ihnen helfen. Halten Sie sich nur wirklich, beim Schreiben muß man sich so bücken, und das macht ärgere Zahnschmerzen, ich kenne das alles sehr gut."

101 Rahel Levin, Gesammelte Werke, Bd. VII/2, p. 99: "Ich versichre Sie, daß ich Ihren Brief fast ohne Anstrengung nicht lesen kann, so wenig wie zwanzig Seiten im Werther nach einander ..."

102 Rahel Varnhagen, Gesammelte Werke, Bd. I, p. 208: "Und sterb ich – such alle meine Briefe – durch List etwa – von allen meinen Freunden und Bekannten zu bekommen, und Finckn sage, ich befehl es ihm als eine Todte und Getödtete – nicht just von ihm – daß er sie gebe, und ordne sie mit Brinckmann. Es wird eine Originalgeschichte und poetisch."

103 Wilhelmine von Boye(1772-1839)도 편지 작가로서 평생 라헬과 편지를 주고받았다. 본래 유대인 이름은 히첼(Hitzel)이었지만 개종 후에는 빌헬미네(Wilhelmine)라고 불렸다. 그녀도 세 번 결혼함으로써 히첼 플리스 보예 스파레(Hitzel Fließ Boye Sparre)라는 세 개의 남편 성을 갖고 있다.

104 U. Isselstein, Der Text aus meinem beleidigten Herzen. Studien zu Rahel Levin Varnhagen, Torino 1993, p. 123: "ihre Gedanken, gegossen in eine metaphernreich-wirkungskräftige, rebellische Sprache, (...) an die Öffentlichkeit zu bringen"

105 Novalis, Schriften, Bd. II, p. 473.

106 Cf. Annette C. Anton, Authentizität als Fiktion: Briefkultur im 18. und 19. Jahrhundert, Stuttgart/Weimar 1995.

107 P. Seibert, Der literarische Salon: Literatur und Geselligkeit zwischen Aufklärung und Vormärz, Stuttgart 1993, p. 339.

108 Ch. Bürger, Leben Schreiben. Die Klassik, die Romantik und der Ort der Frauen, Stuttgart 1990, p. 109: "In der mittleren Sphäre, wie ich die Literatur der Frauen nenne, wegen ihrer eigentümlichen Querstellung zur Kunstautonomie, tritt diese Spannung (d.h. die Trennung von Kunst und Leben: Hinzufügung von mir) an die Oberfläche, verschiebt die Grenzen, die Kunst und Leben voneinander trennen, so daß das Gelebte als Kunstwerk erscheinen kann und das Geschriebene zu Leben wird."

109 Ch. Bürger, Leben Schreiben, pp. 114-115: "Er liest die Portraits, die für Rahel nicht Kunst sind, als Momente eines "Werks", das ihm in den Briefen erscheint: RAHEL. Indem der Rezipient eine Identität Rahel=RAHEL erfährt, wird er zum Produzenten eienes Textes, der stets zugleich Kunst und Leben ist."

110 H. Arendt, Rahel Varnhagen, ebooks, p. 18: "Was mich interessierte, war lediglich, Rahels Lebensgeschichte so nachzuerzählen, wie sie selbst sie hätte erzählen können."

111 Jurij Tynjanov, Über die literarische Evolution, in: Jurij Striedter(Hg.), Russischer Formalismus – Texte zur allgemeinen Literaturtheorie und zur Theorie der Prosa, München 1971, pp. 433-461, hier p. 441: "Daß ein Faktum als literarisches Faktum existiert, hängt von seiner Differenzqualität ab (...), mit anderen Worten von seiner Funktion." 또한 같은 책에 실려 있는 다음의 글도 참조할 것(Jurij Tynjanov, Das literarische Faktum, pp. 393-431).

112 U. Schweiker, Am jüngsten Tag hab ich Recht. Rahel Varnhagen als Briefschreiberin, in: Rahel Varnhagen, Gesammelte, Bd. X, p. 41.

113 J. Tynjanov, Die literarischen Kunstmittel und die Evolution in der Liteatur, Frankfurt a.M., 1967, pp. 25-29.

114 K. H. Bohrer, Der romantische Brief. Die Entstehung ästhetischer Subjektivität, München/Wien 1987, pp. 107-108.

115 Rahel. Ein Buch des Andenkens für ihre Freunde, Teil 1, pp. 160-161: "Als ich grade nach Paris reisen wollte, sah ich in der Jägerstraße mit Jean Paul aus dem Fenster und sagte ihm: Ich begreife es gar nicht: ich reise in acht Tagen; und seit ich meiner Reise gewiß bin, werden mir alle die bekanntesten Gegenstände fremd; ich erkenne die Ecke drüben nicht mehr; sie ist mir wie die fremdeste Straße. Es war wahr. Er sagte ganz in sich gekehrt, und beinahe mit Kopfschütteln: "das ist eine große Phantasie! Sie haben eine große Phantasie!" Wie so? sagte ich! Er schwieg aber, und ich auch, weil es von mir war. Ich verstand ihn nicht, und verstehe noch nicht was er meinte. Denn es war ja ein Unvermögen und ganz negativ. Meinte er, daß ich mich so los denken konnte, und die neuen Gegenstände mir schon vorhielt? Antworte mir!"

116 Rahel. Ein Buch des Andenkens für ihre Freunde, Teil 1, pp. 368-369: "Geflügelte! - in jedem Sinn; denn hier hätten Sie noch einige Wintermonate lang Ihre Reiseschwingen zusammengelegt behalten sollen. Mit unbeschreiblichem Interesse hab' ich einige Ihrer Briefe (...) gelesen; aber mit eben so vielem Schmerz. Sie behandeln das Leben poetisch, und das Leben daher Sie. Sie bringen die hohe Freiheit der Dichtkunst in die Gebiete der Wirklichkeit, und wollen die Schönheiten dort, auch als Schönheiten hier wiederfinden; - aber die poetischen Schmerzen sind, in die Prosa des Lebens übersetzt, rechte wahre Schmerzen. - Vor der Muse ist der Teufel schön und die Parze, aber sie wohnet nur in uns, und der Teufel so oft außer uns, und hat dann keine milde Beleuchtung."

117 Dorothea Böck, "Der wahre Brief ist seiner Natur nach poetisch"(Novalis). Zwischen realer und imaginärer Geselligkeit – Jean Pauls Epistel-Salon, in: Jahrbuch der Jean Paul Gesellschaft, 37. Jahrgang, hrsg. v. Jean-Paul-Gesellschaft, pp. 146-175, hier p. 158.

118 Barbara Becker-Cantarino, Schriftstellerinnen der Romantik, p. 150.

119 Birgit Bosold, "Ich kann nichts als Briefe schreiben...", in: https://taz.de/Ich-kann-nichts-als-Briefe-schreiben/!1843689/ ?goMobile2=1591488000000(taz.am Wochenende, vom 23. 7. 1988: "Die Schreiberinnen inszenieren ihre Briefe nicht als unmittelbaren Ausdruck ihres "Lebens" und unterlaufen damit die Regeln des Genres, zu dessen Expertinnen die Frauen, als Platzhalterinnen des "Lebens", der "Authenzität" oder mit einem zeitgenössischen Ausdruck, der "Natürlichkeit", gerade avanciert waren. Als Simulation des mündlichen Gesprächs hatte man den Brief in der Nähe der gesprochenen Sprache angesiedelt, die als Garant eines "authentischen Selbstausdrucks" gegenüber dem geschriebenen Wort wird. Die Schrift wird zum sekundären, "uneigentlichen", den gemeinten Sinn nur ungenügend transportierenden Derivat der mündlichen Rede. Demgegenüber artikuliert keine der beiden Schreiberinnen jemals, daß der geschriebene Text des Briefes nicht enthalte, was sie "eigentlich" habe sagen wollen. Deshalb muß die Nachträglichkeit, die allem Schreiben eignet, nicht zugunsten einer fiktiven Unmittelbarkeit imaginär übersprungen werden, sondern ist immer schon

vorausgesetzt. Denn als der Briefwechsel beginnt, ist die gemeinsame Zeit der beiden Frauen schon vorbei. Die Erinnerungen an diese Vergangenheit werden jedoch nicht zu einer Geschichte komprimiert und damit der Vergangenheit übergeben, sondern als "Erinnerungspur" bewahrt. Als Namen von Orten oder Personen oder als Chiffren nicht erzählbarer Erinnerungen wechseln Signalworte hin und her, die es abzurufen genügt und über die nichts weiter geschrieben werden muß. Die Briefe werden also nicht nur nach dem Schreiben verschickt und damit einem äußerlichen Prozeß der Übermittlung ausgesetzt, sondern "sie tragen diese Übermittlung in sich, sie praktizieren den Mechanismus der Korrespondenz"(Barbara Hahn)."

120 Rahel. Ein Buch des Andenkens für ihre Freunde, Teil 1, p. 226: "Der Mensch als Mensch ist selbst ein Werk der Kunst, und sein ganzes Wesen besteht darin, daß Bewußtsein und Nicht-Bewußtsein gehörig in ihm wechseln. Darum liebe ich Goethe so! und habe mir erlaubt zu sagen, der Dichter als Künstler müsse alle seine Stimmung am Ende brauchen, wie der Bildhauer seinen Marmor — und gewissermaßen entheiligt auch der Dichter sich immer."

121 Novalis, Schriften, Bd. III, p. 311.

122 Novalis, Schriften, Bd. III, p. 253.

123 Harro Zimmermann, Meisterin der Kommunikation, in: https://www.deutschlandfunk.de/meisterin-der-kommunikation-100.html 에서 재인용.

124 H. Heine, Säkularausgabe. Werke, Briefwechsel, Lebenszeugnisse(HSA), Bd. XXI, pp. 345-346: "Unser eigentliches Geheimniß haben wir nie ausgesprochen, und werden es auch nie aussprechen, und wir steigen ins Grab mit verschlossenen Lippen! Wir, wir verstanden einander durch bloße Blicke, wir sahen uns an und wußten, was in uns vorging – diese Augensprache wird bald verloren sein, und unsere hinterlassenen Schriftmähler, z.B. Rahels Briefe, werden für die Spätergeborenen doch nur unenträthselbare Hieroglifen seyn – das weiß ich, und daran denk ich bey jedem neuen Abgang und Heimgang."

2부 4장

1 Karoline von Günderrode, Der Schatten eines Traumes. Gedichte, Prosa, Briefe, Zeugnisse von Zeitgenossen, hrsg. und mit einem Essay von Christa Wolf, Darmstadt 1979, S. 50. 이 문장은 독일 문학계에서 널리 알려져 있으며, 특히 다그마르 폰 게르스도르프는 이 문장을 제목으로 삼아 귄더로데의 자서전을 집필한 바 있다(Dagmar von Gersdorff, Die Erde ist mir Heimat nicht geworden. Das Leben der Karoline von Günderrode, Frankfurt/Leipzig 2006).

2 'Karoline von Günderrode'의 이름 표기는 과거에 'C'자로 표기하여 'Caroline von Günderrode'로 명명되기도 했고 혹은 'Günderrode'라는 성에서 'r'을 한 번만 써서 'Karoline von Günderode', 'Caroline von Günderode'라고도 표기된 바 있었다. 모두 닻는 표기이지만, 요즘은 이러한 표기 혼용에서 벗어나 대부분 'Karoline von Günderrode'로 통일하고 있다. 베티나 폰 브렌타노(아르님)의 경우도 베티네(Bettine), 베티나(Bettina) 등이 겸용되고 있는 가운데 여기서는 '베티나'로 통일한다.

3 권더로데와 클라이스트의 직접적인 만남과 교류는 불가능했어도 분명 클라이스트는 여성작가로서의 권더로데와 그녀의 자살에 대해 알고 있었을 것으로 추측된다. 왜냐하면 권더로데를 연모했던 클레멘스 브렌타노(Clemens Brentano)는 베를린의 라헬 레빈 살롱을 비롯한 여러 살롱에서 클라이스트를 만났으며, 클라이스트는 아마도 브렌타노로부터 권더로데의 자살 소식 등을 들었을 개연성이 매우 높다.

4 슐레겔은 다음과 같이 남녀 역할 및 차별을 지양하는 주장을 남겼다. "성의 차이는 단지 인간 현존재의 표피적인 것일 뿐이다. (...) 정말이지 일반적으로 받아들여지고 강요되는 남성성과 여성성은 인간 존재의 가장 위험한 장애물이다..."(Die Geschlechtsverschiedenheit ist nur eine Äußerlichkeit des menschlichen Daseins (...). In der Tat sind die Männlichkeit und die Weiblichkeit, so wie sie gewöhnlich genommen und getrieben werden, die gefährlichsten Hindernisse der Menschlichkeit...)(F. Schlegel, KA, Bd. II, p. 63).

5 Karoline von Günderrode, Sämtliche Werke und ausgewählte Studien, Historisch-kritische Ausgabe, hrsg. v. Walter Morgenthaler, Basel u. a. 1990/91, Bd. 2, pp. 279-280: "Die Mänlichkeit und die Weiblichkeit, wie sie gewöhnlich genommen werden, sind Hindernisse der Menschlichkeit, die man zu mildern suchen muß, damit die Eigenheit weitere Gränzen finde um sich darin zu bewegen."

6 브리검 영 대학(Brigham Young University)은 일종의 오픈 엑세스로 스칼라 아카이브(BYU ScholarsArchive)를 인터넷에서 제공하고 있다. 권더로데 디지털 선집 파일은 <Karoline von Günderode: Gedichte. Gedichte und Phantasien/ Poetische Fragmente/ Melete/ Gedichte aus dem Nachlaß>이며 다음 주소에서 다운로드가 가능하다 (https://scholarsarchive.byu.edu/cgi/viewcontent.cgi?article=1007&context=sophpm_poetry). 이 디지털 선집 파일은 1920년대에 출간된 레오폴트 히르쉬베르크의 전집(Karoline von Günderrode, Gesammelte Werke, hrsg. v. Leopold Hirschberg, Band 1-3, Berlin-Wilmersdorf 1920-1922)을 근거로 삼고 있기에 비교적 신뢰할 만 하다. 본고에서도 이 디지털 선집 파일을 이용할 것이며 인용시 "BYC Günderrode-Archive"로 표기하고 쪽수를 병기한다. 위 인용문은 다음을 참조.(BYC Günderrode-Archive, p. 250: "möge der schöne Morgen der Freiheit / Sich entwinden der Dämmerung finsterem Schoose").

7 베티나의 『권더로데』에서 권더로데의 영웅주의가 다음과 같이 언술되어 있다. "내가 용맹하지 못하고 겁내고 망설일 정도로 항상 아플 경에도 적어도 나는 내 마음은 영웅주의로 가득 채우고 싶으며 종종 고통스럽지만 내게 부족한, 모든 멜랑콜리한 것이 내 안에서 일어나도록 하는 그런 생명력으로 내 정신을 키우고 싶어"(Wenn ich nicht heldenmütig sein kann und immer krank bin an Zagen und Zaudern, so will ich zum wenigsten meine Seele ganz mit jenem Heroismus erfüllen und meinen Geist mit jener Lebenskraft nähren, die jetzt mir so schmerzhaft oft mangelt, und woher sich alles Melancholische doch wohl in mir erzeugt)(Bettine von Arnim, Die Günderode, Mit einem Essay von Ch. Wolf, Frankfurt am Main 1994, p. 281).

8 Ch. Wolf, Kein Ort. Nirgends, Berlin/Weimar 1981, p. 71: "Wunderliche Empfindungen und Vorsätze, Günderrode. Sie haben ja ordentlich republikanische Gesinnungen, ist das vielleicht ein kleiner Rest von der Französischen Revolution?"

9 Ch. Wolf, Kein Ort. Nirgends, p. 72: "Daß man die Philosophie nie beim Wort nehmen, das Leben am Ideal nicht messen soll- das ist Gesetz."

10 Birgit Weißenborn(Hg.), "Ich sende dir ein zärtliches Pfand". Die Briefe der Karoline von Günderrode, Frankfurt a. M./Leipzig 1992, p. 120: "aber ich liebe diesen Fehler,

wenn es einer ist, er hält mich schadlos für die ganze Welt."

11 막스 프라이츠는 세 차례에 걸쳐 귄더로데의 편지를 재발견하여 발표하였다. Max Preitz, Karoline von Gunderode in ihrer Umwelt, in: Jahrbuch des Freien Deutschen Hochstifts, Teil I, 1962, pp. 208-306; Teil II, 1964, pp. 158-235; Teil III, 1975, pp. 223-323. 여기서는 다음의 글을 인용하였음. M. Preitz, Karoline von Gunderode in ihrer Umwelt, Teil II, 1964, pp. 172-173: "Beinahe wirst Du mir zu fremd, um Dich in die eigentlichsten Theile meiner inneren Welt einzuführen; dennoch bist Du ein Gast, den man nicht draußen vor der Tür möchte stehen lassen. Eine grose Verlegenheit. Ich dächte man führe Dich in eine nicht ganz ferne Loge und lasse so die Schauspieler(Gedanken, Phantasien, Gefühle) vor Dir spielen, aber hinter den Coulissen lasse man Dich nicht kommen, überhaupt das innerste Getriebe nicht sehen. - Aber ich kann das nicht Gunda, wenigstens hält es mir zu schwer, ich muß entweder das Schauspielhaus ganz verschließen, oder auch das innerste entschleiern."

12 Karoline von Günderrode, Der Schatten eines Traumes, p. 137: "Ich war dir schon mehrmals ein (ich schmeichle es mir) treuer Spiegel, in dem du dich beschauen konntest; ja ich warf dir das empfangne Bild mit großer Aufrichtigkeit zurück; niemals aber habe ich mich noch in dir beschaut, sage mir, wie kommt das?"

13 BYC Günderrode-Archive, p. 34: "Wer wird mir einen Spiegel zeigen, daß ich mich darin anschaue?"

14 B. Weißenborn(Hg.), "Ich sende dir ein zärtliches Pfand". Die Briefe der Karoline von Günderrode, p. 83: "Auch die Freundschaft versagt mir ihre glücklichen Täuschungen. Menschen, die mir Sinn und Liebe für gewisse Gegenstände und ein gewisses Streben danach zeigten, wurden oft meine Freunde, weil mir Mitteilung Bedürfnis ist. Bald aber hatte ich das Interesse, das ich mit ihnen teilte, erschöpft und fand, daß ich sie selbst erschöpft hatte; sie hatten nur die Kraft, das schon Gedachte, schon Empfundene, mitzudenken, mitzuempfinden."

15 이에 대해서는 다음을 참조할 것(Marie-Claire Hoock-Demarle, Zwischen Wirklichkeit und Fiktion. Karoline von Günderrode und Bettina von Arnim - eine weibliche Freundschaft um 1800 und ihre literarische Verarbeitung, in: Querelles, Jahrbuch für Frauenforschung 1998, Bd. 3, pp. 169-183).

16 친구 카롤리네 폰 바르크하우스(Karoline von Barkhaus)에게 보낸 1799년 7월 4일자 편지에서 귄더로데는 사비니에 대한 마음을 다음과 같이 밝힌 바 있다. "당신이 S.(사니비: 역주)에 관한 어떤 소식을 듣게 되면 내게 그 소식을 적어 보내 주었으면 해. 이러한 부탁에 대해 기분 나쁘게 생각하지 말아 줘. 내가 그 사람에 대해 지닐 수 있는 유일한 것은 꿈의 그림자일 뿐이야."(Wenn Sie etwas von S. hören darf ich Sie dann bitten es mir zu schreiben, verargen Sie mir diese Bitte nicht, es ist <sic> das Einzige was ich von ihm haben kann, der Schatten eines Traumes). 여기서 인용한 "꿈의 그림자"는 다음에서 인용한 것임(M. Preitz, Karoline von Günderrode in ihrer Umwelt, Teil II, 1964, p. 166).

17 B. Weißenborn(Hg.), "Ich sende dir ein zärtliches Pfand". Die Briefe der Karoline von Günderrode, p. 246: "Ich fasse die Änderung Deiner Gesinnung nicht. Wie oft hast Du mir gesagt, meine Liebe erhelle, erhebe Dein ganzes Leben, und nun findest Du unser Verhältnis schädlich. Wie viel hättest Du ehmals gegeben, Dir dies Schädliche zu erringen. Aber so seid Ihr, das Errungene hat Euch immer Mängel. ... Mir ist, Du seist

ein Schiffer, dem ich mein ganzes Leben anvertraut, nun brausen aber die Stürme, die Wogen heben sich. Die Winde führen mir verwehte Töne zu, ich lausche und höre, wie der Schiffer Rat hält mit seinem Freunde, ob er mich nicht über Bord werfen soll oder aussetzen am öden Ufer? Sieh, in solcher lage fühle ich mich, doch mein Gefühl entscheidet nicht, wenn Du Dich in Gefahr glaubst, rette Dich, setze mich aus ans Ufer. Niemand kann es tadeln, ich selbst nicht. (...) Du wurdest ein Fremdling in Deiner Umgebung, als Du eine Heimat fandest in meinem Herzen."

18 귄더로데와 크로이처가 주고받은 편지와 관련하여 레나테 슈타우프는 "불가능한 사랑에 빠진"(in das Unmögliche verliebt) 나머지 두 사람의 글쓰기는 불투명함(das Unbestimmte)과 아포리(Aporie)로 가득하다고 분석한다(Renate Stauf, "(...) rette Dicht, setze mich aus ans Ufer". Aporien der romantischen Liebe im Briefwechsel zwischen Karoline von Günderrode und Friedrich Creuzer, in: SchreibLust. Der Liebesbrief im 18. und 19. Jahrhundert, hrsg v. Renate Stauf/ Jörg Paulus, Berlin/Boston 2013, pp. 165-186, esp. p. 170).

19 Frauenbriefe der Romantik, hrsg. v. Katja Behrens, Frankfurt am Main 1981, p. 58: "Mein ganzes Leben bleibt Dir gewidmet, geliebter süsser Freund. In solcher Ergebung in so anspruchsloser Liebe werde ich immer Dir angehören und Dir leben und Dir sterben. (...) Den Verlust deiner Liebe könnte ich nicht ertragen. Versprich mir, mich nimmer zu verlassen. O du Leben meines Lebens, verlasse meine Seele nicht."

20 Frauenbriefe der Romantik, hrsg. v. Katja Behrens, p. 13: "Erde, du meine Mutter, und du mein Ernährer der Lufthauch Heiliges Feuer mir Freund und du, o Bruder, der Bergstrom, Und mein Vater, der Äther, ich sage euch allen mit Ehrfurcht Freundlichen Dank; mit euch hab ich hienieden gelebt; Und ich gehe zur andern Welt, euch gern verlassend."

21 귄더로데의 시, 산문, 촌극, 편지 등 다양한 형식의 문학적 작품 등을 분석한 잔드라 마르케비츠는 귄더로데를 순간적 결단을 형상화한 시인, 즉 "시대에 부합하지 않는 영웅적이고 단말마적 순간을 대표하는 여성시인"(Vertreterin eines unzeitgemäßen heroisch-agonalen Moments)으로서 일종의'순간의 결단주의'를 그려낸 시인이라고 서술하고 있다(Sandra Markewitz, Romantischer Dezisionismus. Fünf Gedanken über Karoline von Günderrode, in: Athenäum, 18. Jg. 2008, pp. 195-202, hier p. 200).

22 Tagebucheintragung von Karl Philipp Kayser vom 5. August 1804, in: B. Weißenborn(Hg.), "Ich sende dir ein zärtliches Pfand". Die Briefe der Karoline von Günderrode, p. 160: "Fräulein Günderrode ist durch Anspruchslosigkeit und Einfachheit liebenswert. Nach Brentanos Versicherung ist sie eine tiefe Denkerin und liest viel. Aber aus ihrem Umgange war dieses nicht abzunehmen, so wenig legte sie ihren Kram aus und zierte sich doch auch nicht. Was ihre Gestalt anlangt, so ist sie groß, wohlgewachsen, nicht gerade schön, aber auch nicht häßlich."

23 B. Weißenborn(Hg.), "Ich sende dir ein zärtliches Pfand". Die Briefe der Karoline von Günderrode, pp. 205-206: "O der Sterblichen Glückselige, welche die Weihung erst schauten, dann wandeln zum Hades; denn ihr Anteil allein ist es, dort noch zu leben."

24 Karoline von Günderrode, Der Schatten eines Traumes, p. 162: "Die wahre echte Liebe ist meist eine unglückliche Erscheinung, man quält sich selbst und wird von der Welt misshandelt"

25 M. Preitz, Karoline von Gunderode in ihrer Umwelt, Teil II, 1964, p. 174(Karoline von

Günderrode, Der Schatten eines Traumes, p. 143): “Es ist hier eine Lükke in meiner Seele; umsonst suche ich sie zu erfüllen, umsonst sie weg zu raisonniren die Kunst kann nur durch die Natur, mit der Natur wuchren, ohne sie kann sie nichts. Ich empfand früh, ich fürchte früh hab ich mein Empfindungsvermögen aufgezehrt; nur der Maastaab des Vohrigen blieb mir, und das Ideal, ich stehe zwieschen beiden, und kann keines erlangen. Und selbst jetzt, da ich Dir diesen Zustand beschreibe, fühle ich ihn minder als ich ihn einsehe.”

26 B. Weißenborn(Hg.), “Ich sende Dir ein zärtliches Pfand”. Die Briefe der Karoline von Günderrode, p. 334: “Nach mir fragst Du? Ich bin eigentlich lebensmüde, ich fühle daß meine Zeit aus ist, und daß ich nur fortlebe durch einen Irrthum der Natur; dies Gefühl ist zuweilen lebhafter in mir, zuweilen blässer. Das ist mein Lebenslauf.”

27 BYC Günderrode-Archive, p. 255.

28 Ch. Wolf, Der Schatten eines Traumes: Karoline von Günderrode - Ein Entwurf, in: Karoline von Günderrode, Der Schatten eines Traumes, p. 64: “sie war lebens- nicht todessüchtig. Sie geht aus dem Nicht-Leben, nicht aus dem Leben. Der Einsatz, mit dem sie gespielt hatte, war sie selbst.”

29 H. Schlaffer, Nachwort, in: Karoline von Günderrode, Gedichte, Prosa, Briefe, hrsg. v. H. Schlaffer, Stuttgart 1998, p. 131: “Nicht ihre Dichtung, sondern ihr Selbstmord hat Karoline von Günderrode berühmt gemacht. Über ihn wird allenthalben geraunt und geklagt, es werden Bücher darüber geschrieben und Vorwürfe erhoben gegen Friedrich Creuzer, den Mann, der durch sein unmännliches Zögern das Unglück heraufbeschworen haben soll. Die Günderrode ist eine Dichterin ohne große Dichtung, jedoch mit großem Schicksal. Wer sich ihren Gedichten, Darmoletten, Dialogen, Briefen trotz der Mißachtung, die ihnen bislang widerfuhr, zuwendet, wird schnell bemerken, daß der Tod eine poetische Obsession von ihr war. Heldentod und Liebestod sind die bevorzugten, ja fast die einzigen Motive iher Poesien und philosophischen Versuche.”

30 B. Weißenborn(Hg.), “Ich sende Dir ein zärtliches Pfand”. Die Briefe der Karoline von Günderrode, p. 144: “Das einzige, was man der ganzen Sammlung Böses vorwerfen könnte, wäre, daß sie zwischen dem Männlichen und Weiblichen schwebt, und hier und da nicht genug Gedichten, sondern sehr gelungen aufgegebenen Exerzitien oder Ausarbeitungen gleicht.”

31 Zitiert nach Adrian Hummel, Lebenszwänge, Schreibräume, unirdisch. Eine kulturanthropologisch orientierte Deutung des „Mythos Günderrode’, in: Athenäum. 13. Jg., 2003, pp. 61-91, hier p. 62: “Caroline von Günderode aus Frankfurt a. Mayn, (der Tod hat den Schleyer der Anonymität zerrissen,) wollte dichten als Weib im männlichen Geiste. Ihr Streben ging nach dem Idealen in der romantischen Kunst. Aber die weibliche Natur in ihr ließ sie jenes - das Bewußte ihrer Absicht, dieses Ziels (sic!) verfehlen. In einer kraftlosen Mitte erlahmte ihr Flug.”

32 『Mahomed, der Prophet von Mekka』, 『Udohla』 등에 관해서는 다음의 연구를 참조할 것(Anna C. Ezekiel, Revolution and revitalization: Karoline von Günderrode’s political philosophy and its metaphysical foundations, in: British Journal for the History of Philosophy, published online: 17. Sep. 2020).

33 권더로데를 고전주의와 낭만주의 중 어떤 사조에 자리매김하는가는 매우 어려운 문제들 가운데

하나이며, 연구자들은 궁극적으로 답변될 수 없는 이 질문에 대해 각자 나름의 근거를 제시해오고 있을 뿐이다.

34 BYC Günderrode-Archive, p. 246: "Bleibend will sein der Künstler im Reiche der Schönheit, / Darum in dauernder Form stellt den Gedanken er dar."

35 헤르더, 슐레겔, 노발리스, 셸링, 슐라이어마허 등으로부터 귄더로데가 어느 정도 영향을 받았는지에 대한 대략적 연구는 스티븐 마틴손에 의해 진행된 바 있다(Steven D. Martinson, "...aus dem Schiffbruch des irdischen Lebens": The Literature of Karoline von Günderrode and Early German Romantic and Idealist Philosophy, in: German Studies Review, 2005, Vol. 28, No. 2, pp. 303-326).

36 Ute Treder, Das verschüttete Erbe. Lyrikerinnen im 19. Jahrhundert, in: Deutsche Literatur von Frauen, 2. Band: 19. und 20. Jahrhundert, hrsg. v. Gisela Brinker Gabler, München 1988, pp. 27-41, hier p. 33: "Schon die 21 jährige erträumt den Ausgleich zwischen frustrierten Hoffnungen und dem pigmäischen Zeitalter im Heldentod. Aber die Zeit ist unheroisch, und sie ist eine Frau. Da sie nicht leben kann, was sie geistig erarbeitet und erträumt hat, schreibt sie: 'Gedichte sind Balsam auf unerfüllbares Leben.'"

37 Bettine von Arnim, Die Günderode, p. 282.

38 Ch. Wolf, Kein Ort. Nirgends, pp. 93-94.

39 Karoline von Günderrode, Der Schatten eines Traumes, pp. 138-139: "es freut micht nichts, es schmerzt mich nichts bestimmt, ich bin in dem elendesten Zustand, dem des Nichtsfühlens, des dumpfen kalten Dahinschleppenp. In diesem Zustand hasse ich mich selbst. Es gehört zu dem Leben meiner Seele daß mich igendeine Idee begeistre; es ist auch oft der Fall; doch muß es immer etwas neues sein, denn ich trinke so unmäßig an den Nektarbecher bis ich ihn mich geschlürft habe; und wenn er leer ist, das ist unerträglich."

40 Ch. Wolf, Der Schatten eines Traumes: Karoline von Günderrode - Ein Entwurf, in: Karoline von Günderrode, Der Schatten eines Traumes, p. 51: "Der Riß der Zeit geht durch sie. Sie spaltet sich in mehrere Personen, darunter einen Mann."

41 https://www.deutschlandfunk.de/gedichte-von-liebe-und-tod.700.de.html?dram:article_id=82799: "Sie war eine radikale und verletzliche Frau, schüchtern aber unbeugsam, leidenschaftlich aber spröde. Sie wünschte sich, ein Mann zu sein und war doch eine Frau, die in den Tod ging, weil ein geliebter Mann sich von ihr abwandte. Sie war kompromisslos und zerrissen, gespalten zwischen dem Verlangen nach Hingabe, Nähe, Auflösung und dem Willen zu Selbstständigkeit, Abstand, Form und ist doch nicht nur an den Widersprüchen gescheitert, die sie in sich nicht vereinbaren konnte, sondern auch an dem Frauenbild ihrer Zeit, dem sie sich einerseits nicht fügen, andererseits aber auch nicht unterordnen konnte."

42 Roswitha Burwick, Liebe und Tod in Leben und Werk der Günderode, in: German Studies Review, Vol. 3, No. 2(May, 1980), pp. 207-223, hier p. 221: "Persönlich litt die Günderode unter dem Konflikt von "Männlichkeit" und "Weiblichkeit"; in ihrem Leben wie in ihrer Dichtung suchte sie diese Diskrepanz aufzuheben. In der Liebe glaubte sie, die unendliche Kraft gefunden zu haben, die den Widerspruch in ihrem Inneren auflösen könnte; gerade die Liebe aber erhöhte das Paradox und wurde für sie zur

zerstörenden Kraft."

43 Karoline von Günderrode, Der Schatten eines Traumes, pp. 167-168: "Ich soll fest und klar und warm sein, es wäre wohl schön wenn ich es wäre, aber kann ich es auch? Glauben Sie nicht an die Nothwendigkeit aller Dinge? Ich glaube mein Wesen ist ungewis, voll flüchtiger Erscheinungen, die wechselnd komen und gehen, und ohne dauernde, innige Wärme. Dennoch bitte ich Sie, verzeihen Sie mir meine angebohrne Schlechtigkeit."

44 Lorely French, "Meine beiden Ichs": Confrontations with Language and Self in Letters by Early Nineteenth-Century Women, in: Women in German Yearbook, Vol. 5 (1989), pp. 73-89, hier p. 81.

45 Karoline von Günderrode, Sämtliche Werke und ausgewählte Studien, Historisch-kritische Ausgabe, Bd. 3, p. 70: "Schon oft hatte ich den unweiblichen Wunsch, mich in ein wildes Schlachtengetümmel zu werfen, zu sterben. Warum ward ich kein Mann! Ich habe keinen Sinn für weibliche Tugenden, für Weiberglückseligkeit. Nur das Wilde, Große, Glänzende gefällt mir. Es ist ein unseliges, aber unverbesserliches Mißverhältnis in meiner Seele; und es wird und muß so bleiben, denn ich bin ein Weib und habe Begierden wie ein Mann, ohne Männerkraft. Darum bin ich so wechselnd, und so uneins mit mir."

46 BYC Günderrode-Archive, p. 81.

47 Max Preitz, Karoline von Günderrode in ihrer Umwelt, Teil I, 1962, p. 244: "Ich kann mich täglich weniger in die Welt und die bürgerliche Ordnung fügen Caroline, mein ganzes Wesen strebt nach einer Freiheit des Lebens wie ich sie nimmer finden werde; die Liebe sollte doch dünkt mich frei seyn, ganz frey von den engen Banden der Bürgerlichkeit; (...) Die Verhältnisse der Bürgerlichkeit sind überall beengend und jede Berührung mit Menschen heißt dem freien Schwunge der Liebe die Flügel kürzen. Nützlichkeit ist ein Bleygewicht an dem Adlerfluge der Phantasie."

48 Karoline von Günderrode, Der Schatten eines Traumes, p. 249: "Und wenn das eine rechte Ehe ist, so ist die eine Sünde an der Natur, die zwei Gemüther, die sich einander nicht genügen, nicht verstehen und lieben, in eine peinigende Fessel schlät, in welcher das Herz des Einen sich in unbefriedigter Sehnsucht qualvoll verzehrt; und warum, weil es sich einmal irrte, mag es verschmachten, wer fragt nach dem heimlichen Ächzen des gemisshandelten Herzens, wenn nur der Mensch nicht gleich darüber stirbt, so beruhigen sich alle, meinend, es werde sich schon geben; aber es gibt sich nicht, und viel schlimmer ist es, so leben als sterben. Können Sie glauben, die Frau würde nun glücklich sein, wenn ich entsagt hätte?"

49 BYC Günderrode-Archive, p. 248.

50 BYC Günderrode-Archive, p. 243.

51 Bettina von Arnim, Die Günderode, p. 453: "Was andern Menschen die Erfahrung lehrte, wozu sie sich bequemen, das ist Dir der Unsinn der Lüge. Die Wirklichkeit hat als verzerrtes Ungeheuer sich Dir gezeigt, aber sie hat Dich nicht gescheucht, Du hast gleich den Fuß draufgesetzt, - und obschon sie unter Dir wühlt und ewig sich bewegt, Du läßt Dich von ihr tragen, ohne nur der Möglichkeit in Gedanken nachzugeben, daß Du einen Augenblick mit ihr eins sein könntest." 나중에 언급하겠지만, 베티나의 『귄더

로데』에서 귄더로데의 편지를 인용할 경우 그것의 사실성은 유보되어야만 한다. 그것은 귄더로데의 편지인지 아니면 귄더로데의 이름 하에 베티나가 자신의 생각을 피력한 것인지는 확실하지 않기 때문이다.

52 B. Weißenborn(Hg.), "Ich sende Dir ein zärtliches Pfand". Die Briefe der Karoline von Günderrode, p. 84.

53 '선장' 은유는 흥미롭다. 크로이처에게 보낸 편지에서 귄더로데는 선장인 그가 자신을 배에서 내던질 수 있는 가능성(이별의 예감)을 떠올려 보지만, 「비행선 조종사」에서처럼 그녀는 자신의 교양, 사유, 결단, 자유 등을 제어하려는 의미에서 스스로를 선장이라고 표현하고 있다.

54 B. Weißenborn(Hg.), "Ich sende Dir ein zärtliches Pfand". Die Briefe der Karoline von Günderrode, pp. 114-115: "Ich male mir die Zukunft ganz genau aus und flüchte mich schon jetzt zu ihr, wenn es mir in der Welt nicht wohl ist. Ich trage meistens ein stilles Kämmerlein in meinem Gemüte herum, in diesem lebe ich ein eigenes, abgesondertes, glückliches Leben in dem Interesse und der Liebe zu irgend einem Menschen, einer Idee, einer Wissenschaft, oder einer Kunst, und weil ich mich dann gar zu viel in diesem traulichen Winkelchen aufhalte, bin ich blöd und fremd mit der Welt und den Menschen, und bleibe immer zu ungeschickt, sie zu behandeln, wie man sollte."

55 Zitiert nach Simone Frieling, Paul Celan und Ingeborg Bachmann, in: https://literaturkritik.de/frieling-dichterpaare-paul-celan-und-ingeborg-bachmann,27354.html: "Mein Zimmer ist momentan ein Mohnfeld, da er mich mit dieser Blumensorte zu überschütten beliebt."

56 B. Weißenborn(Hg.), "Ich sende dir ein zärtliches Pfand". Die Briefe der Karoline von Günderrode, pp. 126-127: "Ich kehre in mich selbst zurück und erschaffe mir eine andere Welt; leichte Träume umschweben mich, mein Bewußtsein verliert sich in der Betrachtung. So mag es einem Sterbenden sein, das Bewußtsein wird immer schwächer und unterbrochner; Träume umhüllen es immer dichter und vermählen sich mit den Gestalten der Wirklichkeit, bis diese ganze schwinden und der Träumer zum Traum wird. Das helle Bewußtsein ist drückend, es ist immer mit tausend Schmerzen verbunden, es kann die Zeit nicht vergessen und knüpft mit unseligen Banden an die Erde und die Zeitlichkeit, darum weiß das Bewußtsein von keiner Ewigkeit. Aber in Träumen ist die Ewigkeit, da gelten nicht die Berechnungen der Zeit, im Traum ist Seligkeit, und alle Seligkeit ist nur erträumt – die Ewigkeit ist das Land der Träume - (...) Sich stückweise selbst morden ist also Tugend. Triumphierend auf den Trümmern seines eignen Geistes stehen, sagen können,"sehet hier zu meinen Füssen die Erschlagenen, die Gefesselten, die Brandstätten, mein Wille ist Sieger worden über sie alle"; dies ist das belohnende Gefühl des Tugendhaften – Trauriger Triumpf!"

57 Frauen der Romantik. Porträts in Briefen, hrsg. v. Katja Behrens, Frankfurt a. M./Leipzig 1995, p. 36: "Ich weiß nicht, ob ich so reden würde, wie Sie meinen Brief in dem Ihrigen reden lassen; aber es kommt mir sonderbar vor, daß ich zuhöre, wie ich spreche und meine eignen Worte kommen mir fast fremder vor als fremde. Auch die wahrsten Briefe sind meiner Ansicht nach nur Leichen, sie bezeichnen ein ihnen einwohnend gewesenes Leben und ob sie gleich dem Lebendigen ähnlich sehen, so ist doch der Moment ihres Lebens schon dahin; deswegen kömmt es mir aber vor (wenn ich lese, was ich vor einiger Zeit geschrieben habe), als sähe ich mich im Sarg liegen

und meine beiden Ichs starren sich ganz verwundert an." 베티나의 『귄더로데』에는 귄더로데가 클레멘스 대신에 간접적으로 '그'라는 대명사로 표기하는 방식으로 씌어 있다(Bettine von Arnim, Die Günderode, p. 450).

58 이본느 델하이는 이런 상황을 존재론적 차원에서가 아니라 텍스트적 차원에서 "글쓰는 자아와 성찰적 자아" 간의 분열 내지는 거리로 설명하고 있다(Yvonne Delhey, »Auch die wahrsten Briefe sind meiner Ansicht nach nur Leichen«. Die Briefe der Karoline von Günderrode, in: Gesprächspiele und Ideenmagazine. Heinrich von Kleist und die Briefkultur um 1800, hrsg. v. Ingo Breuer/ Katarzyna Jastál/ Pawel Zarychta. Köln 2013, pp. 269-279, hier 271). 그러나 델하이는 편지가 문학 텍스트로서 자율성을 지닌다는 보러의 테제에 대해서는 비판적 입장을 내보임으로써 스스로 파악했던 편지의 텍스트적 특성보다는 다시금 작가 개인의 실존적 상황을 중시하는 미메시스적 차원으로 되돌아가고 있다.

59 BYC Günderrode-Archive, p. 43: "11. Die Vergangenheit war mir dahin! ich gehörte nur der Gegenwart. Aber eine Sehnsucht war in mir, die ihren Gegenstand nicht kannte, ich suchte immer, aber jedes Gefundene war nicht das Gesuchte, und sehnend trieb ich mich umher im Unendlichen."

60 Bettine von Arnim, Die Günderode, p, 359: "So habe ich immer Biographien mit eigener Freude gelesen, und es ist mir dabei stets vorgekommen, als könne man keinen vollständigen Menschen erdichten, man erfindet immer nur eine Seite, die Kompliziertheit des menschlichen Daseins bleibt stets unerreicht und also unwahr, denn alle Momente müssen immer den einen bestimmen oder begreiflich machen."

61 Karoline von Günderrode, Einstens lebt ich süßes Leben. Gedichte, Prosa, Briefe, Zeugnisse von Zeitgenossen, hrsg. v. Ch. Wolf, Frankfurt am Main 2006, p. 283: "Ich kann es immer noch nicht verstehen, wie Sie Ihr ernsthaftes poetisches Talent vor mir verbergen konnten. (...) Überhaupt bin ich sehr begierig, von Ihnen selbst zu hören, warum Sie sich entschlossen haben, Ihre Lieder drucken zu lassen, und wie Sie die Berührung mit dem Buchhändler vermittelt haben."

62 B. Weißenborn(Hg.), "Ich sende Dir ein zärtliches Pfand". Die Briefe der Karoline von Günderrode, p. 151: "Wie ich auf den Gedanken gekommen bin, meine Gedichte drucken zu lassen, wollen Sie wissen? Ich habe stets eine dunkle Neigung dazu gehabt, warum? und wozu? frage ich mich selten; ich freute mich sehr, als sich jemand fand, der es übernahm, mich bei dem Buchhändler zu vertreten; leicht und unwissend, was ich tat, habe ich so die Schranke zerbrochen, die mein innerstes Gemüt von der Welt schied; und noch habe ich es nicht bereut, denn immer neu und lebendig ist die Sehnsucht in mir, mein Leben in einer bleibenden Form auszusprechen, in einer Gestalt, die würdig sei, zu den Vortrefflichsten hinzutreten, sie zu grüßen und Gemeinschaft mit ihnen zu haben. Ja, nach dieser Gemeinschaft hat mir stets gelüstet, dies ist die Kirche, nach der mein Geist stets wallfahrtet auf Erden."

63 F. Schlegel, KA, Bd. II, p. 150: "Publikum ist gar keine Sache, sondern ein Gedanke, ein Postulat, wie Kirche."

64 August Wilhelm von Schlegel, Sämmtliche Werke: Vermischte und kritische Schriften, hrsg. v. Eduard Böding, Bd. II, Leipzig 1846, p. 234: "Die Poesie muß ans Herz greifen und Gegenständen huldigen, um welche Liebe und Verehrung eine unsichtbare Gemeinschaft edler Menschen versammelt."

65 BYC Günderrode-Archive, p. 237.

66 BYC Günderrode-Archive, p. 34.

67 신화적 소재를 바탕으로 한 귄더로데의 작품에 나타난 사랑의 의미에 대해서는 다음을 참조할 것 (Helga Dormann, Die Kunst des inneren Sinns. Mythisierung der inneren und äußeren Natur im Werk Karoline von Günderrodes, Würzburg 2004, esp. pp. 207-213).

68 Bettine von Arnim, Die Günderode, pp. 406-407: "Ich suche in der Poesie wie in einem Spiegel mich zu sammeln, mich selber zu schauen und durch mich durchzugehen, in eine höhere Welt, und dazu sind meine Poesien die Versuche."

69 일종의 미메시스적, 반영이론적 시각에서 미국 독문학자 버윅(R. Burwick)은 포에지, 자아의 심연, 거울, 자기 자신에 대한 의식 간의 상관성을 강조한다. "여기서 여성시인의 나르시시즘적 특성이 드러난다. 자기 자신을 찾는 도정에서 자아는 자기 고유한 마음의 심연을 들여다보게 되며, 그곳에서 자아는 자기 형상을 마치 거울에서처럼 보게 된다. 그 주시된 것에서 포에지가 생성되고 만들어진다. 시라는 생산물에서 자아는 자기 자신을 의식하게 된다. 불현듯 노발리스와 드로스데에 대한 사유가 떠오르게 된다. 그들도 자아의 심연 속에서 바로 자기 자신을 향하는 길을 보았던 것이다" (Hier wird die Narzißnatur der Dichterin offenbar. Auf der Suche nach dem Selbst blickt das Ich in die Tiefe der eigenen Seele, wo es sein Bild wie in einem Spiegel sieht. Aus dem Geschauten wächst und bildet sich die Poesie; im Produkt eines Gedichtes erst wird sich das Ich seiner Selbst bewußt. Unwillkürlich drängt sich hier der Gedanke an Novalis oder die Droste auf, die auch in den Tiefen des Ichs den Weg zum Selbst sahen) (Roswitha Burwick, Liebe und Tod in Leben und Werk der Günderrode, p. 210).

70 BYC Günderrode-Archive, p. 66.

71 F. Nietzsche, Werke, Kritische Gesamtausgabe III-1: Die Geburt der Tragödie/ Unzeigemäße Betrachtungen I-III, 1872-1874, hrsg. v. Giorgio Colli und Mazzino Montinari, Berlin und. New York 1972, p. 35. 니체의 예술관에 대해서는 다음을 참조: 최문규, 가상으로서의 예술: 니체의 "예술 형이상학" , 실린 곳: 최문규, 문학이론과 현실 인식, 문학동네, 2000년, 255-288쪽.

72 BYC Günderrode-Archive, p. 92. 이 파일뿐만 아니라 다른 선집에서도 이 시는 종종 '4-4-6' 형식의 시로 실려 있지만, 본래 소네트이기에 '4-4-3-3' 형식을 지닌 것으로 보아야 한다.

73 특히 노발리스와 귄더로데 간의 시적 내밀성에 대해서는 다음의 연구를 참조할 것(Annelore Naumann, Caroline von Günderrode, Berlin 1957).

74 Carola Hilmes, »... wie eine Religion zu zweit«. Literarische Reflexionen romantischer Liebe bei Karoline von Günderrode und Lou Andreas-Salomé, in: dies., Skandalgeschichten: Aspekte einer Frauenliteraturgeschichte, Königstein/Taunus 2004, pp. 61-79, hier p. 64: "Die des Nachts sich erfüllende Liebe ist eine bloß erträumte, die dann in der Poesie besungen wird. Das lyrische Ich, das der Liebe am Tage, im Alltag ermangelt, erdichtet sich das gewünschte Leben in der Phantasie. Die Selbstvergessenheit im Dichten schenkt Vervollkommnung, die in der (verlorenen) Liebe nicht zu erlangen war. In dem Maße, wie die Poesie an die Stelle der Erfahrung rückt, kann sie diese nicht nur kompensieren, sondern es kommt zu einer Vertauschung. Die Poesie erscheint nun als die bessere, die wahre Form der Liebe, die mit gleichsam religiöser Andacht betrieben wird: : »Drum leb' ich, ewig Träume zu betrachten« (ebd.), heißt es im 2. Quartett, zwischen realer und imaginärer Welt oszillierend."

75 BYC Günderrode-Archive, p. 205.

76 버윅은 다음과 같이 강조한다. "세속적 사랑은 세속적 형식, 인간들에 구속되어 있지만, 이와 달리 진실한 사랑은 인간에 대한 사랑이 아니라 우주에 대한 사랑이다. 죽음의 순간에 개개 영혼은 세속적 사슬로부터 벗어나서 세계 영혼과 하나가 된다. 거기에는 남성적 원칙과 여성적 원칙 간의 그 어떤 차이점이 더 이상 존재하지 않는다"(Irdische Liebe ist an irdische Formen, an Menschen gebunden, wahre Liebe dagegen ist nicht Liebe zu einem Menschen, sondern Liebe zum All. Die Einzelseele befreit sich im Moment des Todes von den irdischen Fesseln und vereinigt sich mit der Weltseele, wo es keinen Unterschied zwischen männlichen und weiblichen Prinzipien mehr gibt."(R. Burwick, p. 216).

77 BYC Günderrode-Archive, p. 195.

78 Barbara Becker-Cantarino, Liebestod: Goethe »Der Gott und die Bajadere« und Günderrode »Die Malabarischen Witwen«, in: Emotionen in der Romantik: Repräsentation, Ästhetik, Inszenierung, hrsg. v. Antje Arnold u. Walter Pape, Berlin/Boston 2012, pp. 21-31, hier p. 29.

79 BYC Günderrode-Archive, p. 25: "Der Tod ist ein chemischer Prozeß, eine Scheidung der Kräfte, aber kein Vernichter, er zerreißt das Band zwischen mir und ähnlichen Seelen nicht, das Fortschreiten des Einen und das Zurückbleiben des Andern aber kann wohl diese Gemeinschaft aufheben, wie ein Mensch, der in allem Vortrefflichen fortgeschritten ist, mit seinem unwissenden und roh gebliebenen Jugendfreund nicht mehr harmonieren wird."

80 슐레겔의 뤼체움(Lyceum) 48번 단편은 아이러니를 다음과 같이 규정하고 있다. "아이러니는 패러독스의 형식이다. 선하고 위대한 모든 것은 패러독스하다"(Ironie ist die Form des Paradoxen. Paradox ist alles, was zugleich gut und groß ist)

81 Carola Hilmes, »... wie eine Religion zu zweit«. Literarische Reflexionen romantischer Liebe bei Karoline von Günderrode und Lou Andreas-Salomé, in: dies., Skandalgeschichten. Aspekte einer Frauenliteraturgeschichte, Königstein/Ts. 2004, pp. 66-67: "Die Sehnsucht nach Liebe und die utopische Vision vom Glück sowie die der Liebe eingeschriebene extreme Gegensatzspannung(vgl. Liebe: »Lebendiger Tod«; I:79) bleiben auch für das weitere Werk der Günderrode charakteristisch. Dabei werden aber nicht nur romantische Ideale beschworen, sondern deren Uneinlösbarkeit ist stets präsent, denn lediglich im Status der Ahnung oder der Erinnerung wird die Liebe gestaltet. Damit arbeitet Günderrode einer modernen, im Grundzug melancholischen Poetik vor."

82 Christian Schärf, Artistische Ironie und die Fremdheit der Seele. Zur ästhetischen Disposition in der Frühromantik bei Friedrich Schlegel und Karoline von Günderrode, in: Deutsche Vierteljahrsschrift für Literaturwissenschaft, 72(1998), pp. 433-462, hier p. 455: "Daraus läßt sich folgern, daß in dieser "Wahnsinnsliebe" die Ortlosigkeit ideeller Übersteigerung und die unmögliche Identität als Frau zusammenfallen. Die Essenz dieser Liebe ist die Unmöglichkeit. Das ist urromantisch, möchte man sagen, aber man muß hinzufügen, daß diese Unmöglichkeit zunächst in den Konzeptionen der Subjekte selbst zu finden ist. Karoline will das Unmögliche, weil sie selbst in dem, was sie sein und tun will, unmöglich geworden war. Genau das aber ist Subjektbewußtsein im romantischen Horizont: In der Unerreichbarkeit der Entwürfe des Selbst liegen

dessen äußerste Zielpunkte. Unerreichbar oder unmöglich aber bedeutet vor diesem Hintergrund: 'Was mich tödtet zu gebären.'"

83 Cf. Markus Hille, Karoline von Günderrode, Hamburg 1999, p. 72.

84 Karoline von Günderrode, Geschichte eines Braminen, in: Karoline von Günderrode, Gedichte, Prosa, Briefe, hrsg. v. H. Schlaffer, Stuttgart 1998, p. 77: "Durch die Eltern spricht die Natur zuerst zu den Kindern. Wehe den armen Geschöpfen, wenn diese erste Sprache kalt und lieblos ist!"

85 Karoline von Günderrode, Geschichte eines Braminen, p. 79: "Verloren war ich für meine Berufsarbeiten seit dem Augenblick, da ich dies schöne Land gefunden hatte, ich gab sie auf, denn erst wollte ich wissen, wer ich sey? was ich seyn solle? welche Stelle mir gebühre? und welche Gesetze in dem Reiche herrschten, dessen Bürger ich werden wollte? ehe ich meiner Thätigkeit einen Kreis bestimmte."

86 Karoline von Günderrode, Geschichte eines Braminen, p. 79: "Zuerst betrachtete ich meine Natur und Bestimmung abgesondert, und nur in Rücksicht auf mich selbst; ich fand, daß ohne Weisheit und Tugend die Wohlfahrt meines Geistes nicht bestehen könne; ich fand, daß Weisheit und Tugend die Gegenstände meines höchsten Strebens, durch Beherrschung der Sinnlichkeit, der Leidenschaften, und durch Übung der Kräfte in edler und nützlicher Thätigkeit erlangt werden könnten. Betrachtete ich mich als Bürger des moralischen Reiches, so fand ich mich verpflichtet, dessen Wohlfahrt wie die eigne, nach allen Kräften zu befördern, ihr alles zu opfern, und mich als ihr Eigenthum zu betrachten."

87 Karoline von Günderrode, Geschichte eines Braminen, p. 80: "Meine stolze Vernunft maßte sich bald die Alleinherrschaft in mir an; sie wollte, Alles solle vernünftig seyn."

88 Johann Gottlieb Fichte, Die Bestimmung des Menschen(1800), Stuttgart 1974, p. 143: "Die Vernunft ist nicht um des Daseins, sondern das Dasein ist um der Vernunft willen."

89 Ibid., p. 154: "Der ganze Endzweck der Vernunft ist reine Tätigkeit derselben, schlechthin durch sich selbst und ohne eines Werkzeugs außer sich zu bedürfen, – Unabhängigkeit von allem, das nicht selbst Vernunft ist, absolute Unbedingtheit. Der Wille ist das lebendige Princip der Vernunft, ist selbst die Vernunft, wenn sie rein und unabhängig aufgefasst wird; die Vernunft ist durch sich selbst tätig, heißt: der reine Wille, bloß als solcher, wirkt und herrscht."

90 Karoline von Günderrode, Geschichte eines Braminen, p. 85: "Verhaßt ist mir nun die Philosophie geworden, die jeden Einzelnen als Mittel für das Ganze betrachtet, das doch nur aus Einzelnen besteht, die immer fragt, was dies oder jenes nütze für die Andern? und die jeden als eine Frucht betrachtet, die geblüht habe und gereift sey, um von dem Ganzen verzehrt zu werden; die die verschiedensten Naturen in einen Garten pflanzen, und den Eichbaum und die Rose nach einer Regel ziehen will."

91 Karoline von Günderrode, Geschichte eines Braminen, pp. 80-81: "endlich sprach eine innere Stimme zu mir: Warum ist denn alles gut, was auf Erden ist, nur der Mensch nicht? Warum soll er allein anders werden, als er ist? Ist nur der tugendhaft, der auf den Ruinen seines eignen Geistes steht und sagen kann: Seht, diese hatten sich empört, aber sie sind gefallen, ich bin Sieger worden über sie Alle! – Barbar! freue dich nicht deines Siegs, du hast einen Bürgerkrieg geführt, die Überwundenen waren Kinder deiner eignen Natur, du hast dich selbst getödtet in deinen Siegen, du bist gefallen in deinen Schlachten. Ich konnte dieser Stimme nichts entgegensetzen, als die Unordnung, in welche die moralische Welt gerathen würde, wenn keiner gegen seine Neigungen kämpfen wollte. Aber diese Antwort genügte mir nicht; der Friede, mit solchen Opfern erkauft, war mir zu theuer, und ich konnte den Gedanken nicht mehr ertragen, mich theilweise zu vernichten, um mich theilweise desto besser erhalten zu können."

92 Karoline von Günderrode, Geschichte eines Braminen, p. 84.

93 Karoline von Günderrode, Geschichte eines Braminen, p. 85: "Es ist eine unendliche Kraft, ein ewiges Leben, das da Alles ist, was ist, was war und werden wird, das sich selbst auf geheimnißvolle Weise erzeugt, ewig bleibt bey allem Wandeln und Sterben."

94 Karoline von Günderrode, Geschichte eines Braminen, p. 83: "In dieser Sehnsucht, in dieser Liebe sprach der Naturgeist zu mir, ich hörte seine Stimme wohl, aber ich wußte noch nicht, wo sie herkäme; je mehr ich aber darauf lauschte, desto deutlicher war es mir, daß es eine Grundkraft gäbe, in welcher[76] Alle, Sichtbare und Unsichtbare, verbunden seyen. Ich nannte diese Kraft das Urleben, und suchte mein Bewußtseyn in Verbindung mit ihr zu bringen, (denn eine mir geheimnißvolle und unbewußte Abstammung von ihr schien mir gewiß;) ich suchte mir allerley Pfade, zu ihr aufzusteigen, von dem Irdischen zum Himmlischen; die Religion schien mir endlich dieser Pfad zu seyn."

95 BYC Günderrode-Archive, p. 43: "15. Drum, wer Ohren hat zu hören, der höre! Es ist nicht zwei, nicht drei, nicht tausende, es ist Eins und alles; es ist nicht Körper und Geist geschieden, daß das eine der Zeit, das andere der Ewigkeit angehöre, es ist Eins, gehört sich selbst, und ist Zeit und Ewigkeit zugleich, und sichtbar, und unsichtbar, bleibend im Wandel, ein unendliches Leben."

96 BYC Günderrode-Archive, p. 224: "Wo aber nicht Zeit ist, nicht Vergangnes noch Künftiges, sondern ewige Gegenwart, da bedarf's der Erinnerung nicht."

97 BYC Günderrode-Archive, p. 228: "Was aber sich selbst gleich ist, und äußerlich und innerlich den Ausdruck dieses harmonischen Seyns an sich trägt, und selbst dieser Ausdruck ist, was Eins ist und nicht zerrissen in Vielheit, das ist gerade jenes Vollkommene, Unsterbliche und Unwandelbare, jener Organismus, den ich als das Ziel der Natur, der Geschichte und der Zeiten, kurz des Universums betrachte."

98 Karoline von Günderrode, Sämtliche Werke und ausgewählte Studien, Historisch-kritische Ausgabe, Bd. 1, p. 449: "Was aber immer sich selbst gleich, mit sich harmonisch, nicht in die Einzelheit zerrissen ist, das ist unsterblich, ohne Wandel und Krankheit, kurz es ist dasjenige was ich als die realisierte Idee der Erde (oder des Universums) bezeichnet habe."

99 Karoline von Günderrode, Geschichte eines Braminen, p. 85: "Diese Anschauung der Dinge, die Anschauung ihres Urgrundes, ist die innerste Seele der Religionen, verschieden individualisirt in jedem Individuum; aber durchgehe sie selbst die Religionssysteme alle, in allen wirst du finden ein Unendliches, Unsichtbares, aus dem das Endliche und Sichtbare hervorging, ein Göttliches, das Mensch wurde, ein Übergehen aus dem zeitlichen Leben in das ewige."

100 Cf. Elija Hornm, Indien als Erzieher. Orientalismus in der deutschen Reformpädagogik und Jugendbewegung 1918-1933. Bad Heilbrunn 2018.

101 Johann Gottfried Herder, Vorwort, in: Kalidas: Sakontala oder der entscheidende Ring. Ein indisches Schauspiel. [übersetzt von Georg Forster]. Zweite rechtmäßige, v. J. G. v. Herder, besorgte Ausgabe. Frankfurt am Main 1803, pp. XXIX-XXXVIII, hier p. XXXI.

102 F. Schlegel, KA, Bd. II, p. 320: "Im Orient müssen wir das höchste Romantische suchen."

103 Ludwig Tieck und die Brüder Schlegel, hrsg. v. H. von Lüdeke, Frankfurt am Main 1930, p. 140: "Hier ist eigentlich die Quelle aller Sprachen, aller Gedanken und Gedichte des menschlichen Geistes; alles, alles stammt aus Indien ohne Ausnahme."

104 Cf. Eli Franco, Die Gebrüder Schlegel aus Sicht der gegenwärtigen deutschsprachigen Indologie, in: Carmen Brandt/Hans Harder(Hg.), Wege durchs Labyrinth. Festschrift zu Ehren von Rahul Peter Das, Heidelberg/Berlin 2020, pp. 73-108.

105 인도뿐만 아니라 이집트에 대해서도 상당히 관심을 지녔던 권더로데는 시 <이집트에서의 보나파르트>(Buonaparte in Ägypten, 1799/1800), <이집트에서의 프랑크인>(Der Franke in Egypten, 1804) 희곡 『마호메드, 메카의 예언자』(Mahomed, der Prophet von Mekka, 1805), Gedicht 1799/1800)을 집필한 바 있다. 여기서 그 배경이 되는 이슬람교(회교)도 인도의 불교와 마찬가지로 '보편적인 종교' 차원에서 파악된다. 아울러 이집트 신화에 대한 권더로데의 문학적 형상화의 경우, 이를 18세기 후반 '신화'에 대한 계몽주의적 담론에 대항하는 신비적, 밀교적(密教的) 현상에 대한 심취로 해석할 것이 아니라 낭만주의의 자연철학적 사상이 결합된 것으로 파악해야 한다는 시각도 제시된 바 있다(Annette Simonis, 'Das verschleierte Bild' - Mythopoetik und Geschlechterrollen bei Karoline von Günderrode, in: DVjs 74, 2000, pp. 254-278).

106 Gisela Dischner, Bettina: Bettina von Arnim. Eine weibliche Sozialbiographie aus dem 19. Jahrhundert, Berlin 1977, p. 65.

107 Johanna Giesel Bechen, Ein "schönes geordnetes Individuum"? Versuch einer Annäherung an die Möglichkeiten und Unmöglichkeiten des Subjektsbegriffs im Prozeß weiblicher Subjektwerden, hrsg. v. Zentraleinrichtung zur Förderung von Frauenstudien und Frauenforschung an der Freien Univ., Berlin 1992, pp. 3-25, hier p. 16.

108 『권더로데』에 나타난 베티나 글쓰기의 특성에 관해서는 이 책의 2부 5장을 참조할 것.

109 Ch. Wolf, Kein Ort. Nirgends, p. 5.

110 Ch. Wolf, Der Schatten eines Traumes: Karoline von Günderrode - Ein Entwurf, in: Karoline von Günderrode, Der Schatten eines Traumes, p. 5: "Eh einer schreiben kann, muss er leben, das ist banal und betrifft beide Geschlechter. Die Frauen lebten lange, ohne zu schreiben; dann schreiben sie - wenn die Wendung erlaubt ist - mit ihrem Leben und um ihr Leben."

111 Ibid., p. 7: "Die Dissonanz ihrer Seele, die die einundzwanzige Karoline von Günderrode wahrnimmt, ist, aber das weiss sie noch nicht, die Unstimmigkeit der Zeit."

112 Ibid., pp. 10-11: "Weniges, so scheint es, genügt, sie in den Abgrund zu ziehn, an dessen Rand sie sehenden Auges gehn. Und es fragt sich noch, ob es weniges ist, was sie umbringt. Ob nicht das, was sie schließlich tötet - eine unglückliche Liebe, mein Gott! -, für sie nur das Zeichen ist, das ihr Schicksal, besiegelt ohnehin, ihnen gibt: verlassen, verkannt, verraten zu sein. Und ob sie diese Zeichen so gänzlich falsch gedeutet haben."

113 Ch. Wolf, Lesen und Schreiben(1968), in: dies., Essays, Gespräche, Reden, Briefe 1959-

1974, München 1999, p. 257: "Sich-Erinnern ist gegen den Strom schwimmen, wie schreiben – gegen den scheinbar natürlichen Strom des Vergessens, anstrengende Bewegung."

114 1970-80년대 귄더로데 르네상스가 일어나기까지의 귄더로데 수용 과정에 대해서는 다음의 논문을 참조할 것(Helga Dormann, Die Karolilie von Günderrode-Forschung 1945-1995, Ein Bericht, in: Athenäum. Jg. 6, 1996, pp. 227-248).

115 A. Hummel, Lebenszwänge, Schreibräume, unirdisch, p. 64: "Mit einfachen Worten: Beide Autorinnen schrieben - wenigstens vermeintlich- im Namen ihrer gemeinsamen Vorgängerin an deren 'erwünschter Legende'. Bettina von Arnim legitimiert diese Vorgehensweise in ihrer teilfiktiven Briefbiographie <Die Günderode> mit dem Recht der seherisch begabten Visionärin: '(A)m Tag fühl ich mich so nah mit allem Vergangnen, daß ich durch und durch von der steten Gegenwart alles wirklich Erlebten überzeugt bin.' Und Christa Wolf verweist zur Rechtfertigung ihrer Auswahlausgabe und des begleitenden Essays <Der Schatten eines Traumes> auf die emanzipatorische Wirkung 'poetischer Authentizität.'"

116 Cf. Karoline von Günderrode, Sämtliche Werke und ausgewählte Studien, Historisch-kritische Ausgabe, Bd. 1, p. 437: "Es giebt nur zwei Leben das gemeine (das schlechter ist als wir) und das höhere; viele Menschen schweben zwischen beiden, der wahre Künstler steht ganz in lezterm es ist die wahre Seligkeit, und wer es einmal betretten der ist der Welt ohne Rettung verlohren.
Es giebt nur zwei Arten recht zu leben irrdisch, oder himlisch; man kann der Welt dienen, und nüzen, ein Amt führen Geschäfte treiben, Kinder erziehen, dann lebt man irrdisch. Aber man lebt himmlisch in der Betrachtung des Ewigen, Unendlichen im Streben nach ihm (eine Art Nonnenstand). Wer anders leben will als eine dieser beiden Arten der verdirbt."

117 BYC Günderrode-Archive, p. 94: "Zweifaches Leben floß aus diesem Gestirn auf mich herab, und ein Sinnbild war es mir meines doppelten Lebens, das mich theilweise an die Erde und die Geschäfte der Welt kniipft, und mich theilweise zu dem Überirdischen und zu seltsamen Offenbarungen führt."

118 B. Weißenborn(Hg.), "Ich sende Dir ein zärtliches Pfand". Die Briefe der Karoline von Günderrode, p. 346: "Sie konnte nicht leben ohne Liebe, ihr ganzes Leben war aufgelöset in Lebensmüdigkeit."

119 Zitiert nach Ursula Naumann, Karoline von Günderrode, in: Metzler Autoren Lexikon: Deutschsprachige Dichter und Schriftsteller vom Mittelalter bis zur Gegenwart, hrsg. v. Bernd Lutz, Benedikt Jeßing, 3. Auflage, Stuttgart 2004, p. 257: "Sie fiel, ein Opfer der Zeit, mächtiger in ihr würkender Ideen, frühzeitig schlaff gewordener sittlicher Grundsäze: eine unglückliche Liebe war nur die Form unter der dies alles zur Erscheinung kam« (undatiert).

120 Achim von Arnim an Bettina Brentano vom 21. August 1806, in: B. Weißenborn(Hg.), "Ich sende Dir ein zärtliches Pfand". Die Briefe der Karoline von Günderrode, p. 357: "Der sanfte, blaue Blick der armen Günderrode begegnet mir sicherer, nun sie nicht mehr sprechen kann, sie sieht freier und ohne Zurückhaltung in die Welt, wir fühlen uns enger befangen, schlagen die Augen nieder und an unsre Brust, wir konnten ihr nicht genug geben, um sie hier zu fesseln, nicht hell genug singen, um die Furienfackel unseliger, ihr fremder Leidenschaft auszublasen."

2부 5장

1 화가로서의 베티나 능력과 재능에 대해서는 다음의 최근 연구를 참고할 것(Petra Maisak, Bettina von Arnim als Zeichnerin. Oder der Versuch, alte Bilder in eine neue Mythologie zu verwandeln, in: Achim von Arnim und sein Kreis, Schriften der Internationalen Arnim-Gesellschaft, Bd. 8, hrsg. von Steffen Dietzsch und Ariane Ludwig, Berlin/New York 2010, pp. 145–182).

2 Bettine Brentano, Die Andacht zum Menschenbild. Unbekannte Briefe von Bettine Brentano, hrsg. v. Wilhelm Schellberg, Jena 1942, p. 23: "Dass ich traurig bin, kannst Du Dir wohl leicht erklären – so viel Lebenskraft und Muth zu haben, und keine Mittel, ihn anzuwenden! Wie mag es einem großen Krieger zu Mut sein, dem das Herz glühet zu großen Unternehmungen und Taten, und der in der Gefangenschaft ist, mit Ketten beladen, an keine Rettung denken darf! Mir überwältigt diese immerwärende rastlose Begier nach Wirken oft die Seele, und bin doch nur ein einfältig Mädgen, deren Bestimmung ganz anders ist. Wenn ich so denke, dass gestern ein Tag war wie heute einer ist, und morgen einer sein wird, und wie schon viele waren, und noch viele sein werden, so wird es mir oft ganz dunkel vor den Sinnen, und ich kann mir selbst kaum denken, wie unglücklich mich das machen wird, nie in ein Verhältnis zu kommen, worinnen ich meiner Kraft gemäß wirken kann."

3 Wilhelm Schellberg und Friedrich Fuchs(Hg.), Die Andacht zum Menschenbild. Unbekannte Briefe von Bettine Brentano. Jena 1942(Nachdruck Bern 1970), p. 66: "Am Tag lach ich und scherze ich mit jedermann, ja es ist mir, als ob gar nichts anders im Leben zu verdienen wäre, aber wenn ich allein bin und frage mich, was das ist, das mich so oft ergreift, vor andern Menschen bunt herumzuflattern, zu erschrecken vor Freude, wenn ich Nachricht erhalte, es kommt jemand in die Nähe, der als geistreich bekannt ist, wie mir da das Herz klopft!"

4 젊은 학생 되링과의 만남을 베티나의 "마지막 사랑"으로 간주하는 시각도 없지 않다. 베티나와 되링의 서신 교환 및 그에 관한 해설은 다음을 참조할 것(Bettine von Arnim, Letzte Liebe. Das unbekannte Briefbuch. Korrespondenz mit Julius Döring, herausgegeben und kommentiert von Wolfgang Bunzel, Berlin 2019).

5 "Wir wollen beide ganz einfach sein und keine Wendung, keine Verhüllung suchen. Denn wir wollen ja doch immer vertraulicher werden, eben um der Nähe willen die wiir begehren, denn du möchtest mir nah sein und ich auch dir. Und je einfacher wir sind, je unmittelbarer berühren wir uns."

6 브리검 영 대학(Brigham Young University)은 일종의 오픈 액세스로 스칼라 아카이브(BYU ScholarsArchive)를 인터넷에서 제공하고 있다. 베티나 폰 아르님의 저서 파일은 그 아카이브에서 다운로드가 가능하다 (https://scholarsarchive.byu.edu/do/search/?q=bettina%20von%20Arnim&start=0&context=5485626&facet=). 이 디지털 파일은 구스타브 콘라드(Gustav Konrad)에 의해 출간된 전집(Bettina von Arnim, Werke und Briefe, hrsg. v. Gustav Konrad, Bde.

1-5, Frechen 1959)을 근거로 하고 있기에 비교적 신뢰할 만 하다. 논고에서는 이 디지털 파일을 참조하며, 인용시 책명과 함께 "BYU ScholarsArchive"라는 표기와 쪽수를 기입한다.

7 Bettina von Arnim, Clemens Bretanos Frühlingskranz, in: BYU ScholarsArchive, p. 146: "Abends beim Sternenschimmer, wo ich den Kopf weit aus unserm Mansardfenster streckte, um recht viele Sterne zu Zeugen meines feierlichen Schwures aufzurufen, tat ich das Gelübde, alles dran zu wagen, wenn ich einen Menschen in Gefahr sehe und wenn auch selbst das Messer schon über seinem Haupte schwebt – Ein rascher Entschluß vermag viel, aber Zagen ist das Verderben aller Großtaten!"

8 베티나의 사회참여와 관련해서는 다음을 참조할 것(Bettine von Arnim: Romantik und Sozialismus(1831-1859), Vorträge von Hartwig Schultz, Heinz Hartl und Marie-Claire Hoock-Demarle gehalten anläßlich der Ausstellung im Studienzentrum Karl-Marx-Haus, Trier, von Juni bis August 1986, Printing: Karl-Marx-Haus/Trier 1987).

9 W. Bunzel, Autorin ohne Werk, Publizistin undercover, Dokumentaristin avant la lettre. Zum 150. Todestag der Schriftstellerin Bettine von Arnim , in: https://www.forschung-frankfurt.uni-frankfurt.de/36050582/forschung-frankfurt-ausgabe-3-2009-autorin-ohne-werk-publizistin-undercover-dokumentaristin-avant-la-lettre-zum-150-todestag-der-schriftstellerin-bettine-von-arnim.pdf

10 Bettina von Arnim, Die Günderode, in: BYU ScholarsArchive, pp. 55-56.

11 Anna Sydow(Hg.), Wilhelm und Caroline von Humboldt in ihren Briefen, 4 Bde., Berlin 1909, Bd. IV, p. 9: "Eine junge Brentano, Bettina, 23 Jahre alt, Carl La Roche's Nièce, hat mich hier in das größte Erstaunen versetzt. Solche Lebhaftigkeit, solche Gedanken- und Körpersprünge (denn sie sitzt bald auf der Erde, bald auf dem Ofen) so viel Geist und so viel Narrheit ist unerhört. (...) Sie hat mir den Tod der Günderode erzählt. Man ist wie in einer anderen Welt."

12 Aus dem Nachlaß Varnhagen's von Ense, Briefe von Staegemann, Metternich, Heine und Bettina von Arnim: nebst Briefen, Anmerkungen und Notizen von Varnhagen von Ense, Leipzig 1865, p. 267:" Sie ist das wunderlichste Wesen von der Welt, unglücklich zwischen dem Italienischen und Deutschen hin und her schwebend, ohne Boden fassen zu können; sie habe eine Beharrlichkeit in dem, was sie einmal nach ihrer Art ergriffen habe, und dann mittendrin wieder die unsichersten Launen blitze, von denen sie selbst nicht wisse, wo sie hinfahren."

13 Aus dem Nachlaß Varnhagen's von Ense, Briefe von Staegemann, Metternich, Heine und Bettina von Arnim: nebst Briefen, Anmerkungen und Notizen von Varnhagen von Ense, p. 267.

14 Aus dem Nachlaß Varnhagen's von Ense, Tagebücher von K. A. Varnhagen von Ense, hrsg. v. Ludmilla Assing, 14. Bde., Zürich 1865, Bd. 7, p. 197: "Ich sollte über Bettinens von Arnim eigenstes Wesen Auskunft geben. Ich sagte endlich; 'Häufen Sie Widersprüche auf Widersprüche, bergehoch, überschütten Sie alles mit Blumen, lassen Sie Funken und Blitze herausleuchten, und nennen Sie's Bettina.'"

15 Bettina von Arnim, Die Günderode, in: BYU ScholarsArchive, pp. 150-151: "denn Du bist nur bloß das, was außer den Grenzen, dem Gewöhnlichen unsichtbar, unerreichbar ist; sonst bist Du unwahr, nicht Du selber, und kannst nur mit Ironie durchs Leben gehen. Manchmal deucht mir zu träumen, wenn ich Dich unter den andern sehe, alle

halten Dich für ein Kind, das seiner selbst nicht mächtig, keiner glaubt, keiner ahnt, was in Dir, und Du tust nichts als auf Tisch und Stühle springen, Dich verstecken, in kleine Eckchen zusammenkauern, auf Euren langen Hausgängen im Mondschein herumspazieren, über die alten Böden im Dunkeln klettern, dann kommst Du wieder herein, träumerisch in Dich versunken, und doch hörst Du gleich alles, will einer was, so bist Du die Treppe schon hinab, es zu holen, ruft man Deinen Namen, so bist Du da und wärst Du in dem entferntesten Winkel;"

16 Bettine von Arnim/ Hermann von Pückler-Muskau,"Die Leidenschaft ist der Schlüssel zur Welt". Briefwechsel 1832-1844, hrsg. und erläutert von Enid Gajek und Bernhard Gajek, Stuttgart 2001, p. 75: "Meine Seele ringt nach allen Seiten, es ist nicht was sie nicht als Mittel ergrieft sich auszusprechen Musick und Kunst und Sprache und die Liebe alles mögte ich innerhalb meiner Grenzen bringen, ich mögte es beherrschen ausgenommen die Liebe die soll mich beherrschen (...)"

17 Bettina von Arnim, Die Günderode, in: BYU ScholarsArchive, p. 428: "Selbstdenken ist der höchste Mut. – Die meisten Menschen denken nicht selbst; das heißt, sie lassen sich nicht von der Fabel des göttlichen Geistes belehren, die alle Wirklichkeit durchleuchtet und zur Hieroglyphik sie bildet, durch deren weisheitbewahrende Rätsel der Mensch hinauftreibt zur Blüte und sich zeitigt in ihr, daß er vermöge, neue Welten organisch zu durchdringen und so sich selber ewig und ewig bis zur Gottheit zu erziehen. – Aber im engen Hafen eingeklemmt, aus Furcht vor dem Scheitern, da wird er die Gottheit auf hohem Meer nicht erkennen. Und ist doch alle Geschichte Symbolik, das heißt Lehre Gottes, und wenn das nicht wär, so würde den Menschen nichts widerfahren. Wer wagt, selbst zu denken, der wird auch selbst handeln, und wer nicht selbst denkt, nicht aufs freie uferlose Meer steuert mit seinem Geist, der wird die Gottheit nicht selbst erreichen, nicht selbst handeln, denn sich nach andern richten, das ist nicht handeln, handeln ist Selbstsein, und das ist: in Gott leben. –"

18 Bettina von Arnim, Clemens Bretanos Frühlingskranz, in: BYU ScholarsArchive, pp. 87-88:"Was mich selber bilden soll, das muss aus mir auch hervorgehen, drum möchte ich aller Teilnahme ausweichen und allein mit mir fertig werden. Es kommt mir wie Frevel vor, dass ich mich einer Leitung hingebe, die vielleicht das Urspüngliche in mir verleitet. (...) Ich soll doch mein eigen werden, dies ist doch der Wille meines Ichs, denn sonst wär ich umsonst; dies eine, was mich eigentümlich aus dem Gesamtsein heraus bildet, das ist der Adel des freien Willens in mir, anders kann ichs nicht ausdrücken. – Sich dem Begriff und Willen eines Andern unterwerfen, der auch kein Selbstsein hat, das ist Verzichten auf diesen Adel des freien Willens. So steht das in mir fest, dass ich den nicht aufgebe."

19 Bettina von Arnim, Clemens Bretanos Frühlingskranz, in: BYU ScholarsArchive, p. 171: "Ich bitte Dich um Gottes willen, gebe doch keine Stoßseufzer auf um einen lieben Mann, den Du mir herbeiwünschest (...) Es ist Vorsorge, geliebter Clemens, aber glaube, daß ich keiner Stütze im Leben bedarf, und daß ich nicht das Opfer werden mag von solchen närrischen Vorurteilen. Ich weiß, was ich bedarf! – Ich bedarf, daß ich meine Freiheit behalte. Zu was? - Dazu, daß ich das ausrichte und vollende, was mir eine innere Stimme aufgibt zu tun."

20 Bettina von Arnim, Clemens Bretanos Frühlingskranz, in: BYU ScholarsArchive, p. 194: "O, welche schwere Verdammnis, die angeschaffnen Flügel nicht bewegen zu können; Häuser bauen sie, wo kein Gastfreund Platz drin hat! – O Sklavenzeit, in der ich geboren bin! – Werden die Nachkommen nicht einst mitleidig mich belächlen, daß ich mir's mußte gefallen lassen, wenn wir vielleicht als Geister einstens sklavische Natur uns vorwerfen! – Wie! Ihr habt den Geist eingesperrt und einen Knebel ihm in den Mund gesteckt und den großen Eigenschaften der Seele habt Ihr die Hände auf den Rücken gebunden? – Ach Clemens, gehe Du doch nur immer aufs Meer, wo jede Welle in die andere fließt! wo nichts noch feste Gestalt hat, wie gewonnen, so zerronnen! Besser, daß alles zerfließe, als daß Gestalt gewinne, was nicht ganz Großmut und Freiheit wäre! – Das sind so nachwehende Töne aus meinen Unterhaltungen mit der Günderode, die auf drei Wochen nach Hanau ist."

21 Bettina von Arnim, Die Günderode, in: BYU ScholarsArchive, pp. 411-412:"Die ganze Welt ist eben Philistertum, so haben sie nicht eher geruht, bis sie auch das Wissen dahingezerrt haben. Wär es frei behandelt mit Genie, dann wär sein Beginnen kindlich, nicht aberwitzig mit lauter Gebot und Verbot, die sich nicht legitimieren: das darfst du nicht, das mußt du - warum? weil's die Regel ist. - Nun aber! - ich fühl's, das soll mich nicht abhalten, und ich werde tun nach Kräften, und das andre wird der Gott meinen mangelnden Kräften zugut halten, und auch mußt Du etwas auf einen bestimmten Naturtrieb rechnen, der mich mit Gewalt zu andern Gedanken reizt, einen Vorteil hab ich davon, meine großen Anlagen werden jetzt sehr in Zweifel gezogen oder vielmehr mir gänzlich abgeleugnet, und meine Genialität gilt für Hoffart und mein Charakter für einen Schußbartel, dem man alle Dummheiten zutrauen kann, ohne ihm eine zum Vorwurf machen zu können. Da fühl ich mich sehr bequem in meiner Haut, und es ist mir noch einmal so behaglich unter den Menschen (...)."

22 Bettina von Arnim, Die Günderode, in: BYU ScholarsArchive, p. 410: "Ich schrieb ihm, er soll nur immer mitspotten, denn es sei jetzt nicht mehr Zeit mich zu ändern; und der ganz Jud sei nur in meine Tagsordnung einrangiert, um mich vor dem Mottenfraß der Häuslichkeit zu bewahren, und ich hätt gemerkt, daß man in einer glücklichen Häuslichkeit sonntags immer die Dachziegel gegenüber vom Nachbar zähle; was mir so fürchterliche Langeweile mache, daß ich lieber nicht heiraten will."

23 자녀의 육성 및 보건 환경 등에 관한 베티나와 아르님의 서로 상반된 입장에 대해서는 다음을 참조할 것(Stephanie Bölts, Vergiss nicht die roten Rüben einzumachen ... Erkälte dich nicht, sei streng gegen die Kinder: Krankheit zwischen Alltag und Dichteramt im Briefwechsel von Achim und Bettina von Arnim, in: Die alltägliche Romantik: Gewöhnliches und Phantastisches, Lebenswelt und Kunst, hrsg. v. Walter Pape, Berlin/Boston 2016, pp. 229-239).

24 Brief vom 26. und 27. Juni 1817, Bettina an Arnim, in: Achim und Bettina in ihren Briefen, hrsg. v. Werner Vordtriede in 2 Bänden, Frankfurt am Main 1988, Bd. 1, pp. 49-50: "Es ist indessen doch sehr gut gewesen, dass ein Muß uns in die Stadt gebracht hat; besonders für die Kinder, die hierdurch an eine ordentliche Lebensart gezwungen, viel gesunder und auch nicht mehr so verwildert sind, wenn ich in dieser Zeit meiner Unbehülflichkeit in Wiepersdorf geblieben wäre, so hätte ich sie wahrscheinlich nicht

vor den infamen Unarten hüten können, die Du selbst bei den Bauernkindern bemerkt hast ... Ach lieber Alter, ich bin nun schon über die Hälfte meines Lebens, und sehe wohl ein, daß ich geboren bin zum Dulden, aber nicht zum eigenen freien Bewegen, so sehr ich mich auch in meinen früheren Jahren danach gesehnt habe."

25 Bettina von Arnim, Werke und Briefe, 5 Bde, hrsg. v. Gustav Konrad, Darmstadt 1959–1963, Bd. 5, pp. 387-388: "Die Kinder, um deren irdischen Vorteil alle Opfer geschehen, werden in allem, was sich nicht mit der Oekonomie verträgt, versäumt. Wenn es nach meinem Gewissen ginge, so würde die zärtlichste Pflege ihrer geistigen Existenz alle Ausgaben dafür rechtfertigen; das Höchste, was man den Kindern an Liebe geben kann, ist, dass man sie so früh, als es ihren Fähigkeiten möglich ist, mündig sein lasse. Mir aber sind (ich schäme mich es zu sagen) die Hände gebunden, und ich kann nichts [von dem] befördern, wozu ich mich bei jedem Nachdenken aufgefordert fühle. – Was ich sonst mit Geduld ertrug, weil ich mich kräftig genug fühlte, das trag ich jetzt mit Ungeduld, weil ich schwach genug bin. Mein Perspecktif ist das End aller Dinge."

26 Brief vom 28. Juni 1818, Bettina an Arnim, in: Achim und Bettina in ihren Briefen, Bd. 1, p. 122:"Du kommst mir vor wie eine Pflanze, die alle 100 Jahre nur einmal blühet; die Zeit der Blüte ist da, aber unbedeutende Hindernisse halten sie zurück, der Trieb zum Blühen läßt sich doch nicht vernichten und wird immer stärker, alle gehen bis jetzt an dem staubigen Gewächse vorüber, keiner weiß das heiße, geheimnisvolle Leben, das dicht an der Phorte stehet um sich auszubreiten, um alle Blicke auf sich zu ziehen, um jedem unendlichen Genuß zu gewähren."

27 Brief vom 22. Juli 1827, Bettina an Achim, in: Achim und Bettina in ihren Briefen, Bd. 2, p. 685: "Wie glücklich würde ich sein, wenn ich mir sagen könnte, daß die Welt, die Freuden und Bereicherungen, die mir verschlossen sind, von Dir genossen würden; daß, während ich an Haus und Kammer gefesselt bin, Dein Fuß Gegenden durchwanderte, wo Natur und alles Schöne einen heiligen Bund mit der Seele desjenigen macht, dessen Genie sich mit ihnen befreundet. Wenn ich nur einmal Dein Gewissen erwecken könnte und Dir fühlbar machen, was Du Dir schuldig bist, was Du selber versäumst, bloß weil Du ängstlich bist und nicht andern Geschäfte überläßt, an denen doch Deine Zeit Verschwendung ist. Du willst sparsam sein und verschwendest dabei dein Bestes."

28 Bettina von Arnim, Werke und Briefe, 5 Bde, hrsg. von Gustav Konrad, Darmstadt 1959–1963, Bd. 5, p. 68: "Ach Arnim Du bist glücklich, daß Du ein Dichter bist und laß es nie Deine Sorge sein, Dich nach dem lesenden Publikum zu bilden (...), sondern vielmehr, wie Du deine Eigentümlichkeit vor dem eindringenden Geschrei und Urteil bewahren willst."

29 Brief vom 12. Mai 1821, Achim an Bettina, in: Achim und Bettina in ihren Briefen, Bd. 1, pp. 270-271:"Die Einsamkeit ist hier weniger drückend als in Berlin, obgleich es mir schwer fällt, hier ohne Dich und die Kinder zu leben. Hier bin ich etwas, kann mit jedem Tag etwas sein, habe eine äußere Tätigkeit."

30 Brief vom 12. August 1818, Bettina an Arnim, in: Achim und Bettina in ihren Briefen, Bd. 1, pp. 144-145 "Es tut mir sehr leid, daß Du nach vierwöchentlicher Abwesenheit nicht einmal daran denkst mir nur aufs ungefähr die Zeit zu bestimmen, wenn Du glaubst wiederzukommen (...); Du kommst mir immer in Deinen Briefen so hintenherum von den Freuden und Notwendigkeiten des Landlebens, beides ist unnütz und macht mich traurig, ich kenne Dich zu gut, als daß ich nicht überzeugt wäre, daß Du meine Behaglichkeit der Deinigen vorziehst, [...] ich irre mich nicht, daß ich glaube, Dein größter Kummer ist, mir nicht jeden Schmerz entschädigen zu können und keine Aufopferung fordern zu dürfen (...)."

31 Brief vom 15. August 1818, Achim an Bettina, in: Achim und Bettina in ihren Briefen, Bd. 1, p. 146: "Herzinnig beklage ich Deine Schmerzen, aber beklage auch mich, der bei allem, was er unternimmt, zerrissen, zerstreut, in seinem Bestreben irre gemacht wird. Ich denke hier [in Wiepersdorf und Bärwalde, d. V.] für die Meinen zu sorgen, opfere dem jede andere Beschäftigung, da rufst Du mich in jedem Briefe so ängstlich zurück, daß mir bangt."

32 Bettina von Arnim, Werke und Briefe, 5 Bde, hrsg. v. Gustav Konrad, Darmstadt 1959–1963, Bd. 5, p. 387: "Ach wie sind meine Ansprüche an das Leben gesunken, und je weniger ich fordere, je mehr dingt es mir ab, und es wird mir nichts gewähren als dass es mich zum Schelm oder zum Lump mache. Ich habe die 12 Jahre meines Ehestands leiblich und geistigerweise auf der Marterbank zugebracht, und meine Ansprüche auf Rücksicht werden nicht befriedigt."

33 Zitiert nach Katrin Hillgruber, Bettine und Achim von Arnim. Die ungewöhnliche Ehe zweier Romantiker, in: https://www.deutschlandfunk.de/bettine-und-achim-von-arnim-die-ungewoehnliche-ehe-zweier.700.de.html?dram:article_id=351037: "Das Schreiben vergeht einem hier, wo den ganzen Tag, das ganze Jahr, das ganze liebe Leben nichts vorfällt, weswegen man ein Bein oder einen Arm aufheben möchte. Ich kenne kein Geschäft, was den Kopf mehr angreift als gar nichts tun und nichts erfahren; jeder Gedanke strebt aus der Lage heraus, in der man sich befindet, man fliegt und erhebt sich weit und mit Anstrengung über die Gegenwart und fällt um so tiefer, um so gefährlicher wieder zurück, daß es einem ist, als ob man alle Knochen zerschlagen habe."

34 Bettina von Arnim, Werke und Briefe, 5 Bde, hrsg. v. Gustav Konrad, Darmstadt 1959–1963, Bd. 5, p. 714:"Sonst lebe ich wie in der Bastille, nur mit mehr Sorgen und Unbequemlichkeit wie die Gefangenen. Ich bin jedoch zufrieden und verlange nicht besser und sehe mit großer Ruhe und Gelassenheit dem Ende meines Lebens entgegen."

35 U. Landfester, Bettine Brentano-von Arnim(1785-1859) als politische Schriftstellerin. "Selbstdenken ist der höchste Mut", in: Geist und Macht: Die Brentanos, hrsg. v. Bernd Heidenreich, Wiesbaden 2000, p. 76.

36 Cf. Hildegard Baumgart, Bettine Brentano und Achim von Arnim. Lehrjahre einer Liebe, Berlin 1999; Hildegard Baumgart, Bettine und Achim von Arnim. Die Geschichte einer ungewöhnlichen Ehe, Berlin 2016.

37 Brief vom 8. August 1817, Bettina an Achim, in: Achim und Bettina in ihren Briefen, Bd. 1, p. 83.

38 Cf. Konstanze Bäumer, Interdependenzen zwischen mündlicher und schriftlicher Expressivität: Bettina von Arnims Berliner Salon, in: Walter Schmitz/ Sibylle Steinsdorff(Hg.), "Der Geist muß Freiheit genießen…!" Studien zu Werk und Bildungsprogramm Bettine von Arnims, Bettine-Kolloquium vom 6. bis 9. Juli 1989 in

München, Berlin 1992, pp. 154-173, hier p. 158.

39 Herman Grimm über Bettine, 1880, in: Bettine von Arnim, Vom Herzen in die Feder. Lebensspuren im Briefwechsel, Ausgewählt und herausgegeben von Ulrike Ehmann und Sibylle von Steinsdorf, München 2008, p. 5: "Sie hatte immer zu schreiben. (...) Wenn mir ihr Bildrecht lebhaft aufsteigt, erblicke ich sie still an ihrem Schreibtische sitzend. Jeder Buchstabe ihrer Handschrift war deutlich, ausgeschrieben und energisch. Sie schrieb unaufhörlich wieder ab was ihr nicht gefiel, bis es die Leichtigkeit des Styles empfing, als sei es flüchtig nur so hingeschrieben worden."

40 Michael Wetzel, Private Dancer. Korrespondenzen zwischen Bettine Brentano, Goethe und anderen, p. 81: "Der Briefroman als die im 18. Jahrhundert konsolidierte literarische Gattung dokumentiert keine objektiven Tatsachen, sondern produziert 'Autorsubjekte' und eine 'ganze Theologie der Autorschaft'. An diese koppelt sich Bettine an, indem sie zugleich am Ende der Goethezeit subversiv die Differenz eines modernen Schriftstellertums zum göttergleich schöpfenden Genie aufspielt: Ihr Schreiben ist keine creatio ex nihilo, sondern ein Schalten, ein Durch- und Zustellen der Schrift- bzw. Informationsströme. Medientechnisch gesprochen interzepiert sie den Goethe-Code, zapft ihn an und leitet ihn ab, immer wieder die unendliche Teilbarkeit des Signifikanten, des Buchstabens, der Lettern unter Beweis stellend."

41 양자, 즉 '작가'와 '서술자'를 동일한 인물로 볼 수 없다는 것은 서사이론에서 아주 기본적인 지식이다. 그렇지만 베티나의 세 편의 서간소설과 관련해서는 '작가 베티나'와 '서술하는 베티나' 사이의 확연한 경계긋기가 쉽지 않다.

42 Bettina von Arnim an Karoline von Günderrode, Sommer 1804, in: Christa Wolf, Karoline von Günderrode. Der Schatten eines Traumes, Berlin 1989, p. 210: "Ich bin dir zwar sehr Freund, glaube aber nicht, daß ich es aus Schwachheit bin, weil ich eine Stütze haben muß (…), sondern weil ich es größer, besser finde, den Freund zu erhalten, weil in der Beharrlichkeit die Größe aller Werke und Geschöpfe enthalten ist; in dieser Rücksicht rechne ich auch auf Deine Freundschaft..."

43 Bettina von Arnim, Die Günderode, in: BYU ScholarsArchive, p. 352: "Ich saß in der Ecke und hörte ein lang Gedicht mit den Ohren, die Seele sehnte sich hinaus in den Schnee, in die sternenhallende Luft."

44 Bettina von Arnim, Goethes Briefwechsel mit einem Kinde, in: BYU ScholarsArchive, pp. 47-48: "Von dem, was sich in der Wirklichkeit ereignete, machten wir uns keine Mitteilungen; das Reich, in dem wir zusammentrafen, senkte sich herab wie eine Wolke, die sich öffnete um uns in ein verborgenes Paradies aufzunehmen; da war alles neu, überraschend, aber passend für Geist und Herz; so vergingen die Tage."

45 Bettina von Arnim, Die Günderode, in: BYU ScholarsArchive, p. 3: "Der Plaudergeist in meiner Brust hat immer fort geschwätzt mit Dir, durch den ganzen holperigen Wald bis auf den Trages."

46 Bettina von Arnim, Die Günderode, in: BYU ScholarsArchive, p. 5: "Ich habe die Zeit über recht oft an Dich gedacht, liebe Bettine. Vor einigen Nächten träumte mir, Du seist gestorben, ich weinte sehr darüber und hatte den ganzen Tag einen traurigen Nachklang davon in meiner Seele. Als ich den Abend nach Hause kam, fand ich Deinen Brief; ich freute mich und wunderte mich, weil ich glaubte, einen gewissen Zusammenhang

zwischen meinen Träumen und Deinen Gedanken zu finden."

47 Bettina von Arnim, Die Günderode, in: BYU ScholarsArchive, p. 347: "Lieber Widerhall, ich hab Dir was zu sagen von meiner schmerzlichen Langenweil, die ich bei allem empfinde, weil ich immer noch nichts von Dir weiß, ich mein. wann ich nicht rufe so mußt Du rufen, aber Nein, Du bist der Widerhall, und ich darf nun nicht eher hoffen als bis mein Rufen bei Dir angeschlagen hat."

48 Bettina von Arnim, Die Günderode, in: BYU ScholarsArchive, p 91: "... und wenns noch so schön ist, es ist doch traurig ohne Widerhall in der lebendigen Brust, der Mensch ist doch nichts als Begehren sich zu fühlen im Andern."

49 Bettina von Arnim, Die Günderode, in: BYU ScholarsArchive, pp. 38-39: "Ich kann nicht dichten wie Du, Günderode, aber ich kann sprechen mit der Natur, wenn ich allein mit ihr bin; aber es darf niemand hinter mir sein, denn grad das Alleinsein macht, daß ich mit ihr bin. Auf der grünen Burg im Graben, im Nachttau, da war es auch schön mit Dir; es sind mir meine liebsten Stunden von meinem ganzen Leben, und so wie ich zurückkomm, so wollen wir noch acht Tage zusammen dort wohnen; da stellen wir unsere Betten dicht nebeneinander und plaudern die ganze Nacht zusammen, und dann geht als der Wind und klappert in dem rappeligen Dach, und dann kommen die Mäuschen und saufen uns das Öl aus der Lampe, und wir beiden Philosophen halten, von diesen Zwischenszenen lieblich unterbrochen, große tiefsinnige Spekulationen, wovon die alte Welt in ihren eingerosteten Angeln kracht, wenn sie sich nicht gar umdreht davon. – Weißt Du was, Du bist der Platon, und Du bist dort auf die Burg verbannt, und ich bin Dein liebster Freund und Schüler Dion, wir lieben uns zärtlich und lassen das Leben füreinander, wenn's gilt, und wenn's doch nur wollt gelten, denn ich möcht nichts lieber, als mein Leben für Dich einsetzen. Es ist ein Glück – ein unermeßliches, zu großen heroischen Taten aufgefordert sein. Für meinen Platon, den großen Lehrer der Welt, den himmlischen Jünglingsgeist mit breiter Stirn und Brust, mit meinem Leben einstehen! Ja, so will ich Dich nennen künftig, Platon! – Und einen Schmeichelnamen will ich Dir geben, Schwan will ich Dich rufen, wie Dich der Sokrates genannt hat, und Du ruf mir Dion. -"

50 Bettina von Arnim, Die Günderode, in: BYU ScholarsArchive, p. 149: "Du kannst nicht dichten, weil Du das bist, was die Dichter poetisch nennen, der Stoff bildet sich nicht selber, er wird gebildet."

51 Bettina von Arnim, Die Günderode, in: BYU ScholarsArchive, p. 58: "Günderode, ich wollt Du wärst ein regierender Herr und ich Dein Kobold, das wär meine Sach, da weiß ich gewiß daß ich gescheut würde vor lauter Lebensflamme. Aber so!"

52 Bettina von Arnim, Die Günderode, in: BYU ScholarsArchive, pp. 455-456: "Auch wie das Meer Ebbe und Flut hat, so scheinen mir die Zeiten zu haben. Wir sind in der Zeit der Ebbe jetzt, wo es gleichgültig ist, wer sich geltend mache, weil es ja doch nicht an der Zeit ist, daß das Meer des Geistes aufwalle, das Menschengeschlecht senkt den Atem, und was auch Bedeutendes in der Geschichte vorfalle, es ist nur Vorbereiten, Gefühl wecken, Kräfte üben und sammeln, eine höhere Potenz des Geistes zu erfassen."

53 Bettina von Arnim, Die Günderode, in: BYU ScholarsArchive, p. 3: "Durch Dich feuert der Geist, wie die Sonn durchs frische Laub feuert, und mir geht's wie dem Keim, der

in der Sonn brütet, wenn ich an Dich denken will, es wärmt mich, und ich werd freudig und stolz und streck meine Blätter aus, und oft bin ich unruhig und kann nicht auf einem Platz bleiben, ich muß fort ins Feld, in den Wald; – in freier Luft kann ich alles denken, was im Zimmer unmöglich war, da schwärmen die Gedanken über die Berg, und ich seh ihnen nach."

54 Catherine Grimm,"Die Seele sehnte sich hinaus in den Schnee": The Meaning and Function of Outside Space in Bettine von Arnim's <Die Günderode>, in: The Sophie Journal, Vol. 1, 2008, pp. 1-19, hier p. 4: "Natural settings function as privileged access sites to the metaphorical space of her own interiority: she goes outside in order to enter more easily into the inside of her own mind."

55 F. Schlegel, KA, Bd. II, p. 314: "Der Idealismus in jeder Form muß auf ein oder die andre Art aus sich herausgehn, um in sich zurückkehren zu können, und zu bleiben was er ist."

56 Bettina von Arnim, Die Günderode, in: BYU ScholarsArchive, pp. 385-386: "(...) zwischen den Sternen und mir ist nur der Geist, ich fühls, alle sind Spiegel des Geistes der aus meiner Brust steigt, sie fangen ihn auf und strahlen ihn zurück; was Du denkst das einzig ist die Wahrheit, (...) das Umherschweifen nach einer neuen Welt, die Deine Ahnung Dir weissagt, ist nicht Sünde, denn der Geist ist geschaffen, der Welten unzählige zu entdecken."

57 Bettina von Arnim, Clemens Brentano's Frühlingskranz, in: BYU ScholarsArchive, p. 90: "Es ist wahr (…), in mir ist ein Tummelplatz von Gesichten, alle Natur weit ausgebreitet, die überschwenglich blüht in vollen Pulsschlägen, und das Morgenrot scheint mir in die Seele und beleuchtet alles. Wenn ich die Augen zudrücke mit beiden Daumen und stütze den Kopf auf, dann zieht diese große Naturwelt an mir vorüber, was mich ganz trunken macht. Der Himmel dreht sich langsam, mit Sternbildern bedeckt, die vorüberziehen; und Blumenbäume, die den Teppich der Luft mit Farbenstrahlen durchschießen. Gibt es wohl ein Land, wo dies alles wirklich ist? Und seh ich da hinüber in andre Weltgegenden?"

58 Ulrike Growe, Das Briefleben Bettine von Arnims – Vom Musenruf zur Selbstreflexion: Studie zu <Goethes Briefwechsel mit einem Kinde>, <Die Günderode> und <Clemens Brentano's Frühlingskranz>, Würzburg 2003, p. 156: "Dem ganzen Briefverkehr ist konstrastierend vor der Folie des drohenden Selbstmordes eine jugendliche Unbeschwertheit und Träumerei unterlegt, und eine Offenheit und Akzeptanz, die so im Austausch mit dem Bruder Clemens oder dem abgöttisch geliebten Goethe nicht vorhanden ist."

59 Edith Waldstein, Bettine von Arnim and the Politics of Romantic Conversation, Columbia 1998, p. 56.

60 Konstanze Bäumer/ Hartwig Schultz, Bettina von Arnim, Stuttgart 1995, p. 39.

61 Elke Frederiksen/ Monika Shafi,"Sich im Unbekannten suchen gehen": Bettina von Arnims <Die Günderode> als weibliche Utopie, in: Inge Stephan/ Carl Pietzcker(Hg.), Kontroversen. Alte und neue Akten des VII. Internationalen Germanisten-Kongresses(Göttingen 1985), Bd 6, Frauensprache – Frauenliteratur?, Tübingen 1986, pp. 54-61, hier p. 56: "Er ist als historische Botschaft zu lesen, indem er einen gesellschaftlichen

Gegenentwurf beschreibt, der die Vision einer grundlegend veränderten Gemeinschaft enthält. Dieser Briefroman umfaßt zugleich gelebte, utopische Praxis, denn in ihrer Freundschaft verwirklichen Bettine und Karoline die von ihnen geforderten Ideale. Sie erreichen beispielsweise in ihrer Beziehung eine herrschaftsfreie Kommunikation, die intellektuellen Austausch mit intensiver emotionaler Hingabe verbindet."

62 Michael Wetzel, Private Dancer. Korrespondenzen zwischen Bettine Brentano, Goethe und anderen, p. 79: "Bettines Schreibweise hat durchaus eine Affinität zur heutigen Popkultur. Vor allem antizipiert sie mit ihrer Ersetzung von Erfahrungen durch Erlebnisse den journalistischen Sensationsstil und befriedigt schon durch die Mitteilung intimer Geständnisse die Neugier und Identifikationsbedürftigkeit eines Massenpublikums. Ihre epochale Provokation ist aber nicht der Inhalt, sondern die Signatur: die Veröffentlichung des Briefwechsels unter ihrem Namen und dem Goethes. Damit legt sie aber nur ein Phänomen offen, daß vor ihr entstanden ist und von historischen Größen wie Goethe in erster Linie gefördert wurde: die Erfindung des Autors und damit das hermeneutische Mißverständnis von Texten als Enthüllungen über ihre Produzenten."

63 Bettina von Arnim, Goethes Briefwechsel mit einem Kinde, in: BYU ScholarsArchive, p. 65: "Dann plaudre ich, wie es mir behagt; die Antwort aber, die ich mir in Ihrem Namen gebe, spreche ich mit Bedacht aus: »Mein Kind! Mein artig gut Mädchen! Liebes Herz!« Ja, so klingt's aus jener wunderbaren Stunde herüber, in der ich glaubte von Geistern in eine andre Welt getragen zu sein; und wenn ich dann bedenke, daß es von Ihren Lippen so widerhallen könnte, wenn ich wirklich vor Ihnen stände, – dann schaudre ich vor Freude und Sehnsucht zusammen. O wieviel hundertmal träumt man und träumt besser, als einem je wird. – Mutwillig und übermütig bin ich auch zuweilen und preise den Mann glücklich, der so sehr geliebt wird; dann lächeln Sie und bejahen es in freundlicher Großmut."

64 Bettina von Arnim, Goethes Briefwechsel mit einem Kinde, in: BYU ScholarsArchive, p. 101: "Das ist meine erste Aufgabe, daß ich mich Dir aneigne, nicht aber Dich besitzen wolle, Du Allbegehrlichster!"

65 Barbara Becker-Cantarino, »Großmutter Laroche«: Erinnerungs-Räume der Jugendzeit in Bettina von Arnims »Die Günderode« und »Clemens Brentanos Frühlingskranz«, in: Raumkonfigurationen in der Romantik, hrsg. v. Walter Pape, Tübingen 2009, pp. 15-24, hier p. 20.

66 Ibid., p. 22.

67 Bettina von Arnim, Die Günderode, in: BYU ScholarsArchive, p. 435: "Ich hab keine Vorrechte, ich hab nichts, als den geheimen Wert, von Dir nicht verlassen zu sein, sondern angesehen mit Deinen Geistesaugen, die Gedanken in mich hineinzaubern, welche ich nie geahnt haben würde, läse ich sie nicht in Deinem Geist."

68 Bettina von Arnim, Die Günderode, in: BYU ScholarsArchive, p. 30: "Schreib mir viel, auch über meine Sachen, ich schicke dann mehr. Daß ich als Narziß mich gegen Dich verschanze, besser wie im Gespräch, wo Du immer recht behältst, mußt Du Dir gefallen lassen, so mein ich's, und so hab ich recht, und Du hast unrecht; und ich meine, Du könntest immer zufrieden sein damit, so empfunden zu sein durch Deine eigne frische

Natur, daß Du meiner sicher bist."

69 Bettina von Arnim, Die Günderode, in: BYU ScholarsArchive, p. 436: "Mein Brief ist zerstreut geschrieben, das ist, weil ich Dich suche, - sonst stehst Du vor mir, wenn ich Dir schreibe, da spreche ich mit Dir, die Hälft sind da meine Gedanken, und die Hälft Deine Antwort, denn ich weiß allemal, was Du antwortest, wenn ich Dir was sage; so lerne ich immer das Tiefere, das Weise, das Bestätigende aus Dir."

70 Bettina von Arnim, Die Günderode, in: BYU ScholarsArchive, p. 343: "Mir aber liegt ein Schmerz in der Seele, den ich oft unterdrückte in Deiner Gegenwart, und was mir schwer war; aber eine geheime Sehnsucht, Dich Dir selber zu entführen, Dich Dir selber vergessen zu machen."

71 Bettina von Arnim, Die Günderode, in: BYU ScholarsArchive, p. 289: "Du bist ein groß Geheimnis, aber ein offenbares, aber ich schlafe in Deiner Gegenwart, Dein Geist schläfert mich ein, so träum ich, daß ich wache und empfinde nur alles im Traum und das ist gut; denn sonst würd ich verwirrt sein."

72 Bettina von Arnim, Die Günderode, in: BYU ScholarsArchive, p. 50: "Du, und ich die mit Deinen Fingern spielte beim Sprechen, das war als so, daß ich dacht der Geist wär nah bei uns und trenne uns von allem Unsinn."

73 Bettina von Arnim, Die Günderode, in: BYU ScholarsArchive, p. 457: "Du willst nur, ich soll mich mit mir allein besinnen, damit ich auch lerne, mir selbst raten. Drum vom Brief wollen wir nichts reden. Ich verstehe alles. Und entweder empfind ich manches noch mit Weh, weil ich noch verwundet mich fühl, oder weil ich nicht stark bin, eine göttliche Stimme aus Dir zu vernehmen; mit Weinen horch ich auf Dich. Ich lese aus Deinem Brief Deiner Stimme Laut, dieser rührt mir die Sinne, sonst nichts. Ich bin ein krankes Kind von müd gewordner Liebesanstrengung, und so muß ich jetzt weinen, daß die Sorge, ach ja! die Verzweiflung mir genommen ist!"

74 Bettina von Arnim, Die Günderode, in: BYU ScholarsArchive, p. 93: "Dein ganz Sein mit andern ist träumerisch, ich weiß auch, warum; wach könntest Du nicht unter ihnen sein und dabei so nachgebend, nein, sie hätten Dich gewiß verschüchtert, wenn Du ganz wach wärst, dann würden Dich die gräßlichen Gesichter, die sie schneiden, in die Flucht jagen. - Ich hab einmal im Traum das selbst gesehen, ich war erst zwei Jahr alt, aber der Traum fällt mir noch oft plötzlich ein, daß ich denke, die Menschen sind lauter schreckliche Larven, von denen ich umgeben bin, und die wollen mir die Sinne nehmen, und wie ich auch damals im Traum die Augen zumachte, um's nicht zu sehen und vor Angst zu vergehen, so machst Du auch im Leben aus Großmut die Augen zu, magst nicht sehen, wie's bestellt ist um die Menschen, Du willst keinen Abscheu in Dir aufkommen lassen gegen sie, die nicht Deine Brüder sind; denn Absurdes ist nicht Schwester und nicht Bruder; aber Du willst doch ihr Geschwister sein, und so stehst Du unter ihnen mit träumendem Haupt und lächelst im Schlaf, denn Du träumst Dir alles bloß als dahinschweifenden grotesken Maskentanz."

75 Bettina von Arnim, Die Günderode, in: BYU ScholarsArchive, p. 367: "Ich suche in der Poesie wie in einem Spiegel mich zu sammeln, mich selber zu schauen und durch mich durchzugehen in eine höhere Welt, und dazu sind meine Poesien die Versuche."

76 "작가는 자기 자신에게 글을 써야 하는데, 그것은 편지를 통해 자기 자신과 친숙해야 하기 때문

이다. 세상이 너에게 무한해 보이고 그 안에서 너 자신을 잃어버린 듯이 여겨진다고 내게 말한 바 있지. 그리고 또한 한 걸음도 앞을 향해 내딛을 수 없을 만큼 삶의 범위가 너에게 다시 너무 좁아졌다고 말했지. 이 모든 것은 네가 너의 내면의 사람들과 아직 친숙하지 않았기 때문이며 또한 네가 너 자신을 아직 파악하지 않았기 때문이기도 해. 그러나 편지 속에서 너는 너의 영혼의 거울을 보게 될 것이며, 그렇기 때문에 너 자신에 대한 오류에 빠지지 않기 위해서도 너 자신에 대한 가장 깊은 진실이 필요한 것이지."(Der Schreiber muß zugleich an sich selber schreiben, denn er selbst muß durch den Brief mit sich bekannt werden, Du sagtest mir ja, daß Dir die Welt so unendlich weit vorkomme und Du Dir selber wie verloren darin seist. Und dann sei Dir Dein Lebenskreis wieder so enge, daß Du nur ganz kleine Schritte vorwärts tun könnest. Dies alles kommt daher, daß Du mit Deinem inneren Menschen noch nicht bekannt bist, Du begreifst Dich noch nicht, aber in den Briefen schaust Du in den Spiegel Deiner Seele, darum tut die tiefste Wahrheit Dir selber gegenüber so not, um auf keinen Irrtum zu geraten über Dich selbst) (Bettina von Arnim, Clemens Bretanos Frühlingskranz, in: BYU ScholarsArchive, p. 7).

77 Bettina von Arnim, Goethes Briefwechsel mit einem Kinde, in: BYU ScholarsArchive, p. 379: "Ich erkannte alle, aber die eine nicht, mit feurigen Augen, glühenden Wangen, mit schwarzem, fein gekräuseltem Haar; ich kenne sie nicht, aber mein Herz schlägt ihr entgegen, ein solches Gesicht hab ich schon im Traum geliebt, in diesem Blick liegt etwas, was mich zu Tränen bewegt, diesem Wesen muß ich nachgehen, ich muß ihr Treue und Glauben zusagen; wenn sie weint, will ich still trauern, wenn sie freudig ist, will ich ihr still dienen, ich winke ihr, - siehe, sie erhebt sich und kommt mir entgegen, wir lächeln uns an, und ich kann's nicht länger bezweifeln, daß ich mein Bild im Spiegel erblickte."

78 Michael Wetzel, Private Dancer. Korrespondenzen zwischen Bettine Brentano, Goethe und anderen, pp. 95-96: "Auf dem Wege dieses fröhlichen Narzißmus entgeht Bettine dann auch der Gefahr, bei ihrer Suche nach einem Bild enttäuscht zu werden. Die 'Wunschautobiographie', die - wie Christa Bürger betont - eben gerade 'nicht Deutung eines Lebensverlaufs von einem Endpunkt her und zu einem Ziel (der Bildung eines Individuums) hin' ist, sondern Imagination einer reinen, gedächtnislosen Präsenz, verdankt sich der 'Arbeit des Umphantasierens' als Setzen des 'Präsens Indikativ an die Stelle des Irrealis': 'Schreibend macht Bettine sich zur reinen Energie.'"

79 Brife vom 15. Oktober 1808, Bettin an Friedrich Heinrich Jacobi, in: Bettine von Arnim, Werke und Briefe in vier Bänden, hrsg. von Walter Schmitz und Sibylle von Steinsdorff, Frankfurt am Main 1986ff. Bd. 4: Briefe, hrsg. von Heinz Härtl, Ulrike Landfester und Sibylle von Steinsdorff [in Vorbereitung], Brief Nr. 23: "(...) ich trat vor den Spiegel, ein Schmerzvoller Geist der alle irdischen Züge überwinden hatte, schaute heraus, mitleidslos beleuchtete ich die Gestaldt, mitleidslos blickte es mich wieder an, nun war ich auch biß ins innerste ergriffen, die brennenden Lippen legte ich auf das kalte Glaß; und küßte, so inbrünstig, so Treue schwöhrend, meinem eignen Wesen (...)"

80 "Offenkundig an die Geschichte von Narziß angelehnt, ruft dieser Gründungsmythos in der von Bettine durchweg konsequent weitergeführten Aussparung seines Namens jedoch schon hier auch die Geschichte Echos als Alternative zur Begegnung mit dem Selbst ab, imaginiert Bettine doch gerade nicht die von Narziß ersehnte Vereinigung mit dem Spiegelbild; die Berührung von »brennenden Lippen' und ‚kaltem Glaß' hält vielmehr das Wissen um die Grenze präsent und setzt das ‚eigne Wesen' als ein Drittes ein, das, weder Ich noch Spiegelbild, sich in der unauflöslich ambivalenten Beziehung zwischen beidem als Selbst konstituiert"(Urike Landfester, Echo schreibt Narziß. Bettine von Arnims Mythopoetik des schöpferischen Dialogs und Goethes Briefwechsel mit einem Kinde(1835), in: Atheäum. Jg. 9, 1999, pp. 161-191, hier pp. 178-179).

81 Bettina von Arnim, Die Günderode, in: BYU ScholarsArchive, p. 121.

82 Ulrike Landfester, Echo schreibt Narziß, p. 178. 또한 비슷한 관점을 취하고 있는 다음의 글도 참조할 것(Daniela Langer, "die Antwort aber, die ich mir in Ihrem Namen gebe". Sich-Lesen und Sich-als-Gelesene-Schreiben in Bettine von Arnims Goethe's Briefwechsel mit einem Kinde, in:"Schreiben heißt: sich selber lesen", pp. 133-159).

83 물론 란트페스터는 다시금 해석의 반전을 제시하고 있기는 하다. 가령 그런 '좌절된 대화'는 어쩌면 나르시시즘적 글쓰기, 즉 자기 자신과의 대화를 추구하고자 하는 근원에 우회적으로 도달하게 되는 글쓰기 방식일 수 있다고 한다(Cf. Ulrike Landfester, Echo schreibt Narziß, p. 178).

84 Bernhard Greiner, Echo-Rede und 'Lesen' Ruths. Die Begründung von Autorschaft in Bettine von Arnims Roman Goethes Briefwechsel mit einem Kinde", in: DVjS 70 (1996), pp. 48-66, hier p. 56.

85 Daniela Langer, "die Antwort aber, die ich mir in Ihrem Namen gebe", Sich-Lesen und Sich-als-Gelesene-Schreiben in Bettine von Arnims Goethe's Briefwechsel mit einem Kinde, in: "Schreiben heißt: sich selber lesen", pp. 133-159.

86 Cf. Carola Hilmes, "Lieber Widerhall". Bettine von Arnim: Die Günderode - Eine dialogische Autobiographie, in: Germanisch-Romanische Monatsschrift, N.F. 46 (1996), pp. 424-438. 베티나에 관한 국내 연구에서는 '타인 속에서 자신을 발견하는' 식의 논리(박광자, 타인 속의 나 -베티나 폰 아르님의 『귄더로데』, 실린 곳: 독일언어문학, 30권, 2005년, 77-95쪽)를 제시하고 있는데, 실은 그 '타인'은 귄더로데가 아니라 이미 자신의 투영 (즉 귄더로데로 대상화된 베티나 자신)일 뿐이다. 그 뿐만 아니라 귄더로데와 베티나 간의 동일성을 넘어서 양자 간의 차이 및 허구적 인물로서의 베티나 같은 가능성에 대해서도 전혀 언급되지 않았다는 점이 아쉽다.

87 Carola Hilmes, "Lieber Widerhall". Bettine von Arnim: Die Günderode - Eine dialogische Autobiographie, p. 438: "Bettines Ich ist vielstimmig, ihre Identität befindet sich in stetem Übergang, realisiert sich erst im Hin und Her von Briefen. Die dialogische Autobiographie ist eine Selberlebensbeschreibung, die nicht das Ich in den Mittelpunkt rückt, um es dort zu zentrieren. Das wird bereits am Titelblatt sinnfällig 'Bettine von Arnim: Die Günderode'. Autorenname, Titel und Genre sind nicht eindeutig ausgewiesen. Im Zentrum steht ein Doppelpunkt, der eine Leerstelle markiert. 'Bettine von Arnim: Die Günderode' ist eine Biographie der Freundin und zugleich Selbstaussage im Medium der Kunst. Die beiden so gegensätzlichen Frauen sind existentiell aufeinander angewiesen: 'es ist doch traurig ohne Widerhall in der lebendigen Brust, der Mensch ist doch nichts als Begehren sich zu fühlen im Andern.'"

88 J. G. Fichte, Grundlage der gesamten Wissenschaftslehre, Hamburg 1997, p. 30.

89 Ibid. 이 글귀가 나오는 퓌클러와 주고받은 편지의 시기는 베티나가 『한 어린아이와 괴테와의 서신교환』을 집필하던 1833년 가을쯤으로 추정된다.

90 최문규, "도취와 아이러니의 저 놀랍고도 끝없는 변화" - 독일 낭만주의 작품 이해와 분석, 111-112쪽 참조.

91 Bettina von Arnim, Die Günderode, in: BYU ScholarsArchive, pp. 412-413: "Wer ewig zum Leben begeistert ist, der ist immerdar Lebensfrühling, das Leben ist aber bloß Begeisterung, denn sonst ists Tod; (...) Das ganze Leben ist bloß Zukunftsbegeistrung, nicht ein Moment kann aus dem andern hervorgehn, wär's nicht Begeistrung der Natur fürs Leben. Die Zeit würde aufhören, wär die Natur nicht mehr frühlingsbegeistert, denn bloß daß sie ewig nach der Zukunft strebt, macht, daß sie lebt; und daß sie ewig den Frühling erneuert, das ist ihre Seele, ihr Wort, das Fleisch geworden ist."

92 Bettina von Arnim, Die Günderode, in: BYU ScholarsArchive, p. 514: "Es sind nicht tausend Dichter, es ist nur einer, die andern klingen ihm nur nach; – klingen mit. – Wenn eine Stimme erschallt, so weckt sie Stimmen. Dichter ist nur, der über allen steht. Der Dichtergeist geht durch viele, und dann konzentriert er sich in einem. – Oft wird er nicht erkannt und doch steht er höher als alle. – Wer nicht andre Wege geht, als die schon gebahnten und angewiesenen, der ist nicht Dichter."

93 Bettina von Arnim, Die Günderode, in: BYU ScholarsArchive, p. 409: "ich glaube, daß nichts wesentlicher in der Poesie sei, als daß ihr Keim aus dem Inneren entspringe; ein Funke aus der Natur des Geistes sich erzeugend ist Begeistrung, sei es aus welchem tiefen Grund der Gefühle es wolle, sei er auch noch so gering scheinend. Das Wichtige an der Poesie ist, was an der Rede es auch ist, nämlich die wahrhaftige unmittelbare Empfindung, die wirklich in der Seele vorgeht; sollte die Seele einfach klar empfinden und man wollte ihre Empfindung steigern, so würde dadurch ihre geistige Wirkung verloren gehen. –."

94 'Büri'라고 베티나는 적고 있지만 원래 그는 'Christian Karl Ernst Buri'(1758-1816)를 가리킨다. 작가였던 그는 조피 폰 라 로셰가 사망했을 때 추모의 글을 발표한 바 있다(C.K.E. Totenfeier am Grabe der verewigten Frau Sophie von la Roche, in: Der Neue Teutsche Merkur, 1807, 1. Bd., pp. 165-169).

95 Bettina von Arnim, Die Günderode, in: BYU ScholarsArchive, p. 182: "ich war ganz erschrocken, wie er mir's in die Hand gab, als könnt's mir schaden, ich schleudert's von mir. – Meinen Geist bilden! – Ich hab keinen Geist – ich will keinen eignen Geist; – am Ende könnt ich den heiligen Geist nicht mehr verstehen."

96 Cf. Barbara Becker-Cantarino, »Großmutter Laroche«: Erinnerungs-Räume der Jugendzeit in Bettina von Arnims »Die Günderode« und »Clemens Brentanos Frühlingskranz«, p. 23.

97 Bettina von Arnim, Die Günderode, in: BYU ScholarsArchive, p. 263: "und die Sprache bilde alles Denken; denn sie sei größer wie der Menschengeist, der sei ein Sklave nur der Sprache, und so lange sei der Geist im Menschen noch nicht der vollkommne, als die Sprache ihn nicht alleinig hervorrufe. Die Gesetze des Geistes aber seien metrisch, das fühle sich in der Sprache, sie werfe das Netz über den Geist, in dem gefangen er das Göttliche aussprechen müsse, und solange der Dichter noch den Versakzent suche und nicht vom Rhythmus fortgerissen werde, so lange habe seine Poesie noch keine Wahrheit; denn Poesie sei nicht das alberne sinnlose Reimen, an dem kein tieferer Geist Gefallen haben könne, sondern das sei Poesie: daß eben der Geist nur

sich rhythmisch ausdrücken könne, daß nur im Rhythmus seine Sprache liege, während das Poesielose auch geistlos, mithin unrhythmisch sei – und ob es denn der Mühe lohne, mit so sprachgeistarmen Worten Gefühle in Reime zwingen zu wollen, wo nichts mehr übrigbleibe als das mühselig gesuchte Kunststück zu reimen, das dem Geist die Kehle zuschnüre. Nur der Geist sei Poesie, der das Geheimnis eines ihm eingebornen Rhythmus in sich trage, und nur mit diesem Rhythmus könne er lebendig und sichtbar werden; denn dieser sei seine Seele, aber die Gedichte seien lauter Schemen, keine Geister mit Seelen. – ”

98 언어와 사유에 관한 베티나의 시각은 ‘싱클레어의 입으로’뿐만 아니라 인물 베티나의 입에서 나온 반복적 언술을 통해서도 다음과 같이 서술되고 있다. “단어들이 개별적으로 구성되는 조각들일까? 그것들은 사유 속에서 균형 있게 정렬되는 것이 아닐까? - 하나의 단어는 언제나 그 자체로는 아름답지만, 그러나 개개 단어들이 신성한 질서 속에서 사유를 표현해내지 않는다면 사유는 아름답지 않다. 그러나 어떤 낭만적 무질서가 존재하며 혹은 자연 속에서 어떤 매혹적인 것, 아주 유혹적인 것을 지닌 어떤 우연의 질서가 오히려 존재한다...”(Sind Worte nicht einzelne architektonische Teile? Sind sie nicht symmetrisch zu ordnen im Gedanken? – Ein Wort ist immer schön an sich, aber Gedanken sind nicht schön, wenn die schönen Worte nicht in einer heiligen Ordnung ihn aussprechen; es gibt aber eine gewisse romantische Unordnung oder vielmehr Zufallsordnung, die so was Lockendes, ja ganz Hinreißendes hat in der Natur;...”(Bettina von Arnim, Die Günderode, in: BYU ScholarsArchive, pp. 378-379).

99 Cf. F. Schlegel, KA. Bd. I, pp. 232-237.

100 Bettina von Arnim, Die Günderode, in: BYU ScholarsArchive, p. 343: “so - verschleiernd die Welt, Bedeutung und geheime Gewalt die in der Tiefe dir quellen, - durchwandelt ein leiser schleierwehender Geist jene Gefilde, die im Bereich der Poesie Du Dir abgrenzest.”

101 Bettina von Arnim, Die Günderode, in: BYU ScholarsArchive, p. 409: “Schreibe mir ein bißchen ordentlich über das Chaos Deiner Verwirrungen”

102 Bettina von Arnim, Die Günderode, in: BYU ScholarsArchive, pp. 460-461: “– Phantasie? – Was ist Phantasie? – Ist das nicht der Geister bunter Spielplatz, auf den sie Dich als freundliches Kind mitnehmen, und so sehr auch alles Spiel ist, so hat es doch Beziehung auf die Geheimnisse in der Menschenbrust. – Und die Menschen wissen’s nicht, wie sie zum Licht des Geistes kommen, denn dies ist eins von den Lebensgeheimnissen. Aber wie weiß ich’s doch? – Vielleicht, weil ich gleich so festen Glauben in sie hatte, vielleicht ist’s der Glaube, der die Geister fesselt, daß sie einem näherrücken müssen. Denn der Glaube bannt alles in einem hinein, und der Unglaube verjagt alles.”

103 Bettina von Arnim, Goethes Briefwechsel mit einem Kinde, in: BYU ScholarsArchive, p. 140: “Denn eigentlich ist dieses geschriebene Geplauder nur eine Nothilfe – die tiefste Liebe in mir ist stumm: es ist, wie ein Mückchen summt um Deine Ohren im Schlaf, und wenn Du nicht wach werden willst und meiner bewußt sein, dann wird Dich’s stechen.”

104 Bettina von Arnim, Die Günderode, in: BYU ScholarsArchive, p. 70: “Dein Brief, liebe Bettine, ist wie der Eingang zu einem lieblichen Roman, ich habe ihn genippt wie den Becher des Lyäus, der ein Sorgenbrecher ist [...]. Lasse Deine Briefe recht heiter sein ohne schwermütigen Nachklang, Deiner Natur ist eine freie ungehemmte Lebenslust gemäß [...]. Du bist wie eine Pflanze, ein bißchen Regen erfrischt Dich, die Luft begeistert Dich und die Sonne verklärt Dich."

105 Wolfgang Bunzel, Ver-Öffentlichung des Privaten. Typen und Funktionen epistolarischen Schreibens bei Bettine von Arnim, in: Bernd Füllner(Hg.), Briefkultur im Vormärz, Bielefeld 2001, pp. 41-96.

106 Barbara Becker-Cantarino(Hg.), Bettina von Arnim Handbuch, Berlin/Boston 2019, pp. 440-441: "Die Ver-Öffentlichung des Privaten, ob in dem umfänglichen Briefromanen oder in anderen Publikationen, überschreitet dabei die Grenzen der idealistischen Kunstdoktrin, die den Anspruch von Kunst in ihrem autonomen Status begründet hatte. Der romantischen Publizistin Bettina von Arnim geht es nicht um die Demonstration notwendigerweise weltabgewandter Innerlichkeit. Stattdessen bekunden ihre exzentrische Poesie des Eigenen und ihre gezielten publizistischen Interventionen das grundsätzliche Interesse der Autorin an den Geschicken der Welt. Damit treffen Eigenes und Fremdes, Privates und Öffentliches in ihrem Werk in je und je neuen Konstellationen aufeinander und arbeiten sich aneinander ab."

107 Cf. Drei Briefe von Beethoven an Bettina, in: Athenäum für Wissenschaft, Kunst und Leben, Januar-Heft 1839, pp. 1-7. 베티나에 보낸 세 통의 일명 '베토벤 편지'의 경우 여러 버전이 있다. 1838/39년의 뉘른베르크 버전(Drei Breife in das Nürnberger Athenæum), 1841년 베를린 버전(Drei Briefe in das Berliner Athenäum), 그리고 1841-1848년에 발견된 다른 인쇄 버전들도 있다. 이 버전에 대한 최근의 연구로는 다음을 참조할 것(Heinz Härtl, Drei Briefe von Beethoven: Genese und Frührezeption einer Briefkomposition Bettina von Arnims, Bielefeld 2016).

108 베티나에게 보낸 '베토벤 편지'의 진위성과 관련해서는 상당수의 연구가 있지만 대표적으로는 다음의 연구를 참조할 것(Oskar Fambach, Eine Brieffälschung der Bettina von Arnim als Nachklang des Beethoven-Jahres, in: Deutsche Vierteljahrsschrift für Literaturwissenschaft und Geistesgeschichte, Vo. 45, 1971, pp. 773-778). 팜바흐에 의하면, 편지 전체를 "베티나에 의해 수정된 편지"(einen von Bettina 'retuschierten' Brief)로 볼 수 없다고 하는데, "왜냐하면 '수정하다'(retuschieren)와 '변경하다(verändern)(즉, 위조하다 fälschen)는 서로 다른 것이기 때문이다"(p. 777). 또 하나의 대표적인 연구로는 다음을 참조할 것(Renate Moering, Bettine von Arnims literarische Umsetzung ihres Beethoven-Erlebnisses, in: Der „männliche" und der „weibliche" Beethoven. Bericht über den Internationalen musikwissenschaftlichen Kongress vom 31. Oktober bis 4. November 2001 an der Universität der Künste Berlin, hrsg. von Cornelia Bartsch, Beatrix Borchard und Rainer Cadenbach, Beethoven-Haus, Bonn 2003, pp. 251-277).

109 Jan Racek, Beethoven und Goethe in Bad Teplitz 1812: Mit Tafel, in: Studien zur Musikwissenschaft, 25. Bd., Festschrift für Erich Schenk, Graz-Wien-Köln 1962, pp. 406-416.

110 Hermann von Pückler-Muskau, Briefwechsel und Tagebücher, Bd. I, Bremen 2016, p. 94.

111 Bettina von Arnim, Goethes Briefwechsel mit einem Kinde, in: BYU ScholarsArchive, p. 74: "Häufig hab ich denselben Traum, (...) es ist, als solle ich vor Dir tanzen, ich bin ätherisch gekleidet, ich hab ein Gefühl, dass mir alles gelingen werde, die Menge umdrängt mich. – Ich suche Dich, dort sitzest Du frei mir gegenüber; es ist als ob Du

mich nicht bemerktest und seiest mit anderem beschäftigt; jetzt trete ich vor Dich, goldbeschuhet, und die silbernen Ärmel hängen nachlässig, und warte; da hebst Du das Haupt, Dein Blick ruht auf mir unwillkürlich, ich ziehe mit leisen Schritten magische Kreise, Dein Aug verlässt mich nicht mehr, Du musst mir nach, wie ich mich wende und ich fühle einen Triumph des Gelingens."

112 Barbara Becker-Cantarino, Bettina von Arnim Handbuch, p. 378.

113 L. Tiecks Brief an Heinrich Brockhaus, 17. Oktober 1835: "Sie können es nicht so wissen wie ich, wie dieses fatale Buch eine einzige grobe Lüge ist. Mich hat in unsern Zeiten noch nichts so sehr, wie dieses Geschreibsel empört."

114 F. Schlegel, KA, Bd. II, p. 337.

115 Bettina von Arnim, Werke. Die Günderode, Bd. 2, hrsg. v. Heinz Härtl, Berlin/Weimar 1989, p. 807.

116 Miriam Seidler, Außerordentlichkeitspoesie. Heinz Härtl untersucht die Genese und Frührezeption von Bettina von Arnims Beethovenbriefen, in: https://literaturkritik.de/haertl-drei-briefe-von-beethoven-ausserordentlichkeitspoesie,23663.html: "In ihren ab 1835 erscheinenden Briefbüchern verbindet sie Fakten und Fiktion, indem sie reale Briefwechsel zum Ausgangspunkt ihres Schreibens macht, diese aber auf vielfältige Art und Weise bearbeitet, umstellt und mit neuen Bedeutungsschichten ausstattet. Die der romantischen Universalpoesie verpflichtete Autorin verknüpft so auf eigenwillige Weise Dichtung und Wahrheit. Dabei wird sie missverstanden, wenn man ihr eine bewusste Fälschung der Originalbriefe unterstellt. Ziel ihrer künstlerischen Verfremdung der Briefe war es vielmehr, der Wahrheit des Faktischen eine Wahrheit des inneren Erlebens gegenüberzustellen."

117 Yvonne Delhey, »Auch die wahrsten Briefe sind meiner Ansicht nach nur Leichen« - Die Briefe der Karoline von Günderrode, p. 272: "Die Anzahl der Briefe Karoline von Günderrodes, die man in diesem Buch liest und die tatsächlich von ihr geschrieben wurden, ist gering. In der Darstellung Bettina von Arnims findet sie einen Dialogpartner und eine Harmonie im Gespräch, die in den Originalbriefen der Günderrode meist fehlt."

118 이에 대해서는 다음을 참조할 것(Carola Hilmes, "Lieber Widerhall". Bettine von Arnim: Die Günderode – Eine dialogische Autobiographie, in: http://www.goethezeitportal.de/fileadmin/PDF/db/wiss/arnim/hilmes_arnim_guenderode.pdf, p. 6: "Es stellt zwei Frauen zugleich vor, ist Biographie und Autobiographie in einem.")

119 Bettine von Arnim, Werke und Briefe in vier Bänden, hrsg. v. Walter Schmitz und Sibylle von Steinsdorff, Frankfurt 1986ff, Bd. I, p. 979: "Nicht als Autorin ihrer Werke, sondern als bewunderte und umstrittene Persönlichkeit ist B(ettine) im Bewußtsein der Nachwelt geblieben, und was sie veröffentlichte, wurde stets als Zeugnis ihrer Individualität gewürdigt. Schon von ihren Zeitgenossen wurde der 'Mythos Bettine' kultiviert, und sie selbst ordnete sich diesem Idealbild ihres Lebens unter."

120 Heinz Härtl, Bettina von Arnim. Romantikerin und Demokratin. Eine Annäherung, in: Bettine von Arnim. Romantik und Sozialismus(1831-1859), hrsg. v. Hartwig Schulz/Heinz Härtl/ Marie-Claire Hoock-Demarle, Schriften aus dem Karl-Marx-Haus Nr. 35, Trier 1987, pp. 27-40.

121 Cf. Wilhelmy, Der Berliner Salon im 19. Jahrhundert, 1989, p. 587.

122 Sabine Schormann, Bettine von Arnim. Die Bedeutung Schleiermachers für ihr Leben und Werk, Tübingen 1993; Barbara Becker-Cantarino, Bettina von Arnim Handbuch, Berlin/Boston 2019, pp. 212-213.

123 Emma Graf, Rahel Varnhagen und die Romantik, Bremen 2010(1903), p. 98: "So ergänzten sich nach Besiegung aller Vorurteile und Eitelkeit die beiden Naturen zu harmonischem Zusammenklang, und ob die Welt sich weiter streiten mochte, welche von ihnen mehr zu schätzen sei, sie selber, Bettina und Rahel, hatten sich in gegenseitiger Anerkennung vereinigt."

124 Zitiert aus: https://www.fembio.org/biographie.php/frau/biographie/bettine-von-arnim/: "Ich bin sehr glücklich, gibt es etwas Beseligenderes, als aus der Einfalt der früher gelebten Jahre wie aus dem Zentrum der Glut in neu geweckte Flammen aufzuschlagen."

125 베티나가 거주했던 "인 덴 첼텐 5번지"(In den Zelten 5)를 기리기 위해 1990년 2월 23일에 기념 현판식이 열렸다.

126 Petra Wilhelmy, Der Berliner Salon im 19. Jahrhundert, p. 587: "Einen Salon im strengen Sinne des Wortes führte Bettine nicht, gab jedoch interessante, unkonventionelle und sehr heterogen zusammengesetzte Gesellschaften. Das soziale Spektrum des Bekanntenkreises von Bettine von Arnim war sehr breit, in ihrem Hause verkehrten zugleich preußische Prinzen und demokratische Schriftsteller." 사적인 영역에서 공적인 영역으로 전환하는 베티나의 사교적 활동에 대해서는 다음의 연구서에 잘 정리되어 있음 (Konstanze Bäumer/Hartwig Schultz, Bettina von Arnim, pp. 68-85).

127 Arnim Strohmeyr, Die Frauen der Brentanos. Porträts aus drei Jahrhunderten, Berlin 2010, p. 142: "Die Tendenz dieser Teegesellschaften ist eine sozialistische, indem die Versammelten sich vorzugsweise über ein in Wesen un Form zu verbesserndes Leben unterhalten und besprechen. Vorzüglich ist es das weibliche Geschlecht, das sich nach der Befreiung von den Fesseln des Herkommens, der Mode, der Konvenienz sehnt. Unter allen Frauen dieser Art in Berlin, die einen öffentlichen Ruf genießen, ist Bettina von Arnim unstreitig die erste und bedeutendste."

128 Cf. Maxe von Arnim, Tochter Bettinas, Gräfin von Oriola. 1818-1894. Ein Lebens- und Zeitbild. Aus alter Quellen geschöpft von Johannes Werner, Leipzig 1937, p. 173.

129 Zitiert nach Konstanze Bäumer/ Hartwig Schultz, Bettina von Arnim, p. 76: "Ihr haltet den Fürsten nur die Reden, auf die sie eingerichtet sind zu antworten ohne aufzuwachen; denn die Wahrheit würde sie wecken, und sie wären keine Automaten mehr, sondern selbstständige Herrscher (...) Siehest Du, da bin ich auch einmal ganz anders (...). Ich würde dem König ein Licht anzünden eines idealischen Staats, weil dies der einzige wahre ist, ich würde bei dieser Erleuchtung ihm dienen mit allen Kräften meines Geistes und mit denen meiner Liebe."

130 사적으로도 두 사람 간의 서신 교환이 이루어졌는데, 베티나가 쓴 41편의 편지와 빌헬름 4세가 쓴 21편의 편지에 대해서는 다음을 참고할 것("Die Welt umwälzen - denn darauf läufts hinaus". Der Briefwechsel zwischen Bettina von Arnim und Friedrich Wilhelm IV, 2 Bände, herausgegeben und kommentiert von Ursula Püschel, Bielefeld 2001).

131 베티나의 명제 같은 언술은 예술과 정치의 관계를 엿볼 수 있는 점에서 매우 중요하며, 여러 단행본과 논문의 제목으로 사용된 바 있다. 특히 다음의 논문을 참도할 것(Ulrike Landfester,

"Die echte Politik muss Erfinderin sein". Überlegungen zum Umgang mit Bettine von Arnims politischem Werk, in:"Die echte Politik muss Erfinderin sein": Beiträge eines Wiepersdorfer Kolloquiums zu Bettina von Arnim, hrsg. v. Hartwig Schulz, Berlin 1999, pp. 1-37).

132 "Die Welt umwälzen - denn darauf läufts hinaus". Der Briefwechsel zwischen Bettina von Arnim und Friedrich Wilhelm IV, Bd. I, pp. 81-82: "Ich vermags mit dem Volk zu reden, von seiner Entfremdung dem angestammten Herrscher, es zu erlösen, daß es sich frei in der Liebe zu ihm bewege und nicht blos als Chorus auf dem Welttheater. Ich habe den Begriff vom Rechten, und auch den Muth, den Schlüssel dazu (...) so bald mein König mit diesem Schlüssel das Paradies Deutschlands zu erschließen geneigt sein wird."

133 Bettina von Arnim, Clemens Bretanos Frühlingskranz, in: BYU Bettina-Archive, p. 52: "Was ist der Unterschied zwischen Gott und Menschen? – Daß in ihm alle Lebensreize wach sind, und aber im Menschen schlafen sie. – Er hebt das Haupt, der Mensch, weil ihm irgend etwas deucht, – er sucht seine Meinung, er glaubt sie gefunden zu haben; er paßt sie den unbegriffnen Dingen an, die müssen sich danach zurechtsetzen lassen, und den nennt man einen Weisen, der das Ursprüngliche so lange verkehrt und das Göttliche durch Schein und Trug ersetzt, damit er sagen könne, von mir geht der Begriff aus. (...) **Wär ich König, ich würde die Welt untertauchen und sie gereinigt aus den Zeitenwogen hervorgehen lassen.-**"

134 Bettina von Arnim, Dies Buch gehört dem König, in: BYU ScholarsArchive, p. 59: "Wir geben ein Exempel vom schönsten Verhältnis zwischen Fürst und Untertan, Republik und Monarchie zugleich! – Daraus entspringt zweierlei Gutes. Daß wir nicht vergebens seufzen nach was wir schon besitzen, die Republik ist unser Himmelbett, die Monarchie ist unser guter Stern am Himmel."

135 Novalis, Schriften. Die Werke Friedrich von Hardenbergs, Stuttgart 1960–1977, Bd. 2, p. 489: "Es wird eine Zeit kommen und das bald, wo man allgemein überzeugt sein wird, daß kein König ohne Republik, und keine Republik ohne König bestehn könne, daß beide so unteilbar sind, wie Körper und Seele, und daß ein König ohne Republik, und eine Republik ohne König, nur Worte ohne Bedeutung sind. Daher entstand mit einer echten Republik immer ein König zugleich, und mit einem echten König eine Republik zugleich. Der echte König wird Republik, die echte Republik König sein.

136 Lieber Kronprinzip! Liebe Freundin! Bettine von Arnims Briefwechsel mit Karl von Württemberg. Mit einem Anhang: Bettine von Arnims Briefwechsel mit Julius von Hardegg, hrsg. v. Ulrike Landfester und Friederike Loos, Heidelberg 1988, p. 40: "Der Charackter des Volkes und des Fürsten müssen sich in einander spiegeln. [⋯] Der Volkscharackter muß sich verklärt im Herrscher ausdrücken, das Volk muß ein Gefühl des Einverständnisses haben mit der Art und Weise seines Herrn, das Volk muß in seinen Tendenzen durch seinen Herrscher sich geltend machen in dem allgemeinen Weltorganismus. Wir sind nicht mehr auf der Stufe, wo Constitution die Kräfte der Einwirkung eines Fürsten zersplittern könnte. Nein sie hätte immer dar das unbedingte nothwendige Prinzip einer freien Regierung sein müssen (...)"

137 Bettina von Arnim, Gespräche mit Dämonen: Des Königsbuches zweiter Band, in:

BYU ScholarsArchive, pp. 153-154: "Volksgeist: Ein geistiger Gefürsteter ist, der den Volkscharakter in sich trägt. - Frei soll er handeln im Sinne des Volks. Keine Willkür, keine Gnadenlaune, kein Erdbeben aus Grillen, die der Wind zusammenweht.

(...)

Volk: Dem Herrscher, der den Volkscharakter in sich verklärt, dem jubelt das Volk, denn das Gute macht alle freudig, und alle nehmen teil am Großen und beten ohne Unterlaß, daß es ihm gelinge, und sind voll Weh, wenn ihm Böses widerfährt."

138 Bettinas Schreiben an den Magistrat von Berlin, 19. Februar 1847: "Die Gründe also, warum ich den Proletarier am höchsten stelle, ist, weil er der Gemeinheit enthoben ist, als Wucherer dem Weltverhältniß etwas abzugewinnen, da er Alles gibt und nicht mehr dafür wieder verzehrt, als er eben bedarf um neue Kräfte zum Gewinn Anderer sammeln zu können. – Offenbar ist daher das Verhältniß des Letzteren zur Nation das edlere, durch seine Hülflosigkeit das Ehrfurcht erweckendste; ja trotz seiner Armuth für die Armuth am glücklichsten wirkende. – Und wenn ich dem Bürgerthum vor dem Adel den Vorzug gebe aus dem Grunde, weil sein praktischer Character dem eingebildeten des Adels gegenübersteht; ich daher die Bürgerkrone dem Ordenssterne vorziehe, so würde ich dem allem noch vorziehen vom Volke anerkannt zu sein, dessen Verzichtungen heroisch und dessen Opfer die uneigennützigsten sind."(Gertrud Meyer-Hepner, Der Magistratsprozeßder Bettina von Arnim, Weimar 1960, p. 38).

139 Bettina von Arnim, Dies Buch gehört dem König, in: BYU ScholarsArchive, pp. 227-228: "Fr. Rat. (...) Wer das Naturgesetz versteht, der ist kühn, er fühlt sich im Verbrecher – Sie zucken die Achseln? – Ich fühl mich im Verbrecher, ich will mit meinem Naturgenie vortreten, und der Regent wird mich verstehen und wird eingehen auf was die Welt umwälzen wird, und das ist grade die höchste Zeit jetzt.
Bürgermeister. Nur im Regenten irren Sie, ihm wird's so wenig einleuchten, als daß die Seele ein konsonierender Ton der Unsterblichkeit sei, was Sie jetzt öffentlich behauptet haben. Wenn das Naturgeist ist, so werden wir nicht daraus klug.
Fr. Rat. Ist das Ihr Urteil über einen so erhabenen Begriff? – er ist nicht von mir! – – Ich aber werde nicht klug aus eurer Staatsklugheit, die an ihren Sätzen und Gesetzen durchaus keinen Zweifel zugibt und der Armut im Geist ihre verschmitzte Lügen aufbürdet. – Ach, der einfache Sinn des Volkes muß die Großmut des Herrschers – muß seinen Geist regieren. – Er muß empfinden, daß der reiner dastehe, der im Verbrecher sich selbst begreift, während jene, die sich dünken, gar nichts mit ihm gemein zu haben, wohl geistig viel unbefähigter sind, sich von ihrer verbrecherischen Begrifflosigkeit zur Vernunft herauf zu schwingen. Bürgermeister. Ein Regent soll sich im Verbrecher fühlen! – O, Übermut eines weiblichen Kopfs.
Pfarrer. Ihre Weltumwälzung geht von so seltsamen Axiomen aus, als nähmen Sie keine Rücksicht auf die Achse, um die sich diese Welt herumwälzt!
Fr. Rat. Das ist eben die Naturpolitik, daß sie von einem eurer Politik ganz unscheinbaren Grund ausgehe. Kein Russe, kein Österreicher, kein Franzose noch Türke werden darin etwas sehen, daß ich mein Verbrechersystem auf einen andern Fuß setze. – Aber siehe da! der Wahrheit Licht fand eine Spalte, wo sie durchdringe: Und es ward Licht!"

140 Ibid: "So wenig, wie man die Sprache auf einmal wegwerfen kann, kann man die Welt umwälzen; sie bildet sich allmählich, sonst würde uns keiner verstehen!"

141 Ibid., p. 228: "Weltumwälzungen sind grad nur dem möglich, der's probiert."

142 Heinrich Heine an Varnhagen von Ense, aus: https://www.fembio.org/biographie.php/frau/biographie/bettine-von-arnim/: "Ihr »Königsbuch« mißfiel in gewissen Kreisen sehr, und besonders war ihr Schwager Savigny - schon Justizminister - ungemein unzufrieden. In einer Gesellschaft Abends bei ihm wurde Bettina wegen des Buches lebhaft angegriffen und geneckt, sie sagte im Trotz, es würden noch mehrere Bände folgen, für die möge man etwas Ärger sparen, die würden dessen noch mehr anregen. Savigny sagte kopfschüttelnd: »Noch mehrere Bände? Es ist an Einem schon viel zu viel!« Da ergrimmte Bettina denn doch, und sagte vor allen Leuten: »Ich muss doch dem König vollkommen klar machen, daß er Esel zu Ministern hat, das kann ich nicht in aller Kürze.« Man schwieg erschrocken, auch Savigny, der vergebens zu lächeln versuchte, es wurde ein Grinsen daraus."

143 『왕의 책』에 대한 동시대 출판업계 및 정치적 수용에 대한 연구는 다음을 참조할 것(Heinz Härtl, Die zeitgenösische publizistische Rezeption des Königs-Buches, Bettina von Arnim-Studien, Vol. 2, 1992).

144 Barbara Becker-Cantarino, Bettina von Arnim Handbuch, p. 327.

145 Carl Ferdinand Gutzkow, Aus der Zeit und dem Leben, Leipzig 1844, p. 375: "Das neue Königsbuch dieser merkwürdigen Frau ist kein Buch in dem Sinne, daß es wie herbstliches Geblätter eine Weile raschele und unterm Winterschnee vergessen seyn wird, sondern es ist ein Ereigniß, eine That, die weit über den Begriff eines Buches hinausfliegt. Dies Buch gehört dem König, es gehört der Welt. Es gehört der Geschichte an, wie Dante's Komödie, Macchiavelli's Fürst, wie Kant's Kritik der reinen Vernunft. Es sagt Dinge, die noch Niemand gesagt hat, die aber, weil sie von Millionen gefühlt werden, gesagt werden mußten."

146 U. Landfester, Selbstsorge als Staatskunst, p. 284. 또한 다음의 글도 참고할 것(U. Landfester, Bettine Brentano-von Arnim(1785-1859) als politische Schriftstellerin - "Selbstdenken ist der höchste Mut", in: Geist und Macht: Die Brentanos, hrsg. v. Bernd Heidenreich, pp. 71-91).

147 Renae Möhrmann, Die andere Frau: Emanzipationsansätze deutscher Schriftstellerinnen im Vorfeld der Achtundvierzige Revolution, Stuttgart 1977, p. 34.

148 Konstanze Bäumer/Hartwig Schultz, Bettina von Arnim, Stuttgart/Weimar 1995, p. 98. 이 밖에도 다음을 참조할 것(Hartwig Schulz, "Euer Unglaube an die Naturstimme erzeugt den Aberglauben an eine falsche Politik". Fiktive Salongespräche in Bettines Königsbuch, in: Salons der Romantik, Beiträge eines Wiepersdorfer Kolloquiums zu Theorie und Geschichte des Salons, hrsg. v. H. Schulz, Berlin-New York 1997, pp. 251-270).

149 Cf. Landfester, Jenseits der Schicklichkeit, p. 291; Barbara Becker-Cantarino, Bettina von Arnim - Handbuch, p. 432.

150 Bettina von Arnim, Armenbuch, hrsg. v. Werner Vordtriede, Frankfurt am Main 1969, p. 89: "Wer ist des Staates Untertan? Der Arme ists! - Nicht der Reiche auch? - Nein, denn seine Basis ist Selbstbesitz und seine Überzeugung, daß er nur sich angehöre! - Den Armen fesseln die Schwäche, die gebundenen Kräfte an seine Stelle. - Die Unersättlichkeit, der Hochmut, die Usurpation fesseln den Reichen an die seine.

Sollten die gerechten Ansprüche des Armen anerkannt werden, dann wird er mit unzerreißbaren Banden der Blutsverwandtschaft am Vaterlandsboden hängen, der seine Kräfte der Selbsterhaltung weckt und nährt, denn die Armen sind ein gemeinsam Volk, aber die Reichen sind nicht ein gemeinsam Volk, da ist jeder für sich und nur dann sind sie gemeinsam, wenn sie eine Beute teilen auf Kosten des Volkes.'

151 Zitiert nach Ulrike Landfester, "Bin doch nur ein einfältig Mädgen", Romantische Reihe, Teil 2: Bettina von Arnim und die Frauenfrage, in: https://www.deutschlandfunk.de/bin-doch-nur-ein-einfaeltig-maedgen.1184.de.html?dram:article_id=185306: "Lieber Kronprinz, nichts ist gesund als nur reines Menschlichsein mit sich und andern. Es umfaßt alles, und erlangt alles, und besteht alles, in ihm liegt die wahre Lösung aller Schicksalskarten (...)"

152 최근에 나온 전기적 연구는 다음을 참조할 것(Sonja Hilzinger, "Herzhaft in die Dornen der Zeit greifen...". Bettine von Arnim in Berlin 1811-1859, Berlin 2020).

153 이와 같은 낭만주의의 양명성에 관한 최근 연구로는 다음을 참조할 것(Romantik und Freiheit. Wechselspiele zwischen Ästhetik und Politik, hrsg. v. Michael Dreyer/ Klaus Ries, Heidelberg 2014).

154 하르트비히 슐츠(Hartwig Schulz)의 해석은 다음과 같다."Ich glaube, sehr viel ist dadurch beschrieben, dass sie von der Frühromantik, die in Jena damals auch im Sinne der Französischen Revolution eine Erneuerung erhoffte, dass sie von dieser Zeit sehr viel Ideenmaterial transportiert hat in die Zeit des Vormärz, und dass sie sozusagen das, was damals im geistigen Bereich in Jena passierte, ins Politische übertragen hat. Dass sie dann eine Brücke bildet von der Frühromantik zu der Zeit des Vormärz, zu den Jungdeutschen, zu den Frühsozialisten."(Zitiert aus: https://www.deutschlandfunkkultur.de/sozialkaempferin-und-schriftstellerin.932.de.html?dram:article_id=130327

155 Marianne Heukenkamp, "Den 'Willen zum Ideal' ins Leben selbst verwandeln". Bettina von Arnims <Die Günderode> im Spannungsfeld von Leben, Philosophie und Poesie, Egelsbach 1991, p. 14: "Die Autorin hatte in ihrem Buch das geistige Erbe der progressiven Romantik aufgegriffen, deren gesellschaftskritisches Ideengut in ihre Zeit übernommen und versucht, das kritische Potential für die neue politische und soziale Situation produktiv zu machen."

156 Bettina von Arnim, Die Günderode, in: BYU ScholarsArchivep, p. 387: "Selbstdenken ist der höchste Mut. (...) Wer wagt, selbst zu denken, der wird auch selbst handeln (...)."

157 Bettina von Arnim, Clemens Bretanos Frühlingskranz, in: BYU ScholarsArchive, p. 47: "Welches Menschenschicksal auch über mich komme, das ist mir so jetzt ganz nicht von Gewicht, aber mich durchreißen, Ich selber zu bleiben, das sei meines Lebens Gewinn, und sonst gar nichts will ich von allen irdischen Glücksgütern."

158 Wolfgang Bunzel, Autorin ohne Werk, Publizistin undercover, Dokumentaristin avant la lettre. Zum 150. Todestag der Schriftstellerin Bettine von Arnim, aus https://www.uni-frankfurt.de/87606141/Goethe_Vorlesungen_DIGITAL.pdf?: 'Da für Bettine von Arnim Geistesfreiheit und politische Unabhängigkeit zusammengehören, ist ihr Kampf um individuelle Autonomie immer auch ein Modell politischer Emanzipation."

2부 6장

1 Gustav Poel(Hg.), Johann Georg Rist: Lebenserinnerungen, Teil I, Hamburg 1968, p. 67.

2 Bettina Bremer, Sophie Mereau. Eine exemplarische Chronik des Umgangs mit Autorinnen des 18. Jahrhunderts, in: Athenäum, Jg. 5, 1995, pp. 389- 423, hier pp. 392-393.

3 특히 「마리」, 「수도로의 탈출」는 흥미로운 단편들이다. 그 소설에서는 섹스, 로맨스 등의 대도시적 환경이 여성이 자율적 주체로 성장하는 데 있어서 긍정적 영향을 끼친 듯이 서술된다. 이 점에 대해서는 다음의 논문을 참고할 것(Lorely French, Sex, Romance, and Love in the City: Women Writers and German Cities Around 1800 in Sophie Mereau's Short Stories <Marie> and <Die Flucht nach der Hauptstadt>, in: Auf dem Weg in die Moderne: Deutsche und österreichische Literatur und Kultur, hrsg. v. Roswitha Burwick/ Lorely French/ Ivett Rita Guntersdorfer, Berlin/ Boston 2013, pp. 3-24.

4 번역가로서의 조피에 관한 연구 및 조피와 니농 드 랑클로의 관계에 대해서는 다음을 참조할 것(Britta Hannemann, Weltliteratur für Bürgertöchter. Die Übersetzerin Sophie Mereau-Brentano, Ergebnisse der Frauen- und Geschlechterforschung an der Freien Universität Berlin, Neue Folge 7, Göttingen 2005, p. 59).

5 Ibid., p. 67.

6 처음에는 연 200탈러 정도의 소득이었으나 점차 연 700-800탈러를 벌면서 조피의 생활이 나아졌다. 사회학자 롤프 엥엘징(Rolf Engelsing)의 실증 연구에 따르면, 1800년 초엽 당시 입주 가정부는 연평균 95-120탈러를 받았다고 한다(Rolf Engelsing, Lebenshaltungen und Lebenshaltungskosten im 18. und 19. Jahrhundert in den Hansestadten Bremen und Hamburg, in; International Review of Social History, Volume 11, Issue 1, April 1966, pp. 73-107).

7 Marita Metz-Becker, Adlige und bürgerliche Frauen vor 1871. Auf dem Weg zur Elite?, in: Frauen auf dem Weg zur Elite, Büdinger Forschungen zur Sozialgeschichte 1998, hrsg. v. Günther Schulz, München 2000, pp. 41-59, hier p. 54.

8 Julia Frindte, Handlungsspielräume von Frauen in Weimar-Jena um 1800. Sophie Mereau, Johanna Schopenhauer, Henriette von Egloffstein, Erfurt 2005, pp. 147-195.

9 F. Schiller, NA. Bd. 29, p. 119. 혹은 인터넷상에 있는 실러 아카이브에 있는 편지를 참조해도 좋음(https://www.friedrich-schiller-archiv.de/briefwechsel-von-schiller-und-goethe/): "Unsre Freundin Mereau hat in der That eine gewisse Innigkeit und zuweilen selbst eine Würde des Empfindens, und eine gewisse Tiefe kann ich ihr auch nicht absprechen. Sie hat sich bloß in einer einsamen Existenz und in einem Widerspruch mit der Welt gebildet. Hingegen Amelie Imhof ist zur Poesie nicht durch das Herz, sondern nur durch die Phantasie gekommen, und wird auch ihr Lebenlang nur damit spielen. Weil aber, nach meinem Begriff, das Aesthetische Ernst und Spiel zugleich ist, wobei der Ernst im Gehalte und das Spiel in der Form gegründet ist, so muß die Mereau das poetische immer der Form nach, die Imhof es immer dem Gehalt nach verfehlen."

10 https://www.friedrich-schiller-archiv.de/briefe-schillers/an-sophie-mereau/schiller-an-sophie-mereau-18-juni-1795/: "Mit vielem Vergnügen las ich Ihre Gedichte. Ich entdeckte darinn denselben Geist der Contemplation, der allem aufgedrückt ist, was Sie dichten. Ihre Phantasie liebt zu symbolisieren, und alles was sich ihr darstellt, als einen Ausdruck

von Ideen zu behandeln. Es ist dieß überhaupt der herrschende Charakterzug des deutschen poetischen Geistes, wovon uns Klopstok das erste und auffallendste Muster gegeben, und dem wir alle, der eine weniger der andere mehr, nicht sowohl nachahmen als durch unsere nordisch-philosophierende Natur gedrungen folgen."

11 F. Schiller, NA, Bd. 28, p. 9: "Klarheit, Leichtigkeit und (was bey Produkten der weiblichen Muse ein so seltnes Verdienst ist) Correctheit zeichnen solche sehr vorzüglich aus, und ich darf Ihnen ohne alle Schmeicheley im Voraus versichern, daß sie im Almanach hervorstechen werden."

12 F. Schiller, NA, Bd. 29, p. 93: "Für die Horen hat mir unsere Dichterin Mereau jetzt ein sehr angenehmes Geschenk gemacht, und das mich wirklich überraschte. Es ist der Anfang eines Romans in Briefen, die mit weit mehr Klarheit, Leichtigkeit und Simplicität geschrieben sind, als ich je von ihr erwartet hätte. Sie fängt darinn an, sich ganz von Fehlern frey zu machen, die ich an ihr für ganz unheilbar hielt, und wenn sie auf diesem guten Wege weiter fortgeht, so erleben wir noch was an ihr. Ich muß mich doch wirklich drüber wundern, wie unsere Weiber jetzt, **auf bloß dilettantischem Wege,** eine gewiße Schreibgeschicklichkeit sich zu verschaffen wißen, die der Kunst nahe kommt."

13 1799년 괴테와 실러는 공동으로 「Über den sogenannten Dilettantismus oder die praktische Liebhaberey in den Künsten」 라는 글을 발표한 바 있다(Goethes Werke. Vollständige Ausgabe letzter Hand. 44. Band: Goethes nachgelassene Werke, Stuttgart und Tübingen 1833, pp. 256-285).

14 여성 작가를 딜레탕트로 평가절하하는 괴테와 실러의 시각에 대해서는 다음을 참조할 것(Peter-Henning Haischer, Dichterinnen, Dilettanten: Episch-Weibliches im Umfeld Schillers und Goethes, in: Sophie Mereau. Verbindungslinien in Zeit und Raum. hrsg. v. Katharina von Hammerstein/Katrin Horn, Heidelberg 2008, pp. 61-80).

15 이 단어의 어원은 그리스어 칼라토스(Kalathos)로서 점토, 목재, 귀금속 등 여러 재료로 만든 백합 모양의 작업 바구니를 뜻하며 달과 사냥의 여신 아르테미스에게 헌사된 바구니로 간주된다. 여성들의 바구니 이외에도 칼라티스코스는 아마도 여성들이 거주하는 작은 방, 여성들이 추는 춤을 뜻할 수도 있다. 어쨌든 여성들의 문학적 작업을 비유적으로 표현한 언어다.

16 Cf. Frederike Fetting, "Ich fand in mir eine Welt": Eine sozial- und literaturgeschichtliche Untersuchung zur deutschen Romanschriftstellerin um 1800. Charlotte von Kalb, Caroline von Wolzogen, Sophie Mereau-Brentano, Johanna Schopenhauer, München 1992, p. 74.

17 K. v. Hammerstein, Sophie Mereau-Brentano: Freiheit, Liebe, Weiblichkeit. Trikolore sozialer und individueller Selbstbestimmung um 1800, Heidelberg 1994.

18 Sophie Mereau-Brentano, Wie sehn' ich mich hinaus in die freie Welt. Tagebuch, Betrachtungen und Vermischte Prosa, herausgegeben und kommentiert von K. v. Hammerstein, München 1996, p. 129.

19 Ute Gerhard, Die Frauenrechtserklärung der Olympe de Gouges. Entwurf zu einer feministischen Rechtstheorie, Die Neue Gesellschaft, Frankfurter Hefte 7(1989), p. 616.

20 Sophie Mereau an Johann Heinrich Kipp, Jena am 21. Juli 1795, in: Anja Dechant, Harmonie stiftete unsere Liebe, Phantasie erhob sie zur Begeisterung und Vernunft heiligte sie mit dem Siegel der Wahrheit. Der Briefwechsel zwischen Sophie Mereau

und Johann Heinrich Kipp, Frankfurt a.M. 1996, p. 254: "Ich möchte reisen, in das lebendige Leben möchte' ich mich hineinstürzen, doch müßt ich dabei frei sein. Ich fühl es, wie dieses Bedürfnis sich immer fester in mein Wesen schlingt – u. doch halten mich allenthalben Banden des Herzens, u. meiner Pflicht."

21 Sophie Mereau an Johann Heinrich Kipp, Jena am 7. November 1795, in: Anja Dechant, Harmonie stiftete unsre Liebe, Phantasie hob sie zur Begeisterung und Vernunft heiligte sie mit dem Siegel der Wahrheit, p. 347: "... Freiheit, die (den Menschen) in den Stand setzt, den Dingen außer sich eine selbstbeliebige Form zu geben, und sie zu seinen freien Zwecken zu gebrauchen."

22 Sophie Mereau, Das Blüthenalter der Empfindung, in: BYU, p. 29. 브리검 영 대학(Brigham Young University)은 일종의 오픈 엑세스로 스칼라 아카이브(BYU ScholarsArchive)를 인터넷에서 제공하고 있으며, 조피 메로의 작품들도 그곳에서 다운로드 받을 수 있다(https://scholarsarchive.byu.edu/do/search/?q=sophie%20Mereau&start=0&context=5485626&facet=). 여기서는 그곳에서 다운로드 받은 파일을 인용하며 이하 'BYU'라고 표기하고 쪽수를 함께 기입한다.

23 Sophie Mereau-Brentano, Wie sehn' ich mich hinaus in die freie Welt. Tagebuch, Betrachtungen und Vermischte Prosa, p. 109: "Die Liebe führt zur Natur, zur Gleichheit zurück, hier endet der Widerspruch der Meinungen, und Demokratie und Aristokratie sind Wörter ohne Bedeutung."

24 Sophie Mereau-Brentano, Wie sehn' ich mich hinaus in die freie Welt. Tagebuch, Betrachtungen und Vermischte Prosa, p. 110: "Liebe und allenthalben Liebe, ich begreife nicht wie ohne sie nur etwas intreßant sein kann. Ist sie nicht die wichtigste Angelegenheit des Lebens? - War sie nicht der höchste Reiz des innigsten geistigsten Lebens, so bedurfte es der süßen Harnomie, die aus Mann und Weib erst ein Wesen, den Menschen bildete, nicht, so war es der Natur genug, ein dumpfes hermaphroditisches Geschöpf hervorzubringen, das nie zum wahrem <sic> Leben erwacht."

25 Dich zu lieben kann ich nicht verlernen. Das Leben der Sophie Brentano-Mereau, hrsg. v. Dagmar von Gersdorff, Frankfurt am Main 1984, p. 15: "Nur selten gelangt das Weib zu einem freien, lebendigen Genuße ihrer Existenz. Verwiesen in die enge Gränze des Gefallens, verliert es beinah allen Reiz des Vergnügens, denn das ist das Wesentliche des Vergnügens, das es frei ist, keinen bestimmten nothwendigen Zweck, blos um seiner selbst willen ist. Nur Liebe bringt Selbständigkeit und Leben in den dumpfen Kreis ihrer Ideen. Hier und nur hier allein, ist es ihr vergönnt, ein freieres Dasein zu genießen und mit dem Mann die Rechte des Lebens zu teilen."

26 Dich zu lieben kann ich nicht verlernen. Das Leben der Sophie Brentano-Mereau, pp. 20-21: "Ich sage mit Ihnen, daß es der höchste Grad von Selbstverleugnung ist, wenn ein Mädchen, beim Eintritt in die Ehe, sich so ganz ihres eigenen Selbst entkleidet, alles angefangen liegen läßt und - als Anhang eines Mannes - in der Welt erscheint - als wenn sie nur eine menschenähnliche Maschine wäre, die durch die Seele des anderen muß bewegt werden."

27 각주 20번 참고.

28 "독자에게 즐거운 재미를 약속할 수 있습니다. 소설로 간주되는 이것(작품: 역주)은 비개연적인 것들을 제외하면 너무 잦고 긴 성찰로 중단되거나 연기되는 그런 줄거리를 통해서가 아니

라 세련된 판단과 고상한 이미지가 풍부한 순수한 문체를 통해서 재미와 만족을 주고 있다. 짧은 서문에서 품위 있는 여성집필자는 보고 판단할 어떤 관점으로 독자를 옮겨 놓는다"(Wir [können] dem Leser eine angenehme Unterhaltung versprechen. Als Roman betrachtet unterhält und befriedigt er nicht sowohl durch die Handlung, welche, manches Unwahrscheinliche abgerechnet, durch zu häufige und lange Reflexionen unterbrochen und hingehalten wird, als vielmehr durch das feine Raisonnement, und den reinen, edeln und bildreichen Styl. Die würdige Verfasserin setzt in einer kurzen Vorrede den Leser auf den Standpunkt, von welchem er sehen und urteilen soll.)(Friedrich Nicolais Rezension zu Blütenalter der Empfindung).

29 Sophie Mereau, Das Blüthenalter der Empfindung, in: BYU, p. 21: "Sind Empfindungen nicht heilig? – sind sie nicht die reine göttliche Sprache, durch welche die Natur zu uns redet? – Vernunft soll sie leiten, nicht verdrängen – und die dunklen Ahndungen des Gefühls zu verdeutlichen, bedarf es ihrer höhern Kraft."

30 Sophie Mereau, Das Blüthenalter der Empfindung, in: BYU, p. 14: "Ich fühlte weniger, da ich sagen konnte, wie viel ich fühle. Die Sprache ist nur Folge der Empfindung. Der wahre Augenblik der Empfindung duldet keine Sprache."

31 Sophie Mereau, Das Blüthenalter der Empfindung, in: BYU, p. 41: "Mit den Waffen der Vernunft hatte sie mit ihrem Schmerz gerungen, und ihn nicht verdrängt, aber gebändigt"

32 이와 유사하게 서문의 여성집필자 - 조피 메로일 수 있지만 허구적 인물일 수도 있다 - 도 이성을 강조하고 있는데, 그것은 어떤 연유에서 감성이 더 우위에 있는지를 밝힐 때 요청되는 이성의 힘을 말한다. "이성의 밝은 빛이 기분 좋은 선잠에서 우리를 깨우며, 우리는 보다 높은 법이 우리에게 필요함을 느끼며, 명확한 근거에 따라 행동하려는 욕구가 우리 내부에서 더욱더 크게 움직인다"(Der helle Stral der Vernunft wekt uns aus dem lieblichen Schlummer, wir fühlen, daß uns ein höheres Gesez vonnöthen ist, und das Bedürfniß, nach deutlichbestimmten Gründen zu handeln, regt sich immer lauter und lauter in uns)(Sophie Mereau, Das Blüthenalter der Empfindung)(BYU, p. 3).

33 Sophie Mereau, Das Blüthenalter der Empfindung, in: BYU, p. 29: "die innige Harmonie, die zwischen Nanettens Denk- und Empfindungsweise herrschte"

34 Sophie Mereau, Das Blüthenalter der Empfindung, in: BYU, p. 27: "Sie künstelte nichts an ihnen. Die Natur, glaubte sie, sei immer gut. (...) Sie lehrte ihnen Begriffe, nicht Worte, entwickelte ihr Gefühl für Recht und Unrecht, und suchte nur das auszubilden was sie in ihnen fand; anbilden wollte sie ihnen nichts."

35 Sophie Mereau, Das Blüthenalter der Empfindung, in: BYU, p. 30: "Wo haben wohl Weiber das Recht, sich unmittelbar des Schuzzes der Gesezze freuen zu dürfen? – sind sie nicht fast allenthalben mehr der Willkühr des Mannes unterworfen? wie wenig wird noch jezt auf ihre natürlichen Rechte, auf den ungestörten Genuß ihrer Freiheit und ihrer Kräfte Rüksicht genommen! werden sie nicht vielmehr blos geduldet als beschüzt? - "

36 자연관과 달리 루소의 여성관은 이데올로기 비판의 분석 대상일 수 있는데, 그것은 남녀 역할 분담을 강조한 루소의 여성관이 남성우월적, 가부장적 시각일 수 있기 때문이다. 매우 논쟁적인 루소의 여성관은 여기서 다룰 주제가 아님을 밝힌다.

37 F. Schlegel, Briefe an seinen Bruder August Wilhelm, hrsg. v. Oskar Walzel, Berlin 1899,

p. 278: "Ich habe neulich in der Sophie M. Blüthenalter geblättert. Das ist sehr spaßhaft. (...) - Anfangs tritt ein junges Wesen auf, in dem alle möglichen Gefühle Purpurisch durcheinanderfluthen. Es sizt dabey ganz gelassen im Grase. Ich sage es, weil ich gewiß glaubte, es sey ein Mädchen; es sollte aber ein Junge seyn."

38 K. v. Hammerstein, "Unsere Dichterin Mereau" als Frau der "Goethezeit" zu Liebe und Revolution, in: Goethe Yearbook, Volume 7, 1994, pp. 146-169, hier p. 152: "(...) die Heldin von 「Das Blüthenalter der Empfindung」 neigt weder zur Häuslichkeit, noch tritt sie als Ehefrau oder Mutter auf; vielmehr handelt sie als eigenständige Frau, die ihr Schicksal selbst in die Hand zu nehmen weiß und es wagt, ohne männliche Begleitung allein mit einer alten Tante durch Europa zu reisen. Der Protagonist hingegen trägt weiche Züge und entspricht eher einem empfindsamen Träumer als einem kühnen Draufgänger. In diesem tendenziellen Rollentausch liegt eine unausgesprochene Infragestellung der herkömmlichen Zuordnung geschlechtsspezifischer Verhaltensweisen und Eigenschaften."

39 Sophie Mereau, Das Blüthenalter der Empfindung, in: BYU, p. 5: "Was für ein ganz anderes Wesen ist der Mensch, wenn er allein ist! – wie Eins mit der Natur, wie mit sich selbst verstanden! – Ein magischer Flor umzieht die Wirklichkeit, und nur veredelte Gestalten haben das Recht hier aufzutreten."

40 Sophie Mereau, Das Blüthenalter der Empfindung, in: BYU, pp. 13-14: "Heilige Freiheit! so hörte ich mit einemmale einen Flötenton hinter mir lispeln. Ich sah mich um. Ein großes schwarzes Auge, von Freiheitssinn und Enthusiasmus verklärt, begegnete mir. Es war Nanettens Auge; sie war es selbst."

41 Sophie Mereau, Das Blüthenalter der Empfindung, in: BYU, pp. 24-25: "In ihrem Umgange fühlte auch ich mich täglich besser. Der unbeschreibliche Zauber ihres Wesens schien mein ganzes Seyn zu verändern, und mich ihr selbst ähnlicher zu machen. Alles was im Dunkel das Labirinth des Herzens durchwandelt, konnte ich ihr vertrauen, ohne Mißdeutung und Rüge zu befürchten – denn sie liebte den Menschen – kein überirdisches Wesen einer erhizten Einbildungskraft – in mir."

42 Sophie Mereau, Das Blüthenalter der Empfindung, in: BYU, p. 41: "Ihr Geist hatte eine Reife, die der meinige erst noch unter Kämpfen zu erringen strebte, und sie hatte in ihrer Selbstbildung viele Schritte vor mir voraus gethan. Hier lernte ich fühlen und verstehen, was wahre Größe und Selbstständigkeit ist, und was sie vermag."

43 Sophie Mereau, Das Blüthenalter der Empfindung, in: BYU, p. 39: "Bedarf es, um zu lieben, erst der Erlaubniß eines Dritten?"

44 Sophie Mereau, Das Blüthenalter der Empfindung, in: BYU, p. 30: "Giebt es eine Form, die der Inhalt nicht heiligt? – kann etwas ehrwürdiger seyn als unsre Verbindung? – Zwei freie Wesen schließen den Bund, gemeinschaftlich zu wirken, gemeinschaftlich Gutes zu thun, gemeinschaftlich zu leiden. – Unser Bund besteht durch eigne Kraft. Nicht die zerbrechlichen Stüzzen von priesterlichem Segen, von bürgerlicher Ehre, von kränkelnder Gewissenhaftigkeit halten ihn. Wir selbst sind uns Bürge für uns selbst."

45 낭만주의 여성작가, 프랑스 혁명, 그리고 새로운 공간인 아메리카에 대한 소망에 대해서는 다음을 참조할 것(Machthilde Vahsen, Die Politisierung des weiblichen Subjekts. Deutsche Romanautorinnen und die Französische Revolution 1790-1820, Berlin 2000). 특히 조피

메로의 『감성의 만개 시기』와 관련해서는 같은 책 102-114쪽 참조.

46 Sophie Mereau, Das Blüthenalter der Empfindung, in: BYU, p. 43: "In Amerika leuchtet eine eben so freundliche Sonne, stralt ein eben so reiner Himmel. Dort wohnt ein freies Volk, dort freut der Genius der Menschheit sich wieder seiner Rechte, dort lassen die neuen glüklichen Verhältnisse eines jugendlichen Staates noch lange keine widrige Reform befürchten. Laß uns dahin! -"

47 미국으로의 이주(Emigration)는 실제로 행해지지 않는다. 이 작품에서 이주는 "새로운 공화국에 대한 사회정치적 매력 때문에 그 자체 하나의 목적"으로서 은유적 언어로 작동할 뿐이다. 또한 도로테아 슐레겔의 『플로렌틴』의 경우 이주가 독립 전쟁에 참전하려는 정치적 목적을 지닌다면, 『감성의 만개 시기』에서는 전쟁 참여가 아니라 자유롭고 안정된 연방공화국에서의 자유로운 삶에 대한 동경으로 표현되었을 따름이다(Cf. Harold von Hofe, Sophie Mereau Brentano and America, in: Modern Language Notes, Vol. 75, No. 5, 1960, pp. 427-431, hier p. 430).

48 K. v. Hammerstein, Ein Nachwort zu Sophie Mereaus Romanen, in: Sophie Mereau-Brentano, Das Blütenalter der Empfindung. Amanda und Eduard, München 1997, p. 269: "dort erwarten sie, als selbstbestimmte Individuen in einer freien Gesellschaft das Glück eines frei gewählten Liebesbundes erleben zu können." 자신의 다른 연구서에서도 함머슈타인은 여성 작가의 현실적 차원으로 좀 더 확대하여 아메리카는 "여성 작가가 처한 현재 생활 상태의 강요로부터 멀리 벗어난 자유로운" 공간인 동시에 또한 "완전한 인권 이행이 보장된, 사적 영역과 공적 공간에서의 자율성을 위한 토대가 보장된"공간으로 해석하고 있다(K. v. Hammerstein, Sophie Mereau-Brentano: Freiheit, Liebe, Weiblichkeit. Trikolore sozialer und individueller Selbstbestimmung um 1800, p. 54 und p. 115).

49 단편 「엘리제」를 중심으로 조피 메로의 작품에 나타난 자율성 이념과 아메리카 간의 상관적 의미에 관한 최근 연구로는 다음을 참조할 것(Tom Spencer, "Hier oder nirgends ist Amerika!": America and the Idea of Autonomy in Sophie Mereau's <Elise>(1800), in: Sophie Discovers Amerika. German-Speaking Women Write the New World, ed. by Rob McFarland/ Michelle Stott James, New York 2014, pp. 30-44).

50 Sophie Mereau, Das Blüthenalter der Empfindung, in: BYU, p. 3.

51 Sigrid Weigel, Der schielende Blick. Thesen zur Geschichte weiblicher Schreibpraxis, in: Inge Stefan/ Sigrid Weigel, Die berborgene Frau. Sechs Beiträge zu einer feministischen Literaturwissenschaft, Hamburg 1988, pp. 83-137, hier p. 85: "Da kulturelle Ordnung von Männern regiert wird, aber die Frauen ihr dennoch angehören, benutzen auch diese die Normen, deren Objekt sie selbst sind. D.h. die Frau in der männlichen Ordnung ist zugleich beteiligt und ausgegrenzt. Für das Selbstverständnis der Frau bedeutet das, daß sie sich selbst betrachtet, indem sie siehr, daß und wie sie betrachtet wird; d.h. ihre Augen sehen durch die Brille des Mannes."

52 Uta Treder, Sophie Mereau: Montage und Demontage einer Liebe, in: Untersuchungen zum Roman von Frauen um 1800, hrsg. v. Helga Gallas u. Magdalene Heuser, Tübingen 1990, pp. 172-183, p. 175: "In einer überaus komplizierten Fabel erzählt der Roman eine Liebesgeschichte, die nicht nur gegen die bürgerlichen Konventionen verstößt, sondern auch gegen die Normen für das Weibliche, indem sie das Recht auf freie erotische Entfaltung der Frau fordert. Die männliche Erzählperspektive dient als Maske zur Verdeckung der weiblichen Entgrenzungsphantasien. Sie wird zudem am Ende des

Romans, wo die Identifizierung zwischen dem männlichen Ich-Erzähler und seiner Geliebten ihren Höhepunkt erreicht, aufgegeben zugunsten einer androgynen, fast wäre ich versucht hinzuzufügen, einer weiblich-androgynen Erzählhaltung, in der die männliche und die weibliche Sichtweise ineinanderfließen."

53 K. v. Hammerstein, Ein Nachwort zu Sophie Mereaus Romanen, in: Sophie Mereau-Brentano, Das Blütenalter der Empfindung. Amanda und Eduard, p. 270: "Indem sie den männlichen Ich-Erzähler Albert zum Sprachrohr ihrer weltanschaulichen Betrachtungen wählt, spielt sie mit den Möglichkeiten einer doppelgeschlechtlichen Erzählperspektive, die ihr erlaubt, nicht nur einen sensiblen, toleranten, gefühlvollen Mann zu entwerfen, wie sie ihn im tatsächlichen Leben weder in Friedrich Ernst Karl Mereau noch in Clemens Brentano fand, sondern ihm obendrein neben revolutionären noch frauenrechtlerische Parolen in den Mund zu legen, möglicherweise in der Hoffnung, deren ideologische Durchschlagskraft beim Publikum auf diese Weise zu erhöhen"

54 Birgit Weißenborn(Hg.), "Ich sende Dir ein zärtliches Pfand". Die Briefe der Karoline von Günderrode, p. 144: "Das einzige, was man der ganzen Sammlung Böses vorwerfen könnte, wäre, daß sie zwischen dem Männlichen und Weiblichen schwebt, und hier und da nicht genug Gedichten, sondern sehr gelungen aufgegebenen Exerzitien oder Ausarbeitungen gleicht."

55 Sophie Mereau, Das Blüthenalter der Empfindung, in: BYU, p. 29.

56 Sophie Mereau, Amanda und Eduard, in: BYU, p. 156: "Diese Briefe kamen in meine Hände, und ich hielt sie für interessant genug, sie, nach einigen vorhergegangenen, nöthigen Abänderungen, der lesenden Welt mitzutheilen; sie mag verzeihen, wenn ich in meinem Urtheile zu voreilig gewesen bin."

57 Sophie Mereau an Johann Heinrich Kipp, Jena am 17. Juni 1795: "Wie sehn'n ich mich hinaus in die freie Welt! - Der süße Wahn, Dir irgendwo begegnen zu können, hat alle vorigen Wünsche nach Freiheit wieder in mir aufgeweckt. Wilde Phantasien umschwärmen mich nun!"

58 Sophie Mereau, Amanda und Eduard, in: BYU, p. 63: "Eine stürmische Sehnsucht ruft mich weg in ferne Gegenden, wo ich ihm zu begegnen hoffe. Wilde Phantasien umschwärmen mich."

59 U. Treder, Sophie Mereau: Montage und Demontage einer Liebe, p. 179: "Mit einem Seziermesser zerlegt Sophie Mereau ihre eigenen Liebesbriefe und transplantiert die so zerlegten Organe, bzw. Syntagmen in den Corpus des Romans. Diese syntagmatischen Transplantationen einer großen Liebe, die, wie Sophie Mereau immer wieder betont, ihre bisher größte affektive und sinnliche Erfahrung war, setzt die ruhige Hand und den überaus kühlen Blick des Chirurgen voraus. Sie ist einer ästhetischen Operation vergleichbar, die die mit dem eigenen Herzblut geschriebenen Briefe an den Geliebten auf äußerst souveräne, stilistisch kühl abwägende und inhaltlich klug kalkulierende Art für den Roman nutzbar machen. Allein schon an den Veränderungen der Reihenfolge, der Syntax, der Verben und Adverbien, an den Zusätzen und noch mehr an den Weglassungen der Briefstellen ist eine implizierte Poetik Sophie Mereaus abzulesen, die selbst, wo sie persönlich tief empfundene Freiheits- und Entgrenzungsphantasien ausmalt, sie stilistisch und formal durchaus zu begrenzen und zu moderieren weiß. Mit dem Roman Amanda und Eduard schreibt Sophie Mereau die Reinschrift ihrer Liebe, die Reinschrift ihrer Selbstermächtigungserfahrungen und -wünsche."

60 Sophie Mereau, Amanda und Eduard, in: BYU, p. 20: "Du wirst von Einem Menschen abhängen, aber in übrigen frei sein. Bedenke, wie selten Liebe allein eine ehliche Verbindung schließt, wie selten vorzüglich ein Weib in ihrer abhängigen Lage darauf Anspruch machen kann! bedenke, daß du Bedürfnisse und Wünsche hast, welche ein freies, nicht von ängstlichen Sorgen bekümmertes Leben verlangen, und daß jene Freiheit, welche uns in den Stand setzt, den äussern Verhältnissen, mehr und mehr eine selbstbeliebige Form zu geben, am leichtesten durch Reichthum erreicht wird." 이 인용문에서도 "jene Freiheit, welche uns in den Stand setzt, den äussern Verhältnissen, mehr und mehr eine selbstbeliebige Form zu geben"라는 표현은 키프에게 보낸 편지 구절과 거의 유사하다(Sophie Mereau an Johann Heinrich Kipp am 7. November 1795. 이 글의 각주 20번 참조할 것).

61 Sophie Mereau, Amanda und Eduard, in: BYU, p. 56: "Alles, in und ausser mir, ist Uebereinstimmung, Hoffnung und Liebe! In der ganzen Natur, sah ich keinen andern Zweck, als sie; sie ist der ätherische Kranz, in dem alle Wesen verflochten sind. Den stillen Drang der Nothwendigkeit, und den freien Flug des Willens, ist kein anderes Ziel vorgesteckt; sie ist das Einzige, was uns glücklich macht, weil sie, bei aller Unendlichkeit der Empfindung, doch alle unsere Wünsche beschränkt."

62 Sophie Mereau, Amanda und Eduard, in: BYU, p. 65: "Du bist das einzige Wesen auf der Welt, dem ich ausschließend angehöre. Andre bildeten mich zum Menschen, aber Du erhobst mich zum Gott; von Dir getrennt, sinke ich tiefer hinab, je höher ich stand. - Die ganze Natur scheint fühllos gegen meine Qual. (..) die träumende Erde, du vergoldest die Träume meines Herzens nicht mehr! Ich bin tod, ohne gestorben zu sein. Der magische Ring ist zerbrochen, womit mein Sinn alle Erscheinungen in lieblicher Einheit zusammenhielt, und die Harmonie des Weltalls, ist mit der Harmonie meiner Seele entwichen. Die Unendlichkeit hat Grenzen, und ein kaltes Schicksal ist in dem Kreis meiner Gedanken an die Stelle der göttlich freien Willkühr getreten. Ich hasse die Welt, und in der Welt mich selbst am meisten." 이에 대해 아간다도 거의 비슷한 언어로 에두아르트에게 다음과 같이 답한다. "Beruhige Dich, Eduard, wir werden uns wiedersehen. Bekämpfe diese Heftigkeit, die Deine Gesundheit untergräbt; ach! sie ängstet mich unaussprechlich! - Hoffe Alles - die Zeit - unser Wille - ich bin ruhig - Nein, Eduard! ich kann Dir nicht heucheln, der schöne Bund der Aufrichtigkeit, den wir zusammen schlossen, soll unter keinem Vorwand, auch den gutmüthigsten nicht von mir verletzt werden. Ich bin nicht ruhig. - Hoffnung und Zweifel belebt und tödtet mich; mein Geist entflammt in Sehnsucht, und das Leben ist Qual ohne Dich. - Wie wird sich das geheimnißvolle Benehmen Deines Vaters lösen? - Welche Pläne verschließt sein Busen, die Dich vielleicht weit, weit von mir entfernen? und soll ich Dich vielleicht nie wiedersehn?"(BYU, p. 69).

63 Sophie Mereau, Amanda und Eduard, in: BYU, p. 153: "Wir leben wieder, und glücklicher, in jener glücklichen Zeit; die Jahre, die dazwischen liegen, sind eingesunken, über ihre Trümmer drängen sich die Blumenranken jener Zeit frisch und unversehrt

hervor, und alle Knospen entfalten sich, zu den vollsten, herrlichsten Blumen. – Welch eine Gegenwart! – Laß mich schweigen; denn die Sprache kann zwar das Glück der Vergangenheit und Zukunft schildern, aber die Seeligkeit des Augenblicks entzieht sich ihrem Ausdruck, gleich einem heiligen Geheimniß, das nicht ausgesprochen werden darf."

64 Sophie Mereau, Amanda und Eduard, in: BYU, p. 154: "Wir sind verbunden. Hier, ganz so wie es Eduard wünschte, war unsre Trauung; hier ward auch für Andre der Bund bestätigt, den Neigung, Vertrauen, Phantasie und Wahrheit, nur selten so schön schlingen, der Bund, der – ich glaube es fest – nur selten in seiner wahren Bedeutung und Reinheit, zwei so glückliche Seelen verband."

65 Sophie Mereau, Amanda und Eduard, in: BYU, p. 46: "wenn zwei gleichgestimmte Herzen sich fänden, das sei die lieblichste Blüthe des Lebens"

66 Sophie Mereau, Amanda und Eduard, in: BYU, p. 156: "Sie starb in den Armen ihres Geliebten, in dem seeligen Gefühl des höchsten Glücks, der vollsten Blüthe ihres Lebens, und fühlte den Tod nicht."

67 『감성의 만개 시기』, 『아만다와 에두아르트』에 관해서는 우테 브란데스(Ute Brandes), 우타 트레더(Uta Treder), 재클린 반산트(Jacqueline Vansant), 토드 콘체(Todd Kontje), 베티나 브레머/앙겔리카 슈나이더(Bettina Bremer/Angelika Schneider), 우타 플라이쉬만(Uta Fleischmann) 등의 다양한 연구논문이 있다. 베티나 브레머는 이들 상이한 연구 관점을 "순응과 저항 사이에서의 여주인공들"(Heldinnen zwischen Anpassung und Rebellion)이라는 소제목 하에 잘 정리해 놓았다(Bettina Bremer, Sophie Mereau. Eine exemplarische Chronik des Umgangs mit Autorinnen des 18. Jahrhunderts, pp. 403-406).

68 Sophie Mereau, Amanda und Eduard, in: BYU, p. 153: "Die Behauptung, daß wir nur Einmal, nur Einen einzigen Gegenstand lieben können, ist ein phantastischer, ja schädlicher Irrthum. Wir begegnen im Leben mehrern Wesen, zu denen uns die Neigung hinzieht, und die wir lieben könnten, wenn die Mächte des Schicksals die zarte Blume zur Reife brächten, denn diese Neigung allein ist nicht Liebe zu nennen. Freilich wird derjenige seltner gerührt, dessen eignes Wesen seltner ist, freilich rührt uns ein Gegenstand schneller, ein andrer langsamer, und wir werden desto stärker angezogen, je mehr wir in dem fremden Wesen, Eigenschaften finden, die uns die liebsten sind, und dann ist die Liebe am schönsten und vollkommensten, wo das Schönste, Edelste im Menschen bewegt und befriedigt wird. Aber Fehler selbst können Liebe erregen, und fester verbinden."

69 U. Treder, Montage un Demontage einer Liebe, p. 177.

70 Elsbeth Dangel-Pelloquin, Lyrische und dramatische Auflösungen in den Briefromanen <Amanda und Eduard> von Sophie Mereau und <Die Honigmonathe> von Caroline Auguste Fischer, in: Aurora, 51(1991), pp. 63-80, p. 68: "für Amanda wird nicht die Pflicht zur Neigung, vielmehr haben Neigung, Gefühl und Leidenschaft eindeutig Priorität vor Pflicht, Verstand und Moral."

71 Sophie Mereau, Amanda und Eduard, in: BYU, p. 125:"denn die Ehe ist für gebildete Menschen, die sich lieben, gewiß der freieste und glücklichste Zustand! -"

72 Sophie Mereau, Amanda und Eduard, in: BYU, p. 79: "Ich habe viel darüber nachgedacht, was mich ans Leben hält, und was überhaupt den Menschen so ans Leben fesselt, und

ich weiß es, ich habe es gefunden, es ist die Liebe, einzig sie allein. Wenn ich aufhöre zu lieben, so höre ich auch gewiß auf zu leben. Nur Liebe oder Eigennutz sind die Bande, die alle menschliche Gesellschaft zusammen halten, und wenn ich mich in schwarzen Stunden der Selbstqual ungeliebt und ohne Liebe denke, so schaudert mir, und ich ergreife rasch Dein Bild oder Deine Briefe.

73 Sophie Mereau, Amanda und Eduard, in: BYU, p. 107.

74 Sophie Mereau, Amanda und Eduard, in: BYU, p. 108.

75 Sophie Mereau, Amanda und Eduard, in: BYU, p. 27: "denn was kann wohl schöner sein, Barton, als in dem vorüberrauschenden Strom des Lebens, wo so viele nur ein wildes Spiel der Wogen sehen, eine hohe Harmonie zu vernehmen, und mit geläuterten Sinnen die schönen Töne des Gefühls zu unterscheiden, die aus dem todten Stoff der Umstände lebendig hervorquellen? Wer dies vermag, dem kann es dann auch gelingen, die bunten Gaukeleien des Zufalls nach seinem Gefallen zu ordnen, und dem verwornen Stoff eine bestimmte Form zu geben. Mit schöpferrischer Hand drückt er selbst der todten Natur Spuren eines freien, denkenden Wesens ein, und in Stunden ernster Begeisterung gehen die ewigen Zwecke des Lebens faßlich und rein seiner Seele vorüber."

76 Sophie Mereau, Amanda und Eduard, in: BYU, p. 107: "Die Natur wirkt auf mich mit ihren großen Beziehungen, sie hebt mich empor mit ihren Flügeln, und wenn es süß ist, Ein verwandtes Herz zu verstehen, und sich von ihm verstanden zu fühlen; so ist es heilig, sich ganz den Empfindungen hinzugeben, wo aller Menschen Herzen, nah' oder fern in ihren reinsten Momenten zusammentreffen!"

77 Sophie Mereau, Amanda und Eduard, in: BYU, p. 125: "Des Weibes Natur ist Liebe; die Liebe befreit sie von allen quälenden, unedlen Neigungen, und sie lernt das Göttliche verehren, weil sie in dem Geliebten das Bild der Gottheit anbetet. -"

78 Sophie Mereau, Amanda und Eduard, in: BYU, p. 55: "Mit Erstaunen höre ich sie oft, mit ungekünstelter Eigenthümlichkeit und Klarheit, Gedanken aufstellen, die den größten Scharfsinn enthalten. Sie sind nicht das Resultat eines langen, mühsamen Nachdenkens, wie bei den Männern, nein! sie sind vielmehr der leichte, glückliche Fund eines reinen, unfehlbaren Sinns, der die Wahrheit nicht erst durch Dunkel suchen darf, sondern dem sie sich gleich im heitern, schimmernden Lichte zeigt. - Und so, dünkt es mir, sollen überhaupt die Weiber immer auf das merken, was ihnen schnell einfällt, ohne viel darüber nachzudenken, denn bei ihnen kommen die Resultate immer zuerst. Auch wenn sie schreiben, müßten sie dies beobachten, und stets die schnell herabfallenden Funken achten. Aber sie sollen überhaupt nicht schreiben; sie sollen nichts als leben und - lieben."

79 Sophie Mereau, Amanda und Eduard, in: BYU, p. 65:"Du bist das einzige Wesen auf der Welt, dem ich ausschließend angehöre. Andre bildeten mich zum Menschen, aber Du erhobst mich zum Gott; von Dir getrennt, sinke ich tiefer hinab, je höher ich stand."

80 Todd Kontje, Reassessing Sophie Mereau. The case for Amanda und Eduard, in: Colloquia Germanica, Bd. 24, 1991, pp. 310-327.

81 K. v. Hammerstein, "Unsere Dichterin Mereau" als Frau der "Goethezeit" zu Liebe und Revolution, p. 159: "Zu diesem Konzept gehören freilich männliche Partner frei von Dominanzstreben, Eifersucht und Besitzansprüchen, wie Mereau sie im Leben weder in

Karl Mereau noch in Clemens Brentano findet, doch in der Fiktion als tolerante, sensible und doch kraftvolle Liebhaber entwirft, die sie mit der gleichen Gefühlsinnigkeit, ja nahezu Liebesfixiertheit ausstattet wie die Protagonistinnen."

82 S. Weigel, Sophie Mereau, in: Frauen. Porträts aus zwei Jahrhunderten, hrsg. v. Hans Jürgen Schultz, Stuttgart 1981, pp. 20-34, hier pp. 24-26.

83 K. v. Hammerstein, "Unsere Dichterin Mereau" als Frau der "Goethezeit" zu Liebe und Revolution, p. 162: "als Konzepte menschlichen Zusammenlebens, dessen gesamtgesellschaftlicher Status quo um die Wende vom 18. zum 19. Jahrhundert als veränderungswürdig und veränderbar dargestellt wird."

84 Christa Bürger, Die mittlere Sphäre. Sophie Mereau - Schriftstellerin im klassischen Weimar, in: Gisela Brinker-Gabler(Hrsg.), Deutsche Literatur von Frauen, Bd. I, Vom Mittelalter bis zum Ende des 18. Jahrhunderts, München 1988, pp. 366-388, hier p. 374.

85 사회적, 도덕적 관습에 저항했다는 점에서 조피와 아만다 간의 유사성을 제시한 연구로는 다음을 참조할 것(Julia Augart, Eine romantische Liebe in Briefen: zur Liebeskonzeption im Briefwechsel von Sophie Mereau und Clemens Brentano, Würzburg 2006, p. 157).

86 Mereau an Brentano, Ende November, in: Brentano, Clemens, und Sophie Mereau. Briefwechsel zwischen Clemens Brentano und Sophie Mereau, hrsg. v. Heinz Amelung, Leipzig 1908, pp. 12-13: "Es ist ein sonderbares Gefühl, sich auf dem Papier jemand nähern zu wollen, und ich habe Ihre Entfernung nie mehr gefühlt als jetzt, da ich Ihnen schreiben will. Ich hasse alle Briefe an vertraute Wesen, ob ich sie gleich um keinen Preis missen möchte. – Ein Brief ist mir immer wie ein Roman, – und ich mag lieber zuwenig als zuviel sagen. Das Papier ist ein so ungetreuer Bote, daß es den Blick, den Ton vergißt, und oft sogar einen falschen Sinn überbringt, – und doch ist selbst der Kampf mit Irrungen besser als die fürchterliche Öde, die kein Ton durchhallt.

Ich habe jetzt wochenlang einer freien, poetischen Stimmung genossen; mancher Reim ist aus meiner Feder geflossen, und manchen glücklichen Nachmittag habe ich in meiner Einsamkeit verlebt, bis bei dem kalten Hauch der Notwendigkeit alle die süßen Blumen meines Herzens erstarrt sind. - Ich kämpfe im Leben einen sonderbaren Kampf. Eine unwiderstehliche Neigung drängt mich, mich ganz der Phantasie hinzugeben, das gestaltlose Dasein mit der Dichtung Farben zu umspielen und unbekümmert um das Nötige nur dem Schönen zu leben. Aber ach! Der Nachen meines Schicksals schwimmt auf keiner spiegelhellen Fläche, wo ich, unbekümmert mit Mondschein und Sternen spielend, das Ruder hinlegen könnte, indes ein schmeichelndes Lüftchen den Nachen leicht durch die kräuselnden Wellen treibt – durch Klippen und Wirbel, von Stürmen erschüttert schifft er umher, und ich muß das Ruder ergreifen oder untergehn.

Habe ich es Ihnen nicht gesagt, als Sie noch bei mir waren, daß ich Ihnen nur wenig schreiben dürfte, wenn ich nicht klagen oder schwärmen wollte? – beides will ich nicht, und ich muß mich daher hüten, die Saite zu berühren, wo alles in mir Klang, Stimme, schmerzhafter Gesang wird – und doch ertönt sie so leicht! –"

87 "Lebe der Liebe und liebe das Leben": Der Briefwechsel von Clemens Brentano und Sophie Mereau, hrsg. v. Dagmar Gersdorff, Frankfurt a. M. 1981, p. 87: "Dieser Brief kömmt mir so sonderbar trocken vor, daß ich, um ihn zu beleben, an die Stelle des Namens, einen Kuß drücken muß."

88 "Lebe der Liebe und liebe das Leben": Der Briefwechsel von Clemens Brentano und Sophie Mereau, p. 85.

89 November 1801, in: Briefwechsel zwischen Clemens Brentano und Sophie Mereau, aus: https://www.projekt-gutenberg.org/brentano/briefe/chap001.html(이하 대부분의 서선교환 인용시 구텐베르크 프로젝트를 참조함): "Das Ziel der Ausführung ist gesteckt; ich weiß, daß ich dabei mein Leben wage, aber ist es zu viel, wenn man, um zu leben, ein Leben wagt, daß ohne dem kein Leben ist?"

90 1. Dezember 1801, in: Briefwechsel zwischen Clemens Brentano und Sophie Mereau: "Meine Gegenwart ist eine dumpfe Stille, und die Zukunft steht vor meiner Seele wie eine Wolke, von der ich nicht weiß, ob sie wohltätigen Schatten oder verheerenden Sturm gebiert – ich bin im Fegfeuer, der nächste Zustand muß Himmel oder Hölle sein, A-dio il mio caro! "

91 Februar 1803, in: Briefwechsel zwischen Clemens Brentano und Sophie Mereau: "Es ist eine freie poetische Existenz möglich, die fern von dem Abenteuer ist und fern von dem häuslichen Tod, ich kenne diese Existenz, ich lebe sie, aber ich bin einsam, und kein Mensch lebt, mit dem ich freudig teilen mag, Leib und Leben und Gedanken; o wirf mir nicht mehr vor, daß ein Dämon mich bewohne, der mir alle Ruhe nähme, o rate mir nicht mehr zu ackern und zu pflügen, um ruhig zu werden, ich kann nur Dein Feld bauen, nur in Dir liegen meine Schätze begraben und mein Frieden, Sophie, lehre mich Dich verdienen, Du selbst sollst reicher durch mich werden, ich will mich Dir ja ganz hingeben, wahrlich, die Liebe ist keine Gabe, die Liebe ist ein göttlicher Wucher, diesen Wucher hast Du nie gekannt, Du traust der Liebe nicht, aber ich traue ihr ewig, ich glaube wieder an Dich, ich hoffe auf Dich, ich begehre alles von Dir. Wir sind nun beide ruhig, wir sind frei und ungebunden, bin ich nicht wert, um Dich zu werben, da Du glücklich und ruhig bist, da ich es wert war, da Du unglücklich warst, wie magst Du mich verdammen, den armen unerfahrnen, durch Dein Leid und seine Lust zerdrückten Knaben. Unter reinem, freiem Himmel laß mich, mich Dir nähern, und verdamme mich dann. Liebe Sophie, die alte Zeit ist vorüber und aller Schmerz, es gibt nur eine Zukunft, ich liebe Sie, ich liebe Dich, o sei eins mit dieser Zukunft, störe den neuen Frühling nicht in mir und Dir, gönne einmal mir noch mich Dir zu nähern, Dich einmal noch zu lieben."

92 Sophie Mereau-Brentano, Wie sehn' ich mich hinaus in die freie Welt. Tagebuch, Betrachtungen und Vermischte Prosa, p. 82: "Glücklicher Tag! Wo ich endlich bestimmt die eigentlichen Vergehungen meines Lebens einsehen konnte, wo ich die wahre Quelle meines Unglücks fand, wo mein Geist sich gestärkt fühlte, wie die Natur nach einem Gewitterregen, und wo der wahre Genuß des Lebens an keine Zeit, kein Alter gebunden, nahe und erreichbar vor mir dastand!."

93 Etwa 28. Oktober 1803, in: Briefwechsel zwischen Clemens Brentano und Sophie Mereau: "Ich werde mit Dir glücklich sein, das weiß ich; ob ich es bleiben werden, das weiß ich nicht, aber was geht mich die Zukunft an? - Kann ich nicht sterben, eh'ich unglücklich werde?"

94 Dich zu lieben kann ich nicht verlernen. Das Leben der Sophie Brentano-Mereau, p. 310.

95 Paul Böckmann, Die romantische Poesie Brentanos und ihre Grundlagen bei Friedrich Schlegel und Tieck, in: Jahrbuch des Freien Deutschen Hochstifts 1934/35, pp. 56-176, hier p. 129.

96 Wolfgang Frühwald, Clemens Brentano, in: Deutsche Dichter der Romantik. Ihr Leben und Werk, hrsg. v. Benno von Wiese, Düsseldorf 1971, pp. 344-376, hier p. 347.

97 9. September 1803, in: Briefwechsel zwischen Clemens Brentano und Sophie Mereau: "ich sehne mich, mit einem liebevollen romantischen Weib einen poetischen Bund zu schließen und mitten in dem wirklichen prosaischen Leben eine freie poetische phantastische Lebensart anzufangen, ganz in der Stille, so daß die Neugierde uns nicht stört, möchte ich mich von allen Verhältnissen, allen Gewohnheiten trennen, möchte ich in der Stille zu zweit selig, glücklich, das heißt verrückt werden."

98 24. Oktober 1803, in: Briefwechsel zwischen Clemens Brentano und Sophie Mereau; "Ich armer Schelm glaube so fest an Dich, daß ich mir keine andere Verbindung denken kann, Du kennst meine Ungeduld, meine ewige Unmündigkeit. Du kennst meine Ungeduld, meine ewige Unmündigkeit, wie kann ich je mit einem Weibe leben, das die Welt nicht kennt, mit einem Weibe, das durch mich in die Welt eingeführt, in ihr befestigt werden will, Du bist mein Gatte, ich bin Dein Weib, Du nimmst mich, beherrschest mich, gibst mir ein Los, eine Geschichte."

99 Clemens Brentano an Gunda Brentano, Mitte Januar 1803, in: Birgit Weißenborn(Hg.), "Ich sende Dir ein zärtliches Pfand". Die Briefe der Karoline von Günderrode, p. 92: "Große Handlungen eines Weibes sind mir immer durchaus fatal gewesen, wenn sie nicht von dem Geschlechtstriebe oder der Mütterlichkeit ausgehen, das Weib kann nie menschlich groß sein, ohne mir das ekelhafte Geheimnis der Unfruchtbarkeit zu verraten."

100 10. Jenner 1803, in: Briefwechsel zwischen Clemens Brentano und Sophie Mereau: "Es ist für ein Weib sehr gefährlich zu dichten, noch gefährlicher einen Musenalmanach herauszugeben, unter mehreren Dissertationen, die ich auf dem Tapete habe, wäre dies eine, die Sie besonders interessieren könnte, die andern würden davon handlen, inwiefern kann ein Weib ein Kaffeehaus, ohne ihrer Ehre zu schaden, halten oder frequentieren, inwiefern sind weibliche Bediente auf Akademien zur Bildung der Studenten notwendig, inwiefern darf ein gesittetes Weib kutschieren, reiten ect."

101 10. Jenner 1803, in: Briefwechsel zwischen Clemens Brentano und Sophie Mereau: "Mein Scherz über die Schriftstellereien der Weiber kränkt Sie gewiß nicht, ich habe nie den mindesten Autorstolz in Ihnen bemerkt, und Sie haben mir ja schon so vieles verziehen, soll ich nicht ein Sünder werden, weil Sie Verzeihen zum einzigen Verhältnisse zu mir haben werden lassen. Ich weiß nicht warum, aber es gibt Dinge, die nicht eigentlich häßlich sind, von denen ich aber immer die Blicke wenden muß, wenn ich sie bei meinen Freunden erblicke. Als Sie mich noch liebten, da erschrak ich immer, wenn ich etwas Gedrucktes von Ihnen sah, und nichts war mir quälender, als etwas von Ihnen zu lesen, nicht, als wenn es mir zu schlecht sei oder gut genug, nein, es kam mir so unnatürlich vor, daß etwas, was Sie sagten, schlecht genug und gut genug sein könne, so mit dem bleiernen Buchstaben festgenagelt zu werden, jedes Format schien mir ein Gedicht von Ihnen komisch oder pitoiabel zu machen, ja das

Gedicht selbst mache sich komisch oder bedauernswert, und so auch Sie, noch immer geht es mir so, da Sie mich nicht mehr lieben."

102 조피의 창작 능력을 과소평가하거나 글쓰기 능력을 억압하려는 듯한 브렌타노의 남성적 언술로만 간주하기에는 약간 무리가 있다. 그것은 편지의 전후 전체 맥락을 보면 여성이 작가로서 적극 활동할 수 없는 동시대의 사회적 상황이 우회적으로 비판되고 있기 때문이다. 어쩌면 브렌타노는, 글쓰는 행위 자체는 – 남성이든 여성이든 – 작가적 삶을 추구하는 모든 개인(즉 브렌타노 자기 자신이나 연인 조피 메로)에게 심각한 정신적, 육체적 고통을 야기하기 때문에 매우 위험한 것이라고 말하고 싶었을지도 모른다.

103 Etwa 20. Januar 1803, in: Briefwechsel zwischen Clemens Brentano und Sophie Mereau: "Was Sie mir über die weiblichen Schriftsteller und insbesondere über meine geringen Versuche sagen, hat mich recht ergriffen, ja erbaut. Gewiß ziemt es sich eigentlich gar nicht für unser Geschlecht, und nur die außerordentliche Großmut der Männer hat diesen Unfug so lange gelassen zusehen können. Ich würde recht zittern wegen einiger Arbeiten, die leider! schon unter der Presse sind, wenn ich nicht in dem Gedanken an ihre Unbedeutsamkeit und Unschädlichkeit einigen Trost fände. Aber für die Zukunft werde ich wenigstens mit Versemachen meine Zeit nicht mehr verschwenden, und wenn ich mich ja genötigt sehen sollte, zu schreiben, nur gute moralische oder Kochbücher zu verfertigen suchen. Und wer weiß, ob Ihr gelehrtes Werk, auf dessen Erscheinung Sie mich gütigst aufmerksam gemacht haben, mich nicht ganz und gar bestimmt, die Feder auf immer mit der Nadel zu vertauschen."

104 10. Jenner 1803, in: Briefwechsel zwischen Clemens Brentano und Sophie Mereau: "Sie haben nicht das erste reine Bild Ihrer selbst hervorgebracht, Sie haben die Verstümmelung nur grade so gut und so schlecht ergänzt, als Sie konnten."

105 Ibid.: "das erkennen Sie nicht, weil Sie eine schlechte Künstlerin sind, die über ein herrliches Werk hergefallen ist, über sich selbst. Sie sollten schön sein und wollten es werden, und haben sich honett gemacht, was man so nennt."

106 12. Oktober 1803, in: Briefwechsel zwischen Clemens Brentano und Sophie Mereau: "Indem ich mich mit Dir verbinde, übernehme ich eine freudige, heilige Pflicht, ich will mit Dir verbunden auf alle Weise zur Ordnung streben, ja in Dir selbst die Ruhe und Reinheit wieder mit allem ihrem segensvollen Einfluß auf das Leben hervorführen."

107 J. Augart, Eine romantische Liebe in Briefen: zur Liebeskonzeption im Briefwechsel von Sophie Mereau und Clemens Brentano, p. 81.

108 13. September 1803, in: Briefwechsel zwischen Clemens Brentano und Sophie Mereau: "Bei allem was Du von mir begehrst, nimm Deine Gründe stets nur von Dir selbst her, mischest Du andre mit hinein, so empörst Du mein Gefühl unausbleiblich.- Es gibt Augenblicke wo ich für Dich, für Dein Glück mit Freuden sterben könnte; ich opferte Dir mein Leben, ein reines Opfer, denn es geschah aus Liebe - willst Du aber meine Gabe für den Dienst fremder Götter gebrauchen, so entweihst Du das Opfer, die Flamme der Andacht verlischt, und ich bin um meine Seligkeit betrogen."

109 Cf. Wolfgang Müller-Funk, Die Erfindung der Liebe aus dem Medium des Briefes. Sophie Mereau und Clemens von Brentano, Wien-Köln-Weimar 2003.

110 Cf. Claudia Schumann, Mechanismen der Manipulation im Briefwechsel von Sophie Mereau und Clemens Brentano, Texas Tech University 2010, pp. 30-112.

111 30. August 1803, in: Briefwechsel zwischen Clemens Brentano und Sophie Mereau: "Nur durch Dich, o geliebtes, kindisch geliebtes Weib, will, kann ich glücklich sein. - Gelt, liebes Kind, Du reitest nicht mehr, Du schminkst Dich nie wieder, mich lieben, mich beglücken, das soll Deine einzige Lust sein."

112 Cf. J. Augart, Liebesdiskurs als Machtdiskurs? - Zum Briefwechsel Sophie Mereaus und Clemens Brentanos", in: PostModerne Produktionen(http://www.gradnet.de/papers/pomo02.papers/liebesdiskurs.pdf, p. 12:"Mereau und Brentano sind Figuren in einem Spiel um Macht, wo immer wieder versucht wird, dem anderen die Grenzen der Dominanz zu zeigen. Brentano setzt Wutausbrüche und aggressives Verhalten ein, um seine Macht und seinen Willen durchzusetzen, Mereau hingegen weißt Brentano unmißverständlich auf ihre Prioritäten hin, auf ihre Unabhängigkeit und eigentliche Freiheit. Der Briefwechsel spiegelt jedoch auch die Macht und den Einfluß der gesellschaftlichen Meinung, gegen die sie sich in ihrem romantisch geprägten Lebensentwurf wehren, in dem sie sich anfangs über Ehe, Alter, Rollenaufteilung hinwegsetzen. Schritt für Schritt holt die Lebensrealität die beiden Dichter in ihrem 'poetischen Bund' ein, und sie können die Normen und Vorstellungen, die von außen auf sie wirken, nicht ignorieren, denn der 'Unterwerfung ist man ausgeliefert, wenn die gesellschaftlichen Verhältnisse kein Entkommen zulassen.'"

113 27./28. Oktober 1803, in: Briefwechsel zwischen Clemens Brentano und Sophie Mereau: "ich versichere Dich, ich werde keine Zeile dichten können, wenn Du mir ferne bist, ferne bist Du mir, wenn Dich auch nur hundert Schritte von mir trennen."

114 26. November 1804, in: Briefwechsel zwischen Clemens Brentano und Sophie Mereau: "Daß ich zu Hause werde arbeiten können, daran zweifle ich nicht, aber daß ich hier nach allen Umständen keine Zeile hervorbringen werde, weiß ich gewiß."

115 유부남 크로이처와 귄더로데 간의 사랑, 그리고 귄더로데의 자살에 대해서는 이 책의 2부 4장을 참고할 것

116 Zitiert nach D. v. Gersdorff, Dich zu lieben, p. 362: "Bei der Freudlosigkeit ihres Lebens, das Clemens so oft trübt – oft mit recht raffinierten Künsten – muß man sie wirklich deswegen bedauern, wiewohl ihr Stolz nie ein Geständnis der Art erlaubt. Es ist ordentlich zum Lachen, wie derselbe Clemens manchmal dann wieder seine Frau hochpreist, ja vergöttert. Nebenbei wann sie nicht dabei und dessen nicht froh werden kann."

117 Etwa 21. Januar 1804, in: Briefwechsel zwischen Clemens Brentano und Sophie Mereau: "Dein Brief hat mich beinah krank gemacht; Deine Unruhe ist wie ein feines Gift, das selbst durch das unschuldige Papier ansteckend wird; (...) ich liebe Dich, ich sehne mich oft herzlich nach Deiner Umarmung, doch will ich Dir nicht heucheln, es tut mir wohl, allein zu sein! Die Einsamkeit ist für unschuldige und schwache Gemüter, wie das meinige, ein Tau des Himmels, der sie erfrischt, wenn sie das Leben ermattet."

118 17. November 1804, in: Briefwechsel zwischen Clemens Brentano und Sophie Mereau: "Es ist wahr, ein Gefühl ist in mir, ein einziges, welches nicht Dein gehört. Es ist das Gefühl der Freiheit. Was es ist, weiß ich nicht; es ist mir angeboren, und Du verletzest es zuweilen. Verteidigen kann ich es nicht, denn wer sich verteidigen muß, ist nicht frei; betrügen kann ich nicht, denn Betrug ist Zwang, kannst Du es also mehr schonen, wie bisher, so bin ich zufriedner. Von meinem Leben kann ich Dir nichts schreiben,

es ist einfach und arbeitsam; es wär unmöglich, daß ich so viel arbeiten könnte, wenn Du hier wärest."

119 이 개념이 담긴 조페 메로의 편지는 현재 발견되지 않고 있으며, 다만 헤르더는 조피가 그러한 개념을 사용했다고 간접적으로 전한 바 있다(Cf. J. Augart, Eine romantische Liebe in Briefen: zur Liebeskonzeption im Briefwechsel von Sophie Mereau und Clemens Brentano, p. 153).

120 Sophie Mereau-Brentano, Wie sehn' ich mich hinaus in die freie Welt. Tagebuch, Betrachtungen und Vermischte Prosa, p. 126: "Ich fand in mir eine Welt, die mich beschäftigte, die ich gern in die Wirklichkeit hinstellen wollte, ein angenehmes Bild für die Zuschauenden! wo ich nur von aussen Ruhe brauchte, um auszubilden, was in mir lag! - Das Schicksal gönnte mir diese Ruhe nicht."

121 "Mancher Reim ist aus meiner Feder geflossen": Sophie Mereau-Brentano – weibliches Schreiben um 1800, in: https://www.e-periodica.ch/cntmng?pid=ezp-001:1994:20::12 에서 재인용: "Jede Frau, die sich zu einer Kunst oder Wissenschaft berufen fühlt und sich ihr widmet, soll es auf eine ernste feste u. besonnene Weise thun - nicht etwa wie ich, die sich dabei einer Menge von Schicksalen und Neigungen preisgab."

122 Sophie Mereau, Gedichte, Erstes Bändchen, Berlin 1800, p. 92: "Entführe du auf deinen muntern Schwingen, / o Phantasie, mich diesem finstern Harm! / Schon fühl' ich Kraft durch jeden Nerven dringen, / und fliehe leichter aus der Schwermut Arm."

123 Herder, Rezension zu Mereaus Gedichten, in: Nachrichten von gelehrten Sachen, 29. 09. 1800, p. 362. 헤르더의 여성관에 대해서는 다음의 논문을 참조할 것(Birgit Nübel, Krähende Hühner und gelehrte Weiber. Aspekte des Frauenbildes bei Johann Gottfried Herder, in: Herder Jahrbuch 1994, Stuttgart 1994, pp. 29-49).

124 Sophie Mereau-Brentano, Wie sehn' ich mich hinaus in die freie Welt. Tagebuch, Betrachtungen und Vermischte Prosa, p. 108: "Es ist ein unwürdiges Vorurtheil, daß freie Uebung der Kräfte, und Sinn für den lebendigen Genuß des Seins, den Werth des weiblichen Charakters vermindern und der sanften Anmuth ihres Wesens Gewalt anthun könnte."

125 Zeitung für die elegante Welt 50, 26. April 1803, pp. 397-398: "Dieser Roman(Amanda und Eduard) schließt sich an die besten Schriften deutscher Frauen. (...) im Einzelnen zeigt sich eine Beobachtung des innern Menschen, eine blühende (zuweilen wohl auch ausgeschmückte) Phantasie und ein lebendiges Gefühl. Man findet hier dieselbe Anhänglichkeit an die Natur und dieselbe bedeutungsvolle Schilderung mannigfaltiger Szenen derselben, durch welche mehrere, besonders der frühen Gedichte dieser Verfasserin Vielen so lieb geworden sind. In der Darstellung der Weiber und mannigfaltiger weiblicher Verhältnisse ist die Verf. in diesem Buche vorzüglich glücklich. In der Darstellung der Männer, ihres Wesens und Wirkens, weniger glücklich zu seyn, theilt sie fast mit allen ihren Schwestern; und wenn auch das innere Wesen ihrer Helden männlich seyn sollte, so sind es doch die Aeußerungen desselben nicht. Dagegen theilt sie die Unvollkommenheiten weiblicher Schreibart nicht: ihr Styl ist ausgearbeitet, gleich, auch rein."

126 Bunte Reihe kleiner Schriften. Von Sophie Brentano. 1805, in: Allgemeine Literatur-Zeitung vom Jahre 1810, Bd. 4, Ergänzungsblätter, pp. 111-112, hier p. 111: "Die

Verfasserin, deren frühen Tod zu beklagen ist, gehörte unter die Dichterinnen Deutschlands, die nicht ohne innern Beruf und Weihe der Dichtkunst huldigten. **Ohne originell zu seyn,** wusste sie sich doch die Formen höheren Kunst so innig auzueignen, und ihr zartes, vor allem Schönen schnell erregtes und begeistertes Gemüth in dieselbe zu ergiessen, dass gern das Ohr ihren Melodieen lauschte, und gern durch sie an ihre Vorbilder erinnert wurde. (...) Fast alle zeugen von dem Streben nach höheren Kunst-Ansichten zu arbeiten (...)."

127 Cf. B. Bremer, Sophie Mereau. Eine exemplarische Chronik des Umgangs mit Autorinnen des 18. Jahrhunderts, pp. 394-396.

128 Ibid., p. 397.

129 Cf. Ibid., pp. 403-412.

나가는 말

1 Simone de Beauvoir, Das andere Geschlecht. Eine Deutung der Frau, Hamburg 1966, p. 94: "Man wird nicht als Frau geboren, man wird zur Frau gemacht. (⋯) Sie wird stets bestimmt und unterschieden im Verhältnis zum Mann, er jedoch wird nie definiert im Verhältnis zu ihr; sie ist das Unwesentliche im Verhältnis zum Wesentlichen; er ist das Subjekt, er ist das Absolute: Sie ist das Andere."

2 S. Bovenschen, Die imaginierte Weiblichkeit, Frankfurt am Main 1979, pp. 17-18.

3 철학에서 여성은 배제의 역사를 살아왔다. 그 배제의 역사를 지양하고 극복하기 위하여 여성은 다른 철학적 언어를 취할 수 있을까? 이에 대한 물음에 대해 다음과 같은 일종의 '트로이 목마'와도 같은 대안적 대답을 제시할 수밖에 없을지도 모른다. "타자와 괴물을 몰아낸 기반에 뿌리 내린 철학에서, 여성은 타자다. 타자로서의 여성은 자신의 입말이 아니라, 자기를 탄압하고 옥죄는 언어로 사유와 철학을 시작한다"(김은주, 생각하는 여자는 괴물과 함께 잠을 잔다, 봄알람, 2020년, 10쪽).

4 Cf. F. Schlegel, KA, Bd. II, p. 153: "Ironie ist die Form des Paradoxen. Paradox ist alles, was zugleich gut und groß ist."

5 Cf. Elaine Showalter, A Literature of their Own, in: Feminist Literary Theoriy: A Reader, ed. Mary Eageton, Oxford 1990, pp. 11-15, hier p. 13: "First, there is a prolonged phase of imitation of the prevailing modes of the dominant tradition, and internalization of its standards of art and its views on social roles. Second, there is a phase of protest against these standards and values, and advocacy of minority rights and values, including a demand for autonomy. Finally, there is a phase of self-discovery a turning inward freed from some of the dependency of opposition, a search for identity."쇼월터의 원저서는 다음과 같다(A literature of their own: British women novelists from Brontë to Lessing, princeton 1977).

6 양성성이 과연 남녀 간의 대립을 극복하는 대안적 의식인가 아니면 양성의 조화를 주장함으로써 남녀 간의 대립을 회피 내지 도피하려는 것인지는 페미니즘 내에서도 서로 의견이 다르다. 가령 버지니아 울프의 양성성 개념 해석과 관련하여 쇼월터와 토릴 모이(Toril Moi) 간의 의견 차이를 들 수 있다.

7 Deutsche Dichterinnen vom 16. Jahrhundert bis zur Gegenwart, hrsg. v. Gisela Brinker-

Gabler, Frankfurt am Main 1980, p. 11: "In den vergangenen Jahrhunderten gab es eine umfangreiche literarische Produktion von Frauen, über die in Literaturgeschichten nur wenig nachzulesen ist. Verantwortlich dafür sind zunächst die bestehenden Herrschaftsverhältnisse im gesellschaftlichen Ganzen. Literaturgeschichte ist ein Teil der Geschichte des gesellschaftlichen Ganzen, und so wie diese als Geschichte einer männlich strukturierten Gesellschaft die Beiträge der Frauen nicht objektiv darstellt, so auch nicht die Literaturgeschichte."

8 E. Showalter, Feminist Criticism in the Wilderness, in: Critical Inquiry 8, No. 2, Winter 1981, pp. 179-205, hier p, 205:"몇 년 전 페미니스트 비평은, 젠더가 그 권력을 상실하고 모든 텍스트가 천사처럼 성별 없고 평등한 그런 약속의 땅을 순례하고 있다고 회고하면서 나는 시작했다. 그러나 더 정확하게 말하자면, 우리는 여성 글쓰기의 특수성을 성차별의 일시적인 부산물로서 이해했던 것이 아니라 근본적이고 지속적으로 결정하는 현실로서 이해했다. 더 명확하게 말하자면, 우리는 우리가 우리의 목적지를 오인하였음을 깨달았다. 우리는 그 약속된 땅에 결코 도달하지 못할 것이다. 페미니스트 비평이 우리의 과제를 여성 글쓰기의 연구로 이해할 때 우리가 깨달아야 하는 점은, 우리에게 약속된 그 땅은 텍스트들의 분화되지 않은 잔잔한 보편성이 아니라 차이 그 자체로 가득한 소란스럽고 흥미로운 황무지라는 것이다."(I began by recalling that a few years ago feminist critics thought we were on a pilgrimage to the promised land in which gender would lose its power, in which all texts would be sexless and equal, like angels. But the more precisely we understand the specificity of women's writing not as a transient by-product of sexism but as a fundamental and continually determining reality, the more clearly we realize that we have misperceived our destination. We may never reach the promised land at all; for when feminist critics see our task as the study of women's writing, we realize that the land promised to us is not the serenely undifferentiated universality of texts but the tumultuous and intriguing wilderness of difference itself).

9 Birgit Dahlke, Literatur und Geschlecht: Von Frauenliteratur und weiblichem Schreiben zu Kanonkorrektur und Wissenschaftskritik, in: Handbuch Frauen- und Geschlechterforschung. Theorien, Methoden, Empirie, hrsg. v. Ruth Becker/ Beate Kortendiek, Wiesbaden 2008, p. 759: "여성문학"이라는 개념과 관련하여 여성작가들은 그 개념이 여성을 주변화하고 특수화하는 개념으로 정착될 수 있는 경향에 스스로 저항한다. "'여성문학'이라는 주변적 정전화에 대항하기 위해 여성예술가와 작가들은 스스로 과거와 현재에도 성이란 예술적 생산과 관련하여 어떤 역할을 하지 않으며 예술 및 예술가는 양성적이라고 주장한다. 따라서 여성미학을 요청하는 것보다도 더 중요한 점은 여성미학에 대한 질문이다."(Um sich gegen marginalisierende Kanonisierung z.B. als „Frauenliteratur" zu wehren, argumentierten und argumentieren Künstlerinnen und Autorinnen selbst, das Geschlecht spiele für die Kunstproduktion keine Rolle, ja Kunst und Künstler seien androgyn. Wichtiger als die Postulierung einer weiblichen Ästhetik war demnach die Frage danach). 낭만주의 작가들의 경우에서 '여성에서 여성작가'로의 전환을 요구한 국내 논문으로는 다음을 참조할 것(고규진, 문학사 서술과 "성(性)의 질서"- 낭만주의 여성작가를 중심으로, 실린 것: 유럽사회문화, 15권, 2015년, 119-138쪽).

10 Gert Mattenklott, Romantische Frauenkultur. Bettina von Arnim zum Beispiel, in: Frauen Literatur Geschichte. Schreibende Frauen vom Mittelalter bis zur Gegenwart, hrsg. v. Hiltrud Gnüg und Renate Möhrmann, p. 123.

11 E. Showalter, Feminist Criticism in the Wilderness, pp. 184-185:"... its subjects are the history, styles, themes, genres, and structures of writing by women; the psychodynamics of female creativity; the trajectory of the individual or collective female career; and the evolution and laws of a female literary tradition."

색인

“자유로운 정신의 공화국”과 병든 마음의 글쓰기

- 18/19세기 독일 문학살롱과 낭만주의 여성작가들의 글쓰기에 관한 연구

2023년 8월 30일 1판 1쇄

지은이 최문규
펴낸곳 연세대학교 출판문화원
주소 서울특별시 서대문구 연세로 50
등록 1955년 10월 13일(제9-60호)
전화 02) 2123-3378~80
팩스 02) 2123-8673
전자우편 ysup@yonsei.ac.kr
홈페이지 http://press.yonsei.ac.kr
인쇄 네오프린텍(주)

ISBN 978-89-6850-703-8 (93850)

값 45,000원